SANSEIDO'S DICTIONARY

大きな字で読む
常用辞典
手紙の書き方・日用語

武部良明 三省堂編修所
…［編］

三省堂

装丁　三省堂デザイン室

刊行にあたって

本書は、『三省堂ポケット　手紙の書き方辞典』（武部良明編　二〇〇八年刊）と『三省堂ポケット　日用語辞典』（三省堂編修所編　二〇〇一年刊）を字の大きな拡大版とし、合本として新たに刊行するものです。

見やすい紙面で手軽に二つの辞典が使える便利な一冊として、座右にてご活用いただければ幸いです。

二〇一六年六月

三省堂編修所

※　手紙の書き方辞典と日用語辞典は、本書の中ほどの色紙（間紙）を境に、前半が手紙の書き方辞典、後半が日用語辞典になっています。

各々の巻（辞典）を合本にしたものですので、それぞれの凡例・解説等にある「巻末」等の用語は各々の巻（辞典）を示しています。

手紙の書き方
辞典

編者

武部良明〈たけべ　よしあき〉

元早稲田大学教授
著書に、「必携類語実用辞典」
「現代国語表記辞典」など

【まえがき】

手紙というのは、口で話す代わりに文字で書いて送るものです。したがって、日常生活において口で話すいろいろのことが、すべて手紙の形になりえます。あいさつ、お知らせ、頼み事、引き受けたり、断ったり、謝ったり、お礼を言ったり、そういうことがすべて手紙の形を取るわけですから、手紙で書く内容は、まったくさまざまなものになります。しかし、手紙そのものには一定の型があり、盛り込む事柄も決まっています。

そこで、手紙の一定の形式を解説し、また、手紙が必要な状況・場面を想定し、その状況・場面ごとに形式と内容を整えた文例を紹介したのがこの本です。

まず、前半には、手紙の基礎的な知識をまとめ、手紙の構成や形式、手紙でのことばの使い方について実例を示しながらわかりやすく解説しました。

また、後半は、実際の手紙の文例を、お祝いに関する手紙、見舞い・慰め・激励に関する手紙のように大きく二十一に分けました。さらに手紙の必要な場面に応じて、入学祝い、病気見舞いのように項目を分けました。各項目には、要点や注意すべきことをまとめ、応用の利く文例を掲げました。

なお、巻末には全文例を五十音順に配列した索引を掲げ、利用の便をはかりました。

本書は、一九九九年に刊行した『ことばの手帳　手紙の書き方』を改題増補したものです。この本が、多くの方々に役立つことを、心から望む次第です。

編者

【この本の使い方】

［手紙の書き方について知りたい場合］

「手紙の基礎知識」には、手紙はどのような要素から構成されているか（「手紙の構成」）、実際の手紙はどのような流れで書けばよいか（「手紙の形式」）、手紙を書く際にどのようなことば遣いをすればよいか（「手紙でのことばの使い方」）などを、実例を示しながら解説してあります。「目次」を参考に、自分の調べたい内容を探して読んでください。もし、時間があるならば、最初から一通り読んでみると、より手紙に関する理解が深まるでしょう。

［手紙を書く場合］

「手紙の文例集」には、さまざまな状況・場面における手紙の文例があります。「目次」を見て、自分の書こうとする手紙の内容に近い文例を見つけて読んでください。たとえば、入学祝いの手紙を書こうとする場合は「お祝いに関する手紙」の章を開き、「入学祝い」の項を見つけてください。そこには、その手紙を書くうえでの要点・注意と文例が掲げてあります。

なお、「お願いする手紙」などで、承諾や断りあるいはお礼の内容を持つ返信はそれらの章ではなく、「承諾を伝える手紙」「断りを伝える手紙」「お礼の手紙」などの章に掲げてあります。このように相手から手紙をもらって承諾する場合や、断る場合、あるいはお礼の場合に書く手紙は、それぞれ「承諾を伝える手紙」「断りを伝える手紙」「お礼の手紙」を参照して下さい。

ただし「縁談・結婚に関する手紙」と「弔事に関する手紙」では、往信と返信が密接な関係を持っているので、「承諾」や「断り」あるいは「お礼」などの手紙も一括して示しました。

〔求める文例がどこにあるかわからないとき〕
求める文例がどこにあるかわからないときは、巻末の「五十音順文例索引」をご利用下さい。

〔文例の利用法〕
文例は、そのまま利用することができます。ただし、自分の書こうとする手紙の内容と異なる部分だけ改めます。例えば、出産祝いに「おもちゃ」をもらったお礼の手紙を書くとき、文例が「ケープ」であれば、「ケープ」に関する語句を「おもちゃ」に関する語句に改めます。

〔形式的な部分の入れ替え〕
文例には、前文や末文のような形式的部分も付いています。これらの内容が実際と合わない場合は、「手紙の基礎知識」で示した文例や他の項目を参考にして入れ替えます。例えば、現在八月であるのに、文例の時候のあいさつが四月のものならば、その部分を八月に改めます。

〔全体の修正〕
このようにしてできた手紙に不満な場合は、もう一度内容・解説を読み、要点や注意を参考にします。そうして、その趣旨に従って全体を整えると、もっと良い手紙になります。

〔最後の読み直し〕
そして最後にもう一度読み直します。急ぎでない場合は、少し時間を置いた上で読み直し修正すると、さらにいい手紙文になるでしょう。

【目次】

手紙の基礎知識

【手紙の構成】
前文……002
主文……004
末文……005
後付け……006
副文……007

【手紙の形式】
❶―頭語……009
❷―時候のあいさつ……011
❸―その他の前文のあいさつ……018
[返信のあいさつ]……018
[安否のあいさつ]……018
[感謝のあいさつ]……019
[未見のあいさつ]……020
[疎遠の陳謝]……020
[遅延の陳謝]……021
[迷惑の陳謝]……021
❹―起辞……022
❺―主文……023
❻―末文のあいさつ……024
[愛顧のあいさつ]……024
[悪文の陳謝]……024
[迷惑の陳謝]……024
[後日の約束]……025

［自愛のあいさつ］……025
［伝言のあいさつ］……026
［発展のあいさつ］……026
［返信の請求］……027
［乱筆の陳謝］……028
❼―要旨のまとめ……028
❽―結語……029
❾―日付……030
❿―署名……031
⓫・⓬―あて名・敬称……032
⓭―追伸の頭語……033
⓮―追伸……033
【手紙でのことばの使い方】
文体……034
［恐縮表現］……035
敬語……035
［尊敬表現］……036
［謙譲表現］……037
［敬語の誤用について］……037
敬称……038
自他の呼び方……039
忌みことば……049
【便箋・封筒・はがきの使い方】
便箋の書き方……050
［縦書き］……050
［横書き］……051
［字配り］……051
［別紙］……052
封筒・はがきの表書き……053
［外脇付け］……054
［内容表示］……055
【電子メールの基本】……056

手紙の文例集

【1 季節ごとのあいさつの手紙】
新年のあいさつ……058
［年賀状］……058
［年賀の礼状］……060
［年始あいさつ］……061
［喪中あいさつ］⇩3弔事に関する手紙
［喪中見舞い］⇩3弔事に関する手紙
時候見舞い……062
［暑中見舞い］……063
［暑中見舞いの礼状］……064
［寒中見舞い］……065
［余寒見舞い］……066
［梅雨見舞い］……066
［残暑見舞い］……066

【2 縁談・結婚に関する手紙】
縁談・恋愛の手紙……068
［縁談依頼］……068
［恋愛相談］……070
［見合いの申し込み］……071
［見合いの承諾］……072
［見合いの断り］……073
［求愛状］……074
［求愛の承諾］……075
［求愛の断り］……076
［結婚の申し込み］……078
［結婚の承諾］……079
［結婚の断り］……080
［結婚相談］……081
婚約・結婚の手紙……083

[婚約報告]……083
[婚約祝い]……084
[婚約祝いの礼状]……084
[結婚式招待]……085
[結婚披露宴招待]……085
[結婚披露宴招待の返信]……087
[結婚祝賀会案内]……087
[結婚媒酌の礼状]……088
[結婚報告]……089
[結婚祝い]……090
[結婚祝いの礼状]……091
[結婚通知]……092

【3 弔事に関する手紙】

死亡・葬儀の手紙……094
[死亡通知]……094
[死亡報告]……095
[会葬の礼状]……096
[香典]……096
葬儀後の手紙……097
[香典の礼状]……097
[弔辞の礼状]……098
[弔慰状]……099
[弔慰の礼状]……100
[喪中あいさつ]……102
[喪中見舞い]……103
[忌明けあいさつ]……104
[忌明けあいさつの礼状]……105
[法事招待]……106
[法事招待の礼状]……106

【4 お祝いに関する手紙】

[入学祝い]……108
[入学祝いの礼状] ⇩11お礼の手紙
[卒業就職祝い]……109
[卒業就職祝いの礼状] ⇩11お礼の手紙

［婚約祝い］⇩2縁談・結婚に関する手紙
［婚約祝いの礼状］⇩2縁談・結婚に関する手紙
［結婚祝い］⇩2縁談・結婚に関する手紙
［結婚祝いの礼状］⇩2縁談・結婚に関する手紙
［出産祝い］……110
［出産祝いの礼状］⇩11お礼の手紙
［全快祝い］……111
［寿賀祝い］……112
［寿賀祝いの礼状］⇩11お礼の手紙
［栄転祝い］……113
［開業祝い］……114

【5 見舞い・慰め・激励に関する手紙】

お見舞いの手紙……116
［病気見舞い］……116
［病気見舞いの礼状］⇩11お礼の手紙
［被災見舞い］……117
［被災見舞いの礼状］⇩11お礼の手紙
慰める手紙……119
［慰問状］……119
［慰問状の礼状］⇩11お礼の手紙
［弔慰状］⇩3弔事に関する手紙
［弔慰の礼状］⇩3弔事に関する手紙
激励する手紙……120
［激励状］……120
［激励の礼状］⇩11お礼の手紙

【6 贈り物に関する手紙】

［贈答状］……122
［贈答の礼状］⇩11お礼の手紙
［中元・歳暮の添え状］……123
［中元・歳暮の礼状］⇩11お礼の手紙
［贈呈状］……124
［贈呈の礼状］⇩11お礼の手紙

【7 来てもらうための手紙】

招待する手紙……………126
［招待状］……………126
［会合招待］……………126
［招待の承諾］⇩12承諾を伝える手紙
［招待の断り］⇩13断りを伝える手紙
［旅行招待］……………127
［式典招待］……………128
［結婚式招待］⇩2縁談・結婚に関する手紙
［結婚披露宴招待］⇩2縁談・結婚に関する手紙
［結婚披露宴招待の返信］⇩2縁談・結婚に関する手紙
［法事招待］⇩3弔事に関する手紙
［法事招待の礼状］⇩3弔事に関する手紙
案内する手紙……………130
［開業案内］……………130
［会合案内］……………130
［見学会案内］……………131
［催し物案内］……………132
［結婚祝賀会案内］⇩2縁談・結婚に関する手紙
招待・案内の手紙への返信……………133
［出欠の返信］……………134
［会合案内の返信］……………134
［出席取り消し］……………135
［招待の承諾］⇩12承諾を伝える手紙
［招待の断り］⇩13断りを伝える手紙
呼び出す手紙……………135
［呼出状］……………135
出席を依頼する手紙……………136
［出席依頼］……………136
勧誘する手紙……………137
［勧誘状］……………137
［勧誘の承諾］⇩12承諾を伝える手紙
［勧誘の断り］⇩13断りを伝える手紙

【8　お願いする手紙】

依頼する手紙……………139

［就職斡旋の依頼］……………139
［就職の礼状］⇩11お礼の手紙
［縁談依頼］⇩2縁談・結婚に関する手紙
［出席依頼］⇩7来てもらうための手紙
［紹介の依頼］…………141
［紹介の承諾］⇩12承諾を伝える手紙
［紹介の断り］⇩13断りを伝える手紙
［紹介の礼状］⇩11お礼の手紙
［推薦依頼］…………142
［引見依頼］…………143
［引見の礼状］⇩11お礼の手紙
［寄稿依頼］…………144
［寄稿催促］⇩15申し入れる手紙
［寄稿の礼状］⇩11お礼の手紙
［講演依頼］…………145
［期日猶予依頼］…………146
［書類提出依頼］⇩20文書形式で書く手紙
申し込む手紙
…………148
［見合いの申し込み］⇩2縁談・結婚に関する手紙
［結婚の申し込み］⇩2縁談・結婚に関する手紙
［借用の申し込み］…………148
［借用の承諾］⇩12承諾を伝える手紙
［借用の断り］⇩13断りを伝える手紙
［借用の礼状］⇩11お礼の手紙
［借用証］⇩21書式に従う届け出など
［借金の申し込み］…………150
［借金の承諾］⇩12承諾を伝える手紙
［借金の断り］⇩13断りを伝える手紙
［借金の礼状］⇩11お礼の手紙
［保証人の申し込み］…………151
［保証人の承諾］⇩12承諾を伝える手紙
［保証人の断り］⇩13断りを伝える手紙
［宿泊の申し込み］…………153
［宿泊の承諾］⇩12承諾を伝える手紙
［宿泊の断り］⇩13断りを伝える手紙

［宿泊の礼状］⇩11お礼の手紙
［訪問の申し込み］……155
［訪問の承諾］⇩12承諾を伝える手紙
［訪問の断り］⇩13断りを伝える手紙
［見学の申し込み］……157
［見学の承諾］⇩12承諾を伝える手紙
［見学の断り］⇩13断りを伝える手紙
［見学の礼状］⇩11お礼の手紙

【9 紹介する手紙】
［紹介状］……159
［名刺紹介状］……160
［友人紹介］……161
［推薦状］……161

【10 相談する手紙】
［進学相談］……164
［就職相談］……166
［恋愛相談］⇩2縁談・結婚に関する手紙
［結婚相談］⇩2縁談・結婚に関する手紙
［企画相談］……168
［協議状］……170

【11 お礼の手紙】
お祝いへの礼状……171
［入学祝いの礼状］……171
［卒業就職祝いの礼状］……172
［婚約祝いの礼状］⇩2縁談・結婚に関する手紙
［結婚祝いの礼状］⇩2縁談・結婚に関する手紙
［出産祝いの礼状］……173
［寿賀祝いの礼状］……174
見舞い・慰め・激励への礼状……174
［病気見舞いの礼状］……174
［被災見舞いの礼状］……175
［弔慰の礼状］⇩3弔事に関する手紙
［激励の礼状］……177

[慰問状の礼状]……178
お世話になったことへの礼状……179
[就職の礼状]……179
[紹介の礼状]……180
[引見の礼状]……180
[援助の礼状]……181
[歓待の礼状]……182
[借用の礼状]……183
[借金の礼状]……184
[宿泊の礼状]……184
[寄稿の礼状]……185
[見学の礼状]……186
[師恩の礼状]……187
[退職後の礼状]……188
[結婚媒酌の礼状]⇩2縁談・結婚に関する手紙
[会葬の礼状]⇩3弔事に関する手紙
[香典の礼状]⇩3弔事に関する手紙
[弔辞の礼状]⇩3弔事に関する手紙
[忌明けあいさつの礼状]⇩3弔事に関する手紙
[法事招待の礼状]⇩3弔事に関する手紙
贈り物への礼状……190
[発送の礼状]……190
[贈答の礼状]……190
[中元・歳暮の礼状]……191
[贈呈の礼状]……192

【12 承諾を伝える手紙】

[招待の承諾]……194
[勧誘の承諾]……195
[紹介の承諾]……196
[見合いの承諾]⇩2縁談・結婚に関する手紙
[求愛の承諾]⇩2縁談・結婚に関する手紙
[結婚の承諾]⇩2縁談・結婚に関する手紙
[借用の承諾]……197
[借金の承諾]……198

[保証人の承諾]……199
[宿泊の承諾]……200
[訪問の承諾]……201
[見学の承諾]……202

【13 断りを伝える手紙】

[招待の断り]……204
[紹介の断り]……205
[見合いの断り]⇩2縁談・結婚に関する手紙
[求愛の断り]⇩2縁談・結婚に関する手紙
[結婚の断り]⇩2縁談・結婚に関する手紙
[借用の断り]……206
[借金の断り]……208
[保証人の断り]……209
[勧誘の断り]……210
[宿泊の断り]……211
[訪問の断り]……212
[見学の断り]……213
[断りの手紙への返信]……214

【14 おわびの手紙】

[違約陳謝]……216
[失言陳謝]……217
[不在陳謝]……218
[不参陳謝]……219
[返済遅延陳謝]……221
[納期遅延陳謝]……222
[破損陳謝]……223

【15 申し入れる手紙】

[返済催促]……225
[契約履行催促]……226
[家賃催促]……227
[注文品催促]……228
[寄稿催促]……229
[請求状]……230

［督促状］……………231
［交渉状］……………231
［抗議状］……………232
［反駁状］……………233
［釈明状］……………234
［弁解状］……………235

【16 個人的なことを報告・通知する手紙】

報告する手紙……………236
［入学報告］……………236
［卒業報告］……………237
［就職報告］……………238
［着任報告］……………239
［婚約報告］⇩2縁談・結婚に関する手紙
［結婚報告］⇩2縁談・結婚に関する手紙
［出産報告］……………240
［命名報告］……………241
［病気報告］……………241
［安着の報告］……………242
［近況報告］……………243
［死亡報告］⇩3弔事に関する手紙

通知する手紙……………244
［卒業就職通知］……………244
［結婚通知］⇩2縁談・結婚に関する手紙
［全快通知］……………245
［死亡通知］⇩3弔事に関する手紙
［退職通知］……………246
［退職通知の返信］……………247
［転職通知］……………248
［転任通知］……………249
［転居通知］……………250
［電話番号変更通知］……………251

【17 業務的なあいさつ・通知の手紙】

あいさつの手紙……………253
［移転あいさつ］……………253

［落成あいさつ］……254
［支店開設あいさつ］……255
［担当者交代あいさつ］……256
［赴任あいさつ］……257
［海外出張あいさつ］……257
［帰国あいさつ］……258
通知の手紙……259
［開業通知］……259
［資料送付通知］……260
［送金通知］……261
［同封通知］……261
［入金通知］……262
［発送通知］……263
［着荷通知］……264
［値上げ通知］……264
［招集通知］⇩20文書形式で書く手紙

【18 個人的な照会の手紙】
［学習方法の照会］……266
［入学要項の照会］……267
［近況照会］……268
［住所照会］……269

【19 業務的な照会・注文の手紙】
［商品についての照会］……271
［入手方法照会］……271
［注文状］……272
［着否照会］……273
［未着照会］……274
［確認状］……275

【20 文書形式で書く手紙】
［書類提出依頼］……277
［採用試験施行通知］……278

[採用通知] ……………………278
[不採用通知] ……………………279
[入社承諾] ……………………280
[出社日通知] ……………………280
[実施通知] ……………………281
[招集通知] ……………………282

【21 書式に従う届け出など】

[遅刻届] ……………………284
[欠勤届] ……………………285
[退職願] ……………………285
[始末書] ……………………286
[支払い請求書] ……………………287
[領収証] ……………………288
[受領証] ……………………289
[借用証] ……………………289
[委任状] ……………………290

五十音順文例索引

手紙の基礎知識

【手紙の構成】

▼手紙には一定の構成がある。それは、訪問の形式に準じて考えると分かりやすい。
▼訪問の場合は、まず玄関で案内を頼む。それに当たるのが、「拝啓」などの頭語である。座敷に上がってから、相手方とあいさつを交わす。これが時候・安否などに関する前文のあいさつである。
▼それから訪問の用件に入るわけであるが、これが手紙の中心になる主文である。主文に入るときに「さて」などの起辞を用いる。
▼訪問の場合は、用件が終わったら締めくくりをしてあいさつをする。これが要旨のまとめを中心にして、無事を祈ったり迷惑をわびたりする末文のあいさつである。最後に玄関で別れを告げるのが、「敬具」などの結語である。
▼そのあとに後付けとして、「いつ」「だれが」「だれに」あてたものかを明らかにするために、日付・署名・あて名を置く。あて名には「様」などの敬称が付く。
▼さらに、本文に書き漏らしたことを、後付けの終わったあとに副文の形で加えることがある。これが「追って」などの頭語で始まる追伸である。
▼すなわち、手紙は、前文・主文・末文・後付け・副文の順で構成されている。横書きの場合は前文の前に後付けに相当する要素を前付けとして置く。
▼この章では、前文・主文・末文・後付け・副文の順に、その構成や書き方について解説してゆく。さらに次章ではその構成を踏まえて、手紙の形式について具体的に例示する。

前文

▼主文の前に置かれ、「拝啓」などの頭語で始まる部分。主文の前に置かれるため「前文」という。

▼訪問の場合は、座敷に上がって用件に入る前に、時候や安否のあいさつを交わす。それに当たるのが、手紙における前文のあいさつである。

▼簡単な手紙では、省略したり簡略にしたりすることもある。そのときに用いるのが、「前略」という頭語である。したがって、「前略」で書き始める場合は、前文の一部または全部を省くのが本来の形である。

注意 前文のあいさつは、頭語のあと一字分あけて続けることになるが、主文の短い場合は別行で始めてもよい。

前文のあいさつの構成

▼前文では、頭語のあといろいろのあいさつを述べるが、一般には「日増しに秋も深まってまいりました」のような時候のあいさつから始める。

▼続いて「お変わりもなくお過ごしでしょうか」と相手方の安否を尋ね、「当方一同相変わらず元気でおりますから、ご休心ください」のように自分側の安否を述べる（安否のあいさつ）。

▼その他、「日ごろは何かとお世話になり、お礼の申し上げようもございません」（感謝のあいさつ）、「その後長い間ごぶさたをし、申し訳ございません」（疎遠の陳謝）、「いつも何かとご無理を申し上げ、おわびのことばもございません」（迷惑の陳謝）など。

▼初めての人に対しては、時候のあいさつのあとすぐ「まだお目にも掛かりませんのに、突然お手紙を差し上げる失礼お許しください」（未見のあいさつ）というように続ける。（詳細は「❸―その他の前文のあいさつ」各項参照）

注意 被災見舞い・死亡通知・弔慰状などは、急を要するから、前文を省略してすぐ主文を書く。年賀状・時候見舞いなども、前文は要らない。

主文

▼手紙のうち、それを出す本来の用件を書く、中心となる部分。

▼主文は「さて」などの起辞によって始まる。主文の終わったあとでその内容をまとめるのが、末文の中の「まずは、とりあえず御礼まで」のような部分（要旨のまとめ）である。

▼業務上の文書の場合は、一般の手紙形式として前後に付く前文・末文を省き、頭語・起辞・結語も付けず、主文だけで構成することもある。その場合は、「以上」という語をもって主文の終わりを明示する。

主文の書き方

▼主文は、何のための手紙か、だれに出す手紙か、受け取る相手はどのように思うか、といったことを最初によく整理しておいてから書く。用件がいくつかにわたる場合は順に箇条書きにしておくとよい。

▼文脈を整え、用件が正しく伝わるようにするために、下書きをする。下書きの段階で全体がまとまったら、もう一度読み、さらに直した上で清書するようにする。

▼参考になる文例を、本書などから探して最適なものを選ぶようにする。事務的な手紙の場合は文句の一部を入れ替えるだけで済むものである。

▼本文が複雑な場合は、記述の混乱を避けるため、特定の事項を抜き出して「記」に移す。その場合は、本文に「左記のとおり開催いたしますから」「別記の件につきご教示を願いたく」というような記述を入れる。「記」という見出しは書かなくてもよい。

▼この種の別記は、本文の途中に入れることもあり、後付けのあとに回すこともある。後者の場合に用紙を別にすれば、別紙の形になる。

注意 別記の部分は、一字下げにしたり、少し小さい字で書くことにより、一見して本文と区別できるようにしたほうがよい。また、本文が「です・ます体」で書かれている場合も、別記のほうは「である体」で差し支えない。

末文

▼主文のあとに置かれ、「敬具」などの結語に終わる部分。手紙の終わりに置かれるため、「末文」という。

▼訪問の場合は、用件が終わってから締めくくりのあいさつをする。それに当たるのが、要旨のまとめを中心に、自愛を念じたり、迷惑を陳謝したりする末文である。ただし、簡単な手紙では、「まずは、とりあえず御礼まで」などという要旨のまとめと結語だけで、他は省略する。

注意 末文は、主文のあと、別行で始める。

末文の構成

▼末文ではいろいろのあいさつを述べるが、一般には「まずは、とりあえず御礼まで」などという要旨のまとめが中心になる。

▼あいさつとしては、「時節柄、ご自愛のほどお祈りいたします」(自愛のあいさつ)、「末筆ながら、貴家ますますのご発展をお祈り申し上げます」(発展のあいさつ)、「末筆ながら、奥様にもよろしくご伝言のほどお願いいたします」(伝言のあいさつ)、「今後とも、どうかよろしくお願いいたします」(愛顧のあいさつ) など。

▼おわびとしては、「いろいろご迷惑をお掛けしたこと、重ねておわび申し上げます」(迷惑の陳謝)、「取り急ぎ乱筆の段、どうぞあしからずお許しください」(乱筆の陳謝)、「長々と勝手なことばかり書き連ねたこと、幾重にもおわび申し上げます」(悪文の陳謝) など。

▼その他、「折り返しご返信を賜りたく、お願い申し上げます」(返信の請求)、「詳しくは、いず

れ後便で申し上げたいと存じます」（後日の約束）なども ある。（詳細は「❻—末文のあいさつ」各項参照）

▼そのあとに結語を書く。（「❽—結語」の項参照）

注意 年賀状・時候見舞いなどには、末文を書かない。

後付け

▼手紙の本文が終わったあとで、その手紙が「いつ」「だれが」「だれに」あてたものかを明らかにする部分。

▼日付・署名・あて名の三つの部分から成る。あて名には「様」などの敬称が付く。

後付けの配置

▼後付けについては、字配りと字の大きさが問題になる。（詳細は次章「❿—署名」参照）

▼日付は、本文より二字か三字下げ、やや小さい字で書く。署名は、日付の行の下または次の行に、書き終わりが本文より一字分上ぐらいで止まるようにやや大きい字で書く。

▼あて名は、日付より上、本文より下のところから、署名よりも大きい字で書く。目上の人に対しては、本文と同じ高さまで上げて敬意を表することも行われている。

▼あて名には、同じ大きさの字で「様」などの敬称を付ける。敬称の左下に少し小さく「侍史」などの脇付けを添えることもあるが、近ごろは省くことが多い。脇付けは、本来は相手方に直接手渡すのが失礼だからという気持ちから添えるもので、目上の人に対して用いる「侍史」「台下」「尊下」や、同輩以下に対して用いる「机下」「案下」「座下」などがある。

注意 便箋に書く場合は、後付けだけが便箋の最初に来ることがないようにする。また、後付けの部分が二枚にわたることもないようにする。その場合は、本文（主として末文）を引き延ばし、次の紙に一行でも本文を書いてから後付けを書く。余白が多い場合は、日付、署名、あて名をそれぞれ一行置きに書いてもよい。

副文

▼手紙を出す本来の用件でなく、付け足しの用件を書く部分。「主文」に対していう。
▼副文は、手紙の後付けのあとに追伸の形で書き加える。

【手紙の形式】

▼前章の構成を踏まえて手紙の形式を例示すると、次のようになる。
▼なお、例文中の丸数字は、参照すべき以降の項を示す。

❶拝啓　❷寒さも緩み、一雨ごとに春めいてまいりました。❸皆様お変わりもなくお過ごしでしょうか、お伺い申し上げます。
❹さて、❺いつぞやお話しの当地いちご狩りのこと、春休みには盛りを迎えますのでお知らせいたします。田舎のこととて何の風情も見当たりませんが、取りたての味だけは格別のものとされております。ついては、ご家族おそろいでお気軽にお越しくださるよう、お待ちしております。
❻それでは、一層のご自愛、お祈り申し上げます。ご家族の皆様にも、どうかよろしくお伝えください。
❼まずは、とりあえずご案内まで。
❽敬　具
❾平成○○年三月十日
❿田　中　一　郎
⓫山　田　太　郎⓬様
⓭二伸　⓮お越しの節は、お電話にてもご一報くださるよう、お願い申し上げます。

前文
❶―頭語
❷―時候のあいさつ
❸―その他の前文のあいさつ
主文
❹―起辞
❺―主文
末文

❻―末文のあいさつ
❼―要旨のまとめ
❽―結語
後付け
❾―日付
❿―署名
⓫―あて名
⓬―敬称
副文
⓭―追伸の頭語
⓮―追伸

❶―頭語

▼手紙の最初に書く「拝啓」などのことば。
▼こういうものは古いしきたりであるから、書かなくてもよいとも言われている。しかし、「拝啓」の代わりに何か書けば、それがやはり頭語である。
▼頭語は手紙における最初のあいさつ語である。訪問のとき、まず玄関で「ごめんください」と言うのと同じである。
▼頭語は、行の最初から書く。頭語のあとは、一字分あけて次を書くことを原則とするが、主文が短い場合は別行にしてもよい。
注意「頭語の例❶」の頭語を用いたら、それに対応した結語を用いること。(詳細は、「結語の例❶」参照)

頭語の例❶(漢字熟語のもの)

拝啓……最も一般的。「へりくだって申し上げます」という意味。「拝呈」「啓上」とも。結語「敬具」と対応。

謹啓……「つつしんで申し上げます」という意味で、特に丁重な場合に用いる。「粛啓」

「恭啓」とも。結語「敬白」また「敬具」と対応。

急啓……急ぐ場合。「急いで申し上げます」という意味。「急呈」「急白」「急陳」とも。結語「草々」と対応。

再啓……再度出す場合。「再び申し上げます」という意味。「再呈」「再白」「再陳」とも。結語「敬具」と対応。

拝復……返信状の場合は、「拝啓」を用いず、「拝復」とする。「復啓」「啓復」とも。そのあと「十月三日付のお手紙、正に拝見いたしました」「お手紙の趣、了承いたしました」などと続ける。結語「敬具」と対応。

前略……普通はあとに時候・安否などの前文のあいさつが続くが、それを省略したり、簡略にしたりするときに用いる。「前文を略す」という意味。「冠省」「前省」「略啓」とも。結語「草々」と対応。

頭語の例❷（漢字熟語以外のもの）

○○様……「拝啓」「前略」の代わりに、親しく相手に呼び掛ける書き方。同輩の男子には「君」、女子には「さん」。目上の場合は「父上様」「伯母上様」「兄上様」、目下の場合は「隆君」「まさ子さん」「つとむちゃん」など。砕けた書き方をすれば、「一筆申し上げます」「取り急ぎ申し上げます」「お手紙、懐かしく拝見いたしました」「前略ごめんください」「前文お許しくださ い」など。女性に好まれている。漢語よりも柔らかく響くため、一般の文と同じであるから、こういう書き方のものは一字下げにして書き出す。

❷―時候のあいさつ

▼手紙の前文において、その手紙を書くときの時候について述べる部分。普通は前文のあいさつの最初に来る。

▼構成は、「日増しに秋も深まってまいりました」というように短い文でまとめる形と、「…ましたが」のように次に続ける形とがある。また、簡略に「秋冷の候」「秋冷のみぎり」などとし、そのまま次に続ける形もある。

▼いずれにしても、時候に関係する事柄を扱うから、地方によって多少異なる。

▼業務上の手紙では、季節に関係なく「時下ますますご清祥のこととお喜び申し上げます」とも書くが、この場合「時下」というのが時候の部分である。「時節柄」「時候不順の折から」なども、特にどの月とは限定しないで使える言い方である。

時候のあいさつの例

正月……新春（初春・迎春・新陽・年始）の候
○寒さも緩み気持ちの良いお正月を迎えました
○明けましておめでとうございます
○謹んで新年のお喜びを申し上げます
○希望にあふれる新しい年を迎えました
○たこ揚げに興じる声が聞こえてまいります
○のどかな追い羽根の音も聞こえております
一月……厳寒（極寒・酷寒・厳冬・中冬）の候
○七草も慌ただしく過ぎてしまいました
○初春とはいえ毎日厳しい寒さが続いております
○寒さの厳しい毎日を迎えております
○寒さも急に増したように感じております
○寒気殊のほか厳しいころとなりました
○日を追って募る寒さに閉口しております
○寒気いよいよ厳しい毎日を迎えております
○近年にない寒さに縮み上がっております
○日ごとに寒さも加わりこたつに親しむ毎日を

迎えております
○寒風の吹きすさぶ毎日を迎えております
○みぞれ混じりの寒空に身も縮む日が続いております
○積もる雪に一段と寒さを増すころとなりました

二月……余寒（残冬・残寒・晩冬・向春）の候
○暦の上の春を迎え一息ついております
○立春とは名ばかりの毎日を迎えております
○余寒なお骨身にこたえる日が続いております
○冬に後戻りしたような寒さを迎えました
○残雪に身の縮む日が続いております
○朝夕にはまだ厳しい寒さが残っております
○春もなお遠く寒さの身にしみる日を過ごしております
○春の訪れを待ちわびるころとなりました
○梅のつぼみも膨らみかけるころとなりました
○梅の一輪にも暖かさを感じるころとなりました
○うぐいすの初音を耳にするようになりました
○日ざしもようやく和らぐころとなりました
○春の訪れを思わせるころとなりました

三月……早春（浅春・春寒・啓蟄・春陽）の候
○遠くの山々はまだ白雪に覆われております
○春とは名ばかりでひどい寒さが続いております
○寒暖も定まらぬ毎日を迎えております
○朝夕はともかく昼間はようやくしのぎやすくなりました
○日ざしもようやく春めいてまいりました
○日を追って暖かさを加えております
○寒さも緩み一雨ごとに春めいてまいりました
○辺りもようやく春めき心も何となくのどかになりました
○今日は久しぶりに暖かい日を迎えております
○日増しに暖かさを加えるころとなりました

○久しぶりに穏やかな好天を迎えました
○何となくのどかな日を迎えております
○春の光に誘われるころとなりました
○庭の趣にも春の近づきを感じるようになりました
○桜のつぼみも膨らむころとなりました
○花の便りも聞かれるころとなりました

四月……春暖（陽春・春色・春和・桜花）の候
○ようやく暖かさを増してまいりました
○暖かい毎日を迎え心も弾んでおります
○快い春眠の朝を迎えるころとなりました
○野辺にはかげろうの立つころとなりました
○桜の花もほころび心の何となく浮き立つころとなりました
○花の便りに心を弾ませるころとなりました
○桜の花も満開の昨今でございます
○桜花らんまんの季節を迎え、心も晴れ晴れとしております

○花どきの雨に閉口しております
○いつしか葉桜の季節を迎えております
○おぼろ月夜を楽しむころとなりました
○春雨に煙る季節となりました
○庭の若葉も一段とさわやかに感じられるころとなりました
○山の装いもすっかり春を迎えました

五月……新緑（薫風・暖春・暮春・軽暑）の候
○風も薫る好季を迎えました
○こいのぼりに心も浮き立つころとなりました
○五月晴れに明るさを取り戻しております
○若葉のもえたつころとなりました
○青葉を渡る風も懐かしいころとなりました
○目にもまばゆい緑の季節を迎えました
○新緑もひときわ鮮やかに感じるようになりました
○新茶の香りを楽しむころとなりました
○晩春の物憂さを感じる昨今となりました

○行く春を惜しむころとなりました
○さわやかな初夏の風を楽しむころとなりました
○暑さに向かうころとなりました
六月……梅雨（初夏・向暑・麦秋・薄暑）の候
○初夏の風もすがすがしいころとなりました
○吹く風にも初夏のさわやかさを感じるようになりました
○あやめの便りも聞かれるころとなりました
○心もめいるような雨の毎日を迎えております
○毎日うっとうしい梅雨が続いております
○連日の雨に悩まされる昨今となりました
○梅雨空に心も湿りがちな毎日を迎えております
○梅雨とはいえ連日の雨に退屈しております
○空梅雨に蒸され暑さもひとしおの毎日を迎えております
○梅雨とはいえ好天の日を迎えております

○庭のあじさいも雨に濡れる毎日となりました
○暑さを感じる日を迎えております
○日ごとに暑さの加わるころとなりました
○蒸し暑い日が続きぶらぶらと過ごしております
○夜の明けるのも早く寝不足がちの日が続いております
○青田を渡る風も快く感じられるころとなりました
七月……猛暑（酷暑・炎暑・盛夏・三伏）の候
○梅雨空も明けて緑も色を増したように感じられます
○梅雨も上がり暑さもひときわ加わってまいりました
○梅雨明けの暑さもひとしお身にしみております
○海山の恋しい季節を迎えました
○いよいよ酷暑を迎える昨今となりました

○毎日厳しい暑さに蒸されるころとなりました
○暑さも殊の外ひどく感じられる毎日を迎えておりります
○炎暑まことにしのぎがたい日が続いております
○厳しい暑さに蒸される日が続いております
○数日前から暑さ特に激しく困り果てております
○連日の暑さにはすっかり閉口しております
○三十度を超す暑さに身の置きどころもない昨今となりました
○草木も枯れ果てるような暑さが続いております
○せみの声にも暑さを感じる日を迎えております
○寝苦しい毎夜を迎えております
○久方ぶりに良いお湿りに恵まれ一息ついております

八月……残暑（残夏・晩夏・暮夏・秋暑）の候
○立秋とは名のみで相変わらず暑さに悩まされております
○日中の暑さなどなお耐えがたい日が続いております
○猛夏も去りやらぬ日が続いております
○残暑なお厳しい日が続いております
○残暑ひときわ身にこたえる日が続いております
○暑さも峠を越したように感じられます
○朝夕は多少ともしのぎやすくなりました
○美しい夕焼けを迎えるようになりました
○たびたびの落雷に肝を冷やしております
九月……秋涼（清涼・新涼・初秋・新秋）の候
○秋とは申しながらも残暑の厳しい日が続いております
○さしもの猛暑もようやく勢いを失ったように思われます

○朝夕は幾らかしのぎやすくなってまいりました
○朝夕に多少とも冷気を感じるころとなりました
○近年にない暴風雨に肝を冷やしております
○夜来の風雨もすっかり治まりました
○二百十日も無事に過ぎ一息ついております
○長雨もようやく治まり、にわかに秋色を帯びてまいりました
○秋気の訪れを感じるようになりました
○木の葉のそよぎに秋を感じるころとなりました
○虫の声に秋の訪れを感じるころとなりました
○秋気ひときわ身に感じるころとなりました
○一雨ごとに秋も深まってまいりました
○七草も咲きそろうころとなりました
○すすきの穂も揺れる季節を迎えました

十月……秋冷（秋色・秋容・清秋・寒露）の候

○秋風の快い季節となりました
○秋もようやく深まってまいりました
○天もひときわ高く感じられるころとなりました
○気持ちの良い秋色に包まれるようになりました
○日増しに秋も深まり灯火に親しむころとなりました
○読書の好期を迎え落ち着いた日を過ごしております
○夜長を楽しむ季節となりました
○虫の声もにぎやかなころとなりました
○菊薫る今日このごろとなりました
○紅葉もひときわ鮮やかに彩られてまいりました
○街路樹の葉も日ごとに黄ばむころとなりました
○夜寒を迎えるころとなりました

○秋冷日増しに募るころとなりました

十一月……向寒（暮秋・晩秋・初霜・霜降）の候

○秋の色もようやく深みを増してまいりました
○山々の紅葉もひときわ色を増してまいりました
○虫の音も何となく衰えてまいりました
○夜長を持て余す毎日に退屈しております
○朝夕はひときわ冷え込む日が続いております
○日増しに寒さの募る昨今を迎えております
○冷気も急に加わったように感じております
○初霜に秋の終わりを感じるころとなりました
○道に落ち葉の散り敷くころとなりました
○朝夕はめっきり冷え込み冬支度に追われております

十二月……寒冷（寒気・霜寒・初冬・季冬）の候

○日増しに寒さに向かう毎日となりました
○寒さひとしお身にしみるころとなりました
○師走の寒さを感じる昨今となりました
○オーバーの手放せないころとなりました
○寒気もいよいよ強く朝夕は縮まる思いをしております
○木枯らしも骨身にこたえるようになりました
○木枯らしに一段と寒さを感じるころとなりました
○池にも薄氷の張る朝を迎えました
○初雪の待たれるころとなりました
○ちらちらと雪の舞うころとなりました
○夜来の雪に外出しかねる朝を迎えました
○降り積もる雪に閉じ込められております

年末……歳末（歳晩・歳終・窮陰・月迫）の候

○心せわしい年の瀬を迎えるようになりました
○年の瀬もいよいよ押し詰まってまいりました
○今年も余日少なくなりました
○年内も残りわずかと押し詰まりました

○年内の余日も少なく慌ただしい毎日を迎えるに至りました
○年内余すところ数日と成り果てました

❸―その他の前文のあいさつ

［返信のあいさつ］

▼返信の場合に、前文に書くあいさつの部分。
▼返信の場合は、頭語を「拝復」とし、時候のあいさつを省いて、返信のあいさつへ続ける。
○「このたびはご丁寧なお手紙、ありがたく拝見いたしました」「十月三日付のお手紙、正に拝見いたしました」など。
▼そのあと、受け取った手紙の安否のあいさつに応じ、相手方の無事を祝福する。
○「ますますお元気でご活躍の趣、お喜び申し上げます」「貴家ますますご健勝の由、慶賀の至りに存じます」など。
▼続けて、安否のあいさつ（自分側）を書き、感謝のあいさつ、疎遠の陳謝、迷惑の陳謝などを続ける。

［安否のあいさつ］

▼手紙の前文において、相手方の安否を尋ねたり、自分側の無事を伝えたりするあいさつの部分。「起居のあいさつ」とも。
▼普通は時候のあいさつのあとに続ける。
▼相手方の安否については、尋ねる形にする場合と、推量や伝聞の形にする場合とがある。
○「その後お変わりもなくお過ごしでしょうか、お伺い申し上げます」「相変わらずお元気でお過ごしのことと存じます」「お変わりもなくお過ごしの由、お喜び申し上げます」「貴下ますますご清祥の段、慶賀の至りに存じま

す」など。

▼ただし、相手方の無事でないことが分かっていれば、

○「その後ご容体いかがでしょうか、ご案じ申し上げます」「その後ご様子どのようにお進みでしょうか、心配しております」など。

▼自分側のことについては、無事だけを知らせる。

○「わたくしども一同おかげさまで無事過ごしておりますから、他事ながらご安心くださいい」「当方相変わらず元気でおりますから、ご休心くださるようお願い申し上げます」など。

▼特に親しい間柄なら、無事でない事情を書いてもよい。

○「この冬は子供が風邪を引いて困っております」など。

注意 未見の相手方に対しては、自分側の無事について書かない。団体や会社・官庁あての手紙には、安否のあいさつを用いない。

〔感謝のあいさつ〕

▼手紙の前文において、日ごろ受けた恩顧を感謝するあいさつの部分。

▼普通は時候のあいさつのあとに続ける。

▼一般的な形は

○「日ごろは何かとお世話になり、お礼の申し上げようもございません」「毎々格別のご高配を賜り、ありがたく厚く御礼申し上げます」など。

▼最近特にお世話になったことがあれば、そのことに触れて感謝の意を表する。

○「先日は突然お伺いしたにもかかわらず種々ご教示を賜りましたこと、厚く御礼申し上げます」「先月は息子のことで何かとご指導に

あずかり、お礼のことばもございません」「過日御地出張の折には、一方ならぬお世話に接し、厚く感謝しております」「昨日は心ならずもご迷惑をお掛けし、まことに申し訳なく存じております」など。

［未見のあいさつ］

▼手紙の前文で、まだ会ったことのない人に手紙を書く場合に、その旨を述べるあいさつの部分。
▼この場合、前文の時候のあいさつを省く。
▼一般的な形は
○「まだお目にも掛かりませんのに、突然お手紙を差し上げる失礼お許しください」など。
▼だれかに紹介してもらった場合は、
○「田中様のご紹介により、突然ながら書中をもって申し上げます」「小生、山田先生からご紹介にあずかりました田口修でございます」など。
▼自ら名乗る形で
○「まだ拝顔の栄を得ませんが、当方山下隆と申す二十歳の学生でございます」「ご芳名はかねて承知しておりますが、当方目黒でささやかな茶舗を営む岡と申す者でございます」なども。

注意　この種の手紙は相手方に迷惑を掛けるから、末文でも迷惑の陳謝を忘れずに書く。

［疎遠の陳謝］

▼手紙の前文において、ごぶさたをわびるあいさつの部分。
▼一般的な形は
○「その後久しくごぶさたいたしましたこと、心からおわび申し上げます」「平素はご無音に打ち過ぎ、まことに申し訳ございません」

など。

▼許しをこう形で

○「心ならずもごぶさたしておりましたこと、どうかお許しください」「日ごろは雑事に追われ、ついごぶさたいたしておりますが、どうかご容赦のほどお願い申し上げます」とも。

［遅延の陳謝］

▼手紙の前文で、しなければならないことが遅れてしまったことをわびるあいさつの部分。

▼一般的な形は

○「早速ご返事を差し上げなければならないところ、雑事に追われて遅くなり、まことに申しわけございません」「お申し越しの件、後れ後れになりましたこと、心からおわび申し上げます」など。

▼許しをこう形で

○「早々お手紙を頂きながらご返事が遅れて今日に至りましたこと、ご容赦のほどお願い申し上げます」などとも。

注意 返信を必要とする手紙は、受け取った翌日に出すくらいがよい。翌々日になった場合も、日付は翌日にして出しておく。確答までに日数が掛かりそうな場合は、とりあえずその旨を返信しておく。

［迷惑の陳謝］

▼手紙の前文において、いろいろ迷惑を掛けたことをわびるあいさつの部分。

▼その手紙を書くまでの迷惑についてわびる。

▼一般的な形は

○「いつも何かとご無理を申し、おわびのことばもございません」「心ならずもご迷惑をお掛けし、申し訳なく存じております」など。

▼特に返信が遅くなったことについては
○「ご返事が遅れ、さぞご迷惑をお掛けしたことと存じます。何とぞあしからずお許しください」「再々お手紙を煩わし、まことに恐縮に存じます」などとも。

注意 特に相手方に何かを依頼する場合は、末文に迷惑の陳謝を加えることが望ましい。

❹―起辞

▼手紙の前文が終わって、本来の用件に入るときに書く「さて」などの書き出しのことば。「転語」とも。

▼必ず行を改めて書き始める。一般には一字下げにして書き出すが、格式ばった場合は、一字下げにしないこともある。その場合は、他の改行のところも一字下げにしない。

▼起辞のあと、すぐ用件を続ける。起辞は、ここから主文に入るというしるしにもなる。手紙を読むほうでも、前文は流し読みにし、起辞のところから丁寧に読めばよい。したがって、起辞より前に重要な事柄を書いてはいけない。

▼起辞は、主文の中で別の用件に移る場合にも、行を改めた最初に用いる。その場合は、同じ起辞でなく、変化をつけたほうがよい。「また」「なお」「ただし」などを用いてもよい。

注意 災害見舞い・慰問状などは、急いで用件に入ることが必要なため、前文も起辞も省略する。その場合は、「急啓　承れば」などの形になる。頭語・前文を付けない弔慰状は、「このたびは」「承れば」などの書き出しで、すぐ用件に入る。

起辞の例　(話題転換のことばにも用いる)

さて……起辞として最も一般的。「さて、このたびは」「さて、早速ながら」「さて、ほかでもございませんが」「さて、かねてお話しの件については」なども。

ところで……変化をつける場合に用いる。「ときに」「実は」なども。

ついては……前を受けてそのまま続けるときに用いる。前文に「お手紙、ありがたく拝見いたしました」と書いたら、「ついては」で始めてもよい。

承れば……直接本人から聞いたのではなく、間接にある方面から知った場合に用いる。「さて、承れば」「さて、聞くところによりますと」「さて、新聞によりますれば」「さて、田中様からお聞きいたしましたが」なども。

のぶれば……古い形であるので、改まった場合に用いる。旧表記では「陳者」と書いた。

❺―主文

▼手紙のなかで、中心となる用件の部分。

▼主文は、内容を整理し、文脈を整え、手紙の用件が正しく伝わるように書く。それには、次のようにするとよい。

(1)何を書くか、その内容を一応明確にしておくこと。複雑な用件の場合は、用件を一度箇条書きにしてみて、その順序を考える。一般的な形としては、事件の起こった順序か、考えを進めていく順序に並べると、まとめやすい。

(2)参考になる文例があれば、それを読んでおく。事務的な手紙の場合は、文例の文句を一部入れ替えるだけでも間に合う。

(3)時間にゆとりがあれば、一度下書きしてみる。下書きをすればそれが手元に残るから、控えを取ったことにもなる。

(4)全体ができ上がったら、それを読み手の立場で読み返してみる。自分の思っている内容、伝えたい趣旨が読み取れないようなら、直さなければならない。

❻—末文のあいさつ

[愛顧のあいさつ]

▼手紙の末文において、「今後ともよろしく」という形で愛顧を願うあいさつの部分。

▼一般的な形は

○「今後もどうかよろしくお願い申し上げます」「今後ともよろしくご指導のほど、ひとえにお願い申し上げます」「将来とも倍旧のご高配を賜れば、これに越したことはございません」など。

▼商用文では

○「今後ともよろしくお引き立てのほど、お願い申し上げます」「将来とも多少にかかわらずご用命くださるよう、お願い申し上げます」など。

[悪文の陳謝]

▼手紙の末文において、その手紙の文章が下手なことをわびるあいさつの部分。

○「生来の悪文、どうかあしからずお許しください」「長々と勝手なことばかり書き連ねましたこと、幾重にもおわび申し上げます」「何分にも取り急ぎましたので、お分かりにくいところも多いかと存じますが、事情ご賢察のうえ、ご寛容くださるようお願い申し上げます」など。

[迷惑の陳謝]

▼手紙の末文において、いろいろ迷惑を掛けたことをわびるあいさつの部分。その手紙を差し上げるために相手の受ける迷惑についてわびる。

○「長々と勝手なことばかり書き連ね、まことにご迷惑なことと存じます。どうか、あしからずおぼしめしくださるよう、お願い申し上げます」「以上ご無理なことばかり申し上げ、いろいろご迷惑をお掛けすること、幾重にもおわび申し上げます」「以上、お心に添えずまことに申し訳ございませんが、事情ご賢察くださるよう、お願い申し上げます」など。

注意 特に相手方に何かを依頼する場合は、末文に迷惑の陳謝を加えることが望ましい。

［後日の約束］

▼手紙の末文において、詳細はまた後日申し上げますと約束する部分。

○「詳しくはいずれ後便で申し上げたいと存じます」「今後の経過については、近日中に次便でご報告申し上げます」「委細は後日拝顔の節、万々申し上げたいと存じます」「そのうち参上いたし、詳細お話し申し上げる所存でございます」など。

［自愛のあいさつ］

▼手紙の末文において、相手方の無事を祈るあいさつの部分。

▼最も一般的な形は

○「時節柄、ご自愛のほどお祈りいたします」となる。

○「時節柄」の代わりに「気候不順の折から」「寒さ厳しいこのごろ」「梅雨の候」「猛暑の候」などと書けば、具体的になる。

○「ご自愛」の代わりに「ご自重」「ご養生」な

ども。その他、「どうぞお体をお大事に」「どうぞ御身お大切に」などとも。

注意 相手方が会社・官庁の場合は、自愛のあいさつの代わりに発展のあいさつを書く。

[伝言のあいさつ]

▼手紙の末文において、よろしく伝えることを頼むあいさつの部分。

▼発信者が他の人から頼まれた場合は、取り次ぎの形となる。

○「兄からもよろしくとのことでございます」「母からもくれぐれもよろしく申し上げるようにとのことでございます」など。

▼受信者を通じて特定の人に伝えてもらう場合は、依頼の形となる。

○「ご両親様にも、どうかよろしくお伝えください」「いろいろお世話になった奥様へも、どうぞくれぐれもよろしくご伝言のほどお願い申し上げます」など。

▼発信者が頼まれたことを受信者を通じて伝えてもらう場合は

○「母からもご母堂様によろしくとのことでございます」など。

注意 目上の人にあてた手紙の場合、家族・同僚以外の人への伝言を依頼することは、失礼だと思う人もいる。

[発展のあいさつ]

▼手紙の末文において、相手方の発展を祈るあいさつの部分。

▼最も一般的な形は

○「末筆ながら、貴家ますますのご発展をお祈り申し上げます」となる。

○「貴家」の代わりに「御家・皆様・ご一同様」

とも。
○「ご発展」の代わりに「ご清祥・ご健勝・ご繁栄・ご清福」など。
○また、「陰ながらご多幸をお祈りいたします」「ますますのご活躍を切望いたします」なども、発展のあいさつになる。
▼相手方が会社や官庁などの場合は
○「末筆ながら、貴社（貴庁・貴店・貴行）一層のご隆盛をお祈り申し上げます」のようになる。
○「ご隆盛」の代わりに「ご清栄・ご盛業・ご繁栄・ご隆祥」とも。
注意 相手方が会社・官庁などの場合は、自愛のあいさつの代わりに発展のあいさつを書く。

［返信の請求］

▼手紙の末文において、返事をくださいと頼むあいさつの部分。
▼一般的な形は
○「折り返しご返信を賜りたく、お願い申し上げます」など。
○具体的に「ご都合の日時、ご指示くださるようお願い申し上げます」「ご出席の有無につき、十月五日までにご一報くださるようお願いいたします」などとも。
▼ただし、返信を書くことは相手にとって負担となるから、前に「恐縮ながら」「お手数ではございますが」「ご多用中のところまことに恐れ入りますが」などと加えておくほうがよい。
注意 返信の請求をする場合には、返信用切手を貼った封筒を同封するのが礼儀である。ただし、簡単な返信で済む見通しなら、はがきを同封するか、往復はがきにする。いずれも、表に自分側の所番地・受信者名を書き、受信者名のあとは「行」としておく。相手方でその「行」を消し、

「様」または「殿」と書き改めて返送する。

［乱筆の陳謝］

▼手紙の末文において、その手紙の文字がぞんざいなことをわびるあいさつの部分。

○「以上、乱筆にて失礼いたしました」「取り急ぎ乱筆の段、どうぞあしからずお許しください」「生来の悪筆、幾重にもおわび申し上げます」「拙筆のうえに急ぎましたので、お分かりにくいところが多いかと存じますが、よろしくご判読のほど、お願い申し上げます」など。

❼―要旨のまとめ

▼手紙の末文において、主文の内容について、締めくくりとして念を押す部分。

▼末文の中心であり、必ず別行にする。

▼一般的な形は

○「まずは、とりあえず御礼まで」「まずは、取り急ぎご報告まで」「まずは、後ればせながらご返信まで」など。

○簡略にすれば、「まずは、とりあえず」「以上、用件のみ」など。

○要旨が二つある場合は、「まずは、とりあえず御礼かたがた近況ご報告まで」のようになる。

○丁寧に書くと、「まずは書中をもって御礼申し上げます」「まずは、略儀ながらごあいさつ申し上げます」「以上、用件のみ、伏してお願い申し上げます」など。

注意　末文のうち他のあいさつは省略しても、要旨のまとめだけは書くほうがよい。

❽—結語

▼手紙の最後に書く「敬具」などのことば。
▼結語は、手紙における最後のあいさつ語である。訪問を終えて玄関で言う「さようなら」に当たる。
▼結語は、縦書きの場合は本文の最後の行の下（横書きの場合は右）に書く。そのとき、下のほうが一字分ぐらいあくようにする。本文が行末まである場合は、次の行の下に書く。「敬具」のような二字の結語は、普通の字詰めでなく、間を少しあけて書くと整う。

注意　なお、「結語の例❶」の結語は、それに対応する頭語とともに用いること。（「頭語の例❶」の頭語を用いない場合は、「結語の例❶」の結語も用いない）

結語の例❶（漢字熟語のもの）

敬具……最も一般的。頭語「拝啓」「再啓」に対応する。「以上うやまって申し上げました」という意味。その他「拝具」「拝白」などとも。返信の場合には「拝答」「拝酬」などもあるが、一般的ではない。「拝復」に対しても「敬具」でよい。

敬白……「敬具」より丁重な語として、頭語「謹啓」に対して用いる。「以上うやまって申し上げました」という意味。（ただし、「謹啓」に対して「敬具」でも差し支えない。）その他「謹具」「再拝」とも。

頓首再拝……格式ばった場合に用いる。頭語「粛啓」「恭啓」などに対応する。「頓首敬白」「恐惶謹言」「恐懼謹言」とも。

草々……頭語「前略」「急啓」に対応する。「急いで書きました」という意味。失礼に当たる言辞を陳謝する気持ちで、「不一」「不宣」「不二」「不備」「不尽」とも。

以上……事務的な手紙の場合は、事務文書に準じて「以上」でもよい。

結語の例❷（漢字熟語以外のもの）

かしこ……「つつしみうやまう」という意味で、現在は女性用。「かしく」とも。格式ばった場合は、「あらあらかしこ」「めでたくかしこ」なども用いた。

さようなら……訪問に準じて、口語体の手紙に用いられる。「ではまた」「ごきげんよう」とも。その他、「ではこれで失礼させていただきます」などで終わってもよい。

⑨—日付

▼手紙をいつ書いたかの年月日の部分。

▼普通は手紙の後付けの最初に書く。業務上の手紙では、「発信年月日」として最初に書くこともある。

▼日付の示し方は、「平成○○年五月三日」「二〇〇八年五月三日」のように、年月日の三項を正確に書く。必要なら、時刻も書く。ただし、日常のやり取りには、月日だけでもよい。風流なものでは、「二月三日大雪の朝」「四月十二日春を惜しみつつ」などとも。

▼年賀状に用いる「元旦」は「一月一日」の意味であるから、「平成○○年元旦」でよい。「一月元旦」という書き方はしない。

▼年賀状の場合を除き、その手紙を書いた年月日を書くのが原則である。ただし、遅くなった返信の場合に日付を早めることも行われている。締切日を厳守する郵便物の場合は、発信者の書いた日付でなく、集配スタンプの日付が基準となる。

▼後付けの日付は、本文のあと、行を改めて、本文より二字か三字下げ、やや小さい字で書く。はがきの場合は、本文のあとの余白に書く。余白が

なければ、表の切手部分の下の余白に書いてもよい。日付欄の印刷してある業務用便箋の場合は、そこに記入する。

注意 横書きの場合、日付は前付けとなる。最初の行の右に寄せて、本文よりやや小さい字で書く。

⑩─署名

▼手紙の後付けのうち、その手紙をだれが書いたかを明らかにする部分。

▼はがきの場合は表書きの発信者名で兼用する。

▼署名は、原則として、姓名全部を書く。業務上の手紙は、個人名に役職名を付ける。一般的なものは、会社名・部課名だけでもよい。これらは、封筒の裏書きの発信者名と同じにする。

▼親しい友人や肉親の場合は、「太郎より」「父より」など。こういう場合は、形式的には封筒の裏書きと異なるが、同一人となることが必要である。

▼本来は自筆すべきであるから、本文を印刷した場合も、発信者の氏名だけは自筆で記入することが行われている。代筆の場合は、本人の氏名のあとに、小さく「代」「代筆」と添える。妻が夫に代わって書く場合は、「内」と添える。課名や係名だけの場合は、担当者の印を押すことも多い。

▼連名の場合は、下位の者から順に書く。この点、あて名を連名にする場合と逆になる。ただし、家族連名の場合は、主人の姓名の左（横書きの場合は下）に、妻・子の順に名だけ並べて書く。結婚披露宴の招待状は、新郎の父親・新婦の父親の順、死亡通知は、喪主・妻・子・親族代表・友人代表の順となる。人数が多く順序をつけにくい場合は、五十音順にする。代表者を一名だけ書き、その下に「他十四名」のように書いてもよい。

▼縦書きの場合は、日付の行の下または次の行に、書き終わりが本文より一字上ぐらいで止まるように、本文よりやや大きい字で、間を少しあけた字配りで書く。横書きの場合、後付けの署名は、書き終わりが本文より一字分前ぐらいで止まるように、同じ要領で書く。

⑪・⑫——あて名・敬称

▼手紙の後付けにおいて、その手紙を「だれに」あてたかを明らかにする部分。

▼はがきの場合は表書きの受信者名で兼用する。

▼原則として姓名を書き、それに敬称を付ける。略字の使用は、本人が用いている場合以外は好ましくない。業務上の手紙は、個人名に役職名を付けるが、一般的なものは個人名を書かず、会社名・部課名だけでもよい。その場合は、敬称の代わりに「御中」と書く。これらは、封筒の表書きの受信者名と同じにする。

▼肉親の場合は、目上に対して「父上様」「伯父上様」、目下に対して「太郎様」「隆君」「花子様」など。愛情の手紙には「愛する光江様」「光江さん」なども。こういう場合は、形式的には封筒の表書きと異なるが、やはり同一人となることが必要である。

▼ただし、頭語として「父上様」「光江さん」などと書いた場合は、あて名の部分を姓名の形で書く。

▼連名の場合は、上位の者から順に並べる。この点署名の場合と逆になるから注意を要する。夫婦連名の場合は、ご主人の氏名の下に「御奥様」「令夫人様」「御奥方様」「御内室様」、親子の場合は「御令息様」「御令嬢様」、家族一同に対しては代表者の氏名の下に「御一同様」などとする。

▼多数の顧客や会員にあてる場合は「各位」「会員各位」とも。

▼印刷する場合は、あて名欄を空白にして、敬称の「様」「殿」だけ刷っておいてもよい。
▼あて名は、署名の次の行の上部で、日付より上、本文より下のところから、署名よりも大きい字で書く。目上の人に対しては、本文と同じ高さまで上げて敬意を表することも行われている。
注意　横書きの場合、あて名は前付けになる。

⑬―追伸の頭語

▼追伸の最初に書く「二伸」などのことば。
▼漢字熟語のものに「二伸」「追伸」「再伸」「追啓」「再啓」「追言」「付記」など。漢字熟語以外のものに「追って」「なお」「なおまた」「なおなお」など。
注意　追伸の場合は結語を書かなくてもよいが、書くなら「再拝」と書く。

⑭―追伸

▼手紙の後付けのあとに、本文に準じて書き加える部分。「追って書き」「副文」とも。
▼本来は本文に書き漏らしたことをあとで気づいて書き加える形であるが、特に次のような場合に活用される。
(1)本文とは別の用件で、本文と一緒にしないほうがよい場合。本文がお礼の手紙であれば、「まずは、とりあえず御礼まで」と一応結んでおき、「二伸　夏休みにご家族で墓参に帰郷なさるとのご計画、その後どのようにお運びでしょうか、一同お待ち申し上げております」のように書く。
(2)特に注意を引く必要のある場合。本文が案内の手紙であれば、「追って準備の都合もございますので、ご出席の有無、来る三月十日までにご一報くださるよう、お願い申し上げます」のようにする。

▼追伸は、本文よりやや下げて（横書きの場合は左側を少しあけて）「二伸」などの頭語を書き、そのあと一字あきか別行にして、本文よりやや小さい字で書く。

注意 弔慰状の場合は、不幸が重なることを連想するから、追伸を書いてはいけない。

【手紙でのことばの使い方】

文体

▼文のスタイル。

▼「本だ」「本である」「本です」「本でございます」などは、意味は同じでも、文体が異なる。

▼文体を特徴づけるのは、文の終わりに用いる語の違いである。その違いによって、普通の文体（常体）と丁寧な文体（敬体）とに分かれる。

▼常体の文における文末の特徴は、「だ」「である」であり、それぞれ「だ体」「である体」と呼ばれている。これに対し、敬体は「です・ます」を用いるため、「です・ます体」と呼ばれる。さらに丁寧な形が「ございます」を用いる「ございます体」である。

▼手紙の文章は、相手方に対して敬意を表すため

に、基本的には敬体の「です・ます体」「ございます体」を用いる。
▼目下の人や親しい友人などに対しては、普通の会話そのままのほうが親しみも感じられるため、「ますね」「ですよ」など、砕けた文体で書くことも行われている。しかし、目上の人に対してこのような砕けた文体を用いるのは、やはり失礼である。

注意「です」については、目上の人に対しては失礼だと感じる人もいる。したがって、丁重を旨とする手紙の場合は、「ます」の形でまとめるほうが好ましいとも言える。

[恐縮表現]

▼相手方を尊重し、相手方の好意に対して恐れ入る気持ちを表す言い方。
▼恐縮表現を用いることは、手紙を書くときの一般的な心構えとして重んじられている。
▼恐縮表現には、例えば次のようなものがある。手紙文は、この調子を踏まえて書くのが効果的である。
○「ご多用中まことにご迷惑とは存じますが」「ご都合もいろいろおありのことではございましょうが」「毎度勝手なことばかり申し上げて、甚だ心苦しい次第ではございますが」など。

敬語

▼敬意に基づく表現。
▼手紙は礼儀を失わないように書かなければならないから、敬語を使う書き方が基本になっている。
▼一般的な敬語は、話題の人を敬う尊敬表現と、話題の人にへりくだる謙譲表現とに分かれてい

る。「お書きになる」は尊敬表現で、「お書きする」は謙譲表現である。

▼また、文体のうえでは、普通の文体（常体）に対し、相手方に敬意を表す丁寧な文体（敬体）がある。「字を書く」は常体で、「字を書きます」は敬体である。

▼したがって、敬語を基本とする手紙文においては、常に、⑴自分側と相手方との関係はどうか、⑵自分側と話題の人物との関係はどうか、⑶話題の人物相互の関係はどうか、を考慮して書き進めることが必要である。また、そういう上下関係の考慮されている手紙文においてのみ、主語の省略が可能になるのである。

▼なお、敬語を基本とする表現の場合は、そこに用いる単語にも上品な語感の語が用いられる。「飯・うまい」より「ご飯・おいしい」、「あの人・どの人」より「あのかた・どなた」が用いられるのも、そのためである。

［尊敬表現］

▼話題の人を敬う言い方で、手紙文では相手方の事柄に用いる。

▼敬う段階に応じて「書かれる・お書きになる・お書きあそばす」「受けられる・お受けになる・お受けあそばす」の三段階が用いられる。これらのうち「れる・られる」の付く型は受身の言い方と紛らわしい点もあるが、動詞に規則的に付くから好都合である。

▼「お―になる」に当たる言い方には、特別の語もある。「いらっしゃる・なさる・おっしゃる・ご覧になる・召し上がる・ご存じでいらっしゃる」など。なお、「お―になる」を「お―になられる」という形で使うのは、敬語の行き過ぎである。

▼「―あそばす」の型は、平明簡素な敬語としては、用いられなくなる傾向にある。

▼授受関係の表現を利用し、「お書きくださる・書いてくださる」とする言い方もある。
▼他に、形容詞として「お美しい・お高い」、形容動詞として「お静か・ご立派」、名詞として「お話・ご尽力」など、「お・ご」の付く形がある。
▼名詞の中には「貴宅・御地・貴社・ご盛宴・ご高評」や「ご一同様・御尊父様・御母堂様・御奥様・ご主人様・ご子息様・お嬢様・お子様」など、相手方や話題の人に関係のあるものに敬意を表す呼び方があり、手紙文に広く用いられる。
（「自他の呼び方」参照）

［謙譲表現］

▼へりくだる言い方で、手紙文では自分側の事柄に用いる。
▼へりくだる段階に応じて、「お書きする・お書きいたす・お書き申し上げる」の三段階が用いられる。
▼特別の語として「おる・参る・いたす・伺う・頂く・申す・申し上げる・拝見する・拝借する・お目に掛かる・お目に掛ける・存じる・存じ上げる」などもある。
▼また、授受関係の表現を用い、「書いてさしあげる・書かせていただく」とする言い方もある。
▼名詞の中には、自分側に関係のあるものについて「拙宅・弊地・当社・小宴・粗品・薄謝・愚見」や「父・母・家内・宅・せがれ・娘・子供」など、へりくだる呼び方があり、手紙文に広く用いられる。（「自他の呼び方」参照）

［敬語の誤用について］

▼敬語の使い方については、特に次のような点に気をつける。
▼敬意を表す必要のないものに尊敬表現を用いて

はならない。

○「富士山もよくお見えになりました　↓見えました」「とても気持ちの良いお部屋でいらっしゃいました　↓でございました」など。

▼自分側の身内のことを他の人に向かって述べる場合に尊敬表現を用いてはならない。

○「父上様は今年還暦を迎えられました　↓父は今年還暦を迎えました」「課長さんはちょっとご病気でお休みになっていらっしゃいます　↓課長はちょっと病気で休んでおります」など。

▼尊敬表現を使うべきところに謙譲表現を使ってはならない。

○「ご利用していただければ、幸いと存じます　↓ご利用になっていただければ」「お求めできるお値段でございます　↓お求めになりやすいお値段」など。

▼尊敬表現を文体としての敬体だけで間に合わせてはならない。

○「その方は山下先生でございました　↓山下先生でいらっしゃいました」など。

敬称

▼手紙のあて名に付ける「様」など。

▼封筒やはがきの表に書く受信者名にも付ける。

注意　敬称は、あて名と同じ大きさの文字で書く。

敬称の例（あて名に応じて使い分ける）

様……敬称として最も一般的。目上・同輩・目下の区別なく用いることができる。目下の女性に対して「さま」と仮名書きにすることもあるが、あまり一般的ではない。

殿……公用の手紙や届け書の場合に用いる。親から子へ、兄から弟へ、雇い主から雇い人へなど、目下にあてる場合に用いることもある。

君……友人に用いる。目下の男子に用いてもよい。友人の場合、「兄」「雅兄」とも。

大兄……先輩に用いる。「学兄」「賢兄」なども。

先生……恩師をはじめ、医師・弁護士・代議士・僧・画家などに用いる。「先生様」は敬称が重複していておかしい。医師には「医堂」、僧には「和尚」「禅師」、画家には「画伯」なども。

各位……個人名を省略し、「会員各位」などと用いる。「各位」自体が敬意を含んでいるので、「各位殿」とする必要はない。

御中……団体や会社・官庁・商店あての場合は、「殿」の代わりに「御中」を用いる。「御中」は、横書きの場合はあて名に続けて同じ行に書く。縦書きの場合は、あて名の左下に、「御」の字があて名の最後の一字に重なるくらいの位置に書く。

自他の呼び方

▼手紙では、自分側の事柄については尊敬語を使わない呼び方やへりくだった呼び方をし、相手方の事柄については尊敬語を使って敬う呼び方をする。以下は、そのような自他の呼び方の使い分けが一覧できるようにしたものである。

自他の呼び方の例

○父親
自分側　父　家父　老父　実父　養父
相手方　御父上様　ご尊父様
○実父
自分側　実父　里の父　里の老父
相手方　お里の御父上様　お里のご尊父様

○夫の父
自分側　父　義父　老父　舅
相手方　御父上様　ご尊父様　お舅様

○妻の父
自分側　妻の里の父　外父　岳父
相手方　ご外父様　ご岳父様

○亡父
自分側　亡父　亡き父　先代　先考
相手方　故御父上様　ご先代様　ご先考様

○母親
自分側　母　家母　老母　実母　生母
養母
相手方　御母上様　ご母堂様

○実母
自分側　実母　里の母　里の老母
相手方　お里の御母上様　お里のご母堂様

○夫の母
自分側　母　義母　老母　姑
相手方　御母上様　ご母堂様　お姑様

○妻の母
自分側　妻の里の母　外母　岳母
相手方　ご外母様　ご岳母様

○亡母
自分側　亡母　亡き母　先母　先慈
相手方　故御母上様　ご先母様　ご先慈様

○両親
自分側　父母　両親　老父母
相手方　ご父母様　ご両親様　ご両所様

○夫の両親
自分側　父母　義父母　老父母
相手方　ご父母様　ご両親様　ご両所様

○妻の両親
自分側　妻の里の父母　外父母　岳父母
相手方　ご外父母様　ご岳父母様

○亡両親
自分側　亡両親　亡き両親　亡父母

亡き父母　先父母
相手方　故ご両親様　亡きご両親様
亡きご父母様　ご先父母様

○祖父
自分側　祖父　隠居老　祖父
相手方　ご祖父上様　ご隠居様

○亡祖父
自分側　亡祖父　亡き祖父　祖考
相手方　故ご祖父上様　亡きご祖父上様
ご祖考様

○祖母
自分側　祖母　隠居　老祖母
相手方　ご祖母上様　ご隠居様

○亡祖母
自分側　亡祖母　亡き祖母
相手方　故ご祖母上様　亡きご祖母上様

○祖父母
自分側　祖父母　隠居ども　年寄りども

相手方　ご祖父母様　ご隠居様方
お年寄り

○亡祖父母
自分側　亡祖父母　亡き祖父母
相手方　故ご祖父母様　亡きご祖父母様

○夫
自分側　夫　主人　宅　〔名〕〔姓〕
相手方　ご主人様　ご夫君様　〔姓〕様

○亡夫
自分側　亡夫　亡き主人　亡き〔名〕
亡き〔姓〕
相手方　故ご主人様　亡きご主人様
亡き〔姓〕様

○妻
自分側　妻　家内　愚妻　老妻　〔名〕
相手方　奥様　奥方様　ご令室様

○新婦
自分側　新婦　家内　愚妻

相手方　ご新造様　ご寮人様

○亡妻
自分側　亡妻　亡き家内　亡き妻
　亡き〔名〕
相手方　故奥様　故ご令室様　亡き御奥様

○息子
自分側　息子　長男　次男　末男　愚息
〔名〕
相手方　ご令息様　ご子息様　ご令嗣様
　ご長男様　〔名〕様　お坊ちゃま

○娘の夫
自分側　婿　〔名〕
相手方　お婿様　ご令婿様　〔名〕様

○亡き息子
自分側　亡男　亡長男　亡次男
　亡き〔名〕
相手方　故ご令息様　亡きご長男様
亡きご次男様　亡き〔名〕様

○娘
自分側　娘　息女　長女　次女　末女
愚娘　〔名〕
相手方　ご令嬢様　ご息女様　ご長女様
〔名〕様　お嬢様

○息子の妻
自分側　嫁　〔名〕
相手方　嫁御様　ご令嫁様

○息子の新婦
自分側　新婦
相手方　ご新造様　ご寮人様

○亡き娘
自分側　亡女　亡長女　亡次女
亡き〔名〕
相手方　故ご令嬢様　亡きご長女様
　亡きご次女様　亡き〔名〕様

○子供
自分側　子供　児輩

相手方　お子様　ご愛児様

○亡き子供
自分側　亡児　亡き子供
相手方　亡きお子様　亡きご愛児様

○父子
自分側　父子　親子
相手方　ご父子様

○母子
自分側　母子　親子
相手方　ご母子様

○家族
自分側　一同　皆々　私ども　小生方
家族一同
相手方　ご一同様　皆々様　ご家族の皆様
貴家　尊家

○伯父（父母の兄）
自分側　〔姓〕伯父　〔地名〕の伯父
相手方　〔姓〕ご伯父様
〔地名〕のご伯父様

○伯母（父母の姉）
自分側　〔姓〕伯母
〔地名〕の伯母
相手方　〔姓〕ご伯母様
〔地名〕のご伯母様

○叔父（父母の弟）
自分側　〔姓〕叔父　〔地名〕の叔父
相手方　〔姓〕ご叔父様
〔地名〕のご叔父様

○叔母（父母の妹）
自分側　〔姓〕叔母　〔地名〕の叔母
相手方　〔姓〕ご叔母様
〔地名〕のご叔母様

○兄
自分側　兄　舎兄　長兄　次兄　愚兄
〔名〕兄
相手方　御兄上様　ご令兄様　ご長兄様

ご次兄様　〔名〕様

○姉の夫
自分側　姉婿　長姉婿　次姉婿　義兄
相手方　御姉婿様　ご長姉のお婿様

○亡兄
自分側　亡兄　亡長兄　亡次兄
相手方　亡き御兄上様　亡きご長兄様
亡き〔名〕

○姉
自分側　姉　長姉　次姉　愚姉　〔名〕姉
相手方　御姉上様　ご令姉様　ご長姉様
亡き〔名〕様

○兄の妻
自分側　兄嫁　長兄嫁　次兄嫁　義姉
相手方　御兄嫁様　ご長兄のお嫁様
ご次姉様　〔名〕様

○亡姉
自分側　亡姉　亡長姉　亡次姉

相手方　亡き御姉上様　亡きご長姉様
亡き〔名〕様
亡き〔名〕

○弟
自分側　弟　舎弟　次弟　末弟　愚弟
〔名〕
相手方　弟御様　ご令弟様　ご次弟様
〔名〕様

○妹の夫
自分側　妹婿　次妹婿　末妹婿　義弟
〔名〕
相手方　御妹婿様　ご令妹のお婿様

○亡弟
自分側　亡弟　亡次弟　亡末弟
亡き〔名〕
相手方　亡き弟御様　亡き〔名〕様

○妹
自分側　妹　小妹　次妹　末妹　愚妹

〔名〕
相手方　妹御様　ご令妹様　ご次妹様
〔名〕様

○弟の妻
自分側　弟嫁　次弟嫁　末弟嫁　義妹
〔名〕
相手方　御弟嫁様　ご令弟のお嫁様

○亡妹
自分側　亡妹　亡次妹　亡末妹
亡き〔名〕
相手方　亡き妹御様　亡き〔名〕様

○孫
自分側　孫　孫ども　愚孫ども
相手方　お孫様　お孫様方　ご愛孫様
ご令孫様

○男孫
自分側　孫息子　男孫　〔名〕
相手方　ご孫男様　〔名〕様

○女孫
自分側　孫娘　女孫　〔名〕
相手方　ご孫女様　〔名〕様

○孫の夫
自分側　孫婿
相手方　御孫婿様　ご令孫のお婿様

○孫の妻
自分側　孫嫁
相手方　御孫嫁様　ご令孫のお嫁様

○甥
自分側　甥の〔名〕
相手方　甥御様の〔名〕様

○姪
自分側　姪の〔名〕
相手方　姪御様の〔名〕様

○親族
自分側　親族一同　親類の者　一族　近親
相手方　ご親族方　ご親類方　ご一門様

ご近親様

○師
自分側　〔姓〕先生　〔姓〕師　尊師　恩師
旧師
相手方　〔姓〕先生　〔姓〕師　ご尊師様
ご恩師様　ご旧師様

○亡師
自分側　先師
相手方　ご先師様

○門弟
自分側　門弟　弟子　〔姓〕
相手方　ご門弟　ご高弟　お弟子様

○上役
〔姓〕様
自分側　上司　社長　部長　課長　係長
相手方　ご上司様　貴社長様　貴部長様
貴課長様　貴係長様

○先輩
自分側　先輩　恩人　敬友　〔姓名〕様
〔姓名〕氏
相手方　ご先輩　ご恩人　ご敬友
〔姓名〕様　〔姓名〕氏

○友人
自分側　友人　親友　学友　級友　同窓
〔姓名〕様　〔姓名〕氏
相手方　ご令友　ご親友　ご学友　ご級友
ご同窓　〔姓名〕様　〔姓名〕氏

○下役
自分側　〔姓名〕
相手方　〔姓名〕様　〔姓名〕氏
〔姓名〕嬢

○後輩
自分側　〔姓名〕君　〔姓名〕様
〔姓名〕嬢
相手方　〔姓名〕氏　〔姓名〕様
〔姓名〕嬢

○社員
自分側　弊社員　弊店員　弊行員
相手方　貴社員　貴店員　貴行員

○秘書
自分側　秘書の〔姓名〕　秘書
相手方　貴秘書の〔姓名〕様　貴秘書

○使者
自分側　使い　使いの者
相手方　お使い　お使いの方　ご使者

○官職
自分側　卑職
相手方　ご尊職　御職

○氏名
自分側　氏名　名
相手方　ご芳名　ご貴名

○商店
自分側　当店　弊店　弊舗
相手方　貴店　御店　貴舗

○会社
自分側　当社　弊社　当館　弊館
相手方　貴社　御社　貴館　御館

○銀行
自分側　当行　弊行
相手方　貴行　御行

○工場
自分側　当工場　弊工場
相手方　貴工場　御工場

○病院
自分側　当院
相手方　貴院

○学校
自分側　当校　当学　当大学
相手方　貴校　御校　貴学　貴大学
御大学

○官庁
自分側　当省　当庁　当所　当公社

当公団
相手方　貴公団　貴省　貴庁　貴所　貴公社

○団体
自分側　当会　当協会　当組合
相手方　貴会　貴協会　貴組合

○家宅
自分側　私方　拙宅　小宅　小屋
相手方　貴宅　貴邸　ご尊宅　ご尊邸
ご高居

○居所
自分側　当地　当府　当県下　当市　当町
当村　当地方
相手方　貴地　御地　貴府　貴県下　貴市
貴町　貴村　貴地方

○郷里
自分側　郷里　国元　旧里
相手方　ご郷里　御国元　ご旧里

○気持ち
自分側　微志　卑志　薄志
相手方　ご芳情　ご高配　ご芳志　ご厚志

○意見
自分側　私見　私案　私考　愚見　愚案
愚考　卑見　拙見　管見
相手方　ご高見　ご高案　ご高説　ご妙案
ご卓説　貴意　貴案　御説　御案

○承諾
自分側　承諾　承る
相手方　ご承諾　ご高承

○努力
自分側　微力
相手方　ご尽力

○筆跡
自分側　拙墨　卑墨
相手方　ご宝墨　ご高墨

○手紙

自分側　一筆　愚筆　愚状　愚簡　卑書
　卑簡
相手方　お手紙　ご書面　ご書状　ご芳書
　貴書　御書　貴簡　貴信
○原稿
自分側　拙稿　愚稿
相手方　玉稿　ご尊稿
○著書
自分側　小著　拙著　愚著
相手方　貴著　ご高著
○写真
自分側　愚影
相手方　貴影　玉影　ご尊影
○品物
自分側　粗品　粗果　粗菓　粗酒
相手方　ご佳品　美果　美菓　ご清酒
○茶菓
自分側　粗茶　粗菓
相手方　玉露　美菓
○宴会
自分側　小宴
相手方　ご盛宴

忌みことば

▼手紙に用いてはいけないことば。
▼手紙の性質によって異なるが、特別なことばに気をつけなければいけない場合がある。
▼例えば、結婚祝いに「去る・再び」などの語を嫌い、開業祝いに「散る・枯れる」などの語を用いない。「いよいよ・ますます」などの畳語は、祝儀の場合に好まれるが、弔慰状などの不祝儀の場合は、不幸が重なることを嫌って使わない。新築祝い・出産祝い・寿賀祝いや転居通知の返信などの場合も注意すること。（詳細は「手紙の文例集」各項参照）

【便箋・封筒・はがきの使い方】

便箋の書き方

▼便箋に書く場合は、上下とも半字分ぐらいあけて、罫の間に文字を書く。

▼大きな字で罫を無視する書き方もあるが、一般的ではない。そういう場合は一行置きに書くか、または無罫の便箋を用いるほうがよい。無罫の場合は、罫のある下敷きを入れて書く。

▼便箋は、必ず二枚以上にわたるようにする。

▼ただし、横書きの場合は後付けだけが一枚の便箋の最初に来ることがないようにする。縦書きの場合は後付けの部分が二枚にわたることがないようにする。そうなってしまうようなときは、末文のほうを引き延ばし、次の一枚に一行でも本文を書いてから、後付けを書く。どうしても全体が一枚で終わってしまう場合は、白紙の一枚を加えて二枚とするのが礼儀であるが、省略することもある。

注意 便箋に書いた手紙を封筒に入れる場合は、文字面を内側にして折る。

［縦書き］

▼文章を書く場合、伝統に従って上から下へ文字を並べていく書き方。

▼最近は公用文の左横書き推進に伴い、一般の手紙にも横書きが増えている。しかし、和文の手紙の慣習は縦書きであったため、そのままの形も行われている。

▼横書きの場合に前付けとなる、日付とあて名・敬称は、縦書きでは後付けになる。（それらの配置については、「後付けの配置」参照）

▼業務用の往復文書では、縦書きの場合も前付け

のままであるが、その配置が異なる。まず、文書番号と日付（発行年月日）を、右肩にやや小さい字で並べる。署名（発信者名）は、その左の下に、書き終わりが本文より一字分上ぐらいで止まるように、やや大きい字で書く。あて名（受信者名）は、本文より一字分ぐらい下げて、署名よりも大きい字で書く。あて名には、同じ大きさの字で敬称を付ける。パソコンを使用する場合は、文字の大きさが同じであるから、字間と配置で整える。

［横書き］

▼文章を書く場合、欧文のように左から右へ文字を並べていく書き方。「左横書き」とも。

▼和文の手紙の慣習は、縦書きを基準に成り立っている。しかし、最近は、公用文の左横書き推進に伴い、一般の手紙にも横書きが増えている。

▼縦書きの場合の後付けのうち、日付とあて名・敬称が、横書きでは前付けになる。署名は、業務上の往復文書では前付けになるが、一般の手紙では、本文の終わったあとに書く。

［字配り］

▼手紙における文字の配置。

▼字詰めの決まっている原稿用紙はそのとおり埋めていけばよいが、便箋やはがきは字詰めが自由である。しかし、字詰めの点は自由であるが、敬意を失わない字配りというのが、おのずから決まっている。

⑴謙譲の意を表すため、自分側を指すことば「小生・わたくし」などが行の初めに来ないようにする。これらの語は、文字をやや小さく書くことも行われている。

⑵敬意を表すため、相手方およびその関係者の代

名詞や敬称付き氏名が、行の終わりに来たり、二行に割れたりしないようにする。
(3)「御・貴・尊・ご・お」などの付く語が行の終わりに来ないようにする。
(4)単語、特に人名・地名・物名・数字・金額などが、二行に割れないようにする。
(5)「が・の・に・を・です・ます」や「趣・由・旨・間」などの軽い語が、行の初めに来ないようにする。

[別紙]

▼手紙のうち、本文とは用紙を別にして同封する部分。

▼封書の利点は、別紙として、参考資料などが自由に同封できることである。ただし、そのことについて本文で触れておかないと、受信者は、本文との関係が分からず、迷ってしまう。そこで、別紙を付ける場合は、本文にその点に関する記述を入れる。

▼別紙用の記述としては

○「詳細については別紙のとおり決定いたしましたので、ここにご報告申し上げます」「収支決算等は、別紙のとおりでございます。ご参考までに、ご同封申し上げます」「旅行日程ならびに同行者氏名は、別紙のようになっております」「携帯品については一覧表を同封いたしましたから、ご参照くださるようお願い申し上げます」など。

▼業務上の手紙では、本文のあとに「同封資料」という見出しで、「決算表一部」「カタログ一式」などと書き加えることもある。

注意 一覧表や複雑な数字などは、記述の混乱を避ける上でも、別紙にしたほうが効果的である。受信者としても、本文と切り離して利用できるから便利である。

封筒・はがきの表書き

▼封筒やはがきの表に書くあて先などの部分。「上書き」とも。
▼表書きは、縦書きが基本である。
▼一般的には受信者の所番地と受信者名から成るあて先を書き、右上の所定枠に郵便番号を記入する。はがきや現金書留用封筒・印刷封筒などの場合は、発信者の所番地と発信者名も表に来る。
▼封筒の表書きには、「親展」などの外脇付け、「願書在中」などの内容表示語を書き加えてもよい。
▼はがきの場合は、表の半分以下のところに線を引いて、それ以下の部分に通信文を書いてもよい。封筒の場合も、下三分の一以下のところに線を引いて、それ以下の部分をあて先以外の用途に使ってもよい。そのため、印刷封筒の場合はここに発信者の所番地と発信者名を表示したり、広告を入れたりすることが行われている。また、この部分を通信に用い、「ご当人ご不在の場合は、家族の方がご開封ください」などと指示することもできる。
▼表書きについては、字配りと字の大きさが問題になる。
▼あて先は、受信者名が中央に来るようにして、その右に受信者名よりやや小さく受信者の所番地を書く。長くて二行にわたる場合は、市・区・町・村・番地などの区切りで改行し、一行めより少し下げて書く。止宿先などは、別行にしてやや小さく書く。
▼受信者名は、ほぼ中央に、所番地の書き始めより少し下げて、所番地より大きく書き、同じ大きさで「様」などの敬称を付ける。役職名を付ける場合は、受信者名の右上にやや小さく書く。「侍史」などの脇付けを添える場合は、受信者名の左下にやや小さく書く。

▼「親展」などの外脇付け、「願書在中」などの内容表示語は、左側の余白に書く。
▼表書きは縦書きが基本であるが、縦封筒を横にして横書きにする場合は、本来の切手を張る位置が右上に来るようにし、中央に受信者名を、その上に受信者の所番地を書く。発信者の所番地・発信者名は、封筒の裏の右下に書く。その場合、発信者名の下に所番地を小さく書き添える形もある。日付は、発信者名の左上に書く。ただし、郵便番号は、機械処理の関係もあり、縦書きの場合と同じ向きで、算用数字で記入する。
▼はがきや洋式の角封筒を縦長に用いて横書きにする場合は、中央に受信者名が来るようにし、その上に受信者の所番地を書く。右下に発信者の所番地と発信者名を書き、日付は所番地の左上に書く。
注意 会社や官庁などでは、封筒の表のあて名記載部分以外に、発信者の所番地等を印刷することも行われている。それに準じ、印刷しない封筒でも、表の右下に発信者の所番地・氏名を書いてもよい。

［外脇付け］

▼封筒またははがきの表書きのうち、受信者の氏名の左下に書き加える「至急」「親展」などの指示。
▼他の部分と同じ色のインクで書いてもよいが、特に目立たせるため赤で書くこともある。

外脇付けの例

親展……他見をはばかる重要な手紙の場合。「本人自ら開封してください」という意味。普通の手紙は秘書が開封することもあるが、「親展」と書いてあれば、秘書でも開封することができない。「直披」とも。

公用……本人が不在の場合は、その職務を担当する他の人でも用が足りる。

至急……特に急を要する場合。本人不在でもだれかが開封して本人に連絡する。

重要……特に重要な手紙。秘密書類の場合は、本文に「秘」の記号を付けておく。

拝答……返信状の場合。「へりくだってお答え申し上げます」という意味。「奉答」「貴酬」とも。

平信……特に急ぐ用でもない場合。本人不在なら、帰宅を待ってからでも差し支えない。一般に、何も書いてなければ「平信」になる。

使状……封書を、郵便でなく、使いの者に託する場合。「使信」「幸便」「託田中様」とも。

持参……紹介状を被紹介者本人が持って行く場合、「田中君持参」のように書く。被紹介者が同輩または目上の場合は、「拝託田中氏」のようにする。

［内容表示］

▼封筒またははがきの表書きのうち、その手紙の内容を示す部分。

▼他の手紙と混同されるのを防ぐため、余白に「懸賞応募」「履歴書在中」「報告書在中」などと書いて示すことが行われている。

▼願書を提出する場合は、「願書在中」と朱書することを義務づけているところもある。

【電子メールの基本】

▼近年ビジネスシーンにおいても電子メールがすっかり生活に定着してきた。ここでは電子メール（Ｅメール・メール）の基本について述べたい。

▼紙と電子媒体という違いはあるが、相手との関係を考え失礼のないよう適切な文章とする点は変わらない。ただし、手紙より簡潔に内容をまとめて相手に正確に用件が伝わるように心がけよう。

▼便利な電子メールだが、重大な謝罪などは手書きの手紙を郵送するか、直接出向いて行うべきだろう。込み入った依頼なども直接面談したほうがうまく事が運ぶ。そしてメール全盛の時代になっても直接の言葉のやり取りの重要性はいささかも減じてはいない。電子メールと手紙、さらには電話、面談を上手に使い分けたい。

（三省堂編修所）

電子メールの例

件名：打ち合わせのご案内 ――①

株式会社○○○○
○○一郎様 ――②

平素は大変お世話になっております、三省堂の山田です。 ――③

新企画の次回打ち合わせを下記の日程で行いたいと存じます。

記
日時：10月10日　13時から15時
場所：三省堂会議室 ――④

ご多忙のところ大変恐縮ですが、なにとぞご参加くださいますようお願いいたします。 ――⑤

--
株式会社三省堂　出版部
山田太郎
〒101-8371 東京都千代田区三崎町 2-22-14
TEL: 03-3230-XXXX FAX: 03-3230-XXXX
Email: yamada_xxx@sanseido-publ.co.jp
URL: http://www.sanseido.net/ ――⑥

①件名　多くの電子メールを受け取る相手に的確に伝わる、具体的な件名を付ける。
②宛名　宛先の会社名、部署名、氏名を記入。
③挨拶　日頃の礼を簡潔に。
④主文　1行の文字数は30字程度で。段落ごとに1行空行を入れると読みやすい。
⑤末文　末文に、迷惑の陳謝、配慮の依頼などを書く。
⑥署名　要素は、正式社名・所属部署・自分の名前・郵便番号・会社所在地・電話番号・メールアドレスなど。メールソフトに登録しておくとよい。

手紙の文例集

【1　季節ごとのあいさつの手紙】

▼新しい年を迎えたことを祝う年賀状や年始あいさつ、特定の時候の際に安否を尋ねる時候見舞いなどの儀礼的な手紙。また、特別なものに喪中あいさつがある。

▼時候見舞いとしては、最も一般的なのが暑中見舞いである。他に残暑見舞い・寒中見舞い・余寒見舞い・梅雨見舞いなどがある。年賀状ほど一般的ではないにしても、平素顔を合わせることが少ない相手方との親交を維持するために活用されている。

▼時候見舞いは、住居表示変更や転居などの通知を兼ねてもよい。

新年のあいさつ

［年賀状］

▼新しい年を迎えたことを祝う手紙。

▼虚礼であるから廃止すべきとの声もある。しかし、平素ごぶさたしている親類・先輩・恩師・恩人・旧友・知人などと、年に一度無事を知らせ合うのも、親交を続ける手段として、決して無意味ではない。そういうことが長い人生の上でいろいろと役立つことを考えれば、なおさらである。

▼年賀状は一般的には交換の形になるが、特にその年にお世話になった人には、積極的に出すほうがよい。年賀状を出さなかった相手方から年賀状を受け取った場合は、年賀の礼状を出すことになるが、この形は、目上の人に対しては失礼である。

▼お年玉付き郵便はがきが売り出されるが、私製はがきを使ってもよい。

要点 頭語・結語は付けない。新年のあいさつを表すことば（賀詞）を書いたあと、添え書きをする。添え書きの新しい行き方として、家族一同の年齢と近況を書き加える形などもある。十二支の図案などを添えるのもおもしろい。文面を印刷する場合も、余白に近況や決意・お礼などを一筆添えるほうがよい。

注意 年賀状は十二月中に書くが、日付は「平成○○年一月一日」「平成○○年元旦」あるいは「二○○九年一月一日」のようにする。「元旦」は「一月一日」の意味であるから、「一月元旦」はおかしい。

年賀状の賀詞の例　（句読点を付けないで書く）

謹賀新年……年始のあいさつとして広く使われている。「つつしんで新年をお祝いする」という意味。「恭賀新年」「恭賀新禧」とも。

賀正……「正月をお祝いする」という意味。「賀春」「迎春」「頌春」とも。

おめでとう……「あけましておめでとうございます」「新年おめでとうございます」「謹んで新春のお喜びを申し上げます」「謹んで新年のご祝詞を申し上げます」など。漢字だけの場合より柔らかな感じがする。長く書けば「謹んで新年のお喜びを申し上げ併せてご一同様のご多幸をお祈り申し上げます」など。

年賀状の添え書きの例　（やや小さい字で）

○旧年中はいろいろお世話になりました。今年もどうかよろしくお願いいたします。

○年来の疎遠をおわび申し上げ、なお一層ご厚情のほど、お願い申し上げます。

○昨年中は一方ならぬお引き立てにあずかり、感謝の至りに存じます。本年も倍旧のご愛顧を賜るよう、ひとえにお願い申し上げます。

年賀状の余白の活用の例　（本文印刷の場合に一筆）

○旧年中は息子のことで一方ならぬお世話になり、ありがとうございました。

○今年の夏はそちらへ伺えるかもしれません。その節はどうかよろしく。

○今年こそ貴君に見習い、大いに頑張るつもりです。

○甘い新春を楽しんでおります。

［年賀の礼状］

▼年賀状を出さなかった相手方から年賀状をもらった場合に出すお礼の年賀状。

▼年賀状は普通は交換の形になるが、年賀状を出さなかった相手方からもらうこともあり、目上の人の場合、特にぐあいが悪い。そういう場合は折り返し出すことになるが、そのときは普通の年賀状に一筆書き添える。

要点　新年のあいさつを表すことば。年賀状に対する感謝のことば。そのあと、おわびやお願いの形で。

注意　このごろは正月に旅行する人も多い。ゆっくり静養して帰ってみると、出さなかった相手方から年賀状が来ている。そういう場合は、一月七日まではともかく、それ以後だと、いまさら「謹賀新年」でもないから、おわびかたがた普通の手紙で事情を書いて出す。

年賀の礼状の例❶　（年賀状に書き添える場合）

○はやばやと賀状をいただき、恐縮に存じます。今年も、どうかよろしくお願い申し上げます。

○ご丁寧なご年賀のごあいさつ、ありがとうございました。こちらからのごあいさつが遅くなり、申し訳ございません。

年賀の礼状の例❷（手紙の形で書く場合）

拝復　このたびはご丁寧なお年賀状、ありがとうございました。

実は、この正月は久しぶりに郷里の秋田に帰り、ゆっくり静養してまいりました。都会と違ってまったくのんびりした雰囲気に、命も延びた思いでございます。そんなわけで、こちらからのごあいさつが遅くなり、申し訳ございません。どうかあしからずおぼしめしのほど、お願い申し上げます。

末筆ながら、ご一同様のご多幸をお祈り申し上げます。

とりあえずごあいさつまで。　　敬具

［年始あいさつ］

▼新年に当たり、近況報告をかねて出す手紙。

▼別居の家族や特に親しい親類筋へは、はがきの年賀状ではなく、年始あいさつを封書で出すのもよい。年始の客を迎えるまでの、ちょっと手の空いたときなどに書くのも、気分のいいものである。

要点　新年おめでとう。近況と新年に当たっての決心など。

注意　商店などでも、顧客に出すあいさつ状として、年賀状を年始あいさつ状の形にする場合がある。

年始あいさつの例❶（郷里の父親へ）

明けましておめでとうございます。良いお正月を迎えられたことと存じます。こちらも家族一同ますます元気でおりますから、どうかご休心ください。

さて、東京へ出て、もう三年になります。今年こそ郷里で正月をと思いながら、何かと思うに任せません。今、家族一同でおとそを祝ったところです。和子もすっかり育児に慣れ、いかにも楽しそうです。裕もようやく立てるようになりました。元気で体重も標準以上とのこと、どうかご安心ください。来年こそはぜひお正月に帰りたいと、今から案を練っております。どうかもう一年お待ちください。和子も楽しみにしております。

そちらは、寒さも一段と厳しいことと存じます。一層のご自愛、お祈りいたします。母上はじめ皆様にも、新年のごあいさつをお伝えくださるようお願いいたします。

まずは、新年のごあいさつまで。ではまた。

年始あいさつの例❷（商店から顧客筋へ）

新年おめでとうございます。ご一同様ますますご多祥のこと、慶賀の至りに存じます。

さて、昨年中は一方ならぬお引き立てにあずかり、心から感謝しております。本年も、店員一同さらに奮励いたす所存でおります。何とぞ倍旧のご愛顧を賜りたく、伏してお願い申し上げます。

まずは、年始のご祝詞を申し上げ、ごあいさつといたします。

平成○○年一月一日

［喪中あいさつ］⇩3弔事に関する手紙　102
［喪中見舞い］⇩3弔事に関する手紙　103

時候見舞い

［暑中見舞い］

▼暑い盛りに安否を尋ねる儀礼的な手紙。
▼年賀状ほど一般的でないにしても、ごぶさたしている相手方に対しては、親交を続けるチャンスである。
▼文面を印刷する場合も、年賀状と同様、余白に近況やお礼など、何か添え書きをしたほうがよい。

要点 頭語・結語は付けない。暑さに対するお見舞いのことば。日付は「平成○○年盛夏」という形。

注意 出すなら七月下旬が適当。立秋（八月八日ごろ）以後は残暑見舞いの形にする。

暑中見舞いの例❶（最も一般的な形）

暑中お見舞い申し上げます

お元気にお過ごしでしょうか。当方相変わらずでございます。暑さは当分続くかと存じますが、一層のご自愛、お祈り申し上げます。

平成○○年盛夏

暑中見舞いの例❷（商店から顧客筋へ）

暑中お伺い申し上げます。

暑さ厳しき折から、皆様におかれましてはご健勝にて業務にお励みのことと拝察いたします。

平素はなにかとご厚情を賜り、厚く御礼申し上げます。

さて、弊社におきましては、八月十日から十六日まで夏期休業とさせていただきます。

まことに勝手ながら、ご了承のほどお願い申し上げます。

平成○○年盛夏

［暑中見舞いの礼状］

▼暑中見舞いを出さなかった相手方から暑中見舞いをもらった場合に出すお礼の暑中見舞い。
▼暑中見舞いも年賀状のように交換の形になるが、出す時期が一定していないので、相手方から先に来ることもある。そういうときは、本来の暑中見舞い状に一筆書き添えて礼状にする。
▼ただし、年賀状と異なり、印刷書面を用意していないことも多い。そういう場合は、全く別の形にしてもよい。親しい間柄なら、旅先から絵はがきなどで出すのも一法。

要点　暑中見舞いに対する感謝のことば。そのあと、こちらも元気だという旨を含めて近況など。

注意　残暑見舞い、寒中見舞い、余寒見舞い、梅雨見舞いなどの礼状も同じ要領でよい。

暑中見舞いの礼状の例❶（書き添える場合）

ご丁寧な暑中お見舞い、恐縮に存じます。

一層のご活躍をお祈りいたします。

暑中見舞いの礼状の例❷（手紙の形で書く場合）

拝復　このたびは、わざわざご丁重な暑中お見舞い、ありがとうございました。お元気でお過ごしとのこと、何よりに存じます。こちらもおかげさまで一同別条なく暮らしておりますから、ご休心ください。もっとも、この夏は案外の暑さに、海へ連れていってくれと、毎日のように子供にせがまれておりますが、なかなか休暇も取れない次第、残念です。

時節柄、一層のご自愛、お祈り申し上げます。奥様にも、よろしくお伝えください。

まずは、お見舞い御礼まで。　敬具

［寒中見舞い］

▼寒い盛りに安否を尋ねる儀礼的な手紙。
▼暑中見舞いほど一般的ではないが、住居表示変更・転居などの通知を兼ねて出してもよい。
▼最近は、年賀状に代えて出す人も多くなっている。
▼文面を印刷する場合も、年賀状と同様、余白に近況やお礼・お願いなど、一筆添えるとよい。

要点　頭語・結語は付けない。寒さに対するお見舞いのことば。日付は「平成○○年一月」という形。

注意　出すなら一月中下旬が適当。立春（二月三日ごろ）以後は余寒見舞いの形にする。

寒中見舞いの例❶（最も一般的な形）

寒中お見舞い申し上げます

その後いかがお過ごしでしょうか、お伺い申し上げます。寒さの続く折から、ご自愛専一のほど、お祈り申し上げます。

平成○○年一月

寒中見舞いの例❷（郷里の両親へ）

暖冬とはいいながら、寒に入りましてからの寒さは格別ですが、お父様、お母様、お風邪など召されてはおられませんでしょうか。東北の冬を思い出すと、こちらのように温暖なところで、のんびりと暮らしておりますのが申し訳ないような気がいたします。

おかげさまで、私ども一同変わりなく元気で過ごしておりますのでご安心ください。聡も今年は風邪もひかず、毎日元気に小学校へ通っております。サッカークラブのほうも熱心に練習しており、来年はレギュラーになるんだと張り切っています。桜の咲くころには、ぜひこちらへお出かけいただき、成長ぶりをご覧にいれたいものと思っております。

　春の香りをお届けできればと、本日、宅配便にて当地の果物類などお送りいたしました。どうぞお召し上がりください。

　それでは、くれぐれもお体に気をつけてお過ごしくださいませ。

　まずは寒中のお見舞いまで。

［余寒見舞い］

▼寒中見舞いの時期を過ぎた場合に出す儀礼的な手紙。

要点　寒中見舞いに準じて、「余寒お見舞い申し上げます」というような形になる。

注意　立春（二月三日ごろ）より前に出す場合は寒中見舞い、立春以後は余寒見舞いの形にする。

［梅雨見舞い］

▼気候不順な梅雨時に、安否を尋ねる儀礼的な手紙。

▼暑中見舞いほど一般的ではないが、時候見舞いとして行われている。住居表示変更・転居などの通知を兼ねてもよい。

要点　頭語・結語は付けない。暑中見舞いに準じて「梅雨お見舞い申し上げます」のような形になる。

注意　出すなら、六月中旬から七月上旬が適当。梅雨明け以後は暑中見舞いの形にする。

［残暑見舞い］

▼暑中見舞いの時期を過ぎた場合に出す儀礼的な手紙。

要点　暑中見舞いに準じて、「残暑お見舞い申し上げます」のような形になる。

注意 立秋（八月八日ごろ）前に出す場合は暑中見舞い、立秋以後は残暑見舞いの形にする。

残暑見舞いの例❶（最も一般的な形）

残暑お見舞い申し上げます

立秋とは名ばかりで、まだまだ厳しい暑さが続いておりますが、皆様におかれましてはいかがお過ごしでいらっしゃいましょう。私どもも何とか元気にやっております。

暑さ厳しき折柄、くれぐれもご自愛のほどお祈り申し上げます。

平成○○年晩夏

残暑見舞いの例❷（残暑見舞いへの返事の例）

残暑お見舞い申し上げます

ご丁寧に残暑見舞いのお葉書をいただき、誠にありがとうございます。

今年は格別の暑さで貯水池もだいぶ水が干上がってしまったようですが、皆様におかれましてはお変わりなくご活躍のご様子、安心いたしました。

この分ではまだしばらくは暑さも続くようですので、どうかお体大切にお過ごし下さいますようお祈り申し上げます。

平成○○年八月

【2 縁談・結婚に関する手紙】

▼縁談から婚約・結婚に至る一連の流れの中で、その時々に応じて書く、依頼・相談・申し込み・報告などさまざまな手紙。
▼この章では、便宜的にさまざまな種類の手紙をまとめたが、必要に応じて、後半のそれぞれの章（お願いする手紙・来てもらうための手紙など）の別項を参照していただきたい。
▼特に結婚に関する手紙では、縁起を気にする人もいるので、「去る・返す・戻る」などの忌みことばには気をつけなければならない。

縁談・恋愛の手紙

［縁談依頼］

▼結婚の相手を探してくださいと頼む手紙。
▼恋愛結婚がいかに盛んになっても、やはり広く相手を求める立場では、縁談依頼も役立つことが多い。直接見合い結婚につながると考えるよりは、交際範囲を広げるという観点から活用すればよい。
▼ただし、一般には本人が直接依頼するのではなく、両親などが子女のために依頼するという形になる。

要点　結婚適齢期の子がいる。だれか良い相手がいたらよろしく。本人の写真・健康診断書・自筆の履歴書などを同封する。

注意　他の人にも出す場合があるが、そのことには触れないほうがよい。

縁談依頼の例❶（母親が息子の縁談を兄に）

兄上様　残暑ひときわ身にこたえるころでございます。いかがお過ごしでしょうか、お伺い申し上げます。

さて、うちの息子の隆も、大学を卒業して四年、今年は二十七歳になりました。もうそろそろ結婚の心配をする時期になりました。あまりこちらが無関心では、いつまでたっても縁遠いままになるのではと思っております。そんなわけで、主人とも相談し、お顔の広い兄上様ならお心当たりがおありかと、まずお伺いすることになりました。息子の勤め先はあおば物産で、貿易の仕事をしております。趣味は音楽で、健康にも恵まれております。写真と履歴書などを同封いたします。何とぞよろしくお願いいたします。

姉上様にも、どうかよろしくお伝えください。主人からも、くれぐれもよろしくとのことでございます。

まずは、お願い申し上げます。　かしこ

縁談依頼の例❷（先方の意向を聞いてほしい）

拝啓　朝夕はどうやらしのぎやすくなったようでございます。ますますご活躍のことと拝察し、お喜び申し上げます。

さて、わたしどもの息子の修一も、そろそろ年ごろとみえて、いろいろと交際が広いようでございます。その中でも、最近特に親しくしていただいている方が、そちら様とお取引のあるあおば産業の部長山田様のお嬢さん、佐和子さんということでございます。本人どうしは約束しているようでございますが、果たして先方のご両親にそのご意思がおありかどうか心配しております。ついては、ご多忙中まことに恐れ入りますが、つてをお求めのうえ、先方のご意向をお伺い願えないでしょうか。

申し遅れましたが、息子の勤務先はキムラ物産で、営業課におります。学校は洋北大学の経済学部で、趣味はテニス、至って健康でございます。一応先方様にそのご意向がおありということになれば、礼を尽くしてお願いに上がる所存でございます。まずは、勝手なことを申し上げて恐縮に存じますが、お取り計らいのほど、よろしくお願い申し上げます。

敬具

［恋愛相談］

▼恋愛について迷っているときに意見を聞く手紙。

▼恋愛というのは、逆上してしまうと見境がつかなくなる。家族の者に反対されると、かえって反発してしまう。しかし、そのまま反発を続けても、解決にはならない。そこで、信頼の置ける人に相談することになる。訪問して相談する場合も、事前に考えておいてもらうため、あらかじめ相談状の形で相談事項を伝えておくほうがよい。

要点 進行中の恋愛について、その実情を具体的に書く。家族の者の意見も書く。どうしたらよいか、迷っている。お知恵を拝借したい。

注意 自分に不利な条件があれば、それについても触れるようにする。あまり自己本位の書き方をすると、かえって説得されてしまうからである。

恋愛相談の例　（男性からの手紙を母に見られ）

伯父上様　どうもお恥ずかしい話ですが、今日母から厳しい説教を受けました。それについてご相談するため、このお手紙を差し上げます。

厳しい説教とは、男手の手紙のことについてです。しかも、運悪く、わたくしの机の上に片づけ忘れていたのを読んだとのこと。あくまで旧式な母は、未婚の女子が男性から手紙をもらうなど、もってのほかと非常なおかんむりです。相手の男性のことなど何一つ聞いてくれず、頭から反対です。しかし、そういう母のことばを聞くにつけ、わたくしとしては、むしろ反発いたします。今ごろ母のような考えが、世に通用するとも思われません。わたくしとしては、母に隠れてでも交際を続けようと思いますが、いかがなものでしょうか。申し後れましたが、相手の男性というのは薬科大学の三年生で、合唱サークルの友人から紹介していただいた立派な青年です。実家は新潟で、東京では一人で大久保に下宿しており、週末のわたくしとのデートを唯一の楽しみにしております。それ以上のやましい関係は、何もありません。そんなわけで、母とは話し合いもできない現在、伯父上様なら何かとご指導いただけるかと思い、お手紙を差し上げることにいたしました。ご返事、お待ちしております。

まずは、ご相談まで。　草々

［見合いの申し込み］

▼この人と見合いをしてくださいと申し込む手紙。

▼結婚相手を探していただきたい、という依頼を受けることがある。そのとき適当な相手が思い当たれば、その人に見合いを申し込む。

要点　あなたも結婚適齢期だと思う、こちらに写真を持ってきた人がいる、適当だと思うがいかがですか、一度詳しく話し合いたい、という形にする。要するに、見合いしませんか、ということである。

見合いの申し込みの例　（適当な相手を世話したいが）

拝啓　さわやかな秋風に心も晴れる今日この

ごろ、いかがお過ごしでしょうか、お伺い申し上げます。

さて、あなたも、やがて二十六歳になられることと存じます。大学を卒業されて三年、そろそろ身を固めてはいかがかと存じ、このお手紙を差し上げることにいたしました。こんなこと、わたくしから申し上げるまでもなく、すでに良い方がおられるならそれも結構と存じます。実は、こちらへ写真を持ってきた方がおられ、家内とも相談したところ、そちら様にお話ししたらどうかということになりました。もちろんご両親にお話しすべき筋合いではありましょうが、まずはご本人の意見が大切かと存じます。折を見て一度お遊びにおいでになりませんか。ゆっくりお話ししたいと存じます。

まずは、とりあえず用件のみ。

敬具

［見合いの承諾］

▼見合いしてくださいと頼まれたのに対して、それを受け入れる手紙。

▼見合いしませんかという話があった場合、まず当人と親が相談する。当人にその気持ちがあり、親も反対でなければ、親のほうから承諾状を書くことになる。

要点 見合いを承諾することばが中心になる。履歴書などを見て申し分ないと考えた。見合いの機会を作ってほしい。今後ともよろしく。

見合いの承諾の例（息子も承諾、話を進めてほしい）

拝復 秋晴れの好日が続いておりますが、ますますご健勝のこととお喜び申し上げます。さて、このたびは隆についての結構なご縁談、ありがとうございました。履歴書など拝見し、まことに申し分ない方と拝察いたしました。ついては、隆とも話しましたところ、写真を見てまんざらでもないらしく、一度お会いしてみようなどと申しております。折を見てお見合いの機会を作っていただけないでしょうか。お願い申し上げます。

なお、今後ともどうかよろしくお願い申し上げます。まずは、ご承諾のご返事といたします。

敬具

[見合いの断り]

▼見合いしてくださいと頼まれたのに対して、それを断る手紙。

▼見合いしませんかという話があった場合、まず当人と親が相談する。いずれか一方に反対の気持ちがあれば、親のほうから断りの手紙を書くことになる。

要点 見合いを断ることばが中心になる。履歴書などまことに申し分ないが、当人がその気にならない。あるいは、当人は申し分ないと言っているが親のほうの気が進まない。ご縁がなかったものと考えてほしい。今後ともよろしく。

見合いの断りの例（娘はまだ結婚したくないと言う）

拝復　日増しに秋も深まってまいりました。いつもいろいろお世話になり、お礼のことばもございません。

さて、このたびは結構なご縁談、ありがとうございました。まことに申し分ない方と拝察し、感謝しております。ただ、本人の意思が大切と思い、折を見て正子に話しましたところ、どうも本人は独り身の気楽さを楽しんでいるようで、結婚などまだ考えてみたこともないからと、お見合いの話にさっぱり乗り気になってくれず弱り果てております。

つきましては、こんな結構なお話をお断りするのも申し訳ない次第でございますが、どうも結婚だけは本人を主とすべきこと、まことにやむをえないかと存じます。どうかご縁がなかったものとおぼしめしのほど、お願い申し上げます。なお、今後ともよろしくお願い申し上げます。

まずは、遺憾ながらお断りまで。　　　敬具

［求愛状］

▼相手方を愛している者が、相手方からも愛されることを願って書く手紙。

▼一回で成功すると思ってはいけない。相手方の心にこちらの愛情が伝わるまで何回も書き、その熱意で相手方を動かすようにする。

▼心にもない言い方は、かえって愛情の空虚なことを示すだけであるから、普通に話す調子で書くほうがよい。

▼いかに愛しているかを、形式にとらわれず、思ったとおり書く。具体的に書くと、そこに本当の愛情がにじみ出るものである。

注意　承諾の返事がもらえるようになれば、愛情の手紙に切り替え、交換の形にするのがよい。

求愛状の例　**（女性に対し、同僚の男性から）**

明子様　今まであなたとわたしは、ただ同じ会社に勤める同僚にすぎませんでした。四月に新入社員を迎えたとき、わたしはあなたの存在に気づきましたが、それ以上の気持ちはありませんでした。しかし、今度の展示会で偶然ご一緒にお仕事をするようになったとき、わたしのあなたに対する気持ちは、徐々に変わってまいりました。わたしがいつも、特にあなたのそばで仕事をしていたのにお気づきでしょうか。あ

なたの一挙手一投足、すべてがわたしの関心事でした。あなたが案内状を折っているとき、わたしがじっとあなたの指の動きを見ていたのをご存じでしょうか。封筒のあて名で分からない文字をわたしに聞いてくださったときの、わたしの心臓の高鳴りにお気づきだったでしょうか。わたしは大勢の人が集まっている中で、わたしの気持ちをあなたに打ち明けるほどの勇気を持っておりません。夜遅く、みんなが別れるとき、「あしたもどうぞよろしく」とあなたに掛けることばが、わたしとしては精一杯でした。わたしはうちへ帰ってからも、あなたのまなざしが忘れられませんでした。仕事のことで何げなくわたしを見てくださるときのまなざし、わたしの目の前に差し出されるあなたの柔らかい手、横から眺めるあなたの清潔な襟元、生き生きとしたほお、魅力的な耳、すべてがわたしの目の底に焼きつけられております。わたしは、一度でいいから、みんなの目を逃れて、あなただけとお話ししたい気持ちで一杯です。展示会も終わる十月二十日の日曜日の午後、わたしと二人だけで銀座を歩いてくださいませんか。よろしかったら、当日午後二時、新橋駅銀座口の改札口で待ち合わせましょう。

良いご返事をお待ちしております。ではまた。

[求愛の承諾]

▼あなたを愛していますと申し出た相手方に対して、その愛を受け入れる旨を伝える手紙。

▼受け入れる以上、自分も相手方を愛さなければならない。求愛承諾がすぐ結婚につながるわけではないが、本当に相手方を愛することができるかどうか、判断してから答えることが必要である。その自信がなければ、求愛の謝絶のほうがよい。

要点 相手方の愛を受け入れる旨の返事。自分の感想。今後の希望。どうぞよろしく。

求愛の承諾の例（わたしもそう思っていました）

隆様 このたびはご丁寧なお手紙、ありがとうございました。あなたのわたしに対するお気持ち、よく分かりました。そうして、不思議なことに、わたしも、あなたに対して同じような気持ちを持っていたことを告白しなければなりません。わたしも、あなたのおそばで仕事をするのが、とても楽しみでした。案内状を折っているとき、わたしの頭はあなたのことで一杯でした。何かあなたに話し掛けるチャンスがないかと、そればかり思っておりました。わたしとしては、封筒のあて名の文字が分かりにくいとき、それを聞くのが精一杯でした。あのとき、あなたの顔がわたしのほおのそばに寄ってきて、あなたのヘアクリームの香りがわたしの顔を包んだとき、わたしの心臓が高鳴ったのにお気づきだったでしょうか。最後にお別れするときの、あなたのおことば「あしたもどうぞよろしく」というのが、暗い夜道を急ぐわたしの耳に、いつまでも繰り返されていました。一度二人だけでお話ししたいというお気持ち、わたしも同じです。二十日日曜日の午後二時、新橋駅銀座口改札口でお会いできるのを楽しみにしております。

ご返事はお電話でもよいようなものの、なかなか人目がうるさく、口にも出せません。結局お手紙にいたしました。どうかよろしくお願いいたします。

まずは、とりあえずご返事まで。ではまた。

［求愛の断り］

▼あなたを愛していますと申し出た相手方に対して、その愛を受け入れることができませんと断る手紙。
▼求愛の手紙をもらっても、相手方の人間そのものを愛することができなければ、思い切って謝絶したほうがよい。その際に、物質的な魅力や義理人情を考慮に入れる必要はない。

要点 愛を受け入れる心の準備ができていないことをはっきり書く。どうかあしからず。イエスかノーか分からないような返事は、かえって失礼である。

注意 求愛状に対しては、返事を出さないことが謝絶だと考えてはいけない。相手方は成功するまで何回も手紙をよこすから、断るつもりならば、求愛の謝絶の手紙を出すべきである。

求愛の断りの例（仕事の上だけのおつきあい）

拝復　このたびは、お手紙ありがとうございました。結論を先に申しますと、あなたがわたしに対してそんなお気持ちでおられたのにびっくりいたしました。わたしは、ただ業務として今度の展示会の準備をしているだけであり、仕事の上でおつきあいしているにすぎません。もちろんあなたはお仕事の上では先輩であり、わたしはあなたにいろいろご指導をお受けしなければならない立場にあり、その点であなたを心から尊敬しております。しかし、わたしがあなたに字を聞いたとしても、それはただ先輩の指導を受けたというだけで、他の理由はありません。

ただし、こんなことを言ったために、今度のお仕事のことであなたと気まずい間になったら困ると、ずいぶん悩みました。しかし、結局、仕事は仕事、会社の仕事をしているときに個人的な感情を混ぜるようなことは、やはり避けたいと思い、お手紙を書くことにいたしました。

どうか意のあるところをおくみ取りのうえ、今までどおり、同僚としてのおつきあいにとどめていただきたいと思います。ご期待に添えないことは残念ですが、何もなかったこととして、お許しいただきたいと存じます。他に良いお相手の見つかることを、心からお祈りいたします。

まずは、思うとおりに書かせていただき、ご返事といたします。どうかあしからず。

敬具

［結婚の申し込み］

▼結婚してくださいと頼む手紙。

▼こういうことは、面と向かってはなかなか言いにくいものである。そういう場合は、申込状の形にするのがよい。

要点 結婚してくださいという意思表示が中心になる。今までの経緯、結婚を考えるに至った理由を、一方的でなく相手方の意思を尊重する形で書く。良い返事を待つ。

注意 両親が同意していれば、そのことも書く。同意していない場合も、同意の可能性があるように書き、不安を起こさせないようにする。

結婚の申し込みの例（交際中の男性から女性へ）

明子様　この間から言おう言おうと思っていながら、なかなかうまく切り出せませんでした。

明子さん、わたしはあなたと結婚したいと考えるようになりました。ここにこのお手紙を差し上げることにより、正式に結婚を申し込むことにいたしました。いかがでしょうか。もちろん、あなたと交際し始めたとき、あなたは恋愛と結婚とは別だと、はっきりおっしゃいました。当分の間お友達としておつきあいしたいとのことでしたし、わたしもそのつもりでおりました。しかし、交際が進むにつれ、わたしは、あなたとの関係を結婚に結びつけて考えるようになりました。独りでいるとき、ひそかにあなたとの新婚生活を頭に描くようになりました。もっとも、両親にはまだ話しておりません。しかし、その前にわたしの気持ちをあなたに告げ、あなたのお気持ちを伺っておくほうがよいと思っております。両親は、わたしが説き伏せます。あなたのお気持ちをお聞かせください。

良いご返事をお待ちしております。ではまた。

［結婚の承諾］

▼結婚したいという申し出に対して、それを受け入れる手紙。

▼結婚してくれという申し出があった場合、自分のほうにもその気があれば、すぐ承諾状を書くことになる。その時点でその気がなくても、よく考えた結果、結婚してもよいという気になれば、やはり承諾状となる。

要点 結婚を承諾することばが中心になる。今までの経緯、結婚したいと考えるに至った理由、相手方の意向に添えることを喜ぶ気持ちで書く。今後の抱負などについても。どうかよろしく。

結婚の承諾の例（わたくしも望んでいた）

隆様　このたびは、結婚に関してのあなたのご意志、確かに承りました。最初わたくしたちは、結婚と必ずしも結びつけないほうがよいということで、交際を始めました。しかし、わたくしのほうも、次第にあなたとの新婚生活を夢みるようになりました。あなたからいつ申し込まれるかと、そればかり待つようになりました。今度のお手紙であなたのお気持ちを伺い、本当に良かったと思っております。あなたのお申し込み、喜んでお受けいたします。ただし、あなたのほうも、まだご両親を説き伏せるという大問題を抱えておられるとのこと、このうえは、お互いに両親説得に全力を注ぎましょう。そうして、初志を貫徹することにいたしましょう。今までのもやもやしたものが、一度に吹き飛び、本当に晴れ晴れした気持ちでこのお手紙を書いております。どうかよろしくお願い申し上げます。

まずは、心を弾ませてご承諾まで。かしこ

［結婚の断り］

▼結婚したいという申し出に対して、それを断る手紙。

▼結婚してくれという申し出があっても、そのことをまったく考えていなければ、簡単に承諾することはできない。よく考えてもその気になれなければ、断りの手紙を書いたほうがよい。あいまいな返事をすると、相手方は都合がいいように解釈し、取り返しがつかなくなる。

要点 結婚を断ることばが中心になる。今までの経緯に続けて、しかし、心の準備ができていないという書き方がよい。相手方の意向に添えないことを残念に思う気持ちで書く。相手方が他の人と結婚してもやむをえない、などについても。

結婚の断りの例（心の準備がないから）

隆様　ご結婚に関するお申し込みのお手紙、正に拝見いたしました。あなたの強い意志は、わたくしにも感じられないわけではございません。しかし、最初にもお断りしたように、わたくしたちの交際は結婚ということと切り離し、単なるお友達としてのおつきあいにしようということでした。もちろん、お互いの気持ちが進展し、結婚にまで進む可能性を持っていたことは、わたくしも認めております。しかし、わたくしには、まだ心の準備ができておりません。わたくしとしては、もう少しこのままでいたいと思います。もうしばらくの間は、お友達としておつきあいしたいと思います。

もっとも、あなたもすでに適齢期ですし、いろいろとご縁談もおありかと存じます。あなたがご両親に説得されて、わたくし以外のお相手とご結婚なさっても、仕方がございません。そのときは、わたくしは心からあなたの前途を祝福し、気持ちよく身を引きたいと思います。

どうも、お申し込みをお受けできないのを残念に思いますが、これをもってこのたびのお手紙に対するご返事といたします。

かしこ

[結婚相談]

▼結婚について迷っているときに意見を聞く手紙。

▼結婚のような重大問題になると、簡単に自分だけの意見で決めることはできない。また、家族の者と意見の合わないことも多い。そういう場合は、だれか信頼の置ける人に相談することになる。訪問して相談する場合も、あらかじめ十分に考えてもらうため、相談状の形で相談事項を伝えておいたほうがよい。

要点 結婚についての自分の具体案。家族の者の意見。どうしたらよいか迷っている。お知恵を拝借したい。

注意 自分に不利な条件があれば、それについても触れるようにする。あまり自己本位の書き方をすると、かえって説得されてしまうからである。

結婚相談の例（両親と意見が合わず、伯父に）

拝啓　朝夕はめっきり冷え込んでまいりました。相変わらずお元気でご活躍のことと存じ、心からお喜び申し上げます。

さて、本日お手紙を差し上げるのは、小生の結婚についてでございます。ご承知のとおり小生も当年すでに二十八歳、もうそろそろ結婚してもよい時期だということは、ご納得いただけるかと存じます。しかし、その相手となると両親と意見が合わず、困っております。両親はあくまで自分たちの決めた相手との話を進め、近く見合いということになっております。それで、まず写真だけでも見ろと申しますが、見る気にもなれません。と申しますのは、小生には二年前から交際している佐藤明子という人がいるからでございます。明子は小生の会社の同僚で、ふとしたことからおつきあいするようになりました。今は、社内でだれ知らぬ者もいないほどの大っぴらな交際となっております。明子は短大の英文科を出て、二十三歳、一人娘ということで、恐らく先方のご両親の面倒を見ることになろうと覚悟を決めておりますが、そのへんも、父と合わないところでございます。もちろん父の決めた人と結婚すれば父の顔は立つかもしれませんが、結婚は父のためにするものではございません。現在は結婚が両性の合意の上に成り立つこと、憲法も保障しているとおりでございます。小生としては、両親の意思に反しても明子と結婚することに覚悟を決めておりますが、あまり荒だてることもできず、迷っております。何か打開の道はないものかと、ここにおすがりする次第でございます。ご返事、お待ちしております。必要なら明子同伴でそちらをお訪ねしても差し支えございません。一度会っていただければ、具体的なご指示も可能かと存じます。

以上、ぶしつけなことを書きましたが、今となっては、相談するのは伯父上様だけのように思い、お手紙を差し上げることにいたしました。よろしくお願い申し上げます。

まずは、思案に余ってご相談まで。　敬具

婚約・結婚の手紙

[婚約報告]

▼結婚の約束が調ったことについて、経過を知らせる手紙。
▼結婚について特に心配している人に対しては、いきなり結婚披露宴招待状を出すのではなく、あらかじめ婚約報告の形で、詳しい事情を知らせておくのがよい。

要点　婚約相手の紹介など。必要に応じて詳しく書く。婚約に当たっての決心。どうぞよろしく。

注意　ちかしい親類などで、ざっくばらんに話し合える間柄なら、お祝いの品についての希望を書き添えてもよい。

婚約報告の例　（伯父に報告）

拝啓　夜空の星もひときわ鮮やかに感じられるようになりました。その後ごぶさたいたしましたが、お元気でお過ごしのことと存じます。

さて、小生、いよいよ婚約いたしましたので、ここにご報告申し上げます。先方は佐藤明子さんと申し、二十三歳、短大では英文学専攻です。とにかく趣味がお互いに音楽ということで、意気投合しております。今後さらに交際を続け、来年五月に挙式の運びとなりました。ついては、いろいろお世話になることと存じますが、どうかよろしくお願い申し上げます。

伯母上様にもよろしくお伝えいただきたく、お願い申し上げます。

まずは、婚約ご報告まで。

敬具

［婚約祝い］

▼結婚の約束が調ったことを祝って喜ぶ手紙。

▼婚約報告をもらったときは、祝い状を出すことになる。その場合は、祝いを主とし、訓戒などは書かないほうがよい。

要点 婚約を祝うことば。ご幸福を祈る。結婚式には必ず参列したい。お祝いの品を送った場合は、そのことについても。

婚約祝いの例（婚約を祝して親類筋から）

拝啓 春の装いも一段とこまやかになってまいりました。お元気のことと存じます。

さて、承れば、いよいよ挙式の日取りもお決まりとのこと、おめでとうございます。心からお喜び申し上げます。ご両親様も、さぞご満足のことと拝察いたします。五月には何をおいてもご披露宴に駆けつけ、貴君の晴れ姿を拝見するのを楽しみにしております。ついては、心ばかりのお祝いの品を、別便でお送りいたしましたので、ご笑納くださるようお願い申し上げます。

挙式も間近、一層のご自愛、心からお祈り申し上げます。

まずは、ご婚約のお祝いまで。

敬具

［婚約祝いの礼状］

▼婚約祝いの品をもらったことに対して、感謝する手紙。

▼婚約報告を出すと、婚約祝いが来る。そのときお祝いの品などをもらえば、礼状を書くことになる。

要点 お祝いに対する感謝のことば。お祝いの品に対する感謝と感想。今後ともよろしく。いずれ披露宴の席でお目に掛かりたい、なども。

注意 お祝いの品をもらったのでなければ、礼状を出すには及ばない。

婚約祝いの礼状の例（写真立てをありがとう）

拝復　早春の薫りに満ちた今日このごろとなりました。相変わらずお元気のご様子でなによりです。

さて、このたびは、素晴らしい写真立てをお贈りいただき、まことにありがとうございました。ご厚情のほど、厚く御礼申し上げます。結婚式での二人の写真など飾ろうかと考えております。本当にありがとうございました。

それでは、いずれ披露宴の際にお目に掛かることと存じます。

まずは、取り急ぎ御礼まで。

敬具

［結婚式招待］

▼結婚式に参列するように招く手紙。

▼一般には、結婚式に招いた客をそのあとの結婚披露宴にも招く。したがって結婚式への招待状は、結婚披露宴招待状を出すときに添え書きにするか、別のカードを同封するのが普通である。

［結婚披露宴招待］

▼結婚式後、結婚したことを発表する宴会に招く手紙。

▼一般には、まず全体の人数を押さえ、あらかじめ出席してもらえそうな人のリストを作り、招待状を出すことになる。

要点 いつ、だれと、だれが、だれの媒酌で、どこで式を挙げるか。それについて祝宴を催したいからご出席願いたい。伝統的な形は新郎・新婦の父親が連名で出すが、最近は本人たちが連名で出すこともある。日付は「平成○○年四月吉日」という形にする。封字は「寿」が一般的。披露宴で特にスピーチをお願いする場合は、あらかじめ添え書きで了解を得ておく。

注意 出欠の返信をもらうことになるから、往復はがきでもよいが、この種の儀式ばったものには、カード式か巻き紙形式が多い。その場合には、返信用のはがきを入れることになる。なお、カードの場合は、縁を赤か金にし、おめでたい形の模様を浮き出しにしてもよい。

結婚披露宴招待の例❶（父親連名の場合）

謹啓　春暖の候、貴家ますますご清祥の段、心からお喜び申し上げます。

さて、今般、田中一郎殿ご夫妻のご媒酌により、善郎二男隆と良雄長女明子との間に婚約調い、来る五月五日挙式いたすことと相成りました。

ついては、ご披露かたがた粗宴を催したく、ご多用中まことに恐縮に存じますが、当日午後五時までに青葉ホテルにご光臨くださるようお願い申し上げます。

敬白

平成○○年四月吉日

山下善郎
佐藤良雄

山内正二様
御奥様

追ってご都合のほど、来る四月二十日までにご返事をお願い申し上げます。

結婚披露宴招待の例❷（当人連名の場合）

花の便りに心の弾む季節となりました。ますますお元気でお過ごしのことと存じ、お喜び申し上げます。

さて、このたび、わたくしども長い間の交際が実り、挙式の運びとなりました。ついては、お忙しいところを恐れ入りますが、次のようにささやかなごあいさつの宴を催したいと存じますので、お気軽においでくださるよう、ご案内申し上げます。

とき　五月五日（午後五時から）

ところ　青葉ホテル

平成○○年四月吉日

山下　隆

佐藤　明子

山内正二　様

お手数ながら、ご都合のほど、来る四月二十日までにお知らせください。

［結婚披露宴招待の返信］

▼結婚披露宴に招待を受けたことに対して、それに出席するか欠席するかを伝える返事の手紙。

▼必ず返信用はがきで伝える。電話などで簡単に伝えてもよいようなものだが、主宰者側としては、やはり同じ形のはがきのほうが整理しやすい。また、当人たちにとっても、出欠の返信はがきが記念になる。

要点 要領は会合案内の出欠の返信と同じでよいが、お礼のことばとともに、必ず「ご結婚おめでとうございます」という添え書きをする。

注意 郵送や配送でお祝いの品などを贈る場合は、別の手紙にしたほうがよい。返信用はがきに添え書きの形で書くのは失礼である。

［結婚祝賀会案内］

▼友人が発起人となり、会費制で結婚を祝う場合の案内の手紙。

▼結婚披露宴にお客を招待する代わりの会合、あ

るいは友人関係だけでの二次会という形が増えている。

要点　いつ、だれと、だれが、どこで式を挙げる。それについてみんなでお祝いをしたいから、集まりましょう。日時・場所・会費。

結婚祝賀会案内の例（会費制の披露宴）

拝啓　花の訪れに心の浮き立つ季節となりました。ますますご活躍のことと存じます。

さて、このたび山下隆君・佐藤明子さん両人の結婚を祝い、関係者一堂に会して、祝賀会を催すことになりました。ついては、両人の前途を祝し、大いに激励したいと存じます。ご多忙中まことに恐縮に存じますが、奮ってご参加くださるよう、お願い申し上げます。

とき　五月五日（午後五時から）

ところ　青葉ホテル

会費　八千円

なお、準備の関係上、ご出席の有無を来る四月二十三日までにご返事ください。　敬具

平成○○年四月吉日

発起人代表　川上和男

石川幸子

［結婚媒酌の礼状］

▼結婚の仲人に出す感謝の手紙。

▼縁を取り結び、結納を済ませ、挙式に立ち会い、披露宴を済ませ、新婚旅行に送り出すまでの仲人の労は計り知れない。したがって、新婚旅行から帰ったら、丁寧な礼状を出すのが礼儀である。

要点　結婚できたことに対する感謝のことば。現在の幸福感など。今後ともよろしく。

注意　新婚旅行の旅先から旅信の形で出してもよいが、その場合も、帰宅後に改めて出す。

結婚媒酌の礼状の例　（新婚旅行後に仲人へ）

拝啓　若葉の緑も日増しにさえてまいりました。ますますご健勝のことと存じます。

さて、わたくしども、無事新婚旅行を楽しんでまいりましたので、ご報告申し上げます。顧みれば、昨年十二月、わたくしどもを正式に引き合わせていただいてからこのかた、結納に、挙式の段取りにと、一方ならぬご尽力にあずかりましたこと、厚く御礼申し上げます。旅行中もいつも二人の話題になりましたのが、そちら様のお心遣いの数々でございました。いよいよ新家庭を持つに至りましたが、今後も何かにつけてお世話になることと存じます。どうか、よろしくご指導ご援助のほど、お願い申し上げます。

末筆ながら、ご一家皆様のご多幸をお祈り申し上げます。

まずは、心から御礼申し上げます。　敬具

［結婚報告］

▼結婚したことについて、経過を知らせる手紙。

▼社交上の関係は結婚通知でよいが、親類などで披露宴に参列できなかった人に対しては、結婚報告の形で詳しく書く。

要点　いつ、だれと、だれが、だれの媒酌で、どこで式を挙げたか。披露宴の様子など。新たな決心。今後ともよろしく。

注意　発信者名は、夫婦連名にする。

結婚報告の例　（新婚旅行後、披露宴欠席の伯父に）

拝啓　若葉もさわやかな今日このごろ、ますますご清祥のこととお喜び申し上げます。

さて、わたくしども、五月五日、勤務先の取締役田中一郎様のご媒酌により、無事結婚式を挙げましたのでご報告申し上げます。引き続き行われた披露宴も予想以上のにぎやかさに、感激を新たにいたしました。予定どおり新婚旅行も楽しみ、昨日新居に落ち着いたところでございます。特別休暇もあと二日で終わりますが、心を改めて仕事に励み、立派な家庭を築き上げようと思っております。どうか、今後とも一層のご指導ご援助のほど、お願い申し上げます。

伯母上様にもよろしくご伝言のほど、併せてお願い申し上げます。

まずは、後ればせながら、結婚のご報告といたします。

敬具

［結婚祝い］

▼結婚を祝って喜ぶ手紙。

▼結婚通知をもらった場合、その返信は結婚祝いの形になる。

要点 ご結婚おめでとう。心からお祝いする。通知を受け取ったときの感想。今後への激励のことば。具体的に書くと、受け取ったほうもうれしい。

注意 「去る・帰る・返す・戻る・別れる・離れる・追う・出る・出す・破る・飽きる・済む・終わる・二度・再三・再び」などは「忌みことば」といい、縁起が悪いから使わないこと。「別・帰」という字の含まれる熟語「別紙・格別・帰京・帰宅」なども嫌がる人がいるから、用語に注意すること。

結婚祝いの例❶（新郎の男の友人から新郎へ）

拝復　若葉の美しい季節となりました。当方一同相変わらず元気に過ごしておりますから、他事ながらご休心ください。

さて、このたびは待望のご結婚、おめでとうございます。素晴らしいお嫁さんを迎えられたことと拝察いたします。まことにうらやましい次第、心からお喜び申し上げます。どうかご立派なご家庭を築かれるよう、切望いたします。環境も変わり、いろいろとお疲れのことでしょう。ご自愛のほど、お祈りいたします。奥様にもよろしくお伝えください。

まずは、とりあえずお祝いまで。

敬具

結婚祝いの例❷（新婦の女の友人から新婦へ）

明子様　お手紙、懐かしく拝見いたしました。

このたびはご待望のご結婚、本当におめでとうございます。あなたのことゆえ、学生時代に語り合ったあの理想の男性に巡り会われたことでしょう。心からお祝い申し上げます。環境も変わり、いろいろ気苦労も多いことと存じます。ご自愛お祈りいたします。ご主人様にもよろしくお伝えくださるよう、お願いいたします。

まずは、お喜びまで。

かしこ

［結婚祝いの礼状］

▼結婚祝いの品をもらったことに対して感謝する手紙。

▼結婚通知を出したのに対して受け取った結婚祝いの手紙ならば、特に礼状を出す必要はない。しかし、結婚祝いとして何か贈り物を受ければ、それに対して礼状を出さなければならない。

要点　結婚祝いに対する感謝のことば。結婚祝いの贈り物を受け取ったときの感想。現在の心境と決心。今後ともよろしく。

結婚祝いの礼状の例（ブローチをありがとう）

光子様　このたびはご丁寧な結婚祝いのお手紙ならびに結構なアクセサリー、ありがとうございました。お心尽くしの贈り物を開いて、ちょうどわたしの欲しいと思っていたブローチが出てきたときのわたしの喜びをご想像ください。本当にありがとうございました。厚く御礼申し上げます。

ところで、新婚生活のほうは、始めてまだ二週間、なかなか新しい生活のリズムに慣れずに苦労しておりますが、とにかく仲良くやっておりますから、どうぞご休心ください。そのうちに、いろいろご教示にあずかりたいと思います。どうかよろしくお願いいたします。

まずは、とりあえず御礼かたがた近況ご報告まで。御身お大事に。

かしこ

[結婚通知]

▼結婚式や披露宴を済ませたあとで、結婚したことを知らせる手紙。

▼普通は新婚旅行・結婚届などを済ませてから、年賀状を交換している範囲に出す。

▼発信者は新郎・新婦連名で、姓の変わったほうは、括弧を付けて旧姓も書く。結婚に際して転居した場合は、転居通知を兼ねてもよい。

要点 いつ、だれの媒酌で結婚した。式場などは、書かなくてもよい。よろしくお導き願いたい。

注意 「去る」などという語は縁起が悪いから、「去る五月五日」とは書かない。「五月五日」だけでよい。また、発信の日付は、「五月　日」のように、「日」の前をあけておく。

結婚通知の例（新婚旅行後、関係者へ）

謹啓　新緑のすがすがしい季節となりました。ますますご壮健のことと存じます。

さて、わたくしども、五月五日、田中一郎様ご夫妻のご媒酌によって結婚式を挙げ、新しい人生を営むことになりました。未熟なわたくしどものために、今後ともよろしくご指導のほど、お願い申し上げます。

　なお、新居を左記のように構えましたので、併せてご通知申し上げます。近くへお越しの節は、ぜひお立ち寄りくださるよう、心からお待ち申し上げます。

　まずは、書中をもって、ごあいさつをさせていただきました。末筆ながら皆様のご多幸をお祈り申し上げます。

敬具

平成〇〇年五月　日

〒一〇一―八三七一
東京都千代田区三崎町二―二十二―十四

山下　隆
明子（旧姓　佐藤）

【3　弔事に関する手紙】

▼死去したことに関してのさまざまな手紙。
▼死亡は人生の重大事であり、もっとも厳粛な事件である。したがって、それをめぐる手紙も礼儀を重んじ、丁重に書くことを基本とする。また、本人の生前受けた恩顧に対し、感謝の気持ちを忘れてはならない。
▼この種の手紙の中に他の用件を持ち込んではいけない。
▼また、不幸が重なることを嫌う意味で追伸はつけない。その他「いよいよ・またまた」などの畳語（単語や意味を重ねることば）、「重ねて・再び」などのことばは忌みことばとして使わない。

死亡・葬儀の手紙

［死亡通知］

▼死んだことを知らせる手紙。
▼故人が年賀状を交換していた範囲を主にして出す。
▼日付は死亡の当日とするのが原則。
▼発信者は連名で、喪主・妻・親類一同・友人代表など。知名度の高い人の場合は、葬儀委員長・同副委員長なども加わる。

要点　頭語や前文を付けない。だれが、いつ死んだか、生前お世話になったことを感謝して知らせる。お通夜・告別式などの予定も。

注意　病名は書かなくてもよい。老衰は「天寿を全うし」、交通事故は「不慮の事故により」なども。

死亡通知の例　**（死去に際して一般へ）**

○山○男儀、五月末来病気療養中のところ、六月六日午前五時二十三分、七十二歳をもって永眠いたしました。ここに謹んで生前のご厚情を謝し、お知らせ申し上げます。

平成○○年六月六日

東京都千代田区三崎町二―二十二―十四

喪主　○山○郎

親族一同

友人代表　○川○治

追って　葬儀ならびに告別式は、六月九日午後二時より自宅において相営みますが、勝手ながら、故人の遺志により、お供物の儀は固くご辞退申し上げます。

[死亡報告]

▼死んだことについて、経過を知らせる手紙。

▼社交上の関係は死亡通知でよいが、特にちかしい親類あてには、死亡報告の形で、ある程度詳しく知らせる必要がある。

要点　だれが、いつ死んだか。死亡原因、死亡に至るまでの経過。生前お世話になったことのお礼。今後の予定など。

死亡報告の例　**（父の死去に当たり、父の弟に）**

急啓　父○男、本日早朝他界いたしましたので、ご報告申し上げます。

実は、昨夕から急に容体がおかしくなり、夜は特にお医者様にご回診いただきましたが、注射で小康を取り戻し、まず心配ないということでございました。ところが、明け方近くになって、容態が急変し、お医者様も懸命の治療を施してくださいましたが、衰弱はいかんともしがたく、ついに午前五時二十三分息を引き取りました。臨終に立ち会えたのがせめてもの慰めとなっております。生前いろいろお世話になりましたこと、ここに改めて厚く御礼申し上げます。

なお、一同で相談の結果、六月八日夜七時三十分からお通夜、翌九日午後二時から葬儀ならびに告別式を、それぞれ自宅において相営むことになりましたので、併せてご通知申し上げます。わたしどもとしては、唯一の頼りとお慕い申し上げる叔父上様のことゆえ、万障お繰り合わせのうえ、ご参列くださるようお願い申し上げます。

以上、取り急ぎご通知まで。

草々

[会葬の礼状]

▼告別式に参列した人に出す感謝の手紙。

▼本来は、告別式終了後、その日のうちに出すべきであるが、最近は参列者が帰るときに出口で手渡す形が一般的となっている。

要点 会葬に対する感謝のことばが中心。日付は告別式当日。発信者は死亡通知の場合と同じ。

注意 頭語・前文は付けない。

会葬の礼状の例　(告別式の会葬者に対して)

本日はご多忙のところ、故○山○男のためにわざわざご会葬を賜り、まことにありがとうございました。改めて参上のうえごあいさつ申し上げるべきところ、略儀ながら、書面をもって厚く御礼申し上げます。

平成○○年六月九日

喪主　○山○郎

親族一同

友人代表　○川○治

[香典]

▼死者の霊前に供える金銭。
▼香典を供える場合は、黒の水引きのかかった香典袋を用いる。
▼一般には市販されている香典袋を買い求め、上部に香典の表書きの特定の文字を書き、下部に姓名を書く。姓だけでは、同姓の者がいると紛らわしい。裏の折り返しのところに、隠れるように小さく、中身の金額を算用数字で書いておく。
▼封入する金銭は、なるべく折り目のない紙幣を用い、そのままでは失礼に当たるため、半紙に包んで入れる。市販の香典袋に金銭封入用の袋がついている場合は、それを用いてもよい。

香典の表書きの例（宗教によって異なる）

御霊前……最も一般的。どの宗教にも合う。
　一般には、四十九日まで用いるとされる。
御仏前……仏教の場合。一般には、四十九日の忌明け以降に用いるとされる。
御香料……仏教の場合。「御香典」「御香華料」なども。
御花料……キリスト教の場合。
御玉串料……神道の場合。「御榊料」とも。

葬儀後の手紙

［香典の礼状］

▼香典をもらったことに対して感謝する手紙。
▼お通夜の晩に受けた香典については、その場で礼を言うだけでよい。また、告別式の参列者から受けた香典については、会葬の礼状だけでよい。しかし、郵送されてきた香典に対しては、礼状を書いたほうがよい。

要点　香典に対する感謝のことば。葬儀が無事終わったことについての感謝。今後ともよろしく。

注意　会葬の礼状に書き加えてもよい。そのときは「ご丁寧なお悔やみと御香典、ありがとうございました」などとする。

香典の礼状の例　**（郵送してきた香典に対して）**

拝復　このたび◯山◯男の葬儀に際しては、過分の御香典を頂き、ありがとうございました。厚く御礼申し上げます。おかげさまで葬儀も無事終わりましたこと、ひとえに皆様方のおかげと、感謝しております。今後とも何かにつけお世話になることも多いかと存じますが、どうかよろしくお願い申し上げます。

まずは、略儀ながら、書中をもってごあいさつ申し上げます。

敬具

［弔辞の礼状］

▼弔辞を頂いたことについて、感謝する手紙。

▼告別式に当たって特に弔辞を頂いたことについては、礼状の形で感謝の気持ちを表したほうがよい。

要点　弔辞に対する感謝のことばが中心になる。今後の決心なども。今後ともよろしく。

注意　頭語・前文は付けない。

弔辞の礼状の例　**（告別式の弔辞に対して）**

このたびは故◯山◯男の葬儀に当たり、ご丁寧な弔辞を賜り、ありがとうございました。そのうえ故人について過分のお褒めをいただいたおことば、家族一同まったく感慨無量でございます。今後は故人の霊を守り仏事に精進する覚悟でございますので、どうかよろしくお導きのほど、お願い申し上げます。

まずは、略儀ながら、お礼のことばといたします。

［弔慰状］

▼死んだことを知った場合に出す慰めの手紙。「弔問状」「悔やみ状」とも。

▼死亡通知をもらったら、告別式に参列する。告別式にどうしても行けない場合は、お通夜に行く。遠隔地でそれもできなければ、弔慰状を書き、香典とともに現金書留で送る。親しい間柄なら、初七日、四十九日、新盆、命日などにも書く。

▼巻き紙に書く場合は、特に薄墨で書く。インクの場合も、ブルーなどの明るい色を避けたほうがよい。

要点 頭語・前文は付けず、「このたびは」「承れば」などの書き出しですぐ主文に入る。死去したと知って驚いた。お悔やみのことば。告別式に参列できない理由。全体に相手の身になって一緒に悲しむとともに、悲しみから立ち上がる勇気を与えるようにする。

注意 「まずは、とりあえず」という要旨のまとめや、「敬具」などの結語も付けない。「いよいよ・たびたび・またまた・それぞれ」などの畳語や、「重ねて・再び・追って・再三」など二回めを連想させる語は、「忌みことば」といい、縁起が悪いから使わないこと。追伸も、不幸が重なることを嫌う意味で書かない。

弔慰状の例❶（死亡通知をもらったが）

このたびは突然ご主人様がお亡くなりになったとのこと、まったく驚き入っております。平素あれほどお元気でおられたのに、ご入院後間もなくご他界とは、さぞご落胆のことと拝察いたします。ご愁傷のほどお察し申し上げ、心からお悔やみ申し上げます。

ついては、何をおいてもお手伝いに上がり、ご霊前にお参りしなければならないところ、あいにく離れられない事情が起こってどうにも都合がつかず、まことに申し訳ございません。ささやかではございますが、同封いたしましたもの、ご霊前にお供えくださるよう、お願い申し上げます。

弔慰状の例❷（親友の子供の死に接して）

承りますれば、思い掛けなくも、かわいい一粒種の○男ちゃんをお亡くしになったとのこと、まったくびっくりいたしました。この前ご帰郷の折お目に掛かったときは、あんなに元気に遊んでいらっしゃったのに、発病後間もなくご他界とは、さぞご落胆のことでしょう。ご愁傷の極みと拝察し、心からお悔やみ申し上げます。

ついては、高校時代からの無二の親友であるあなたのご不幸とあれば、真っ先に駆けつけなければならないとは存じますが、どうにも都合がつかず、本当に申し訳ございません。思えば、結婚されたのはわたしよりあとなのに、早くもお子さんをお持ちになったこと、まったくうらやましく存じておりました。折に触れての近況など、手まめにご報告いただいた中にも、○男ちゃんのことが手に取るように書かれており、お子様中心の毎日の生活、その成長にすべてを注いでおられたご様子、想像に余りあるものを感じておりました。その○男ちゃんを急に亡くされたこと、何ともお慰めの仕方がございません。ひたすら涙をこらえ、このお手紙を差し上げる次第でございます。同封のもの、どうかご霊前にお供えくださるようお願いいたします。

［弔慰の礼状］

▼お悔やみの手紙をもらったことに対して、感謝する手紙。

▼一般には会葬の礼状に添え書きをする程度でよいが、特別の関係で恐縮しなければならない相手方に対しては、別に礼状を出す。

要点 弔慰状に対する感謝のことば。現在の心境、決心。自分の不幸を誇張せず、控えめに表現する。

注意 特に親しい間柄の人に対して気を紛らすために書く場合は、自分の悲しみをそのまま書いて、共に悲しむ形でもよい。

弔慰の礼状の例❶ （激励に感謝し今後のお願いを）

拝復　このたびはご丁寧なご弔慰のお手紙、ありがとうございました。そのうえお供え物まで頂き、心から感謝しております。顧みますれば、老いぼれの夫ではございましたが、それでも何かにつけ心の支えとなっておりました。最後は食も進まず、衰弱の末あっけなく他界いたしましたが、やはり空虚な気持ちを隠すことができません。そんなわけで気もめいっておりましたところ、ご弔慰のおことばを頂き、ご激励を賜り、何とか元気づけられております。今まで夫にばかり相談して事を進めてまいりました習慣も、寄る辺を失い、今後は息子中心に一家の切り盛りをしなければならないかと思うと、その頼りなさに迷う気持ちでございます。今後とも、いろいろ問題を抱えて、ご相談しなければならないことも多いかと存じますが、どうか万事よろしくご指導のほど、切にお願い申し上げます。

まずは、御礼かたがたお願いまで。　敬具

弔慰の礼状の例❷ （悲しみに沈んだ近況報告）

この間はお心尽くしのお悔やみ、ありがとうございました。また、ご丁寧にお供え物まで頂き、お礼の申し上げようもありません。

思えば、○男のこと、発病以来わずか一週間で他界し、まったくあっけない最期になりました。葬儀も終わって慌ただしさから解放された今日、残されたおもちゃも涙を誘っております。外出しても、ちょうど同じ年ごろの子供に出会うのが心苦しく、うちにばかり閉じこもっておりました。あなたからのお悔やみ状を、今もまた読み返してみました。いつまでもくよくよしていても仕方のないこと、早く抜け出そうと努力しておりますが、どうにもなりません。こうなっては、時が解決してくれるのを待つより仕方がないとあきらめております。今後とも、折に触れて力づけてくださるよう、お願いいたします。

まずは、気を紛らすために現在の心境を書き、お悔やみのお礼といたします。　かしこ

［喪中あいさつ］

▼不幸があった場合に、年末に出す儀礼的な手紙。

▼家族の者が死去した年は、次の正月を祝わないから、年賀状を遠慮し、年末に喪中あいさつ状を出す。時期は十二月上旬、相手方が年賀状を書く前に届くようにする。

▼服喪の範囲は、父・母・夫・妻・子などにとどめてよい。兄弟姉妹は、同居の場合に服喪することがある。それ以上遠い関係なら、正月を喪中にしないのが普通である。

要点　頭語・結語は付けない。服喪中であることのあいさつのことばが中心。自分との続柄や死亡月などを添えたほうがよい。日付は「十二月日」のように、「日」の前をあけておく。

注意　喪中あいさつをもらったら、手元の住所録にしるしを付けておく。告別式に参列したら、そ

のつど記入しておくとよい。お正月にごぶさたおわびの意味で喪中の相手方に出す必要があれば、年賀状ではなく、喪中見舞いという形にする。

喪中あいさつの例　**(最も一般的な形)**

○喪中につき、年末年始のごあいさつ、ご遠慮申し上げます。

○四月、母○子が亡くなりました。服喪中でございますので、年末年始のごあいさつ、失礼させていただきます。

○今春亡くなりました父の喪に服しておりますので、年賀のごあいさつを控えさせていただきます。

[喪中見舞い]

▼喪中のために寂しい正月を迎える人に出す慰めの手紙。

▼家族の者が死去した人から年末に喪中あいさつ状が来れば、年賀状を遠慮することになる。もし、ごぶさたおわびを兼ねて何か出す必要があれば、年末または年始に喪中見舞いの形にする。

▼ただし、平素よく会う相手方や、この時期以外にも手紙交換の機会がある場合は、わざわざ出すには及ばない。

要点　喪中あいさつを受け取った。喪中で寂しい正月を迎えることに対する同情のことば。故人の思い出や激励のことばなども。

喪中見舞いの例❶　**(喪中のごあいさつを受けて)**

拝復　このたびは喪中のごあいさつを頂き、改めてご不幸のことなど思い出しております。あれほどかわいがってお育ての○男ちゃんを亡くされたお寂しさ、何ともお慰めの申し上げようもございません。来年こそは、このお悲しみを乗り越えてお元気を取り戻されるよう、心からお祈り申し上げます。

奥様にも、よろしくお伝えください。

まずは、年末ごあいさつまで。

敬具

喪中見舞いの例❷（年始あいさつに代えて）

拝啓　年も改まりましたが、いかがお過ごしでしょうか。喪に服しておられることと存じ、新年のごあいさつをご遠慮申し上げます。

顧みれば、家内の一切を取り仕切られていたお父様のことゆえ、さぞご不自由をお感じのことと存じます。それにつけてもお寂しいお正月、お気持ちのほど、お察し申し上げます。どうか、今年こそご奮起のうえ、新しい道を切り開かれるよう、ご期待申し上げます。

まずは、喪中お見舞いまで。

敬具

［忌明けあいさつ］

▼仏教で三十五日、または四十九日の忌が明けたときに、香典返しとともに出す儀礼的な手紙。
▼香典返しは、香典の金額の半分に当たる消耗品で返すのが一般的であり、配送するならあいさつ状を中に入れてもよい。
▼また、最近は香典返しに当てる金額を特別の団体に寄付することも行われている。その場合はその旨を付記し、独立の手紙とする。
要点　死去の際に頂いた香典などに対する感謝のことば。納骨に当たり、お礼の意味で粗品をお届けするからお納めください。
注意　こういう儀礼的なものには、印刷の場合にも巻き紙を用いることがある。

忌明けあいさつの例（亡夫の四十九日を迎え）

謹啓　時下ますますご清祥のことと存じます。
夫○男死去の節は、ご丁重なご弔詞を賜り、かつ霊前にお供物を頂き、ご芳志のほど、厚く御礼申し上げます。

本日

○○院○○○○居士

七七忌に際して謝意を表したく、粗品ではございますが、お届け申し上げました。ご受納くだされば、幸いと存じます。

まずは、略儀ながら、書中をもってごあいさつ申し上げます。

敬具

［忌明けあいさつの礼状］

▼忌明けあいさつをもらったことに対して、感謝する手紙。

▼出したほうとしては、別に礼状をもらうことを意図しているわけではない。しかし、香典返しの場合は、品物が無事着いたかどうか気懸かりになるから、やはり礼状を出したほうがよい。

要点　あいさつと香典返しに対する感謝のことば。その他、激励のことばなども。

忌明けあいさつの礼状の例（香典返し受領）

拝復　このたび○○院様の七七忌に当たり、わたくしどもにまでご丁寧なお返しを頂き、ありがとうございました。厚く御礼申し上げます。思えば、一家の大黒柱として重きをなされた○○院様のことゆえ、お亡くなりになってからは、さぞご不自由も多いことと拝察いたします。それを乗り越えて立派に仏事を執り行われたこと、心から敬服しております。今後は仏事にご専念の傍ら、ご子息様を守り立てられることと存じますが、どうか末永くご厚情を賜りますよう、お願い申し上げます。

まずは、とりあえず御礼申し上げます。

敬具

［法事招待］

▼一周忌・三回忌などの法事を行う場合に、それに招く手紙。

要点 だれの、どういう法事を、いつ行うか。それにご出席願いたい。食事を出す場合は、その点も付記する。

注意 死亡通知の場合と異なり、発信者名は主宰者だけでよい。

法事招待の例（一周忌の法事に親類を招待）

拝啓　晩春の候、いよいよお元気でお過ごしのことと存じます。

さて、来る六月六日は、亡夫、○○院○○○○居士の一周忌に当たりますので、内輪の者だけで法要を営みたいと存じます。ついては、ご多忙中まことに恐縮に存じますが、当日午前十時までに、○○寺にお越しくださるようお願い申し上げます。

なお、墓参の後簡単な昼食を差し上げたいと存じますので、併せてよろしくお願い申し上げます。

まずは、ご案内申し上げます。　敬具

［法事招待の礼状］

▼法事に招待されたことに対して、それに出席するか欠席するかを伝える手紙。

▼出席の場合は、当日香典をお供えすればよいが、欠席の場合は、現金を香典袋に入れ、書留で送ることになる。その際は、返事の手紙のほうにその旨を書いておく。

要点 返信用はがきを用いる場合は、出席か欠席かを丸で囲む。余白にお礼のことばとともに、故人の思い出などを添え書きをしたほうがよい。

注意 「ご出席」または「ご欠席」の「ご」を消

す。「ご近況・ご住所・ご芳名」の「ご・ご芳」も消す。表書きの「行」を消して、「様」または「御中」とする。

法事招待の礼状の例　（残念ながら出席できません）

拝復　春とは言え、まだ寒い日が続いております。ご主人様が亡くなられて早一年が経ちますが、いかがお過ごしでいらっしゃいましょう。このたびは亡きご主人様の一周忌の法要にお招きくださいまして、誠にありがとうございます。

さて、お招きいただいたご法要の件ですが、あいにく当日は学会出席のための出張が半年前から決まっており、お伺いすることができそうもありません。ぜひ御仏前にお参りし、奥様にもお目にかかりたいと思っておりましたが、大変残念でなりません。どうかお許しくださいませ。いずれ御宅の方へお線香を上げにお伺いいたしたいと存じております。

なお、別便で心ばかりのお香料をお送りいたしました。どうぞ御仏前にお供えくださいますようお願い申し上げます。

それでは、時節柄ご自愛のほどお祈り申し上げます。

敬具

【4 お祝いに関する手紙】

▼おめでたいことを祝って喜ぶ社交的な手紙。
▼お祝いの対象としては、入学・就職・栄転・結婚・寿賀・全快・出産・新築・開業などがある。いずれの場合も、相手方の喜びのさめないうちに出す。時機を失した祝い状など、間が抜けていて意味がない。
▼祝い状にはお祝いに関係のない事柄を書いてはいけない。また、明るい文面にするため、不吉な連想を伴うことばを避ける。
▼前文は省略してもよい。相手方の喜びを自分の喜びとして祝う気持ちで書く。そのときの感想も。心にもないおせじはよくない。お祝いの内容を間違えないように気をつけること。

［入学祝い］

▼学校に入学できたことについて、祝って喜ぶ手紙。
▼入学報告を受けたら、その返信として入学祝いを出す。入学報告は目上の親類筋に出すことが多いから、受け取ったほうはお祝いの品を別便で送ることにもなる。

要点 お祝いのことばとともにその努力を褒める。今後の進路について、注意のことばを添える。お祝いの品を別便で送ったら、その旨も書く。

注意 第一志望の学校へ進学できなかった場合も、そのことには触れず、心からお祝いする形で書く。

入学祝いの例（親類の子の大学入学に）

拝復　日増しに春らしくなってまいりました。当方一同元気でおりますから、他事ながらご休心ください。

さて、このたびは大学入学に関してご丁寧なご報告、正に拝見いたしました。見事に難関突破、本当に一年間ご努力のかいがあったとお喜び申し上げます。ご両親もさぞご安心のことと、心からお祝い申し上げます。好きな語学を十分に伸ばし、将来は海外でのお仕事を志されるとのこと、大いに期待しております。大学というところは、とかく期待外れの講義も多いように思われますが、一つの目標を定めて積極的に自学自習することに意義を見いだせば、これに越したことはありません。どうか、そのおつもりでしっかり勉強なさるよう、お祈りいたします。

なお、別便をもってお祝いの品をお送りいたしましたから、ご受納ください。ご両親にも、よろしくお伝えください。

まずは、ご入学お祝いまで。

敬具

［入学祝いの礼状］⇩11お礼の手紙　171

［卒業就職祝い］

▼卒業し就職したことを祝って喜ぶ手紙。

▼卒業就職通知は、目上の人に対して出すことが多いから、受け取ったほうも、何かお祝いのことばを贈ることになる。親類関係なら、お祝いの品を別便で送ることも多い。

要点　お祝いのことばとともにその努力を褒める。今後の指針について、戒めのことばを添える。お祝いの品などを別便で送った場合は、その旨も。

注意　第一志望の会社に就職できなかったにしても、そのことには触れず、心からお祝いする形で書く。

卒業就職祝いの例（卒業就職通知を受けて）

拝復　新緑の季節となりました。相変わらずお元気の由、何よりと存じます。

さて、このたびはご丁寧なご通知、正に拝見いたしました。おめでとうございます。立派に大学を出られ、商社にご就職とのこと、ご両親様もさぞお喜びのことと存じます。このうえは、どうぞ倍旧のご努力により、今後の難関を「強く、正しく」乗り切られるようお祈りいたします。

環境も変わることゆえ、ご自愛専一のほど、願い上げます。

まずは、とりあえずお祝いまで。　　敬具

平成○○年四月二十日

山村正一

田山信様

二伸　別便をもって心ばかりの品お送りいたしましたから、ご受納ください。

［卒業就職祝いの礼状］

⇩11お礼の手紙　172

［婚約祝い］

⇩2縁談・結婚に関する手紙　084

［婚約祝いの礼状］

⇩2縁談・結婚に関する手紙　084

［結婚祝い］

⇩2縁談・結婚に関する手紙　090

［結婚祝いの礼状］

⇩2縁談・結婚に関する手紙　091

［出産祝い］

▼子供が生まれたことを祝って喜ぶ手紙。

▼出産報告を受けたら、祝い状を出すことになる。お祝いの品を別便で送ることも多い。

要点　お祝いのことばとともに祝福の気持ちを率直に書く。子供は男女いずれの場合でも、そのことが良かったというふうに書き進め、心からお祝いする形で書く。お祝いの品を贈れば、そのことについても。

注意　「落ちる・流れる・詰まる・弱い・浅い」などの忌みことばは、縁起が悪いから使わないこと。

出産祝いの例（親友の女児出産を祝って）

直子様　お聞きするところによりますと、このたび女のお子さんをご出産とのこと、本当におめでとうございます。思えば学生時代、子供を何人作るとか、最初は男と女のどちらがいいかなどと話し合っていたときは、まったくの理想論にすぎませんでした。それが現実となったご感想、いかがでしょうか。あのとき、たしかあなたは、最初は女の子がいいとおっしゃいましたが、そのとおりになり、こんな喜ばしいことはないと存じます。心からお祝い申し上げます。

なお、別便をもってお祝いの品をお贈りいたしましたので、ご受納くださるようお願いいたします。

かしこ

〔出産祝いの礼状〕

⇩11お礼の手紙　173

〔全快祝い〕

▼病気が全快したことを祝って喜ぶ手紙。

▼全快通知をもらった場合は、全快を祝う形で祝い状を出す。その場合は、お祝いを主とし、他のことには触れないようにする。

要点　全快を祝うことば。ご家族の皆様もさぞお喜びだろうというふうに書き進める。快気祝いの品をもらえば、そのことについてお礼を述べる。

ご自愛専一を祈る。

全快祝いの例　（全快通知と快気祝いを受けて）

拝復　その後いかがかと案じておりましたところ、もうすっかり良くなられたとのこと、心からお喜び申し上げます。奥様をはじめご家族ご一同様、さぞご安心のことと拝察いたします。そのうえわざわざ快気のお祝いの品まで頂き、ありがとうございました。厚く御礼申し上げます。幸いこれからは季節も良くなることゆえ、ご健康の増進に努められ、末永く人生を楽しまれるよう、心からお祈り申し上げます。どうかご無理をなさらず、ご自愛専一のほど、お願い申し上げます。

まずは、ご全快をお祝い申し上げ、御礼のことばといたします。

敬　具

［寿賀祝い］

▼長生きをしたことを祝って喜ぶ手紙。

▼お祝いする年齢としては、六十歳の還暦、七十歳の古希、七十七歳の喜寿、八十八歳の米寿、九十九歳の白寿などがある。結婚二十五周年の銀婚式、五十周年の金婚式なども、これに準じて考えてよい。

要点　お祝いのことば。今後への激励。お祝いの品を別便で送ったら、その旨も。

注意　「衰える・枯れる・朽ちる・倒れる」などの忌みことばは、縁起が悪いから使わないこと。

寿賀祝いの例　（伯父の古希を祝って）

拝啓　秋冷の候、ますますご清栄のことと拝察し、お喜び申し上げます。さて、承りますれば、伯父上様には、来る十月二十三日に古希を迎えられるとのこと、まことにおめでとうございます。心からお喜び申し上げます。会社を退かれたのもついこの間のように思っておりましたところ、あれからすでに五年、月日のたつのは本当に早いものと驚いております。にもかかわらず、伯父上様にはますますお達者で、伯母上様とともに自然を友とし、草木をめでておられるとのこと、俗世を離れたご生活こそ健康の基と拝察いたします。どうか今後もますますご自愛のうえ、喜寿、米寿とお祝いを重ねられるよう、心からお祈り申し上げます。

まずは、古希を迎えられるに当たり、心からお喜び申し上げます。　敬具

平成○○年十月十六日

山下　隆

川村一郎　様

二伸　別便をもって心ばかりのお祝いの品をお贈りいたしました。お気に召すかどうか心配しておりますが、ご受納いただければ幸いと存じます。

[寿賀祝いの礼状]

⇩11お礼の手紙　174

[栄転祝い]

▼高い地位へ移ったことを祝って喜ぶ手紙。

▼転職通知をもらった場合、それが明らかに栄転であれば、返信は栄転祝いの形にする。その場合は、お祝いを主とし、訓戒などは書かない。

要点　栄転を祝うことば。一層のご栄達を祈る。今後ともよろしく。

栄転祝いの例　（高校の教頭として転出した友人へ）

拝復　このたびはご丁寧なごあいさつ、ありがとうございました。教頭にご栄転とのこと、奥様もさぞお喜びのことと拝察いたします。心

からお祝い申し上げます。

承れば、この節は教頭・校長へのコースに難しい資格試験が行われるとのこと、無事その難関を突破されたとは少しも存ぜず、失礼しておりました。ここまでご到達になれば、もう前途は洋々たるものでございましょう。このうえは、ご任地の南高校で十分ご活躍の後、校長への道を進まれるようお祈りいたします。どうか、くれぐれも健康に留意されるよう、併せてお祈り申し上げます。

まずは、ご栄転お祝いまで。　　　　敬具

［開業祝い］

▼新たに営業を開始することを祝って喜ぶ手紙。
▼親しい間柄で開業する者があれば、開業祝いを出す。業務上のつきあいがあれば、酒類や花輪などを届けることもある。

要点　開業おめでとう。開業を知ったときの感想。ご繁盛を確信する。
注意　「散る・枯れる・乱れる・苦しむ」などの忌みことばは、縁起が悪いから使わないこと。

開業祝いの例❶（友人の洋装店開業を祝って）

このたびは、開店のご通知ありがとうございました。待望の独立、おめでとうございます。駅前の商店街とは、ずいぶん良いところを奮発なさったと感心しております。長い間銀座で修業されたあなたのセンス、きっとご近所の方に受けることでしょう。ご繁盛疑いなしと存じます。ご活躍のほど、お祈りいたします。

まずは、とりあえずお祝いまで。　　　かしこ

開業祝いの例❷（友人のＣＤショップ開店を祝って）

拝復　春暖の候、ますますご清栄のこととお

喜び申し上げます。このたびは念願のＣＤショップをご開業の由、まことにおめでとうございます。

　顧みれば貴兄と同期でＡ社に入って二十年、二人とも若いころは音楽の話に時の経つのも忘れてずいぶんと盛り上がったりしたものでした。

　そんな貴兄が昨年意を決して退社され、ＣＤショップ開店準備に忙殺されているということも貴兄より伺っておりましたが、意外に早く開店にこぎつけられ、また、新宿というなつかしの地でのご開業と伺い、何よりのこととお喜び申し上げます。近々ぜひお邪魔いたしたく思っております。これからのご活躍のほど、お祈り申し上げます。

　なお、別便にてお祝いの品をお送りいたしました。ご受納ください。

　まずは、ご開店お祝いまで。

敬　具

【5 見舞い・慰め・激励に関する手紙】

▼相手方の被災や不幸を見舞い、無事かどうかを尋ねて慰め激励する手紙。
▼本来は駆けつけて手伝い、慰めたり激励するべきところを手紙で間に合わせるのであるから、心から同情する気持ちをもって相手の立場に立って書かなければならない。
▼また、関係ない事柄には言及しないようにする。

お見舞いの手紙

[病気見舞い]

▼病人に対して、安否を尋ねて慰める手紙。
▼面会謝絶でなくても、病院に来られることを嫌う人がいる。そういう場合は、お見舞いの手紙のほうが効果的である。

要点 前文を省略し、すぐ主文に入る。病気ということを聞いて驚いた。お見舞いのことば。容体を問い、慰め、全快を祈る。

注意 病名などを聞いていても、本人には知らせていないかもしれないから、書いてはいけない。精神的ショックを与えるニュースなどにも、触れないようにする。

病気見舞いの例 （入院を知人から聞いて）

冠省 昨日下村さんからそちら様がご入院とのことを伺い、何かの間違いではないかと耳を疑いました。寒さも一段と厳しい今日このごろ、ご容体はいかがかと案じ、お見舞い申し上げます。

承れば、お仕事の上でいろいろご無理をなさったことが原因とのこと。お互い元気に見えても、もう若い者にはかなわない年ごろになったと痛感いたします。奥様も、さぞご心配のことでしょう。どうか、十分にご養生のうえ、一日も早くお元気になられるよう、お祈り申し上げます。

まずは、とりあえずお見舞いまで。　草々

［病気見舞いの礼状］

⇩11お礼の手紙　174

［被災見舞い］

▼災難に遭った人に対して、安否を尋ねて慰める手紙。「災難見舞い」とも。
▼大きな災害なら、テレビ・新聞にも報道される。それらを通じて被災の事実を知ったら、すぐ出すのがよい。
▼災難には、火事・地震・津波・風水害・交通事故・登山事故・盗難などいろいろある。
要点　急を要するから前文を省略し、すぐ主文に入る。被災の事実を知った経緯。お見舞いのことば。被災に同情し、激励のことばを掛け、希望を持たせる。自分が相手方の立場になって慰める。慰問品を別便で送れば、そのことにも触れる。
注意　大きな災害で被災したことが明らかならば、返信用はがきを同封する。その表書きはあらかじめ書いておき、裏も必要事項を簡単に書いてそのまま返送できるようにしておく。

火災見舞いの例　**（放火で類焼と聞いて）**

急啓　承れば、このたび火災に遭われたとのこと、驚き入っております。被害の模様などいかがでしょうか、お伺い申し上げます。悪質な放火が原因とか、まことに憤慨にたえません。

奥様も、さぞご落胆のことと拝察いたします。あるいはどちらかにご避難かと察せられますが、とりあえず元のご住所あてお見舞いのお手紙を差し上げます。どうかお気落としなく再建に励まれるよう、心からお祈り申し上げます。なお、ご不自由なもの、何なりとご用立ていたしたいと存じます。どうか、お気軽にお申しつけください。

まずは、とりあえずお見舞いまで。　草々

水害見舞いの例　（水害のニュースを見て）

前略　今朝のニュースで御地の水害の状況を知り、本当に驚いております。とりあえず書面をもってお見舞い申し上げます。改修工事に不備のあった堤防が、増水に耐えられず決壊したとのこと、不慮の災難これに過ぎるものはないとご同情申し上げます。どうかお力落としなく、災いを転じて福となされ、いつものお元気をもってご再建に励まれるよう、切にお祈り申し上げます。

まずは、とりあえずお見舞いまで。　草々

盗難見舞いの例　（新聞で盗難の記事を見て）

急啓　このたび盗難に遭われたとのこと、今朝の新聞で拝見し、驚き入りました。この節は悪質な居直り強盗も多く、まったく不用心でございます。それを思うと、留守中の窃盗でおけがのなかったこと、何よりに存じます。とは申すものの、ご帰宅の際盗難の事実にお気づきになったときは、さぞ驚かれたことでしょう。奥様のお嘆きもさぞやと存ぜられます。犯人が一日も早く逮捕されるよう、心からお祈り申し上げます。

まずは、とりあえずお見舞いまで。　草々

［被災見舞いの礼状］⇩11お礼の手紙 175

慰める手紙

［慰問状］

▼不幸な人や逆境にある人を慰める手紙。
▼同じような境遇にある人が慰め合う場合もあるが、順境にある人が慰めるのは、なかなか難しい。それは、両者の人生観も問題になるからである。しかし、もし自分がその立場に置かれたらどうするかを真剣に考えて書くようにすれば、多少とも慰めになるはずである。

要点　慰める事実の確認と慰めのことば。自分の経験や他人の例を引いて相手方の心を引き立て、前途に希望を持たせるようにする。ただし、お説教の形にしてはいけない。思いやりのあふれた形で書き進めることが必要である。

注意　死亡に関する慰めの手紙は、弔慰状の形にする。

慰問状の例（事業を失敗した友人へ）

急啓　承れば、ご事業の継続をご断念なされたとのこと、ご家族皆さまのご落胆もさぞやと、残念至極に存じます。顧みれば、ご開店の華やかなご出発も、昨日のように思い出されます。それ以来十年有余、ますますご繁盛のご様子に承っておりましたが、昨今の不況にご堅実なそちら様まで影響を受けられるとは、まことに夢のようでございます。

ついては、ご胸中さぞご無念のことかと拝察いたします。今後はいかようにお進みなさるのでしょうか。従業員の方もおられるゆえ、何とぞご慎重にご配慮のほど、お祈り申し上げます。いずれ再起の道を講じられることと存じますが、十分ご自愛のうえ、災いを転じて福となされるよう、切望いたします。

なお、お役に立つことがございます節は、何なりとお申しつけくださるよう、お願い申し上げます。

まずは、とりあえずご慰問申し上げます。

草々

[慰問状の礼状] ⇩11お礼の手紙 178

[弔慰状] ⇩3弔事に関する手紙 099

[弔慰の礼状] ⇩3弔事に関する手紙 100

激励する手紙

[激励状]

▼努力している者をさらに元気づける手紙。
▼同輩や後輩、目下の人に対して出す。面と向かってはしっかりやれとしか言えないが、手紙なら細かく書いて励ますことができる。

要点 激励のことば。前途に明るい希望を持たせ、発奮させる。ただし、激励の度が過ぎて逃げ道をなくすと、逆効果のこともある。万一の失敗を考えて、そのときの処置にも触れるほうがよい。

注意 相手方が失意・悲観のときに出す手紙は慰問状の形にする。（「慰問状」の項参照）

激励状の例（受験勉強中の友人の子に対して）

昇さん ごぶさたしました。そちらの冬は寒いでしょう。お元気ですか。いよいよ入試も目前、調子はいかがでしょうか。
実は、昨日、久しぶりにお父様と夕食を共にしました。そのとき、昇さんのお話が出ました。今年こそはぜひ合格するんだと、二月早々から現地の親類に出掛けたが、どうも心配だ、何とか激励してやりたいが、自分の口からは言えないし、どうしたものかということでした。それで、わたしが代わって、この手紙を差し上げることになりました。

昇さん　わたしはあなたが生まれたときから知っています。お父様もお母様も、それこそ目の中に入れても痛くないほどのかわいがりようでした。それだけにいろいろ甘やかした面もあり、最後の頑張りが利かなくなってしまったと、こぼしておられます。しかし、親御さんから見ればいつまでも子供でも、すっかり一人前になったことは、このわたしが断言いたします。恐らく最後の頑張りも、決して人に負けないことでしょう。わたしには、あなたがねじりはち巻きで夜遅くまで机に向かっている姿が目に浮かびます。どうか、最後まで頑張ってください。そうして、今年こそ、ご両親を喜ばせてあげてください。

とはいっても、合否は時の運、全力を尽くすより仕方がありません。全力を尽くして、それでも不合格になったときは、わたしからご両親にもう一年頑張らせていただくように申し上げましょう。万一の場合も心配は要りません。

それでは、あと三週間、うれしいお便りをお待ちしております。寒さが厳しい折から、くれぐれも御身お大事に。

まずは、ご激励まで。ではまた。

［激励の礼状］

⇩11お礼の手紙　177

【6　贈り物に関する手紙】

▼物を贈る場合に、必要に応じて添えるあいさつの手紙。
▼受け取るほうでは、品物だけ届いて連絡がないと、その趣旨などについて迷ってしまう。そこで、贈答品を送る場合は、品物に添えるか、少し早めに着くように、手紙を出しておく。

［贈答状］

▼何をどういう趣旨で贈るかを知らせる手紙。
▼送った方法や必要なら到着予定日も。
▼贈り物そのものについては、「粗末なものですが」「詰まらないものですが」とけんそんし、それをもらってもらう気持ちで書く。
▼用い方・食べ方などが特殊なものは、それについて触れておいたほうがよい。

注意　お祝い・お見舞い・お悔やみなどで贈る場合は、手紙のほうが主で品物が従である。それに対し、贈ったことを知らせる贈答状は、品物のほうが主で、手紙が従である。

贈答状の例　**（お世話になっている方へ松茸を）**

拝啓　日増しに秋も深まってまいりました。その後ごぶさたいたしましたが、お変わりもなくお過ごしでしょうか、お伺い申し上げます。日ごろは一郎が何かとお世話になり、心から御礼申し上げます。
さて、例年のことながら、当地の名産松茸も出回るころとなりました。思わず手に取って香りを楽しみたくなるかと拝察し、手ごろなものを取りそろえ、別便をもってお送りいたしました。都会では別に珍しくもないとは存じますが、ご郷里を思い出されるよすがにしていただければ幸いと存じます。

末筆ながら、ご一同様のご多幸をお祈り申し上げます。奥様にもよろしくご伝言のほど、お願い申し上げます。

まずは、ごぶさたおわびまで。

敬具

［贈答の礼状］

⇩11お礼の手紙 190

［中元・歳暮の添え状］

▼中元・歳暮を贈る際に添えて、日ごろの感謝の気持ちを表す手紙。

▼お中元は七月初旬から十五日頃まで、お歳暮は十二月初旬から二十五日頃までに送る。品物と前後して先方に届くようにする。

要点 平素受けている恩顧に対し、感謝のことばを述べる。今後に対する決心なども。今後ともよろしく。夏の季節感を表すことばや年末の多忙を見舞うことばを添える。

注意 贈った品物については、へりくだって控えめに表現する。遠慮した形で追伸にしてもよい。

中元の添え状の例　**（取引先へ贈る）**

謹啓　酷暑のみぎり、いよいよご清祥の段、慶賀の至りに存じます。日ごろは格別のご愛顧にあずかり、厚く御礼申し上げます。

ついては、各位のご愛顧にお報いいたしたいと存じ、本日心ばかりの品を拝贈いたしました。ご笑納いただくよう、お願い申し上げます。

なお、今後とも倍旧のご用命を賜れば、幸いと存じます。

まずは、御礼かたがたお中元のごあいさつといたします。

敬具

歳暮の添え状の例（伯父へ新巻鮭を）

今年も余日少なくなりましたが、皆様にはますますご健勝のこととお慶び申し上げます。日ごろは何かとお世話になり、厚く御礼申し上げます。

年末にあたり、毎年変わりばえもせず恐縮に存じますが、今年も当地で水揚げされた新巻鮭をお届けさせていただきました。ご賞味いただければ幸いです。

向寒の折り、お風邪など召されませんよう、よいお年をお迎えくださるようお祈り申し上げます。

［中元・歳暮の礼状］

⇩11お礼の手紙 191

［贈呈状］

▼記念品などを贈る場合に添えるあいさつの手紙。

▼商店などで創業何周年記念などという場合、記念式典の参列者に対しては、記念品をその場で渡すことができる。しかし、実際には、広く顧客・株主・取引先などに対して、記念品を贈ることも多い。そういう場合は、品物だけ届いて趣旨の分からないことがないよう、早めに贈呈状を出しておく。

要点　どういう趣旨で何を贈るか。送った方法。今後ともよろしく。

贈呈状の例（創業九十周年に当たり記念品を）

謹啓　春暖の候、ますますご清栄の段、お喜び申し上げます。弊社儀、逐年順調に発展してまいりましたこと、ひとえに皆様方のご支援のたまものと、厚く御礼申し上げます。

さて、弊社は、先々代の盛一郎が大正○○年に創業以来、満九十年を迎えました。つきましては、記念のしるしまでに、別便をもって粗品をお届けいたしましたので、ご受納いただければ幸いと存じます。今後とも倍旧のご支援のほど、お願い申し上げます。

まずは、略儀ながら、ごあいさつかたがたご案内申し上げます。

敬具

[贈呈の礼状]

⇩11お礼の手紙　192

【7 来てもらうための手紙】

▼来てもらうための手紙には、招待する手紙・案内する手紙・呼び出す手紙・出席を依頼する手紙・勧誘する手紙などがある。

▼来てもらうのは、会合・見学会・催し物・結婚式・法事の時など。

▼相手方が大勢の場合は、同文のものを印刷して、一筆書き添える。

▼特定の人だけを招く場合は、心を込めて丁重に書く。個人的な会合の場合は、相客についても触れておいたほうがよい。自分側で日時の都合がつく場合は、相手方の都合を考えて日時を相談する形にしてもよい。

▼出欠の返信を必要とする場合は、会合案内の場合に準じて、往復はがきにするか、返信用はがき同封で出す。

招待する手紙

[招待状]

▼会合や催し物に招く手紙。

▼出欠の返信を必要とする場合は、往復はがきか返信用はがき同封にする。

要点 招待する趣旨・日時・場所・食事の用意の有無など、ぜひおいでくださいという形で書く。

注意 会費や入場料を取る場合は案内状の形にする。

[会合招待]

▼会合に招く手紙。

▼出欠の返信を必要とする場合は、往復はがきか返信用はがき同封にする。

要点 会合の趣旨・日時・場所・食事の用意の有無、お迎えの方法、必要なら服装や携帯品なども。ご多忙中ご迷惑でもおいでくださいという形で書く。

注意 会費や入場料を取る場合は案内状の形にする。

会合招待の例（高校の同級会に恩師を）

拝啓　秋冷の候、先生にはますますご清祥のことと存じ、お喜び申し上げます。

さて、わたくしども昭和五五年卒業の同級会、卒業以来毎年欠かさず開催し今日に及んでおります。また、一昨年からは、ご隠退の先生方をお一人ずつお招きし、往時を語り合うことにいたしました。ついては、今年の例会（十一月三日）にはぜひ先生をということになり、ここにお願い申し上げる次第でございます。例会には毎回出席者三十名ぐらい、時のたつのも忘れる楽しい一夜でございます。幸いご都合願えれば、当日午後五時までにお宅へお伺いし、新宿の会場へご案内申し上げます。どうぞお気軽にお越しくださるよう、お願い申し上げます。

時節柄、一層のご自愛、お祈り申し上げます。

まずは、ご招待まで一筆申し上げます。

敬具

［招待の承諾］

⇩12承諾を伝える手紙　194

［招待の断り］

⇩13断りを伝える手紙　204

［旅行招待］

▼旅行を行う場合に、それに招く手紙。

▼招待状の一種であるが、出欠の返信を必要とす

ることも多い。その場合には、会合案内に準じて、往復はがきにするか、返信用はがき同封で出す。

要点 旅行の趣旨・日時・場所が中心になる。魅力的なことがあれば、それを付け加える。奮ってご参加ください。

注意 参加費用を必要とする場合は、案内状の形にしたほうがよい。（「見学会案内」の項参照）

旅行招待の例（伊豆一泊旅行へ取引先を）

謹啓 時下新緑の候、いよいよご健勝のことと存じます。毎々格別のご愛顧を賜り、深く感謝しております。

さて、このたび日ごろのご愛顧にこたえさせていただきたく、次のような旅行会を企画し、ご招待申し上げます。

目的地 伊豆稲取一泊、伊豆半島一周
日時 六月九日（土）午後二時当店前出発
六月十日（日）午後八時帰着予定

稲取の新鮮な磯料理を味わい、一泊二日を有意義にお過ごしいただきたいと存じます。

なお、準備の都合もございますので、ご参加の向きは、五月十日までにご返事を賜りますよう、お願い申し上げます。まずは、ご案内まで。

敬具

［式典招待］

▼式典に参列するように招く手紙。

▼地鎮祭・落成式・開館式・創立記念式など、式典の形で行う行事は多い。そういう場合には、式典の招待状を出すことになる。

▼出欠の返信を必要とする場合は、本文をカードに印刷し、返信用はがきを同封する。

要点 いつ、どこで、どのような式典を行うか。それについて祝宴を催せば、その旨も。ぜひご出席願いたい。日付は「平成〇〇年四月吉日」という形にする。

式典招待の例　**（創業十周年式典に当たって）**

謹啓　春暖の候、ますますご清祥のこととお喜び申し上げます。

　さて、弊店儀、来る五月一日をもって創業満十周年を迎えることとなりました。これひとえに皆様方のご支援のたまものと、深く感謝し、厚く御礼申し上げます。

　ついては、次のように創業十周年の式典を執り行い、式典後小宴を催したいと存じます。ご多用中まことに恐縮ながら、ご光来の栄を賜りたく、ここにお願い申し上げます。

　日時　平成〇〇年五月三日　午前十時
　場所　青葉ホテル大ホール
　　　（電話〇三―△△△△―〇〇〇〇）

まずは、謹んでご案内申し上げます。

敬　白

平成〇〇年四月吉日

スーパーマーケット〇〇屋
取締役社長　池田良平

吉野清一郎様

　二伸　お手数ながら、ご出席のご都合を同封はがきにて折り返しお知らせいただきたく、お願い申し上げます。

【結婚式招待】⇩2縁談・結婚に関する手紙　085
【結婚披露宴招待】⇩2縁談・結婚に関する手紙　085
【結婚披露宴招待の返信】⇩2縁談・結婚に関する手紙　087
【法事招待】⇩3弔事に関する手紙　106

［法事招待の礼状］

⇩3弔事に関する手紙　106

案内する手紙

［開業案内］

▼新たに営業を開始する場合の案内の手紙。

▼開業に当たっては、顧客となりそうな範囲に案内状を出すことが多い。その対象は、地域的に選ぶ場合と、サラリーマンとか学生など、特定の階層で選ぶ場合とがある。

要点　店名・内容・開店日・場所が中心。開業に際し特にサービスすることがあれば、その旨も。

開業案内の例　（ブティックの開業を顧客筋へ）

皆々様ますますご清祥のことと存じます。

さて、このたび、青葉山駅の近くにブティックキムラを開きました。良い品物を手ごろなお値段で、お客様にご奉仕することをモットーにいたします。特に秋のニューモードを中心に実用的なものもそろえてお待ちしておりますから、どうぞお気軽にお立ち寄りください。

なお、ご来店の節は、本状と引き換えに、記念品を差し上げます。

［会合案内］

▼会合を開く場合に、それを知らせて、来てくださいと付け加える手紙。

▼会合としては、同窓会・懇親会・祝賀会・講演会・学会などいろいろある。

▼出欠の返信を必要とする場合は、往復はがきか返信用はがき同封にする。

要点　会合の趣旨・目的・場所・費用などが中心になる。場所に関しては電話・道順・略図なども入れるとよい。その他、何か魅力的なことなど。印刷の場合も、それぞれの相手に対して一筆書き加えておくと、受け取ったほうも出席の意欲がわく。

注意 理事会など出席する義務がある場合の案内は、案内状でなく招集通知となる。

会合案内の例（クラス会開催を往復はがきで）

拝啓　さわやかな秋晴れの好日が続いておりますが、皆様には、ますますご健勝のことと存じます。

さて、毎年秋に催してまいりましたクラス会、今年は特に山田先生をお招きし、次のように開くことにいたしました。

日時　十一月三日　午後六時

場所　新宿「青葉亭」

（電話〇三―△△△△―〇〇〇〇）

会費　九千円

なお、準備の都合もございますので、ご出席の有無を来る十月二十四日までにご一報くださるようお願い申し上げます。

また、近況で変わったことがあった場合、旧友の消息などご存じの場合などは、ぜひお知らせください。

敬具

平成〇〇年十月　日

幹事　川上和男

［見学会案内］

▼見学会を行う場合に、それを知らせ、来てくださいと付け加える手紙。

▼見学の対象としては、工場・学校・施設など、いろいろある。そういうところの見学会を催す場合にも、案内状が必要である。

要点 見学の趣旨・日時・場所が中心になる。参加費や個人負担の費用などが必要な場合は、その旨を付け加える。奮っておいでください。

注意 すべての費用を主催者負担にする場合は、招待状の形にしたほうがよい。

見学会案内の例（商店会の定例見学会）

拝啓 時下ますますご清栄のことと存じます。

さて、三月の月例見学会の件、次のように決定いたしましたので、ご案内申し上げます。

見学場所 あおば製菓本社工場（板橋）
日時 平成〇〇年三月二十八日
集合 午前九時 青葉山駅南口
解散 午後三時 同右の予定
費用 交通費 約八百円

注 昼食は、先方のご接待となります。

どうぞ、お誘い合わせのうえお気軽にご参加くださるよう、お願い申し上げます。 敬具

平成〇〇年二月 日

会員各位

青葉山商店会事業部研修委員会

［催し物案内］

▼催し物を行う場合に、それを知らせ、来てくださいと付け加える手紙。

▼催し物としては、おさらい会・音楽会・学校祭・運動会・展覧会・陳列会・特売会・特選会・内覧会・大売り出しなどいろいろある。

要点 催し物の趣旨・日時・場所が中心になる。入場料を取ったり入場者を制限したりする場合は、その旨を付け加える。売り出しの場合は、品名・価格などを例示する。

注意 本状持参の方に入場料免除などの特典を与える場合は、招待状の形にしたほうがよい。（「招待状」の項参照）

催し物案内の例❶（学園祭展示を関係者へ）

拝啓　風のそよぎにも秋の深さを感じるこのごろ、ますますご精励のことと存じます。

さて、わたくしどもの広告研究会は、今年もまた次のように、学園祭において研究調査の一端を発表することになりました。

期間　十一月一日（金）～四日（月）

場所　五号館二階二一八教室

本年は特に男性化粧品の広告に焦点を絞り、工夫を凝らしました。ご高覧を賜れば幸いと存じます。

以上、ご案内申し上げます。　敬具

催し物案内の例❷（特別内覧会を顧客筋へ）

謹啓　秋涼の候、ますますご清栄のことと存じます。

日ごろは格別のお引き立てを賜り、厚く御礼申し上げます。

さて、このたびご愛顧の皆様をお招きし、シーズンに先駆けて、この秋のトップパターンの中から色・柄とも選び抜いた特別品を、ご奉仕価格で販売する特別企画を、次のとおり開催いたします。何とぞご来場のうえご用命を賜りますよう、ご案内申し上げます。

とき　九月二十二日～二十三日

ところ　二階特別サロン

ご奉仕品の一例　国産一流メーカー品お仕立て上がり背広上下四万八千円、

右、ご案内まで。　敬白

【結婚祝賀会案内】

⇩2縁談・結婚に関する手紙　087

招待・案内の手紙への返信

［出欠の返信］

▼案内状や招待状を受けたのに対して、出席か欠席かを伝える返事。

▼出欠が決まったら、早速返信用のはがきで返事を出す。まだ日があると思っていると、そのうちに忘れてしまうことがある。

要点 返信用はがきを用い、出席か欠席かを丸で囲めば、一応は用が足りる。しかし、それではあまりにも無愛想であるので、出席または欠席の文字をそのまま利用し、前後に書き加える。「喜んで出席させていただきます」「どうしても都合がつかないので、やむをえず欠席させていただきます」など。その他、近況の欄がなくても、余白に何か添え書きをしたほうがよい。

注意 「ご出席」または「ご欠席」の「ご」を消す。「ご近況・ご住所・ご芳名」の「ご・ご芳」も消す。表書きの「行」を消して、「様」または「御中」とする。

出欠の返信の添え書きの例❶（出席の場合）

近況　小生、あおば物産で係長になりました。家族は、妻直子と、五つになる長女がおるで、今かわいい盛りです。山田先生はじめ皆様にお会いできるのを楽しみにしております。

出欠の返信の添え書きの例❷（欠席の場合）

近況　今年の四月に長男裕が生まれ、三人家族になりました。あいにく十一月初めは関西方面へ長期出張ということになってしまいました。山田先生はじめ皆様には、くれぐれもよろしくお伝えください。

［会合案内の返信］

▼会合案内に対して、出席か欠席かを伝える返

事。

▼会合案内で出欠の返信を求める場合は、往復はがきか同封の返信用はがきにあらかじめ必要事項を印刷しておく。

▼表に返信用の所番地・氏名を書き、氏名の下は敬称を書かずに、「行」としておく。裏には「ご出席・ご欠席・ご住所・ご芳名」などを刷り込んでおく。必要に応じ「ご近況」の欄を設ける。

［出席取り消し］

▼案内状や招待状を受けて出席という返事を出したあと、やむをえない用事で欠席することを知らせる手紙。

▼欠席と決まったら、すぐ電話をするなり、取り消しの通知を出す。無断欠席の場合には、会費だけ徴収することも行われているほどである。

要点 出席と返事したが、やむをえない事情ができて欠席する。必要に応じて、事情を詳しく書く。その他、おわびや伝言も。

［招待の承諾］ ⇩12承諾を伝える手紙 194

［招待の断り］ ⇩13断りを伝える手紙 204

呼び出す手紙

［呼出状］

▼必ず出頭するように伝える手紙。

▼保証人や責任者に、どうしても来てもらいたい事態の起こることがある。そういうときに出すのが、呼出状である。

要点 来てもらう用件とともに、希望日時・出頭先を書く。ただし、その日時に都合がつかない場合の処置についても付記する。
注意 強制的でない場合は、出席依頼の形にする。
（「出席依頼」の項参照）

呼出状の例（保証人呼び出しの連絡）

拝啓 時下いよいよご健勝のことと存じ、お喜び申し上げます。
さて、貴殿が保証人となっておられる○山○男氏のことにつき、至急お目に掛かってお話ししたいことがございます。ご多忙中恐縮に存じますが、できれば左記の日時に当課までご来社くださるよう、お願い申し上げます。

平成○○年六月二十日

午前九時から午後五時までの間

なお、ご都合の良否、折り返しお電話いただければ幸いと存じます。
以上、とりあえずご連絡まで。

敬具

出席を依頼する手紙

［出席依頼］

▼出席して下さいと頼む手紙。
▼案内状などに対する返信で欠席予定の人が多いと、会合そのものが成り立たない場合も起こる。そのようなときには、改めて出席について依頼状の形にする。
要点 欠席の返信を受けたことの確認。どうしても出席してほしい理由。万障お繰り合わせのうえご出席ください。
注意 保証人や責任者に対し、どうしても来てもらいたいときには呼出状の形にする。

出席依頼の例（準備会の欠席通知者に）

前略 さきに組合設立に関する第三回準備会についてご連絡申し上げましたところ、ご都合で欠席とのお返事を頂きましたが、本件に関しては、この第三回が最終回となりますので、万障お繰り合わせのうえご出席くだされたく、改めてお願い申し上げます。
まずは、ご依頼申し上げます。
以上

勧誘する手紙

［勧誘状］

▼自分の受けている利益や受けたことのある利益について、相手方も受けるように伝える手紙。
▼一緒に遊びませんか、取引しませんかと誘う場合もあり、転地しませんか、出品しませんかと勧める場合もある。いずれにしても、相手方を動かして自分側の意図に添わせるわけであるから、気持ちよく承諾してもらえるように書く。
▼ただし、あくまで相手方の自由意思を尊重し、都合が悪ければ、承諾しなくても気まずい思いが残らないようにする。一回で成功しなければ、二回、三回と出すこともある。

要点 勧誘の内容、勧誘する理由。自分との関係、自分の意見など。これなら承諾してもよいと思わせるように書く。相手方のことを思って書く気持ちが大切で、命令的・強制的であってはいけない。

注意 雑誌の購読、保険の契約などを当事者が勧誘すれば、広告になる。自分側の利益のために頼むことが相手方に迷惑を掛ける形になれば依頼状である。

勧誘状の例　（一緒にゴルフをしませんか）

拝啓　春暖の候、貴下ますますご発展のことと存じ、お喜び申し上げます。
さて、すでにご承知かと存じますが、わたくしどもは同窓のメンバーに呼び掛け、気軽にゴルフを楽しんでおります。その集まりを特に「緑会」と名づけ、すでに会を重ねること七回、次回は六月三日(日)、藤沢カントリークラブで十時スタート。希望者は東京駅丸の内中央口に八時集合となっております。道具もすべて借り物の、まったくのビギナーでも、ハンディーがシングルの人でも、愉快にプレーできるのが特徴でございます。
どうぞ、奮ってご参加くださるよう、お誘い申し上げます。

敬具

緑会常任幹事　田口　修

[勧誘の承諾]⇩12承諾を伝える手紙 195

[勧誘の断り]⇩13断りを伝える手紙 210

【8 お願いする手紙】

▼お願いする手紙は、こちらの意図どおりにしてもらうことを依頼する手紙と、相手方の承諾を必要とする場合に、こちらの積極的な意思を伝えて申し込む手紙に大別される。

▼依頼する手紙には、まず、あっせんの依頼など、相手方の好意に訴える場合がある。これは、当然相手方に迷惑を掛けるから、迷惑を最小限度にとどめ、喜んで聞き届けてもらえるようにする。

▼もう一つは、原稿執筆など、相手方の業務の範囲内の事項について依頼する場合である。心構えとしては、助力をお願いする形のほうが穏やかである。

要点 用件を明確に書き、依頼するに至った経緯や理由について述べる。用件が二つ以上ある場合は、その点を明らかにするため、別記を活用する。相手方の好意に訴える場合は、あなたが唯一の頼りであるというふうに頼む。

▼申し込む手紙には、借用・借金・見学など、相手方に迷惑を掛ける場合と、交際・結婚など、相手方にも利益の考えられる場合とがある。

要点 申し込みの目的・種類を明示して、申し込みの意思を明らかにする。日付を正確に書く。責任を明らかにする場合は、押印をする。

注意 費用を要する場合は、その点で相手方に迷惑の掛からないようにする。

依頼する手紙

[就職斡旋の依頼]

▼就職について、世話してくださいと頼む手紙。

▼親類筋や先輩・恩師・知人などに頼むことになるが、いずれの場合も目上の人であるから礼を尽くすこと。

要点 就職希望の旨と自分の略歴。就職の際の希望条件。条件は、分相応と思われる程度にする。

注意 就職紹介についてあらかじめ承諾を得てあれば、履歴書や写真を同封する。

就職斡旋の依頼の例（郷里での就職を伯父に）

拝啓　一朝ごとに暖かくなってまいりました。お変わりございませんでしょうか、お伺い申し上げます。

さて、小生もいよいよ来年三月大学卒業の運びとなりましたこと、すでにご承知のことと存じます。そのため、小生としては、このところいろいろ考えた末でございますが、両親と離れるよりも郷里の会社に就職し、地域社会の発展に尽くしたいと思うようになりました。ついては、御地の財界に詳しい伯父上様にどこか適当なところをお世話いただけたら幸いと、お手紙を差し上げる次第でございます。申し遅れましたが、小生の専攻は流通経済で、ゼミでは中川先生のご指導を受けました。ここに履歴書・健康診断書などご同封申し上げます。どうか、よろしくお願い申し上げます。

気候不順の折から、ご自愛のほどお祈り申し上げます。両親からもくれぐれもよろしくとのことでございます。良いお便りをお待ちしております。

まずは、恐縮ながら、就職のご依頼まで申し上げます。

敬具

［就職の礼状］⇩11お礼の手紙 179

［縁談依頼］⇩2縁談・結婚に関する手紙 068

［出席依頼］⇩7来てもらうための手紙 136

［紹介の依頼］

▼紹介してくださいと頼む手紙。

▼一面識もない人に会う必要が起こった場合、いきなりその人を訪ねても、会ってもらえない。そういう場合には、自分の知っている範囲の人でその人を知っている人に紹介を頼む。

▼紹介を頼まれたほうは、新しく二人の間に人間関係を成立させるのであるから、ある程度の責任が生じる。したがって、紹介者に迷惑が掛からないように、よく考えてから依頼することが必要である。

要点　その人のことを知るに至った経緯。その人と会わなければならない事情。紹介をお願いしたい。

注意　特に引き立ててもらうように頼む場合は、推薦依頼の形にする。（「推薦依頼」の項参照）

紹介の依頼の例　**（旧友に取引先の重役の紹介を）**

拝啓　いつの間にか桜の季節も過ぎましたが、お元気のことと存じます。その後ごぶさたいたし、申し訳ございません。

さて、このたび社用であおば産業をお訪ねしたいと思っておりましたところ、同社の山本一男氏が貴下と同窓の仲と承りました。そのうえボート部の選手をしておられたとのこと、ボート部ならば、貴下も選手をしておられたところ、あるいはご親交がおありかと存じます。ついては、まことに恐縮ですが、旧友のよしみをもって簡単なご紹介状を頂きたく、ここにお手紙を差し上げる次第でございます。なお、社用と申しますのは、同社との取引をお願いする件でございます。ただし、この件について貴下にご迷惑をお掛けすることは万々ないと存じますので、その点はどうかご心配なくお願い申し上げます。ご多忙のところまことに申し訳ございませんが、よろしくお願い申し上げます。
まずは、とりあえずお願いまで。　敬具

［紹介の承諾］⇩12承諾を伝える手紙　196

［紹介の断り］⇩13断りを伝える手紙　205

［紹介の礼状］⇩11お礼の手紙　180

［推薦依頼］

▼推薦してくださいと頼む手紙。

▼就職などに当たって、特に推薦状を必要とする場合がある。そういう場合は、自分の知っている範囲の人で、相応の地位にある人に推薦状を頼むことになる。

▼推薦状を頼まれたほうは推薦に関して責任を感じるから、頼むほうも、その点で迷惑を掛けない心構えが必要である。

要点　推薦してもらいたい人や物と、推薦状を必要とする理由。推薦状をお願いしたい。

注意　単に取り次ぎだけを頼む場合は、紹介依頼の形にする。（「紹介依頼」の項参照）

推薦依頼の例（**転職に当たって出身高校に**）

拝啓　余寒の候、先生にはますますお元気のことと存じます。在学中はいろいろお世話になりましたこと、厚く御礼申し上げます。
さて、小生、実はこのたび縁故をたどって郷里のあおば産業株式会社（社長山内正二殿）に転職することになりましたが、会社のほうでは、出身学校長の推薦状が必要とのことでございます。ついては、ご多忙中まことに恐縮に存じますが、ご推薦いただきたく、ここにお願い申し上げます。

なお、いろいろお世話になったみなみ商事は、家庭の都合により円満退職いたすことになっておりますので、念のためご報告申し上げます。

まずは、とりあえずお願いまで。　敬具

［引見依頼］

▼間に立って、この人に会ってくださいと頼む手紙。

▼紹介状を書いたときには、その相手方に対し、こういう人に紹介状を書いた、それを持って当人が会いに行くからよろしく、と知らせておかなければいけない。そこで、会ってくださいという依頼状を書くことになる。

要点　こういう人に紹介状を書いた。当人と自分との関係。当人はどういう人かということ。こういう趣旨であるから、会っていただきたい。くれぐれもよろしく。

引見依頼の例　（友人の営業担当をよろしく）

拝啓　毎日うっとうしい梅雨空が続いております。その後お元気でいらっしゃいますか、お伺い申し上げます。

さて、このお手紙を差し上げるのは、小生の旧友新田俊郎のことについてでございます。実は、先日そちらをお訪ねしたところ、新しいコンピューター会計システムは必要ないと受付で追い返されたとのことです。同業他社からの売り込みは多数お聞きのことと思いますが、同君の場合は、他社とは異なる処理方法でさまざまな成果を上げているようでございます。一度ぜひ本人の説明をお聴きいただけないでしょうか。近く小生の名刺を持ってお伺いさせますから、よろしくご引見のほどお願い申し上げます。気候不順の折から、一層ご自愛くださるようお願い申し上げます。

まずは、とりあえずお願いまで。

敬具

［引見の礼状］

⇩11お礼の手紙 180

［寄稿依頼］

▼原稿を書いてくださいと頼む手紙。

▼原稿の執筆を頼む場合は、依頼状を書く。簡単に承諾してもらえそうな場合は、電話で内諾を得てもよい。その場合も、改めて依頼状を書くようにする。電話では承諾してもらえそうもない場合、電話で依頼するのが失礼に当たる場合などは、最初から依頼状にしたほうがよい。

▼承諾の有無については、折り返し返事をもらうことになるから、返信用はがきを同封する。電話で受ける場合は、その旨を依頼状に書く。（「講演依頼の例」参照）

要点 こういうところに載せる、こういう原稿をお願いしたいということが中心になる。執筆要領は別紙にしたほうがよい。その中で、題名・分量・締切日・送り先を明らかにする。

寄稿依頼の例（PTA機関誌に給食について）

拝啓　当PTA発行の機関誌「こだま」については、いつもお世話になっておりますこと、厚く御礼申し上げます。
さて、来る七月十日に発行予定の第五十四号のことでございますが、編集委員会としては、学校給食の在り方について特集することにいたしました。ついては、いろいろのご家庭の方にご執筆をお願いいたしたく、貴下には一人っ子の家庭の立場からご意見を賜れば幸いと存じます。執筆要領は別紙のようになっておりますので、ご多忙中まことに恐縮に存じますが、どうかよろしくお願い申し上げます。　敬具

平成○○年四月三日

編集委員長　山本雄一

山宮正造　様

二伸　なお、ご執筆ご承諾の有無について折り返しご返信を頂きたく、はがきを同封いたしました。

〈別紙〉「こだま」執筆要領

一、題名　学校給食に望む
二、長さ　四百字詰め三枚程度
三、締め切り　平成○○年五月十日
四、送り先　中央第一小学校内「こだま」編集委員会

［寄稿催促］⇩15申し入れる手紙　229

［寄稿の礼状］⇩11お礼の手紙　185

［講演依頼］

▼講演をしてくださいと頼む手紙。

▼講演を頼むとき、簡単に承諾してもらえそうな場合は、電話で内諾を得てから依頼状を書いてもよい。電話では承諾してもらえそうもない場合、電話で依頼するのが失礼に当たる場合などは、最初から依頼状にする。

▼承諾の有無については、電話で返事をもらう形にしてもよい。はがきで受ける場合は、返信用はがき同封にする。（「寄稿依頼の例」参照）

要点　こういう人たちに、こういう話をしていただきたい。講演者に選んだ理由なども。日時・場所・演題を明らかにし、ご協力をお願いしたいと

いう形にする。

講演依頼の例（PTA定例会での講演を同窓生に）

拝啓　陽春の候、ますますご清祥のこと何よりに存じ、お喜び申し上げます。さて、当PTAといたしまして、毎回、会合の前に当校出身の方々のうち、それぞれの分野で知名の方にご講演をお願いし、今日に至っております。ついては、四月の学年始めの定例会には、法曹関係からどなたかということで、いろいろ協議の結果、貴下にお願いしたいということになりました。要項は次のようになっておりますので、ぜひ万障お繰り合わせのうえご来臨いただきたく、ここにお願い申し上げます。

日時　四月二十日　午後二時から一時間

場所　中央第一小学校講堂

演題　日常生活と法律

まことにご迷惑とは存じますが、母校のためご尽力くださるよう、伏してお願い申し上げます。

まずは、お願いまで。　　　　敬具

平成○○年四月二日

PTA幹事　田村正雄

上田信一郎様

追って　ご承諾のうえは、お電話にても、幹事あてご連絡くださるよう、お願い申し上げます。

（自宅電話　○三―△△△△―○○○○）

［期日猶予依頼］

▼予定の期日を延ばしてくださいと頼む手紙。

▼約束の期日までに約束の果たせないことが分かったら、早く連絡したほうがよい。そこで、依頼状を書くことになる。

要点　約束の確認と、それが果たせなくなった経緯。その理由については、相手方に納得してもらえるように書く。そのあと、代案を承諾してもらうことになる。全体としては、申し訳ないという気持ちで、お願いする形にする。

期日猶予依頼の例❶（受注品の納入日延期を）

拝啓　時下ますますご健勝のことと存じます。さて、さきにご注文いただきましたショーケース三台、十月十八日にご納入いたすべきところ、インフルエンザのため従業員の欠勤が多く、期日までにお納めできない事情に立ち至りました。いろいろご予定を乱し申し訳ございませんが、さらに一週間ほどご猶予願えれば幸いと存じ、ここにご連絡申し上げます。

以上、伏してお願い申し上げます。　敬具

期日猶予依頼の例❷（インフルエンザにつき原稿締め切り日の延期を）

謹啓　時下ますます御隆盛の趣、何よりと存じます。

さて、先日お手紙をいただいた貴誌「こだま」への執筆の件でお願いがございます。確かに一旦は締め切り日を五月十日ということでご承諾申し上げましたが、その後あいにくとインフルエンザにかかってしまい、高熱のため数日間寝ているような次第となってしまいました。今はかなり快復しておりますが、まだふらふらしており思うに任せず、未だ執筆に入ることができていません。そこで申し訳ないのですが、締め切り日を十日間延ばしていただくわけにはいかないでしょうか。五月二十日までには何としても完成し、お届けしたいと考えております。なにとぞ今しばらくのご猶予をたまわりたいと存じます。

まずは、とりあえずご連絡まで。　敬具

［書類提出依頼］⇩20文書形式で書く手紙 277

申し込む手紙

［見合いの申し込み］⇩2縁談・結婚に関する手紙 071

［結婚の申し込み］⇩2縁談・結婚に関する手紙 078

［借用の申し込み］

▼相手方の所有物を貸してくださいと頼む手紙。

▼物を借りたいなどとは、なかなか言いにくいものである。そういう場合は、手紙に限る。相手方としても、電話だと即答しなければならないが、手紙なら、ゆっくり考えて処理することもできるから都合がよい。

要点 借りなければならなくなった事情を詳しく述べる。そちらが迷惑でなかったらお借りしたいという形で、丁重に書く。返す期限などの見通しも書く。返事は、電話でもらってもよい。

借用の申し込みの例❶（留袖を借りたい）

拝啓 早春の候、相変わらずお元気でお過ごしのことと存じます。

さて、本日はお願いごとがあり、お手紙を差し上げました。実は、五月三日、友人の結婚式なのですが、格式の高い披露宴になる様子です。そこで、まことに申しわけございませんが、叔母様の色留袖を拝借させていただくわけにはまいりませんでしょうか。ご都合いただけるようでしたら、そちらまで伺います。また、大切に扱いますので何とぞよろしくお許らいください。

平素はごぶさたしておりますのに、お願いのときばかりお手紙を差し上げ申しわけございません。春とは言え、まだまだ寒い日もございます。ご自愛のほど、お祈り申し上げます。
まずは、借用お願いまで。
敬具

借用の申し込みの例❷（スキーを借りたい）

拝啓　希望にあふれた新年を迎え、ますますご活躍のことと存じます。当方、昔から夏より冬のほうが性に合うので、大いに張り切っております。

ところで、雪の便りを耳にするにつけ、勤め先もスキーの話でにぎわっております。家内は骨折などするとあとが大変だからなどと申しますが、つきあいもあり、思い切って滑りに行くことにしました。とはいうものの、果たして趣味に合うものかどうかも分からないうちに高価な買い物はぐあいが悪く、いろいろ思案しておりましたが、ふと貴君が学生時代からスキーに熱中し、幾組もお持ちのことを思い出しました。そのうちの古いもので差し支えございませんから、ちょっと使わせていただくことはできないでしょうか、というわけでございます。いかがでございましょうか。

なお、そちらでお使いになるご予定がおありならば、ご無理を申し上げるわけではございませんが、こちらとしては、二月十日・十一日の連休を予定しております。仲のよい同僚五人と行くことになり、そのうちの一人が学生時代に選手だったとかで、いろいろコーチしてもらうことになっております。そんなわけで、幸いお借りすることがかないますれば、これに越した喜びはございません。

どうも、お願いのときばかりお手紙を差し上げ、平素は何かとごぶさたして申し訳ございません。ご都合のほど、お電話いただければ、幸いと存じます。

厳寒の折りから、一層ご自愛のほど、お祈り申し上げます。
　まずは、借用お願いまで。
敬具

［借用の承諾］⇩12承諾を伝える手紙　197

［借用の断り］⇩13断りを伝える手紙　206

［借用の礼状］⇩11お礼の手紙　183

［借用証］⇩21書式に従う届け出など　289

［借金の申し込み］

▼お金を貸してくださいと頼む手紙。

▼金を借りたいなどとは、なかなか言いにくいものである。相手方としても、一般的には金が有り余っているわけではないから、相当の決心が必要である。そういう相手方の立場について、よく考えたうえで頼まなければいけない。

要点　借りなければならなくなった事情、借りなかった場合に受ける不利益、借りた場合の返済の見通しと根拠などを具体的に述べる。借りる条件や返済の期日についても触れておく。相手方はそれらをもとにして判断するわけであるから、具体的に詳しく書く。態度としては、自分側の立場に同情してもらえるように書き進める。返事は、電話でもらってもよい。

借金の申し込みの例　**（息子の入学金を親類に）**

　拝啓　その後、ごぶさたいたしました。寒さはなお続きそうでございますが、いかがお過ごしでしょうか、余寒お見舞い申し上げます。
　さて、うちの次郎も浪人二年目で、今年はどうしても片づけたいと思い、いろいろ受験させることにいたしましたところ、最初に受けた大学にどうやら補欠合格ということになりました。わたくしとしては、あと三つ受けるうちのいずれかにしてもらいたいと思いましたが、本人は補欠と聞いて自信をなくし、どうしても行かせてくれとせがんでおります。実は、この大学が一番学費が高く、他の大学に納めるつもりで予定している金額よりも二十万円ほど余分に必要となってしまいます。二月十四日までに入学金と前期分の授業料を納めないと、入学を取り消されるため、次の受験の結果を見てから手続きをする余裕もございません。いろいろ相談いたしましたが、次郎の将来を思うと、もう一年浪人させるのもかわいそうですし、やっと手に入れたチャンスをみすみす逃すのも、残念な気がいたします。

そこで、主人とも相談し、思案に余ってそちら様にお願いし、助けていただけないだろうかということになりました。どうかわたくしどもを救うとおぼしめし、お取り計らい願えないでしょうか。いずれボーナスでお返しできる見通しもございますので、どうかよろしくお含みおきのうえお願い申し上げます。

ご主人様にも事情ご説明くださるよう、伏してお願い申し上げます。

まずは、お願いまで。

敬具

［借金の承諾］⇩12承諾を伝える手紙 198
［借金の断り］⇩13断りを伝える手紙 208
［借金の礼状］⇩11お礼の手紙 184

［保証人の申し込み］

▼保証人になってくださいと頼む手紙。

▼入学や就職、あるいは借入金の場合など、保証人を立てるように言われることがある。保証人と

もなると、電話で簡単に頼むこともできない。そういう場合には、保証人になってくださいと頼む手紙を書く。

要点 保証人を必要とする事情。保証人になってくださいというお願い。迷惑が掛からないようにする旨の決意なども。どうか、よろしく。

保証人の申し込みの例❶ (息子の保証人を兄に)

拝啓 一雨ごとに春めいてまいりました。いかがお過ごしでしょうか、お伺いいたします。

さて、愚息努のこと、このたび御地の大学に合格いたしましたので、ご報告申し上げます。実は受験に当たり、伯父上様のところへ泊めていただきなさいと勧めたのですが、落ちたとききまりが悪いと、最後まで内証にしておりましたこと、甚だ申し訳なく思っております。ところで、ここにお手紙を差し上げますのは、お願いがあってのことでございます。それは、大学の入学の書類に保証人二名を要するとあり、そのうちの一名は御地在住の方となっております。ついては、家内とも相談の結果、やはりそちら様にお願いするよりほかに道はなかろうということになりました。保証人呼び出しなどの事態が起こらないようによく申しつけ、そちら様にご迷惑の掛からないようにいたします。どうかご承諾のほど、お願い申し上げます。

余寒なお厳しい折から、ご自愛のほどお祈り申し上げます。

まずは、お願いまで。　　　　敬具

保証人の申し込みの例❷ (銀行融資の連帯保証人を)

拝啓 朝夕めっきり冷え込んでまいりました。その後ごぶさたして申し訳ございません。皆様お変わりもなくお過ごしでしょうか、お伺い申し上げます。

さて、ここにお手紙を差し上げるのは、思案に余ってのことでございます。と申しますのは、実は懸案になっておりました銀行融資がようやく決まり、店の改築計画も実現の見通しがつきましたこと、本当に良かったと思っております。ただ、それについて一つ困ったことが生じ、そちら様にご援助をお願いしなければならないことになりました。それは、連帯保証人のことでございます。形式的には当商店会の会長さんが保証人になってくださいますが、銀行では、もう一人どなたか親類筋の保証人をと求めてまいりました。親類筋といえばそちら様にお願いするより仕方がなく、ここにこのお手紙を差し上げる次第でございます。万一の場合も、こちらから差し出してある担保がございますから、金銭関係でそちら様にご迷惑をお掛けすることは、万々ないものと存じます。まったく形式的な保証人でございますので、どうかご承諾くださるよう、お願い申し上げます。近く書類を持ってお伺いいたしたいと存じますので、くれぐれもよろしくお願い申し上げます。

とりあえず右、ご依頼申し上げます。

敬具

[保証人の承諾]⇩12承諾を伝える手紙 199
[保証人の断り]⇩13断りを伝える手紙 209

[宿泊の申し込み]

▼泊めてくださいと頼む手紙。
▼受験期や夏休みなど、遠方の親類筋に行く機会も多い。突然行くわけにもいかないから、電話を掛けるとか、手紙を書いてお願いすることになる。

要点 そちらへ行きたいという本人の希望。ご迷惑でなければお願いする。期間・人数などもはっきり書く。

宿泊の申し込みの例❶（受験の宿泊を伯父に）

拝啓　久しくごぶさたいたしました。そちらはまだ雪で埋もれていることでしょう。余寒お見舞い申し上げます。

さて、今年もいよいよ大学受験の時期が迫ってまいりました。そこで、思い切って御地の大学を受験することにいたしました。試験日は三月三日から五日までとなっておりますが、少し早めにそちらへ行って調子を整えたいと、勝手なことを考えております。

ついては、まことにご迷惑とは存じますが、二月二十日ごろから泊めていただけないものでしょうか。特にご配慮いただかず、家族の一員として普通にしてくださって差し支えございません。父も、伯父上様にお預けすれば安心だと申しております。どうか、まげてご承諾のほど、お願い申し上げます。

寒さ厳しい折から、一層のご自愛、お祈り申し上げます。

まずは、お願いまで。

敬具

宿泊の申し込みの例❷（子供の宿泊を兄に）

拝啓　うっとうしかった梅雨も晴れ、どうやら夏らしくなってまいりました。兄上様をはじめ皆様、お変わりもなくお過ごしでしょうか、お伺い申し上げます。

さて、うちの明も中学一年になりましたが、今年の夏休みにはぜひ独りでそちらへお邪魔したいと申しております。昨年は大阪の修さんがそらちへお世話になったことを聞き、興がわいたように見受けられます。わたくしとしては、まだ中学一年の身で独り旅はどうかと思っておりますが、主人とも相談したところ、ご迷惑でなければ八月五日ごろから一週間ほど何とかしていただけないだろうかということになりました。甚だ勝手なお願いで恐縮に存じますが、ご都合の日取りをお知らせ願えれば幸いと存じます。姉上様にもよろしくお伝えくださるよう、お願い申し上げます。

　まずは、とりあえずお願いまで。

敬具

［宿泊の承諾］⇩12承諾を伝える手紙　200

［宿泊の断り］⇩13断りを伝える手紙　211

［宿泊の礼状］⇩11お礼の手紙　184

［訪問の申し込み］

▼訪ねたいと頼み、都合はどうかと問い合わせる手紙。

▼訪問する場合、突然訪ねても不在かもしれない。相手方でも、突然来られたのでは迷惑である。そこで、事前に電話を掛けるか、手紙でお願いすることになる。

▼返事を電話で受ける場合は、念のため電話番号を書き添えておく。先方から電話を掛けてもらうのを恐縮に思うような相手方なら、あとでこちらから電話する旨を明記する。

要点　訪ねることになった経緯。いつ、何時ごろお訪ねしたいが、ご都合はどうか。代案があれば、それについても書いておく。

訪問の申し込みの例❶　**（旧友を訪ねたい）**

信子様　久しくごぶさたしました。お元気でしょうか、お伺いいたします。
　さて、このたび用事ができて郷里に帰ることになりました。これを機会にぜひあなたにお会いし、ゆっくりお話ししたいと存じます。ご都合、いかがでしょうか。こちらは、来る八月十日から十七日まで、裕を連れて実家に泊まる予定で、十二日と十五日以外は、今のところ特に予定がありません。できれば十一日午後二時ごろそちらへ伺いたいと思いますが、お差し支えがあれば、その他の日でも都合がつきます。折り返しのご返事、お待ちしております。

　暑さ厳しい折から、御身お大切になさってください。

　まずは、お伺いまで。ではまた。

訪問の申し込みの例❷（恩師宅を訪ねたい）

拝啓　久しくごぶさたいたしました。

先生にはその後お変わりもなくお過ごしでしょうか、お伺い申し上げます。

さて、このたび同窓の田口修・山中勇と三人で、久しぶりに先生をお訪ねしようということになりました。わたくしどもでは日曜日でないと都合がつかないため、六月十六日あたりはいかがでしょうか。もしお差し支えがなければ、午後二時ごろお邪魔したいと思っております。ご都合のほど、川上（電話〇三―△△△△―〇〇〇〇）あてお電話いただければ幸いに存じます。

　それでは、お目に掛かれる日を、一同楽しみにしております。

　末筆ながら、ご自愛のほどお祈り申し上げます。

　まずは、とりあえずお問い合わせまで。　敬具

　平成〇〇年五月二十日　川上和男

山田正平　先生

［訪問の承諾］
⇩12承諾を伝える手紙　201

［訪問の断り］⇩13断りを伝える手紙　212

［見学の申し込み］

▼見学させてもらいたいと頼む手紙。
▼工場や学校などは、見学させることを業としているわけではないから、あらかじめ見学を申し込み、その了解を得てから見学する。
▼返事を書面でもらう場合は、返信用はがきか返信用切手を同封する。

要点　見学計画決定までの経緯、見学の目的、人員、希望日時。承諾の場合の連絡方法。

注意　見学が許されるかどうか分からない場合は、照会状の形にする。

見学の申し込みの例　（製菓工場見学を旧友に）

拝啓　厳寒の折からお変わりもなくお過ごしでしょうか、お伺い申し上げます。

さて、わたくしどもの商店会では、有志が集まり、毎月一回どこかの工場を見学することにしております。ついては、中学時代の同窓の貴君が製菓工場に勤めておられることを申しましたところ、ぜひ連絡してほしいという次第でございます。ご多忙中まことにご迷惑とは存じますが、旧友のよしみをもってご便宜を図っていただきたく、ここにお願い申し上げます。日取りは三月中、四回の木曜日のうちのいずれかということで、人数は二十人前後の見込みでございます。

どうも一方的に勝手ばかり申し上げて恐縮に存じますが、もしお許しが得られれば、ご都合の日時等についてご返信いただきたく、伏してお願い申し上げます。

まずは、とりあえず見学お願いまで。

敬具

［見学の承諾］⇩12承諾を伝える手紙　202

［見学の断り］⇩13断りを伝える手紙　213

［見学の礼状］⇩11お礼の手紙　186

【9 紹介する手紙】

▼お互いに面識のない人どうしを仲介する手紙。
▼単に取り次ぎだけをする場合は紹介状に、特に引き立ててもらうように頼む場合は推薦状の形にする。

[紹介状]

▼自分の知っている人のうちで、お互いに面識のない人の一方を他方に引き合わせるように取り次ぐ手紙。
▼紹介は新しく二人の間に人間関係を成立させるのであるから、紹介者としては被紹介者についてある程度責任を持つ心構えが必要である。また、先方に迷惑の掛からないように注意する。そういうことを考えずに紹介状を乱発することは、厳に慎まなければいけない。
▼面会その他単純な用向きの場合は、略式として名刺紹介状を利用する。紹介の内容が複雑な場合や、目上の人に紹介する場合は、封書を用いる。
▼封書の場合は、封字だけを書き、開封のまま被紹介者に渡す。被紹介者は、その場で内容に目を通して自分で封をし、先方に持参するか、自分の手紙に同封する。
▼先方に対しては、これこれの者が行きますからどうかよろしくという連絡をしておいたほうがよい。

要点 被紹介者本人と自分との関係。本人の氏名・年齢・学歴・性格など、本人の身上に関すること。用件や本人の希望なども書いたほうがよい。どうぞよろしく。

紹介状の例（アルバイト希望者を友人に）

拝復　相変わらずお元気で何よりに存じます。小生この冬は珍しく風邪も引かず、大いに張り切っております。

さて、この間お電話のアルバイトの件、適当な希望者が見つかりましたので、ご紹介いたします。名は小泉裕、商学部で小生のゼミに出ている二十二歳の青年。目黒に住んでいるので、貴社まで二十分ぐらいとのこと。仕事の内容を話したところ大いに興味を持ち、ぜひやらせていただきたいとのことでした。まじめないい青年ですから、一度ご面接ください。電話は〇三―△△△△―〇〇〇〇です。郷里は岡山ですが、この休みには帰らない由、どうぞよろしくお願いいたします。

余寒なお厳しい折から、一層ご自愛のほど、お祈りいたします。

まずは、とりあえずご紹介まで。

敬　具

［名刺紹介状］

▼名刺に書いた簡単な紹介状。

▼面会その他単純な用向きの場合は、略式として名刺を利用する。

要点　縦書きの名刺の場合は、自分の氏名の右に被紹介者の氏名と紹介する旨の語句を書いて紹介年月日を添え、左上にあて名を書く。でき上がりが、手紙の後付けの形になる。横書きの名刺の場合は、右上に紹介年月日を、その下の左にあて名を書き、自分の氏名の下に被紹介者の氏名と紹介する旨を書く。

注意　自分の氏名には、押印をする。

名刺紹介状の例（普通の名刺に書き込む形）

友人金子雄二氏をご紹介申し上げます。よろしくご高配のほど、お願い申し上げます。

平成〇〇年四月二十日

田島勇一郎㊞

山本次雄 様

[友人紹介]

▼友人を引き合わせるように、取り次ぐ手紙。

▼親しい友人を紹介する場合などは、直接紹介状を持っていってもらう方法もある。その場合は、被紹介者本人に手渡す前に、内容を読んで聞かせてから封をする。本人に郵送する場合は、封をしないで別の封筒に入れて郵送し、本人が内容を読んでから封をして持って行けるようにする。

要点 紹介するに至った経緯。この手紙持参の者が本人だということ。よろしくお願いする。

注意 封筒の表書きの外脇付けは「持参」または「拝託」となる。(「外脇付け」の項参照)

友人紹介の例 (友人をアルバイトとして)

拝復 この間はアルバイト紹介の件についてのご依頼、正に了承いたしました。

実は、私の大学の友人で情報処理を専攻しているものがお近くに住んでおります。ついては、そちらの会社のこと、業務内容などを話し、コンピューターに強いアルバイトを探していると相談しましたところ、快く引き受けてくれました。この手紙持参の者がその本人で、山内孝と申します。どうか直接お会いいただき、もしよろしい場合は、委細お取り決めくださるようお願い申し上げます。本来ならば私が同道すべきかと思いますが、ちょっと都合がつかず、手紙で失礼させていただきます。

まずは、ご紹介まで。

敬具

[推薦状]

▼自分の引き立てたいと思う人について、第三者

に引き立ててもらうことを頼む手紙。

▼推薦状は、仲介を行うという点では紹介状に似ているが、推薦する以上、それについて十分な責任を持つ覚悟が必要である。したがって、推薦状は、紹介状よりも効果があるとともに、推薦者の責任もそれだけ重いことを考え、乱発しないようにしなければいけない。

▼推薦された人は、そのことで推薦者に迷惑の掛からないよう、将来にわたって十分に注意することが必要である。

[要点] 推薦すべき人と自分との関係。推薦する理由なども。自分の氏名には押印する。

推薦状の例❶（卒業生を就職先へ）

推　薦　状

若　山　宏

昭和五十年五月二日生

右は在学中学業成績優秀にして品行方正なるため、貴社社員として極めて適当と認め、ここにご推薦申し上げます。

平成○○年二月十五日

青葉台高等学校長

村　山　広　光　㊞

あおば産業株式会社社長

山　内　正　二　殿

推薦状の例❷（同郷の後輩を推薦）

拝啓　早春の候、ますますご多祥のことと存じます。いつもいろいろお世話になっておりますこと、厚く御礼申し上げます。

さて、ここにお手紙を差し上げるのは、同郷の後輩鈴木実氏のことについてでございます。このたび同氏の勤務しておりました会社が倒産いたしましたこと、まことに残念に存じます。ついては、かねて貴社で事務員ご採用の趣を伺っておりましたので、ここにご推薦申し上げます。同氏は、勤勉実直、協調性に富み、一般事務職として、まことに申し分ないかと存じます。何とぞよろしくご配慮くださるよう、お願い申し上げます。

まずは、略儀ながら、ご推薦申し上げます。

敬具

【10 相談する手紙】

▼迷っていることを解決するために、相手方の意見を聴く手紙。

▼何か相談したいことがあっても、電話では言いにくい。また、訪問して突然持ち出しても、相手方は準備もなく、当惑してしまう。そういうときは、手紙を書く。

▼思案に余って知恵を借りるのであるから、事情を有りのまま述べることが必要である。その中に口外してほしくない部分があれば、その旨を付記しておけばよい。事実を隠しておくと、相手方の判断が狂ってしまう。

［進学相談］

▼進学について迷っているときに意見を聴く手紙。

▼進学について迷っているときは、経験者の意見を聴くのも一法である。その場合、訪問して相談する場合も、あらかじめ相談状の形で相談事項を伝えておいたほうがよい。そうすれば、相手方としても十分に考えて、相談に乗ってくれるからである。

要点 進学について迷っている事実を具体的に書く。本人の意見、家族の意見などがあれば、それも書いておく。どうしたらよいか迷っている。そちらの経験に基づいてお知恵を拝借したい。

進学相談の例❶ （息子の受験について友人に）

拝啓 連日厳しい暑さが続いておりますが、その後いかがお過ごしでしょうか。いつもごぶさたばかりして、おわびのことばもございません。

さて、ここにお手紙を差し上げるのは、まことに申し上げにくいことながら、せがれの大学進学のことでございます。親に似て頭の悪いことはいまさら申すまでもございませんが、どうしても理工方面に進みたいと言い張っており、親が止めるのも聴かずに一流大学の工学部を受け、見事に落ちてしまいました。本人は一年浪人が常識だとぶらぶらし、ろくに口もきかない毎日が続いております。父親としては、どこか分相応の学校へ進むことを願っておりますが、いかがなものでしょうか。このようなことをあけすけに申し上げるのはお恥ずかしいことながら、いろいろと教育関係にご経験の深い貴下にご相談申し上げることにいたしました。

ご多忙中このような下らぬことでお時間を無駄にしていただくこと、まことに恐縮とは存じますが、どうかよろしくご指導のほど、お願い申し上げます。

ついては、折を見て一度お目に掛かり、ご高見など拝聴いたしたく、ここにお手紙を差し上げることにいたしました。幸いお時間のご都合などお電話いただければ、こちらからお伺いいたす所存でおります。暑さ厳しい折から、一層のご自愛、お祈り申し上げます。

まずは、お願いまで。　　　　　敬具

進学相談の例❷　（大学受験と今後の進路を伯父に）

拝啓　新緑の候、健一おじさまにはいかがお過ごしでしょうか。

さて、私も来年はいよいよ大学受験の年、受けるべき大学や学部を決める時期になってきました。ところがこの期に及んで、本当の志望学部はどこなのか、人生で自分がやり遂げたいことは一体何なのか、それら根本のことが何も決まっていないことに気がつき、呆然としている状況です。

願書を出す学部は、一応経済学部・法学部・文学部ですが、最終的にどこへ行きたいのか自分でもわからなくなっています。わが身を振り返ると、小さいときから本を読むのが好きで、おじさまに買っていただいた絵本や少年文庫は何回も読み返したものです。また高校の授業では古典の授業が一番楽しく、父所蔵の古典全集もよく読んでおりました。そう思ってみますと、文学部で国文学を勉強したいという思いが自分の中にあることがわかってきました。

父は文学部では就職の門戸が限られているから、経済学部や法学部にいながら古典の勉強をすればよい、という考え方です。そう言われると、それも一つの考え方だなあと思ってしまいます。経済学部や法学部に行き、世の中の仕組みを勉強をするということも、社会人として大事なことだと思うのです。

健一おじさまは若いころ大学を二つもご卒業され、いろいろとご苦労をされたと父から聞いています。ぜひ私の話をもう一度聞いていただき、ご相談にのっていただきたいと思っています。後日電話でご都合をうかがった上で、お邪魔したいと思っています。一生の進路がかかっていることですので、率直に言って私も悩んでおります。どうかよろしくご指導下さい。

まずは、お願いまで。

敬具

［就職相談］

▼就職について迷っているときに、意見を聴く手紙。

▼就職は本人にとって大きな問題であり、自分だけの判断では決められないことも多い。そういう

場合は、頼りになる人の意見を聴くことになる。訪問して相談する場合も、あらかじめ考えておいてもらうため、相談状の形で相談事項を伝えておいたほうがよい。

要点 就職についての自分の意見や家族の者の意見などを具体的に書く。それについてどうしたらよいか迷っている。どうかお知恵を拝借したい。

注意 就職について相談することよりも就職そのものを依頼することが主であれば、依頼状の形にする。（「就職斡旋の依頼」の項参照）

就職相談の例❶（就職先を伯父に）

拝啓　風薫る今日このごろ、お元気でお過ごしのことと存じます。いつもいろいろお世話になり、心から感謝しております。

さて、わたくしも、いよいよ来年三月には大学卒業ということになりました。学校の就職課には毎日顔を出しておりますが、いざ自分のこととなると目移りがし、どうにも決めかねております。母はおまえの好きなところならどこでもいいと申しておりますが、父のいない頼りなさ、伯父上様にご相談申し上げるよりほかに道がないと考え、お手紙を書く次第でございます。父は商社に勤務し、わたくしの目には大きな生きがいを感じているように見えましたが、実際は子供にああいう苦労だけはさせたくないなどとこぼしていたとのこと、母から聞かされて迷っております。どんな苦労か知る由もございませんが、そうなると、わたくしとしてあこがれていた商社も、父の遺志に反することになるかと存じます。母に相談すると、最後は、女だから社会のことは分からない、お前の好きなようにしろなどと申し、どうにも相談にならず困っております。何か良い指針をお与えいただければ、この上ない幸いと存じます。

末筆ながら、一層のご自愛、お祈り申し上げます。

まずは、思案に余り、ご相談申し上げます。

敬具

就職相談の例❷（母と意見が合わず伯父に）

伯父上様 その後ごぶさたいたしました。お元気でお過ごしのことと存じます。

さて、ここにお手紙を差し上げるのは、就職のことで母と意見が合わず、対立していることに関してです。母は、わたくしが短大を出たら、そのまま地元でどこかに勤め、そのうちにいい嫁入り先でも見つければよいと考えております。しかし、わたくしは短い一生のこと、一度ぐらいは東京に出て自立した生活を経験してみたいという気持ちで一杯です。東京の会社でもいいとなれば、求人はいくらでも来ており、こんな良いチャンスはまたとないように思えますし、母の希望に逆らってでも、東京へ行きたい気持ちです。しかし、年老いた母を一人寂しく郷里に残すことを思うと、その気持ちもくじけがちです。

伯父上様、わたくしはどちらにしたらよろしいでしょうか。やはり郷里に残るべきでしょうか。なにかよいアドバイスをお与えくださることを期待し、ここにご相談申し上げます。どうか、よろしくお願い申し上げます。

まずは、ご相談まで。

敬具

［恋愛相談］⇩2縁談・結婚に関する手紙 070

［結婚相談］⇩2縁談・結婚に関する手紙 081

［企画相談］

▼企画について迷っているときに意見を聴く手紙。

▼企画について経験者の意見を聴く必要が起こることも多い。そういう場合に訪問して相談しても、適切な助言が得られるとは限らない。相手方に対しては、十分に考えるゆとりを与えておくべきである。また、相談の内容そのものも、十分に理解してもらうべきである。それには、あらかじめ相談状として出しておくほうがよい。

要点 相談したい内容を具体的に書く。相手方の経験に基づいて知恵を借りたい。一度そちらへ行って相談したい。どうかよろしく。

企画相談の例　（新装開店週間の運営法について）

拝啓　時下ますます御盛栄の趣、何よりと存じます。日ごろは特別のご厚情を頂き、厚く御礼申し上げます。

さて、このたび、かねて売り場の増改築を行っておりましたところ、来る六月一日に完成の見通しがつきましたので、ご報告申し上げます。ついては、その新装披露を兼ねて何か大々的に宣伝いたしたいと存じますが、どのようにしたらよいかと迷っております。そちら様の新装披露の際にはどのような案を持たれ、そのうちどのようなことをどのような理由でご採用になりましたでしょうか、お尋ね申し上げます。また、その結果成功なさったこと、失敗なさったことなどお漏らし願えれば、いろいろと参考になろうかと存じます。かねて披露のときはご相談に応じてくださるとのおことばに甘え、あえて一筆したためた次第でございます。

折を見て一度お伺いし、具体的なご相談を申し上げたいと思っております。どうかよろしくお願い申し上げます。

まずは、ご相談まで申し上げます。　敬具

［協議状］

▼提出原案を中心に、賛成意見、修正意見を出し合う手紙。
▼協議の内容としては、価格や取引方法など、業務上の問題が多い。
▼共通の目的に向かって提携する相手方と最良の方法を決めるまでの手紙は、すべて協議状の形になる。

要点 提案事項の目的・理由を明示し、資料を提供して十分な理解を求め、相手方の意見を聴く。必要なら、会合を行う意思表示も。

協議状の例（寄付強要の防衛策について）

拝啓　春暖の候、ますますご清祥のこととお喜び申し上げます。

さて、最近各方面より寄付の強要が多く、その扱いに苦慮しておりますが、貴社もこの種のご事情ご同様かと拝察いたします。ついては、この際何らかの有効な防衛策が必要と存じますが、ご意向いかがなものでしょうか。幸いご賛同が得られますれば、担当者相寄り、具体的に検討いたしたいと存じます。

以上、ご協議申し上げます。　敬具

【11 お礼の手紙】

▼相手方の好意・尽力・援助に対して、感謝する手紙。
▼お礼の手紙は、お祝いへの礼状、見舞い・慰めへの礼状、世話になったことへの礼状、贈り物への礼状に大別される。お礼の手紙を書く機会は非常に多い。特に目上の人に対しては、どんなささいなことでも、感謝の気持ちを忘れてはいけない。
要点 感謝すべき事柄と感謝のことば。感謝の気持ちをすなおに書く。最高級のことばを使ったり、あまりくどく書くと、かえって空疎に感じられて逆効果になる。相手の好意・尽力・援助の度合いに応じて、感謝の気持ちを具体的に書くとよい。
注意 時機を失してはいけない。遅くなったお礼の手紙など、その意味が半減する。どうしても遅くなってしまった場合は、日付を早めることも行われている。

お祝いへの礼状

[入学祝いの礼状]

▼入学祝いの品をもらったことに対して、感謝する手紙。
▼入学報告を出すと、入学祝いの手紙が来る。そのときにお祝いの品などをもらえば、礼状を書くことになる。
要点 お祝いに対する感謝のことば。お祝いの品に対する感謝と感想。今後の決心なども。今後と

もよろしく。

注意 お祝いの金品をもらったのでなければ、礼状を出すには及ばない。

入学祝いの礼状の例　(図書券をもらって)

拝復　このたびはご丁寧なお祝いのお手紙、ありがとうございました。いろいろ細かいご注意やご激励のおことばを頂き、感謝しております。そのうえ、図書券までいただき、本当にありがとうございました。辞書・参考書などを買いそろえたいと思います。今後はご期待に背かぬよう、勉学に励む決心でおります。両親からも、くれぐれもよろしくとのことでございます。いずれ授業が始まりましたら、また大学の様子など、ご報告申し上げようと存じます。伯母上様にも、よろしくお伝えくださ い。

まずは、とりあえず御礼まで。

敬具

[卒業就職祝いの礼状]

▼卒業就職祝いをもらったことに対して、感謝する手紙。

▼卒業就職通知を出したのに対して受け取った卒業就職祝いの手紙ならば、特にお礼の手紙を出すには及ばない。しかし、先方から先にお祝いの手紙をもらったり、お祝いの品などをもらえば、当然礼状を出すことになる。

要点 お祝いに対する感謝のことば。今後の指針や戒めのことばに対する決心。職場の様子なども具体的に書く。今後ともよろしく。

卒業就職祝いの礼状の例　(近況報告を兼ねて)

拝復　このたびはご丁重なお祝いのおことば、ありがとうございました。そのうえシステム手帳まで頂いたこと、厚く御礼申し上げます。とにかく小生の好みにぴったりで喜んでおります。社会人として自分のスケジュール管理をしっかり行わなければと決心を新たにいたしました。今は、新しい職場で覚えなければならないことも多く、仕事に追われておりますが、大いに張り切っておりますから、ご安心ください。

まずは、とりあえず御礼まで。

敬具

【婚約祝いの礼状】

⇩2縁談・結婚に関する手紙 084

【結婚祝いの礼状】

⇩2縁談・結婚に関する手紙 091

【出産祝いの礼状】

▼出産祝いの品をもらったことに対して、感謝する手紙。

▼出産報告を出すと、出産祝いが来る。そのときにお祝いの品をもらえば、礼状を書くことになる。

要点 お祝いに対する感謝のことば。お祝いの品に対する感謝と感想。今後ともよろしく。

注意 お祝いの品をもらったのでなければ、礼状を出すには及ばない。

出産祝いの礼状の例（ケープを贈られて）

明子様　このたびは、ご丁寧なお祝いのお手紙とかわいいケープ、ありがとうございました。こちらでは男とも女とも分からないうちから用意するなというわけで、赤ん坊用にはほんの当座の産着だけしか用意しませんでした。そんなわけで、あなたから頂いたケープが、裕にとって最初の晴れ着となりました。今はまだ梅干しのような顔で、寝ているか泣いているかの毎日、このケープを着て晴れの写真を撮る日を楽しみにしております。本当にありがとうございました。厚く御礼申し上げます。

まずは、とりあえず御礼まで。

かしこ

［寿賀祝いの礼状］

▼寿賀祝いを受けたことに対して、感謝する手紙。

▼寿賀祝いの会が終わったあと、参会者に礼状を書く。それは、今後ともどうかよろしくという意味を併せ持つことにもなるのである。

要点 寿賀祝いを受けたこととそれに対する感謝のことば。感激した気持ちを具体的に書くほうがよい。今後ともどうかよろしく。

寿賀祝いの礼状の例（祝賀会開催のお礼）

謹啓　このたびは小生が馬齢を重ねて米寿を迎えたにつき、親しい友人諸氏により祝賀の催しが企画されましたこと、厚く御礼申し上げます。また、当日は多数の方々がご参会くださされ、過分のおことばとともに記念の品までいただき、まことに感激にたえません。身に余る光栄と、衷心より厚く御礼申し上げます。老いたりとはいえ、まだまだ健康に自信のある小生、今後とも若い者に負けず張り切る覚悟でございます。どうかよろしくご教示のほど、お願い申し上げます。

まずは、とりあえず書面をもって御礼のことばといたします。

敬　白

見舞い・慰め・激励への礼状

［病気見舞いの礼状］

▼病気見舞いをもらったことに対して、感謝する手紙。

▼病人が自分で返事を書くなど、期待するほうが無理である。したがって、付き添いの家族が、本

人の代筆をすることになる。

要点 簡単な感謝のことばと病状の報告。あまり心配する必要はないという形にする。

注意 発信者名は書いた人でよい。末文に「本人からも、くれぐれもよろしくとのことでございます」などと付け加える。

病気見舞いの礼状の例（夫に代わって報告）

拝復　このたびはご丁重なお見舞い、ありがとうございました。いつも主人がお世話になり、お礼のことばもございません。実は、皆様にご心配をお掛けしてはいけないと存じ、どちら様にもお知らせせずに入院いたしました。ところが、意外と長引いていろいろご迷惑をお掛けしておりますこと、まことに申し訳ございません。それでも最近は、ようやく床の上に起き上がって食事ができるようになりました。あまり馬車馬のように働くのはいけないと、常日ごろから引き止めておりましたのに、とうとうこんな羽目になってしまったこと、わたしの不注意と悔やまれてなりません。ついては、長い人生の休養期と心得て、ひたすら養生させております。そちら様もご自愛専一のほど、お祈り申し上げます。本人からも、くれぐれもよろしくとのことでございます。

まずは、とりあえず御礼まで。　敬具

［被災見舞いの礼状］

▼被災見舞いをもらったことに対して、感謝する手紙。

▼被災見舞いを受けたら、実情を書いて礼状とする。ただし、忙しくてその暇がなければ、少し落ち着いてからでもよい。

▼被災していなければ、実情を書いて安心させる。

要点 感謝のことばとともに実情を報告する。全体としては、心配しないでくださいという形にする。今後の決心なども。

注意 特に心配している相手方に対しては、とりあえず簡単に返事を出すほうがよい。被災して返信どころではない場合は、とりあえず電話してもよいし、「ミナブジアンシンセヨ」程度の電報でもよい。一応落ち着いてから、報告状の形でお礼の手紙を書く。

火災見舞いの礼状の例（無事で兄の家へ避難）

拝復　過日は早速ご丁重なお見舞いをいただき、ありがとうございました。ご厚情のほど、厚く感謝しております。

さて、原因はご承知のとおり悪質な放火で、犯人もまだ捕まらず、憤激のやり場もございません。とりあえず子供たちは兄の家に避難させ、わたしと妻とが跡片づけに来ております。幸い保険も下りますので、落ち着きましたら、また元のところに再建したいと思っております。それまでは、兄のところへ居候ということになります。住所は「〒一〇一―八三七一　千代田区三崎町二―二十二―十四　佐藤方」です。どうかよろしくお願いいたします。

まずは、とりあえずお見舞い御礼まで。

敬具

水害見舞いの礼状の例❶（実情報告と決意）

拝復　過日の水害に際しては、早速ご丁寧なお見舞いを頂き、ありがとうございました。新聞にも取り上げられたとおり床上まで浸水し、二階に上げた家財も屋根から漏る雨にぬれる始末でございました。当地は川幅も狭く、集中豪雨ともなれば水防活動も思うに任せず、かねてから問題になっていたところでございます。幸い市当局も、これを機会に川幅を広げる改修計画を立てております。このうえは、皆様のご期待にこたえ、一日も早く以前の面影を取り戻す決意でございます。跡片づけなどに取り紛れ、お礼のご返事が遅れましたこと、どうかあしからずおぼしめしのほど、お願い申し上げます。
まずは、後ればせながら。　敬具

水害見舞いの礼状の例❷（一同無事）

前略　お見舞いありがとうございました。小学校に避難しておりますが、一同無事。どうか、ご休心ください。詳細はいずれお伝えいたします。　草々

[弔慰の礼状]

⇩3弔事に関する手紙　100

[激励の礼状]

▼勇気づけられたことに対して、感謝する手紙。

▼目的に向かって努力しているときは、礼状を書く暇などないかもしれない。しかし、成功すれば、当然お礼の手紙ということになる。失敗の場合も、激励を受けたことに対して感謝の気持ちを忘れてはいけない。

要点　激励に対する感謝のことば。成功または失敗に至る経過。現在の心境と決心。今後ともよろしく。

激励の礼状の例（おかげで入試に合格した）

拝復　いつぞやはご丁寧なご激励のお手紙、ありがとうございました。受験勉強に追われてご返事も差し上げず失礼いたしましたが、おかげさまでどうやら合格ということになり、こんなうれしいことはございません。ちょうど勉強の中だるみのところに頂いたあのお手紙が、どんなにか役に立ったことでしょう。本当にありがとうございました。厚く御礼申し上げます。

なお、今後ともいろいろお世話になることが多いと思いますが、どうかよろしくお願い申し上げます。

　父からも、くれぐれもよろしくとのことでございます。

　まずは、略儀ながら、書中をもって御礼申し上げます。

敬具

［慰問状の礼状］

▼慰問上をもらったことに対して、感謝する手紙。
▼本当に不幸な人、逆境にある人は、慰問状などをもらっても、慰めにならないかもしれない。しかし、慰問状を読んでさて返事を書こうとすると、ある程度は自分の気持ちを整理することができる。
▼実際に出すかどうかは別として、とにかくお礼の手紙を書いてみることが、案外役に立つこともある。それなりに解決の方向が見いだせたら、そのまま出してもよい。あるいは、別に簡単な礼状を書いてもよい。

要点 慰問状に対する感謝のことば。慰問状を読んだときの感想。今の自分の心境。今後ともよろしく。

慰問状の礼状の例（事業失敗への慰問状に）

拝復　このたびは、ご丁寧なお手紙、ありがとうございました。いろいろご心配をお掛けしておりますこと、まことに申しわけございません。
　さて、このたびの閉店、本当に思いも掛けぬことでした。今になって思えば、この不況のさなか売掛金の増えていたこと、少々気に掛かってはおりましたが、その中に計画的倒産を意図した取引があろうとは、自らの眼力のなさに情けない思いでいっぱいです。ただ、幸いなことに取引先や取引銀行からもご同情いただき、なんとか営業再開に向けての協議を始めております。近いうちによいお知らせもできるかと思いますのでご安心ください。激励のおことば、厚く御礼申し上げます。

まずは、感謝を込めて御礼まで。

敬具

お世話になったことへの礼状

［就職の礼状］

▼紹介を受けて就職したことに対して、感謝する手紙。

▼就職を紹介したほうは、その後の経過を気にしているわけであるから、就職が決まったらすぐ礼状を出す。

要点　就職紹介に対する感謝のことば。与えられた職場が自分の性格に合っているとか、予想以上の給与や地位であるということなど、ある程度具体的に書く。就職に当たっての決心なども。

就職の礼状の例（採用通知を受けて伯父へ）

拝啓　年内余日も少なくなり、何かとご多忙のことと存じます。過日は親身のお世話にあずかり、心から御礼申し上げます。さて、昨日、御地のあおば産業から正式の採用通知を受けましたので、ここにご報告申し上げます。しかも、仕事は新しい需要を開拓するための開発課勤務となっており、小生の希望が全面的に受け入れられた形、まったく伯父上様のお力添えのおかげと、つくづく感じ入っております。このうえは、与えられた仕事に全力を注ぐとともに、思う存分自己の能力を発揮しようと覚悟を決めております。どうか、今後ともご指導のほど、伏してお願い申し上げます。

まずは、取り急ぎ、ご報告を兼ねて厚く御礼申し上げます。

敬具

[紹介の礼状]

▼紹介状をもらって先方に会い、目的を達したことに対して、感謝する手紙。

▼紹介したほうとしては、その後の経緯を気にしているわけであるから、紹介の目的が達せられたら、すぐ礼状を出すのがよい。

要点 紹介状に対する感謝のことば。面会の経緯。それによって得られた効果。今後ともよろしく。

紹介の礼状の例（面会できた報告を兼ねて）

拝復　先日は山内様へのご紹介状、早速ご送付いただき、ありがとうございました。ついては、四月二十三日に会社へ伺って同氏にお目に掛かり、いろいろお話し申し上げましたところ、前途の明るいご返事を頂き、喜んでおります。本当にありがとうございました。厚く御礼申し上げます。

なお、今後の経過については、折に触れてご報告いたしたいと存じます。どうかよろしくお願い申し上げます。

まずは、とりあえずご紹介御礼まで。

敬具

[引見の礼状]

▼頼みに応じて会ってくれたことに対して、感謝する手紙。

▼紹介状を書いた場合は、その後の経緯について当人から報告があるに違いない。そこで、その内容に基づいて、会ってもらえてよかったという意味の礼状を書くことになる。

要点 会ってくださってありがとうという感謝の

ことば。当人の感想なども。その中に相手方を褒めたことばがあれば、それにも触れる。ご多忙中のところ、貴重な時間を割いてもらったことを感謝する。

引見の礼状の例（お会いいただきありがとう）

前略　この間はわざわざ新田俊郎にお会いくだされ、ありがとうございました。結果はご注文いただけなかったとのことでございますが、お会いできたうえにいろいろお話が伺えたことを、心から感謝しております。普通はいいかげんに扱われるのにひきかえ、担当の課長さんとお二人で熱心に質問されたりなど、さすがは大会社の部長さんだと感心しておりました。本人としては、依頼者側の率直なご希望が聞き出せただけでも、大いに参考になったとのことでございます。ご多忙中の貴重なお時間を一時間もお割きくださったこと、本人に代わり、厚く御礼申し上げます。

まずは、とりあえず御礼まで。　草々

［援助の礼状］

▼援助を受けたことに対して、感謝する手紙。

▼援助を受けて成功したら、すぐ礼状を書く。相手方では援助の結果がどうなったか気に掛けているわけであるから、区切りのついたときに必ず書く。

▼予想どおりの成果が収められなかった場合も、成果と考えられる部分に重点を置いて礼状の形にする。

要点　援助を受けたことと、それについての感謝のことば。相手方からの援助の度合いに応じて、感謝の気持ちを具体的に書くとよい。今後ともよろしく。

援助の礼状の例（新装開店週間の運営法で）

前略　このたびは小店の新装開店に当たり、陰に陽にいろいろとご援助を賜り、本当にありがとうございました。特にそちら様の豊富なご体験を打ち明けられてのご指導、まったく感激いたしました。売り場の配置を変えたことなど、以前を知る小生として多少の不安を残しておりましたが、顧客の評判はかえって良く、ここまで細かくご教示いただけたこと、厚く御礼申し上げます。思えば、先代のあとを継いでからは斜陽の道をたどっておりましたが、これで立ち直ることができ、こんなうれしいことはございません。厚く御礼申し上げます。今後とも折に触れてお世話になることと存じますが、どうかよろしくお願い申し上げます。

まずは、伏して御礼申し上げます。　草々

［歓待の礼状］

▼訪問先で厚いもてなしを受けたことに対して、感謝する手紙。

▼人を訪問して、思わぬ歓待を受けることがある。特に初めて訪問した場合は、その翌日に礼状を出すのが礼儀である。

要点　歓待に対する感謝のことば。そのために利益を受けたこと、喜んでいることなど、感謝の気持ちを具体的に書く。今後ともよろしく。

歓待の礼状の例（訪問先へのお礼）

拝啓　若葉の緑も日一日と増してまいりました。お元気で、何よりに存じます。さて、昨日は思わざるご歓待にあずかり、恐縮の至りに存じます。奥様手作りの郷土のお料理など珍しく賞味させていただき、本当にありがとうございました。ご家族ご一同様の心からのおもてなしに、時のたつのも忘れて長居いたしましたこと、さぞご迷惑をお掛けしたのではないかと案じております。そのうえ、ご新婚時代のお話まで伺い、大きな指針を得ましたこと、厚く御礼申し上げます。今後とも、どうかよろしくお導きのほど、お願い申し上げます。奥様にも、よろしくお伝えくださいませ。

まずは、とりあえず御礼まで。　　敬具

［借用の礼状］

▼品物を貸してもらったことに対して、感謝する手紙。

▼貸すということは多少とも迷惑を受けることであるから、その迷惑をも顧みず貸してくれた親切に対しては、とにかく礼状を出さなければいけない。ただし、すぐ返すものなら、返すときに礼状を書いてもよい。

要点　貸してもらえたことに対する感謝のことば。用が足りたことに対する実情報告。

借用の礼状の例（無事スキーを楽しみました）

前略　この間はご愛用のスキーを快くお貸しくだされ、本当にありがとうございました。予定どおり十日から湯沢に出掛け、思う存分滑ってまいりました。とはいっても、最初はリフトの手前の緩やかな斜面でコーチを受け、転ばないようにするのが精一杯でしたが、最後にはリフトで上に登り、スキーのだいご味を味わうまでに至りました。皆が自由自在に方向転換をしているのを見ると、どうしてあのようにできないのかと歯がゆい感じでしたが、性に合わないスポーツでもないように思われました。貴重な経験をさせていただいたこと、厚く御礼申し上げます。なお、今後は折を見て一式購入いたしたいと思っておりますが、そのときはどうかよろしくご指導くださるよう、お願い申し上げます。
余寒なお厳しい折から、御自愛専一に。
まずは、とりあえず御礼まで。　　草々

［借金の礼状］

▼お金を貸してもらったことに対して、感謝する手紙。
▼有り余るお金を貸してくれるわけではないから、相手方の好意に対しては、すぐ礼状を出しておくことが必要である。
要点 貸してもらえたことに対する感謝のことば。そのときのうれしさと決心など、具体的に書く。

借金の礼状の例（おかげで手続きができた）

前略　このたびは貴重なお金をお貸しいただき、ありがとうございました。厚く御礼申し上げます。早速翌日次郎とともに大学の方へ手続きに行き、一切を済ませてまいりました。一生懸命勉強し、ご恩に報いたいと張り切っておりますので、どうぞご休心くださるようお願い申し上げます。主人からも、くれぐれもお礼を申し上げるようにとのことでございます。本当にありがとうございました。ご主人様へもよろしくお伝えくださるよう、お願い申し上げます。
とりあえず御礼かたがたご報告まで。　　草々

［宿泊の礼状］

▼泊めてもらったことに対して、感謝する手紙。
▼自分が泊めてもらった場合はもちろん、子供が世話になった場合も、帰ってくればすぐお礼の手紙を出す。礼状は本人に書かせるべきだと言っていると、時機を失してしまう。

▼相手方は無事帰ったかどうかについて心配しているわけであるから、とりあえず電話などするのはもちろん、なるべく早く手紙を書いたほうがよい。

要点 お世話になったことに対する感謝のことば。無事帰った。とても喜んでいる。今後ともよろしく。

宿泊の礼状の例（帰宅の翌日、粗品とともに）

拝啓　残暑の厳しい折から、ますますお元気のご様子、お喜び申し上げます。さて、長い間お邪魔させていただいた明ですが、予定どおり昨夕無事戻りましたので、ご安心ください。帰るとすぐ楽しかった思い出に花を咲かせ、夜遅くまで興奮しておりました。大いに自然を満喫させていただき、本当にありがとうございました。そのうえ、結構なお土産までお持たせくださったこと、厚く御礼申し上げます。来年もまた行きたいなどと申すのを聞くにつけても、よほど待遇がよろしかったのではないかと、恐縮しております。別便をもって心ばかりのものお送りいたしましたので、ご笑納ください。一層のご自愛、お祈り申し上げます。

まずは、とりあえず御礼まで。　敬具

［寄稿の礼状］

▼原稿を書いてもらったことに対して、感謝する手紙。

▼送ったほうとしては、無事着いたかどうか気懸かりなものである。そこで、受け取ったらすぐ礼状を書くようにする。

要点 ご多忙中わざわざ執筆していただいたことについての感謝のことば。原稿を受け取ったということ。念のため、題と枚数を書く。今後ともよろしく。

寄稿の礼状の例（原稿を受領した）

拝復　このたびは当PTA発行の機関誌「こだま」にご寄稿の左記玉稿、正に拝受いたしました。

「学校給食に望む」（四百字詰め三枚）

ご多忙中ご執筆いただきましたこと、ここに厚く御礼申し上げます。今後ともどうかよろしくお願い申し上げます。

以上、とりあえず御礼まで。　敬具

［見学の礼状］

▼見学させてもらったことに対して、感謝する手紙。

▼見学を申し込むときだけ礼を尽くすのではなく、見学のあとでも、その好意に対して感謝しなければいけない。

要点　見学させてもらったことに対する感謝のことば。見学の感想。特に感銘を受けたことなど具体的に書く。今後ともよろしく。

注意　簡単でよいから、礼状の時機を失しないよう、翌日ぐらいに忘れずに出すようにする。

見学の礼状の例（見学の翌日、感謝を込めて）

前略　昨日は大勢で押し掛けいろいろご迷惑をお掛けしたこと、まことに恐縮に存じます。ご多忙中にもかかわらず、種々ご便宜をお図りいただき、そのうえごちそうにまでなり、本当にありがとうございました。厚く御礼申し上げます。

おかげさまで、最新の製菓設備について大いに見聞を広めることができましたこと、同行者一同心から喜んでおります。特にそちらでご開発のオートメーション包装機の前では、思わず感嘆の声が漏れ、時のたつのも忘れてしまいました。ご丁寧にご案内くださった中山様にも、どうかよろしくお伝えくださるようお願いいたします。

余寒なお厳しい折から、一層のご活躍、お祈り申し上げます。なお、今後とも、どうかよろしくお願い申し上げます。

まずは、とりあえず御礼まで。　草々

［師恩の礼状］

▼恩を受けた先生に対して、感謝する手紙。
▼卒業や就職に当たって、先生から受けた恩に対してお礼を述べたい気持ちになることがある。そういう場合に書くのが師恩の礼状である。

要点　卒業できたこと、就職できたことなどに対する感謝のことば。先生のおかげで現在に至ったことに関して、具体的に書く。今の気持ちや覚悟なども。今後ともどうかよろしく。

師恩の礼状の例（卒業に当たって恩師へ）

拝啓　穏やかな日ざしに、心地よい毎日でございます。先生には、ますますご健勝のことと存じ、お喜び申し上げます。

さて、小生、おかげさまで無事大学を卒業し、そのうえあおば商事株式会社に就職いたしました。こんなうれしいことはなく、ひとえに先生のご指導のたまものと、深く心に感じております。顧みれば、二年前、先生のゼミを取らせていただいたときは、将来の見通しもなく、勉強にもあまり熱の入らない毎日でございました。しかし、先生のご講義が進むにつれ、学問とはこんなに面白いものかということを、初めて知ることができました。一人前の大学卒として立派に就職できましたのも、思えばすべて先生のおかげでございます。本当にありがとうございました。厚く御礼申し上げます。

なお、会社のほうは、いよいよ明日から出勤でございます。ついては、先生のあのご情熱にあやかり、仕事に熱中する所存でございます。どうか今後ともよろしくお導きのほど、切にお願い申し上げます。末筆ながら、先生一層のご活躍をお祈り申し上げます。

まずは、卒業に当たって御礼申し上げます。

敬具

［退職後の礼状］

▼在職中お世話になった方々に対して、感謝する手紙。

▼一般関係は退職通知でよいが、直属の長に対しては、特に礼状の形で、感謝の意を表したほうがよい。

要点 長い間いろいろお世話になったことに対する感謝のことば。退職後の計画。今後ともよろしく。

退職後の礼状の例❶（退職後、担当役員へ）

拝啓　各地の花便りも、にぎやかに聞かれるころとなりました。いよいよご活躍のことと存じ、お喜び申し上げます。

さて、総務部在職中は一方ならぬお世話にあずかりましたこと、厚く御礼申し上げます。おかげさまで御社入社以来二十一年間、大過もなく勤めさせていただきましたこと、ひとえに○○様のご指導のたまものと、心に銘じております。顧みますれば、二十一年前、勤務先の倒産で路頭に迷う身をお救いくださいました○○様のご好意、いまさらのように感謝にたえません。ここに改めて厚く御礼申し上げます。なお、この機会に郷里に戻って静養に努め、折を見て地方産業の発展に寄与したいと、夢のようなことを考えております。今後ともいろいろご指導のほど、よろしくお願い申し上げます。

時節柄、一層のご自愛、お祈り申し上げま

す。

まずは、在職中のお礼を申し上げ、ごあいさつといたします。

敬具

退職後の礼状の例❷（婚前退職後、課長へ）

一筆お許しください。寒さもようやく和らぎ、いよいよご精勤のことと存じます。

さて、宣伝課在職中はいろいろとお世話になり、ありがとうございました。そのうえ年度末を控えて多忙を見越しながらも、わがままをお聴き入れくださいましたこと、ここに改めて厚く御礼申し上げます。おかげさまで心の切り替えも調い、今は挙式の準備に追われる毎日でございます。思えば、わずか五年という短い在職ではございましたが、課長様をはじめ皆様方の温かいご指導によって楽しく過ごさせていただいた毎日、末永く思い出としてわたくしの心に残ることでしょう。折に触れてお聞かせいただいた人生訓なども、処世の指針に役立てたいと思っております。

今後とも、どうか未熟なわたくしをいろいろとご指導くださいますよう、お願い申し上げます。課内の皆様方にも、どうかよろしくお伝えください。

まずは、簡単ながら在職中のお礼を申し上げ、ごあいさつといたします。

かしこ

［結婚媒酌の礼状］⇩2縁談・結婚に関する手紙 088
［会葬の礼状］⇩3弔事に関する手紙 096
［香典の礼状］⇩3弔事に関する手紙 097
［弔辞の礼状］⇩3弔事に関する手紙 098

[忌明けあいさつの礼状]
⇩3弔事に関する手紙 105

[法事招待の礼状]
⇩3弔事に関する手紙 106

贈り物への礼状

[発送の礼状]

▼品物を送ってもらったことに対して、感謝する手紙。
▼品物を発送したほうでは、無事着いたかどうか心配なものである。そこで、とりあえずお礼の手紙を出すのが礼儀である。
▼簡単にはがきに書いてもよいが、時機を失しないように、なるべく早く出すこと。
▼業者間では、単に伝票のやり取りで済ませることも行われている。

要点 送ってもらったことに対する感謝のことば。何を、いつ受け取ったか。今後ともよろしく。

発送の礼状の例（冬物受領後に親元へ）

拝復　ご丁寧なお手紙ならびに下着の小包、昨日入手いたしました。早速着替えましたので、ご休心ください。特に今日は朝から雨模様で一段と冷え込んでおり、大いに感謝しております。

寒さに向かう折から、一層ご自愛のほど、お祈り申し上げます。

まずは、とりあえず御礼まで。　敬具

[贈答の礼状]

▼贈り物を受けたことに対して、感謝する手紙。
▼贈ったほうとしては、別にお礼をもらうことを当てにしているわけではないが、無事着いたかど

うか心配なものである。そこで、とりあえず簡単なお礼の手紙を出すのが礼儀である。はがきでもよいが、目上の人に対しては封書で書く。

要点 結構な贈り物に対する感謝のことば。無事受け取った。贈り物に対する具体的な感想など。

注意 礼状はすぐに出す必要があるが、返礼の意味での贈り物は、折を見て発送するほうがよい。

贈答の礼状の例（松茸を頂いたお礼）

拝復 その後、久しくごぶさたいたしました。お元気で、何よりに存じます。こちらは、相変わらず仕事に追われております。

さて、このたびは、結構なもの、わざわざお贈りくださり、ありがとうございました。都会というところは、金さえ出せば何でも手に入るとは申しながら、産地直送の味はまた格別、久しぶりに郷里の味覚を楽しませていただきました。厚く御礼申し上げます。当地は毎日秋晴れの好日が続いておりますが、御地はいかがでしょうか。ご一家のご多祥をお祈り申し上げます。

まずは、とりあえず御礼まで。　敬具

［中元・歳暮の礼状］

▼お中元・お歳暮を贈られたことに対して、感謝する手紙。

▼贈ったほうは、無事ついたかどうか気にかけているので、お礼の手紙はすぐに出す。

要点 結構な贈り物に対する感謝のことば。無事受け取った。贈り物に対する具体的な感想など。

中元の礼状の例（地ビールをありがとう）

梅雨も上がり、暑さもひとときわ加わってまいりました。皆様、相変わらずお元気でお過ごしのご様子、安心いたしました。

昨日、早々とお中元をいただきまして、まことにありがとうございました。御地特産の地ビール、早速冷やして頂戴いたしました。濃厚でこくのある味わいは大変結構なものでした。いつもながらのお心づかい、心から厚く御礼申し上げます。

暑さに向かう折り、皆様もどうぞご自愛ください。

まずはお礼まで。


歳暮の礼状の例　（取引先からの歳暮に）

拝復　貴社にはますますご隆盛の趣、お慶び申し上げます。

さて、このたびはご丁重なご挨拶に接し、そのうえ結構なお歳暮の品をご恵贈くださり、まことに恐縮に存じます。日ごろのお引き立てに加えて、いつもながらのお心づかい、ありがたく心よりお礼を申し上げます。

いよいよ年内も余日少なくなり、多端のことと存じますが、貴社の皆様におかれましては、ご健勝にて新春をお迎えくださいますようお祈り申し上げます。

なお、今後とも、変わらぬご支援とご厚誼のほど、よろしくお願い申し上げます。

まずはとり急ぎ、右お礼まで。　敬具

［贈呈の礼状］

▼記念品などの贈呈を受けたことに対して、感謝する手紙。
▼記念品の贈呈など、広報的な色彩も強いから、わざわざ礼状を必要としないとも言える。しかし、取引先ともなると、やはり関係を深める上からも、お礼の手紙を出さないわけにはいかない。
要点　記念に関してのお祝いのことばと贈呈を受けたことに対する感謝のことば。そのときの感

想。今後のご発展を祈る。

贈呈の礼状の例（九十周年の記念品を受けて）

拝復　桜花も満開の季節、貴社ますますご発展の段、お喜び申し上げます。

さて、このたび貴社には創業九十周年を迎えられましたこと、心からお祝い申し上げます。また、結構な記念品を頂きましたこと、厚く御礼申し上げます。承れば、目黒の裏通りに小さな小売店を開かれたのが、貴社の初めとのこと、ここまでのご繁盛、先々代様・先代様はもちろん、ご当主様のご努力、さぞやとお察し申し上げます。今後ともますますのご発展、心からお祈り申し上げます。

まずは、御礼かたがたお喜びまで。　　敬具

【12 承諾を伝える手紙】

▼相手方からの頼みを聴き入れる手紙。
▼聴き入れる内容については、招待・勧誘など相手方から勧められたことを聴き入れる場合と、依頼・注文など相手方の申し出を聴き入れる場合とがある。
▼実際には喜んで聴き入れる場合と、仕方なく聴き入れる場合とがあるに違いない。しかし、承諾と決めた以上、仕方なく聴き入れるという態度を示さず、喜んで承諾した旨を述べるほうがよい。恩着せがましい書き方は、相手方を不愉快にさせるだけである。
▼いずれにしても、承諾と決まったらすぐ書く。ただし、承諾した以上、その実行について責任が伴うから、実行不可能なことを承諾してはいけない。

要点 聴き入れる項目の確認。条件付きの場合は、そのことがはっきり分かるように書く。あいまいな返事は、かえって失礼である。

[招待の承諾]

▼招待を受けたことに対して、受け入れる手紙。
▼出欠の返信を求める招待状に対しては、出席の返信が招待の承諾になる。
▼出席するためにわざわざ都合をつけたことなどがあっても、それには触れないほうがよい。

要点 招待に対する感謝のことば。喜んで応じる旨の意思表示。楽しみにしているなどの感想も。

注意 個人的な関係で受けた招待の場合は、あらかじめ承諾の意思を伝えてあることも多いが、確認の意味で、改めて出席の返信を出すほうがよい。

招待の承諾の例　（喜んで出席します）

拝復　このたびはご丁寧なご招待のお手紙、ありがとうございました。毎年同級会を開いておいでの由、お喜び申し上げます。さて、今回は、特に小生をお招きくださるとのこと、心から感謝し、参加させていただくのを楽しみにしております。ついては、わざわざお迎えに来ていただくのも恐縮に存じますが、おことばに甘え、十一月三日は五時ごろ、自宅のほうでお待ちすることにいたします。どうかよろしくお願いいたします。

まずは、とりあえず御礼まで。　　敬具

［勧誘の承諾］

▼誘いや勧めを受けたことに対して、受け入れる手紙。

▼広告的色彩の強い勧誘に対しては、そのまま相手方の意思に添えばよい。

要点　親切な勧誘に対する感謝のことば。承諾の理由。今後ともよろしく。

注意　個人的な関係で受けた勧誘に対しては、勧誘に対する礼状の形で承諾の意を表すほうがよい。

勧誘の承諾の例　（ゴルフに参加いたします）

拝復　このたびはゴルフにお誘いのお手紙、懐かしく拝見いたしました。毎年のクラス会も何かと都合がつかず、近くにいながらごぶさたばかりしており、申し訳ございません。ただし、好きなゴルフとなると目がなく、早速家内を説得し、参加することにいたしました。平素は商用で気の張るプレーばかり、こんなときこそ本当に打ち解けてクラブが握れるだろうと楽しみにしております。透き通るような青空の下、グリーンを回りながら、大いに旧交を温めたいと存じます。お誘い本当にありがとうございました。厚く御礼申し上げます。

まずは、とりあえず参加のご返事を申し上げます。

いずれお目に掛かったとき、いろいろお話し申し上げたいと存じます。

敬具

[紹介の承諾]

▼紹介してくださいと頼まれたのに対して、紹介しましょうと引き受ける手紙。

▼紹介すると決まったら、紹介を引き受ける旨の返事を出すことが必要である。

▼それに紹介状を同封する場合もあり、面会の機会を作って紹介状を手渡す場合もある。

▼面会の日取りと場所を通知するだけなら電話でもよい。

要点 紹介依頼の内容と紹介を承諾する旨の意思表示。今後の段取りなど。

紹介の承諾の例（名刺紹介状同封で）

拝復　このたびあおば産業の専務山内正二氏をお訪ねになるとのこと、同氏は小生の大学時代のボート部の後輩で、よく存じております。ついては、名刺に一筆したため同封いたしますから、ご利用ください。同氏には電話で連絡しておきました。

なお、同氏はボート部の選手として特に名声が高く、卒業の年にはエイトのコックスを務めたこともあるくらいです。ボート部第一の酒豪ともうたわれておりましたが、最近は盆栽に凝っているとのことです。その点お含みおきのうえご面会になれば、何かとお役に立つでしょう。それでは、ご成功を祈ります。

以上、用件のみ。　敬具

[見合いの承諾]

⇩2縁談・結婚に関する手紙　072

[求愛の承諾]

⇩2縁談・結婚に関する手紙　075

[結婚の承諾]

⇩2縁談・結婚に関する手紙　079

[借用の承諾]

▼貸してくださいと頼まれたのに対して、お貸ししましょうと引き受ける手紙。

▼よく考えて、貸してもよいと決まれば、承諾状を書く。電話で承諾の返事をしてもよいが、期限や条件などがある場合は、手紙のほうがよい。

要点　貸すという意思表示。貸す期限と条件。貸してやるという態度ではなく、使ってもらうという形にする。一部承諾の場合は、全面的には承諾できない理由をはっきり書いておく。

借用の承諾の例❶（留袖を貸す）

前略　お手紙ありがとうございました。お元気で何よりに存じます。

さて、留袖を借りたいとの趣、正に了承いたしました。今のところ着る予定もありませんから、どうぞお気軽にお使いください。ご都合の良い日曜日にでも、取りに来ていただければ幸いです。一層のご自愛、お祈りいたします。

まずは、とりあえずご承諾まで。　草々

借用の承諾の例❷（スキーを貸す）

拝復　懐かしいお手紙、ありがとうございました。お元気で、何よりに存じます。

さて、スキーを借りたいとのお申し込み、正に了承いたしました。貴君は学生時代から身長も小生とほとんど同じ、お役に立つと存じます。今年の冬は仕事のほうも忙しくなる見込みで、お正月に思う存分滑ってまいりました。今のところ予定もありませんから、どうぞお使いください。二月三日の日曜日にでも、取りに来ていただければ幸いと存じます。

ただし、二月下旬にはこちらももう一度滑ってみるつもりでおります。まことに恐縮ながら、一七日の日曜日までにお返しくださるよう、お願いいたします。

それでは、どうぞお気軽に。一層のご自愛、お祈りいたします。

まずは、とりあえずご承諾まで。　敬具

[借金の承諾]

▼お金を貸してくださいと頼まれたのに対して、お貸ししましょうと引き受ける手紙。

▼よく考えて、貸すことに決まれば、受け渡しの期日や場所を明確に示す。こういう重要なことになると、後日の証拠ともなるから、電話でなく、手紙にしたほうがよい。期限や条件なども、はっきりさせておく。

要点　そちらの事情に同情し、貸すことに決めた旨のことば。受け渡しの期日と場所。貸す期限と条件、返済の方法。一部承諾の場合は、全面的には承諾できない理由。最後に激励のことばを付け加える。

借金の承諾の例（主人と相談、承諾）

拝復　寒さに縮む毎日ではございますが、おかげさまでつつがなく過ごしております。

さて、次郎さんのご入学に関するお悩み、心からご同情申し上げます。とはいってもお金に関すること、わたくしの一存ではどうにもなりません。ついては、主人とも相談いたしましたところ、実の妹のことゆえ、おまえのへそくりなら貸してもよいということになりました。そんなわけで、足りない分は主人に助けてもらい、とにかくご用立てかなう見込みが付きました。お払い込みの前日にでも取りに来ていただければ、準備しておきます。次郎さんの前途をご祝福申し上げます。どうか、しっかり勉強なさるようお伝え下さい。

なお、ご用立てする二十万円のご返済は、二回のボーナスを中心に年内には何とかしていただきたく、よろしくお願い申し上げます。利息などはご心配なくと主人も申しておりますので、併せてお伝え申し上げます。ご主人様にも、どうかよろしくお伝えください。主人からもよろしくとのことでございます。

まずは、承諾のお返事まで。

敬具

［保証人の承諾］

▼保証人になってくださいと頼まれたのに対して、それを引き受ける手紙。

▼この人に保証人をお願いしようと決めるまでには、いろいろの経緯がある。そうして、この人なら保証人になってもらえそうだという結論に達して、初めて依頼状となる。

▼一般的には、保証人を承諾することは大変に重いことであり、熟慮が必要である。軽々しく保証人を引き受けて、ひどい目に遭うことも少なくない。よく考える時間を取るべきである。

要点　どういう保証人かということの確認とつつしんで引き受けるという承諾の意思表示。相手方の立場を尊重し、精神的な負担を掛けない書き方にする。

保証人の承諾の例（合格を祝い承諾）

拝復　このたびは努様の合格、おめでとうございます。ご本人としては十分自信があってのことと存じますが、入試のことゆえ万一を思ってのお気遣い、さぞやと察せられます。しかし、立派に合格された以上、どうぞ大手を振っておいでになるのをお待ちしております。

保証人ご依頼の件も、正に承知いたしました。印のいる書類は何なりとこちらへご回送願いたく、ご遠慮ご無用です。

まずは、努様の合格をお祝いし、保証人承諾のお返事といたします。　敬具

［宿泊の承諾］

▼泊めてくださいと頼まれたのに対して、お泊めしましょうと引き受ける手紙。

▼遠慮なくおいでくださいと言ったとしても、いろいろ都合がある。したがって、希望があれば、はっきり書いておいたほうがよい。

要点　喜んで泊める旨のことば。日取りの希望など、ざっくばらんに書く。迎えに行くなら、そのことも。

宿泊の承諾の例　（承諾とともに日程調整）

拝復　お手紙拝見しました。明さんが独りで来たいとのこと、さすがは中学生と感心しました。喜んでお迎えいたします。ところで、日取りのことになりますが、お申し越しのとおり八月五日から一週間でも差し支えありません。ただ、ご承知のとおり、八月二日と三日がお祭りなので、それに間に合うように来てもらえれば、なおよろしいかと思います。昨年は修さんがそのころ来て、とても喜んで帰りました。

なお、列車の時刻などお知らせがあれば、駅まで迎えに参ります。

まずは、とりあえず承諾のお返事まで。

敬具

[訪問の承諾]

▼訪ねたいという申し出に対して、それを受け入れる手紙。

▼訪問したいが都合はどうかという手紙を受けたら、万障繰り合わせて便宜を図るのが礼儀である。そこで、承諾状を書くことになる。

要点 訪問の意向について感謝する旨のことば。申し出の日取りを確認する。選択の余地がある場合は、選択していずれかに決める。お待ちしておりますから、どうぞ。

訪問の承諾の例❶（お申し出の日時にどうぞ）

明子様　このたびは懐かしいお手紙、ありがとうございました。久しぶりにこちらへおいでになるとのこと、お会いできるのが楽しみです。八月十一日午後二時ごろで差し支えありません。どうぞおいでください。お待ちしております。

こちらは、別荘地としての開発が進み、裏山がすっかり様変わりしました。きっと驚かれることでしょう。お互いに積もる話に花を咲かせたいと思います。

まずは、取り急ぎご返事まで。　草々

訪問の承諾の例❷（卒業生の訪問、今から楽しみに）

拝復　懐かしい人からお手紙を頂戴し、うれしく読ませていただきました。

さて、今度田口君と山中君とともに、こちらへお越しくださるそうで、こちらは気楽な隠居の身、いつでも大歓迎で今から楽しみにしております。六月十六日に来られるのでしたら、お城の公園でお祭りがあるそうですから、見物がてら公園にお弁当を持っていって食べるのも一興かと思っています。家内もあの大食漢の山中君が来るのだったらたくさん昼食を作っておかなきゃと、はりきっています。

君たちのクラスの卒業生は私にとって非常に印象深いものがあり、長い教員生活の中でもひときわ明るく楽しい記憶にあふれている学年でした。君たちももう五十代の立派な紳士ですが、お会いすればあの当時のままの悪がきなのでしょうね。昔に返って楽しい一日をともにしたいと思っています。

では、お会いするのを楽しみに。　敬具

[見学の承諾]

▼見学させてもらいたいという申し出に対して、それを受け入れる手紙。

▼見学を申し込むのは、引き受けてもらえる可能性が大きいからである。したがって、申し込まれた場合、一般には引き受けることになり、承諾状の形になる。

▼特別の関係で見学を許可する場合もあるが、恩着せがましい書き方は、相手方を不愉快にするから、気をつけること。

要点　受け入れる旨についての意思表示とその項目の確認。選択の必要がある場合は、いずれかに決めて回答する。どうぞおいでください。条件がある場合は、そのことがはっきり分かるように書く。

見学の承諾の例（手続をしました）

拝復　このたびはお懐かしいお手紙、正に拝見いたしました。ますますご発展の由、お喜び申し上げます。

さて、弊社工場の見学ご希望の件、喜んでご承諾申し上げます。どうぞお気軽においでくださるよう、お願い申し上げます。ついては、一応三月二八日（木）ということに決めさせていただき、早速手続を執りましたから、さようご承知おきください。当日、午前十時ごろ、工場受付までおいでくだされば、ご案内申し上げます。なお、見学には、昼食時間を含め三時間ほど予定させていただきたいと存じます。皆様にも、よろしくお伝えください。
まずは、ご見学承諾のごあいさつまで。

敬具

【13 断りを伝える手紙】

▼相手方からの頼みを断る手紙。
▼断る内容によって、招待・勧誘など相手方から勧められたことを辞退する場合と、依頼・注文など相手方の申し出を拒絶する場合とに分かれる。いずれにしても、結論が出たらすぐ書かなければいけない。
▼ただし、断るというのは、相手方の期待に反することであるから、相手方の感情を害し、自分側としてもいやなものである。そこで、相手方の気持ちを理解しながらも、それに応じられないという理由をはっきり書く。
▼礼を尽くし、事情やむをえないことを気持ちよく納得してもらうように書く。その点では、断るよりも謝る態度のほうが好ましい。
▼断る旨をあまりはっきり書くと、相手方の感情を害する場合もあるが、実際はだれが読んでも断られたとはっきり読み取れるように書くことが必要である。「考えておきましょう」というのは、体裁よく断るときのことばであるが、文字どおりの意味に解して期待されるおそれもあるから、気をつけること。

要点 断る項目とその理由をはっきり書く。どうかあしからず。一部を断る場合は、そのことがはっきり分かるように書く。あいまいな返事は、かえって失礼である。

注意 断ることに決まったら、早く出すことが必要である。

［招待の断り］

▼招待を受けたことに対して、断る手紙。
▼広告的な色彩の強い招待に対しては、断りを伝える必要はない。出欠の返信を求める招待に対しては、欠席の返信が招待の断りになる。
▼個人的な関係で受けた招待に対しては、そのことに感謝するとともに、応じられない理由を述べなければいけない。

要点 丁寧な招待に対する感謝のことばと応じられない理由。やむをえないと思ってもらえるように書く。日時などの条件についてこちらの都合を問い合わせている場合は、その件についても触れる。どうかあしからず。

招待の断りの例　（残念ながら出席できません）

拝復　このたびは、わざわざご招待のお手紙、ありがとうございました。卒業後も同級会を開いて旧交を温めておいでとのこと、何よりに存じます。

ついては、何をおいてもお招きに応じなければならないかと存じますが、あいにく当日は親類筋の結婚式と重なり、お伺いできないのを残念に存じます。ぜひ皆様とお会いして在校時代の思い出に花を咲かせ、ご活躍のご近況など伺いたい気持ちではございますが、またの機会にしていただければ幸いと存じます。皆様にも、どうかあしからずお伝えくださるよう、お願い申し上げます。

なお、小生どうやら健康に恵まれ、毎日読書ざんまいというところにつき、その点ご休心くださるよう、併せてお願い申し上げます。

まずは、残念ながら欠席ご返事まで。

敬具

［紹介の断り］

▼紹介してくださいと頼まれたのに対して、紹介

できませんと断る手紙。
▼紹介は両者の間に新たな人間関係を成立させることであるから、先方に迷惑が掛かると思えば、紹介を断るより仕方がない。
▼その理由としては、被紹介者の人物や目的が適当でない場合も多いが、そういうことを表面に出して断るわけにはいかない。そこで、紹介を希望する人と自分とがそれほど親しくないとか、あの人はそういうことにまったく無関心で役に立たないということなどを理由にし、自分からの紹介を断念するように仕向ける。
要点 紹介依頼の意図の確認と紹介できない理由。どうかあしからず。

紹介の断りの例（卒業後交際なく紹介できず）

拝復　このたびあおば産業山内正二氏への紹介ご依頼のお手紙、正に拝見いたしました。

実は、山本氏も同窓でボート部におられましたが、卒業後はあまり交際もなく、そのまま過ぎております。ついては、わたくしごとき者がご紹介申し上げてもお役に立たないかと存じ、ここにご遠慮申し上げる次第でございます。どうもせっかくのご依頼に対してご希望に添えないこと、まことに心苦しく存じますが、どうか事情ご了承くださるよう、お願い申し上げます。

以上、用件のみ。　敬具

［見合いの断り］⇩2縁談・結婚に関する手紙　073
［求愛の断り］⇩2縁談・結婚に関する手紙　076
［結婚の断り］⇩2縁談・結婚に関する手紙　080
［借用の断り］

▼貸してくださいと頼まれたのに対して、お貸しできませんと断る手紙。

▼よく考えて、貸せない、貸さないほうがよいと決まれば、断りの手紙を書く。持っているものを貸さないのであるから、相手方の感情を害さないように気をつける。

要点 貸せないという意思表示とその理由。お貸ししたいのだけれど、残念ながらそれができないということを納得してもらう。どうかあしからず。

注意 貸せないと決まったら早く出す。相手方はさらに別の道を考えなければならないから、断りの返事は早いほどよい。電話で返事をするとまた申し込まれるおそれがあるから、手紙のほうがよい。

借用の断りの例（スキー貸せず）

拝復　懐かしいお便り、ありがとうございました。相変わらずお元気の由、お喜び申し上げます。

さて、スキーを借りたいとのお申し込み、貴意に添いかねることを残念に存じます。実は、小生も二月十日・十一日の連休に、蔵王のほうへ滑りに行こうと、すでに会社の仲間と約束しており、どうにもなりません。そのうえ手元にあるものも、その連中に貸すことになっており、そちらへお貸しするゆとりがないこと、心からおわび申し上げます。ただし、このごろはスキー場のレンタルスキーも充実しており、何も持たずに行っても滑れるようになっております。どうぞお気軽にお出掛けになるよう、お勧めいたします。

以上、ご希望に添えなくて申し訳ございませんが、どうか事情ご了察のうえ、お許しくださるようお願い申し上げます。

右、とりあえずご返信まで。　敬具

［借金の断り］

▼お金を貸してくださいと頼まれたのに対して、お貸しできませんと断る手紙。

▼相手方は、こちら側に貸す能力があることを見込んで申し込んでいるのであるが、手元にある金も遊んでいるわけではなく、それなりの目的を持っている。それが貸せないのならば、相手方の目的に転用できない理由を納得してもらう必要がある。

▼その場合、すぐには貸せなくても近い将来貸せる見通しがあるならば、それでもよいかというふうに返事をする方法もある。しかし、結局貸さないなら、希望を持たせないほうがよい。あいまいな断り方は、かえって悪い結果を招くものである。

要点 貸せないという意思表示とその理由。相手方の立場に同情し、感情を害さないように、こちら側の立場を詳しく説明する。どうかあしからず。そういう事情なら借りるのは無理だ、と思わせるように書く。

借金の断りの例（一部なら何とか）

拝復　昨今は悪い風邪が流行しておりますが、家族一同元気でおりますから、ご休心ください。

さて、次郎さんのご進学についてご決定のこと、お喜び申し上げます。ついては、入学金のお困りのご様子、心からご同情申し上げ、わたくしとしては何とかしてあげたいと存じます。しかしながらわたくしども、このような商売をしておりますと日銭は入りますが、それは商品が金に替わっただけのこと、内情は火の車、残念ながらどうにもお役にたてそうにありません。ただ、わたくしがためたへそくり十万ばかりなら、ご用立てできないこともございません。残りは、ご主人様のお勤め先ででもお間に合わせになれないものでしょうか。なお、ボーナスでお返しとのこと、遅くも暮れまでには返してもらえるものと当てにしておりますので、ご配慮のほどお願い申し上げます。ご主人様にもよろしくお伝えください。一部しかお役にたてないことを残念に存じております。

まずは、とりあえずご返事まで。

敬具

［保証人の断り］

▼保証人になってくださいと頼まれたのに対して、それを断る手紙。

▼保証人になってくれという依頼状を出すのは、こちらを見込んでのことである。しかし、軽々しく保証人を引き受けて、ひどい目に遭うことも少なくない。

▼したがって、事情をよく考え、引き受けないほうがよいと決まれば、断りの手紙を書くことになる。一時はいやな思いをするかもしれないが、情に引かれて引き受けるのは禁物である。

要点　どういう保証人かの確認と喜んで引き受けるべきではあるが、その資格がないという旨の意思表示。理由については、相手方が納得できるように書く。

保証人の断りの例　（保証の資格がないので）

拝復　このたび保証人がもう一名必要との経緯、よく了解いたしました。ただし、当方、会社勤めの身で資産もなく、とても保証人の柄ではないと当惑しております。銀行融資の保証人など恐ろしくて手も出ません。もちろんそちら様のご返済についてご信頼申し上げないわけではございませんが、そこは自営業とサラリーマンとの感覚の違いとおぼしめされるよう、伏してお願い申し上げます。せっかくの貴意に添いかねること甚だ心苦しい次第でございますが、どうか事情ご了承くださるよう、あわせてお願い申し上げます。
右、ご承諾いたしかねる旨を述べて、ご返信といたします。どうかあしからずおぼしめしください。
敬具

［勧誘の断り］

▼誘いや勧めを受けたことに対して、断る手紙。
▼広告的色彩の強い勧誘に対しては、断りの返信をする必要はない。
▼個人的な関係で受けた勧誘に対しては、そのことに感謝するとともに、受け入れられない理由を述べなければならない。

要点 親切な勧誘に対する感謝のことばとどうしても受け入れられない理由。やむをえないと思ってもらえるように書く。どうかあしからず。

勧誘の断りの例（どうもゴルフは苦手で）

拝復　このたびはゴルフにお誘いのお手紙、ありがたく拝見いたしました。毎年のクラス会にもとかく欠席しがちな小生にまでお誘いの声を掛けてくださったこと、心から感謝しております。そのうえ、今回のお誘いまでお断りいたしますこと、何となく気が引ける思いでございますが、どうかあしからずおぼしめしください。

実は、小生、お恥ずかしいながら、まだ一度もクラブを握ったことがなく、ご迷惑になるかと心配しております。また、当日はあいにく商用で大阪のほうへ出掛けることになっており、遠慮させていただきたいと存じます。どうも取引関係にゴルフ好きの人が多く、小生もその方面の修練を積まなければいけないと思っておりますが、機会に恵まれず今日に至りましたこと残念でなりません。いずれ折を見てご指導いただきたく存じますので、皆様にもよろしくお伝えくださるようお願いいたします。

以上、御礼かたがた、参加ご辞退のご返事といたします。

敬具

［宿泊の断り］

▼泊めてくださいと頼まれたのに対して、お泊めできませんと断る手紙。

▼泊めたい気持ちはあっても、こちらにも都合がある。その場合は、やむをえない事情を書いておわびし、断念してもらうことになる。

要点 残念ながらお迎えできない旨のことばとその理由。納得してもらえるように書く。どうかあしからず。お断りするというよりも、お泊めできないことをわびる気持ちで書くほうがよい。代案があれば、それに触れて納得してもらう。

宿泊の断りの例❶（海外旅行で不在につき）

拝復 お手紙を拝見し、真剣に大学受験に取り組んでいらっしゃるご様子、何よりのことと存じます。

さて、二月下旬から三月上旬にかけて、こちらに泊まって受験したいとのこと、本来であれば「ぜひいらっしゃい」と大歓迎したいところなのですが、実はちょうど二月下旬に家内と二人で初めての海外旅行に出る予定になっています。もう少し前であれば、日程を調整してでも歓待するのですが、すでに代金の払いも済ませてしまいどうにもなりません。ただ、三月一日には帰ってくるので、翌日の二日以降は大丈夫ですからいらっしゃいませんか。試験日はこちらから受けに行けると思いますから、ぜひそうして下さい。

最後になりましたが、試験勉強は大変だと思いますが、あともう少しです。頑張って下さい。

では、とりあえずご返事まで。

敬具

宿泊の断りの例❷（十分なお世話ができない）

拝復　お手紙、正に拝見しました。明さんも大きくなったご様子、心からお喜び申し上げます。

さて、お申し越しの夏休みにおいでの件、今年は事情が許さないことを残念に思います。と申しますのは、家内の体調が優れず、暑い夏ともなると、お世話する気力に欠けるのではないかと懸念しております。別にどこが悪いということではないと思いますが、本人も十分なおもてなしができないと言っておりますので、またの機会にしてもらえれば幸いと思います。明さんにも、どうかあしからずお伝えください。健康には、くれぐれも注意してください。

まずは、とりあえずご返信まで。

敬具

［訪問の断り］

▼訪ねたいという申し出に対して、それを断る手紙。

▼訪問したいと言われても、こちらにも都合がある場合、また、訪問そのものが無意味と考えられる場合は、断りの手紙を書くより仕方がない。

▼個人的に受けた訪問照会で、申し出の日取りが都合の悪い場合には、代案を出して誠意を示すようにする。それでも折り合わなければ、仕方がない。

要点　訪問の意向の確認とそれに対して応じられない理由。相手方が納得できるように書く。

訪問の断りの例❶（旅行のため不在）

拝復　この度は懐かしいお手紙、ありがとうございました。お元気でお過ごしのご様子でなによりです。

久しぶりにこちらへおいでになるとのこと、私としてもお会いしてゆっくりと積もる話をしたいのですが、あいにく、八月十日から一週間、家族で北海道へ旅行に出かける予定になっております。せっかくの機会を逸することになり、非常に残念です。

　また、おいでになることがありましたらぜひご連絡ください。

　取り急ぎご連絡まで。

敬具

訪問の断りの例❷（来訪は無意味かと）

　拝復　このたびは代理店契約についてご来訪の旨のお手紙、正に拝受いたしました。ただし、今回の契約についての貴社のお申し出の中に小社の慣行と異なる条項があり、他との振り合いもあってご承諾いたしかねる事情、すでに前便で申し上げたとおりでございます。そのため、小社としては貴社のご提案にあまり興味を持つことができず、むしろ消極的態度を持してきたこと、ご承知のとおりでございます。このうえお話し合いをいたしましても、いかんともいたしがたく、結局お断りの結果となることも明らかでございます。ついては、ご来訪も無意味かと存じ、ここにお断りのご返事を申し上げる次第でございます。どうか他の代理店をお探しくださるよう、お願い申し上げます。

　まずは、お断りのご返事といたします。

敬具

［見学の断り］

▼見学させてもらいたいという申し出に対して、それを断る手紙。

▼見学を申し込まれた以上、断りがたい気持ちになるが、見学そのものが禁止されていることもある。そういう場合は、やむをえず断ることにな

る。

▼見学を申し込まれたことについて感謝の気持ちを失ってはならない。

要点 受け入れられない理由。相手方がそれではやむをえないと感じるように書く。どうかあしからず。

見学の断りの例（極秘期間のため）

拝復　二月五日付のご丁寧なお手紙、ありがとうございました。いろいろとご活躍の由を承り、慶賀の至りに存じます。

さて、弊社工場ご見学の件、特に旧友のよしみをもってのせっかくのお申し出ゆえ、喜んで受け入れるべきところではございますが、ご希望に添いかねることを残念に存じます。と申しますのは、このところ産業スパイを警戒し、関係者以外はまったく立ち入り禁止となっております。いずれ新製品の開発が一段落すれば、あるいは解除ということになるかもしれませんが、とにかく来月については、その見込みがございません。どうかあしからずおぼしめしのうえ、他のほうへお切り替えくださるよう、お願い申し上げます。

余寒なお厳しい折から、一層のご自愛、お祈り申し上げます。

以上、残念ながら、見学お断りのご返事といたします。

敬具

［断りの手紙への返信］

▼断られたことに対しての、返事の手紙。

▼断られた以上、返信は必要ないとも言える。しかし、いろいろ迷惑を掛けたことでもあり、今後のこともあるから、おわびを兼ねて返信を出すくらいの社交性は必要である。

要点 断られた理由に納得した旨のことば。いろいろいろご配慮いただいたお礼。迷惑を掛けたおわび。今後ともよろしく。

断りの手紙への返信の例　（ご配慮を感謝する）

拝復　ご丁寧なお手紙、ありがたく拝見いたしました。お元気でお過ごしのご様子、何よりと存じます。

さて、次郎の進学についてご無理なお願いを申し上げ、まことに申し訳ございません。いろいろご事情もおありの趣、ごもっともと存じます。ついては、主人とも相談のうえ、他にってを求めることにいたしました。ご多用のところをいろいろご心配ご配慮いただきましたこと、厚く御礼申し上げます。

なお、今後ともよろしくご指導のほど、伏してお願い申し上げます。主人からも、くれぐれもよろしくとのことでございます。

まずは、とりあえず。

敬具

【14 おわびの手紙】

▼自分側の怠慢・過失・不注意によって相手方に迷惑や損害を与えたことについて、相手方の許しを得るように謝る手紙。

▼謝る内容としては、違約・失言などをはじめ、契約不履行・商品不良・荷造り不完全・納期遅延などいろいろある。

▼そこで、謝らなければならない事情に気づいたら、催促されないうちに自発的におわびの手紙を書く。そうすれば、かえって将来が開け、個人的な親しみも増すものである。下手な責任逃れや言い訳は、かえって相手方を憤慨させるだけである。

要点 謝るべき事項を取り上げ、怠慢・過失・不注意を認めて、心からわびる。その場合、原因・事情をはっきりさせて事実を述べ、同情を得て許してもらう形にする。弁償可能な場合は、その方法についても触れる。

[違約陳謝]

▼約束を破ったことについて、謝る手紙。

▼約束を破ったことについては、それなりの理由がある。しかし、断りもなく約束を破ったこと自体は、陳謝の対象となる。おわびの手紙を書くことにより、交際を続けることができるものである。

要点 約束を破ったことに対する謝りのことばと約束を破ってしまった事情。言い訳がましい書き方をせず、事実だけをあっさり書く。今後そのようなことを起こさないように注意する。特にお願いしたいことがあれば、そのことにも触れる。

注意 出席の返事を出していながら出席できなかった場合は、不参陳謝の形にする。（「不参陳謝」の項参照）

違約陳謝の例（約束の時間に行けなくて）

急啓　昨日は午後一時にお伺いするお約束をさせていただきながら、全く失念いたしました。まことに申し訳ございません。曜日のみ記憶し、来週のことと思い込んでおり、ただいま予定表を見て驚き入った次第で、深く後悔しております。さぞご立腹のことと拝察し、恐縮至極に存じます。何とぞ今回のみはまげてお許しくださるよう、お願い申し上げます。

つきましては、改めてご都合をお伺いすべきではございますが、とりあえずおわび申し上げます。いずれお電話にてご都合をお伺いのうえ、改めてお邪魔させていただきたいと存じます。何とぞあしからずおぼしめしの程、お願い申し上げます。

まずは、心からおわび申し上げます。

不尽

［失言陳謝］

▼失言をしたことについて、謝る手紙。

▼うっかり言ったことばが相手方の感情を害し、気まずい関係になることがある。お互いにそのまま忘れてしまえるなら問題はないが、あとまでしこりの残ることが予想される場合は、おわびの手紙にして出すほうがよい。

要点 謝るべき事項とそれについて心からわびることば。事項は、相手方がそれと気づく程度の最小限のことばであっさり取り上げるほうがよい。今後このようなことを起こさないように気をつける旨も。なお、そのようになった事情を書いてもよいが弁解にならないようにする。

失言陳謝の例（酒の席での失言について）

拝啓　年の瀬もいよいよ押し詰まってまいりました。お元気で何よりに存じます。

さて、昨日は、酒の席とは申せ、調子に乗って心にもないことを申し上げ、さぞお気に触られたことと存じます。一応泥酔の状態で申しましたものの、翌朝になって思い返し、何とも寝覚めの悪いこと、どうにも致し方ございません。せめておわびの気持ちを表したいと、筆を執った次第でございます。一般に酒の席は無礼講とは申すものの、冗談も程々にしなければならないこと、重々承知しております。どうもいつも一言多い悪い癖、身にしみて感じております。

今後このようなことがないよう、十分に気をつける所存でございますから、どうか今回だけはお許し願いたく、ここにおわび申し上げます。まげてお許しくださるよう、重ねてお願い申し上げます。

まずは、心からおわび申し上げます。

敬具

［不在陳謝］

▼訪問されたとき不在にしていたことについて、謝る手紙。

▼不在のため、訪ねてきた人に会えなかったということもしばしば起こる。本来ならば時間を約束すべきであるから、会えなくても仕方がないといえば、それまでである。しかし、せっかく訪ねてくれたのに対しては、会えなくて申し訳ないという手紙を書くとよい。

要点　わざわざ訪ねてくれたことに対する感謝と不在にしていて申し訳なかったという謝りのこと

ば。不在の理由については、相手方が納得できるように書く。会えなくて残念だったという気持ちも。

不在陳謝の例　（久しぶりに上京来訪の友人に）

拝啓　久しくごぶさたいたしました。お元気でお過ごしとのこと、何よりに存じます。

さて、このたびは遠路はるばるお越しくださされたにもかかわらず、不在にて失礼いたしました。以前にも申しましたとおり、日曜日には休養の意味で大体は在宅の予定でおりますが、あのときはどうしても行かなければならないところができ、そのうえ先方で長居してしまい、まことに申し訳ございません。大分お待ちになったとのこと、直子から聞き、恐縮しております。久しぶりのご上京、こちらとしても一目お会いいたしたかったところ、残念でなりません。どうかあしからずおぼしめしのうえ、お許しくださるようお願い申し上げます。

まずは、とりあえずおわびまで。　　敬具

［不参陳謝］

▼出席しなかったことについて、謝る手紙。

▼出席すると返事をしたことを忘れたわけではないが、どうしても出席できないことが起こる場合もある。本来ならば事前に連絡すべきであるが、それもできないことがある。そういうときは、電話で謝るよりも、手紙でおわびしたほうがよい。

要点　出席する返事をしていながら出席できなかったことに対する謝りのことば。出席できなかった事情について、相手方が納得できるように書く。出席できなくて残念だったという気持ちも。

注意　約束を破った場合には、違約陳謝の形にする。（「違約陳謝」の項参照）

不参陳謝の例❶（出席の返事をした会に欠席）

前略　このたびは出席とご返事申し上げながら不参し、申し訳ございません。

実は、当日夕方になって急に大阪から取引先の方が見えられ、用事を済ませてから例によって会食となり、その接待に追われておりました。しかも、途中で抜け出すつもりのところ、あいにく部長が用事で先に引き揚げ、小生が最後までお相手ということになって深夜に及び、おわびのことばもございません。皆様にお目に掛かれると、あれほど楽しみにしていたクラス会に欠席してしまったこと、返す返すも残念でなりません。失礼の段、心からおわび申し上げます。

まずは、とりあえずおわびまで。　草々

不参陳謝の例❷（伯父が急病で欠席に）

前略　このたびは同窓会を勝手に欠席し、誠に申し訳ありませんでした。

実は当日のお昼ごろ、伯母から電話で伯父が心筋梗塞により緊急入院したとの連絡が入り、急きょ都内の病院に駆けつけたため、欠席せざるを得ませんでした。また不参の連絡も貴君宅にお電話をしたのですが外出された後だったので、連絡が遅れてしまいました。

伯父のほうは病院の処置がよかったため幸い快復に向かい、小生もほっと一息ついている状態です。

あれほど楽しみにしていた同窓会、それも幹事の貴君を助ける幹事補佐の役どころにいた小生が欠席し、大変だったと存じます。直接お会いしておわびしたく、また、どんな同窓会だったかなどもお聞きしたいと思っております。近々、お会いいただければ幸いです。日時はまた電話でお打ち合わせいたしたいと存じます。

最後に、せっかくの同窓会に不参してしまったことを重ねておわび申し上げます。
まずは、取り急ぎおわびまで。　草々

［返済遅延陳謝］

▼返済の催促を受けたのに対し、返済の遅くなったことについて、謝る手紙。
▼物のほうは、使用が終わればすぐ返すことができるが、金となるとそうはいかない。催促されてその場で返せるくらいなら、とっくに返しているはずである。
▼そこで、返済の遅くなった理由を明記して、確実な見込みを書く。一時的な言い逃れはあとにしこりを残すから、改めて依頼する気持ちで書く。
要点　返済が遅くなったことについての陳謝のことば。自分側の困っている事情を訴えて、おわびする。見通しを述べて妥協案を出し、了解を求めるようにすればよい。

返済遅延陳謝の例　（窮状を訴えて妥協案を）

拝復　その後長い間ごぶさたし、申し訳ございません。このたびはまたご丁寧なお手紙、正に拝見いたしました。早速ご返事を差し上げなければならないところ、思案の毎日、とうとう今日になりましたこと、心からおわび申し上げます。

さて、お申し越しの件、当方のふがいなさからいつまでもご迷惑をお掛けし、まことに心苦しく思っております。このことについては、主人といつも話し合ってはおりますが、しがないサラリーマンの身、どうにも都合がつかず、そのままになっておりますこと、本当に合わせる顔もございません。おかげさまで次郎も元気に通学しており、学費ぐらいは自分で稼ぐとアルバイトをしておりますが、そのほうにばかり熱が入って勉学がおろそかになっても心配と、ひそかに悩んでおります。今年の暮れには金融業者から高い金利で借りてでもお返ししなければならないと、心当たりを当たったりしておりますが、なかなか事が運びません。ついては、まことに申しにくい次第ではございますが、いつまでも全額お借りしているわけにもまいりませんので、来年一月から少しずつでもお返ししたらどうか、ということになりました。十分の一ずつなら十回になりますが、お許しいただければ、この上ない幸せと存じます。その第一回として、年を越して早速お届け申し上げることにいたします。どうか、いましばらくご猶予のほど、お願い申し上げます。ご主人様にもどうかあしからずお伝えくださるよう、重ねてお願い申し上げます。

まずは、後ればせながらご返事まで。

敬具

［納期遅延陳謝］

▼納期が遅れたことについて、謝る手紙。

▼納入の期限が来ても事情があって間に合わない場合は、おわびの手紙を書くより仕方がない。相手方にも都合があるから、遅れることが明らかになったら、あまり遅くならないうちに出すほうがよい。

要点　納期が遅れたことについての陳謝のことば。そのようになった事情については、相手方が納得できるように書き、許しをこう形にする。いつ納入できるかという見通しも書く。

納期遅延陳謝の例　（遅延理由と納期の確約）

拝啓　毎度格別のお引き立てにあずかり、厚く御礼申し上げます。

さて、ご注文のショーケース三台のご納入が遅れ、まことに申し訳ございません。実は、インフルエンザの流行で職人の欠勤が多く、予定どおり仕事が進まなかったこと、こちらの不手際で一方ならぬご迷惑をお掛けし、恐縮しております。どうか事情ご了承のうえ、ご許容くださるようお願い申し上げます。ついては、来週木曜日には必ずご納入申し上げることにいたしたく、どうかよろしくお願い申し上げます。今回の遅延は、まったく突発の事情によることであり、今後このようなことは、万々起こらないと存じます。どうか今後とも倍旧のお引き立てのほど、よろしくお願い申し上げます。

以上、とりあえず遅延おわびかたがたご報告申し上げます。

敬具

［破損陳謝］

▼商品が壊れていたことなどについて、謝る手紙。

▼発送した商品が破損したことにはそれなりの理由があり、送り主の責任ではない場合もある。その場合は、送り主が輸送業者を責めるべきである。しかし、受取人に対しては、破損したことが事実である以上、送り主としておわびするべきであろう。

要点 破損した事実について連絡を受けたことと、それについて謝ることば。取り替えたい旨の意思表示。相手方に金銭的な負担を掛けないようにするため、具体的な処置などにも触れる。

破損陳謝の例（破損品交換の申し出を兼ねて）

拝復　時下ますますご清祥の段、お喜び申し上げます。日ごろは格別のご愛顧を賜り、ありがたく厚く御礼申し上げます。

さて、九月二日付お手紙、正に拝見いたしました。配送のワイングラスのうち、一個破損とのこと、まことに申し訳ございません。ついては、早速完全なものとお取り替えいたしたいと存じます。まことに恐れ入りますが、破損の品だけご返送いただきたく、ここにお願い申し上げます。なお、そのための送料は一時お立て替えいただき、後日こちらからご送金いたします。どうかそのようにお含みおきのうえ、よろしくお願い申し上げます。

以上、おわびかたがたご連絡申し上げます。

敬具

【15 申し入れる手紙】

▼依頼や約束などの実行が遅れている場合などに書く手紙。
▼それを実行してもらうように頼む催促状・督促状、要求を明らかにする請求状、自分側の立場を明らかにするための抗議状・釈明状・弁解状などがある。
▼いずれもこちらの立場を中心とした手紙になるので、ことばづかいがおろそかにならぬよう、敬語や婉曲な表現を忘れぬように注意すべきである。また、感情に走り、相手の方を非難する形にならぬよう、落ち着いた態度で書き進める工夫を怠ってはいけない。

[返済催促]

▼約束の期限が来ても返してもらえない金や物について、返してもらうように頼む手紙。
▼この種の催促は、とかくしにくいものである。しかし、おとなしくしていたのでは、いつも損をしてしまう。そこで、前文で相手方の気持ちを和らげ、自分側の事情を訴えて納得してもらう。

要点 返済期限の過ぎている事実の指摘。自分側の困っている事情を詳述し、気の毒に思わせるように仕向ける。妥協案でも引き出せれば成功という気持ちで書くとよい。感情に走らないように、特に気をつける。

返済催促の例 **(親類に用立てした金の返済を)**

拝啓　年の瀬もいよいよ押し詰まってまいりました。その後いかがお過ごしでしょうか、お伺い申し上げます。

さて、ここにお手紙を差し上げるのは、ほかでもございません、いつぞやご子息様の入学金の一部をご用立てした件のことでございます。昨年の暮れには、もう一年待ってくれとのことでございましたが、その一年もまたたく間に過ぎてしまいました。その後いかがでしょうか、お伺い申し上げます。わたくしとしても主人に無理を言ってご用立てしたような次第、親しい仲でも金のけじめだけははっきりさせておくことが必要と、いつも主人に責められております。いろいろご事情もおありとは存じますが、そこはお互い様のこと、勇を鼓して筆を執ったわけでございます。どうかわたくしを救うとおぼしめし、何とか半分でもお返しくださるよう、伏してお願い申し上げます。よいご返事がいただけますよう、お待ちしております。

まずは、とりあえずご催促まで。

敬具

平成○○年十二月十四日

村田ふみえ

下山秋子様

二伸　読み返してみると、ずいぶん失礼な書き方をしたと、われながら悔やまれるところもございますが、このままお出しいたします。意のあるところをおくみ取り願えれば幸いと存じます。

［契約履行催促］

▼約束どおり行われていない契約について、履行してもらうように頼む手紙。

▼相手方に契約どおり行う義務があり、自分側に実行してもらう権利がある場合に書く。相手方がうっかり忘れている場合もあるから、その怠慢を責めてはいけない。

要点　催促の事項と催促する理由。ぜひ契約どおり実行してもらいたい旨を書く。相手方の非を責めるのではなく、お願いする形で書くほうがよい。

契約履行催促の例（契約どおり畳替えを）

拝啓　晩秋の候、いかがお過ごしでしょうか、お伺い申し上げます。いつもお世話になっておりますこと、厚く御礼申し上げます。

さて、本日お手紙を差し上げるのは、当室の畳替えのことでございます。入居時の契約によりますと、毎年一回畳替えをするとのことでございました。当室はすでに入居後一年二か月を経過しておりますが、いまだに元のままで困っております。平素気をつけておりますうえ、子供もおりませんため、傷みが少ないと申せばそれまででございます。管理人に会って話しましたところ、直接持ち主に話してくれとのことで、ここにお願いする次第でございます。あまり傷んでいないことは承知しておりますが、何とかと畳だけは新しいほど気持ちがいいのは、だれとても同じこと、こちらもそれを期待しております。ぜひお正月までにはお約束どおり取り替えいただきたく、ここによろしくお願い申し上げます。

まずは、意のあるところを率直に書きました。お聞き届け願えれば幸いと存じます。

敬具

［家賃催促］

▼支払いが遅れている家賃について、早く支払ってもらうように頼む手紙。

▼相手方は家賃を支払う義務がある。しかし、支払ってくれない事情については、それなりの理由があるに違いない。したがって、相手方の立場も考え、感情を害さないように書き進めることが必

要である。

要点 催促の事項と催促する理由。ぜひ払ってもらいたい旨を書く。相手方の非を責めるのではなく、お願いする形で書くほうがよい。

注意 一回の催促で実行されない場合は、督促状の形でもう一度出す。このほうは多少強い形で書いてもよい。

家賃催促の例（連続三か月未納に際して）

拝啓　新緑の候、いかがお過ごしでしょうか、お伺い申し上げます。

さて、ここにお手紙を差し上げるのは、貴殿にお貸しした家屋の家賃の件でございます。その後どのようなご事情でしょうか。毎月九日までにご送金いただくことになっておりながら、去る三月以来音さたもなく、案じております。ご契約によりますと、敷金として二か月分を頂いており、家賃の滞った際はこれを当てるわけでございますが、すでに今月で三か月を経過しております。いろいろご事情もおありとは存じますが、こちらとしても最悪の事態を避けたいと存じます。一か月分でもよろしゅうございますから、至急ご納入くださるよう、ここにお願い申し上げます。

まずは、取り急ぎご配慮いただきたく、ご催促申し上げます。

敬具

［注文品催促］

▼届かない注文品について、早く送ってもらうように頼む手紙。

▼注文した品がなかなか届かないと心配になる。発送したけれども届かないのか、事情があって発送そのものが遅れているのか、待つほうでは事情が知りたい。そういう場合には、催促状の形にする。

▼納期が遅れるという連絡があった場合も、必要ならば注文品催促の形にしてよい。

要点　いつ、何を注文したかとそれが届かない現実。事情を問い合わせ、早く送ってくれという形にする。

注文品催促の例❶（注文図書、未着について）

前略　去る五月十二日付で注文いたしました「鉄道ハンドブック」一冊、その後十日を経過してもまだ届かないので心配しております。ついては、ご発送の事情などいかがでしょうか。未発送の場合は、至急ご発送くださるようお願いいたします。

右、とりあえずお伺いかたがた催促まで。

草々

注文品催促の例❷（納入遅れて迷惑）

拝啓　時下いよいよご清栄のこととお喜び申し上げます。

さて、十月一日に発注いたしましたショーケース三台、昨木曜日に納入ということで準備を整えておりましたところ、都合により納期が遅れるとのご連絡、まことに心外に存じます。こちらとしても店内模様替えの予定があり、いろいろ配置等について移動を計画しておりましたところそれもかなわず、迷惑しております。そちらにもご事情がおありとは存じますが、来週木曜日にはぜひご納入いただきたく、お願い申し上げます。

以上、ご催促申し上げます。

敬具

[寄稿催促]

▼原稿が期限になっても届かないことについて、早く送ってくださいと頼む手紙。

▼予定していた原稿が来ないと、編集のほうも

困ってしまう。しかし、短い原稿の場合は、催促を受けてから書くという人もいるから、締め切りの期限が来たら、遠慮なく催促状を出すほうがよい。

要点 寄稿依頼を承諾してもらった事実と寄稿の締切日が過ぎたこと。至急ご寄稿いただきたい。

寄稿催促の例（締め切りを五日過ぎたので）

前略　さきに「学校給食に望む」という題で原稿をご依頼申し上げましたところ、快くご承諾をいただき、ありがとうございました。厚く御礼申し上げます。

ついては、その原稿の締め切りは去る五月十日となっておりましたが、すでに五日を経過しながらもいまだに頂けず、困っております。いろいろご事情はおありかと存じますが、いまさら他の方にお願いするわけにもいかず、至急ご寄稿くださるようお願い申し上げます。

以上、取り急ぎ寄稿ご催促まで。　草々

［請求状］

▼こうしてくださいと要求する手紙。

▼要求する内容は、物のこともあり、金のこともあり、書類のこともあり、会合のこともある。例えば、送付・返還・代金支払い・損害賠償・見積書・名義書き換え・臨時総会招集など。

要点 請求の目的や内容を明らかにする。業務上のものは請求書としての書式を整え、日付を明記して記名押印する。

注意 一回の請求によって目的を達しない場合は、督促状の形でもう一度出す。

請求状の例❶（代金を振り込んでください）

拝啓　時下ますますご清祥の段お喜び申し上げます。

さて、三月十二日付でご用命を賜りました別紙の品々、直ちに手配いたしましたので、すでにご入手のことと存じます。ついては、右代金の明細、別紙のとおりとなっておりますので、折り返しご送金くださるよう、お願い申し上げます。

なお、郵便振替払込用紙を同封いたします。

以上、御礼かたがたご送金よろしくお願い申し上げます。

敬具

請求状の例❷（傷物を取り換えてください）

急啓　去る五月十一日宅配便でご発送の洋食器大皿十二枚、昨十四日入手いたしましたが、早速荷ほどきいたしましたところ、うち一枚が別送のような傷物と判明いたしました。ついては、折り返し完全な品、改めてご送付くださるよう、お願い申し上げます。

以上、とりあえずご請求まで。

草々

［督促状］

▼催促や請求によって目的を達しない場合に、重ねて要求する手紙。

▼自分側に権利があり、相手側に義務があっても、相手方を怒らせては督促の意味が達せられない。

▼相手方の不注意から義務の履行を忘れている場合もあるから、態度としては自分側の困っている事情を詳しく書く形がよい。

要点　督促の項目を明確にし、相手方の良識に訴えて反省を促すように書く。日付を明記し、書留で出す。必要に応じて内容証明郵便にする。

［交渉状］

▼条件を示して、同意を求める手紙。

▼交渉の内容としては、価格や取引方法など、業

務上の問題が多い。利害関係を異にする相手方に対して、妥協の線を見いだす必要がある場合は、すべて交渉状になる。

要点 交渉の事項を明らかにし、希望条件を示す。自分側の希望に近い条件で妥協するように誘導するため、ある程度の駆け引きも必要である。

注意 二様に解釈できる用語や表現は、相手方に有利に解釈されるおそれがあるから、特に気をつける。複雑な場合は、条件を箇条書きにする。

交渉状の例（傷物の値引きか交換を）

拝啓　向寒のみぎり、貴社ますますご盛栄の段、慶賀の至りに存じます。

さて、十月九日付弊注一二第一二三号に対してご発送の子供机十点、昨日到着いたしましたが、うち三点に著しい損傷箇所を発見いたしました。ついては、右三点を傷物として見切処分品に回したく、例によって四割引のご処置、お執りいただければ幸いと存じます。なお、不可能の場合は、返品のうえ取り替えさせていただきたく、お願い申し上げます。

まずは、ご通知かたがたお伺いまで。

敬具

［抗議状］

▼相手方の言い分や処置が不当な場合に、異議や苦情を申し立てる手紙。

▼利益や権利の侵害、契約や義務の不履行などによって、特に迷惑を受けた場合に書く。ただし、自分側に正当な理由のある場合に限る。相手方が悪意をもって陥れようとしている場合は、強硬に抗議する必要がある。しかし、相手方の不当を責めて反感を買い、問題をこじらせることのないように気をつける。

要点 抗議を申し込むべき事柄と抗議の理由。相手方を非難するよりも、自分側の正しいことを主張し、温情を示して妥協を図る形がよい。

注意 発信年月日を正確に記し、重要な件については署名押印する。後日の証拠となる場合もあるから、必要なら、内容証明郵便で発送する。

抗議状の例 （相手方の飼い犬に侵入されて）

拝啓　春暖のみぎり、ますますご清祥のことと存じます。

さて、ここにお手紙を差し上げるのは、そちら様の飼い犬についてでございます。毎朝当家の庭にて用を足すこと、甚だ迷惑に存じますが、事実をご存じでしょうか、お伺い申し上げます。そちら様の飼い犬である以上、その行動については責任を取っていただきたいと存じます。ついては、今後このような所為の繰り返されないよう、よろしくご監督くださるようお願い申し上げます。

まずは、よろしくお願い申し上げます。

敬　具

［反駁状］

▼不当な異議や苦情に対して、自分側の立場を明らかにして反論する手紙。

要点 相手方の申し出の確認。相手方の申し出どおりにできなかった事情や理由が、自分側の過失でないことを明らかにする。相手方の不当を責めるより、自分側の事情を理解してもらう態度で書くほうがよい。

注意 申し出られた事項に関して自分側に多少とも弱みのある場合は、弁解状の形にしたほうがよい。

反駁状の例 （問題の犬は当方と無関係）

拝復　四月十五日付お手紙、正に拝見いたしました。ご無音に打ち過ぎておりますこと、まことに申し訳ございません。

さて、お申し越しの犬の所為に関する件、ご迷惑のほどお察し申し上げます。ただ、当方においては、犬を飼っていないことをご確認いただきたいと存じます。当方の勝手口に来てえさをあさる犬のいることは承知しておりますが、当方の監督下にない以上、ご要望の処置が執れないことを残念に存じます。

まずは、とりあえず事情を申し上げ、もってご返事といたします。

敬具

[釈明状]

▼相手方から指摘されたことについて、自分側に責任のないことを明らかにする手紙。
▼苦情や催促の手紙を受けたとき、それが見当外れのこともある。そういう場合は、自分側の責任ではないから、その点を明確にしておく必要がある。しかし、相手方が興奮して突っ込んでくる場合も多いから、相手方の見当外れであることを責めず、実情を納得してもらうようにする。
要点 指摘された事柄の確認と、その実情、そのようになった経緯などをあっさり書く。相手方を責めてはいけない。

釈明状の例（原稿送付事情について）
拝復　五月七日付ご芳書、ただいま落手いたしました。いつもいろいろお世話になっておりますこと、厚く御礼申し上げます。
さて、お申し越しの拙稿の件、ご送付が遅れ、申し訳ございません。ようやく五月六日に書き上げ、翌七日速達便でご送付いたしました。あるいは、行き違いにご入手かと存じますが、いましばらくお待ちくださるよう、お願い申し上げます。

末筆ながら、貴社ますますのご発展をお祈り申し上げます。
まずは、とりあえずご連絡まで。

敬具

［弁解状］

▼申し入れられた異議や苦情に対して、自分側の立場を明らかにする手紙。

▼申し入れられた事項に関して自分側に弱みのある場合があるが、そうなった経緯について一応は理解してもらいたい場合に書く。

要点　相手方の申し入れの確認。相手方の申し入れどおりできなかった事情や理由を明らかにし、許しをこう形にする。

弁解状の例（風邪を引いて果たせない）

拝復　一月二十八日付お手紙、正に拝見いたしました。まことに申し訳ございません。

ところで、前便でご依頼の件、気に懸けてはおりましたが、あいにくと風邪を引いて思うに任せず、後れ後れになっております。決しておろそかにしたわけではございませんが、熱が出て体がだるく、ご依頼も果たせないままに過ぎておりますこと、心からおわび申し上げます。

あと二、三日もすれば体も回復すると思われますので、ご期待に添うよう努力いたしたいと存じます。どうかいましばらくご猶予くださるよう、お願い申し上げます。

まずは、とりあえずおわびまで。

敬具

【16 個人的なことを報告・通知する手紙】

▼自分の特殊な事情について、経過を知らせる手紙。

▼特に自分側のことを心配して関心を持っている相手方に対して、出産・合格などの個人的な事情と経過を知らせる場合は報告状となる。

▼社交的な範囲に対して、就職・転居・結婚・死亡などを知らせる場合は通知状となる。

要点 報告状は、知らせるべき経過について、事実のままを書く。そのあと、感想や批判なども。通知状は、知らせたい事柄を要領よく明確に書き、疑問が残らないようにする。

報告する手紙

［入学報告］

▼学校に入学したことについて、経過を知らせる手紙。

▼就職の場合は広く就職通知を出すこともあるが、入学の場合は、特に進学について心配している目上の親類筋だけに報告する。そのため、儀礼的な要素よりも、それによってお祝いでももらおうという意図があるわけであるから、具体的に述べて、心から祝ってもらえるようにする。

▼第一志望の学校に行けなかった場合も、そういう気持ちを清算して、新たな希望に燃える気持ちで書く。

要点 入学した月日と学校名。入学に当たっての決心、将来の希望など。感謝を込めて書く。どうぞよろしく。運よく合格できたという形で、控えめに書くほうがよい。

入学報告の例　（大学入学を伯父に）

拝啓　一雨ごとに暖かくなってまいりました。その後ごぶさたいたしましたが、いかがお過ごしでしょうか、お伺い申し上げます。

さて、小生、昨年高校を卒業以来受験勉強に専念しておりましたが、このたび洋北大学国際学部に入学かないましたので、ご報告申し上げます。語学だけはみっちり勉強し、将来は、海外勤務ができる仕事につけたらと思っております。そのうち、勉学の心構えなど、お漏らし願えれば幸いと存じます。伯母上様にもよろしくご伝言のほど、お願い申し上げます。

なお、今後ともよろしくお願い申し上げます。

まずは、入学ご報告まで。

敬具

［卒業報告］

▼学校を卒業したことについて、経過を知らせる手紙。

▼一つの学校の卒業が上級の学校の入学につながる場合は、入学試験の合格を中心に、入学報告とする。最終学校の場合は就職の通知を兼ね、卒業就職通知を出す。

要点　卒業の事実と、それに対する感謝のことば。これからの予定・希望など。今後ともよろしく。

卒業報告の例　（短大卒業を伯父に）

拝啓　日増しに暖かさを増してまいりました。お元気にお過ごしのことと存じます。

さて、わたくし、このたび洋北女子短大英文科を無事卒業いたしましたので、ご報告申し上げます。顧みれば、二年前、勉強にあこがれて入学したのもついこの間のように思われますが、二年間十分に勉強させていただけたこと、心から感謝しております。現在、就職先を探しておりますが、うちでは、就職などせずにしばらく花嫁修業でもと、たいそう旧式なことを申しており困っています。伯母上様にもよろしくお伝えくださるよう、併せてお願い申し上げます。

まずは、ご報告まで。

敬具

［就職報告］

▼会社などに就職したことについて、経過を知らせる手紙。

▼一般に対しては就職通知でよいが、特に就職について心配している目上の親類筋などには、就職報告の形で、決定に至るまでの事情を詳しく書く。

▼第一志望の会社に行けなかった場合も、そういう気持ちを清算して、新たな希望に燃えている形で書く。

要点 就職の決定した月日と会社名。就職に当たっての決心、将来の希望などを具体的に書く。どうぞよろしく。

就職報告の例 （就職決定を伯父に）

拝啓　山の木々も色づき、秋もようやく深まってまいりました。その後いかがお過ごしでしょうか、お伺い申し上げます。

さて、小生もいよいよ来年大学を卒業し、社会に飛び立つことになりました。目下、就職試験のシーズンでありますこと、ニュースなどでご承知のことかと存じますが、小生あおば物産株式会社に就職が内定しましたので、ご報告申し上げます。なお、面接では海外駐在も可能かどうかと聞かれ、大いに自信のあるところを述べました。それにつけても、まだまだ語学力が不足と思い、卒業論文の合間に英語学校に通うことにいたしました。今は来年六月の海外駐在を目ざして、それこそ入試以上の勉強に精出し、長い一生の基礎固めと思い、張り切っております。入学以来、陰に陽にお力添えをいただいたこと、改めて厚く御礼申し上げます。

なお、今後とも倍旧のお力添えを頂きたく、よろしくお願い申し上げます。

寒さに向かう折、一層のご自愛お祈り申し上げます。

まずは、就職についてご報告まで。　敬具

[着任報告]

▼任地に着いたことについて、経過を知らせる手紙。

▼一般に対しては転任通知を出すが、特に着任に関して心配している旧職場の長あてには、着任報告の形にしたほうがよい。

要点　在職中のお礼と着任の月日。着任の際の感想。着任に当たっての決心。今後ともよろしく。

着任報告の例　(着任を旧職場の課長に)

拝啓　当地は遠くの山々にまだ白いものが残っておりますが、課長様にはますますお元気でご活躍のことと存じます。

さて、御課在職中はいろいろお世話になり、お礼の申し上げようもございません。また、御地出発に当たってはご多忙中をわざわざ皆様で駅までお見送りくださされ、本当にありがとうございました。あの感激を深く肝に銘じ、努力いたす覚悟でございます。

ところで、翌日の朝、予定どおり無事当地に着き、早速東亜寮に参りました。荷物のほうも昼ごろ到着し、安心いたしました。支社へは、とりあえず電話で連絡しておき、本日初出社いたしましたが、支社の皆様のお心尽くしの歓迎に、決意を新たにいたしました。どうか、そちらの皆様にもよろしくお伝えくださるよう、お願い申し上げます。

今後ともよろしくご指導のほど、お願い申し上げます。

まずは、とりあえず着任のご報告といたします。

敬具

【婚約報告】

⇩2縁談・結婚に関する手紙 083

【結婚報告】

⇩2縁談・結婚に関する手紙 089

【出産報告】

▼赤ん坊の生まれた前後の経過を知らせる手紙。

▼相手方としては、生まれた子が男か女か、母子とも健全かどうかに大きな関心を持っているから、それが分かるように書く。とは言っても、本人がすぐ書くことはできないから、家族の者が書いて知らせるわけである。

要点 生まれた月日・時刻・場所、それに性別、出産の様子、母子の健康状態など。できるだけ具体的に書く。

出産報告の例（妻の出産について親類に）

急啓　かねてご心配をおかけしておりましたが、妻直子、昨夜十一時中央病院において無事男子を出産いたしました。体重は三千グラムでした。初産でしたので何かと心配しておりましたが、おかげさまでお産も軽く、母子ともに順調に経過しております。私も、初めて親になった感激の中にも大きな責任を痛感しております。今後とも何かとご教示賜りますよう、よろしくお願いいたします。

右、とりあえずご報告まで。

草々

［命名報告］

▼生まれた赤ん坊に名前をつけたことについて、経過を知らせる手紙。
▼命名の事情について特に関心を持っている親類筋などへ出す。その場合は、単なる通知状でなく、報告状の形にしたほうがよい。
要点 命名した事実。命名までの経緯を詳しく書く。感想なども。どうぞよろしく。

命名報告の例　（男子の命名を妻から伯父に）

拝啓　こちらは桜の花が満開でございますが、そちらはいかがでしょうか。伯父上様には、相変わらずお元気のことと存じます。

さて、このたび出生の男の子の名、裕（ひろし）と決まりましたのでご報告申し上げます。実は主人と二人で前々からどんな名にしようかと話してはおりましたが、実際の顔を見ないことにはつけようがないと言われ、それもそうかと思っておりました。しかし、わたくしとしては、男の子ならぜひとも一字名にしようとひそかにいろいろ考え、リストを作っておきました。そんな次第で、相談の結果、「裕」と決まったわけでございます。どうかよろしくお願い申し上げます。

まずは、命名ご報告まで。

敬具

［病気報告］

▼病気の実情について、経過を知らせる手紙。
▼あまり深い関係でない人には、病気であることを隠しておくほうがよい。しかし、身近な親類筋には、詳しく知らせなければならない。
要点 発病後の経緯と病人の容体。医師の診断とそれに基づく予想。ただし、必要以上に心配を掛けないように書く。

注意 病名を本人に知らせてない場合は、その旨も書く。

病気報告の例（夫の入院を夫の弟に）

前略　甲野太郎、原因不明の熱が出て調子が優れず、医者に掛かりましたところ、肺炎を起こしているとのことでした。何しろ老体なので、とりあえず入院させることにいたしました。医者の診断では、特に心配するほどではないが、年が年だから絶対安静が必要だとのことです。ただし、今すぐどうということではなく、わざわざご上京には及びません。

まずは、取り急ぎお知らせいたします。

草々

［安着の報告］

▼旅行や出張などで、無事着いたということを知らせる手紙。

▼安着の報告は、無事着いたかどうか心配している人に対して、到着後すぐ出す。そのため、封書で長々と書く必要はなく、はがきでよい。観光旅行の場合は、絵はがきを使うと、さらに短くて済む。

要点 無事着いた経緯を具体的に書く。感想や今後の予定も。頭語は「前略」とする。絵はがきの場合は、主文だけでもよい。

安着の報告の例❶（高原の親類の家に安着）

前略　列車は少し遅れましたが、五時三十分ごろ無事八千穂に着きました。夕方のためか、ホームに降りると涼しいのを通り越して寒いくらいでした。久ちゃんが改札口まで来てくれていたので、迷わずお宅に着くことができました。早速、伯母様お得意の山菜料理に舌鼓を打ちました。お土産の「のり」、とても喜んでおられました。伯父様からもよろしくとのことです。

以上、とりあえず安着ご報告まで。　草々

安着の報告の例❷（安着を絵はがきで）

無事裏磐梯に着きました。今、一ふろ浴びたところです。これから檜原湖のほうへ遊びに行きます。一同元気です。明日は予定どおり磐梯山に登るのを楽しみにしています。

［近況報告］

▼自分側の最近の様子や思っていることを知らせる手紙。

▼手紙というのは、特に用件がなくても、折に触れて出すとよい。寂しさを紛らすためならば、だれかにあてて書くだけでも心が落ち着くものである。別居している家族に対しては、分量は少なくても、頻繁に出すほうがよい。その他、書く相手方には、元の同僚、親友、親類などがある。

要点　最近の身辺の様子や思っていることを、楽な気持ちで率直に書く。

近況報告の例❶（単身赴任者が元の同僚へ）

拝啓　その後、ごぶさたいたしました。お変わりもなくお過ごしでしょうか。小生当地へ着任以来、気候の変化にもめげず、元気で仕事に励んでおりますから、他事ながらご安心ください。

さて、所変われば品変わるのことばどおり、風俗習慣いろいろと目新しいものばかりで、好奇心の強い小生など、当分楽しませていただけそうです。ただし、雑炊の朝食には閉口しております。ついては、早く家内を呼び寄せて落ち着きたいとは思いますが、そこは気の持ちよう、大いに羽を伸ばしております。

そちらは、今ごろ梅雨の最中というところでしょう。一層のご自愛お祈りいたします。皆様にもよろしく。

まずは、何となく近況ご報告まで。　敬具

近況報告の例❷（妻から単身赴任の夫に）

信様　その後、ごぶさたいたしました。そちらはもう冬支度のことと存じます。こちらも今年は夏が終わると急に冷えだし、昨日あたりは十二、三度と、十二月並みの気温でございます。そのうえ、悪性の流感がはやっておりますが、裕もわたしも幸い元気でおりますから、どうかご安心ください。それにしても、一日じゅう裕の世話をしていて、時間がどんどん過ぎていきます。今ちょうど昼寝をしているので、この手紙を書きました。

ところで、秋の味覚のさんまも出回るようになりましたが、一尾三百円の高値、わたし一人ではもったいないと、指をくわえて通り過ぎてしまいました。ただし、何とかやり繰りしておりますから、その点どうぞご心配なく。寒さに向かう折から、一層のご自愛をお祈りいたします。

まずは、とりあえず。ではまた。

［死亡報告］⇩3弔事に関する手紙　095

通知する手紙

［卒業就職通知］

▼卒業し就職したことを知らせる手紙。
▼卒業そのものを広く通知する必要はない。しかし、就職のほうは、今後ともよろしくという意味を持つから、年賀状を交換している同輩や目上の

人にあてて出す。

要点　卒業と就職の事実をあっさり書く。それもすべて皆様のおかげだという感謝のことばと決心。今後ともよろしく。

注意　印刷の場合、日付の部分は、「平成○○年四月　日」のように、「日」の前をあけておく。

卒業就職通知の例（大学卒業と会社就職）

拝啓　ようやく桜の花もほころびるころとなりました。皆様にはますますご健勝のこととお喜び申し上げます。さて、小生去る三月に洋北大学商学部を卒業いたしましたので、ご報告申し上げます。在学中は一方ならぬご指導ご激励を賜りましたこと、ここに厚く御礼申し上げます。

なお、おかげさまであおば商事株式会社に入社することができ、この四月から東京本社第一営業部に勤務することになりましたので、併せてご報告申し上げます。ついては、今後とも倍旧のご指導ご激励を賜りますよう、お願い申し上げます。

まずは、略儀ながら、書中をもってごあいさつ申し上げます。　　敬具

【結婚通知】

⇩2縁談・結婚に関する手紙　092

【全快通知】

▼病気の全快を知らせる手紙。

▼闘病生活を続けた場合は、全快したときにその旨の通知状を出す。特に長い患いの場合は、年賀状を交換している範囲に出す。そうでない場合は、お見舞いを受けた範囲でよい。

要点　病気が全快するまでの経緯について、その事実をあっさり書く。長い間心配を掛けたことに対する陳謝。闘病生活中に受けた好意に対する感

謝。今の心境、今後の覚悟など。今後ともよろしく。快気祝いの品などを贈れば、追伸にそのことを書く。

全快通知の例（病気全快と快気祝い）

拝啓　寒さもようやく緩み、春らしくなってまいりました。ますますご健勝のことと存じ、お喜び申し上げます。

さて、小生、風邪をこじらせて肺炎となり、二週間ほど入院しておりましたが、おかげさまでどうやら治り、三月十日に退院いたしました。その後自宅で療養しておりましたところ、すっかり元気を取り戻し、医者からももう大丈夫だと言われるに至りました。長い間いろいろご心配を掛け、申し訳なく存じておりますが、ここに入院中のご好意に感謝し、全快のご報告といたします。

末筆ながら、ご自愛専一のほど、お祈り申し上げます。

まずは、とりあえずご通知申し上げます。　敬具

平成○○年三月二十五日　甲野太郎

山本次雄様

二伸　入院中はわざわざお見舞いをいただき、感謝にたえません。別便をもって快気のおしるしまでに粗品をお送り申し上げましたので、ご笑納くださるようお願い申し上げます。

［死亡通知］

⇩3弔事に関する手紙 094

［退職通知］

▼退職したことを知らせる手紙。

▼長い間職に就いていると、職業上もいろいろの

関係ができる。そういう人に在職中お世話になったお礼を述べ、職業上の区切りをつけることが大切である。

要点　退職の月日と感謝のことば。退職後の計画。今後ともよろしく。

退職通知の例　**（定年退職して郷里へ隠退を）**

拝啓　陽春の候、ますますお元気でお過ごしのことと存じ、お喜び申し上げます。さて、小生この三月末日をもって、四十一年の長い勤務に終止符を打ちました。在職中は公私にわたって一方ならぬご配慮にあずかり、大過もなく今日に至りましたこと、ありがたく厚く御礼申し上げます。なお、この機会に郷里に居を移すこととし、老妻を相手に草花でもいじりながら、余生を楽しむ所存でございます。今後とも何かにつけお世話になることと存じますが、どうかよろしくお願い申し上げます。

末筆ながら、ご多幸をお祈り申し上げます。

まずは、ごあいさつまで。　　敬具

平成○○年四月　日　　上田治男

［退職通知の返信］

▼退職通知をもらったのに対する、返事の手紙。

▼在職中はちやほやされても、退職するとすっかり見捨てられるのは寂しいものである。そこで、返事を出すのこそ礼儀というもの。いろいろお世話になったことでもあり、今後もまた、どんなことでお世話になるか分からない。

要点　退職通知のお礼。そのときの感想。お世話になったお礼など。今後ともよろしく。

退職通知の返信の例　**（在職中のお礼を兼ねて）**

拝復　このたびはわたくしどもにまでご丁寧

なご通知を頂き、ありがとうございました。

まだまだお元気のほど青年をしのぐ勢いと拝察いたしましたが、潔く後進に道を譲られたとのこと、もうそのようなお年かと驚いております。今後はご郷里にご隠退のうえ自然を友とされる由、わたくしどもはいつになればそのような身分になれるかと、まことにうらやましい限りに存じます。ご在職中いろいろお世話になりましたこと、ここに改めて厚く御礼申し上げます。また、今後とも折に触れてご指導いただきたく、どうかよろしくお願い申し上げます。

時節柄、ご自愛のほど、お祈り申し上げます。

まずは、とりあえず。

敬具

[転職通知]

▼職業や勤め先を替えたことを知らせる手紙。
▼これを出しておかないと、いつまでも前と同じ職に就いていると思われ、いろいろ困ることが起こる。
▼転職通知をもらった場合、それが明らかに栄転であれば、返信は栄転祝いの形で出す。

要点 転職の月日と転職先。在職中に受けた恩顧に対する感謝のことばと新たな決心。今後ともよろしく。

注意 印刷の場合、日付の「日」の前をあけておく。

転職通知の例（退職と就職を通知する）

拝啓　陽春の候、ますますご健勝のこととお喜び申し上げます。
さて、小生、永らく勤務しておりました株式会社あおば物産を円満退職いたしましたので、ここにご通知申し上げます。在職中は一方ならぬご指導を賜りましたこと、改めて厚く御礼申し上げます。

なお、四月一日からみなみ物産株式会社に勤務し、宣伝課の仕事を担当することになりましたので、併せてご通知申し上げます。ついては、今後とも倍旧のご教導を賜りますよう、伏してお願い申し上げます。

まずは、ごあいさつ申し上げます。　敬具

〔転任通知〕

▼同じ勤務先で地位や担当の仕事が替わったことを知らせる手紙。
▼これを出しておかないと、いつまでも前と同じ職に就いていると思われ、困ることが起こる。
▼栄転であっても、転任の事実だけをあっさり書く。受け取ったほうで栄転と判断すれば、栄転祝いの形で返信する。

要点　転任の月日と転任先。在任中に受けた恩顧に対する感謝のことばと新たな決心。今後ともよろしく。

注意　印刷の場合、日付の「日」の前をあけておく。

転任通知の例（人事異動で研究所へ）

拝啓　陽春の候、ますますご清祥のこととお喜び申し上げます。

さて、小生、このたび社内の定期人事異動により四月一日付けをもちまして中央研究所に勤務することになりましたので、ご通知申し上げます。本社開発部勤務中は種々ご援助にあずかり、まことにありがとうございました。新しい職務についても一層の情熱をもって臨む所存でございますので、今後ともよろしくご教導のほど、お願い申し上げます。

まずは、とりあえず転任のごあいさつといたします。　敬具

平成○○年四月　日

佐藤和夫

勤務先　株式会社　三崎システム　中央研究所

〒一〇一―八三七一

東京都千代田区三崎町二―二十二―十四

［転居通知］

▼引っ越したことを知らせる手紙。

▼年賀状を交換している範囲に出す。

要点　転居先の新しい所番地。印象づけるため、新住所の環境について触れる。親しみを表すため、一度おいでくださいと書き加える。

注意　転居通知を受け取ったら、手元の住所録などを訂正しておく。あとで年賀状などをうっかり旧住所に出すのは、最も失礼である。会社などが移転したときのあいさつは、移転あいさつの形にする。

転居通知の例❶（転居を一般へ）

拝啓　厳しい暑さも和らぎ、ますますご壮健のことと存じます。

さて、わたくしども、このたびささやかな新居を購入し、移り住むことになりましたので、ご通知いたします。この辺りは、昔からある商店街も近くにぎやかなところです。近くに大きな公園もありますので都心にしては緑も豊かです。また交通の便も大変よく、通勤時間は大幅に短縮され、大変楽になりました。

お近くにおいでの折は、お気軽にお立ち寄りくださるよう、お待ちしております。

まずは、とりあえず転居ご通知まで。

敬具

平成○○年九月　日

〒一一二―〇〇一四

文京区関口六—十六—二青葉ハイツ六〇三
電話　〇三—△△△△—〇〇〇〇
佐藤和夫

転居通知の例❷（転勤に伴う転居を一般へ）

拝啓　陽春の候、皆様におかれましてはますますご健勝のこととお喜び申し上げます。

さて、このたび、定期人事異動により東京本社へ転勤となり家族一同、当地に転居いたしました。大阪支社在勤中は、公私ともにご厚情を賜り、ありがとうございました。

新任務に不安もございますが、これまでの経験を生かし、また心を引き締めて努力してまいりたいと存じます。なにとぞ、これまで同様、変わらぬご支援を賜りたく、よろしくお願い申し上げます。

なお、お近くにお出かけの折りはぜひお立ち寄りください。

とり急ぎ転勤・転居のご挨拶のみ申し上げます。

敬具

平成〇〇年四月　日

〒一六二—〇〇五二

東京都新宿区戸山六—三—四

電話　〇三—△△△△—〇〇〇〇

山下隆

［電話番号変更通知］

▼電話の番号が変更になったことを知らせる手紙。

▼手紙の場合、住居表示が変更になっても旧表示で配達されるが、電話の場合は、旧番号で掛けても通じない。調べて掛け直すと、それだけ時間も無駄になる。したがって、電話番号が変更になるときは、事前に関係方面に通知しておくことが必要である。

要点 新しい電話番号と切り替えの月日。

注意 電話番号変更通知を受け取ったら、手元の電話番号簿をすぐ訂正しておく。業務上の連絡であれば、「電話番号の変更について（通知）」という標題で書く。

電話番号変更通知の例（自宅電話番号の変更）

拝啓　早春の候、いよいよご清栄のこととお喜び申し上げます。

さて、来る三月十八日から、自宅の電話番号が次のとおり変更となりますので、ここにご案内申し上げます。お手数ですが、お手元の電話番号簿のご訂正をお願い申し上げます。なお、自宅の住所は今まで通りでございます。よろしくお願い申し上げます。

旧番号　〇三―〇〇〇〇―一二三四

新番号　〇三―〇〇〇〇―五六七八

以上、ご通知申し上げます。

敬具

【17 業務的なあいさつ・通知の手紙】

▼業務上取り交わす、儀礼的な手紙。
▼あいさつの手紙は、就任・赴任・店舗の移転・担当者の変更などを知らせる手紙。
▼通知の手紙は、商品・書類・金銭の発送や受領など、業務上の確認を目的とした手紙。

要点 あいさつの手紙は、書式を整え、時機を失せず、あいさつのことばを中心にこちら側の誠意が相手方に伝わるように書く。通知の手紙は、それぞれ書式が定まっていて、用件だけ記入すればよい場合も多い。

あいさつの手紙

[移転あいさつ]

▼会社などが移転したことを知らせる社交上の手紙。
▼郵便は旧住所でも配達される。同じ局番の範囲なら、電話も同じ番号のままで移転することができる。しかし、来訪者の便を考え、あいさつ状の形で事前に関係方面に知らせておくほうがよい。

要点 移転の日時と移転先の所番地・電話番号。最寄りの駅からの略図を入れるとなおよい。受け取ったほうで疑問が起こらないように、移転の理由、一時移転か本格的な移転かについても触れておく。電話番号が変わらない場合も、そのことを念のために書いておく。

注意 新築落成による移転の場合は、落成あいさつの形にする。

移転あいさつの例　**（改築のため一時移転）**

謹啓　陽春のみぎり、各位にはますます御清適のこととお喜び申し上げます。

さて、このたび、小社社屋改築のため、来る五月六日より左記へ一時移転いたすことになりました。来春には新社屋が現在の場所に新築落成いたす予定でございますので、よろしくご了承のほどお願い申し上げます。

敬具

新住所

〒一〇一―八三七一

東京都千代田区三崎町二―二十二―十四

三省堂ビル（四階および五階）

電話〇三―△△△△―〇〇〇〇（代）

なお、電話は従来どおりでございますので、念のため申し添えます。

［落成あいさつ］

▼建築中の社屋などができ上がったことを知らせる社交上の手紙。

▼社屋や工場の落成は、めでたい限りである。したがって、あいさつ状の形で堂々と公表すべきである。

要点　落成の日付と場所。今後ともよろしく。落成前に出す場合は、落成の日付も書く。落成後の場合は、その日付を発信年月日で兼ねてもよい。

注意　落成祝いの式典に招待する場合は、式典招待の形にする。（「式典招待」の項参照）

落成あいさつの例　**（新館落成を顧客筋へ）**

拝啓　秋涼のみぎり、いよいよご多祥のこととお喜び申し上げます。平素は格別のご厚情を賜り、厚く御礼申し上げます。

さて、当店、かねて隣接地に建築中の新店舗がこのたび落成し、来る十月一日より開業の運びとなりました。これひとえに皆様方日ごろのお引き立てのたまものと、深く感謝しております。新店舗は建坪延べ三百平米の二階建て、広々とした店内でゆっくりお買物になれることをモットーにしておりますので、どうぞ倍旧のご愛顧を賜るよう、伏してお願い申し上げます。

以上、ご案内申し上げます。　敬具

［支店開設あいさつ］

▼新たに支店を開くことを知らせる社交上の手紙。

▼新たにその支店の受け持ちとなる範囲にあいさつ状を出す。その他、関係方面にも。

要点　店名・開設日・場所。支店長の氏名も。どうぞよろしく。

注意　支店の業務が一般を対象とする場合には、顧客となりそうな範囲に開業案内を出す。（「開業案内」の項参照）

支店開設あいさつの例　**（業務繁忙のため開設）**

拝啓　春暖のみぎり、貴殿ますますご清栄の趣、慶賀の至りに存じます。平素は格別の御高配をいただき、厚く御礼申し上げます。

さて、当社業務、おかげさまにて日増しに多忙を極め、御地顧客各位に種々ご不満を招くこととなり、まことに申し訳なく存じております。

ついては、今般御地南町二―三―八に支店を開設し、支店長野上次郎以下に御地業務の一切を処理させることになりました。どうか本店同様、倍旧のお引き立てを賜りたく、お願い申し上げます。

まずは、ご案内かたがた、ごあいさつ申し上げます。

敬具

［担当者交代あいさつ］

▼担当者が交代したことを知らせる社交上の手紙。

▼これをあいさつ状の形で出しておかないと、いつまでも前と同じ担当者だと思われ、困ることが起こる。

要点 前任者のほうは次の任地に触れ、在職中の恩顧に感謝し、今後ともよろしくとする。新任者のほうは、前任者同様よろしくと頼む。発信年月日を交代の日付と合わせれば、本文中でそれに触れる必要はない。

注意 一般には二枚折りのカードに印刷する。横書きの場合は上が前任者用、下が新任者用、縦書きの場合は向かって右側が前任者用、左側が新任者用となる。

担当者交代あいさつの例　**（部長交代を一般へ）**

拝啓　時下秋冷の候、いよいよご健勝のこと何よりに存じ、お喜び申し上げます。

さて、小生儀、長年弊社本店営業部長を務めておりましたが、今般大阪支社長に就任いたしました。営業部在職中は一方ならぬご指導ご援助を賜りましたこと、ここに厚く御礼申し上げます。

まずは、略儀ながら、書中をもってごあいさつを申し上げます。　敬具

平成○○年十月一日

あおば産業株式会社　前営業部長

山下善郎

〜〜〜〜〜〜〜〜〜〜〜〜〜〜〜〜〜〜〜〜〜〜〜〜〜〜〜〜〜〜

謹啓　時下秋冷の候、ますますご清栄のこと慶賀の至りに存じ、お喜び申し上げます。

さて、小生儀、このたび前任者山下善郎のあとを受け、本店営業部長に就任いたしましたのでご通知申し上げます。ついては、前任者同様

ご指導ご援助を賜りたく、ここにお願い申し上げます。
まずは、略儀ながら、書中をもってごあいさつを申し上げます。　敬具
平成○○年十月一日
あおば産業株式会社　営業部長
山野四郎

［赴任あいさつ］

▼新たな任務に就いたことを知らせる、社交上の手紙。
▼これによって新たな関係を生じるわけであるから、あいさつ状の形にする。
要点 新たに就いた任務について知らせる。精励するからよろしくと頼む形にする。発信年月日を発令の日付と合わせれば、本文中で発令日に触れる必要はない。

赴任あいさつの例（赴任に当たり関係筋へ）

拝啓　秋冷の候、ますますご健勝のことと存じ、お喜び申し上げます。
さて、わたくし儀、このたびあおば産業大阪支社長を命ぜられ、十月一日付をもって赴任いたしましたので、ご報告申し上げます。このうえは、本社営業部在勤の経験を生かし、職務に精励する所存でございます。何とぞ公私ともどもご指導ご援助を仰ぎたく、ここにお願い申し上げます。
まずは、ごあいさつ申し上げます。　敬具
あおば産業株式会社　大阪支社支社長
山下善郎

［海外出張あいさつ］

▼海外へ出張することを知らせる社交上の手紙。
▼転勤はもちろん、視察旅行でも、三か月以上に

わたる場合は、留守中のことを頼む形にする。
▼出発前に出すと、そのことでいろいろ多忙になることもある。そこで、出発までに書いておき、出発後留守宅の者に出してもらう方法も行われている。特に見送ってくださった人に対しては、留守宅の者が「ご多忙中わざわざお見送りありがとうございました」という添え書きをし、署名する。また、家族ぐるみの転勤の場合は、留守中の連絡先となる人の所番地・氏名を示しておく。
要点 海外出張の目的。出張の予定期間。滞在地が一定していれば、その所番地。留守中の連絡先。留守中よろしく。

海外出張あいさつの例（ニューヨークへ）

拝啓 盛夏の候、ますますご清祥のこととお喜び申し上げます。

さて、このたびニューヨーク出張所勤務を命じられ、七月二十日に出発いたしましたので、ご通知申し上げます。小生としては初めての海外生活で、いろいろ不安も感じておりますが、皆様のご指導により、任務の遂行に全力を挙げる覚悟でございます。どうかよろしくお願い申し上げます。

なお、単身赴任のため、留守宅の者が何かとお世話になることと存じますが、そのほうもどうかよろしくご指導のほど、併せてお願い申し上げます。

まずは、ごあいさつ申し上げます。　敬具

[帰国あいさつ]

▼海外から戻ったことを知らせる社交上の手紙。
▼海外出張あいさつを出した範囲に出す。特に親しい間柄に対しては、「いずれ近日参上のうえ、改めて御礼申し上げます」程度の添え書きをする。

要点 帰国の月日。そのときの感想。留守中お世話になったことに対する感謝のことば。帰国後の勤務先なども。

帰国あいさつの例　（海外勤務を終えて）

拝啓　晩秋の候、ますますご清祥のことと存じ、お喜び申し上げます。

さて、小生このたび二年間にわたるニューヨーク勤務を終え、ヨーロッパ回りで、去る十一月十日帰国いたしましたので、ご報告申し上げます。留守中は家族の者が何かにつけお世話になりましたこと、ここに改めて厚く御礼申し上げます。

なお、帰国後は企画課勤務となり、青山の分室に勤めることになりましたので、併せてご報告申し上げます。このうえは海外勤務の経験を生かし、大いに新生面を開こうと希望に燃えております。どうか今後とも倍旧のご援助のほど、伏してお願い申し上げます。

まずは、帰国ごあいさつまで。　敬具

通知の手紙

［開業通知］

▼新たに営業を開始することを知らせる手紙。

▼この場合は、関係方面にそのことを知らせるために、通知状を出す。今後ともよろしくという意味を持つから、年賀状を交換している同業者や目上の人にも出す。

要点 いつ、どこで、どのような営業を開始するのか、あるいは開始したのか。今後の所存。どうかよろしく。

開業通知の例　（ブティック開業を知人へ）

謹啓　ますますお元気のことと存じます。

さて、このたび、青葉山駅の近くにブティックキムラを開きましたので、ご案内申し上げます。店の広さは十坪ほど、店員二名、今まで勤めていた銀座の店の雰囲気をそのまま移すように努めました。いろいろ困難なことも多いと存じますが、一生懸命励むつもりでおります。近くにおいでの節は、ぜひ一度お立ち寄りのうえ、何かとご指導くださるようお願い申し上げます。

まずは、とりあえずご案内まで。　敬具

［資料送付通知］

▼資料を送ることを知らせる手紙。

▼資料だけを送ってもよいが、一般には、資料送付の趣旨を通知状の形で付けて送る。

要点　どのような資料をどのような理由で送付するか。どうぞご覧ください。

資料送付通知の例（集計資料の送付に際して）

拝啓　晩秋の候、貴下ますますご清栄のこと、何よりに存じます。

さて、かねて集計中のインターネット通信販売利用状況に関する資料、このほど完成いたしましたので、ご参考までにご送付申し上げます。ご高覧いただければ、幸いと存じます。

まずは、とりあえず送付ご通知まで。　敬具

同封資料　『インターネット通信販売利用状況』一部

[送金通知]

▼金銭を送ったことを知らせる手紙。

▼金銭だけ送ったのでは、何の金銭か分からない。そこで、一般には、送金について通知状を出すことになる。

▼現金書留の場合も、送金通知を同封する。

要点 何の金銭を幾ら、いつ、どのような方法で送ったか。金銭の送付について明確に書く。

送金通知の例 (請求代金の銀行振り込み)

拝啓 時下いよいよご清祥のことと存じます。弊社毎々格別のお引き立てを被り、厚く御礼申し上げます。

さて、平成○○年三月十日、会発○一第二三四号ご請求の代金、本日あやめ銀行新宿支店の貴店口座あてご送金申し上げましたので、ここに送金状控えをご同封申し上げます。折り返し領収証をご送付くださるよう、お願い申し上げます。

右、ご送金ご通知まで。　敬具

[同封通知]

▼書類や資料の送付を知らせる手紙。

▼この場合は、書類や資料だけを封筒に入れてもよいが、やはり一筆書き加えるのが礼儀である。同封通知を添えれば、その手紙の後付けが送付月日・送付人・受領人を明示するから、証拠としても役に立つ。

要点 送付すべき書類や資料と、それを送付するに至った経緯。

同封通知の例❶ (原稿料領収証の送付)

拝復　このたびは、「こだま」の稿料をわざわざご送付くだされ、ありがとうございました。厚くお礼申し上げます。ご指示のとおり領収証を同封いたしますので、ご査収くださるようお願い申し上げます。なお、今後ともどうかよろしくお願い申し上げます。

以上、とりあえず御礼まで。　　敬具

同封通知の例❷（提出依頼書類の提出）

拝復　このたびは必要書類についてわざわざご連絡くだされ、ありがとうございました。早速成績証明書および住民票各一通を取り寄せ、ここに同封のうえご提出申し上げます。どうかよろしくお願い申し上げます。

以上、取り急ぎご送付まで。　　敬具

［入金通知］

▼お金を受け取ったことを知らせる手紙。

▼業者間のやり取りについては、書式が決まっていて、項目だけ書き込めばよい場合もある。親しい間柄でも、送ったほうとしては、無事入金したかどうか心配なものである。

要点　何に当てるお金を、いつ、どのような形で受け取ったか。必要なら領収証を同封することも。今後ともよろしく。

注意　親しい間柄の場合は、事務的にならないように特に気をつける。

入金通知の例（送付された品代金を受領した）

拝啓　ますますご発展のことと存じます。

さて、わざわざご送付いただきました品代金、本日正に入金いたしました。よって、ここに領収証をご同封申し上げますので、ご査収くださるようお願い申し上げます。なお、今後とも一層のご愛顧を賜りますよう、お願い申し上げます。

まずは、御礼かたがたご通知まで。　敬具

［発送通知］

▼品物を送ったことを知らせる手紙。
▼品物だけ送ったのでは、何の目的なのか分からない。そこで、一般には、発送の趣旨を通知状の形で出すことになる。
▼業者間では単に伝票のやり取りで済ませることもあるが、顧客に対しては手紙形式のほうがよい。

要点　何を、いつ、どのような方法で、どういう目的で送ったか。品物のやり取りについて、明確に書く。

注意　贈呈・贈答が目的の場合は、贈呈状・贈答状の形にする。（「贈呈状」「贈答状」の項参照）

発送通知の例❶　**（別便で発送の旨を顧客に）**

拝啓　毎度格別のお引き立てを賜り、厚く御礼申し上げます。

さて、このたびは「特製健康茶」をご注文いただき、厚く御礼申し上げます。早速別便をもってお送りいたしましたので、ご了承くださるようお願い申し上げます。

以上、御礼かたがた発送ご通知まで。

敬具

二伸　万一品傷みの節は、ご一報くだされば早速お取り替え申し上げます。

発送通知の例❷　**（息子あてに冬物を）**

前略　お手紙、受け取りました。元気で何よりと存じます。

さて、十一月を迎えて寒い日が多いとのこと、ごもっともと存じます。ついては、冬支度に下着類が入用との依頼、早速別便をもって送りました。内容は下着類三枚ずつにつき、受け取ってください。

寒さには、特に気をつけるよう、お願いいいたします。

まずは、とりあえず発送通知まで。

ではまた

［着荷通知］

▼荷物が着いたことを知らせる手紙。
▼業者間のやり取りについては、書式が決まっていて、項目だけ書き込めばよい場合もある。しかし、手紙形式で通知状を書くと、受け取るほうも気持ちがよいものである。
要点 何を、いつ、どのような形で受け取ったか。必要なら受領証を同封する。今後ともよろしく。

着荷通知の例　**（受領者から発送者に）**

拝啓　時下いよいよご発展の段、心からお喜び申し上げます。さて、二月二日付をもってご注文いたしました下記の品、本日着荷いたしましたのでご通知申し上げます。
一、靴下（商品番号5）三〇ダース
早速検査いたしましたところ、異状のないことが分かりましたので、別紙受領証に押印のうえ、ご同封申し上げます。

なお、今後ともよろしくお願い申し上げます。

以上、ご連絡まで。

敬具

［値上げ通知］

▼値上げすることを知らせる手紙。
▼値上げをする場合は、あらかじめ関係方面に通知状の形で知らせておくことになる。文書の形を取るといかにも事務的になるので、丁重を旨とし、手紙の形式を借りた書き方にする。
要点 値上げの項目と金額を明確に書く。今後の所存。今後ともよろしく。

値上げ通知の例（製品の値上げを一般へ）

小売価格変更についてのお知らせ

日ごろ当社製品をご利用いただき、ありがとうございます。厚く御礼申し上げます。

さて、このたび原料の高騰に伴い、当社製品「○○」の小売価格をこの十月一日から一個九百円（従来八百円）に値上げせざるをえなくなりましたので、ここにお知らせいたします。今後ともより良い品をより安くご利用いただけるよう、なお一層努力いたしたいと存じますが、今回の値上げについては、事情おくみ取りのうえ、ご協力くださるようお願い申し上げます。

以上

［招集通知］⇩20文書形式で書く手紙 282

【18 個人的な照会の手紙】

▼不明な点や疑問の点について、問い合わせる手紙。
▼問い合わせる事項としては、住所・近況その他いろいろある。
▼相手方に負担を掛ける場合は、礼を尽くすことが必要である。
▼照会の手紙には、往復はがきか返信用はがき、または返信用封筒と切手を同封する。返信用の所番地・受信者名も書いて、受信者名のあとは「行」としておく。相手方でその「行」を消し、個人あてなら「様」、団体や官庁・会社・商店あてなら「御中」と書き改めて返送する。
要点 問い合わせる必要が生じた経緯と問い合わせ事項。問い合わせ事項が多い場合は、返事の書きやすいように箇条書きにするのもよい。必要なら回答の日限も書く。
注意 個人的な問い合わせで秘密を要するものは、外脇付けを「親展」にし、自分側としても知りえた事項について口外しない旨を付け加える。

[学習方法の照会]

▼勉強する方法について、問い合わせる手紙。
▼何か学びたいと思っても、いろいろの広告が目につき、迷うことがある。そういう場合は、その分野の権威ある機関に照会するとよい。
▼照会の手紙には、往復はがきか返信用はがき、または返信用切手を貼った封筒を同封する。
要点 問い合わせの事項が明確に分かるように書く。事項が多い場合は、返事が書きやすいように

箇条書きにするのもよい。

学習方法の照会の例　（情報処理技術者の資格を得たい）

前略　今年三月、高校を卒業したものでございます。情報処理技術者の資格を得たいと思っておりますが、どのような学習の仕方が良いか迷っております。できれば通信教育で学習したいと思っておりますがいかがなものでしょうか。判断に困りいろいろと調べてみたところ貴協会のあることを知り、お問い合わせすることにいたしました。返信用封筒を同封いたしますから、よろしくお願いいいたします。

右、お問い合わせまで。　草々

［入学要項の照会］

▼入学の要項について、問い合わせる手紙。

▼特定の学校に入りたいと思っても、どういう手続が必要か分からないことがある。そういう場合には、その学校にあてて照会するのがよい。

▼学生募集広告に、郵便切手付き返信用封筒を同封せよとあれば、返信用封筒に自分側の所番地・受信者名を書き、受信者名のあとは「行」としておく。相手方の学校でその「行」を消し、「様」または「殿」と書き改めて返送する。代金は郵便切手代用で幾らと指示されていれば、普通の封書に用いる郵便切手をその金額分だけそろえ、便箋の余白に、すぐはがせるように添える。

要点　問い合わせるに至った事情と問い合わせる項目。募集要項を送ってもらうことが目的の場合は、そのことを明確に書く。

入学要項の照会の例　（新年度募集要項送付を）

前略　新年度募集の要項がお決まりの由、新聞で拝見いたしました。ご指示のとおり切手付きの返信用封筒および切手代用で八百円同封いたします。ついては、必要書類一式、折り返しご送付くださるようお願いいたします。

まずは、とりあえず。

草々

［近況照会］

▼最近の様子について、問い合わせる手紙。
▼特定の人の住所や勤務先が不明になった場合は、その人と交際のありそうな人に、照会するとよい。
▼住所が分かっていて勤務先などを問い合わせる場合は、本人にあてて出すことになる。転居していても、最寄りの郵便局に転居届が提出されていれば、一年間は新しい住所に転送してくれるから、前回の文通のあと一年以内であれば、前の住所でも届くこともある。
▼照会の手紙には、往復はがきか返信用はがきを同封する。返信用のほうには、必要に応じて「ご芳名・卒業年度、ご住所・電話、ご勤務先・電話、ご近況」などの欄を作っておいてもよい。

要点 問い合わせることが必要になった経緯と問い合わせる項目。

近況照会の例❶（名簿整理のため会員へ）

前略　このたび、同窓会の名簿を整理しております。前の名簿を発行してからすでに五年を経過し、会員各位の動静にも種々異同が生じたかと存じます。ついては、至急返信用はがきにご記入のうえ、ご通知くださるようお願い申し上げます。
草々
平成○○年三月　日
幹事　川上和男

近況照会の例❷（元の同僚の動静を旧友に）

拝啓　陽春の候、御地の桜も今が見ごろかと存じます。顧みれば、ご上京の折にお目に掛かってから、早くも三年が過ぎております。月日のたつのは意外と早く、驚いております。

さて、庶務課在職時代、貴下と親交のあった川口清氏の近況についてお聞かせ願いたいと思い、お手紙を差し上げることにいたしました。

実は、小生中国地方視察を命じられ、去る三月十日から一週間の旅程で回ってまいりました。そのとき岡山でちょっと暇がありましたので、名簿により川口氏に電話いたしましたが、通じませんでした。しかし、何となく気懸かりでなりません。貴下は今でも同氏とご連絡がおありでしょうか。もし同氏の動静についてご存じでしたらご連絡いただきたく、ここにお願い申し上げます。ご多忙中恐縮に存じますが、よろしくご返事のほど、お待ち申し上げます。

まずは、とりあえずご照会まで。　　敬具

[住所照会]

▼不明の住所について、問い合わせる手紙。
▼連絡したいことが起こったとしても、相手方の住所が分からなければ、連絡のしようがない。そういう場合には、その人と交際のありそうな人に照会するとよい。
▼照会の手紙には、一般には、往復はがきを用いる。相手方に負担を掛けないようにするため、返信用の所番地・受信者名を書いて、受信者名のあとは「行」としておく。相手方でその「行」を消し、「様」と書き改めて返送する。
要点　問い合わせることが必要になった経緯と問い合わせの項目。

住所照会の例　**(旧友の住所を同僚に)**

前略　早速ながら、かつての同僚川口清様に連絡したいことができましたが、住所が分からず困っております。庶務課在職時代に親交の深かった貴下ならばご承知かと思い、お問い合わせに及びました。ご多忙中恐縮に存じますが、折り返しご返信くださるよう、お願い申し上げます。

以上、とりあえずご照会まで。

草々

【19 業務的な照会・注文の手紙】

▼商品・入手方法・着否・未着理由などにかかわる手紙。
▼相手方の営業上の利益につながる場合は、事務的な書き方をし、用件だけでもよい。

［商品についての照会］

▼商品について、不明の点を問い合わせる手紙。
▼購入しようと思って広告やカタログを見ていると、どれに決定してよいか迷うことがある。そういう場合は、その商品の製造元に照会するのも一つの行き方である。

要点　問い合わせの事項が明確に分かるように書く。事項が多い場合は、返事が書きやすいように箇条書きにするのもよい。

商品についての照会の例　（パソコンの照会）

前略　貴社製造のパソコンカタログ、拝見いたしました。ついては、左記の点が疑問となり、お問い合わせいたします。

一、A50型とA60型との性能の違い。初心者用としてはどちらが適しているか。

二、接続できるプリンターが二種類あるが、性能の上で違いはどうか。

以上の二点、よろしくお願いいたします。

まずは、とりあえずご照会まで。　草々

［入手方法照会］

▼手に入れる方法について、問い合わせる手紙。
▼買いたいものがあっても、それをどういう方法

で買えばよいのか、分からないことがある。そういう場合は、その商品の販売元に照会するとよい。

▼照会の手紙には、往復はがきを用いるか、返信用はがきを同封する。相手方に負担を掛けないようにするため、返信用の所番地・受信者名を書き、受信者名のあとは「行」としておく。

要点 問い合わせるに至った事情と問い合わせる項目。手に入れることができる場合は、その方法についてお知らせください、という形にする。

入手方法照会の例（非売品の本を発行所に）

前略　貴社でご編集の「鉄道ハンドブック」が山内正二氏の「鉄道模型入門」の参考図書に載っておりましたので、最寄りの書店を通じて取り寄せてもらおうといたしましたところ、市販していないとのことで当惑しております。ついては、貴社に直接申し込むことにより、お分け願えるでしょうか。実費頒布しておられる場合は、頒価・送料など至急ご返信いただきたく、ここにお願い申し上げます。

まずは、とりあえずご照会まで。　草々

［注文状］

▼商品や労力の供給を申し込む手紙。

▼一般顧客が営業者へ注文する場合と、営業者が取引先の営業者に注文する場合とがある。いずれにしても、相手方が利益を受ける場合が多いから、それほど丁重にする必要はない。

要点 注文の種類・数量・価格、引き渡しの時期・場所、代金支払いの時期・方法などを明確に書く。必要に応じ、運送方法、運賃負担、荷造りの方法などにも触れる。前文を省くことも多い。

注文状の例❶（図書の注文を現金書留で）

拝復　出版物のご案内、ありがとうございました。早速代金二千円同封いたしますから、左記あてご送付くださるようお願いいたします。

一、書名　鉄道ハンドブック　一冊

二、送り先

〒一〇一―八三七一

東京都千代田区三崎町二―二十二―十四

佐藤和夫

以上、ご注文まで。

敬具

注文状の例❷（ショーケース三台、指定する日に）

拝啓　ますますご隆盛のことと存じます。

さて、先般ご送付いただいた御見積書のうち、(3)のガラスショーケース参台のみ至急調製願いたく、ここにご注文申し上げます。

なお、当店は毎週木曜日が定休日となっておりますので、ご搬入は木曜日にお願いいたしたく、できれば二週間後の十月十七日にご納入いただきたいと存じますが、いかがなものでしょうか。折り返しご返事くださるよう、お願い申し上げます。

また、他の品物は都合により多少後れて発注することになりますが、その節はよろしくお願い申し上げます。

以上、取り急ぎご注文まで。

敬具

［着否照会］

▼送った荷物が着いたかどうかについて、問い合わせる手紙。

▼先方に届いたはずの荷物について、届いたかどうかを確かめる必要が起こることもある。そういう場合には、照会状の形にする。

▼照会の手紙には、往復はがきを用いるか、返信用はがき同封にする。相手方に負担を掛けないよ

うにするため、返信用の所番地・受信者名を書いて、受信者名のあとは「行」としておく。相手方でその「行」を消し、個人あては「様」、団体や会社・商店あては「御中」と書き改めて返送する。

要点 何を、いつ送ったかということと、それが届いたかどうか確かめたい。

着否照会の例（発送者から受領者に）

拝啓 時下ますますご清栄の段、お喜び申し上げます。

さて、十月二日にご送付申し上げました「花瓶一個」、無事そちらに到着いたしましたでしょうか、ご照会申し上げます。もし未着の場合は、当方において一応お取り調べいたしたいと存じますので、同封のはがきにご記入のうえ、ご一報くださるようお願い申し上げます。

以上、ご照会まで。 敬具

［未着照会］

▼荷物が届かないがどうしたか、と問い合わせる手紙。

▼当然到着するはずの荷物が届かないことがある。そういう場合は、送り主に対して照会状を書くことになる。

▼照会の手紙には、往復はがきを用いる。相手方に負担を掛けないようにするため、返信用の所番地・受信者名を書いて、受信者名のあとは「行」としておく。相手方でその「行」を消し、「様」と書き改めて返送する。

要点 何を、いつ注文したか、それがまだ届かないので心配している、というふうに書く。

未着照会の例（注文品が到着しないが）

前略 去る五月十二日に現金書留で貴社発行の「鉄道ハンドブック」を注文した者でござい

ます。毎日首を長くして到着を待っておりますが、一向に音さたなく、心配しております。こちらからの書留が遅れたり、そちらからの小包が遅れたりすることもあるかと存じますが、十日も過ぎておりますので、ご照会申し上げます。なお、すでにご発送済みの場合も、その旨ご返事くださるようお願い申し上げます。
以上、取り急ぎ問い合わせまで。　草々

［確認状］

▼電話などの内容について、改めて伝える手紙。
▼重要な電話の中に抽象的な表現やあいまいな言い方が含まれていると、お互いに相手方の意図どおり理解できたかどうか疑わしい気持ちになる。そういう場合は、こういうふうに理解してほしい、こういうふうに理解したけれどもそれでよいか、と確かめなければならない。

要点　電話の内容をまとめると、こうなる。具体的な事例に適用すると、こうなる。この点をご確認いただきたい。
注意　確認状の中には、電報文などの誤解を防ぐために発信者が発送する電報確認状もある。

確認状の例　（室料値上げの電話について）
再啓　昨日は、お電話で失礼いたしました。毎々格別のご配慮をいただいておりますこと、厚く御礼申し上げます。
さて、昨日のお電話で申し上げた室料一割方改定に関する件、そちら様の場合は、端数を切り捨て、一か月八万円にいたしたいと存じますので、さようご了承くださるようお願い申し上げます。なお、改定の期日は来る四月一日からを予定しておりますので、よろしくご協力のほど、併せてお願い申し上げます。
末筆ながら、一層のご活躍をお祈り申し上げます。

まずは、とりあえずご連絡まで。

敬具

【20 文書形式で書く手紙】

▼業務上の事務は、通知・報告・照会・回答など文書の形式で行われる。
▼文書には、文書番号（発信者の所属や年度、一連の通し番号などの組み合わせによってつくられた、その文書固有の番号）・発信年月日・あて先・発信者名・標題がつく。標題にはその文書の性質（通知・依頼など）を書く。
▼社交性が強い場合は、標題のあと普通の手紙の形式を取り入れ、頭語のついた前文、起辞のついた主文、結語のついた末文の形にしてもよい。
注意 文書は複写機を用いて控えを取る。

［書類提出依頼］

▼必要な書類を出してくださいと頼む手紙。

要点 次の書類が不足しているから、提出していただきたい。不足書類の種類を明記し、期限までに提出されない場合は放棄したものと認める旨を付け加えておく。

書類提出依頼の例（志願者に対し不足書類を）

不足書類の提出について（依頼）
さきに履歴書を頂いておりますが、左記の不足書類を来る十一月二十六日までにご提出くださるよう、ご連絡いたします。
なお、期日までにご提出のない場合は、受験を放棄されたものと認めます。

記

一、最終学校の成績証明書　一通
二、住民票　一通

以上

［採用試験施行通知］

▼採用試験を行うことを知らせる手紙。

▼採用試験の応募者に対しては、採用試験施行について通知状を出すことになる。業務上の書類であるから、標題を付けた形で、必要事項を明確に盛り込めばよい。

要点 採用試験の日時・場所・諸注意など。その通知を受け取った者が迷わないように書く。

注意 必要事項を別紙の形にして同封してもよい。

採用試験施行通知の例（願書提出者に対して）

採用試験の施行について（通知）

平成○○年度採用試験を左記のとおり行いますから、ここにご通知申し上げます。

一、日時　平成○○年十月七日
　　午前九時から午後二時（昼食携行）

二、場所　本社大会議室

追って当日午前八時三十分までに、当社受付へ、本状持参のうえご出頭くださるよう、お願い申し上げます。

以上

平成○○年九月二十日

あおば物産株式会社総務部
人事課長　田島勇一

山下　努　殿

［採用通知］

▼採用することを知らせる手紙。

▼採用試験を行った結果、採用することが決定した者に対しては、採用について通知状を出すことになる。業務上の書類であるから、標題を付けた形で、必要事項を明確に盛り込めばよい。

要点 採用と決定したこと。それに関連して必要な指示があれば、付け加える。

採用通知の例（入社試験合格を本人へ）

採用内定について（通知）

さきに行いました当社採用試験の結果、採用と内定いたしましたので、ここにご通知申し上げます。なお、同封の入社承諾書を折り返しご提出くださるよう、お願い申し上げます。

以上

平成○○年十月十八日

あおば物産株式会社総務部

人事課長　田島勇一

山下　努　殿

［不採用通知］

▼採用しないことを知らせる手紙。

▼採用試験を行った結果、採用しないことが決定した者に対しては、不採用の伝達を内容とする通知状を出す。業務上の書類であるから、標題を付けた形で、必要事項を明確に盛り込めばよい。

▼不採用の理由については、具体的に書く必要はない。一般には、「残念ながら」という言い方が用いられている。

要点 不採用と決定したことだけを書くようにする。

不採用通知の例（入社試験不合格を本人へ）

採用試験結果について（通知）

さきに行いました当社採用試験の結果、残念ながら不採用と決定いたしましたので、ここにご通知申し上げます。

以上

平成○○年十月二十一日

あおば物産株式会社総務部

人事課長　田島勇一

山下　努　殿

[入社承諾]

▼採用内定通知に対して、入社すると答える返事の手紙。

▼採用通知を出しても、それを受け入れるかどうかは、本人の自由である。しかし、採用者側としては、それを確認する必要がある。そこで用いられるのが、「入社承諾書」を取る方法である。

要点 採用通知を受けた。入社を承諾する。書式が定まっている場合は、それに従って書く。

入社承諾の例　**（採用通知に対して入社を確約）**

入社承諾書

わたくしは、このたび貴社に採用される旨の通知を受けました。よって、平成○○年三月卒業のうえは、必ず貴社に入社することを承諾いたします。

平成○○年十月三十日

山下　努　㊞

あおば物産株式会社社長

下田雄一郎　殿

[出社日通知]

▼出社する日を知らせる手紙。

▼採用と決定した者に対しては、出社について指示を与えるために通知状を出す。業務上の書類であるから、標題を付けた形で、必要事項を明確に盛り込めばよい。

要点 出社の日時・場所・諸注意など。その通知を受け取った者が迷わないように書く。

注意 迷う要素があると思われる場合は、追伸の形で「不明の点については、次のところへお問い合わせください」と書き加えておく。

出社日通知の例（新入社員の出社日を本人に）

出社日について（通知）

平成○○年度新入社員の出社日が左記のように決まりましたので、ご通知いたします。

記

一、日時　平成○○年四月一日　午前九時

二、集合場所　本社大会議室

なお、当日無断で欠席の場合は、採用を取り消すことがあります。

以上

平成○○年三月十四日

あおば物産株式会社総務部

人事課長　田島勇一

山下努殿

［実施通知］

▼実施することを知らせる手紙。

▼特別の事柄を実施する場合は、それについて通知状を出すことになる。業務上の書類であるから、標題を付けた形で、必要事項を明確に盛り込めばよい。

要点　何を、いつ、どこで実施するか。その通知を受け取った者が迷わないように書く。

実施通知の例（健康診断の実施を社員へ）

健康診断の実施について（通知）

今般、次のとおり平成○○年度定期健康診断を実施することになりましたので、ここにご通知いたします。

日時　平成○○年四月十七日

午前十時から午後三時まで

場所　本社大会議室

以上

平成○○年四月六日

あおば物産株式会社総務部

人事課長　田島勇一

社員各位

［招集通知］

▼当然出席しなければならない会合について知らせる手紙。

▼この種の会合としては、取締役会・理事会・総会などがある。

▼通知の手紙には、往復はがきを用いるか、返信用はがきを同封して返信を求める。

要点 招集の理由・目的・日時・場所が中心になる。欠席の場合は委任状を送付してくれるように付記する。

注意 一般の会合の場合は、案内状の形にする。

招集通知の例❶（理事会の招集）

第三回管理理事会招集について（通知）

このことについて左記のように決定いたしましたので、ご出席くださるようご通知いたします。

記

一、日時　平成○○年三月十六日
午後四時から六時まで

二、場所　管理組合会議室

三、議題　新年度の予算について

以上

平成○○年三月五日

理事長　山野一雄

村田信一郎殿

追伸　ご欠席の場合は、委任状をお送りくださるようお願いいたします。

招集通知の例❷（支社長会の招集）

支社長会議招集について（通知）

例年開催している春期特別セールを前にした支社長会議開催を、左記のように決定いたしましたので、ご出席くださるようご通知いたします。なお、例年よりも二週間早めのスケジュールになっていますのでご注意下さい。

記

一、日時　平成○○年二月十五日
　　　　　午後一時から五時まで
二、場所　本社大会議室
三、議題　今年度春期特別セールの取り組みについて

以上

平成○○年一月二五日

本社営業本部長　山下善郎

支社長各位

追伸　討議資料は別途事前に送付いたしますので、必ずご持参下さい。

【21 書式に従う届け出など】

▼届け書・請求証・領収証など、一定の書式にしたがって書くもの。
▼中には様式・文言だけでなく、字配りまで細かく規定したものもあるが、ここには一般的に必要とされる内容を盛り込んだ文例を示した。
注意 文書の中には、所定の書式にしたがって書かないと無効になるものもあるから、確かめておくこと。

［遅刻届］

▼遅刻したときに上司へ出す届け書。
▼定められた出勤時刻までに出勤できなかった場合は、遅刻届を出すことになる。
▼理由は「都合により」「家事の都合により」「私用のため」「腹痛のため」「通院のため」など。
要点 いつ、どのような理由で遅刻したか。年月日を記し、記名押印する。書式が定まっている場合は、それに従って書くこと。

遅刻届の例（電車の事故で遅刻した場合）

遅　刻　届

平成○○年九月十三日、ＪＲ山手線事故により遅刻いたしましたので、証明書を添えてお届けいたします。

平成○○年九月十三日

輸出部第一営業課　佐　藤　和　夫　㊞

人事課長　田　島　勇　一　殿

[欠勤届]

▼欠勤したときに上司に出す届け書。
▼出勤すべき日に出勤できなかった場合は、欠勤届を出すことになる。
要点 いつ、どのような理由で欠勤したか。年月日を記し、記名押印する。書式が定まっている場合は、それに従って書くこと。
▼病気以外の理由は、「家事の都合により」「墓参のため」など。
注意 欠勤を予定している場合は、休む前の日の日付にする。

欠勤届の例（病気で欠勤した場合）

欠　勤　届

平成○○年二月十三日から十五日まで三日間、病気のため欠勤いたしましたので、診断書を添えてお届けいたします。

平成○○年二月十八日

輸出部第一営業課　佐　藤　和　夫㊞

人事課長　田　島　勇　一　殿

[退職願]

▼退職したいときに上司へ出す願い書。
▼勤務先を退職する場合は、退職したい旨を申し出ることになる。退職は自己の一存でできることではないから、退職届ではなく、退職願となる。
▼退職願を提出したからといって、必ず許可されるとは限らない。慰留されて留まることになれば、提出した退職願を取り下げることになる。
要点 いつ、どのような理由で退職したいか。許可を受けるための願いの形で書く。書式が定まっている場合は、それに従って書くこと。
注意 退職希望の年月日と願い出の年月日については、具体的な数字を記入しないように指示されることもある。その場合はそこをあけておき、決定後に数字を記入してもらう。

退職願の例（自己都合退職を社長に願い出る）

退職願

このたび一身上の都合により平成○○年三月三十一日をもって退職いたしたく、ここにお願い申し上げます。

以上

平成○○年二月八日

輸出部第一営業課　佐藤和夫㊞

取締役社長

長谷川健治殿

［始末書］

▼過失を犯したときに提出する文書。

▼そのために悪い影響を及ぼしたと判断したときは、始末書を書いて陳謝する。

▼過失としては、事故を起こした場合、損害を与えた場合、名誉を傷つけた場合、職場の秩序を乱した場合など、いろいろある。

要点　過失の原因と事情を明らかにしたあと、それが重大な過失であったことを認め、業務上に悪い影響を及ぼしたことを陳謝する。最後に、今後は十分に注意し、再びそのような過失を犯さないことを誓う。懲罰規定のある場合は、それに従って処分してほしい旨を付け加える。

始末書の例❶（自動車損傷事故の陳謝）

わたくしは、去る平成○○年十月三十一日、会社の貨物自動車を運転して配送業務に従事中、世田谷区内の国道二十号線においてガードレールに接触し、車体を破損いたしました。交通渋滞による過度の混雑とはいえ、不注意な運転を行って事故を起こし、会社に損害を与えたことはまことに申し訳なく、心からおわび申し上げます。なお、今後は一層の安全運転を心掛け、このような事故を再び繰り返さないよう十分に留意することをお誓いいたしますので、今回の事故については何とぞ寛大にご処置くださるようお願い申し上げます。

平成○○年十一月一日

業務部配送課　山口太一郎㊞

業務部長　木村康一殿

始末書の例❷（業務停滞に関する陳謝）

わたくしは、あおば物産株式会社との取引について責任者の立場にありましたところ、このたび同社の業務担当者との連絡不十分なために取引の円滑を欠き、重大な損失を被るに至りました。このことについては、すべてわたくしの事務処理上の過失に原因することが明らかとなりましたので、ここに深く陳謝申し上げます。

ついては、今回の事件に関して深く反省し、今後このような過失を再び繰り返さないように十分留意いたしますので、規定に従ってご処分くださるようお願い申し上げます。

平成○○年十一月十二日

営業部第三課課長　鈴木隆史㊞

取締役営業部長　金子忠殿

［支払い請求書］

▼自分側が受け取るべき金額を知らせる文書。単に「請求書」とも。

要点　合計金額と物品の種類・数量・単価、それを請求するという意味のことば。年月日、請求者名・印、被請求者名。市販の請求書用紙を用いてもよい。

注意　金額の数字は、容易に書き換えることができないようにするため、「壱・弐・参・拾」を用いる。横書きのときは「金 21,350 円」のように算用数字を用い、三けたごとに区切る。

支払い請求書の例（辞書の代金を）

請　求　書

一、金八万九千七百円

ただし、国語辞典四十六冊代金

右のとおりご請求いたしますので、お支払いくださるようお願いいたします。

平成〇〇年七月十三日

東京都千代田区三崎町二―二十二―十四

三　省　堂　㊞

下山次郎　殿

［領収証］

▼代金を受け取ったときに書く文書。「領収書」とも。

▼代金の受け渡しを、記憶に任せることはできない。そこで、受け渡しに当たっては、代金と引き換えに領収証を渡すことになる。大きな代金を支払うときは必ず領収証を持ってくるように伝えておく。

要点　領収の金額と何の代金かという注記、それを受け取ったという意味のことば。年月日を明記し、必ず記名押印する。市販の領収証用紙を用いてもよい。

注意　金額の数字は、容易に書き換えることができないようにするため、「壱・弐・参・拾」を用いる。横書きのときは「金 21,350 円」のように算用数字を用い、三けたごとに区切る。額面が一定額以上の場合は、収入印紙を貼る。物品を受け取ったときは、受領証の形にする。

領収証の例（辞書の代金を）

領　収　証

一、金八万九千七百円
ただし、国語辞典四十六冊代金
右、正に領収いたしました。
平成○○年七月二十日
東京都千代田区三崎町二―二十二―十四
三 省 堂 ㊞
下 山 次 郎　殿

［受領証］

▼物品を受け取ったときに書く文書。「受領書」とも。

▼代金引き換えでない商品や、大切な物品を受け渡すときに用いる。

要点 物品の種類・数量、それを受け取ったという意味のことば。年月日を明記し、必ず記名押印する。市販の受領証用紙を用いてもよい。

注意 代金を受け取ったときは、領収証の形にする。

受領証の例（辞書を受領した）

受　領　証
一、国語辞典四十六冊
右、正に受領いたしました。
平成○○年六月十二日
東京都新宿区○○町十―六―七
下 山 次 郎 ㊞
三 省 堂　殿

［借用証］

▼金銭や物品を借りるときに書く文書。

▼お金や物品を借りるとき、わずかならば口約束でも済む。しかし、大金や大切な品となると、そのことを書類にしておいたほうがよい。そういうときに書くのが借用証である。

要点 何を借りたかという項目と返済の期限。保証人を立てるときは、保証人が責任を持つという意味のことばも。年月日を明記し、必ず記名押印する。市販の借用証用紙を用いてもよい。

注意 金額の数字は、容易に書き換えることができないようにするため、「壱・弐・参・拾」を用いる。横書きのときは「金300,000円」のように算用数字を用い、三けたごとに区切る。借用証は、返済した際に必ず返してもらうこと。

借用証の例（借用の証書として一般的な形）

借　用　証

一、金参拾万円

ただし、利子は年八分の割合

右、正に借用いたしました。

なお、平成○○年三月三十一日限り、元利共相違なく現金にて返済いたします。万一遅滞した場合は保証人より返済いたし、決してご迷惑をお掛けいたしません。

以上

平成○○年四月一日

借用人　東京都文京区関口八―十六―二

昭和四十年五月八日生

○山○男㊞

保証人　東京都新宿区戸山七―三―四

昭和四十一年十月十四日生

○川○郎㊞

金子雄二殿

［委任状］

▼自分の権利を他の人に委任するときに書く文書。

要点 どういう権利をだれに委任するかということを明らかにする。そのあと、年月日を記し、記名押印する。

注意 代理人のところに特定の氏名を入れなければ、その会議の議長に委任したことになる。

委任状の例　（理事会に出席できないため）

委　任　状

わたくし儀　　　　をもって代理人と定め、左記の権限を委任いたします。

一、平成◯◯年三月十五日の第三回理事会に出席し議決権を行使する件

平成◯◯年三月十日

村　田　信　一　郎　㊞

理事長　山　野　一　郎　殿

五十音順文例索引

【あ行】
安着の報告……242
移転あいさつ……254
委任状……291
慰問状……119
慰問状の礼状……178
違約陳謝……217
引見依頼……143
引見の礼状……181
栄転祝い……113
援助の礼状……182
縁談依頼……069
【か行】
海外出張あいさつ……258
開業案内……130
開業祝い……114
開業通知……259
会合案内……131
会合招待……127
会葬の礼状……096
学習方法の照会……267
確認状……275
火災見舞い……117
火災見舞いの礼状……176
歓待の礼状……182
寒中見舞い……065
勧誘状……137
勧誘の断り……210
勧誘の承諾……195
忌明けあいさつ……104
忌明けあいさつの礼状……105
企画相談……169
寄稿依頼……144
寄稿催促……230
寄稿の礼状……186
帰国あいさつ……259
起辞の例……022
期日猶予依頼……147
求愛状……074
求愛の断り……077
求愛の承諾……076
協議状……170
近況照会……268
近況報告……243
敬称の例……038
契約履行催促……227
激励状……120
激励の礼状……177
欠勤届……285
結語の例……029
結婚祝い……090

結婚祝いの礼状……091
結婚祝賀会案内……088
結婚相談……082
結婚通知……092
結婚の断り……080
結婚の承諾……079
結婚の申し込み……078
結婚媒酌の礼状……089
結婚披露宴招待……086
結婚報告……089
見学会案内……132
見学の断り……214
見学の承諾……202
見学の申し込み……157
見学の礼状……186
講演依頼……146
抗議状……233
交渉状……232
香典の表書きの例……097
香典の礼状……098
断りの手紙への返信……215
婚約祝い……084
婚約祝いの礼状……085
婚約報告……083

【さ行】

採用試験施行通知……278
採用通知……279
残暑見舞い……067
師恩の礼状……187
式典招待……129
時候のあいさつ……011
自他の呼び方の例……039
失言陳謝……218
実施通知……281
支店開設あいさつ……255
支払い請求書……288
死亡通知……095
死亡報告……095
始末書……286
釈明状……234
借用証……290
借用の断り……207
借用の承諾……197
借用の申し込み……148
借用の礼状……183
借金の断り……208
借金の承諾……198
借金の申し込み……150
借金の礼状……184
就職斡旋の依頼……140
就職相談……167
就職の礼状……179
就職報告……238

住所照会……269
寿賀祝い……112
寿賀祝いの礼状……174
宿泊の断り……211
宿泊の承諾……200
宿泊の申し込み……154
宿泊の礼状……185
出欠の返信の添え書き……134
出産祝い……111
出産祝いの礼状……173
出産報告……240
出社日通知……281
出席依頼……136
受領証……289
紹介状……160
紹介の依頼……141
紹介の断り……206
紹介の承諾……196
紹介の礼状……180
招集通知……282
招待の断り……205
招待の承諾……195
商品についての照会……271
暑中見舞い……063
暑中見舞いの礼状……064
書類提出依頼……277
資料送付通知……261
進学相談……164
水害見舞い……118
水害見舞いの礼状……176
推薦依頼……142
推薦状……162
請求状……230
歳暮の添え状……124
歳暮の礼状……192
全快祝い……112
全快通知……246
送金通知……261
贈呈状……124
贈呈の礼状……193
贈答状……122
贈答の礼状……191
卒業就職祝い……110
卒業就職祝いの礼状……172
卒業就職通知……245
卒業報告……237
外脇付けの例……054

【た行】

退職後の礼状……188
退職通知……247
退職通知の返信……247
退職願……286
担当者交代あいさつ……256

遅刻届……284
着任報告……239
着否照会……274
着荷通知……264
中元の添え状……123
中元の礼状……191
注文状……272
注文品催促……229
弔慰状……099
弔慰の礼状……101
弔辞の礼状……098
転居通知……250
転職通知……248
転任通知……249
電話番号変更通知……252
頭語の例……009
盗難見舞い……118
同封通知……261

【な行】

入学祝い……109
入学祝いの礼状……172
入学報告……237
入学要項の照会……267
入金通知……263
入社承諾……280
入手方法照会……272
値上げ通知……264
年賀状の賀詞の例……059
年賀状の添え書き……059
年賀状の余白の活用……060
年賀の礼状……060
年始あいさつ……061
納期遅延陳謝……222

【は行】

破損陳謝……223
発送通知……263
発送の礼状……190
反駁状……233
病気報告……242
病気見舞い……116
病気見舞いの礼状……175
不在陳謝……219
不採用通知……279
不参陳謝……220
赴任あいさつ……257
弁解状……235
返済催促……225
返済遅延陳謝……221
法事招待……106
法事招待の礼状……107
訪問の断り……212
訪問の承諾……201

訪問の申し込み……155
保証人の断り……209
保証人の承諾……199
保証人の申し込み……152

【ま行】

見合いの断り……073
見合いの承諾……072
見合いの申し込み……071
未着照会……274
名刺紹介状……160
命名報告……241
喪中あいさつ……103
喪中見舞い……103
催し物案内……133

【や行】

家賃催促……228
友人紹介……161
呼出状……136

【ら行】

落成あいさつ……254
領収証……288
旅行招待……128
恋愛相談……070

日用語辞典

まえがき

手紙や文章を書くとき、また、報告書などを作成するとき、漢字を忘れていることに気がつくことがあります。また、同じ読みの漢字のとき、どの漢字を使うべきか、漢字をあてるならどの漢字にすべきか戸惑うこともしばしばです。この辞典は、これらの点を簡便に解決できるように編集したものです。

この辞典は、現代日本の日常語を書き記すのに必要と思われる語を中心に選び、的確な活用を目指すために、用例を示してその語の意味と用法を明らかにしました。また、必要に応じて注釈も加えました。

この辞典には、辞書につきものの凡例がありません。実用的な文字引きの辞典として、複雑な決まりなどは排除し、いつでも、だれでも、どこででも気軽に使えるものとしました。

見出しは五十音順に並んでいます。
見出し漢字にはすべてに振り仮名をつけました。
例文中の見出し該当部分は—で省略しました。

読者の皆様の身近にあり、手軽な実用書として役立つことを祈ってやみません。

三省堂編修所

あ

嗚呼《ああ》 「噫」とも。—残念だ —悲しいかな

愛《あい》 —をささげる —のことば 隣人—

藍《あい》 植物。青より濃く紺より薄い色。

相合傘《あいあいがさ》 若い男女が—で行く

相生《あいおい》 同じ根からはえる。—の松

相老《あいおい》 夫婦そろって長生きする。—を願う夫婦

合鍵《あいかぎ》 —があればドアはすぐ開《あ》けられる

哀歓《あいかん》 悲しみと喜び。人生の—をつづる

哀願《あいがん》 寛大な処置を執るよう—した

愛玩《あいがん》 「愛翫」とも。家庭の—動物となった猿《さる》

合着《あいぎ》 「間着」とも。冬着を—に着替える

相客《あいきゃく》 一緒に居合わせる客。—と雑談する

愛嬌《あいきょう》 「愛敬」とも。—を振りまく

匕首《あいくち》 —を突き付ける —で刺された

愛顧《あいこ》 いっそうのご—をお願いいたします

愛護《あいご》 動物—の精神

愛好《あいこう》 盆栽を—する 軽音楽—者のつどい

愛国《あいこく》 自分の国を愛する。—の精神 —者

合言葉《あいことば》 「みんな元気で」が—です

愛妻《あいさい》 —の作った弁当 彼は—家だ

挨拶《あいさつ》 朝夕の—をかわす 着任の—状を出す

愛児《あいじ》 —の写真 妻と三人の—

哀愁《あいしゅう》 —を帯びたメロディーが流れる

哀傷《あいしょう》 —に明け暮れる —の思いをつづる

愛唱《あいしょう》 「愛誦」とも。—している詩 —歌

愛称《あいしょう》 彼の—はコロちゃんである

相性《あいしょう》 「合性」とも。彼とは—がよい

愛情《あいじょう》 —をささげる 夫婦間の—の表れ

愛嬢《あいじょう》 かわいがっている娘(他人について)。

合図《あいず》 「相図」とも。出発の—を待つ

哀惜《あいせき》 急死の報に接し—の念にたえない

愛惜《あいせき》 いとしみたいせつにする。—の品々

相席《あいせき》 店が込んでいるので—で願います

哀切《あいせつ》 哀れでもの悲しい。—窮まりない詩

哀訴《あいそ》 政府に被災地の窮状を—する

愛想《あいそう》 「あいそ」とも。—がよい —を尽かす

愛憎《あいぞう》 愛と憎しみ。—の念にかられる

愛息《あいそく》 かわいがっているむすこ(他人について)。

相対《あいたい》 —で話す —ずくでやる

間柄《あいだがら》 親子の— —が悪くなる

愛着《あいちゃく》 「あいじゃく」とも。—を感じる

哀調《あいちょう》 もの悲しい調子。—を帯びた歌

彼奴《あいつ》 —またしくじったか —のやり方はひどい

相槌《あいづち》 客のことばにしきりに—を打つ

哀悼《あいとう》 つつしんで—の意を表します

愛読《あいどく》 古典を—する わたしの—書

生憎《あいにく》 お—さま —の雨でお気の毒です

相乗《あいの》り タクシーに—する —で行こう

逢引《あいびき》 「媾曳」とも。彼女と毎夜—する

愛撫《あいぶ》 赤ん坊を—する

合服《あいふく》 「間服」とも。夏服を—に着替える

愛慕《あいぼ》 —の情を寄せる 深く—する

相棒《あいぼう》 彼は弟の—の男です —と呼吸を合わせる

合間《あいま》 勉強の—に音楽を聞く 仕事の—の散歩

曖昧《あいまい》 —なことば 態度を—にする —模糊《もこ》

相俟《あいま》って 体力と技術が両両—の成果

相身互《あいみたが》い 困ったときは—だ

相宿《あいやど》 旅行したとき—だった人の写真

愛用《あいよう》 —のパイプでたばこを吸う —の万年筆

愛欲《あいよく》 「愛慾」とも。—の果て —におぼれる

哀楽《あいらく》 喜怒—の情をあらわに出す

隘路《あいろ》 障害。保守的な思想が社会改革の—だ

合《あ》う 話が— 数が— 顔が— 理屈に—

会《あ》う 日時を定めて— 来客と— 大臣と—

会《あ》う 「逢う」とも。出会う。彼女と巡り—

会《あ》う 「遇う」とも。思い掛けず会う。幸運に—

遭《あ》う 災難にあう。震災に— 盗難に—

阿吽《あうん》 「呵呍」とも。両力士—の呼吸を整える

喘《あえ》ぐ　険しい山道に—　物価高に—
敢《あえ》て　—ご忠告申し上げる　—驚くに当たらない
敢《あえ》ない　—最期を遂げる
韲《あ》える　「和える」とも。酢みそで—　白ごまで—
亜鉛《あえん》　元素の一つ。—引きの鉄板
青嵐《あおあらし》　初夏に青葉の上を吹き渡る風。
青《あお》い　—色に変わる　—鳥
青《あお》い　「碧い」とも。玉のような青。—空
青《あお》い　「蒼い」とも。青白い青。—顔
葵《あおい》　植物。—祭り　徳川家の—の紋所
青息《あおいき》吐息《といき》　—の状態
青黴《あおかび》　食物に—がはえる
青桐《あおぎり》　「梧桐」とも。庭の—が茂る
仰《あお》ぐ　天を—　師と—人　先生に教えを—

扇《あお》ぐ　「煽ぐ」とも。うちわで—
青白《あおじろ》い　「蒼白い」とも。—インテリ
青筋《あおすじ》　額に—を立ておこる
青畳《あおだたみ》　—に横になる　—のような海
青菜《あおな》に塩《しお》　—のしょげ方
青二才《あおにさい》　未熟な若者。この—め
仰向《あおむ》く　仰向いて見る
青物《あおもの》　野菜類。—が値上がりする　—市場
青柳《あおやぎ》　青々した柳(やなぎ)。貝の一種。
呷《あお》る　冷や酒を一気に—　毒を—
煽《あお》る　風が戸を—　人気を—　仕事を—
垢《あか》　—がたまる　ふろに入(はい)って—を落とす
淦《あか》　船の底にたまる水。—をくみ出す
銅《あか》　—の銅壺(どうこ)

明々《あかあか》　明るい。—と輝く電灯　月が—と照る
赤々《あかあか》　まっか。—と燃える暖炉の火
赤《あか》い　—色に変化する　—羽根
赤《あか》い　「赭い」とも。赤土のような赤。—山
赤《あか》い　「丹い」とも。白っぽい赤。—磁器
赤《あか》い　「朱い」とも。濃い赤。—塗りの社殿
赤《あか》い　「紅い」とも。桃色がかった赤。—花
皹《あかぎれ》　「皸」とも。ひびと—　水仕事で—ができる
足掻《あが》く　もがく。いくら足掻いてもだめだ
赤毛布《あかゲット》　不慣れな旅行者。
灯《あかし》　ともしび。仏前に—をともす
証《あかし》　証拠。潔白の—を立てる　明確な—
赤潮《あかしお》　—のため魚や貝が全滅する
暁《あかつき》　—に出発する　成功の—には恩返しを

購《あがな》う　買い入れる。一冊の書物を—
贖《あがな》う　償いに物を出す。この柄犯した罪を—
垢抜《あかぬ》け　—した姿　この柄は—している
茜色《あかねいろ》　夕方の空は—に変わっていく
赤恥《あかはじ》　おおぜいの人の前で—をかかされた
赤帽《あかぼう》　体操の時間の—白帽　旅客の荷物を運ぶ—
赤身《あかみ》　—の魚(さかな)　—の木材　—と白太(しらた)
赤味《あかみ》　畑のトマトが—を帯びる　—がさす
崇《あが》める　敬う。神を—
明《あか》り　—をつける　—がさす　—採りの窓
上《あ》がる　座敷に—　成績が—　屋上に—
上《あ》がる　「騰がる」とも。米の値段が—
挙《あ》がる　犯人が—　証拠が—
揚《あ》がる　てんぷらが—　たこが—　名声が—

空《あ》き　どの席もぎっしり詰まって—がない
飽《あ》き　「厭」とも。勉強に—がくる
安芸《あき》　旧国名、広島県西部。—の宮島
秋蚕《あきご》　秋に飼う蚕(かいこ)。
秋雨《あきさめ》　—のそぼ降る夜　—前線
空巣《あきす》　—に入(はい)られる　—ねらい
飽足《あきた》りない　「慊りない」とも。
空樽《あきだる》　酒の—　—に白菜を漬(つ)ける
空地《あきち》　隣の—に家を建てる　—に雑草が茂る
秋津洲《あきつしま》　日本の古名。
商《あきな》い　—が多い　大きな—をする
空壜《あきびん》　ビールの—　—に詰める
明盲《あきめくら》　文盲。
空家《あきや》　—を捜す　—にしておくのは物騒だ

明《あき》らか　疑問点を―にする　―な事実
諦《あきら》め　―がよい　―が付く　人間―が肝心である
飽《あ》きる　満足する。―ほど西瓜(すいか)を食べた
飽《あ》きる　「厭きる」とも。いやになる。本に―
呆《あき》れる　このごろの若い人の無謀には―
商人《あきんど》　旅―　―宿
明《あ》く　後ろの明いた洋服　らちが明かない
空《あ》く　部屋(へや)が―　手が―
開《あ》く　戸が―　目が―　幕が―　口を―
灰汁《あく》　―が強い　蕗(ふき)の―を抜く　―洗い
悪意《あくい》　―があってやったことではない
悪因《あくいん》　悪い結果を引き起こす原因。―悪果
悪運《あくうん》　―尽きてついに捕えられた
悪疫《あくえき》　大水のあとには―が流行する

悪逆《あくぎゃく》　―のかぎりを尽くす　―無道(むどう)
悪行《あくぎょう》　不品行。―を重ねる　―がやまない
悪業《あくごう》　前世での悪い行い。―の報い
悪事《あくじ》　―がばれる　―千里を走る
悪食《あくじき》　いかもの食い。食い道楽の―
悪質《あくしつ》　―ないたずら　―な中傷に困ってしまう
握手《あくしゅ》　―を求める　固い―をかわす
悪臭《あくしゅう》　便所の―には耐えがたい
悪習《あくしゅう》　シンナー遊びという―がはやる
悪声《あくせい》　―ながら一席弁じさせていただきます
悪性《あくせい》　―のはれもの　―のかぜがはやる
悪政《あくせい》　政府の―を批判する
齷齪《あくせく》　―と働く　いつも―している
悪戦《あくせん》　―苦闘の末ついに敗れた

悪銭《あくせん》　不正な手段で得た金。―身に付かず
悪相《あくそう》　悪い人相。恐ろしい顔つき。―の男
芥《あくた》　ごみ。ちり―のように捨てられる
悪態《あくたい》　悪口。さんざん―をつく
悪玉《あくだま》　悪人。善玉―が大活躍する芝居
悪党《あくとう》　悪者。悪人。あいつは根っからの―だ
悪童《あくどう》　いたずらなこども。―連の集り
悪徳《あくとく》　―があばかれる　―新聞記者　―業者
悪罵《あくば》　ひどくののしる。―を浴びる
欠伸《あくび》　大きな―をする　―をかみ殺す
悪弊《あくへい》　―を改める　積年の―を除く
悪癖《あくへき》　―を矯正する　いつもの―を出す
悪魔《あくま》　―のしわざ　―のような人間　―主義
悪夢《あくむ》　恐ろしい夢。―からさめる

厭《あぐ》む　「倦む」とも。考え―　たずね―　待ち―
胡坐《あぐら》　―をかく
悪辣《あくらつ》　―なやり方　―な手段で金を儲(もう)ける
悪霊《あくりょう》　もののけ。―に悩まされる
握力《あくりょく》　―の検査　―計　力士は―が強い
翌《あく》る　「明くる」とも。―朝　―日
悪例《あくれい》　悪い前例。―を残す
朱《あけ》　赤色。満面―に染まる
揚足《あげあし》　―を取る　―取り
明方《あけがた》　―に地震があった　―の空の色
挙句《あげく》　―の果て　考えた―行くのをやめた
明暮《あけくれ》　朝夕。日夜。つねに。―心配する
上潮《あげしお》　そろそろ―になるころだ　―に乗る
上底《あげぞこ》　―のみやげ品

論《あげつら》う　論じる。善悪を―
揚羽蝶《あげはちょう》　大きな―　黒い―
木通《あけび》　植物。―の実　―のつるで作ったかご
曙《あけぼの》　―の空　春は―　民主社会の―
揚幕《あげまく》　切り幕。花道の―　能舞台の―
明《あ》ける　夜が―　つゆが―　通路を―　年が―
開《あ》ける　戸を―　目を―　店を―
空《あ》ける　びんの中身を―　予定を―
上《あ》げる　値を―　人に―　見―　突き―
挙《あ》げる　証拠を―　例を―
揚《あ》げる　名を―　たこを―　てんぷらを―
顎《あご》　―を出す　―で使う　―が干上がる
憧《あこが》れ　―の宝塚(たからづか)スター　―の世界旅行
阿漕《あこぎ》　強欲(ごうよく)でひどいやり方。―なまね

麻《あさ》 ―の中の蓬《よもぎ》 ―の洋服 ―なわ
字《あざ》 わたしの村には五つの―がある 大―
痣《あざ》 ぶつけて―ができる 青― 顔にある―
朝顔《あさがお》 ―につるべ取られてもらい水
浅黄《あさぎ》 薄い黄色。淡黄色。
浅葱《あさぎ》 薄いあい色。水色。
嘲《あざけ》る 人の失敗を―
浅瀬《あさせ》 ―を渡る ―に船を乗り上げる
浅茅《あさぢ》 ―が原 ―の宿
浅茅生《あさぢゅう》 ―の原 ―の宿
浅漬《あさづけ》 大根や白菜などを短期間漬(つ)けたもの。
明後日《あさって》 ―の朝 ―の方角
朝凪《あさなぎ》 朝の間風が静まる。―の海 ―夕凪
浅《あさ》はか 「浅墓」とも。 ―な考え

浅《あさ》ましい 「浅間しい」とも。 ―行為
薊《あざみ》 大きな葉の縁にとげのある―
欺《あざむ》く 敵を―計略 まんまと― 昼を―明るさ
鮮《あざ》やか ―な色 ―にやってのける
朝焼《あさやけ》 ―は雨になる
海豹《あざらし》 北洋の―狩り ―の毛皮
浅蜊《あさり》 ―のみそ汁(しる) ―の佃煮(つくだに)
漁《あさ》る 古本を― ごみためを― 買い―
嘲笑《あざわら》う 人の失敗を―
足《あし》 ―の裏 ―を洗う
足《あし》 「脚」とも。 ―が速い 机の― 襟(えり)―
芦《あし》 「葦」とも。 ―が茂る川の岸べ
味《あじ》 ―を付ける ―かげん ―を占める
鯵《あじ》 マアジ・ムロアジ・シマアジなどの総称。

亜細亜《アジア》 ―の平和 東南―
足跡《あしあと》 ―をたどる 六年間の―を顧みる
海驢《あしか》 南太平洋にすむ― ―の曲芸を見る
足掛《あしがか》り 岩を―に登る 成功の― 解決の―
足掛《あしかけ》 あれからもう―三年になる
足枷《あしかせ》 足にはめた刑具。手枷―
悪《あ》しからず どうか―
味気無《あじきな》い 「あじけない」とも。
足癖《あしくせ》 ―が悪い
足蹴《あしげ》 親を―にする不孝者
紫陽花《あじさい》 変化する―の花の色
明日《あした》 ―の朝は早く起きる ―は―の風が吹く
朝《あした》 ―に道を聞かば夕べに死すとも可なり
足駄《あしだ》 歯のある高げた。 ―をはく

足溜《あしだま》り 友人宅を―にして出歩く
足手纏《あしてまとい》 妻子は―になる
足止《あしどめ》 「足留」とも。 列車事故で―を食う
足早《あしばや》 家の前を―に通り過ぎる
足踏《あしぶみ》 駆け足― 仕事が―している ―状態
足元《あしもと》 「足許」とも。 ―を見る ―から鳥がたつ
阿修羅《あしゅら》 ―のようにあばれ狂う
遇《あしら》う 軽く― ほどよく―
配《あしら》う 庭に灯籠(とうろう)を― 黄色の地に緑を―
網代《あじろ》 竹や木を編んだもの。 ―笠(がさ)
味《あじ》わう 料理を― 親元を離れて苦労を―
明日《あす》 ―の夕方帰京 ―知らぬ身 ―に備える
飛鳥《あすか》 ―時代の芸術 ―文化
与《あずか》る 相談に― わたしの与り知らぬ話だ

預《あず》かる 多額の金を― この勝負を―
小豆《あずき》 ―の相場 ゆで― ―がゆ
梓《あずさ》 弓や版木に用いた木。
羅漢柏《あすなろ》 「ひば」とも。 ―の大木
東《あずま》 東国。関東。 ―下り ―男に京女
東屋《あずまや》 「四阿」とも。 庭の―に腰を降ろす
汗《あせ》 ―をかく ―を流す 額に―して働く
畦《あぜ》 「畔」とも。 田の―で休む ―道
校倉《あぜくら》 三角の材を組み上げた昔の倉。 ―造り
馬酔木《あせび》 「あしび」とも。
汗疣《あせも》 「汗疹」とも。 暑くて―ができる
焦《あせ》る 「焦慮る・焦躁る」とも。 ―と失敗する
褪《あ》せる カーテンの色が―
唖然《あぜん》 ―として物が言えない ―たるようす

あ

彼処《あそこ》 「彼所」とも。—の家 ここと— —ら
遊《あそ》ぶ 戸外で— 京都に— 遊んでいる土地
婀《あ》娜《だ》 なまめいたようす。—姿 —っぽい
仇《あだ》 親の—を討つ —を恩で報いる
徒《あだ》 むだ。親切が—となる 好意が—になる
価《あたい》 値段。本の— 土地の—の計算をする
値《あたい》 値うち。一見に—する 一刻千金の—
仇討《あだうち》 首尾よく親の—を遂げる
与《あた》える 賞を— 敵に損害を— 権利を—
徒疎《あだおろそ》か いいかげん。—にできない
恰《あたか》も —恋人のようなふたり 時—春
温《あたた》かい —料理 —人柄
暖《あたた》かい —天気 ふところが—
徒名《あだな》 うわさ。—が立つ

渾名《あだな》 「綽名」とも。—を付ける 先生の—
徒波《あだなみ》 いたずらに立ち騒ぐ波。—が立つ
徒花《あだばな》 実を結ばない花。南瓜(かぼちゃ)の—
頭金《あたまきん》 土地購入のための— —を納める
辺《あた》り —一帯 —構わず 来週—来るでしょう
当《あた》り障《さわ》り —のない返事をする
中《あた》る 的に— 暑さに— 食べ物に—
当《あた》る 石が— 計画が— くじに—
当《あた》る 「該る」とも。拘留に—罪
彼方《あちら》 「彼処・彼地」とも。—から来ました
厚《あつ》い —本 生地(きじ)が—
厚《あつ》い 「篤い」とも。—信仰 —友情 —感謝の念
暑《あつ》い —日が続く —夏 部屋(へや)が—
熱《あつ》い お湯が— —ご飯 お—仲

圧延《あつえん》 鉄塊を—する —機
悪化《あっか》 病状が—する 財政は—の一途をたどる
悪貨《あっか》 —は良貨を駆逐する
扱《あつか》う 金の出し入れを— 客を親切に—
厚《あつ》かましい —やつだ
圧巻《あっかん》 これは今回の出し物の—とも言える
悪漢《あっかん》 —を追跡する
熱燗《あつかん》 —で一杯やる 冬は—のほうがよい
厚着《あつぎ》 あまり—をしないほうがよい
呆気《あっけ》 —に取られる —ない勝負
悪口雑言《あっこうぞうごん》 —を言う
圧搾《あっさく》 大豆を—する —機
圧殺《あっさつ》 赤ん坊が猫(ねこ)に—される 発言を—する
圧縮《あっしゅく》 内容を—する 利益の— —空気

圧制《あっせい》 —に悩む民衆
斡旋《あっせん》 就職を—する —の労を執る
彼方《あっち》 「彼処・彼地」とも。—へ行け —こっち
圧倒《あっとう》 相手の勢いに—される —的勝利
圧迫《あっぱく》 胸が—される 敵を—する —感
天晴《あっぱれ》 —親のかたきを討った —な働き
圧伏《あっぷく》 「圧服」とも。反対派を—する
集《あつ》める 資金を— 衆知を集めて相談する
羹《あつもの》 吸い物。—に懲りて膾(なます)を吹く
誂《あつら》え お—の品 こどもに—向きの本
軋轢《あつれき》 不和。紛争。社内に—が絶えない
当《あて》 —にしている —がはずれる
宛《あて》 弟—に送ってください 一日—二百円
当馬《あてうま》 衆議院議長選挙の—候補

当擦《あてこす》り —はやめてずばり言いたまえ
宛先《あてさき》 —を明記する 封筒の—
当字《あてじ》 「宛字」とも。—を書いてはいけない
当途《あてど》 —もなく歩く
宛名《あてな》 封筒の表に—を書く 不正確な—
当身《あてみ》 —をくらわせる
艶《あで》やか 彼女の—な姿に魅せられる
当《あ》てる 腹に手を— 日光に— 株で—
充《あ》てる 食費に— 不足分に—
中《あ》てる 矢を的に—
宛《あ》てる 父に宛てて出す手紙
後《あと》 —から行く —を頼む —を追う
痕《あと》 切り傷の— 血の— たまの—
跡《あと》 進歩の— —をくらます —を継ぐ

跡《あと》 「址・趾」とも。城の天守閣の―
後味《あとあじ》 ごまかして勝つのは―が悪い
後々《あとあと》 「のちのち」とも。―までの語りぐさ
能《あと》う できる。―かぎりのことをする
後押《あとおし》 有力な―がある ―する機関車
跡形《あとかた》 ―もなく焼失した
後釜《あとがま》 総裁の―を物色する ―にすわる
後腐《あとくさ》れ ―のないようにきっぱり手を切る
後退《あとじさ》り 「あとずさり」とも。徐々に―する
跡始末《あとしまつ》 「後始末」とも。
跡継《あとつぎ》 「後嗣」とも。彼は山田家の―です
跡取《あととり》 ―のむすこ 母の実家の―となる
後回《あとまわ》し 「後廻し」とも。仕事を―にする
跡目《あとめ》 ―相続 ―を定める 本家の―

穴《あな》 ―を掘る ―があれば入(はい)りたい
穴《あな》 「孔」とも。―を通す 針の―
穴埋《あなう》め 使い込みを―する ―の金に充てる
強《あなが》ち ―悪くは言えない ―無理ではない
穴蔵《あなぐら》 ―に隠れる ―生活
貴方《あなた》 ―とわたし ―がた ―任せ
侮《あなど》る 敵を― 弱い相手だからと―な
豈《あに》 ―図らんや どうして。何として。
兄貴《あにき》 ―のおこぼれをちょうだいする ―分
兄嫁《あによめ》 「嫂」とも。―の実家をたずねる
姉御《あねご》 ねえさん。本家の―はべっぴんだ
姐御《あねご》 女親分。―風の女
彼《あの》 ―話はどうなったの ―かたはいい人よ
暴《あば》く 墓を― 秘密を― ふたりの関係を―

痘痕《あばた》 ―もえくぼ 顔じゅう―だらけ
肋骨《あばらぼね》 ―が見える ―を折る
荒家《あばらや》 「荒屋」とも。―に住む 野中の―
暴《あば》れる 大声でわめきながら― 運動場で―
阿鼻叫喚《あびきょうかん》 ―の地獄
家鴨《あひる》 池を泳ぐ― ―を飼う ―の火事見舞い
浴《あ》びる 水を― ―ほど酒を飲む
阿付《あふ》 「阿附」とも。こびへつらう。―迎合する
虻《あぶ》 ―に刺されて痛い ―蜂(はち)取らず
泡《あぶく》 あわ。―が立つ 大きな―
危《あぶ》ない ―橋を渡る ―目にあう あっ！―
油《あぶら》 ―を差す ―を売る ―で揚げる 水と―
脂《あぶら》 牛肉の― 仕事に―が乗ってきた
膏《あぶら》 人民の血と―で建設 鼻の― ―薬

油揚《あぶらあげ》 「あぶらげ」とも。鳶(とんび)がさらう―
膏汗《あぶらあせ》 ―を流しながら苦しさをこらえる
油絵《あぶらえ》 ―を習う ―の額 ―の展覧会
油粕《あぶらかす》 ―は肥料になる 大豆の―
脂身《あぶらみ》 ―を食べる 肉の― 魚(さかな)の―
阿弗利加《アフリカ》 ―の奥地
焙《あぶ》る 「炙る」とも。食べる前に火に―
溢《あふ》れる 川の水が― 場内に人が―
阿片《アヘン》 ―を吸う 宗教は―であるともいう
阿呆《あほう》 「阿房」とも。踊る―に見る―
信天翁《あほうどり》 鳥島の―
阿魔《あま》 女をののしって言う語。この―め
尼《あま》 ―寺の―さん 出家して―になる
海人《あま》 「海女・海士・蜑」とも。鮑(あわび)取りの―

雨足《あまあし》 「雨脚」とも。―が速い
甘《あま》い ―菓子 ―ことば 点が― こどもに―
雨傘《あまがさ》 ―を用意する 日傘と―
甘皮《あまかわ》 外皮の内側の薄い皮。―を取る
雨具《あまぐ》 ―を用意のこと ―の忘れ物が多い
天下《あまくだ》り 「天降り」とも。官庁からの―人事
雨乞《あまごい》 ―の祭り ―の歌 ―の行事
甘酒《あまざけ》 花見茶屋の― ここまでおいで―進上
雨曝《あまざら》し 荷物が―になる
余《あま》す 予算を― ―ところ三日 ―ところなく
数多《あまた》 「許多」とも。―の人 事件を―手掛ける
雨垂《あまだれ》 ―の音 ―石をうがつ ―落ち
剰《あまつさ》え 事業に失敗し―妻にも死なれた
普《あまね》く ―行き渡る ―世の人に知らせる

遍《あまね》し　恵み―
天《あま》の川《がわ》　「銀河・天漢」とも。
天邪鬼《あまのじゃく》　つむじ曲り。
雨催《あまもよい》　―の空もよう
雨漏《あまも》り　台所の―を直す
雨宿《あまやど》り　本降りになって出て行く―
余《あま》り　―が出る　十年―たった　―速くない
甘《あま》んじる　毎回三位に―　清貧に―
網《あみ》　―の目　―に掛かる　―を張る
醤《あ》蝦《み》　―の佃煮(つくだに)
阿《あ》弥《み》陀《だ》　―如来　―にかぶる
網棚《あみだな》　電車の―　荷物を―に載せる
編《あ》む　毛糸を―　竹でかごを―　文集を―
飴《あめ》　―をしゃぶらせる　―と鞭(むち)の政策

天地《あめつち》　―の神々　―の初めから
亜米利加《アメリカ》　―合衆国
水黽《あめんぼ》　「あめんぼう」とも。水面をすいすい―
文《あや》　話の―　事件の―を説明する
綾《あや》　―なす糸　―織物
危《あや》うい　娘の命が―　―目にあう
肖《あやか》る　幸福なあなたに―ようにと願う
怪《あや》しい　―人物　どうも―話だが
妖《あや》しい　惑わす。―ふんいきが漂う
奇《あや》しい　不思議。―光が明滅する
操《あやつ》る　人形を―　船を―　陰で政界を―
危《あや》ぶむ　明日の天気を―　前途を―
過《あやま》ち　―を犯す　―を許す　―を改める
過《あやま》つ　過ってコップを取り落とす

誤《あやま》る　解決の方法を―　見通しを―　処理を―
謝《あやま》る　失敗を―　心から―
文目《あやめ》　―も知らぬ恋をするかな　きれいな―
菖蒲《あやめ》　―杜若(かきつばた)　いずれが　六日の―
阿《あ》諛《ゆ》　―追従(ついしょう)　―迎合　へつらい。
鮎《あゆ》　「年魚・香魚」とも。―漁の解禁　落ち―
歩《あゆ》む　静かに―　休まず―　牛の歩み　国の歩み
荒《あら》い　風が―　人使いが―　金づかいが―
粗《あら》い　網の目が―　手ざわりが―
洗《あら》い浚《ざら》い　―ぶちまける　―話す
洗《あら》い晒《ざら》し　いつも―の着物を着ている
荒磯《あらいそ》　波の荒い海岸。―に舞う千鳥
洗《あら》う　コップを―　足を―　身元を―
予《あらかじ》め　―通知する　―準備しておく

荒壁《あらかべ》　「粗壁」とも。―を塗っただけ
荒肝《あらぎも》　「荒胆」とも。―をひしぐ勇猛さ
荒行《あらぎょう》　滝に打たれ山野を駆ける―を行なう
荒削《あらけず》り　―の材木　まだ―の文　―な性格
粗捜《あらさが》し　「粗探」とも。他人の―をする
嵐《あらし》　「暴風・暴風雨」とも。―の前の静けさ
非《あら》ず　さに―　人にして人に―　―もがな
粗筋《あらすじ》　小説の―　事件の―だけ話す
争《あらそ》う　勝敗を―　改札口へと先を―
新《あら》た　―な気持で再出発する　思い―に
改《あらた》める　前非を―　版を―　形を―　制度を―
改《あらた》める　「更める」とも。更新。免許証を―
粗砥《あらと》　まず―でとぐ　―と仕上砥(しあげど)
荒縄《あらなわ》　わらで作った太い縄。―で縛る

荒塗《あらぬ》り　「粗塗」とも。下塗り。壁の―が終わった
亜剌比亜《アラビア》　―の石油
荒巻《あらまき》　「新巻」とも。甘塩の鮭(さけ)。
荒布《あらめ》　海藻(かいそう)。食用や、ヨードの原料とする。
荒物《あらもの》　日用の雑貨。たわしは―屋で売っている
霰《あられ》　―が降る　弾丸が雨―と飛んでくる
露《あらわ》　―に言う　肌(はだ)も―に　秘密を―にする
表《あらわ》す　名は体を―　内容を―　ことばに―
現《あらわ》す　姿を―　頭角を―
著《あらわ》す　書物を―　名を―
蟻《あり》　―の行列　―のはい出るすきもない
有明《ありあけ》　―の月　―の空
在処《ありか》　宝の―を捜す　―がわからない
有難《ありがた》い　「難有い」とも。―話を聞く

在来り《ありきたり》　―の形　―の着想
有様《ありさま》　みじめな―となる　生活の―を見る
有体《ありてい》　―に言えばこうなる　―に白状しろ
亜流《ありゅう》　彼の絵はピカソの―だ
有《あ》る　父にはひげが―　あした遠足が―
在《あ》る　机の上に本が―　東京に―親類
或《ある》　―日　これは―国の話です
或《あるい》は　白―赤い色が好きだ
歩《ある》く　道を―　歩いて通る　歩き方
主《あるじ》　一家の―　この店の―は働き者だ
亜爾然丁《アルゼンチン》　―タンゴ
彼《あれ》　―はどうなったかな　―とこれ
荒性《あれしょう》　「荒症」とも。　―用のクリーム
荒《あ》れる　―海　肌《はだ》が―　株主総会が―

泡《あわ》　せっけんの―　―を食う　―吹かせる
粟《あわ》　小粒で黄色い―の実　―の餅《もち》
安房《あわ》　旧国名、千葉県房総半島の先端部。
阿波《あわ》　旧国名、徳島県。　名物の―踊り
淡《あわ》い　―色　―望みを掛ける　―光
淡路《あわじ》　旧国名、兵庫県の淡路島。
袷《あわせ》　ひとえを脱いで―を着る　―羽織
合《あわ》せる　手を―　答えを―　心を―
合《あわ》せる　「協せる」とも。　力を―
併《あわ》せる　両案を―　隣国を―
遽《あわただ》しい　―動き　―政局　式の当日は―
慌《あわ》てる　「周章てる」とも。　夕食時の地震に―
鮑《あわび》　「鰒」とも。貝。　―の酢の物　―の片思い
泡盛《あわもり》　琉球の酒。　―はアルコール分が強い

淡雪《あわゆき》　春の―　―のようにはかない
哀《あわ》れ　―を知る　―な子
憐《あわれ》む　「憫む」とも。　生き物を―
案《あん》　―を練る　―を出す　参考―　改正―
餡《あん》　つぶし―　こし―　―ころもち　―パン
庵《あん》　いおり。草庵。雅号。屋号。僧―　―主
暗々裏《あんあんり》　内密。　―に調査する
安易《あんい》　―な生活を送る　―に考える
安逸《あんいつ》　「安佚」とも。　―をむさぼる　―な生活
暗雲《あんうん》　―低迷する政界　―が漂う
暗影《あんえい》　「暗翳」とも。　―を投じる　―が差す
行火《あんか》　―に火を入れる　―でぬくもる
案外《あんがい》　―な返事　―手ごわい敵
安閑《あんかん》　―としてはいられない　―と日を送る

安危《あんき》　国家の―　―を気づかう
暗記《あんき》　「諳記」とも。　公式を―する　―力　丸―
暗鬼《あんき》　疑心―を生じる
行脚《あんぎゃ》　諸国を―する　―僧
暗渠《あんきょ》　地下に設ける水路。　―排水
暗愚《あんぐ》　―な主君　生まれ付き―な人
案件《あんけん》　―を処理する　―を報告協議する
鮟鱇《あんこう》　―のつるし切り　―なべ
暗合《あんごう》　両者の意見が期せずして―する
暗号《あんごう》　敵の―を解読する　―電報
暗黒《あんこく》　―の一夜を過ごす　―時代　―大陸
暗殺《あんさつ》　大統領が―された　―団の首領
安産《あんざん》　―でおめでとう　―のお守り札
暗算《あんざん》　―で答えを出す　そろばんより―が早い

暗示《あんじ》　解決策を―する　―に掛かる
暗室《あんしつ》　―でフィルムを現像する
安如《あんじょ》　「晏如」とも。　―として過ごす
暗唱《あんしょう》　「暗誦・諳誦」とも。　答えを―する
暗礁《あんしょう》　船が―に乗り上げる　―にぶつかる
案《あん》じる　―より産むがやすい　子の将来を―
安心《あんしん》　全員無事で―する　―立命の境地
杏《あんず》　―の白い花が咲く　干した―の実
安静《あんせい》　医師から絶対―を命じられた　―にする
安全《あんぜん》　―な道　―第一　家内―　―弁
暗然《あんぜん》　「黯然」とも。　入試に失敗して―たる毎日
安息日《あんそくび》　キリスト教徒の―
安泰《あんたい》　ご―を祈る　お家―　会社は―だ
暗澹《あんたん》　前途は―としている　―たる気持

安置《あんち》 仏像を壇上に—する
安着《あんちゃく》 目的地に—する —の知らせがある
暗中《あんちゅう》 —飛躍する —模索を続ける
安直《あんちょく》 —な品物 —に物事を考える
安定《あんてい》 生活が—する —を保つ 物価—政策
暗転《あんてん》 舞台が—して次の場面が始まる
安堵《あんど》 —の胸をなでおろす 一同—する
行灯《あんどん》 昔の灯火。昼—
案内《あんない》 見学者を—する —係 旅行—
暗《あん》に それとなく。—非難する —金額を示す
安寧《あんねい》 社会の—秩序を保つ
案《あん》の定《じょう》 —雨になった —彼は来ない
安穏《あんのん》 —な生活 晩年を—に送る
鞍馬《あんば》 体操の一種目。体操用具。—で優勝する
案配《あんばい》 「按配・按排」とも。演奏曲目を—する
塩梅《あんばい》 ふろの—はどうですか いい—だ
安否《あんぴ》 —を気づかう —を尋ねる
鞍部《あんぶ》 山の— 一列になって—を行く登山隊
按腹《あんぷく》 腹をもみさする。—療治法
案分《あんぶん》 「按分」とも。人数で—する —比例
罨法《あんぽう》 患部をあたため、また冷やす療法。温—
按摩《あんま》 —に揉《も》んでもらう
安眠《あんみん》 騒音がひどくて—できない —妨害
暗黙《あんもく》 —のうちに了解する
暗夜《あんや》 「闇夜」とも。—にともしび —のつぶて
暗躍《あんやく》 会社の乗っ取りに—する
安楽《あんらく》 —な生活 —に暮らす —いす —死
暗涙《あんるい》 人知れず流す涙。—にむせぶ

い

易《い》 —より難へ 難を避けて—につく
威《い》 —を振るう 虎《とら》の—を借る狐《きつね》
胃《い》 —の腑《ふ》 —を痛める —病
異《い》 —を立てる 縁は—なもの
意《い》 —に介さない —を決する —を尽くす
井《い》 —の中の蛙《かわず》大海を知らず
亥《い》 十二支の第十二。いのしし。—年の人
藺《い》 植物。—草 七島—畳表にする—
遺愛《いあい》 故人—の書画を出品する —の品
居合《いあい》 —抜きの名人 —腰
威圧《いあつ》 武力で—を加える 四囲を—する
慰安《いあん》 —旅行 従業員を—する
易々《いい》 ごくたやすい。それは—たることである
唯々《いい》 承知する。—諾々として従う
言掛《いいがか》り くだらぬことに—を付ける
言種《いいぐさ》 彼の—がふるっている 何という—だ
言伝《いいつた》え 河童《かっぱ》がすんでいたという—の池
許婚《いいなずけ》 「許嫁」とも。兄の— —の女性
言値《いいね》 縁日では—で買う人は少ない
言分《いいぶん》 相手の—を聞く これなら—はなかろう
言回《いいまわ》し 「言廻し」とも。—の悪い表現
言訳《いいわけ》 集合時刻に遅れた—をする —がきかぬ
医院《いいん》 病院より規模の小さい— 内科—
委員《いいん》 —に選ばれる —会 —長 常任—
言《い》う 「云う」とも。文句を— はっきりと—
謂《い》う 称する。彼のような人物を名人と—のだ
遺詠《いえい》 故人の残した詩歌。辞世の詩歌。
遺影《いえい》 仏前に—を飾る 父の—に合掌する
家柄《いえがら》 高貴の—の出 —のいい人
家路《いえじ》 —につく —をたどる —を急ぐ
家出《いえで》 娘が—をする —人を捜索する
雖《いえど》も 社長と—特別扱いは許されない
家並《いえなみ》 —のそろっている町 美しい—
家元《いえもと》 踊りの— —を継ぐ —へ送金する
癒《い》える 病が— 心の傷が—
以遠《いえん》 京都—の地
以往《いおう》 明治—に衰えた町
硫黄《いおう》 元素の一。—の鉱泉 —の黄色い結晶
庵《いおり》 そまつな仮住い。—を結ぶ
烏賊《いか》 —が墨を吐く —の塩辛 —のさしみ

毬《いが》　栗（りく）の—

伊賀《いが》　旧国名、三重県の北西部。—流の忍術

位階《いかい》　—が上る　—勲等

遺戒《いかい》　「遺誡」とも。亡父の—を守る　恩師の—

以外《いがい》　彼—の人　これ—のことは知らない

意外《いがい》　—なできごと　—に速いスピード

遺骸《いがい》　山から遭難者の—を運び降ろす

如何《いかが》　—いたしましょう　ごきげん—ですか

威嚇《いかく》　敵を—する　—射撃　—戦術

医学《いがく》　西洋—と漢方—　予防—　—部

鋳掛《いかけ》　—屋になべの修理を頼む

如何様《いかさま》　—ばくち　—師

生《い》かす　—も殺すも　死にかかった金魚を—

活《い》かす　多年の経験を—

雷《いかずち》　かみなり。雷鳴。

遺家族《いかぞく》　殉職者の—を慰問する

筏《いかだ》　木材を—に組む　—流し　—師

鋳型《いがた》　—にはめる　—に流し込む

威喝《いかつ》　強盗に—される

啀合《いがみあ》う　いつもあのふたりは—

厳《いか》めしい　—顔をして立つ　—姿

碇《いかり》　「錨」とも。船の—　—を降ろす

怒《いか》る　烈火のごとく—　父　肩が—

移管《いかん》　事件を所轄の警察に—する　—措置

異観《いかん》　変わったようす。珍しいながめ。

偉観《いかん》　りっぱなようす。天下の—　—を呈する

遺憾《いかん》　—千万　まことに—に存じます

依願《いがん》　—退職　—免官

意気《いき》　—投合する　—天を突く　—揚々

遺棄《いき》　死体を—して逃げた

息《いき》　—をする　—をのむ　—が合う　虫の—

粋《いき》　—な姿の女性　—と通—な柄の着物

域《いき》　名人の—に達する　入門の—を出ない

壱岐《いき》　旧国名、長崎県の壱岐島。

異義《いぎ》　同音—の語

異議《いぎ》　—あり　—を申し立てる

意義《いぎ》　—のある催し　—深い話の—

威儀《いぎ》　—を正して式に参列する

生写《いきうつ》し　妹はなくなった祖母に—だ

生埋《いきう》め　山くずれでおおぜい—になる

勢《いきお》い　—がよい　—に乗る　相手の—に押される

経緯《いきさつ》　事件の—を説明する

意気地《いきじ》　男の—

息遣《いきづか》い　—が荒い　苦しそうな—をする

憤《いきどお》る　政府の無策を—　道徳の衰えを—

息抜《いきぬ》き　仕事の—をする

息張《いきば》る　腹に力を入れて—

生仏《いきぼとけ》　「活仏」とも。—のようにりっぱな人

息巻《いきま》く　「敦圉く」とも。すごいけんまくで—

異郷《いきょう》　「異境」とも。—を旅する　—で死ぬ

偉業《いぎょう》　月着陸という—を成し遂げる

遺業《いぎょう》　父の—を受け継ぐ

異教徒《いきょうと》　—を迫害する暴君

委曲《いきょく》　—を尽くして説明する

英吉利《イギリス》　—連邦の諸国

生霊《いきりょう》　死霊と—　—のたたりがある

育英《いくえい》　—事業　—資金

幾重《いくえ》にも　—重なる　—おわびします

軍《いくさ》　—大将　—神

戦《いくさ》　—に出掛ける　—に勝つ　—をする

育児《いくじ》　退職して—に専念する　—手当

意気地《いくじ》　—がない　この—なし

育成《いくせい》　選手の—に努める　後継者を—する

幾多《いくた》　—の困難を乗り越えて完成する

幾度《いくたび》　「いくど」とも。—読んでも飽きない本

兎唇《いぐち》　上唇（うわくちびる）が裂けている口。

異口同音《いくどうおん》　—に言う

幾人《いくにん》　「いくたり」とも。みんなで—ですか

幾許《いくばく》　余命—もない　費用の—かを負担する

猪首《いくび》　短くて太い首。

幾分《いくぶん》 病状は—よいほうに向かった
偉勲《いくん》 明治維新の際に—を立てた人
遺訓《いくん》 亡父の—を守る　大西郷—集
畏敬《いけい》 先生に—の念をいだく
活魚《いけうお》 生きたままの魚。—料理
生垣《いけがき》 —のある家　柾《まさき》の—
生簀《いけす》 —の魚を料理する　—で鯉《こい》を飼う
井桁《いげた》 —に組む　—の紋
生捕《いけどり》 熊《くま》を—にする
生贄《いけにえ》 「犠牲」とも。—として神に供える
生花《いけばな》 「活花」とも。—の師匠　—を飾る
行《い》ける —ところまで行く　彼は—口だ
生《い》ける —しかばね
生《い》ける 「活ける」とも。花を—

埋《い》ける 土管を—　火鉢《ひばち》に炭を—
異見《いけん》 —を立てる　—を唱える
意見《いけん》 —を述べる　—を聞く　むすこに—する
違憲《いけん》 憲法違反。—の判決
威厳《いげん》 —のある顔　大臣らしい—を備えている
以後《いご》 —注意するよう　—慎みます
囲碁《いご》 —を一局打つ　—に凝る
以降《いこう》 四月—連絡がありません
衣桁《いこう》 脱いだ着物を—に掛けておく
威光《いこう》 —を輝かす　王の—に屈する
移行《いこう》 新制度に—する　—措置を講じる
偉功《いこう》 —をたたえる　不滅の—
意向《いこう》 「意嚮」とも。先方の—しだいです
遺稿《いこう》 旧師の—を整理する

憩《いこ》う 「息う」とも。木陰に—人々
異国《いこく》 —情調豊かな町　—の鬼となる
依怙地《いこじ》 「えこじ」とも。—な人
遺骨《いこつ》 —収集　—を抱いて帰る
遺恨《いこん》 —十年一剣をみがく　—を晴らす
委細《いさい》 給料その他は—面談　—承知しました
偉才《いさい》 「異才」とも。天下の—　—を現わす
異彩《いさい》 ひときわ—を放つ
勲《いさお》 「功」とも。—は長く残るであろう
諍《いさか》い 女どうしの—　—が絶えない
潔《いさぎよ》い —最期を遂げる　潔くあきらめる
遺作《いさく》 友人の—展を開催する
聊《いささ》か この暑さには—まいった
誘《いざな》う さそう。友だちを遠足に—

勇足《いさみあし》 —で負けた一番　—の発言
勇肌《いさみはだ》 —のあんちゃん
諫《いさ》める 忠告する。友人の非行を—
十六夜《いざよい》 —の月が上る
躄《いざり》 足の立たない人。
漁火《いさりび》 沖に—がまたたいている
遺産《いさん》 —相続　父の—を継ぐ　ばくだいな—
違算《いさん》 計画に—がないことを期する
胃酸《いさん》 胃液に含まれている酸。—過多症
医師《いし》 —の診断を待つ　—会　歯科—
意思《いし》 —表示　わたしの—を皆さんに訴える
意志《いし》 —の強い人　—薄弱
遺志《いし》 故人の—　—を継いで事業を行なう
縊死《いし》 首をくくって死ぬ。二階の自室で—する

頤使《いし》 あごで使う。課長の—に甘んじる
意地《いじ》 —を張る　—を通す　—が悪い　男の—
維持《いじ》 権勢を—する　健康を—する　—会費
遺児《いじ》 兄の—を養う　—を励ます　—年金
意識《いしき》 —を回復する　—過剰　—不明
礎《いしずえ》 城の—　東京の—を築いた太田道潅《どうかん》
石畳《いしだたみ》 「甃」とも。長崎の町は—が多い
遺失物《いしつぶつ》 —預り所
碑《いしぶみ》 石碑《せきひ》。—の文字を読む　古い—
石部金吉《いしべきんきち》 —の老人
虐《いじ》める 「苛める」とも。弱い者を—
慰謝料《いしゃりょう》 「慰藉料」とも。
異種《いしゅ》 —の交通機関を乗り継ぐ
意趣《いしゅ》 —返し　—晴し

異臭《いしゅう》 —ふんぷん —が漂う —を放つ
蝟集《いしゅう》 集まり寄る。群がり集まる。—する群衆
移住《いじゅう》 ブラジルに—する —あっせん所
委縮《いしゅく》 「萎縮」とも。気持が—する —した葉
委縮《いしゅく》 「畏縮」とも。権力に押されて—する
移出《いしゅつ》 他県に—する 工場から—する
遺書《いしょ》 まくら元には一通の—があった
衣装《いしょう》 「衣裳」とも。花嫁— 美しい—
異称《いしょう》 …の—で呼ばれている
意匠《いしょう》 —を登録する 奇抜な—の緞帳(どんちょう)
以上《いじょう》 百円—の品 —の点に注意してください
委譲《いじょう》 権利を—する 政令に—する
異状《いじょう》 からだには—がない —を呈する
異常《いじょう》 —な暖かさ —体質 —乾燥 正常と—

偉丈夫《いじょうふ》 彼はなかなかの—だ
衣食《いしょく》 —足りて礼節を知る —にも事欠く生活
移植《いしょく》 苗の— 毛髪を—する 心臓—手術
異色《いしょく》 —ある政治家
委嘱《いしょく》 「依嘱」とも。運営委員を—する
弄《いじ》る 機構を— 庭を— おできを—
威信《いしん》 —にかけてがんばる —を回復する
維新《いしん》 明治— —の元勲
異人《いじん》 青い目をした—さん 同名—
偉人《いじん》 郷土の— —の伝記を読む
以心伝心《いしんでんしん》 —の間柄
椅子《いす》 —に腰掛ける 安楽— 総裁の—を争う
伊豆《いず》 旧国名、伊豆半島と伊豆七島。
異数《いすう》 —の出世をする —の発展を見る

鶍《いすか》 —の嘴(はし)の食い違い
焉《いずく》んぞ 「安んぞ」とも。—知らん
何処《いずこ》 昔の面影今— —ともなく立ち去った
泉《いずみ》 清らかな—が湧(わ)いている 知識の—
和泉《いずみ》 旧国名、大阪府の南西部。
出雲《いずも》 旧国名、島根県の東半部。—大社
何《いず》れ —か一つを選ぶ —にしても —にせよ —お会いしましょう
孰《いず》れ —わかることだ
居座《いすわ》る 会長の地位に—
伊勢《いせ》 旧国名、志摩半島先端部を除く三重県。
威勢《いせい》 —のいい掛け声 —を揚げる
異性《いせい》 —との交遊 —の友との文通
為政者《いせいしゃ》 —の良心を疑う
移籍《いせき》 巨人から大洋に—した選手

遺跡《いせき》 「遺蹟」とも。—を調査する 寺院の—
異説《いせつ》 —を立てる これには—がある
以前《いぜん》 三月一日— —と違って健康そうだ
依然《いぜん》 旧態— —として解決しない問題
磯《いそ》 —伝いに歩く —の千鳥
遺贈《いぞう》 親友に蔵書を—する
意想外《いそうがい》 —の昇進 —の出来高
居候《いそうろう》 「食客」とも。—三杯めはそっと出し
忙《いそが》しい —思いをする 仕事で毎日—
急《いそ》ぐ 帰り道を— 工場の建設を—
遺族《いぞく》 —の焼香 —を弔問する —補償
励《いそ》しむ 「勤しむ」とも。勉学に—
磯辺《いそべ》 —に打ち寄せる波 —の松
依存《いぞん》 外国資本に—する

異存《いぞん》 この処置に—はありません
異体《いたい》 —同心 —の文字
遺体《いたい》 —を解剖する 遭難—の捜索
偉大《いだい》 —な事業 —なる先覚者
痛《いた》い 頭が— —ところを突く 痛し痒(かゆ)し
痛々《いたいた》しい 「傷々しい」とも。—姿
委託《いたく》 「依託」とも。管理を—する —販売
抱《いだ》く 大志を— 悪意を—
懐《いだ》く 疑いの場合。疑問を— 疑惑を—
威猛高《いたけだか》 「居丈高」とも。—になる
致《いた》す 不徳の—ところ お願い致します
出《いだ》す ふところから取り— 才能を見—
悪戯《いたずら》 —をする者 こどもの— —っ子
徒《いたずら》に —日を送る —心配する

い

頂《いただき》　富士山の—でご来光を仰ぐ
戴《いただ》く　「頂く」とも。手紙を—　会長に—
鼬《いたち》　—の最後っぺ　—の道切り
韋駄天《いだてん》　—のように走る
痛手《いたで》　—を被る　大きな—を受ける
虎杖《いたどり》　—の葉を薬用にする
板挟《いたばさ》み　両方の—となって悩む
板塀《いたべい》　—で囲む　黒—に見越しの松
板前《いたまえ》　料理屋の—　—修業
痛《いた》ましい　「傷ましい」とも。見るも—光景
痛《いた》む　心が—　傷が—
悼《いた》む　友人の死を—
傷《いた》む　損傷。機械が—　本が—　傷んだ家
炒《いた》める　「煠める」とも。料理。油で—　肉を—

撓《いた》める　練る。皮を—
伊太利《イタリア》　「イタリー」とも。
至《いた》る　事ここに—　今日に—まで　青森に—道
至《いた》る　「到る」とも。頂上に—　悲喜こもごも—
労《いたわ》る　試合に敗れた友を—　老人を—
異端者《いたんしゃ》　—を排斥する　—扱い
壱《いち》　一。金額の場合に使う。参百弐拾—円
位置《いち》　所定の—に着く　—が定まる
一意専心《いちいせんしん》　—励む
一衣帯水《いちいたいすい》　—の対岸
一円《いちえん》　—の釣銭(つり)　関東—に地震があった
一応《いちおう》　「一往」とも。—のあいさつ　—の道理
一概《いちがい》に　—悪いとは言えない　—論じられぬ
一丸《いちがん》　全社員が—となって会社を再建する

一隅《いちぐう》　片すみ。講堂の—に置く
一撃《いちげき》　相手を—のもとに倒す　—を加える
一言《いちげん》　—居士(こじ)　あえて—呈する
一期《いちご》　六十歳を—としてこの世を去る
苺《いちご》　—でジャムを作る　—畑　—ミルク
一言《いちごん》　—半句も違わない　—もない
一座《いちざ》　—の人　—の花形　—を笑わせる
一次《いちじ》　第—試験　—方程式　—産業
一時《いちじ》　午前—　—のがれ　—金　晴れ—曇り
一事《いちじ》　—が万事　—不再議　—不再理
無花果《いちじく》　—の実がなる
一日《いちじつ》　彼に—の長がある　—千秋の思いで待つ
一汁一菜《いちじゅういっさい》　—の食事
一巡《いちじゅん》　会場を—する　打者—の猛攻

一助《いちじょ》　生活費の—とする　研究費の—となれば
一場《いちじょう》　—の訓辞を与える　—の夢
著《いちじる》しい　—傾向　—発達を遂げる
一陣《いちじん》　第—が出発する　—の風が吹く
一途《いちず》に　—学問に励む　—思い込む
一族《いちぞく》　—そろって長生きする　—の長
一存《いちぞん》　わたしの—では答えられません
一団《いちだん》　—となって押し寄せる　学生の—
一段《いちだん》と　—声を張り上げる
一段落《いちだんらく》　仕事がやっと—する
一同《いちどう》　家族—元気です　—着席　孫—がそろう
一堂《いちどう》　老若男女が—に会する
一如《いちにょ》　同じ。物心—
一任《いちにん》　部下に—する　原案作成を—される

一念《いちねん》　やせたい—で断食する　—発起(ほっき)する
市場《いちば》　青物—　魚—　—町として発達
逸早《いちはや》く　—火事を見付けた　—通報する
一分《いちぶ》　—一厘　一寸—　—のすきもない
一部《いちぶ》　—の学生の中には　—始終　—完成
一瞥《いちべつ》　ちらりと—する　—を与える
一望《いちぼう》　「一眸」とも。—のもとに　—千里の広野
一抹《いちまつ》　前途に—の不安がある
市松模様《いちまつもよう》　—の帯地
一脈《いちみゃく》　彼とは—相通じるものがある
一命《いちめい》　—を取り留める　—をなげうって努める
一面《いちめん》　—の真理　空—の黒い雲　—的な見方
一面識《いちめんしき》　彼とは—もない
一網打尽《いちもうだじん》　—に逮捕

い

一目《いちもく》 みんなが彼に—置いている —瞭然(りょうぜん)

一目散《いちもくさん》 —に逃げ出した

一物《いちもつ》 腹に—ある 胸に—ある言い方

一文《いちもん》 —の値うちもない —惜しみ

一門《いちもん》 平氏— —の名誉のために働く 大砲—

一躍《いちやく》 —有名になる —してスターになる

意中《いちゅう》 わたしの—の人 —を詳しく述べる

移駐《いちゅう》 自衛隊は北海道に—した

遺著《いちょ》 恩師の—を出版する

胃腸《いちょう》 —障害を起こす —の妙薬

移牒《いちょう》 他の役所へ—を発する

銀杏《いちょう》 「公孫樹」とも。—の大木 —並木

一葉《いちよう》 —落ちて天下の秋を知る

一様《いちよう》 みんなが—に賛成する 尋常—

一陽来復《いちようらいふく》

一翼《いちよく》 祖国防衛の—をになう 発展の—となる

一覧《いちらん》 —に供します ご—ください —表

一理《いちり》 彼の言うことにも—ある

一律《いちりつ》 一様。—に扱う 千編— —五千円アップ

一率《いちりつ》 同じ率。—に減らす

一流《いちりゅう》 当代—の学者 彼—の考え方

一両日《いちりょうじつ》 —のうちに出発する

一輪挿《いちりんざし》 —に生ける —の花

一縷《いちる》 —の望みがある —の光明を求める

一連《いちれん》 —の放火事件

一蓮托生《いちれんたくしょう》

一路《いちろ》 —南に進む —邁進(まいしん)する 真実—

一家《いっか》 学問では—を成している —だんらん

一過《いっか》 大風—秋晴れの好天となる

一介《いっかい》 —の書生にすぎない —の素浪人(すろうにん)

一塊《いっかい》 ひとかたまり。—の土

一角《いっかく》 城壁の—に立つ 町の—を占領する

一画《いっかく》 一点—もおろそかにしない

一画《いっかく》 「一劃」とも。区画。—ずつ割り当てる

一獲《いっかく》 「一攫」とも。—千金

一家言《いっかげん》 彼は—を持っている

一括《いっかつ》 —して捨てる —審議する

一喝《いっかつ》 —をくらわす いきなり—される

一巻《いっかん》 人間死んでしまえば—の終りだ

一貫《いっかん》 終始—した信念 —作業 裸—

一環《いっかん》 復興事業の—として実施する

一気《いっき》 —呵成(かせい)に書き上げる —に走る

一揆《いっき》 百姓—が起こる —の指導者

一騎《いっき》 —当千のつわもの —打ち

逸機《いっき》 惜しくも—する

一喜一憂《いっきいちゆう》 —の状態

一掬《いっきく》 ひとすくい。—の涙を禁じえない

一挙《いっきょ》 —に片づける —両得 —一動

一興《いっきょう》 これをやるのも—である

一驚《いっきょう》 彼の上達ぶりには—を喫した

居《い》着《つ》く あの犬はあのまま家に居着いた

慈《いつく》しむ 子を—母の心

一系《いっけい》 元日や—の天子富士の山 万世—の天皇

一計《いっけい》 —を案じる —を立てる

一件《いっけん》 —書類を送付する

一見《いっけん》 百聞は—にしかず —してわかる

一軒家《いっけんや》 「一軒屋」とも。

一顧《いっこ》 —の価値すらもない —も与えない

一行《いっこう》 視察団の— —十人 —を迎える

一考《いっこう》 この処置は—を要する —に値する提案

一向《いっこう》 勉強しても成績は—に上がらない

一刻《いっこく》 春宵(しゅんしょう)—値千金 —の猶予もできない

一刻《いっこく》 「一国」とも。—な老人 —者

一献《いっこん》 —差し上げたい —傾ける

一切《いっさい》 —構わない —を任せる —合財(がっさい)

一再《いっさい》 もめごとが—ならず起こる

逸材《いつざい》 …門下の—とうたわれる

一昨日《いっさくじつ》 おととい。

一昨年《いっさくねん》 おととし。

一札《いっさつ》 —入れて許してもらう

一散《いっさん》 ―に走る
一矢《いっし》 野党の攻撃に―を報いる
一糸《いっし》 ―もまとわぬ裸身　―乱れぬ行動
一指《いっし》 彼が監督している以上―も触れさせない
一子相伝《いっしそうでん》 ―の秘密
一視同仁《いっしどうじん》 ―の慈悲
一瀉千里《いっしゃせんり》 ―に書く
一周《いっしゅう》 トラックを―する　世界―旅行　―忌
一週《いっしゅう》 ―一回ずつ集まる　今月の第―　―間
一蹴《いっしゅう》 組合の要求を―する　断固―せよ
一瞬《いっしゅん》 ―のうちに倒壊した　―耳を疑う
一緒《いっしょ》 両親と―に住む　兄と―に帰る
一生《いっしょう》 波乱の―を終わる　―をささげる
一笑《いっしょう》 ―に付する　破顔―する

一生涯《いっしょうがい》 ―独身で過ごす
一生懸命《いっしょうけんめい》
一唱三嘆《いっしょうさんたん》
一触即発《いっしょくそくはつ》
一心《いっしん》 ―にやる　見たい―で　―不乱　―同体
一身《いっしん》 非難を―に受ける　―上の都合で退職
一新《いっしん》 メンバーを―する　気分を―する
一睡《いっすい》 一晩じゅう―もしない
逸《いっ》する 常軌を―行為　好機を―
一世《いっせ》 親子の縁は―　―一代の名演技
一世《いっせい》 ―を風靡《ひょう》する　―の英雄　ルイ―
一斉《いっせい》 ―射撃　―に立ち上がる
一夕《いっせき》 一朝―にはできない　―祝宴を張る
一石《いっせき》 業界に―を投じた発言　―二鳥の名案

一席《いっせき》 ―設けて懇談する
一閃《いっせん》 電光が―する
一層《いっそう》 ―のご愛顧をお願いいたします
一掃《いっそう》 敵を―する　不良品を―する
一双《いっそう》 六曲―の屏風《びょうぶ》
一足飛《いっそくとび》 ―に課長に昇進する
一帯《いったい》 付近―の地　九州―に地震があった
一体《いったい》 上下―となる　―全体それはほんとうか
逸脱《いつだつ》 本分を―する
一旦《いったん》 ―決めたからには変更しない
一端《いったん》 事件の―を知る　―を受け持つ
一致《いっち》 ―して努める　―団結　満場―
一知半解《いっちはんかい》 ―の知識
一丁《いっちょう》 豆腐―　―勝負しよう

一丁《いっちょう》 「一挺」とも。銃―　鍬《くわ》―　三味線―
一朝《いっちょう》 ―一夕にはできない　―有事の際は
一張羅《いっちょうら》 ―の洋服
一対《いっつい》 ―の花輪を供える　好―の夫婦
一滴《いってき》 ―の水もない
一擲《いってき》 乾坤《けんこん》―の大芝居　計画を―する
一徹《いってつ》 ―な老人　がんこ―
一天《いってん》 ―にわかにかき曇る　―万乗の大君
一転《いってん》 心機―　形勢が―する
一点張《いってんばり》 知らぬ存ぜぬの―
一途《いっと》 形勢は悪化の―をたどる
一統《いっとう》 ご―さまの健康を祈ります
一刀両断《いっとうりょうだん》
一端《いっぱし》 ―なことを言う　―の芸人

一半《いっぱん》 彼にも―の責任がある　―を割《さ》いて
一般《いっぱん》 社会―の成行き　―受けがする　―的
一臂《いっぴ》 彼に―の力を貸す
一筆《いっぴつ》 ―書き入れる　―したためる　―啓上
一票《いっぴょう》 ―を投じる　―を行使する　清き―
一瓢《いっぴょう》 ―を携えて梅見に行く
逸品《いっぴん》 この茶わんは天下の―である
一風《いっぷう》 ―変わったところのある人
一服《いっぷく》 薬を―盛る　途中で―する
一幅《いっぷく》 ―の名画　―の絵のような景色《けしき》
逸聞《いつぶん》 世に知られない話。逸話。
一片《いっぺん》 ―の紙切れ　―の義理
一変《いっぺん》 相手の態度が―する　形勢―
一遍《いっぺん》 ―行ってみる　―こっきり　通り―

一編《いっぺん》 「一篇」とも。―の詩を作る
一辺倒《いっぺんとう》 アメリカ―
一方《いっぽう》 勉強―の人　―こんなこともある
一法《いっぽう》 こうやってみるのも―だ
一報《いっぽう》 到着しだいご―願います　第―が入《はい》る
逸楽《いつらく》 「佚楽」とも。―にふける
逸話《いつわ》 ―でその人の一面を知ることができる
偽る《いつわる》 「詐る」とも。病気だと―　身分を―
出立《いでたち》 旅の―を整える　その日の―は
凍てる《いてる》 ―ような寒さ　凍てついた道
移転《いてん》 ―先を突き止める　郊外に―する
遺伝《いでん》 この病気は子孫に―する　隔世―
意図《いと》 政府の―するところ　当初の―と異なる
緯度《いど》 ―と経度

井戸《いど》 ―を掘る　―の水　―端《ばた》
厭う《いとう》 努力を―　おからだをお厭いください
異同《いどう》 両者の―を調べる
移動《いどう》 ピアノを教室のすみに―した　―図書館
異動《いどう》 人事―が発表される　営業部に―する
威徳《いとく》 威光と徳望。神の―　―並び備わる
遺徳《いとく》 故人の―をしのぶ
糸口《いとぐち》 「緒」とも。問題を解く―が見付かる
従兄弟《いとこ》 父母の甥《おい》。
従姉妹《いとこ》 父母の姪《めい》。
居所《いどころ》 虫の―が悪い　友人の―を問い合わせる
愛しい《いとしい》 ―わが子　―彼女
営む《いとなむ》 葬式を―　本屋を―
暇《いとま》 手紙を書く―がない　―を出す　―乞《ご》い

挑む《いどむ》 勝負を―　冬山に―
否《いな》 賛成か―か　出掛けるや―や降りだした
異な《い》 ―ことを知る　縁は―もの味なもの
以内《いない》 千円―の品　五日―に仕上げる
居直る《いなお》 相手が急に―　見付かって強盗に―
田舎《いなか》 ―回り　―に帰る　―の父や母
蝗《いなご》 ―の大群が発生して稲を荒らす
稲作《いなさく》 今年の―はきわめて良好である
稲妻《いなずま》 ―が光る　―形の模様
嘶く《いなな》 馬が声高く―
因幡《いなば》 旧国名、鳥取県東部。―の白兎《しろうさぎ》
稲光《いなびかり》 夜空の―　―と雷鳴
稲穂《いなほ》 ―が風に揺れる
否む《いな》 ―ことのできない事実　否みきれぬ失敗

居並ぶ《いなら》 大広間に―面々　警官隊が―
稲荷《いなり》 正一位―大明神　お―さま　―ずし
古《いにしえ》 ―ぶり　―から伝わる宝
移入《いにゅう》 感情―　隣接県から―する
囲繞《いにょう》 「いじょう」とも。城を―する堀《ほり》
委任《いにん》 全権を―する　―状
犬《いぬ》 「狗」とも。―の遠ぼえ　敵方の―
戌《いぬ》 十二支の第十一。―年生れの人
乾《いぬい》 「戌亥」とも。北西の方角。―の天守閣
稲《いね》 ―の穂が出る　―を刈る　―をこく
居眠り《いねむ》 「坐睡」とも。―運転　―が出る
牛膝《いのこずち》 ―の実が衣服にくっつく
居残り《いのこ》 ―をして仕事を片づける
猪《いのしし》 ―が畑の作物を荒らす　―武者

命掛け《いのちが》 「命懸け」とも。―の作業
祈る《いの》 神に―　無事を―
位牌《いはい》 ―を汚す　先祖の―
違背《いはい》 法令に―する
意馬心猿《いばしんえん》 ―を制す
衣鉢《いはつ》 ―を伝える　師の―を継ぐ
遺髪《いはつ》 ―を埋める
茨《いばら》 ―の道を覚悟する
威張る《いば》 偉そうに―　そんなに―な
違反《いはん》 法律に―する行為
萎靡《いび》 しおれて元気がない。―沈滞する
鼾《いびき》 ―をかく　大―で寝る　高―
歪《いびつ》 ―な箱　ボールが―になる
意表《いひょう》 相手の―を突く　―に出た攻撃

い

遺品《いひん》 —を展示する　亡父の—
畏怖《いふ》 —の念をいだく　相手を—する
威武《いぶ》 —堂々と行進する
慰撫《いぶ》 住民を—する
威風《いふう》 —あたりを払う　—堂々の行進
遺風《いふう》 先輩の—を学ぶ　祖先の—
訝《いぶか》る 事件の原因を—
息吹《いぶき》 春の—を感じる　清新の—
衣服《いふく》 —を身に着ける　上代人の—
威伏《いふく》 隣国を—する
畏服《いふく》 老先生に—する弟子(でし)たち
燻《いぶ》す 草を—　蚊やりを—　銀を燻した記章
異物《いぶつ》 手術で—を取り出す
遺物《いぶつ》 石の斧(おの)は石器時代の—だ

異聞《いぶん》 珍しいうわさや話。
異分子《いぶんし》 党内に—が混じる
異変《いへん》 天候—　暖冬—で損害を受ける
疣《いぼ》 手足の—　表面に—のある器
違法《いほう》 —行為をしてはならない
彙報《いほう》 雑報。研究所の—
異邦人《いほうじん》 —の生活
遺墨《いぼく》 維新志士の—展覧会
居間《いま》 —に通される
忌々《いまいま》しい —思いだ　全く—やつだ
今更《いまさら》 —言ったところでしかたがない　何を—
戒《いまし》める 「誡める」とも。将来を—
在《いま》す おいでになる。いかに—父母
未《いま》だ 処置—決定せず　—かつて—に

今様《いまよう》 現代風。—の建築
今際《いまわ》 —のきわ
忌《い》まわしい —思い出
意味《いみ》 —を調べる　勉強しても—ない　—深長
忌詞《いみことば》 「するめ」は—で「あたりめ」という
異名《いみょう》 鉄人の—を取る
移民《いみん》 ブラジルには日本の—が多い　—船
忌《い》む —べき行為　忌みきらう
芋《いも》 「諸・薯」とも。—を洗うような混雑
妹背《いもせ》 夫婦。—の契りを結ぶ
芋蔓式《いもづるしき》 —に犯人を検挙する
鋳物《いもの》 鉄びんなどの—類　—工場
芋虫《いもむし》 —毛虫はさんで捨てろ　—ごろごろ
井守《いもり》 「蠑螈」とも。池などにいる—　—の黒焼

慰問《いもん》 老人を—する　戦地へ—袋を送る
厭《いや》 —なやつ　—な思い出　—というほど
否応《いやおう》 —なしに連れ去る　—を言わせず
嫌気《いやき》 仕事に—が差す
医薬《いやく》 —分業制度　—品
意訳《いやく》 逐語訳と—とは違う
違約《いやく》 —した場合—の責任を問われる　—金
弥栄《いやさか》 いよいよ栄える。万歳。天皇陛下—
卑《いや》しい 「賤しい」とも。—身分　品性が—
苟《いやしく》も —人に疑われることはするな
卑《いや》しむ 人を卑しめてはいけない　金銭を—
癒《いや》す 病気を—　傷を—
厭味《いやみ》 「嫌味」とも。—を言う　—な男
畏友《いゆう》 敬っている友。—の忠告に従う

伊予《いよ》 旧国名、愛媛県。—蜜柑(みかん)
愈々《いよいよ》 —それに違いない　—夏休みだ
威容《いよう》 「偉容」とも。—を誇る
異様《いよう》 —な人物　—に思う
意欲《いよく》 やろうという—が十分にある
以来《いらい》 卒業—初めて会う　江戸時代—の祭り
依頼《いらい》 父に援助を—する　—心が強い　—状
苛々《いらいら》 気が—する
甍《いらか》 屋根。—の波　お寺の—が高くそびえる
苛立《いらだ》つ 「焦慮つ」とも。気持が—
入相《いりあい》 日暮れ。日没。—の鐘の音
炒粉《いりこ》 米の粉をいったもの。和菓子の材料。
海参《いりこ》 干した海鼠(なまこ)。
炒豆《いりまめ》 豆をいったもの。—に花が咲く

入婿《いりむこ》 婿として他家に入(はい)る。父は—です
入母屋《いりもや》 —造りのいなかの旧家
慰留《いりゅう》 部下の辞意を—する
遺留《いりゅう》 遺産の—分 —の品を整理する
衣料《いりょう》 衣類。—品 布地・糸などの—
衣糧《いりょう》 衣類と食糧。—を放出する
医療《いりょう》 —に当たる —機械 貧弱な—政策 —費
入《い》る 気に— 堂に— 恐れ—
居《い》る 部屋(へや)に— すわって— 場所がない
要《い》る お金が— 材料がたくさん—
射《い》る 的を— 日の光が目を—
炒《い》る 火で焦がす。豆を—
煎《い》る 火で水分を除く。卵を—
鋳《い》る 鋳物の鉄びんを— 貨幣を—

海豚《いるか》 水族館で—の曲芸を見る
居留守《いるす》 —を使う
威令《いれい》 —並び行なわれる
異例《いれい》 「違例」とも。—の処置をする —の昇進
慰霊《いれい》 戦死者の—祭を執り行なう —塔
入墨《いれずみ》 「刺青・文身」とも。背中に—をする
入《い》れる 中に— 手を— 念を—
入《い》れる 「容れる」とも。希望を— 忠告を—
情婦《いろ》 あいつは親分の—だ
色揚《いろあげ》 染め直し。生地(きじ)を—する
色々《いろいろ》 「種々」とも。やり方にも—ある —の品
慰労《いろう》 手伝いの人を—する 社員—会 —金
遺漏《いろう》 —なきを期する 万—がないように
色香《いろか》 美しい—が漂う —に迷う

色艶《いろつや》 顔の—がいい
彩《いろど》る 「色どる」とも。壁を赤く— 会場を—
色直《いろなお》し 花嫁は—に立った
伊呂波《いろは》 —のイの字も知らない
色町《いろまち》 「色街」とも。—に遊ぶ —に育った娘
色目《いろめ》 —を使う 政治に—を使う
色眼鏡《いろめがね》 —で見る —を掛ける
囲炉裏《いろり》 —を囲んで話す
色分《いろわ》け 赤と青の— 党内派閥の—をする
異論《いろん》 —を唱える それには—がある
違和《いわ》 身体に—を生じる —感がある
岩《いわ》 「磐・巌」とも。大きな— 一心—をも通す
祝《いわ》う 子の誕生を— 優勝を— 壮途を—
巌《いわお》 —のごとき存在

磐城《いわき》 旧国名、宮城県南部と福島県東半部。
曰《いわ》く これには—がある —付きの品 —因縁
鰯《いわし》 「鰮」とも。—網 —の頭も信心から
岩代《いわしろ》 旧国名、福島県の西半部。
岩田帯《いわたおび》 妊婦の巻く腹帯。
岩魚《いわな》 谷川で—を釣(つ)る
岩登《いわのぼ》り —の名人 絶壁の— —で遭難する
石見《いわみ》 旧国名、島根県の西半部。—銀山
岩屋《いわや》 「窟」とも。海神さまを祭る— —に住む
所謂《いわゆる》 これが—猫(ねこ)に小判だ
謂《いわ》れ これにはおもしろい—がある
況《いわん》や 女ですら持てる、—男においてをや
陰《いん》 —に陽に —にこもった鐘の音
韻《いん》 —を踏む 余— 頭—と脚—

淫逸《いんいつ》 —な生活にふける
殷々《いんいん》 —たる砲声が聞こえてくる
陰鬱《いんうつ》 北国の冬は—な天気の日が多い
印影《いんえい》 印を押した跡。—を対照する
陰影《いんえい》 「陰翳」とも。—に富んだ文章 —画法
引火《いんか》 ガソリンに—する —点
因果《いんが》 —を含める —応報
陰画《いんが》 ネガ。—と陽画
印画紙《いんがし》 —に焼き付ける
印鑑《いんかん》 —を登録する —証明を取る
陰気《いんき》 —な性格 —な建物 —くさい
隠居《いんきょ》 長屋の— 家を長男に譲って—する
印形《いんぎょう》 印判。印章。書類と—を持参のこと
陰極《いんきょく》 —と陽極

慇懃《いんぎん》 ―な態度 ―無礼 ―に礼を言う

引見《いんけん》 陛下はフランス大使を―された

陰険《いんけん》 腹黒い―な性格

隠顕《いんけん》 「隠見」とも。町のあかりが―する

隠元《いんげん》 ―豆 どじょう― つるなし― さや―

鸚哥《いんこ》 よく物まねをする― せきせい―

隠語《いんご》 あの社会には特殊な―がある

咽喉《いんこう》 のど。―カタル 敵の―を扼(やく)す

淫行《いんこう》 みだらな性行為。―の常習者

因業《いんごう》 ―な家主 ―おやじ

印刷《いんさつ》 ポスターを―する 活版― グラビア―

陰惨《いんさん》 ―を窮める ―な光景

印紙《いんし》 収入印紙。契約書に―を張る ―税

因子《いんし》 遺伝― 重要な―

陰湿《いんしつ》 ―な地域に生息する動物

隠者《いんじゃ》 いなかで―の生活を送る ―文学

飲酒《いんしゅ》 喫煙―を禁じる ―運転による事故

因習《いんしゅう》 「因襲」とも。―を打破する

因循姑息《いんじゅんこそく》 ―な手段

印章《いんしょう》 印。印形。―を偽造してはいけない

印象《いんしょう》 よい―を与えた 第一― ―派の絵

飲食《いんしょく》 ―店 みだりに―すべからず ―代

殷賑《いんしん》 にぎやか。繁盛。―を窮める

員数《いんずう》 ―が不足する ―外の品物

陰性《いんせい》 ツベルクリン反応は―です ―と陽性

隠栖《いんせい》 「隠棲」とも。山奥に―する

印税《いんぜい》 著書の―で生活する ―の前払

引責《いんせき》 部下の監督不行き届きで―辞職する

姻戚《いんせき》 ―関係の人で首脳部を固める

隕石《いんせき》 ここは―の落ちた穴である

引接《いんせつ》 引見。使者を―する

隠然《いんぜん》 政界に―たる勢力を持つ

姻族《いんぞく》 結婚による親族。三親等内の―

引率《いんそつ》 生徒を―する教師 団体旅行の―者

引退《いんたい》 第一線を―する ―興行 ―声明

隠退《いんたい》 隠居して身を引く。郷里に―する

引致《いんち》 刑事が容疑者を―する

吋《インチ》 ヤードポンド法の単位。二・五四センチ。

隕鉄《いんてつ》 鉄・ニッケル分の多い隕石。

印度《インド》 国名。―洋

咽頭《いんとう》 のど。―炎 ―カタル

淫蕩《いんとう》 ―な風の漂う江戸文化 ―にふける

引導《いんどう》 僧が―を渡す

陰徳《いんとく》 ―あれば必ず陽報あり ―を積む

隠匿《いんとく》 犯人を―する ―物資の摘発

隠遁《いんとん》 山中に―する

隠忍自重《いんにんじちょう》 ―の結果

因縁《いんねん》 彼はこの土地には―が深い ―を付ける

淫売《いんばい》 売春。―婦 ―屋

印判《いんばん》 印。印章。―を押す ゴムの―

隠微《いんび》 わかりにくい。―な事情があるらしい

陰部《いんぶ》 ―をおおう布 ―を露出する

淫婦《いんぷ》 みだらな婦人。おのれ―め許しておかぬ

韻文《いんぶん》 詩歌。―と散文

隠蔽《いんぺい》 不正を―しようとしてもだめだ

陰謀《いんぼう》 倒閣の―を巡らす ―が発覚する

淫奔《いんぽん》 ―な性格 ―な生活に浸る

隠滅《いんめつ》 「湮滅」とも。証拠―のおそれがある

因由《いんゆ》 原因や理由。由来。―を説明する

引喩《いんゆ》 比喩(ひゆ)で説明。―の多い文章

隠喩《いんゆ》 断定的比喩(ひゆ)。「氷の刃(やいば)」など。

引用《いんよう》 源氏物語の一節を―する ―文

陰陽《いんよう》 ―五行説 ―相反する

飲用《いんよう》 この水は―に適します ―水

淫乱《いんらん》 ―の風を生じる ―の毎日を送る

韻律《いんりつ》 なだらかな―の文 ―の整った詩

飲料《いんりょう》 清涼―水 この水は―にしてよい

引例《いんれい》 この論文の―はきわめて適切である

陰暦《いんれき》 太陰暦。旧暦。―と陽暦 ―のお盆

淫猥《いんわい》 ―なことを口にする ―な枕絵(まくらえ)

う

卯《う》 十二支の第四。うさぎ。—年の生れ
鵜《う》 —の目鷹《たか》の目 —のまねする烏《からす》
憂《う》い —世の中だ もの—
初々《ういうい》しい —花嫁姿
初陣《ういじん》 首尾よく—を飾ることができた
有為転変《ういてんぺん》 世間—の
初孫《ういまご》 はつまご。—に目を細める
飢《う》え 「餓え」とも。—と寒さに苦しむ
植木《うえき》 庭の— —ばち —屋 —市
植込《うえこみ》 庭の—の手入れをする —に隠れる
飢死《うえじに》 「餓死」とも。—する人が続出する
飢《う》える 「餓える」とも。食物に— 愛情に—
植《う》える 庭に木を— 卒業記念の松を—
迂遠《うえん》 これは—な方法だが —な話
魚《うお》 さかな。—市場《いち》 水清ければ—すまず
右往左往《うおうさおう》 —の混乱
魚河岸《うおがし》 威勢のいい—のあにい
迂回《うかい》 道路工事中につき—せよ —路
鵜飼《うかい》 長良川《ながらがわ》の—を見物する
含嗽《うがい》 「嗽」とも。外出から帰って—する
伺《うかが》う ごきげんを— お宅に— お考えを—
窺《うかが》う 相手のすきを— ようすを—
迂闊《うかつ》 —にも知らなかった それは—な話だ
穿《うが》つ 雨だれ石を— 人情の機微を—
羽化登仙《うかとうせん》 —の心持
雨期《うき》 「雨季」とも。ビルマでは—が長い
浮《う》き 「浮子」とも。水面の—が動く
浮足《うきあし》 敵は早くも—立っている
浮貸《うきがし》 銀行員が多額の金を—するとはひどい
浮草《うきくさ》 沼の— —のような人生 —稼業《かぎょう》
浮名《うきな》 彼女とのことで—が立つ —を流す
浮彫《うきぼり》 —の施してある壁面 全容が—にされた
憂身《うきみ》 美容に—をやつす
憂目《うきめ》 —を見る
浮世《うきよ》 「憂世」とも。—の苦労 —の風は冷たい
浮世絵《うきよえ》 江戸時代の— —を集める
浮《う》く 水に— 千円— 歯の—ようなおせじ
鶯《うぐいす》 梅に— —の谷渡り —の笹《ささ》鳴き
受《う》け 評判。彼は同僚の—がいい
有卦《うけ》 たいそう儲《もう》かったので—に入っている
請合《うけあい》 合格するのは—です 安—をする
請売《うけうり》 他人の説を—する 知識の—
請負《うけおい》 —の仕事 建築—業 —師
肯《うけが》う うなずく。承知する。簡単に—
請出《うけだ》す 質物を— 遊郭の女を—
受太刀《うけだち》 鋭い質問に—になる
承《うけたまわ》る ご意見を— ご用を—
受継《うけつぎ》 仕事の—を終わる
受付《うけつけ》 —で受け付ける —係の女性
受取《うけとり》 —を受け取りに行く —人不明 —書
請人《うけにん》 引き受ける人。保証人。義弟の—になる
請判《うけはん》 保証のしるしの印。書類に—を押す
受身《うけみ》 女性はとかく—になりがちだ 柔道の—
受持《うけもち》 —の先生 —区域を巡回する
受《う》ける 雨水をバケツに— 賞を— 損害を—
受《う》ける 「承ける」とも。父のあとを—
請《う》ける 質物を— 大きな仕事を—
右玄《うげん》 「右舷」とも。船首に向かって右側。
羽後《うご》 旧国名、秋田県の大部分と山形県北部。
烏合の衆《うごうのしゅう》 人数は多いが—だ
右顧左眄《うこさべん》 —の意見
蠢《うごめ》く 蛆《うじ》が— 群衆が—
憂《う》さ —晴し 酒で—を晴らす
兎《うさぎ》 白— 野— —狩り —と亀《かめ》 —とび
胡散《うさん》 —くさい男 —顔
齲歯《うし》 むしば。—の治療に通う
牛《うし》 —の歩み —は—連れ —のよだれ
丑《うし》 十二支の第二。—年の人 土用の—の日

氏《うじ》 ―より育ち ―なくして玉の輿(こし) ―素性

蛆《うじ》 ごみための― ―虫 男やもめに―がわく

潮《うしお》 ―のように押し寄せる 春の―

氏神《うじがみ》 ―さまにお参りする ―と氏子

艮《うしとら》 「丑寅」とも。北東の方角。鬼門とされる。

失《うしな》う 信用を― 職を― 大金を― 機会を―

丑三時《うしみつどき》 「丑満時」とも。

後《うし》ろ髪《がみ》 ―を引かれる思いがする

後《うし》ろ楯《だて》 ―つまりパトロン 心強い―

臼《うす》 ―と杵(きね) 石の― 餅(もち)をつく―

渦《うず》 流れが―を巻く 人の― ―潮

薄《うす》い ―紙 色が― 頭の毛が― 関心が―

疼々《うずうず》 出たくて―する

疼《うず》く 虫歯が― 古い傷のあとが― 心が―

蹲《うずくま》る 「蹲踞る」とも。腹痛で―

堆《うずたか》い ほこりが堆く積もる

薄鈍《うすのろ》 ―の男 あいつは―だ

薄日《うすび》 「薄陽」とも。―がさす

薄縁《うすべり》 床に―を敷いてすわる

渦巻《うずまき》 流れに―ができる ―の模様

埋《うず》める 穴に― この土地に骨を―覚悟

鶉《うずら》 ―の卵

失物《うせもの》 紛失物。―を捜す

失《う》せる 姿が消え― とっとと失せろ

羽前《うぜん》 旧国名、ほぼ山形県に当たる。

嘘《うそ》 ―をつく ―から出た誠

鷽《うそ》 小鳥。

有象無象《うぞうむぞう》 この―め

嘯《うそぶ》く 「おれは知らないよ」と―

歌《うた》 ―を歌う ―を作る 恋の― ―の時間

唄《うた》 長唄・小唄・端唄(はうた)など。

謡《うたい》 ―のけいこ 能の―

歌《うた》う 流行歌を― 幸(しあわ)せを― 詩

謳《うた》う 法律に― 序文に趣旨を―

疑《うたが》う ―余地はない 彼の手腕を―

宴《うたげ》 宴会。送別の―を張る ―のあと

歌沢《うたざわ》 「哥沢」とも。端唄(はうた)の一種。歌沢節。

転《うたた》 ―感慨にたえない 山川草木―荒涼

転寝《うたたね》 腕まくらで―する ―をしてかぜを引く

梲《うだつ》 梁(はり)の上の小柱。―が上がらない

茹《うだ》る 熱いふろで― ―ような暑さ

内《うち》 ―と外 明るい―に帰る ―の会社では

中《うち》 手の― 心の― 役員の―に入(はい)る

裡《うち》 展覧会は好評の―に幕を閉じた

家《うち》 ―を建てる 隣の― 一日じゅう―にいる

打合《うちあわ》せる 最後の―を済ませる ―会

討入《うちいり》 義士の―

内祝《うちいわい》 出産の― 父の還暦の―をする

内々《うちうち》 「ないない」とも。これは―のことで

裲襠《うちかけ》 かいどり。花嫁の―姿が美しい

内冑《うちかぶと》 内情。相手に―を見透かされる

内気《うちき》 ―な性格 少し―にすぎる

内金《うちきん》 ―だけ払って品物を受け取る

討死《うちじに》 ―を覚悟で切り込む はなばなしく―する

打止《うちどめ》 ―なしのパチンコ台

打留《うちどめ》 この興業は今月末で―にする

内法《うちのり》 器物の内側を測った寸法。

内懐《うちぶところ》 札束を―に入れる 敵の―に飛び込む

内弁慶《うちべんけい》 外ではおとなしい―

内濠《うちぼり》 今は城の―だけが残っている ―と外濠

内幕《うちまく》 「ないまく」とも。会社の―をばらす

内股《うちまた》 ―で歩く女の人 ―膏薬(こうやく)の男

宇宙《うちゅう》 ―ステーション ―旅行 ―船 ―線

有頂天《うちょうてん》 試験にパスし―になる

内輪《うちわ》 ―だけの話 ―もめ ―に見積もる

団扇《うちわ》 ―であおぐ 左―で暮らす ―太鼓

内訳《うちわけ》 支出の―書 買物の―を説明する

打《う》つ 顔を― くぎを― 網を― 電報を―

討《う》つ 「伐つ」とも。賊を― かたきを―

撃《う》つ 「射つ」とも。鳥を― 鉄砲を―

鬱々《うつうつ》 試験に落ちて—として日を送る
卯月《うづき》 旧暦四月の異名。
鬱屈《うっくつ》 晴れ晴れしない。気が—する
鬱血《うっけつ》 打撲傷で—する 足の—を取る
写《うつ》す 写真を— 文章を— ノートに—
映《うつ》す 壁に— 幻灯を—
移《うつ》す 本箱を部屋(へや)のすみに— 本箱を—
感染《うつ》す 病気を—
鬱積《うっせき》 悩みが—する —した心
鬱蒼《うっそう》 木が—と茂っている —神宮
訴《うった》える その筋に— 腕力に—
訴《うった》える 「愬える」とも。告げる。苦痛を—
打棄《うっちゃ》る 「放擲る」とも。土俵ぎわで—
現《うつつ》 夢か—か 商売女に—を抜かす

鬱陶《うっとう》しい —天気が続く —毎日
恍惚《うっとり》 —とする —と聞きほれる
俯《うつぶ》せ 床に—になる —に寝る
鬱憤《うっぷん》 平素の—を晴らす
鬱勃《うつぼつ》 —たる野心 —たる情熱
俯《うつむ》く 「俯向く」とも。黙って—
移香《うつりが》 香水の—がする
空《うつ》ろ 「虚ろ」とも。—な心 —な生活 —な目
器《うつわ》 —物 水を入れる— 人の長となる—
腕《うで》 —によりを掛ける —が鳴る —を組む
腕利《うできき》 —の大工 —の刑事 —の料理人
腕尽《うでずく》 —で取り返す 悔しければ—で来い
腕試《うでだめ》し ひとつ—にやってみよう
腕《うで》っ節《ぷし》 —が強い 彼の—にはかなわない

台《うてな》 玉の— 蓮(はす)の— 花の—
腕捲《うでまく》り —して仕事に取り掛かる
腕輪《うでわ》 「腕環」とも。金の—
雨天《うてん》 —の際は教室に集合 —順延
独活《うど》 植物。—の大木
疎《うと》い 世事に— 去る者は日々に—
饂飩《うどん》 干し— てんぷら— —粉
優曇華《うどんげ》 —の花が咲いた
疎《うと》んじる 親を— 友に疎んじられる
促《うなが》す 上京を— 返答を— 注意を—
鰻《うなぎ》 —のかば焼 —の養殖池 —登り
魘《うな》される 悪夢に—
項《うなじ》 髪の毛が—にほつれる
頷《うなず》く なるほどと— 黙って— ひとりで—

項垂《うなだ》れる 首を—
海原《うなばら》 —遠く船出する 大— 青—
唸《うな》る 「呻る」とも。高熱で— 義太夫(ぎだゆう)を—
海胆《うに》 動物。
雲丹《うに》 食品。
自惚《うぬぼれ》 「己惚」とも。—が強い
畝《うね》 —に沿って種をまく —伝いに進む
兎《う》の毛《け》 —で突いたほどのすき
卯《う》の花《はな》 —くたし —曇り
鵜呑《うのみ》 相手の話を—にする 予算案を—にする
乳母《うば》 —に育てられる —車
奪《うば》う 金を— 力ずくで— 心を—
姥桜《うばざくら》 盛りを過ぎた女。なまめかしい老女。
初《うぶ》 —な少女 —な心 あの人は—な人だ

産着《うぶぎ》 お祝いに—を送る —を準備する
産毛《うぶげ》 襟足(えりあし)の—をそる
産声《うぶごえ》 元気な—を上げる
産土《うぶすな》 —参り —神
産湯《うぶゆ》 —を使わせる助産婦
宜《うべ》 なるほど。もっとも。—なるかなと思う
諾《うべな》う 承知する。承諾する。先方の申出を—
馬《うま》 —の耳に念仏 どこの—の骨かわからぬ
午《うま》 十二支の第七。—年生れの人
巧《うま》い —話 巧くだます 歌が— 応対が—
旨《うま》い 「甘い・美味い」とも。—料理 —汁(しる)
石女《うまずめ》 子を生めない女。
甘煮《うまに》 「旨煮」とも。肉と野菜の—
馬乗《うまの》り 組み伏せて—になる

旨味《うまみ》 ―のある仕事　この文章は―がない
厩《うまや》 馬を―に入れる
埋《う》まる 土に―　人で―　穴に―　時間が―
生《うま》れる こどもが―
膿《うみ》 おできから―が出る　傷口が―を持つ
海千山千《うみせんやません》 ―の勇士
海猫《うみねこ》 鴎《かもめ》によく似ている鳥。天然記念物。
海辺《うみべ》 ―の松林　―の旅館で休む
海坊主《うみぼうず》 ―が出たという話
有無《うむ》 ―の返事を聞く　―を言わせない
生《う》む 男の子を―　新記録を―　利益を―
産《う》む 案じるより―がやすい　産みの苦しみ
膿《う》む 傷口が―
熟《う》む 桃の実が―

倦《う》む 勉強に―　倦まずたゆまず
梅《うめ》 ―に鶯《うぐいす》　―一輪一輪ほどの暖かさ
埋合《うめあわ》せ あとで―をする
呻《うめ》く 苦しくて―
埋草《うめくさ》 余白をふさぐ―の記事　―に絵を入れる
梅酢《うめず》 塩漬《しおづけ》の梅からしぼった汁《しる》。
梅干《うめぼし》 ―はすっぱい　―の握り飯
埋《う》める 土を掘って―　穴に―　欠損を―
埋《う》もれる むなしくいなかに―　土に―
恭《うやうや》しい ―態度で発言する
敬《うやま》う 神さまを―　目上の人を―
有耶無耶《うやむや》 ―にする
烏有《うゆう》 皆無。すべて―に帰する
紆余曲折《うよきょくせつ》 ―を経る

右翼《うよく》 ―を守る　―陣営の闘将
浦《うら》 ―の苫屋《とまや》の秋の夕暮れ
裏《うら》 表と―　―を返す　―の通り　―をかく
裏打《うらう》ち 紙の―をする
裏書《うらがき》 小切手に―する　この事実を―する証拠
心悲《うらがな》しい ―笛の音が聞こえる
末枯《うらが》れる 末枯れた冬の野
裏切《うらぎ》る 仲間を―
裏声《うらごえ》 ―を使って歌う
裏漉《うらごし》 馬鈴薯《じゃがいも》の―を作る　―に掛ける
裏店《うらだな》 裏通りの貸し家。―に住む
裏付《うらづけ》 証拠の―をする　―捜査
占師《うらないし》 ―の言を信じる　よく当たる―
占《うらな》う 将来を―　星を―　トランプで―

末成《うらなり》 ―の南瓜《かぼちゃ》　―瓢箪《ひょうたん》
裏腹《うらはら》 思っていることと―なことを言う
盂蘭盆《うらぼん》 ―会《え》　―の行事
恨《うら》む 裏切り者を―　政治の貧困を―　金を―
恨《うら》む 「怨む」とも。感謝しない。親を―
憾《うら》む 残念に思う。身の不幸を―　前非を―
裏目《うらめ》 代打策が―に出る
恨《うら》めしい 「怨めしい」とも。
羨《うらや》ましい 「浦山しい」とも。
羨《うらや》む 人も―仲　友人の出世を―
麗《うら》らか 春―　―な行楽日和《びより》
瓜《うり》 ―のつるに茄子《なすび》はならぬ　―二つ
売掛金《うりかけきん》 多額の―を回収する
瓜実顔《うりざねがお》 ―の美人

売捌《うりさば》く 商品を―
雨量《うりょう》 ―が多い　―計
売《う》る 花を―　友人を―　顔を―　けんかを―
得《う》る ―ものは一つもない　名声を―　権利を―
閏年《うるうどし》 ―は二月が二十九日まである
潤《うるお》う 雨で草木が―　気持が―
五月蠅《うるさ》い ―蠅《はえ》だ　音が―
漆《うるし》 ―の木　―を塗る　―にかぶれる
粳《うるち》 もち米と―
潤《うる》む 目が―　霧で月が―　声が―
麗《うるわ》しい ―花　―光景　ごきげん―
憂《うれ》える 心配する。彼の将来を―　憂え顔
憂《うれ》える 「愁える」とも。悲しむ。死を―
嬉《うれ》しい ―知らせ　―悲鳴

熟《う》れる くだものが— よく—と落ちる
迂路《うろ》 回り道。道路工事中の—
雨露《うろ》 かろうじて—をしのぐ生活 —の恩
烏鷺《うろ》 烏(から)と鷺(さぎ)。囲碁。—の争い
虚《うろ》 木の—に隠す
鱗《うろこ》 魚(さかな)の— —形 —雲
狼狽《うろた》える 近所からの出火に—
彷徨《うろつ》く 怪しい男が門の前を—
胡乱《うろん》 —な男 —な目つき
浮気《うわき》 —をする 夫の—
上着《うわぎ》 「上衣」とも。暑いので—を脱ぐ
上薬《うわぐすり》 「釉薬・釉」とも。焼き物の—
譫言《うわごと》 高熱のために—を言う 痴人の—
噂《うわさ》 —が立つ —をすればば影が差す —話

上滑《うわすべ》り —な人間 こんな—な勉強ではだめ
上澄《うわずみ》 —はきれいです 液の—を取り除く
上背《うわぜい》 —のある力士 もう少し—がほしい
上っ調子《うわっちょうし》 弟は—で困る
上っ面《うわつら》 —だけ見る —をなでる
上っ張《うわっぱ》り —を着る おそろいの—
上の空《うわのそら》 人の話を—で聞く
上履《うわばき》 持参の—にはき替えて上がる
蟒《うわばみ》 巨大な蛇(ひ)。大酒飲み。
上辺《うわべ》 —を飾る —はまじめそうな人だが
上前《うわまえ》 —をはねる 着物の—と下前
上屋《うわや》 「上家」とも。波止場の— ホームの—
運《うん》 —がよい —の尽き —を天に任せる
運営《うんえい》 大会の—に当たる —委員

雲霞《うんか》 —のごとき大軍が押し寄せる
浮塵子《うんか》 —の大群が発生する
運河《うんが》 —を掘る パナマ—
雲海《うんかい》 山頂から—を望む
運行《うんこう》 列車を—する バスの— 天体の—
運航《うんこう》 連絡船の—は中止 北極経由で—する
雲散霧消《うんさんむしょう》 疑惑は—
運針《うんしん》 —のけいこをする
雲水《うんすい》 諸国修行の僧。行脚僧(あんぎゃそう)。—の生活
運勢《うんせい》 —を占う —が悪い きょうの—
運性《うんせい》 生れ付きの運。酉年(とりどし)の—
運送《うんそう》 商品を—する —店
蘊蓄《うんちく》 —を傾けて話す
運賃《うんちん》 —先払 —精算所 —諸掛り

雲泥《うんでい》 首位と最下位では実力に—の差がある
運転《うんてん》 自動車を—する —士 —資金
運動《うんどう》 全身の— —神経 —場 転職を—する
云々《うんぬん》 結果を—しても始まらない
蘊奥《うんのう》 学問の—をきわめる
雲版《うんばん》 色紙を—に入れて掛ける
運搬《うんぱん》 荷物を—する —車 —作業
運筆《うんぴつ》 —の妙 どうも—がまずい
運否天賦《うんぷてんぷ》 人生は—
雲母《うんぼ》 「うんも」とも。電気や熱の不良導体の—
運命《うんめい》 —とあきらめる —論者 —を共にする
運輸《うんゆ》 交通と— —省 —大臣 —機関
運用《うんよう》 —の妙を発揮する 資金を—する
雲量《うんりょう》 空にある雲の量。—を観測する

え

絵《え》 「画」とも。—をかく —のような景色(けしき)
柄《え》 ひしゃくの— —をすげる
餌《え》 鳥に—をやる
栄《えい》 優勝の—をになう 一門の—
鱏《えい》 「鱝」とも。海底を泳ぐ—
鋭意《えいい》 業績向上に—努力する —検討中
営々《えいえい》 —として働く
永遠《えいえん》 —に変わらぬ愛 —の眠りにつく
詠歌《えいか》 ご—を歌う巡礼
映画《えいが》 —俳優 —の撮影 —館 —劇 —記録—
栄華《えいが》 —の夢今いずこ —を窮める
鋭角《えいかく》 九十度より小さい— —と鈍角

栄冠《えいかん》 勝利の—を獲得する

英気《えいき》 「鋭気」とも。—を養う —はつらつ

嬰記号《えいきごう》 シャープ。

影響《えいきょう》 台風の—がある —するところ大

営業《えいぎょう》 深夜まで—する —妨害 —停止

永訣《えいけつ》 永久の別れ。永別。—を悲しむ

英傑《えいけつ》 すぐれた人物。まれに見る—

曳航《えいこう》 エンジンが故障した船を港に—する

栄光《えいこう》 —をたたえる 勝利の—に酔う

永劫《えいごう》 未来—にわたって

栄枯盛衰《えいこせいすい》 —の歴史

英才《えいさい》 「穎才」とも。—教育 多くの—を育てる

英姿《えいし》 さっそうたる— 富士の—を仰ぐ

衛視《えいし》 —に導かれて傍聴席に入(はい)る

嬰児《えいじ》 赤ん坊。乳児。みどりご。—殺し

映写《えいしゃ》 ニュースを—する —機 —幕

永住《えいじゅう》 —の地と定める 米国に—する

詠唱《えいしょう》 歌劇の— 賛歌を—する

栄辱《えいじょく》 誉れと恥。衣食足って—を知る

映《えい》じる 花の影が水に— 月光が淡く雪に—

詠《えい》じる 詩を— 一首—

栄進《えいしん》 とんとん拍子に—する 友の—を祝う

詠進《えいしん》 和歌を—する 新年の—歌

永世《えいせい》 —中立 スイスは—中立国である

衛生《えいせい》 公衆— 環境— 非—的 —上よくない

衛星《えいせい》 月は地球の—だ 人工— —都市

営繕《えいぜん》 建築物の— —課 —費

営巣《えいそう》 動物が巣を作る。懸巣(かけす)の—の観察

詠草《えいそう》 短歌・俳句などの下書き。よんだ歌。

映像《えいぞう》 写真の— テレビの不鮮明な—

影像《えいぞう》 肖像。初代社長の—を掲げる

営造《えいぞう》 —物を破壊する 施設を—する

永続《えいぞく》 —性を考えての施政 効果が—する

永代《えいたい》 いつまでも。永久。—供養 —借地権

栄達《えいたつ》 自分の—ばかり考える 一族の—を祝う

詠嘆《えいたん》 「詠歎」とも。読み終わって—する

英断《えいだん》 —を下す 合併は社長の—による

英知《えいち》 「英智」とも。—の人 —の持主

栄典《えいてん》 政府は—制度を復活する —を授与する

栄転《えいてん》 課長から支社長に—する

永年《えいねん》 —にわたっての功績 —勤続者

営農《えいのう》 —に励む —資金の貸出し

鋭敏《えいびん》 この計器は感度が—である

衛兵《えいへい》 門には—が立っていた —の交替

永別《えいべつ》 死別。父と—する —の悲しみ

鋭鋒《えいほう》 巧みに質問者の—をかわす

英邁《えいまい》 生れ付き—な君主と仰がれる

永眠《えいみん》 祖母は昭和四十三年六月五日に—した

英明《えいめい》 先代は—な君主であった —果断

英訳《えいやく》 源氏物語を—する 和文—の試験

英雄《えいゆう》 不世出の— —色を好む —待望論

栄誉《えいよ》 一門の— 連続優勝の—に輝く

栄養《えいよう》 「営養」とも。—失調 —障害を起こす

栄耀《えいよう》 「えよう」とも。—を窮める —栄華

営利《えいり》 —事業 —的行為 —法人 —主義

栄利《えいり》 名誉と利益。—をむさぼる

鋭利《えいり》 —な刃物で殺す —な観察眼

映倫《えいりん》 映画倫理規定管理委員会。—をパスする

営林署《えいりんしょ》 —の役人

英霊《えいれい》 戦場から多数の—を迎える —を祭る

笑顔《えがお》 孫の—に目を細める —を見せる

絵描《えかき》 画家。ベレー帽の—さん 本職の—

絵描《えかき》 「画描」とも。幼稚園のお—

描《えが》く 少女の像を— 小説に— 美しく—

得難《えがた》い —品物 —経験 チャンスは—

絵柄《えがら》 美しい— この—はすばらしい

役《えき》 戦争。西南の— 前九年の—

液《えき》 —をこぼす アルカリ性の— 透明な—

駅《えき》 —で待ち合わせる 通過する— 終着—

液化《えきか》 気体を—する —石油ガス

腋芽《えきが》 葉のわきに付く芽。—を摘む
易者《えきしゃ》 —身の上知らず 大道—
駅舎《えきしゃ》 —を改築する —の清掃をする
液汁《えきじゅう》 くだものの—を使った菓子
液状《えきじょう》 溶けて—になる
益《えき》する 社会に—発明品 公共を—事業
液体《えきたい》 —と気体 —燃料 —酸素
役畜《えきちく》 力仕事に使う家畜。農耕用の—
益虫《えきちゅう》 蜜蜂《みつばち》は—だ —も死ぬ殺虫剤
益鳥《えきちょう》 燕《つばめ》は—である —を保護する
駅伝競走《えきでんきょうそう》
駅頭《えきとう》 歓迎の群衆が—を埋めた —に出迎える
疫病《えきびょう》 —が流行する
駅弁《えきべん》 旅行では—を食べるのが楽しみの一つだ

役務《えきむ》 —を提供するという契約 —賠償
疫痢《えきり》 こどもが—になった —による下痢
笑窪《えくぼ》 「靨」とも。片—あばたも—
抉《えぐ》る 深く— はらわたを抉られる
回向《えこう》 死者の霊を—する
依怙地《えこじ》 「いこじ」とも。—な人
依怙贔屓《えこひいき》 —をする
餌《えさ》 金魚の— よい報酬を—に仕事をさせる
壊死《えし》 身体の一部分の組織・細胞が死ぬ
餌食《えじき》 鷹《たか》の—となった兎《うさぎ》 悪人の—
埃及《エジプト》 古代—の遺跡 —文字
会釈《えしゃく》 —して通り過ぎる 遠慮—なくやる
会者定離《えしゃじょうり》 —の思想
絵図《えず》 観光地の—を買う 城の—

似非《えせ》 「似而非」とも。まがい。にせ。—学者
壊疽《えそ》 身体組織の一部が壊《こわ》れる。肺—で死ぬ
蝦夷《えぞ》 北海道を—とも言った
絵空事《えそらごと》 —のような話
得体《えたい》 彼は—の知れない人物だ —がわからぬ
枝葉《えだは》 —が茂る —の問題にかかずらう
枝振《えだぶ》り —のよい松の木
枝道《えだみち》 途中から—に紛れ込む 話が—にそれる
越後《えちご》 旧国名、佐渡を除く新潟県。—獅子《じし》
越前《えちぜん》 旧国名、福井県の東部。
悦《えつ》 仕事がうまく行ったので—に入る
越境《えっきょう》 —して逃亡する —入学を禁止する
餌付《えづ》け 野生の猿《さる》に—をする
越権《えっけん》 「おっけん」とも。—行為

謁見《えっけん》 天皇に—を賜わる
越中《えっちゅう》 旧国名、富山県。—ふんどし
越冬《えっとう》 南極の基地で—する —隊の隊長 —資金
閲読《えつどく》 関係書類を—する
越年《えつねん》 「おつねん」とも。当方も無事—しました
悦服《えっぷく》 喜んで従う。社員の—する社長
閲兵《えっぺい》 親衛隊を—する —分列式
笑壺《えつぼ》 うまくいったので—に入る
悦楽《えつらく》 この世の無上の— —にふける
閲覧《えつらん》 書物を—する —に供する 図書—室
閲歴《えつれき》 —を調べる —詐称の点を突かれる
得手《えて》 —に帆を揚げる —不— 勝手《かって》
干支《えと》 十干と十二支。来年の—は辛亥《かのとい》です
会得《えとく》 やっと要領を—した 極意を—する

胞衣《えな》 胎児を包んでいる膜や胎盤。
縁《えにし》 不思議な—によって結ばれる
榎《えのき》 一里づかに植えた—の大木
絵《え》の具《ぐ》 水彩画の— —箱
絵羽《えば》 —羽織を略して—という
絵葉書《えはがき》 旅先から—を送る
海老《えび》 「蝦」とも。—で鯛《たい》を釣《つ》る
恵比須《えびす》 「恵比寿」とも。—顔
恵方《えほう》 ことしの—に当たる 正月に—参りをする
烏帽子《えぼし》 亭主《ていしゅ》の好きな赤—
絵馬《えま》 神社に—を奉納する —堂
絵巻《えまき》 昔の合戦《かっせん》の— —物
笑《え》み 口元に—をたたえる
得物《えもの》 めいめい手に—を持って戦う

獲物《えもの》 潮のかげんで—が少ない —を逃がすな
絵物語《えものがたり》 こども向きの—
衣紋《えもん》 —を繕う 着物を—掛けに掛ける
鰓《えら》 魚(さかな)は—で呼吸する —を動かす
偉《えら》い —学者 —元気 —ことになった
選《えら》ぶ 優良品を— 実物と—ところがない
選《えら》ぶ 「撰ぶ」とも。書物を作る。歌集を—
襟《えり》 「衿」とも。—を正して聞く —元 —首
襟足《えりあし》 「襟脚」とも。彼女は—が美しい
襟髪《えりがみ》 —をつかんで引きずる
襟章《えりしょう》 —を見ると学年学級がわかる
襟巻《えりまき》 毛糸で—を編む 狐(きつね)の—
得《え》る 許可を— わが意を得たり
獲《え》る 漁で獲物を—

宴《えん》 花見の—を張る 送別の—を催す
縁《えん》 夫婦の— —もゆかりもない —の下
延引《えんいん》 ご返事—して申しわけありません
遠因《えんいん》 事件の—を探る
遠泳《えんえい》 —大会は八月中旬に行なわれる
演繹《えんえき》 種々の例から—する —と帰納
延々《えんえん》 「蜿蜒」とも。—と続く —長蛇(ちょうだ)の列
炎々《えんえん》 —として燃えさかる山火事
奄々《えんえん》 気息—たるありさま
演歌《えんか》 「艶歌」とも。—師 歌う流行歌
嚥下《えんか》 のみ下す。食物を—する
沿海《えんかい》 —航路の貨客船 —漁業
遠海《えんかい》 —と近海 —魚
宴会《えんかい》 —を開く —に出席する 新年—

掩蓋《えんがい》 おおい。—をかぶせる
煙害《えんがい》 鉱山や工場の—を防止する
塩害《えんがい》 海岸地帯の—がひどい 台風による—
沿革《えんかく》 研究所の—を調べる 町の—史を編集する
遠隔《えんかく》 —の地に赴任する —操作
円滑《えんかつ》 事を—に運ぶ とかく—を欠く連絡
縁側《えんがわ》 —にすわって夕涼みをする —に出る
鉛管《えんかん》 水道の—が破裂する
沿岸《えんがん》 日本海—の地方 —漁業 —貿易
延期《えんき》 会議は無期—された 雨天のために—する
塩基《えんき》 酸を中和して塩を作る水酸化物。
演技《えんぎ》 俳優の— 体操の—をする 巧みな—力
演義《えんぎ》 詳しく説き明かす。政治学— 三国志—
縁起《えんぎ》 —でもない —をかつぐ —がいい

婉曲《えんきょく》 —に言う —表現 —に断わる
遠近《えんきん》 —が定かでない —法による描き方
縁組《えんぐみ》 山田家と—する 養子—
援軍《えんぐん》 —の到着を待つ —を派遣する
遠景《えんけい》 遠くの景色(けしき)。—に山が見える
園芸《えんげい》 —を趣味とする —作物 —植物
演芸《えんげい》 —を楽しむ 町内の—大会を開く
演劇《えんげき》 —を上演する —の脚本 —史の研究
縁故《えんこ》 —の者 —関係をたどって就職する
援護《えんご》 事業を—する —の手を差し伸べる
援護《えんご》 「掩護」とも。突入を—する —射撃
遠交近攻《えんこうきんこう》 —の策
怨恨《えんこん》 うらみ。—による殺人事件
怨嗟《えんさ》 政府は強行採決で—の的になる

冤罪《えんざい》 無実の罪。—を被る —を晴らす
縁先《えんさき》 —で話し込む —で夕涼みをする
塩酸《えんさん》 塩化水素の水溶液。—カリ —ガス
演算《えんざん》 計算する。運算。—をまちがえる
遠視《えんし》 —と近視 —眼
園児《えんじ》 幼稚園で—を募集している
臙脂《えんじ》 黒ずんだ赤。—色 —の帯
縁者《えんじゃ》 親類—が集まる
槐《えんじゅ》 —の木のこずえに咲く白黄色の花
円周《えんしゅう》 —を測る —率
演習《えんしゅう》 物理学の— 日本海で—する —地
円熟《えんじゅく》 —した技術 文化が—する
演出《えんしゅつ》 時代劇を—する 脚色と— —家
炎暑《えんしょ》 ひどい暑さ。—の候 お変りありませんか

え

艶書《えんしょ》 恋文《こいぶみ》。ラブレター。
援助《えんじょ》 親類から—を受ける —を要請する
炎症《えんしょう》 患部に—を起こしている
延焼《えんしょう》 現在隣家に—中 —を防止する
煙硝《えんしょう》 「焔硝」とも。—をたく —のにおい
炎上《えんじょう》 五重の塔が—した —する城を仰ぐ
円陣《えんじん》 選手が—を作る —を作って踊る
遠心力《えんしんりょく》 —の作用 —と求心力
円錐《えんすい》 —曲線 —形の山が見える
延髄《えんずい》 脳と脊髄《せきずい》の中間にある部分。
延性《えんせい》 細長く引き伸ばされる性質。—と展性
遠征《えんせい》 試合で—する 東京から九州に—する
厭世《えんせい》 —観をいだく —主義 —自殺
宴席《えんせき》 —に侍《はべ》る —での余興

演説《えんぜつ》 —する弁士 —を聞く —会 選挙—
沿線《えんせん》 鉄道—の地価は暴騰している
厭戦《えんせん》 —思想が広まる —的になる
婉然《えんぜん》 —たる容姿 —と笑う貴婦人
塩素《えんそ》 元素の一。漂白・消毒などに使う—
演奏《えんそう》 尺八を—する ピアノの—会
遠足《えんそく》 全校で日帰りの—をする
堰塞《えんそく》 ふさぐ。せき止める。 —湖
延滞《えんたい》 税金滞納の—金を払う 利息が—する
遠大《えんだい》 —な計画を立てる —な志
演題《えんだい》 演説の題目。 —を掲げる
縁台《えんだい》 —で夕涼みをする —将棋の常連
円卓《えんたく》 —会議 —を囲んで食事をする
演壇《えんだん》 —に立つ

縁談《えんだん》 妹に—がある —がまとまらない
延着《えんちゃく》 雪のため列車が—する
延長《えんちょう》 会期を三日—する —戦に入《はい》る
鉛直《えんちょく》 重力の方向。 —線
堰堤《えんてい》 ダム。 —を築く工事
炎天《えんてん》 —で働く —が続く —下を行軍する
塩田《えんでん》 このあたり一帯は—である 流下式の—
円転滑脱《えんてんかつだつ》 —の人柄
円筒《えんとう》 「円壔」とも。 —形の柱が立っている
沿道《えんどう》 —一帯の警戒は厳重を窮める
豌豆《えんどう》 —豆 さや—
煙突《えんとつ》 工場の— 高い— —そうじ
縁日《えんにち》 神社の—には夜店が出る
炎熱《えんねつ》 —焼くがごとき夏の日 —下の試合

延納《えんのう》 税金を—する —の手続を執る
燕麦《えんばく》 からすむぎ。 —は寒い地方に多い
鉛版《えんばん》 紙型から—を鋳込んで印刷する
円盤《えんばん》 —投げで優勝する 空飛ぶ—
円匙《えんぴ》 シャベル。 —で掘る
猿臂《えんぴ》 長いひじ。 —を伸ばして捕える
鉛筆《えんぴつ》 —で書く —削り 色— 製図用の—
燕尾服《えんびふく》 —を着た楽団の指揮者
円舞曲《えんぶきょく》 ワルツ。 —を踊る
艶福家《えんぷくか》 彼はなかなかの—だ
塩分《えんぶん》 海水中に含まれている— —が多い
艶聞《えんぶん》 恋愛のうわさ。 彼女には—が絶えない
掩蔽《えんぺい》 —壕《ごう》 陣地を—する
遠望《えんぼう》 この見晴し台は—がきく

遠謀深慮《えんぼうしんりょ》 —の計画
閻魔《えんま》 地獄の大王。 —に舌を抜かれる —帳
煙幕《えんまく》 —を張って敵前上陸をする
円満《えんまん》 —な家庭 —な人柄 夫婦—に暮らす
煙霧《えんむ》 霧のような煤煙《ばいえん》やほこり。スモッグ。
延命《えんめい》 首を切られそうなので—策を講じる
園遊会《えんゆうかい》 皇居での—に招かれる
援用《えんよう》 内容を引いて自説の助けとする。
遠洋《えんよう》 —航海に出掛ける —漁業
遠来《えんらい》 —の客を迎える準備で忙しい
遠雷《えんらい》 遠くで鳴る雷。 山のほうに—を聞く
遠慮《えんりょ》 —して手を付けない —なく飲む 深謀—
艶麗《えんれい》 あでやか。 —な踊り —な姿
遠路《えんろ》 —はるばるお出掛けくださりありがとう

お

尾《お》 ―を引く ―を振る 虎《とら》の―を踏む
緒《お》 玉の― げたの― 袋の―
老《おい》 ―も若きも一丸となる ―の一徹
甥《おい》 ―と姪《めい》 彼は主人の―に当たる
追打《おいうち》 逃げる敵に―を掛ける
御家芸《おいえげい》 宴会で―を披露《ひろう》する
追々《おいおい》 暮しは―よくなるだろう ―直します
追風《おいかぜ》 船は―を受けて快適に進む
追肥《おいごえ》 「ついひ」とも。 ―と元肥《もとごえ》
生先《おいさき》 こどもの―を案じる
老先《おいさき》 ―短い身をかこつ
美味《おい》しい ―料理を食べる これは―

生茂《おいしげ》る 草木が― ―雑草
追銭《おいせん》 盗人《ぬすびと》に―
生立《おいたち》 数奇な―の人 石川啄木
追付《おいつ》く 先発した仲間に― 先進国に―
於《お》いて 大会は公会堂に―開催された
措《お》いて 次期委員長は彼を―ほかにない
追剝《おいはぎ》 暗がりで―にあう 協力して―を捕える
老耄《おいぼれ》 ―と言われるのにはまだ早い
負目《おいめ》 今度のことで彼に―を負ってしまった
花魁《おいらん》 ―の花笠《はながさ》道中 吉原《よしわら》の―
追分《おいわけ》 村の―には地蔵さんがある 江差《えさし》―
翁《おう》 男の老人の敬称。 尾崎― ―の意見
負《お》う 荷物を― 責任を― …に―ところ大だ
追《お》う あとを― 理想を― 犬を―

追《お》う 「逐う」とも。 先例を― 年月を―
横溢《おういつ》 元気―したようす
押印《おういん》 捺印《なついん》。 書類に―する 記名―
押韻《おういん》 五言絶句は二句と四句に―してある
奥羽《おうう》 ―山脈 ―地方
応援《おうえん》 母校チームを―する ―歌 ―団長
快々《おうおう》 ―として楽しまない
往々《おうおう》 ―にして失敗することがある
桜花《おうか》 ―爛漫《らんまん》の春
欧歌《おうか》 「謳歌」とも。 青春を―する
横臥《おうが》 ―したまま語る祖父
横隔膜《おうかくまく》 ―を下げて深呼吸する
王冠《おうかん》 頭上に輝く― ビールびんの―を抜く
往還《おうかん》 街道《かいどう》。自動車の往来の激しい―

奥義《おうぎ》 「おくぎ」とも。茶道の―をきわめる
扇《おうぎ》 ―のかなめ ―であおぐ 舞―
王宮《おうきゅう》 ―がそびえる 王妃は―に入《はい》った
応急《おうきゅう》 ―処置を講じる ―修理
往古《おうこ》 昔。いにしえ。 ―の話
王侯《おうこう》 ―貴族 ―将相 ―が列席する
横行《おうこう》 盗賊が―する ―闊歩《かっぽ》する
黄金《おうごん》 ―の冠 野球部の―時代
王座《おうざ》 ウエルター級の―を死守する ―決定戦
殴殺《おうさつ》 なぐり殺す。 けんかで―される
鏖殺《おうさつ》 皆殺し。
横死《おうし》 普通でない死。 旅先で―する
雄牛《おうし》 「牡牛」とも。 ―と雌牛《めうし》
王子《おうじ》 国王の男の子。 アラビアの― 星の―

皇子《おうじ》 天皇の男の子。親王。 皇位を継承する―
往時《おうじ》 古戦場に遊んで―をしのぶ
往事《おうじ》 過去のことがら。 ―を問わず
欧州《おうしゅう》 ヨーロッパ。 ―航路の船 ―の諸国
奥州《おうしゅう》 東北地方。 ―は昔みちのくといった
押収《おうしゅう》 証拠書類を―する
応酬《おうしゅう》 やじに―する 与党と野党の間の―
黄綬褒章《おうじゅほうしょう》
応召《おうしょう》 兄は―したまま帰らない ―兵
往生《おうじょう》 金がなくて―する 極楽― 立ち―
往診《おうしん》 先生はただいま―中です 急患で―する
逢瀬《おうせ》 彼女との―を楽しむ
旺盛《おうせい》 ―な士気 元気―
応接《おうせつ》 来客が多くて―にいとまがない ―室

応戦《おうせん》 敵の攻撃に—する
殴打《おうだ》 生徒を—する
応対《おうたい》 客と—する 丁重に—する
横隊《おうたい》 二列—に並ぶ
応諾《おうだく》 申出を—する
黄疸《おうだん》 —にかかると皮膚が黄色くなる
横断《おうだん》 大陸—旅行 —歩道
横着《おうちゃく》 —なやり方 —を決める
王朝《おうちょう》 —文学の花である源氏物語 ルイ—
横転《おうてん》 車は衝突して—した
嘔吐《おうと》 食べたものを—する —を催す
応答《おうとう》 ノックしても—がない —する声
桜桃《おうとう》 さくらんぼ。
王道《おうどう》 —楽土を夢みる

黄銅《おうどう》 銅と亜鉛との合金。真鍮(しんちゅう)
凹凸《おうとつ》 —の激しい道路 表面に—がある
嫗《おうな》 年を取った女。おばあさん。翁(おきな)と—
押捺《おうなつ》 印や型を押す。書類に印章を—する
黄熱病《おうねつびょう》 アフリカの—
往年《おうねん》 —の名選手が一堂に集まった
懊悩《おうのう》 心の悩み。—の日々を送る —が絶えぬ
黄檗宗《おうばくしゅう》 禅宗の一派。
王妃《おうひ》 —にかしずく 英国—の来日
往復《おうふく》 飛行機で—する —はがき —切符
応分《おうぶん》 —の寄付をする —の報酬を支払う
欧文《おうぶん》 —タイプライター —脈の文章
横柄《おうへい》 「大柄」とも。—な言い方 —な態度
欧米《おうべい》 ヨーロッパとアメリカ。—を旅行する

応募《おうぼ》 新聞の懸賞小説に—する —者
往訪《おうほう》 たずねて行く。訪れる。—と来訪
横暴《おうぼう》 —なふるまい
近江《おうみ》 旧国名、滋賀県。—八景
鸚鵡《おうむ》 —を飼う —に人のことばを教える
凹面鏡《おうめんきょう》 —に映った顔
応用《おうよう》 てこの原理を—する —化学 —問題
鷹揚《おうよう》 「大様」とも。—な態度 —に構える
往来《おうらい》 —で遊ぶ 車の—が激しい大通り
横領《おうりょう》 主家の財産を—する —罪
黄燐《おうりん》 —マッチ —火薬
往路《おうろ》 —と復路 —と帰路
御会式《おえしき》 日蓮宗(にちれんしゅう)の法会。
嗚咽《おえつ》 むせび泣き。女の—の声が聞こえる

お偉方《えらがた》 会社の— —のご出席
終《お》える 仕事を—
終《お》える 「卒える」とも。卒業。高校を—
終《お》える 「了える」とも。修了。第二学年を—
多《おお》い —と少ない 量が—人出が—
大《おお》いに 夏休みには—遊ぶ —勉強しよう
被《おお》う 「覆う」とも。かぶせる。シートで—
蔽《おお》う —雲 真相を—月を見えなくする。
掩《おお》う ふさぐ。手で顔を—目を—惨状
大掛《おおがか》り —な仕事 —な工事
大方《おおかた》 仕事は—でき上がった —の賛同を得る
大形《おおがた》 —の模様
大型《おおがた》 —の自家用車 —の台風が上陸した
狼《おおかみ》 一匹— 送り—

大柄《おおがら》 —な女 —な模様を好む
大仰《おおぎょう》 「大形」とも。—な身ぶりで話す
大蔵《おおくら》 —省 —大臣
大袈裟《おおげさ》 —な言い方 —に騒ぐ
大御所《おおごしょ》 文壇の—的存在の作家
大事《おおごと》 それは—だ いたずらが—になった
大雑把《おおざっぱ》 —に言えば —な性質
大路《おおじ》 都—を練り歩く
雄々《おお》しい —姿にほれぼれする
大潮《おおしお》 —で魚(さかな)が掛かる —の潮干狩り
大筋《おおすじ》 事件の—を話す
濠太剌利亜《オーストラリア》
墺地利《オーストリア》 欧州中部の共和国。
大隅《おおすみ》 旧国名、鹿児島県の東半部。—半島

仰《おお》せ　―に従います　お供を―付ける
大勢《おおぜい》　―の人々が集まる　その他―
大関《おおぜき》　―と横綱の対戦　張出(はりだし)―
大立者《おおだてもの》　政界の―　角界の―
大摑《おおづか》み　趣旨を―に述べる　内容を―にする
大鼓《おおつづみ》　「おおかわ」とも。
大詰《おおづめ》　事件は―に来た　―を迎える
大手《おおて》　―の出版社　―筋の買い　―と搦手(からめて)
大手《おおで》　―を振って歩く　―を広げて通せんぼ
車前草《おおばこ》　―の葉を食べる兎(うさぎ)
大幅《おおはば》　―に譲歩する　―な権限を与える
大祓《おおはらい》　「おおはらえ」とも。―の形代(かたしろ)
大判《おおばん》　―小判がざくざく　―のノート
大盤振舞《おおばんぶるまい》　―をする

大振《おおぶ》り　バットの―をする　―の洋服を買う
大回《おおまわ》り　「大廻り」とも。工事のため―する
大晦日《おおみそか》　十二月三十一日。
大向《おおむこ》う　―をうならせる名演技
概《おおむ》ね　成績は―良好だ　―前述のとおりの内容
大目《おおめ》　過失を―に見る　今度は―に見ておく
多目《おおめ》　量を―に入れる
大本《おおもと》　―から揺れる　悪の―を探る
大物《おおもの》　将来を期待される―　経済界の―　―食い
大家《おおや》　古典落語には―と店子(たなこ)の話が多い
大谷石《おおやいし》　―で塀(へい)を造る
公《おおやけ》　―の施設　―の費用　争いが―になる
大八洲《おおやしま》　日本の古称。
大凡《おおよそ》　「およそ」とも。―の見当は付いた

大童《おおわらわ》　開店の準備に―だ　急の来客で―
丘《おか》　「岡」とも。小高い―に登る
陸《おか》　海と―　―に上がった河童(かっぱ)
大鋸屑《おがくず》　鋸(のこぎり)のくず。
お蔭《かげ》　―さまで合格できました　先生の―だ
可笑《おか》しい　―話をする　身ぶりが―
奇怪《おか》しい　ようすが―
尾頭付《おかしらつき》　鯛(たい)の―
犯《おか》す　法律を―　あやまちを―　婦女を―
侵《おか》す　国境を―　権威を―　胸を侵される
冒《おか》す　風雨を―　危険を―　病に冒される
お河童《かっぱ》　頭を―に刈る　―の少女
陸釣《おかづり》　海岸で―を楽しむ
お門違《かどちが》い　―の発言

お株《かぶ》　相手の―を奪う
陸稲《おかぼ》　「りくとう」とも。―を刈り取る
岡惚《おかぼれ》　彼女に―する　友人の恋人に―する
御上《おかみ》　―の命令　―の威光をかさに着る
内儀《おかみ》　妻。長屋の―さん
女将《おかみ》　料理屋の―
拝《おが》む　手を合わせて―　仏さまを―
傍目八目《おかめはちもく》　―の批評
岡持《おかもち》　料理を運ぶ容器。―に入れて出前をする
傍焼《おかやき》　「岡焼」とも。仲間の―がひどい
陸湯《おかゆ》　上がり湯。―を使って頭を洗う
麻幹《おがら》　あさがら。―を燃やす
悪寒《おかん》　かぜを引いたのか―がする
お冠《かんむり》　きょうはだいぶ―らしい

沖《おき》　―に船が見える　台風は三陸の―に去る
燠《おき》　赤くおこった炭火。灰の中に―を埋める
隠岐《おき》　旧国名、島根県の隠岐諸島。
荻《おぎ》　萩(はぎ)と―は字がよく似ている
沖合《おきあい》　はるか―に出て漁をする　―漁業
沖釣《おきづり》　―だと大きいのが掛かる
掟《おきて》　国の―を守る　仲間の―に従う
翁《おきな》　老年の男子。―の面　―と媼(おうな)
補《おぎな》う　不足した分を―　赤字を―
沖仲仕《おきなかし》　荷役(にやく)をする―
置場《おきば》　身の―もない　材木―　材料―
置引《おきびき》　駅の待合室では―が多い
起臥《おきふし》　―仕事のことばかり考えている
置物《おきもの》　床の間の―　―のつぼ

奥《おく》 —の部屋(へや) 心の— —の手を出す
億《おく》 —の単位 —万長者 —兆心を一にする
置《お》く たなに— 質に— 学生を— 一日—
擱《お》く やめる。筆を—
措《お》く 君を措いて適任者はない 話はさて措き
屋外《おくがい》 天気のよい日は—で遊ぶ
奥書《おくがき》 本の— —に協力者の氏名を書く
奥方《おくがた》 社長の— —さまに申し上げます
奥義《おくぎ》 「おうぎ」とも。剣道の—をきわめる
奥様《おくさま》 だんなさまと— 若—
御髪《おぐし》 —のお手入れをお忘れなく
屋上《おくじょう》 —から富士山が見える —屋を架す
憶《おく》する 「臆する」とも。 —色もない
憶説《おくせつ》 「臆説」とも。それは単なる—にすぎない

憶測《おくそく》 「臆測」とも。調査結果を—する
憶断《おくだん》 「臆断」とも。みだりに—してはいけない
奥津城《おくつき》 墓。先祖の—に参る
奥付《おくづけ》 発行の年月日は—にしるしてある
晩稲《おくて》 早稲(わせ)と—
晩生《おくて》 —の茄子(なす) あの子は—だ
噯気《おくび》 そのことは—にも出さない
憶病《おくびょう》 「臆病」とも。 —かぜを吹かす —神
衽《おくみ》 着物の— —下がり
憶面《おくめん》 「臆面」とも。 —もなく申し立てる
奥床《おくゆか》しい —人柄
奥行《おくゆき》 間口と— —が深い
送状《おくりじょう》 —を付けて発送する
贈物《おくりもの》 上役に—をする 彼への—

送《おく》る 品物をいなかに— 彼女を家まで—
贈《おく》る 先生に記念品を— 位を—
後《おく》れ毛《げ》 襟足(えりあし)の—をそる
後《おく》れ馳《ば》せ —ながら到着しました
遅《おく》れる 学校に— 時間に— 脱稿が—
遅《おく》れる 「後れる」とも。流行に—
桶《おけ》 ふろ—に水を入れる つけもの— —屋
螻蛄《おけら》 月給日前なので—だ —になる
烏滸《おこ》 「尾籠」とも。 —がましい —のさた
起《おこ》す 身を— 問題を— 訴訟を—
興《おこ》す 盛んにする。国を— 産業を—
熾《おこ》す 炭火を—
虎魚《おこぜ》 「鰧」とも。魚。猟師が山の神に供える—
厳《おごそ》か —に即位の儀式を執り行なう

怠《おこた》る 勉強を— 注意を—
行《おこな》い —を慎む あるまじき—
行《おこな》う 事を— 改革を—
起《おこ》る 大事件が— 火事が—
興《おこ》る 盛んになる。国が— 産業が—
熾《おこ》る 火が— 炭が—
怒《おこ》る 母が— 本気で— 弟を—
奢《おご》る 口が— 夕食を— きょうはわたしが—
驕《おご》る —平家は久しからず
御強《おこわ》 赤飯。 —をたいて誕生日を祝う
押《おさ》える 指で— 口を— 証拠を—
押《おさ》える 「抑える」とも。怒りを— 物価を—
お先棒《さきぼう》 —をかついで損をする
お里《さと》 そんなことをすると—が知れる

幼《おさな》い —こども —考え方 —時代の思い出
幼子《おさなご》 無心に眠る—
幼馴染《おさななじみ》 —と再会する —の女
お座形《ざなり》 —な返事をする —の処置を執る
納《おさ》める 月謝を— 注文の品を— さやに—
収《おさ》める 成果を— 利益を— カメラに—
治《おさ》める 争いを— 国を— 丸く—
修《おさ》める 学業を— 身を—
お浚《さら》い 「温習」とも。家で—する 踊りの—
啞《おし》 発語障害者。
伯父《おじ》 父母の兄。
叔父《おじ》 父母の弟。
小父《おじ》 隣の—さん 肉屋の—さん
惜《お》しい 命が— —ところで負けた

押売《おしうり》 —を撃退する
押絵《おしえ》 —の羽子板
教《おし》える 道を— 日本の歴史を—
御仕置《おしおき》 きびしい—を受ける
御辞儀《おじぎ》 丁寧に—をする
御仕着《おしき》せ 「御四季施」とも。
含羞草《おじぎそう》 ねむりぐさ。
惜気《おしげ》 —もなく捨てる
怖気《おじけ》 —付く —を震う
御七夜《おしちや》 —に名まえを付ける
鴛鴦《おしどり》 池を泳ぐ— —夫婦
雄蕊《おしべ》 「ゆうずい」とも。—と雌蕊(めしべ)
惜《お》しむ 別れを— なごりを— —らくは
惜《お》しむ 「吝しむ」とも。金を— 時間を—

襁褓《おしめ》 おむつ。赤ん坊の—カバー
御釈迦《おしゃか》 不良品。—になる
和尚《おしょう》 寺の—さん
汚職《おしょく》 役人が—容疑で起訴された
汚辱《おじょく》 —を受ける —をすすぐ
怖《お》じる 風の音にも—
白粉《おしろい》 —を厚く塗る —下
お新香《しんこ》 みそ汁(しる)に—だけの朝食
雄《おす》 —と雌 —の蚊
雄《おす》 「牡」とも。家畜・家禽(かきん)。犬の—
押《お》す 車を— 念を— 病気を押して出場する
押《お》す 「圧す」とも。押しも押されもしない人
押《お》す 「捺す」とも。印を— スタンプを—
推《お》す 私の—辞書 総裁に— 推して知るべし

汚水《おすい》 —を浄化する装置 —処理場
怖々《おずおず》 —と顔を出す —と進む
お裾分《すそわ》け 到来物を—する
御墨付《おすみつき》 殿様の—をいただく
押《お》せ押《お》せ 仕事が—になる —ムード
お世辞《せじ》 —を言う —たらたら
御節《おせち》 正月の—料理
お節介《せっかい》 よけいな—を焼く
汚染《おせん》 大気が—するのを防止する
遅《おそ》い —汽車 帰りが—
晩《おそ》い 夜が— —時期
襲《おそ》う 暴漢が— 寝込みを— 父の名を—
御供《おそなえ》 —物 —の餅(もち)
遅蒔《おそまき》 —ながら気が付いた

恐《おそ》らく 彼は—もう来ないだろう
虞《おそれ》 余病併発の—がある 大雨の—
畏多《おそれおお》い 全く—話だ 畏多くも
恐戦《おそれおのの》く 暴力団の復讐(ふくしゅう)に—
恐《おそ》れる 「怖れる」とも。敵を— 毒へびを—
恐《おそ》れる 「惧れる」とも。心配。失敗を—
畏《おそ》れる 神を畏れないしわざ
恐《おそ》ろしい 「怖ろしい」とも。—集中豪雨
襲《おそ》われる 暗夜暴漢に— 懐郷の念に—
魘《おそわ》れる 悪夢に—
汚損《おそん》 借りた本を—しないようにせよ
御題目《おだいもく》 —を唱える りっぱな—
汚濁《おだく》 川水の— —の世を憤る
雄叫《おたけ》び —を上げる

煽《おだ》てる 選手を— 煽てて仕事をさせる
阿多福《おたふく》 —かぜ —豆
御陀仏《おだぶつ》 —になる もう—だ
蝌蚪《おたまじゃくし》 は蛙(かえる)の子 楽譜の—
穏《おだ》やか —な天気 —な人柄 —に話す
陥《おちい》る 不安に— 計略に— 危機に—
落々《おちおち》 —寝てもいられない
遠近《おちこち》 —さすらう —の島
落着《おちつ》く あわてずに— 宿に—
落付《おちつ》く 話が結論に— 玉の—場所
落度《おちど》 「越度」とも。—がある —がない
落《お》ちぶれる 「零落れる」とも。
落穂《おちぼ》 稲刈りのあと—を拾う —拾いの絵
落人《おちゅうど》 平家の—の隠れた部落

雄蝶雌蝶《おちょうめちょう》 祝宴の―
落《お》ちる 木から― 穴に― 語るに― 質が―
落《お》ちる 「堕ちる」とも。 地獄に―
乙《おつ》 十干の第二。 ―な味 ―に澄ます
億劫《おっくう》 外出を―がる ―に思う ―な仕事
追手《おって》 ―が掛かる ―を差し向ける
追《お》って 「追而」とも。 いずれそのうちに。
膃肭臍《おっとせい》 北洋に生息する―
お手前《てまえ》 手腕。 ―拝見の仕事
御点前《おてまえ》 茶道。 ―いただきます
御出座《おでまし》 殿下の― 早い―
お手盛《てもり》 ―の歳費値上げ
汚点《おてん》 学校の歴史に―を残す ―が付く
お転婆《てんば》 ―をする ―娘

音《おと》 大きな― ―に聞こえたうわさ
弟《おとうと》 兄と― ―分 ―でし
頤《おとがい》 下あご。 ―が落ちる ―を解く
威《おど》かす 「威嚇す」とも。 大声で― 短刀で―
お伽噺《とぎばなし》 ―をこどもに聞かせる
諧《お》謔《ど》ける 諧謔けて人を笑わせる
男《おとこ》 ―と女 ―は度胸 ―一匹 いい―
男伊達《おとこだて》 ―が幅をきかす
男勝《おとこまさ》り ―の女 ―の性質
音《おと》沙《さ》汰《た》 兄からは全く―がない
落《おと》し穴《あな》 「陥穽」とも。 ―にはまる
陥《おとしい》れる 人を― 城を―
落《おと》す 石を― 命を― 財布(さいふ)を―
威《おど》す ピストルで― 威して金品を奪う

音信《おとずれ》 たより。 彼からは何の―もない
訪《おとず》れる 帰郷して母校を― 北国にも春が―
一昨日《おととい》 「いっさくじつ」とも。
一昨年《おととし》 「いっさくねん」とも。
大人《おとな》 ―とこども ―げないふるまい
訪《おとな》う ―人もまれな古寺
乙姫《おとひめ》 竜宮の―さま 美しい―さま
乙女《おとめ》 「少女」とも。 村の― ―心
囮《おとり》 ―に掛かる ―を使う― ―捜査
劣《おと》る 力が― だれにも劣らない
踊《おど》る 舞踊。 踊りを― 夕ンゴを― 恋人と―
躍《おど》る とびはねる。 馬が― 字が― 胸が―
衰《おとろ》える 体力が― 台風の勢力が―
驚《おどろ》く 大声に― 見て― あまりの惨状に―

同《おな》い年《どし》 ―のいとこ 彼女とは―です
お中《なか》 「お腹」とも。 ―が痛い ―をさする
女子《おなご》 ―は下がっておれ
同《おな》じ ―考えの人 右に― ―場所に行く
鬼《おに》 ―も十八番茶も出花 ―に金棒
鬼遣《おにやらい》 節分の豆まき。
尾《お》根《ね》 山の― ―と沢 ―伝いに歩く
斧《おの》 ―の柄 木こりの持つ― ―を振るう
各《おのおの》 「各々」とも。 ―の責任で 学生―は
男子《おのこ》 大和(やまと)―と生まれきて
自《おのずか》ら 真偽は―明らかだ
戦《おのの》く 敵の来襲に― 山くずれに恐れ―人々
己《おのれ》 ―に克(か)つ ―の分際を知る
尾《お》羽《は》 ―打ち枯らして故郷に帰ってきた

伯母《おば》 父母の姉。
叔母《おば》 父母の妹。
小母《おば》 隣の―さん まかないの―さん
お萩《はぎ》 お彼岸に―を作る ―のお重
お化《ば》け 墓場に―が出た 納涼―大会
十《お》八《は》番《こ》 ―を出す ―が始まる
尾花《おばな》 薄(すすき)。 枯れ―
雄花《おばな》 ―と雌花
御祓《おはらい》 神主の―を受ける
帯揚《おびあげ》 帯の下に―を結ぶ
怯《おび》える 風の音にも― 犬に―こども
帯皮《おびかわ》 「帯革」とも。 腰の― 伝動用の―
誘出《おびきだ》す こどもを巧みに―
夥《おびただ》しい ―群衆 たよりないこと―

帯留《おびどめ》 「帯止」とも。 珊瑚(さんご)の—
帯封《おびふう》 新聞は—をして送る
お冷《ひや》 飲用の水。 —を一杯ください
脅《おびや》かす 敵の背後を— 生活を—物価高
御百度《おひゃくど》 —を踏む —参り
お開《ひら》き これで—にします 会を—にする
帯《お》びる 刀を— 責任を— 青みを—
尾鰭《おひれ》 事件のうわさは—が付いて伝わる
御披露目《おひろめ》 —をする
汚物《おぶつ》 —をまき散らす —を海に捨てる
御触《おふ》れ 役所からの— —を回す
覚書《おぼえがき》 —を交換する
覚《おぼ》える 仕事を— 顔を— 痛みを—
未通女《おぼこ》 処女。あの子は—だ

思召《おぼしめし》 —を伺う 姉は彼に—があるようだ
覚束無《おぼつかな》い 合格は— —手つき
溺《おぼ》れる —者はわらをもつかむ 酒に—
朧《おぼろ》 —にかすむ春の月 —月夜
朧気《おぼろげ》 —な記憶をたどる
御守《おまもり》 安産の— —札
御神酒《おみき》 —を上げる —が回る
御神籤《おみくじ》 —を引く
御見逸《おみそれ》 これは—しました
女郎花《おみなえし》 秋の七草の一。
汚名《おめい》 —をそそぐ 国賊の—を返上する
喚《おめ》く 大声で叫ぶ。わめく。
御召《おめし》 —ちりめん —替え —列車 会長の—だ
御目文字《おめもじ》 —の際に

思出《おもいで》 「想出・憶出」とも。 山の— 若き日の—
思遣《おもいやり》 部下への—の心が深い —がない
思《おも》う —念力岩をも通す —ぞんぶん食べる
思《おも》う 「想う」とも。 昔を— いなかの母を—
面影《おもかげ》 「俤」とも。 なき母の—をしのぶ 昔の—
面舵《おもかじ》 船を右へ向ける操舵(そうだ)。 —と取舵(とりかじ)
面差《おもざし》 顔つき。死んだ祖母に—が似ている
重石《おもし》 つけものの— —を乗せる
面白《おもしろ》い —話 なかなか—意見だ
沢瀉《おもだか》 植物。紋所の名。
面立《おもだち》 おもざし。 —が父に似ている
重立《おもだ》つ 重立った人だけ集まる
玩具《おもちゃ》 —で遊ぶ 人を—にする —箱
表《おもて》 —と裏 紙の— —の道 —口 畳—

面《おもて》 —を上げる —も振らず —を冒す
表沙汰《おもてざた》 事件が—になる
表向《おもてむ》き —の用件 —の理由 —に訴える
万年青《おもと》 —の鉢(はち) —の葉
面長《おもなが》 —な顔 —な人
重荷《おもに》 —を降ろす —になる —を負う
主《おも》に 主として。 —彼のやったことだ
阿《おもね》る 上役に— 世に—
面映《おもはゆ》い そんなにほめられると—
趣《おもむき》 —のある庭園 話の—は承知しました
赴《おもむ》く 九州に— 快方に— 世論の—ところ
徐《おもむろ》に —立ち上がる —口を開く
面持《おももち》 けげんな—で語る 不安な—
母屋《おもや》 父母は—に住んでいる —と離れ

重湯《おもゆ》 腹をこわして—をする
錘《おもり》 釣り糸の— はかりの—
思惑《おもわく》 他人の—を気にする —で株を買う
慮《おもんぱか》る 親は子の将来を— 家名を—
惟《おもん》みるに よく考えてみると。つらつら—
親《おや》 —と子 —を養う —の光は七光り
親方《おやかた》 —の世話になる 大工の— —日の丸
親御《おやご》 —さんはさぞかしご心配でしょう
親父《おやじ》 「親仁」とも。 —とおふくろ
親爺《おやじ》 肉屋の— 雷—
親潮《おやしお》 千島海流。 —と黒潮
親玉《おやだま》 不良の— 事件を起こした—
親船《おやぶね》 —に乗ったような気持
親分《おやぶん》 —子分の関係にある 彼は—肌(はだ)の人です

お

女形《おやま》 歌舞伎(かぶき)の―
親元《おやもと》 「親許」とも。金を―に送る ―から通う
親指《おやゆび》 「拇指」とも。―姫
泳《およ》ぐ 川で― 彼は財界を泳ぎ回って成功した
凡《およ》そ ―の数 ―つまらない話だ ―の見当で
及《およ》び腰《ごし》 ―でボールを取る ―になる
及《およ》ぶ 十時間に―会議 広範囲に―被害
和蘭《オランダ》 水車とチューリップの国―
折《おり》 上京の― ―よく ―しも 菓子の―
檻《おり》 ライオンの― ―に入れる
澱《おり》 びん詰の― 底の―を取る
折合《おりあい》 嫁との―が悪い 組合との―が付く
折々《おりおり》 四季―の景 彼女は―やってくる
折紙《おりかみ》 鑑定書。―付の品

折紙《おりがみ》 ―を折って遊ぶ ―細工
折柄《おりから》 気候不順の― ―の雨にぬれる
折詰《おりづめ》 ―の弁当 ―料理に中毒した
織姫《おりひめ》 七夕(たなばた)の―物語
折節《おりふし》 ―のながめがすばらしい
下物《おりもの》 こしけ。悪性の―が続く
織物《おりもの》 ―問屋 絹― 綿― ―業
降《お》りる 車を― 霜が― 委員を―
降《お》りる 「下りる」とも。階段を― 幕が―
折《お》る 枝を― 我(が)を― 紙を―
織《お》る 機で布を― むしろを―
居《お》る わしはずっとここに― 家に居ります
俺《おれ》 彼とは―おまえの仲だ
お歴々《れきれき》 経済界の―が出席する

愚《おろ》か ―しい話 言うも― ―者
卸《おろし》 ―売 ―値は安い ―問屋 ―と小売
颪《おろし》 浅間―が寒い 筑波(つくば)―
卸《おろ》す 問屋から小売商に― 大根を― 三枚に―
降《お》ろす バスから客を― 議長を―
降《お》ろす 「下ろす」とも。荷を― 貯金を―
疎《おろそ》か 仕事を―にする 手入れが―だ
大蛇《おろち》 大きな蛇(へび)。八岐(やまた)の―の伝説
汚穢《おわい》 汚物。糞尿(ふんにょう)。―のくみ取り
御在《おわ》す いらっしゃる。おいでになる。
終《おわ》り ―まで見る 春の― これで全巻の―だ
尾張《おわり》 旧国名、愛知県の西半部。
終《おわ》る 会議が― 一生を― 会見を―
音《おん》 漢字の―と訓 高い―と低い―

恩《おん》 先生の― ―知らず ―に着せる ―返し
御《おん》 ―の字 ―礼 ―身 ―大将 ―前に
恩愛《おんあい》 「おんない」とも。―の情は断ちがたい
音韻《おんいん》 ―と意義 ―論
温雅《おんが》 ―な風彩 ―な人となり
音階《おんかい》 ―が乱れている ―正しく発声する
音楽《おんがく》 軽― 古典― ―家 電子― ―会
音感《おんかん》 ―がいい ―教育
温顔《おんがん》 ―に接する 先生の―を拝する
恩義《おんぎ》 「恩誼」とも。先生に―を感じる
恩給《おんきゅう》 ―を受ける
音響《おんきょう》 ―効果を考えた建築 大― ―測深
音曲《おんぎょく》 ―吹寄せ ―ばなし 歌舞―
恩恵《おんけい》 自然の―に浴する ―を受ける

穏健《おんけん》 ―な思想の持主 考え方が―である
恩顧《おんこ》 あの人には―を被っている
温厚《おんこう》 ―な人柄 ―な紳士 ―篤実
音叉《おんさ》 ―で振動数を測定する
恩師《おんし》 同窓会に―をお招きする
恩賜《おんし》 ―のたばこ ―賞を受ける
温室《おんしつ》 ―で栽培した花 ―育ちのぼっちゃん
恩赦《おんしゃ》 ―に浴して出獄する
恩讐《おんしゅう》 情けとあだ。―のかなた
怨讐《おんしゅう》 恨み。―による凶行
温順《おんじゅん》 ―な性質 ―な人柄
恩賞《おんしょう》 戦功により―を賜わる
温床《おんしょう》 ―栽培 過激思想の― 悪の―
温情《おんじょう》 ―主義は今の世には通用しない

お

恩情《おんじょう》 恩愛の情。師の―に感謝する
音信《おんしん》 「いんしん」とも。―が絶える ―不通
音声《おんせい》 ―は人によって違う ―学
温泉《おんせん》 ―宿 山の―
御曹《おんぞう》司《し》 「御曹子」とも。
音速《おんそく》 ―を突破する ―で飛行する 超―
温存《おんぞん》 兵力を―する
御大《おんたい》 ―のお出まし ―みずから行なう
恩沢《おんたく》 社会の―を受ける ―に潤う
温暖《おんだん》 気候―の地 ―前線
音痴《おんち》 父は―で歌がへただ 方向―
御中《おんちゅう》 株式会社三省堂― 総務課―
音調《おんちょう》 ―を整える
恩寵《おんちょう》 先代社長の―を受ける

音程《おんてい》 ―が狂う ―正しく歌う
怨敵《おんてき》 恨み深いかたき。―退散を祈願する
恩典《おんてん》 ―に浴して出発できた 授業料免除の―
音吐《おんと》 ―朗々と読み上げる
音頭《おんど》 ―を取る 東京―
温度《おんど》 室内の―を調節する 油の―
穏当《おんとう》 ―な意見 ―な考え方だ
音読《おんどく》 ―と訓読 ―したほうが頭に入《はい》る
雄鳥《おんどり》 「牡鶏」とも。雌鳥《めんどり》と―
女《おんな》 ―と男 ―の子
女形《おんながた》 歌舞伎《かぶき》の― ―の得意な役者
女型《おんながた》 女性タイプ。 ―の男
女蕩《おんなたら》し ―の色男
怨念《おんねん》 恨み。この―はきっと晴らすべく

音波《おんぱ》 ―が伝わる ―による水中の通信
音標文字《おんぴょうもじ》 万国―
穏便《おんびん》 ―な処置を講じる ―に済ます
音符《おんぷ》 楽譜に―を書き込む 四分―
音譜《おんぷ》 楽譜。 ―に書く
隠密《おんみつ》 ―に事を運ぶ ―を放つ
陰陽《おんよう》 「おんみょう」とも。―師《じ》 ―道
温容《おんよう》 今はなき先生の―をしのぶ
温浴《おんよく》 湯に入ること。―療法
音律《おんりつ》 正しい― ―がよい ―が狂う
音量《おんりょう》 豊かな― ―を調節する
怨霊《おんりょう》 ―のたたり 死者の―
温良《おんりょう》 ―な性格の紳士
温和《おんわ》 「穏和」とも。気候― ―な性質 ―な表現

か

可《か》 ―もなく不可もなし ―とする 優・良・―
科《か》 専攻の― 婦人― 目《もく》・―・属・種
課《か》 教科書の第一― 庶務―
香《か》 花の― 梅が― 移り―がする
蚊《か》 ―の鳴くような声 ―が刺す
我《が》 ―の強い性格 ―を張る ―を折る
賀《が》 祖父の古希の― 八十八の―
蛾《が》 灯火に集まる― 毒のある―
回《かい》 ―を重ねる 最終―
会《かい》 ―を催す ―の運営 同好の―
戒《かい》 ―を破る 十― 守るべきおきて。
甲《か》斐《い》 生きている―がない 旧国名、山梨県。

貝《かい》 ―を拾う 帆立― 二枚― ―柱
峡《かい》 山と山の間。山の―の細い道
櫂《かい》 舟を―でこぐ ―は三年艪《ろ》は三月
害《がい》 ―を及ぼす ―を受ける ―がある
該《がい》 その。当。 ―事件
概《がい》 哲人の―がある 敵をのむ―がある
我《が》意《い》 ―を張る ―を通す
害悪《がいあく》 社会に―を流す ―を及ぼす
介意《かいい》 気に掛ける。―しない ―する点はない
怪異《かいい》 ―なできごと
魁偉《かいい》 人並みすぐれてたくましい。容貌《ようぼう》―
拐引《かいいん》 かどわかす。婦女子を―する
海運《かいうん》 海上の運輸。―が発達している ―業
開運《かいうん》 ―を祈る ―のお守りを受ける

開演《かいえん》 四時開場五時―　―と終演
外延《がいえん》 概念　―と内包　―の広い
外苑《がいえん》 ―と内苑　神宮の―でデートする
外縁《がいえん》 都市の―部　―地帯
海王星《かいおうせい》 太陽系第八番めの惑星。
開化《かいか》 文明―の明治時代
開花《かいか》 桜の―期　仏教文化の―時
絵画《かいが》 ―の展示　―的な蕪村《ぶそん》の句　―館
外貨《がいか》 ―を獲得する　―準備高
凱歌《がいか》 かちどき。―を奏する　―を上げる
改革《かいかく》 幣制―を断行する　政治―　機構―
外郭《がいかく》 「外廓」とも。―を固める　―門　―団体
外殻《がいかく》 地球の―　―を破る
買掛金《かいかけきん》 ―の回収　―と売掛金

快活《かいかつ》 「快闊」とも。―な少年　―にふるまう
海闊《かいかつ》 「開豁」とも。広く開けている。天空―
概括《がいかつ》 議論を―する　最初に―的な説明をする
貝殻《かいがら》 海岸で―を拾う　―細工　―虫
会館《かいかん》 集会のための建物。青年―　―建設用地
快感《かいかん》 ―を味わう　入浴後の―
怪漢《かいかん》 覆面の―が侵入した　―に襲われる
開巻《かいかん》 本の開き始め。―第一ページ
海岸《かいがん》 ―を散歩する　―の松林　―段丘　―線
外患《がいかん》 外国から攻められる心配。内憂―
外観《がいかん》 内容―ともにりっぱである　―が悪い
概観《がいかん》 世界経済を―する　―を述べる
回忌《かいき》 死者の命日。年忌。祖母の七―
回帰《かいき》 ―線　―熱　―作用　―年

会期《かいき》 ―を延長する　―中の滞在費
怪奇《かいき》 複雑―な話　―小説
開基《かいき》 寺の創立。弘法《こうぼう》大師の―と伝える
会議《かいぎ》 学術―で講演する　職員―　―録
懐疑《かいぎ》 ―的　―論　―主義
外気《がいき》 窓を開《あ》けて―を入れる　―に触れる
快気祝《かいきいわい》 全快したので―をする
皆既食《かいきしょく》 「皆既蝕」とも。
諧謔《かいぎゃく》 ―を交えて話す　―味たっぷり
階級《かいきゅう》 軍人の―　―意識　―制度　上流―
懐旧《かいきゅう》 ―の情を禁じえない　―談
快挙《かいきょ》 近来にない―と伝えられる
回教《かいきょう》 マホメット教。―のコーラン
海況《かいきょう》 海の状況。海のようす。―の調査

海峡《かいきょう》 津軽―　―植民地　―の秋
懐郷《かいきょう》 ―の念やみがたく　―病
開業《かいぎょう》 酒屋を―する　―医　―祝賀会
概況《がいきょう》 天気―をお伝えします　特売の―
皆勤《かいきん》 五年間―する　―賞
解禁《かいきん》 鮎《あゆ》漁の―　狩猟が―になる　―金
開襟《かいきん》 ―シャツで通勤する
外勤《がいきん》 外部での勤務。外交。―社員
街区《がいく》 ―方式の住居表示
回訓《かいくん》 請訓に対する―　本国政府の―を待つ
会計《かいけい》 ―を預かる　―係　―検査　お―お願い
会稽《かいけい》の恥《はじ》 ―をすすぐ
解決《かいけつ》 事件の―を図る　難問題が―する　―策
快傑《かいけつ》 「怪傑」とも。―黒頭巾《くろずきん》

壊血病《かいけつびょう》 野菜不足で―になる
会見《かいけん》 首相に―を申し込む　応接室で―する
懐剣《かいけん》 懐中する護身用の短刀。―で自殺した
開眼《かいげん》 大仏の―　―供養
戒厳令《かいげんれい》 暴動が起こり―をしく
回顧《かいこ》 幼時を―する　―録
懐古《かいこ》 ―趣味　―の情
解雇《かいこ》 ―手当
蚕《かいこ》 ―を飼う　―の繭
介護《かいご》 病人を―する
戒護《かいご》 刑務所在監者の―　―課
悔悟《かいご》 「改悟」とも。前非を―する
開口《かいこう》 ―一番　―音
開校《かいこう》 ―記念日　―式

か

開講《かいこう》 講習会を―する ―のあいさつを述べる

回航《かいこう》 「廻航」とも。大阪港から横浜港へ―する

開港《かいこう》 ―場 幕末―秘話 ―百年記念

海溝《かいこう》 マリアナ― 日本―

邂逅《かいこう》 巡り会い。旧友との―を喜ぶ

会合《かいごう》 同志が―する ―の費用

外交《がいこう》 ―員 ―官 ―辞令

外向《がいこう》 ―型の性格 ―性

外航《がいこう》 ―に適する船舶 内航と―

戒告《かいこく》 「誡告」とも。 ―処分

開国《かいこく》 幕府は諸外国から―を迫られた

回国《かいこく》 「廻国」とも。国々を巡り歩く。―巡礼

骸骨《がいこつ》 気味が悪い― 頭― ―を乞(こ)う

悔恨《かいこん》 ―の涙を流す ―の情にかられる

開墾《かいこん》 荒れ地を―する ―事業

快哉《かいさい》 山頂を窮めて―を叫ぶ

皆済《かいさい》 残らず返す。借金を―する

開催《かいさい》 万国博覧会を―する ―地 ―期間

介在《かいざい》 他人の―を許す 第三者が―する

外債《がいさい》 ―を募集する

開削《かいさく》 「開鑿」とも。運河を―する

改札《かいさつ》 駅の―掛 ―口を通る 出札と―

開山《かいさん》 寺の創立者。開基。伝教大師の― ―忌

解散《かいさん》 国会を―する 駅前で― 五時―

改竄《かいざん》 変造。文書を―する 数字の―

概算《がいさん》 ―五千万円の被害 費用の―

開始《かいし》 試合―は午後二時 直ちに―する

懐紙《かいし》 ―に包む ―に和歌をしるす

快事《かいじ》 近来まれな―

開示《かいじ》 勾留(こうりゅう)理由を―する

外資《がいし》 外国資本。―導入を図る ―と提携する

碍子《がいし》 電線の絶縁用具。送電線の―

概して《がいして》 成績は―良好である ―難解だ

会社《かいしゃ》 株式― 合資― ―再建 ―員 ―勤め

膾炙《かいしゃ》 広く言いはやされる。人口に―する

解釈《かいしゃく》 語句の― ―と鑑賞 ―が分かれる

回収《かいしゅう》 廃品を―する アンケートの―

改宗《かいしゅう》 宗旨を替える。禅宗に―する

改修《かいしゅう》 道路を―する ―工事

怪獣《かいじゅう》 ―が現われる ―の映画

海獣《かいじゅう》 海中にすむ獣。鯨や海豹(あざらし)など。

晦渋《かいじゅう》 難解。―な哲学書

懐柔《かいじゅう》 巧みに部下を―する ―策

鎧袖一触《がいしゅういっしょく》

外柔内剛《がいじゅうないごう》

回春《かいしゅん》 若返り。―の秘策

改悛《かいしゅん》 「悔悛」とも。―の情が顕著である

楷書《かいしょ》 漢字は―ではっきり書く ―・行書・草書

解除《かいじょ》 制限を―する 大雨警報― 契約―

回章《かいしょう》 「廻章」とも。―を回す 人事―

快勝《かいしょう》 五対零で―する

改称《かいしょう》 江戸を東京と―した

海象《かいしょう》 ―の観測 ―通報

海嘯《かいしょう》 満潮時の高潮。河口では―に注意

解消《かいしょう》 婚約を―する 予定は自然―した

甲斐性《かいしょう》 ―のない男

回状《かいじょう》 「廻状」とも。―を回す

会場《かいじょう》 ―は学校の講堂を使用する

開場《かいじょう》 午後五時に―する

外相《がいしょう》 外務大臣。―には大物を任命する

外傷《がいしょう》 死体に―はない 全治三か月の―

街娼《がいしょう》 街頭売春婦。―を取り締まる

会食《かいしょく》 社長を交えて―する ―の費用

海食《かいしょく》 「海蝕」とも。海水による浸食。

解職《かいしょく》 勤務成績不良で―される

回診《かいしん》 院長の―がある

会心《かいしん》 「快心」とも。―の作 ―のえみを漏らす

改心《かいしん》 ―して仕事に励む

灰燼《かいじん》 貴重な資料が―に帰した

海図《かいず》 ―は航海者にとってたいせつである

海水浴《かいすいよく》 一家そろって—に行く
概数《がいすう》 細かい数字はともかく—を知りたい
介《かい》する 意に介さない 人を介して話す
会《かい》する 与野党の党主が一堂に—
解《かい》する 意味を— 人語を—犬
害《がい》する 風俗を—おそれがある
回生《かいせい》 起死—の妙手
快晴《かいせい》 雲一つない— 運動会は—に恵まれた
改正《かいせい》 規則を—する 料金の— —案
改姓《かいせい》 結婚による— —届 養子に行って—する
会席《かいせき》 寄合いの場所。—茶屋 —膳《ぜん》
懐石《かいせき》 茶の湯の席で出す料理。—料理
解析《かいせき》 —幾何学 探測器からの信号を—する
外戚《がいせき》 母方の親類。—の祖父に当たる人

開設《かいせつ》 出張所を—する 電報電話局の—
解説《かいせつ》 問題を—する 時事—を担当する
概説《がいせつ》 最初に—を述べる 日本史—
剴切《がいせつ》 適切。—な例証を引く 引証—
回船《かいせん》 「廻船」とも。—問屋
回線《かいせん》 電話の—が不足する テレビの中継—
改選《かいせん》 役員を—する
開戦《かいせん》 —早々大勝を博した
海戦《かいせん》 日本海—
会戦《かいせん》 祖父は奉天の—で戦死した
改善《かいぜん》 待遇を—する 雇用制度の—
凱旋《がいせん》 戦いに勝って—する —門 —将軍
慨然《がいぜん》 憤り嘆くさま。—として語る友
概然性《がいぜんせい》 「蓋然性」とも。

改組《かいそ》 委員会を—する —して再出発する
開祖《かいそ》 —は弘法大師と伝えられる
回想《かいそう》 往事を—する —のシーン
回送《かいそう》 「廻送」とも。この電車は故障で—します
回送《かいそう》 「廻漕」とも。船で貨物を運ぶ。—問屋
快走《かいそう》 —を続けるマラソン選手 —するヨット
壊走《かいそう》 「潰走」とも。敵軍は—した
会葬《かいそう》 多数の—者があった —御礼
改装《かいそう》 店内を—する —中の遊覧船
海草《かいそう》 アマモ・スガモなどの種子植物。
海藻《かいそう》 コンブ・ワカメなどの胞子植物。
階層《かいそう》 さまざまな—の人 社会— —を分ける
改造《かいぞう》 建物を—する 内閣の—を断行する
外装《がいそう》 新しいビルの—がほぼ完了する

介添《かいぞえ》 老母の—をする —役 —人
会則《かいそく》 会の規則。同窓会の—を定める
快速《かいそく》 —を誇る —列車
海賊《かいぞく》 —が出没する —船 —版
拐帯《かいたい》 持逃げ。公金を—する —犯人
解体《かいたい》 建物を—する 仏像を—する —修理
懐胎《かいたい》 処女— —した婦人
改題《かいだい》 題目を変え改める。今月号から—した
解題《かいだい》 本の内容や作者などの概説。漢籍—
海内《かいだい》 国じゅう。—の統一 勇名—に鳴り響く
開拓《かいたく》 原野を—する 北海道—事業
快諾《かいだく》 先方の—を得た 申出を—する
外為《がいため》 外国為替《かわせ》。
会談《かいだん》 巨頭—が開かれる 大使級の— 日米—

快談《かいだん》 気持のよい話し合い。—に時を忘れる
怪談《かいだん》 夏の夜の—会 東海道四谷《よつや》—
階段《かいだん》 —を上る 二階に通じる— —教室
慨嘆《がいたん》 「慨歎」とも。世情を—する
骸炭《がいたん》 コークス。
街談巷説《がいだんこうせつ》 うわさ話。
快男子《かいだんし》 日本一の—
改築《かいちく》 校舎を—する —の資金を積み立てる
回虫《かいちゅう》 「蛔虫」とも。—の卵 —を駆除する
懐中《かいちゅう》 —電灯 —物に用心 —無一文
害虫《がいちゅう》 —の駆除
外注《がいちゅう》 「外註」とも。この仕事は—に回す
快調《かいちょう》 —なすべり出し エンジンは—
諧調《かいちょう》 メロディー。美しい—に酔う

開庁《かいちょう》　官庁の―時間　新庁舎の―式
開帳《かいちょう》　善光寺のご―　出―
開張《かいちょう》　ばくち場を開く。とばく場を―する
戒飭《かいちょく》　戒めて慎ませる。―を加える
開陳《かいちん》　意見を―する
開通《かいつう》　新線が―する　高速道路の―　―式
貝塚《かいづか》　石器時代の―
改定《かいてい》　会則を―する　料率の―　運賃―
改訂《かいてい》　教科書を―する　辞書の―　―版
改締《かいてい》　条約を―する
開廷《かいてい》　裁判長が―を宣する　午前十時―
階梯《かいてい》　学問技芸の初歩。入門。経済学―
快適《かいてき》　心身共に―　―な乗りごこち
回転《かいてん》　「廻転」とも。―窓　資本の―　―競技

皆伝《かいでん》　免許―の腕まえ　秘法を―する
会頭《かいとう》　商工会議所―に就任する
快刀《かいとう》　よく切れる刀。―乱麻を断つ
回答《かいとう》　返事。答え。要求に対する―
解答《かいとう》　問題の―を発表する　―欄　模範―
解凍《かいとう》　冷凍食品を―する
怪盗《かいとう》　―が出没する
怪童《かいどう》　相撲界(すもうかい)に現われた―
会同《かいどう》　会議。裁判官の―　検察官の―
海棠《かいどう》　美しい―の花　―の静かに散るや石畳
街道《かいどう》　―筋　日光―
外套《がいとう》　オーバー。暖かいので―を脱ぐ
外灯《がいとう》　門に―を付ける
街灯《がいとう》　銀座通りの―

街頭《がいとう》　―に出て宣伝する　―録音　―募金
該当《がいとう》　条件に―する　―者　―人物
回読《かいどく》　「廻読」とも。雑誌を―する
会読《かいどく》　源氏物語の―会を開く
解読《かいどく》　日本の暗号はアメリカに―されていた
買得《かいどく》　今がお―です　―の特売場
害毒《がいどく》　社会に―を与える　―を流す
裲襠《かいどり》　うちかけ。花嫁衣装の―
海難《かいなん》　―救助の功績を表彰する
介入《かいにゅう》　事件に第三者が―する
解任《かいにん》　任務を解く。責任を問われて―される
改任《かいにん》　改めて任じる。任期中に―する
懐妊《かいにん》　妃殿下ご―のニュース　嫁は―している
買主《かいぬし》　土地の―　売主と―

飼主《かいぬし》　犬の―　―の不注意による事故
概念《がいねん》　―が得られる　―が不明確　―的
飼葉《かいば》　牛に―を与える　―おけ
改廃《かいはい》　法令の―を研究中
該博《がいはく》　―な知識を持つ
開発《かいはつ》　新製品を―する　能力の―　電源―
海抜《かいばつ》　―三千メートルの高山が連なる
改版《かいはん》　―の際ミスを訂正します
会費《かいひ》　―で維持されている　―を納める　後援―
回避《かいひ》　責任を―する　衝突を―する
開披《かいひ》　信書を―する
開扉《かいひ》　扉(とびら)を開く。
開闢《かいびゃく》　天地―以来のできごと
開票《かいひょう》　投票を―する　―の結果　―速報

概評《がいひょう》　成績を―する　体格の―　―優
海浜《かいひん》　―の旅館に泊まる　―植物
回付《かいふ》　「廻附」とも。議案を参議院に―する
開封《かいふう》　手紙を―する
回復《かいふく》　「恢復」とも。失地を―する　元気―
快復《かいふく》　病気が―する　ご―を祈る
開腹《かいふく》　腹部を切り開く。―手術
怪物《かいぶつ》　―を退治する　政界の―
外聞《がいぶん》　―が悪い　―を気にする
怪文書《かいぶんしょ》　私生活をあばく―
開閉《かいへい》　窓の―は静かに　戸を―する
海兵《かいへい》　アメリカの―隊　―師団
皆兵《かいへい》　国民―の制度
改変《かいへん》　組織を―する

改編《かいへん》 部隊を―する
介抱《かいほう》 母は病人の―に忙しい けが人を―する
会報《かいほう》 同窓会の― 年に一回―を発行する
快方《かいほう》 病気が―に向かう
快報《かいほう》 合格の―を受ける 入賞の―に接する
開放《かいほう》 窓を―する 校庭を―する 門戸―
解放《かいほう》 奴隷を―する 民族―戦線 農地―
解剖《かいぼう》 死体を―する ―学 病理― 司法―
外貌《がいぼう》 外見。―は少しも変わっていない
概貌《がいぼう》 概略。事件の―を述べる
搔掘《かいぼり》 池を―する
搔巻《かいまき》 ―を着る ―姿で現われる
開幕《かいまく》 春のリーグ戦の― ―試合
戒名《かいみょう》 坊さんが―を付ける ―を…という

会務《かいむ》 会長は―を統轄する ―報告
皆無《かいむ》 そんなことは―だ 収入は― 事故は―
外務《がいむ》 ―省 ―大臣 ―員
改名《かいめい》 姓名判断によって―する ―届
解明《かいめい》 問題の―に当たる 事故原因を―する
壊滅《かいめつ》 「潰滅」とも。村が洪水(こうずい)で―した
海綿《かいめん》 浴用― ―状組織 ―動物
皆目《かいもく》 ―わからない ―見当がつかめない
解約《かいやく》 ―の手続をする 保険を―する
快癒《かいゆ》 病気が―した ご―を祈る
回遊《かいゆう》 欧米を―する ―券 ―列車
回遊《かいゆう》 「洄游」とも。太平洋を―する ―魚
外遊《がいゆう》 この秋の―は北欧諸国の予定です
海洋《かいよう》 ―性気候 ―気象台 ―開発

海容《かいよう》 寛大な心で許す。失礼ご―ください
潰瘍《かいよう》 皮膚・粘膜のただれ。胃― ―性の疾患
概要《がいよう》 事件の―を説明する
傀儡《かいらい》 あやつり人形。米国の―となる ―政権
外来《がいらい》 ―の患者 ―語
快楽《かいらく》 ―を味わう ―主義 無上の―
回覧《かいらん》 「廻覧」とも。資料を―する ―雑誌
解纜《かいらん》 出帆。本日横浜港を―の予定です
壊乱《かいらん》 「潰乱」とも。風俗―のおそれがある
海里《かいり》 「浬」とも。一―は一八五二メートル
乖離《かいり》 離れそむく。民心が―する
怪力《かいりき》 プロレス選手は―の持主だ
戒律《かいりつ》 きびしい― ―を守る修道女
概略《がいりゃく》 事件の―を説明する ―の報告

海流《かいりゅう》 ―には暖流と寒流とがある 日本―
改良《かいりょう》 試作品を―する ―主義 品種―
外輪山《がいりんざん》 阿蘇(あそ)の― ―と内輪山
回礼《かいれい》 新年の―を済ませる
回路《かいろ》 電流の― ―を閉じる 受信機の―図
海路《かいろ》 ―帰国した 待てば―の日和(ひより)あり
懐炉《かいろ》 ―を入れて外出する ―灰
街路《がいろ》 ―を清掃する ―樹
回廊《かいろう》 「廻廊」とも。社殿の―を巡らす
偕老同穴《かいろうどうけつ》 ―の契り
概論《がいろん》 法学― まず―の講義をする
会話《かいわ》 外国人と―する 英―の勉強
界隈《かいわい》 この―は夜おそくまでにぎやかだ
快腕《かいわん》 ―を振るう ―投手の腕がさえる

支《か》う 突っかい棒を― しんばり棒を―
買《か》う 技術を― 本を― 反感を―
飼《か》う 小鳥を― 犬を―
家運《かうん》 父の死後―が衰える ―が傾く
替玉《かえだま》 試験に―を出す ―を使う
替地《かえち》 立ちのきを命じられて―を請求する
却《かえっ》て ―悪くなる ―こどもに教えられる
楓《かえで》 秋になると美しく紅葉する―
替刃《かえば》 安全剃刀(かみそり)の―を用意する
省《かえり》みる 自らを― 他を―ゆとりがない
顧《かえり》みる 少年時代を― 後ろの人を―
蛙《かえる》 「かわず」とも。―の子は― ―の面に水
返《かえ》る 手元に― 落とした金が― 正気に―
帰《かえ》る 家に― 親元へ― 夜おそく―

孵《かえ》る 雛《ひな》が― 卵が―
反《かえ》る 倒れる。茶わんが―
変《か》える 形を― 予定を― 場所を―
代《か》える あいさつに― 命には代えられない
替《か》える 水を― 商売を― 組み― 言い―
替《か》える 「更える」とも。担当者を―
換《か》える 手形を現金に― 友人の本と―
火炎《かえん》 「火焰」とも。―に包まれた家 ―びん
賀宴《がえん》 先生の還暦の―に列する
肯《がえ》んじる 承知する。要求を―
顔《かお》 ―を洗う ―が広い ―に泥《どろ》を塗る
顔形《かおかたち》 「顔貌」とも。―が母にそっくり
家屋《かおく》 ―の売買 ―台帳 密集している―
顔立《かおだち》 ―の整っている娘

顔付《かおつき》 「面付・面貌」とも。―がおかしい
顔触《かおぶ》れ いつも同じ―だ 出演者の―
顔負《かおま》け 専門家も― おとな―のできばえ
顔見世《かおみせ》 ―興行
顔役《かおやく》 町内の―が集まる
香《かお》る におう。香水が― 百合《ゆり》の花が―
薫《かお》る 吹く。風―五月
呵々《かか》 笑う声。―大笑する
加賀《かが》 旧国名、能登半島を除く石川県。
画架《がか》 カンバスを載せる三脚。イーゼル。
画家《がか》 ―のアトリエ ―を志望する 日曜―
峨々《がが》 ―としてそびえる県境の山々
嚊《かかあ》 「嬶」とも。―のやつ ―天下
科外《かがい》 科目外。―講義 ―講演

課外《かがい》 課程外。―に練習する ―活動
瓦解《がかい》 崩壊。内閣はついに―した
加害者《かがいしゃ》 ―はすぐ逮捕された
抱《かか》える 書類を両手に― 子を抱き―
価格《かかく》 商品の― 販売― ―調整
化学《かがく》 物理と― 無機― ―作用 石油―
科学《かがく》 自然― ―技術 ―小説
価額《かがく》 ―の決定 課税―
雅楽《ががく》 宮中に伝わる― きらびやかな―の装束
掲《かか》げる 白旗を― 要求を― 看板を―
案山子《かかし》 「かがし」とも。山田の―
係《かかずら》う 「関う」とも。汚職事件に―
踵《かかと》 「かがと」とも。―を巡らす
鏡《かがみ》 ―に映す ―を見る 手― 懐中― 水―

鑑《かがみ》 手本。模範。青年の― 武士の―
鏡開《かがみびら》き 正月十一日の― の行事
鏡餅《かがみもち》 正月の― ―でお汁粉《しるこ》を作る
屈《かが》む 前の人は屈んでください
輝《かがや》く 日光が― 目が― 優勝の栄誉に―
係《かかり》 役名。―の者 ―が違う 会計―
掛《かかり》 仕事の分担。出札― 発送― 御用―
掛《かかり》 今月は―が多い 雑費および諸―
掛合《かかりあい》 巻き添え。けんかの―になるな
篝火《かがりび》 神社の境内《けいだい》で―を焚《た》く
係《かか》る 名誉に― …の考案に― 新製品
掛《かか》る 壁に― 額 仕事に― 費用が―
掛《かか》る 「懸る」とも。責任が― 賞金が―
掛《かか》る 「架る」とも。鉄橋が―

罹《かか》る 病気に― 盗難に―
斯《かか》る このような。―人物は ―重大な時期に
縢《かが》る ボタン穴を―
係《かか》わる 「関わる」とも。命に― こけんに―
拘《かかわ》る 事の大小に拘らず 注意したにも拘らず
果敢《かかん》 ―な攻撃を加える 勇猛―
火気《かき》 ―厳禁 ―に注意して退社する
火器《かき》 ―で攻撃する 重― 軽― 自動―
花器《かき》 花を―に生ける 変わった形の―
花卉《かき》 花の咲く草。草花。―栽培 ―園芸
花期《かき》 花の咲く時期。―の長い草花
夏季《かき》 ―休業 ―水泳大会 ―施設の山の家
夏期《かき》 ―休暇 ―講習会 ―手当
牡蠣《かき》 貝。―の養殖 生― ―フライ

か

柿《かき》　植物。―の木　―の種　渋―と甘―

垣《かき》　垣根。石―　―堅くして犬入らず

鉤《かぎ》　―に掛ける　―の手　―形　―裂き

鍵《かぎ》　―を掛ける　―穴　事件の―を握る

餓鬼《がき》　―道に落ちる　生意気な―だ　―大将

掻揚《かきあげ》　貝柱の―　―定食

書入《かきいれ》　店は今―の忙しさだ　―時

書置《かきおき》　―を残して家出する　―をして席を離れる

書下《かきおろ》し　―の小説

書換《かきかえ》　名義の―を済ませる　証書の―

書《か》き方《かた》　漢字の―

書方《かきかた》　―の時間　―の点が悪い

掻込《かきこ》む　お茶づけを―

鉤裂《かぎざき》　晴れ着を―してしまった　ズボンの―

書初《かきぞめ》　正月二日には―をする　―の展覧会

燕子花《かきつばた》　「杜若」とも。

書留《かきとめ》　書留郵便。―で出す　―速達

垣根《かきね》　―続きの家　―越しに話をする

欠餅《かきもち》　薄く切って干した餅。―を焼く

貨客《かきゃく》　―を混載する　―船

火急《かきゅう》　至急。―の用事が起こった　―の際は

蝸牛《かぎゅう》　かたつむり。―角上の争い

可及的《かきゅうてき》　―すみやかに返答せよ

佳境《かきょう》　話がいよいよ―に入る

架橋《かきょう》　橋を掛ける。―工事

華僑《かきょう》　華商。海外に住む中国商人。

家業《かぎょう》　―に精を出す　―を継ぐ

稼業《かぎょう》　豆腐屋―は冬がつらい　やくざ―

課業《かぎょう》　午後の―が始まる

歌曲《かきょく》　のど自慢で―の部に出場する

限《かぎ》る　時間を―　人数を―　男に―　さしみに―

書割《かきわり》　舞台の背景。―を書く

家禽《かきん》　鶏・家鴨(あひる)など人家に飼う鳥の総称。

瑕瑾《かきん》　きず。欠点。いささかの―なしとしない

各《かく》　―会社　―大学　―家庭

角《かく》　大きな―　飛車と―　―材　―砂糖

画《かく》　―の多い字　十五―の字　総―で引く

核《かく》　細胞の―　原子―　―爆発　―家族

格《かく》　彼のほうが―が上だ　―が下がる　参謀―

佳句《かく》　よい文句。名句。古人の―を集める

欠《か》く　義理を―　―ことのできない条件

書《か》く　字を―　文章を―　うまく―　筆で―

描《か》く　絵を―　模様を―　カンバスに―

掻《か》く　背中を―　雪を―　恥を―　水を―

舁《か》く　駕籠(かご)を―

斯《か》く　このように。人は―ありたきもの

家具《かぐ》　―と調度品　―即売会　―商

嗅《か》ぐ　においを―　鼻で―

学《がく》　―の深いところを見せる　―がない

楽《がく》　荘重な―の音(ね)　―を奏する

額《がく》　油絵の―　壁に掛けた―

萼《がく》　花の―　―の色は緑です

各位《かくい》　来賓―のご臨席を賜わり　有志―

隔意《かくい》　―のない意見を出す　―なく話し合う

学位《がくい》　―を取る　―を授与される

画一《かくいつ》　―に扱う　―主義　―的

各員《かくいん》　―いっそう奮励努力せよ

架空《かくう》　―ケーブル　―の人物　―小説

仮寓《かぐう》　仮の住い。―を訪問する

学園《がくえん》　―紛争　―都市　―祭

各界《かくかい》　―の名士が集まる

角界《かくかい》　角力(すもう)社会。―の実力者

閣議《かくぎ》　定例―　臨時―　持回り―　―決定

学業《がくぎょう》　―をおろそかにするな　―の成績

学芸《がくげい》　―大学　―会　新聞の―欄

楽劇《がくげき》　劇の形式で上演する音楽。オペラと―

隔月《かくげつ》　一か月置き。この雑誌は―に発行される

客月《かくげつ》　前の月。先月。―十日のこと

格言《かくげん》　金言。―とことわざ　―にもあるように

確言《かくげん》　なかなか―を与えない　…と―してよい

覚悟《かくご》 ―の自殺　―を固める　ひそかに―する
格差《かくさ》 賃金の―が付く　企業―
較差《かくさ》 「こうさ」とも。業種間の不当な―
擱座《かくざ》 「擱坐」とも。浅瀬に―した漁船
画策《かくさく》 内閣の打倒を―する
拡散《かくさん》 有毒ガスの―を防ぐ　放射能が―する
客死《かくし》 旅先で死ぬ。アメリカで―した音楽家
各自《かくじ》 費用は―の負担とする　―でやる
学士《がくし》 大学卒業者の称号。―号　文―　経済―
学資《がくし》 アルバイトで―を都合する
楽士《がくし》 楽団の―
学事《がくじ》 ―報告をする　文部省から―視察に来た
格式《かくしき》 ―高い家柄　―を重んじる　―ばる
学識《がくしき》 ―経験者　―を有する者

隠し芸《かくしげい》 忘年会で―を披露(ひろう)する
確執《かくしつ》 不和。友人との間に―を生じる
隔日《かくじつ》 一日置き。―に検査する　―勤務
確実《かくじつ》 ―な話　―に行く　―性　当選―
矍鑠《かくしゃく》 元気。老いてますます―たる祖父
馘首《かくしゅ》 解雇。首切り。―反対
鶴首《かくしゅ》 首を長くして待つ。吉報を―しています
隔週《かくしゅう》 一週間置き。―の授業　―交替
拡充《かくじゅう》 制度を―する　―計画
学習《がくしゅう》 自宅で―する　英語の―　―塾(じゅく)
学修《がくしゅう》 修得。―すべき課程　―単位
学術《がくじゅつ》 ―研究　―会議　―雑誌
確証《かくしょう》 ―を挙(あ)げる　―を握る　犯行の―
学殖《がくしょく》 ―豊かな人

革新《かくしん》 ―政党　技術の―を図る
核心《かくしん》 事件の―を突く　―に触れる
確信《かくしん》 ―を持って当たる　成功を―する　―犯
隠《かく》す 姿を―　失敗を―　戸だなに―
角錐《かくすい》 円錐と―　三―　表示用の―
画《かく》する 「劃する」とも。一線を―　時代を―
革正《かくせい》 正しく改める。選挙法を―する
郭清《かくせい》 「廓清」とも。悪を除く。政界の―を図る
覚醒《かくせい》 ―作用　―剤の乱用
隔世《かくせい》 ―の感がある　―遺伝
学生《がくせい》 大学の―　―と生徒　―割引
学制《がくせい》 ―を改革する
楽聖《がくせい》 ―ベートーベン
拡声器《かくせいき》 ―から流れる号令

学籍《がくせき》 ―のないにせ学生　―簿　―番号
隔絶《かくぜつ》 俗世間と―している
学説《がくせつ》 新しい―を発表する　定説となった―
画然《かくぜん》 「劃然」とも。―と分ける
愕然《がくぜん》 報告を聞き―として驚く
学窓《がくそう》 ―生活を終える　―を去る
学則《がくそく》 学校の規則。―の第八条に定めてある
拡大《かくだい》 ―と縮小　事業の―　―解釈
拡大《かくだい》 「郭大・廓大」とも。―鏡　―率
楽隊《がくたい》 ―入りの宣伝　見世物小屋の―
確《かく》たる ―証拠が挙(あ)がる　―自信はない
喀痰《かくたん》 吐いた痰。―を検査する
格段《かくだん》 両者の間には―の差がある
楽団《がくだん》 ―を組織する　―の演奏　管弦―

楽壇《がくだん》 音楽家の社会。音楽家の仲間。―の長老　―で開催される
各地《かくち》 西日本―
角逐《かくちく》 互いに争う。競争。両校の―
拡張《かくちょう》 ―工事　道路を―する
格調《かくちょう》 ―の高い文章
学長《がくちょう》 大学の長。―選挙　―に就任する
角通《かくつう》 角力(すもう)のことに通じている人。
格付《かくづけ》 商品の―　力士の―　等級の―
画定《かくてい》 「劃定」とも。境界を―する
確定《かくてい》 判決が―する　―申告　―的
角度《かくど》 ―は三〇度　違った―から論じる
確度《かくど》 正確度。練習によって―が向上する
嚇怒《かくど》 「赫怒」とも。激怒。報告を聞いて―する
学徒《がくと》 学者。学生。新進の―　―出陣　―兵

格闘《かくとう》 「挌闘」とも。侵入者と―する

確答《かくとう》 大臣は―を避けた ―を求める

学童《がくどう》 小学生。交通事故から―を守る

獲得《かくとく》 権利を―する 栄冠を―する 予算―

学徳《がくとく》 学識と徳行。―共に高い

確認《かくにん》 信号を―する 再――申請

客年《かくねん》 前の年。去年。―十一月のこと

隔年《かくねん》 一年置き。―に開催する

格納《かくのう》 倉庫に―する 飛行機の―庫

学閥《がくばつ》 同窓生の作る派閥。―打破

各般《かくはん》 いろいろ。諸般。―の事情を考慮する

攪拌《かくはん》 かき混ぜる。液を―する ―機

学費《がくひ》 兄が―を出す ―が掛かる

擱筆《かくひつ》 筆をおく。書きやめる。これで―する

岳父《がくふ》 妻の父。―の訃《ふ》に接する

学府《がくふ》 学校。大学。最高―を卒業する

楽譜《がくふ》 ―を写す オーケストラの―

学風《がくふう》 学問の傾向。学校の気風。伝統的な―

拡幅《かくふく》 道路を―する ホームの―工事

額縁《がくぶち》 絵を―に入れて飾る

確聞《かくぶん》 確かに聞く。―するところによると

隔壁《かくへき》 ―を設ける ―を閉鎖する 防火―

格別《かくべつ》 ―に寒い ―な配慮を求める

確保《かくほ》 陣地を―する 権利を―する

確報《かくほう》 正確な報知。―を得る

匿《かくま》う 犯人を― 逃亡者を押入れに―

角膜《かくまく》 眼球の前面の透明な膜。―を移植する

革命《かくめい》 ―今や成る ―政府 ―児 産業―

額面《がくめん》 ―どおり受け取ってはいけない

楽屋《がくや》 ―裏での話 ―落ち ―雀《すずめ》

確約《かくやく》 ―を得る 期日を―

格安《かくやす》 ―の品を手に入れる ―に譲ります

学友《がくゆう》 学校友だち。皇太子のご―

神楽《かぐら》 神前で奏する舞楽。―を奉納する ―殿

攪乱《かくらん》 「こうらん」とも。敵を―する ―戦術

霍乱《かくらん》 暑さあたりの吐き下し。鬼の―

隔離《かくり》 伝染病の疑いで―された ―病舎

確立《かくりつ》 地位を―する 新政権の―

確率《かくりつ》 成功する―が強い

閣僚《かくりょう》 第一次吉田内閣の― ―関係―

学齢《がくれい》 小学校に入学する年齢。―に達する

隠《かく》れ家《が》 ―を突き止める ―に潜む賊

学歴《がくれき》 ―による差別がある ―は問いません

隠《かく》れる 後ろに― 雲に― 木の陰に―

客臘《かくろう》 去年の暮れ。前年の十二月。

馨《かぐわ》しい ―お姫さま ―花のかおり

学割《がくわり》 学生に対する割引。―で旅行する

掛《かけ》 ―で仕入れる 八―で卸す

賭《かけ》 花札の― ―に勝つ 人生は―である

影《かげ》 ―が薄い ―も形もない 人の―

陰《かげ》 山の― 家の― ―の声 ―ながら祈る

崖《がけ》 切り立った― ―がくずれる

掛合《かけあい》 ―漫才 弁償の―に出掛ける

駆足《かけあし》 「駈足」とも。―で集まる

家系《かけい》 家の系統。系図。―がよい

家計《かけい》 ―が苦しい ―を助ける ―簿

雅兄《がけい》 手紙で友人を呼ぶ語。

掛売《かけうり》 ―だとどうしても現金の入りが悪い

影絵《かげえ》 障子に―を映す ―芝居を楽しむ

駆落《かけおち》 「駈落」とも。手に手を取って―をする

掛替《かけがえ》 ―のない人を失った ―のない品物

掛金《かけがね》 戸に―を掛ける ―をはずす

過激《かげき》 ―な議論 ―な行動 ―思想 ―分子

歌劇《かげき》 オペラ。松竹少女―を楽しむ

掛金《かけきん》 ―を集める 生命保険の―

崖崩《がけくず》れ 大雨で―が三か所もあった

陰口《かげぐち》 ―をきく ―をたたく

掛声《かけごえ》 ―に合わせて引く ―を掛ける

賭事《かけごと》 ―に熱中する ―は禁じられている

掛詞《かけことば》 「懸詞」とも。他の意味を含ませた語。

掛軸《かけじく》 床の間の―　山水の―　―を掛け替える
懸巣《かけす》 鳥。―の生態を観察する
掛図《かけず》 むちで―を差して教える
陰膳《かげぜん》 不在の人に留守宅で供える食事。
駆出し《かけだ》 「駈出し」とも。まだ―だ　―の記者
可決《かけつ》 賛成多数で―した　―と否決　―成立
掛取《かけとり》 月末だから―が来る　―に回る
掛値《かけね》 ―のない話
掛橋《かけはし》 「懸橋」とも。にじの―　文化の―となる
筧《かけひ》 「懸樋」「かけい」とも。―の水音
駆引《かけひき》 「駈引」とも。政治上の―　―をする
陰日向《かげひなた》 ―なく働く　―のある人
懸隔て《かけへだ》 ―なくつきあう
陰弁慶《かげべんけい》 内弁慶。陰で強がる―

影法師《かげぼうし》 月夜の―　―が映る
陰干《かげぼし》 「陰乾」とも。大根を―にする
影武者《かげむしゃ》 ―が取り巻いている
掛持《かけもち》 二学級を―で教える　―で出演する俳優
掛矢《かけや》 大型の木づち。―で門をこわす
欠《か》ける 義理に―　月が―　全集が一冊―
掛《か》ける 手を―　帆を―　壁に―　三―五
掛《か》ける 「懸ける」とも。賞品を―　優勝を―
掛《か》ける 「架ける」とも。橋を―　十字架に―
課《か》ける 所得に税金を―
賭《か》ける 金を―　命を―
駆《か》ける 「駈ける」とも。運動場を―　人が―
翔《かけ》る 大空を―
陰《かげ》る 「翳る」とも。日が―

陽炎《かげろう》 春の野に―が立つ
蜉蝣《かげろう》 昆虫(こんちゅう)。―のようにはかない命
家憲《かけん》 古い家には―というものがある
下弦《かげん》 ―の月
下限《かげん》 上限と―　価格の―　制限値の―
加減《かげん》 ―乗除　―して食べる　―が悪い　塩―
嘉言《かげん》 よいことば。―善行
寡言《かげん》 口数が少ない。―をたっとぶ　―実行
過去《かこ》 ―・現在・未来　―を顧みる　―帳
加護《かご》 神仏の―をたのむ
過誤《かご》 人生は―の連続である
訛語《かご》 なまり。方言―
籠《かご》 ―の鳥　脱衣―　くず―　花―
駕籠《かご》 ―に乗る人かつぐ人　―かき

下降《かこう》 急激に―する　景気が―線をたどる
火口《かこう》 浅間山の―　―湖　―原　―丘
加工《かこう》 輸入した原料を―する　―食品
河口《かこう》 ―付近は流れがゆるい　―の町　―港
佳肴《かこう》 うまいさかな。りっぱな料理。
囲《かこ》う 板で―　野菜を―　めかけを―
化合《かごう》 酸素と水素が―して水となる　―物
雅号《がごう》 文芸の上で用いる別名。号。
花崗岩《かこうがん》 みかげいし。床材は―
過酷《かこく》 「苛酷」とも。―な条件を付ける
託《かこ》つ 「喞つ」とも。秋の夜長を―　不遇を―
託《かこつ》ける 病気に託けて休む
籠抜《かごぬ》け ―詐欺　銀行を舞台に―する
囲《かこ》む 回りを―　丸で―　ぐるりと―

禍根《かこん》 将来のために―を絶つ　―を残す
過言《かごん》 「かげん」とも。…と言っても―ではない
嵩《かさ》 ―が張る　―が増す　水―
傘《かさ》 ―を差す　こうもり―　きのこの―
笠《かさ》 すげ―をかぶる　電灯の―　―に掛かる
暈《かさ》 月に―が掛かる
瘡《かさ》 頭に―ができる
火災《かさい》 ―が発生する　―報知機　―警報
家財《かざい》 公共のために―をなげうつ
画材《がざい》 ここの景色(けしき)は―になる
佳作《かさく》 できのよい作品。―に賞を出す　選外―
寡作《かさく》 作品は一年に一つか二つという―ぶりだ
鵲《かささぎ》 ―の渡した橋
翳《かざ》す 手を―　刀を振り―

重《かさ》なる　紙が―　不幸が―
嵩張《かさば》る　ふろしき包みが―
痂《かさぶた》　「瘡蓋」とも。傷口にできた―
嵩《かさ》む　費用が―　今月は出費が―
風除《かざよけ》　「かぜよけ」とも。塀(へい)が―の役をする
飾《かざ》る　部屋(へや)を―　体面を―　身辺を―
加算《かさん》　退職金を―する　経費を―する　税
家産《かさん》　―を失う　―が傾く
画賛《がさん》　「画讃」とも。絵に書き添える詩文。
下肢《かし》　―が不自由な子　―の運動
下賜《かし》　記念の杯を―される　ご―金
仮死《かし》　―状態で発見された
菓子《かし》　―をつまむ　―折り　和―　洋―
歌詞《かし》　―に曲を付ける　―を作る

瑕疵《かし》　きず。欠点。いささか―あり　―を直す
河岸《かし》　―に買い出しに行く　魚―　―を替える
樫《かし》　―の木は堅い　―の棒で打つ
華氏《かし》　―温度計　摂氏と―
火事《かじ》　昨夜―があった　山―　大―　―見舞い
家事《かじ》　―に追われる　―の切盛り
舵《かじ》　船の―　―を取る
楫《かじ》　艪(ろ)・櫂(かい)。―をこぐ
梶《かじ》　車のかじ棒。―を上げる　―が重い
鍛冶《かじ》　村の―屋　刀―
賀詞《がし》　新年の―を述べる
餓死《がし》　食糧不足で―する　―者が続出した
河鹿《かじか》　蛙(かえる)。谷川で―の声を聞く
鰍《かじか》　魚。渓流で―を釣(つ)る人たち

悴《かじか》む　寒さに手が―
加持祈禱《かじきとう》　―をする
炊《かし》ぐ　飯をたく。たく。
傾《かし》げる　首を―　机を―
賢《かしこ》い　この子は―　―消費者
畏《かしこ》い　おそれ多い。申すも―
畏《かしこ》まる　先生の前で―　畏まりました
貸室《かししつ》　ビルの―を借りる　―あり　―予約募集
侍《かしず》く　「傅く」とも。主君のそばに―
貸倒《かしだお》れ　―が多くて困る　―準備金
過失《かしつ》　不注意による―　―致死罪
佳日《かじつ》　「嘉日」とも。天皇誕生の―にあたり挙式
過日《かじつ》　―お知らせしましたとおり
果実《かじつ》　鳥が―をついばむ　―酒

舵取《かじとり》　舟の―　懇話会の―役を頼まれる
梶棒《かじぼう》　荷車や人力車の長い柄。梶。―を上げる
貸本《かしほん》　―を借りて読む　―屋
姦《かしま》しい　「囂しい・喧しい」とも。―声
鹿島立《かしまだち》　出発。先生の―を送る
貨車《かしゃ》　―に荷物を積み込む　有蓋(ゆうがい)―
貸家《かしや》　―に住む　―をたくさん持っている
仮借《かしゃく》　小さなことでも―しない　―なく責める
呵責《かしゃく》　良心の―に耐えられない
歌手《かしゅ》　歌謡曲の―　花形―の登場
果樹《かじゅ》　林檎(りんご)・桃などの―を栽培する　―園
雅趣《がしゅ》　風流な趣(おもむき)。雅致。―のある絵
家集《かしゅう》　西行法師の―は「山家集」という
歌集《かしゅう》　「赤光(しゃっこう)」は斎藤茂吉(さいとうもきち)の―である

加重《かじゅう》　刑を―する　―平均
過重《かじゅう》　―な労働に苦しむ　―な負担　責任―
荷重《かじゅう》　―に耐える　―計算　最大―
果汁《かじゅう》　ジュース。少量の―を飲む　―をしぼる
我執《がしゅう》　自分の説にこだわる。俗人は―が強い
箇所《かしょ》　「個所」とも。故障の―を調べる
加除《かじょ》　係数を―する　―式の法令集
河床《かしょう》　川底。―を浚渫(しゅんせつ)する
仮称《かしょう》　とりあえず―を付ける　―を用いる
過小《かしょう》　見積りは―であった　―な資本　―評価
過少《かしょう》　所得を―に申告する
寡少《かしょう》　少ない。―な資本
歌唱《かしょう》　―を指導する　―教室
華商《かしょう》　外国に住む中国人の商人。華僑(かきょう)。

下情《かじょう》 政治家は—に通じなければいけない
箇条《かじょう》 「個条」とも。—書にする
過剰《かじょう》 生産—に苦しむ 人口— —警備
臥床《がしょう》 床に寝る。父は病気のため—中です
賀正《がしょう》 正月・新年を祝う。
牙城《がじょう》 敵の—に迫る 敵の—を抜く
賀状《がじょう》 新年の—を受け取る
華燭《かしょく》の典《てん》 晴れて—を挙(あ)げる
頭《かしら》 —右の号令 —に立つ 大工の— —文字
囓《かじ》る 「齧る」とも。芋を— すねを— 絵も—
柏手《かしわで》 —を打って参拝する
柏餅《かしわもち》 端午の節句には—を食べる
花信《かしん》 花の咲いた知らせ。花だより。—がある
佳辰《かしん》 —を選んで結婚式を挙(あ)げる

過信《かしん》 実力を—する人 部下を—する
佳人《かじん》 美人。—薄命
歌人《かじん》 うたよみ。万葉の—
臥薪嘗胆《がしんしょうたん》 —の辛苦
滓《かす》 底に—がたまる 人間の—のような男
粕《かす》 豆— 油—
糟《かす》 酒の—
貸《か》す 金を— 力を— 手を— 耳を—
仮《か》す 「藉す」とも。仮に与える。時日を—
数《かず》 —を数える なき—に入る —知れず
瓦斯《ガス》 —ストーブ —中毒 —マスク
濃霧《ガス》 —が発生する —が晴れる
仮睡《かすい》 仮眠。—を取る 二時間ほど—する
微《かす》か 「幽か」とも。—な光 —に聞こえる

鎹《かすがい》 柱と土台に—を打つ 子は夫婦の—
上総《かずさ》 旧国名、千葉県房総半島中央部。
糟漬《かすづけ》 鮭(さけ)の—を食べる
霞《かすみ》 —か雲か 仙人(せんにん)は—を食べているとか
掠《かす》める 品物を— 頭を— 親の目を—
葛《かずら》 葛(つる)になる植物の総称。—で作った橋
絣《かすり》 「飛白」とも。—の着物 久留米— 矢—
擦《かす》る ころんで腕を—
掠《かす》る 風が頰(ほお)を—
化《か》する 家が灰と— 善人に—
架《か》する 屋上屋を— 鉄橋を—
課《か》する 税金を— 宿題を— 制限を—
科《か》する 懲罰を— 制裁を—
嫁《か》する 姉は山下家に— 罪を部下に—

賀《が》する 婚儀を— 新春を— 長寿を—
掠《かす》れる 字が— 声が—
枷《かせ》 手や足を束縛する刑具。—をはめる
風《かぜ》 —が吹く 東の— —を切る 臆病—
風邪《かぜ》 「感冒」とも。—を引く —け 鼻—
風当《かぜあた》り —が強い
化成《かせい》 天地の万物を—する —肥料
火星《かせい》 太陽系の第四番めの惑星。
火勢《かせい》 —が激しい すさまじい— —が衰える
加勢《かせい》 —を求める 忙しい部署に—する
河清《かせい》 政界の刷新などは百年—を待つに等しい
苛性《かせい》 —カリ —ソーダ
苛政《かせい》 —に苦しむ —は虎(とら)よりも猛(たけ)し
家政《かせい》 —学科 —婦

歌聖《かせい》 すぐれた歌人。—柿本人麻呂(かきのもとのひとまろ)
課税《かぜい》 住民税を—する —対象 —額 —標準
火成岩《かせいがん》 安山岩・玄武岩など。
化石《かせき》 地質時代の— —を発見する
稼《かせ》ぐ —に追い付く貧乏なし —がめつく—
仮設《かせつ》 —の小屋 —の板橋 命題の—
仮説《かせつ》 アボガドロの— —に立った立論
架設《かせつ》 鉄橋を—する 電話を—する
佳節《かせつ》 めでたい祝い日。文化の日の—にあたり
化繊《かせん》 化学繊維。—の服地
河川《かせん》 —の改修 中小—のはんらん —敷
架線《かせん》 「がせん」とも。—工事 —を切断する
寡占《かせん》 大企業による—が顕著になる
歌仙《かせん》 三十六— —の連歌

果然《かぜん》 ―大学紛争が全国に起こった
瓦全《がぜん》 むだに長らえる。―を恥じる
俄然《がぜん》 特ダネに―色めき立つ
画仙紙《がせんし》 ―に字を書く
過疎《かそ》 ―と過密　農村人口の―問題
下層《かそう》 ―階級　―雲
火葬《かそう》 遺体を―に付する　―場
仮想《かそう》 ―敵国　出題を―して対策を立てる
仮装《かそう》 ―行列　―舞踏会　―の売買
家相《かそう》 ―を見る　―が悪い
画像《がぞう》 日蓮上人(にちれんしょうにん)の―　テレビの音声と―
数《かぞ》える 「算える」とも。数を―　指折り―
家族《かぞく》 五人―　―のだんらん　―制度　―手当
華族《かぞく》 公侯伯子男爵。彼は昔の―の出である

雅俗《がぞく》 風流と野卑。―折衷の文体　―を問わず
加速度《かそくど》 ―が付く　―的に減る
過多《かた》 多すぎる。胃酸―　情報―
方《かた》 あの―　やさしい―　西の―　―を付ける
片《かた》 ―や…　―いなか　―づける
形《かた》 フォーム。柔道の―　山―　自由―
型《かた》 タイプ。―のごとく　自動車の―
肩《かた》 ―が凝る　―を貸す　―をいからす
潟《かた》 ひがた。八郎―
肩上《かたあ》げ 「肩揚」とも。―を降ろす
難《かた》い むずかしい。攻めるに―　言い―　苦しみ
下腿《かたい》 ひざから足首まで。―部の外傷
堅《かた》い あの人は―人だ　意志が―　―話
固《かた》い 団結が―　頭が―　―決心

固《かた》い 「硬い」とも。―石　表情が―
過大《かだい》 ―な要求　―評価　―と過小
課題《かだい》 ―の作文　当面の―となる
過怠金《かたいきん》 違反金。―を課する
片意地《かたいじ》 ―を通す　―な性格
片腕《かたうで》 ―を切断　先生の―となって活躍する
片思《かたおも》い ―の恋　―のせつなさに泣く
方書《かたがき》 …方という表記。住所には―も忘れずに
肩書《かたがき》 ―のある人　―付き名刺の―
肩掛《かたかけ》 毛糸の―　白い―が流行する
旁々《かたがた》 御礼―お願い申し上げます
片仮名《かたかな》 ―と平仮名(ひらがな)
型紙《かたがみ》 洋裁の―　捺染(なっせん)の―
片側《かたがわ》 ―通行止め　―は全部壁です　―町

肩代《かたがわ》り 「肩替り」とも。負債の―をする
敵《かたき》 「仇」とも。―を討つ　―役
気質《かたぎ》 書生―　職人―
堅気《かたぎ》 ―な人　―になる
仮託《かたく》 事寄せる。女性に―して書いた文章
家宅《かたく》 ―捜索する
頑《かたくな》 がんこ。片意地。―な態度　―になる
片栗粉《かたくりこ》 ―を溶いて掛ける
堅苦《かたくる》しい ―話を聞く　―生活
肩車《かたぐるま》 こどもを―に乗せて歩く
形鋼《かたこう》 ―の生産
片言《かたこと》 ―の日本語を話す　―を言う赤ん坊
辱《かたじけな》い 「忝い」とも。それは―　―ことです
形代《かたしろ》 ―を納めてお祓(はら)いを受ける

片《かた》す 荷物を押入れに―
固唾《かたず》 ―をのんで見守る
肩透《かたすか》し ―を食う
片隅《かたすみ》 仕事場の―で食事をする　―に追いやる
堅炭《かたずみ》 ―で焼いたかば焼
形《かたち》 ―をなさない　正しい―　―だけのもの
片付《かたづ》く 部屋(へや)が―　事件が―
蝸牛《かたつむり》 でんでんむし。まいまい。
片手落《かたておち》 ―な処分をする
片手間《かたてま》 勉強の―にする内職
片時《かたとき》 ―も忘れることができない
象《かたど》る 「模る」とも。人間に―　古代の作に―
刀《かたな》 ―で切る　―の傷　国宝の―
形無《かたな》し これでは努力も―だ

固練《かたねり》 「固煉」とも。—の白粉《おしろい》
片刃《かたば》 —の剃刀《かみそり》
片端《かたはし》 「かたっぱし」とも。宿題を—からやる
片肌《かたはだ》 —脱ぎでみこしをかつぐ
酢漿《かたばみ》 —の実がはじける
片腹痛《かたはらいた》い 彼が詩人とは—
帷子《かたびら》 「帷巾」とも。経—
堅物《かたぶつ》 彼は社内でも—で通っている
片棒《かたぼう》 彼もその—をかついでいる 事業の—
固《かた》まり 学生の—
塊《かたまり》 脂肪の— 土の— 彼は欲の—だ
片身《かたみ》 魚《さかな》の— —ずつ分ける
形見《かたみ》 「形身」とも。親の— —分け
肩身《かたみ》 —の狭い思いがする —が広い

傾《かたむ》く 家運が— 日が— 船が— 心が—
固《かた》める 信念を— 足場を— 出入口を—
片寄《かたよ》る すみに— 都会に—人口 重心が—
偏《かたよ》る 一方に— 思想が— 右に— 偏った扱い
語《かた》らう 仲間と— 恋を—
語草《かたりぐさ》 「語種」とも。後の世までの—になる
語《かた》る 昔を— 浪曲を— —に足らぬ
騙《かた》る 人を— 名を—
加答児《カタル》 胃— —性の肺炎
型録《カタログ》 テレビの— 新製品の—
片輪《かたわ》 —な考え方 —な知識
傍《かたわ》ら いつも—に置く 勉強する—仕事もする
片割《かたわれ》 盗賊の— —月
加担《かたん》 「荷担」とも。敵側に—する

果断《かだん》 —な処置を執る
花壇《かだん》 —の手入れをする 公園の— —の花
華壇《かだん》 生け花をする人の社会。—の重鎮
歌壇《かだん》 歌人たちの社会。短歌の社会。—の大物
画壇《がだん》 画家たちの社会。—の巨匠の展覧会
価値《かち》 —がある —判断 —付ける
徒《かち》 「徒歩」とも。—で行く —で渡る
搗合《かちあ》う 日曜と祝日が— 時間が—
勝気《かちき》 —な性質 —な娘
家畜《かちく》 —を飼う
搗栗《かちぐり》 「勝栗」とも。ゆでて干した栗。
勝鬨《かちどき》 —を上げる
勝味《かちみ》 あまり—のない試合
勝目《かちめ》 今のところは—だ —が見えてくる

火中《かちゅう》 —の栗《くり》を拾う 重要な書類を—にする
渦中《かちゅう》 事件の—に巻き込まれる —の人物
家長《かちょう》 一家の—としての責任は重い
画帳《がちょう》 「画帖」とも。—にスケッチする
鵞鳥《がちょう》 公園の池の— —を飼う
課徴金《かちょうきん》 —を徴収する
活《かつ》 —を入れる 死中に—を求める
渇《かつ》 —を癒《い》やす
且《か》つ 必要—十分な条件 —歌い—舞う
勝《か》つ 敵に— 勝てば官軍 赤みの勝った色
克《か》つ おのれに— 私欲に—
割愛《かつあい》 時間がないので説明を—する
飢《かつ》える 飢えて死ぬ
鰹《かつお》 「松魚」とも。初— —のさしみ

鰹節《かつおぶし》 —でだしを取る
閣下《かっか》 —に申し上げます 将軍—
学科《がっか》 学科目。—の成績 生物—
学課《がっか》 課程。所定の—を修了する
学会《がっかい》 —で講演する —に発表する 国文—
学界《がっかい》 学者の社会。—の権威 —の定説となる
赫々《かっかく》 —たる武勲を立てる
隔靴掻痒《かっかそうよう》 —の感
活眼《かつがん》 —を開いて見よ —の士
活気《かっき》 教室に—がみなぎる —がある —付く
学期《がっき》 新— —試験 —末
楽器《がっき》 打— 弦— 管— —店
画期的《かっきてき》 —な大事業
担《かつ》ぎ屋《や》 —の乗る早朝の列車 —から買う

学級《がっきゅう》 四—に編制する —の担任 新聞—
学究《がっきゅう》 —の徒 —に専念する —的態度
割拠《かっきょ》 各地に—する 群雄— —主義
活況《かっきょう》 —を呈する —に満ちる
確勤《かっきん》 「恪勤」とも。精励—の人
担ぐ《かつぐ》 肩に— 会長に— 縁起を—
滑空《かっくう》 長い距離を—する —機
脚気《かっけ》 —に悩む —衝心 心臓—
学兄《がっけい》 学問の先輩、学友の敬称。
活劇《かつげき》 劇の大立回り。—を展開する
喀血《かっけつ》 肺からの血を吐く。—して倒れる
各個《かっこ》 問題は—に処理する —撃破 —射撃
括弧《かっこ》 —でくくる —の中の文 丸— —付
確固《かっこ》 「確乎」とも。—たる態度 —不抜の信念

格好《かっこう》 「恰好」とも。—がいい —が付く
郭公《かっこう》 閑古鳥。呼子鳥。森の中で—が鳴く
滑降《かっこう》 山頂から—する —と回転の競技 直—
渇仰《かつごう》 深く慕う。深く信仰する。—の的
学校《がっこう》 —に行く —給食 —制度 —法人
喝采《かっさい》 拍手— みんなが—する —を浴びる
合財《がっさい》 残らず全部。一切— —袋
合作《がっさく》 数人の画家の—になる壁画
活殺《かっさつ》 生かすも殺すも。—自在
合算《がっさん》 —すると百万円になる 期間を—する
活字《かつじ》 新聞の— 見出しの— —を拾う
滑車《かっしゃ》 —を使って物を動かす 定—と動—
合宿《がっしゅく》 野球部の— 夏休みに—をする
割譲《かつじょう》 領土を—する 権利を—する

合唱《がっしょう》 混声— —曲
合掌《がっしょう》 仏前で—する —造りの屋根
合従連衡《がっしょうれんこう》
褐色《かっしょく》 焦げ茶色。赤— 茶—
渇水《かっすい》 —期 異常—
活性《かっせい》 —炭 —ビタミン
合戦《かっせん》 —に出る 源平の— 屋島の—
豁然《かつぜん》 —として大悟する —と開ける
滑走《かっそう》 飛行機が—する —して停止する —路
合奏《がっそう》 尺八と琴の— 器楽— —曲
合体《がったい》 公武— 二つの課が—する
闊達《かったつ》 「豁達」とも。こせつかない。—な気性
合致《がっち》 双方の意見が—する 趣旨に—する
甲冑《かっちゅう》 よろいかぶと。—に身を固める

勝手《かって》 —なやつだ 自分— —口 —元不如意
曾て《かつて》 「嘗て」とも。—経験したことだ
合点《がってん》 —ずくで仕事をする よし—だ
葛藤《かっとう》 社内で—が絶えない 親子の—は醜い
活動《かつどう》 クラブ— 日常の— —力がある —家
喝破《かっぱ》 真理を—する
河童《かっぱ》 想像上の動物。—の川流れ 屁(へ)の—
合羽《かっぱ》 雨天用の外衣。—を着る 雨—
活発《かっぱつ》 「活潑」とも。—に質問する —な動き
掻払《かっぱら》い —にやられる 集団—
活版《かっぱん》 —印刷 —刷りにする
合評《がっぴょう》 今月号の作品を—する 脚本—会
割賦《かっぷ》 「わっぷ」とも。—販売 —償還
格幅《かっぷく》 「恰幅」とも。—のよい紳士

割腹《かっぷく》 —自殺を遂げる
活物《かつぶつ》 生きて活動するもの。—寄生
合併《がっぺい》 町村— 会社の— 対等— —症
闊歩《かっぽ》 横行—する 天下を—する
割烹《かっぽう》 —店 —料理 —旅館 —着
渇望《かつぼう》 —してやまない 平和を—する
合本《がっぽん》 雑誌を—する
刮目《かつもく》 注目。—して待つ —に値する
活躍《かつやく》 政界に—する 日本選手団の—
括約筋《かつやくきん》 輪状筋。—がゆるむ
活用《かつよう》 動詞の—を覚える 廃品を—する
闊葉樹《かつようじゅ》 広葉樹。—の林
桂《かつら》 —の大木 月の—を折る
鬘《かつら》 「かずら」とも。—をかぶる

活力《かつりょく》 ―に満ちている ―旺盛(おうせい)
活路《かつろ》 ―を見いだす
糧《かて》 生きんがための― 心の―にする読物
仮定《かてい》 試験に合格したとしての話 ―形
家庭《かてい》 ―生活 母子― ―教師 ―争議 ―科
過程《かてい》 プロセス。事件の―を報道する 製造―
課程《かてい》 中学の― 教科―
瓜田《かでん》 瓜畑(うりばたけ)。―に履(くつ)を納(い)れず
家伝《かでん》 ―の妙薬 ―の秘法
合点《がてん》 うんうんと―する ―が行かない
我田引水《がでんいんすい》 ―の説明
過渡《かと》 これは―的現象です ―期
過度《かど》 ―の勉強 ―の出費 ―を慎む
角《かど》 柱の― ―が立つ ―が取れる

門《かど》 ―をふさぐ 笑う―には福来たる
廉《かど》 窃盗の―で検挙される
過当《かとう》 ―競争にあえぐ ―な処分に泣く
華道《かどう》 生け花。―の先生 ―教授
可動《かどう》 動かせる。―の車両 ―数 ―範囲
稼働《かどう》 設備をフルに―させる ―日数 ―率
寡頭政治《かとうせいじ》 ―の弊害
家督《かとく》 ―相続 ―を長男に譲る
門口《かどぐち》 ―に立つ ―を閉(し)める
門付《かどづけ》 ―に金をやって歌わせる
門出《かどで》 「首途」とも。人生の― ―を祝う
門並《かどなみ》 ―あき巣に入(はい)られる ―訪問する
門松《かどまつ》 正月の― ―は冥土(めいど)の旅の一里塚(づか)
勾《かどわ》かす 「勾引す」とも。こどもを―

仮名《かな》 「仮字」とも。―と漢字 ―交じりの文
哉《かな》 愉快なる― 果たせる― 名月―
家内《かない》 うちの―は ―の実家 ―安全 ―工業
適《かな》う 遺志に― 法に― わたしの気持に―
叶《かな》う 目的が― 望みが―
敵《かな》う 彼に―者がいない 強くて敵わない
鼎《かなえ》 ―の軽重を問う ―の沸くがごとし
金切声《かなきりごえ》 暴漢に襲われ―で叫ぶ
金巾《かなきん》 木綿(もめん)織物の一種。
金具《かなぐ》 たんすの― ―を打つ
金釘流《かなくぎりゅう》 ―の文字
金気《かなけ》 「鉄気」とも。新しい鉄びんの―
悲《かな》しい ―思い出 ―気持 ああ―かな
金縛《かなしば》り 不動の― 規則で―になる

彼方《かなた》 山の―の空遠く ―からやってくる
加奈陀《カナダ》 北米大陸の国。
金盥《かなだらい》 ―に水を満たす
仮名遣《かなづかい》 現代― ―をまちがう
金鎚《かなづち》 「鉄鎚」とも。―でくぎを打つ 泳ぎは―
金壺眼《かなつぼまなこ》 くぼんだ丸い目。
金梃《かなてこ》 「鉄梃」とも。―で箱をこじあける
奏《かな》でる 音楽を― ―曲に耳を傾ける
金床《かなとこ》 「鉄床」とも。鉄を打ち鍛える台。金敷き。
金棒《かなぼう》 「鉄棒」とも。鬼に― ―引き
要《かなめ》 扇の― 肝心―の点 交通の―
金物《かなもの》 「鉄物」とも。―を売る店
必《かなら》ず ―合格するでしょう ―や ―しも
金糸雀《カナリア》 歌を忘れた―

火難《かなん》 火事。火災。―にあう ―の相がある
蟹《かに》 ―の横ばい ―は甲らに似せて穴を掘る
果肉《かにく》 ―の厚いくだもの
蟹股《がにまた》 ―で歩く
加入《かにゅう》 団体に―する 保険に―する ―申込書
金《かね》 ―で買う ―をためる ―のなる木
鉄漿《かね》 おはぐろ。―を付ける
鐘《かね》 つりがね。―を突く お寺の―が鳴る
鉦《かね》 たたきがね。―をたたく ―太鼓で捜す
兼合《かねあい》 予算との―で 七分三分の―
予〻《かねがね》 ―お話ししておいたとおり
金繰《かねぐり》 ―に奔走する ―が苦しい
曲尺《かねじゃく》 「矩尺」とも。鯨尺と― ―で測る
金尽《かねずく》 相手は―で押してくる

か

加熱《かねつ》　水を入れずに―する　十分に―する

過熱《かねつ》　ストーブの―から出火　景気が―する

金詰《かねづま》り　―の世の中　―で困る

金蔓《かねづる》　―をつかまえる

予《かね》て　―ご承知のとおり

金離《かねばな》れ　―の悪い人

金回《かねまわ》り　―のいい人　「金廻り」とも。

金目《かねめ》　―のものを物色する　これは―にならない

金儲《かねもう》け　―のためには手段を選ばない

金持《かねもち》　―のひとりむすこ　―けんかせず

兼《か》ねる　大学の学長は付属高校の校長を―

可燃物《かねんぶつ》　―の処理に注意せよ

化膿《かのう》　傷口が―する　―止めの注射

可能《かのう》　実行は―だ　―な範囲で　―性がある

過納《かのう》　税金の―を還付する

嘉納《かのう》　喜んで受け納める。ご―になる

庚《かのえ》　十干の第七。こう。

鹿《か》の子《こ》　―絞り　―まだらに雪が降る

彼女《かのじょ》　―は高校三年生　彼氏(かれし)と―

辛《かのと》　十干の第八。しん。

河馬《かば》　アフリカにすむ―　大きな―の口

樺《かば》　高山にはえるシラカバ・ダケカンバなど。

庇《かば》う　弟を―兄　同僚を―

仮泊《かはく》　船は台風を避けて港に―する

画伯《がはく》　画家の敬称。大観―の筆に成る絵

蚊柱《かばしら》　夕方集まり飛ぶ蚊。―が立つ

尸《かばね》　「屍」とも。―を山野にさらす

蒲焼《かばやき》　鰻(うなぎ)の―　―に肝吸い

過払《かばら》い　代金の―に気が付く

河畔《かはん》　―の柳が美しい　―に釣糸(つりいと)をたれる

過般《かはん》　―の情勢から　―お伺いしましたときに

鞄《かばん》　皮の―　旅行―　代議士の―持ち

画板《がばん》　―を持って写生に行く

過半数《かはんすう》　投票で―の支持を得る

可否《かひ》　―を問う　事の―を論じる

華美《かび》　―な服装は慎んでください

黴《かび》　―がはえる　―臭い　青―

加筆《かひつ》　原稿に―する　―訂正

画鋲《がびょう》　―で留めておく

花瓶《かびん》　―に花を生ける

過敏《かびん》　成績順位に―になる　神経―

下付《かふ》　「下附」とも。免許証を―する　―願

寡婦《かふ》　未亡人。やもめ。―の寂しい生活　―年金

歌舞《かぶ》　―音曲を停止する

株《かぶ》　切り―　木の―　―の売買　お―を奪う

蕪《かぶ》　「かぶら」とも。―のつけもの

家風《かふう》　―が違う　―に合わない

歌舞伎《かぶき》　―十八番　―役者

冠木門《かぶきもん》　柱に笠木(かさぎ)のある門。

過不及《かふきゅう》　―なく処理する

禍福《かふく》　―はあざなえる縄(なわ)のごとし

株券《かぶけん》　―を保管する

株式《かぶしき》　―会社　―仲買人　―取引所

被《かぶ》せる　毛布を―　上に―

過不足《かふそく》　―がないようにする

兜《かぶと》　「冑」とも。―を脱ぐ　―の緒を締める

甲虫《かぶとむし》　―をつかまえる

株主《かぶぬし》　―総会　―優待券　大―

被《かぶ》る　他人の罪を―　毛布を―　水を―

冠《かぶ》る　帽子を―　冠を―

気触《かぶ》れる　漆に―

感染《かぶ》れる　悪い思想に―

花粉《かふん》　―は風や虫によってめしべに付く

過分《かぶん》　―のおほめをいただく　―の費用

寡聞《かぶん》　―にして存じませんでした

壁《かべ》　―に耳あり　―一重　厚い―にぶつかる

貨幣《かへい》　―の流通　―制度の改革

寡兵《かへい》　少ない兵力。―よく大軍に当たる

画餅《がへい》　「がべい」とも。計画は―に帰する

壁掛《かべかけ》　この―はフランスの芸術品です

花弁《かべん》 はなびら。—の色 大きな—
加俸《かほう》 俸給以外に加える給与。年功—
果報《かほう》 —は寝て待て —者
家宝《かほう》 古くから伝わった— —の日本刀
画報《がほう》 婦人—
南瓜《かぼちゃ》 とうなす。なんきん。—に目鼻
釜《かま》 飯をたく— 茶— 電気—
窯《かま》 陶器を焼く— —に火を入れる
汽《か》罐《ま》 「罐」とも。ボイラー。—を焚(た)く
鎌《かま》 —で草を刈る —を掛ける
蒲《がま》 —の穂が出る
蝦蟇《がま》 「蟇」とも。ひきがえる。—のあぶら
構《かま》う こどもを— どうぞお構いなく
構《かま》える 一家を— 事を— 銃を— 上段に—

蟷螂《かまきり》 —が前足を振り上げて虫を捕える
蟇口《がまぐち》 —をすられる —を落とす
鎌首《かまくび》 蛇(へび)が—をもたげる
叺《かます》 石炭を—に詰める —に入れた肥料
框《かまち》 —に腰掛ける 障子の— 上がり—
竈《かまど》 —を別にする —の神 —の灰までも
囂《かまびす》しい 「喧しい」とも。やかましい。
蒲鉾《かまぼこ》 板付きの— —小屋 —形の兵舎
我慢《がまん》 痛さを—する もう—ならない —強い
加味《かみ》 砂糖を—する 教育に宗教を—する
神《かみ》 —を祭る —に祈る 救いの— —だな
紙《かみ》 —に書く —を張る —のように薄い
髪《かみ》 —の毛 —を伸ばす —を刈る —を結う
神懸《かみがか》り 「神憑り」とも。—のような言動

神隠《かみかく》し —にあって行くえがわからなくなる
神風《かみかぜ》 —を頼みとする —タクシー
髪形《かみがた》 —を変えてみる 流行の— 美しい—
紙切《かみき》れ —に書く —を散らかす
紙屑《かみくず》 —が散乱する —かご
裃《かみしも》 —を脱いで話す
剃刀《かみそり》 —の刃 安全— —のように切れる人
神棚《かみだな》 神を祭っておく棚。—に灯明を上げる
神頼《かみだの》み 苦しいときの—
過密《かみつ》 —と過疎 人口—の都市 —ダイヤ
紙礫《かみつぶて》 丸めた紙。—をぶつける
髪床《かみどこ》 床屋。理髪店。—に行ってさっぱりする
雷《かみなり》 —が落ちる —よけ —おやじ
紙挟《かみばさ》み —に入れる —に挟む

髪結《かみゆい》 髪を結う職業の人。
神業《かみわざ》 「神技」とも。—のような妙技
仮眠《かみん》 午後の— —を取る ただいま—中
咬《か》む 犬が人を—
嚙《か》む 歯で— 岩を—荒波
嚼《か》む よく嚼んで食べる 嚼んで含める
擤《か》む 鼻を—
我武者羅《がむしゃら》 —に進む
禿《かむろ》 「かぶろ」とも。おかっぱ。女の子の髪形。
亀《かめ》 —の甲より年の功 —の子 —は万年
甕《かめ》 —に水をくみ込む 酒の—
下命《かめい》 ご—によりお届けしました
加盟《かめい》 国連に—している国 大売出しの—店
仮名《かめい》 作品中の人物は— —で投書をする

仮面《かめん》 —をかぶる —をはぐ
鴨《かも》 冬渡ってくる— —が葱(ねぎ)を背負う
鴨居《かもい》 —に頭が届く —と敷居
科目《かもく》 選択— 必修— —別講習 勘定—
課目《かもく》 課すべき税目。法定— —価額
寡黙《かもく》 口数が少ない。—の人
髢《かもじ》 入れ毛。添え髪。
羚羊《かもしか》 —のように速く走る 天然記念物の—
醸《かも》す 酒を— 独特のふんいきを— 物議を—
貨物《かもつ》 —の輸送 —列車 —船
鷗《かもめ》 港の上を群れ飛ぶ— 沖の—
家門《かもん》 —の誉れ —が栄える
蚊帳《かや》 —をつる —のつり手
茅《かや》 「萱」とも。—を刈る —ぶきの屋根

榧《かや》 —の木 —の実 —で作った碁盤
火薬《かやく》 —が爆発する —庫
加薬《かやく》 —そば —どんぶり
蚊遣《かやり》 —をたく —線香 —火
粥《かゆ》 —をする 七草— 芋— 小豆(あずき)—
痒《かゆ》い —ところに手が届く 頭が—
通《かよ》い帳《ちょう》 出入りの酒屋の— 銀行の—
斯様《かよう》 —な次第です —に考えております
歌謡《かよう》 —曲 軍国— 民族— —漫談
通《かよ》う 学校に— 気持が— 空気が—
寡欲《かよく》 「寡慾」とも。欲が少ない。生来の—
我欲《がよく》 「我慾」とも。—に目がくらむ —が強い
空《から》 中は—です —の箱 —の車
殻《から》 貝の— 弁当の— 蟬(せみ)の—

柄《がら》 着物の— —になく —の悪い男 時節—
瓦落《がら》 相場の急落。暴落。—が来た
空揚《からあげ》 芋の— 鯵(あじ)の—
辛《から》い 山葵(わさび)が— 点が— —目にあう
辛《から》い 「鹹い」とも。塩辛い。海の水は—
空売《からうり》 現物なしでする売渡契約。—で儲(もう)ける
揶揄《からか》う 女を— こどものくせにおとなを—
傘《からかさ》 —を差す —番組
唐紙《からかみ》 ふすま。—を閉(し)める 障子と—
辛〻《からがら》 命—逃げ出した
唐草《からくさ》 —模様のふろしき
辛口《からくち》 この酒は—だ —と甘口
辛《から》くも —入賞した —脱出した
絡繰《からくり》 —を見破る 政治の— —人形

空穴《からけつ》 「からっけつ」とも。ふところは—だ
絡《から》げる 「紮げる」とも。ひもで—
空騒《からさわ》ぎ —に終わる
芥子《からし》 おでんに添える— —あえ —づけ
唐獅子《からじし》 牡丹(ぼたん)に— —の絵
烏《からす》 「鴉」とも。—の行水(ぎょうずい) —の雌雄
枯《か》らす 木を—
涸《か》らす 田を—
嗄《か》らす 声を—
硝子《ガラス》 —のコップ —窓 板— —張り
烏瓜《からすうり》 —の赤い長円形の実がなっている
烏口《からすぐち》 —で線を引く
烏麦《からすむぎ》 「燕麦(えんばく)」とも。
身体《からだ》 「体」とも。じょうぶな— —を鍛える

枳殻《からたち》 —の白い花 —のとげは痛いよ
空《から》っ風《かぜ》 冬に—が吹く かかあ天下に—
空梅雨《からつゆ》 ことしは—だそうだ
空手《からて》 手ぶら。—で訪問する
唐手《からて》 「空手」とも。武術。—チョップ
辛党《からとう》 酒飲み。—と甘党
乾拭《からぶき》 板の間を—する
空振《からぶり》 —の三振 出掛けたが—に終わる
落葉松《からまつ》 「唐松」とも。—の林
空回《からまわ》り 「空廻り」とも。車が—する
空身《からみ》 —で家出する —で伺いまして
絡《から》む 木に—つる草 酒を飲んで—
搦手《からめて》 城の裏門。大手と— —を守る —に回る
伽藍《がらん》 寺院の建物。七堂— —堂

仮《かり》 —の世 —の住い —に作る —出所
狩《かり》 —に出る 猛獣— 螢(ほたる)— 紅葉(もみじ)—
借《かり》 友だちに—がある —を返す
雁《かり》 「がん・かりがね」とも。—が渡る
加里《カリ》 —肥料 青酸—
我利我利《がりがり》 —亡者(もうじゃ)
狩込《かりこみ》 浮浪者の—
刈込《かりこみ》 植木の—
仮初《かりそめ》 一時的。—の病 —の恋
苟且《かりそめ》 なおざり。—にしてはいけない —にも
借倒《かりたお》す 百万円—
駆出《かりだ》す 「狩出す」とも。予備軍を—
駆立《かりた》てる 戦争に— 四人を—
仮縫《かりぬい》 洋服の—をする

花柳《かりゅう》　遊里。色町。―界

顆粒《かりゅう》　細かい粒。―状の飲み薬

我流《がりゅう》　自己流。―でやる　―では進歩しない

狩人《かりゅうど》　猟師。―に撃たれた鹿(かし)

下僚《かりょう》　下役。―に任せる　―では話にならない

加療《かりょう》　通院して―を受ける　入院―中

佳良《かりょう》　よい。成績―　おおむね―な作品

科料《かりょう》　軽犯罪に科する軽い罰金。―または拘留

過料《かりょう》　行政法違反の軽い罰金。―に処する

雅量《がりょう》　人を許す広い心。―を示す　―のある人

画竜点睛《がりょうてんせい》　―を欠く

火力《かりょく》　―発電所　旧軍隊と比した自衛隊の―

借《か》りる　金を―　力を―　知恵を―　胸を―

藉《か》りる　仮に使う。口を―

刈《か》る　草を―　稲を―　髪を―　悪の芽を―

狩《か》る　猪(いのしし)を―

駆《か》る　馬を―　不安な思いに駆られる

軽《かる》い　目方が―　身が―　心が―　―病気

軽口《かるくち》　―をたたく　―話

歌留多《かるた》　「骨牌」とも。―を取る

軽弾《かるはず》み　「軽挙・軽率」とも。―な言動を慎む

軽業《かるわざ》　―のような運転ぶり　―師

彼《かれ》　―と彼女　―を知りおのれを知る

華麗《かれい》　「佳麗」とも。―な舞踏会　―な守備ぶり

鰈《かれい》　―の目は右側に二つある

枯木《かれき》　―も山のにぎわい　―に花が咲く

瓦礫《がれき》　大地震によって―の山と化する

彼此《かれこれ》　―合わせて二千円　―五時になるころ

苛烈《かれつ》　―な競争に打ち勝つ

枯《か》れる　草木が―　人間が―　枯れた名人芸

涸《か》れる　日照りで水源が―　乱作で才能が―

嗄《か》れる　どなりすぎて声が―　のどが―

可憐《かれん》　―な花　―な少女

苛斂誅求《かれんちゅうきゅう》

過労《かろう》　―で倒れる　―がもとで死ぬ

画廊《がろう》　ギャラリー。銀座の―で個展を開く

辛《かろ》うじて　―間に合う　―できた

夏炉冬扇《かろとうせん》　無用無益。

軽《かろ》んじる　人命を―　目的を―行為

佳話《かわ》　隠れた―を報じる

川《かわ》　―を下る　―の水　―が流れる　富士―

川《かわ》　「河」とも。外国の川。セーヌ―　ドナウ―

皮《かわ》　―をむく　化けの―　つらの―が厚い

皮《かわ》　「革」とも。なめしがわ。―のかばん

側《かわ》　井戸の―　東―　通路―

可愛《かわい》い　―子には旅をさせよ　―子犬

可哀相《かわいそう》　―なこどもたち

獺《かわうそ》　動物。―が人をだますという話がある

皮切《かわき》り　話の―　東京を―に各地で公演する

乾《かわ》く　空気が―　洗濯(せんたく)したシャツが―

渇《かわ》く　のどが―　口が―

皮算用《かわざんよう》　取らぬ狸(たぬき)の―

交《かわ》す　目礼を―　あいさつを―　たよりを―

躱《かわ》す　身を―　危うく攻撃を―

蛙《かわず》　―大海を知らず　井の中のかえる。

為替《かわせ》　―管理　―相場　電報―　外国―

翡翠《かわせみ》　「川蟬」とも。鳥。―が巧みに魚を捕える

河内《かわち》　旧国名、大阪府の東部。

川端《かわばた》　―の柳　―を歩く

厠《かわや》　便所。―に行く

瓦《かわら》　―屋根　―ぶき　―せんべい

川原《かわら》　「河原・磧」とも。―で遊ぶ

土器《かわらけ》　―でお神酒(みき)を飲む　―投げ

瓦版《かわらばん》　―は今の新聞のようなものだった

変《かわ》り種《だね》　―を幾つか紹介する　―の社員

代《かわ》り映《ばえ》　あまり―がしない　―しない企画

変《かわ》り身《み》　―が早い

変《かわ》り者《もの》　彼は―だという評判だ

変《かわ》る　色が―　風俗も―　予定が―　心が―

代《かわ》る　父に代って運転する

替《かわ》る　年度が― 仕事の分担が― 代が―
替《かわ》る　「逓る」とも。担当者が―
換《かわ》る　金が物に―
完《かん》　終り。
巻《かん》　―の数の多い書物 第一―
勘《かん》　―を働かす ―が鈍い ―どころ
貫《かん》　昔の重さの単位。一千匁。
寒《かん》　最も寒い季節。―の入り ―の明け
棺《かん》　―に納める ―をおおって事定まる
款《かん》　親しみ。個条。―を通じる ―・項・目
閑《かん》　忙中―あり ―日月 ―事業
間《かん》　この―の事情を説明 ―髪(はつ)を入れず 隔世の― ―窮まる
感《かん》　読後―をつづる 別人の―がある 人生― 美―
観《かん》
管《かん》　―を通す 水道の― 排気―
歓《かん》　喜び。楽しみ。―を尽くす ―を交える
燗《かん》　酒の―をする ―を付ける
癇《かん》　―が高ぶる ―の虫 ―にさわる
環《かん》　輪形のもの。引出しの―
簡《かん》　―にして要を得る 繁より―に入る
缶《かん》　石油の― カン詰のあき― ―切り
雁《がん》　「かり・かりがね」とも。―が渡る
癌《がん》　―の征圧 子宮― 社長こそ会社の―だ
願《がん》　―を掛ける ―を立てる
姦《かん》悪《あく》　「奸悪」とも。心がねじけて悪い。―な人
勘《かん》案《あん》　両方の案を―してまとめてみよう
官《かん》位《い》　官職と位階。―相当 ―を剝奪(はくだつ)される
簡《かん》易《い》　―水道 ―裁判 ―保険
願《がん》意《い》　願いの趣旨。―を説明する
間《かん》一《いっ》髪《ぱつ》　―アウト ―間に合う
姦《かん》淫《いん》　女を見て美しいと思うのは―の初め
官《かん》営《えい》　これは―の事業であって民営ではない
岩《がん》塩《えん》　―はおもに工業用原料として使う
観《かん》桜《おう》　花見。―の会に出席する ―の宴を張る
棺《かん》桶《おけ》　ひつぎ。―に片足突っ込む
干《かん》戈《か》　兵器。戦争。―に訴える ―を交える
看《かん》過《か》　―できない重大問題 違反を―する
閑《かん》暇《か》　―を利用して小旅行を計画する
換《かん》価《か》　値踏み。現有の財産を―する
感《かん》化《か》　先生の―を受ける 悪友に―される
管《かん》下《か》　本署―に発生した事件 ―の職員を督励
患《かん》家《か》　患者の家。―へ往診する ―先
官《かん》衙《が》　役所。官庁。この一帯は―が並んでいる
閑《かん》雅《が》　―な庭園を散策する ―を旨とする
眼《がん》下《か》　―に見える町 ―に見おろす
眼《がん》科《か》　―医
眼《がん》窩《か》　眼球の入(はい)っているくぼみ。
官《かん》界《かい》　「官海」とも。―を泳ぐ ―の事情
感《かん》懐《かい》　十年ぶりに故郷を訪れて―をいだく
干《かん》害《がい》　「旱害」とも。この夏は―が予想される
灌《かん》漑《がい》　―の便がよい田畑に―する ―用水
感《かん》慨《がい》　古城に登って―深いものがある ―無量
眼《がん》界《かい》　ぱっと―が開ける ―が広い
考《かん》が《が》える　よく― 問題を― わたしはこう―
間《かん》隔《かく》　適当な―を置いて机を並べる
感《かん》覚《かく》　寒くて手足に―がない 鈍い― 平衡―
漢《かん》学《がく》　江戸時代は―が全盛であった
鰥《かん》寡《か》孤《こ》独《どく》　―の人
管《かん》轄《かつ》　―区域 この地域は隣の警察の―である
管《かん》楽《がっ》器《き》　―と弦楽器
轗《かん》軻《か》不《ふ》遇《ぐう》　―の身
鑑《かん》が《が》みる　聖王の治績に―
汗《かん》顔《がん》　とんだ誤りを犯して―の至りです
侃《かん》々《かん》諤《がく》々《がく》　―の議論
官《かん》紀《き》　公務員の規律。―がゆるんでいる
喚《かん》起《き》　注意を―する
換《かん》気《き》　窓を開(あ)けて―をする ―扇 ―口
乾《かん》期《き》　「乾季」とも。雨期と―
歓《かん》喜《き》　母校優勝との報に―する
勘《かん》気《き》　社長の―に触れる 父の―を被る

か

観菊《かんぎく》 ―の宴を催す ―会
柑橘類《かんきつるい》 ミカン・タチバナなど。
閑却《かんきゃく》 たいせつな仕事を―してはいけない
観客《かんきゃく》 「看客」とも。芝居の― 満員の―
官給《かんきゅう》 官庁からの支給。これは―の品だ
感泣《かんきゅう》 ありがたさに―する 援助に―する
緩急《かんきゅう》 ―の呼吸 いったん―あれば
眼球《がんきゅう》 めだま。―を摘出する
汗牛充棟《かんぎゅうじゅうとう》
閑居《かんきょ》 小人―すれば不善をなす
感興《かんきょう》 おもしろみ。―が湧《わ》く ―を催す
環境《かんきょう》 ―に左右される ―を整える
艦橋《かんきょう》 ―に立って指揮する
寒行《かんぎょう》 寒中の修行。水を浴びて―をする

勧業《かんぎょう》 ―博覧会 ―債券 ―銀行
頑強《がんきょう》 ―に反対する ―な抵抗を押し切る
看経《かんきん》 声を出さずに経を読む。初夜の―
換金《かんきん》 宝石を売って―する ―作物
監禁《かんきん》 アパートの一室に―される 不法―
元金《がんきん》 ―据《す》え置き ―と利息
甘苦《かんく》 ―を共にする 人生の―をなめる
管区《かんく》 管轄する区域。―気象台 ―警察局
艱苦《かんく》 難儀。苦労。―に耐える
玩具《がんぐ》 おもちゃ。教育― ―売場 ―商
岩窟《がんくつ》 「巌窟」とも。―を探検する ―に住む
雁首《がんくび》 きせるの頭。かしら。―をそろえる
勘繰る《かんぐる》 不正がないかと― 相手の言動を―
官軍《かんぐん》 朝廷方の軍隊。勝てば―負ければ賊軍

奸計《かんけい》 「姦計」とも。悪だくみ。―を巡らす
関係《かんけい》 事件と―はない 人妻と―する ―者
歓迎《かんげい》 ―の辞を述べる ―パーティー
間隙《かんげき》 ―を縫って行動する ―を生じる
感激《かんげき》 優勝の― ―を新たにする
観劇《かんげき》 ―の会を開催する 趣味は―です
完結《かんけつ》 連載小説が―する 論文を―する
間欠《かんけつ》 「間歇」とも。―泉 ―的にふき出す
簡潔《かんけつ》 ―な文章 ―をたっとぶ
寒月《かんげつ》 冬の月。夜空に―がさえ渡る
官憲《かんけん》 官庁。警察官。―の弾圧がきびしい
官権《かんけん》 ―を乱用する
管見《かんけん》 狭い見聞。―によると
甘言《かんげん》 ―に乗ってはいけない ―で釣《つ》る

諫言《かんげん》 忠告。主君に―する
寛厳《かんげん》 ―よろしきを得る
換言《かんげん》 ―すればこういうことになる
還元《かんげん》 生産者に―する 利益の― 酸化と―
管弦《かんげん》 「管絃」とも。詩歌― ―の道 ―楽
眼瞼《がんけん》 まぶた。
頑健《がんけん》 おかげさまで―です ―なからだ
歓呼《かんこ》 喜びの叫び。―の声に送られて
鹹湖《かんこ》 塩水湖。―だから水が塩辛い
看護《かんご》 母を―する ―婦 ―人
漢語《かんご》 漢字の熟語。和語と―と外来語
頑固《がんこ》 ―なおやじ ―一点張り
刊行《かんこう》 自叙伝を―する ―物 ―の予定
完工《かんこう》 起工から―まで十年掛かった ―式

敢行《かんこう》 党の方針を―する 中央突破を―する
勘考《かんこう》 考える。思案する。―し実行する
慣行《かんこう》 習わし。しきたり。従来の―に従う
感光《かんこう》 フィルムは―する ―剤 ―紙
緩行《かんこう》 ―の列車 ―線
観光《かんこう》 ―事業を推進する ―客 ―地 ―資源
眼光《がんこう》 ―紙背に徹する ―の鋭い男
雁行《がんこう》 斜めに並ぶ。各隊が―する ―して進む
官公署《かんこうしょ》 所管する―
箝口令《かんこうれい》 機密保持の―をしく
寒肥《かんごえ》 柿《かき》の木に―をやる
勧告《かんこく》 辞職を―する 政府は人事院の―に従え
監獄《かんごく》 刑務所の旧称。―から脱走する
顴骨《かんこつ》 ほおぼね。―が出ている

換骨奪胎《かんこつだったい》　―の作文
閑古鳥《かんこどり》　寂れて―が鳴く
寒垢離《かんごり》　―を取る
冠婚葬祭《かんこんそうさい》　―の費用
監査《かんさ》　会社の―役　帳簿の定期―
鑑査《かんさ》　作品の―をする　展覧会の―員　無―
完済《かんさい》　負債を―する　借金を―した
管財《かんざい》　財産の管理。―人　―局
艦載機《かんさいき》　―が母艦から発進する
奸策《かんさく》　「姦策」とも。悪だくみ。―を巡らす悪人
間作《かんさく》　麦のうねの間にトマトを―する
贋作《がんさく》　にせの作品。これは―で真筆ではない
簪《かんざし》　―を髪にさす　花―　べっこうの―
観察《かんさつ》　動物の生態を―する　保護―を要する少年

監察《かんさつ》　行政を―する　―医務院
鑑札《かんさつ》　畜犬の―を受ける　古物商の―
贋札《がんさつ》　にせさつ。―が発見される
甘酸《かんさん》　苦楽。人生の―をなめる
閑散《かんさん》　正月だから町が―としている
換算《かんさん》　メートルに―する　通貨の―表
干支《かんし》　十干と十二支。えと。―で言えば還暦の父
鉗子《かんし》　医療器具。止血―　―分娩《ぶんべん》
漢詩《かんし》　中国の古い形の詩。―や漢文
監視《かんし》　四人の動静を―する　―人　休戦―団
環視《かんし》　衆人―のうちにある
諫止《かんし》　主君の非道な行為を―する
莞爾《かんじ》　にっこり。―として笑う　―として死ぬ
幹事《かんじ》　世話役。同窓会の―　旅行の―

監事《かんじ》　監査役。学会の―を委嘱される
漢字《かんじ》　―書取り　常用―　―は表意文字である
雁字搦《がんじがらみ》　―に縛る
鑑識《かんしき》　鋭い―眼を持つ　警察の―係
樏《かんじき》　―をはいて雪の道を歩く
眼識《がんしき》　鋭い―　―のある批評
眼疾《がんしつ》　目の病気。―をわずらう
元日《がんじつ》　「がんにち」とも。―の初日の出
閑日月《かんじつげつ》　暇《ひま》。のんきな生活。
官舎《かんしゃ》　公務員の住宅。―に住む
感謝《かんしゃ》　ご好意を―します　―の念を表わす
患者《かんじゃ》　伝染病―　外来―　―を診察する
間者《かんじゃ》　スパイ。敵の―を捕える
癇癪《かんしゃく》　―を起こす　―玉　―持ち

閑寂《かんじゃく》　―な境内　―を楽しむ
看守《かんしゅ》　囚人が―をなぐって脱走する
看取《かんしゅ》　「観取」とも。情勢を―する
甘受《かんじゅ》　非難を―する
感受《かんじゅ》　外界の状態を―する　―性が強い
官需《かんじゅ》　―と民需　―を主とする工場
慣習《かんしゅう》　よい―を作る　―法
監修《かんしゅう》　辞典を―する　全集の―　―者
観衆《かんしゅう》　花火大会の―　―が熱狂する
完熟《かんじゅく》　―した果実
慣熟《かんじゅく》　運転に―する　―飛行
甘藷《かんしょ》　「甘薯」とも。さつまいも。
甘蔗《かんしょ》　「かんしゃ」とも。さとうきび。
官署《かんしょ》　官庁。役所。関係―に連絡する

寒暑《かんしょ》　―の差が激しい
官女《かんじょ》　「かんにょ」とも。雛人形《ひなにんぎょう》の三人―
寛恕《かんじょ》　広い心で人を許す。失礼ご―ください
願書《がんしょ》　応募の―を提出する　入学―
干渉《かんしょう》　「関渉」とも。他人の生活に―する
勧奨《かんしょう》　貯蓄を―する　退職を―する
管掌《かんしょう》　出納事務を―する　政府―の保険
奸商《かんしょう》　「姦商」とも。暴利をむさぼる―
完勝《かんしょう》　十対零で―する
冠省《かんしょう》　手紙の書き出しに使うことば。前略。
緩衝《かんしょう》　両国間に―地帯を作る　―装置
簡捷《かんしょう》　簡単敏速。事務を―にする
観賞《かんしょう》　景色《けしき》を―する　草花を―する
鑑賞《かんしょう》　古美術を―する　音楽の―

観照《かんしょう》　現実を冷静に―する　―主義
感傷《かんしょう》　―に浸る　―的になる
癇性《かんしょう》　おこりっぽい性質。　―の父
環礁《かんしょう》　輪形のさんご礁。ビキニ―
感状《かんじょう》　軍功によって―を賜わる
感情《かんじょう》　―をむき出しにする　―的になる
勘定《かんじょう》　―を払う　―高い　―合って銭足らず
勧請《かんじょう》　別の場所に移し祭る。本尊を―する
環状《かんじょう》　―に並べる　―線　―組織
岩礁《がんしょう》　船は―にぶつかって大破した
岩漿《がんしょう》　マグマ。地殻(ちかく)の下部にある―
頑丈《がんじょう》　「岩乗」とも。　―にできている
官職《かんしょく》　―にある者　―の格付け
閑職《かんしょく》　定年近いということで―に移された

間食《かんしょく》　―をすると飯がうまくない
間色《かんしょく》　二色の中間の色。中間色。
寒色《かんしょく》　寒い感じの色。―と暖色
感触《かんしょく》　秋の風の気持よい―　ビロードの―
顔色《がんしょく》　さすがの名人も―なしだ
感《かん》じる　痛さを―　かわきを―　恩に―
感心《かんしん》　できばえに―する　―なこども
関心《かんしん》　世界情勢に―を持つ　無―　―事
歓心《かんしん》　上役の―を買う
寒心《かんしん》　少年の非行問題は―にたえない
肝心《かんじん》　「肝腎」とも。　―かなめ　この話の―な点
勧進《かんじん》　寄進を勧める。　―帳　―相撲(すもう)　―元
完遂《かんすい》　目的を―する　使命を―する
冠水《かんすい》　水をかぶる。　田畑の―　―面積

灌水《かんすい》　かんがい用水。
関数《かんすう》　「函数」とも。　三角―　―関係にある
関《かん》する　親の面目に―こと　人命に―問題だ
冠《かん》する　発明者の名を―　出土の地名を―
緘《かん》する　口を緘して語らない
観《かん》ずる　よく考えてみる。人生を―
完成《かんせい》　論文を―する　事業の―
官制《かんせい》　官庁の組織や事務の制度。―を改革する
官製《かんせい》　―はがき　―品
管制《かんせい》　灯火―　報道―　空港の―塔
陥穽《かんせい》　落し穴。わな。　―に陥る
閑静《かんせい》　―な住い　―な土地
感性《かんせい》　刺激に応じる性質。感受性。　―豊かな人
乾性《かんせい》　かわく性質。　―と湿性　―油

慣性《かんせい》　同じ状態を続ける性質。運動の―
歓声《かんせい》　喜びの声。新記録の樹立に―を上げる
喚声《かんせい》　「喊声」とも。　―を上げて突進する
間税《かんぜい》　間接税。直税と―
関税《かんぜい》　―協定　輸入―　―障壁
観世音《かんぜおん》　―菩薩(ぼさつ)　馬頭―
漢籍《かんせき》　中国の書物。　―研究　―解題
間接《かんせつ》　直接と―　―の効用がある　―照明
関節《かんせつ》　ひざの―　ひじの―を痛める　―炎
冠絶《かんぜつ》　比べるものがない。世界に―する
頑是無《がんぜな》い　―こども
観世撚《かんぜより》　こより。　―でとじる
汗腺《かんせん》　汗を出す腺。夏は―の活動が激しい
官選《かんせん》　―の弁護人

幹線《かんせん》　鉄道の―　通信の―　主要―道路
感染《かんせん》　病気に―する　危険思想に―する　―源
観戦《かんせん》　選手権試合を―する　―記を書く
艦船《かんせん》　軍艦と船舶。敵の―を攻撃する
完全《かんぜん》　―に成功　―無欠　―看護　―雇用
間然《かんぜん》　批評の余地。―するところなし
敢然《かんぜん》　―として戦いをいどむ　―と立ち向かう
眼前《がんぜん》　―の風景　―に展開する　―の急務
勧善懲悪《かんぜんちょうあく》
簡素《かんそ》　―な服装　―な生活　式典は―にする
元祖《がんそ》　物事を始めた人。始祖。この道の―
乾燥《かんそう》　空気が―する　―剤　―野菜
感想《かんそう》　合格の―を話す　―文
歓送《かんそう》　転勤の同僚を―する　―会を開く

観相《かんそう》 人相を見る。—術
肝臓《かんぞう》 —ジストマ —炎 —肥大
贋造《がんぞう》 似せて造る。偽造。—紙幣
観測《かんそく》 気象を—する 飛行機による— —気球
寒村《かんそん》 寂しい村。貧しい村。山奥の—
官尊民卑《かんそんみんぴ》 —の風潮
歓待《かんたい》 「款待」とも。客を—する
艦隊《かんたい》 機動— 潜水— —の旗艦 敵—の来襲
寛大《かんだい》 —な処置 部下の失敗には—に
眼帯《がんたい》 眼病をわずらって—を掛ける
甲高《かんだか》い —声で言う
干拓《かんたく》 低湿地を干して開拓する。—事業 —地
冠《かん》たる 世界に—技術
肝胆《かんたん》 —相照らす仲 —を砕く苦心

邯鄲《かんたん》 中国の地名。—夢のまくら —の歩み
感嘆《かんたん》 「感歎」とも。—これ久しゅうす
簡単《かんたん》 —に返事する —な説明 —めいりょう
間断《かんだん》 爆音が—なく聞こえる
閑談《かんだん》 —に時を過ごす 食事後—に興じる
歓談《かんだん》 「款談」とも。友人と—する
元旦《がんたん》 元日の朝。一年の計は—にあり
寒暖計《かんだんけい》 —の目盛り
奸知《かんち》 「姦智」とも。悪知恵。—にたけた人間
換地《かんち》 移転者には—を提供する
感知《かんち》 敵の内情を—することがたいせつだ
関知《かんち》 当社の全く—しないことです
監置《かんち》 法廷の秩序を乱した者を—する —処分
感違《かんちが》い 「勘違い」とも。うっかり—した

含蓄《がんちく》 含み。深い意味。—のあることば
眼中《がんちゅう》 相手の人など—にない
干潮《かんちょう》 —のときは船が着かない —と満潮
官庁《かんちょう》 中央— 日曜の—街は静かだ
浣腸《かんちょう》 「灌腸」とも。便秘のために—する
間諜《かんちょう》 スパイ。回し者。間者(かんじゃ)。
姦通《かんつう》 配偶者以外との不正な情交。
貫通《かんつう》 トンネルが—する —銃創
缶詰《かんづめ》 桃の— —の肉 著者を旅館に—にする
官邸《かんてい》 公邸。
艦艇《かんてい》 大小のいくさ船。—が港内にひしめく
鑑定《かんてい》 芸術品の— —料を払う 刀剣の—
勘亭流《かんていりゅう》 芝居の看板文字の書体。
貫徹《かんてつ》 目的を—する 要求の—までがんばる

干天《かんてん》 「旱天」とも。—の慈雨
寒天《かんてん》 —に薄着で震える —の原料のテングサ
観点《かんてん》 「看点」とも。めいめい—が違う
感電《かんでん》 電線に触れて—する —死
乾電池《かんでんち》 懐中電灯用の—
官途《かんと》 大学を出て—につく —を辞する
感度《かんど》 鋭敏な— —良好
完投《かんとう》 みごと—することができた —勝利投手
敢闘《かんとう》 力戦—する —精神 —賞を受ける
巻頭《かんとう》 —第一ページ —を飾る —論文 —言
関頭《かんとう》 成功失敗の—に立たせられている
竿頭《かんとう》 さおの先。百尺—一歩を進める
間道《かんどう》 抜け道。—伝いに行く
感動《かんどう》 手紙を読んで—する —を呼ぶ —の名編

勘当《かんどう》 素行不良で—される —が許される
岩頭《がんとう》 岩の上。岩のほとり。—の感 —に立つ
感得《かんとく》 製造のコツを—する
監督《かんとく》 映画の— 試験を—する —官庁
勘所《かんどころ》 —を押える ここが—だ
頑《がん》として —見ない —拒否する
鉋《かんな》 大工が—を掛ける —くず かつぶし—
管内《かんない》 —を一巡する 警視庁—の交通事故
随神《かんながら》 神の心のまま。神代のまま。—の道
神無月《かんなづき》 旧暦十月の異名。
艱難《かんなん》 —なんじを玉にす —辛苦の結果
勘忍《かんにん》 「堪忍」とも。ならぬ—するが— —袋
閂《かんぬき》 門に—をする —を掛ける
神主《かんぬし》 —が祝詞(のりと)を読む —のおはらい

観念《かんねん》 ―の眼を閉じる ―する 責任― ―論
完納《かんのう》 税金を―する
官能《かんのう》 ―を刺激する ―的 ―主義
感応《かんのう》 神仏も―したもう ―電流
疳《かん》の虫《むし》 ―が治まらない
観音《かんのん》 ―さま 救世《ぐせ》― ―開き ―堂
悍馬《かんば》 あばれ馬。じゃじゃ馬。―を御する
看破《かんぱ》 他社の計画を―する 意中を―される
寒波《かんぱ》 ―が襲来する
寒梅《かんばい》 寒中に咲く梅。―花を着けしや否や
観梅《かんばい》 梅の花を見て楽しむ。―の会を催す
完敗《かんぱい》 十対零で―した
乾杯《かんぱい》 「乾盃」とも。成功を祝して―する
関白《かんぱく》 ―太政《だじょう》大臣 亭主《ていしゅ》―

芳《かんば》しい 成績がどうも芳しくない
甲走《かんばし》る 声が―
干魃《かんばつ》 「旱魃」とも。―続きで農作物は全滅だ
間伐《かんばつ》 林の木を切って間をすかす。森林の―
渙発《かんぱつ》 詔勅を出す。大詔を―する
煥発《かんぱつ》 輝き出る。才気―
頑張《がんば》る 試合で― 今度こそ―
看板《かんばん》 ―を降ろす ―娘 ―倒れ 一枚―
干犯《かんぱん》 侵しそむく。大権を―する
甲板《かんぱん》 「こうはん」とも。デッキ。波が―を洗う
乾板《かんぱん》 写真の―
岩盤《がんばん》 掘削は―に達した
甘美《かんび》 ―な曲 ―なことばに酔う
完備《かんび》 施設の―している病院 冷暖房―

官費《かんぴ》 ―の旅行 ―でまかなう
看病《かんびょう》 母の―をする ―疲れ ―人
干瓢《かんぴょう》 「乾瓢」とも。―を入れたのり巻
幹部《かんぶ》 政党の― ―級の大異動 ―候補生
患部《かんぶ》 からだの疾患のあるところ。
完膚《かんぷ》 ―なきまでにやっつける
還付《かんぷ》 「還附」とも。納めすぎた税金を―する
鰥夫《かんぷ》 妻に死別した男。やもめ。寡婦と―
完封《かんぷう》 書類を―する 相手チームを―する
感服《かんぷく》 ご意見を承って―しました
乾物《かんぶつ》 ―屋で干物《ひもの》を買う
贋物《がんぶつ》 にせもの。有名美術品の―
灌仏会《かんぶつえ》 釈尊降誕祭。四月八日。
乾布摩擦《かんぷまさつ》 毎朝の―

漢文《かんぶん》 ―の返り点 高校で―を習う
感奮《かんぷん》 「感憤」とも。話を聞いて―する ―興起
完璧《かんぺき》 ―な守備 ―を期する
癇癖《かんぺき》 ―の強い子
岸壁《がんぺき》 船は―に横着けになる ―から乗船する
岩壁《がんぺき》 ―をよじ登る
鑑別《かんべつ》 雛《ひな》の― 美術品を―する
勘弁《かんべん》 もう―ならぬ ―してください
簡便《かんべん》 ―な方法を採る 処理を―にする
官辺《かんぺん》 ―筋で内閣改造のうわさが流れている
官房《かんぼう》 大臣― ―長官
監房《かんぼう》 ―に収容される
感冒《かんぼう》 流行性― ―にかかる
観望《かんぼう》 形勢を―する

官報《かんぽう》 政府発行の公報。―に公示する
漢方《かんぽう》 ―医 主として草根木皮などの―薬
顔貌《がんぼう》 怪異な―の男
艦砲射撃《かんぽうしゃげき》 戦艦の―
灌木《かんぼく》 低木。―の茂み 落葉―
陥没《かんぼつ》 地下鉄工事で道路が―する
刊本《かんぽん》 江戸時代の― 写本と―
完本《かんぽん》 全部がそろっている本。
元本《がんぽん》 ―を保証する ―を返します
干満《かんまん》 干潮と満潮。この海岸は―の差が激しい
緩慢《かんまん》 ―な動作を繰り返す ―に上昇する
甘味《かんみ》 甘い味。―が不足している
鹹味《かんみ》 塩辛い味。―が強すぎる
含味《がんみ》 「玩味」とも。手紙を熟読―する

冠《かんむり》 —をかぶる　王の—　ウ—　ワ—　草—
感銘《かんめい》 本を読んで—を受けた　—を新たにする
簡明《かんめい》 —な解説　—に表現する　直切(ちょくせつ)—
頑迷《がんめい》 「頑冥」とも。—な態度　—固陋(ころう)
乾麺《かんめん》 —をゆでる
顔面《がんめん》 —をなぐられる　—に負傷した　—神経
願望《がんもう》 「がんぼう」とも。—を達する
眼目《がんもく》 議題の—とする点　計画の—を説明する
雁擬《がんもどき》 野菜を入れた豆腐の油揚げ。
喚問《かんもん》 証人として—される
関門《かんもん》 栄進の—　入試の—を突破する
願文《がんもん》 願いを書いた文。神社に—を奉納する
完訳《かんやく》 源氏物語を現代語に—する
簡約《かんやく》 主題を—に記述する

丸薬《がんやく》 この—は飲みにくい
肝油《かんゆ》 鱈(たら)の肝臓から採った油。滋養剤の—
勧誘《かんゆう》 入会を—する　—員　—のはがきが来る
含有《がんゆう》 イオウ分を—する　—成分　—量
関与《かんよ》 「干与」とも。国政に—する
肝要《かんよう》 食事に注意することが—です
慣用《かんよう》 社会で—されている　—句　—手段
寛容《かんよう》 —の精神　—な態度で人に接する
涵養《かんよう》 国力を—する　道徳心を—する
元来《がんらい》 —の無精者　日本は—島国である
乾酪《かんらく》 チーズ。—の製造
陥落《かんらく》 道路が—する　首都が—した
歓楽《かんらく》 —を求める人々　—窮まって哀情多し
甘藍《かんらん》 キャベツ。

橄欖《かんらん》 オリーブの誤称。—油
観覧《かんらん》 博覧会を—する　—料　—車
官吏《かんり》 国家公務員の旧称。役人。—と公吏
管理《かんり》 アパートを—する　—人　—職　労務—
監理《かんり》 会計事務の—
元利《がんり》 元金と利息。—合計
眼力《がんりき》 物事を見抜く力。鋭い—を持つ人
願力《がんりき》 母親の—でこどもの病気が直った
官立《かんりつ》 国家の設立。国立。—大学　—学校
簡略《かんりゃく》 事務を—にする　報告は—にしるす
乾留《かんりゅう》 「乾溜」とも。石炭を—する
貫流《かんりゅう》 利根川(とねがわ)は関東平野を—している
還流《かんりゅう》 暖かい空気が室内を—する
寒流《かんりゅう》 暖流と—　千島海流などの—

完了《かんりょう》 仕事は—した　予定どおり—する
官僚《かんりょう》 —政治　—主義　—的　文部—
顔料《がんりょう》 塗料・化粧品・印刷インキの主原料。
感涙《かんるい》 美談を聞いて—を流す　—にむせぶ
慣例《かんれい》 —によって最年長議員が仮議長になる
寒冷《かんれい》 —前線が通過する　—地に勤務する
寒冷紗《かんれいしゃ》 —のカーテン
還暦《かんれき》 干支が生年に返る六十一歳。—を祝う
関連《かんれん》 「関聯」とも。—事項　前と—のある質問
甘露《かんろ》 天から降るという甘い露。—水　—煮
玩弄《がんろう》 金持ちの—物となる
貫録《かんろく》 「貫禄」とも。さすが社長らしい—がある
閑話《かんわ》 むだばなし。—を楽しむ　—休題
緩和《かんわ》 条件を—する　緊張の—を図る

き

己《き》 十干の第六。つちのと。
記《き》 花を見るの—　旅行—　闘病—
気《き》 —が抜ける　—になる　—が—でない
奇《き》 —をてらう
季《き》 季節。俳句には—を表わすことばがある
癸《き》 十干の第十。みずのと。
軌《き》 「揆」とも。両者—を一にする
期《き》 これを—として　幼年—　思春—
機《き》 —に臨んで　—が熟する　—を見るに敏
木《き》 —を切る　—に竹をつぐ
木《き》 「樹」とも。立ち木。—に囲まれた別荘地
柝《き》 拍子木。さえた—の音　—が入(はい)る

義《ぎ》 —を見てせざるは勇なきなり
儀《ぎ》 こと。…の— 婚姻の— 私—
議《ぎ》 —に付す —を経て
気合《きあい》 —を入れる —が掛かる —負け
忌明《きあけ》 —を待って来年挙式する
気圧《きあつ》 —の差による現象 —が下がる 高—
起案《きあん》 草案を作る。会則を—する —者
議案《ぎあん》 —を審議する —を上程する
奇異《きい》 —に感じる いささか—の感がある
貴意《きい》 —に添いたいと思います
忌諱《きい》 「きき」とも。社長の—に触れる
紀伊《きい》 旧国名、三重県南部と和歌山県。
帰一《きいつ》 一つにまとまる。両者が—する
生一本《きいっぽん》 —な性格 灘《なだ》の—

生糸《きいと》 —はわが国の重要な輸出品であった
気韻《きいん》 —のある作品 —生動
起因《きいん》 この事件の—するところは紛争の—
議員《ぎいん》 国会— 市議会— —立法 —の特典
議院《ぎいん》 役所。—の意思 —決定 —規則
気宇《きう》 心持。気性。—広大な人物
気受《きうけ》 あの人は職場で—がいい —のいい人
機運《きうん》 「気運」とも。—が熟する …の—になる
帰依《きえ》 仏門に—する
気鋭《きえい》 新進—の士 —の若者
消《き》える 火が— 露と— 足音が— 字が—
気炎《きえん》 「気焔」とも。—を揚げる —万丈 怪—
奇縁《きえん》 合縁《あいえん》— ここで再会したのも—だ
機縁《きえん》 これを—に今後もよろしく

義援金《ぎえんきん》 「義捐金」とも。
既往《きおう》 —はとがめず —症
気負《きお》う さあ来いと— 今度こそはと—
競《きお》う 優劣を—
記憶《きおく》 —のいい人 —力 はっきり—する
気後《きおく》れ 「気怯れ」とも。人が多くて—した
気温《きおん》 —を測る —が下がる —の変化
擬音《ぎおん》 —効果 風の— —語
気化《きか》 液体が気体になる。アルコールが—する
奇禍《きか》 思いも寄らぬ災難。—にあう
奇貨《きか》 珍しい品。—おくべし
貴下《きか》 あなた。—にはお変りございませんか
貴家《きか》 あなたのおうち。—の繁栄を祈ります
机下《きか》 手紙の脇付《わきづけ》。…先生—

旗下《きか》 「麾下」とも。信玄の—に属する —の隊
帰化《きか》 日本に—した米国人 —人
幾何《きか》 数学の一分科。—学 代数と— —級数
飢餓《きが》 「饑餓」とも。—状態 —に苦しむ
起臥《きが》 起居。合宿で—を共にする
戯画《ぎが》 こっけいな絵。鳥獣— —化する
奇怪《きかい》 —至極 —千万な話 —なふるまい
棋界《きかい》 碁打ち・将棋さしの社会。—の新人
機会《きかい》 チャンス。絶好の— —を失う —均等
機械《きかい》 —編み —化 —工業 —文明
器械《きかい》 構造の簡単な道具。測定— —体操
危害《きがい》 —を加える —を受ける —を免れる
気概《きがい》 —に富む男性 —を感じる
議会《ぎかい》 —を解散する —で議決する 都—

着替《きがえ》 花嫁の—を手伝う —のシャツ
気掛《きがか》り 「気懸り」とも。—なこと
企画《きかく》 「企劃」とも。—を立てる —立案
規格《きかく》 —品 —判 —に合わせる
器楽《きがく》 —曲 —を習う —合奏
擬革《ぎかく》 人造皮革。レザー。
喜歌劇《きかげき》 コミックオペラ。
利《き》かす 幅を— すごみを— 山葵《わさび》を—
木型《きがた》 靴《くつ》の— 鋳物用の—を作る
飢渇《きかつ》 「饑渇」とも。将兵は—に苦しむ
気兼《きがね》 友人に—する そんなに—しないでいい
気構《きがま》え 力強い—を見せる —ができる
気軽《きがる》 —に承知する —な足取り
奇観《きかん》 —を呈する 天下の—といわれる

既刊《きかん》　未刊と—　—の書物
期間《きかん》　—はあすから月末まで　—満了　予告—
軌間《きかん》　二本のレールの間。ゲージ。—が広い
飢寒《きかん》　飢えと寒さ。衣食の欠乏。—をしのぐ
帰還《きかん》　戦地から無事—する　—兵士
帰館《きかん》　自宅や旅館へ帰る。深夜のご—
貴簡《きかん》　「貴翰」とも。—拝読いたしました
器官《きかん》　消化—　呼吸—
気管《きかん》　—と気管支　—にたんが詰まる
機関《きかん》　内燃—　水冷—　執行—　政府—　—紙
汽罐《きかん》　蒸気を発生させるかま。ボイラー。
基幹《きかん》　受注の—となる会社　—産業
亀鑑《きかん》　手本。かがみ。青年の—と仰がれる
旗艦《きかん》　司令官の乗っている軍艦。
季刊《きかん》　一年に四回発行。—の雑誌
祈願《きがん》　—を込める　神仏に—する　—成就(じょうじゅ)
帰雁《きがん》　春に北へ帰る雁。
義眼《ぎがん》　入れ目。—を入れる　—とは気付かない
聞《き》かん気《き》　—の坊や
危機《きき》　—に直面する　—を脱する　—一髪
記紀《きき》　古事記と日本書紀。—の歌謡
喜々《きき》　「嬉々・嘻々」とも。—として楽しむ
鬼気《きき》　—人に迫るものがあった
機器《きき》　機械と器具。電気—　事務用の—
機宜《きぎ》　—を得た処置　—にかなう
疑義《ぎぎ》　—をはさむ　—を解明する
巍々《ぎぎ》　高くそびえるさま。—としてそびえる山
利腕《ききうで》　相手の—を取る
聞覚《ききおぼ》え　—のある声　—の歌を歌う
奇々《きき》怪々《かいかい》　—な事件
聞込《ききこみ》　刑事の—捜査　丹念に—を行なう
唎酒《ききざけ》　—の会　—の成果
聞耳《ききみみ》　「聴耳」とも。隣室の話に—を立てる
効目《ききめ》　薬を飲んでも—がない　注意した—
棄却《ききゃく》　請求を—する　控訴—の判決
気球《ききゅう》　—を揚げる　観測—
企及《ききゅう》　企て及ぶ。追い付く。—しがたいところ
希求《ききゅう》　紛争の平和的解決を—する
危急《ききゅう》　—存亡の時　情勢は—を告げている
帰休《ききゅう》　操業短縮で—する　—兵　—制度
起居《ききょ》　彼とは寮で—を共にした
義挙《ぎきょ》　赤穂(あこう)浪士の—
気胸《ききょう》　人工—療法　自然—
奇矯《ききょう》　言行が普通でない。—な言動が多い
帰京《ききょう》　あす—します　—の途につく　—列車
帰郷《ききょう》　「きごう」とも。年末に—する　—バス
桔梗《ききょう》　秋の七草の一。薄紫の—の花
企業《きぎょう》　—の合理化を図る　—整備　中小—
起業《きぎょう》　事業を起こす。—の目的　—費
機業《きぎょう》　織物業。この地方は—が盛んである
義侠《ぎきょう》　おとこだて。おとこぎ。—の士　—心
危局《ききょく》　危機。—に直面する
戯曲《ぎきょく》　演劇の台本。脚本。小説を—にする
基金《ききん》　救済—　旅行の—とする
寄金《ききん》　講堂修復の—を募る
飢饉《ききん》　「饑饉」とも。—にあえぐ民衆　水—
貴金属《ききんぞく》　金・銀・白金など。
希金属《きんぞく》　「稀・・」とも。ウランなど。
菊《きく》　大輪の—　—の促成栽培　—のご紋章
危懼《きく》　心配。両国軍隊の衝突を—する
聞《き》く　—は一時の恥　銃声を—
聞《き》く　「聴く」とも。音楽を—　忠告を—
聞《き》く　「訊く」とも。氏名を—　事情を詳しく—
利《き》く　目が—　機転が—　無理が—　口を—
効《き》く　前宣伝が—　胃病に—薬
危惧《きぐ》　—の念にたえない　彼の将来を—する
器具《きぐ》　料理用の—をそろえる　実験—
奇遇《きぐう》　旅先で旧友と—する　これは—だ
寄寓《きぐう》　友人の家に—している　—先
生薬《きぐすり》　配合しない薬。—屋　—を飲む

掬《きく》する　手ですくう。涼味掬すべし　水を―
菊判《きくばん》　洋紙及び本の判型の一。―の本
気組《きぐみ》　意気込み。すばらしい―　―が弱い
気位《きぐらい》　品位を保つ気持。―の高い婦人
気苦労《きぐろう》　他人の中で―が絶えぬ
貴君《きくん》　あなた。きみ。―の成功を祝します
奇形《きけい》　「畸形」とも。
奇計《きけい》　「詭計」とも。―を巡らす　―に掛かる
奇警《きけい》　―な言動　―な人物　―な趣向を凝らす
貴兄《きけい》　あなた。―のご栄進を祝します
義兄《ぎけい》　義理の兄。姉の夫や妻の兄。
技芸《ぎげい》　美術工芸。芸能の技術。―が上達する
喜劇《きげき》　コメディー。―役者　―が爆笑を誘う
既決《きけつ》　―と未決　―の事項　―囚

帰結《きけつ》　議論の―するところ当然の―
議決《ぎけつ》　―事項は尊重する　本会議で―する
利け者《きけもの》　手腕家。彼はなかなかの―だ
危険《きけん》　―を承知で前進する　―思想　―防止
棄権《きけん》　投票を―する　―はしないでください
貴顕《きけん》　高貴な人。―淑女
紀元《きげん》　建国の初年。西暦の初年。―前　―元年
起源《きげん》　「起原」とも。日本民族の―を探る
期限《きげん》　―を守る　―後ですから受け付けません
機嫌《きげん》　―がよい　ご―伺い　―を取る　―直し
旗鼓《きこ》　―堂々と出陣する
騎虎《きこ》　―の勢い
季語《きご》　俳句の―　春の―
気孔《きこう》　葉には無数の―がある　―のある石

気候《きこう》　―温和な季節　海洋性の―
奇行《きこう》　―に富む人物　―を演じる
奇功《きこう》　すぐれた功績。思いも寄らぬ―を立てた
奇効《きこう》　不思議な効力。―がたちまち表われた
起工《きこう》　―式を挙(あ)げる
寄稿《きこう》　校友会誌に―する　新聞に―する
起稿《きこう》　―してから三年になるが筆が進まない
紀行《きこう》　アメリカ―　―文
寄港《きこう》　横浜港に―する
帰航《きこう》　任務を終えて―の途につく
帰港《きこう》　船籍港に―する
貴公《きこう》　きみ。―に会えるのを楽しみにしていた
機構《きこう》　複雑な―　―改革　行政―　社会―
記号《きごう》　数学の―　発音―

帰郷《きごう》　「ききょう」とも。年末に―する　―バス
揮毫《きごう》　大臣に―してもらう　―料
技巧《ぎこう》　―を凝らす　―をろうする
貴公子《きこうし》　―然としている男
機甲部隊《きこうぶたい》　―の進撃
希覯本《きこうぼん》　「稀…」とも。珍しい本。
聞《きこ》える　話し声が―　はっきり―　音に―
疑獄《ぎごく》　―事件を調べる　―に連座する
鬼哭啾々《きこくしゅうしゅう》
気心《きごころ》　―の知れた仲　―はよくわかっています
気骨《きこつ》　「奇骨」とも。―のある人物
擬古文《ぎこぶん》　江戸時代の―を読む
樵《きこり》　木を切る仕事の人。そま。―の通る道
既婚《きこん》　―と未婚　―の女性　―者

気障《きざ》　―な男　―なまねをするな
記載《きさい》　帳簿に―する　―の要領　―漏れ
起債《きさい》　鉄道を敷くために―する　―のわく
既済《きさい》　もう済んでいる。―事項　―と未済
鬼才《きさい》　「奇才」とも。不世出の―　―縦横
機材《きざい》　機械と材料。被災地に復旧用の―を送る
器材《きざい》　器具と材料。実験用の―を購入する
基材《きざい》　爆発物の―としての薬品
后《きさき》　皇后。天皇のお―になられる
妃《きさき》　皇族の妻。お―は民間人から選ぶそうだ
奇策《きさく》　―を案出する　―縦横の人物
偽作《ぎさく》　にせの作品。鑑定の結果―とわかる
兆《きざ》す　「萌す」とも。平和が―　雪間に―若草
階《きざはし》　階段。はしごだん。―を静かに上る

き

貴様《きさま》 —とおれの仲 —には用はない

刻《きざ》む 大根を— 仏像を— 心に— 時を—

如月《きさらぎ》 旧暦二月の異名。

気障《きざわ》り ちょっと—なことを言う

起算《きさん》 事故発生から—すれば十年 —の年月日

帰参《きさん》 願いがかなって—が許される

棋士《きし》 —について将棋を習う

騎士《きし》 中世西洋の武士。ナイト。—道

旗幟《きし》 —を鮮明にする

記事《きじ》 国会の—を担当する —を書く

生地《きじ》 洋服の—を贈る —を丸出しにする

生地《きじ》 「素地」とも。素焼きのまま。—の陶器

雉《きじ》 「雉子」とも。—も鳴かずば撃たれまい

技師《ぎし》 技術をつかさどる人。農林— 造船—

義士《ぎし》 赤穂《あこう》— 忠臣— —の討入り

義歯《ぎし》 入れ歯。—を入れる

疑似《ぎじ》 似て紛らわしい。—赤痢 —症

議事《ぎじ》 国会の— —を進める —日程 —堂

起死回生《きしかいせい》 —の妙策

儀式《ぎしき》 王位継承の— 荘厳な— —ばる

機軸《きじく》 新しい—を出す —を握る 新—

気質《きしつ》 優しい— 生れ付きの—

期日《きじつ》 約束の— —を定める 施行—

忌日《きじつ》 「きにち」とも。亡父の— —に墓参する

軋《きし》む 車の—音がする 戸が—

棊子麺《きしめん》 平打ちにしたうどん。

鬼子母神《きしもじん》 仏教の神。

汽車《きしゃ》 石炭を焚《た》いて走る— —の汽笛

記者《きしゃ》 新聞— 雑誌— 婦人— —クラブ

喜捨《きしゃ》 応分の—を乞《こ》う —を施す

希釈《きしゃく》 「稀釈」とも。五%の—液 —度

着尺《きじゃく》 おとな一着分の反物のたけ。—地 —物

期首《きしゅ》 —と期末 —の販売予定

旗手《きしゅ》 入場行進の— —を先頭に整列した

騎手《きしゅ》 (競走用の)馬に乗る人。競馬の—

機首《きしゅ》 —を東に転じる —と機尾

機種《きしゅ》 機械の種類。—を選ぶ 新しい—の性能

喜寿《きじゅ》 七十七歳。祖母の—の祝い

義手《ぎしゅ》 戦争で片手を失ったので—を着ける

奇習《きしゅう》 この地方には結婚のときの—が伝わる

奇襲《きしゅう》 敵艦隊に—を掛ける —戦法に敗れる

既習《きしゅう》 前に習った。—の語学 —事項

既修《きしゅう》 履修済み。—の単位

機銃《きじゅう》 機関銃。—の掃射にあって負傷した

起重機《きじゅうき》 クレーン。—で上げる

寄宿《きしゅく》 上京して大学の寮に—する —舎 —先

耆宿《きしゅく》 長老。学界の—と仰がれる

奇術《きじゅつ》 —師 余興に—を披露《ひろう》する

記述《きじゅつ》 意見を—する —式の問題

技術《ぎじゅつ》 —が向上する —の革新 —家 —者

基準《きじゅん》 「規準」とも。採点の—を定める —賃金

帰順《きじゅん》 反乱軍は説得を聞いて—した —兵

奇書《きしょ》 珍しい書物。三国志は四大—の一つだ

偽書《ぎしょ》 似せて作った本。昔は—が多かった

戯書《ぎしょ》 ざれ書き。江戸時代には—が多い

気象《きしょう》 —を観測する —通報 —台

気性《きしょう》 「気象」とも。進取の—に富む 激しい—

奇勝《きしょう》 珍しい景色《けしき》。天下の—を探る

希少《きしょう》 「稀少」とも。この書物は—価値がある

起床《きしょう》 六時—十時就寝 —時刻

記章《きしょう》 従軍—を軍服の胸に着ける

記章《きしょう》 「徽章」とも。帽子に学校の—を付ける

毀傷《きしょう》 身体髪膚あえて—せざるは孝の始めなり

気丈《きじょう》 暴漢を撃退した—な娘 —者

軌条《きじょう》 レール。—の点検と交換 無—電車

偽称《ぎしょう》 友人の名を—する 会社名を—された

偽証《ぎしょう》 偽りの証言。—の罪で訴えられる

議場《ぎじょう》 —が混乱する —の駆引きに長じる

起承転結《きしょうてんけつ》 文章の—

儀仗兵《ぎじょうへい》 儀礼兵。—を閲兵する

気色《きしょく》 —が悪い —がすぐれない
喜色《きしょく》 喜ぶ顔つき。—満面
寄食《きしょく》 居そうろう。おじの家に—する
軋《きし》る 車の—音 ドアが—
帰心《きしん》 帰りたい心。—矢のごとし
寄進《きしん》 神社に灯籠(とうろう)を—する —者の名簿
鬼神《きしん》 断じて行なえば—もこれを避ける
奇人《きじん》 「畸人」とも。町内の—といわれる老人
疑心《ぎしん》 —暗鬼を生じる —をいだく
義人《ぎじん》 正義を守る人。正義の士。
擬人《ぎじん》 動物界を—化した小説 —法を用いる
鱚《きす》 体は細長く、遠浅の砂底にすむ—
傷《きず》 「創」とも。—が痛む すねに—持つ身
疵《きず》 —のある家具 目じるしの— 玉に瑕(きず)

既遂《きすい》 —の行為 —と未遂
奇瑞《きずい》 不思議なめでたいしるし。—が現われる
気随気儘《きずいきまま》 —な行動
奇数《きすう》 二で割り切れない数。—と偶数
帰趨《きすう》 落ち着くところ。勝敗の—はわからない
築《きず》く 城を— 発展の基盤を— 一代で財を—
絆《きずな》 恩愛の—を断つ 師弟の—で結ばれる
期《き》する 必ず成功を— 夜明けを期して
帰《き》する 試みは失敗に— 部長の責任に—
議《ぎ》する 法案を— 委員会で—
擬《ぎ》する あいくちを— 空海の書体に—
奇声《きせい》 —を発する —を上げて踊り狂う
気勢《きせい》 —を揚げるデモ隊 —をそがれる
希世《きせい》 「稀世」とも。世に珍しい。—の才人

寄生《きせい》 他の生物に—する —虫 —植物
規制《きせい》 交通を—する 営業を—する 広告の—
規整《きせい》 計器を—する 時計(とけい)を—する
規正《きせい》 不均衡を—する 政治資金を—する
既製《きせい》 —の洋服 —品
既成《きせい》 —の事実 —の概念 —の線で押す
期成《きせい》 区画整理反対—同盟 —運動を推進する
帰省《きせい》 近日中に—します —の客が多い
犠牲《ぎせい》 大きな—を払う —的精神 —にする
擬勢《ぎせい》 虚勢。弱い者にかぎって—を張る
奇跡《きせき》 「奇蹟」とも。—が現われた —的な生還
軌跡《きせき》 ロケットの— 数学で—の問題が出た
鬼籍《きせき》 過去帳。—に入(い)った人の数
議席《ぎせき》 選挙で—をふやす —に着く —を得る

季節《きせつ》 花の— —の変化 —風 —労働者
既設《きせつ》 —の鉄道路線 —の上水道
気絶《きぜつ》 投げられて—した 驚いて—する
義絶《ぎぜつ》 兄と弟が争って今は—の状態にある
煙管《きせる》 —をくわえる —乗車をしてつかまる
着《き》せる 「著せる」とも。服を— 罪を—
汽船《きせん》 一万トン級の— —で川を下る
貴賤《きせん》 —尊卑の別なく —男女を問わず
機先《きせん》 相手の—を制して勝つ
毅然《きぜん》 —たる態度を執る —として立つ
偽善《ぎぜん》 —的な行為はついに見破られた —者
起訴《きそ》 住居侵入罪で—される 不—処分
基礎《きそ》 学習の— 事業の— —工事
起草《きそう》 法案の—を命じられる —委員

競《きそ》う 優勝を— 美を— 力を— わざを—
寄贈《きぞう》 「きそう」とも。母校に本を—する —品
擬装《ぎそう》 —して人目をごまかす —倒産 —行為
艤装《ぎそう》 船舶の装備。ドックで—する
儀装《ぎそう》 いかめしく—する —された式場 —車
偽造《ぎぞう》 公文書を—する —紙幣
綺想曲《きそうきょく》 狂想曲。イタリア—
奇想天外《きそうてんがい》 —な計画
気息《きそく》 呼吸。—を整える —奄々(えんえん)たる状態
驥足《きそく》 すぐれた才能。—を伸ばす
規則《きそく》 —を守る 就業— —違反 —で定める
帰属《きぞく》 土地の—を決定する 国庫に—する金
貴族《きぞく》 —の出身 —文学 —政治 —的な顔
義足《ぎそく》 片方は—なので歩行が困難である

き

義賊《ぎぞく》 鼠小僧(ねずみこぞう)次郎吉は—といわれた
既存《きそん》 —の施設を使用する —の権利
棄損《きそん》 「毀損」とも。名誉を—される 校具—
危殆《きたい》 当社の存立は今や—に瀕(ひん)している
奇態《きたい》 —なできごと —な話を聞く
気体《きたい》 —・液体・固体 悪臭のある— —燃料
期待《きたい》 —を裏切る 将来に—する —はずれ
機体《きたい》 不時着したが—の損傷はない
希代《きだい》 「稀代」とも。—の色魔といわれた男
季題《きだい》 俳句には—がある 七夕(たなばた)は秋の—だ
擬態《ぎたい》 動物の— —語
議題《ぎだい》 懲罰問題を—にする 会議の—を提出する
鍛《きた》える 刀を— 心身を— 新入部員を—
寄託《きたく》 商品を—する —された家財
帰宅《きたく》 深夜に—する —の時刻は不明だ
着丈《きたけ》 身長に合う着物の長さ。—を測る
来《きた》す 重大な支障を— 悪い結果を—
気立《きだて》 —がやさしい —のいい人
汚《きたな》い 「穢い」とも。ごみためは— やり方が—
義太夫《ぎだゆう》 —をうなる —語り
忌憚《きたん》 —なく意見を言う
奇談《きだん》 「綺談」とも。珍談— 世にもまれな—
吉《きち》 —と凶 占いは—と出た 大—
危地《きち》 —に陥る からくも—を脱する
基地《きち》 —の撤去を要求する 空軍の— 前進—
既知《きち》 —の事項 —数 —と未知
窺知《きち》 うかがい知る。敵情を—する
機知《きち》 「機智」とも。—に富んだ話
気違《きちが》い 「気狂」とも。自動車—
鬼畜《きちく》 —に等しい残虐な行為 —物
吉事《きちじ》 —が重なる —を喜ぶ —と凶事
吉日《きちにち》 「きちじつ」とも。思い立ったが—
帰着《きちゃく》 ただいま—しました —点
忌中《きちゅう》 —につき出席を辞退いたします
帰朝《きちょう》 欧州視察の旅を終えて—する
記帳《きちょう》 —済み 正確に—する
基調《きちょう》 自然主義の— 音階の— —報告
貴重《きちょう》 —な体験 —品
議長《ぎちょう》 会議の— —を選挙する
几帳面《きちょうめん》 —な性格 —な人
吉例《きちれい》 誕生祝賀会は毎年の—である
木賃宿《きちんやど》 「もくちんやど」とも。
喫煙《きつえん》 —室 —禁止
吃音《きつおん》 どもる発音。—を矯正(きょうせい)する
気疲《きづか》れ 緊張すると—がする
吉凶《きっきょう》 —を判断する —を占う —禍福
喫驚《きっきょう》 「吃驚」とも。びっくりする。
喫緊《きっきん》 差し迫って重要。—の事件出来(しゅったい)
着付《きつけ》 花嫁衣装の— —を手伝う
気付《きづけ》 「気附」とも。書類を人事課—で送る
気付薬《きつけぐすり》 —を飲ませる
拮抗《きっこう》 張り合う。互いに—して譲らない
亀甲《きっこう》 亀(かめ)の甲。—文字 —形 —模様
喫茶《きっさ》 「きっちゃ」とも。—店 純—の店
切先《きっさき》 刃物のとがった先。刀の— —三寸
吉祥《きっしょう》 「きちじょう」とも。—として喜ぶ
吉辰《きっしん》 吉日—を選んで式を挙(あ)げる
喫水《きっすい》 「吃水」とも。—が深い 船の—線
生粋《きっすい》 —の江戸っ子 —の芸人
喫《きっ》する 茶を— 一驚を— 大損害を—
吉相《きっそう》 よい人相。易者は—と見た
吉左右《きっそう》 よい便り。—を待つ
吉兆《きっちょう》 朝の蜘蛛(くも)は—として喜ばれる
啄木鳥《きつつき》 アカゲラ・アオゲラ等。
切手《きって》 —を張る 郵便— 記念— 商品—
屹度《きっと》 「急度」とも。あすは—来るだろう
狐《きつね》 —に化かされる —につままれる
切符《きっぷ》 —を買う —を切る 乗越し— 往復—
気《き》っ風《ぷ》 江戸っ子は—がいい
吉報《きっぽう》 —を待っています

気詰《きづま》り　窮屈。課長と同行するとは―だ
詰問《きつもん》　遅刻の理由を―する
屹立《きつりつ》　山々が―する県境
技手《ぎて》　「ぎしゅ」とも。技師の下の―という役
汽艇《きてい》　小形の汽船。ランチ。―に乗り込む
既定《きてい》　―の方針を確認する　―と未定
規定《きてい》　条項。前項の―による　第九条に―する
規程《きてい》　規則。旅費支給に関する―
義弟《ぎてい》　義理の弟。妻の弟や妹の夫。
議定《ぎてい》　会議で決める。―書に調印する　―科目
汽笛《きてき》　―を鳴らす　―一声新橋を…
起点《きてん》　東京を―として　鉄道の―　―と終点
基点《きてん》　駅を―として半径五キロ　―を定める
機転《きてん》　「気転」とも。―をきかす　とっさの―

貴殿《きでん》　あなた。同輩以上に使う。―のおかげで
疑点《ぎてん》　―がある　―を追及する
儀典《ぎてん》　―をつかさどる　伝統を重んじる―
企図《きと》　進出を―する　―するところがある
帰途《きと》　―につく　学校の―に寄り道をする
喜怒《きど》　―哀楽の情　―をあらわにする
木戸《きど》　―を開(あ)けて庭に入(はい)る　―御免　―銭
気筒《きとう》　「気筩」とも。シリンダー。水冷式八―
祈禱《きとう》　いのり。神前で―をささげる　―師
帰投《きとう》　偵察を終えて母艦に―する　―兵
亀頭《きとう》　陰茎の先端。
機動《きどう》　―性を持たせる　―力がある　―部隊
起動《きどう》　運転開始。―がおそい
軌道《きどう》　電車の―　―の修正　人工衛星が―に乗る

気動車《きどうしゃ》　ディーゼルカーなど。
危篤《きとく》　病人が―に陥る　父―の急報に接する
奇特《きとく》　「きどく」とも。―な行為　―な人
既得《きとく》　―の権利を主張する　―権を侵害される
気取《きど》る　気取った服装　気取って見せる
着流《きなが》し　―で町を歩く
黄粉《きなこ》　大豆をひいて―を作る　―餅(もち)
危難《きなん》　―に遭遇する　―を避ける
忌日《きにち》　「きじつ」とも。亡夫の―には必ず墓参する
記入《きにゅう》　会計帳簿に―する　―漏れ
帰任《きにん》　出張先から急いで―する
絹《きぬ》　―の着物を着る　―織物のくつ下
衣《きぬ》　歯に―を着せないで言う
気抜《きぬ》け　運動会が延期になって―がする

絹漉《きぬご》し　―の豆腐
杵《きね》　―で餅(もち)をつく　臼(うす)と―
記念《きねん》　「紀念」とも。卒業を―する　―碑　―日
祈念《きねん》　豊作を―する　神仏に―する
疑念《ぎねん》　―をいだく　―を晴らす
帰納《きのう》　多くの例から―する　演繹(えんえき)と―　―法
帰農《きのう》　役所勤めをやめて―する
機能《きのう》　ことばの―　すぐれた―　失われた―
昨日《きのう》　―は人の身きょうはわが身　―の火事
技能《ぎのう》　―をみがく　知識と―　―教育　―検定
甲《きのえ》　十干の第一。こう。
甲子《きのえね》　「かっし」とも。―の年
茸《きのこ》　「蕈」とも。―狩り
乙《きのと》　十干の第二。おつ。

木登《きのぼ》り　―をして遊ぶ　―の名人
気乗《きの》り　旅行は―がしない　事業に―薄だ
騎馬《きば》　さっそうたる―姿　―戦　―巡査
木場《きば》　材木をたくわえておく場所。川沿いの―
牙《きば》　猪(いのしし)の―　―をとぐ　―を鳴らす
気迫《きはく》　「気魄」とも。―に欠けている
希薄《きはく》　「稀薄」とも。空気が―になる　―な内容
揮発《きはつ》　この液は―しやすい　―油　―性が強い
奇抜《きばつ》　―な着想　―な服装
気早《きばや》　せっかち。―な人はすぐ帰る
気晴《きばら》し　―に映画を見る　―の散歩をする
気張《きば》る　うんと―　寄付金を―
規範《きはん》　道徳の―　―的な文字づかい
羈絆《きはん》　つなぎ止めるもの。―を脱する

基盤《きばん》 生活の―を求める 発展の―を作る
機帆船《きはんせん》 機関と帆とを持つ船。
忌避《きひ》 裁判官を―する 徴兵―
機微《きび》 人情の―をうがつ 問題の―に触れる
驥尾《きび》 すぐれた人のあと。―につく
黍《きび》 畑に―を作る ―の穂 ―だんご
忌引《きびき》 祖父が死んだので―で勤めを休む
厳《きび》しい ―しつけ ―寒さ ―岩山
起筆《きひつ》 元旦《がんたん》に―する
偽筆《ぎひつ》 この書は後人の―であることがわかった
気品《きひん》 ―のある老婆 ―のある顔だち
貴賓《きひん》 身分の高い客人。―室 ―席
機敏《きびん》 ―な動作 ―に対処する
寄付《きふ》 「寄附」とも。―を求める ―行為 ―金

棋譜《きふ》 囲碁・将棋の記録。名人戦の―
基部《きぶ》 柱の―を損傷する 塔の―の構造
義父《ぎふ》 義理の父。養父や継父。妻または夫の父。
気風《きふう》 豪快な―の人柄 質実な―の家庭
起伏《きふく》 ―のある土地 ―の多い一生 感情の―
帰服《きふく》 戦い敗れて敵軍に―する
忌服《きぶく》 父がなくなって―中です
器物《きぶつ》 ―を損傷する 研究所所管の―
偽物《ぎぶつ》 にせもの。この仏像は―だ
気分《きぶん》 ―を害する ―転換 ―がよい お祭り―
奇聞《きぶん》 それは―だ 珍談―
義憤《ぎふん》 歳費のお手盛り増額に―を感じる
騎兵《きへい》 馬に乗って戦う兵。―隊
奇癖《きへき》 霊柩車にあうと家に戻《もど》るという―

奇弁《きべん》 「詭弁」とも。―をろうして言いのがれる
規模《きぼ》 小さい―の異動 大―な計画 ―雄大
義母《ぎぼ》 義理の母。養母や継母。夫または妻の母。
気泡《きほう》 あわ。注射器の中の―を除く
既報《きほう》 ―のとおり大雨による被害は…
希望《きぼう》 ―を持つ 転任を―する ―条件
技法《ぎほう》 新しい―の建築 古文の解釈と―の研究
擬宝珠《ぎぼし》 橋の欄干の―
気骨《きぼね》 同僚とのつきあいに―が折れる
木彫《きぼり》 ―の仏像
基本《きほん》 ―の単位 体育の― ―的人権の尊重
気前《きまえ》 ―のいい人 ―よく客にふるまう
気紛《きまぐ》れ 弟は―者だ 秋の空は― ―な性格
生真面目《きまじめ》

期末《きまつ》 ―の考査を実施 ―に精算する ―手当
気儘《きまま》 久しぶりでわが家に帰って―にふるまう
決《きま》り 「極り」とも。会の― ―文句 ―きった点
決《きま》る 勝ちに― 得意のわざがみごとに―
欺瞞《ぎまん》 ―的行為 敵を―する行動
気味《きみ》 いい―だ かぜの―がある ―が悪い
黄身《きみ》 卵黄。―だけをのむ
君《きみ》 ―が代 姫― ―と僕《ぼく》 ―たち
気短《きみじか》 彼は―な人だ 父は―ですぐおこる
気密《きみつ》 ―の状態にする ―室で実験する
機密《きみつ》 役所の―を漏らした ―を保つ 軍事―
気脈《きみゃく》 反対派と―を通じる ―を通じ事を処する
奇妙《きみょう》 ―な事件が起こった ―に字だけはうまい
義務《ぎむ》 ―を果たす 納税の― ―教育

生娘《きむすめ》 彼女は―だから恥ずかしがる
木目《きめ》 木の筋。―のきれいな板
肌理《きめ》 ―の細かいプラン ―細かい文章
記名《きめい》 自分の持物に―する ―投票 ―押印
貴命《きめい》 ―によってただいまから出張します
偽名《ぎめい》 犯人は―を使っている ―の手紙が来る
木目込《きめこみ》 「極込」とも。―人形
決手《きめて》 「極手」とも。解決の― 現場の足跡が―
決《き》める 態度を― 規則を― 集合場所を―
決《き》める 「極める」とも。取り―
鬼面《きめん》 ―人を驚かす
肝《きも》 内臓。鰻《うなぎ》の― ―吸い
肝《きも》 「胆」とも。―が小さい ―に銘じる
肝煎《きもいり》 社長の―で結婚する 先生の―で就職する

肝玉《きもだま》 「胆魂」とも。―の据(す)わった人間

気持《きもち》 いい―だ ―が落ち着く ほんの―だけ

鬼門《きもん》 ―の方角にある便所 英語は―だ

疑問《ぎもん》 ―を解く ―をいだく ―点 ―符

規約《きやく》 生徒会の―を作る ―改正の動きがある

逆《ぎゃく》 ―の方向に行く ―にする ―を取る

客足《きゃくあし》 ―が付く ―が落ちる まばらな―

客扱《きゃくあつかい》 ―の悪い店 夏だけ―をする駅

客員《きゃくいん》 先生は―として名を連ねる

脚韻《きゃくいん》 頭韻と―

逆縁《ぎゃくえん》 年長者が年少者を弔う。

虐殺《ぎゃくさつ》 ―死体を発見した 反乱軍に―される

逆算《ぎゃくさん》 旅行に出る日から―して準備する

逆襲《ぎゃくしゅう》 敵軍は夜になって―してきた

脚色《きゃくしょく》 イソップの話を放送劇に―する

逆説《ぎゃくせつ》 「急がば回れ」のような言い方。

客船《きゃくせん》 大きな―が入港した ―と貨物船

脚線美《きゃくせんび》 女性の―

逆賊《ぎゃくぞく》 ―を討つ ―の汚名を受ける

客体《きゃくたい》 主体と― 自己を―として考える

虐待《ぎゃくたい》 シンデレラは継母に―された

客種《きゃくだね》 この辺は場末だから―が悪い

脚注《きゃくちゅう》 「脚註」とも。―を見て本を読む

逆手《ぎゃくて》 相手の―を取る こちらは―に行く

逆転《ぎゃくてん》 機械が―する 形勢が―する

客土《きゃくど》 ―を入れて作物に適した田畑にする

逆睹《ぎゃくと》 予想。将来のことは―しがたい

客止《きゃくどめ》 野球場は満員―の盛況である

客引《きゃくひき》 旅館の―

脚本《きゃくほん》 映画の― ―を朗読する ―作家

逆戻《ぎゃくもど》り 忘れ物をして家に―する

逆流《ぎゃくりゅう》 満潮で川の水が―する

華奢《きゃしゃ》 ―なからだ ―な作りのいす

気安《きやす》い ―間柄 気安く言うな

脚立《きゃたつ》 ―に上がって書だなを整理する

却下《きゃっか》 申請を―する ―の理由

客観《きゃっかん》 主観と― ―性

逆境《ぎゃっきょう》 ―に耐えて生き抜く ―に泣く

脚光《きゃっこう》 舞台で―を浴びる 時代の―を浴びる

逆光《ぎゃっこう》 逆光線。―を受けてまぶしい

逆行《ぎゃっこう》 それは時代に―した考えだ

脚絆《きゃはん》 「脚半」とも。すねに巻く布。

伽羅《きゃら》 香木の一。―のかおりの漂う部屋(へや)

木遣《きやり》 ―唄(うた) ―くずし ―音頭(おんど)

旧《きゅう》 新と― ―の正月 ―に復する

灸《きゅう》 やいと。―をすえる 針と―

急《きゅう》 ―な用事 ―に出掛ける ―を告げる

級《きゅう》 ―が上がる 同じ―の者 第一―の人物

球《きゅう》 ―の形をした飾り ―状船首 第一―

杞憂《きゆう》 無用の心配。そんなことは―にすぎない

義勇《ぎゆう》 ―奉公の精神 ―軍

求愛《きゅうあい》 彼は彼女に―した 動物の―ダンス

旧悪《きゅうあく》 ―が露見した

吸引《きゅういん》 機械で―する ―力が強い

牛飲《ぎゅういん》 大いに飲む。―馬食する

救援《きゅうえん》 被災者に―の手を差し伸べる ―隊

休暇《きゅうか》 ―を取る 暑中― 有給― 生理―

嗅覚《きゅうかく》 犬は―が鋭い

久闊《きゅうかつ》 中学時代の友人と―を叙する

休刊《きゅうかん》 雑誌を一時―します 新聞の―日

急患《きゅうかん》 救急車で運び込まれた―

休閑地《きゅうかんち》 農場の―

吸気《きゅうき》 呼気と― ―と排気 ―孔

球技《きゅうぎ》 ボールを使う競技。―大会

球戯《きゅうぎ》 ボール遊び。―場

汲々《きゅうきゅう》 金儲(かねもう)けに―としている

救急《きゅうきゅう》 ―車で―病院にかつぎ込まれる

急遽《きゅうきょ》 郷里の父が―上京する

究竟《きゅうきょう》 究極。―の考え方はこうだ

窮境《きゅうきょう》 ―に立っても少しもひるまない

休業《きゅうぎょう》 臨時に―する 本日―
究極《きゅうきょく》 「窮極・究局」とも。―の目的は何か
給金《きゅうきん》 ―を貯金する 力士が―を直す
窮屈《きゅうくつ》 ―な服 ―な規則 ―に考えなくても
休憩《きゅうけい》 そろそろ―しよう ―時間 ―室
求刑《きゅうけい》 検事の―より重い判決があった
急啓《きゅうけい》 急ぎの手紙に使う書出しの語。
旧劇《きゅうげき》 歌舞伎《かぶき》のことを―ともいう
急激《きゅうげき》 ―な変化 ―に膨張する
吸血鬼《きゅうけつき》 ―のような高利貸
救護《きゅうご》 負傷者を―する ―班の出動 ―活動
牛後《ぎゅうご》 鶏口《けいこう》となるも―となるなかれ
旧交《きゅうこう》 中学時代の友人と―をあたためる
休校《きゅうこう》 祝祭日は―とする 同盟―

休講《きゅうこう》 公務出張のため― ―の多い先生
休耕《きゅうこう》 ―する農地 ―奨励金
急行《きゅうこう》 事故現場に―する ―列車
躬行《きゅうこう》 実践―を重んじる 率先―する
糾合《きゅうごう》 「鳩合」とも。同志を―する
急告《きゅうこく》 集合場所の変更を―する ―に驚く
救国《きゅうこく》 ―の英雄として仰がれる
求婚《きゅうこん》 思い切って彼女に―する
球根《きゅうこん》 チューリップの― ―植物
救済《きゅうさい》 難民の―に当たる 失業者を―する
窮策《きゅうさく》 苦し紛れに思い付く方法。
急霰《きゅうさん》 降る霰《あられ》。―のような拍手
臼歯《きゅうし》 奥歯。―で咀嚼《そしゃく》する 大―
休止《きゅうし》 バスの運行を―する ―符を打つ

急死《きゅうし》 交通事故で―する
九死《きゅうし》 ―に一生を得る
給仕《きゅうじ》 ご飯のお―をする 食堂の―
牛耳《ぎゅうじ》 会の―を執る 生徒会を―る
厩舎《きゅうしゃ》 馬小屋。農家の― 競馬場の―
鳩首《きゅうしゅ》 幹部は対策を―協議している
吸収《きゅうしゅう》 消化と― 知識を―する
急襲《きゅうしゅう》 ゲリラ部隊が―してきた
救出《きゅうしゅつ》 被災者を―する ―方法を考える
救恤《きゅうじゅつ》 ―物資を送る ―金
急峻《きゅうしゅん》 ―な山道を上る
急所《きゅうしょ》 ―を突いた質問 ―を押える
救助《きゅうじょ》 山の遭難者をロープで―する ―隊
旧称《きゅうしょう》 宮城は皇居の―である

旧情《きゅうじょう》 十年ぶりで会って―をあたためる
窮状《きゅうじょう》 生活の―を訴えて救いを待つ
休場《きゅうじょう》 大関は病気で今場所―する
球場《きゅうじょう》 野球場。神宮― 甲子園―
求職《きゅうしょく》 ―者が列をなす ―と求人 ―難
休職《きゅうしょく》 ―の期間は六か月 ―を命じる
給食《きゅうしょく》 学校―の設備 ―のパン ―費
休心《きゅうしん》 「休神」とも。元気ですからご―を
休診《きゅうしん》 日曜祝日は―する 本日―
急進《きゅうしん》 ―分子 ―主義 ―的な考え方
九仞《きゅうじん》 ―の功を一簣《いっき》に欠く
求人《きゅうじん》 求職を上回る― ―欄 ―広告
求心力《きゅうしんりょく》 遠心力と― ―が働く
急須《きゅうす》 ―でお茶を入れる

給水《きゅうすい》 ―車 時間―をする ―制限
級数《きゅうすう》 等差― 等比― 幾何―
休《きゅう》する 万事―
窮《きゅう》する 生活に― 窮すれば通じる
給《きゅう》する 特別賞与を― 衣服を―
九星《きゅうせい》 ―で吉凶を判断する ―の迷信
旧姓《きゅうせい》 結婚しても―をとなえる
急性《きゅうせい》 ―肺炎 ―と慢性 ―伝染病
急逝《きゅうせい》 交通事故で―する 恩師―の報に驚く
救世《きゅうせい》 ―軍の慈善鍋《なべ》 ―主と仰がれる
旧跡《きゅうせき》 「旧蹟」とも。名所―を訪れる
休戦《きゅうせん》 正月は―する ―協定を結ぶ
急先鋒《きゅうせんぽう》 反対派の―として活躍
窮鼠《きゅうそ》 ―かえって猫《ねこ》をかむ

休息《きゅうそく》 しばらく—する —時間
急速《きゅうそく》 宇宙科学は—な進歩を見せている
窮措大《きゅうそだい》 貧乏書生。一介の—
旧態《きゅうたい》 —依然たる大学の内情
及第《きゅうだい》 期末試験に—する —点を取る
糾弾《きゅうだん》 「糺弾」とも。政府の失政を—する
球団《きゅうだん》 プロ野球の— —の首脳 在阪—
旧知《きゅうち》 林氏とは—の間柄である —をたずねる
窮地《きゅうち》 相手を—に追い込む 組合問題で—に立つ
吸着《きゅうちゃく》 ぴったりと—する
窮鳥《きゅうちょう》 —懐(ふところ)に入れば猟師も殺さず
急追《きゅうつい》 逃げる敵を—する
休廷《きゅうてい》 裁判長は—を宣した
宮廷《きゅうてい》 —生活 —文学 —列車

仇敵《きゅうてき》 —を倒す 反対党を—視する
灸点《きゅうてん》 灸を据(す)える場所にしるす点。
急転《きゅうてん》 —直下解決した 事態は—する
宮殿《きゅうでん》 —のようなりっぱな邸宅
旧冬《きゅうとう》 去年の冬。—は雪が多かった
旧套《きゅうとう》 古くさい形式や方法。—を脱する
急騰《きゅうとう》 物価の—に追い付けない給料
弓道《きゅうどう》 —を習う —大会
救難《きゅうなん》 —対策 —活動
吸入《きゅうにゅう》 酸素を—する —器
牛乳《ぎゅうにゅう》 —をしぼる —を飲む —配達
急派《きゅうは》 米国に特使を—する 捜索隊を—する
急場《きゅうば》 —しのぎに一案を出す —の間に合わせ
急迫《きゅうはく》 差し迫る。事情が—する

窮迫《きゅうはく》 困る。財政の— 生活が—する
吸盤《きゅうばん》 蛸(たこ)の足には—が付いている
給費《きゅうひ》 費用を支給する。—生制度
厩肥《きゅうひ》 家畜小屋から出る肥料。—を積み替える
求肥《ぎゅうひ》 「牛皮」とも。白玉粉で作った菓子。
給付《きゅうふ》 一定金額を—する 現物— 反対—
旧聞《きゅうぶん》 いささか—に属する話だが
旧弊《きゅうへい》 —を改める —な家庭
急変《きゅうへん》 病状が—する 事態が—する
牛歩《ぎゅうほ》 野党は—戦術で引き延ばしている
臼砲《きゅうほう》 砲身の短い火砲。—による攻撃
急報《きゅうほう》 事故の—に接する 被害状況を—する
窮乏《きゅうぼう》 —に耐える —生活を送る
急務《きゅうむ》 被災者の救済こそ現下の—である

究明《きゅうめい》 原因を—する 真相を—する
糾明《きゅうめい》 「糺明」とも。内閣の失政を—する
救命《きゅうめい》 —ボート —具 —胴衣
糾問《きゅうもん》 「糺問」とも。罪状を—する
旧約《きゅうやく》 古い約束。旧約聖書。
給油《きゅうゆ》 スタンドで—する —中に引火した
旧友《きゅうゆう》 昔の友。—との再会を喜ぶ
級友《きゅうゆう》 クラスメート。—と旅行する
給与《きゅうよ》 —所得 —ベース 現物を—する
窮余《きゅうよ》 —の一策で相手を撃退する
休養《きゅうよう》 疲れたので—する —を取る —室
給養《きゅうよう》 生活用品と食事。—が悪い —基準
急用《きゅうよう》 —で外出する —を思い出す
旧来《きゅうらい》 —の習慣を改める —の交情

及落《きゅうらく》 及第と落第。—の決定 —判定会議
牛酪《ぎゅうらく》 牛乳の脂肪製品。バター。
胡瓜《きゅうり》 —のつけもの —もみ
急流《きゅうりゅう》 —をさかのぼる —に流される
丘陵《きゅうりょう》 川の向こうは—が続く —地帯
給料《きゅうりょう》 —を払う —日 —袋
旧暦《きゅうれき》 陰暦。太陰暦。—のお盆に国に帰る
旧臘《きゅうろう》 昨年の暮れ。客臘。—祖父死去の際は
居《きょ》 郊外に—を構える —を移す
挙《きょ》 荒々しい—に出る
虚《きょ》 相手の—に乗じる —を突かれる
寄与《きよ》 教育の進歩に—すること大である
毀誉褒貶《きよほうへん》 —を超越
清《きよ》い 「浄い」とも。—流れ —態度 —心

き

御意《ぎょい》 お考え。—を得たい —に従う —に召す

凶《きょう》 吉と— 占いは—と出た —を除く

京《きょう》 京都。みやこ。—の着倒れ —料理

経《きょう》 —を読む —を上げる 一切—

境《きょう》 無人の—を行く 無我の—

興《きょう》 —が乗る —がさめる —に入る

今日《きょう》 きのう— —かあすかと —という—は

紀要《きよう》 要点の記述。研究報告。大学の—

起用《きよう》 新人を—する 投手の—を誤る

器用《きよう》 —な人 世の中を—に渡る —貧乏

行《ぎょう》 —を積む 無言の— —を改めて書く

業《ぎょう》 —を終える —に励む …を—とする

狭隘《きょうあい》 狭苦しい。狭小。—な道路 度量—

凶悪《きょうあく》 「兇悪」とも。—な強盗犯人

強圧《きょうあつ》 権力者の—に屈する —手段に出る

暁暗《ぎょうあん》 「暁闇」とも。—を突いて神社に参る

胸囲《きょうい》 —を測る 身長と—

脅威《きょうい》 自然の—に耐える 侵略の—を感じる

驚異《きょうい》 —の目をみはる —的な数字

教育《きょういく》 子女を—する 学校— —ママ

共栄《きょうえい》 共存—をモットーとする

競泳《きょうえい》 泳ぎ比べ。—大会 —の種目

胸泳《きょうえい》 平泳ぎ。ブレスト。

共益《きょうえき》 —のための事業 団地の—費

恐悦《きょうえつ》 つつしんで喜ぶ。—至極に存じます

共演《きょうえん》 一緒に出演する。三大女優の—

競演《きょうえん》 演技をきそう。スター同士が—する

供宴《きょうえん》 「饗宴」とも。会社の—に招かれる

供応《きょうおう》 「饗応」とも。業者の—を受ける

跫音《きょうおん》 あしおと。空谷(くうこく)の—

狂歌《きょうか》 江戸時代中期以後—が盛んに作られた

強化《きょうか》 団結を—する —米 —合宿 —ガラス

教化《きょうか》 民衆を—する 不良少年の—

教科《きょうか》 小学校の— —課程 —を改める —書

恭賀《きょうが》 うやうやしくお祝い申す。—新年

仰臥《ぎょうが》 ベッドの上に—する —の姿勢を執る

協会《きょうかい》 日本相撲(すもう)— 母子保護—

教会《きょうかい》 —の礼拝堂 —の牧師さん

教戒《きょうかい》 「教誨・教誡」とも。—師 —堂

境界《きょうかい》 「彊界」とも。隣家との— —線

境涯《きょうがい》 彼は恵まれた—にある

業界《ぎょうかい》 鉄鋼— —第一の利益 —紙の編集

侠客《きょうかく》 おとこだて。—の気風 —国定忠治

胸郭《きょうかく》 —成形手術を施す

驚愕《きょうがく》 ひどく驚く。友の死を聞いて—する

仰角《ぎょうかく》 水平から上向きの角度。—と俯角(ふかく)

恐喝《きょうかつ》 「脅喝」とも。暴力団に—される

凶漢《きょうかん》 「兇漢」とも。—に刺される

叫喚《きょうかん》 阿鼻(あび)—の地獄絵 女性の—を聞く

共感《きょうかん》 運動の趣旨に—する —を呼ぶ作品

郷関《きょうかん》 ふるさと。志を立てて—を出る

行間《ぎょうかん》 行と行との間。—を明けて書く

凶器《きょうき》 「兇器」とも。—を所持した男 走る—

侠気《きょうき》 おとこぎ。義侠心。—に富んだ人

狂気《きょうき》 彼のやることは—の沙汰(さた)だ

狂喜《きょうき》 優勝した瞬間応援団は—乱舞した

驚喜《きょうき》 合格の知らせを聞いて—した

強記《きょうき》 物覚えがよい。博覧—の人

狭軌《きょうき》 軌間一・四三五メートル以下の鉄道。

協議《きょうぎ》 同志と—する —会 —離婚

競技《きょうぎ》 運動— —会 スケート—に優勝する

狭義《きょうぎ》 —に解釈してはいけない —と広義

教義《きょうぎ》 仏教の—を伝える —を広める

経木《きょうぎ》 ごく薄く削った木。—に包む —の箱

行儀《ぎょうぎ》 —がいい —見習い 他人— —作法

凝議《ぎょうぎ》 重役たちは長時間にわたって—している

橋脚《きょうきゃく》 洪水(こうずい)のために—が流失した

供給《きょうきゅう》 需要と—とがアンバランスだ

協業《きょうぎょう》 分担協同して働く。—の体制

競業《きょうぎょう》 同種の営業を行なう。—を禁止する

行々子《ぎょうぎょうし》 よしきり。―が鳴く
仰々《ぎょうぎょう》しい 何と―騒ぎだ
胸襟《きょうきん》 ―を開いて友人と語り合う
恐懼《きょうく》 恐れ入る。―感激する ―の窮み
境遇《きょうぐう》 不幸な―にくじけない 恵まれた―
教訓《きょうくん》 先生の―を忘れない ―を与える
恭啓《きょうけい》 手紙の書き出しのことば。
行啓《ぎょうけい》 皇后・皇太子等のお出まし。―記念
挟撃《きょうげき》 はさみうち。敵を―する
矯激《きょうげき》 並みはずれて激しい。―な革命思想
供血《きょうけつ》 病人のために何回も―した
凝結《ぎょうけつ》 気体が液体に、液体が固体に―する
恭倹《きょうけん》 明治の人間には―な人柄が多い
強健《きょうけん》 ―なスポーツマンのからだ 身体―

強権《きょうけん》 当局はいよいよ―を発動した
狂言《きょうげん》 能と― 今月の―当たり― ―自殺
強固《きょうこ》 「鞏固」とも。意志―な人物 ―な団結
教護《きょうご》 素行不良児を―する ―院
凝固《ぎょうこ》 液体が固体になる。―点 ―熱
凶荒《きょうこう》 米作―の年 ―に民は飢える
恐慌《きょうこう》 ―を来たす 経済―のおそれがある
凶行《きょうこう》 「兇行」とも。―は夜中に行なわれた
強行《きょうこう》 反対を押し切って採決を―する
強硬《きょうこう》 ―に主張する ―な要求
強攻《きょうこう》 敵の―にあってはひとたまりもない
恐惶《きょうこう》 手紙の結びの語。―謹言 ―敬白
校合《きょうごう》 諸本を―する作業
強豪《きょうごう》 「強剛」とも。―が順当に勝つ

競合《きょうごう》 ―する業種 互いに―する ―脱線
行幸《ぎょうこう》 天皇のお出まし。―記念の植樹
僥幸《ぎょうこう》 「僥倖」とも。幸運。―を願う
峡谷《きょうこく》 黒部―の秋を探る 日本には―が多い
教唆《きょうさ》 そそのかす。殺人―の罪で訴えられる
共済《きょうさい》 公立学校―組合 ―制度
共催《きょうさい》 新聞社・美術館―の展覧会
恐妻《きょうさい》 彼の―ぶりは有名だ ―家
教材《きょうざい》 社会科の― ―を購入する
凶作《きょうさく》 ―が続いたので農民は苦しんでいる
狭窄《きょうさく》 幽門― 骨盤―症
夾雑物《きょうざつぶつ》 混じり物。―を除く
興醒《きょうざめ》 内幕を知れば―になることばかりだ
協賛《きょうさん》 母校創立五十周年記念事業―会

仰山《ぎょうさん》 ―な身ぶりで話す ごみが―ある
教師《きょうし》 英語の― 洋裁の―の資格を取る
凶事《きょうじ》 父の死、母の病気と―が続いている
教示《きょうじ》 卒業後の方針を―する 一手ご―願おう
経師《きょうじ》 表具師。―屋に頼んで屏風(びょうぶ)を作る
矜持《きょうじ》 誇り。日本人の―を持って行動せよ
凝視《ぎょうし》 前面を―する 一点を―する
行司《ぎょうじ》 相撲(すもう)の―の装束 立(たて)―
行事《ぎょうじ》 会社の― 年中―記念―
驕奢《きょうしゃ》 ぜいたく。―な生活を戒める
行者《ぎょうじゃ》 修行する― 役(えん)の― ―姿の男
凶手《きょうしゅ》 「兇手」とも。賊の―に倒れる
拱手《きょうしゅ》 腕組み。当局者は―傍観するだけだ
興趣《きょうしゅ》 ひとしお―を感じる ―をそがれる

享受《きょうじゅ》 福利を―する 恩恵を―する
教授《きょうじゅ》 学問の奥義を―する 大学―
業種《ぎょうしゅ》 同じ―で比較をする ―別の統計
強襲《きょうしゅう》 白昼敵の本部を―した
教習《きょうしゅう》 使用法を―する 自動車―所
郷愁《きょうしゅう》 ―を感じる ―を詩に託する
凝集《ぎょうしゅう》 一点に―する ―力
行住座臥《ぎょうじゅうざが》 ―に思う
恐縮《きょうしゅく》 お見舞いいただき―しております
凝縮《ぎょうしゅく》 気体を―して液化する ―器
供出《きょうしゅつ》 米の―制度 物資を―する
供述《きょうじゅつ》 被告が―する ―書を作成する
恭順《きょうじゅん》 ―の意を表する
教書《きょうしょ》 大統領が年頭―を発表する

き

行書《ぎょうしょ》 ―は楷書《かいしょ》と草書との間の書体だ
協商《きょうしょう》 ―がととのう 三国― 日米―
狭小《きょうしょう》 ―な国土 ―な度量の人
凶状《きょうじょう》 「兇状」とも。 ―持ちの博徒《ばくと》
教場《きょうじょう》 生徒は―に入《はい》った 山奥の分―
行商《ぎょうしょう》 野菜の―をする ―人
行状《ぎょうじょう》 ―のよくない男 日ごろの―
教職《きょうしょく》 ―にある身として ―課程
興《きょう》じる 食後のひとときを演芸に―
狂信《きょうしん》 新興宗教を―する ―的右翼
強震《きょうしん》 震度5。壁がくずれ墓石が倒れる。
凶刃《きょうじん》 「兇刃」とも。坂本竜馬は―に倒れた
狂人《きょうじん》 ―を装う
強靱《きょうじん》 ―な意志 ―な筋肉

強心剤《きょうしんざい》 医師は―を注射した
狭心症《きょうしんしょう》 母は―で急死した
行水《ぎょうずい》 たらいで―する 烏《からす》の―
恐水病《きょうすいびょう》 狂犬病。
供《きょう》する 閲覧に― 不時の用に―
強制《きょうせい》 出席を―する ―的に買わせる
強請《きょうせい》 校長に面会を―する
矯正《きょうせい》 「匡正」とも。歯列を―する
教生《きょうせい》 教育実習生。―の授業を指導する
嬌声《きょうせい》 宴会場から女たちの―が聞こえる
行政《ぎょうせい》 ―・司法・立法 ―指導 ―整理
行跡《ぎょうせき》 むすこの不―のしりぬぐいをする
業績《ぎょうせき》 会社の―が上がる ―をたたえる
教祖《きょうそ》 新興宗教の― ―の写真を掲げる

狂騒《きょうそう》 「狂躁」とも。会場は―を窮める
強壮《きょうそう》 「彊壮」とも。―な身体 ―剤
競争《きょうそう》 販売― 生存― ―心をあおる
競走《きょうそう》 百メートル―に優勝する
競走《きょうそう》 「競漕」とも。ボートレース。
胸像《きょうぞう》 重役室にあるのは社長の―です
形相《ぎょうそう》 鬼のような― ものすごい―
狂想曲《きょうそうきょく》 綺想曲。
協奏曲《きょうそうきょく》 コンチェルト。
教則《きょうそく》 ピアノの―本
共存《きょうそん》 平和― ―共栄をうたう
怯懦《きょうだ》 臆病。―な人間 ―な性格
強打《きょうだ》 頭部を―する ―を振るう
狂態《きょうたい》 酒が過ぎて―を演じる

嬌態《きょうたい》 ホステスの―に魅惑される
兄弟《きょうだい》 三人― ―げんか
姉妹《きょうだい》 本来は「しまい」と読む。
強大《きょうだい》 ―な軍事力を誇るアメリカ
鏡台《きょうだい》 ―に向かってお化粧する 姫―
業態《ぎょうたい》 子会社の―を調査する
供託《きょうたく》 家賃を―する 立候補者の―金
驚嘆《きょうたん》 「驚歎」とも。彼の努力は―に値する
凶弾《きょうだん》 「兇弾」とも。大統領は―に倒れた
教壇《きょうだん》 ―に登る 五十年の―生活
境地《きょうち》 かの老僧は悟りの―に達した
夾竹桃《きょうちくとう》 ―の赤い花が咲く
胸中《きょうちゅう》 ―を打ち明けて相談する
共著《きょうちょ》 この本はふたりの学者の―による

凶兆《きょうちょう》 不吉《ふきつ》な前兆。―が現われる
協調《きょうちょう》 同業者と―する 労使―のムード
強調《きょうちょう》 悪意のないことを―する
共通《きょうつう》 親子―の悩み 電車バス―回数券
協定《きょうてい》 ―価格 業者間の―成る 行政―
教程《きょうてい》 ピアノの入門―を教える 語学の―
競艇《きょうてい》 ギャンブルとしての― ―場
経典《きょうてん》 仏教の―を研究して博士号を取る
仰天《ぎょうてん》 ニュースを聞いてびっくり―した
暁天《ぎょうてん》 皆勤者は―の星のごとく少ない
驚天動地《きょうてんどうち》 ―の事件
凶徒《きょうと》 「兇徒」とも。―に襲われる ―を捕える
郷土《きょうど》 ―の大先輩 豊かな―色 ―芸能
共闘《きょうとう》 共同闘争。―会議 ―を申し入れる

教頭《きょうとう》 ―の先生 校長と
郷党《きょうとう》 ― ―に栄進する ―の先輩 ―相寄る
驚倒《きょうとう》 人類月面到達の報に―する
共同《きょうどう》 ―で作業する ―浴場 ―戦線 ―して行なう ―組合
協同《きょうどう》 ―して行なう ―組合
教導《きょうどう》 教え導く。生徒を―する
嚮導《きょうどう》 本隊を―する ―艦
橋頭保《きょうとうほ》 「―堡」とも。―を設ける
凶年《きょうねん》 ―続きで農民は食糧に困っている
享年《きょうねん》 死亡時の年齢。―七十歳
行年《ぎょうねん》 「こうねん」とも。死亡時の年齢。
競売《きょうばい》 「けいばい」とも。差押え物品の―
脅迫《きょうはく》 金を出せと―する ―状 暴行―
強迫《きょうはく》 ―観念 ―による意思表示

共犯《きょうはん》 ―関係を調査する ―を逮捕する
共販《きょうはん》 共同販売。―のルートに乗せる
恐怖《きょうふ》 ―をいだく ―心が先だつ 高所―症
凶変《きょうへん》 「兇変」とも。―を知って駆け付けた
強弁《きょうべん》 いくら調べられても―し続ける
教鞭《きょうべん》 父は長い間中学で―を執っていた
競歩《きょうほ》 ―の競技で優勝する ―大会
凶報《きょうほう》 ―に接してあわただしく帰郷する
共謀《きょうぼう》 親子が―して詐欺を働く
狂暴《きょうぼう》 「兇暴」とも。―な性格 ―な犬
喬木《きょうぼく》 高木。松・椎(しい)・欅(けやき)など。
狂奔《きょうほん》 敵は失地回復に―している
驕慢《きょうまん》 ―な態度が人からきらわれる
興味《きょうみ》 音楽には―がない ―しんしんたるもの

業務《ぎょうむ》 日常の― 両社が―提携を発表する
共鳴《きょうめい》 ―の現象 ―箱 彼の発想に―する
嬌名《きょうめい》 美人の評判。―をうたわれる
驍名《ぎょうめい》 武勇の聞え。勇名。―をはせる
経文《きょうもん》 本堂で―を読む ―を写す
協約《きょうやく》 労働―を結ぶ ―に違反する
教諭《きょうゆ》 小・中・高校の教員。高等学校―
共有《きょうゆう》 この土地は村の―である ―の品
享有《きょうゆう》 利益を―する 権利を―する
供与《きょうよ》 便益を―する 被服を―する
共用《きょうよう》 実験の器具を―する ―の設備
供用《きょうよう》 設備を―する 施設の―を開始する
強要《きょうよう》 面会を―する 寄付を―する
教養《きょうよう》 あの人は―が深い ―を高める

京洛《きょうらく》 京都。みやこ。―の旅 ―の地
享楽《きょうらく》 ―にふける ―主義 都会の―生活
狂乱《きょうらん》 事故死を知って―する
狂瀾《きょうらん》 ―を既倒に巡らす ―怒濤(どとう)
供覧《きょうらん》 選挙人名簿を―する
胸裏《きょうり》 「胸裡」とも。種々な感慨が―に去来する
教理《きょうり》 宗教の教えの道理。教義。―を説く
郷里《きょうり》 ―の山 ―の先輩 父の―は山口県です
狭量《きょうりょう》 まじめだが―なのが玉にきずだ
橋梁《きょうりょう》 ―を架設する ―を爆破された
協力《きょうりょく》 一致―を求める 全面的に―する
強力《きょうりょく》 政策を―に推進する ―な援助
強烈《きょうれつ》 ―な光線 ―な色彩 ―な印象
行列《ぎょうれつ》 買物をする人が―を作る 大名―

教練《きょうれん》 戦争中は中学校でも軍事―があった
協和《きょうわ》 ―の精神 万国が―する ―音
共和制《きょうわせい》 ―の国家
峡湾《きょうわん》 フィヨルド。氷河の浸食の跡の―
虚栄《きょえい》 ―を張る ―心
御苑《ぎょえん》 皇室の庭園。―を開放する 皇居東―
巨億《きょおく》 一代で―の富を築く
許可《きょか》 入学を―する 建築―証 営業―
漁火《ぎょか》 いさりび。―はしばしば歌に歌われる
巨魁《きょかい》 悪者のかしら。首領。賊の―が捕えられる
魚貝《ぎょかい》 「魚介」とも。魚類や貝類。―類を商う
巨額《きょがく》 道路建設に―の費用を支出する
漁獲《ぎょかく》 工業用水が流入して―量が減少する
巨漢《きょかん》 大男。相撲界(すもうかい)には―が多い

虚偽《きょぎ》 —の申告をする —の記載がある

漁期《ぎょき》 十月から十二月の三か月が—です

漁業《ぎょぎょう》 村民は—に従事している 遠洋—

虚々実々《きょきょじつじつ》 —の交渉

拠金《きょきん》 「醵金」とも。会員が—して資金を作る

曲《きょく》 有名な— これではどうも—がない

局《きょく》 交渉の—に当たる 郵便— —長

極《きょく》 絶望の—に達する 愚の—

巨軀《きょく》 大きなからだ。堂々たる—の持主

漁区《ぎょく》 日韓間で—を協定する —を設定する

玉案下《ぎょくあんか》 手紙の脇付(わきづけ)。

極右《きょくう》 極端な右翼思想。—団体

局外《きょくがい》 紛争の—に立つ —者の意見

曲学《きょくがく》 —阿世(あせい)の徒とののしられる

曲技《きょくぎ》 綱渡りの—をご披露(ひろう)します —飛行

曲芸《きょくげい》 海驢(あしか)の—を見せる

局限《きょくげん》 範囲を—して調査する

極限《きょくげん》 事件を—まで追及した —値

極言《きょくげん》 —すれば彼はばかである

極左《きょくさ》 極端な左翼思想。—勢力

玉砕《ぎょくさい》 日本軍はアッツ島で—した

旭日《きょくじつ》 —の光を仰ぐ —昇天の勢い

局所《きょくしょ》 —に麻酔を掛ける —を湿布する

玉石《ぎょくせき》 よいものと悪いもの。—混交

曲折《きょくせつ》 種々の—を経た結果 紆余(うよ)—

曲線《きょくせん》 —と直線 —美を描く

極端《きょくたん》 貧富の差が—である —な虫ぎらい

局地《きょくち》 —交渉 戦争は—的に解決する

極地《きょくち》 北極・南極の地方。—を探検する —法

極致《きょくち》 快楽の— 美の—

曲直《きょくちょく》 正と不正。善悪。理非—を正す

極点《きょくてん》 —に立つ この事件の—

極度《きょくど》 —にあわてていた —の疲労で倒れる

極東《きょくとう》 —方面の情勢が緊迫している

曲乗り《きょくのり》 自転車の—

玉杯《ぎょくはい》 ああ—に花受けて

曲馬団《きょくばだん》 サーカス。—の少女

曲筆《きょくひつ》 事実を曲げて書く。—舞文

局部《きょくぶ》 —麻酔

局面《きょくめん》 —の打開を図る —の展開を見る

曲目《きょくもく》 —を紹介する 演奏会の—

極力《きょくりょく》 —努力することを誓います

玉露《ぎょくろ》 上等の煎茶(せんちゃ)。—でようかんを食べる

玉楼《ぎょくろう》 りっぱな建物。金殿—に住まう貴族

極論《きょくろん》 —すれば彼は国賊である

魚群《ぎょぐん》 —を追う漁船 —探知機を使う

巨鯨《きょげい》 大きな鯨(くじら)。—のような潜水艦

御慶《ぎょけい》 お祝い。新年の—めでたく申し納めます

去月《きょげつ》 先月。—十二日に出発した

虚言《きょげん》 うそ。いつわり。—をろうする

挙行《きょこう》 校舎の落成式を—します

虚構《きょこう》 —の事実 彼の言はことごとく—である

漁港《ぎょこう》 漁船の根拠地となる港。九州第一の—

挙国《きょこく》 —一致で復興に努力した

巨刹《きょさつ》 大寺院。永平寺は北陸第一の—である

挙止《きょし》 ふるまい。—端正な紳士 —に注意する

鋸歯《きょし》 鋸(のこぎり)の歯。ぎざぎざ。—状の葉

御璽《ぎょじ》 天皇の御印。御名—

挙式《きょしき》 三月十八日に—の予定です

虚実《きょじつ》 うそとまこと。—相半ばする —皮膜論

巨視的《きょしてき》 マクロ。—と微視的

御者《ぎょしゃ》 「馭者」とも。馬車を走らせる— —台

虚弱《きょじゃく》 —な体質 身体—児童

挙手《きょしゅ》 —の礼で迎える 賛成者は—願います

去就《きょしゅう》 —が注目される —に迷う

居住《きょじゅう》 アパートに—する —者 —地 —性

拠出《きょしゅつ》 「醵出」とも。見舞金を—する —額

居所《きょしょ》 一定期間の住所。住所または—の申告

巨匠《きょしょう》 画壇の—として仰がれる —の作品

魚礁《ぎょしょう》 魚の多い海底の隆起部。—を造る

漁場《ぎょじょう》 この海域は重要な―である
虚飾《きょしょく》 ―の多い文
漁色《ぎょしょく》 いい年をして―のそしりがある
虚心《きょしん》 ―坦懐《たんかい》に意見を述べる　―に語る
巨人《きょじん》 からだの大きい人。偉い人。学界の―
御《ぎょ》する 「馭する」とも。馬を―　部下を―
去勢《きょせい》 犬を―しておとなしくする　―手術
虚勢《きょせい》 弱い者にかぎってとかく―を張る
御製《ぎょせい》 天皇の作られた歌や詩。明治天皇の―
拒絶《きょぜつ》 野党の申出を―する　―証書
漁船《ぎょせん》 多数の―が出漁する　―に乗り組む
挙措《きょそ》 動作。挙動。―を失う　―端正
漁村《ぎょそん》 ―の風景をスケッチする
許多《きょた》 「巨多」とも。たくさん。多数。―の事件

巨体《きょたい》 力士の―　―をゆすって走る
巨大《きょだい》 ―な怪物　―産業
居宅《きょたく》 住い。住居。―を郊外に移す
許諾《きょだく》 条件を―する　―を与える　―を得る
魚拓《ぎょたく》 獲物が大きかったので―を採った
虚脱《きょだつ》 試合に負けて―状態になった
巨弾《きょだん》 政府攻撃の―を放つ　―が命中する
居中《きょちゅう》 中裁。―調停
曲解《きょっかい》 故意に曲げて解釈する。話を―する
極刑《きょっけい》 最も重い刑罰。死刑。―に処する
極光《きょっこう》 オーロラ。両極地方で見られる―
玉稿《ぎょっこう》 相手の原稿の敬称。―拝受
拠点《きょてん》 敵の―　進出の―　―を確保する
巨頭《きょとう》 四大国の―が一堂に集まる　―会談

挙党《きょとう》 ―体制を作り上げる　―一致
挙動《きょどう》 ―不審の男を誰何《すいか》する
巨費《きょひ》 ―を投じて寺院を建てる
拒否《きょひ》 社長は組合の要求を―した　―権
許否《きょひ》 許可と不許可。―を決める
巨富《きょふ》 大きな財産。―を積む
漁夫《ぎょふ》 ―の利を占める
御物《ぎょぶつ》 皇室所蔵の品物。正倉院の―を拝観する
巨歩《きょほ》 大きな功績。―をしるす
巨砲《きょほう》 大きな大砲。―を放つ　大艦―主義
虚報《きょほう》 彼が自殺したというのは―であった
巨万《きょまん》 一代で―の富を築いた人
虚無《きょむ》 ―主義　老子・荘子は―思想を説いた
虚名《きょめい》 ―が広がる　―に酔う　―にすぎない

御名《ぎょめい》 ―御璽《ぎょじ》
清《きよ》める 「浄める」とも。心を―　身を―
虚妄《きょもう》 「虚妄」とも。うそ。でたらめ。
漁網《ぎょもう》 ―の手入れ　ナイロンの―
清元《きよもと》 浄瑠璃《じょうるり》の一。清元節。―の師匠
許容《きょよう》 ―の範囲内で　―条件　放射能の―量
去来《きょらい》 雲が―する　胸裏を―する思い出
魚雷《ぎょらい》 魚形水雷。―を放つ　―発射管　空中―
巨利《きょり》 大儲《もう》け。―を博する　―をむさぼる
距離《きょり》 ―を測る　―と間隔　思想的に―がある
居留《きょりゅう》 外国に―している国民　―地　―民
漁猟《ぎょりょう》 漁業と狩猟。―を営む　―時代
虚礼《きょれい》 年末年始の―廃止を唱える
漁労《ぎょろう》 「漁撈」とも。―に従事する　―長

綺羅《きら》 美しい衣服。―を飾る
綦羅《きら》 ずらっと並ぶ。―星のごとく居流れる
機雷《きらい》 機械水雷。―を敷設する
嫌《きら》う 彼女を―　不正を―　友引を―　牛肉を―
気楽《きらく》 ―な境遇　―に暮らす
雪花菜《きらず》 おから。うの花。
煌《きら》びやか ―な服装　―に飾りたてる
煌《きらめ》く 「燦く」とも。星の―夜　―星座
雲母《きらら》 うんぼ。―絵　―紙
桐《きり》 ―の葉が散る　―のたんす　―のげた
錐《きり》 ―をもむ　―で穴を開《あ》ける　四つ目―
霧《きり》 ―が掛かる　―が立ち込める　―をふく
義理《ぎり》 ―を立てる　―が悪い　―のきょうだい
切替《きりかえ》 新旧の―　―時期

螽蟖《きりぎりす》 草むらで鳴く―
霧雨《きりさめ》 ―の降る山
希臘《ギリシア》 南欧の国名。―神話 ―正教 ―文字
切支丹《キリシタン》 「吉利支丹」とも。
切捨《きりすて》 小数第二位以下― ―御免
基督《キリスト》 ―教徒 ―教会 イエス―
起立《きりつ》 全員が―して礼をする ―を命じる
規律《きりつ》 ―正しい生活 ―を保つ ―を守る
切妻《きりづま》 ―造りの屋根
切通《きりどお》し 山を切り開いた道や水路。―の道
切札《きりふだ》 ―はダイヤ 最後の―は機動隊導入だ
錐揉《きりもみ》 飛行機が―状態で落ちる
切盛《きりもり》 姉は母に代わって家事を―している
機略《きりゃく》 ―縦横の人物 ―にすぐれる

寄留《きりゅう》 おじの家に―している ―地 ―届
気流《きりゅう》 上昇― ―が変わる ―に乗る
旗旒信号《きりゅうしんごう》 船舶の―
器量《きりょう》 大人物の―だ 社長としての―に欠ける
器量《きりょう》 「縹緻」とも。―よしの娘 ―が悪い
技量《ぎりょう》 「技倆・伎倆」とも。すぐれた―の持主
気力《きりょく》 最近―が衰えたようだ ―に欠ける
麒麟《きりん》 ―も老いては駑馬(どば)に劣る ―児
切《き》る 水を― 日限を― 手を― たんかを―
切《き》る 「伐る」とも。木を―
切《き》る 「斬る」とも。人を― 刀で首を―
切《き》る 「馘る」とも。従業員の首を―
着《き》る 衣服を― 罪を― 恩に―
切《き》れ 一―の肉 紙― 棒―

切《き》れ 「布」とも。着物の―
奇麗《きれい》 「綺麗」とも。―な花 ―に食べる ―好き
儀礼《ぎれい》 ―的なあいさつ ―兵
亀裂《きれつ》 地面に―を生じる
義烈《ぎれつ》 忠義の心が強い。忠勇―の行動
切《き》れ者《もの》 敏腕家。会社随一の―といううわさ
岐路《きろ》 分かれ道。人生の―に立っている
帰路《きろ》 帰り。―は車にする ―につく
記録《きろく》 ―を更新する 経過を―する ―映画
瓩《キログラム》 重さの単位。千グラム。
粁《キロメートル》 距離の単位。千メートル。
議論《ぎろん》 ―を戦わす 兄と―する ―が出尽くす
際《きわ》 池の―を歩く いまわの―
疑惑《ぎわく》 ―をいだく ―を生じる ―の目で見る

際立《きわだ》っ 近ごろ際立って美しくなった娘
窮《きわ》まる 尽きる。―ところがない
窮《きわ》まる 「極まる」とも。極端。不都合―
窮《きわ》まる 「谷まる」とも。行き詰まる。進退―
極《きわ》めて ―小さい粒子 ―残念だ
窮《きわ》める 口を窮めてほめる
窮《きわ》める 「極める」とも。山頂を― 栄華を―
究《きわ》める 真理を― 真相を― ―学問を―
際物《きわもの》 雛(ひな)人形や正月の門松など。―師
斤《きん》 重さの単位。食パン一―
金《きん》 元素の一。―の産出量 ―壱万円
菌《きん》 ―を培養する 破傷風― 赤痢―
禁《きん》 ―を犯す ―を破る
銀《ぎん》 元素の一。―の産出量 ―細工

禁圧《きんあつ》 「禁遏」とも。農民の行動を―する
均一《きんいつ》 「きんいち」とも。―の価格 百円―
金一封《きんいっぷう》 功労者に―を出す
近因《きんいん》 失敗の―は病気である ―と遠因
近影《きんえい》 父の―を机の上に置く 著者―
吟詠《ぎんえい》 漢詩の―大会で詩吟をする
禁煙《きんえん》 胃を悪くしたので―する 車内は―です
近火《きんか》 昨夜―があって眠ってない ―を見舞う
金貨《きんか》 ―はまだ見たことがない
槿花《きんか》 木槿(むくげ)の花。―一朝の夢と消える
銀河《ぎんが》 天の川。夏の夜空の美しい― ―系
近海《きんかい》 ―と遠洋 ―漁業 ―魚
欣快《きんかい》 ご成功のよし―にたえません ―至極
金塊《きんかい》 ―を輸送する ―の密輸団

金科玉条《きんかぎょくじょう》
謹賀新年《きんがしんねん》 賀状に―
金側《きんがわ》 ―の腕時計(うでどけい)を見せびらかす
近刊《きんかん》 研究論文は―の予定です ―の書籍
金柑《きんかん》 かおりの高い―の実
金冠《きんかん》 虫歯を治療して―をかぶせる
金環食《きんかんしょく》 「・・蝕」とも。日食は―だ
近畿《きんき》 ―地方を旅行する
欣喜《きんき》 優勝して―雀躍(じゃくやく)する
禁忌《きんき》 タブー。この疾患には―の薬品
緊急《きんきゅう》 ―を要する件 ―動議 ―連絡
近況《きんきょう》 ―を伝える 出版界の― ―報告
近々《きんきん》 ―のうちにお伺いします
僅々《きんきん》 ごくわずか。損害額は―壱万円程度です

禁句《きんく》 結婚披露宴(ひろうえん)での―は多い
近景《きんけい》 ―を写生する ―と遠景
謹啓《きんけい》 手紙の書出しに使うことば。
金権《きんけん》 ―政治
勤倹《きんけん》 ―力行の士 ―貯蓄 ―尚武(しょうぶ)
金言《きんげん》 ―は耳に逆らう ―集
謹言《きんげん》 手紙の結びに使うことば。恐惶(きょうこう)―
謹厳《きんげん》 ―な態度 ―な家庭 ―実直な人
金庫《きんこ》 ―破り 手さげ― 信用―
禁錮《きんこ》 ―刑を言い渡される ―三年の判決
均衡《きんこう》 ―を取る ―を保つ 力による―が破れる
近郊《きんこう》 ―を散策する 工場が―に進出する
欣幸《きんこう》 各位のご来臨を得まして―の至りです
近郷《きんごう》 村祭りには―近在から人々が集まる

吟行《ぎんこう》 俳句会の友人と―する 月夜に―する
銀行《ぎんこう》 ―の支店 ―預金 ―員 血液―
筋骨《きんこつ》 ―たくましい男 ―隆々たるからだ
緊褌《きんこん》 下帯を固く締める。―一番難関に向かう
金婚式《きんこんしき》 結婚後五十年の式。
銀婚式《ぎんこんしき》 結婚後二十五年の式。
近在《きんざい》 兄の嫁はこの―から来た 近郷―の農民
金策《きんさく》 事業資金の―に奔走する ―を頼む
禁札《きんさつ》 この土手に登るべからずという―が立つ
近視《きんし》 日本人には―が多い 仮性― ―と遠視
禁止《きんし》 私語を―する ―事項の伝達 駐車―
近似《きんじ》 ―値を求める問題 ―計算
矜持《きんじ》 「きょうじ」の読み誤り。誇り。
金枝玉葉《きんしぎょくよう》 天皇一族。

金鵄勲章《きんしくんしょう》 功七級―
均質《きんしつ》 どの部分も成分が同じ。―にできている
琴瑟《きんしつ》 琴。兄夫婦は―相和している
金字塔《きんじとう》 不滅の―を打ち建てる
金紗《きんしゃ》 「錦紗」とも。―の羽織を着る
筋腫《きんしゅ》 子宮― ―を切除する
禁酒《きんしゅ》 胃が悪いので―する ―禁煙を誓う
錦繍《きんしゅう》 ―をまとう ―のように美しい紅葉
禽獣《きんじゅう》 鳥と獣。彼の行為は―にも劣る
緊縮《きんしゅく》 ―政策 財政を―する
禁書《きんしょ》 風俗を乱すおそれがあるので―になった
謹書《きんしょ》 つつしんで書く。碑文の原稿を―する
近所《きんじょ》 ―隣との交際 ―の人 ―づきあい
僅少《きんしょう》 ―ですがお納めください

今上《きんじょう》 現在の天皇。―陛下 ―天皇
近状《きんじょう》 ―を報告する
金城《きんじょう》 守りの固い城。―鉄壁 ―湯池
錦上《きんじょう》 ―さらに花を添える行為
吟唱《ぎんしょう》 「吟誦」とも。詩歌を―する
禁《きん》じる 無断外出を― 撮影を―
吟《ぎん》じる 詩を―
近親《きんしん》 彼の―に当たる人 ―者の焼香 ―結婚
謹慎《きんしん》 自宅―の処分を受ける 家で―する
金子《きんす》 いくばくかの―を差し出す
均整《きんせい》 「均斉」とも。―の取れたからだ ―美
均勢《きんせい》 両国の軍備が―を保つ
金星《きんせい》 太陽系第二番めの惑星。
禁制《きんせい》 女人―の山 ―品をやみ取引する

謹製《きんせい》 当店―の品を奉納する…会社―
近接《きんせつ》 ―した町村が連絡を取る 目標が―する
金銭《きんせん》 ―の授受は慎重に願います ―出納簿
琴線《きんせん》 心の―に触れる話
欣然《きんぜん》 ―として賛成する ―として出掛ける
金盞花《きんせんか》 ―の花の咲いている庭
禁足《きんそく》 外出禁止。―を言い渡される
金属《きんぞく》 ―元素 ―製品 ―性の音 ―光沢
勤続《きんぞく》 永年― ―三十年
勤惰《きんだ》 欠勤の多少を考慮して職員の―表を作る
勤怠《きんたい》 ―を評価する ―表
金高《きんだか》 どのくらいの―になったか
金談《きんだん》 借金の相談。友人が―に来た
禁断《きんだん》 殺生(せっしょう)―の地 ―の木の実 ―症状

巾着《きんちゃく》 銭を入れて携帯する袋。腰― ―網
近着《きんちゃく》 ―の外国雑誌を並べる
緊張《きんちょう》 合格発表を前にして―している
謹聴《きんちょう》 校長先生のお話を―する
謹直《きんちょく》 ―な人柄を認められて起用された
欽定《きんてい》 天皇の制定。明治憲法は―憲法である
謹呈《きんてい》 拙著を一部―いたします
金泥《きんでい》 ―の屛風(びょうぶ) ―を使って上塗りする
金的《きんてき》 みごと―を射落とす
均霑《きんてん》 利益を―する 恩恵が―する
金殿《きんでん》 りっぱな御殿。―玉楼に生活する人
襟度《きんど》 人を許す度量。大国民の―を示す
均等《きんとう》 利益を―に分ける 機会― ―割
金団《きんとん》 蒸した芋をつぶした食品。栗(くり)―

銀杏《ぎんなん》 銀杏(いちょう)の実。―を拾う子
筋肉《きんにく》 腕の―が盛り上がっている ―労働
勤王《きんのう》 「勤皇」とも。―の志士 ―の志が厚い
金杯《きんぱい》 「金盃」とも。古希の祝いで―をもらう
金牌《きんぱい》 金の賞牌。優勝して―を授与された
金箔《きんぱく》 ―を張る はげている―
緊迫《きんぱく》 極東の情勢は―している ―した空気
金髪《きんぱつ》 ―の美人が登場する ―の少女
銀盤《ぎんばん》 スケート場。―に踊る少女 ―の女王
金肥《きんぴ》 化学肥料。農村ではほとんど―を用いる
金品《きんぴん》 ―を与えて近づく ―は受け取らない
均分《きんぶん》 利益を―する 遺産を―相続する
勤勉《きんべん》 ―な人柄 ―家として通っている
近辺《きんぺん》 この―に酒屋はない 大阪―の山

近傍《きんぼう》 ―の住民の評判がよい
金鳳花《きんぽうげ》 有毒植物といわれる―
金星《きんぼし》 横綱を倒す―を上げた平幕の力士
銀幕《ぎんまく》 映写幕。スクリーン。―の女王
金満家《きんまんか》 ―の娘と結婚する
吟味《ぎんみ》 品質を―して市場に出す ―役
緊密《きんみつ》 出先機関と―な連絡を取る
勤務《きんむ》 ―の実態を調査する ―成績 ―時間
金無垢《きんむく》 純金。―の仏像
禁物《きんもつ》 運転中は酒は―です 油断は―だ
禁輸《きんゆ》 武器を―する ―品を横流しする
金融《きんゆう》 ―機関 ―引締めを断行する ―逼迫(ひっぱく)
緊要《きんよう》 目下の―事 志望校の決定が―です
禁欲《きんよく》 「禁慾」とも。―の生活を送る ―主義

銀翼《ぎんよく》 飛行機の翼。―を連ねて飛ぶ
近来《きんらい》 ―の快事 父は―病気がちです
金襴《きんらん》 ―の着物 ―緞子(どんす)の帯
金利《きんり》 借金の―がかさむ 金融市場の―
斤量《きんりょう》 重量。目方。―が不足する
禁漁《きんりょう》 ―海域
禁猟《きんりょう》 この辺では―です ―区
近隣《きんりん》 ―が聞いて美談とする ―の農村
銀輪《ぎんりん》 自転車。―を連ねて川沿いの道を行く
銀鱗《ぎんりん》 無数の魚が―を光らせて泳いでいる
菌類《きんるい》 ―は隠花植物の一類である
禁令《きんれい》 禁止の命令。―をしく ―を破る
銀嶺《ぎんれい》 雪が積もって銀色に輝く山。―が招く
勤労《きんろう》 ―に励む ―所得 ―感謝の日 ―奉仕

く

区《く》 —に分かれている市 —役所 選挙—

句《く》 和歌の上の—と下の— —を作る

苦《く》 —にする —は楽の種 —もなく勝った

具《ぐ》 五目ずしの— 政争の—にする

愚《ぐ》 —にも付かない話 —のこっちょう

工合《ぐあい》 「具合」とも。からだの—がいい

愚案《ぐあん》 それは—だよ まことに—だ

杙《くい》 「杭」とも。—を打つ 出る—は打たれる

食意地《くいいじ》 —の張っているこども

区域《くいき》 通学の— 危険— 制限—

食気《くいけ》 —の旺盛《おうせい》な若者 どうも—がわかない

食締《くいしば》る 歯を食締って痛さをこらえる

食違《くいちが》い 意見の—を調整する

食潰《くいつぶ》す 遊んで暮らして財産を—

水鶏《くいな》 水辺にいる鳥。—がたたくように鳴く

食逸《くいはぐ》れ ここにいれば—がない

食扶持《くいぶち》 食費。—を入れる

食物《くいもの》 飲物と— —の恨みは恐ろしい

悔《く》いる 前非を— 不勉強を—

食《く》う 飯を— あわを— —や食わず 人を—

食《く》う 「喰う」とも。大目玉を—

空位《くうい》 世界チャンピオンは—になった

寓意《ぐうい》 事寄せる意味。—を含む —的な物語

空運《くううん》 航空輸送。軒並み増収の—業界

空間《くうかん》 時間と— —芸術 隣の家との間の—

偶感《ぐうかん》 —を詩に託す —を書き留める

空閑地《くうかんち》 —を利用すべきです

空虚《くうきょ》 入試に落ちて—な毎日を送っています、

寓居《ぐうきょ》 仮住い。先日は—をおたずねくださり…

空閨《くうけい》 夫に死なれて—をかこっている

空隙《くうげき》 すきま。—を生じる —を突く

空拳《くうけん》 素手。徒手— —よく巨万の富をいたす

寓言《ぐうげん》 たとえ話。荘子の本には—が多い

空港《くうこう》 羽田—を飛び立つ 成田の新東京国際—

空谷《くうこく》 人のいない谷。—の跫音《きょうおん》

宮司《ぐうじ》 神宮の最高の職。明治神宮の—

空襲《くうしゅう》 敵の首都を—する —警報の発令

偶数《ぐうすう》 —だから二で割り切れる —と奇数

遇《ぐう》する 客を厚く— 顧問として—

寓《ぐう》する かこつける。教訓を— 意を—

空席《くうせき》 —の目立つ劇場 部長代理の地位が—だ

空戦《くうせん》 空中戦。激しい—を交える

空前《くうぜん》 —の惨事 —絶後のできごと

偶然《ぐうぜん》 —の一致 彼女とは—知り合ったのです

空疎《くうそ》 —な内容 —な論文 —な気持

空想《くうそう》 —にふける —をたくましゅうする

偶像《ぐうぞう》 仏像などの— —崇拝 —破壊

空賊《くうぞく》 —に旅客機を乗っ取られる

空挺部隊《くうていぶたい》 —の降下

空転《くうてん》 車輪が—する 議論が—しがちである

空電《くうでん》 —の影響でラジオに雑音が入《はい》る

空洞《くうどう》 結核のため胸部に—が生じる

姑娘《クーニャン》 中国語で、若い女、娘。

空白《くうはく》 —を埋める ノートの— 政治の—

空漠《くうばく》 とりとめがない。—たる論議

空爆《くうばく》 —による被害 敵はさらに—を加える

偶発《ぐうはつ》 単なる—事件とは考えられない —的

空費《くうひ》 時間を—する

空腹《くうふく》 こどもたちは—を訴える —をかかえる

空文《くうぶん》 規則ばかり作っても—に等しい

空母《くうぼ》 航空母艦。敵の—を撃沈する

空包《くうほう》 —と実包 演習用の—を撃つ

空砲《くうほう》 歓迎の—を撃つ

空輸《くうゆ》 空中輸送。食糧を被災地に—する

空冷《くうれい》 —式のエンジン —と水冷

空路《くうろ》 帰りは—にする —ロンドンに到着

空論《くうろん》 —を繰り返す 机上の— 空理—

寓話《ぐうわ》 たとえばなし。イソップ物語は—である

苦役《くえき》 三年間の―に服する 強制労働の―
久遠《くおん》 ―の生命 ―に生きることを考えよ
苦界《くがい》 家が貧しいため―に身を沈める
区画《くかく》 「区劃」とも。土地を―する ―整理
苦学《くがく》 ―して大学に通う ―力行の人 ―生
軀幹《くかん》 からだ。胴体。たくましい―
具眼《ぐがん》 ―の士の奮起を期待する ―の君子
茎《くき》 ―が長く伸びる 草の―
釘付《くぎづけ》 箱のふたを―にする 目は舞台に―になる
愚挙《ぐきょ》 彼の行為は―である 失敗を承知でやった―
苦境《くきょう》 「苦況」とも。―に立つ ―を脱する
公卿《くぎょう》 くげ。―の家柄
苦行《くぎょう》 難行(なんぎょう)―の連続
区切《くぎ》る 土地を― 仕事を細かく―

句切《くぎ》る 文を― 一語ずつ句切って言う
苦吟《くぎん》 ―の末にできた句 一晩じゅう―する
区々《くく》 小さい。―たる問題にこだわるな
潜《くぐ》り 「耳門」とも。―から庭に入(はい)る
括《くく》る ひもで― 柱に― 全体を締め―
縊《くく》る 首を―
潜《くぐ》る 穴を― 法の網を― 水を―
公家《くげ》 朝廷に仕えた高官。―衆
矩形《くけい》 長方形。―の紙
絎《く》ける 襟(えり)を―
苦言《くげん》 ―を呈する 友人の―に耳を傾ける
愚見《ぐけん》 自分の意見の謙称。―を申し上げます
具現《ぐげん》 理想を―する
枸杞《くこ》 実は薬用に葉は食用にする―

愚行《ぐこう》 自分の―を反省する ―を犯す
愚考《ぐこう》 自分の考えの謙称。―いたしますのに
草《くさ》 ―を食(は)む牛 ―の根を分けても捜す
瘡《くさ》 皮膚病の俗称。こどもの頭に―ができる
臭《くさ》い ―ものにふたをする 酒―息 あいつが―
愚妻《ぐさい》 自分の妻の謙称。―をご紹介します
種々《くさぐさ》 ―の品を贈られる
腐《くさ》す 悪く言う。けなす。相手を―
草葉《くさば》の陰《かげ》 亡父も―で喜ぶだろう
楔《くさび》 ―を打ち込む ―形文字
草葺《くさぶき》 いなかにも―の家は少なくなった
叢《くさむら》 「草叢」とも。―に身を横たえる
鎖《くさり》 金の― ―でつなぐ ―編み ―がま
腐《くさ》る 食べ物が― ―ほどある 失敗して―

腐《くさ》れ縁《えん》 業者と役人の― ―を断ち切る
草分《くさわ》け あの人はこの方面の―である
駆使《くし》 新しい技術を―する 部下を―する
串《くし》 かば焼の― ―だんご ―刺し
櫛《くし》 ―で解かす ―の歯をひく ―をさす
籤《くじ》 ―を引く ―を当てる 当り―
挫《くじ》く 足を― 相手の出鼻を―
奇《く》しくも ―命日に当たる
梳《くしけず》る 髪を―
籤引《くじびき》 当番を―で決める
愚者《ぐしゃ》 ―の一得(いっとく) ―の楽園
孔雀《くじゃく》 ―が羽を広げている 女王のような―
嚔《くしゃみ》 「くさめ」とも。―が出る ―をする
口授《くじゅ》 「こうじゅ」とも。師が弟子(でし)に―する

句集《くしゅう》 俳句集。子規の― ―を出版する
苦汁《くじゅう》 落選して―をなめる ―を味わう
苦渋《くじゅう》 顔に―の色を浮かべる ―な文章
区処《くしょ》 ―につく 希望で―する
駆除《くじょ》 害虫を―する
苦笑《くしょう》 思わず―する ―を禁じえない
苦情《くじょう》 メーカーに―を言う ―を処理する
具象《ぐしょう》 ―的 ―概念
鯨《くじら》 南氷洋の― ―が潮を吹く ―取りの船
鯨幕《くじらまく》 凶事用の黒白の張り幕。
苦心《くしん》 ―して完成させる ―の作 ―惨憺(さんたん)
具申《ぐしん》 部長に意見を―する
樟《くす》 「楠」とも。くすのき。―の大木
屑《くず》 ―のような人間 紙― ―かご ―屋

葛《くず》 —の根から葛粉を採る —の葉
愚図《ぐず》 —でのろまな人間 天気が—つく
擽《くすぐ》る わきの下を— 落語家がお客を—
崩《くず》す 山を— 千円札を— 姿勢を— 敵陣を—
薬玉《くすだま》 進水式の— —が割れて鳩(はと)が飛び出す
屑鉄《くずてつ》 スクラップ。—を買い集める
樟《くすのき》 「楠」とも。—の実は樟脳(しょうのう)の原料
燻《くすぶ》る まきが— いまだにいなかに—
葛湯《くずゆ》 葛粉を熱湯で溶いた食品。—を飲む
薬《くすり》 —九層倍 —にする 運動が何よりの—だ
癖《くせ》 —が付く —になる なくて七— 悪い—
苦節《くせつ》 —十年にして初志を遂げた —力行の人
口舌《くぜつ》 「口説」とも。痴話が—の種 —が絶えぬ
曲者《くせもの》 —が邸内に忍び込んだ —を捕える

癖者《くせもの》 一癖ある人。あいつは—だよ
苦戦《くせん》 —は避けられない 味方は—している
糞《くそ》 —でもくらえ —も味噌(みそ)も一緒
具足《ぐそく》 —を着けた武士 海老(えび)の—煮 円満—
愚息《ぐそく》 自分のむすこの謙称。—を紹介します
管《くだ》 ゴムの— —を巻く —の穴からのぞく
具体《ぐたい》 抽象と— 提案を—化する —的に話す
砕《くだ》く 石を— 心を— 意味を砕いて説明する
草臥《くたび》れる 歩きづめで— 草臥れた洋服
果物《くだもの》 食後の— お見舞いに—を贈る
下《くだ》る 川を— 命令が— 百名を下らない死者
下《くだ》る 「降る」とも。敵に— 軍門に—
件《くだん》の よって—ごとし —男が登場する
愚痴《ぐち》 —をこぼす —ばかり言っている

口明《くちあけ》 —だからお安くしておきます 質問の—
口当《くちあた》り —のいい酒 これは—がいい
口入《くちいれ》 知人の—で働き口が見付かる —屋
口裏《くちうら》 相手の—から判断する —を合わせる
口絵《くちえ》 雑誌の— —が二枚入(はい)る
口惜《くちお》しい 残念だ。彼女の不参加は—
口軽《くちがる》 —にしゃべる —な人には用心しよう
口利《くちきき》 友人の—で再就職する
駆逐《くちく》 残敵を—する 反対勢力を—する —艦
口癖《くちぐせ》 「死にたい」が彼の—だ —のように言う
口車《くちぐるま》 うまく—に乗せられる
口答《くちごた》え 目上の者に—する
口籠《くちごも》る 答えを—
口遊《くちずさ》む 漢詩の一節を—

口付《くちつき》 どうも彼の—が怪しいと思った
口伝《くちづて》 —に聞いた話ですが
口止《くちどめ》 —料 厳重に—された話
口直《くちなお》し —の菓子 お—に一ついかがですか
梔子《くちなし》 かおりのよい白い花が咲く—
口《くち》の端《は》 —に上る
嘴《くちばし》 —の長い鳥 —が黄色い —を鳴らす
喙《くちばし》 物言い。—を入れる
口幅《くちはば》ったい —言い方
口火《くちび》 —を切る それが—で大事件となる
唇《くちびる》 「脣」とも。—をとがらす —をかむ
口笛《くちぶえ》 —を吹きながら自転車を走らす
口振《くちぶり》 彼の—からすると知っているような—
口減《くちべら》し 生活が苦しいので—を考える

口元《くちもと》 —に笑いを浮かべる —が愛らしい
苦衷《くちゅう》 彼の—を察する —を述べる
駆虫《くちゅう》 —薬 —剤
口調《くちょう》 激しい—で論じる 朗読—で言う
愚直《ぐちょく》 —な性質
朽《く》ちる 木が— 人気が—
靴《くつ》 —をはく —を隔ててかく ゴム底の—
沓《くつ》 はきもの。—脱ぎ石
苦痛《くつう》 —を感じる —をこらえる 精神的—
覆《くつがえ》る 船が— 政権が— 判決が—
屈強《くっきょう》 —の男を集めて敵の来襲に備える
究竟《くっきょう》 —はこうなるのだ —の機会を逃がす
屈曲《くっきょく》 —して流れる川
掘削《くっさく》 「掘鑿」とも。トンネルを—する —機

屈指《くっし》 わが国—の高山 —の勇士
屈従《くつじゅう》 相手に—する 弱者は強者に—する
屈辱《くつじょく》 —を受ける —的な条件をのむ
屈伸《くっしん》 手足を—する 自在—運動
掘進《くっしん》 トンネルを—する
屈《くっ》する 指を— 敵に— 権力に—
靴擦《くつず》れ 新しい靴をはいたので—ができた
屈折《くっせつ》 光が—する —率 —望遠鏡 —語
屈託《くったく》 母の—ない顔を見て安心した
屈服《くっぷく》 「屈伏」とも。敵に—する
寛《くつろ》ぐ ゆかたで— 温泉につかって—
轡《くつわ》 馬の口に—をはめる —を並べる
句点《くてん》 まる。 —も読点(とうてん)も打ってない文
口伝《くでん》 古来の—によれば 師匠から—を受ける

諄《くど》い 話が— 味が—
苦闘《くとう》 悪戦—の末やっと勝った —を続ける
駆動《くどう》 エンジンを—する —装置 全輪—
句読点《くとうてん》 「。」と「、」 —を打つ
功徳《くどく》 —を積むと極楽往生ができる —を施す
口説《くど》く 女を— 口説かれていやと言えない
諄々《くどくど》 「喃々」とも。—と話をする
愚鈍《ぐどん》 弟は生来—でありまして —の暗(やみ)
宮内庁《くないちょう》 —の長官
苦難《くなん》 —の道をたどる —に耐える
国《くに》 日本の— —を売る —破れて山河あり
故郷《くに》 —の母からの手紙 正月は—に帰る
苦肉《くにく》 —の策を巡らす
狗肉《くにく》 犬の肉。羊頭を掲げて—を売る

国訛《くになまり》 —を聞いてなつかしく思う
国元《くにもと》 「国許」とも。—の母に知らせる
櫟《くぬぎ》 —の林は武蔵野(むさしの)の面影を残す
拗《くね》る 曲がり—
苦悩《くのう》 —する姿 —が絶えない —の生活
苦杯《くはい》 またしても三対二で—をなめる
配《くば》る 手紙を— ビラを— 目を— 気を—
虞犯《ぐはん》 —少年
句碑《くひ》 俳句を彫り付けた石碑。—を建てる
首《くび》 —を横に振る —を長くして待つ
首《くび》 「頸」とも。びんの— —かせ
首《くび》 「馘」とも。会社を—になる —にする
具備《ぐび》 あらゆる条件を—する
首飾《くびかざ》り 「頸飾り」とも。真珠の—

首枷《くびかせ》 「頸枷」とも。—の罪人 子は三界の—
首実検《くびじっけん》 容疑者の—をする
虞美人草《ぐびじんそう》 ひなげし。
踵《くびす》 —を接して出発する 目的地直前—を返す
首《くび》っ丈《たけ》 兄は彼女に—です
首《くび》っ引《ぴき》 辞書と—で勉強する
首吊《くびつ》り 細引で—をする —自殺の変死体
括《くび》れる 胴が細く— 道の括れた部分
首輪《くびわ》 「頸輪」とも。犬に—を付ける
供奉《ぐぶ》 おとも。天皇に—する人々 —の自動車
工夫《くふう》 —を凝らす もう一—する
具風《ぐふう》 「颶風」とも。熱帯地方に発生する暴風。
区分《くぶん》 細かく—する 仕事を—する —所有
区別《くべつ》 待遇には男女の—がない 厳重に—する

焼《く》べる 紙くずを火に— まきを—
窪地《くぼち》 この辺は—だから地価が安い
凹《くぼ》む へこむ。道が— 徹夜続きで目が—
窪《くぼ》む 回りが高い。地面が— 窪んだ低湿地
隈《くま》 —なく照らす月の光 心の—
熊《くま》 —に襲われる —の毛皮 —の胆(い)
供米《くまい》 神仏に供える米。—を集める —袋
愚昧《ぐまい》 —の身ですからご期待には添えません
熊襲《くまそ》 昔九州南部にいた種族。—を征伐した話
熊手《くまで》 —で落ち葉をさらう お酉(とり)さまの—市
隈取《くまど》る 顔を— 縁をはっきりと—
熊蜂《くまんばち》 「くまばち」とも。 —に刺される
茱萸《ぐみ》 「胡頽子」とも。—の実がなる
組合《くみあい》 —の書記 協同— 労働— —専従者

組打《くみうち》 「組討」とも。敵と―をする
組替《くみかえ》 予算の― 二年になるとき―がある
酌交《くみかわ》す 酒を― 杯を―
組写真《くみしゃしん》 観光用の―を作る
与《くみ》する 天ついにわれに― 悪党に―
組立《くみたて》 ―式の本箱 小説の―を調べる
組紐《くみひも》 糸を組んだ紐。―で結ぶ 羽織の―
愚民《ぐみん》 愚かな人民。支配者が―政策を採る
汲《く》む 水を― 肥しを―
酌《く》む 酒を― 気持を― 事情を―
組《く》む ひもを― 腕を― 隊列を― M氏と―
工面《くめん》 金の―をする ―が悪い
蜘蛛《くも》 ―の巣 ―の子を散らすように逃げる
雲足《くもあし》 「雲脚」とも。―が速い ―が下がる

雲居《くもい》 雲の上。宮中。―はるかに ―の生活
雲隠《くもがく》れ 犯人が―する
雲助《くもすけ》 人の弱みに付け込む―根性
供物《くもつ》 供え物。お―を上げる ―のお下がり
雲行《くもゆき》 怪しい―になる ―を見守る
曇《くもり》 晴と― ―のち雨 ―空 ―ガラス
曇《くも》る 月が― 曇った日
苦悶《くもん》 食中毒で―する ―の表情を見せる
愚問《ぐもん》 ―を発する ―愚答
悔《くや》しい 「口惜しい」とも。
悔《くや》み状《じょう》 遺族に―を出す ご丁重な―
悔《くや》む 前非を― 過去を― 失敗を―
具有《ぐゆう》 条件を―する ―する能力
燻《くゆ》らす たばこを―

供養《くよう》 先祖の霊を―する ―塔
蔵《くら》 ―が建つ 本家の― ―払い
蔵《くら》 「庫」とも。―出し 課税
倉《くら》 倉庫。米― ―荷
鞍《くら》 馬の― ―を置く ―を付ける
位《くらい》 ―が高い ―につく 南岸に―する
暗《くら》い ―夜道 ―性格 色が― 医学に―
位取《くらいどり》 数の―をまちがえる
喰《くら》う 大目玉を― 小言を― げんこつを―
鞍替《くらがえ》 植木屋から大工に―する
苦楽《くらく》 ―を共にする
海月《くらげ》 「水母」とも。―に刺される
暮《くら》し 乾物屋で―を立てる 貧しい― その日―
倉敷料《くらしきりょう》 高い―を払う

蔵払《くらばら》い デパートが―の大売出しをする
蔵開《くらびら》き ―は一月十一日に行なわれる
倶楽部《クラブ》 社交― 高校の―活動
比《くら》べる 「較べる」とも。背を― 記録を―
比《くら》べる 「競べる」とも。力を― わざを―
晦《くら》ます 姿を― 跡を―
眩《くら》む まぶしくて目が― 屋上に立って目が―
瓦《グラム》 重さの単位。
暗闇《くらやみ》 ―から牛を引き出す ―の鉄砲 ―に葬る
倉渡《くらわた》し ―の値段
庫裏《くり》 寺の台所。住職の住むところ。
栗《くり》 裏山の―の木 ―のいが ―ようかん
繰上《くりあ》げる 次点者を― 予定を―
繰合《くりあわ》せ 万障お―のうえご出席ください

繰返《くりかえ》し ―の多い歌 失敗の― ―符号
繰越《くりこ》す 次期に― 剰余金を―
繰言《くりごと》 老人はとかく―が多い
繰下《くりさ》げる 予定を― 順番を―
繰戸《くりど》 縁側の―を開(あ)ける
刳貫《くりぬ》く 穴を― 丸く―
繰延《くりのべ》 遠足は雨天のため来週に―
厨《くりや》 台所。勝手。―で米をとぐ音
苦慮《くりょ》 局面の打開に―する 資金の調達に―する
来《く》る 人が― 連絡が― ―日も―日も
刳《く》る 三目錐(みつめぎり)で穴を―
繰《く》る 雨戸を― 月日を― じゅずを― 糸を―
狂咲《くるいざ》き ―の桜 ―の梅
狂《くる》う 順序が― 時間が― 手元が― 気が―

苦紛《くるしまぎ》れ　―にうそをつく　―の答え
苦《くる》しむ　高い熱に―　高物価と重税に―
佝僂病《くるびょう》　ビタミンD欠乏の―
踝《くるぶし》　フットボールで―をけられた
車《くるま》　人力車の場合「俥」とも。―を呼ぶ
胡桃《くるみ》　固い―の実　―割り　―油
包《くる》む　紙に―　ふとんに―
眩《くるめ》く　目が―
郭《くるわ》　城郭。二の―
廓《くるわ》　遊里。―通い
暮《くれ》　―が近づく　年の―　秋の―　夕―　日―
愚劣《ぐれつ》　―な手段　―窮まる　―なやつだ
紅《くれない》　鮮明な赤色。べに色。―燃ゆる丘の上
呉《く》れる　わたしに―　本を―　読んで―

暮《く》れる　日が―　春が―　途方に―　涙に―
紅蓮《ぐれん》　赤い蓮(はす)の花。―の炎　―地獄　―の舌
愚連隊《ぐれんたい》　―が町を横行する
畔《くろ》　田の境。あぜ。
苦労《くろう》　―する　ご―さま　―性(しょう)
愚弄《ぐろう》　人を―するにも程がある
玄人《くろうと》　さすが―だ　―風の女　―と素人(しろうと)
鉄《くろがね》　てつ。―の城
黒潮《くろしお》　日本海流の別名。―の洗う浜べ
黒星《くろぼし》　横綱が―五つとは情けない　大きな―
黒幕《くろまく》　政界の―　この事件の―は彼だ
黒文字《くろもじ》　つまようじ。
黒焼《くろやき》　蠑螈(いもり)の―　蛇(へび)の―
黒枠《くろわく》　―で囲む　―の写真　―の新聞広告

愚論《ぐろん》　あいつの―を聞かせられるのはごめんだ
桑《くわ》　―の葉は蚕の飼料にする　―の実　―畑
鍬《くわ》　―で畑を耕す　ビル工事の―入れ式
加《くわ》える　二に三を―　少量の水を―
咥《くわ》える　「銜える・啣える」とも。　口に―
区《く》分《わ》け　郵便物を―する
詳《くわ》しい　「委しい」とも。　―説明を聞く
詳《くわ》しい　「精しい」とも。　先生は法律に―
企《くわだ》てる　脱出を―　陰謀を―　建設を―
桑原《くわばら》　雷よけのまじないのことば。
区割《くわり》　展示場の―をする
訓《くん》　漢字の国語読み。　音と―
軍《ぐん》　―を率いる　―を起こす　―の秘密
郡《ぐん》　県を―に分ける　―部の町村

群《ぐん》　―を抜く　第三―　学校―制度　流氷―
軍医《ぐんい》　―として出征した　―総監
訓育《くんいく》　熱心に生徒の―に当たる　―主任の会議
訓戒《くんかい》　「訓誡」とも。生徒を―する　―をたれる
軍拡《ぐんかく》　軍備拡張。―競争の道を歩む大国
軍艦《ぐんかん》　敵の―を沈める　―が入港する　―旗
軍紀《ぐんき》　軍の規律。―を厳正に保つ　―が乱れる
軍規《ぐんき》　軍の規則。―に違反する
軍機《ぐんき》　軍事上の機密。―を漏らす
軍記《ぐんき》　いくさ物語。―物語
軍旗《ぐんき》　軍隊のしるしの旗。連隊旗。歴戦の―
訓詁《くんこ》　読みと解釈。―の学
勲功《くんこう》　国家に―のあった人物　赫々(かっかく)たる―
軍功《ぐんこう》　―を賞せられる

君子《くんし》　聖人―　―は危うきに近寄らず
訓示《くんじ》　―を掲示する　大臣が幹部職員に―する
訓辞《くんじ》　口頭の教え。校長が生徒に―を与える
軍使《ぐんし》　―として敵と交渉する　白旗を掲げた―
軍事《ぐんじ》　―教練を実施する　―探題　―裁判
軍資金《ぐんしきん》　―の調達　―の欠乏
君主《くんしゅ》　―専制政治
葷酒《くんしゅ》　臭い野菜や酒。　―山門に入るを許さず
軍需《ぐんじゅ》　―産業　―景気　―会社　―品
群集《ぐんしゅう》　広場に―する人々　―心理
群衆《ぐんしゅう》　雑踏する―を整理する　数万の―
軍縮《ぐんしゅく》　軍備縮小。　―会議を開催する
勲章《くんしょう》　外国使臣に―を賜わる　文化―
薫蒸《くんじょう》　「燻蒸」とも。害虫を―する　―剤

群小《ぐんしょう》 ―の企業を系列下に収める
群青《ぐんじょう》 鮮明な青色。―の海
君臣《くんしん》 主君と臣下。―相和す ―水魚の交り
群臣《ぐんしん》 ―の意見を聞く ―を統御する
薫製《くんせい》 「燻製」とも。鮭《さけ》の―を贈る
群生《ぐんせい》 竹は―する 高山植物の―地
群生《ぐんせい》 「群棲」とも。猿《さる》の―する山
軍勢《ぐんぜい》 敵の―が攻めてくる おびただしい―
軍籍《ぐんせき》 ―にある身 ―を剝奪《はくだつ》する
軍装《ぐんそう》 軍人の服装。さっそうたる―で参列する
軍曹《ぐんそう》 陸軍の下士官の一。鬼―の部下となる
群像《ぐんぞう》 文学界の― ―を描いた絵
君側《くんそく》 ―にはべる ―を清める
軍属《ぐんぞく》 軍務に従う軍人以外の人。
軍隊《ぐんたい》 暴徒の鎮圧に―が出動する
君寵《くんちょう》 ―を受ける ―をほしいままにする
訓点《くんてん》 漢文の送りがなや返り点。―を施す
訓電《くんでん》 政府は大使にあてて―を発した
勲等《くんとう》 位階―の順に従って並ぶ
薫陶《くんとう》 老先生の―を受ける
群島《ぐんとう》 マリアナ―
訓読《くんどく》 ―と音読 ―すれば意味がほぼわかる
軍配《ぐんばい》 行司は―を東に挙《あ》げた ―うちわ
軍閥《ぐんばつ》 ―政治を打倒する ―が国を滅ぼす
軍備《ぐんび》 ―を制限する 再―の拡張
軍票《ぐんぴょう》 軍が戦地で発行する金券。
郡部《ぐんぶ》 郡に属する地域。―と市部の格差
群舞《ぐんぶ》 おおぜいで踊る踊り。フィナーレの―
薫風《くんぷう》 初夏の風。青葉を吹く風。―南より来る
軍服《ぐんぷく》 カーキ色の― ―姿の父の写真
君民《くんみん》 ―一体となって難局を打開する
軍務《ぐんむ》 ―につく ―に精励する
訓蒙《くんもう》 初学者に対する教育。―の書
群盲《ぐんもう》 ―象を評する ―象をなでる
群雄《ぐんゆう》 ―が割拠して相争った戦国時代
軍用《ぐんよう》 ―機 ―トラック ―金 ―犬
群落《ぐんらく》 ―を成す植物 山中にある幾つかの―
軍律《ぐんりつ》 ―きびしい戦場 ―に照らして罰する
君臨《くんりん》 実力者としてスポーツ界に―する
訓令《くんれい》 本国政府の―が到着した 内閣―
訓練《くんれん》 高地で―する ―生 実地― ―飛行
訓話《くんわ》 校長先生の―は長い 精神―

け

卦《け》 易の― よい―が出る ―が悪い
毛穴《けあな》 「毛孔」とも。―にすり込む
兄《けい》 ―たりがたく弟《てい》たりがたし 一郎―
刑《けい》 ―を科する ―に服する 懲役三年の―
径《けい》 直径。―五センチの円 ―を測る
計《けい》 一年の―は元旦《がんたん》にあり ―千円だ
罫《けい》 白紙に―を引いて字を書く 横― 縦―
芸《げい》 ―は身を助ける ―が細かい ―がない
敬愛《けいあい》 友人を―する ―の精神
経緯《けいい》 事件の―をお話しします
敬意《けいい》 先輩に―を表する ―を払う
芸域《げいいき》 あの役者は―が広い
契印《けいいん》 証明書に―を押す ―のないものは無効
鯨飲《げいいん》 多量に飲む。ビールを―する
形影《けいえい》 ―相伴う ―相弔う
経営《けいえい》 飲食店を―する ―者 多角―
継泳《けいえい》 水泳のリレーレース。八百メートル―
警衛《けいえい》 宿舎を―する 外国貴賓の―に当たる
敬遠《けいえん》 鬼部長を―する ―の四球
経過《けいか》 はや五年を―した 手術後の―は良好だ
慶賀《けいが》 ご成婚の儀―の至りに存じます
猊下《げいか》 高僧、特に大僧正に対する敬称。
軽快《けいかい》 ―な服装 ―なメロディー ―に踊る
警戒《けいかい》 厳重に―する ―態勢に入《はい》る ―色
啓開《けいかい》 きりひらく。水路を―する ―作業
形骸《けいがい》 むなしく―だけが残る ―をとどめる

謦咳《けいがい》 ―に接することができて光栄に存じます
圭角《けいかく》 かど。鋭い気性。―ある人
計画《けいかく》 綿密に―する　―的な犯行　―経済
桂冠《けいかん》 月桂樹の冠。―詩人として名を残した
挂冠《けいかん》 退官。宰相は功成り名遂げて―した
荊冠《けいかん》 いばらの冠。十字架上の―のキリスト像
景観《けいかん》 すばらしい―を呈する　一大―を成す
警官《けいかん》 ―が強盗を捕える　私服―
炯眼《けいがん》 「慧眼」とも。―人を射る　―に恐れ入る
刑期《けいき》 ―を終えて出獄した　―に算入する
計器《けいき》 ―飛行を続ける　―を読み取る
景気《けいき》 ―のよい話　―上昇　―を占う　―が悪い
契機《けいき》 今度の事件が―となって暴動が起こった
継起《けいき》 学園紛争が全国的に―した

芸妓《げいぎ》 芸者。―連の手踊り
軽挙《けいきょ》 ―を戒める　―盲動をするな
荊棘《けいきょく》 いばら。―の道を歩まねばならぬ
警句《けいく》 処世の―　―の意味を味わう
敬具《けいぐ》 手紙の結びに使うことば。
鶏群《けいぐん》の一鶴《いっかく》
炯々《けいけい》 眼光―として人を射るようだ
軽々《けいけい》 これは―に看過はできません
迎撃《げいげき》 ―の態勢を整える　敵機を―する
経験《けいけん》 豊富な―　―に基づく話　種々―する
敬謙《けいけん》 「敬虔」とも。神前で―な祈りをささげる
軽減《けいげん》 税の―を図る　労力を―する
稽古《けいこ》 相撲《すもう》の―　長唄《ながうた》の―　寒―
敬語《けいご》 日本語には―が多い　―法

警護《けいご》 「警固」とも。議事堂を―する　―の役人
経口《けいこう》 ―投与する薬　―感染　―避妊薬
傾向《けいこう》 最近の―を調査する　読書―
携行《けいこう》 地図を―すること　―食糧
蛍光《けいこう》 ―灯　―染料　―塗料　―物質
鶏口《けいこう》 ―となるも牛後《ぎゅうご》となるなかれ
迎合《げいごう》 学生に―する教育者が多い
渓谷《けいこく》 ―をさかのぼる　―の美を探る
警告《けいこく》 厳重に―する　―を発する　―無視
脛骨《けいこつ》 すねの骨。フットボールで―を折る
芸事《げいごと》 琴・三味線などの―に励む　―の師匠
荊妻《けいさい》 自分の妻の謙称。―です、よろしく
掲載《けいさい》 広告を新聞に―する　―料
経済《けいざい》 ―成長率　―学　―的な品　時間の―

警察《けいさつ》 ―官　―署　秘密―　―国家　―力
計算《けいさん》 ―する　―尺　彼の休むのは―済み
京師《けいし》 京都。都。―に遊ぶ
継嗣《けいし》 相続人。彼は本家の―である
罫紙《けいし》 罫を引いた紙。―に履歴を書く
軽視《けいし》 人命を―する傾向がある　重視と―
警視《けいし》 警察官の階級。―正　―長　―監　―総監
兄事《けいじ》 兄のように尊敬し仕える。先輩に―する
刑事《けいじ》 ―が張込みをする　―事件を起こす
計時《けいじ》 水泳競技の―をする　―員　正式―
掲示《けいじ》 学長告諭を―する　―を読む　―板
啓示《けいじ》 神の―
慶事《けいじ》 皇室のご―を喜ぶ　―の贈物
形而下《けいじか》 有形的なもの。―学

形式《けいしき》 ―にとらわれる　―と内容　―的な返事
型式《けいしき》 航空機の―証明　―番号　―検定
形而上《けいじじょう》 無形的なもの。―学
形質《けいしつ》 形と質。―共にすぐれている
頃日《けいじつ》 このごろ。近ごろ。
珪砂《けいしゃ》 砂状の無水珪酸。
傾斜《けいしゃ》 ―の急な坂　南に―する　―生産方式
鶏舎《けいしゃ》 庭のすみに―を建てる
芸者《げいしゃ》 ―風の女　―上がり　年増《としま》―
閨秀《けいしゅう》 女流。―作家　―画家　―詩人
慶祝《けいしゅく》 ―の意を表する　―気分に酔う
掲出《けいしゅつ》 模範答案を―する　ポスターの―
芸術《げいじゅつ》 ―は長く人生は短し　―作品　―家
迎春《げいしゅん》 ―の喜び　―の辞を述べる

形象《けいしょう》 ―を備える　―が酷似する
景勝《けいしょう》 「形勝」とも。―の地をたずねる
軽少《けいしょう》 ―な被害　―ですがお納めください
軽傷《けいしょう》 交通事故で―を負う　重傷と―
軽症《けいしょう》 さいわい―で退院した　重症と―
軽捷《けいしょう》 すばしこい。―な身のこなし
敬称《けいしょう》 ―を付けて呼ぶ　―を略す
継承《けいしょう》 皇位を―する　王位―の問題
警鐘《けいしょう》 ―を乱打して危急を知らせる
刑場《けいじょう》 吉田松陰は―の露と消えた
形状《けいじょう》 ―を詳細に記録する　―と性質
計上《けいじょう》 計算に入れる。予算に旅費を―する
掲上《けいじょう》 書き込む。予定に―する
啓上《けいじょう》 一筆―火の用心
敬譲《けいじょう》 ―の精神に乏しい　―語の使い方
経常《けいじょう》 ―の費用として処理する　―費
警乗《けいじょう》 列車に―する　―の警察官
軽食《けいしょく》 近くの食堂で―を取る
軽震《けいしん》 震度2。戸や障子がわずかに動く程度。
敬神《けいしん》 父は―の念が厚い
系図《けいず》 藤原一族の―　祖先伝来の―
係数《けいすう》 ―を掛ける　膨張―　エンゲル―
計数《けいすう》 部長は―に明るい　―管理　―器
形成《けいせい》 教育は人格を―する　村落を―する
形勢《けいせい》 天下の―を論じる　―は不利である
経世《けいせい》 ―の才にたける　―済民(さいみん)
警世《けいせい》 「警醒」とも。世人を―する　―の教訓
傾城《けいせい》 美女の形容。遊女。―狂い
形跡《けいせき》 放火の―がある　努力の―が見られない
蛍雪《けいせつ》 ―の功成りめでたく卒業する
係船《けいせん》 「繋船」とも。―岸壁　港の―能力　―料
経線《けいせん》 経度を表わす線。子午線。―と緯線
珪素《けいそ》 元素の一。―樹脂　―鋼
係争《けいそう》 「繋争」とも。―中の事件　双方の―点
珪藻《けいそう》 珪酸を含む海藻。―土
継走《けいそう》 リレーレース。四百メートル―
軽装《けいそう》 ―で外出する　―の登山者　夏の―
恵贈《けいぞう》 けっこうな品をご―くださりありがとう
計測《けいそく》 重量を―する　―の実施計画　―機器
継続《けいぞく》 作業を―する　―事業　―審議の議案
係属《けいぞく》 「繋属」とも。―中の事件　大学―の高校
軽率《けいそつ》 ―な行動を慎む　―に判断を下すな
恵存《けいそん》 記念の品ご―くだされば幸いです
形態《けいたい》 植物の―を観察する　―心理学
携帯《けいたい》 筆記具―のこと　―ラジオ　―品
境内《けいだい》 この寺の―は広い　―で野球を禁じます
恵沢《けいたく》 文明の―に浴する　―に潤う
芸談《げいだん》 名優の―を集めて一冊の本にする
啓蟄《けいちつ》 冬ごもりしていた虫がはい出る。―の候
傾注《けいちゅう》 努力を―する　全力を―して当たる
軽佻《けいちょう》 ―浮薄な言動を戒める
軽重《けいちょう》 「けいじゅう」とも。責任の―
傾聴《けいちょう》 ―に値することば　意見を―する
慶弔《けいちょう》 ―費を月々集めます　―電報
兄弟《けいてい》 ―牆(かき)にせめぐ
警笛《けいてき》 霧の中を―を鳴らして走る
経典《けいてん》 聖人の教えを書いた本。―をひもとく
経度《けいど》 緯度と―
軽度《けいど》 地震があったが―の被害で済んだ
系統《けいとう》 運転―を調整する　―的な考え方
恵投《けいとう》 佳品ご―くだされ恐縮に存じます
傾倒《けいとう》 父は若いころ吉田松陰に―していた
鶏頭《けいとう》 ―の燃えるような紅の花
芸当《げいとう》 あの人でなくてはできない―だ
芸道《げいどう》 ―一筋に歩む
頸動脈《けいどうみゃく》 ―を切って死ぬ
芸能《げいのう》 ―生活五十年　―人　郷土―
競馬《けいば》 ―の予想　―の配当　―馬　―場
珪肺《けいはい》 慢性の肺疾患の一。鉱山に多い―の患者
軽輩《けいはい》 身分・地位の低い者。―の分際で何を言う

け

け

競売《けいばい》　「きょうばい」とも。財産を―に付する
敬白《けいはく》　手紙などの結びに使うことば。店主―
軽薄《けいはく》　―な言動を慎みなさい　―窮まる人
啓発《けいはつ》　先生に―されたことが多い
刑罰《けいばつ》　重い―を加える　―を科する
閨閥《けいばつ》　婚姻閥。―を利用して出世する　―政治
経費《けいひ》　―が掛かる　―を節約する　必要―
軽微《けいび》　接触事故を起こしたが損傷は―だった
警備《けいび》　国境を―する　―態勢の強化　―員
景品《けいひん》　歳暮大売出しの―付の特売品
迎賓館《げいひんかん》　国賓を―で接待する
系譜《けいふ》　学問の―を調べる　先祖の―　―学
継父《けいふ》　父は―であるがまるで真の父親のようだ
軽侮《けいぶ》　年少だといって―するな　―の念を持つ

警部《けいぶ》　警察官の階級。―補　―派出所
敬服《けいふく》　彼女の努力には―のほかありません
敬復《けいふく》　返事の手紙の書出しに使うことば。
景物《けいぶつ》　東京―詩　花火は夏の―だ
軽蔑《けいべつ》　―の目で見る
軽便《けいべん》　―な道具　―剃刀(かみそり)　―鉄道
敬慕《けいぼ》　「景慕」とも。―の念をもって師事する
継母《けいぼ》　小さいとき―にいじめられた
刑法《けいほう》　―によって処刑される
警報《けいほう》　暴風雨―が発令された　空襲―　―機
閨房《けいぼう》　寝室。―の装飾
警棒《けいぼう》　警察官は―で学生をなぐった
桂馬《けいま》　将棋のこまの一。―飛び
軽妙《けいみょう》　氏独特の―な文章　―なしゃれ

刑務所《けいむしょ》　―から出てきたばかり
鶏鳴《けいめい》　早朝―を聞く　―狗盗(くとう)の故事
啓蒙《けいもう》　大衆を―する　―的な著作　―思想
契約《けいやく》　―を結ぶ　―を守る　―不履行　―書
経由《けいゆ》　奥羽本線―で青森へ　ハワイ―の航路
軽油《けいゆ》　―は内燃機関の燃料とする
鯨油《げいゆ》　―でせっけん・マーガリンなどを造る
恵与《けいよ》　貴著ご―くだされかたじけなく存じます
形容《けいよう》　その美しさはとても―できません　―詞
掲揚《けいよう》　祝日には国旗を―しましょう
警邏《けいら》　夜中に工場内を―する　交通機動―隊
京洛《けいらく》　京都。都。―の地は観光客で雑踏します
鶏卵《けいらん》　―の価格が高騰する
経理《けいり》　会社の―を公開する　―に明るい人

計略《けいりゃく》　敵の―にまんまと引っ掛かった
係留《けいりゅう》　「繋留」とも。岸壁に船を―する
渓流《けいりゅう》　―に沿って登っていきました
計量《けいりょう》　毎月体重を―しています　―器
軽量《けいりょう》　―貨物　―鉄骨　―級で優勝した
経綸《けいりん》　国家を治める。―の才　―を行なう
競輪《けいりん》　―を開催する　―の選手　―場
係累《けいるい》　「繋累」とも。―が多いので煩わしい
敬礼《けいれい》　国旗に―する　挙手の―　最―
経歴《けいれき》　―を調べてから採用する　―詐称
系列《けいれつ》　同じ―に属します　―会社へ転出する
痙攣《けいれん》　手足が―する　―を起こす　胃―
経路《けいろ》　今日までの―を話す　種々な―を経る
径路《けいろ》　小道。―をたどって進む

敬老《けいろう》　―の精神に欠けている　―会　―の日
希有《けう》　「稀有」とも。―のできごと
気押《けお》される　「気圧される」とも。
毛織物《けおりもの》　―の問屋　―の洋服
怪我《けが》　ころんで―する　―の手当て　―の功名
外科《げか》　―の病院　―手術　―医　心臓―　脳―
下界《げかい》　天上界と―　―の空気は濁っている
汚《けが》す　「穢す」とも。名誉を―
汚《けが》す　「瀆す」とも。神を―　職を―
劇《げき》　―を演じる　―中―　学校―　野外―
檄《げき》　全国の同志に―を飛ばす
激越《げきえつ》　弁士は―な口調でアジ演説をする
劇化《げきか》　彼の作品が―されることになった
激化《げきか》　―する労働争議

け

劇画《げきが》 漫画雑誌の―　―の発生と流行
激寒《げきかん》 「劇寒」とも。―の候
激減《げきげん》 農村では人口が―している
激高《げきこう》 「激昂」とも。―して人を突き飛ばす
劇作《げきさく》 ―に専念する　彼女の父は―家です
激臭《げきしゅう》 「劇臭」とも。―を放つ薬品
激暑《げきしょ》 「劇暑」とも。―の候
激賞《げきしょう》 彼の演技は監督から―された
劇場《げきじょう》 国立―に出演する　―の受付
激情《げきじょう》 ―を押える　―にかられる
激職《げきしょく》 「劇職」とも。社長の―にある
激震《げきしん》 「劇震」とも。震度7。地割れなど起こる。
激甚《げきじん》 地震のため―な被害を受けた　―災害
激《げき》する 感情が―　彼はひどく激していた

激戦《げきせん》 ―を交える　―を繰り返す
激増《げきぞう》 都市部では人口が―した　交通事故の―
撃退《げきたい》 敵を―する　押売りの―法
劇団《げきだん》 ―を創立する　―に所属する　新劇の―
劇壇《げきだん》 演劇をする人々の社会。―の内幕
撃沈《げきちん》 敵艦を―する
撃墜《げきつい》 ミサイルで敵機を―する
激痛《げきつう》 「劇痛」とも。患部の―を訴える
劇的《げきてき》 敵味方が―な握手をする　―な本塁打
激怒《げきど》 社長は部下の不正を知って―した
激闘《げきとう》 ―の末強盗を逮捕した　―を繰り返す
激動《げきどう》 ―する大地　―を続ける政界
劇毒《げきどく》 ―の薬品で自殺　ハブは―を持っている
激突《げきとつ》 横綱どうしが―する　トラックと―する

撃破《げきは》 敵の部隊を―する　各個―
激発《げきはつ》 火薬が―する　―装置
劇評《げきひょう》 新聞の―を読んでから芝居を見る
檄文《げきぶん》 全国の同志に―を回して決起を促した
激変《げきへん》 気温が―する　環境の―に対応する
激務《げきむ》 「劇務」とも。父は校長の―に倒れた
撃滅《げきめつ》 敵部隊の―を期する　残敵を―する
劇薬《げきやく》 ―を飲んで自殺した　―の取扱いは慎重に
毛嫌《けぎら》い 理由なく彼を―する　人に―される
激流《げきりゅう》 ―にのみ込まれる　―を下る
逆鱗《げきりん》 社長の―に触れて左遷された
激励《げきれい》 選手を―する　―にこたえる　―文
激烈《げきれつ》 学会で―な論争を交える
激浪《げきろう》 船は―にもてあそばれる

激論《げきろん》 徹夜で―を戦わせる　―の続く会議場
外宮《げくう》 伊勢(いせ)の豊受(とようけ)大神宮。内宮と―
怪訝《けげん》 父は―な顔をして聞いていた
下戸《げこ》 上戸と―　―の建てたる蔵はなし
下克上《げこくじょう》 「下剋上」とも。―の世
袈裟《けさ》 朱色の―を掛けた僧　坊主憎けりゃ―まで
今朝《けさ》 ―の寒さは格別だ　―は早く起きた
下座《げざ》 劇場のはやし方。―音楽　―の楽
下剤《げざい》 ―を掛けて通じをよくする　緩―
袈裟掛《けさがけ》 「‥懸」とも。―に切る
戯作《げさく》 江戸時代の娯楽向きの小説。―者　―本
罌粟《けし》 「芥子」とも。―の実　―粒のように小さい
夏至《げし》 六月二十二日ごろ。昼が最も長い。
下知《げじ》 さしず。指揮。大将が―を下す

消印《けしいん》 三月二十日の―があるものまで認める
嗾《けしか》ける 犬を―　けんかを―
景色《けしき》 窓から海の―をながめる　―のいい場所
気色《けしき》 先生は―ばんでしかった　―を損じる
蚰蜒《げじげじ》 「げじ」とも。―がはう　―まゆ
下宿《げしゅく》 おじの家に―する　あじきない―生活
下手人《げしゅにん》 ―を捜し出す
下旬《げじゅん》 月の終りの十日間。五月―に帰国する
化粧《けしょう》 妹はお―の最中です　―室　―品　―回し
化身《けしん》 神の―のように村民の尊敬を集める
消《け》す 火を―　ラジオを―　字を―　妨害者を―
下衆《げす》 「下司」とも。―の知恵はあとから
削《けず》る 鉛筆を―　予算を―　名簿から名を―
解《げ》せない 理解できない。どうも―話だ

下世話《げせわ》 世間一般のうわさ。
下賤《げせん》 彼は元―の身から出世した
懸想《けそう》 彼は彼女に―した ―文《ぶみ》
下足《げそく》 脱いだはきもの。―の番をする ―札
桁《けた》 梁《はり》と― 三―の数 一―まちがえる
下駄《げた》 ―をはかせる ―を預ける ―屋
外題《げだい》 芝居や邦楽の題目。
気高《けだか》い ―ようすの人 ―姿を仰ぐ
蓋《けだ》し これには―考えるところがあろう
蹴出《けだ》し 腰巻の上にまとう布。赤い―
桁違《けたちが》い ―の強さ ―の大きさ
解脱《げだつ》 煩悩《ぼんのう》から―する
桁外《けたはず》れ ―な要求を出す ―に大きいビル
獣《けだもの》 ―のようにあばれる ―にも劣るふるまい

気懈《けだる》い ―毎日を過ごす 何となく―
吝《けち》 「吝嗇」とも。―ん坊 彼は―だ ―な考え
決《けつ》 議長が―を採る 多数―
血圧《けつあつ》 父は―が高い ―を測る 低― ―計
決意《けつい》 辞職を―する 彼の―は固い ―を翻す
欠員《けついん》 ―が生じる ―を補充する
血液《けつえき》 ―の循環 ―銀行 ―型はO型です
血縁《けつえん》 彼とは―の間柄です ―関係
決河《けっか》 堤を切った激流。―の勢いで迫ってくる
結果《けっか》 原因と― ―によっては ―論になるが
決壊《けっかい》 「決潰」とも。出水で堤防が―した
欠格《けっかく》 ―者は出願しても受理しません ―条項
結核《けっかく》 ―を予防する 肺― ―菌
月下氷人《げっかひょうじん》 なこうど。

結跏趺坐《けっかふざ》 ―に組む
欠陥《けっかん》 重大な―が発見される ―のある自動車
血管《けっかん》 ―には動脈と静脈とがある
頁岩《けつがん》 泥板岩《でいばんがん》の一。油母《ゆぼ》―
月刊《げっかん》 この雑誌は―です ―雑誌 ―誌
血気《けっき》 ―にはやる ―の勇 ―盛んな若者
決起《けっき》 「蹶起」とも。労働者が―する 総―大会
決議《けつぎ》 大会で―する ―事項の採択 ―文
月給《げっきゅう》 ―をもらう ―取り ―日 安―
結局《けっきょく》 最後までがんばったが―彼は負けた
欠勤《けっきん》 病気のため―する ―届 無断―
結句《けっく》 詩の起句と― ―女とは何か
月経《げっけい》 メンス。
月桂冠《げっけいかん》 勝利の栄冠。―を獲得

月桂樹《げっけいじゅ》 ―の葉は香料とする
結語《けつご》 結びのことば。手紙文の―
欠航《けっこう》 暴風雨のため連絡船は―します
血行《けっこう》 運動をして―をよくする
決行《けっこう》 小雨でも―します 大事―の合図
結構《けっこう》 ―はすばらしい ―な話 もう―です
結合《けつごう》 勢力を―して万一に備える
血痕《けっこん》 床に―が付着する ―を洗い落とす
結婚《けっこん》 彼と彼女は―した 恋愛― ―式
決済《けっさい》 現金で―する 借金の―をする
決裁《けっさい》 熟慮のうえ―する 長官の―を仰ぐ
潔斎《けっさい》 精進―して神社に参拝する
傑作《けっさく》 紅葉は多くの―を残した そいつは―だ
決算《けっさん》 ―を報告する ―大売出し ―期

月産《げっさん》 この自動車は―八千台である
決死《けっし》 ―の覚悟で出撃する ―の奮戦 ―隊
傑士《けっし》 偉人。―の伝記を読む
結実《けつじつ》 秋は―期である 努力が―する
決《けっ》して ―ごまかさない ―行かない
結社《けっしゃ》 ―の自由を認める 政治―
月謝《げっしゃ》 ―を滞納する ―を値上げする
結集《けっしゅう》 総力を―して事に当たる
月収《げっしゅう》 ―三十万円
傑出《けっしゅつ》 この国には―した人が多かった
血書《けっしょ》 自分の血で書く。―の志願書
欠如《けつじょ》 責任感が―している 項目が―する
決勝《けっしょう》 ―を争う ―戦に進出する 準―
結晶《けっしょう》 鉱物の― 雪の― 努力の― 愛の―

血漿《けっしょう》 血液中の液状の成分。―を分離する
欠場《けつじょう》 病気―の選手が多い 大会に―する
欠食《けっしょく》 ―児童を救済する
血色《けっしょく》 元気な人は―がよい ―が悪い
月食《げっしょく》 「月蝕」とも。―を観測する 皆既―
決心《けっしん》 ―を固める まだ―が付かない
結審《けっしん》 十年来の訴訟がようやく―した
決《けっ》する 勝負を― 雌雄を― 中止に―
血清《けっせい》 ―療法が成功した ―を注射する
結成《けっせい》 青年団を―する ―大会
血税《けつぜい》 国民の―を浪費している
欠席《けっせき》 病気で―しました ―裁判 長期―
結石《けっせき》 腎臓《じんぞう》―で入院中です ぼうこう―
血戦《けっせん》 両軍が―を交える ―を繰り返す

決戦《けっせん》 謙信は信玄に―をいどんだ 短期―
決然《けつぜん》 ―として会議に臨む ―たる態度を執る
決然《けつぜん》 「蹶然」とも。決起。―として立つ
決選投票《けっせんとうひょう》
血相《けっそう》 知らせを聞いて―を変えて飛び出した
結束《けっそく》 ―を固める ―して賃上げを要求した
血族《けつぞく》 ―結婚はよくない 直系の―
欠損《けっそん》 ―を補う 今期は大きく―した
結滞《けったい》 年を取ると脈の―することが多い
結託《けったく》 業者と―して不正をする役人
血痰《けったん》 病状が進んで―を吐くようになった
決断《けつだん》 ―するのは早い ―力に富む ―を下す
結団《けつだん》 ―式を挙《あ》げる オリンピック選手が―
月旦評《げったんひょう》 人物の批評。

決着《けっちゃく》 「結着」とも。事件の―を付ける
血沈《けっちん》 赤血球沈降速度。―の検査をする
決定《けってい》 ―を下す ―を変更する ―版
欠点《けってん》 性格の― ―と長所 ―よりも美点を見る
血統《けっとう》 ―を重んじる ―のいい馬 学者の―
決闘《けっとう》 ―を申し入れる ―状 両雄の―
結党《けっとう》 ―以来三十年の年月が過ぎた
血肉《けつにく》 醜い―の争いが続く
潔白《けっぱく》 身の―を証明する 清廉《せいれん》―な人柄
結髪《けっぱつ》 髪を結う。―師
血判《けっぱん》 ―して同盟を結んだ ―状
結尾《けつび》 文章の―に注意する ―に補足する
結氷《けっぴょう》 冬になると湖水が―する
月賦《げっぷ》 ―で洋服を作る テレビの―販売

傑物《けつぶつ》 彼は財界の―である 西郷隆盛は―だった
潔癖《けっぺき》 教育者らしく―な人柄 ―な性格 ―家
決別《けつべつ》 「訣別」とも。同志と―する ―の宴
血便《けつべん》 血の混じった大便。―が出る
欠乏《けつぼう》 被災地では物資が―する 資金の―
月俸《げっぽう》 ―三十万円
月報《げっぽう》 ―を発行する 人事の異動は―に載る
結膜炎《けつまくえん》 ―で目が赤くなる
蹴躓《けつまず》く 石に― 計画が―
結末《けつまつ》 事件は―を告げた ―を付ける
蹴爪《けづめ》 「距」とも。鶏の足の後ろ側にある突起。
血盟《けつめい》 ―して要路者の暗殺を計った ―団
結盟《けつめい》 同志が―する
血涙《けつるい》 多くの人々の―を絞った悲話

欠礼《けつれい》 喪中につき年賀―いたします
月例《げつれい》 ―の会議を開きます
月齢《げつれい》 今夜の―は十四日である
決裂《けつれつ》 両国間の交渉が―する
血路《けつろ》 一方の―を開いて逃げる
結論《けつろん》 ―から先に話そう …という―になる
下手物《げてもの》 ―を集める ―趣味
毛唐《けとう》 ―の風俗
外道《げどう》 邪説。―に陥る
解毒《げどく》 食あたりに―剤を飲ませる
蹴飛《けと》ばす 石を― 遠くへ― 要求を―
健気《けなげ》 彼女の―な心掛けには感心する
貶《けな》す 相手を― 作品を―
毛並《けなみ》 ―のいい馬 ―のいい家柄

実《げ》に　—美しいながめかな
解熱《げねつ》　—剤を飲ませたから熱は下がる
懸念《けねん》　万一を—して郷里に急行した
毳《けば》　「毛羽」とも。—が立つ
気配《けはい》　人の来る—がする　秋の—を感じる
毛生薬《けはえぐすり》　—を塗る
下馬評《げばひょう》　うわさ。—に上る
仮病《けびょう》　—を使って欠勤する
下卑《げび》る　話がどうも—
下品《げひん》　—なことばづかい　態度が—だ
閲《けみ》する　着工以来長い年月を閲した
毛虫《けむし》　蝶(ちょう)の—　—のような男　—まゆ
煙《けむり》　「烟」とも。煙突の—　たばこの—
外面《げめん》　—似菩薩(じぼさつ)内心如夜叉(にょやしゃ)

獣《けもの》　「けだもの」とも。—のような人　—へん
下野《げや》　大統領は国民の信任を得られずに—した
欅《けやき》　—の大木　—は家具などに使う
螻蛄《けら》　土を掘り、農作物を食い荒らす—
家来《けらい》　殿様は—を連れて現われた　—衆
下落《げらく》　世界情勢を反映して株価が急に—した
鳧《けり》　話の—を付けよう　なかなか—が付かぬ
下痢《げり》　冷えて—する　—が続く　—止めの薬
蹴《け》る　ボールを—　申入れを—　席を—
下劣《げれつ》　—な人間　—なことを言うな
下郎《げろう》　身分の低い使用人。—の分際で
険《けわ》しい　—坂を上る　—目つきでにらむ
件《けん》　…に関する—　この—につき　出願三—
券《けん》　—を買う　診察—　入場—　寝台—

妍《けん》　あでやかさ。美。百花—を競う
県《けん》　山口—　—の議員　—の人口
兼《けん》　兼ねる。首相—外相　社長—小使
剣《けん》　腰に—をさげる　ペンは—よりも強し
険《けん》　箱根の山は天下の—　—のある顔
腱《けん》　筋肉と骨を結ぶ筋。アキレス—を切る
間《けん》　尺貫法の長さの単位。六尺。
鍵《けん》　キー。ピアノの—をたたく
言《げん》　—を左右にする　それは—をまたない
弦《げん》　弓のつる。円の—　上—の月
弦《げん》　「絃」とも。バイオリンの—　—楽器
現《げん》　—内閣総理大臣　—議員
験《げん》　効果。縁起。—が現われる　—が悪い
険悪《けんあく》　—な世相　—な空気　情勢が—になる

懸案《けんあん》　長年の—を解決する　数年来の—であった
原案《げんあん》　—に修正を加える　—を支持する
権威《けんい》　学界の—　—のある大学　—を失墜する
検印《けんいん》　本の奥付に—を押す　—は省略する
牽引《けんいん》　重量物を—する　—車　—力
原因《げんいん》　—を追究する　—と結果　—不明
減員《げんいん》　予算の関係上—のやむなきに至った
巻雲《けんうん》　「絹雲」とも。白い繊維状の雲。すじぐも。
眩暈《げんうん》　めまい。—を催す
兼営《けんえい》　食堂とみやげものの売場とを—する
幻影《げんえい》　なき母の—　戦争の—におびえる
検疫《けんえき》　船客は—が済んでから上陸する
権益《けんえき》　国家の—を守る　自国の—
現役《げんえき》　—と予備役　—で大学に合格した

検閲《けんえつ》　書類を—する　—済み　事前—
犬猿《けんえん》　彼と彼女とは—の仲である　—の間柄
嫌悪《けんお》　—の情をいだく　自己—に陥る
検温《けんおん》　患者を—する　—器　—の時間
喧嘩《けんか》　—を売る　—両成敗　—腰　—四つ
懸河《けんが》　早瀬。—の勢い　—の弁
言下《げんか》　—に否定する　申出を—に拒絶する
現下《げんか》　—の極東情勢を論じる
原価《げんか》　この品物の—は幾らですか　—計算
弦歌《げんか》　「絃歌」とも。—さんざめく色町
見解《けんかい》　きみと—が相違する　正式な—を発表する
狷介《けんかい》　片意地。—な性格なので友人が少ない
圏外《けんがい》　三敗したので優勝—に去った　当選—
懸崖《けんがい》　がけ。—を洗う大波　—の菊を咲かせる

限界《げんかい》 体力の―を越える 能力の― ―効用

厳戒《げんかい》 出水のおそれがあるので―を要します

言外《げんがい》 ―の意味をくみ取る ―の余情

限外《げんがい》 ―顕微鏡 日銀券の―発行

懸隔《けんかく》 両者の間に大きな―がある

見学《けんがく》 工場を―する ―者を案内する

幻覚《げんかく》 母がたずねてきたと思ったら―であった

厳格《げんかく》 ―な家庭教育 ―な先生

衒学《げんがく》 学問をひけらかす。―的な学者

減額《げんがく》 予算を―する 生産量を―する

減価償却《げんかしょうきゃく》

剣《けん》が峰《みね》 ―でこらえる

顕官《けんかん》 高官。政府の―が一堂に会する

検眼《けんがん》 年に一度は―の必要がある ―室

玄関《げんかん》 ―から入(は)る ―払い 正面― ―番

厳寒《げんかん》 ―の候お変わりありませんか

建議《けんぎ》 改革案を―する ―案を上程する

嫌疑《けんぎ》 ―が晴れる 殺人の―が掛かる

原義《げんぎ》 ―からはずれる ―を明らかにする

健脚《けんきゃく》 ―を誇る ―向きのコース ―家

研究《けんきゅう》 日本古代史を―する ―室 ―発表

言及《げんきゅう》 政治問題に―することは避ける

減給《げんきゅう》 責任を問われて―処分を受けた

牽牛星《けんぎゅうせい》 ―と織女星

検挙《けんきょ》 容疑者を―する ―して取り調べる

謙虚《けんきょ》 ―な態度で話を聞く ―に反省する

牽強《けんきょう》 こじつけ。―付会の説をなす

兼業《けんぎょう》 炭屋と氷屋を―する ―農家

検校《けんぎょう》 昔の盲人の位の最高位。八橋(やつはし)―

元凶《げんきょう》 「元兇」とも。事件の―を検挙する

現況《げんきょう》 ―を報告する 財産の―を調査する

現業《げんぎょう》 ―に従事する ―を持つ ―員

献金《けんきん》 ―の呼掛け 政党に―する 政治―

厳禁《げんきん》 廊下を走ることを―します 土足―

元勲《げんくん》 国家に大きな功績のあった人。明治の―

紫雲英《げんげ》 蓮華草(れんげそう)。―の花

賢兄《けんけい》 ―愚弟 ―のご指導を仰ぎたい

原形《げんけい》 ほとんど―をとどめない ―に戻《もど》す

原型《げんけい》 日本語の― 婦人服の― 胸像の―

現形《げんけい》 現在の形。―を保存する

減軽《げんけい》 負担を―する 刑の― 責任を―する

減刑《げんけい》 死刑囚の―を嘆願する

厳刑《げんけい》 ―をもって臨む ―に処する

剣戟《けんげき》 チャンバラ。―の響きが聞こえる

剣劇《けんげき》 浅草で女―を見る

弦月《げんげつ》 弓の形をした月。―が空に掛かる

建言《けんげん》 「献言」とも。政府に新政策を―する

権限《けんげん》 ―を移譲する 取締役の―で決定する

顕現《けんげん》 明らかに現われる。効果が―する

喧々囂々《けんけんごうごう》 ―の議場

拳々服膺《けんけんふくよう》 よく守る。

眷顧《けんこ》 引立て。長らくのご―を賜わりまして

堅固《けんご》 ―な意志を持ち続ける 要害―

言語《げんご》 世界の― ―に絶する ―学 ―中枢

原語《げんご》 小説を―で読む ―で歌を歌う

健康《けんこう》 ―優良児童 ―に留意する ―診断

軒高《けんこう》 「軒昂」とも。意気―たるものがある

兼行《けんこう》 昼夜―で工事を進める

権衡《けんこう》 つりあい。平均。―を保つ

剣豪《けんごう》 ―荒木又右衛門(またえもん) ―小説

言行《げんこう》 ―の不一致 ―に注意する

原稿《げんこう》 ―の締切日 ―を書く ―用紙

現行《げんこう》 規則は―のままでよい 窃盗の―犯

元号《げんごう》 年号。―を昭和と改める

肩胛骨《けんこうこつ》 肩の骨。―を折る

原告《げんこく》 民事裁判で、訴えたほう。―と被告

拳骨《げんこつ》 げんこ。―を振り上げる ―を固める

源五郎《げんごろう》 池や小川などにいる虫。

現今《げんこん》 ―の世界情勢を分析する

乾坤一擲《けんこんいってき》 ―の事業

け

検査《けんさ》 所持品を―する 身体― 会計―
健在《けんざい》 彼はまだ―だよ ―に暮らす
顕在《けんざい》 ―する現象 ―と潜在
減殺《げんさい》 減らす。割合に応じて―する
現在《げんざい》 ―の気温は三十度です ―高
検索《けんさく》 辞書で―する 事務所を―する
献策《けんさく》 局面打開の―をする
原作《げんさく》 戯曲は―の味を生かしている
検札《けんさつ》 車内で―する ―掛
検察《けんさつ》 ―庁 ―官が家宅捜索した ―審査会
賢察《けんさつ》 小生の苦悩をよろしくご―のほど
研鑽《けんさん》 技術の―を重ねる ―を積む
剣山《けんざん》 生け花で使う―
検算《けんざん》 「験算」とも。計算問題は必ず―すること

原産《げんさん》 ヨーロッパ―の植物 ―地から直送する
減産《げんさん》 お米は―の傾向にある 増産と―
見参《げんざん》 お目に掛かる。いざ大将に―せん
犬歯《けんし》 人間の―は糸切り歯ともいう
検視《けんし》 ―の結果他殺と断定した 死体を―する
絹糸《けんし》 きぬいと。―紡績 人造―
繭糸《けんし》 繭と生糸。―を検査する
検事《けんじ》 検察官の官名。―長 ―の論告 ―控訴
堅持《けんじ》 公正な立場を―する 思想を―する
健児《けんじ》 全国の―国難のために立つ
原子《げんし》 ―量 ―番号 ―核 ―力 ―炉 ―爆弾
原始《げんし》 ―のまま ―林 ―的な方法
原紙《げんし》 謄写版の―を切る 蚕卵用の―
原資《げんし》 新企画の―がない 活動の―を確保する

減資《げんし》 資本金を二分の一に―する 増資と―
言辞《げんじ》 不穏当な―をろうする
現時《げんじ》 ―の情勢を分析する
見識《けんしき》 時局に対する正しい―を持つ
堅実《けんじつ》 ―な生活を営む ―な守備を誇る
言質《げんしつ》 「げんち」とも。―を取る
現実《げんじつ》 ―に目ざめる 理想と― ―主義 ―性
現時点《げんじてん》 ―ではやむをえない
元首《げんしゅ》 各国の―が集まって会談する
原種《げんしゅ》 蜜柑(みかん)の―を探る 金魚の―
厳守《げんしゅ》 時間を―してください
研修《けんしゅう》 新人を―する ―期間 司法―生
検収《けんしゅう》 納入品の―をする ―係
検修《けんしゅう》 車両の定期的な―

献酬《けんしゅう》 宴会の席では杯の―が盛んだ
拳銃《けんじゅう》 ピストル。二丁― ―強盗
減収《げんしゅう》 台風のため農作物は―の見込みです
厳重《げんじゅう》 検査を―にする ―な警戒態勢
現住所《げんじゅうしょ》 ―を書く 本籍と―
厳粛《げんしゅく》 式典が―に行なわれた ―な事実
検出《けんしゅつ》 毒物の―を急ぐ 指紋を―する
現出《げんしゅつ》 悲惨な光景が―した 回想場面の―
幻術《げんじゅつ》 人の目をくらます不思議な術。
険峻《けんしゅん》 「嶮峻」とも。―な山々が連なる
原書《げんしょ》 ―を読む ―で研究する ―講読
肩章《けんしょう》 将校の― 階級を示す―
健勝《けんしょう》 皆さまご―のよし承り安心しました
検証《けんしょう》 事故の現場― 裁判官が実地―する

顕彰《けんしょう》 先輩の遺風を―する
憲章《けんしょう》 基本的法規。国際連合― 児童―
謙称《けんしょう》 けんそんした言い方。「愚生」など。
懸賞《けんしょう》 ―の新聞小説に当選する ―募集
献上《けんじょう》 菊の花を宮中に―する ―品
謙譲《けんじょう》 ―の美徳 ―の心掛けが少ない
減少《げんしょう》 人口が―する 増加と―
現象《げんしょう》 落盤の―を考察する 自然―
現状《げんじょう》 ―を打破する ―維持 ―に満足だ
現場《げんじょう》 刑事が殺人の―に急行した 火災―
原状《げんじょう》 ―に復する ―を回復する
腱鞘炎《けんしょうえん》 ― キーパンチャーの―
兼職《けんしょく》 ―を解く ―を制限する
顕職《けんしょく》 高い役職。総裁の―につく

原色《げんしょく》 赤・黄・青の三— —を使った絵
現職《げんしょく》 —について三年 —のまま立候補
減食《げんしょく》 体重を減らすために—している
献じる《けんじる》 失策によって一点を—
減じる《げんじる》 予算を大幅に—
検針《けんしん》 水道メーターの—に来る 次回の—日
検診《けんしん》 学校で結核の集団—があった
献身《けんしん》 社会奉仕に—する —的な努力
原審《げんしん》 前の裁判。 —を破棄する判決
原人《げんじん》 今の人類以前にいた人類。ジャワ人など。
原図《げんず》 これが—です 城の—を発見する
懸垂《けんすい》 鉄棒につかまって—運動をする
元帥《げんすい》 軍人の最高の地位・階級。東郷—
減水《げんすい》 夏になるとこの川は—する 増水と—
減衰《げんすい》 台風の勢力は—した
原寸《げんすん》 —で複写する —大の像を描く
現世《げんせ》 —の生活 —ははかないものである
権勢《けんせい》 社内で—を誇る社長の一族 —欲
憲政《けんせい》 —の神さまと仰がれる人 —擁護
牽制《けんせい》 敵を—する 走者は投手の—に刺された
原生《げんせい》 —林 —動物 —代
厳正《げんせい》 —な態度 —中立を宣言する
減税《げんぜい》 政府は—を公約した 大幅な—を実施せよ
譴責《けんせき》 きびしく—する —処分を受ける
原籍《げんせき》 わたしの—地は北海道です
巻積雲《けんせきうん》 「絹積雲」とも。
建設《けんせつ》 学校を—する —予定地 —的な意見
兼摂《けんせつ》 総理大臣が外務大臣を—する
懸絶《けんぜつ》 両者の実力ははるかに—している
健全《けんぜん》 —な精神 —な身体 —娯楽 —財政
源泉《げんせん》 この川の—を探る 過酷な—課税
厳選《げんせん》 多数の中から—する —の結果入賞なし
現前《げんぜん》 —の事実に目をおおってはいけない
厳然《げんぜん》 「儼然」とも。 —たる事実に基づいた発言
倹素《けんそ》 昔の武士は—な生活をした
険阻《けんそ》 「嶮岨」とも。 —な山道を上る
元素《げんそ》 「原素」とも。 —記号 —の周期律表
喧騒《けんそう》 「喧噪」とも。 室内は—を窮める —な町
建造《けんぞう》 貨物船を—する —中のテレビ塔 —物
幻想《げんそう》 —にふける —曲風の音楽が流れた
玄窓《げんそう》 「舷窓」とも。 —から港のあかりを見る
現送《げんそう》 ボーナス三億円を—中に強奪された
現像《げんぞう》 暗室でフィルムを—する —液
巻層雲《けんそううん》 「絹層雲」とも。
検束《けんそく》 非行少年を保護—する 予防—
眷属《けんぞく》 「眷族」とも。 妻子—を連れてのお出迎え
玄側《げんそく》 「舷側」とも。 船の—のタラップを上る
原則《げんそく》 —は—として例外を考えねばならぬ
減速《げんそく》 交差点に近づいたので—する —材
還俗《げんぞく》 出家した者が再び俗人に返る。 —した人
謙遜《けんそん》 「とてもできません」と—する
玄孫《げんそん》 やしゃご。孫の孫。 維新の元勲の—
現存《げんそん》 —する最古の建物 —する者はただ一名
厳存《げんそん》 「儼存」とも。 秘密警察は—します
倦怠《けんたい》 結婚して三年もすると—期が来る —感
兼帯《けんたい》 晴雨—のかさ 朝食と昼食を—する
見台《けんだい》 本を載せて読む台。書見台。
兼題《けんだい》 句会などで前もって出す題。—は「秋空」
減退《げんたい》 五十を越えると精力が—する 食欲—
現代《げんだい》 —の青年は根性がないよ —的
厳達《げんたつ》 規則違反者は処罰すると—する
検痰《けんたん》 —の結果が判明する
健啖《けんたん》 大食。父は相変わらずの—ぶりだ —家
見地《けんち》 大局的—に立って発言 一方の—からは
言質《げんち》 「げんしつ」とも。 —を取っておく
現地《げんち》 —からの連絡では —に行って調査する
原地《げんち》 元の場所。 展示物を—に戻(とも)す
建築《けんちく》 地上四十階のビルを—する —家 —費
顕著《けんちょ》 功績はきわめて—である —な特徴
原著《げんちょ》 —と照合して訳文を確認する —者

堅調《けんちょう》 相場は—を続ける —と軟調
幻聴《げんちょう》 —に悩まされる 父母の声を—する
剣突《けんつく》 荒々しい小言。—を食わせる
検定《けんてい》 —を受ける —試験に合格する —済
献呈《けんてい》 拙著を—いたします
限定《げんてい》 範囲を—する —出版の本 —使用
圏点《けんてん》 とくに重要な語の右側には—を打つ
喧伝《けんでん》 当時—された美談 世間で—する
原典《げんてん》 注は—から引用する 一つ一つ—に当たる
減点《げんてん》 ルール違反で—される
限度《げんど》 忍耐も—に達する —を越える 許容—
見当《けんとう》 —を付けて行く 五十—の人 —違い
検討《けんとう》 原因を—する さらに—してみます
健闘《けんとう》 —をたたえる —むなしく敗れた

拳闘《けんとう》 ボクシング。—の試合 —の選手
剣道《けんどう》 父は—の師範である —大会 —場
幻灯《げんとう》 スライド。—を映す —機
原頭《げんとう》 野原のほとり。武蔵野(むさしの)—に立つ
厳冬《げんとう》 —に咲く梅の花
言動《げんどう》 不審な—を慎む 非常識な—
原動力《げんどうりょく》 躍進の—となる
捲土重来《けんどじゅうらい》 —を期す
圏内《けんない》 当選—にある 合格—に入(はい)る 勢力—
現生《げんなま》 —を持ち歩く —で払う —をねらう
現に《げんに》 わたしは—この目で見てきたのだ
厳に《げんに》 不正行為を—戒める
検尿《けんにょう》 尿の検査。—の結果が判明する
兼任《けんにん》 総理は外相を—する —を解く

堅忍不抜《けんにんふばつ》 —の精神
現任《げんにん》 —の技師が汚職で起訴される
献納《けんのう》 氏神さまに鳥居を—する
権能《けんのう》 下級職員には何の—も与えられていない
玄翁《げんのう》 「玄能」とも。—で石を砕く
剣呑《けんのん》 「険呑」とも。いつ爆発するか—な話だ
現場《げんば》 —に評判のよい苦労人 工事— —検証
建白《けんぱく》 意見を上申する。政府に—する —書
原爆《げんばく》 原子爆弾。—許すまじ —症の治療
厳罰《げんばつ》 規則違反者は—に処する —主義で臨む
犬馬の労《けんばのろう》 —を執る
見番《けんばん》 「検番」とも。—に芸者を頼む —芸者
鍵盤《けんばん》 ピアノの— —をたたく —楽器
原板《げんばん》 写真の—をたいせつに保存する

兼備《けんび》 知勇—の武将 才色—のお嬢さん
建碑《けんぴ》 碑を建てる。記念の—を提案する —式
厳秘《げんぴ》 人事の問題は—に付する
顕微鏡《けんびきょう》 電子— —写真
健筆《けんぴつ》 先生はいよいよ—を振るっておられる
現品《げんぴん》 見本と— —限り —を金と換える
原品《げんぴん》 —と模造品 —に似せて作る
剣舞《けんぶ》 刀を持ってする舞。詩吟と—の会
厳父《げんぷ》 父の敬称。—と慈母 —の教えを守る
厳封《げんぷう》 重要書類だから—して送る
元服《げんぷく》 「げんぶく」とも。昔の男子の成年式。
現物《げんぶつ》 —を見たうえで買う 賞与は—で支給する
見聞《けんぶん》 外遊して—を広める —記
検分《けんぶん》 事故現場の—の結果を発表する

原文《げんぶん》 翻訳文に—を添えて提出する —は英語
言文一致《げんぶんいっち》 —の文体
憲兵《けんぺい》 —は軍事警察をつかさどった
源平《げんぺい》 源氏と平家。白組と赤組。—の合戦(かっせん)
権柄尽《けんぺいずく》 社長は—で物を言う
建蔽率《けんぺいりつ》 敷地と建物面積の割合。
検便《けんべん》 大便の検査。赤痢の疑いで—される
賢母《けんぼ》 昔の女子教育は良妻—主義である
原簿《げんぼ》 —と照らして品物を整理する
権謀《けんぼう》 —術策にたけた人 —術数を巡らす
憲法《けんぽう》 日本国— —記念日 わが家の— —改正
減俸《げんぽう》 たび重なる無断欠勤は—処分にする
健忘症《けんぼうしょう》 —にかかる
献本《けんぽん》 先生がたには一部ずつ—いたします

絹本《けんぽん》 書画を書くのに用いる絹地。―の掛軸

原本《げんぽん》 ―と照合して校正をする

研摩《けんま》 「研磨」とも。レンズを―する ―機

減摩《げんま》 すり減る。歯車が―する

玄米《げんまい》 ―を精白する ―と白米 ―食 ―パン

剣幕《けんまく》 えらい―でやってきた すごい―で言う

厳密《げんみつ》 ―な検査を受ける ―に定義する

玄妙《げんみょう》 ―な哲学 ―な道理を説かれる

兼務《けんむ》 所長は経理部長も―している ―を解く

賢明《けんめい》 ―な方法 ここらでやめたほうが―だ

懸命《けんめい》 ―に働く ―な努力が実る 一所―の地

言明《げんめい》 校長はプールを造ると―した

厳命《げんめい》 司令官は部下に―を下した

幻滅《げんめつ》 ―の悲哀を味わう この世に―を感じる

原綿《げんめん》 「原棉」とも。―を輸入する

減免《げんめん》 租税を―する ―の措置を講じる

減耗《げんもう》 高冷の山地で急激に―する体力

検問《けんもん》 通行する車を―する 所持品を調べる―所

権門《けんもん》 権勢の強い家柄。―の出にへつらう

原野《げんや》 未開の野原。田畑・宅地・山林以外。

倹約《けんやく》 費用を―する 質素―を旨とする

原油《げんゆ》 ―を輸送する ―を精製する

現有《げんゆう》 ―の勢力

兼用《けんよう》 晴雨―の傘《かさ》 男女―のコート

顕揚《けんよう》 家名を―する 功績を―する

懸壅垂《けんようすい》 のどひこ。のどちんこ。

絢爛《けんらん》 ―たる土俵入り 豪華―

権利《けんり》 ―を主張する ―と義務 基本的―

原理《げんり》 せん抜きはてこの―を応用したものです

源流《げんりゅう》 「原流」とも。川の― 民族の―

賢慮《けんりょ》 ―に感服する 先生のご―を承りたい

見料《けんりょう》 易者の― ―を取って見せる

原料《げんりょう》 ―を加工する 紙の― ―と材料

減量《げんりょう》 ボクシングの試合の前に―する

権力《けんりょく》 ―を失う ―に屈する ―者

堅塁《けんるい》 敵の―を抜く ―によって防戦する

険路《けんろ》 ヒマラヤの―を越える ―を克服する

堅牢《けんろう》 ―な作りの箱 ―無比を誇る建物

元老《げんろう》 国家の― 業界の―院

元禄《げんろく》 ―文化 ―袖《そで》 ―時代 昭和―

言論《げんろん》 ―の自由をたっとぶ ―を統制する

幻惑《げんわく》 「眩惑」とも。相手を―する奇手

こ

弧《こ》 ―を描いて飛ぶ 円の―

故《こ》 ―…先生の霊

子《こ》 ―は夫婦のかすがい 江戸っ― 人の―

子《こ》 「娘・妓・児」とも。いい―がいる

子《こ》 「仔」とも。動物の場合。猫《ねこ》の― ―犬

粉《こ》 身を―にして働く 小麦―

後《ご》 その―お変りございませんか

御《ご》 ―調査 ―親切に 親―さん

期《ご》 この―に及んで何を言うか

碁《ご》 ―を打つ ―を一局囲む ―石 ―会所

語《ご》 ―の意味 新しい―と句

故意《こい》 ―に物をこわす ―か偶然か

恋《こい》 熱烈な― ―をささやく ―は盲目

鯉《こい》 池の― ―の洗い ―の滝登り ―濃《こく》

濃《こ》い ―色 ―味 ―ひげ ―液体 ―と薄い

語意《ごい》 語の意味。―を明らかにする

語彙《ごい》 ―の収集 ―が豊富 ―が少ない ―力

恋路《こいじ》 恋。忍ぶ― ―の果て ―のじゃま

此奴《こいつ》 ―がいい ―がいたずらしたのか ―め

冀《こいねが》う 「希う・庶幾う」とも。ご成功を―

鯉幟《こいのぼり》 五月の空に―が泳いでいる

雇員《こいん》 定年退職してから―として勤務する

功《こう》 ―を奏する 年の― ―成り名遂げる

効《こう》 薬石―なく 腹痛に―あり

甲《こう》 十干の第一。きのえ。手の― 亀《かめ》の―

交《こう》 替り目。秋冬の―

行《こう》 旅。—を共にする —を盛んにする
候《こう》 時候。春暖の— 初夏の— 秋冷の—
庚《こう》 十干の第七。かのえ。
香《こう》 —をたく —をきく —炉 —の物
項《こう》 個条。項目。第三— この—は削除する
稿《こう》 —を改める —を新たにする
鋼《こう》 はがね。—の生産量 特殊—
講《こう》 社寺関係の組合。—を結ぶ —の寄合い
請《こう》 公の許しを求める。認可を— 休暇を—
乞《こう》 頼む。お教えを— 寄付を— 出席を—
号《ごう》 —を雪舟という 第一— こだま—
剛《ごう》 柔よく—を制する —の者
郷《ごう》 —に入っては—に従え
業《ごう》 —が深い —をさらす —を煮やす

壕《ごう》 水のないほり。—を掘る 防空—
濠《ごう》 水のあるほり。—を巡らす
高圧《こうあつ》 —の気体 —送電 —的な態度
公安《こうあん》 —と秩序を害する —の維持 —条例
考案《こうあん》 新しく—する —者 目下—中である
行為《こうい》 —に移る —を慎む 不正—はするな
好意《こうい》 友好心。—を寄せる —的な態度
好意《こうい》 「厚意」とも。親切心。—を無にする
皇位《こうい》 天皇の位。—継承の問題 —につく
皇威《こうい》 天皇の威光。—を高揚する —を輝かす
高位《こうい》 —高官に上る
校医《こうい》 出願には—の診断書が必要である
校異《こうい》 異本の校合(きょうごう)。比較訂正。—本
合意《ごうい》 両者は—に達する —を求める

広域《こういき》 被害は—に及ぶ —経済 —捜査
更衣室《こういしつ》 プールの— 女子—
後遺症《こういしょう》 交通事故傷害の—
好一対《こういっつい》 —の取組 —の夫婦
紅一点《こういってん》 職場の—
工員《こういん》 工場の労働者。—の宿舎 —を募集する
行員《こういん》 銀行員。多額の金は—が届けます
光陰《こういん》 —矢のごとし 一寸の—軽んずべからず
拘引《こういん》 「勾引」とも。被告人の強制連行。—状
後胤《こういん》 子孫。末裔(まつえい)。後裔。源氏の—
強引《ごういん》 —に売り込む —なやり方に反感を持つ
降雨《こうう》 —期に入(はい)る —量が多い
豪雨《ごうう》 —となる —に見舞われる 集中—
幸運《こううん》 「好運」とも。—にも合格しました —児

耕運機《こううんき》 「耕耘機」とも。
行雲流水《こううんりゅうすい》
公営《こうえい》 —の競馬場 —企業 —住宅
光栄《こうえい》 ご出席いただいて—の至り —に浴する
後衛《こうえい》 妹は軟式テニスの—です 前衛と—
後裔《こうえい》 子孫。彼は藤原氏の—だそうです
公益《こうえき》 —をそこなう —委員 —質屋 —法人
交易《こうえき》 外国と—する —の条件
校閲《こうえつ》 先生の—をお願いします 原稿を—する
公演《こうえん》 劇団創立三十周年記念— 音楽の—
好演《こうえん》 この芝居は若手が—している —に拍手
講演《こうえん》 母校で—する 受賞記念の—会
口演《こうえん》 口で述べる。講釈師の—
広遠《こうえん》 「宏遠」とも。遠い。—な昔から

高遠《こうえん》 卑近でない。—な理想をいだく —な志
後援《こうえん》 —が続かない 文部省— 代議士の—会
香煙《こうえん》 香をたく煙。線香の煙。—が立ち上る
好悪《こうお》 好ききらい。—の感情を持つ。
甲乙《こうおつ》 優劣。技量に—がない —を付けがたい
高恩《こうおん》 「厚恩・洪恩・鴻恩」とも。ご—忘れません
号音《ごうおん》 信号・合図の音。ピストルの—
轟音《ごうおん》 —を立てて爆発する —を発する
公課《こうか》 人民に課せられる負担金。公租—
考課《こうか》 成績報告。人事— 社員の—状
功科《こうか》 成績。—を審議する —表
効果《こうか》 —てきめん —を収める 擬音— —的
降下《こうか》 気温が—する 大命の— 急— —部隊
降嫁《こうか》 皇族が民間人にとつぐ。臣籍に—する

校歌《こうか》 ―を高らかに歌う応援団　母校の―
高歌《こうか》 深夜に―放吟してはいけない
高価《こうか》 ―で買い入れます　―な品　―と廉価
高架《こうか》 鉄道を―にする　―の高速道路
後架《こうか》 便所。雪隠《せっちん》。
硬貨《こうか》 紙幣と―　五十円―　―を鋳造する
硬化《こうか》 態度が―した　―油　動脈―
高雅《こうが》 ―な装いをした婦人　―な風格
業火《ごうか》 「劫火」とも。地獄の―のようなすごい炎
豪華《ごうか》 ―な宴会　―な衣装　―版の本が売れる
公開《こうかい》 選挙人名簿を―する　―捜査　―放送
更改《こうかい》 プロ野球の選手が契約を―する　―予算
後悔《こうかい》 ―先に立たず　平素の油断を―する
航海《こうかい》 太平洋を―する　―日誌　遠洋―

公海《こうかい》 ―は各国が自由に出漁できる　―と領海
口外《こうがい》 秘密事項だから―してはいけない
口蓋《こうがい》 口の内部の上側。硬―と軟―　―音
公害《こうがい》 産業の―を予防する　―対策
後害《こうがい》 後の災い。―を恐れて言わない
郊外《こうがい》 ―を散歩する　東京の―に住む
構外《こうがい》 敷地外。―に追い出される
梗概《こうがい》 あら筋。小説の―を添えた応募作文
慷慨《こうがい》 憤り嘆く。悲憤―する
笄《こうがい》 婦人の髪飾りの一。櫛《くし》と―
豪快《ごうかい》 ―なホームラン　―に笑い飛ばす
号外《ごうがい》 大事件に新聞社は―を出す
公会堂《こうかいどう》 わが市の―　日比谷―
口角《こうかく》 ―泡《あわ》を飛ばす論戦

工学《こうがく》 機械―　船舶―　化学―　―博士
光学《こうがく》 ―ガラス　―器械　―顕微鏡
好学《こうがく》 彼は―の士である
後学《こうがく》 ―のためにお聞かせください
高額《こうがく》 ―の支払　―紙幣　―所得者
合格《ごうかく》 検査に―する　―者　―祝　―証　不―
向学心《こうがくしん》 ―に燃える
広闊《こうかつ》 広々と開けている。―な平野を望む
狡猾《こうかつ》 ずるい。―な手段をろうする　―な人
公刊《こうかん》 この報告書は近く―する予定です
公館《こうかん》 大使館・公使館・領事館。在外―　―長
向寒《こうかん》 ―の候　―のみぎり御身ごたいせつに
交換《こうかん》 他の品物と―する　意見の―をする
交歓《こうかん》 「交驩」とも。―試合　派遣選手の―会

好感《こうかん》 愛らしさが―を与える　―の持てる人
好漢《こうかん》 好人物。―惜しむらくは兵法を知らず
巷間《こうかん》 ―のうわさによると　―伝えるところでは
後患《こうかん》 後々の心配。―を絶つ　―のないように
槓杆《こうかん》 てこ。―の原理を応用する
鋼管《こうかん》 鋼製の管。―の需要が伸びている
紅顔《こうがん》 ―をほころばせる　―の美少年
厚顔《こうがん》 あつかましい。―無恥な男
睾丸《こうがん》 きんたま。―と副―炎
強姦《ごうかん》 ―罪
傲岸《ごうがん》 尊大。―不屈な男　―無礼な態度
交感神経《こうかんしんけい》 ―と副―
公器《こうき》 新聞は天下の―　―を私してはいけない
広軌《こうき》 軌間一・四三五メートル以上。―と狭軌

光輝《こうき》 ―を発する　―ある伝統を守る
香気《こうき》 梅の花の―が漂う　ふくいくたる―
好奇《こうき》 ―の目をみはる　―心を持つ
好機《こうき》 ―をつかむ　―逸すべからず
好期《こうき》 よい時節。登山の―になる
後記《こうき》 ―に出版の経緯をしるす　編集―
皇紀《こうき》 神武紀元。―二千六百年の記念式典
高貴《こうき》 彼は―の生れである　―な身分　―薬
校旗《こうき》 ―を掲揚する　―を先頭に入場する
校紀《こうき》 学校の規律。―を乱す
校規《こうき》 学校の規則。―に違反する
綱紀《こうき》 ―を粛正する　―がゆるんでいる
興起《こうき》 感奮―する　国勢が―する
公儀《こうぎ》 ―に訴える　―の沙汰《さた》

広義《こうぎ》 ―に解釈する ―と狭義
厚宜《こうぎ》 「厚誼」とも。生前のご―に感謝します
交宜《こうぎ》 「交誼」とも。よろしくご―のほど
抗議《こうぎ》 審判に―する ―集会を開く ―文
講義《こうぎ》 物理学の― 特別教室で―する ―録
豪気《ごうき》 「剛毅・剛気」とも。―不屈の精神
合議《ごうぎ》 委員の―のうえで決定する ―制 ―体
考究《こうきゅう》 「攻究・講究」とも。原理を―する
恒久《こうきゅう》 ―の平和を祈念する ―施設
高級《こうきゅう》 ―な調度 ―住宅 ―車 ―品
高給《こうきゅう》 ―をもって採用します ―を取る
硬球《こうきゅう》 固いボール。―と軟球 ―の試合
購求《こうきゅう》 物品を―する ―票
号泣《ごうきゅう》 父急死の報に―する母

剛球《ごうきゅう》 「強球」とも。―投手として知られる
公休日《こうきゅうび》 毎週月曜日が―です
皇居《こうきょ》 宮城。―に新宮殿が落成した
溝渠《こうきょ》 みぞ。―を設置する ―に排水する
薨去《こうきょ》 皇族・貴人の死去。国王陛下が―された
口供《こうきょう》 口で述べる。法廷で述べる。―書
公共《こうきょう》 ―企業体 ―施設 ―団体 ―料金
好況《こうきょう》 経済界は―を続ける
工業《こうぎょう》 石油化学― ―地帯 重―と軽―
鉱業《こうぎょう》 金属― 石炭― ―権
興行《こうぎょう》 慈善― 引退― 地方― ―界
興業《こうぎょう》 事業を興す。―殖産
鴻業《こうぎょう》 「洪業・宏業」とも。大事業。建国の―
交響楽《こうきょうがく》 交響曲・交響詩など。

紅玉《こうぎょく》 宝石の一。ルビー。
鋼玉《こうぎょく》 ルビーやサファイアの総称。
公金《こうきん》 官庁や公共団体の所有金。―を横領する
拘禁《こうきん》 身柄を―される ―場に―される
合金《ごうきん》 二種以上融合した金属。錫(すず)と銅との―
鉱区《こうく》 鉱物を採掘する一定の地域。―税
工具《こうぐ》 工作に用いる器具。建築用の― ―一式
業苦《ごうく》 この世の―は前世の因縁(いんねん)
航空《こうくう》 ―機 ―写真 ―管制塔 ―母艦
厚遇《こうぐう》 技術者を―する ―の約束をする
皇宮警察《こうぐうけいさつ》
坑口《こうぐち》 ―から浸水する ―では家族が見守る
校訓《こうくん》 学校でとくに定めた徳目。―は「誠実」
行軍《こうぐん》 昼夜兼行の―をする 強― 雪中―

香華《こうげ》 仏に供える香と花。―を手向ける ―料
口径《こうけい》 ―四八センチの巨砲 小銃の―
光景《こうけい》 愉快な― さんたんたる―に目をみはる
肯綮《こうけい》 物事の急所。―にあたる
後継《こうけい》 ―者を養成する ―内閣 ―会社
工芸《こうげい》 美術― ―技術 ―品
合計《ごうけい》 数量を―する ―で百万円になります
攻撃《こうげき》 野党は政府を―する ―は最大の防御なり
纐纈《こうけち》 染色法の一。板締め。
高潔《こうけつ》 人格―の士 ―な人格の人
膏血《こうけつ》 苦労して得た財産。人民の―をしぼる
豪傑《ごうけつ》 ―風の男 ―笑い 英雄― 天下の―
効験《こうけん》 ―あらたか 新薬の―を確かめる
後見《こうけん》 ―を勧める ―人 将軍の―役

高見《こうけん》 先生のご―を拝聴いたします
貢献《こうけん》 学問の発展に―すること大である
広言《こうげん》 「高言」とも。―を吐く 無遠慮に―する
公言《こうげん》 ―した手前いまさら訂正もできない
巧言《こうげん》 ―で人を釣(つ)る ―令色鮮(すく)し仁
高原《こうげん》 起伏が小さく谷の浅い山地。―の旅愁
剛健《ごうけん》 ―な精神 質実―の気風
考現学《こうげんがく》 現代社会の研究。
好個《こうこ》 ちょうどよい。―の例 ―の参考書
江湖《こうこ》 世間。―に訴える ―の人士を求める
後顧《こうこ》 金持だから生活に―の憂いがない
交互《こうご》 ―に使用すること ―の計算
向後《こうご》 「きょうご」とも。―の精進(しょうじん)を期する
豪語《ごうご》 「必ず完成してみせる」と―する

口腔《こうこう》 「こうくう」とも。 ―衛生
孝行《こうこう》 ―のしたい時分に親はなし 女房―の男
航行《こうこう》 高波のため―不能になる ―する船舶
皓々《こうこう》 「耿々」とも。 ―と照る月
煌々《こうこう》 ―と輝く電灯 照明灯が―とともる
膏肓《こうこう》 体内の深い所。 病―に入る
皇后《こうごう》 ―陛下 天皇―両陛下
轟々《ごうごう》 爆音が―ととどろく ―たる爆音
囂々《ごうごう》 ―たる世論に屈した 非難―
神々《こうごう》しい ―姿を拝する
好々爺《こうこうや》 人のよい老人。
考古学《こうこがく》 遺物での古代研究。
広告《こうこく》 雑誌に―する ―欄 求人― 宣伝―
公告《こうこく》 官報に―する 公聴会を開くむね―する

抗告《こうこく》 上訴の一。決定に不服であると―する
皇国《こうこく》 ―の興廃この一戦にあり
興国《こうこく》 国を盛んにする。 ―の気風がみなぎる
恍惚《こうこつ》 うっとり。 美技に―となった ―境
硬骨《こうこつ》 屈しない。 ―愛すべし ―漢
硬骨《こうこつ》 「鯁骨」とも。 ―魚
交差《こうさ》 「交叉」とも。 立体― 鉄道と―する ―点
較差《こうさ》 「かくさ」とも。 対比した場合の差。
考査《こうさ》 人物を―する 学力― 期末―が始まる
口座《こうざ》 ―に振り込む ―を設ける 普通預金―
高座《こうざ》 寄席(せ)の― ―に登る
公債《こうさい》 政府は―を発行する 赤字―
交際《こうさい》 女友だちと―する ―家 ―費
光彩《こうさい》 彼の作品が―を放っている ―陸離

虹彩《こうさい》 ひとみの回りの輪形の部分。
鉱滓《こうさい》 鉱物製錬のかす。 ―セメント
功罪《こうざい》 手柄と罪。 ―相半ばする ―相償う
工作《こうさく》 野党連合の―をする ―機械 ―物
耕作《こうさく》 田畑を―する ―の機械化
交錯《こうさく》 感情が―する 光が―する
鋼索《こうさく》 ワイヤロープ。 ―を張る ―鉄道
考察《こうさつ》 原因を―する
高察《こうさつ》 小生の心境をご―願います
絞殺《こうさつ》 ―死体を発見する 老女が―された
公算《こうさん》 成功の―が強い 失敗の―大である
恒産《こうさん》 安定した財産・職業。 ―なければ恒心なし
降参《こうさん》 敵に―する 彼には―した もう―だ
鉱山《こうざん》 銅の― 金の― 将来有望な―

公使《こうし》 特命全権― 大使と― ―館
公私《こうし》 ―の別をわきまえる ―を混同する
行使《こうし》 武力を―する 権利の― 実力―
格子《こうし》 ―なき牢獄(ろうごく) 鉄―戸 ―縞(じま)
厚志《こうし》 ご―かたじけなく存じます
後肢《こうし》 あとあし。前肢と― ―のほうが長い
後嗣《こうし》 あとつぎ。あととり。 彼はおじの家の―だ
講師《こうし》 大学の― 講習会の―を引き受ける
皓歯《こうし》 白く美しい歯。 明眸(めいぼう)―
嚆矢《こうし》 初め。最初。 これをもって―とする
小牛《こうし》 「仔牛・犢」とも。 ―のステーキ
工事《こうじ》 **ダムの―** **道路―** **―現場**
公示《こうじ》 投票日を―する 選挙の― 裁判所の―
公事《こうじ》 ―と私事を区別する ―多忙

好事《こうじ》 よいことがら。 ―魔多し
好餌《こうじ》 悪人の―となる
後事《こうじ》 ―を妻に託する ―は心配ない
小路《こうじ》 ―を曲がる ―と大路(おおじ) 袋― 広―
麹《こうじ》 「糀」とも。 ―かび ―菌 ―室(むろ) 酒―
合祀《ごうし》 英霊を靖国(やすくに)神社に―する
合資会社《ごうしがいしゃ》
公式《こうしき》 数学の― ―に声明する ―主義 非―
皇室《こうしつ》 天皇のご一家。 ―会議 ―典範 ―費
硬質《こうしつ》 ―陶器 ―磁器 ―ガラス
膠質《こうしつ》 にかわ・かんてん等の物質。コロイド。
口実《こうじつ》 ―を設けて欠席する それは―にすぎない
好日《こうじつ》 日々これ― 秋晴れの―
曠日《こうじつ》 むなしく日を送る。 ―弥久(びきゅう) ―持久

公社《こうしゃ》　地方住宅供給―
巧者《こうしゃ》　―な口をきく　―な手つき　試合―
後者《こうしゃ》　前者と―　ぼくは―のほうを取るよ
校舎《こうしゃ》　老朽―の修理をする　―が倒壊する
降車《こうしゃ》　乗車と―　―口
豪奢《ごうしゃ》　―な宴会　―な生活をする
公爵《こうしゃく》　元の華族の階級の第一位。
侯爵《こうしゃく》　元の華族の階級の第二位。
講釈《こうしゃく》　漢詩の―　兵法の―をする　―師
攻守《こうしゅ》　―所を変える　―同盟を結ぶ
絞首《こうしゅ》　しぼりくび。―刑に処する　―台に登る
口授《こうじゅ》　「くじゅ」とも。師から―される
鴻儒《こうじゅ》　大学者。すぐれた儒者。碩学(せきがく)―
口臭《こうしゅう》　口の臭いにおい。―を消す薬

公衆《こうしゅう》　―道徳　―電話　―衛生　―便所
講習《こうしゅう》　スキー―会　夏期―　―を受ける
講中《こうじゅう》　頼母子講(たのもしこう)の―　―でお伊勢(いせ)参り
豪州《ごうしゅう》　「濠州」とも。オーストラリア。
高周波《こうしゅうは》　―加熱　―ミシン
黄熟《こうじゅく》　蜜柑(みかん)が―する　稲の―　―期
口述《こうじゅつ》　口で述べる。用件を―する　―筆記
公述《こうじゅつ》　意見を言う。公聴会で―する　―人
後述《こうじゅつ》　あとで述べる。―のように
紅綬褒章《こうじゅほうしょう》
交詢《こうじゅん》　親しく交わる。相談し合う。―会
向暑《こうしょ》　―の候おさわりありませんか
高所《こうしょ》　―恐怖症　大所―に立って考察する
公序《こうじょ》　社会の秩序。―良俗に反する言動

控除《こうじょ》　給与所得から―する　―の対象　―額
工匠《こうしょう》　細工をする人。職人。すぐれた―
工廠《こうしょう》　兵器・弾薬を造る工場。海軍―
口承《こうしょう》　古事記は―文学である　―で伝わる
口唱《こうしょう》　「口誦」とも。口ずさむ。詩を―する
公称《こうしょう》　売上金は―五十億である　―出力
公娼《こうしょう》　公認の売春婦。―廃止　―と私娼
公傷《こうしょう》　公務傷害。―と私傷　―で死ぬ
交渉《こうしょう》　値引きの件で―する　団体―　没―
好尚《こうしょう》　好み。流行。世人の―に合う
考証《こうしょう》　成立年代について―する　風俗―
厚相《こうしょう》　厚生大臣。
高尚《こうしょう》　―な志　―な学問　―な趣味
高笑《こうしょう》　「哄笑」とも。―する声が聞こえる

高唱《こうしょう》　大声で歌う。寮歌を―する
鉱床《こうしょう》　有望な―を発見する　ウラン―
口上《こうじょう》　襲名の―を述べる　―書
向上《こうじょう》　成績はしだいに―してきた　―心
恒常《こうじょう》　―経費　―人員　―的な需要
厚情《こうじょう》　「好情」とも。ご―を感謝します
交情《こうじょう》　今後ともよろしくご―のほど
豪商《ごうしょう》　大金持の商人。彼は―のむすこだ
強情《ごうじょう》　―を張る　―な性格　―な言い分
甲状腺《こうじょうせん》　―ホルモン　―肥大
公証人《こうしょうにん》　―役場
公職《こうしょく》　―選挙法　―追放
降職《こうしょく》　―処分を受ける　意に反する―
交織《こうしょく》　化繊と絹の―　綿糸と絹糸の―

好色《こうしょく》　―な性質　―漢　西鶴(さいかく)の―物
黄色《こうしょく》　―人種　―反応
高《こう》じる　「昂じる」とも。感情が―　病気が―
困《こう》じる　困る。病に―
講《こう》じる　経済学を―　対策を―
講《こう》じる　「媾じる」とも。和を―
行進《こうしん》　隊列を整えて―する　入場―　―曲
高進《こうしん》　「亢進・昂進」とも。インフレが―する
後進《こうしん》　―に道を譲る　―国　前進と―
後身《こうしん》　東京大学は開成学校の―だ　前身と―
更新《こうしん》　契約を―する　記録の―が成る
庚申《こうしん》　かのえさる。―待ち　―塚
幸甚《こうじん》　―の至り　―に存じます
荒神《こうじん》　かまどの神。―さまのお札を台所に張る

黄塵《こうじん》 土煙。世間の俗事。―万丈 ―にまみれる
後塵《こうじん》 先輩の―を拝する
興信所《こうしんじょ》 ―で素行調査をする
香辛料《こうしんりょう》 こしょう・からし等。
構図《こうず》 まだ―を考えている段階である
香水《こうすい》 ―のにおい 舶来品の―
硬水《こうすい》 ―と軟水 ―は洗濯(せんたく)しにくい
洪水《こうずい》 大雨で―のおそれがある ―警報
降水量《こうすいりょう》 雨雪の量。雨量。
好事家《こうずか》 ものずき。―の集り
上野《こうずけ》 旧国名、群馬県。
抗《こう》する 敵に― 風に抗して進む
号《ごう》する 東洋一と― 雪舟と―
公正《こうせい》 ―な処置を執る ―証書を作成する

攻勢《こうせい》 敵は―に出る ―を掛ける
厚生《こうせい》 ―省 ―大臣 ―施設 ―年金
更生《こうせい》 「甦生」とも。非行少年の― 会社―法
更正《こうせい》 予算の―を行なう 税の―決定
後世《こうせい》 ―に名を残す ―に伝える
後生《こうせい》 後輩。―おそるべし
恒星《こうせい》 相互の位置が一定な星。―と惑星
校正《こうせい》 原稿に従って―する ―刷り
構成《こうせい》 会を―するメンバー 文章の― 物質の―
合成《ごうせい》 染料を―する ―酒 ―樹脂 ―繊維
豪勢《ごうせい》 ―な生活をする ―な顔ぶれ
抗生物質《こうせいぶっしつ》 ―の注射
功績《こうせき》 偉大な―を残す ―をたたえる
航跡《こうせき》 白い―を残して進む ―がはっきりわかる

鉱石《こうせき》 「礦石」とも。―の採掘 ―運搬船
高積雲《こうせきうん》 まだらぐも。ひつじぐも。
洪積層《こうせきそう》 軟弱な―の土質
巧拙《こうせつ》 文字の―は問わない わざの―による差
交接《こうせつ》 雌雄が―する
高説《こうせつ》 りっぱなご意見。ご―を拝聴したい
巷説《こうせつ》 うわさ。―に惑わされるな 街談―
降雪《こうせつ》 ―の多い年 ―量 ―期
豪雪《ごうせつ》 ―に見舞われる ―地帯
口銭《こうせん》 手数料。紹介をして―を得る
工専《こうせん》 工業専門学校。―の出身 航空―
高専《こうせん》 高等専門学校。―卒業者の待遇
公選《こうせん》 総理大臣は―制にせよ 区長の―を望む
光線《こうせん》 ―を当てる 直射― 逆― エキス―

交戦《こうせん》 ―状態 ―を回避する
抗戦《こうせん》 徹底的に―する 民間の―組織
好戦《こうせん》 ―の気風 ―主義 ―国民 ―的
鉱泉《こうせん》 ―は胃によい 山合いのひなびた―
公然《こうぜん》 ―の秘密 ―たる事実 白昼―と行なう
浩然《こうぜん》 ゆったりした心。―の気を養う
高然《こうぜん》 「昂然」とも。意気が盛ん。―と胸を張る
傲然《ごうぜん》 おごり高ぶる。―たる態度
轟然《ごうぜん》 ―たる音響がして爆発する
公租《こうそ》 租税。―公課
公訴《こうそ》 刑事訴訟。―を提起する
控訴《こうそ》 上訴の一。高裁に―する ―棄却
皇祖《こうそ》 天皇の祖先。皇室の祖先。―皇宗
高祖《こうそ》 遠い祖先。開基。―日蓮上人(にちれんしょうにん)

酵素《こうそ》 消化を助ける― 呼吸―
楮《こうぞ》 ―の皮は和紙の原料とする
広壮《こうそう》 「宏壮」とも。―な邸宅 ―な規模
高層《こうそう》 ―建築 ―気象 ―湿原 ―雲
高燥《こうそう》 ―な土地 ―地帯
高僧《こうそう》 学徳のすぐれた僧。―の伝記を読む
抗争《こうそう》 労資が―する ―を繰り返す
訌争《こうそう》 内輪もめ。―が絶えない
後送《こうそう》 負傷兵を―する 写真は―いたします
降霜《こうそう》 この冬初めて―を見た ―の早い年
構想《こうそう》 文章の― 雄大な―を練る
校葬《こうそう》 学校葬。先生の葬儀は―で営まれる
構造《こうぞう》 機械の― 社会の― ―物 ―改革論
豪壮《ごうそう》 ―な邸宅に住む

拘束《こうそく》 身柄を—する —力 —時間
校則《こうそく》 —を定める —に違反する
高速《こうそく》 —で航行する —道路 —度撮影
梗塞《こうそく》 金融が—する 輸入が—する 心筋—
後続《こうぞく》 —部隊 —列車 —に期待する
航続《こうぞく》 —距離が長い —力の新記録
皇族《こうぞく》 天皇の一族。—一家 —の出
豪族《ごうぞく》 地方の— —が反乱を起こす
皇孫《こうそん》 天皇の孫。天皇の子孫。—が誕生する
小唄《こうた》 三味線に合わせる短い俗曲。—の師匠
交替《こうたい》 「交代」とも。選手の— —を告げる 参勤—
後退《こうたい》 前進と— 考え方が—する —翼
広大《こうだい》 「宏大」とも。—な天地 —無辺な慈悲
高大《こうだい》 「鴻大・洪大」とも。—な恩

後代《こうだい》 —に伝えるべき事績 —に残す
皇太后《こうたいごう》 —陛下
皇太子《こうたいし》 —ご一家 —殿下
甲高《こうだか》 —の靴(くつ) 十三文—
光沢《こうたく》 —のある皮 真珠のような— 金属—
口達《こうたつ》 口頭で達する。連絡事項を—する
強奪《ごうだつ》 輸送中の金三億円を—する
降誕《こうたん》 キリストの— —祭
公団《こうだん》 住宅— 道路— 鉄道建設— —住宅
巷談《こうだん》 世間のうわさ。—に耳を傾ける
講談《こうだん》 落語—のたぐい —師
講壇《こうだん》 大学の—に立つ —で演説する —生活
降壇《こうだん》 演説を終えて—する —して席に戻(もど)る
豪胆《ごうたん》 「剛胆」とも。—な男 —をもって鳴る

強談《ごうだん》 こわだんぱん。—に及ぶ
公知《こうち》 世間に知れている。—の事実 —の技術
巧遅《こうち》 —は拙速に及ばず
巧緻《こうち》 —なデザイン —な刺繡(ししゅう) —な画風
狡知《こうち》 「狡智」とも。悪知恵。—にたける
拘置《こうち》 刑務所に—する —所 —監
耕地《こうち》 —を耕す —面積 —整理
構築《こうちく》 陣地を—する 堤防の— —物
紅茶《こうちゃ》 緑茶と— ケーキと— —茶わん
膠着《こうちゃく》 交渉が—する 戦線は—状態である
講中《こうちゅう》 「こうじゅう」とも。念仏講の—
好調《こうちょう》 —なすべり出し —の波に乗る
高潮《こうちょう》 最—に達する
高調《こうちょう》 自説を—する — 力説を繰り返す

高聴《こうちょう》 ご—を賜わり感激しております
紅潮《こうちょう》 顔面が—する
候鳥《こうちょう》 渡り鳥。燕(つばめ)などの— —の往来
公聴会《こうちょうかい》 —を開く —での公述
腔腸動物《こうちょうどうぶつ》
硬直《こうちょく》 態度が—する 手足の— 死後—
強直《ごうちょく》 筋肉が—する
剛直《ごうちょく》 —な人物 —をもって鳴る男
工賃《こうちん》 内職の— 安い— —を払う
轟沈《ごうちん》 被弾直後の沈没。戦艦を—させる
交通《こうつう》 車馬の— —機関 —整理 —事故
強突張《ごうつくばり》 「業突張」とも。
好都合《こうつごう》 —な話 万事—
工程《こうてい》 複雑な— 作業— 製造—

行程《こうてい》 往復三日の— —十キロ
航程《こうてい》 船や航空機で行く道のり。—万里
公定《こうてい》 —価格 —歩合
公邸《こうてい》 公務を行なうために設けた邸宅。首相—
肯定《こうてい》 —と否定 彼もそれは—している
校訂《こうてい》 「校定」とも。初版を—する —本
考訂《こうてい》 方法を—する 資料の—を行なう
皇帝《こうてい》 帝国の君主。民衆は—万歳を唱える
高低《こうてい》 土地の— 音の— 物価の—
高弟《こうてい》 彼は…先生の—である
拘泥《こうでい》 勝敗に—する 金銭に—する
公的《こうてき》 —な立場で意見を述べる —と私的
好適《こうてき》 —な条件 —な場所 旅行に—な季節
号笛《ごうてき》 ホイッスル。合図の— 汽車の—

更迭《こうてつ》 大臣を—する 校長先生の—
鋼鉄《こうてつ》 鋼。はがね。—の生産 —の意志
公転《こうてん》 地球の— 自転と—
好天《こうてん》 —に恵まれる
荒天《こうてん》 —のため出航は中止 —を突いて決行した
好転《こうてん》 景気が—する 事情の—を待つ
公電《こうでん》 本国政府から—の来るのを待つ
香典《こうでん》 「香奠」とも。—を供える —返し
後天的《こうてんてき》 先天的と— —な性質
後図《こうと》 後々のためのはかりごと。—を策す
光度《こうど》 光源の明るさの度合い。単位はカンデラ。
高度《こうど》 —三千メートル 最高— —の技術
硬度《こうど》 鉱物の固さの度合い。
口頭《こうとう》 —で申し出る —試問

口答《こうとう》 —と筆答 口問—
叩頭《こうとう》 頭を地に着ける。—してあやまる
皇統《こうとう》 天皇の血筋。—連綿として続く
紅灯《こうとう》 —緑酒の巷《ちまた》
高等《こうとう》 —な技術 —教育 —裁判所 —検察庁
高踏《こうとう》 俗世間を離れて理想を追う。—派の文学
高騰《こうとう》 「昂騰」とも。株価の— 物価の—に悩む
喉頭《こうとう》 気管の入口。のどの奥。—結核
公道《こうどう》 天下の—を行く —と私道
行動《こうどう》 —を起こす 敏速に—する —主義
坑道《こうどう》 —が埋没する —の坑木
講堂《こうどう》 卒業式は—で行なう —建設のための寄付
強盗《ごうとう》 —が入《はい》る —をつかまえる —殺人
合同《ごうどう》 本社支社—の祝賀会 本隊と—する

黄道吉日《こうどうきちにち》 —に挙式
荒唐無稽《こうとうむけい》 —な話
高徳《こうとく》 —の僧 先生の—を慕う
鉱毒《こうどく》 —による被害 足尾《あしお》銅山の—事件
購読《こうどく》 買って読む。 雑誌を—する —料
講読《こうどく》 書物の講義。万葉集を—する 古典—会
公徳心《こうとくしん》 —を養う —に欠ける
構内《こうない》 駅の— 警備員が—を巡視する
後難《こうなん》 被害者は—を恐れて届けない
硬軟《こうなん》 —両用の構え
購入《こうにゅう》 乗用車を—する 備品の— 共同—
公認《こうにん》 候補者を—する —の候補 —会計士
後任《こうにん》 わたしは…先生の—として赴任した
高熱《こうねつ》 かぜを引いて—が出た

光熱費《こうねつひ》 冬は—がかさむ
光年《こうねん》 天文学で使う距離の単位。
行年《こうねん》 「ぎょうねん」とも。死んだ年。—八十歳
更年期《こうねんき》 月経閉止期。—障害
効能《こうのう》 「功能」とも。薬の—書き —を並べる
豪農《ごうのう》 郷里の—の娘と結婚する
硬派《こうは》 —と軟派 —の青年
工場《こうば》 「こうじょう」とも。—の煙突 町—
向背《こうはい》 —を明らかにする —常ならず
光背《こうはい》 仏像の背後の光の形。円形の—
交配《こうはい》 —して新種を作る —雑種
好配《こうはい》 よい配遇者。—を得てしあわせです
後輩《こうはい》 —のめんどうをよく見る 先輩と—
荒廃《こうはい》 戦乱のために—した都 人心の—

興廃《こうはい》 皇国の—この一戦にあり
高配《こうはい》 貴君のご—を感謝します
公売《こうばい》 没収した物品を—する —に付する
勾配《こうばい》 三十度の—の坂 急な—
購買《こうばい》 日用品は会社の—部で購入する —力
後背地《こうはいち》 —に恵まれて発展する
紅白《こうはく》 —に分かれる —の幕 —試合
広漠《こうばく》 広くて果てがない。—たる原野
香《こう》ばしい —新茶
業腹《ごうはら》 疑いを掛けられて—な思いをする
公判《こうはん》 —を開く 証人として—廷で証言する
孔版《こうはん》 —印刷のプリント —技術
広範《こうはん》 「広汎」とも。—な地域 影響は—に及ぶ
交番《こうばん》 事件を—に急報する —のおまわりさん

合板《ごうはん》　ベニヤ板。―工場　プリント―
口碑《こうひ》　言い伝え。―に残る　長く―に伝わる
交尾《こうび》　犬が―する　春は猫(ね)の―期である
後尾《こうび》　列の―に付く　列車の―　最―の者
硬筆《こうひつ》　毛筆に対してペンや鉛筆。―習字を習う
公表《こうひょう》　資料を―する　結果の―を待つ
好評《こうひょう》　この本はすこぶる―だ　―を博する
高評《こうひょう》　拙著についてご―を賜わりまして
講評《こうひょう》　研究授業の―　作品を―する
業病《ごうびょう》　難病。父は―に苦しんでいる
後便《こうびん》　詳細は―で申し上げます
幸便《こうびん》　よいたより。―に託します　合格の―
工夫《こうふ》　線路―　道路―
鉱夫《こうふ》　鉱山で働く―

坑夫《こうふ》　坑内労務者。　切羽(きりは)で働く―
公布《こうふ》　一般に告げ知らす。官報で―する
交付《こうふ》　証明書を―する　免許証の―　―金
光風《こうふう》　―晴月(霽月)の心境
高風《こうふう》　生徒は先生の―を慕っている
幸福《こうふく》　―な生活を送る　―に暮らす　人間の―
降伏《こうふく》　敵に―する　全権は―文書に署名する
剛腹《ごうふく》　「剛復」とも。あの―なおやじめ
荒蕪地《こうぶち》　荒れた土地。―の開墾
好物《こうぶつ》　桃は父の―です　大―の肉料理
鉱物《こうぶつ》　―顕微鏡　―性の油　―染料
口吻《こうふん》　不平家らしい―で話す　―を漏らす
公憤《こうふん》　政治の腐敗に対する―をぶつける
興奮《こうふん》　「昂奮・亢奮」とも。―のあまり震えだす

構文《こうぶん》　―を整える　―がわからない　分詞―
公文書《こうぶんしょ》　―を偽造する
頭《こうべ》　「首」とも。正直の―に神宿る
公平《こうへい》　―無私の精神　―に判断する
公平《こうへい》　「衡平」とも。つりあい。負担の―を図る
抗弁《こうべん》　新入社員のくせに上役に―する　―権
合弁《ごうべん》　日米―で会社を起こす　―事業
候補《こうほ》　議長の―に立てる　―に上る　―者
公募《こうぼ》　従業員を―する　―した作品
公法《こうほう》　国家と国民の関係の法律。―と私法
広報《こうほう》　「弘報」とも。―活動　―車　―板
公報《こうほう》　官庁から出す報告。選挙―　戦死の―
高峰《こうほう》　ヒマラヤの最―
工房《こうぼう》　彫刻家の父は終日―にこもっている

広袤《こうぼう》　広さ。広々。―三百里の原野
弘法《こうぼう》　―筆を選ばず　―にも筆の誤り
光芒《こうぼう》　サーチライトが青い―を放つ
攻防《こうぼう》　激しい―を繰り返す　―戦
興亡《こうぼう》　民族―の跡をしのぶ　会社の―
号砲《ごうほう》　―一発マラソン選手は出発した
合法《ごうほう》　―と非合法　―的な手段を研究する
豪放《ごうほう》　―磊落(らいらく)　―な性格の人物
酵母菌《こうぼきん》　イースト。
公僕《こうぼく》　公務員は―であることを自覚せよ
香木《こうぼく》　―のにおいが漂う
高木《こうぼく》　喬木(きょうぼく)。「―風に折らる」のたとえ
河骨《こうほね》　沼などにはえ、夏、黄色い花が咲く―
高邁《こうまい》　先生の―な精神に敬服します

毫末《ごうまつ》　公金は―も私してはいけない
高慢《こうまん》　―な態度　あいつの―の鼻を折る
傲慢《ごうまん》　彼の―な態度が人から憎まれる　―無礼
鉱脈《こうみゃく》　新しいウランの―を発見する
巧妙《こうみょう》　―な手段　答え方がきわめて―だ
功名《こうみょう》　―を立てる　―心
光明《こうみょう》　前途に―を求める　一縷(いちる)の―
高名《こうみょう》　―な学者　―の中に不覚あり
公民《こうみん》　―としての権利　―館
公務《こうむ》　―中の殉職　―員　―執行妨害
被《こうむ》る　汚名を―　損害を―　非難を―
被《こうむ》る　「蒙る」とも。恩を―　知遇を―
公明《こうめい》　―な政治　―正大な方法で行こう
高名《こうめい》　―な人物　ご―はかねて承っております

合名《ごうめい》　―で香典を贈る　―会社

毫《ごう》も　少しも。―恐れない

鴻毛《こうもう》　ごく軽い物事のたとえ。義は泰山、死は―

膏肓《こうもう》　「こうこう」の読み誤り。

項目《こうもく》　資料を―別に整理する　―を分類する

蝙蝠《こうもり》　―も鳥のうち　鳥なき里の―　―傘《がさ》

肛門《こうもん》　―括約筋　―科

閘門《こうもん》　水路を開閉する門。水門。―式の運河

拷問《ごうもん》　―にあって白状する　―に掛ける

広野《こうや》　「曠野」とも。―を旅する　満州の―

荒野《こうや》　―をさまよう

紺屋《こうや》　染物屋。―のあさって　―の白袴《しろばかま》

口約《こうやく》　友人との―を守る

公約《こうやく》　政府は―を守れ　政党の―　―違反

膏薬《こうやく》　―を張る　二また―　―代

香油《こうゆ》　かおりのよい化粧用の油。

鉱油《こうゆ》　鉱物性の油。

公有《こうゆう》　公共の所有。―地　―財産　―と私有

交友《こうゆう》　―の範囲が広い　―関係を洗う

校友《こうゆう》　―会　彼は本校の―である

交遊《こうゆう》　不純異性―

豪勇《ごうゆう》　「剛勇」とも。―の精神　―の士

豪遊《ごうゆう》　花柳界で―する

孝養《こうよう》　父母に―を尽くす

効用《こうよう》　薬の―を宣伝する　限界―

綱要《こうよう》　新体制の―を発表する　政策―

紅葉《こうよう》　楓《かえで》が美しく―する　全山―する

黄葉《こうよう》　校庭の銀杏《いちょう》が―する

高揚《こうよう》　「昂揚」とも。国民精神を―する

広葉樹《こうようじゅ》　闊葉樹《かつようじゅ》。―の林

強欲《ごうよく》　「強慾」とも。―な人　―非道な行い

甲羅《こうら》　亀《かめ》の―　―を経た人間にはかなわない

行楽《こうらく》　―のシーズン　春の―　―日和《びより》

高覧《こうらん》　拙著をご―に入れます

高欄《こうらん》　「勾欄」とも。橋の―にもたれて人を待つ

攪乱《こうらん》　「かくらん」の慣用読み。

公吏《こうり》　地方公務員の旧称。

公理《こうり》　一般に通じる真理。―と定理　数学の―

功利《こうり》　―的な考え　―主義

高利《こうり》　―の金を借りる　―貸

行李《こうり》　衣類を―に入れて送る　柳―

合理《ごうり》　―主義　―的な考え方　生活の―化

強力《ごうりき》　―は重い荷物をかついでどんどん登る

工率《こうりつ》　仕事率。原動機の―

効率《こうりつ》　―の悪い熱機関　投資の―を考える

高率《こうりつ》　―の関税がかかる物品　―な配当

公立《こうりつ》　―の学校に入学させる　―と私立

攻略《こうりゃく》　わが軍は敵の城を―する

後略《こうりゃく》　文の末尾を省略する。前略・中略・―

勾留《こうりゅう》　被疑者を―する　―状　未決―期間

拘留《こうりゅう》　三十日未満拘置する刑罰。―場

交流《こうりゅう》　人事の―を図る　文化―　―の電流

興隆《こうりゅう》　会社が―する　庶民文化の―

合流《ごうりゅう》　―して大河となる　本隊と―する

行旅《こうりょ》　―病者を病院に送る　―死亡人

考慮《こうりょ》　―に入れる　申出は十分―しよう

広量《こうりょう》　「宏量」とも。うちの社長は―だ

荒涼《こうりょう》　「荒寥」とも。―たる原野

香料《こうりょう》　―を加える　―を霊前に供える

稿料《こうりょう》　作家の―　―を送る　安い―で書く

綱領《こうりょう》　政策の―を発表する

効力《こうりょく》　条約が―を発する　薬品の―

光臨《こうりん》　来賓各位のご―を賜わりまして

降臨《こうりん》　高千穂峰は天孫―の伝説のある山です

紅涙《こうるい》　満都の子女の―を絞った名作

恒例《こうれい》　―により忘年会を開きます

高齢《こうれい》　―のため引退する　―者を優待する

号令《ごうれい》　―を掛ける　―を下す　天下に―する

行路《こうろ》　人生―　―難　―病者

航路《こうろ》　―を開く　―標識　外国―の船

香炉《こうろ》 香をたく小型の炉。床の間の—

高炉《こうろ》 溶鉱炉。—を建設する —メーカー

功労《こうろう》 社業の発展に—あり 永年勤務の—賞

口論《こうろん》 友人と激しく—する —の末に乱闘となる

公論《こうろん》 万機—に決する すべて—に従う

高論《こうろん》 ご—を承る —卓説

甲論乙駁《こうろんおつばく》 —の会議

高話《こうわ》 先生のご—を拝聴して得るところ多く

講話《こうわ》 老師の宗教—を聞く 主婦のための憲法—

講和《こうわ》 「媾和」とも。—条約を締結する

港湾《こうわん》 —設備の整備 —労働者

声《こえ》 大きい— 市民の— —を掛ける

肥《こえ》 農夫が作物に—をやっている —おけ

孤影《こえい》 —悄然(しょうぜん)たる姿

護衛《ごえい》 総理を—する —の戦闘機 船団—

御詠歌《ごえいか》 巡礼の— —を歌う

呉越同舟《ごえつどうしゅう》 —の状態

肥《こ》える 肥えた赤ちゃん。土地が— 目が—

越《こ》える 山を— 海を— 年を—

越《こ》える 「超える」とも。限度を— 百人を—

呼応《こおう》 先輩後輩が相—して募金運動を開始する

五黄《ごおう》 九星の一。—の寅(とら)の女

古往今来《こおうこんらい》 —にない

小躍《こおどり》 合格の掲示を見て—して喜ぶ

珈琲《コーヒー》 —を入れる —豆 —ポット

氷《こおり》 —が張る 厚い— —のような冷たさ

凍《こお》る 水が— 海の水も— 寒さ

蟋蟀《こおろぎ》 台所のすみで—が鳴く

戸外《こがい》 —に出て運動する 窓から—を見る

子飼《こがい》 幼いときから育て上げる。—の番頭

誤解《ごかい》 そんなふうに—されては困る —を解く

沙蚕《ごかい》 百足(むかで)に似ていて釣(つり)のえさになる—

顧客《こかく》 「こきゃく」とも。—の便宜を図る

互角《ごかく》 「互格」とも。—の勝負 —に渡り合う

木陰《こかげ》 「樹陰」とも。暑いので—で涼を取る

転《こ》かす 動かす。倒す。盗む。荷物を—

焦《こ》がす 畳を— 思いを— 天を—ような猛火

小形《こがた》 大形と— —の模様

小型《こがた》 大型と— —自動車 —の机 —のテレビ

枯渇《こかつ》 「涸渇」とも。水源が—する 資金の—

小金《こがね》 —をためる

黄金《こがね》 —色 —作り たんぼに—の波が揺れる

黄金虫《こがねむし》 「金亀子」とも。

小柄《こがら》 —な男の人 —なからだ —の模様

木枯《こがら》し 「凩」とも。—吹きすさぶ冬の夜

五官《ごかん》 目・耳・鼻・舌・皮膚。—に感じる

五感《ごかん》 視覚・聴覚・嗅覚(きゅうかく)・味覚・触覚。

語感《ごかん》 詩では一語一語の—もたいせつにします

護岸《ごがん》 —を完全にする —工事を始める

互換性《ごかんせい》 部品の—

古希《こき》 「古稀」とも。七十歳。—の賀を祝う

狐疑《こぎ》 疑ってためらう。—逡巡(しゅんじゅん)する

誤記《ごき》 これは記録係の—でした —や誤写

語気《ごき》 —鋭く詰め寄る 荒しい—で質問する

扱下《こきおろ》す 相手を— 品物を—

小刻《こきざ》み —に前進する 秒針が—に動く

扱使《こきつか》う 部下を—課長

顧客《こきゃく》 「こかく」とも。おとくい。商店の—

呼吸《こきゅう》 肺で—する —が合わない —を覚える

故旧《こきゅう》 昔なじみ。—忘れうべき —の間柄

鼓弓《こきゅう》 「胡弓」とも。弦楽器の一。—をかなでる

故郷《こきょう》 —では婚約者が待つ —に錦(にしき)を飾る

五行《ごぎょう》 木(もく)・火(か)・土(ど)・金(ごん)・水(すい)。陰陽—の説

御形《ごぎょう》 春の七草の一。母子草。

酷《こく》 それはあまり—な仕打ちです

扱《こ》く 稲を—農夫

放《こ》く うそを— 屁(へ)を—

漕《こ》ぐ ボートを— 自転車を— ぶらんこを—

獄《ごく》 —につながれる

極《ご》く —上等の品 —お安くなっております

こ

極悪《ごくあく》 ―非道な人物 ―な男 ―人
国威《こくい》 日本の―を発揚しよう ―を宣揚する
極意《ごくい》 剣道の― 師から―を授けられる
刻一刻《こくいっこく》 ―と迫る ―危険に
刻印《こくいん》 蔵書印を―する ―を押す
極印《ごくいん》 ―付の品物 危険分子の―を押される
虚空《こくう》 ―をつかんで倒れる ―に舞う紙ふぶき
国運《こくうん》 ―の隆盛を祈念する
国技《こくぎ》 相撲(すもう)は日本の―である
極月《ごくげつ》 十二月。 ―十四日は赤穂浪士の討入り
刻限《こくげん》 約束の― ―を守る ―に遅れる 迫る―
国債《こくさい》 ―を発行する ―を買う ―を償還する
国際《こくさい》 ―的 ―空港 ―情勢 豊かな―色
極彩色《ごくさいしき》 ―の鳥 ―のポスター

国策《こくさく》 ―を定める ―に協力する
国産《こくさん》 ―の自動車を愛用している ―品
酷使《こくし》 奴隷を―する ―に耐える機械
告示《こくじ》 選挙の― 内閣― ―板
告辞《こくじ》 学校長の―は簡潔でよかった
国事《こくじ》 天皇の― ―犯
国璽《こくじ》 国家の印。 大日本― ―尚書(しょうしょ)
酷似《こくじ》 形状も内容も―している
獄死《ごくし》 彼は病を得てついに―した
獄舎《ごくしゃ》 冷たい―にも春の日がさしている
酷暑《こくしょ》 ―の候お変りありませんか
国情《こくじょう》 首相は―視察の旅に出た
極上《ごくじょう》 これは―の品です ―品
国辱《こくじょく》 ―を受ける ―的外交交渉

国粋《こくすい》 ―を守る ―主義の団体 ―保存
国是《こくぜ》 国の政治の方針。 ―を定める
国勢《こくせい》 ―大いに振るう ―が伸びる ―調査
国政《こくせい》 ―に参加する ―を調査する
国税《こくぜい》 ―と地方税 ―庁
国籍《こくせき》 ―不明の船 ―を取得する ―離脱
告訴《こくそ》 加害者を傷害罪で―する
国葬《こくそう》 国家の功労者に対して―が行なわれる
穀倉《こくそう》 この辺はわが国の―地帯です
獄窓《ごくそう》 刑務所(の窓)。 ―から無実の罪を訴える
穀象虫《こくぞうむし》 穀類を食い荒らす―
国賊《こくぞく》 反戦運動をした人は―扱いにされた
国体《こくたい》 ―明徴運動 ―護持 秋の―が開かれた
黒檀《こくたん》 家具・建築材とする植物。 ―の応接机

告知《こくち》 当選を―する 町会の―板 納税―書
穀潰し《ごくつぶし》 遊び暮らす者。 この―め
国定《こくてい》 国家の制定。 ―公園 ―教科書
国道《こくどう》 ―第一号線 ―の修理は国費で行なう
極道《ごくどう》 品行がひどく悪い。 ―者 ―むすこ
国難《こくなん》 挙国一致して―に当たろう
告白《こくはく》 過去の悪事を―する 事実の―
酷薄《こくはく》 「刻薄」とも。 ―な態度
告発《こくはつ》 被害者以外の人が訴える。 収賄を―する
国費《こくひ》 多額の―を浪費する ―でまかなう
極秘《ごくひ》 この事件は―の扱いだ ―書類
黒白《こくびゃく》 ―を弁ぜず ―を明らかにする
酷評《こくひょう》 多くの評論家から―された作品
国賓《こくひん》 ―として招待を受ける ―待遇

国富《こくふ》 産業の振興によって―を豊かにする
克服《こくふく》 悪条件を―する
克復《こくふく》 以前の状態に返る。 平和―
穀粉《こくふん》 穀物の粉。 ―の類を常食とする
告別《こくべつ》 ―の辞を述べる ―式
国宝《こくほう》 ―に指定された仏像 人間―
国法《こくほう》 ―に触れる行為 ―に従う
国防《こくぼう》 ―計画 ―軍 ―色 ―婦人会
極細《ごくぼそ》 ―の毛糸 ―のペン ―の筆 ―の字
克明《こくめい》 ―な記録 法案を―に解説する
穀物《こくもつ》 米・麦・粟(あわ)・黍(きび)などの―
告諭《こくゆ》 部下に告げさとす。 総理大臣―
国有《こくゆう》 ―林 ―財産
極楽《ごくらく》 地獄と― ―浄土 この世の― ―往生

国立《こくりつ》 —の大学 —公園 —劇場
酷烈《こくれつ》 —な批判をする
国連《こくれん》 国際連合の略。—憲章 —旗 —軍
国論《こくろん》 —の統一こそ急務である
孤軍奮闘《こぐんふんとう》 —の状態
苔《こけ》 石に—がむす 雨上がりの—の色
後家《ごけ》 母は若くして—となった —を立てる
固形《こけい》 —スープ —物をのみ込む —せっけん
互恵《ごけい》 平等— —条約を結ぶ —貿易
焦茶色《こげちゃいろ》 —のコートを着た女
虎穴《こけつ》 —に入らずんば虎子を得ず
柿《こけら》 —ぶきの屋根 —落しの興行
焦《こ》げる 畳が— 煮物の—においがする
估券《こけん》 「沽券」とも。体面。—にかかわる

護憲《ごけん》 憲法の擁護。—運動を展開する
語源《ごげん》 「語原」とも。—を調べる 民俗—
個々《ここ》 —の意見を聞く —に行動する —別々
呱々《ここ》 新生児の泣き声。—の声を上げる
此所《ここ》 「此処」とも。—までおいで あそこと—
古語《こご》 使われなくなった— —と現代語
午後《ごご》 午前と— —の強い日ざし
虎口《ここう》 危うく—を脱することができた
股肱《ここう》 —と頼む部下 —の臣にそむかれる
孤高《ここう》 先生の—の風格 —を守る —の政治家
糊口《ここう》 「餬口」とも。内職をして—をしのぐ
古豪《ごごう》 業界の—と言われる 新鋭—の一騎打ち
呼号《こごう》 東洋一と—する設備 党員百万と—する
後光《ごこう》 仏の— —のさすようにまぶしい

凍《こご》える 雪の中を歩いて手足が—
故国《ここく》 十年ぶりで—に帰る —の土を踏む
五穀《ごこく》 米・麦・粟《あわ》・稗《ひえ》・豆。—豊穣《ほうじょう》を祈る
後刻《ごこく》 —参上いたします
護国《ごこく》 死して—の鬼となる
心地《ここち》 —よい風が吹いてくる 天にも上る—
小言《こごと》 母は—ばかり言う お—をいただく
是《ここ》に 「此に・茲に・爰に」とも。—おいて
九重《ここのえ》 —の奥のできごと
心得《こころえ》 —違い —顔 茶道の—がある 部長—
心置《こころお》き —なく旅行に出られる
心掛《こころがか》り ちょっと—な話だが
心掛《こころがけ》 平素の—がたいせつだ —の悪い人
心構《こころがま》え しっかりした—ができている

心変《こころがわ》り 急に—する 彼の—を責める
心組《こころぐみ》 —を固める 一応の—をする
志《こころざし》 —を立てる 事—と異なる
志《こころざ》す 学に— 船乗りを— 単独登頂を—
心遣《こころづかい》 細かい—に感謝する 優しい—
心付《こころづき》 お—の点どうぞお教えください
心尽《こころづく》し —の品 —の贈物
心付《こころづけ》 祝儀。チップ。
心積《こころづも》り およその—をする
心根《こころね》 —のしっかりした人 優しい—
試《こころ》みる 脱出を—
心持《こころもち》 いい—だ —大きく作った洋服
快《こころよ》い —風が吹く —眠り 快く申出を受ける
古今《ここん》 —の名作 東西—に例がない —無双

誤差《ごさ》 —はごくわずかである —を修正する
茣蓙《ござ》 庭に—を敷いてままごと遊びをする
巨細《こさい》 —漏らさず報告する —に調べる
小才《こさい》 —のきく男は大成しない
後妻《ごさい》 —をもらう —の連れ子 先妻と—
小細工《こざいく》 —を巡らす —をろうす
小作《こさく》 —人 —米 —料 —農 —争議
古刹《こさつ》 京都には多くの—がある 名所—
小雨《こさめ》 —が降る —もよう 晴れ一時—
古参《こさん》 —の力士 —と新参 最—
午餐《ごさん》 友人と—を共にする —会
誤算《ごさん》 —を発見する 大きな— これは—だ
枯死《こし》 日照り続きで稲が—する
腰《こし》 —を曲げる —が重い 話の—を折る

輿《こし》　乗り物。玉の—に乗る
固持《こじ》　先生は信念を—して譲らない
固辞《こじ》　大臣就任の話があったが—して受けない
居士《こじ》　温良院貞山堅道—　一言—
孤児《こじ》　戦災—　—を引き取って育てる
故事《こじ》　—来歴に詳しい人　—成語
誇示《こじ》　おびただしい兵力を—する
誤字《ごじ》　答案に—があれば減点される
護持《ごじ》　仏法を—する
輿入《こしいれ》　お姫さまのお—
腰折《こしおれ》　—三首お目に掛けます　—の句
腰掛《こしかけ》　—にすわる　—仕事　このポストも—だ
来《こ》し方《かた》　「きしかた」とも。—行く末を思う
古式《こしき》　—にのっとった宮中の儀式
乞食《こじき》　—三日やればやめられない　—根性
腰巾着《こしぎんちゃく》　—同様に付き歩く
虎視眈々《こしたんたん》　—ねらう
固疾《こしつ》　「痼疾」とも。持病。—の胃病に苦しむ
固執《こしつ》　彼はどうしても自説を—する
個室《こしつ》　寮は—だから勉強の能率が上がる
故実《こじつ》　—に詳しい土地の古老　有職(ゆうそく)—
腰弁《こしべん》　腰弁当。—で出掛ける　—に甘んじる
腰巻《こしまき》　赤い—をした女
誤写《ごしゃ》　誤記や—　—したものが伝わる
小癪《こしゃく》　—にさわる　—なまねをする
語釈《ごしゃく》　この参考書は—の詳しいのが特色である
固守《こしゅ》　自説を—して譲らない
呼集《こしゅう》　深夜に—する　非常—を掛ける
扈従《こじゅう》　「こしょう」とも。貴人のそばにはべる。
小舅《こじゅうと》　配偶者の兄や弟。—ひとりは鬼千匹
小姑《こじゅうとめ》　配偶者の姉や妹。
小綬鶏《こじゅけい》　—を撃ちに出掛ける
御所《ごしょ》　京都—　—を警衛する　—人形　—桜
互助《ごじょ》　—の精神　職員の—組合を結成する
語序《ごじょ》　国語と英語とでは—が違う
故障《こしょう》　機械の—を修理する　また—した
呼称《こしょう》　社長を「おやじ」と—する　—変更
誇称《こしょう》　会員百万と—する　業績を—する
胡椒《こしょう》　植物。香辛料。塩と—で味を整える
湖沼《こしょう》　利根川(がわ)流域には—が多い
古城《こじょう》　古い城。小諸(こもろ)なる—のほとり
孤城《こじょう》　援軍がなくて孤立した城。—落日の光景
後生《ごしょう》　—ですから助けてください　—だいじに
互譲《ごじょう》　—の精神で円満に解決する
誤植《ごしょく》　この本は—が少ない　—を訂正する
古色蒼然《こしょくそうぜん》　—たる家
拵《こしら》える　財産を—　こどもを—　話を—
拗《こじ》らす　鼻かぜを—　交渉を—
抉《こじ》る　戸を抉って開(あ)ける
個人《こじん》　彼—の考え　—主義　—差　—企業
古人《こじん》　—の言によれば　—の教訓
故人《こじん》　同期生の中には—になった人が多い
誤信《ごしん》　事実を—する
誤診《ごしん》　あの医者はどうも—が多い
誤審《ごしん》　塁審の—に騒ぐ
吾人《ごじん》　われわれ。—はすべからく現代に超越し
御仁《ごじん》　奇特な—です　この—はわしの親友で
護身術《ごしんじゅつ》　—を習う
御新造《ごしんぞ》　「ごしんぞう」とも。
越《こ》す　峠を—　四十を—　団地に—
越《こ》す　「超す」とも。百万円を—預金　限度を—
漉《こ》す　通して細かくする。あんを—　みそを—
濾《こ》す　かすを除く。井戸の水を—
湖水《こすい》　美しい—の景色(けしき)　—に浮かぶ白帆
鼓吹《こすい》　国民精神を—する　選手の士気を—する
狡《こす》い　やり方が—
午睡《ごすい》　昼寝。夏は—を取る　—の夢
梢《こずえ》　小鳥が—に留まっている　風にそよぐ—
鼓《こ》する　勇を鼓して行く
擦《こす》る　手を—　石で—　玉を—

こ

伍《ご》する　先輩に伍して引けを取らない
後世《ごせ》　―を願う
個性《こせい》　―を伸ばす　―の強い人　―のある作品
小勢《こぜい》　味方は―だからとていかなわない
悟性《ごせい》　―のない人間は哲学者になれない
古生代《こせいだい》　―の植物の化石
戸籍《こせき》　―抄本　―謄本　区役所の―係
古跡《こせき》　「古蹟」とも。京都の―を巡る
古拙《こせつ》　先生の―の筆跡に魅力がある
小銭《こぜに》　―を用意してバスに乗る　―にくずす
小競合《こぜりあい》　国境では―が続く
互選《ごせん》　議長を―する　―によって幹事を選ぶ
午前《ごぜん》　―と午後　―の授業毎日帰宅は―さま
御前《ごぜん》　殿下の―で演奏する　―様、お呼びですか

跨線橋《こせんきょう》　渡線橋。駅の―
去年《こぞ》　きょねん。―の春　―ことし
小僧《こぞう》　お寺の―　酒屋の―　―っ子　ひざ―
護送《ごそう》　四人を―する　―船団
五臓六腑《ごぞうろっぷ》
姑息《こそく》　―な手段をろうする　―なやり方　因循―
小袖《こそで》　もらう物は夏も―
挙《こぞ》る　精鋭を挙って攻撃する　一家挙って行く
御存知《ごぞんじ》　―のかたも多いと思う
固体《こたい》　―・液体・気体　―炭酸　―燃料
個体《こたい》　―変異　―発生
古代《こだい》　―の遺跡　兄は―史の研究をしている
誇大《こだい》　―な広告　―妄想
五体《ごたい》　―満足　―がすくむ

答《こた》える　質問に―　照会に―　正しく―
応《こた》える　期待に―　歓呼の声に―
堪《こた》える　骨身に―　老人には暑さが―
御託《ごたく》　父は酒を飲むと―を並べる
木立《こだち》　―の深い庭　夏―
炬燵《こたつ》　―を置く　―に当たる　―ぶとん
誤脱《ごだつ》　文字の―　―の多い文章
御多分《ごたぶん》　―に漏れず
谺《こだま》　山に―する　叫んだ―が返る
枯淡《こたん》　―の境地　この庭は―な味がする
故知《こち》　「故智」とも。太田道灌(どうかん)の―にならう
東風《こち》　―吹かばにおい起こせよ梅の花
鯒《こち》　海底の砂の中にもぐっている―
東風《こちかぜ》　「こち」とも。―が吹く

固着《こちゃく》　岩に―している貝　接着剤で―する
胡蝶《こちょう》　花に戯れる―の姿　―の舞
誇張《こちょう》　彼の説明はどうも―が多い　―して言う
伍長《ごちょう》　軍曹(ぐんそう)の下の―
語調《ごちょう》　鋭い―で詰め寄る　なだらかな―
此方《こちら》　「此処・此地」とも。―のほうがよろしい
骨《こつ》　父の―を拾う　仕事の―を覚えなさい
忽焉《こつえん》　たちまち。忽然。―として消えうせる
国花《こっか》　国を代表する花。桜は日本の―です
国家《こっか》　―の存亡　近代―　―機関
国歌《こっか》　日本の―「君が代」　―を演奏する
刻下《こっか》　経済の立て直しこそ―の急務です
小使《こづかい》　「用務員」の旧称。
小遣《こづかい》　お―を貯金する　―銭

骨格《こっかく》　「骨骼」とも。―たくましい男　予算の―
骨柄《こつがら》　―のりっぱな男　たくましい―
酷寒《こっかん》　―の地で戦う兵士　―の候お元気ですか
克己《こっき》　―心の強い人こそ成功する
国旗《こっき》　競技場には各国の―が翻っている
国境《こっきょう》　―の山々が見える　―線を突破する
刻苦《こっく》　彼は―勉励して成功した　―精励
小突《こづ》く　ひじで―　わき腹を―
小作《こづく》り　―な男の人　―に見える
国訓《こっくん》　漢字の国語読み。訓。「君」の―は「きみ」
滑稽《こっけい》　―な話　―なしぐさ
国権《こっけん》　為政者は―を乱用してはいけない
国憲《こっけん》　憲法。国民は―を重んじ国法に従うべし
国庫《こっこ》　―から補助を仰ぐ　―余裕金

国交《こっこう》 —を回復する —断絶
刻々《こっこく》 発車時刻は—と迫る 時々(じじ)—と水が増す
骨子《こっし》 計画の— 論文の—だけはまとまった
骨髄《こつずい》 —炎 恨み—に徹する 文章の—
骨折《こっせつ》 スキーで—する 全治五か月の複雑—
忽然《こつぜん》 —として眼前に現われる —と消えた
骨相《こっそう》 よい—をしている —を研究する —学
此方《こっち》 「此処・此地」とも。 —へ来い あっち—
小槌《こづち》 打ち出の—
骨張《こっちょう》 「骨頂」とも。 愚の—
骨董《こっとう》 —品を並べる —に凝る —趣味
骨肉《こつにく》 —の情 —相食(は)む —の親
木端微塵《こっぱみじん》 —になる
骨盤《こつばん》 男と女では—の形が違う
骨膜《こつまく》 深さ—に達する重傷を負う —炎
小手《こて》 —をかざして遠くを見る —調べ —先
鏝《こて》 髪の毛に—を掛ける 壁を塗る—
籠手《こて》 剣道の試合で二本とも—を取って勝った
後手《ごて》 —を取って敗れた —に回る —を引く
固定《こてい》 机の位置を—させる —資産税 —給
鼓笛隊《こてきたい》 —が行進する 少女—
古典《こてん》 日本の— —文学の権威 —音楽
個展《こてん》 …画伯の—を見に行く —を開く
御殿《ごてん》 りっぱな— —のような邸宅 —女中
糊塗《こと》 政府は失政を—しようとしている
琴《こと》 「箏」とも。 —の音 —を弾(ひ)く
言挙《ことあげ》 議論。彼は—を好むたちだ
孤島《ことう》 絶海の—に住む —に流される 陸の—
鼓動《こどう》 走ったあとは心臓の—が激しい
梧桐《ごとう》 あおぎり。庭の—の葉が秋風に散る
悟道《ごどう》 仏道の悟りを開く。—の境地
事欠《ことか》く 毎日の食事代にも—ありさまです
事柄《ことがら》 重要な—はメモする 知っておいてよい—
事切《ことき》れる 死ぬ。ついに事切れた
孤独《こどく》 —の身の上 —に耐える 天涯(てんがい)—
悉《ことごと》く 火事で家財を—焼いてしまった
事々《ことごと》しい 大げさ。—騒ぎをする
殊更《ことさら》 とくに。—に大きな声で話をしている
故《ことさ》ら わざと。—折る —騒ぎたてる
今年《ことし》 去年・—・来年 —じゅうに仕上げます
琴柱《ことじ》 琴の糸をささえるこま。—に膠(にかわ)する
如《ごと》し 冷静なること水の— 事件は迷宮入りの—
言霊《ことだま》 ことばの不思議な力。—の幸(さきお)う国
託《ことづ》ける 使いの人に手紙を—
言伝《ことづて》 留守だったので家人に—を頼んだ
事勿《ことなか》れ —主義では解決しない
異《こと》なる 兄はわたしとは性質がひどく—
殊《こと》に 姫路城(ひめじじょう)は日本の城の中でも—美しい
毎《ごと》に 一時間—社内を巡視する 年—発展する
異《こと》にする 地域を— 意見を—
言葉《ことば》 —を返す —を濁す 紹介の— —づかい
寿《ことぶき》 新年の—を申し上げます —を保つ
寿《ことほ》ぐ きょうのよき日を— 長命を—
子供《こども》 おとなと— —扱い —は風の子
諺《ことわざ》 「腐っても鯛(たい)」という—がある
理《ことわり》 —を尽くして訓戒する 物事の—
断《ことわ》る 出席を— 援助を— 丁寧に—
粉々《こなごな》 ガラスが—にこわれる —に砕く
粉微塵《こなみじん》 爆発で—になる
誤認《ごにん》 赤信号を青信号と—する 事実を—する
小糠《こぬか》 —三合持ったら養子に行くな —雨
捏《こ》ねる 粉を— だだを—
此《この》 —ほうを先にしよう —まではだめだ
鰶《このしろ》 「鯯」とも。幼魚をコハダという—
好《この》む 酒を— 甘味を— 読書を— 旅を—
木菟《このはずく》 —の声は「仏法僧」と聞こえる
後場《ごば》 取引所午後の立会。前場(ぜんば)と—
故買《こばい》 盗品と知って買う。—の罪で摘発される
琥珀《こはく》 樹脂の化石。—色のウイスキー
御破算《ごはさん》 —で願いましては

鞐《こはぜ》 足袋(たび)の—を掛ける
小鰭《こはだ》 コノシロの幼魚。
小咄《こばなし》 江戸—
拒《こば》む 援助の申出を— 組合の要求を—
小春《こはる》 旧暦十月の異名。 —日和(ひより)で暖かい
湖畔《こはん》 —を散歩する —の旅館に泊まる
小判《こばん》 大判—がざくざく —形
御飯《ごはん》 —をたく 三度の— —蒸し 混ぜ—
碁盤《ごばん》 —の目のように画然とした町 —割り
語尾《ごび》 —がはっきりしない —の変化 活用—
誤謬《ごびゅう》 彼の説には—が多い —を訂正する
小兵《こひょう》 からだの小さい男。 力士としては—だ
媚《こ》びる 人に— 上役に—のはみっともない
昆布《こぶ》 「こんぶ」とも。 とろろ— —巻

鼓舞《こぶ》 応援団が選手を—激励する
瘤《こぶ》 —ができる 松の木の—
護符《ごふ》 「御符」とも。 お百度を踏んで—を受ける
呉服《ごふく》 織物。反物。 —を商う —屋 京—
鼓腹撃壌《こふくげきじょう》 太平謳歌。
子福者《こぶくしゃ》 —の一家
御無沙汰《ごぶさた》 長らく—
辛夷《こぶし》 早春白い大きい花の咲く—
拳《こぶし》 —を振り上げる —を握る
御不浄《ごふじょう》 便所。 —のそうじ
古墳《こふん》 奈良には—が多い —を保存する
胡粉《ごふん》 —を塗ってその上に絵の具を塗る
御幣《ごへい》 ぬさ。 —かつぎ —持ち
語弊《ごへい》 へただと言えば—があるが要領が悪いよ

戸別《こべつ》 —に割り当てる —の調査 —訪問
個別《こべつ》 各人と—に交渉する —に審議する
誤報《ごほう》 大統領が死んだというのは—であった
牛蒡《ごぼう》 きんぴら— —抜きにする
零《こぼ》す 水を— 愚痴を—
小間《こま》 広間と— 展示会場の— —割り
齣《こま》 フィルムの— 日常生活の一—
駒《こま》 —の足掻(あがき) 将棋の— —を進める
独楽《こま》 正月には—を回して遊ぶ —鼠(ねずみ)
胡麻《ごま》 白—と黒— —をする —あえ —油
護摩《ごま》 —をたいて祈願する 道中の—のはい
木舞《こまい》 「小舞」とも。 壁の下地。 —をかく
狛犬《こまいぬ》 神社にある—の像 阿吽(あうん)の—
細《こま》かい —字 —心づかい —注意

誤魔化《ごまか》す 金額を— うまく—
細切《こまぎ》れ 「小間切れ」とも。 豚肉の—
鼓膜《こまく》 —が破れるほどの大きな音
駒下駄《こまげた》 —を履(は)いて行く
細々《こまごま》 —した道具をそろえる —と注意する
小股《こまた》 —の切れ上がったいい女 —すくい
駒鳥《こまどり》 —の鳴き声が響く —を飼う
拱《こまぬ》く 「こまねく」とも。 手を—
小間結《こまむすび》 ひもを—にする
鱓《ごまめ》 「たづくり」とも。 —の歯ぎしり
小間物《こまもの》 —を売る店 —屋を開く
細《こま》やか —な説明 —な砂の粒
濃《こま》やか —な松の緑 —な情愛
困《こま》る 金策に— 寒くて— 全く困ったやつだ

小回《こまわ》り 「小廻り」とも。 —のきく自動車
芥《ごみ》 「塵芥」とも。 —取り —を掃く —箱
小道《こみち》 「小径・径」とも。 林の中の—を歩く
込《こ》む 手が— 飛び— 寝—
込《こ》む 「混む」とも。 人が— 店が—
護謨《ゴム》 南洋には—の木が多い —製品 合成—
小結《こむすび》 関脇(せきわけ)から—に落ちる 張出(はりだし)—
虚無僧《こむそう》 —が尺八を吹く
腓返《こむらがえ》り ふくらはぎのけいれん。
顳顬《こめかみ》 —がぴくぴく動く —のあたりが痛む
米櫃《こめびつ》 —がからになる
込《こ》める たまを— 税を— 計算に運賃を—
込《こ》める 「籠める」とも。 心を— 精魂—
込《こ》める 「罩める」とも。 霧が—

御免《ごめん》 ―被る ―あそばせ ―ください 木戸―
薦《こも》 ―かぶりの酒だる
交々《こもごも》 出席者が―語る 悲喜―のニュース
小物《こもの》 付属物。―を買い集める ―売場
小者《こもの》 小人物。―には目もくれない
子守《こもり》 ―の女の子 ―歌
籠《こも》る 家に― お寺に― 陰《いん》に― 心が―
顧問《こもん》 会社の―に就任する ―格 ―弁護士
小屋《こや》 芝居― 掘っ立て― ―掛け
誤訳《ごやく》 ―を指摘する この本はどうも―が多い
肥《こ》やす 土地を― 耳を― 私腹を―
固有《こゆう》 ―の観念 ―の性質 ―名詞
今宵《こよい》 ―の月は美しい ―一夜のなごり
雇用《こよう》 「雇傭」とも。運転手を―する

御用《ごよう》 ―納め ―組合 商人 ―聞き ―だ ―
誤用《ごよう》 ことばの― 薬剤を―する
御用達《ごようたし》 「ごようたつ」とも。官内庁―
暦《こよみ》 ―の上ではもう春です ―をめくる
紙撚《こより》 「紙捻・紙縒」とも。―で綴《と》じる
古来《こらい》 ―の風習 人生七十―まれなり
御来光《ごらいこう》 山上で―を仰ぐ
怺《こら》える 「堪える」とも。痛さを― 怒りを―
娯楽《ごらく》 テレビには―番組が多すぎる ―室
凝《こ》らす くふうを― 思いを― ひとみを―
懲《こ》らす いたずら者を― 悪を―
懲々《こりごり》 こんな仕事はもう―だ
垢離《こり》 寒中に―を掻《か》く 水―を取る
梱《こり》 荷造りしたもの。綿五百―

御覧《ごらん》 ―に入れる あれを―なさい 笑って―
凝性《こりしょう》 彼は―だから時間が掛かる
孤立《こりつ》 敵中に―する ―無援の苦境 ―化する
五里霧中《ごりむちゅう》 ―の状態
御利益《ごりやく》 ―のある寺 ―を授かる
顧慮《こりょ》 妻のことなどいっこうに―してくれない
御料《ごりょう》 皇室の財産。―牧場 ―地 ―林
御陵《ごりょう》 桃山は明治天皇の―のある場所である
御寮《ごりょう》 娘や若い人妻の敬称。花嫁― ―人《にん》
懲《こ》りる 失敗に― これに―ことなく
凝《こ》る 遊芸に― 着物に― 肩が―
孤塁《こるい》 味方がすべて敗れて―を守る
是《これ》 「之・此」とも。―ら あれ― ―実に
虎列剌《コレラ》 ―が流行する ―菌

頃《ころ》 その― 若い―は食べ―
語呂《ごろ》 うまく―を合わせる ―合せ
頃合《ころあい》 ―を見計らって行く ちょうど―の品です
古老《ころう》 「故老」とも。土地の習慣を―に聞く
固陋《ころう》 頑冥《がんめい》―な老人
転柿《ころがき》 白粉を吹かせた干し柿。―は甘い
転《ころ》がる 坂道を― 横に― 鉛筆が―
殺《ころ》す 人を― 息を― 私情を―
破落戸《ごろつき》 「不破者」とも。
転寝《ごろね》 畳の上に―する
転《ころ》ぶ つまずいて― 転ばぬ先のつえ
衣替《ころもがえ》 「衣更」とも。―の季節
怖《こわ》い 「恐い」とも。暗い場所が― ―顔をする
強《こわ》い 固い。―飯 ―紙

声色《こわいろ》 ―を使う 菊五郎の―をまねする
小脇《こわき》 ―にかかえる
蠱惑《こわく》 妖艶《ようえん》な姿態で―する
御破算《ごわさん》 「ごはさん」とも。
壊《こわ》す 破壊する。建物を―
毀《こわ》す だめにする。話を― 茶わんを― 腹を―
声高《こわだか》 ―な話し声がする ―にののしる
強談判《こわだんぱん》 ―で臨む
声音《こわね》 ―をまねる
強《こわ》ばる 顔が― 舌が― 手足が―
強飯《こわめし》 おこわ。誕生日に―をふかす
強面《こわもて》 脅迫。―に出る
恐持《こわも》て あの先生は生徒に―がする ―の人
根《こん》 ―が続かない ―を詰めてやる 平方―

紺《こん》 —の制服がよく似合う —色 —絣(がすり)

懇意《こんい》 —な人 彼とは—な間柄です

婚姻《こんいん》 —届 —適齢期 —予約不履行

婚家《こんか》 母は娘の—にあいさつに行った —先

根幹《こんかん》 事件の—を調べる —をなす考え方

懇願《こんがん》 部長に—する 助命を—する

今季《こんき》 —第一等の成績 —の作物

今期《こんき》 —の重要問題 —の業績

根気《こんき》 このごろの若者には—がない

婚期《こんき》 姉は病弱で—を逸してしまった

婚儀《こんぎ》 きたる五月—を挙(あ)げる 盛大な—

困却《こんきゃく》 資金が欠乏して—する —の至り

困窮《こんきゅう》 生活に—する —に耐えて勉学する

根拠《こんきょ》 —のない話 敵の—地をたたく

今暁《こんぎょう》 —の火事で焼死者が出た

勤行《ごんぎょう》 僧は毎朝—をする

困苦《こんく》 —の窮み —欠乏に耐える兵士

根比べ《こんくらべ》 「根競べ」とも。こうなったら—だ

権化《ごんげ》 彼は悪の—とも言われる人間である

混血児《こんけつじ》 —を生む

根源《こんげん》 「根原・根元」とも。事件の—を追究する

権現《ごんげん》 —さま 箱根— —造り

今後《こんご》 —は楽になる —の予定を立てる

混交《こんこう》 「混淆・渾淆」とも。玉石— 和漢—文

金剛《こんごう》 —石 —づえ —力 —不壊(えふ)の信心

混合《こんごう》 石と砂を—する 男女— —ダブルス

言語道断《ごんごどうだん》 —の行為

懇々《こんこん》 父は娘を—とさとす —と言って聞かせる

昏々《こんこん》 疲れ果てて—と眠り続ける

滾々《こんこん》 清水(しみず)が—と湧(わ)き出す

混雑《こんざつ》 日曜日なのでデパートは—している

今次《こんじ》 —の大戦 —事件の原因を探る

恨事《こんじ》 戦いに敗れたことは千秋の—である

根治《こんじ》 「こんち」とも。水虫を—する —療法

金色《こんじき》 —の仏像 —堂 —夜叉(やしゃ)

今昔《こんじゃく》 まことに—の感にたえない

今週《こんしゅう》 —は仕事が忙しい —で授業は終りだ

今秋《こんしゅう》 —に刊行の予定だ —南米へ行く

紺綬褒章《こんじゅほうしょう》

今生《こんじょう》 —の思い出になるだろう —の別れ

根性《こんじょう》 現代の青年には—が欠けている

紺青《こんじょう》 —色の海

懇情《こんじょう》 ご—を賜わりまことにかたじけなく

言上《ごんじょう》 一筆—いたします —書

渾身《こんしん》 —の力を振り絞って事に当たる

懇親会《こんしんかい》 総会のあとの—に出る

昏睡《こんすい》 病人は—状態に陥る

混成《こんせい》 男女の—チーム —部隊

懇請《こんせい》 大臣に就任するよう—を受けた

混声合唱《こんせいがっしょう》

今夕《こんせき》 —はご出席くださりまことにありがとう

痕跡《こんせき》 城壁には銃弾の—が残る 犯罪の—

懇切《こんせつ》 —な説明を加える —丁寧

根絶《こんぜつ》 旧来の悪習を—する 風土病の—に尽くす

混戦《こんせん》 敵味方—状態になる

混線《こんせん》 電話が—する 話が—する

混然《こんぜん》 「渾然」とも。社内が—として一体となる

混濁《こんだく》 「溷濁」とも。病人の意識は—している

献立《こんだて》 料理の— 会合の—はできている

魂胆《こんたん》 彼の—がわからない 何か—があるらしい

懇談《こんだん》 町内会の有志と—する —会を開く

昆虫《こんちゅう》 —を採集する 有益な—

根底《こんてい》 「根柢」とも。—からくつがえる

昏倒《こんとう》 大きなショックを受けて—した

金堂《こんどう》 法隆寺の— —の壁画

金銅《こんどう》 金メッキした銅。—の仏像

混同《こんどう》 公私を—してはいけない

懇篤《こんとく》 ご—な教訓を賜わり御礼申し上げます

混沌《こんとん》 「渾沌」とも。優勝の行くえは—としてる

困難《こんなん》 海底トンネルは—な工事である

蒟蒻《こんにゃく》 —玉 —版 —問答
混入《こんにゅう》 毒物を—した形跡がある
困憊《こんぱい》 徹夜作業で疲労—その極に達した
魂魄《こんぱく》 人は死んでも—はなおこの世にとどまる
今般《こんぱん》 私儀—東京に転勤を命ぜられました
金毘羅《こんぴら》 —さんは航海安全の神
昆布《こんぶ》 「こぶ」とも。
金平糖《こんぺいとう》 「金米糖」とも。
紺碧《こんぺき》 濃い青色。—の海に浮かぶ白帆 —の空
混紡《こんぼう》 化繊と—した製品 綿と絹との—
棍棒《こんぼう》 —でなぐり掛かる —で犬をたたく
梱包《こんぽう》 製品を—する 家具を—して送る
根本《こんぽん》 表面だけでなく—の問題を検討しよう
根負《こんま》け 彼の熱心さに—した

混迷《こんめい》 「昏迷」とも。解散含みで—している政局
懇望《こんもう》 社長の—もだしがたく顧問に就任した
紺屋《こんや》 「こうや」とも。染物屋。—のあさって
婚約《こんやく》 ご—おめでとうございます —指輪
混浴《こんよく》 男女—の風習がまだ残っている山村
混乱《こんらん》 議場が—する 頭が—する —が収まる
建立《こんりゅう》 この寺が—されたのは鎌倉時代だ
根粒《こんりゅう》 「根瘤」とも。—バクテリア
金輪際《こんりんざい》 この件は—口にしまい
婚礼《こんれい》 姉の—は十月四日と決まった
焜炉《こんろ》 下宿では—で炊事をする 石油—
混和《こんわ》 種々の液体を—する —による合成物
懇話会《こんわかい》 —を開く 経済事情—
困惑《こんわく》 仲人(なこうど)を頼まれて—する

さ

差《さ》 収入と支出の— わずかな—で敗れた
座《ざ》 妻の— —が白ける —を取り持つ
才《さい》 妻をめとらば—たけて —におぼれる
菜《さい》 副食物。お—を作る 一汁(いちじゅう)一—
犀《さい》 アフリカにいる— —の角(つの)
歳《さい》 「才」とも。年齢。十—の子
際《さい》 一朝有事の— 上京の—お目に掛かる
賽《さい》 さいころ。—は投げられた —の目
差異《さい》 「差違」とも。両者の—を明らかにする
在《ざい》 いなか。—の人 京都の—
財《ざい》 こつこつと—を積む 一代で—を成す
最愛《さいあい》 —の妻を失った悲しみ —の彼氏

罪悪《ざいあく》 大きな—を犯す —感を持たない
才媛《さいえん》 花嫁は女子大出身の—であります
再縁《さいえん》 初婚には破れたがさいわい—に恵まれた
菜園《さいえん》 母は—の手入れに忙しい 家庭—
塞翁《さいおう》が馬《うま》 人間万事—
災禍《さいか》 細心の注意をして—を防ぐ
裁可《さいか》 天皇のご—を仰ぐ
在貨《ざいか》 「在荷」とも。—を調整する
財貨《ざいか》 金銭と品物。—をたくわえる
罪過《ざいか》 彼の過去には種々な—がある
罪科《ざいか》 重い—に処せられる —に問われる
再開《さいかい》 中断していた会議を—する プレー—
再会《さいかい》 十年ぶりで—する —の日を楽しみに
際会《さいかい》 幸運に—する 危難に—する

斎戒《さいかい》 神主は—沐浴(もくよく)して神に仕える
災害《さいがい》 —救助に努力する —保険 —補償
際涯《さいがい》 —なき大洋 原野は—なく広がる
財界《ざいかい》 —は保守政権を歓迎する —の長老
才覚《さいかく》 お金の—をする —のある人
皂莢《さいかち》 枝や幹にとげがありさやの実がなる—
才幹《さいかん》 —のある人 理科方面の—に富む
彩管《さいかん》 絵筆。画伯は得意の—を振るう
菜館《さいかん》 中華料理店。—で宴会を催す
才気《さいき》 —に満ちた青年 —煥発(かんぱつ)
再起《さいき》 父は病に倒れて—不能である
債鬼《さいき》 借金取り。事業に失敗して—に追われる
再議《さいぎ》 —に付する 議案の—は認めない
猜疑心《さいぎしん》 —が強い

さ

さ

再挙《さいきょ》 事業に失敗して—を図る
最近《さいきん》 —着任したばかりです —の事情に暗い
細菌《さいきん》 バクテリア。—が繁殖する —兵器
細瑾《さいきん》 少しの欠点。大行は—を顧みず
在勤《ざいきん》 本社に—中はお世話になりました
細工《さいく》 —を施す —はりゅうりゅう 竹—
採掘《さいくつ》 石灰石を—する —作業中に殉職した
細君《さいくん》 「妻君」とも。彼の—は九州の人だ
再啓《さいけい》 再度出す手紙の書出しのことば。
採血《さいけつ》 診断のために耳たぶから—する
採決《さいけつ》 議長は—を強行した 討論のあと—する
裁決《さいけつ》 申請に対して—がある
歳月《さいげつ》 —人を待たず —流るるがごとし
再建《さいけん》 会社を—する 国の—を図る

債券《さいけん》 —を発行する 勧業— 電話—
債権《さいけん》 —と債務 —者が押し寄せる
再現《さいげん》 事件の現場を—する 往年の黄金時代の—
際限《さいげん》 心配すれば—がない —ない欲望
財源《ざいげん》 —を確保する —難 —が乏しい
最古《さいこ》 法隆寺は世界—の現存木造建築物である
最後《さいご》 これがわたしの—のお願いです
最期《さいご》 —を遂げる
在庫《ざいこ》 —が全くなくなる —品一掃の大売出し
再考《さいこう》 —を促す —の余地がない
再興《さいこう》 国を—する 断絶した家を—する
採光《さいこう》 教室は—のぐあいがいいので明るい
採鉱《さいこう》 —の許可がおりる —冶金(やきん)
最高《さいこう》 —と最低 —の得点 —裁判所 —検察庁

在郷《ざいごう》 —軍人 —の名士 —の先輩
罪業《ざいごう》 —を積み重ねる —の報い
催告《さいこく》 義務の履行を—する
賽子《さいころ》 「骰子」とも。—を振る —の目
再婚《さいこん》 母はわたしを置いて—してしまった
再建《さいこん》 寺社を建て直す。社殿の—を図る
再々《さいさい》 わたしは彼に—注意した
幸先《さいさき》 —のよいスタート
再三《さいさん》 —の催促で困っている —再四督促する
採算《さいさん》 この仕事は—が取れない
財産《ざいさん》 —の分配で兄と弟が争う —家
才子《さいし》 —才におぼれる —多病
妻子《さいし》 薄給で—を養うのはつらい
祭祀《さいし》 祖先の—を執り行なう —料

彩色《さいしき》 —画 どぎつい— —土器
歳時記《さいじき》 年中行事— 俳句—
際して《さいして》 出発に—注意を与える
祭主《さいしゅ》 市長が—となって慰霊祭を行なう
採集《さいしゅう》 こどもたちは植物の—に夢中である
最終《さいしゅう》 リレーの—走者 試験の—日 —回
在住《ざいじゅう》 東京に—している姉 —者
歳出《さいしゅつ》 歳入と— —を引き締める
最初《さいしょ》 —と最後 —の発言 何事も—がたいせつ
才女《さいじょ》 世にもまれな— —の書いた小説
妻女《さいじょ》 妻。妻と娘。—を養う 留守番の—
妻妾《さいしょう》 妻と妾(めかけ)。—相争う —同居
宰相《さいしょう》 総理大臣。首相。一国の—
細小《さいしょう》 細かい。—の粒子

最小《さいしょう》 —と最大 —限度 —公倍数
最少《さいしょう》 —の出費 —額の損害で済む
最捷《さいしょう》 最短。—ルートによる輸送
斎場《さいじょう》 葬儀を執り行なう場所。葬儀所。
罪証《ざいしょう》 犯罪の証拠。—を隠滅する
罪障《ざいしょう》 —は極楽往生の妨げ —消滅
罪状《ざいじょう》 調査によれば—は明白だ —認否
才色《さいしょく》 才知と容色。—兼備の婦人
菜食《さいしょく》 父は—主義です
在職《ざいしょく》 —三十年に及んだ職場 —期間
再審《さいしん》 —を申し立てる —を請求する
砕身《さいしん》 主君のために粉骨—する
細心《さいしん》 —の注意を払う 大胆にして—
最新《さいしん》 —の情報 —のカメラ —型の自動車

祭神《さいじん》 —は天照大神と伝えられる
再生《さいせい》 録音を—する —品 —ゴム —繊維
再製《さいせい》 くず紙を—する —品 —酒
最盛《さいせい》 —の時期 —期を過ぎる
済世《さいせい》 —救民こそ政治の理想である
在世《ざいせい》 故人—中の思い出を語る
財政《ざいせい》 国家の— —投融資 —年度
砕石《さいせき》 道路工事用の— —を敷き固める
採石《さいせき》 石を切り出す。—業 —現場
在籍《ざいせき》 高校二年に—する —者 —専従
再選《さいせん》 委員長に—される —は確実だ
賽銭《さいせん》 —を投げて神社にお参りする —箱
最前《さいぜん》 —からの話によると —家に帰ったところ
最善《さいぜん》 —を尽くす —の方法を考える

催促《さいそく》 母におこづかいの—をする 原稿の—
細則《さいそく》 —は別に定めます 施行—
妻帯《さいたい》 まだ—しておりません —者 肉食—
最大《さいだい》 —の関心事 —多数の—幸福 —と最小
細大《さいだい》 部下の行為は—漏らさず上司に報告する
採択《さいたく》 教科書を—する 請願を—する
在宅《ざいたく》 ご主人はご—でしょうか
歳旦《さいたん》 元日。元旦。
裁断《さいだん》 布地を—する 政務を—する
祭壇《さいだん》 —には写真を飾る
財団《ざいだん》 一定の目的のための財産結集。—法人
才知《さいち》 「才智」とも。—縦横 すぐれた—の持主
細緻《さいち》 —な考察 —な図柄
最中《さいちゅう》 試験の—に停電した 食事の—

在中《ざいちゅう》 写真— —書類の内訳
才槌《さいづち》 小型の木の槌。—で細工する —頭
最低《さいてい》 最高と— —賃金 —温度計
裁定《さいてい》 中労委の—に従う 仲裁—
最適《さいてき》 彼はこの仕事に—と考える
祭典《さいてん》 —は厳粛に行なわれた
採点《さいてん》 答案を—する —表 —基準
祭殿《さいでん》 —にぬかずいて祈る
再度《さいど》 —手紙を出す —督促する
済度《さいど》 仏の道は衆生(しゅじょう)—である
嘖《さいな》む 苦しめる。良心を—
災難《さいなん》 旅先で—にあう —よけのおまじない
歳入《さいにゅう》 —は年々増してくる —と歳出
再任《さいにん》 —を妨げない 総裁を—する

在任《ざいにん》 —中はお世話になりました 短い—期間
罪人《ざいにん》 —扱い
再燃《さいねん》 疑獄事件が—する 反対運動が—する
才能《さいのう》 師は生徒の—を認める 音楽の—がある
賽河原《さいのかわら》 —で石を積む亡者(もうじゃ)
采《さい》の目《め》 「賽の目」とも。—に切る
采配《さいはい》 陣頭に立って—を振る
再拝《さいはい》 二度拝礼する。手紙の結びの語。
栽培《さいばい》 稲を—する —法 水—
再発《さいはつ》 兄の病気が—した
財閥《ざいばつ》 —政治を打倒せよ —からの巨額な献金
最果《さいはて》 —の地にさまよう —の原野
再犯《さいはん》 初犯より—のほうが罪が重い
再版《さいはん》 —の際誤りを訂正します

裁判《さいばん》 —を開く —官 —所 欠席—
歳晩《さいばん》 年末。—の町を行く —所感
採否《さいひ》 面談のうえ—を決めます
歳費《さいひ》 —の増額を議員がお手盛りで決める
砕氷《さいひょう》 —して前進する —船
財布《さいふ》 —の口を締める —の底をはたく
細部《さいぶ》 —にわたって説明する
細分《さいぶん》 仕事をさらに—する 土地を—する
細別《さいべつ》 —すれば三十種類に分かれる
再編《さいへん》 委員会を—する
裁縫《さいほう》 母は近所の娘たちに—を教えている
細胞《さいぼう》 「さいほう」とも。がんの— —分裂
財宝《ざいほう》 金銀— —は地獄の家苞(いえづと)
歳末《さいまつ》 あわただしい—風景 —気分

さ

細密《さいみつ》 ―な検査を行なう ―な計画を立てる
催眠《さいみん》 ―剤 ―術を掛ける
債務《さいむ》 事業に失敗し多額の―を負う 債権と―
財務《ざいむ》 会社の―担当の重役 ―諸表
細目《さいもく》 ―については別に定めます
材木《ざいもく》 建築用の― ―屋
在野《ざいや》 ―の政治家 ―時代に苦労する
災厄《さいやく》 不慮の―にあう ―を免れる
採用《さいよう》 ―の通知 ―試験 ―を内定する
再来《さいらい》 キリストの―と仰がれる
在来《ざいらい》 この薬は―の品とは違います
在留《ざいりゅう》 ―邦人の安全を図る ―民
最良《さいりょう》 人生―の日 ―の方法を考える
裁量《さいりょう》 議長の―に任せる 自由―
宰領《さいりょう》 彼がこの団体の―だ
材料《ざいりょう》 原料と― 話の― 建築の―
財力《ざいりょく》 豊かな―の持主
催涙《さいるい》 ―ガス ―弾を発射する
祭礼《さいれい》 神社の―
採録《さいろく》 「載録」とも。 この投書はとくに―しよう
再録《さいろく》 この記事は夕刊にも―します
幸《さいわ》い 不幸中の― ―な人 ―無事でした
才腕《さいわん》 幹部社員として―を振るう
差益《さえき》 価格の変更による利益。 ―金を儲(もう)ける
遮《さえぎ》る 戸で風を― 行く手を― 話を―
囀《さえず》る 雲雀(ひばり)が空で― かごで―小鳥
査閲《さえつ》 軍隊を―する
冴《さ》える 頭が― 腕が― 目が―
竿《さお》 ―に干す 物干し― 釣(つり)―
棹《さお》 舟の― 急流に―さす
早《さ》乙女《おとめ》 田植えの女。
茶菓《さか》 ―の供応を受ける ―を出す
坂《さか》 ―を上る 急な― 四十の―を越える
性《さが》 人の―はまちまちである この世の―
座臥《ざが》 「坐臥」とも。行住― 師の恩は忘れません
境《さかい》 隣村との― 生死の―をさまよう
逆恨《さかうら》み 親切にしてやったのに―を受ける
栄《さか》える 店が― 国が―
逆落《さかおと》し 鵯越(ひよどりごえ)の― 谷へ―にする
榊《さかき》 神社の境内の―の木 ―を神前に供える
差額《さがく》 収支の― ベースアップの―が出る
逆子《さかご》 ―で生まれる ―だったので難産した
逆《さか》さ 逆(ぎゃく)。 ―から見る 容器を―にする
倒《さか》さ 倒立。 ―富士
逆様《さかさま》 「さかさ」とも。 びんを―に立てる
賢《さか》しい 「怜悧しい」とも。 ―子
捜《さが》す 見えなくなったものを。さいふを―
捜《さが》す 「探す」とも。目的物を。届け先の家を―
杯《さかずき》 酒の― 大きな―で一杯やる
杯《さかずき》 「盃」とも。別れの― 三々九度の―
逆立《さかだち》 ―してもかなわない ―した理論
逆手《さかて》 短刀を―に持つ
酒手《さかて》 ―をねだる ―をはずむ
魚《さかな》 煮― ―屋 ―の料理 焼いた―
肴《さかな》 酒の― 彼の失敗談を―にして飲む
逆波《さかなみ》 ―にのまれておぼれ死ぬ
座金《ざがね》 ―を入れて締める
逆捻《さかねじ》 ―を食わせる
遡《さかのぼ》る 「溯る」とも。川を― 話は二十年前に―
酒場《さかば》 大衆―
逆巻《さかま》く 舟は―怒濤(どとう)にもまれる
相模《さがみ》 旧国名、東部を除く神奈川県。
酒盛《さかもり》 お祝いの―をする 深夜まで―が続く
逆《さか》らう 流れに― 親に― 世論に―
盛《さか》り 花の― 人生の― 今を―と ―が付く
下《さ》がる 成績が― 幕が― 時代が―
左官《さかん》 「しゃかん」とも。壁を塗る―屋
盛《さか》ん 商売が―になる ―に燃える
盛《さか》ん 「旺ん」とも。意気― 老いてますます―
先《さき》 ―に立って歩く あとにも―にも

前《さき》 —の大臣　三日—の雨
詐欺《さぎ》 —を働く　—に掛かる　寸借—　—師
詐偽《さぎ》 偽り。—の方法で登録する
鷺《さぎ》 —を烏(からす)と言いくるめる　白—
一昨々日《さきおととい》
一昨々年《さきおととし》
先駆《さきがけ》 「先駈」とも。先陣。—の功名
魁《さきがけ》 春の—として梅の花が咲く
先々《さきざき》 行く—で歓迎を受ける　—どうなるやら
先様《さきさま》 —のご都合しだいで
曩《さき》に 以前に。—述べたとおり
先走《さきばし》る 計画だけが—　先走った考え
先触《さきぶ》れ この地震は大地震の—か　視察の—
先棒《さきぼう》 お—をかつぐ　—とあと棒

先回《さきまわ》り 「先廻り」とも。—して待つ
砂丘《さきゅう》 海岸の—　—地帯
先行《さきゆき》 このままでは—が心配だ
作業《さぎょう》 —に従事する　—服　深夜—　—の能率
座興《ざきょう》 —に歌を歌う
座業《ざぎょう》 「坐業」とも。はんこ屋のような—
狭霧《さぎり》 立ち込める—の中をデートする
先渡《さきわた》し 現品を—する　代金—
砂金《さきん》 この山から—が出る
柵《さく》 馬が—を越えて逃げ出す　—を巡らす
策《さく》 —を巡らす　—を授ける　解決—
咲《さ》く 花が—　桜が—　早春に—
裂《さ》く ふたりの仲を—　布を—
割《さ》く 時間を—　鶏を—

作為《さくい》 彼のやり方には—の跡が見える　—的
作意《さくい》 作品の意図。—が見え透いている
索引《さくいん》 百科事典には—が付いている　音訓—
策応《さくおう》 与野党が—して歳費の値上げを図る
作柄《さくがら》 ことしは稲の—がよい
削岩機《さくがんき》 「鑿岩機」とも。
削減《さくげん》 予算の—もやむをえない　兵力を—する
遡源《さくげん》 「溯源・そげん」とも。—的に研究する
策源地《さくげんち》 作戦の根拠地。
錯誤《さくご》 —を訂正する　時代—もはなはだしい
嘖々《さくさく》 好評—　名声—
錯雑《さくざつ》 種々な事情が—している
酢酸《さくさん》 「醋酸」とも。—菌　—繊維素
作詩《さくし》 —者　—作曲

作詞《さくし》 主として翻訳の場合に使う。—者
策士《さくし》 彼はなかなかの—だ　—策におぼれる
搾取《さくしゅ》 資本家は労働者を—する
削除《さくじょ》 —して訂正する　三字—
策《さく》する 内閣の打倒を—
作成《さくせい》 書類を—する　販売計画の—
作成《さくせい》 「作製」とも。見本を—する　表を—する
削井《さくせい》 「鑿井」とも。井戸を掘る。—機
作戦《さくせん》 「策戦」とも。—を練る　上陸—　販売—
索然《さくぜん》 話を聞き終えて彼は—たる面持ちである
錯綜《さくそう》 事件が—する　—する利害関係
作付《さくづけ》 麦の—　—面積
索敵《さくてき》 潜水艦の—行動　—機
索道《さくどう》 空中ケーブル。架空—　—事業

策動《さくどう》 この事件の背後には—している者がいる
索漠《さくばく》 友に裏切られて—とした気持になる
策謀《さくぼう》 内閣を倒す—が漏れる
作物《さくもつ》 野鼠(のねずみ)に畑の—が荒らされる
桜《さくら》 日本の国花である—　山—　演説会場の—
錯乱《さくらん》 精神が—する　—状態になる
桜桃《さくらんぼ》 みずみずしい色つやの—
策略《さくりゃく》 暴動を起こす—を巡らす　—家
探《さぐ》る ふところを—　犯人か否かを—
炸裂《さくれつ》 弾丸が—する
柘榴《ざくろ》 —の実が裂ける　—鼻
鮭《さけ》 「しゃけ」とも。—の鼻曲り
酒糟《さけかす》 「さかかす」とも。—で奈良漬(づけ)を作る
蔑《さげす》む 身なりで人を—な

さ

叫《さけ》ぶ　大声で―　反対を―　政治の改革を―
裂《さ》ける　布が―
避《さ》ける　人目を―　難を―　鬼門を―
下《さ》げる　頭を―　値段を―
提《さ》げる　かばんを―　両手に―
差遣《さけん》　係官を現地に―する
左玄《さげん》　「左舷」とも。船首に向かって左側。
雑魚《ざこ》　―ばかり釣(つ)る　―のとと交じり　―寝
座高《ざこう》　「坐高」とも。日本人は―が高い
左顧右眄《さこうべん》　―す　るな
鎖国《さこく》　江戸時代の―政策　―時代
鎖骨《さこつ》　胸の上部の左右にある骨。―を折る
座骨《ざこつ》　「坐骨」とも。腰の下部にある骨。
些々《ささ》　「瑣々」とも。―たることで腹を立てる

笹《ささ》　―の葉　―舟
座作《ざさ》　「坐作」とも。立ち居。起居。―進退
些細《ささい》　―な問題にこだわるな　―なこと
栄螺《さざえ》　―のつぼ焼　―のようなげんこつ
支《ささ》える　手で―　家計を―　敵の進撃を―
捧《ささ》げる　両手で貢物(みつぎもの)を―
査察《ささつ》　管内を―する　―官
小波《さざなみ》　「細波・漣」とも。池の面に―が立つ
細雪《ささめゆき》　細かくまばらに降る雪。
囁《ささや》く　「私語く」とも。秘書が耳元で―
山茶花《さざんか》　晩秋に咲く　―の花
砂嘴《さし》　海岸に細長く延び出た砂地。
尺《さし》　ものさし。―で測る　―を当てる
瑣事《さじ》　「些事」とも。―にこだわる

匙《さじ》　―ですくう　―かげん　―を投げる
座視《ざし》　「坐視」とも。苦しみを―するに忍びない
差入《さしいれ》　―に行く　―弁当
挿絵《さしえ》　新聞の―　―画家　―を入れる
差押《さしおさえ》　家財道具を―される　―処分
差金《さしがね》　だれの―でこんなことをしたのだろう
挿木《さしき》　薔薇(ばら)の―をする　―でふやす
桟敷《さじき》　―で花火を見物する　天井―
座敷《ざしき》　―に人を通す　奥―
差繰《さしくり》　都合を―して伺います
刺子《さしこ》　―のけいこ着
差障《さしさわ》り　当日―があるので出席できません
指図《さしず》　上役の―を受ける　部下に―する
差詰《さしずめ》　―入用な品　これだけあれば―困らない

差止《さしとめ》　出入り―　記事―　送金―
指値《さしね》　客の指定する値段。株を―で買う
差引《さしひき》　―百円の赤字です
差招《さしまね》く　「麾く」とも。総理は秘書官を―
刺身《さしみ》　鮪(まぐろ)の―　―包丁　―のつま
差向《さしむ》き　―がんばることだ　―必要なものは
指物《さしもの》　板を組み立てて作る家具。―師
詐取《さしゅ》　友人から大金を―する
査収《さしゅう》　どうぞご―ください　代金を―する
些少《さしょう》　―ですが、お納めください
査証《さしょう》　ビザ。―がおりる
詐称《さしょう》　氏名を―する
座礁《ざしょう》　「坐礁」とも。船は―して大破した
挫傷《ざしょう》　スキーで―する

差渡《さしわた》し　円の直径。―一メートル
砂塵《さじん》　―が舞う　もうもうたる―
砂州《さす》　「砂洲」とも。―には水鳥が集まっている
差《さ》す　気が―　魔が―　影が―　刀を―
差《さ》す　「注す」とも。水を―　油を―　朱を―
差《さ》す　「翳す」とも。傘(かさ)を―
射《さ》す　日が―　光が―　赤みが―
指《さ》す　指で―　名を―　針は東を―　将棋を―
刺《さ》す　注射針を腕に―　人を―
刺《さ》す　「螫す」とも。虫が―　蜂(はち)が―
挿《さ》す　花びんに花を―　髪に―
座主《ざす》　延暦寺(えんりゃくじ)の長。天台―
座州《ざす》　「坐洲」とも。船が―する
流石《さすが》　横綱だけあって―に強い　―の彼も

授《さず》ける 賞状を― 策を― 奥義を―
流浪《さすら》う 「流離う」とも。諸国を―
摩《さす》る 祖母の足を― やれやれと胸を―
座席《ざせき》 ―指定列車 並んで―を取る
挫折《ざせつ》 計画が途中で―する
左遷《させん》 地方へ―させられる 栄転と―
座禅《ざぜん》 「坐禅」とも。本堂で―を組む
嘸《さぞ》 母は―喜んでいるだろう ―かし ―や
誘《さそ》う 彼女を映画に― 参会者の涙を―
座像《ざぞう》 「坐像」とも。弘法大師の―を安置する
蠍《さそり》 尾端の針に強い毒のある―
沙汰《さた》 何の―もない 正気の― 刃物―に及ぶ
定《さだ》める 目標を― ここを永住の地と―
座談《ざだん》 ―を交える ―会
幸《さち》 山の―海の― ―多かれと祈る
座長《ざちょう》 懇談会の―を勤める 地方の劇団の―
札《さつ》 ―を数える ―入れ 一万円―
雑《ざつ》 ―な細工 ―に扱う やり方が―だ
殺意《さつい》 ―をいだく ―があったことを認める
撮影《さつえい》 写真を―する 映画の― ―会 ―所
雑役《ざつえき》 ―に従事する
雑音《ざつおん》 ラジオに―が入(はい)る ―は気にするな
作家《さっか》 ―を志す 時代小説の―
雑貨《ざっか》 ―を輸出する 村の―屋
殺害《さつがい》 「せつがい」とも。強盗が家人を―する
錯覚《さっかく》 ―を起こす もう日曜日かと―する
雑学《ざつがく》 ―も教養の一つだ ―に詳しい
擦過傷《さっかしょう》 かすり傷。―を負う
雑感《ざっかん》 定年退職に際して―をしるす
雑観《ざっかん》 ―記事を書く
殺気《さっき》 会場には―がみなぎる ―立った試合
五月《さつき》 「皐月」とも。旧暦五月の異名。―晴れ
雑記《ざっき》 身辺―を書く ―帳にメモしておく
早急《さっきゅう》 「そうきゅう」とも。―に連絡せよ
雑居《ざっきょ》 白人と黒人が―している ―房
作曲《さっきょく》 作詞と― ―家
殺菌《さっきん》 熱湯で―する 低温― ―力 ―灯
雑件《ざっけん》 ―を一挙に片づける
作興《さっこう》 国民精神を―する 愛国心を―する
雑穀《ざっこく》 この店は米麦以外の―類も売る ―商
昨今《さっこん》 結婚式は―だいぶ簡略になりました
颯々《さっさつ》 秋風が―として吹く
冊子《さっし》 ―の体裁にまとめる 小―
雑誌《ざっし》 ―を編集する 月刊― 学習― ―記者
雑種《ざっしゅ》 この犬は―です 交配して―を作る
殺傷《さっしょう》 人畜を―する ―事件が起こった
刷新《さっしん》 人事を―する 政界の―を望む声が多い
撒水車《さっすいしゃ》 「さんすいしゃ」とも。
察《さっ》する 事情を― ―に余りある
雑然《ざつぜん》 部屋(へや)の中には書物が―と置かれている
颯爽《さっそう》 選手が―と登場する ―と歩く
雑草《ざっそう》 庭に―がはえている ―のように強くあれ
早速《さっそく》 お手紙をいただいたので―参上しました
雑多《ざった》 ―なものが入り交じっている 種々―
札束《さったば》 百万円の―をふところに入れる
雑談《ざつだん》 友だちと―して時を過ごす
察知《さっち》 胸中を―する 意図を―される
殺虫剤《さっちゅうざい》 ―をまく
殺到《さっとう》 開店と同時に客が―した 注文―
雑踏《ざっとう》 「雑沓」とも。―している商店街
雑念《ざつねん》 ―を去って読書にふける
雑嚢《ざつのう》 種々のものを入れる袋。―を肩に掛ける
雑駁《ざっぱく》 ―な知識は役に立ちません
殺伐《さつばつ》 男だけの世界はどうしても―になる
雑費《ざっぴ》 ―の支出がかさむ ―に付けておく
札片《さつびら》 ―を切る
撒布《さっぷ》 「さんぷ」とも。農薬を―する
殺風景《さっぷうけい》 まことに―な部屋(へや)だ
雑物《ざつぶつ》 ―を整理する ―を除去する
雑報《ざっぽう》 新聞の―欄に載せる

薩摩《さつま》　旧国名、鹿児島県西部。—揚げ　—芋

雑務《ざつむ》　—に追われて手紙を書く暇がない

殺戮《さつりく》　罪もない民衆を—する

雑録《ざつろく》　この本は最近の—にすぎません

偖《さて》　「扨・却説」とも。—次は　それは—おき

叉手網《さであみ》　—で鮒（ふな）を取っている

査定《さてい》　昇給額を—する　税額の—　—額

蹉跌《さてつ》　計画に—を来たす　何度か—を繰り返す

里《さと》　—に出る　嫁を—に帰す　お—が知れる

佐渡《さど》　旧国名、新潟県の佐渡島。

敏《さと》い　「聡い」とも。利に—　この子はなかなか—

砂糖《さとう》　黒—　白—　角—　—きび

差等《さとう》　—を付ける　品質による—

作動《さどう》　計器が—する

茶道《さどう》　「ちゃどう」とも。茶の湯。—の家元

里親《さとおや》　—と里子　—制度

里帰《さとがえ》り　嫁の—　奉公人が—する

里心《さとごころ》　家を出て三月、そろそろ—が付く

諭《さと》す　教師が非行生徒を—　諄々と—

悟《さと》る　世の無常を—　彼の悪巧みを—

早苗《さなえ》　—を植える　—歌が聞こえる

最中《さなか》　暴風雨の—に出航する

宛《さなが》ら　町のにぎわいは—お祭りのようだ

蛹《さなぎ》　幼虫が—に、—が成虫になる

真田紐《さなだひも》　—を編む

早苗饗《さなぶり》　「早苗振」とも。

讃岐《さぬき》　旧国名、香川県。

鯖《さば》　—のみそ煮　締め—　—を読む

差配《さはい》　—に貸家の世話を頼む

砂漠《さばく》　「沙漠」とも。—地帯　ゴビの—

裁《さば》く　理非曲直を—　事務を—　事件を—

捌《さば》く　品物を—　乗降客を—　手綱を—

茶飯事《さはんじ》　そんなことは日常—だ

錆《さび》　「銹」とも。—を落とす　身から出た—

寂《さび》　趣。—のある庭　侘（わび）と—

寂《さび》しい　「淋しい」とも。—生活　口が—

座標《ざひょう》　地図の—　直角—　—軸

寂《さび》れる　炭鉱が閉山となっては町も—

座布団《ざぶとん》　「座蒲団」とも。客用—

差別《さべつ》　男女の—はない　—待遇

作法《さほう》　食事の—　礼儀—をしつける　無—

茶房《さぼう》　喫茶店（きっさてん）。地下街の—で待ち合わせる

仙人掌《サボテン》　「シャボテン」とも。

朱欒《ザボン》　—の実　—は長崎の名物です

様《さま》　—を述べる　—にならない　田中—

様々《さまざま》　「種々」とも。—な意見　—に変わる

妨《さまた》げる　同業の進出を—　勉学を—騒音

瑣末《さまつ》　あまり—なことにこだわるな

彷《さまよ》う　山の中を—　夜の町を—

五月雨《さみだれ》　—がしとしと降る

寒気《さむけ》　ぞくぞくと—がする

侍《さむらい》　「士」とも。—の大将　彼はたいした—だよ

鮫《さめ》　大型のものは鱶（ふか）ともいう—

鮫肌《さめはだ》　ざらざらした肌。—の人

冷《さ》める　スープが—　熱が—　興が—

覚《さ》める　目が—　夢が—　迷いから—

醒《さ》める　酔いが—

褪《さ》める　色が—

座持《ざも》ち　—のうまい男

査問《さもん》　事件関係者を—する　—委員会

鞘《さや》　刀の—　元の—に納まる　—をかせぐ

莢《さや》　蚕豆（そらまめ）の—をむく　—が裂けて実が出る

鞘当《さやあて》　恋の—から起こった事件

冴《さ》やか　「清やか」とも。—には見えないが

座薬《ざやく》　「坐薬」とも。—を差し込む　痔（じ）の—

白湯《さゆ》　薬を飲むための—を一杯ください

座右《ざゆう》　—に置く　—の銘とすることば

小夜《さよ》　—ふけて　—曲

左様《さよう》　—ご承知ください　—なら

作用《さよう》　てこの—　—と反—　意志の決定に—する

左翼《さよく》　―を守る　―の闘士　―冒険主義
鱵《さより》　「鰔」とも。西日本に多い細長い―
皿《さら》　―に盛る　洋食―　―洗いくだもの―
更《さら》　新しい。―のタオル
再来年《さらいねん》　―には結婚する予定だ
攫《さら》う　鳶(とんび)が油揚げを―　こどもを―
渫《さら》う　川を―　井戸を―
温《さ》習《ら》う　けいこ。お琴を―
更紗《さらさ》　模様染めの名。ジャワ―
晒粉《さらしこ》　―は水の殺菌や漂白に使う
晒《さら》す　布を川の水で―
曝《さら》す　日に―　風雨に―　恥を―　危険に―
更《さら》地《ち》　―で売る
更《さら》に　予算を―追加する　―反省する気なし

粗目《ざらめ》　結晶のあらい砂糖。―で煮る　赤―
新湯《さらゆ》　―は老人にはよくないと言われる
猿《さる》　―も木から落ちる　―の人まね
申《さる》　十二支の第九。―年生れの人
去《さ》る　村を―　危険が―　―者は追わず
然《さ》る　―方面では　―人からの情報
笊《ざる》　野菜を―に入れる　―で水をくむ　―碁
猿轡《さるぐつわ》　―をかませて声を出させない
百日紅《さるすべり》　真夏に咲く―の赤い花
猿知恵《さるぢえ》　「猿智慧」とも。
猿又《さるまた》　「猿股・申又」とも。―一つで庭に水をまく
砂礫《されき》　―に埋まる　―ばかりの道は歩きにくい
髑髏《されこうべ》　「しゃれこうべ」とも。どくろ。
戯《ざ》れる　「じゃれる」とも。犬が―

沢《さわ》　―を上る　冷たい―の水
茶《さ》話会《わかい》　「ちゃわかい」とも。
騒《さわ》ぐ　こどもが―　波が―　観衆が―　飲んで―
醂《さわ》す　冷たい水で―
爽《さわ》やか　―な秋　―な気分　―な声
椹《さわら》　植物。材は軽く柔らかで、おけ等を作る。
鰆《さわら》　魚。瀬戸内海に多い。
触《さわ》り　浄瑠璃(じょうるり)の―だけ聞かせる
触《さわ》る　手で―　しゃくに―　触らぬ神に祟りなし
障《さわ》る　からだに―　最近の暑さに―
参《さん》　三。金額を書く場合に使う。金―百万円
桟《さん》　障子の―をこわす
産《さん》　お―が軽い　北海道の―　―を成す
算《さん》　―を乱して逃げる

酸《さん》　―とアルカリ
賛《さん》　「讃」とも。ほめことば。絵に―を入れる
賛意《さんい》　この計画に―を表します
散逸《さんいつ》　「散佚」とも。たいせつな資料が―する
産院《さんいん》　姉は町の―でこどもを生んだ
山河《さんか》　国破れて―あり　―の嶮(けん)　―襟帯(きんたい)
山窩《さんか》　山地に群居する漂泊性の人々。―小説
参加《さんか》　遠征に―する　―の申込み　―資格
参稼《さんか》　プロ野球選手の―報酬
酸化《さんか》　酸素と化合する。―と還元　―鉄
惨禍《さんか》　―にあう　―を招く　―目をおおうばかり
賛歌《さんか》　「讃歌」とも。雪山―　―を合唱する
傘下《さんか》　彼の―に集まる　―の組合
参賀《さんが》　宮中―　正月の―　―帳

参会《さんかい》　どうぞご―ください　―者一同
散会《さんかい》　正午に―しました　―を宣言する
散開《さんかい》　部隊は密集隊形から―した
三界《さんがい》　女は―に家なし　―火宅　―流転(るてん)
惨害《さんがい》　台風による―　―を被る
残骸《ざんがい》　倒壊した家屋の―　―を片づける
参画《さんかく》　わたしも立案に―しました
山岳《さんがく》　―地帯には雪が降りました　―崇拝
産額《さんがく》　年間の―は百万個を越します
残額《ざんがく》　預金の―　―は来年度に繰り越します
三角州《さんかくす》　「三角洲」とも。
参観《さんかん》　学校の授業を―する　―人　工場―
三寒四温《さんかんしおん》　―の気候
慚愧《ざんき》　―にたえません　―の念　―の至り

さ

参議院《さんぎいん》 ―と衆議院　―議員
三脚《さんきゃく》 カメラの―　―いす　二人―
残虐《ざんぎゃく》 ―な行為は許すことができません
産業《さんぎょう》 ―の合理化　花形―　―革命
残業《ざんぎょう》 毎日多忙で―しています　―手当
参勤《さんきん》 勤務。役所に―する
参勤《さんきん》 「参覲」とも。―交替
散華《さんげ》 太平洋戦争で―していった英霊を祭る
懺悔《ざんげ》 神に―する　―録　一億総―
参詣《さんけい》 明治神宮に―する　―の人の波
惨劇《さんげき》 ―の現場をカメラに収める
三権《さんけん》 立法・司法・行政。―分立
散見《さんけん》 町の灯が―される　誤りが―される
三弦《さんげん》 「三絃」とも。三味線。なまめかしい―の音

讒言《ざんげん》 同僚を上司に―する　人々は―を信じた
三顧《さんこ》 ―の礼を尽くして会長に迎える
産後《さんご》 ―の肥立ちが悪い　産前―の休暇
珊瑚《さんご》 ―礁　樹状―　―珠
参考《さんこう》 多くの資料を―にする　―図書　―人
参向《さんこう》 出向く。出掛ける。勅使が―する
鑽孔《さんこう》 穴をあける。―機　―テープ
塹壕《ざんごう》 ―を掘る　―に身を伏せる
残酷《ざんこく》 「残刻」とも。昔は―な刑罰が行なわれた
残渣《ざんさ》 残りかす。アルコールをしぼり取った―
山菜《さんさい》 食用になる山草。山の宿で―料理が出た
散在《さんざい》 人家が―する　大小の島々が―する
散財《さんざい》 遊びに行って―する　とんだ―を掛ける
斬罪《ざんざい》 首を切る刑罰。―に処する

散策《さんさく》 郊外を―する
惨殺《さんさつ》 「ざんさつ」とも。捕虜を―する
斬殺《ざんさつ》 切り殺す。
三差路《さんさろ》 「三叉路」とも。
燦々《さんさん》 太陽が―と照る
散々《さんざん》 ―な目にあう　―文句を言う
蚕糸《さんし》 養蚕と製糸。―試験所　―業
惨死《さんし》 「ざんし」とも。交通事故で―する
惨事《さんじ》 親子共に焼死するという―
産児《さんじ》 ―制限　―調節
賛辞《さんじ》 「讃辞」とも。―を呈する　―を惜しまぬ
残滓《ざんし》 「ざんさい」とも。残りかす。―を捨てる
暫時《ざんじ》 ―休憩しましょう　―お待ちください
山紫水明《さんしすいめい》 ―の地

参酌《さんしゃく》 他人の意見を―する　時価を―する
斬首《ざんしゅ》 首を切る。―の刑に処せられる
参集《さんしゅう》 午前十時に―してください
産出《さんしゅつ》 石油を―する国　年間の―額
算出《さんしゅつ》 原価を―する　費用を―する
算術《さんじゅつ》 昔の―を今は算数という　―平均
賛助《さんじょ》 会の設立を―する　―会員
残暑《ざんしょ》 ―きびしいおりから
三唱《さんしょう》 万歳を―する
山椒《さんしょう》 ―は小粒でもぴりりと辛い　―魚(うお)
参照《さんしょう》 資料を―する　―条文　脚注―
参上《さんじょう》 近いうちにお宅に―します
惨状《さんじょう》 事件の―を報道する
残照《ざんしょう》 まばゆい―　―が照りはえる

蚕食《さんしょく》 強国が弱国を―する
産褥《さんじょく》 産婦の寝床。―についている　―熱
参《さん》じる 危篤の報に―親類　急ぎ母の元に―
散《さん》じる うっぷんを―　巨額の財を―
斬新《ざんしん》 ―な意匠　―な考え　デザインが―である
散水《さんすい》 「撒水(さっすい)」とも。―車
三竦《さんすく》み 三者―の状態
三途《さんず》の川《かわ》 冥途(めいど)の川。
産《さん》する 多量の米を―地方　この地方に―芋
算《さん》する 交通事故の死者は三万人を―
三世《さんぜ》 親子は一世、夫婦は二世、主従は―
三省《さんせい》 われ日にわが身を―す
参政《さんせい》 婦人も―する　―権を得た
賛成《さんせい》 法案に―する　―者　―と反対

産制《さんせい》 産児制限の略。 ―運動
山積《さんせき》 事務が―する ―する問題を処理する
残雪《ざんせつ》 遠い山々の― ―を踏んで登る
参戦《さんせん》 ソ連の―によって太平洋戦争は終結した
参禅《さんぜん》 最近では女性で―する人が多い
燦然《さんぜん》 ―として輝く優勝カップ
潸然《さんぜん》 むすこの死を知って涙―と下る
嶄然《ざんぜん》 ―として頭角を現わす
酸素《さんそ》 元素の一。 ―と水素の化合物 ―ボンベ
讒訴《ざんそ》 あしざまに告げ口する。同僚を―する
山荘《さんそう》 山の別荘。夏を信州の―で過ごす
山賊《さんぞく》 昔は箱根山にも―がいた ―の親分
残存《ざんそん》 敵兵力はまだ―している ―主権
参内《さんだい》 宮中に参上する。お召しを受けて―する

残高《ざんだか》 通帳に―を記入する 差引―
三嘆《さんたん》 「三歎」とも。 読み終えて―する
賛嘆《さんたん》 「讃嘆・讃歎」とも。 ―してやまない
惨憺《さんたん》 「惨澹」とも。 ―たる光景 苦心―
算段《さんだん》 金のほうは何とか―が付く やりくり―
散弾《さんだん》 「霰弾」とも。 ―が飛んでくる 猟銃の―
三段跳《さんだんとび》 ―の選手 ―で新記録
産地《さんち》 ―から直送する 蜜柑《みかん》の―
山頂《さんちょう》 富士―を窮める ―からのながめ
算定《さんてい》 費用の― 必要額を―する
暫定《ざんてい》 ―協定を取り決める ―的 ―予算
参道《さんどう》 神社の― ―を静かに歩む
桟道《さんどう》 がけに掛けた橋。こわごわ―を渡る
賛同《さんどう》 来会者の―を得た 趣旨に―する

残党《ざんとう》 平家の―が落ち延びた地
惨《さん》として その場の情景に―声なし
参入《さんにゅう》 祭場へ―する 宮中に―する
算入《さんにゅう》 運賃を―する
残忍《ざんにん》 ―な殺し方 ―な性格
残念《ざんねん》 あなたとお別れするのは―です ―無念
産婆《さんば》 助産婦の旧称。 会の―役
三拝《さんぱい》 仏前に―する ―九拝して頼み込む
参拝《さんぱい》 神社に―する お寺に―する ―客
惨敗《さんぱい》 十対零で―を喫する ―に終わった新人戦
酸敗《さんぱい》 牛乳が―する
三杯酢《さんばいず》 貝柱の―
桟橋《さんばし》 船は―に横着けになった
三番叟《さんばそう》 お祝いのときの舞。

散発《さんぱつ》 事件が―する
散髪《さんぱつ》 髪を刈る。理髪。 ―屋
残飯《ざんぱん》 豚は給食の―を食べる ―を犬にやる
賛美《さんび》 「讃美」とも。死を―する ―歌を歌う
酸鼻《さんび》 交通事故の現場は―を窮める
賛否《さんぴ》 賛成と不賛成。 ―を問う ―両論がある
三百代言《さんびゃくだいげん》
散票《さんぴょう》 ―を集める ―が当落のかぎだ
産婦《さんぷ》 妊婦と―
散布《さんぷ》 「撒布《さっぷ》」とも。空から農薬を―する
三幅対《さんぷくつい》 三幅そろいの掛軸。
産物《さんぶつ》 この土地の―は柑橘類《かんきつるい》です
桑港《サンフランシスコ》 米国の都市。 ―を出港する
散文《さんぶん》 韻文と― ―詩 ―的なムード

三碧《さんぺき》 九星の一。
散歩《さんぽ》 湖畔を―する 日課の―
三方《さんぼう》 物を載せる台。 ―に盛ったお供え物
三宝《さんぼう》 仏・法・僧。 ―を敬う
参謀《さんぼう》 作戦― 選挙― ―本部 ―総長
讒謗《ざんぼう》 そしる。悪口を言う。罵詈《ばり》―
秋刀魚《さんま》 秋の味覚― ―の塩焼
三昧《さんまい》 心を一事に集中する。読書― 風流―
散漫《さんまん》 注意力が―である ―な文章
酸味《さんみ》 この蜜柑《みかん》は―が強すぎる
三位一体《さんみいったい》 ―となる
山脈《さんみゃく》 中国―を越える 奥羽―
三面六臂《さんめんろっぴ》 ―の活躍
散薬《さんやく》 粉薬。 ―と水薬

さ

参与《さんよ》　企画に—する　退職して—になった
残余《ざんよ》　—の議案は一括審議する　—を分配する
山容《さんよう》　激しい砲撃を受けて—が改まる　—水態
算用《さんよう》　—数字で書く　胸—
産卵《さんらん》　木の葉の裏に—する　鮭(け)の—期
散乱《さんらん》　ガラスの破片が—する　紙くずが—する
燦爛《さんらん》　—として輝く宝石　光輝—たる歴史
残留《ざんりゅう》　—する組と帰還する組　—磁気
山陵《さんりょう》　みささぎ。京都周辺には—が多い
山稜《さんりょう》　山の尾根。—を歩く
三隣亡《さんりんぼう》　「三輪宝」とも。九星の迷信。
参列《さんれつ》　式典に—する　多数の—者
参籠《さんろう》　お寺に—する　—して祈願する
山麓《さんろく》　—一帯は牧野である　—の農村　富士—

し

士《し》　同好の—を募る　好学の—　運転—
子《し》　—曰(のたまわ)く　読書—　受付—の目撃談
氏《し》　中田—　—の特技は　以上の三—
師《し》　—と仰ぐ　—の恩　表具—　詐欺—
刺《し》　名刺。初めて訪問して—を通じる
詩《し》　—を作る　—を味わう　—を吟じる
資《し》　元手。編物をして生活の—とする
地《じ》　—の文　小説を—で行く　彼の—が出る
字《じ》　—を書く　手紙の—へたな—
辞《じ》　開会の—を述べる　—を低くして頼む
痔《じ》　—が悪くなる　—を手術する
試合《しあい》　野球の—をする　対校—　練習—
自愛《じあい》　ご—を祈る　どうぞご—専一に
慈愛《じあい》　いつくしみ。—に満ちた母のことば
明々後日《しあさって》
指圧《しあつ》　—療法　しろうとにできる三分間—
幸《しあわ》せ　「仕合せ」とも。—な人　—に暮らす
私案《しあん》　—をまとめる　ほんの—にすぎない
試案《しあん》　—を提出する　第二次—を作成する
思案《しあん》　—に暮れる　—投げ首　あれこれ—する
四囲《しい》　—を堀(ほり)に囲まれる　—の情勢から判断
私意《しい》　自分の意見。—をさしはさむ　—を通す
思惟《しい》　思考。…と—する　—作用
恣意《しい》　—のふるまい　—的な選択に任せる
椎《しい》　—の大木　—の実がなる
示威《じい》　勢力を—する　—運動　—行進
自慰《じい》　—を行なう　—的な手段にすぎない
辞意《じい》　—を漏らす　—を固めて出社する
侍医《じい》　高貴な人の掛りつけの医者。天皇の—
詩歌《しいか》　「しか」とも。—を友として暮らす
飼育《しいく》　家畜を—する　動物園の—係
爺《じい》さん　元気なお隣のお—　お—とお婆(ばあ)さん
祖父《じい》さん　母方のお—　いなかにいるお—
自意識《じいしき》　—過剰できらわれる
椎茸《しいたけ》　—を栽培する　干し—と生(なま)—
虐《しいた》げる　牛馬を—　虐げられた人々
粃《しいな》　実のないもみ。—の穂
強《し》いる　相手に犠牲を—　強いて勧めません
誣《し》いる　曲げる。事実を—
仕入《しいれ》　朝早く—に出掛ける　—原価　—先
地色《じいろ》　黄色い—の洋服生地　—を青にする
子音《しいん》　「しおん」とも。母音と—　—の発音
死因《しいん》　出血多量が—となる　—不明の事故死体
試飲《しいん》　宣伝会場で新製品を—する
寺院《じいん》　大きな—を建立(こんりゅう)する　回教の—
慈雨《じう》　ほどよく潤う恵みの雨。干天の—
仕打《しうち》　周囲の人たちからひどい—を受ける
時運《じうん》　—に乗って成功する　—とあきらめる
試運転《しうんてん》　機械を—する　—の車
市営《しえい》　—のバス　—住宅に入居する
自営《じえい》　自家営業。くだもの屋を—する
自衛《じえい》　—手段を講じる　町の—消防団　—隊
使役《しえき》　おおぜいの人を—する
支援《しえん》　ストライキを—する　—隊を編成する

私怨《しえん》　私事の恨み。—を捨てて協力する
紫煙《しえん》　紫色の煙。たばこの煙。—をくゆらす
塩《しお》　—が甘い　—かげん　—をまく　—水
潮《しお》　「汐」とも。—が引く　—が満ちる　上げ—
機《しお》　—を見て退席する　それを—に切り出す
塩辛《しおから》　鰹(かつお)の—　烏賊(いか)の—　—声
仕置《しおき》　こどもをお—にする　—を受ける　—場
仕送《しおくり》　国元の母に—する　親から—を受ける
塩気《しおけ》　もう少し—がほしい　—の強い料理
潮気《しおけ》　—を含んだ風が吹く
潮騒《しおさい》　「しおざい」とも。波の音。
潮路《しおじ》　八重の—　—はるかに
機時《しおどき》　—を見て引き揚げる　—をつかむ
潮干狩《しおひがり》　今度の遠足は—です

栞《しおり》　読みかけの本に—をはさむ　旅行の—
枝折戸《しおりど》　「栞戸」とも。庭の—
萎れる《しおれる》　日照りで草木が—　花瓶(かびん)の花が—
悄れる《しおれる》　試験に落ちて—　強く意見されて—
師恩《しおん》　先生の恩。尊き—　—忘るべからず
紫苑《しおん》　「紫菀」とも。秋薄紫の花が咲く—
字音《じおん》　漢字の音。—と字訓　—かなづかい
市価《しか》　—の半値で売る
紙価《しか》　洛陽(らくよう)の—を高からしめた書
歯科《しか》　—医院　—医師
賜暇《しか》　三日間—を取って休んだ
鹿《しか》　—を追う猟師山を見ず　—の角(つの)
歯牙《しが》　そんな問題は—にも掛けていない
自家《じか》　—発電　—薬籠(やくろう)中のものにする

時下《じか》　—秋冷の候お元気でいらっしゃいますか
時価《じか》　—三千万円の宝石　—に換算する
自我《じが》　彼は—が強い　—に目ざめる　—意識
自画《じが》　—自賛のそしりを受ける　—像を描く
司会《しかい》　編集会議を—する　—者　—を勤める
四海《しかい》　—波穏やか　—同胞　—兄弟
視界《しかい》　丘に登ると—が開ける　—が広い
斯界《しかい》　この社会。この道。博士は—の権威だ
市外《しがい》　市の外部。—に移転する　—通話
市街《しがい》　新—のほうはビルが多い　—地　—戦
死骸《しがい》　—が横たわる　—を収容する
次回《じかい》　—の大会は明後年開く　あとは—に譲る
次会《じかい》　次回の会議。—に回す　—の日程
自戒《じかい》　—のことば　今後—する　—自粛せよ

自壊《じかい》　組合の組織が—する　—作用
自害《じがい》　責任を感じて—する　—して果てる
紫外線《しがいせん》　—の強い高原　—療法
仕返《しかえ》し　いじめられた—をする　—を受ける
地顔《じがお》　彼はいつもおこっているようだが—だよ
死角《しかく》　—に入(はい)ったので撃たれなかった
視角《しかく》　—の中にある　—が広い
視覚《しかく》　—に訴える　—言語　—教育　—化
刺客《しかく》　坂本竜馬(さかもとりょうま)は—の手に倒れた
資格《しかく》　弁護士の—を取る　—がない　—試験
私学《しがく》　私立学校。—を振興する　—の経営実態
字画《じかく》　—の少ない漢字　—を数える
自覚《じかく》　独立する必要を—する　—症状がない
仕掛《しかけ》　—が大きい　電気—で動く　—花火

併《しか》し　「然し」とも。努力した—成功しなかった
爾々《しかじか》　「云々」とも。かくかく—　彼は—考える
而《しか》して　「然して」とも。そして。しこうして。
併乍《しかしながら》　そうではあるが。—この問題は
如《し》かず　百聞は一見に—　逃げるに—
仕方《しかた》　彼の—が気に食わぬ　氏は—なく承知した
地固《じがた》め　整地の—　これで事業の—はできた
直談判《じかだんぱん》　相手方に—に出掛ける
死活《しかつ》　われらの—に関する　合併は社員の—問題
自活《じかつ》　離婚して—する　—の道を考える
確《しか》と　「聢と」とも。—念を押す　—相違ないか
直《じか》に　彼に—話すよ　土の上に—置く
地金《じがね》　金の—　—を出す　—のさび
似我蜂《じがばち》　腹のとくに細長い—

し

屍《しかばね》 味方の―を越えて進む ―が累々とある
顰《しか》める 痛いので顔を― 顰めっ面(つら)
而《しか》も 「然も・併も」とも。なおそのうえ。
柵《しがらみ》 浮世の― 恋の―となりて留(とど)めよ
然《しか》り ―彼の言うとおりだ ―しこうして
叱《しか》る 親が子を― きびしく― 大声で―
士官《しかん》 ―候補生 青年― ―学校 下―
仕官《しかん》 文部省に―していたころ ―の道を絶つ
弛緩《しかん》 「ちかん」とも。規律が―する 精神の―
志願《しがん》 入学を―する ―者の数
次官《じかん》 政務― 事務― ―会議で決定する
時間《じかん》 ―を守る 拘束― 勤務― ―割 ―給
士気《しき》 「志気」とも。 ―きわめて旺盛(おうせい)
四季《しき》 ―の変化 ―咲き ―それぞれのながめ

死期《しき》 父は―の迫ったのを悟っていたらしい
指揮《しき》 社長が―する ―者 ―下に入(はい)る ―棒
仕儀《しぎ》 事の―を報告する かかる―に立ち至る
思議《しぎ》 考える。かように―いたしますが
鴫《しぎ》 ―立つ沢の秋の夕暮れ ―焼の茄子(なす)
直《じき》 もう―終点です ―によくなる ―の弟
時期《じき》 新緑の― ―が来た ―尚早(しょうそう)
時機《じき》 ―を見る ―を失する ―到来
磁気《じき》 ―を帯びる ―を利用する ―テープ
磁器《じき》 陶器と― ―の皿(さら)
字義《じぎ》 文字の意味。 ―どおりに解釈する
児戯《じぎ》 こどものいたずら。 ―に類するやり方
時宜《じぎ》 ―にかなった催し ―を考える
敷居《しきい》 ―と鴨居(かもい) ―をまたぐ ―が高い

色覚《しきかく》 色を見分ける視覚作用。 ―異常
敷金《しききん》 借家の― ―は家賃の三か月分 ―三つ
色彩《しきさい》 はでな―の絵 ―を添える 進歩的な―
色紙《しきし》 ―に寄せ書きする 漱石(そうせき)の書いた―
式次《しきじ》 儀式の順序。式次第。 ―を張り出す
式辞《しきじ》 社長が最初に―を述べる 長官―
直々《じきじき》 ―の来訪に感激する 社長―に話す
識者《しきしゃ》 道徳の退廃は―のひとしく認めるところ
色弱《しきじゃく》 程度の軽い色覚異常
式場《しきじょう》 ―の準備をする 結婚―
色情《しきじょう》 ―のとりこになる ―狂
仕着《しきせ》 「為着・四季施」とも。店員たちの―の服
色素《しきそ》 ―を顕微鏡で見る 皮膚の― ―細胞
直訴《じきそ》 社長に―に及ぶ

色即是空《しきそくぜくう》 ―を悟る
敷地《しきち》 学校の― ―を拡張する
色調《しきちょう》 ―が美しい はでな― ―を整える
直弟子《じきでし》 ―だけでも五百人いる
式典《しきてん》 ―を挙行する 記念―は無事終わった
直伝《じきでん》 師匠―の剣法 先生―の教え
直売《じきばい》 「ちょくばい」とも。生産者―の林檎(りんご)
直披《じきひ》 封筒の表面に書く指示。親展。
直筆《じきひつ》 先生―の色紙 大臣―の手紙を受け取る
敷布《しきふ》 シーツ。 ―は毎日替えている 白い―
式服《しきふく》 結婚式の― ―を注文する
識別《しきべつ》 信号を―する 男女の―もむずかしい
色魔《しきま》 女たらし。 ―にだまされる
樒《しきみ》 「梻」とも。 ―の葉を墓前に供える

色盲《しきもう》 色覚異常
嗜虐《しぎゃく》 残虐を好む。 ―性に富む映画 ―的
自虐《じぎゃく》 ―的な行為 ―性を持つ
支給《しきゅう》 給料を―する 現物で―する ―対象
至急《しきゅう》 ―を要する ―の連絡 ―電報 ―便(びん)
自給《じきゅう》 野菜類は―する ―自足の生活
持久《じきゅう》 ―して待つ ―力に乏しい ―戦
始球式《しきゅうしき》 市長の―で試合開始
死去《しきょ》 祖父は昨年―しました 午前五時三分―
辞去《じきょ》 用談を終えて―する 会の途中で―する
市況《しきょう》 ―を刻々に伝える 活発な― 株式―
司教《しきょう》 カトリックの聖職の一。大司教の次位。
始業《しぎょう》 ―のサイレン ―と終業 九時― ―式
自供《じきょう》 容疑者は殺人を―した ―内容の発表

地形《じぎょう》 地固め。くい打ち— コンクリート—
事業《じぎょう》 —を起こす —に失敗する —家
色欲《しきよく》 「色慾」とも。—におぼれる —の世界
時局《じきょく》 重大な— —多難の時 —解説
仕切《しきり》 相撲《すもう》の— —直し —板 間—
頻《しき》りに 相手は—催促してくる —勧める
直話《じきわ》 福沢諭吉の— 関係者の—を聞く
至近《しきん》 —の場所 —距離から撃つ —弾
資金《しきん》 事業の—が不足する 政治— —難
詩吟《しぎん》 —に合わせて剣舞をする
歯齦《しぎん》 はぐき。—炎
試金石《しきんせき》 自分の能力をためす—
敷《し》く ふとんを— じゃりを— 鉄道を—
布《し》く 陣を— 水道を— 法律を—

如《し》く 「及く」とも。かなう。彼に—者はいない
軸《じく》 回転の— マッチの— 床の間の—
軸受《じくうけ》 「軸承」とも。回転軸の— —に油を差す
仕種《しぐさ》 幼児の—がかわいい 役者の—
忸怩《じくじ》 恥ずかしい。内心—たるものがあります
試掘《しくつ》 温泉を—する 石油の—を準備中です
字配《じくば》り —に気を付けて書く ポスターの—
仕組《しくみ》 会社の—を説明する 機械の— 小説の—
時雨《しぐれ》 —の降る秋の夕暮れ やんではまた降る—
舳艫《じくろ》 船の舳《へさき》と艫《とも》。—相ふくむ —千里
時化《しけ》 —を食う —もよう 海上は大—となる
不漁《しけ》 —が続いて港には活気がない
死刑《しけい》 —を執行する —に処する —囚
私刑《しけい》 リンチ。—を加える 運動部の—問題

紙型《しけい》 活版の— —に取る —を保存する
自警《じけい》 —団を組織する 犯罪を—する
刺激《しげき》 「刺戟」とも。脳を—する —の強い都会
繁《しげ》く 兄は彼女のところに足—通う
自決《じけつ》 責任を執って—した 民族—運動
茂《しげ》み 木の—に隠れる 道端《みちばた》の—で休む
茂《しげ》る 「繁る」とも。庭には草木が— 枝が—
私見《しけん》 これはほんの—にすぎない —を述べる
私権《しけん》 私法上の権利。—を享受する —の主張
試験《しけん》 —を受ける 入学— 車を—する —飛行
至言《しげん》 「文は人なり」とは—である —を吐く
資源《しげん》 天然—を開発する 鉱物— 人的—
事件《じけん》 重大—発生 —は十年ぶりに解決した
次元《じげん》 四—の世界 わたしは彼と—を異にする

時限《じげん》 第一—の授業 —爆弾を仕掛ける
四股《しこ》 力士が—を踏む
指呼《しこ》 敵陣を—の間に望む
死語《しご》 今は使われなくなったことば。
私語《しご》 授業中—をしてはいけない —厳禁
自己《じこ》 —中心の考え方 —を見失うな —流
事故《じこ》 —を起こす 交通— 議長に—あるときは
自後《じご》 「爾後」とも。—彼からは連絡がない
事後《じご》 —の処理 —承諾を求める
耳語《じご》 耳打ち。そっと—する
持碁《じご》 囲碁で、引分け。
至高《しこう》 —の存在 —の道徳 —善
思考《しこう》 厳密に—する —力が衰える —作用
私行《しこう》 週刊誌が芸能人の—をあばく

志向《しこう》 意図。—するところに従う 消費者の—
指向《しこう》 向かう。一点に—する —性アンテナ
伺候《しこう》 「祗候」とも。首相が皇居に—する
施行《しこう》 「せこう」とも。法律を—する —細則
嗜好《しこう》 夫の—を理解する 飲食物などの—品
時候《じこう》 —のあいさつ よい—となった
時好《じこう》 流行。彼のアイデアは—に投じた
時効《じこう》 この犯罪は—になる —に掛かる —中断
事項《じこう》 解約に関する— 注意—が書いてある
試行錯誤《しこうさくご》 —の連続
自業自得《じごうじとく》 結果は—
地声《じごえ》 しわがれ声は彼の—だ —が悪い
至極《しごく》 —平和です 残念—です 無礼—
扱《しご》く 稲の穂を— 選手を—監督

し

時刻《じこく》 集合―は厳守せよ　発車―　―表
地獄《じごく》 天国と―　―で仏　―のさたも金しだい
子午線《しごせん》 経線。―を通過する
仕事《しごと》 「為事」とも。―に追われる　―始め
醜名《しこな》 「四股名」とも。行司が―を呼び上げる
醜《しこ》の御《み》楯《たて》 大君の―となる
仕込《しこ》む 材料を―　芸を―　酒を―
凝《しこり》 肩に―ができる　―を残す
自今《じこん》 「爾今」とも。―禁煙を誓う　―以後禁止
示唆《しさ》 今後の方針を―する　―に富んだことば
時差《じさ》 国際電話のときは―に注意する　―出勤
子細《しさい》 「仔細」とも。―ありげに語る　―に点検
司祭《しさい》 カトリックの聖職の一。神父。
死罪《しざい》 反乱の罪で―に処せられた

資材《しざい》 建築―を輸送する　―難　―を供給する
資財《しざい》 財産。資産。―台帳　大きな―
私財《しざい》 ―をなげうって教育事業を起こす
自在《じざい》 人形を―にあやつる　―鉤(かぎ)　自由―
思索《しさく》 人生について―する　―にふける　―生活
試作《しさく》 新しい機械を―する　―品を展覧する
施策《しさく》 「せさく」とも。―を明らかにする
自作《じさく》 ―の詩を朗読する　―農　―自演する
地酒《じざけ》 郷里の―の味は格別　酒は―に限る
刺殺《しさつ》 短刀で―される　愛人を―する
視察《しさつ》 民情を―する　―旅行　教育事情の―
自殺《じさつ》 ―か他殺かわからない　農薬で―する
四散《しさん》 先生の姿を見て悪童たちは―した
資産《しさん》 ―を凍結する　―家　―の再評価　固定―

私産《しさん》 私有財産。―を投じて孤児を養う
試算《しさん》 費用を―する　―表
自賛《じさん》 「自讃」とも。自画―のそしりを免れない
持参《じさん》 申請書を―する　弁当―で集合　―金
四肢《しし》 両手と両足。手足。―を伸ばす
死屍《しし》 死体。―累々として横たわる
志士《しし》 革命の―　勤王の―　憂国の―
嗣子《しし》 跡継ぎ。本家の―　―の教育に専心する
獅子《しし》 ―身中の虫　―奮迅　―舞
孜々《しし》 勤め励むさま。―として勉学に励む
私事《しじ》 わたくしごと。―にわたって恐縮ですが
支持《しじ》 選挙民の―を受ける　新しい学説を―する
指示《しじ》 上司の―を受ける　方向を―する
師事《しじ》 高杉晋作(たかすぎしんさく)は吉田松陰に―した

侍史《じし》 手紙の脇付(わきづけ)。
時事《じじ》 テレビの―解説　―問題　―英語
獅子吼《ししく》 大聴衆を前に―する
時々刻々《じじこっこく》 ―の変化
子々孫々《ししそんそん》 ―に残す
資質《ししつ》 すぐれた―に恵まれる
史実《しじつ》 ―を明らかにする　―によればこうだ
事実《じじつ》 ―そうなのだ　―を曲げて書く　―誤認
時日《じじつ》 ―が切迫する　―が経過する
蜆《しじみ》 ―貝で海を量る　―のみそ汁(しる)
使者《ししゃ》 ―に立つ　―に選ばれる
試写《ししゃ》 記録映画を―する　―会に招待される
子爵《ししゃく》 元の華族の階級の第四位。
磁石《じしゃく》 鉄片が―に吸い付く　―の針が北をさす

自若《じじゃく》 ―としてまゆ一つ動かさない　泰然―
四捨五入《ししゃごにゅう》 答えは―
死守《ししゅ》 陣地を―する　一角を―する
詩趣《ししゅ》 ―に富んだ景色(けしき)　―を解する
自主《じしゅ》 ―独立の精神　―的に判断する
自首《じしゅ》 警察に―する　犯人に―を呼び掛ける
刺繡《ししゅう》 ―のあるカーテン　妹は―に夢中です
詩集《ししゅう》 ―を編集する　藤村(とうそん)の―の「若菜集」
始終《しじゅう》 父は―書き物をしている　―動いている
自習《じしゅう》 「自修」とも。自学―する　―時間
侍従《じじゅう》 ―長　東宮―　―職　―武官
四十雀《しじゅうから》 さわやかな鳴き声の―
止宿《ししゅく》 おじの家に―する　―人
私淑《ししゅく》 心中で敬い模範とする。大西郷に―する

私塾《しじゅく》 英語とそろばんの— 定年後—を開く
自粛《じしゅく》 社用の宴会を—せよ —自戒
支出《ししゅつ》 国庫から—する金 収入と—
施術《しじゅつ》 手術。院長がみずから—する
紫綬褒章《しじゅほうしょう》
至純《しじゅん》 「至醇」とも。少年の—な気持
諮詢《しじゅん》 諮問。審議会に—する —機関
耳順《じじゅん》 六十歳の異称。
思春期《ししゅんき》 —の少年少女の心理
支所《ししょ》 区役所の— 試験所の— 金融公庫の—
支署《ししょ》 税務署の—を開設する 警察の—
司書《ししょ》 図書館で、専門的事務を扱う職員。
死所《ししょ》 「死処」とも。死に場所。—を得る
子女《しじょ》 むすこや娘。女の子。—の教育 良家の—

自署《じしょ》 自分で署名する。氏名の欄は—のこと
地所《じしょ》 家を建てるための— ここも彼の—です
辞書《じしょ》 英語の— —を引く —で調べる
侍女《じじょ》 昔の貴人は多くの—にかしずかれていた
支障《ししょう》 会議の開催に—はない —を来たす
死傷《ししょう》 死者と負傷者。交通事故による— —者
私娼《ししょう》 無許可の売笑婦。街頭の— —窟（くつ）
師匠《ししょう》 茶道の— 落語の— —について習う
詞章《ししょう》 謡曲の—は多く七五調である
市場《しじょう》 —に出回る —調査 —価格 金融—
至上《しじょう》 社長のことばは—命令である —の方法
至情《しじょう》 憂国の—を詩歌に託す
私情《しじょう》 —をさしはさむ —としては気の毒だが
詩情《しじょう》 —豊かな絵 —あふれる文章

自称《じしょう》 —日本一 —山田某 社長と—する男
事象《じしょう》 現代社会の—を研究する 異常な—
自乗《じじょう》 二乗（にじょう）とも。五の—は二十五
事情《じじょう》 —を説明する 家庭の—による欠勤
自縄自縛《じじょうじばく》 結果は—
試食《ししょく》 デパートの食料品売場で—する
辞職《じしょく》 —を決意する 市長を—する —願
自叙伝《じじょでん》 フランクリン—を読む
私書箱《ししょばこ》 「私書函（かん）」とも。
至心《ししん》 真心。愛国の—にかられる
私心《ししん》 —を去る —のある者はきらわれる
私信《ししん》 個人の通信。私用の手紙。社長からの—
使臣《ししん》 外国の—が皇居に参入する
指針《ししん》 進学のための— —に従う 計器の—

詩人《しじん》 閨秀（けいしゅう）— 自然— 三文（さもん）—
自身《じしん》 自分— —で出頭する 地球—の運動
自信《じしん》 —を持つ —を失う —過剰
地震《じしん》 日本には—が多い —計 —帯 断層—
自刃《じじん》 乃木（ぎ）大将は天皇のあとを追って—した
紫宸殿《ししんでん》 「ししいでん」とも。
歯髄《しずい》 歯の内部の柔らかい組織。—が痛む
雌蕊《しずい》 めしべ。雄蕊と—
自炊《じすい》 —生活は気楽でいい 下宿で—する
指数《しすう》 知能— 物価— 累乗の— —関数
静《しず》か —に歩く —な環境 山奥の静けさ
雫《しずく》 軒から—がたれる 花の—
地辷《じすべ》り —で地震が起こった 大雨による—
沈《しず》める 船を— 苦界（くがい）に身を—

静《しず》める 静かにする。鳴りを—
鎮《しず》める 暴動を— 心を— 痛みを—
資《し》する 参考に— 生活費の一端に—
侍《じ》する 仕える。貴人のおそばに—
持《じ》する 満を— 戒を— 身を—
辞《じ》する 先生のお宅を— 固く— 就任を—
市井《しせい》 町。町なか。—の人 —のうわさ
市制《しせい》 —をしく —施行三十周年記念
市政《しせい》 市の行政。—が乱れている —刷新
市勢《しせい》 市のありさま。—が伸びる —調査
施政《しせい》 首相の—方針演説 —権
至誠《しせい》 まごころ。—天に通ず —一貫
資性《しせい》 天性。すぐれた—の持主
姿勢《しせい》 —を正す —がよい 前向きの— 低—

私製《しせい》 ―はがき ―と官製
試製《しせい》 試作。―の機械 ―品
自生《じせい》 山野に―する ―植物
自制《じせい》 自分で押える。欲望を―する ―心
自省《じせい》 自分の行動を省みる。静かに―する
時世《じせい》 あわただしい― ありがたいご―だ
時勢《じせい》 ―に順応する ―に遅れる
辞世《じせい》 ―の歌をよむ ―の句を残す
磁性《じせい》 磁石の性質。―を帯びる
私生子《しせいし》 「私生児」とも。
史跡《しせき》 「史蹟」とも。京都は―が多い ―を巡る
咫尺《しせき》 ごく近い距離。天顔に―する
次席《じせき》 首席の次。―で入賞する ―検事
自席《じせき》 ―から発言する 演壇から―に戻《もど》る

自責《じせき》 監督不行き届きで―の念にかられる
事跡《じせき》 事情。営業上の―を検討する
事績《じせき》 業績。輝かしい―が挙《あ》がっている
使節《しせつ》 国際親善― 学生交歓―として渡米する
施設《しせつ》 公共の― 教育―に収容する
自説《じせつ》 自分の意見。―を主張する ―を通す
持説《じせつ》 前からの主張。―を繰り返す
時節《じせつ》 桜の―になる ―到来 ―柄気を付けて
支線《しせん》 幹線と― 本線と― 鉄道の― 赤字の―
死線《しせん》 ―を越えて戦う ―をさまよう
死戦《しせん》 決死の戦い。―を繰り返す
視線《しせん》 彼と―が合う ―をそらす
自然《しぜん》 ―の営み ―に動く ―発生 ―科学
自選《じせん》 自分の作品を―する ―の句集

自薦《じせん》 大臣の後任は―他薦目白押しである
次善《じぜん》 ―の策で行くよりしかたがない
事前《じぜん》 ―に了解を求める ―運動は禁止する
慈善《じぜん》 ―事業 ―市《いち》を開く ―家 ―鍋《なべ》
始祖《しそ》 写真術の― 新興宗教の―
紫蘇《しそ》 ―の葉 ―の実
死相《しそう》 顔に―が現われる
使嗾《しそう》 「指嗾」とも。そそのかす。他人を―する
志操《しそう》 ―を全うする ―堅固な人
思想《しそう》 穏健な― 過激な― ―家
詩想《しそう》 ―がわく ―を練る 豊かな―
詞藻《しそう》 詩歌文章、またその才能。―に長じる
死蔵《しぞう》 利用しない。書籍を―する ―の珍品
私蔵《しぞう》 個人が所有する。―品 ―の民俗資料

地蔵《じぞう》 ―菩薩《ぼさつ》 村のはずれのお―さん
歯槽膿漏《しそうのうろう》 ―の治療
子息《しそく》 ご―はお元気ですか
自足《じそく》 食糧を―する 自給―の生活 ―経済
時速《じそく》 ―六十キロで走る 最高― 平均―
持続《じぞく》 同じコンディションを―する
子孫《しそん》 ―のために美田を買わず 源氏の―
自存《じそん》 独立―の風
仕損《しそん》じる 「為損じる」とも せいては事を―
自尊心《じそんしん》 ―が傷つく ―を持て
舌《した》 ―を出す ―が回る ―を巻く ―足らず
羊歯《しだ》 「歯朶」とも。―類が繁茂する
自他《じた》 ―の別をわきまえる ―共に許す
耳朶《じだ》 耳たぶ。―を打つ音 ―に残る声

死体《したい》 「屍体」とも。―を処理する 遺棄―
肢体《したい》 からだと手足。―不自由児
姿態《したい》 女の美しい―に迷う ―を整える
次第《しだい》 事と―による 式― 地獄のさたも金―
字体《じたい》 旧―と新―を区別して書く ―表
自体《じたい》 学校―としては それ―無理だ
事態《じたい》 「事体」とも。非常―を静観する
辞退《じたい》 出場を―する 立候補―の弁
事大《じだい》 強い者に付き従う。―主義
時代《じだい》 江戸― ―の脚光を浴びる ―錯誤
次代《じだい》 ―をになう若者 ―の国民
地代《じだい》 借地料。―を取り立てる ―の値上げ
慕《した》う 子が母を― なき夫を―
下請《したうけ》 内職を―に出す ―工事 ―の仕事

下絵《したえ》　―を書く　―を塗る
下帯《したおび》　ふんどし。―を締める　六尺の―
従《したが》う　「随う」とも。命令に―　権威に―
従《したが》う　「遵う」とも。法律に―
下書《したがき》　原稿の―をする　手紙の―を書く
従《したが》って　「随って」とも。それだから。ゆえに。
支度《したく》　「仕度」とも。旅行の―をする　―金
私宅《したく》　役所でなく―でお会いします
自宅《じたく》　―に帰る　―で待機する　―療養
下心《したごころ》　―を見抜く　―があってしたのでは
下地《したじ》　音楽の―がある　発展の―を築く
仕出《しだ》し　料理の―　―弁当　―屋
親《した》しい　彼とは―間柄である　―友だち
下敷《したじき》　車の―になる　ノートの―

下職《したしょく》　下請の職人。仕事を―に出す
舌代《しただい》　「ぜつだい」とも。開店あいさつの―
強《したた》か　腕を―打つ　―飲む　―な悪者　―者(もの)
認《したた》める　日記を―　手紙を―　昼食を―
滴《したた》る　汗が―　―血　緑―五月
舌鼓《したつづみ》　久しぶりの郷土料理に―を打つ
下《した》っ端《ぱ》　―の役人　彼がまだ―のころの話
下積《したづ》み　―の荷物　―の生活に甘んじる
下手《したて》　―に出れば付け上がる　―投げで勝つ
仕立《したて》　洋服の―屋　―おろし　―物をする
下穿《したばき》　パンティーなど。―を脱ぐ　―を洗う
下履《したばき》　上履と―　―にはき替える
下回《したまわ》る　「下廻る」とも。要求額を―回答
湑《した》む　液をしたたらす。酒を―　湑み酒

自堕落《じだらく》　―な生活に陥る
枝垂《しだれ》　―柳　―桜
紫檀《したん》　家具用の高級材。―の机
指弾《しだん》　世人から変節漢として―される
師団《しだん》　軍の編制の単位。―司令部　―長
詩壇《しだん》　―の雄　明治の―に登場した人々
示談《じだん》　事件は―に持ち込んだ　―屋
地団太《じだんだ》　―を踏んで悔しがる
質《しち》　―に入れる　―に置く　―屋　―札
死地《しち》　召集されて―におもむく
自治《じち》　学園の―を守る　地方―体　―省
質請《しちうけ》　―できない品　こんなものは―しないよ
質草《しちぐさ》　「質種」とも。貧乏で―にも事欠く
七転八倒《しちてんばっとう》

質流《しちながれ》　―の品を安く買う　―専門の店
試着《しちゃく》　既製服を―してみる　デパートの―室
支柱《しちゅう》　―をかう　父が死んで一家の―を失う
司厨《しちゅう》　料理・食事の担当者。客船の―長　―員
思潮《しちょう》　時代―を考察する　新―　―文芸
視聴《しちょう》　世間の―を集める　テレビの―率
試聴《しちょう》　レコードを―する　―室
輜重《しちょう》　前線に送る軍需品の総称。―部隊　―兵
七曜《しちよう》　日月火水木金土。―表
自重《じちょう》　隠忍―する　―を望む　―自愛せよ
自嘲《じちょう》　―的ムードは好ましくない
司直《しちょく》　裁判官。事件の黒白は―の手にゆだねる
七輪《しちりん》　「七厘」とも。土製のこんろ。―での炊事
地鎮祭《じちんさい》　新庁舎の―を行なう

質《しつ》　―が劣る　量より―　蒲柳(ほりゅう)の―
実《じつ》　名を捨てて―を取る　改革の―が挙(あ)がる
失意《しつい》　古来詩人には―の人が多い　―に陥る
実意《じつい》　彼のすることには―がこもっている
私通《しつう》　妻子ある男と―する　―が表ざたになる
四通八達《しつうはったつ》　―の道路
実益《じつえき》　実利―を図る　趣味と―を兼ねた手芸
実演《じつえん》　映画の間に―をはさむ　―してみせる
失火《しっか》　火事の原因は使用人の―とわかった
膝下《しっか》　父母のそば。両親の―でだいじに育てる
実家《じっか》　嫁は―に帰っている　彼の―は山形県です
悉皆《しっかい》　全部。すべて。―調査
実害《じつがい》　心配しましたが―はありません
失格《しっかく》　反則を犯して―した　―者

し

疾患《しっかん》　胸部—のため死ぬ　—の有無を答える
十干《じっかん》　甲乙丙丁戊己庚辛壬癸。—と十二支
実感《じっかん》　説明がへたなのでどうも—がわかない
湿気《しっき》　雨が続くので—が多い　—を防ぐ
漆器《しっき》　漆(うるし)塗りの器具。塗物。—の盆
質疑《しつぎ》　—を打ち切って採決　—応答をかわす
実技《じつぎ》　体育の—の時間　理論と—
失脚《しっきゃく》　汚職問題で政界から—した
失業《しつぎょう》　倒産のため—する　—者　—保険
実況《じっきょう》　オリンピックの—放送　—中継
実業《じつぎょう》　生産や経済に関係ある仕事。—家
失禁《しっきん》　尿を—する
昵近《じっきん》　親しい。彼とは—の間柄です
疾駆《しっく》　アフリカの大草原を—する縞馬(しまうま)

漆喰《しっくい》　—で壁の上塗りをする　—がかわかない
躾《しつけ》　この学校の生徒は—がよい　こどもの—
仕付《しつけ》　仕付糸。　—を掛ける
失敬《しっけい》　先ほどは—しました　—なやつ　では—
実刑《じっけい》　懲役三年の—判決があった
識見《しっけん》　卓越した—　すぐれた—　—を疑われる
失言《しつげん》　—をわびる　大臣の—　—問題を責める
湿原《しつげん》　高山には—がある　—地帯
実権《じっけん》　—を握る　経営の—が副社長に移る
実験《じっけん》　実際にためす。理科の—　—室　—核—
実検《じっけん》　実否を調べる。首—
実現《じつげん》　長年の希望を—する　理想の—
疾呼《しっこ》　早口に呼ぶ。大声—する
失効《しっこう》　半年以内に届けないと—する

執行《しっこう》　死刑を—する　—部　中央—委員
膝行《しっこう》　ひざを突いて進む。床の間の前に—する
実行《じっこう》　率先して—する　—委員　—力　不言—
実効《じっこう》　—が現われるのは三か月後です　—湿度
桎梏《しっこく》　足かせ手かせ。法律が国民の—になる
漆黒《しっこく》　—の髪をなびかせる　—の暗(やみ)に迷う
失語症《しつごしょう》　ショックで—になる
昵懇《じっこん》　ごく親しい。彼とは—の間柄です
実際《じっさい》　—にあった話だ　理論と—　—問題
実在《じつざい》　—する人間　—の人物　—論
失策《しっさく》　「失錯」とも。大—をやらかした
嫉視《しっし》　ねたむ。—反目する
執事《しつじ》　—が家政を切り回している　—に任せる
実子《じっし》　—なのにあの親子は仲が悪い

実施《じっし》　計画を—する　—に移す　—規定
質実《しつじつ》　—をたっとぶ　—剛健な気風
実質《じっしつ》　—的な内容　—賃金
実収《じっしゅう》　実際の収入・収穫量。—は少ない
実習《じっしゅう》　看護法を—する　教育—　—生
湿潤《しつじゅん》　空気が—になる　—な気候
失笑《しっしょう》　非常識なことを言ったので—を買う
実証《じっしょう》　誤りのないことを—する　—主義
実情《じつじょう》　「実状」とも。—に詳しい　—の調査
失職《しっしょく》　不景気で—する　—者
失神《しっしん》　「失心」とも。ショックで—する　—状態
湿疹《しっしん》　薬の副作用で皮膚に—ができる
失《しっ》する　絶好の機会を—　礼を—言動
失政《しっせい》　野党は政府の—を糾弾する

叱正《しっせい》　詩文の添削依頼。拙稿ご—を乞(こ)う
叱声《しっせい》　しかる声。コーチの—が飛ぶ
叱責《しっせき》　上役から事務上の過失を—された
実績《じっせき》　貯蓄増強の—を上げる　生産—の低下
実戦《じっせん》　—さながらの演習
実践《じっせん》　理論を—する　—躬行(きゅうこう)を重んじる
質素《しっそ》　—な生活をする　—倹約を旨とする
失踪《しっそう》　夫が—してから三年たつ　—宣告
疾走《しっそう》　全力で—する　—のフォーム
実相《じっそう》　—観入の歌風
実像《じつぞう》　—と虚像　光が反射屈折して—を結ぶ
失速《しっそく》　飛行機が—状態になる　—して墜落する
実測《じっそく》　土地の広さを—する　—図
実存《じつぞん》　—する人物　—主義の哲学

叱咤《しった》 部下を—激励する 三軍を—する
失態《しったい》 「失体」とも。大—を演じる —を責める
実体《じったい》 —を突き止める —がない
実態《じったい》 使用の—を調査する 生活—
実弾《じつだん》 —射撃 —演習 選挙で—が乱れ飛ぶ
失地《しっち》 敵は—の回復をねらっている
湿地《しっち》 —に生息する小動物 —特有の植物
実地《じっち》 理論を—にためす —試験 —検証
失調《しっちょう》 財政の—を招く 栄養—
実直《じっちょく》 —な人間は成功する
失墜《しっつい》 名誉が—する 信用を—する
実体《じってい》 —な男 —さを認められる
嫉妬《しっと》 —深い 成功者を—する
湿度《しつど》 日本は—が高いので夏は蒸し暑い —計

失当《しっとう》 妥当でない。—な処分 —な管理
執刀《しっとう》 院長自身の—で手術をした
実働《じつどう》 当社の—時間は一日七時間である
実《じつ》に —りっぱな人だ —けしからん
失念《しつねん》 何年も前のことなので—しました
失敗《しっぱい》 —は成功のもと 試験に—した
十把一絡《じっぱひとからげ》 —で売る
失費《しっぴ》 今月は交際が多かったので—がかさんだ
櫛比《しっぴ》 櫛(くし)の歯のように並ぶ。人家が—する
実否《じっぴ》 真実かうそか。事の—をただす
実費《じっぴ》 —でお分けします —を徴収する
執筆《しっぴつ》 社説を—する 原稿の—に掛かる —者
湿布《しっぷ》 患部を—で冷やす 温—
疾風《しっぷう》 —のような速さ —迅雷の勢い

実物《じつぶつ》 —を調べる —教育 —大に再生する
疾病《しっぺい》 —にかかる 既往の—の有無を調べる
竹篦返《しっぺがえ》し 相手に—をされる
尻尾《しっぽ》 犬の— —を出す —をつかまれる
失望《しつぼう》 落第したので前途に—した —落胆する
七宝《しっぽう》 —をちりばめる —焼
質朴《しつぼく》 「質樸」とも。—な家風 —な服装
執務《しつむ》 受付で—する —に熱中する —時間
実務《じつむ》 —に通じる —に明るい —練習 —家
字詰《じづめ》 —正しく書く 一行の—は二十字です
失名《しつめい》 久しく会わないので—しました —氏
失明《しつめい》 わたしが—したのは十歳のときでした
実名《じつめい》 「じつみょう」とも。—を名のる
質問《しつもん》 手をあげて—する —を受ける —状

執拗《しつよう》 相手はなお—に食い下がる —な反撃
実用《じつよう》 —化を図る —に供する —新案 —品
実利《じつり》 —実益を上げる —主義
質量《しつりょう》 —を測定する —不変の法則
実力《じつりょく》 —を発揮する —者 —を行使した
失礼《しつれい》 —に当たる お先に—する —しちゃう
実例《じつれい》 一々—をあげて説明する
失恋《しつれん》 —の悲しみ —の痛手で自殺する
実録《じつろく》 帝王一代の— 事件の— —物
実話《じつわ》 —を載せる —雑誌
仕手《して》 能の— 世話の—がいない —株
子弟《してい》 —の教育に熱心である 良家の—
師弟《してい》 先生と生徒。師匠と弟子(でし)。—の間柄
指定《してい》 集合場所を—する —の時間 —旅館

指摘《してき》 誤りを—する 弱点を—されて降参した
自適《じてき》 悠々(ゆうゆう)—する —の生活を送る
死《し》出《で》の旅《たび》 —に出る
支店《してん》 —を開設する —長 本店と— —詰
支点《してん》 —を中心に回転する —と力点
視点《してん》 —を他に移す 別の—に立って考える
自転《じてん》 地球は—する —と公転 —車
次点《じてん》 惜しくも—で落ちた —者を繰り上げる
時点《じてん》 現在の—で考える 発生した—で適用
辞典《じてん》 ことばてん。辞書。—で単語を調べる
字典《じてん》 もじてん。字書。—で漢字を調べる
事典《じてん》 ことてん。百科—で調べる
自伝《じでん》 政治家の— —小説 —によれば
四天王《してんのう》 …親分の—といわれる

し

使途《しと》 —不明の金がある —を明らかにする
使徒《しと》 キリストの十二— 鳩(はと)は平和の—
死闘《しとう》 ジャングルの中で—を繰り広げた
私闘《しとう》 仇討(あだ)ちは—として禁じる
至当《しとう》 —な処置と認める —な意見に従う
私道《しどう》 —ですから駐車禁止 —と公道
始動《しどう》 エンジンが—する —を開始する
指導《しどう》 生徒を—する 適切な—と助言 —力
斯道《しどう》 この道。—の大家 —の権威
自動《じどう》 「自働」とも。—操縦 —制御装置 —小銃
児童《じどう》 小学校の— —憲章 —心理 —文学
自得《じとく》 人生の機微を—する 自業(じごう)—
自瀆《じとく》 自らを汚す。—的行為
茵《しとね》 「褥」とも。敷物。錦(にしき)の— 草の—

淑《しと》やか —な婦人 —に話す
嬌態《しな》 「科」とも。—を作って踊る
支那《シナ》 —そば —まんじゅう 東—海
竹刀《しない》 剣道用の竹製のけいこ刀。—でたたく
撓《しな》う 実がたくさんなって枝が— 重さで—
品切《しなぎれ》 あいにく—ですもう—になりました
信濃《しなの》 旧国名、長野県。
萎《しな》びる 野菜が— 表面が—
嫋《しな》やか —な皮の手袋 —な腰
地均《じならし》 敷地の—をする 組織再建の—
地鳴《じなり》 地震のときは—がする
至難《しなん》 目標の達成は—だ —のわざである
指南《しなん》 柔道を—する —番 書道— —役
老舗《しにせ》 江戸時代から続いている— 業界の—

死恥《しにはじ》 —をかく —を残す —と生き恥
死物狂《しにものぐる》い —で突き進む
屎尿《しにょう》 大便と小便。—処理施設
自任《じにん》 業界の指導者をもって—する
自認《じにん》 ロケット打上げの失敗を—する
辞任《じにん》 責任を執って—する 任期満了に伴う—
死《し》ぬ 犬が— 死んだ金の使い方
地主《じぬし》 —と借地人
自然薯《じねんじょ》 やまのいも。—を掘る
篠《しの》 細い竹。—突く雨
鎬《しのぎ》 刀の峰と刃の間の高い筋。—を削る争い
凌《しの》ぐ 壮者を—勢い かろうじて飢えを—
東雲《しののめ》 夜明け。暁。—の空がほのぼのと明るい
忍《しの》ぶ 不自由を— 人目を— 忍びがたきを—

偲《しの》ぶ 恋人を— 故郷を— ありし日を—
芝《しば》 庭に—を植える 公園の—の緑が美しい
柴《しば》 小さい雑木。おじいさんは山へ—刈りに
磁場《じば》 「じじょう」とも。磁力の作用する範囲。
支配《しはい》 下請会社を—する —階級 旅館の—人
紙背《しはい》 眼光—に徹する
賜杯《しはい》 「賜盃」とも。—の栄 天皇—を獲得する
芝居《しばい》 —小屋 紙— —茶屋 —げたっぷり
自白《じはく》 拷問によって—する 犯人の—を裏付ける
自爆《じばく》 敵艦に体当りして—した
暫《しば》し —茫然(ぼうぜん)とする —の別れ 待て—
屢〻《しばしば》 「数〻」とも。わたしが—注意したとおり
地肌《じはだ》 「地膚」とも。山火事の跡の赤茶けた—
始発《しはつ》 —の電車に間に合う —駅

自発的《じはってき》 —な行為 —に帰る
芝生《しばふ》 庭の—で遊ぶ —の手入れをする
自腹《じばら》 —を切って部下にごちそうする
支払《しはらい》 「仕払」とも。—伝票 代金の— —不能
暫《しばら》く —ごぶさたしました —お待ちください
姑《しばら》く 当分。—おく この問題は—おこう
縛《しば》る 手足を— 自由を—
市販《しはん》 —の品で間に合わせる —価格
師範《しはん》 弓術— —代 —学校の出身 高等—
紫班《しはん》 「紫斑」とも。皮膚に—が現われる —病
死班《しはん》 「屍斑」とも。死体にできる紫色の斑点。
地盤《じばん》 —が沈下する 軟弱な— 選挙の—
私費《しひ》 —を投じて学校を建てる —で留学する
自費《じひ》 —でまかなう —出版に踏み切る

し

慈悲《じひ》 仏の—心　親の—　—を掛ける　—深い
耳鼻《じび》 —科の医者　—咽喉《いんこう》科
字引《じびき》 字書。辞典。—を引いて調べる　生き—
地引網《じびきあみ》 「地曳網」とも。
試筆《しひつ》 書きぞめ。—をする　元旦《がんたん》—
自筆《じひつ》 —の履歴書を持参する　姓名は—のこと
地響《じひび》き 建物が—を立ててくずれ落ちる
指標《しひょう》 曲りかどに—を立てる　景気の—
師表《しひょう》 世の—と仰がれる人格者　社会の—
時評《じひょう》 時事の評論。社会—を執筆する
辞表《じひょう》 —を書く　—を出す　—を受理する
持病《じびょう》 母は—の喘息《ぜんそく》に悩む
痺《しびれ》 —が切れる　—を切らす　—薬
溲瓶《しびん》 「しゅびん」とも。病人が—で用を足す

渋《しぶ》 柿《かき》の—　—を抜く　—を塗る　—うちわ
自負《じふ》 有名校であることを—する　—心が強い
慈父《じふ》 先生は生徒から—のように慕われる
私服《しふく》 私服刑事。列車には—が乗り込んでいる
私腹《しふく》 役職を利用して—を肥やす
紙幅《しふく》 —を惜しまず書く　—が尽きる
雌伏《しふく》 —十年ついに目的を達した
地袋《じぶくろ》 床の間のわきの下方に設けた戸だな
死物《しぶつ》 しまっておいては—も同然だ　—寄生
私物《しぶつ》 —は持ち帰ってください　—を提供する
渋《しぶ》る 筆が—　腹が—　支払を—　出し—
私憤《しふん》 個人的な憤り。—を漏らす
脂粉《しふん》 べにおしろい。化粧。—の香が漂う
詩文《しぶん》 詩や文章。中国の—を鑑賞する

死文《しぶん》 —と化した法令
自分《じぶん》 —のことは—でやる　—自身
時分《じぶん》 幼い—を思い出す　もうできた—だろう
四分五裂《しぶんごれつ》 —の陣営
蕊《しべ》 「蘂」とも。おしべ・めしべ。
稭《しべ》 わらしべ。
紙幣《しへい》 —を発行する　高額—　兌換《だかん》—
死別《しべつ》 四歳で父に—する　—と生別
紙片《しへん》 紙きれ。—が散らばる　—にメモをする
支弁《しべん》 旅費を—する　必要な費用は適宜—する
思弁《しべん》 人間のあり方を—する　—哲学
至便《しべん》 この上なく便利。交通—の土地
事変《じへん》 日支—　火災その他の—　—の処理
自弁《じべん》 旅費は各自の—です　弁当代を—する

思慕《しぼ》 郷里の母を—する　—の情が深い
慈母《じぼ》 —のように慕われる先生　厳父と—
司法《しほう》 立法・—・行政　—試験　—処分を受ける
私法《しほう》 民法・商法などを—という　—と公法
至宝《しほう》 —として伝える　国家の—的存在の先生
死亡《しぼう》 交通事故で—する　新聞の—広告欄
志望《しぼう》 海外出張員を—する　将来の—　—者
脂肪《しぼう》 —太りの女　—過多症　—組織
時報《じほう》 正午の—を知らせる　経済—を執筆する
自暴自棄《じぼうじき》 —になる
死没《しぼつ》 「死歿」とも。
凋《しぼ》む 「萎む」とも。寒さで花が—
絞《しぼ》る 手ぬぐいを—　知恵を—　問題を—
搾《しぼ》る 乳を—　上役にさんざん搾られる

資本《しほん》 労働者はからだが—だ　—金　—主義
揣摩《しま》 おしはかる。—憶測する
志摩《しま》 旧国名、三重県志摩半島の先端部。
島《しま》 沖の—　取り付く—もない
縞《しま》 —の模様　—柄　格子《こうし》—　縦—
姉妹《しまい》 兄弟—　三人—　—会社　—都市
終《しま》い 「仕舞」とも。きょうはこれでお—　—湯
仕舞《しまい》 —を舞う　—のけいこ
蔵《しま》う 片づける。道具を—
仕舞《しま》う やめる。店を—
了《しま》う 「仕舞う」とも。終わる。して—
自前《じまえ》 食費は—だ　—の出張かばん
島影《しまかげ》 —が見えてくる
島陰《しまかげ》 —に隠れて見えない

字幕《じまく》 映画の— —を追って見る
始末《しまつ》 自分で—する —に負えない —書
自儘《じまま》 —な行為 —にふるまう —気まま
絞《し》まる なわが— 首が— のどが—
締《し》まる 財政が— 相場が—
締《し》まる 「緊まる」とも。身が—
閉《し》まる 戸が— 店が—
地回《じまわ》り 「地廻り」とも。—の商人
自慢《じまん》 娘の—をする —話 —の種
染《しみ》 —が付く —抜き —を落とす
紙魚《しみ》 「衣魚」とも。—が本を食いいためる
地味《じみ》 —な色の着物 —な人柄 はでと—
滋味《じみ》 —に富む食物 —にあふれた話
沁々《しみじみ》 「染々」とも。—と考える —感謝する

清水《しみず》 —が湧(わ)く 谷の—
地道《じみち》 —にかせいで産を成す —な生活をする
至妙《しみょう》 観衆は—の技術に酔った —な芸
沁《し》みる 目に— 身に—
滲《し》みる 雨水が天井に—
染《し》みる 皮膚に— 色が— 悪習に—
嗜眠《しみん》 患者はなお—を続ける —性脳炎
事務《じむ》 —が渋滞する —を執る —的な処理
時務《じむ》 そのときどきの重要な仕事。—多端
仕向《しむ》け 商品の—地 —口 ひどい—を受ける
締《しめ》 「〆」とも。半紙一— 売上帳簿の—を出す
注連《しめ》 「七五三」とも。正月の—飾り —なわ
氏名《しめい》 合格者の—を発表する 住所と—
使命《しめい》 —感に燃える —を果たす

死命《しめい》 相手方の—を制する
指名《しめい》 —手配の容疑者 議長に—する —入札
自明《じめい》 人々が平和を望むのは—の理である
締切《しめきり》 原稿の—に間に合う —を延ばす —日
締括《しめくく》り 話の— 部下の—がうまい
示《しめ》す 誠意を— 出口を— 条件を— 反応を—
死滅《しめつ》 —した生物 —寸前の保護鳥鴇(とき)
自滅《じめつ》 計画が—する —行為
湿《しめ》り気《け》 —を含んだ風 かんの中も—がある
占《し》める よい位置を— 一等賞を— 味を—
湿《しめ》る 花が雨で— 湿った土 座が—
絞《し》める 首を— 鶏を—
締《し》める ねじを— 帯を— 財政を—
締《し》める 「緊める」とも。心を—

閉《し》める 戸を— 店を—
紙面《しめん》 —をにぎわす —に目を通す
地面《じめん》 —に字を書く —を掘り返す —師
四面楚歌《しめんそか》 —の状態
霜《しも》 —が降りる 頭に—をいただく
下総《しもうさ》 旧国名、千葉県北部と茨城県西部。
仕舞屋《しもたや》 店屋でない家。
霜月《しもつき》 旧暦十一月の異名。
下野《しもつけ》 旧国名、栃木県。
笞《しもと》 むち。細長く伸びた枝。親の愛の—
地元《じもと》 —出身の力士 —の意向を聞く —民
霜解《しもど》け —の道を歩く
下脹《しもぶく》れ —の顔がかわいい
霜降《しもふ》り —の洋服 —の牛肉

下僕《しもべ》 旧家の—として働く
霜焼《しもや》け 凍傷。—で荒れた手
霜除《しもよ》け 作物に—のおおいをする
指紋《しもん》 —を採る 犯人は—を残していた
試問《しもん》 —に答える 口頭—
諮問《しもん》 審議会に—する —に対する答申
自問自答《じもんじとう》 —する
紗《しゃ》 薄い—のカーテン
視野《しや》 —が狭い 広い—に立って考える
蛇《じゃ》 —の道は蛇(へび) 鬼が出るか—が出るか
邪悪《じゃあく》 —な心の持主
謝意《しゃい》 深甚(じん)なる—を表する 心からの—
邪淫《じゃいん》 —の行い —な関係
社運《しゃうん》 —を掛ける —が隆盛に向かう

謝恩《しゃおん》 卒業式後の―会 ―大売出し
釈迦《しゃか》 ―如来 ―牟尼(むに) ―に説法
社会《しゃかい》 ―の動き ―に出る ―主義 ―事業
馬鈴薯《じゃがいも》 ―の煮つけ
嗄《しゃが》れる しわがれる。かぜを引いて声が―
舎監《しゃかん》 寄宿舎の監督者。―の先生
邪気《じゃき》 祈禱(きとう)して―を払う ―を起こす
邪鬼《じゃき》 たたりをなす―のしわざ
写経《しゃきょう》 お経を書き写す。毎朝―する
邪教《じゃきょう》 人心を惑わす邪悪な宗教。
謝金《しゃきん》 お礼の金。―を差し出す ―を受け取る
勺《しゃく》 一升または一坪の百分の一。
尺《しゃく》 一丈の十分の一。―が短い ―を取る
笏《しゃく》 束帯を着用して―を手に持つ神主さん

酌《しゃく》 酒のお―をする
癪《しゃく》 ―が起こる ―にさわる 全く―だ
試薬《しやく》 化学分析用の―
寂《じゃく》 「せき」とも。ひっそり。―として声なし
持薬《じやく》 「餌薬」とも。この薬は母の―です
爵位《しゃくい》 元の華族の階級。―を返上する
借財《しゃくざい》 ―を返す 多くの―を負って苦しむ
杓子《しゃくし》 ―で汁(しる)をすくう ―定規
弱視《じゃくし》 めがねでも補えないほど弱い視力。
綽々《しゃくしゃく》 ゆとりあるさま。余裕―
錫杖《しゃくじょう》 僧や修験者の持つ杖(つえ)。
弱小《じゃくしょう》 ―国 ―意識を持つ ―民族
弱震《じゃくしん》 震度3。電線がわずか揺れる程度。
釈然《しゃくぜん》 説明を聞いても―としない

弱卒《じゃくそつ》 勇将の下に―なし
弱体《じゃくたい》 ―をさらけ出す ―な内閣
借地《しゃくち》 ―に家を建てる ―権 ―法
蛇口《じゃぐち》 水道の― ―から水がほとばしり出る
弱敵《じゃくてき》 ―と見て侮らず
弱点《じゃくてん》 ―に付け込む ―を握る ―を突く
尺度《しゃくど》 既成の―で測る 貨幣は物価の―
赤銅《しゃくどう》 ―色の肌(はだ) ―の仏像
尺蠖《しゃくとりむし》 「尺取虫」とも。
石南花《しゃくなげ》 初夏に赤い花の咲く―
弱肉強食《じゃくにくきょうしょく》
灼熱《しゃくねつ》 ―の太陽 ―の恋
若年《じゃくねん》 「弱年」とも。―の者 ―労働者
若輩《じゃくはい》 「弱輩」とも。―の身をもって

酌婦《しゃくふ》 料理屋の― ―に身を落とす
折伏《しゃくぶく》 友人を―して入信させる
釈放《しゃくほう》 身柄を―する 無罪―となる
釈明《しゃくめい》 大臣の―を求める 友のために―する
借家《しゃくや》 「しゃっか」とも。―住い
芍薬《しゃくやく》 ―の花 立てば―すわれば牡丹(ぼたん)
雀躍《じゃくやく》 成功の報を聞いて―する 欣喜(きんき)―
借用《しゃくよう》 一時―したお金 ―証を書く
雀羅《じゃくら》 かすみ網。門前―を張る寂しさ
借覧《しゃくらん》 図書館の本を―する 資料の―
酌量《しゃくりょう》 情状を―して刑期を定める
杓《しゃく》る 「しゃくう」とも。あごを―
舎兄《しゃけい》 自分の兄。―を紹介します
射撃《しゃげき》 小銃で―する ―訓練 一斉(いっせい)―

瀉血《しゃけつ》 治療の目的で静脈から血液を採る。
邪険《じゃけん》 「邪慳」とも。人を―に扱う ―な態度
車庫《しゃこ》 ―に車を入れる 電車の―が焼ける
蝦蛄《しゃこ》 泥(どろ)や砂に穴を掘ってすむ―
社交《しゃこう》 ―クラブ ―ダンス ―性に富む ―界
遮光《しゃこう》 光線をさえぎる。―幕 ―容器
藉口《しゃこう》 口実にする。病気に―して断わる
麝香《じゃこう》 麝香鹿(じか)から採る香料。
射幸心《しゃこうしん》 「射倖心」とも。
社債《しゃさい》 電鉄会社が―を募集する ―の利率
謝罪《しゃざい》 過失を認めて―する ―広告
射殺《しゃさつ》 猟銃で―する 連続―事件の犯人
斜視《しゃし》 やぶにらみ。―を矯正(きょうせい)する
奢侈《しゃし》 おごり。ぜいたく。―の風を戒める

謝辞《しゃじ》 卒業生代表の―を述べる
車軸《しゃじく》 ―を流すような大雨 ―を下（くだ）す
写実《しゃじつ》 ありのままの描写。―主義 ―小説
邪宗《じゃしゅう》 人心を惑わす宗教。邪教。
射出《しゃしゅつ》 ホースから水を―する ―成型機
車掌《しゃしょう》 発車合図をする― バスの― 専務―
捨象《しゃしょう》 共通でない要素を捨てる。抽象と―
写真《しゃしん》 ―を写す ―撮影 ―機 カラー―
邪心《じゃしん》 ―を去る ―をいだく ―のない目
邪推《じゃすい》 相手の意図を―する ―深い性質
謝《しゃ》する ご好意を― ごぶさたを―
写生《しゃせい》 風景を―する ―画 ―の俳句
社説《しゃせつ》 新聞社の意見を述べた文。―を掲げる
謝絶《しゃぜつ》 病状が重くて面会― 申出を―する

邪説《じゃせつ》 よこしまな説。―に惑わされる 異端―
斜線《しゃせん》 空欄には―を引く
車窓《しゃそう》 ―の景色（けしき）をながめる ―風景
社宅《しゃたく》 会社の― 兄は結婚して―に住んでいる
洒脱《しゃだつ》 彼の―な人柄が人から好かれる ―な絵
遮断《しゃだん》 交通を―する 踏切の―機 回路の―器
鯱鉾《しゃちほこ》 金の― ―立ち ―ばる
借款《しゃっかん》 貸借契約。米国との―が成立する
若干《じゃっかん》 ―名の委員を置く ―の不便を忍ぶ
弱冠《じゃっかん》 男子二十歳。―にして英雄となる
尺貫法《しゃっかんほう》 日本古来の度量衡法。
惹起《じゃっき》 引き起こす。大混乱を―する
赤口《しゃっく》 六曜の一。「赤口日（しゃっくにち）」とも。
弱行《じゃっこう》 薄志―の人間が多い

寂光浄土《じゃっこうじょうど》
舎弟《しゃてい》 自分の弟。―がお世話になっております
射程《しゃてい》 弾丸の到達距離。―に入（はい）る
射的《しゃてき》 遊技場で―をして遊ぶ ―場
車道《しゃどう》 ―と歩道 ―を歩いては危険だ
邪道《じゃどう》 ―に陥る その考えは―だ
謝肉祭《しゃにくさい》 カーニバル。
遮二無二《しゃにむに》 ―前進だ
邪念《じゃねん》 ―が生じる ―を払う ―を去る
蛇の目《じゃのめ》 ―の模様 ―傘（がさ）
娑婆《しゃば》 ―に出る ―の風は冷たい ―けが多い
蛇腹《じゃばら》 カメラの―の部分 ちょうちんの―
這般《しゃはん》 この。これら。―の情勢から判断して
煮沸《しゃふつ》 煮たたす。煮えたつ。―消毒

遮蔽《しゃへい》 外から見えないように―する ―物
喋《しゃべ》る 「饒舌る」とも。べらべら― うっかり―
斜辺《しゃへん》 三角形の― ―の長さを測る
仙人掌《シャボテン》 「サボテン」とも。
邪魔《じゃま》 ―をする ―になる ―が入（はい）る ―者
沙弥《しゃみ》 仏門に入（はい）ったばかりの僧。
三味線《しゃみせん》 「さみせん」とも。
斜面《しゃめん》 山の― ―をすべり降りる
赦免《しゃめん》 無実が証明されて―される
借問《しゃもん》 試みに問う。―して言う
社用《しゃよう》 ―でおそくなる ―族 ―で出張する
斜陽《しゃよう》 ―を浴びる 石炭は―産業である
邪欲《じゃよく》 「邪慾」とも。―を起こす 男女間の―
洒落《しゃらく》 ―な性格が人に好かれる 風流―の人

舎利《しゃり》 仏― ―殿を建てる 銀― すしの―
砂利《じゃり》 ―道を歩む 工事用の― ―トラック
車両《しゃりょう》 「車輛」とも。―を整備する 鉄道―
車輪《しゃりん》 ―の下敷きになる 大―の活躍
洒落《しゃれ》 ―を言う お―な子 洒落たハンドバッグ
謝礼《しゃれい》 ―を受け取る 講師の―
邪恋《じゃれん》 ふたりはついに―を清算した
戎克《ジャンク》 中国特有の帆掛け船。
主《しゅ》 …を―とする ―として ―と従
朱《しゅ》 ―に交われば赤くなる 満面―を注ぐ
種《しゅ》 ある―の人間 ―の起源
主意《しゅい》 右の文の―を述べよ 質問―書
趣意《しゅい》 運動の―を説明する 設立―書を配布する
首位《しゅい》 第一位。トップ。―を占める ―に立つ

周《しゅう》　―一メートルの円　校庭を五―する
週《しゅう》　―一回の休日　その次の―に会う
衆《しゅう》　―に先んじて行なう　―を頼む　村の―
私有《しゆう》　―と公有　―財産を没収する　―地
雌雄《しゆう》　―異株　―同体　―を争う　―を決する
拾《じゅう》　十。金額を書く場合に使う。金―万円也
柔《じゅう》　―よく剛を制する　外―内剛
従《じゅう》　主と―　この点は―と考える
銃《じゅう》　―を構える　―の手入れをする
自由《じゆう》　―に発言する　―の女神(めがみ)　―自在
事由《じゆう》　―を説明する　やむをえない―　解散―
醜悪《しゅうあく》　―な一面を現わす　―な争い
重圧《じゅうあつ》　―を加える　民衆は―に苦しむ
周囲《しゅうい》　池の―を歩く　―を見回す　―の状況

拾遺《しゅうい》　漏れた物事を拾い補う。―和歌集
重囲《じゅうい》　敵の―に陥る　―を破って逃げ出す
獣医《じゅうい》　家畜の病気を診療する医者。
秀逸《しゅういつ》　―な文章　―なできばえ
充溢《じゅういつ》　両選手とも気力が―している
驟雨《しゅうう》　にわか雨。ときどき―がやってくる
収益《しゅうえき》　―がふえる　―の分配　―事業
就役《しゅうえき》　新造艦が―する　四人が―する
周縁《しゅうえん》　都市の―　―地域
終焉《しゅうえん》　―を告げる　本居宣長(もとおりのりなが)―の地
終演《しゅうえん》　六時開演、九時―　―時刻
羞悪《しゅうお》　―の心は仁の端なり　―の情
縦横《じゅうおう》　道が―に走る　―無尽の活躍
重恩《じゅうおん》　父母の―に感じる

衆寡《しゅうか》　―敵せず玉砕した
集荷《しゅうか》　「蒐荷」とも。近在からの―地
集貨《しゅうか》　―配達を行なう
銃火《じゅうか》　敵の―を浴びる　―を交える
周回《しゅうかい》　―一五キロの湖　―記録
集会《しゅうかい》　―の自由　月に一回―を開く　―所
秋海棠《しゅうかいどう》　―の可憐な赤い花
収穫《しゅうかく》　野菜の―　今度の旅行は―があった
収獲《しゅうかく》　漁猟の―　きょうの狩りの―
就学《しゅうがく》　来春―する児童　―の義務　―率
修学《しゅうがく》　―旅行のシーズン　―に励む
収監《しゅうかん》　刑務所に―される　―状
習慣《しゅうかん》　早寝の―を付ける　―は第二の天性
週間《しゅうかん》　一―　―天気予報　安全―　読書―

週刊《しゅうかん》　―新聞を発行する　―の雑誌　―誌
重患《じゅうかん》　重症患者。―から先に避難させる
縦貫《じゅうかん》　半島を―する鉄道　―道路
銃眼《じゅうがん》　塁壁にあけた銃を撃つ穴。
周期《しゅうき》　振動の―　五年の―で―的に
周忌《しゅうき》　亡夫の一―　三―の法要
秋季《しゅうき》　秋の季節。―運動会　―体育大会
秋期《しゅうき》　―休暇　―講習会
臭気《しゅうき》　くさみ。悪いにおい。―鼻を突く　―抜き
祝儀《しゅうぎ》　―と不(ぶ)―　開店の―をはずむ
衆議《しゅうぎ》　―一決する　―をまとめる
什器《じゅうき》　日用の―　事務用―りっぱな―
衆議院《しゅうぎいん》　―と参議院　―議員
週休《しゅうきゅう》　会社は―制です　―二日の要求

週給《しゅうきゅう》　―で支払います
蹴球《しゅうきゅう》　フットボール。サッカー。―部
住居《じゅうきょ》　―を定める　―侵入罪で訴える
宗教《しゅうきょう》　―改革　新興―　―音楽　―裁判
就業《しゅうぎょう》　八時に―する　―時間　―規則
修業《しゅうぎょう》　―証書をもらう　―年限
終業《しゅうぎょう》　午後五時―です　始業と―　―式
従業員《じゅうぎょういん》　―を募集する
醜業婦《しゅうぎょうふ》　売春婦。売笑婦。
終局《しゅうきょく》　「終極」とも。争いも―に近づく
褶曲《しゅうきょく》　地殻(ちかく)のしわ。―山脈
集魚灯《しゅうぎょとう》　―を使う
集金《しゅうきん》　売掛金を―する　―に歩く　―係
秀句《しゅうく》　すぐれた俳句・詩歌。蕪村(ぶそん)の―

し

衆愚《しゅうぐ》　多くの愚人。―政治　―の集り
従軍《じゅうぐん》　今次大戦に―した　―記者　―看護婦
集計《しゅうけい》　開票の結果を―する　点数の―
重刑《じゅうけい》　死刑に次ぐ―　予想以上の―の判決
襲撃《しゅうげき》　大統領を―する　敵の―に備える
銃撃《じゅうげき》　敵を―する　突然―を受ける
終結《しゅうけつ》　「終決」とも。争議も―した　戦争―
集結《しゅうけつ》　部隊が―する　―地
充血《じゅうけつ》　徹夜作業で目が―している
祝言《しゅうげん》　妹の―も近づいた　仮―を挙(あ)げる
銃剣《じゅうけん》　―を突き付ける　―術
銃後《じゅうご》　戦線に出ない国民。―の守りを固める
修好《しゅうこう》　「修交」とも。―条約を締結する
就航《しゅうこう》　新造船が―する　超音速機の―

周航《しゅうこう》　湖を―する遊覧船　瀬戸内海を―する
舟行《しゅうこう》　「舟航」とも。船で行く。帰路は―
醜行《しゅうこう》　彼の―が暴露された
集合《しゅうごう》　駅前に―する　全員―　―時刻
秋毫《しゅうごう》　ごくわずか。―も欠点がない
重厚《じゅうこう》　―な装飾　―な人物　―な態度
重婚《じゅうこん》　―の罪を犯す
秀才《しゅうさい》　東大出の―
重罪《じゅうざい》　親殺しの―を犯す
秀作《しゅうさく》　―に賞が贈られる　―を五点選ぶ
習作《しゅうさく》　最近の―を発表する
重殺《じゅうさつ》　ダブルプレー。―でピンチを脱した
銃殺《じゅうさつ》　スパイを―する　―刑に処せられる
集散《しゅうさん》　離合―は世の常　農産物の―地

収支《しゅうし》　―を決算する　―償わず　―計算
宗旨《しゅうし》　―違い　―を替えて法律をやる
終止《しゅうし》　文が―する　―符を打つ　動詞の―形
終始《しゅうし》　混乱に―する会議場　―一貫態度を変えぬ
修士《しゅうし》　学位の一。大学の―課程を修了する
修史《しゅうし》　歴史書の編集。―事業に一生をささげる
習字《しゅうじ》　―のけいこに通う　ペン―
修辞《しゅうじ》　美しい巧みな表現。―法　―に苦心する
重視《じゅうし》　政府は事態を―する　―と軽視
住持《じゅうじ》　住職。お寺の―
従事《じゅうじ》　農業に―する　関連産業に―した人の数
十字架《じゅうじか》　教会の塔の上の―
終日《しゅうじつ》　きのうは―家で読書していました
充実《じゅうじつ》　―した生活を送る　内容が―している

十姉妹《じゅうしまつ》　卵をあたためている―
従者《じゅうしゃ》　―として同行する　―に命令する
執着《しゅうじゃく》　「しゅうちゃく」とも。金に―する
柔弱《じゅうじゃく》　「にゅうじゃく」とも。
袖手《しゅうしゅ》　ふところ手。成行きを―傍観する
収受《しゅうじゅ》　代金の―は厳正に　わいろを―する
収集《しゅうしゅう》　「蒐集」とも。切手を―する
収拾《しゅうしゅう》　得意の政治力で事件を―する
重々《じゅうじゅう》　―承知のうえで　―おわびする
収縮《しゅうしゅく》　膨張と―　冷えると―する
習熟《しゅうじゅく》　機械の操作に―する
柔術《じゅうじゅつ》　柔道。やわら。―指南
従順《じゅうじゅん》　「柔順」とも。親に―なこども
住所《じゅうしょ》　新しい―を教える　―不定の男

周章《しゅうしょう》　―狼狽(ろうばい)する
就床《しゅうしょう》　就寝。十時ごろ―する
愁傷《しゅうしょう》　父の死で―のあまり　ご―さま
醜状《しゅうじょう》　会社内部の―をさらけ出す
重傷《じゅうしょう》　―を負って倒れる　―者
重症《じゅうしょう》　重い症状。―患者　―の看護
重唱《じゅうしょう》　二―　四―
銃床《じゅうしょう》　―でなぐりつける
秋色《しゅうしょく》　秋の景色(けしき)。京の―をめでる
愁色《しゅうしょく》　父の病気が重くて―が濃い
修飾《しゅうしょく》　他の語を―する　室内を―する
就職《しゅうしょく》　高校を出て―する　集団―
住職《じゅうしょく》　お寺の―
重職《じゅうしょく》　部長の―につく

執心《しゅうしん》 彼女にご―の兄 仕事に―する
修身《しゅうしん》 ―斉家《かせい》治国平天下 ―の授業
終身《しゅうしん》 ―雇用制 ―年金を受ける ―保険
就寝《しゅうしん》 ―したのは十時を過ぎていた
囚人《しゅうじん》 ―が脱走する ―を慰問する
衆人《しゅうじん》 ―の見るところ ―環視の中で
重心《じゅうしん》 うまく―を取る ―が低い
重臣《じゅうしん》 ―を暗殺する計画を練る ―会議
銃身《じゅうしん》 ―の短い銃 ―が焼けるまで撃つ
獣心《じゅうしん》 獣のような心。人面―の悪人ども
修正《しゅうせい》 原案を―する ―案が通過した
修整《しゅうせい》 原版で―する 写真の―液
習性《しゅうせい》 動物の―を研究する 鳩《はと》の―
終生《しゅうせい》 「終世」とも。―清貧に甘んじた

集成《しゅうせい》 関係論文を―して一冊の本にする
集積《しゅうせき》 綿花を―する 物資の―地
重責《じゅうせき》 議長の―をになう ―を果たす
周旋《しゅうせん》 就職口を―する 貸家の―業
修繕《しゅうぜん》 機械を―する ―がきく ―に出す
十全《じゅうぜん》 全く欠点がない。―を期する
従前《じゅうぜん》 ―の例に従えば ―どおり行なう
臭素《しゅうそ》 元素の一。―化合物
愁訴《しゅうそ》 役所に―する 不定《ふてい》―
従組《じゅうそ》 従業員組合。
収蔵《しゅうぞう》 農作物を―する 資料の―庫
重曹《じゅうそう》 重炭酸ソーダ。
銃創《じゅうそう》 銃弾を受けた傷。貫通― 盲管―
縦走《じゅうそう》 尾根伝いに行く。アルプスを―する

秋霜烈日《しゅうそうれつじつ》
終息《しゅうそく》 「終熄」とも。戦乱が―した
収束《しゅうそく》 混乱を―する 数列の―
集束《しゅうそく》 光線が―する ―レンズ
習俗《しゅうぞく》 地方の―を研究する 古い―が残る
充足《じゅうそく》 条件を―する 欲望の―
従属《じゅうぞく》 大国に―する ―関係にある
醜態《しゅうたい》 ―をさらす ―を演じてしまった
重体《じゅうたい》 「重態」とも。病人が―に陥る
渋滞《じゅうたい》 交通が―しがちだ 事務が―する
縦隊《じゅうたい》 デモの―が通る 二列―に並ぶ
重大《じゅうだい》 ―な事件 ―問題
重代《じゅうだい》 ―の家宝を盗まれる ―の君恩
集大成《しゅうたいせい》 学問を―する 教理の―者

住宅《じゅうたく》 ―の建設 ―難 高層― 簡易―
収奪《しゅうだつ》 財産を―する 資本家の―にあえぐ
終端《しゅうたん》 ―に達する ―駅
愁嘆《しゅうたん》 「愁歎」とも。―に暮れる ―場
集団《しゅうだん》 ―で交渉する ―生活 ―就職
絨毯《じゅうたん》 「絨緞」とも。―を敷く ―爆撃
銃弾《じゅうだん》 ―が飛んでくる ―を込める
縦断《じゅうだん》 本州を―した台風 大陸―鉄道
周知《しゅうち》 ―の事実 ―のとおり ―徹底させる
衆知《しゅうち》 「衆智」とも。多人数の知恵。―を集める
羞恥《しゅうち》 ―のあまりに顔を隠す ―心
修築《しゅうちく》 本殿を―する 城の―工事が進む
祝着《しゅうちゃく》 まことに―至極に存じます
執着《しゅうちゃく》 「しゅうじゃく」とも。金に―する

終着《しゅうちゃく》 この列車の―駅は青森です ―時刻
集中《しゅうちゅう》 ―豪雨 ―排除法 ―的にやる
集中《しゅうちゅう》 「集注」とも。精神を―する ―砲火
酋長《しゅうちょう》 未開部族のかしら。―の娘
袖珍《しゅうちん》 ポケット版。―英和辞典 ―本
重鎮《じゅうちん》 美術界の― 政界の―
舟艇《しゅうてい》 ―による渡河演習 上陸用―
終点《しゅうてん》 電車の― 人生の― 起点と―
終電《しゅうでん》 終電車。―の出たあと ―に遅れる
充塡《じゅうてん》 火薬を―する 空欄に語を―する
重点《じゅうてん》 ―を置く 予算を―的に配分する
充電《じゅうでん》 蓄電池に―する
舅《しゅうと》 夫や妻の父。―に仕える
周到《しゅうとう》 ―な準備をして臨む 用意―

し

充当《じゅうとう》 その費用には予備金を—する
柔道《じゅうどう》 —と剣道 —着 —整復師
修道院《しゅうどういん》 —の尼さん
拾得《しゅうとく》 拾う。遺失物を—する —物
収得《しゅうとく》 自分のものにする。株式を—する
習得《しゅうとく》 技術を—する —したことば
重篤《じゅうとく》 病気が重い。
姑《しゅうとめ》 夫や妻の母。嫁と— —との仲
柔軟《じゅうなん》 —な態度を示す —性がある
十二支《じゅうにし》 子丑寅卯辰巳午未申酉戌亥。
収入《しゅうにゅう》 —と支出 —の増加を図る —印紙
就任《しゅうにん》 大臣に—する 社長—のあいさつ
住人《じゅうにん》 肥後の国の— この土地の—です
重任《じゅうにん》 —を果たす 役員の—は妨げない

周年《しゅうねん》 創立三十—記念 一—を迎える
執念《しゅうねん》 —にとりつかれる
収納《しゅうのう》 税金を—する —伝票
宗派《しゅうは》 —が細かく分かれる —別に祭典を行なう
周波《しゅうは》 サイクル。—数を調節する 高— 低—
秋波《しゅうは》 ウインク。流し目。色目。—を送る
集配《しゅうはい》 荷物を—する 郵便—人
就縛《しゅうばく》 犯人がついに—した —の身となる
重爆《じゅうばく》 重爆撃機。 —の編隊
重箱《じゅうばこ》 —のすみをほじくる —読み
秀抜《しゅうばつ》 —な作品 —なできばえに感心する
終盤《しゅうばん》 選挙も—に近づく —戦に入(はい)る
週番《しゅうばん》 今週は—だから早めに登校する
重版《じゅうはん》 発行版数を重ねる。著書を—する

重犯《じゅうはん》 初犯と— —は厳罰に処せられる
愁眉《しゅうび》 心配な顔。病状が持ち直して—を開く
修復《しゅうふく》 破損した部分を—する —工事
重複《じゅうふく》 「ちょうふく」とも。記事が—する
醜聞《しゅうぶん》 スキャンダル。芸能人の—をばらす
十分《じゅうぶん》 「充分」とも。—考える 千円で—
周壁《しゅうへき》 厳重に—を巡らす
習癖《しゅうへき》 —を矯正(きょうせい)する 若い人に共通の—
周辺《しゅうへん》 大都市—の開発 工場—の民家
週報《しゅうほう》 —を発行する —を提出する
衆望《しゅうぼう》 —を集める —をになう
什宝《じゅうほう》 秘蔵の宝物。 先祖伝来の—
銃砲《じゅうほう》 —刀剣類の所持を取り締まる
従僕《じゅうぼく》 忠実な—がいた —を勤める

終幕《しゅうまく》 —まで見る 人生の—を告げる
週末《しゅうまつ》 —に家族で一泊旅行をする
終末《しゅうまつ》 事件はいよいよ—に来た
充満《じゅうまん》 部屋(へや)にはガスが—している
十万億土《じゅうまんおくど》
臭味《しゅうみ》 いやな—がする —を消す薬
周密《しゅうみつ》 細かく行き届く。—な計画を立てる
就眠《しゅうみん》 眠る。十二時— 植物の—運動
住民《じゅうみん》 —の意思 —登録 湖岸の— —税
醜名《しゅうめい》 悪い評判。 —を流す —を残す
襲名《しゅうめい》 六代目菊五郎を—する —披露(ひろう)
渋面《じゅうめん》 しかめつら。 —を作る
衆目《しゅうもく》 これが—の一致するところだ
十目《じゅうもく》 —の見るところ十指のさすところ

宗門《しゅうもん》 宗派。宗旨。—の伝統を重んじる
終夜《しゅうや》 —営業の飲食店 電車の—運転 —灯
集約《しゅうやく》 会員の意見を—する —農業
重役《じゅうやく》 会社の— 三等— —会議 —室
周遊《しゅうゆう》 各地を—する 世界—旅行 —券
舟遊《しゅうゆう》 湖上を—する
収容《しゅうよう》 講堂に—する —人員五十名
収用《しゅうよう》 強制徴収。土地を—する
修養《しゅうよう》 —を積む 学校は—の道場である
重要《じゅうよう》 —な問題 —人物 —文化財
重用《じゅうよう》 有能な者を—する 社内で—される
充用《じゅうよう》 いただいたお金は学費に—します
獣欲《じゅうよく》 「獣慾」とも。—を満たす
襲来《しゅうらい》 台風の—に備える 敵機が—する

し

従来《じゅうらい》 ―の慣例に従う ―どおりのやり方
集落《しゅうらく》 「聚落」とも。―の遺跡 山すその―
収覧《しゅうらん》 「収攬」とも。人心を―する
縦覧《じゅうらん》 自由に観覧する。操業中―謝絶
修理《しゅうり》 自動車を―する ―に出す ―を頼む
収量《しゅうりょう》 年々減る陸稲の― ―が一定しない
終了《しゅうりょう》 会期を―する 試合―の合図
修了《しゅうりょう》 高校二年を―する ―証書
秋涼《しゅうりょう》 ―のみぎりお元気ですか
十両《じゅうりょう》 ―の力士 幕下から―に上がる
重量《じゅうりょう》 ―を量る ―挙(あ)げの競技
重力《じゅうりょく》 ―の加速度 ―の作用
蹂躙《じゅうりん》 人権―を訴える 敵の陣地を―する
秋冷《しゅうれい》 ―の候おさわりございませんか

秀麗《しゅうれい》 富士山の―な姿 眉目(びもく)―な青年
収斂《しゅうれん》 収束。集束。―剤 ―性
修練《しゅうれん》 きびしい― ―を積む
習練《しゅうれん》 習う。スポーツの― 自転車の―
就労《しゅうろう》 一日八時間―する ―手帳
収録《しゅうろく》 「集録」とも。資料を―する
収賄《しゅうわい》 贈賄と― ―の容疑で起訴される
守衛《しゅえい》 夜間は―が巡視する 会社の―
受益《じゅえき》 ―を優先して考える ―者の立場 ―証券
主演《しゅえん》 この映画の―をする ―女優
酒宴《しゅえん》 ―を開く ―たけなわである
首魁《しゅかい》 反乱の―と見られる人物 盗賊団の―
樹海《じゅかい》 広大な森林。山頂から―をながめる
主客《しゅかく》 「しゅきゃく」とも。―転倒する

主格《しゅかく》 語が文の主語となる関係。
主管《しゅかん》 ―大臣の答弁 申請受付の事務を―する
主幹《しゅかん》 主任。編集―が社説を書く 雑誌の―
主観《しゅかん》 個人の―の尊重 ―と客観 ―にたよる
主眼《しゅがん》 綱紀粛正が―である ―を明らかにする
手記《しゅき》 報道班員の― ―を書く
酒気《しゅき》 ―を帯びて帰宅する
主義《しゅぎ》 ―主張を明確にする ―を貫く 保守―
受給《じゅきゅう》 年金を―する ―者 ―と支給
需給《じゅきゅう》 ―のバランスが取れない ―調整
修業《しゅぎょう》 師について―する 学問の― 花嫁―
修行《しゅぎょう》 仏道を―中の身 武者―に出る
儒教《じゅきょう》 ―の祖は孔子 ―の実践道徳
授業《じゅぎょう》 物理の― ―時間 ―をサボる ―料

珠玉《しゅぎょく》 ―のような詩歌 ―編
塾《じゅく》 そろばん―に通う 英会話― ―生
宿痾《しゅくあ》 長く直らぬ病気。持病。―の心臓病
祝意《しゅくい》 ―を表する
殊遇《しゅぐう》 特別のよい待遇。社長の―を受ける
祝宴《しゅくえん》 結婚式の― ―を開く
宿怨《しゅくえん》 積もる恨み。十年来の―を晴らす
宿縁《しゅくえん》 「すくえん」とも。前世の因縁。
祝賀《しゅくが》 八十周年を―する ―会を開く ―式
宿願《しゅくがん》 十年来の―を達する ―を果たす
粛啓《しゅくけい》 手紙の書出しに使うことば。
縮減《しゅくげん》 予算を―する 人員規模の―
熟語《じゅくご》 ―の中には複合語・慣用句もある
宿業《しゅくごう》 「すくごう」とも。前世の業の報い。

縮刷《しゅくさつ》 大辞典の―版を出す 新聞を―する
宿志《しゅくし》 かねての志望。二十年来の―を遂げる
祝詞《しゅくし》 新年の―を述べる ―を奉呈する
祝辞《しゅくじ》 結婚式で―を述べる ―を賜わる
熟思《じゅくし》 新しい計画について―する
熟視《じゅくし》 大空の一点を―する
熟柿《じゅくし》 ―が落ちる 酔って―臭い息を吐く
熟字《じゅくじ》 二つ以上の漢字で一語を成すもの。―訓
宿舎《しゅくしゃ》 ―に着く 選手団の―
縮写《しゅくしゃ》 図面を―する ―して携帯用にする
縮尺《しゅくしゃく》 ―五万分の一の地図 ―図
粛々《しゅくしゅく》 ―と進む葬列 鞭声(べんせい)―…
淑女《しゅくじょ》 レディー。紳士― 諸君 ―の服装
祝勝《しゅくしょう》 試合終了後―会を開く

し

縮小《しゅくしょう》 軍備を—する —再生産
縮図《しゅくず》 —を書いて示す 人生の—
熟睡《じゅくすい》 旅の疲れで—する —して起きない
熟《じゅく》する 実がよく— 決戦の機が—
粛正《しゅくせい》 綱紀を—する 規律を—する
粛清《しゅくせい》 反政府分子を—する 血の—
熟成《じゅくせい》 芸が—する 機会が—する
粛然《しゅくぜん》 —としてえりを正す —と行なう
宿題《しゅくだい》 弟は—をほうり出して遊んでいる
熟達《じゅくたつ》 書道に—する 技術の—を図る
熟知《じゅくち》 彼のことについては—している
宿直《しゅくちょく》 月に一度—する —室 —に当たる
宿敵《しゅくてき》 やっと—を破ることができた
祝典《しゅくてん》 三十周年記念の—に参列する

祝電《しゅくでん》 —を打つ —を披露《ひろう》する
粛党《しゅくとう》 党の規律を正す。—の声が揚がる
淑徳《しゅくとく》 —の誉れ高い婦人
熟読《じゅくどく》 書物は—翫味《がんみ》せよ —する本
宿場《しゅくば》 ここは昔の—の跡です
祝杯《しゅくはい》 「祝盃」とも。優勝して—をあげる
宿泊《しゅくはく》 ホテルに—する 旅行の—地 —料
祝福《しゅくふく》 ふたりの未来を—する —を与える
宿弊《しゅくへい》 旧来の—を一掃する —を改める
祝砲《しゅくほう》 —を撃つ —がとどろく
宿坊《しゅくぼう》 参拝人は寺の—に分宿する
宿望《しゅくぼう》 長年の—を達する —をかなえる
宿命《しゅくめい》 —とあきらめる 米ソの対立は—だ
夙夜《しゅくや》 明け暮れ。—心を悩ます

熟覧《じゅくらん》 計画書の内容を—してください
熟慮《じゅくりょ》 とくと—されたい —断行をたっとぶ
熟練《じゅくれん》 校正に—する —工が少なくなる
殊勲《しゅくん》 戦争で—を立てる きょうの試合の—者
主計《しゅけい》 会計をつかさどる役目。—官 —将校
手芸《しゅげい》 母は—が好きである —品
主権《しゅけん》 —在民の国 —を確立する —国
受験《じゅけん》 入学試験を—する 検定試験の—者
受検《じゅけん》 定期検査を—する 適性検査の—日時
修験者《しゅげんじゃ》 山伏《やまぶし》。—の一行
主語《しゅご》 —と述語の関係 —を省略する
守護《しゅご》 国家を—する —神 幼君を—する
手交《しゅこう》 手渡す。要望書を—する
首肯《しゅこう》 うなずく。説明を聞いて—する

酒肴《しゅこう》 酒と肴《さかな》。—の用意をする —料
趣向《しゅこう》 忘年会の—を凝らす —を変える
酒豪《しゅごう》 社内随一の— —をもって任じる
受講《じゅこう》 講習会を—する —者 —料
主査《しゅさ》 学位論文の— —と副査 —の裁定
主催《しゅさい》 PTAが—する懇親会 —者の代表
主宰《しゅさい》 文部大臣が—する会議 雑誌を—する
取材《しゅざい》 ニュースの—に当たる 現地で—する
珠算《しゅざん》 たまざん。そろばん。—を習う —塾《じゅく》
授産所《じゅさんじょ》 —から仕事をもらう
種子《しゅし》 植物のたね。—をまく —植物
趣旨《しゅし》 「主旨」とも。—を説明する 活動の—
主事《しゅじ》 社会福祉— 定時制高校の—
樹脂《じゅし》 木のやに。合成— —加工

主治医《しゅじい》 —の診断で手術する
主軸《しゅじく》 回転の— 会の—は彼です —打者
取捨《しゅしゃ》 適当に—してください —選択
種々《しゅじゅ》 —の方法がある —雑多 社会の—相
授受《じゅじゅ》 「受授」とも。金銭の—が行なわれる
主従《しゅじゅう》 「しゅうじゅう」とも。—の関係
手術《しゅじゅつ》 盲腸炎の—をする —の結果がよい
呪術《じゅじゅつ》 まじないの術。—を信じる未開人
主唱《しゅしょう》 「首唱」とも。保守合同を—する
主将《しゅしょう》 「首将」とも。キャプテン。柔道部—
首相《しゅしょう》 総理大臣。—公邸 歴代の—
殊勝《しゅしょう》 —にも清掃奉仕をする —な心掛け
衆生《しゅじょう》 仏は—済度《さいど》の慈悲心を持つ
受賞《じゅしょう》 賞を受ける。精勤賞を—する —者

授賞《じゅしょう》 賞を授ける。功労賞の―式
受章《じゅしょう》 勲章を受ける。―の栄に浴する
授章《じゅしょう》 勲章を授ける。文化勲章の―式
主食《しゅしょく》 米を―とする国民 ―と副食
酒色《しゅしょく》 酒と女色。―におぼれる
酒食《しゅしょく》 酒と食べ物。―の供応を受ける
主審《しゅしん》 庭球の試合の―を勤める ―と副審
主人《しゅじん》 ―に仕える うちの―が ―公
受信《じゅしん》 人工衛星から信号を―する ―機 ―人
受診《じゅしん》 国立病院で―する ―の結果入院と決定
繻子《しゅす》 絹織物の一。黒―の帯 ―の裏地
数珠《じゅず》 ―をつまぐる ―玉 ―つなぎ
守勢《しゅせい》 ―から攻勢に転じる 味方は―に立つ
酒精《しゅせい》 アルコール。―分が多い ―飲料

受精《じゅせい》 陸生動物は体内で―する ―卵
授精《じゅせい》 人為的に―する 人工―の研究が進む
手跡《しゅせき》 「手蹟」とも。亡父の―を見る 犯人の―
首席《しゅせき》 ―で卒業する 代表団の―
酒席《しゅせき》 ―での隠し芸 ―にはべる
守銭奴《しゅせんど》 ―と言われている彼
呪咀《じゅそ》 「呪詛」とも。のろい。―を唱える
受贈《じゅぞう》 贈与を受ける。―者
受像《じゅぞう》 テレビ放送を―する ―管
種族《しゅぞく》 どの―も保存本能を持っている
主体《しゅたい》 女性を―とする催し ―性を尊重する
主題《しゅだい》 次の文の―を書け 小説の― ―歌
首題《しゅだい》 標題。―の件について連絡します
受胎《じゅたい》 結婚後一年で―する ―調節 ―告知

受託《じゅたく》 ―販売をする ―者
受諾《じゅだく》 勧告を―する ―を拒否する
手沢本《しゅたくぼん》 これは恩師の―です
手段《しゅだん》 金を儲(もう)けるのに―を選ばない 非常―
主知《しゅち》 知識が主。―教育
酒池肉林《しゅちにくりん》 ―の宴会
受注《じゅちゅう》 「受註」とも。米国から―する ―高
主張《しゅちょう》 首相公選を―する 彼の―を認める
主調《しゅちょう》 楽曲の基礎となる調子。―音
主潮《しゅちょう》 明治文学の― 現代の―
腫脹《しゅちょう》 はれ。むくみ。足に―ができる
繻珍《しゅちん》 模様を織り出した繻子(しゅす)。―の帯
出演《しゅつえん》 明治座に―する ―者 友情―
出荷《しゅっか》 「出貨」とも。東京方面に―する

出芽《しゅつが》 種をまいてから三週間で―する
述懐《じゅっかい》 長い教員生活を―する ―談
出棺《しゅっかん》 午後一時から告別式、午後二時―
出願《しゅつがん》 ―を締め切る期日 特許を―する
出御《しゅつぎょ》 天皇陛下は式場に―された
出勤《しゅっきん》 会社に―する ―時間 九時―
出家《しゅっけ》 家族を捨てて―する ―とその弟子(でし)
術計《じゅっけい》 たくらみ。計略。敵の―に陥る
出欠《しゅっけつ》 ―を問い合わせる ―常ならず
出血《しゅっけつ》 ―多量で死ぬ ―サービス 内―
出現《しゅつげん》 英雄の―を待つ 突如―した怪物
出庫《しゅっこ》 製品を―する 入庫と― ―伝票
述語《じゅつご》 主語について陳述することば。主語と―
術語《じゅつご》 学術専門語。テクニカルターム。

出向《しゅっこう》 外務省から通産省に―を命ぜられる
熟考《じゅっこう》 計画を―する ―を重ねる
出獄《しゅつごく》 刑期満了で―する ―直後悪事を働く
述作《じゅっさく》 年来の主張をまとめて―する
術策《じゅっさく》 ―をろうする 相手の―に陥る
出札《しゅっさつ》 駅の―所で待ち合わせる ―掛
出産《しゅっさん》 姉は男の子を―しました ―祝
出仕《しゅっし》 勤めに出る。役所に―する
出資《しゅっし》 新しい事業に―する ―者 ―金 ―額
出自《しゅつじ》 出所。外来語の―を調べる 人物の―
出所《しゅっしょ》 ―不明のニュース 刑期を終え―する
出生《しゅっしょう》 ―の秘密 ―地 女子が―する
出場《しゅつじょう》 有名選手が―する ―者 特別―
出色《しゅっしょく》 この作品は―のできばえです

出処進退《しゅっしょしんたい》
出身《しゅっしん》 東大―の役人が多い ―地 ―校
出陣《しゅつじん》 いさぎよく―する ―に臨んで
出穂《しゅっすい》 穂が出る。稲の―期
術数《じゅっすう》 はかりごと。権謀―にたける
出世《しゅっせ》 彼も―したものだ 立身― ―がしら
出征《しゅっせい》 召集されて勇ましく―する ―軍人
出席《しゅっせき》 喜んで―します ―者 ―簿
出来《しゅったい》 一大事が―する 創刊号― ―期日
出題《しゅつだい》 ―を予想する ―の範囲
出立《しゅったつ》 早朝に―する ―時間を早める
術中《じゅっちゅう》 敵の―に陥る
出張《しゅっちょう》 社用で―する 九州に―中の父
出超《しゅっちょう》 輸出超過。入超と― ―額六億

出廷《しゅってい》 彼は獄中生活にやつれた姿で―した
出典《しゅってん》 一語一語―を明らかにする ―不明
出頭《しゅっとう》 警察に―して事情を説明する
出動《しゅつどう》 機動隊が―する ―回数
出馬《しゅつば》 さっそうたる―姿 市長選挙に―する
出発《しゅっぱつ》 予定どおり―する ―時刻 ―点
出帆《しゅっぱん》 あす横浜港を―する ―の日時
出版《しゅっぱん》 自費で―する ―物 ―社
出費《しゅっぴ》 ―がかさむ ―が多い
出没《しゅつぼつ》 放火魔が―する ―自在の怪盗
出奔《しゅっぽん》 国を―してからすでに三年たつ
出藍《しゅつらん》の誉《ほま》れ
出漁《しゅつりょう》 南氷洋にまで―する ―の漁船
首都《しゅと》 英国の―ロンドン ―圏整備法

種痘《しゅとう》 天然痘を予防する― ―の副作用が問題だ
手動《しゅどう》 ―式の電話機 ブレーキを―で操作する
主導《しゅどう》 「首導」とも。婦人解放運動の―権を握る
主動《しゅどう》 彼はこの運動の―的立場を執る
受動《じゅどう》 能動と― ―的な立場 ―態
取得《しゅとく》 権利を―する 免許状を―する ―時効
受難《じゅなん》 キリストの―物語 ―の一生 ―劇
朱肉《しゅにく》 印鑑用の― ―入れ
授乳《じゅにゅう》 赤ん坊に―する ―の心得 ―期
主任《しゅにん》 係長の下の― ―の先生 販売―
朱塗《しゅぬり》 ―の汁椀(しるわん) ―の橋 ―の門
首脳《しゅのう》 「主脳」とも。政府―会談が始まる
受納《じゅのう》 贈物を―する 寄付金の―額
酒杯《しゅはい》 「酒盃」とも。―を傾ける

呪縛《じゅばく》 まじないで動けなくする。
主犯《しゅはん》 この事件の―を逮捕する
首班《しゅはん》 内閣の―に推される ―指名の投票
襦袢《じゅばん》 「じばん」とも。暑いので―だけ 肌(はだ)―
守備《しゅび》 国境を―する ―が堅い ―隊
首尾《しゅび》 ―よく合格した ―一貫している 上―
樹皮《じゅひ》 白樺(しらかば)の―をはぐ 赤茶けた―の色
主筆《しゅひつ》 新聞の―を勤める ―が社説を書く
種苗《しゅびょう》 ―を供給する 優良な―
樹氷《じゅひょう》 ―は花が咲いたように美しい
主賓《しゅひん》 ―のあいさつがあった ―が着席する
主婦《しゅふ》 一家の―は忙しい ―の座を守る
首府《しゅふ》 首都。―としての機能を果たさない
受粉《じゅふん》 めしべが―する 自花―と他花―

手兵《しゅへい》 ―を率いて攻め入る ―わずか三百
酒癖《しゅへき》 彼は―が悪い 彼には―がある
種別《しゅべつ》 ―に並べる 切手を―する
手法《しゅほう》 独特の―で描く 得意の― 表現の―
主峰《しゅほう》 山脈中の最高峰。アルプスの―に登る
首謀《しゅぼう》 学校騒動の― ―者を処分する
趣味《しゅみ》 ―を解さない人 ―のいい柄 多―な人
須弥壇《しゅみだん》 寺の本尊を置く壇。
寿命《じゅみょう》 祖母も―だ ―が長い ―が縮まる
種目《しゅもく》 応募の― 競技の― ―別に整理する
撞木《しゅもく》 T形の棒。―でかねをたたく ―杖(づえ)
樹木《じゅもく》 立ち木。山には―が多い ―限界
腫物《しゅもつ》 はれもの。―ができる ―を切開する
呪文《じゅもん》 まじないの文句。―を唱える

須臾《しゅゆ》 わずかな間。―も忘れず

授与《じゅよ》 総裁が賞品を―する 優勝旗―

主要《しゅよう》 ―メンバー ―点を明確に ―人物

腫瘍《しゅよう》 できもの。背中に―ができる 悪性の―

受容《じゅよう》 申入れを―する 要求を―する

需要《じゅよう》 ―と供給 大衆の―を満足させられない

需用《じゅよう》 入用。電力の― ―者負担

修羅《しゅら》 阿修羅。―の盲執 乱闘の―場となる

酒乱《しゅらん》 夫には―の癖がある ―のあげく人を殺す

受理《じゅり》 申出を―する ―した文書

手裏剣《しゅりけん》 ―を飛ばす ―を使う

樹立《じゅりつ》 復興計画を―する 新記録の―

主流《しゅりゅう》 川の― 政党の― ―派 反―

手榴弾《しゅりゅうだん》 「てりゅうだん」とも。

首領《しゅりょう》 密輸入団の― 盗賊の―

狩猟《しゅりょう》 犬を連れて―に行く ―時代

酒量《しゅりょう》 ―が進む ―を控える

受領《じゅりょう》 ガス代金を―する ―証

主力《しゅりょく》 敵艦隊の―が現われる ―を注ぐ

種類《しゅるい》 ―が多い 生物の― ―別に整理する

樹齢《じゅれい》 ―五百年の大木 年輪で―がわかる

手練《しゅれん》 目にも止まらぬ― ―の早わざ

棕櫚《しゅろ》 ―の木 ―なわ ―の毛

寿老人《じゅろうじん》 七福神の一。

受話器《じゅわき》 送話器と― ―を置く

手腕《しゅわん》 会社合併に―を振う ―家 外交的―

旬《しゅん》 魚・野菜・くだものの出盛りの時期。

純《じゅん》 ―な気持の持主 あの人は―な人だ

順《じゅん》 ―に送る ―に並ぶ ―を追う

純愛《じゅんあい》 ―をささげる ―物語をつづる

順位《じゅんい》 成績―を発表する ―決定戦

純一《じゅんいつ》 ―な心 ―な動機

俊英《しゅんえい》 ―をもって鳴る少壮学者

純益《じゅんえき》 興行の―は社会福祉施設に寄付する

巡閲《じゅんえつ》 見回って調べる。出先機関を―する

順延《じゅんえん》 運動会は雨天の場合は―する

春画《しゅんが》 性交中の男女を描いた― 浮世絵の―

純化《じゅんか》 「醇化」とも。人間の心を―する

順化《じゅんか》 「馴化」とも。適応。環境に―する

巡回《じゅんかい》 ―図書館 ―講演 ―診療班

潤滑油《じゅんかつゆ》 ―の補給 ―の役割

瞬間《しゅんかん》 ―のできごと ―最大風速

旬間《じゅんかん》 交通安全― ―計画を提出する

旬刊《じゅんかん》 ―の雑誌を発行する

循環《じゅんかん》 血液が―する ―器 ―小数

春季《しゅんき》 春の季節。―大運動会

春期《しゅんき》 ―休暇 ―講習会

春機《しゅんき》 色欲。いろけ。―発動期

春菊《しゅんぎく》 ―の若菜は食用にする

順逆《じゅんぎゃく》 ―をわきまえる ―を誤る

準急《じゅんきゅう》 準急行。―列車 ―の通過を待つ

峻拒《しゅんきょ》 きびしく拒む。申出を―する

準拠《じゅんきょ》 教科書に―した参考書 法令―

殉教《じゅんきょう》 信仰のために命を捨てる。―者

順境《じゅんきょう》 彼女は―に育った ―と逆境

巡業《じゅんぎょう》 地方を―する劇団 諸国―の者

順繰《じゅんぐり》 ―に出場する ―に歌う

純潔《じゅんけつ》 ―を守る 青少年に―教育を施す

純血種《じゅんけつしゅ》 ―の子犬

峻険《しゅんけん》 「峻嶮」とも。―な山々が連なる

峻厳《しゅんげん》 先生の―な教育を受ける ―な人柄

竣工《しゅんこう》 「竣功」とも。工事が―する ―式

巡行《じゅんこう》 地方を―する ―開帳

巡幸《じゅんこう》 天皇陛下が東北地方を―される

巡航《じゅんこう》 島々を―する遊覧船 ―速力

殉国《じゅんこく》 ―の精神をたっとぶ ―の志士

巡査《じゅんさ》 交通― ―派出所 ―長 ―部長

俊才《しゅんさい》 「駿才」とも。天下の―が集まる

巡察《じゅんさつ》 警察署長が管内を―する

瞬時《しゅんじ》 ―にして変化する ―のできごと

巡視《じゅんし》 夜間社内を―する ―したが異状なし
殉死《じゅんし》 主君のあとを追って死ぬ。―の風習
順次《じゅんじ》 客が―席を立つ ―向上する
旬日《じゅんじつ》 十日間。―を出ずに効果が表われる
巡錫《じゅんしゃく》 僧が各地を回って教化する。
順守《じゅんしゅ》 「遵守」とも。国法を―する
春秋《しゅんじゅう》 ―二回行なう ―に富む人生
逡巡《しゅんじゅん》 事を成すに―してはいけない
順々《じゅんじゅん》 上から―に並ぶ ―に出発する
諄々《じゅんじゅん》 「醇々」とも。―と子をさとす
順序《じゅんじょ》 ―よく並ぶ 仕事の―を考える
春宵《しゅんしょう》 ―一刻値千金
純情《じゅんじょう》 ―可憐(かれん)な娘 ―いちずな男
殉職《じゅんしょく》 トンネル工事で―する ―者

潤色《じゅんしょく》 事実を―して話す ―の強い文
殉じる《じゅんじる》 国に― 主君に―
準じる《じゅんじる》 「准じる」とも。先例に― 会員に―
純真《じゅんしん》 ―な行為 ―な娘 ―な気持
純粋《じゅんすい》 ―な水 ―小説 ―理性批判
竣成《しゅんせい》 竣工。落成。工事が―する
純正《じゅんせい》 「醇正」とも。―な理論 ―部品
浚渫《しゅんせつ》 川底を―する ―船 ―機
純然《じゅんぜん》 彼は―たる学者である ―たるミス
俊足《しゅんそく》 「駿足」とも。―を飛ばす ―を誇る
準則《じゅんそく》 先例を―として行なう ―を求める
潤沢《じゅんたく》 資金が―にある ―な物資
春暖《しゅんだん》 ―の候お元気でいらっしゃいますか
順致《じゅんち》 「馴致」とも。なつかせる。住民を―する

順調《じゅんちょう》 仕事は―にはかどっている
純度《じゅんど》 ―の高いアルコール
春闘《しゅんとう》 春期闘争。組合は―の要求を掲げる
蠢動《しゅんどう》 うごめく。虫が―する 反対派の―
順当《じゅんとう》 勝敗の結果は―だ ―に勝ち進む強豪
殉難《じゅんなん》 工事―者の霊を弔う 十二烈士―碑
順応《じゅんのう》 時勢に―する 環境に―する
巡拝《じゅんぱい》 京都の社寺を―する
純白《じゅんぱく》 ―のシーツ ―のドレス
順番《じゅんばん》 ―を待つ ―に受ける ―を決める
準備《じゅんび》 会場を―する 旅行の― ―運動
潤筆《じゅんぴつ》 書画を書く。―料としてお金を包む
俊敏《しゅんびん》 「駿敏」とも。―な行動 ―な少年
順風《じゅんぷう》 ―と逆風 ―に帆を揚げる ―満帆

純風《じゅんぷう》 「淳風・醇風」とも。―美俗の国
春風駘蕩《しゅんぷうたいとう》
峻別《しゅんべつ》 正邪曲直を―する 優劣を―する
順奉《じゅんぽう》 「遵奉」とも。先生の教訓を―する
順法《じゅんぽう》 「遵法」とも。―の精神 ―闘争
純朴《じゅんぼく》 「淳樸」とも。―な気風 ―な青年
春本《しゅんぽん》 男女関係を書いた低俗な本。
俊馬《しゅんめ》 「駿馬」とも。―にむちうって疾駆する
純綿《じゅんめん》 ―のシャツ
純毛《じゅんもう》 ―の洋服 ―のセーター
巡遊《じゅんゆう》 欧米各国を―する 名所旧跡を―する
準用《じゅんよう》 職員服務規程を雇員にも―する
巡邏《じゅんら》 警察官が―する 交通機動―隊
巡覧《じゅんらん》 名勝の地を―する ―日誌

純良《じゅんりょう》 ―なバター ―な品に限る
順良《じゅんりょう》 「淳良」とも。―な性質
巡礼《じゅんれい》 「順礼」とも。霊場を―する
巡歴《じゅんれき》 欧州各地を―する 古戦場を―する
峻烈《しゅんれつ》 ―な批判を受ける ―な非難
順路《じゅんろ》 順序。拝観者は―に従って進む
巡路《じゅんろ》 経路。―を定めて遊覧する
書《しょ》 ―の大家 万巻の―をひもとく
緒《しょ》 事業が―につく 新しい研究も―につく
序《じょ》 著書の―に述べる 長幼―あり
自余《じよ》 「爾余」とも。―の者は一括して指導する
所為《しょい》 変質者の―であろうと考える
叙位《じょい》 位を授ける。―叙勲
初一念《しょいちねん》 ―を貫く 勤勉家の―

書院《しょいん》 ―にこもって読書をする ―造り
性《しょう》 この仕事は―に合う ―も懲りもなく
章《しょう》 全体を五つの―に分ける 第一―
賞《しょう》 ―を授与する 精勤― 敢闘― 参加―
将《しょう》 大将。将軍。―を射んとせばまず馬を
笙《しょう》 でんでん太鼓に―の笛 ―篳篥《ひちりき》
鉦《しょう》 たたきがね。―をたたいて踊る
衝《しょう》 交通の―に当たる 外交の―に当たる
子葉《しよう》 種子の胚《はい》の葉形の部分。双―植物
止揚《しよう》 矛盾の統一発展。揚棄。アウフヘーベン。
使用《しよう》 薬品を―する ―申込書 ―者
試用《しよう》 新製品を―してみる ―品
施用《しよう》 施す。肥料を―する
飼養《しよう》 魚を―する 動物の―法 ―変種

枝葉《しよう》 ―末節にこだわる 話が―にわたる
仕様《しよう》 どうにも―がない 建築の―書き
丈《じょう》 十尺。一―六尺 ―余の男 ―の高い家
情《じょう》 ―に弱い人 ―が移る ―にほだされる
尉《じょう》 翁《おきな》。―と姥《うば》
錠《じょう》 かぎと― ―をおろす 一―ずつ飲む薬
滋養《じよう》 ―に富む食物 ―分
情愛《じょうあい》 ―が深い ―におぼれる 親子の―
掌握《しょうあく》 部下を―する 内容の―に努める
小異《しょうい》 ―を捨てて大同につく 大同―
攘夷《じょうい》 外国排斥。尊王―を旗じるしとする
譲位《じょうい》 君主に―を迫る 先帝は病気で―された
傷痍軍人《しょういぐんじん》 ―の援護
焼夷弾《しょういだん》 都市を―で攻撃する

承引《しょういん》 ぜひ当方の申出をご―ください
証印《しょういん》 ―のない引替券は無効です
勝因《しょういん》 チームの結束が―です ―の分析
冗員《じょういん》 「剰員」とも。―の整理をする
勝運《しょううん》 ―に見放される ―われにあり
上映《じょうえい》 ―時間は三時間 近日―される予定
招宴《しょうえん》 文化功労者として文相の―に列する
硝煙《しょうえん》 ―漂う戦場 ―が全土をおおう
上演《じょうえん》 劇は近く―されます ―中の人形劇
照応《しょうおう》 前後をよく―してください ―関係
消音《しょうおん》 ―装置を研究する ―器
消火《しょうか》 ―に当たる 水で―する ―器 ―訓練
消化《しょうか》 食物は胃で―する ―器 知識を―する
消夏《しょうか》 「銷夏」とも。緑陰読書も―法の一つ

昇華《しょうか》 固体が気体になる。樟脳《しょうのう》が―する
商家《しょうか》 ―に育った娘 ―の建ち並ぶ表通り
唱歌《しょうか》 ―を歌う 小学― 国民―
頌歌《しょうか》 ほめうた。賛歌。仏教― 世界平和―
生薑《しょうが》 「生姜」とも。ひね― 紅《べに》― おろし―
浄化《じょうか》 政界の―を図る 汚水を―する ―槽《そう》
哨戒《しょうかい》 見張り。上空を―する ―機
紹介《しょうかい》 友人を―する ―状を持って訪れる
照会《しょうかい》 家庭状況を―する ―の手紙を出す
詳解《しょうかい》 詳しい解釈。源氏物語―
生涯《しょうがい》 ―独身で通した 波乱に富んだ―
渉外《しょうがい》 ―の担当として他社と折衝する
障害《しょうがい》 「障碍」とも。―物 ―なく工事が進む
傷害《しょうがい》 ―事件が起こる 酔って人を―する

常会《じょうかい》 ―と臨時会 町会の年次―を開く
昇格《しょうかく》 課から部に―する 破格の―
少額《しょうがく》 ―の予算 ―の貯蓄 ―の被害
小額《しょうがく》 ―紙幣 ―公債
奨学《しょうがく》 ―のための資金 ―生 ―金
城郭《じょうかく》 昔の―の跡を調べる ―を構える
城下町《じょうかまち》 ―として発達した旧市
召喚《しょうかん》 証人として―される ―状
召還《しょうかん》 大使を本国へ―する
償還《しょうかん》 借入金を―する 公債の―期間
賞翫《しょうがん》 ごちそうを―する 骨董品《こっとうひん》の―
情感《じょうかん》 離別の―を込めてあいさつする
正気《しょうき》 ―を失う ―に返る ―とは思えない
勝機《しょうき》 ―をつかむ ―を逸する 絶好の―

商機《しょうき》 ―を失って儲(もう)けそこなった
詳記《しょうき》 首題について―する　事件の経緯を―する
鍾馗《しょうき》 五月人形の―さま　―ひげ
床几《しょうぎ》 「牀机」とも。―に腰を掛ける
省議《しょうぎ》 ―で決定する　大蔵省の―
商議《しょうぎ》 相談。協議。―して決める　―員
将棋《しょうぎ》 ―をさす　―の駒(こま)　―名人戦　―倒し
娼妓《しょうぎ》 遊女。女郎。―を揚げて遊ぶ
上気《じょうき》 満員の聴衆に―してしまった　―した顔
条規《じょうき》 国法の―に従う　―を守る
常軌《じょうき》 ―を逸した行為をする若者
蒸気《じょうき》 水銀の―　―機関車　―を立てる　―船
定規《じょうぎ》 「定木」とも。三角―　雲形―　しゃくし―
情義《じょうぎ》 「情誼」とも。―に厚い男　―を欠く行為

正客《しょうきゃく》 ―としてもてなす　―に招待される
償却《しょうきゃく》 減価―　―資産　罪を―する
消却《しょうきゃく》 氏名を―する　借金を―する
焼却《しょうきゃく》 不用の書類を―する　ごみ―場
上客《じょうきゃく》 あの人はうちの店の―です
常客《じょうきゃく》 いつも来る客。―が長居する
乗客《じょうきゃく》 バスの―　―係　航空機の―名簿
昇給《しょうきゅう》 大幅に―する　定期―
昇級《しょうきゅう》 二級から一級に―する　―試験
消去《しょうきょ》 テープの録音を―する　未知数の―
商況《しょうきょう》 米国の―を視察する　不振の―
商業《しょうぎょう》 ―都市　―道徳　―銀行　―資本
状況《じょうきょう》 「情況」とも。―の報告　―判断
消極《しょうきょく》 ―と積極　―的なやり方　―策

渉禽《しょうきん》 くちばしや足の長い水べにいる鳥。
賞金《しょうきん》 ―百万円を受け取る　―目当ての客
奨金《しょうきん》 奨励金。優秀者に―を授与する
償金《しょうきん》 賠償金。被害者に―を支払う
常勤《じょうきん》 ―の職員　非―の講師　―役員会
将軍《しょうぐん》 乃木(のぎ)―　大―の風格がある　冬―
小径《しょうけい》 こみち。公園の―を散歩する
捷径《しょうけい》 近道。努力こそ成功の―です
小憩《しょうけい》 疲れたので―します　―ののち出発
憧憬《しょうけい》 「どうけい」とも。若者の―の的です
情景《じょうけい》 楽しそうな―の描写　美しい―
象形文字《しょうけいもじ》 古代の―
衝撃《しょうげき》 ―を受ける　爆発の―でけがをした
猖獗《しょうけつ》 コレラが―を窮める　賊勢が―する

証券《しょうけん》 ―取引所　有価―を作成する
証言《しょうげん》 法廷で―する　―の内容が食い違う
条件《じょうけん》 ―が悪い　―反射　―付で賛成する
上弦《じょうげん》 ―の月　―と下弦
尚古《しょうこ》 昔の文物をたっとぶ。―主義
称呼《しょうこ》 親爺(おやじ)とは父の―です　―を変更する
証拠《しょうこ》 論より―　―物件を集める　―隠滅
正午《しょうご》 昼の十二時。―の時報　―に開会する
上戸《じょうご》 ―と下戸(げこ)　泣き―や笑い―
冗語《じょうご》 「剰語」とも。―を省いて簡潔に表現する
畳語《じょうご》 同一単語の複合語。「あかあか」など。
漏斗《じょうご》 「ろうと」とも。油を―でびんに入れる
小康《しょうこう》 病気は―を保っております　―状態
昇汞《しょうこう》 塩化第二水銀。―水で手を消毒する

昇降《しょうこう》 階段を―する　―機　校舎の―口
消光《しょうこう》 無事―しておりますからご安心を
将校《しょうこう》 軍隊の尉官以上。士官。空軍の―
商港《しょうこう》 神戸(こうべ)は重要な―の一つです
焼香《しょうこう》 仏前で―する　遺族の―
称号《しょうごう》 工学博士の―を受ける
商号《しょうごう》 会社の―を決定する　―を登録する
照合《しょうごう》 原文と―する　―済みのカード
条項《じょうこう》 ―ごとに審議する　―は全部で十ある
乗降《じょうこう》 おおぜいの人が―する　―客　―口
情交《じょうこう》 ―を重ねる　―が深まる
猩紅熱《しょうこうねつ》 小児に多い急性伝染病。
生国《しょうごく》 先生の―は山口県です
上告《じょうこく》 上訴の一。二審判決に不服で―する

性懲《しょうこ》り ―もなくまたいたずらをする

招魂《しょうこん》 死者の魂を招いて祭る。―祭 ―社

性根《しょうこん》 根気。―尽きる

商魂《しょうこん》 ―たくましい宣伝戦 ―のかたまり

証左《しょうさ》 証拠。しるし。以上をもって―とする

上座《じょうざ》 「かみざ」とも。―にすわる ―の客

商才《しょうさい》 彼には―がある ―にたけている

詳細《しょうさい》 事件の経過を―に報告する

城塞《じょうさい》 「城砦」とも。―に立てこもる

浄財《じょうざい》 ―を募る ―を集める

錠剤《じょうざい》 ―は飲みにくい 白色の―

状差《じょうさし》 ―に手紙やはがきがいっぱいある

笑殺《しょうさつ》 相手の非常識な要求を―する

小冊子《しょうさっし》 パンフレット。

消散《しょうさん》 消えてなくなる。悪夢が―する

称賛《しょうさん》 「賞賛」とも。―に値する努力

硝酸《しょうさん》 ―や塩酸 ―アンモニウム ―カリ

勝算《しょうさん》 次の試合は―がある ―のない闘争

尚歯《しょうし》 老人を尊ぶ。―会

笑止《しょうし》 彼が会長だなんて―のかぎりだ ―千万

将士《しょうし》 将兵。陸海軍の― 戦場の―を慰問する

焼死《しょうし》 逃げ遅れて―する ―者が出る ―体

証紙《しょうし》 ―を張る ―で払い込む 酒税―

賞詞《しょうし》 社長から―を受ける ―を読み上げる会長

少時《しょうじ》 ちょっとの間。―休憩する

障子《しょうじ》 ―に映る人影 ―を張る ―紙 ―越し

上司《じょうし》 ―の命令に従う ―に報告する 直属―

上肢《じょうし》 手。動物の前足。―の機能が回復する

上梓《じょうし》 出版。研究論文を―する

城址《じょうし》 「城趾」とも。公園になっている―

情死《じょうし》 心中。若い男女が―を遂げる

情事《じょうじ》 週刊誌には―を扱った小説が多い

常時《じょうじ》 ―警戒態勢にある ―出場を希望する

常事《じょうじ》 日常のこと。―に終始する ―犯

正直《しょうじき》 ―な人 ばか― 三度めの―

常識《じょうしき》 ―で判断する ―はずれの行為

娘子軍《じょうしぐん》 婦人部隊。―の活躍

消失《しょうしつ》 権利を―する 姿が―する

焼失《しょうしつ》 重要書類が―する 家屋が―する

情実《じょうじつ》 ―にとらわれる ―を退ける

商社《しょうしゃ》 ―を通じて購入する 貿易―

照射《しょうしゃ》 探照灯で―する X線を―する

瀟洒《しょうしゃ》 ―な洋装の紳士 ―な造りの建物

浄写《じょうしゃ》 経文を―する 恩師の遺稿を―する

照尺《しょうしゃく》 銃の照準具の一。―と照星

盛者必衰《じょうしゃひっすい》

生者必滅《しょうじゃひつめつ》

情趣《じょうしゅ》 ―に富む物語 城下町の―を味わう

成就《じょうじゅ》 念願が―する 願望―

招集《しょうしゅう》 総会を―する 議会を―する

召集《しょうしゅう》 国会を―する ―令状 ―兵

小銃《しょうじゅう》 ―で射撃する 自動―

常習《じょうしゅう》 窃盗の―犯 カンニングの―者

常住座臥《じょうじゅうざが》 いつでも。

抄出《しょうしゅつ》 書き抜く。関係条文を―する

詳述《しょうじゅつ》 以下、次章において―する

上首尾《じょうしゅび》 ―に終わる ―と不首尾

頌春《しょうしゅん》 年賀状に―としたためる

照準《しょうじゅん》 ―を定める 銃を―する ―器

上旬《じょうじゅん》 月初めの十日間。―・中旬・下旬

消暑《しょうしょ》 「銷暑」とも。暑さをよける。―法

証書《しょうしょ》 卒業―を授与する 公正―を作成する

詔書《しょうしょ》 国会召集の―を奉読する

少女《しょうじょ》 「小女」とも。―雑誌 ―趣味

昇叙《しょうじょ》 「陞叙」とも。父は勲三等に―された

浄書《じょうしょ》 経文を―する 原稿を―する ―係

情緒《じょうしょ》 「じょうちょ」とも。―纏綿(てんめん)

少々《しょうしょう》 ―高い ―のことならいいが

蕭々《しょうしょう》 寒風が―として吹く ―たる秋雨

症状《しょうじょう》 食中毒のような―を呈する

清浄《しょうじょう》 ―潔白な人　六根―　―無垢(くむ)
猩々《しょうじょう》 オランウータン。大酒飲み。
賞状《しょうじょう》 ―を授与する　―を額に入れる
蕭条《しょうじょう》 寂しい。満目―たる冬景色(げしき)
上昇《じょうしょう》 高空へ―する　―気流　物価―
常勝《じょうしょう》 ―大鵬(たいほう)敗る　―将軍
上々《じょうじょう》 「上乗」とも。―のできばえ
上場《じょうじょう》 取引所に―される　―銘柄
情状《じょうじょう》 ―を酌量(しゃくりょう)する
畳々《じょうじょう》 重なる。山岳―の地
嫋々《じょうじょう》 鐘声が余韻―として流れる
小食《しょうしょく》 「少食」とも。健康上―にする
常食《じょうしょく》 米を―とする　朝はパンが―だ
生《しょう》じる 草が―　事件が―　余裕を―

招《しょう》じる 「請じる」とも。客を座敷に―
乗《じょう》じる すきに―　混乱に―　三に五を―
小心《しょうしん》 ―翼々たる人物　この―者め
焦心《しょうしん》 ―にかられる　失敗の連続に―する
傷心《しょうしん》 友の死を知って―する　―の果て
昇進《しょうしん》 「陞進」とも。課長に―する
衝心《しょうしん》 心臓を侵す症状。脚気(かっけ)―
精進《しょうじん》 研究に―する　―潔斎　―揚
上申《じょうしん》 上司に意見を書いて―する　―書
常人《じょうじん》 ―にはまねのできないことだ
情人《じょうじん》 「じょうにん」とも。―を囲う
正真正銘《しょうしんしょうめい》
上手《じょうず》 ―と下手(へた)　―の手から水が漏れる
将帥《しょうすい》 一軍を率いる将軍。彼は―の器だ

憔悴《しょうすい》 ―の色が見える　母の―したようす
祥瑞《しょうずい》 めでたいしるし。―を見て喜ぶ
上水《じょうすい》 ―と下水(げすい)　玉川―　―道
浄水《じょうすい》 飲料用の―　―場　―池
小数《しょうすう》 ―と分数　―点以下切捨て
少数《しょうすう》 多数と―　―精鋭　賛成―で否決
称《しょう》する 努力を―　魔の山と称される
証《しょう》する 当社の社員であることを―
賞《しょう》する 風景を―　その努力は―に値する
小生《しょうせい》 (手紙文で)わたし。―元気でおります
小成《しょうせい》 ―に安んぜず大成を志せ
招請《しょうせい》 会長から―を受ける　連盟の―状
将星《しょうせい》 将軍。陸海の―が居並ぶ
勝勢《しょうせい》 勝ちそうな勢い。―に乗じる

鐘声《しょうせい》 夜半の―客船に至る
情勢《じょうせい》 「状勢」とも。―の分析　―の変化
醸成《じょうせい》 なごやかな気分を―する　酒の―
上席《じょうせき》 ―に着く招待客　―検事　―の人
定席《じょうせき》 食堂の―　講談の―
定石《じょうせき》 将棋では「定跡」。囲碁の―
小説《しょうせつ》 ―を読む　―家　推理―
詳説《しょうせつ》 事情を―する　理由を―する
常設《じょうせつ》 特売場を―する　―の映画館
冗舌《じょうぜつ》 「饒舌」とも。―は失言のもと
承前《しょうぜん》 前からの続き。
消然《しょうぜん》 「悄然」とも。しかられて―と去った
勝訴《しょうそ》 最高裁で―する　―と敗訴
上訴《じょうそ》 判決に不服で―する　―権

少壮《しょうそう》 ―有為の人物　―気鋭の士　―学者
尚早《しょうそう》 まだ―の感がある　時期―論を唱える
焦燥《しょうそう》 「焦躁」とも。―にかられる　―感
肖像《しょうぞう》 西郷隆盛(たかもり)の―　父の―画　―写真
上奏《じょうそう》 政治の現状について天皇に―する
情操《じょうそう》 ―を豊かにする　―教育
醸造《じょうぞう》 酒を―する　しょうゆの―　―酒
消息《しょうそく》 友人の―を聞く　―を絶つ　―不明
装束《しょうぞく》 ―を身に着ける　旅―で出掛ける
正体《しょうたい》 化け物の―を現わす　―を失う
招待《しょうたい》 結婚式に―する　―を受ける　―状
状態《じょうたい》 「情態」とも。憂慮すべき―　健康―
常態《じょうたい》 普通の状態。ダイヤも―に復した
沼沢《しょうたく》 沼(ぬま)や沢(さわ)。―の多い地方

妾宅《しょうたく》 妾(めかけ)を住まわせておく家。
承諾《しょうだく》 結婚を―する　―を与える　譲渡―
上達《じょうたつ》 芸が―する　―が早い　下意―
小胆《しょうたん》 気が小さい。―で実行できない
賞嘆《しょうたん》 「賞歎」とも。ほめる。深く―する
商談《しょうだん》 ―を進める　―がまとまる
冗談《じょうだん》 ―を言う　―が過ぎる　―じゃない
招致《しょうち》 「召致」とも。東京に―する　観光客の―
承知《しょうち》 申出を―する　皆さまご―のとおり
常置《じょうち》 税の相談所を―する　―委員会
情痴《じょうち》 ―の世界を描いた小説　―に狂う男女
掌中《しょうちゅう》 ―の玉　権力を―に収める
焼酎《しょうちゅう》 屋台で―をあおる　芋―
条虫《じょうちゅう》 さなだむし。―が寄生する

常駐《じょうちゅう》 機動隊が―する　―の軍隊
情緒《じょうちょ》 「じょうしょ」とも。―がないね
消長《しょうちょう》 国の―の跡を調べる　事業が―する
象徴《しょうちょう》 平和を―する鳥　国家の―
上長《じょうちょう》 ―の言に従う　―に仕える
冗長《じょうちょう》 ―な説明を繰り返す　―な文章
情調《じょうちょう》 詩人は―をたっとぶ　異国―
詔勅《しょうちょく》 終戦の―が下る　法令と―
消沈《しょうちん》 「銷沈」とも。負けて意気―する
祥月命日《しょうつきめいにち》
上程《じょうてい》 委員会に―する　予算案を―する
昇天《しょうてん》 旭日(きょくじつ)―の勢い　霊魂が―する
衝天《しょうてん》 天を突く勢い。意気―
焦点《しょうてん》 ―を合わせる　―距離　―深度

招電《しょうでん》 支局長に―を発する　―を受ける
詳伝《しょうでん》 詳しい伝記。福沢諭吉先生―を読む
焦土《しょうど》 原爆によって広島は―と化した　―戦術
照度《しょうど》 単位面積に当たる光の量。単位はルクス。
譲渡《じょうと》 権利を―する　―所得　―税
浄土《じょうど》 極楽―　―往生を願う　―宗
消灯《しょうとう》 十時に―する　―時刻
檣頭《しょうとう》 帆柱の先。―の信号旗
唱道《しょうどう》 世界平和の確立を―する
衝動《しょうどう》 ―にかられる　―的な事件
衝動《しょうどう》 「聳動」とも。世の耳目を―する事件
上棟《じょうとう》 むね上げ。―式を行なう
常套《じょうとう》 あのやり方は彼の―手段だ
常道《じょうどう》 憲政の―を守る　人生の―を行く

生得《しょうとく》 生れ付き。―の才を伸ばす
彰徳《しょうとく》 徳行を公にする。―式
頌徳《しょうとく》 徳行をほめたたえる。―碑を建てる
消毒《しょうどく》 便所を―する　―液をまく　―薬
衝突《しょうとつ》 自動車が―する　意見の―　正面―
小児《しょうに》 ―科の医師　―病的な考え　―麻痺(まひ)
鍾乳洞《しょうにゅうどう》 「鐘乳洞」とも。
承認《しょうにん》 提案を―する　―を求める
上人《しょうにん》 僧の敬称。日蓮(にちれん)―　法然(ほうねん)―
証人《しょうにん》 ―として出廷する　―を喚問する
常任《じょうにん》 ―の委員会　―幹事　―理事国
性根《しょうね》 ―を入れ替える　―を改める
焦熱《しょうねつ》 ―の太陽　―地獄
情熱《じょうねつ》 仕事に―を燃やす　―の人　―家

情念《じょうねん》 感情による思い。―にとらわれる
正念場《しょうねんば》 ここが―だ、がんばろう
笑納《しょうのう》 粗品お送りしましたのでご―のほど
樟脳《しょうのう》 防虫・防臭剤に使う
翔破《しょうは》 東京・ロンドン間を―する
勝敗《しょうはい》 ―を決する　―は時の運
賞杯《しょうはい》 「賞盃」とも。賞品のカップ。
賞牌《しょうはい》 賞品のメダル。―を授与する
商売《しょうばい》 ―繁盛　―がたき　水―　―人
上膊《じょうはく》 肩からひじまで。二の腕。
賞罰《しょうばつ》 ―は厳正でなければいけません
蒸発《じょうはつ》 水分が―する　出かせぎ人の―
相伴《しょうばん》 来客のお―をする　ご―にあずかる
消費《しょうひ》 水を―する　ガスの―量　―者

焦眉《しょうび》 都市難民の救済こそ―の急である

賞美《しょうび》 「称美」とも。風光を―する

冗費《じょうひ》 むだな費用。―を節約する ―を省く

常備《じょうび》 消化薬を―する ―軍 復旧資材の―

商標《しょうひょう》 斬新《ざんしん》な―を考える ―登録

証憑《しょうひょう》 証拠。事件に関する― ―書類

傷病《しょうびょう》 業務上の― ―手当 ―年金

小品《しょうひん》 ちょっとした作品。―を出品する

商品《しょうひん》 ―を陳列する ―価値 ―の仕入れ

賞品《しょうひん》 大会で勝って―をもらう 一等の―

正麩《しょうふ》 小麦粉から採るでんぷん。―のり

娼婦《しょうふ》 売春婦。―を取り締まる

尚武《しょうぶ》 武をたっとぶ。―の気風 勤倹―

勝負《しょうぶ》 ―を付けよう ―あった ―師 三本―

菖蒲《しょうぶ》 ―の節句 五月五日には―湯に入《はい》る

丈夫《じょうふ》 ますらお。大―たる者 ―の志

情夫《じょうふ》 彼女には―があった ―と駆落ちする

情婦《じょうふ》 彼には―がいた ―と心中する

丈夫《じょうぶ》 ―なからだ 戦後靴下《くつした》は―になった

承服《しょうふく》 「承伏」とも。申出を―する

状袋《じょうぶくろ》 封筒。―張りの内職をする

正札《しょうふだ》 価格を―に表示する ―付で売る

成仏《じょうぶつ》 安らかに―する ―得脱

性分《しょうぶん》 曲がったことのできない― 損な―

条文《じょうぶん》 法律の―を研究する ―を暗唱する

招聘《しょうへい》 米国から技術者を―する

将兵《しょうへい》 戦地の―を慰問する 陸海―に告ぐ

障壁《しょうへき》 ―を取り除く 関税の― ―画

障壁《しょうへき》 「牆壁」とも。垣《かき》と壁。防火―

城壁《じょうへき》 ―によじ登る 苔《こけ》むす―

小編《しょうへん》 「小篇」とも。短い作品。短編。―小説

掌編《しょうへん》 「掌篇」とも。ごく短い物語。コント。

譲歩《じょうほ》 大きく―する 会議で―を求められる

詳報《しょうほう》 事件の―を入手する ―を聞く

勝報《しょうほう》 ―を聞いて万歳を叫ぶ

消防《しょうぼう》 ―訓練 ―自動車 ―署 ―団

情報《じょうほう》 現地から―が入《はい》る ―網

抄本《しょうほん》 謄本と― 戸籍―

錠前《じょうまえ》 土蔵の―を掛ける ―をなくす

冗漫《じょうまん》 ―な話が続く ―な文章

正味《しょうみ》 勤務時間は―八時間 ―の目方を量る

賞味《しょうみ》 名物のようかんを―する ご―ください

情味《じょうみ》 先生は―豊かな人です ―に乏しい作品

静脈《じょうみゃく》 ―と動脈 ―に注射する

称名《しょうみょう》 「唱名」とも。―念仏を唱える

乗務《じょうむ》 列車の―員 国際線の旅客機に―する

常務《じょうむ》 父は会社の―です ―取締役 ―委員会

証明《しょうめい》 定理を―する 在学―書 右―する

照明《しょうめい》 水銀灯で―する 舞台― 間接―

消滅《しょうめつ》 祈ることで罪が―する 条件の―

消耗《しょうもう》 体力の― 事務用品を―する ―品

証文《しょうもん》 借金の― わび―の出し遅れ

定紋《じょうもん》 徳川家の― ―付のちょうちん

縄文《じょうもん》 縄目《なわめ》の模様。―式土器

庄屋《しょうや》 江戸時代の村の世話役。先祖は―の家柄

抄訳《しょうやく》 原文を抜書きした翻訳。

条約《じょうやく》 ―を締結する ―の批准 通商―

定宿《じょうやど》 「常宿」とも。この旅館は会社の―だ

常夜灯《じょうやとう》 神社の―

醤油《しょうゆ》 ―と砂糖で味を付ける ―酢

賞与《しょうよ》 ボーナス。年末の― 特別―を出す

剰余《じょうよ》 ―は繰り越す ―金 ―価値

譲与《じょうよ》 施設を―する 道路―税 土地を―する

商用《しょうよう》 ―で出張する ―の来客が多い

称揚《しょうよう》 「賞揚」とも。善行を―する

逍遥《しょうよう》 ぶらつく。散歩。川の岸べを―する

従容《しょうよう》 ―として死につく ―たる態度

慫慂《しょうよう》 それとなしに勧める。参加を―する

常用《じょうよう》 ―する薬 ―漢字

常用《じょうよう》 「常傭」とも。―の雑役夫

情欲《じょうよく》 「情慾」とも。―を燃やす
松籟《しょうらい》 松風の音。山荘で―を聞く
招来《しょうらい》 舞踊団を―する 危機を―する
将来《しょうらい》 ―有望の青年 こどもの―が楽しみ
上洛《じょうらく》 京都へ行く。―の節はお会いします
笑覧《しょうらん》 弟のかきました絵をご―くだされば
照覧《しょうらん》 神仏も―あれ
上覧《じょうらん》 貴人が見る。―に供する
擾乱《じょうらん》 社会を―する 各地で―が起こる
勝利《しょうり》 ―を得る ―に酔う ―の喜び
掌理《しょうり》 つかさどる。会務を―する
条理《じょうり》 ―を明らかにする ―にかなう
情理《じょうり》 ―を尽くす ―兼ね備わる
上陸《じょうりく》 入港して―する ―地点 敵前―

省略《しょうりゃく》 ―の部分を補う 以下―する
商略《しょうりゃく》 大阪商人は―が巧みである
蒸留《じょうりゅう》 「蒸溜」とも。海水を―する ―水
焦慮《しょうりょ》 局面打開に―する ―の面持ち
渉猟《しょうりょう》 古今東西の書籍を―する
精霊《しょうりょう》 霊魂。―を祭る ―流し ―会(え)
省力《しょうりょく》 ―機械 ―農業
常緑樹《じょうりょくじゅ》 ときわぎ。―の林
浄瑠璃《じょうるり》 ―の師匠
奨励《しょうれい》 産業を―する 学問の― ―金
条令《じょうれい》 一般的。―に違反する
条例《じょうれい》 法規名。東京都― 公安― 水道―
常例《じょうれい》 「定例」とも。―による ―に従う
常連《じょうれん》 「定連」とも。―の客 この店の―

如雨露《じょうろ》 ―で盆栽に水をやる
鐘楼《しょうろう》 寺の―に登って鐘を突く
抄録《しょうろく》 原典を―する 日記を―する
小話《しょうわ》 短い話。こばなし。道徳的な―
笑話《しょうわ》 わらいばなし。こっけいな―
唱和《しょうわ》 一緒に唱える。万歳を―する
助演《じょえん》 ―の俳優 主演と― 今度の映画で―する
書架《しょか》 本だな。―の本 ―から本を取る
所懐《しょかい》 平素の―を述べる ―を歌に託す
除外《じょがい》 特別の者は―する ―例 適用―
所轄《しょかつ》 ―の警察署に届ける ―する役所
所管《しょかん》 ―の事務について報告する ―する事項
所感《しょかん》 いささか―を述べる 年頭の―を詩に託す
書簡《しょかん》 「書翰」とも。父あての― ―文

初期《しょき》 明治の―のころ ロダンの―の作品
所期《しょき》 ―の目的を達する
庶幾《しょき》 こいねがう。―する ところ …を―する
書記《しょき》 裁判所の― 組合専従の― ―長 ―官
暑気《しょき》 ―あたりで床につく ―払いに酒を飲む
除去《じょきょ》 障害物を―する 不純物を―する
所業《しょぎょう》 「所行」とも。憎むべき―
諸行無常《しょぎょうむじょう》
序曲《じょきょく》 プロローグ。歌劇の― 事件の―
食《しょく》 ―が進む ―が細る 流動―
職《しょく》 ―を求める ―につく 手に―がある
私欲《しよく》 「私慾」とも。私利―をほしいままにする
職域《しょくいき》 ―から選ばれた代表 ―を守る
職員《しょくいん》 都庁の― 事務― ―会議 ―録

処遇《しょぐう》 退職幹部の―に悩む 客員として―される
食塩《しょくえん》 ―で味を付ける ―水
職業《しょくぎょう》 ―に貴賤(きせん)なし ―教育
食言《しょくげん》 違約。大臣が―問題を起こす
殖財《しょくざい》 ―に努める ―の才がある
贖罪《しょくざい》 罪滅し。いかにすれば―できるか
殖産《しょくさん》 ―を図る ―事業 ―興業に出資する
食指《しょくし》 人さし指。大臣のポストに―を動かす
食事《しょくじ》 ―時間 三度の― 昼の―
食事《しょくじ》 「食餌」とも。食べ物。―療法で全快する
植字《しょくじ》 活字を版に組む。―工 写真―
触手《しょくしゅ》 ―を伸ばす 長い―
職種《しょくしゅ》 ―による差別 ―を記入する欄
植樹《しょくじゅ》 卒業記念の―をする ―祭

し

食傷《しょくしょう》 毎日肉で—する いささか—ぎみ
職掌《しょくしょう》 新聞記者という—柄顔が広い
織女星《しょくじょせい》 —と牽牛星(けんぎゅうせい)
食尽《しょくじん》 「蝕甚」とも。日食の—を撮影する
嘱《しょく》する 後事を嘱して出発する。
嘱《しょく》する 「属する」とも。一縷(いちる)の望みを—
職制《しょくせい》 —の変更 —を通じて伝達する
職責《しょくせき》 重い— 無事に—を果たす
食膳《しょくぜん》 —をにぎわす —に供する
食卓《しょくたく》 —に着く —を囲む —に花を飾る
嘱託《しょくたく》 —を受ける 会社—の医師 殺人
辱知《じょくち》 知合い。彼とは—の間柄です —諸賢
食通《しょくつう》 —だから舌が肥えている
食堂《しょくどう》 —のボーイ ホテルの— 大衆—

食道《しょくどう》 のどから胃に至る— —癌(がん)
職人《しょくにん》 大工・左官などの— —の手間賃
職能《しょくのう》 文法上の— —給 —別組合
職場《しょくば》 同じ—で結ばれる —集会を開く
触媒《しょくばい》 他の物質の反応を助ける物質。
触発《しょくはつ》 —するおそれがある —信管
食費《しょくひ》 —を納める —を切り詰める
植物《しょくぶつ》 動物と— —園 —性繊維
職分《しょくぶん》 自分の—を忘れる 各自の—を果たす
食紅《しょくべに》 —で赤い色に染める
嘱望《しょくぼう》 「属望」とも。将来を—される新人
植民《しょくみん》 「殖民」とも。 —地 —政策
職務《しょくむ》 —に励む —質問 —給 —心得
嘱目《しょくもく》 「属目」とも。将来を—されている人

食物《しょくもつ》 被服と— —の衛生
食欲《しょくよく》 「食慾」とも。旺盛(おうせい)な— —不振
食料《しょくりょう》 食べ物。 —品 生鮮—
食糧《しょくりょう》 食物となる物。 —が不足する
植林《しょくりん》 —の季節 山野に—する —事業
職歴《しょくれき》 —の調査 —を記載する 複雑な—
諸君《しょくん》 学生— 紳士淑女— 満場の—
叙勲《じょくん》 勲等を与え勲章を授ける。戦没者の—
処刑《しょけい》 —された人々 鈴ケ森の—場の跡
諸兄《しょけい》 同期の—に告ぐ
叙景《じょけい》 風景を書き表わす。すぐれた—文 —歌
女傑《じょけつ》 男まさりの女。女丈夫。会社きっての—
所見《しょけん》 —を述べる 医師の—によると
書見《しょけん》 父は奥の間で—中です —台

諸賢《しょけん》 同志—のご協力を願いたい
緒言《しょげん》 「ちょげん」とも。趣旨は—で述べてある
諸元《しょげん》 機械の— —を変更する 運転— —表
序言《じょげん》 著書の—に詳しく書いてある
助言《じょげん》 後輩に—する 先生の—をお願いします
書庫《しょこ》 —の本を整理する —を建てる
諸公《しょこう》 敬称。重役— 大臣—
諸侯《しょこう》 大名。 —の領地
曙光《しょこう》 夜明けの光。解決の—が見える
徐行《じょこう》 交差点で—する —運転 工事中諸車—
初婚《しょこん》 —と再婚 —の人 姉は—に破れた
所作《しょさ》 日常の— 踊りの— 色っぽい— —事
所載《しょさい》 本誌に—の記事 巻末—の付録
書斎《しょさい》 —で調べ物をする —にこもっている父

所在《しょざい》 —不明の宝物 —をくらます —がない
如才《じょさい》 —ない人 —なく立ち回る
所産《しょさん》 研究の— 努力の— 工業力の—
助産婦《じょさんぷ》 —の資格を取る
初志《しょし》 —を貫く —を翻す —の貫徹
書肆《しょし》 本屋。書店。江戸時代からの—
諸子《しょし》 —の健闘を祈る 卒業生—
諸氏《しょし》 同僚—の健康を祈る
諸姉《しょし》 同窓生の—
庶子《しょし》 —として届ける —が嫡子と争う
所持《しょじ》 銃砲刀剣類を—する —品の検査
女子《じょし》 男子と— —の職員
女史《じょし》 …—の講演会 政界に活躍する…—
助詞《じょし》 てにをは。 —と助動詞 格— 副—

女児《じょじ》　彼には五歳の―がいる　―をもうける
叙事《じょじ》　―を主とした文章　―詩　―文
書式《しょしき》　定まった―がある　―を示す　―と文例
諸式《しょしき》　種々の品物。―万端を整える　―高値
書写《しょしゃ》　経文を―する　源氏物語の―本
諸種《しょしゅ》　―の方式を試みる　見本は―ある
助手《じょしゅ》　大学の―　運転―　娘が―役を勤める
叙述《じょじゅつ》　文学史を―する　―の不十分な論文
諸所《しょしょ》　いろいろの場所。―に見られる
所々《しょしょ》　「処々」とも。―方々に散らばる
処女《しょじょ》　―の恥じらい　―地　―出版　―航海
徐々《じょじょ》　―に動く　―におもしろくなる
書状《しょじょう》　―を届ける　―をしたためる
如上《じょじょう》　前述。―のように　―の理由によって

叙情《じょじょう》　「抒情」とも。―詩　―的な文章
女丈夫《じょじょうふ》　男まさり。―で鳴らす
女色《じょしょく》　―にふける　―を慎む
初心《しょしん》　―忘るべからず　―者向き
所信《しょしん》　―を貫く　―を述べる　―を伺いたい
書信《しょしん》　―を送る　―を読む　―によると
序数《じょすう》　順序を表わす数。「第五」など。
除数《じょすう》　割り算で、割るほうの数。―と被―
処《しょ》する　事を―にあたり　厳罰に―
叙《じょ》する　勲二等に―　感想文を―
除《じょ》する　十を二で―と五になる
処世《しょせい》　―の道　―の術を学ぶ　―訓
書生《しょせい》　―かたぎ　―部屋(やべ)　貧乏―　―論
女声《じょせい》　―合唱

女性《じょせい》　―にもてる雑誌　男性と―
女婿《じょせい》　娘の婿(こむ)。総理大臣の―に当たる人
助成《じょせい》　産業の開発を―する　―金を出す
助勢《じょせい》　―に駆け付ける　けんかを―する
書跡《しょせき》　「書蹟」とも。―を鑑定する
書籍《しょせき》　―を購入する　和漢の―を読破する
除籍《じょせき》　結婚による―　欠席が多いので―された
所説《しょせつ》　先生の―に従う　―を改める
諸説《しょせつ》　―を参考にする　―紛々
序説《じょせつ》　このことは―の部分で述べた
叙説《じょせつ》　述べる。詳細に―する
除雪《じょせつ》　終夜―作業をする　―車を出す
初戦《しょせん》　第一戦。―で勝つ　―を飾る
緒戦《しょせん》　戦い始め。―に機先を制する

所詮《しょせん》　―はあきらめるよりしかたがない
所蔵《しょぞう》　彼の―している品物　―品を供出する
女装《じょそう》　―の男　―して舞台に出る
助走《じょそう》　棒高とびの―　―路
除草《じょそう》　畑の―をする　―薬をまく
所属《しょぞく》　―を明らかにする　運動部に―する
所存《しょぞん》　わたしの―を申し上げる　朝伺う―です
所帯《しょたい》　「世帯」とも。―主　―を持つ　―じみる
書体《しょたい》　くずした―の字　―と字体
処断《しょだん》　規則を守らぬ者は―する
処置《しょち》　応急―をする　―なし　医務室で―する
暑中《しょちゅう》　―見舞いを出す　―休暇
初潮《しょちょう》　小学生のとき―がありました
助長《じょちょう》　産業の発達を―する　民主勢力の―

職階《しょっかい》　―を細かく分ける　―制を定める
食客《しょっかく》　「しょっきゃく」とも。居そうろう。
触覚《しょっかく》　鋭敏な―　指の先の―　皮膚の―
触角《しょっかく》　長い―を動かす　―に触れる
食間《しょっかん》　この薬は―に服用する
触感《しょっかん》　触覚。―が鋭敏である
食器《しょっき》　―を洗う　―を並べる　―戸だな
織機《しょっき》　織物を織る機械。自動―
職権《しょっけん》　―に基づいて行なう　―乱用
職工《しょっこう》　熟練した―を集める　―が不足する
初《しょ》っ端《ぱな》　―に強豪と当たる　―から荒れもよう
初手《しょて》　―からまちがっている　万事―がだいじ
所定《しょてい》　―の場所に納める　―の金額　―の用紙
初等《しょとう》　―教育　―幾何学

し

初頭《しょとう》　会議は開会―から混乱する　十九世紀―

蔗糖《しょとう》　砂糖黍《さとうきび》から採る砂糖。

書道《しょどう》　―の塾《じゅく》を開く　―の先生　―展覧会

助動詞《じょどうし》　助詞と―　―の活用

所得《しょとく》　―がふえる　不労―　勤労―　―税

初七日《しょなぬか》　「しょなのか」とも。

女難《じょなん》　彼は―の相がある　―と水難

初日《しょにち》　―と千秋楽　相撲《すもう》の―　―を出す

叙任《じょにん》　位を授け官職に任じる。

初任給《しょにんきゅう》　―を引き上げる

序の口《じょのくち》　こんなのはまだ―です　―の力士

処罰《しょばつ》　規則違反者の―　厳重に―する

諸般《しょはん》　―の事情を考察する

序盤《じょばん》　―から苦しい試合だ　選挙戦の―

処分《しょぶん》　違反者を―する　利益金の―　財産の―

序文《じょぶん》　著書の―　恩師に―を書いていただく

初歩《しょほ》　―の英語　―の人　―的知識

処方《しょほう》　医師が―を誤る　―箋《せん》による調剤

序幕《じょまく》　―から見る　調査もまだ―の段階です

除幕《じょまく》　銅像の―式を行なう

庶民《しょみん》　―の生活　―階級　―文学が起こる

庶務《しょむ》　―課の仕事　―係が手紙を発送する

署名《しょめい》　書類に―する　―押印する

助命《じょめい》　―を乞《こ》う　―嘆願　―運動

除名《じょめい》　党規違反者を―する　―処分

所望《しょもう》　酒を―する　―の品を言う

書目《しょもく》　―を調べる　―解題

初夜《しょや》　結婚―の心得を教える　―の知識

除夜《じょや》　―の鐘を聞く　―の行事

助役《じょやく》　村役場の―　駅の―　―は女房役である

所有《しょゆう》　彼の―する家　―権を主張する　―格

女優《じょゆう》　映画―　主演の―　―にあこがれる

所用《しょよう》　―のため外出中　―の品を買う

所要《しょよう》　東京から大阪までの―時間　―の経費

処理《しょり》　事務を―する　―済みの事項

女流《じょりゅう》　―作家　―詩人　すぐれた―文学

助力《じょりょく》　ご―を仰ぐ　できるかぎり―する

書類《しょるい》　―を発送する　―が紛失する　重要―

序列《じょれつ》　―を正す　年功―をたっとぶ

如露《じょろ》　じょうろ。花壇に―で水をまく

初老《しょろう》　四十歳。―の紳士　活躍盛りの―

所論《しょろん》　彼の―と対立する　年来の―を変えない

緒論《しょろん》　「ちょろん」とも。―で問題を提起する

序論《じょろん》　―でおおまかに述べる　―と結論の照応

地雷《じらい》　―を埋める　―が爆発する

自来《じらい》　「爾来」とも。―人を信用しなくなった

白髪《しらが》　母も―がふえた　―を抜く　―頭の老人

白樺《しらかば》　「しらかんば」とも。―の林を行く

白河夜舟《しらかわよふね》　―で眠る

白木《しらき》　―の位牌《いはい》　―造りの社殿

白癬《しらくも》　皮膚病の一。―頭の男の子

精《しら》げる　玄米をついて白くする。

白々《しらじら》　夜が―と明ける　―しいようす

焦《じ》らす　返事を遅らせて―　相手を―

白滝《しらたき》　糸状のこんにゃく。―と肉を煮る

不知火《しらぬい》　海上の幻火。

白刃《しらは》　―を突き付ける　―で切り付ける

白羽《しらは》　代表として彼女に―の矢を立てる

素面《しらふ》　―で下品なことを言う

調《しら》べる　書類を―　意味を―　犯人を―

虱《しらみ》　―がたかる　毛―　―つぶしに調べる

私利《しり》　―をむさぼる　―私欲

尻《しり》　終り。―のほう　―上がり

尻《しり》　「臀」とも。―が軽い　―に敷く

事理《じり》　―きわめて明白　―を説く

尻馬《しりうま》　人の―に乗る

自力《じりき》　―で脱出する　―で立ち直る　―更生

地力《じりき》　―を発揮する　彼は―がある

退《しりぞ》く　一歩一歩―　現役から―

退《しりぞ》ける　撃退。敵を―

退《しりぞ》ける 「斥ける」とも。要求を―
自立《じりつ》 大学を出て―する ―の精神 ―劇団
自律《じりつ》 ―の生活態度を確立する ―神経
而立《じりつ》 三十歳。すでに―の年となる
侍立《じりつ》 天皇のおそばに―する ―する護衛
支離滅裂《しりめつれつ》 ―の文章
支流《しりゅう》 富士川の― 本流と―
時流《じりゅう》 ―に抗する ―に乗る ―に投じる
思慮《しりょ》 ―が深い ―を巡らす ―分別
史料《しりょう》 後世に残る―を集める ―編纂(へんさん)所
資料《しりょう》 ―が集まる 乏しい― 研究―
思料《しりょう》 「思量」とも。適当と―する
死霊《しりょう》 ―のたたり ―と生霊(いきりょう)
飼料《しりょう》 家畜の― 毎朝牛に―をやる ―作物

死力《しりょく》 ―を尽くして戦う
視力《しりょく》 ―が衰える ―の検査をする
資力《しりょく》 豊富な―に物を言わせる 弁済の―なし
汁《しる》 ―を付けて食べる みそ― ―をこぼす
知《し》る 場所を― 意味を― 彼を―人 恩を―
汁粉《しるこ》 甘い― 御膳(ごぜん)― いなか―
印《しるし》 疑問個所に―を付ける ―の旗を立てる
徴《しるし》 動乱の―が表われる 状況悪化の―がある
験《しるし》 薬の―が表われる 祈禱(きとう)の―
記《しる》す 理由を― メモに― 紀行文を―
指令《しれい》 本部の―に基づく ―を発する 運転―
司令《しれい》 軍の―官 ―長官の命令 ―部 ―塔
事例《じれい》 学習指導の― ―を挙(あ)げて説明する
辞令《じれい》 転任の―を受け取る ―を拒否する

熾烈《しれつ》 ―な戦闘が行なわれる ―な闘魂
焦《じ》れる 返事が来なくて―
試練《しれん》 苦しい―に耐える ―の場に立つ
城《しろ》 堅固な― ―を築く ―が落ちる
白蟻《しろあり》 ―は家屋をいためる
素人《しろうと》 ―と玄人(くろうと) ずぶの― ―演芸会
白妙《しろたえ》 ―の富士の山 ―の布
白身《しろみ》 ―の魚 卵の―
代物《しろもの》 たいした―だ めったにある―ではない
持論《じろん》 あくまで―を貫く 彼の―を聞く
時論《じろん》 時事に関する議論。政界―を執筆する
皺《しわ》 ―が寄る ―になる ―だらけの顔
嗄《しわが》れる 声が―
仕分《しわ》け 種類別に―する

仕訳《しわけ》 ―帳 ―がはっきりする ―日記帳
仕業《しわざ》 「所業」とも。これはきっと彼の―だ
師走《しわす》 旧暦十二月の異名。あわただしい―の町
芯《しん》 鉛筆の―が折れる 帯の―
辛《しん》 十干の第八。かのと。
信《しん》 情報に―を置く 彼の話には―が置けぬ
真《しん》 ―に迫る演技 ―の芸術
壬《じん》 十干の第九。みずのえ。
陣《じん》 背水の―をしく 大阪夏の―
親愛《しんあい》 ―の情を寄せる ―なる諸君
塵埃《じんあい》 ほこり。―の多い町 ―にまみれる
真意《しんい》 彼女の―を聞く ―を吐露する
人為《じんい》 ―的な作用の現れ ―淘汰(とうた)
神域《しんいき》 神社の境内。―を汚す ―の清浄を守る

人員《じんいん》 ―を点呼する ―が不足する
真打《しんうち》 前座と― ―の出番 ―を勤める
新鋭《しんえい》 ―と古豪の対戦 ―機械をそろえる
陣営《じんえい》 ―を立て直す 革新―から立候補
親衛隊《しんえいたい》 ―に守られる首領
神苑《しんえん》 神社境内の庭。―には鹿(しか)が戯れる
深遠《しんえん》 ―な理論 ―な学理を研究する
深淵《しんえん》 深いふち。―に臨むような心持
深奥《しんおう》 ―な哲理をきわめる 学問の―性
震央《しんおう》 震源の真上の地点。
神火《しんか》 「じんか」とも。山のご―が燃える
真価《しんか》 彼の―を世に問う ―を発揮する
進化《しんか》 生物の― 社会が―する ―論
深化《しんか》 対立が―する

し

心外《しんがい》 悪口を言われるのは―だ ―な事件
侵害《しんがい》 人権を―される 権利を―する
震駭《しんがい》 驚き震え上がる。全世界を―させる事件
塵芥《じんかい》 ごみ。―を焼却する 山のような―
人海戦術《じんかいせんじゅつ》 ―を使う
新開地《しんかいち》 郊外の―に住む
新顔《しんがお》 きょうから―が入(はい)った
進学《しんがく》 ―を希望する 高校へ―する ―相談
人格《じんかく》 ―をみがく ―者 高潔な―
陣笠《じんがさ》 ―をかぶる まだ―で大臣にはなれない
新型《しんがた》 ―の機械 ―の模様 ―爆弾
殿《しんがり》 ―を勤める ―で登壇する
心肝《しんかん》 ―に徹する ―を冷やす
神官《しんかん》 神職。かんぬし。祝詞(のりと)を奏する―

信管《しんかん》 ―をはずす 時限― 着発―
森閑《しんかん》 ―とした神域を歩く ―と静まり返る
震撼《しんかん》 世間を―させたピストル強盗がつかまる
新刊《しんかん》 ―の雑誌 ―を紹介する ―書
心眼《しんがん》 ―を見開く ―で見る ―と肉眼
心願《しんがん》 ―成就の護摩をたく ―を果たす
心機《しんき》 ―一転勉強し始める
心悸《しんき》 心臓の鼓動。―高進
振起《しんき》 士気を―する 国民精神の―
新規《しんき》 ―まき直し ―に始めます ―事業
新奇《しんき》 ―を好む ―なデザイン
信義《しんぎ》 ―を重んじる 先生は―に厚い人です
真偽《しんぎ》 ―をただす ―を問う ―は不明です
真義《しんぎ》 ―を明らかにする 政策の―を説く

審議《しんぎ》 法案を―する ―が遅々として進まない
仁義《じんぎ》 ―を重んじる人 ―を切る ―立て
神祇《じんぎ》 天地の神々。天神地祇。―を祭る
辛気臭《しんきくさ》い ―話はごめんだ
新機軸《しんきじく》 ―を考える ―を出す
針灸《しんきゅう》 「鍼灸」とも。―の治療 ―術
進級《しんきゅう》 ―試験にパスする さいわいに―した
新居《しんきょ》 ―を構える むすこ夫婦の―をたずねる
心境《しんきょう》 ―の変化を来たす 明鏡止水の―
進境《しんきょう》 著しい― 目ざましい―を示す
信教《しんきょう》 ―の自由を守る ―に熱心である
蜃気楼《しんきろう》 光の屈折現象の一。
宸襟《しんきん》 天皇の御心。―を悩まし奉る
呻吟《しんぎん》 うめく。病床に―する 病人の―する声

親近感《しんきんかん》 あの先生に―をいだく
心筋梗塞《しんきんこうそく》 ―で死亡
辛苦《しんく》 ―に耐える 粒々―の末 艱難(かんなん)―
深紅《しんく》 「真紅」とも。―の大優勝旗 ―に染める
寝具《しんぐ》 ―を片づける ―で部屋(へや)が狭くなる
甚句《じんく》 七七七五調の民謡。相撲(すもう)― 米山―
真空《しんくう》 ―状態になる ―管 ―地帯
神宮《じんぐう》 伊勢(いせ)― 明治― ―の外苑(がいえん)
神経《しんけい》 ―を使う ―質 運動― 反射―
進撃《しんげき》 敵陣に―する ―を続ける ―開始
心血《しんけつ》 ―を注ぐ 学問に―を注いだ作品
真剣《しんけん》 ―で勝負する ―に勉強する ―な努力
親権《しんけん》 子に対する親の権利義務。―者を立てる
進言《しんげん》 社長にスト打開策を―する ―の内容

箴言《しんげん》 戒めのことば。ソロモンの―
森厳《しんげん》 ―な神宮の境内 ―のうちに行なう儀式
震源《しんげん》 ―を探る ―地 事件の―を突く
人絹《じんけん》 人造絹糸の略。―の着物
人権《じんけん》 ―を尊重する ―の侵害 基本的―
人件費《じんけんひ》 ―が掛かる 高い―
信玄袋《しんげんぶくろ》 ―をかついで上京する
糝粉《しんこ》 米の粉。―もち 縁日で―細工を買う
人後《じんご》 師を敬うことにおいては―に落ちない
信仰《しんこう》 仏教を―する ―の自由 ―心の不足
深更《しんこう》 ―まで続く捜索 会議は―に及んだ
進行《しんこう》 出発― 議事― ―状態を調べる
進攻《しんこう》 敵陣に―する ―を開始する ―作戦
侵攻《しんこう》 「侵寇」とも。チェコに―したソ連軍

し

進講《しんこう》　天皇にご―申し上げる　本年のご―役
振興《しんこう》　郷土の―を図る　産業の―策　学術の―
新興《しんこう》　―の勢力　―階級　―宗教を信仰する
新香《しんこう》　つけもの。お―でご飯を食べる
親交《しんこう》　「深交」とも。彼とは―がある　―を結ぶ
信号《しんごう》　手旗―　―灯　―機の故障
人工《じんこう》　―の美　―衛星　―栄養　―授精
人口《じんこう》　―が急増する　―調査　―密度
沈香《じんこう》　香料。―もたかず屁(へ)もひらず
申告《しんこく》　所得税の―をする　―納税制度　異動―
親告《しんこく》　被害者本人の告訴。強姦(ごうかん)などの―罪
深刻《しんこく》　―に考え込む　―な事態　不景気は―だ
新穀《しんこく》　―を神に供える　―感謝の祭り
人国記《じんこっき》　国別出身者の評論。

真骨頂《しんこっちょう》　彼の―を発揮する
心魂《しんこん》　「神魂」とも。芸術に―を打ち込む
真言宗《しんごんしゅう》　―の寺
審査《しんさ》　資格を―する　―会　―員　書類―
震災《しんさい》　―を受けた土地　関東大―
心材《しんざい》　檜(ひのき)の―を使った柱　―と辺材
人災《じんさい》　天災でなく―の　そしりは避けられぬ
人材《じんざい》　―を登用する　前途有為な―
診察《しんさつ》　患者を―する　―室　―時間　―券
辛酸《しんさん》　長い間―をなめる　人生―多し
深山《しんざん》　―の鳥の声　―幽谷の景色(けしき)
新参《しんざん》　―の弟子(でし)　―者が出しゃばるな
真摯《しんし》　―な態度　―な人柄　―な努力をする
紳士《しんし》　―と淑女　英国流の―　―録　―協定

信士《しんじ》　「しんし」とも。男の戒名に付ける称号。
人事《じんじ》　―を尽くし天命を待つ　―不省　―異動
仁慈《じんじ》　いつくしみ。―に満ちた政治　―を恵む
寝室《しんしつ》　―は二階にある　―の照明
真実《しんじつ》　―を追究する　―一路　―を語る
信実《しんじつ》　―をもってさとす　―をもって言う
深謝《しんしゃ》　ご厚意を―します　失礼を―いたします
親炙《しんしゃ》　接して教えられる。朝夕先生に―する
信者《しんじゃ》　日蓮宗(にちれんしゅう)の―　―の尊敬を受ける
斟酌《しんしゃく》　相手の気持を―する　事情を―する
進取《しんしゅ》　―の気性に富む青年　―的な人間
真珠《しんじゅ》　―の首飾り　―の指輪　―貝　豚に―
心中《しんじゅう》　愛人と―する　―未遂
伸縮《しんしゅく》　期間を―する　―自在　―性に富む

進出《しんしゅつ》　国産品が海外市場に―する
浸出《しんしゅつ》　しみ出る。池の水が庭に―する
浸出《しんしゅつ》　「滲出」とも。にじみ出る。血液の―
針術《しんじゅつ》　「鍼術」とも。はり。―の治療をする
仁術《じんじゅつ》　医は―なり　―を積む
神出鬼没《しんしゅつきぼつ》　―の怪盗
浸潤《しんじゅん》　刹那的(せつなてき)な思想が―する　肺―
信書《しんしょ》　―を発送する　―の秘密を厳守する
親書《しんしょ》　先生の―をいただく　―を携行する特使
神助《しんじょ》　天佑(てんゆう)―をたのむ　努力する者に―あり
寝所《しんじょ》　父母はもう―に入(はい)った　―で休む
心証《しんしょう》　重役の―を害する　裁判官の―
辛勝《しんしょう》　楽勝を期待したが五対四で―した
真症《しんしょう》　―と疑似症　―の赤痢患者

身上《しんしょう》　―をはたいて買い込む　―をつぶす
身上《しんじょう》　正直なのが彼の―だ　―調査をする
心情《しんじょう》　親を失った子の―を察する
真情《しんじょう》　―を吐露する　―を歌に託す
信条《しんじょう》　父の生活―を述べる　ゆるがぬ―
進上《しんじょう》　ここまでおいで甘酒―　粗品―
尋常《じんじょう》　―一様にはいかない　―な手段
信賞必罰《しんしょうひつばつ》
針小棒大《しんしょうぼうだい》
侵食《しんしょく》　「侵蝕」とも。隣国が国境を―する
浸食《しんしょく》　「浸蝕」とも。川の―作用
神職《しんしょく》　神官。かんぬし。代々―の家柄
寝食《しんしょく》　―を忘れて研究する　―を共にする
心神《しんしん》　―を喪失する　―耗弱者(こうじゃくしゃ)

心身《しんしん》 「身心」とも。―を鍛練する ―障害者

津々《しんしん》 興味― ―として尽きない興味

深々《しんしん》 夜は―とふける ―たる夜のしじま

新進《しんしん》 ―の作家 ―気鋭の士 古豪と―

信心《しんじん》 ―深い人 ―は徳の余り ―する神さま

深甚《しんじん》 ご親切に対して―なる謝意を表する

人心《じんしん》 ―を惑わす ―の一新を図る

人身《じんしん》 ―攻撃をする ―売買 ―事故

心酔《しんすい》 西欧文化に―する 吉田松陰に―する

浸水《しんすい》 船首から―してきた ―家屋 床上―

進水《しんすい》 大型商船が―する ―式 ―台を離れる

心髄《しんずい》 心。中心。―が腐っている ―を得る

神髄《しんずい》 「真髄」とも。芸術の―に触れる

尽瘁《じんすい》 力を尽くす。社業の発展に―する

神通力《じんずうりき》 「じんつうりき」とも。

申請《しんせい》 建築許可を―する ―書 ―を却下する

真正《しんせい》 ほんもの。―のダイヤモンド

真性《しんせい》 ―天然痘 ―と疑似 ―コレラが発生する

神聖《しんせい》 ―にして冒すべからず ―な境内 ―視

人生《じんせい》 人の一生。―は短い ―観 ―読本

人世《じんせい》 世の中。―の無情を感じる

仁政《じんせい》 恵み深い政治。―をしく ―を慕う

新生面《しんせいめん》 この方面に―を開く

臣籍《しんせき》 内親王が―に降嫁される 皇族の―降嫁

真跡《しんせき》 「真蹟」とも。弘法大師の―と伝えられる

親戚《しんせき》 ―一同を代表して ―がおおぜい集まる

人跡未踏《じんせきみとう》 ―の森林

新設《しんせつ》 中学校が―される ―の工場に移る

親切《しんせつ》 「深切」とも。―な人 ―があだとなる

新鮮《しんせん》 ―な野菜 ―な空気 ―な感覚 ―味

親善《しんぜん》 ―を深める ―試合 ―使節 ―外交

人選《じんせん》 委員の―を急ぐ ―に漏れる ―に悩む

荏苒《じんぜん》 長引くさま。―日を送る

親疎《しんそ》 ―を問わず招待する ―の別なく歓待する

真相《しんそう》 事件の―を究明する ―はこうだ

深層《しんそう》 もと。事件の―を探る ―心理学

深窓《しんそう》 ―のお姫さま 彼女は―に育った

新装《しんそう》 ―成ったビルディング ―を凝らす

心臓《しんぞう》 ―を移植する ―病 ―が強い ―麻痺《ひ》

新造《しんぞう》 貨車を―する ―の客船 裏のご―さん

人造《じんぞう》 ―繊維 ―石油 ―人間 ―肥料

腎臓《じんぞう》 肝臓と― ―炎 ―結石をわずらう

神速《しんそく》 兵は―をたっとぶ ―な進撃 ―果敢

親族《しんぞく》 扶養する― ―が集まる ―会議 同居―

迅速《じんそく》 ―な行動 ―をたっとぶ ―に処理する

心底《しんそこ》 「真底」とも。―からほれ込む

真率《しんそつ》 すなお。―な人柄 ―な研究態度

進退《しんたい》 ―窮まる ―を誤らない ―伺い

身代《しんだい》 苦労して―を築く ―をつぶす ―限り

寝台《しんだい》 寝室に作り付けの― ―に寝る ―車

甚大《じんだい》 被害きわめて― ―な影響を受ける

神代《じんだい》 かみよ。―の物語 ―の昔 ―杉《すぎ》

信託《しんたく》 銀行に―する ―事業 貸付― ―統治

神託《しんたく》 ―を信じる 夢に―を受ける

進達《しんたつ》 上の官庁へ。趣旨を―する 書類の―

申達《しんたつ》 下の官庁へ。指示を―する ―事項

陣立《じんだて》 ―を変える ―を整える

心胆《しんたん》 敵の―を寒からしめる 相手の―を奪う

薪炭《しんたん》 たきぎと木炭。燃料。―費が掛かる ―商

診断《しんだん》 医師が―する ―を下す ―書

新築《しんちく》 ―の家屋 離れを―する ―費

人畜《じんちく》 ―への影響はおびただしい ―の被害

真鍮《しんちゅう》 銅と亜鉛の合金。黄銅。―の置物

新鋳《しんちゅう》 新規の鋳造。―の活字 ―の貨幣

進駐《しんちゅう》 他国に―する

陣中《じんちゅう》 ―を巡視する ―見舞い

身長《しんちょう》 ―と体重 ―が伸びる 平均―

伸長《しんちょう》 期間を―する 銅線を―する

伸長《しんちょう》 「伸張」とも。勢力を―する 国威―

深長《しんちょう》 意味―なことば ―なニュアンス

慎重《しんちょう》　―に考える　―な態度
新調《しんちょう》　靴(くつ)を―する　―のワンピース
沈丁花《じんちょうげ》　かおりの高い　―の花
進捗《しんちょく》　工事は―している　計画を―させる
新陳代謝《しんちんたいしゃ》　―を図る
心痛《しんつう》　―のあまり寝込む　交渉の難航に―する
陣痛《じんつう》　―をこらえて産院へ　会社創立の―期
心底《しんてい》　彼の―を読む　―を明かす
進呈《しんてい》　粗品を―する　一筆―いたします
人定尋問《じんていじんもん》　法廷の―
人的《じんてき》　―資源　―損害
進展《しんてん》　事態は少しも―しない　結婚話が―する
伸展《しんてん》　伸びる。勢力が―する　貿易の―
親展《しんてん》　―の手紙が届く　―の判を押す　―電報

心電図《しんでんず》　―で心臓の診断をする
寝殿造《しんでんづくり》　―の建物　―の対の屋
震天動地《しんてんどうち》　―の事件
信徒《しんと》　数百万の―を持つ宗教　―の労力奉仕
震度《しんど》　東京では―3の弱震　―を測る
心頭《しんとう》　怒り―に発する　―を滅却する
神灯《しんとう》　―のあかり　―がまたたく
神道《しんとう》　日本古来の宗教。―十三派　復古―
浸透《しんとう》　「滲透」とも。考え方が末端まで―する
親等《しんとう》　親族関係の親疎の等級。六―内の血族
神童《しんどう》　―のうわさが高いこども
振動《しんどう》　振り子の―　弦の―　―電流
振動《しんどう》　「震動」とも。―のひどい工場　地震の―
人頭《じんとう》　「にんとう」とも。―割　―税

陣頭《じんとう》　―に立って行動する　社長みずから―指揮
人道《じんどう》　―主義　―問題　―的立場
仁徳《じんとく》　―を備える　先生の―のいたすところ
新内《しんない》　―を語る　―流し
進入《しんにゅう》　列車が―する　航空機の―路
侵入《しんにゅう》　怪漢が―する　隣国に―する
浸入《しんにゅう》　濁水がうずを巻いて―する
浸入《しんにゅう》　「滲入」とも。しみる。皮膚から―
真如《しんにょ》　仏教の絶対の真理。―の月
信女《しんにょ》　婦人の戒名に付ける称号。
信任《しんにん》　社長の―を得る　―状　議長不―
新任《しんにん》　―の先生
信念《しんねん》　―に基づく行動　不動の―　確固たる―
親王《しんのう》　―と内親王　―殿下

新派《しんぱ》　―の芝居　「不如帰(ほととぎす)」などの―悲劇
心配《しんぱい》　親に―を掛ける　―な前途　券を―する
神罰《しんばつ》　―を受ける　―が下る　―覿面(てきめん)
進発《しんぱつ》　部隊は明朝―する
心張棒《しんばりぼう》　―をかう
侵犯《しんぱん》　領土を―する　権利の―　領海―の船
審判《しんぱん》　野球の―　―員　海難―
神秘《しんぴ》　宇宙の―　―主義　―的なできごと
真否《しんぴ》　うわさの―を確かめる　理論の―
信否《しんぴ》　信じられるかどうか。情報の―
審美眼《しんびがん》　―を養う
親筆《しんぴつ》　総裁の―を額に入れる　ご―をいただく
真筆《しんぴつ》　空海の―といわれる書　―か偽筆か
信憑性《しんぴょうせい》　―が高い　―のない話

人品《じんぴん》　―卑しからぬ人物
神父《しんぷ》　カトリックの僧。司祭。教会の―さん
新婦《しんぷ》　新郎―　―の両親　―の色直し
新譜《しんぷ》　―を発売する
新風《しんぷう》　政界に―を送る
心服《しんぷく》　生徒は先生に―している　―する先輩
振幅《しんぷく》　振り子の―　―が大きい
振幅《しんぷく》　「震幅」とも。地震計の示した―
人物《じんぶつ》　―ができている　登場―　―画　大―
人文《じんぶん》　―地理　―科学　―主義
人糞《じんぷん》　昔は―を主たる肥料とした
身辺《しんぺん》　―を飾る　―を整理する　―多忙
進歩《しんぽ》　文化の―と発展　社会の―　―主義
心棒《しんぼう》　車の―が折れる　一家の―となって働く

辛抱《しんぼう》 じっと―する もう少しの―だ ―強い
信望《しんぼう》 世の―が厚い 社内の―を得る
深謀《しんぼう》 ―を巡らす ―遠慮の計画
信奉《しんぽう》 国粋主義を―する 儒教の―者
人望《じんぼう》 ―のある人 ―を集める
親睦《しんぼく》 会員の―を図る ―会を開催する
陣没《じんぼつ》 「陣歿」とも。第二次大戦で―する
新米《しんまい》 ―が出回る ―と古米 ―の社員
蕁麻疹《じんましん》 魚(さかな)を食べて―になる
新味《しんみ》 ―がない ―を出す ―に欠ける作品
親身《しんみ》 ―になってめんどうを見る ―な世話
親密《しんみつ》 彼とは―な間柄です ―な関係
神妙《しんみょう》 ―な心掛け ―な態度 ―にしろ
身命《しんめい》 ―をなげうって努力する ―をささげる

神明《しんめい》 天地―に誓う ―の加護 ―造り
人命《じんめい》 事は―に関する問題だ ―救助
人面獣心《じんめんじゅうしん》
真面目《しんめんもく》 彼の―を発揮する
進物《しんもつ》 ―を届ける 盆暮れの―
審問《しんもん》 部下を―する きびしい―
尋問《じんもん》 「訊問」とも。不審―を受ける
親友《しんゆう》 誕生日に―を招待する ―の間柄
神輿《しんよ》 おみこし。―の渡御 ―をかつぐ
信用《しんよう》 相手を―する ―を失う ―組合
陣容《じんよう》 ―を整える 新内閣の―を発表する
針葉樹《しんようじゅ》 ―と広葉樹 ―の林
信頼《しんらい》 部下を―する ―感が強い
迅雷《じんらい》 ―のごとく進む 疾風―

辛辣《しんらつ》 ―な批評 ―な皮肉
森羅万象《しんらばんしょう》 天地万物。
心理《しんり》 微妙な― 群集― ―描写 ―学
真理《しんり》 ―を究明する ―の探究 宇宙の―
審理《しんり》 裁判官が―する ―がはかどる
侵略《しんりゃく》 他国を―する ―戦争 ―主義
深慮《しんりょ》 ―を巡らす 遠謀―
診療《しんりょう》 保険で―を受ける ―所の医師
新涼《しんりょう》 ―のみぎりお元気ですか
新緑《しんりょく》 したたるような― ―の候となる
人力《じんりょく》 ―には限界がある ―飛行機
尽力《じんりょく》 復興に―する ―したが効果がない
森林《しんりん》 ―を伐採する ―地帯 ―行政 ―組合
人倫《じんりん》 ―にはずれる ―をたっとぶ ―の教え

親類《しんるい》 ―縁者 ―づきあいする ―筋に当たる
人類《じんるい》 ―の歴史 ―愛を説く ―学 全―
心霊《しんれい》 ―現象 ―療法 ―術
神霊《しんれい》 ―を尊ぶ ―の加護 ―を祈る
振鈴《しんれい》 開会の―が鳴る ―を鳴らす
陣列《じんれつ》 ―が乱れる ―を正す ―を立て直す
進路《しんろ》 列車の― 将来の―を考える
針路《しんろ》 船の― 人生の― ―を示す
心労《しんろう》 父は―のため倒れた ご―お察しします
辛労《しんろう》 父なきあと母は―を重ねる ―に耐える
新郎新婦《しんろうしんぷ》 花婿花嫁。
甚六《じんろく》 総領の― この―め
神話《しんわ》 ―と伝説 わが国の― ギリシア―
親和《しんわ》 町会員の―を図る 肉親の― ―力

す

州《す》 「洲」とも。三角― ―に群れる鳥
巣《す》 「栖」とも。鳥の― 愛の― ―にこもる
酢《す》 ―を混ぜる ―の物 甘― 三杯―
鬆《す》 大根の― 鋳物の― ―が入(いは)る
図《ず》 ―で示す ―に当たる ―に乗って騒ぐ
頭《ず》 あたま。―が高い ―が下がる
素足《すあし》 ―で歩く ―のまま庭に降りる
図案《ずあん》 ―をかく ポスターの― ―を募集する
粋《すい》 画壇の―を集める ―をきかせる
酸《す》い すっぱい。―味 ―も甘いも知っている
髄《ずい》 骨の―までしみ通る 葭(よ)の―からのぞく
蕊《ずい》 「蘂」とも。しべ。花の―

水圧《すいあつ》 ―を測る　―を利用した装置
水位《すいい》 大雨のため川の―が上がる　―を測る
推移《すいい》 事件の―を記録する　時代の―を感じる
随意《ずいい》 ―に行動する　どうぞご―に　―画
随一《ずいいち》 東北―の米産地　当代―の名筆
随員《ずいいん》 ―を従えて出席する　使節団の―
水運《すいうん》 ―の便に恵まれる　―を利用する
衰運《すいうん》 ―の一途をたどる　―を盛り返す
瑞雲《ずいうん》 めでたいしるしの雲。―がたなびく
水泳《すいえい》 川で―をする　―場　―大会
水火《すいか》 ―も辞せず　―の苦しみを味わう
西瓜《すいか》 「水瓜」とも。―が豊作　余興の―割り
誰何《すいか》 「だれか」と―する　―したが返事がない
水害《すいがい》 ―を防止する　集中豪雨で―を受ける

忍冬《すいかずら》 つる性植物。においのよい花が咲く―
酔漢《すいかん》 よっぱらい。―にからまれる
酔眼《すいがん》 ―朦朧《もうろう》とする
瑞気《ずいき》 めでたい空の気配。―が千代田城に漂う
随喜《ずいき》 ―の涙をこぼす　仏の教えに―する
芋茎《ずいき》 「芋苗」とも。里芋の茎。肥後―
推挙《すいきょ》 学長に―する　クラス委員に―される
水郷《すいきょう》 「すいごう」とも。―の秋
酔狂《すいきょう》 「粋狂」とも。―なまねをする
水禽《すいきん》 みずどり。鴨《かも》などの―類
水銀《すいぎん》 元素の一。―温度計　―灯　―中毒
吸口《すいくち》 たばこの―　きせるの―
水系《すいけい》 川を中心とする流水の系統。利根川《とねがわ》―
推計《すいけい》 ―五十万戸に達する　以上から―すると

推考《すいこう》 「推敲」とも。文章の―を重ねる
遂行《すいこう》 計画を―する　任務の―に努める
随行《ずいこう》 大臣に―する　―員　―の記者団
水彩《すいさい》 みずえ。―で絵をかく　―画　―絵の具
推察《すいさつ》 相手の意図を―する　ご―に任せます
水産《すいさん》 ―物　―業　―試験場　―資源　―庁
炊爨《すいさん》 炊事。ピクニックで飯盒《はんごう》―をする
推参《すいさん》 押し掛けて行く。―つかまつりました
炊事《すいじ》 台所で―をする母　―当番　―場
随時《ずいじ》 必要なら―出向きます　―取り上げる
衰弱《すいじゃく》 体力が―する　―した台風　神経―
水腫《すいしゅ》 むくみ。足に―ができる
水準《すいじゅん》 記録が―に達する　―測量　―器
随所《ずいしょ》 「随処」とも。その兆候が―に現われる

水晶《すいしょう》 ―の数珠《じゅず》　―体　―のような目
推奨《すいしょう》 新製品を―する　第一に―する
推賞《すいしょう》 「推称」とも。―に値する作品
瑞祥《ずいしょう》 めでたいしるし。―が現われる
水食《すいしょく》 「水蝕」とも。―によってできた谷
水深《すいしん》 ―を測る　―が深い　―二百メートルの海
推進《すいしん》 事業を―する　運動の―役　―器　―力
酔人《すいじん》 ―のいたずら書き　―の戯れ
瑞西《スイス》 永世中立国の―　アルプスと観光の国―
水生《すいせい》 ―植物　―のシダ類
水生《すいせい》 「水棲」とも。―動物　―のバクテリア
水性《すいせい》 ―ペイント　―塗料　―ガス
水星《すいせい》 太陽系第一番めの惑星。
彗星《すいせい》 ほうきぼし。―のように現われる

衰勢《すいせい》 ―を盛り返す　―はいかんともしがたい
酔生夢死《すいせいむし》 ―の一生
水仙《すいせん》 早春に咲く―の花　黄―　らっぱ―
水洗《すいせん》 ―の便所　車を―する
垂線《すいせん》 三角形の頂点から―を降ろす　―の足
推薦《すいせん》 議長に―する　党―の候補　―状
垂涎《すいぜん》 よだれをたらす。―の的の珍品
水素《すいそ》 元素の一。―化合物　―ガス　―ボンベ
水葬《すいそう》 死体を水中に葬る。―に付する　―の礼
水槽《すいそう》 タンク。―の水を替える　―を満たす
吹奏《すいそう》 トランペットを―する　―楽団　―楽
膵臓《すいぞう》 ―炎　―ホルモン
随想《ずいそう》 ―をまとめる　―録　政界―
推測《すいそく》 相手の心中を―する　まだ―の域を出ない

水族館《すいぞくかん》 遊園地の— —の魚(さかな)
衰退《すいたい》 「衰頽」とも。勢力が—する —期
推戴《すいたい》 会長に—する —式
酔態《すいたい》 酔っ払いの醜い— 白昼—をさらす
瑞兆《ずいちょう》 めでたいしるし。—を見て喜ぶ
垂直《すいちょく》 —に上昇する —線 —分布
吸付《すいつ》く 磁石に—鉄片 乳ぶさに—赤ん坊
推定《すいてい》 観客は三万人と—される —価額
水滴《すいてき》 —がしたたり落ちる 窓に—が付く
水天彷彿《すいてんほうふつ》 —青一髪
水筒《すいとう》 —を持って遠足に行く —に水を入れる
水痘《すいとう》 みずぼうそう。小児に多い急性伝染病。
水稲《すいとう》 水田に作る稲。—を作る —と陸稲
出納《すいとう》 現金の— 銀行の—係 金銭—簿

水道《すいどう》 —の水 —を布設する 上— 下—
隧道《ずいどう》 「すいどう」とも。トンネル。—工事
水団《すいとん》 小麦粉だんごを煮た食品。
水難《すいなん》 —を避ける —救助 —の相がある
吸飲《すいのみ》 病人が水を—で飲む
水爆《すいばく》 水素爆弾。—の実験 —を保有する国
垂範《すいはん》 先生が率先—してみせる
炊飯《すいはん》 まきで—する ガス—器
水盤《すいばん》 —に花を生ける
推輓《すいばん》 「推挽」とも。推薦。委員長に—される
随伴《ずいはん》 社長に—する 護衛を—する
衰微《すいび》 国家が—する 工業力の—
随筆《ずいひつ》 —を書く —をまとめる —集
随分《ずいぶん》 —寒いね —ひどい人だ —努力したが

水平《すいへい》 —に保つ —線 —分布 —飛行
水泡《すいほう》 これまでの苦心が—に帰した
水疱《すいほう》 みずぶくれ。皮膚に—ができた
水防《すいぼう》 台風シーズンに備えて—訓練を行なう
衰亡《すいぼう》 勢力が—する 民族の—
水墨画《すいぼくが》 すみえ。山水の—
睡魔《すいま》 眠け。—に襲われる
水蜜桃《すいみつとう》 甘い— 水分の多い—
水脈《すいみゃく》 —を掘り当てて井戸を掘る
睡眠《すいみん》 —を十分に取る —不足 —薬
螟虫《ずいむし》 「めいちゅう」とも。稲の害虫の—
衰滅《すいめつ》 —にひんしている野生の象
吸物《すいもの》 —のお椀(わん) —付の食事
水浴《すいよく》 川で—する —をするヒンズー教徒

水雷《すいらい》 魚雷・機雷・爆雷など。—艇
水利《すいり》 —の便を図る —権を主張する —組合
推理《すいり》 殺人事件を—する —小説
推量《すいりょう》 相手の胸中を—する 当て—
水冷《すいれい》 —式のエンジン —と空冷
水練《すいれん》 水泳の術。—の達人 畳の上の—
睡蓮《すいれん》 ひつじぐさ。池に浮かぶ—の花
水路《すいろ》 —を開く —を利用する —式発電所
推論《すいろん》 根拠のある— —式 かってに—する
数《すう》 —を数える —に限りがある 合計の—
吸《す》う 息を— 紙がインキを— 水を—
瑞典《スウェーデン》 北欧の王国。—映画 —リレー
数学《すうがく》 —は苦手だ —の授業 —的才能
枢機《すうき》 計画決定の—に携わる —卿(きょう)

数奇《すうき》 「さっき」とも。—な運命 —な一生
崇敬《すうけい》 神を—する 恩師に—の念をいだく
崇高《すうこう》 —な精神 —な人格の持主
数次《すうじ》 —に及ぶ攻撃 —にわたる交渉
枢軸《すうじく》 政界の—的存在 —国
趨勢《すうせい》 世界の— 社会の—に従う
図体《ずうたい》 —が大きい 大きな—を持て余す
崇拝《すうはい》 偉人を—する 神仏—の思想
枢密《すうみつ》 重要な機密。—顧問 —院
枢要《すうよう》 政界の—な地位にある人
数理《すうり》 —に詳しい 統計—的な頭
数量《すうりょう》 おびただしい— —を誇る —景気
末《すえ》 世も—だ —の娘 —っ子
据置《すえおき》 —期間 —貯金 給料—

据膳《すえぜん》 —食わぬは男の恥 揚げ膳—
末広《すえひろ》 末広がり。扇子(せんす)。
据《す》える 機械を— 腰を— 灸(きゅう)を—
饐《す》える 飯が—
周防《すおう》 旧国名、山口県の南半部。—灘(なだ)
素踊《すおどり》 芸者の—
図画《ずが》 —の手本 —の先生
図解《ずかい》 人体内部を—する —式 —の説明
頭蓋骨《ずがいこつ》 —にひびが入(はい)る
素顔《すがお》 —の美しい女 —を見せる 日本の—
透し彫《すかしぼり》 —の欄間
賺《すか》す 泣く子を— なだめ— 相手を—
姿《すがた》 横から見た— —を現わす 山の—
眇《すがめ》 斜視。—でにらむ

図柄《ずがら》 ポスターの— —を考える
縋《すが》る こどもが母親に— 先輩の力に—
図鑑《ずかん》 植物—で草の名を調べる 鳥類—
頭寒足熱《ずかんそくねつ》
素寒貧《すかんぴん》 一文なし。—になる
好《す》き 釣(つり)が— —な人 —にしなさい 大—
数寄《すき》 —を凝らす —を学ぶ —者
隙《すき》 油断も—もならない —をねらう 手の—
鋤《すき》 —で土を掘り起こす —や鍬(くわ)
透写《すきうつ》し 薄紙を当てて写す。—で書く
梳毛《すきげ》 髪形を整えるための入れ毛。
透通《すきとお》る ガラスが— 水が— —ような声
杉菜《すぎな》 土筆(つくし)だれの子—の子 —が芽を出す
空腹《すきはら》 —をかかえて歩く —にまずいものなし

隙間《すきま》 戸の— —がない —を埋める —風
数寄屋《すきや》 —造り —げた
鋤焼《すきやき》 —に舌鼓を打つ —なべ
過《す》ぎる 横浜を—ころ 夏が— 遊びが—
頭巾《ずきん》 大黒— 赤— —と見せてほおかぶり
好《す》く 相手を— 好いた仲
透《す》く すきとおる。水の底まで透いて見える
隙《す》く 間が— 枝が—
空《す》く 腹が— 電車が— 手が—
結《す》く 網を—
漉《す》く 「抄く」とも。紙を— 海苔(のり)を—
梳《す》く 髪を— 櫛(くし)で—
鋤《す》く 畑を— 土を—
直《す》ぐ —に行く —そこだ もう—です

救《すく》う 助ける。難民を— 命を—
掬《すく》う 手で。水を— 足を—
抄《すく》う 道具で。さじで— スプーンで—
巣《す》くう 木に—小鳥 暗黒街に—ギャング
少《すく》ない 人数が— 分量が— 被害が—
竦《すく》む 足が— 立ち—
択《すぐ》る 精鋭を— 選(よ)り—
勝《すぐ》れる 「優れる」とも。学力が— 体力に—
助《すけ》 —に出る —を頼む 承知の—
図形《ずけい》 幾何の— 平面— —を描く
菅笠《すげがさ》 —をかぶる —踊り
助太刀《すけだち》 けんかの— —をする
助っ人《すけっと》 加勢。手伝い。—に行く
素気《すげ》ない —態度をする —返事

助平《すけべい》 「助兵衛」とも。あいつは—だ —根性
透《す》ける 透けて見える下着
箝《す》げる 鼻緒を— 人形の首を—
凄《すご》い —顔でおこる —風が吹く —美人
過《す》ごす 月日を— 度を— 寝—
頗《すこぶ》る —美しい —迷惑だ —付きの美人
凄味《すごみ》 —をきかす ちっとも—が出ない
巣籠《すごもり》 鶴(つる)の— —の時期になる
健《すこ》やか —に育つ —な精神
双六《すごろく》 正月に—をして遊ぶ 道中—
荒《すさ》ぶ 気持が— 荒んだ生活 風が吹き—
凄《すさま》じい —勢い —けんまく 売行きが—
杜撰《ずさん》 —な調査 計画が—である
鮨《すし》 「寿司・鮓」とも。握り— 押し—

筋《すじ》 ―を付ける　話の―　その―の人　手の―
図示《ずし》 構造を―する　―して説明する
厨子《ずし》 仏像を安置する両開きひつ。　玉虫の―
筋交《すじかい》 ―を入れる　―に線を引く
筋書《すじがき》 芝居の―　―どおりに運ぶ
筋金《すじがね》 ―入りの党員
筋違《すじちが》い ―のことを言ってくる　―の要求
鮨詰《すしづめ》 ―の教室　電車に―になる
筋道《すじみち》 ―を踏む　―の立った話　―をたがえる
筋向《すじむこ》う ―のたばこ屋　―に見える家
素性《すじょう》 「素姓」とも。　―のよい人　―がわからぬ
煤《すす》 煙突の―　天井の―　―払い
鈴《すず》 ―を振る　―を鳴らす　―のような目
錫《すず》 元素の一。銅と―の合金　―の食器

数珠《ずず》 「じゅず」とも。　―玉　―つなぎ
鈴懸《すずかけ》 プラタナス。　―の木　―並木
涼風《すずかぜ》 ―が立つ　―が吹く
薄《すすき》 「芒」とも。　―の穂　―の原　枯れ―
鱸《すずき》 セイゴ・フッコ・―と名の変わる出世魚
濯《すす》ぐ 洗濯物（せんたくもの）を―　足を―
漱《すす》ぐ 口を―
雪《すす》ぐ 恥を―　汚名を―
蘿蔔《すずしろ》 大根の異名。　春の七草の一。
菘《すずな》 蕪（かぶ）の異名。　春の七草の一。
鈴生《すずなり》 柿（かき）の実が―になる　満員―の状態
煤掃《すすはき》 煤払い。　歳末の―を手伝う
進《すす》む 前へ―　学力が―　食が―　一日三分―
涼《すず》む 一ふろ浴びて庭で―　木陰で―

雀《すずめ》 ―百まで踊り忘れず　―の涙　舌切り―
進《すす》める 針を―　交渉を―
勧《すす》める 入会を―　進学を―　貯金を―
勧《すす》める 「奨める」とも。　奨励。発明を―
薦《すす》める 優秀な人物を会社に―　良書を―
鈴蘭《すずらん》 北海道の―　―の花咲くころ
硯《すずり》 ―と墨　筆と―　―石　―箱
啜《すす》る 粥（かゆ）を―　甘酒を―　はなを―
裾《すそ》 ―が乱れる　短いスカートの―　山の―
裾野《すその》 富士山の―　―が広がる
裾分《すそわ》け いなかから送ってきた物をお―する
集《すだ》く 草むらに―虫
頭陀袋《ずだぶくろ》 ―に入れる　―をさげる
簾《すだれ》 竹の―　縁先に―を掛ける

廃《すた》れる 和服が―　ミニスカートが―
宛《ずつ》 一枚―配る　少し―話す
頭痛《ずつう》 ―が治まる　成績の悪いのが―の種
頭突《ずつき》 ―をくらわす
酸《す》っぱい お酢は―　―蜜柑（みかん）
素《す》っ裸《ぱだか》 ―になって水を浴びる　―で寝る
素《す》っ破《ぱ》抜《ぬ》く 裏話を―
鼈《すっぽん》 亀（かめ）に似ている―　―料理　月と―
素手《すで》 ―で立ち向かう　―で戦う
素敵《すてき》 「素的」とも。　―な帽子　まあ―　―な人
捨子《すてご》 「棄子」とも。　拾われた―
捨台詞《すてぜりふ》 ―を残して去る
既《すで》に 「已に」とも。　―発表したとおり　―九時
捨値《すてね》 ―で売る　―同様の安値

捨鉢《すてばち》 しかられて―になる　―な調子　―な気分
捨身《すてみ》 ―で掛かる　―の戦法　―のわざ
捨《す》てる 命を―　世を―　家を―　名誉を―
捨《す》てる 「棄てる」とも。　ごみを―　焼き―
素通《すどお》し 「素透し」とも。　―のガラス
素通《すどお》り 家の前を―する　―の客
素泊《すどま》り 食事なしの宿泊。　―の客　―の旅館
砂《すな》 川の―　―浜　―場　―をかむような味
素直《すなお》 ―な文　―な性質　―に働く
漁《すなどり》 魚を取る。りょう。　―舟
砂埃《すなぼこり》 ―を上げる　―が立つ
即《すなわ》ち とりもなおさず。われは―人なり
則《すなわ》ち そうなれば。　戦えば―勝つ
乃《すなわ》ち そこで。　春来たり―桜咲く

脛《すね》 ―に傷を持つ ―をかじる 向こう―
拗《す》ねる 買わないと― ふくれて― 世を―
頭脳《ずのう》 ―明晰《めいせき》な人 ―を働かす 鋭い―
簀子《すのこ》 流しの― ―を張った縁側
巣箱《すばこ》 ―にえさを入れる ―を取り付ける
素肌《すはだ》 ―に着る ―に感じる ―の美しい人
素早《すばや》い ―走り方 ―逃げ足 ―判断
素晴《すば》らしい ―ながめだ ―計画
図版《ずはん》 ―で示す 別添《べってん》の―を参照のこと
図表《ずひょう》 グラフ。―に示す ―で説明する
図譜《ずふ》 図解の本。貝類― 植物―で調べる
術《すべ》 逃げ出す―もない 救う―がない
西班牙《スペイン》 情熱の国― ―の闘牛
須《すべから》く 学生は―勉強すべきである

総《すべ》て 「凡て・全て」とも。平和は人類―の願い
統《す》べる 国を― 指揮下の部隊を―
滑《すべ》る スキーで― 雪の上を―
辷《すべ》る 足が― 手が― 口が― 試験に―
図星《ずぼし》 ―をさされる それは―だ
窄《すぼ》む 勢いが― 花が― 肩が窄んでいる
住《す》まう 郊外に― 大きな屋敷に―
澄《す》ます 濁った水を― 耳を― 心を―
炭《すみ》 ―を焼く ―俵 ―をつぐ 堅―
墨《すみ》 ―をする ―で塗る 烏賊《いか》の―
隅《すみ》 「角」とも。部屋《へや》の― ―に置けない人
墨絵《すみえ》 水墨画。―をかく ―で見るような山
住処《すみか》 仮の―と定める 愛の―
棲処《すみか》 森を―とする狐《きつね》 盗賊の―

墨染《すみぞめ》の衣《ころも》 お坊さんの―
速《すみ》やか ―に退去せよ ―に出頭すること
菫《すみれ》 ―草 三色― ―色
住《す》む 都会に―人 山奥に―人 ―場所が狭い
棲《す》む 「栖む」とも。森の奥に―鳥 山に―獣
済《す》む 講習が― 気が― 金で―ことなら
澄《す》む 池の水が― 目が― 空が― 声が―
図面《ずめん》 ―を引く 設計の― 家の―
相撲《すもう》 「角力」とも。―を取る 大― ひとり―
李《すもも》 白い―の花が咲く ―の実
素焼《すやき》 ―の土鍋《どなべ》 ―の杯
掏摸《すり》 ―を捕える ―の親分 前科のある―
擂餌《すりえ》 鶯《うぐいす》の― 目白は―で飼う
磨硝子《すりガラス》 曇りガラス。―の窓

擂鉢《すりばち》 ―とすりこ木 ―でする
刷《す》る 年賀状を― 試験問題を― 名刺を―
摺《す》る 墨を― 版画を― 手を―
擂《す》る みそを―
擦《す》る 「摩る」とも。やすりで― 株で財産を―
剃《す》る そる。ひげを― 毛を―
掏《す》る 財布《さいふ》を掏られた 電車の中で―
狡《ずる》い 「猾い」とも。―ことをする ―やつだ
駿河《するが》 旧国名、静岡県中央部。―湾
鋭《するど》い ―刃物 ―目つき ―攻撃 観察が―
鯣《するめ》 ―烏賊《いか》 ―の足
杜漏《ずろう》 ―な計画
座《すわ》る いすに― 席に― 地位に―
据《す》わる 動かない。度胸が― 目が―

寸《すん》 ―が足りない ―が詰まる ―が伸びる
寸暇《すんか》 ―を惜しんで勉強する ―を盗んで学ぶ
寸劇《すんげき》 余興に―をやる
寸毫《すんごう》 ―も違わない ―も疑わない
寸刻《すんこく》 ―も猶予しない
寸志《すんし》 ほんの―です ―を表わした品
寸時《すんじ》 ―も忘れない
寸前《すんぜん》 ゴール―で倒れた 締切り―に提出する
寸断《すんだん》 大水で堤防が―された ―された鉄道
寸詰《すんづま》り ―の品物 ―の洋服
寸鉄《すんてつ》 ―人を刺すことば ―人を殺す金言
寸評《すんぴょう》 人物―を執筆する 雑誌の―欄
寸分《すんぶん》 実物と―違わない ―の差もない
寸法《すんぽう》 ―を測る あとで飲もうという―さ

せ

背《せ》 —が低い —を向ける 山の— —番号
畝《せ》 昔の面積の単位。三十坪。約一アール。
瀬《せ》 浅い— —と淵(ふち) 立つ—がない
是《ぜ》 …を—とする —が非でも
正《せい》 —と邪 —と負 —と副
生《せい》 この世に—を受ける —と死
性《せい》 人の—は善である —に目ざめる
姓《せい》 —と名 —を名のる —を冒す
精《せい》 —が出る —を出す 森の— 光の—
背《せい》 —が高い —を比べる —が伸びる
所《せ》為《い》 人の—にする 年の—か 寒さの—です
税《ぜい》 —を納める 地方— 間接— 所得—

贅《ぜい》 酒食の—を尽くす
性《せい》愛《あい》 男女の—を描く —の技法
制《せい》圧《あつ》 敵を—する 機動隊に—された暴徒
征《せい》圧《あつ》 癌(がん)を—する
成《せい》案《あん》 —を得る —となる —がある
誠《せい》意《い》 —を尽くす —を示す 誠心— —の人
勢《せい》威《い》 大将軍の— —が揚がる —を誇る
聖《せい》域《いき》 —に立ち入る —を汚す —を爆撃する
成《せい》育《いく》 こどもの—が楽しみです
生《せい》育《いく》 苗の—が遅れる 稲が—する —期
精《せい》一《いっ》杯《ぱい》 —努力する —の抵抗
成《せい》因《いん》 成り立った原因。湖の—を調べる
成《せい》員《いん》 団体を構成する人員。メンバー。
晴《せい》雨《う》 —兼用の傘(かさ) —にかかわらず —計

海《せい》象《うち》 「海馬」とも。北洋にすむ— —狩り
星《せい》雲《うん》 雲のように見える天体。アンドロメダ—
青《せい》雲《うん》 出世。—の志を果たす —の士
清《せい》栄《えい》 ますますご—のことと存じます
精《せい》鋭《えい》 —をすぐって出撃する —部隊
声《せい》援《えん》 応援団が選手に—を送る
凄《せい》艶《えん》 —な美人 彼女は—な感じがする
盛《せい》宴《えん》 —を張る 大臣就任祝賀の—
西《せい》欧《おう》 —の文化 —文明 —の諸国
聖《せい》恩《おん》 天子の恩。—に感泣する —民草に及ぶ
静《せい》穏《おん》 —な社会 町は—を保っている
生《せい》花《か》 霊前に—を供える —を習う —の師匠
生《せい》家《か》 ここが伊藤博文の—です 彼女の—
生《せい》果《か》 生(なま)のくだもの。霊前に—を供える

青《せい》果《か》 野菜とくだもの。—市場 —物
正《せい》価《か》 —で販売する —を維持する 現金—
正《せい》貨《か》 本位貨幣。—準備 —を現送する
正《せい》課《か》 正規の課程。柔道を—に取り入れる
成《せい》果《か》 よい—を期待する りっぱな—を上げる
声《せい》価《か》 —を高める —を問う —を維持する
精《せい》華《か》 国体の— 芸術の—を示す
請《せい》暇《か》 —を取って帰省する —届を出す
盛《せい》夏《か》 —の候お変りありませんか
聖《せい》火《か》 —リレー —を運ぶ 赤々と燃える—
聖《せい》歌《か》 —を合唱する —隊
正《せい》解《かい》 入試問題の— —を発表する —者
精《せい》解《かい》 詳しい解釈。源氏物語—
政《せい》界《かい》 —に活躍する —を浄化する —の黒幕

盛《せい》会《かい》 本大会はきわめて—だった —裏に終了
制《せい》海《かい》権《けん》 —を握る —と制空権
生《せい》化《か》学《がく》 生命現象の化学的研究。
正《せい》確《かく》 「精確」とも。—な計算 —に発音する
正《せい》格《かく》 正しい規則。—活用 —と変格
性《せい》格《かく》 激しい—の人 —が合わない —俳優
政《せい》客《かく》 政治家。—が出入りする —気取りの男
声《せい》楽《がく》 —を習う —家
税《ぜい》額《がく》 —の計算 —を決定する
臍《せい》下《か》丹《たん》田《でん》 へその下。
生《せい》活《かつ》 毎日の—に追われる 家庭— —保護法
生《せい》還《かん》 戦場から無事—する —は期しがたい
盛《せい》観《かん》 —を呈する 万国博覧会場の—
静《せい》観《かん》 事態を—する 目下—中です

静閑《せいかん》 「清閑」とも。—な土地 —な生活
精悍《せいかん》 —な顔つきの兵士 —な行動
正眼《せいがん》 「青眼・星眼」とも。—に構える
晴眼《せいがん》 —者が付き添う
請願《せいがん》 国会に—する —権 —行動 —紹介議員
誓願《せいがん》 氏神さまに—を立てる —力
税関《ぜいかん》 —の検査を受ける 国境の— —の役人
世紀《せいき》 二十一— —の英雄 —の大事業 —末
正規《せいき》 正式。—の学校 —のコース —軍
成規《せいき》 所定。—の手続を踏む —の用紙
生気《せいき》 —にあふれる —を回復する
正気《せいき》 天地に—あり —の歌
精気《せいき》 万物の— —を集中する
性器《せいき》 生殖器。男女の—

正義《せいぎ》 —を守る —の戦い —の士 社会—
盛儀《せいぎ》 結婚披露(ひろう)の— まれに見る—だった
精義《せいぎ》 詳しい解説。憲法— 源氏物語—
性急《せいきゅう》 —に結論を求める —な人
請求《せいきゅう》 代金を—する 損害賠償の— —書
逝去《せいきょ》 ご—をいたむ 先生は昨年—されました
制御《せいぎょ》 「制禦・制馭」とも。天下を—する —装置
盛況《せいきょう》 事業は—を呈する 展示会は—だった
精強《せいきょう》 —を誇るアメリカ空軍 —な部隊
生業《せいぎょう》 行商を—とする —に励む
正業《せいぎょう》 —に戻(もど)る —につく
清教徒《せいきょうと》 ピューリタン。
政局《せいきょく》 —を担当する 不安定な—
精勤《せいきん》 十五か年—する —者の表彰 —賞

税金《ぜいきん》 —を納める —が高い
成句《せいく》 「さじを投げる」「時は金なり」の類。
制空権《せいくうけん》 —を握る —と制海権
背比べ《せいくらべ》 友だちと—をする どんぐりの—
請訓《せいくん》 大使が本国に—する —と回訓
生計《せいけい》 —費 —を立てる —を助ける
成型《せいけい》 プラスチックの— —加工
成形《せいけい》 陶器の— 呼吸器の—手術
整形《せいけい》 —外科 顔の—手術を受ける 美容—
清潔《せいけつ》 身体を—にする —な政治
政見《せいけん》 わが党の—を示す —発表演説会
政権《せいけん》 —を獲得する —の座に着く —欲
聖賢《せいけん》 古今東西の— —の教え —の道を学ぶ
制限《せいげん》 時間を—する 入場人員に—を加える

贅言《ぜいげん》 むだなことば。説明には—を要しない
正誤《せいご》 巻末に—表を付ける
成語《せいご》 「天は人の上に人を作らず」の類。
生硬《せいこう》 —な態度 この文は—なところがある
精巧《せいこう》 —に描いた絵 —な機械 —な織物
成功《せいこう》 —と失敗 —を祈る 実験は—した 大—
性向《せいこう》 疑い深い— 景気の—を観察する
性行《せいこう》 生徒の—を観察する —不良者
性交《せいこう》 男女の— —の体位
政綱《せいこう》 党の—を発表する 社会主義の—
晴耕雨読《せいこううどく》 —の生活
正攻法《せいこうほう》 奇策を用いず—で行く
正鵠《せいこく》 要点。彼の言は—を得ている
成婚《せいこん》 皇太子のご—を祝う

精根《せいこん》 根気。—が尽きる —を使い果たす
精魂《せいこん》 精神。—を傾けて戦う —を尽くす
精査《せいさ》 現地の実情を—する 報告を—する
正座《せいざ》 上座。—に着く
正座《せいざ》 「正坐」とも。—していて足がしびれた
静座《せいざ》 「静坐」とも。食後しばらく—する —法
星座《せいざ》 夜空に輝く— 初夏の— —早見
制裁《せいさい》 規則違反者に—を加える 鉄拳(てっけん)—
精彩《せいさい》 「生彩」とも。作品が—を放つ —を欠く
精細《せいさい》 —な調査 —に描写する
製材《せいざい》 山から切り出してきた木を—する —所
政策《せいさく》 わが党の— —を発表する —研究会
製作《せいさく》 家具を—する 工作機械を—する
制作《せいさく》 芸術作品。—に没頭する 絵画を—する

制札《せいさつ》 「立入禁止」の—を立てる
生殺与奪《せいさつよだつ》 —の権
生産《せいさん》 大量に—する —過剰 —管理
成算《せいさん》 本年中に完成させる—がある
精算《せいさん》 運賃を—する 駅の—所 概算と—
清算《せいさん》 借金を—する —取引 邪恋を—する
悽惨《せいさん》 「凄惨」とも。—な状況の事故現場
青山《せいざん》 青い山。墓地。人間至るところ—あり
生死《せいし》 —の境をさまよう —不明
世子《せいし》 「世嗣」とも。世継ぎ。—が成年に達する
正史《せいし》 正しい歴史。—を編む
青史《せいし》 歴史書。—に名をとどめる
正視《せいし》 気の毒で—できない —するに忍びない
制止《せいし》 係員の—を振り切る けんかを—する

静止《せいし》 —の状態にある —している物体
静思《せいし》 しばらくは無言で—する
誓詞《せいし》 新郎新婦が—を朗読する
整枝《せいし》 果樹を刈り込んで—する
青磁《せいじ》 青緑色の磁器。—の花瓶(かびん)
政治《せいじ》 明るい— —家 民主—
政治《せいじ》 「政事」とも。—結社
盛事《せいじ》 まれに見る— —を祝う
盛時《せいじ》 —の活動を顧みる
正式《せいしき》 —に決定する —な契約 —発表
制式《せいしき》 型式。航空機の— 兵器の— —戦闘機
性質《せいしつ》 親子でも—が違う 楽天的な— 鉄の—
誠実《せいじつ》 —な人柄 人は—でなければならぬ
正邪《せいじゃ》 正しいこととよこしまなこと。—曲直

聖者《せいじゃ》 聖人。—として尊敬された人
静寂《せいじゃく》 —な夜 —な山中 —さを加える
脆弱《ぜいじゃく》 弱い。—な論拠 —な構造
清酒《せいしゅ》 —一本を贈る —と濁酒
聖寿《せいじゅ》 天子の寿命。—万歳を唱える
静粛《せいしゅく》 図書室では—にせよ —な式場
成熟《せいじゅく》 実が—する —した心身
青春《せいしゅん》 —を楽しむ わが—に悔いなし
清純《せいじゅん》 —な気持 —なひとみ —な少女
清書《せいしょ》 下書きを—する つつしんで—する
聖書《せいしょ》 バイブル。—を読む 新約—と旧約—
斉唱《せいしょう》 君が代を—する 校歌—
清祥《せいしょう》 「清勝」とも。ご—のことと存じます
正常《せいじょう》 —と異常 —な精神 —に復する

性情《せいじょう》 「性状」とも。優しい— —の考察
清浄《せいじょう》 —な空気 —栽培 —野菜
政情《せいじょう》 —が安定しない 不安な—
星条旗《せいじょうき》 米国の国旗。
生色《せいしょく》 —を失う —を取り戻(もど)す
生殖《せいしょく》 —作用 無性— —器 —機能
聖職《せいしょく》 教師や看護婦は—といわれた —者
星辰《せいしん》 日月—をかたどって文字を作る
清新《せいしん》 —の気があふれる —な気風 —な人事
精神《せいしん》 —と肉体 —年齢 —衛生 憲法の—
成人《せいじん》 りっぱに—する —病 —の日 —教育
聖人《せいじん》 —の教え —君子 —に列せられる
誠心誠意《せいしんせいい》 —尽くす
製図《せいず》 試作品を—する —器械 —板

盛衰《せいすい》 栄枯—は世の習い 国家の—
精粋《せいすい》 古文の—を集める 研究の—をまとめる
精髄《せいずい》 学問の—を研究する 民主主義の—
整数《せいすう》 正の— 負の— —倍
制《せい》する 機先を— 過半数を— 暴挙を—
製《せい》する わが社の—ところの品々
生々《せいせい》 —流転(るてん)の姿 —発展
清々《せいせい》 終わって—する ああ—した
生成《せいせい》 万物の—する姿
精製《せいせい》 石油を—する —糖 —品
精々《せいぜい》 —勉強してください —五分もあればよい
税制《ぜいせい》 —を確立する —の改革
正々堂々《せいせいどうどう》 —と戦う
成績《せいせき》 —が振るわない 良好な— 抜群の—

聖跡《せいせき》 「聖蹟」とも。行幸の—を保存する

凄絶《せいぜつ》 「悽絶」とも。—な血闘を繰り広げる

生鮮《せいせん》 —な肉や野菜 —食料品

精選《せいせん》 —した品 問題を—する

生前《せいぜん》 —の業績 故人—はお世話になりました

西漸《せいぜん》 しだいに西に進む。東方文明の— —説

整然《せいぜん》 生徒が—と整列する —たる行進

清素《せいそ》 「清楚」とも。—な姿 —な少女 —な服装

精粗《せいそ》 —を比較する —の選別をする

正装《せいそう》 —して式に参列する 陸軍大将の—

盛装《せいそう》 姉は—して外出した —の令嬢

政争《せいそう》 醜い—を繰り返す —に巻き込まれる

星霜《せいそう》 歳月。あれから三十年の—を経た 幾—

清掃《せいそう》 街路を—する —車 —当番

悽愴《せいそう》 —な事件現場 —な場面

製造《せいぞう》 食料品を—する 家具—業 —原価

成層圏《せいそうけん》 —を飛ぶ —の気象

生息《せいそく》 この地方に—する植物 毬藻(まりも)の—地

生息《せいそく》 「棲息・栖息」とも。北洋に—する動物

勢揃《せいぞろ》い 全員校庭に—する —してから出発

生存《せいぞん》 奥地に—する —者の救助 —競争

生体《せいたい》 —を解剖する —実験

生態《せいたい》 野鳥の— 熱帯魚の—を観察する

声帯《せいたい》 —を震わす —模写

臍帯《せいたい》 へその緒。

盛大《せいだい》 —な儀式 —に執り行なう

請託《せいたく》 情実による頼み。認可の—を受ける

清濁《せいだく》 —あわせのむ人物 音の—による分類

贅沢《ぜいたく》 —な暮しをする —三昧(ざんまい) —な食事

精出《せいだ》す 勉強に— 家業に— —父

生誕《せいたん》 キリストの— —百年記念

政談《せいだん》 政治についての話。—演説

聖誕祭《せいたんさい》 クリスマス。

聖地《せいち》 神仏に関係ある神聖な地。—を巡拝する

整地《せいち》 分譲地の—をする —してから種をまく

精緻《せいち》 —な細工(さいく)の家具 —な図案

筮竹《ぜいちく》 易に用いる竹棒。—で占う

成虫《せいちゅう》 幼虫・さなぎを経て—となる

掣肘《せいちゅう》 —を加える —を受ける

正調《せいちょう》 —黒田節 —追分節

成長《せいちょう》 こどもが—する 経済の— —株

生長《せいちょう》 植物の— —の家

性徴《せいちょう》 男女の—が現われる年齢 第二次—

声調《せいちょう》 —を整える 美しい—で歌う

整調《せいちょう》 —に努力する ボートの—

整腸《せいちょう》 —のための薬を飲む —剤

清澄《せいちょう》 —な空気 —な気分 —な名月

清聴《せいちょう》 「静聴」とも。ご—を感謝いたします

精通《せいつう》 音楽に—する 政界の事情に—する

制定《せいてい》 憲法を—する 条例の—を急ぐ

盛典《せいてん》 盛大な儀式。盛儀。即位の—

聖典《せいてん》 神聖な教義の本。仏教の—

晴天《せいてん》 本日は—なり —が続く

青天《せいてん》の霹靂《へきれき》

青天白日《せいてんはくじつ》 —の身

制度《せいど》 試験—を改める 封建—

精度《せいど》 正確度。—の高い機械 爆撃の—

正当《せいとう》 —な行為 —な理由 —防衛

正統《せいとう》 —を継ぐ —を主張する —派

政党《せいとう》 保守— 革新— —政治 —内閣

製糖《せいとう》 砂糖製造。—業の盛んな地方

精糖《せいとう》 精製した砂糖。粗糖と— —工場

制動《せいどう》 ブレーキ。—を掛ける —機 全—

青銅《せいどう》 銅と錫(すず)の合金。—の釣鐘(つりがね) —器

精銅《せいどう》 精練した銅。粗銅と—

盛徳《せいとく》 先生の—をたたえる 故人の—をしのぶ

精読《せいどく》 趣意書を—する —と多読

整頓《せいとん》 書架を—する 整理— 清潔—

精肉《せいにく》 生(なま)の肉。新しい肉。—店

贅肉《ぜいにく》 運動不足で—が付いた

成年《せいねん》 ―に達する ―式 ―と未―
青年《せいねん》 ―会 ―学校 ―団 ―学級
盛年《せいねん》 働き盛りの年ごろ。―かさねて来たらず
性能《せいのう》 機械の― ―をテストする
制覇《せいは》 全国―を成し遂げる 世界を―する夢
成敗《せいはい》 成功と失敗。事の―は問わない
成敗《せいばい》 処罰。けんか両― ―を受ける
精白《せいはく》 米や麦などを白くする。―米 ―糖
整髪《せいはつ》 出勤前に―する 外国製の―料
征伐《せいばつ》 鬼が島の―に行く 賊を―する
正犯《せいはん》 単独― 共同―
製版《せいはん》 「整版」とも。―して印刷する
成否《せいひ》 ―のかぎを握る ―のほどは保証しない
正否《せいひ》 事の―を明らかにする ―をわきまえる

整備《せいび》 自動車を―する 飛行機の―
静謐《せいひつ》 社会が穏やかであること。静穏。
青票《せいひょう》 「あおひょう」とも。反対票。
性病《せいびょう》 ―にかかる ―の予防
清貧《せいひん》 ―に甘んじる学者 ―の士
清風《せいふう》 政界に―を送る ―明月の夜
征服《せいふく》 自然を―する エベレストを―する
制服《せいふく》 ―制帽で登校する ―を脱ぐ ―の警官
整復《せいふく》 骨折を直す。―術 柔道―師
生物《せいぶつ》 生き物。動物と植物。―学
静物《せいぶつ》 花や野菜などの―を描く ―画
正文《せいぶん》 本文。―を作成する 憲法の―
成文《せいぶん》 規則を―化する ―法
成分《せいぶん》 三つの―に分かれる ―を分析する

精分《せいぶん》 滋養分。―の多い食物 ―を取る
精兵《せいへい》 えりぬきの兵士。―を率いる
性癖《せいへき》 人はそれぞれ違った―を持つ 犬の―
生別《せいべつ》 父母とは五つのとき―したままである
性別《せいべつ》 ―がわからない ―で分ける
政変《せいへん》 ―が起こる 保守党から革新党への―
生母《せいぼ》 ―はわたしを生んで間もなく離縁された
聖母《せいぼ》 キリストの母。―マリアの像
歳暮《せいぼ》 お―の品 お―に伺う ―大売出し
声望《せいぼう》 ―が高まる ―を集める 彼は―がある
制帽《せいぼう》 制服―の姿 ―をきちんとかぶる
清穆《せいぼく》 健康無事。ご―の段お喜び申し上げます
正本《せいほん》 ―と副本 戸籍の― 証書の―
製本《せいほん》 雑誌を―する ―屋 ―業 ―工場

精米《せいまい》 玄米を―する ―店
精密《せいみつ》 ―に調査する ―機械 ―検査
政務《せいむ》 ―多端 ―次官
税務《ぜいむ》 ―に詳しい公認会計士 ―署 ―事務所
生命《せいめい》 ―の危険を感じる ―保険 ―線
声明《せいめい》 ―を発表する ―書 ―文
姓名《せいめい》 ―を名のる ―判断 住所と―をしるす
盛名《せいめい》 「声名」とも。―をはせたときもあった
誓文《せいもん》 五箇条の御― ―をかわす ―払い
聖夜《せいや》 クリスマスイブ。―祭
制約《せいやく》 きびしい―を受ける 天候に―される行動
誓約《せいやく》 ―を守る ―を破る 固く―する ―書
成約《せいやく》 契約成立。―した契約 今月の―高
声優《せいゆう》 音声放送専門の俳優。

清遊《せいゆう》 一夜―する 舟を浮かべて―を試みる
静養《せいよう》 日曜は家で―する 夏は軽井沢で―する
性欲《せいよく》 「性慾」とも。―を刺激する ―を押える
制欲《せいよく》 「制慾」とも。修行中は―する ―主義
生来《せいらい》 ―のなまけ者 ―の病弱
青嵐《せいらん》 「あおあらし」とも。初夏の青葉を吹く―
晴嵐《せいらん》 晴れた日のかすみ。
生理《せいり》 人体の― ―的欲求 ―学 ―休暇
整理《せいり》 本の―をする 人員― 区画―
税吏《ぜいり》 税務を扱う公務員。
成立《せいりつ》 婚約が―する ―した条件 売買の―
税率《ぜいりつ》 高い― ―が下がる
政略《せいりゃく》 ―を巡らす ―に終始する ―結婚
清流《せいりゅう》 山間の― ―に釣糸(つりいと)をたれる

整流《せいりゅう》 —管 —機械 —子電動機
声量《せいりょう》 豊かな— —に恵まれる
清涼《せいりょう》 —の秋 —飲料水 —剤
勢力《せいりょく》 圧倒的な— —を伸ばす —範囲
精力《せいりょく》 —を傾ける —的な活動 —絶倫
声涙《せいるい》 —共に下る演説
政令《せいれい》 —を施行する —に違反する
精励《せいれい》 学問に—する —確勤
西暦《せいれき》 西洋紀元。西紀。—一九七〇年
清冽《せいれつ》 清らかで冷たい。—な流れ —な空気
整列《せいれつ》 運動場に—する —して出発を待つ
清廉《せいれん》 —潔白な人 —の士 —をたっとぶ
製錬《せいれん》 「製練」とも。採掘鉱石を—する —所
精錬《せいれん》 「精練」とも。粗製金属の精製。粗銅の—

精練《せいれん》 繊維の雑物を除く。生糸を—する
晴朗《せいろう》 天気—なれども波高し
蒸籠《せいろう》 —でおこわをふかす まんじゅうを蒸す—
贅六《ぜいろく》 関西の人をあざける語。この—め
世論《せいろん》 —に耳を傾ける —に惑わず
正論《せいろん》 —を吐く 彼の言うのは—には違いない
政論《せいろん》 ラジオで—を戦わす
背負《せお》う 荷物を— 一家を— 責任を—
施餓鬼《せがき》 亡者(もうじゃ)の供養。川—
伜《せがれ》 「悴・倅」とも。うちの—は大学二年です
咳《せき》 —が出る —止めの薬
席《せき》 —に着く —を譲る —を立つ 会議の—
籍《せき》 嫁の—を入れる —を抜く —を置く
責《せき》 —に任じる —を果たす

積《せき》 掛け算の答え。五と六の—を求める
寂《せき》 ひっそり。満場—として声なし
関《せき》 箱根の— 人目の— 逢坂(おうさか)の—
堰《せき》 川に—を築く —を切ったように
積雲《せきうん》 むくむくと盛り上がった—
石英《せきえい》 鉱物の一。—ガラス
赤外線《せきがいせん》 —フィルム —写真
碩学《せきがく》 博学の人。大学者。学界の—
隻眼《せきがん》 片目。—の勇士 —でにらむ
潟湖《せきこ》 砂州で外海から離れた湖水。
咳込《せきこ》む 話の途中で急に— 咳込んで話せない
急込《せきこ》む 急込んで物を言う
積載《せきさい》 —量 鉄材をトラックに—する
積算《せきさん》 経費を—する —電力計

席次《せきじ》 学校の—はあまりよくない 宮中—
昔日《せきじつ》 —の面影はない —の思い出にふける
析出《せきしゅつ》 成分を—する 要素を—する
関所《せきしょ》 入学試験という— —破り
脊髄《せきずい》 脊椎(せきつい)内にある神経中枢。—炎
赤誠《せきせい》 真心。—あふれることば —を吐露する
積雪《せきせつ》 —の多い地方 —量 —寒冷地域
脊柱《せきちゅう》 背中の骨。—が曲がる
脊椎《せきつい》 —動物 —骨 —カリエス
席亭《せきてい》 —で講談会を催す —の主人
赤道《せきどう》 —を越えて南半球へ —直下 —祭
関取《せきとり》 十両以上の力士。
責任《せきにん》 —が軽い —を執る —重大
積年《せきねん》 —の研究ついに完成 —の努力 —の恨み

関《せき》の山《やま》 三十メートル泳ぐのが—だ
惜敗《せきはい》 六対五で—した
寂寞《せきばく》 「じゃくまく」とも。人生の—を感じる
咳払《せきばら》い わざと—する
赤飯《せきはん》 —をたいて祝う —のお握り
石碑《せきひ》 寺内に—を建てる 先祖の—
赤貧《せきひん》 ひどい貧乏。—洗うがごとし
積分《せきぶん》 高等数学の一分科。微分—を習う
積弊《せきへい》 長年の—を一掃する
惜別《せきべつ》 —の情を禁じえない
石墨《せきぼく》 純粋の炭素から成る鉱物。黒鉛。
責務《せきむ》 …を—とする —を果たす 目下の—
赤面《せきめん》 失敗をして—の至り 人の前で—する
石油《せきゆ》 —ストーブ —化学 —ランプ

せ

赤裸々《せきらら》 ありのまま。—に語る
積乱雲《せきらんうん》 入道雲。夏の空の—
赤痢《せきり》 —患者を隔離する —菌 —アメーバ—
席料《せきりょう》 —を取って貸す —が高い
脊梁《せきりょう》 せぼね。—山脈
寂寥《せきりょう》 —たる真夜中 人生の—感を味わう
鶺鴒《せきれい》 水べに多く、長い尾を上下に動かす—
関脇《せきわけ》 小結から—に昇進する 張出(はりだし)—
隻腕《せきわん》 片腕。—の戦傷兵
急《せ》く 気が— 息が— 急いては事を仕損じる
咳《せ》く のどが— 激しく—
塞《せ》く 「堰く」とも。水を— 小川の流れを—
世間《せけん》 渡る—に鬼はない —の口がうるさい
世故《せこ》 —にたけた人

勢子《せこ》 兎(うさぎ)を追う— —の叫び声
施工《せこう》 工事の実施。設計と— —主
施行《せこう》 「しこう」とも。—細則
世事《せじ》 煩わしい— —にうとい —を超越する
世辞《せじ》 お—を言う —で丸めてうわ気でこねて
施主《せしゅ》 主人役。—のあいさつ —になる人
世襲《せしゅう》 家元を—する —の職 —財産 —制度
世上《せじょう》 —のうわさを気にする
世情《せじょう》 —にうとい —を解せぬ人
世人《せじん》 —の声に耳を傾ける —は流行を追う
背筋《せすじ》 —を伸ばす —が寒くなる
是正《ぜせい》 誤りを—する 不均衡を—する
是々非々《ぜぜひひ》 —主義
世相《せそう》 歳末の— 険悪な— —を反映する

世俗《せぞく》 —に従う —におもねる —的な人
世帯《せたい》 —主 所帯(しょたい)。—調査
世態《せたい》 —人情を描く —を写す
世代《せだい》 —が替わる 若い— —が違う
背丈《せたけ》 —が伸びる —を測る —の高い人
世知《せち》 「世智」とも。—にたける —辛い
節《せつ》 —を守る —を曲げる その—はどうも
説《せつ》 某教授の— お—を伺う お—のとおり
設営《せつえい》 宿泊所を—する 宴会場の— —隊
節煙《せつえん》 —して一日五本にしています
絶縁《ぜつえん》 電気の—体 —テープ 彼と—だ —状
赤化《せっか》 共産主義になる。—を防止する —思想
舌禍《ぜっか》 言ったことから起こる災い。—事件
絶佳《ぜっか》 この上なくよい。風景— 風光—の地

石灰《せっかい》 —岩 —窒素 —肥料 生(せい)—
石塊《せっかい》 —が落下してくる —の山
切開《せっかい》 患部を—する —手術 帝王—
節介《せっかい》 余計な—をするな お—な人
殺害《せつがい》 「さつがい」とも。
絶海《ぜっかい》 —の孤島に漂着する
折角《せっかく》 —の好意を無にする —ご養生ください
折檻《せっかん》 —を加える こどもを—する 責め—
石器《せっき》 太古の—が発見された —時代
節季《せっき》 年末。盆暮れの勘定期。—払い
隻脚《せっきゃく》 片足。—で頂上を征服した
接客《せっきゃく》 —の態度がよくない —業
説教《せっきょう》 —する坊さん 先生からお—を食う
絶叫《ぜっきょう》 救いを求め—する 声をかぎりの—

積極《せっきょく》 —と消極 —主義 —財政 —的
接近《せっきん》 台風が—する —戦を繰り返す
隻句《せっく》 一片の文句。片言—もおろそかにしない
節句《せっく》 「節供」とも。桃の— 端午の— —働き
絶句《ぜっく》 あまりの驚きに—する 五言— 七言—
接遇《せつぐう》 来客の— —の態度 —法
石窟《せっくつ》 昔の人の住んでいた—を発見する
設計《せっけい》 改築の—を依頼する —図 客船を—する
雪渓《せっけい》 頂上には—があって夏も寒い
楔形《せっけい》 くさび形。—文字
絶景《ぜっけい》 天下の— —に見とれる
赤血球《せっけっきゅう》 —と白血球 —沈降速度
石鹸《せっけん》 —のあわ 化粧— 洗濯(せんたく)— 粉—
席巻《せっけん》 「席捲」とも。敵国の領土を—する

接見《せっけん》 総理大臣が外国使臣を—する —の間《ま》
節倹《せっけん》 昔の人は—を重んじた —力行の人
雪原《せつげん》 南極大陸の大— —をそりで進む
節減《せつげん》 経費の—を図る 費用を—する
石膏《せっこう》 —で固める —像 —細工《ざいく》
斥候《せっこう》 敵状を探る兵。—を出す 将校—
接合《せつごう》 二つの用材を—する —剤
絶交《ぜっこう》 友人と—する —状を突き付ける
絶好《ぜっこう》 —のチャンス —の投球
接骨《せっこつ》 ほねつぎ。
切磋《せっさ》 学芸をみがく。互いに—琢磨《たくま》する
拙作《せっさく》 —をお目に掛けます —をご批評ください
拙策《せっさく》 味方の—のために貴重な試合を失った
絶賛《ぜっさん》 「絶讃」とも。—を浴びる —を博する

切歯《せっし》 歯ぎしり。—扼腕《やくわん》して悔しがる
摂氏《せっし》 温度目盛りの一種。セ氏。—と華氏
切実《せつじつ》 交通事故の増加は—な問題である
拙者《せっしゃ》 —の考えはこうです —の家
窃取《せっしゅ》 盗む。来客の荷物を—する
摂取《せっしゅ》 吸収。栄養を—する 西欧文明を—する
接種《せっしゅ》 ワクチンを—する 予防—
節酒《せっしゅ》 父は病気後—しています —節煙
接受《せつじゅ》 外国大使を—する 公文書の—
接収《せっしゅう》 軍需工場を—する —が解除される
切除《せつじょ》 肺葉を—する手術
折衝《せっしょう》 相手側と—する 外交—
殺生《せっしょう》 —なことをするな —禁断の地
摂政《せっしょう》 君主に代わって国政を執る人。

絶唱《ぜっしょう》 最もすぐれた詩歌。近来にない—
接触《せっしょく》 電線が—する 車の—事故
雪辱《せつじょく》 恥をすすぐ。第二試合は—した
絶食《ぜっしょく》 腹をこわして—する —療法
節水《せっすい》 水不足のために—ご協力ください
接《せっ》する 客に— 悲報に— 表通りに—土地
絶《ぜっ》する 言語に—する惨状 古今に—成果
節制《せっせい》 —を保つ —に努める
摂生《せっせい》 病人は—が第一です 目下—中 不—
絶世《ぜっせい》 彼女は—の美人です —の実業家
切々《せつせつ》 —たる願い —と胸に迫る —の情
接線《せっせん》 「切線」とも。円に—を引く
接戦《せっせん》 二対一の—を続ける —の結果敗れた
切然《せつぜん》 「截然」とも。—と分かれる

舌戦《ぜっせん》 —を交える —を展開する
節操《せっそう》 —のない政治家 —を守る —を曲げる
拙速《せっそく》 —より巧遅を選ぶ —主義 —で行く
接続《せつぞく》 大阪で特急に—する列車 —詞 —助詞
絶息《ぜっそく》 死ぬ。病院へ運ぶ途中—した
雪駄《せった》 裏に皮を張った竹皮ぞうり。—をはく
接待《せったい》 —係 おとくいを—する
絶対《ぜったい》 —許すことはできない —条件 —反対
舌代《ぜつだい》 「しただい」とも。口上代りの書面。
絶大《ぜつだい》 —なご援助をいただきまして
絶体絶命《ぜったいぜつめい》 —の窮地
切断《せつだん》 「截断」とも。両端を—する —面
舌端《ぜったん》 —火を吐く論戦 鋭い—
設置《せっち》 大学院を—する 委員会を—する

接着《せっちゃく》 二個の材料を—する —剤
折衷《せっちゅう》 「折中」とも。両案を—する 和洋—
絶頂《ぜっちょう》 歓喜は—に達する —を窮める
雪隠《せっちん》 便所。—詰め 長— —大工
摂津《せっつ》 旧国名、大阪府北部と兵庫県南東部。
設定《せってい》 標準を—する 規約を—する
節電《せつでん》 渇水期に—を呼び掛ける
節度《せつど》 —を守る —のある行動 —をたっとぶ
窃盗《せっとう》 —を働く —の常習犯 —罪
説得《せっとく》 親を—する —力のある話し方
刹那《せつな》 一— —主義 —的享楽
切《せつ》に —ご自愛を祈る —お願いします
切迫《せっぱく》 締切り期日が—する —した情勢
切羽《せっぱ》詰《つま》る

折半《せっぱん》　利益を—する　費用は—で行こう
接伴《せっぱん》　客を—する　—役をおおせつかる
絶版《ぜっぱん》　この本は既に—になりました
設備《せつび》　部屋(へや)に書だなを—する　—投資　—費
絶筆《ぜっぴつ》　この手紙が父の—になった　恩師の—
切腹《せっぷく》　墓前で—する　—をおおせつけられる
説伏《せっぷく》　父親に—される　反対派を—する
節分《せつぶん》　立春の前日。　—の夜の豆まき
接吻《せっぷん》　くちづけ。キス。　ほおに—する　甘い—
絶壁《ぜっぺき》　—が海に迫る　断崖(だんがい)—の上に立つ
切望《せつぼう》　ご協力を—します　—されて承諾する
説法《せっぽう》　百日の—屁(へ)一つ　釈迦(しゃか)に—
絶望《ぜつぼう》　将来に—する　再起は—だ　—状態
舌鋒《ぜっぽう》　—鋭く質問する　質問の—をかわす

絶妙《ぜつみょう》　—のコントロール　—な投球
絶無《ぜつむ》　ミスは—とは言えない　—を期する
説明《せつめい》　—をお願いします　司会者が—する
絶命《ぜつめい》　苦しみながら—した　—の辞
絶滅《ぜつめつ》　敵を—する　犯罪の—　—にひんする
設問《せつもん》　—に答える
節約《せつやく》　経費を—する　水を—して使う
説諭《せつゆ》　非行少年を—する　警官に—される
摂理《せつり》　神の—に従う
設立《せつりつ》　会社を—する　公民館の—　—の趣旨
絶倫《ぜつりん》　精力—の働きぶり　勇気—
拙劣《せつれつ》　—なプレー　手段が—である
説話《せつわ》　「今昔物語」などの—集　—物語　—文学
瀬戸《せと》　明石(あかし)の—　—物　—焼

背戸《せど》　—から入(はい)ってくる　—に人声がする
瀬戸際《せとぎわ》　—に立つ　—政策
背中《せなか》　—がかゆい　—に負う　—合せ
銭《ぜに》　安物買いの—失い　—入れ　—を投げる
是認《ぜにん》　組合の申出を—する　言い分を—する
背伸び《せのび》　—しても届かない　—してやってみる
施肥《せひ》　畑に—する　—の量と時期
是非《ぜひ》　事の—を論じる　—もない　—とも来い
世評《せひょう》　—を気にする　—がよくない
背広《せびろ》　新調の—を着る　—の三つぞろい
瀬踏《せぶみ》　交渉の—をする　値段を—する
背骨《せぼね》　—が曲がっている　—の通っている人
狭い《せまい》　—道　度量が—　—意味　—了見
迫る《せまる》　試験が—　息が—　返答を—

蟬《せみ》　みんみん—　—の抜け殻(がら)　—しぐれ
傴僂《せむし》　「佝僂」とも。
責め《せめ》　失敗の—を負う　担当の—をふさぐ
責め苦《せめく》　借金の—にあう　—に耐える
鬩ぐ《せめぐ》　互いに恨み合う。兄弟(けいてい)牆(かき)に—
攻める《せめる》　敵陣を—　勇敢に—　守るも—も
責める《せめる》　失敗を—　良心に責められる
芹《せり》　「水芹」とも。春の七草の一。　—を摘む
糶売《せりうり》　魚(さかな)の—　市場で—する
台詞《せりふ》　「科白」とも。　—がはっきり聞こえない
迫持《せりもち》　上部がアーチ状の構造。
施療《せりょう》　—を受ける　—の患者
競る《せる》　力を—　一、二位が競り合う
糶る《せる》　値段を—　糶って品物を落とす

世論《せろん》　「よろん」とも。　—調査　—の動向
世話《せわ》　—をする　—が焼ける　どうもお—さま
栓《せん》　ビールの—を抜く　水道の—をひねる
線《せん》　—を引く　—に沿う　太い—　曲がった—
選《せん》　—に入(はい)る　—に漏れる
禅《ぜん》　—を学ぶ　—の研究　—問答
膳《ぜん》　—を並べる　—を出す　二の—付の料理
善悪《ぜんあく》　「ぜんなく」とも。　—のけじめを知る
戦意《せんい》　—を失う　—喪失　旺盛(おうせい)な—
繊維《せんい》　綿の—　人造—　—製品
善意《ぜんい》　—に解釈する　—に基づく行為
専一《せんいつ》　ご養生—に　学生は勉強を—と心得よ
全員《ぜんいん》　—登校せよ　—一致する　—賛成
戦雲《せんうん》　—がみなぎる　—がおおう

せ

先鋭《せんえい》 「尖鋭」とも。―分子 ―化する ―的
船影《せんえい》 沖合に―が見える 不審な―を認める
前衛《ぜんえい》 テニスの―と後衛 ―生け花 ―芸術
戦役《せんえき》 日清《にっしん》・日露の―
僭越《せんえつ》 ―な行為 ―ながら司会をいたします
遷延《せんえん》 出発が―する いたずらに日時が―する
専横《せんおう》 ―なふるまい ―な君主 ―を憎む
顫音《せんおん》 ふるえる声。トリル。
専科《せんか》 ―の教員 男子―
選科《せんか》 本科と― 大学の― ―生
戦火《せんか》 ―を避けて疎開する ―をくぐる
戦果《せんか》 ―を上げる 多大な―を収める
戦禍《せんか》 ―の巷《ちまた》となる ―を受ける
前科《ぜんか》 ―がばれる ―者 ―三犯

旋回《せんかい》 郷里の上空を―する ―飛行
選外《せんがい》 惜しくも―佳作になった
全快《ぜんかい》 病気が―する 祖母の―祝をする
全壊《ぜんかい》 地震で家屋が―した ―と半壊
浅学《せんがく》 ―を顧みず ―非才の身
全額《ぜんがく》 代金の―を支払う 受講料を―払い込む
先覚者《せんかくしゃ》 維新の― ―に学ぶ
詮方《せんかた》 ―なく帰った 事ここに至っては―ない
潜函《せんかん》 ケーソン。―の中で作業する ―工法
戦艦《せんかん》 ―と巡洋艦 旗艦の― ―大和《やまと》
洗眼《せんがん》 眼科医に行って―してもらう ―液
洗顔《せんがん》 冷たい水で―する ―クリーム
疝気《せんき》 ―を起こす ―持ち ―を病む
戦記《せんき》 ―物語 従軍― 太平洋―

戦機《せんき》 ―いよいよ熟する ―を逸する
詮議《せんぎ》 関係者を―する 罪状の―を済ます
前期《ぜんき》 ―の決算 ―の利益 ―と後期 ―の試験
前季《ぜんき》 先季。―の試合 ―の成績
船客《せんきゃく》 満員の― ―を退避させる ―名簿
千客万来《せんきゃくばんらい》
占拠《せんきょ》 陣地を―する 不法―と見なす
船渠《せんきょ》 船の建造修理設備。ドック。
選挙《せんきょ》 議長を―する ―区 ―管理委員会 ―権
鮮魚《せんぎょ》 ―仕出し この店は―を売っています
仙境《せんきょう》 別天地。まるで―のような静けさだ
戦況《せんきょう》 司令官に―を報告する ―が不利だ
船橋《せんきょう》 ブリッジ。―に立つ船長
賤業《せんぎょう》 卑しい職業。―に甘んじている

宣教師《せんきょうし》 キリスト教の伝道者。
戦局《せんきょく》 ―は不利である ―を見通す
千切《せんぎ》り 大根の― ―に切る
千金《せんきん》 多額の金。―に値する 一獲―をねらう
千鈞《せんきん》 非常な重さ。彼の発言は―の重みがある
先駆《せんく》 社会運動の―者 ―的役割
前駆《ぜんく》 行列の―を勤める 病気の―症状
遷宮《せんぐう》 社殿を新築してご神体を移す。―の式典
千軍万馬《せんぐんばんば》 ―の将兵
全景《ぜんけい》 山の上から町の―が見渡せる 広大な―
前景《ぜんけい》 バルコニーから―をながめる
前掲《ぜんけい》 ―の理由で ―のとおり
先決《せんけつ》 金を集めることが―である ―問題
鮮血《せんけつ》 ―がほとばしる ―にまみれたハンカチ

先見《せんけん》 彼には―の明があった 指標の―性
先験《せんけん》 経験に先だつ。―的認識
専権《せんけん》 「擅権」とも。部長の―に抵抗する
宣言《せんげん》 中立を―する ―文 大会― 共同―
全権《ぜんけん》 ―大使に任ぜられる 交渉の―をゆだねる
前言《ぜんげん》 ―を取り消す ―をくつがえす
漸減《ぜんげん》 漸増と― 利益が―する
千古《せんこ》 ―の姿を今にとどめる ―不易《ふえき》
前古《ぜんこ》 ―未曾有《みぞう》の大事件
前後《ぜんご》 ―のつじつまが合わない ―不覚に眠る
先行《せんこう》 わたしたちは一行より―することにした
先攻《せんこう》 わがチームの― ―を取る ―と後攻
穿孔《せんこう》 胃壁が―する ―テープ ―機械
専行《せんこう》 独断で―する

せ

専攻《せんこう》 医学を—する —科目の単位を落とす
選考《せんこう》 「選衡・詮衡」とも。書類— —委員会
閃光《せんこう》 銃口が—を発する 爆発の— —信号
線香《せんこう》 —を手向ける —花火 蚊取—
潜行《せんこう》 敵地を—する 地下に—する —三千里
潜航《せんこう》 海中深く—する —艇 急速—
善行《ぜんこう》 児童の—を表彰する —賞 嘉言(かげん)—
先刻《せんこく》 —は失礼しました —申し上げた件
宣告《せんこく》 スト決行を—する 無期懲役を—する
善後策《ぜんごさく》 —の協議 —を講じる
善根《ぜんこん》 黙々として—を施す —を積む人
遷座《せんざ》 ご神体を新社殿に—する
前座《ぜんざ》 真打(しんうち)の前の出演者。—を勤める
戦災《せんさい》 —によって家屋が焼失する

繊細《せんさい》 女性の—な神経 —な指先 —な文章
千載《せんざい》 「千歳」とも。—一遇の好機
洗剤《せんざい》 —で食器類を洗う 中性—
前栽《せんざい》 庭先の植込み。—の菊の花
潜在《せんざい》 —する勢力 —意識 —主権 —需要
前菜《ぜんさい》 オードブル。—をおいしくいただく
善哉《ぜんざい》 夫婦(みようと)— 栗(くり)—
穿鑿《せんさく》 「詮索」とも。他人の行動を—する —癖
千差万別《せんさばんべつ》 —の品物
前肢《ぜんし》 動物の前足。馬が—を折る
漸次《ぜんじ》 天候は—回復している —快方に向かう
船室《せんしつ》 船の客室。—でくつろぐ 一等—
千思万考《せんしばんこう》
千紫万紅《せんしばんこう》

戦車《せんしゃ》 —を先頭に進撃する 暴動に—が出動する
選者《せんじゃ》 俳句の— 新聞の短歌欄の—
選者《せんじゃ》 「撰者」とも。古今和歌集の—紀貫之(きのつらゆき)
前借《ぜんしゃく》 前借り。給料を—する —金の返済
浅酌低唱《せんしゃくていしょう》
先取《せんしゅ》 一回の表に二点を—した —点を守る
船主《せんしゅ》 船舶の持主。ふなぬし。
船首《せんしゅ》 船のへさき。—と船尾 波を切る—
選手《せんしゅ》 野球の— 補欠— —権を握る
千秋《せんしゅう》 一日—の思いで待つ —万歳 —楽
先週《せんしゅう》 —のできごと —に引き続いて
専修《せんしゅう》 会計学を—する
選集《せんしゅう》 著作集。—を出版する 随筆—
選修《せんしゅう》 「撰修」とも。作る。論文集を—する

専従《せんじゅう》 労働組合に—する 書記 —者控除
全集《ぜんしゅう》 夏目漱石(そうせき)— 古典文学—
禅宗《ぜんしゅう》 —の寺 —は以心伝心を重んじる
選出《せんしゅつ》 地方—の代議士 人事委員に—する
戦術《せんじゅつ》 —を転換する —と戦略 —爆撃機
前述《ぜんじゅつ》 —のとおり
善処《ぜんしょ》 —を約束する —方を申し入れる
先勝《せんしょう》 「さきがち」とも。六曜の一。
戦勝《せんしょう》 「戦捷」とも。—を祝う —祝賀会
僭称《せんしょう》 身分以上を自称。会長を—する
洗浄《せんじょう》 「洗滌(せんでき)」とも。胃を—する —液
全焼《ぜんしょう》 火事で十五むねが—した —家屋
全勝《ぜんしょう》 八戦—で優勝した —力士
前哨戦《ぜんしょうせん》 選挙の—では優勢

扇情的《せんじょうてき》 「煽情的」とも。
染織《せんしょく》 —の盛んな地方 —家
染色《せんしょく》 —の調子がよい —工場 —体
煎《せん》じる 漢方薬を— 薬草を—
専心《せんしん》 研究に—する —業務に励む 一意—
先人《せんじん》 —の跡を学ぶ —の教えに従う
先陣《せんじん》 —を争う —を競って戦う
戦陣《せんじん》 —における心構え —訓
戦塵《せんじん》 —にまみれる —を洗い落とす
全身《ぜんしん》 —を摩擦する —全霊 —麻酔
前身《ぜんしん》 —を人に知られる
前進《ぜんしん》 一歩後退二歩— —着実に—する —命令
漸進《ぜんしん》 一歩一歩確実に—する —主義を採る
先進国《せんしんこく》 —の援助を求める

せ

千尋《せんじん》の谷《たに》 「千仭の谷」とも。
前人未到《ぜんじんみとう》 ―の奥地
扇子《せんす》 ―を使う ―を手に持つ
泉水《せんすい》 庭に―を造る ―の鯉(こい)がはねる
潜水《せんすい》 長時間―する ―艦 ―夫 ―服
宣《せん》する 開会を― 議長は閉会を宣した
前世《ぜんせ》 夫婦となるのも―からの因縁であろうか
先制《せんせい》 敵を―する ―攻撃が功を奏した
専制《せんせい》 ―政治を打倒する 社長の― ―君主
宣誓《せんせい》 参加選手を代表して―する
全盛《ぜんせい》 ―を誇る ―時代 ―を窮める
戦跡《せんせき》 「戦蹟」とも。太平洋戦争の―をたずねる
宣戦《せんせん》 ―を布告する ―の詔勅
戦線《せんせん》 ―を拡大する ―を統一する 人民―

前線《ぜんせん》 ―と銃後 寒冷―が停滞している
善戦《ぜんせん》 日本チームは―して敗れた
全然《ぜんぜん》 ―わかりません ―書けない
戦々《せんせん》恐々《きょうきょう》
先祖《せんぞ》 ―代々の墓 ―の位牌(いはい) ―伝来の宝
船倉《せんそう》 「船艙」とも。―は積荷でいっぱいだ
船窓《せんそう》 ―から対岸の町のあかりをながめる
前奏《ぜんそう》 ―曲 ―をかなでる 選挙運動の―
漸増《ぜんぞう》 ―と漸減 参加人員は毎回―している
専属《せんぞく》 レコード会社―の歌手 ―契約を結ぶ
喘息《ぜんそく》 持病の―に苦しむ 小児―
船体《せんたい》 ―を塗り替える 大きな―が姿を現わす
先代《せんだい》 ―の遺業をたたえる ―の教訓を守る
全体《ぜんたい》 学校―の問題 ―主義 いったい―何だ

前代未聞《ぜんだいみもん》 ―の惨事
蘚苔類《せんたいるい》 こけ類。
洗濯《せんたく》 下着を―する ―せっけん ―機 ―物
選択《せんたく》 好きなものを―してよい ―科目
先達《せんだつ》 「せんだち」とも。この道の―と言われる
膳立《ぜんだて》 ―を整える 内閣改造のお―
善玉《ぜんだま》 善人。―悪玉が大活躍する芝居
先端《せんたん》 駅のホームの― 機体の―
先端《せんたん》 「尖端」とも。針の― 時代の―を行く服装
戦端《せんたん》 両国はついに―を開いた
専断《せんだん》 「擅断」とも。社長―の行いは許せない
栴檀《せんだん》 ―は二葉より芳し 薄紫の花の咲く―
全治《ぜんち》 自動車事故で―三か月の重傷を負った
善知識《ぜんちしき》 徳の高い僧。高僧。

全知全能《ぜんちぜんのう》 ―の神
糎《センチメートル》 長さの単位。直径三―の円
煎茶《せんちゃ》 ―を入れる ―でせんべいを食べる
前兆《ぜんちょう》 「前徴」とも。病の― 不吉(ふきつ)な―
剪定《せんてい》 枝切り。果樹は―がたいせつである
選定《せんてい》 代表者を―する ―基準 品種の―
前提《ぜんてい》 全面的な協力を―として融資する
洗滌《せんでき》 「せんじょう」とも。洗浄。膣(ちつ)の―
先哲《せんてつ》 昔の賢人。―の言に学ぶ ―の教え
銑鉄《せんてつ》 ズク鉄。―は鋳物や鋼にする
前轍《ぜんてつ》 前の車のわだち。―を踏まないように
宣伝《せんでん》 歳末大売出しの― 広告― ―ビラ
先天的《せんてんてき》 ―に音楽の素質がある
遷都《せんと》 都を他に移す。平家は福原に―した

仙《セント》 米国の貨幣単位。一ドル五十―
先途《せんど》 ここを―と戦う ―を見届ける
鮮度《せんど》 生産地から東京に来るまでに―が落ちる
前途《ぜんと》 ―は楽観を許さない ―遼遠(りょうえん) ―有望
前渡《ぜんと》 代金の一部を―する ―金を受け取る
先頭《せんとう》 「先登」とも。列の―に立つ ―を切る
先塔《せんとう》 「尖塔」とも。教会の―がそびえる
戦闘《せんとう》 激しい―を繰り返す ―態勢 非―員
銭湯《せんとう》 ふろ屋。湯屋。―は庶民の社交場である
先導《せんどう》 陛下をご―申し上げる ―役を承る
扇動《せんどう》 「煽動」とも。大衆を―して騒動を起こす
船頭《せんどう》 渡し舟の―さん ―多くして船山に登る
漸騰《ぜんとう》 物価は―を続ける しだいに騰貴する。
善導《ぜんどう》 青少年を―する 思想―に力を入れる

蠕動《ぜんどう》 うごめく。消化管の—運動
詮無《せんな》い いくらやっても—ことだ
善男善女《ぜんなんぜんにょ》 —の参拝
先入《せんにゅう》 —観を持ってはいけない —主
潜入《せんにゅう》 敵地に—する 水中に—する
仙人《せんにん》 —のような生活 久米（くめ）の—
先任《せんにん》 古参。—の課長 —順に着席
専任《せんにん》 —の指導員を置く 大学の—教授
選任《せんにん》 常務取締役を—する 生徒部長に—される
前任者《ぜんにんしゃ》 —と事務引継ぎをする
専念《せんねん》 研究に—する 著述に—する
洗脳《せんのう》 —工作 新思想に—される
全能《ぜんのう》 人は—の神にあらず 全知—
前納《ぜんのう》 家賃を—する 会費の—には割引がある

専売《せんばい》 —特許
先輩《せんぱい》 —後輩の間柄 —の世話になる
全敗《ぜんぱい》 リーグ戦で—する 十五日間—の力士
全廃《ぜんぱい》 軍備の—を提案する 補助金を—する
浅薄《せんぱく》 —な知識 思慮が—である
船舶《せんぱく》 —の航行を禁止する —工学
選抜《せんばつ》 多数の志願者の中から—する —試験
先発《せんぱつ》 五人を案内役として—させた —隊
千万《せんばん》 気の毒—です —かたじけない 迷惑—
旋盤《せんばん》 —で加工する —工 自動—
先般《せんぱん》 このことは—申し上げたとおりです
戦犯《せんぱん》 戦争犯罪人。—として処刑された軍人
全般《ぜんぱん》 社会—の傾向 成績は—によい
戦備《せんび》 —を整える

戦費《せんぴ》 ばくだいな—を使う 近代戦
善美《ぜんび》 —を尽くした建物
前非《ぜんぴ》 —を悔いて正業につく
染筆《せんぴつ》 書画を書く。—料として一万円を包む
選評《せんぴょう》 入選作三編についての—を書く
腺病質《せんびょうしつ》 —のこども
先負《せんぶ》 「さきまけ」とも。六曜の一。
宣撫《せんぶ》 人心安定。占領地の—工作
全部《ぜんぶ》 —終わった —にわたって
膳部《ぜんぶ》 膳に載せた料理。—の用意が整う
旋風《せんぷう》 —に襲われる —を巻き起こした発言
扇風機《せんぷうき》 —で風を送る
船腹《せんぷく》 —いっぱいに荷を積む —が不足する
潜伏《せんぷく》 犯人はどこかに—している 病気の—期

全幅《ぜんぷく》 社長は彼に—の信頼を寄せている
全文《ぜんぶん》 —を印刷する 契約書の—
前文《ぜんぶん》 憲法の— —ごめんください
煎餅《せんべい》 —を焼く かわら— 塩— —ぶとん
先兵《せんぺい》 「尖兵」とも。—戦 開拓の—となる
選別《せんべつ》 果実を—する —融資
餞別《せんべつ》 退職される先生に—を贈る —の品
先鞭《せんべん》 他社に—を付けて技術公開を実行した
全編《ぜんぺん》 「全篇」とも。詩情が—にあふれている
千編一律《せんぺんいちりつ》 —の調子
千変万化《せんぺんばんか》 —の策略
羨望《せんぼう》 うらやむ。われわれの—の的です
先方《せんぽう》 —からの返事を待つ —の意向を聞く
先鋒《せんぽう》 先頭。—は対岸に達した —を承る

戦法《せんぽう》 —を変える 速戦即決の— 奇襲—
全貌《ぜんぼう》 全容。—を現わす 事件の—が判明した
戦没《せんぼつ》 「戦歿」とも。今次大戦で—した —者
発条《ぜんまい》 時計（とけい）の— —仕掛けのおもちゃ
薇《ぜんまい》 蕨（わらび）や— —の若葉は食べられる
専務《せんむ》 —取締役 —車掌
宣明《せんめい》 宣言。中外に—する
鮮明《せんめい》 色彩を—にする —な印刷
鮮明《せんめい》 「闡明」とも。原因を—する —な態度
殲滅《せんめつ》 滅ぼし尽くす。敵を—する
全滅《ぜんめつ》 洪水（こうずい）で一村が— 孤島で—した部隊
洗面《せんめん》 —道具を携帯する —所 —器
扇面《せんめん》 —に揮毫（きごう）する —びょうぶ
全面《ぜんめん》 全体。—をおおう —停戦 —的

前面《ぜんめん》 前部。―をおおう ―のガラスが割れる
専門《せんもん》 洋書を―に扱う 書画―の店 ―家
先夜《せんや》 ―はおそくまでおじゃましました
前夜《ぜんや》 入学試験の― 開戦― にぎやかな―祭
先約《せんやく》 当日は―があるので欠席します
煎薬《せんやく》 煎じ薬。父は―を飲んでいます
専有《せんゆう》 特許権を―する ―と共有 ―地
占有《せんゆう》 他人の―する物を持ち出すな ―権
戦友《せんゆう》 苦労を共にした― 負傷した―
先憂後楽《せんゆうこうらく》
宣揚《せんよう》 民族文化を世界に―する 国威の―
専用《せんよう》 女子―の部屋(へや) 職員―便所
占用《せんよう》 占拠使用。他人の―に属するもの
擅用《せんよう》 かってに使う。無断で―する
全容《ぜんよう》 ―が明らかになる 事件の―を知る
善用《ぜんよう》 余暇の― 個性を―する
全裸《ぜんら》 ―の死体を発見する ―になったモデル
戦乱《せんらん》 ―のちまた ―の世 ―の続いた時代
千里眼《せんりがん》 ―と言われるだけある
旋律《せんりつ》 美しい―に酔う 静かな―が流れる
戦慄《せんりつ》 殺人事件のニュースを聞いて―する
戦利品《せんりひん》 ―の武器や弾薬
戦略《せんりゃく》 ―を立てる 戦術と― ―爆撃
前略《ぜんりゃく》 文の冒頭を省略する。―・中略・後略
川柳《せんりゅう》 こっけいや風刺をする句。江戸の―
千慮《せんりょ》 多くの思慮。―の一失
浅慮《せんりょ》 この失敗は―の結果である ―を悔やむ
占領《せんりょう》 敵地を―する ―軍 ―地域
染料《せんりょう》 植物性の― 天然― ―と合成―
選良《せんりょう》 国民の―として恥ずかしくない人物
善良《ぜんりょう》 ―な性質 ―な市民
戦力《せんりょく》 ―をたくわえる ―の差は歴然だ
全力《ぜんりょく》 ―を挙(あ)げて支援する ―投球
善隣《ぜんりん》 ―友好の外交方針 ―主義
先例《せんれい》 ―による ―となる ―を調べる
洗礼《せんれい》 教会で―を受ける 砲火の―を受ける
鮮麗《せんれい》 あざやかで美しい。―な色彩
前例《ぜんれい》 これを―としない ―がない
戦歴《せんれき》 輝かしい― 無敗の―を誇る
前歴《ぜんれき》 ―を調査する 多彩な―を持つ
洗練《せんれん》 ―された好み ―された文章
線路《せんろ》 鉄道の― ―伝いに歩く

そ

祖《そ》 中興の―と仰がれる 医学の― 森家の―
粗衣粗食《そいそしょく》 ―の生活
其奴《そいつ》 ―が怪しい ―を片づけてからだ
壮《そう》 その意気は―とするに足る
相《そう》 ―を見る 受難の―がある
僧《そう》 禅宗の― ―の位
想《そう》 計画の―を練る ―を固める
層《そう》 ―が厚い ―を成す 鉱物― 社会の中堅―
箏《そう》 十三弦の琴。箏の琴。
艘《そう》 船舶を数える語。隻。三―の小舟
沿《そ》う 川に―道路 海岸に―鉄道 目的に―案
添《そ》う 影の形に―ごとく 彼女と―
添《そ》う 「副う」とも。期待に― 趣旨に―
象《ぞう》 アフリカの― ―の長い鼻 ―の曲芸
像《ぞう》 観音さまの― 焦点に―を結ぶ
相愛《そうあい》 ―の男女 相思―の仲
総揚《そうあげ》 芸者を―して豪遊をする
総当《そうあた》り ―のリーグ戦 ―式のくじ引
草案《そうあん》 刑法の― 憲法の―を審議する
創案《そうあん》 これは彼の―です 新しい方法を―する
草庵《そうあん》 世を捨てて―にこもる ―の生活
相違《そうい》 右のとおり―ない 意見の―がある
総意《そうい》 国民の― 全員の―で決定する
創意《そうい》 ―に富む ―くふうを奨励する
創痍《そうい》 満身―のからだ
贈位《ぞうい》 先日死去の学者に―の発表があった

総員《そういん》 —校庭に集合せよ —出動を掛ける

増員《ぞういん》 宿直員を—して警戒する —を要求する

躁鬱病《そううつびょう》 精神病の一。 —の患者

層雲《そううん》 低空に層を成す雲。—がたれ込める

造営《ぞうえい》 宮殿を—する 寺の—工事

造園《ぞうえん》 日本庭園を—する —技師

増援《ぞうえん》 兵力を—する —部隊が到着する

憎悪《ぞうお》 —の念が高まる 相手を—する

相応《そうおう》 努力—の成績 力量に—した働き

騒音《そうおん》 「噪音」とも。—を防止する —に悩む

爪牙《そうが》 悪人の—に掛かる

挿画《そうが》 さし絵。カット。—を入れる

造化《ぞうか》 美しい山河は—の神のしわざであろうか

造花《ぞうか》 ほんものそっくりの— 机に—を飾る

増加《ぞうか》 人口が急激に—しつつある

壮快《そうかい》 —なスポーツ

爽快《そうかい》 山に登ると—な気分になる —な夏の朝

掃海《そうかい》 航路を—する —艇 —作業

総会《そうかい》 年に一回—を開く 株主— 臨時—

霜害《そうがい》 この寒さでは—を受ける地域が出る

総掛《そうがか》り 一家—で大そうじをする

総画《そうかく》 漢字の全画数。—索引

奏楽《そうがく》 神殿からは—の音が聞こえてくる —隊

総額《そうがく》 —で一万円になる 予算—

増額《ぞうがく》 予算を—する 生産— 昨年度より—した分

総括《そうかつ》 以上述べた部分を—すると —質問

総括《そうかつ》 「総轄」とも。国有財産を—する

壮観《そうかん》 ナイアガラの滝は天下の—である

送還《そうかん》 不法入国者を本国に—する 強制—

相関《そうかん》 この両者は—関係にある —する二条件

相姦《そうかん》 近親—

創刊《そうかん》 機関誌を—する 雑誌の—号

総監《そうかん》 警視— 消防—

増刊《ぞうかん》 臨時—号 三十周年記念号を—する

象眼《ぞうがん》 「象嵌」とも。—を施してある箱

双眼鏡《そうがんきょう》 —で沖をながめる

早期《そうき》 —に治療する —発見 —妥結

想起《そうき》 幼いころを—する 十年前を—する

争議《そうぎ》 労働— —行為を禁止する —団

葬儀《そうぎ》 —に参列する —場 —社

雑木《ぞうき》 楢(なら)や櫟(くぬぎ)などの— —林を散歩する

臓器《ぞうき》 —を摘出する —移植 —寄生虫

早急《そうきゅう》 「さっきゅう」とも。—にまとめる

壮挙《そうきょ》 南極探検の—を企てる 北壁直登の—

早暁《そうぎょう》 —に出発する —に参拝する

僧形《そうぎょう》 僧の姿。—に身を変える —の男

創業《そうぎょう》 —三十周年記念誌 —以来の伝統

操業《そうぎょう》 北洋で—する漁船 —時間を短縮する

増強《ぞうきょう》 生産の—を図る 兵力を—する

箏曲《そうきょく》 琴の曲。—の合奏 —のお師匠さん

総桐《そうぎり》 —のたんす

送金《そうきん》 国元に—する —小切手

雑巾《ぞうきん》 毎朝—掛けをする —を縫う

走狗《そうく》 手先。ボスの—となる

痩躯《そうく》 やせた細いからだ。鶴(つる)のような—

装具《そうぐ》 登山用の—を整える —を点検する

遭遇《そうぐう》 不幸に—する 敵と—する

巣窟《そうくつ》 山賊の— 深夜喫茶は非行少年の—だ

宗家《そうけ》 茶道の—について学ぶ

象牙《ぞうげ》 —のパイプ —細工 —の塔

早計《そうけい》 この程度で合格できると思うのは—だ

総計《そうけい》 —五万円に及ぶ 売上額を—する

送迎《そうげい》 ホテルでは客をバスで—する —用の車

造形《ぞうけい》 「造型」とも。—美術

造詣《ぞうけい》 先生は日本の美術に—が深い

総毛《そうけ》立《だ》つ 気味悪い声を聞いて—

増結《ぞうけつ》 ラッシュアワーには三両—します

双肩《そうけん》 運命を—になう —に掛かった任務

壮健《そうけん》 父は年を取ったがきわめて—です

送検《そうけん》 検察庁に送る。身柄を—する 書類—

捜検《そうけん》 調べる。挙動不審者の身体を―する
創見《そうけん》 ―に富む論文 ―を発表する
創建《そうけん》 研究所を―する
総見《そうけん》 総勢で見物する。芝居の―
造言《ぞうげん》 つくりごと。―飛語
増減《ぞうげん》 人口の―を調査する 多少の―は認める
倉庫《そうこ》 商品を―にしまう 川岸の― ―会社
壮語《そうご》 大言―ばかりして実行が伴わない
相互《そうご》 ―に理解を深める ―扶助 ―銀行
造語《ぞうご》 新しく―する ―成分 ―力の強い漢字
壮行《そうこう》 ―を祝す ―の辞 遠征隊の―会
走行《そうこう》 ―キロ数 ―距離 ―時間
草稿《そうこう》 演説の―を書く ―のまま渡す
奏功《そうこう》 「奏効」とも。思い切ったやり方が―した

倉皇《そうこう》 「蒼惶」とも。あわてる。―として去る
装甲《そうこう》 外部に鋼板を張る。―機動隊の―車
操行《そうこう》 ―がよくない ―不良者を指導する
相好《そうごう》 ―をくずして喜ぶ にこやかな―
総合《そうごう》 「綜合」とも。全体を―する
糟糠《そうこう》の妻《つま》 ―をいたわる
相克《そうこく》 「相剋」とも。米ソの―は深刻さを増す
早婚《そうこん》 ―と晩婚 姉は―でした
荘厳《そうごん》 ―なミサ ―な寺院 式は―に行なわれた
雑言《ぞうごん》 悪口―する ―を浴びせ掛ける
走査《そうさ》 電送写真の画面を―する テレビの―線
操作《そうさ》 資金を―する 機械の― ―上の注意
捜査《そうさ》 犯人を―する ―会議 聞込み―
造作《ぞうさ》 ―もないことです ―を掛けて恐縮です

相殺《そうさい》 貸し借りを―する ―勘定
葬祭《そうさい》 冠婚―には必ず顔を出す
総裁《そうさい》 日本銀行― 政党の―を選挙する
総菜《そうざい》 「惣菜」とも。日常の副食物。おかず。
捜索《そうさく》 海上を―する船 ―隊 学内の―
創作《そうさく》 これは彼の―です ―を同人誌に載せる
造作《ぞうさく》 建具や装飾。りっぱな―の家 顔の―
増刷《ぞうさつ》 ―を重ねるベストセラー 一万部―する
早産《そうざん》 姉は―してから病気しがちです
増産《ぞうさん》 食糧の―を図る ―運動
壮士《そうし》 血気盛んな― ―芝居は今の新派の源だ
草紙《そうし》 「双紙・草子」とも。手習い― 絵―
相思《そうし》 ふたりは―の仲です ―相愛のふたり
創始《そうし》 事業を―する 会社の―者の像を建てる

相似《そうじ》 ―の位置 ―の中心 ―形 ―多角形
送辞《そうじ》 卒業式の― 代表が―を読む
掃除《そうじ》 部屋(へや)を―する ―婦 大―
増資《ぞうし》 株式の―を発表する ―して新事業をする
葬式《そうしき》 友人の―に参列する ―を出す
喪失《そうしつ》 期限が切れたので権利を―した 記憶―
総《そう》じて ―若者はむちゃをしがちです
壮者《そうしゃ》 ―をしのぐ元気の祖父 ―の風がある
掃射《そうしゃ》 敵の機銃―を受ける 機関銃で―する
操車場《そうしゃじょう》 ―の貨車
操縦《そうじゅう》 飛行機を―する ―士 ―桿(かん)
増収《ぞうしゅう》 反当りの― ―分を寄付する
早熟《そうじゅく》 ―な子 ―な品種を選ぶ
槍術《そうじゅつ》 槍(やり)を使う武術。―師範 ―を学ぶ

早春《そうしゅん》 ―の息吹(いぶき)を感じる ―の野
双書《そうしょ》 「叢書」とも。シリーズ。政治学―
草書《そうしょ》 楷書(かいしょ)・行書・―
蔵書《ぞうしょ》 多くの―を誇る ―印を押す ―家
宗匠《そうしょう》 俳句・生け花・茶道などの師匠。
相称《そうしょう》 つりあい。左右―の形
総称《そうしょう》 一括して…と―する
創傷《そうしょう》 刃物などで受けた傷。切り傷。
相乗《そうじょう》 互いに掛け合わす。―積 ―平均
奏上《そうじょう》 天皇に政務を―する
僧正《そうじょう》 僧の最高の地位。大― 権(ごん)―
層状《そうじょう》 幾重にも重なった形。―をなす石炭
総状《そうじょう》 ふさの形。―花序
騒擾《そうじょう》 おおぜい集まって騒ぐ。―罪

蔵相《ぞうしょう》 大蔵大臣。

装飾《そうしょく》 室内を—する —品を陳列する

増殖《ぞうしょく》 細胞が—する —炉

総身《そうしん》 —に入れ墨する —これ知恵という感じ

痩身《そうしん》 やせたからだ。—鶴《つる》のような老人

喪心《そうしん》 「喪神」とも。落胆して—する

増進《ぞうしん》 健康の—を図る 学力を—する

装身具《そうしんぐ》 真珠の—

総帥《そうすい》 総大将。東軍の— —が全軍を指揮する

増水《ぞうすい》 長雨で河川が—する —の危険がある

雑炊《ぞうすい》 —をすする 芋の—

奏《そう》する 勇壮な音楽を— 奇襲が功を—

草《そう》する 下書きをする。書く。一文を—

蔵《ぞう》する 多くの書物を— 恨みを—

早世《そうせい》 —を惜しまれる作家 すぐ上の兄は—した

創製《そうせい》 弊社—の品 先代が苦心して—した菓子

総勢《そうぜい》 —百人の旅行団 —五百人の社員

造成《ぞうせい》 宅地を—する 山林の— 国土—計画

増税《ぞうぜい》 政府は—計画を発表した —による収入

双生児《そうせいじ》 ふたご。—の姉妹

踪跡《そうせき》 行くえ。—をくらます

層積雲《そうせきうん》 灰色のまだら状の—

創設《そうせつ》 研究所を—する —以来二十年たつ

総説《そうせつ》 第一巻は国語—です 経済について—する

壮絶《そうぜつ》 —な戦いを繰り広げる —な争い

増設《ぞうせつ》 会社は工場を—した 電話を—する

蒼然《そうぜん》 古色—とした建物 暮色—としてきた林

騒然《そうぜん》 議場は—として収拾が付かない

造船《ぞうせん》 —会社 —業界

早々《そうそう》 帰る—客が来た 新年—のできごと

早々《そうそう》 「怱々」とも。—に引き揚げる

草々《そうそう》 「匆々」とも。手紙の結びに使うことば。

草創《そうそう》 始まり。—のころ —期からの社員

葬送《そうそう》 「送葬」とも。恩師を—する —行進曲

錚々《そうそう》 —たる人物が多い —たる士

想像《そうぞう》 かってに—する —以上に寒い —力

創造《そうぞう》 宇宙—の神 天地—の時 —力

騒々《そうぞう》しい —世の中 —音を出す

総則《そうそく》 会則の第一章は—です 民法—

相続《そうぞく》 遺産は長兄が—する 財産— —人 —税

倉卒《そうそつ》 「怱卒」とも。あわただしい。—として

曾祖父《そうそふ》 ひいじいさん。

曾祖母《そうそぼ》 ひいばあさん。

曾孫《そうそん》 ひまご。ひこ。明治維新の元勲の—

操舵《そうだ》 舵《かじ》を取る。船橋で—する —手

早退《そうたい》 かぜを引いているので—した —届

相対《そうたい》 絶対と— —的な考え —性理論 —主義

総体《そうたい》 —この計画は無理だ —によくできる

壮大《そうだい》 —な建築物 天守閣からの—なながめ

総代《そうだい》 卒業生— 壇徒—

増大《ぞうだい》 勢力の—を図る 安全率を—する

総立《そうだち》 満場—になる騒ぎ

送達《そうたつ》 訴訟書類を—する 書状の—

争奪《そうだつ》 議長のいすを—する 天皇杯の—戦

操短《そうたん》 操業短縮。会社は—を断行する

相談《そうだん》 みんなで—する 旅行の— —役

送致《そうち》 書状を—する 被疑者を—する

装置《そうち》 冷房機を—する 照明— 受信—

増築《ぞうちく》 校舎を—する 離れを—する

早朝《そうちょう》 あすの—お伺いします —興行

宋朝《そうちょう》 中国王朝の一。活字体の一。

荘重《そうちょう》 —な口調で訓示する 態度が—だ

総長《そうちょう》 大学の—は選挙で決める 検事—

増長《ぞうちょう》 依頼心を—する 彼は—している

壮丁《そうてい》 成年男子。昔—は徴兵検査を受けた

装丁《そうてい》 「装幀・装釘」とも。—の美しい本

想定《そうてい》 全員参加すると—して防火演習の—

漕艇《そうてい》 ボートをこぐ。—競走 —場

贈呈《ぞうてい》 卒業記念品を—する —式

争点《そうてん》 交渉の—を絞る 春闘は昇給額が—だ

装塡《そうてん》 大砲に弾薬を—する
操典《そうてん》 調練の基本を書いた本。歩兵—
相伝《そうでん》 父子—の法 代々—の秘法を学ぶ
送電《そうでん》 発電所から—する —線が切れた
壮図《そうと》 —をいだいて南米へ —むなしく引き返す
壮途《そうと》 南極越冬の—に上る 極地探検の—につく
相当《そうとう》 値段—の生地 けさは—に寒い
掃討《そうとう》 「掃蕩」とも。残敵を—する
総統《そうとう》 ナチスの—ヒトラー 蔣介石《しょうかいせき》—
騒動《そうどう》 —が起きる 学校— お家—
贈答《ぞうとう》 盆暮れの— —品の大売出し
曹洞宗《そうとうしゅう》 禅宗の一派。
総督《そうとく》 祖父は台湾—府に勤めていた
遭難《そうなん》 冬山の— 海で—する —者の救助

雑煮《ぞうに》 正月三が日は—を食べる —を祝う
挿入《そうにゅう》 五字— 間に—する 奥深く—する
壮年《そうねん》 男は青年から—になるとぐっと落ち着く
想念《そうねん》 考え。思い。—をまとめる
争覇《そうは》 天皇杯を掛けて—する —戦
走破《そうは》 三千キロを—する 北米大陸—の計画
搔爬《そうは》 人工中絶の—
相場《そうば》 生糸の— —が急落する 世間— —師
蒼白《そうはく》 顔面—になる —な顔で立っている
糟粕《そうはく》 かす。古人の—をなめるにすぎない
双発《そうはつ》 —の飛行機
増発《ぞうはつ》 ラッシュ時には電車を—する
総花式《そうばなしき》 —に予算を配分する
早晩《そうばん》 —こうなることとは思っていた

造反《ぞうはん》 むほん。文化大革命における— —有理
装備《そうび》 新兵器を—した自衛隊 登山の—
雑兵《ぞうひょう》 身分の低い兵卒。—を集める
贓品《ぞうひん》 盗品。—と知って転売する
送付《そうふ》 書類を—する —された原稿を見る
臓腑《ぞうふ》 内臓。—をえぐられるような苦しみ
増幅《ぞうふく》 トランジスタを使って—する —作用
造物主《ぞうぶつしゅ》 天地万物を支配する神。
造幣局《ぞうへいきょく》 貨幣を造る—
双璧《そうへき》 学界の—と言われる両博士
送別《そうべつ》 —の宴を張る —会
増補《ぞうほ》 旧版に—して再版する —改訂する
双方《そうほう》 —待ったなし —とも元気です
怱忙《そうぼう》 —の間ごぶさたいたしました —な生活

双眸《そうぼう》 二つのひとみ。両眼。輝く—
相貌《そうぼう》 かおかたち。人相。気味悪い—
蒼茫《そうぼう》 —たる海面 —とした原野をながめる
草本《そうほん》 くさ。—と木本《もくほん》 一年生—
造本《ぞうほん》 本の印刷・製本・装丁などの仕事。
走馬灯《そうまとう》 回り灯籠《どうろう》。
総身《そうみ》 大男—に知恵が回りかね
総務《そうむ》 —として全般の世話をする 会社の—課
聡明《そうめい》 —な人 幼時から—であった君主
奏鳴曲《そうめいきょく》 ソナタ。ピアノ—
掃滅《そうめつ》 「勦滅」とも。敵軍を—する —作戦
素麵《そうめん》 「索麵」とも。冷や— —は夏の食物である
臓物《ぞうもつ》 鳥の— —の煮込み
相聞《そうもん》 和歌の分類で男女の贈答歌。—歌

奏聞《そうもん》 天皇に申し上げる。奏上。
曾遊《そうゆう》 以前に来たことがある。—の地
贈与《ぞうよ》 財産を—する —税 —の契約
総覧《そうらん》 「総攬」とも。掌握。事務を—する
総覧《そうらん》 「綜覧」とも。通覧。産業— 法令—
騒乱《そうらん》 土民の—を鎮定する —罪
総理《そうり》 —大臣 —の施政方針演説 —府
草履《ぞうり》 —をはく わら— ゴム— 麻裏—
創立《そうりつ》 —二十周年記念 —委員 —総会
僧侶《そうりょ》 延暦寺《えんりゃくじ》の— —の読経《どきょう》
総領《そうりょう》 —むすこ —娘 —の甚六《じんろく》
総力《そうりょく》 —を結集する —を挙《あ》げる
壮麗《そうれい》 —な建築 —な宮殿
壮烈《そうれつ》 —な戦死を遂げる その最期は—でした

葬列《そうれつ》　静かに進む—
早老《そうろう》　父は年の割りに頭も白く—のようだ
早漏《そうろう》　—に悩む
蹌踉《そうろう》　よろよろ。—として退出する
候文《そうろうぶん》　—で書いた昔の手紙
争論《そうろん》　いつ果てるともわからぬ—
総論《そうろん》　—の次に各論を書く　憲法—
挿話《そうわ》　エピソード。隠れた一—を語る
贈賄《ぞうわい》　—と収賄　—の事実を認める　—罪
添書《そえがき》　—を加える　本文のあとに—がある
添《そ》える　品物に手紙を—　口を—　興を—
疎遠《そえん》　彼とは—になる　平素の—を謝する
曹達《ソーダ》　苛性(かせい)—　炭酸—　—水
粗菓《そか》　—ですがどうぞ召し上がってください

租界《そかい》　中国の元外人居留地。天津(てんしん)の—
素懐《そかい》　かねての願い。平素の考え。—を述べる
疎開《そかい》　空襲を避けていなかに—する　学童—
阻害《そがい》　「阻碍」とも。会社の発展を—する行為
疎外《そがい》　自己を—する　友人を—して近づけない
組閣《そかく》　総理は—を完了した　—本部からの発表
疎隔《そかく》　「阻隔」とも。友情の—を来たす
訴願《そがん》　高裁は—を受理した　最高裁に—する
遡及《そきゅう》　「さっきゅう」とも。過去にさかのぼる。
即《そく》　色(しき)—是空(くう)　労働—学習
殺《そ》ぐ　相手の気勢を—　元気を—
俗《ぞく》　—な考え　—世間　—に…という
賊《ぞく》　—が侵入する　—を捕える　—を討つ
俗悪《ぞくあく》　—な映画　趣味が—である

即位《そくい》　天皇は十八歳で—された　—の式典
続飯《そくい》　飯粒をつぶして練った糊(のり)。—で張る
惻隠《そくいん》　いたわしく思う。—の情を催す
俗受《ぞくうけ》　—する週刊誌の記事　—する話
続映《ぞくえい》　好評につき次週も—　三週間も—している
続演《ぞくえん》　好評につき来月も—します
即応《そくおう》　情勢の変化に—する　—態勢を執る
促音《そくおん》　詰まる音。「まっか」「もっこ」等の「っ」。
側臥《そくが》　横に寝る。—の姿勢を執る　—位
俗諺《ぞくげん》　ことわざ。「腐っても鯛(たい)」など。
俗語《ぞくご》　「いかす」「しょってる」などの—
即座《そくざ》　—に承知してくれた　—に解決する
息災《そくさい》　—で過ごす　—延命を祈る
速算《そくさん》　速く計算する。—術

即死《そくし》　自動車事故で—した　三名—二名重傷
即時《そくじ》　—解散する　—払い　—通話　—解決
俗字《ぞくじ》　隙を隟、恥を耻と書くのは—です
俗事《ぞくじ》　平素は—に煩わされる　—に追われる
俗耳《ぞくじ》　世間の人の耳。—に入りやすい
即日《そくじつ》　—出発する　—解雇される　—速達
俗臭《ぞくしゅう》　上品ぶっているが—ふんぷんだ
続出《ぞくしゅつ》　好記録が—する　珍芸—する忘年会
息女《そくじょ》　他人の娘の敬称。彼女は…氏の—です
俗称《ぞくしょう》　—をデンスケという携帯式録音機
促進《そくしん》　工事を—する　交渉の—を図る
俗人《ぞくじん》　—は相手にしない　—には理解しがたい
俗塵《ぞくじん》　—を避けて山中に入る　—を洗い落とす
即《そく》する　実情に即した解決方法

属《ぞく》する　彼の—部課　所定の権限に—件
賊《ぞく》する　害する。国を—者
速成《そくせい》　早く仕上げる。—講座　三週間で—する
促成《そくせい》　成長を促す。—栽培　—教育
即製《そくせい》　その場ですぐ作る。—品　—のうどん
族生《ぞくせい》　「簇生」とも。筍(たけのこ)が—する
属性《ぞくせい》　物の性質。金属の—　鉄の—を利用する
足跡《そくせき》　—をたどる　文壇に大きな—を残す
即席《そくせき》　—で料理する　—ラーメン
俗説《ぞくせつ》　—に耳を貸さない学者　—によれば
側線《そくせん》　魚類の—は感覚器だ　鉄道線路の—
速戦即決《そくせんそっけつ》　—の構え
惻々《そくそく》　悲しみいたむ。—として胸を打つ弔辞
続々《ぞくぞく》　—入場してくる　観客が—と詰め掛ける

続々《ぞくぞく》 「簇々」とも。群がる。—として集まる
即題《そくだい》 その場で出す題。—で三首作る —の句
速達《そくたつ》 —郵便 —で出す —料金 書留—
即断《そくだん》 話を聞いて—する 臨機応変—を下す
速断《そくだん》 早まる。—してはいけない —を戒める
測定《そくてい》 高さを—する 距離の—を誤る
速度《そくど》 —を測る 最高— —計
賊徒《ぞくと》 —を平定する
即答《そくとう》 質問を聞いて—する —はむずかしい
速答《そくとう》 早まった答え。—を避ける
俗念《ぞくねん》 —を洗って悟りを開く —に煩わされる
即売《そくばい》 名産品を展示—する 揮毫(きごう)色紙の—会
束縛《そくばく》 時間的に—を受ける 規則に—される
束髪《そくはつ》 髪形の一。—の女 —が流行する

即発《そくはつ》 一触—の危険をはらむ
続発《ぞくはつ》 似たような事件が—する
速筆《そくひつ》 書き方が速い。遅筆と—
俗物《ぞくぶつ》 世間には—ばかりいる あいつは—だ
即物的《そくぶつてき》 —に考える
側聞《そくぶん》 「仄聞」とも。伝え聞く。—するところ
続編《ぞくへん》 「続篇」とも。—を出版する 正編と—
速歩《そくほ》 はやあし。—で前進する
速報《そくほう》 被害状況を—する 選挙—
俗名《ぞくみょう》 戒名(かいみょう)と— —は山田太郎
側面《そくめん》 —から攻撃する —図
俗用《ぞくよう》 —にかまけてごぶさたしています
俗謡《ぞくよう》 世俗のはやりうた。世相を反映した—
俗吏《ぞくり》 上役にへつらう— —のたわごと

測量《そくりょう》 土地を—する —船 —器械 —標
属領《ぞくりょう》 植民地。かつて英国の—であった国
属僚《ぞくりょう》 下役。大臣は—を率いてお国入りだ
速力《そくりょく》 —を出す —を増す 最高—
足労《そくろう》 恐縮ですが会社までご—をお願いします
俗論《ぞくろん》 —には耳を傾けない —が正論に勝つ
粗景《そけい》 粗末な景品。—進呈 —を差し上げます
鼠蹊部《そけいぶ》 腿(もも)の付け根。
狙撃《そげき》 ねらい撃ち。怪漢に—される —兵
遡源《そげん》 「溯源・さくげん」とも。源にさかのぼる。
底《そこ》 箱の— 金が—を突く —を割って話す
其処《そこ》 「其所」とも。—にある —に集まる
齟齬《そご》 計画が—する 予定に—を来たす
底意《そこい》 心中に持つ考え。彼の—がわからない

素行《そこう》 —調査 弟の—が治まらない
粗肴《そこう》 粗酒—用意いたしました
遡航《そこう》 「溯行」とも。さかのぼる。川を—する船
祖国《そこく》 —のために戦う
粗忽《そこつ》 —をわびる —者
損《そこな》う 損傷。失敗。機械を— 書き—
害《そこな》う 悪化。無理が健康を— 国を—者
内障眼《そこひ》 —をわずらい失明する
底冷《そこびえ》 —のする朝 盆地の冬は—がする
底引網《そこびきあみ》 「底曳網」とも。—漁船
蔬菜《そさい》 —を栽培する 春の—類は雪のため高い
素材《そざい》 小説の—になるような話 絵の—
粗雑《そざつ》 「疎雑」とも。—な計画 —な仕事
粗餐《そさん》 —を差し上げたく存じます

阻止《そし》 「沮止」とも。実力で—する 攻撃—線
祖師《そし》 宗派の開祖。—の教えを守る
素志《そし》 —を貫く —がかなってうれしい
素地《そじ》 音楽家になる—ができている —がある
措辞《そじ》 ことばの使い方。詩や歌の—法
組織《そしき》 皮膚の— 組合の— 労働者を—する
素質《そしつ》 —のある生徒 文学面の—がない
咀嚼《そしゃく》 食物は十分に—してください —器
租借《そしゃく》 居留地として—する —地
祖述《そじゅつ》 先人の説を受け継いで述べる。
訴訟《そしょう》 —を起こす —を取り下げる
俎上《そじょう》 まないたの上。—の鯉(こい) —に上せる
粗食《そしょく》 粗衣—に甘んじる —に耐える
謗《そし》る 「譏る・誹る」とも。人をみだりに—な

疎水《そすい》 「疏水」とも。 ―運河 琵琶湖(びわこ)の―
素数《そすう》 一と自数以外約数のない数。三、五など。
粗製《そせい》 ―乱造のそしりを免れない ―品
組成《そせい》 液体の―を調べる
塑性《そせい》 圧力で変形する性質。―変形と加工
蘇生《そせい》 雨で庭木が―した 三日後に―する
租税《そぜい》 ―を納める ―を賦課する
礎石《そせき》 ―だけ残っている古寺 国家の―を築く
祖先《そせん》 ―からの教え ―崇拝の念が厚い
楚々《そそ》 さっぱり。―たる美人 ―とした姿
阻喪《そそう》 「沮喪」とも。敗戦と聞いて意気―する
粗相《そそう》 たいへん―いたしました ―をわびる
塑像《そぞう》 ―を出品する 妻をモデルにした―
注《そそ》ぐ 海に―川 器に水を― 教育に力を―
鼠賊《そぞく》 小ぬすびと。こそどろ。―が横行する 盗み
嗾《そそのか》す 未成年者を― 盗みを―
漫《そぞ》ろ ―哀れを感じる 気も―になる ―歩き
粗朶《そだ》 ―を束ねる ―をそろえる ―を燃やす
育《そだ》つ 貧乏な家に― 寝る子は―
措置《そち》 事件は適宜―する 応急― 移行―
粗茶《そちゃ》 ―ですが一つどうぞ ―をいかがですか
其方《そちら》 「其処・其地」とも。―に行きます
訴追《そつい》 裁判官を―する 罷免の―
疎通《そつう》 「疏通」とも。意思の―を図る 水流の―
足下《そっか》 あしもと。―に注意 手紙の脇付(わきづけ)。
俗化《ぞっか》 観光客がふえて―する ―を憂える
俗間《ぞっかん》 世間。―の信仰 ―に言われていること
属官《ぞっかん》 下役。大臣は―を伴って出張する
速記《そっき》 ―を習う ―を取る ―を付ける ―録
速急《そっきゅう》 「即急」とも。解決は―を要する
卒去《そっきょ》 死去。突然―の報に接し
即興《そっきょう》 ―の句 ―の歌を吟じた ―曲
卒業《そつぎょう》 高校を―する ―論文 ―式 ―生
俗曲《ぞっきょく》 三味線(しゃみせん)に合わせて―を歌う
即金《そっきん》 ―で支払う ―で納める ―割引
側近《そっきん》 ―の意向を聞く 皇太子の― ―政治
即決《そっけつ》 面談の上―する ―裁判
速決《そっけつ》 ―を避ける ―を戒める
即効《そっこう》 ―薬を飲む とくに―がある
速効《そっこう》 この肥料は―がある ―肥料 ―と遅効
続行《ぞっこう》 会議は―する 雨天のため試合―は不能
測候所《そっこうじょ》 ―で気象観測をする
即刻《そっこく》 事件を聞いて―帰京した ―中止せよ
属国《ぞっこく》 英国の―
率爾《そつじ》 軽率。失礼。―ながら物を伺います
率先《そっせん》 ―して範を示す 指導者は―実行する
卒然《そつぜん》 だしぬけ。―として退場する
率然《そつぜん》 軽率。―たる行為を戒める
其方《そっち》 「其処・其地」とも。―のけ ―はどうだ
卒中《そっちゅう》 父は―で倒れた ―脳―
率直《そっちょく》 「卒直」とも。―に意見を述べる
卒倒《そっとう》 講演中に―した なぐられて―する
反歯《そっぱ》 ―を矯正する ―の目立つ男
袖《そで》 着物の― 机の― ―にする ―の下
蘇鉄《そてつ》 暖かい地方に育ち、大きい羽状の葉の―
素読《そどく》 読み方だけを教わって読む。論語の―
外法《そとのり》 箱などの外側の寸法。―と内法(うちのり)
卒塔婆《そとば》 ―を建てて供養する
外濠《そとぼり》 城の―でボートをこぐ ―を埋める
外回《そとまわ》り 「外廻り」とも。―の仕事 ―を掃く
備《そな》える 万一に― 老後に― 調度品を―
備《そな》える 「具える」とも。―持つ。力を―
供《そな》える 霊前に花を―
磯馴松《そなれまつ》 海岸の―
嫉《そね》む 成功者を― 競争相手を―
園《その》 「苑」とも。―の梅 桜の―
其《その》 ―もの ―人 ―他 ―うち ―筋 ―後
園生《そのう》 庭園。竹の― 学びの―
側《そば》 親の―を離れる 聞く―から忘れる
蕎麦《そば》 ―の白い花 ―がら ―粉 ―ざる―

雀斑《そばかす》 —の顔の女 —を白粉《おしろい》で隠す
峙《そばだ》つ —岩山 海岸には高い崖《がけ》が—
欹《そばだ》てる 隣室の話し声に耳を—
側杖《そばづえ》 あいにくそこにいたので—を食う
聳《そび》える 雲に—山 富士山が高く—
素描《そびょう》 「粗描」とも。デッサン。画帳に—する
粗品《そひん》 「そしな」とも。ほんの—ですが —呈上
祖父《そふ》 上京してきた— 母方の—
素振《そぶ》り 怪しい—の男 —でわかる
祖母《そぼ》 いなかの— 目も耳も達者な—
粗放《そほう》 「疎放」とも。 —と集約 —農業
粗暴《そぼう》 —な行動 ことばが—である
素封家《そほうか》 財産家。地方の—の娘
素朴《そぼく》 「素樸」とも。 —な性質 —な考えを言う

杣《そま》 きこり。 —の通る細い道
粗末《そまつ》 —な品 お—さま 親を—にするな
疎密《そみつ》 計画の—を修正する 質の—
背《そむ》く 約束に— 信頼に— 法律に—
叛《そむ》く むほん。主人に— 本国に—
染《そ》める 布地を— 頬《ほお》を— 夕日が山を—
梳毛《そもう》 梳《す》いてそろえた獣毛。 —糸
抑々《そもそも》 —この会の目的は その考えが—変だ
粗野《そや》 —なふるまい 服装が—だ
素養《そよう》 お茶の—がある 深い—のある人
戦《そよ》ぐ 風に—芦《あし》 竹の葉がざわざわと—
空《そら》 青い— —を飛ぶ うわの— —で言う
空言《そらごと》 うそ。 —を言う
空事《そらごと》 作り事。この歌は全くの—です 絵—

空寝《そらね》 —をして聞かないふりをしている
蚕豆《そらまめ》 「空豆」とも。 —を塩ゆでにする
空耳《そらみみ》 ベルが鳴ったと思ったのは—だった
諳《そら》んじる 歴史年表を— お経を—
反《そり》 —を打っている板 彼とは—が合わない
橇《そり》 —に乗って雪原を行く 馬—
反身《そりみ》 —になって物を言う —の姿勢
粗略《そりゃく》 「疎略」とも。 —な扱いをする
素粒子《そりゅうし》 電子・陽子・中間子など。
疎林《そりん》 山すその—を抜けて道は登りに掛かる
反《そ》る 後ろに— 板が—
剃《そ》る ひげを— 頭を—
其《それ》 —とこれ —より
某《それがし》 —は旅の僧でござる 友人—は九州の人

外《そ》れる 「逸れる」とも。投球が— わきに—
疎漏《そろう》 —な仕事 たいそう—をいたしました
揃《そろ》う 人が— 道具が— 形が— 足並みが—
算盤《そろばん》 「十露盤」とも。 —ずく —をはじく
損益《そんえき》 —の計算 —勘定 —計算書 —表
損壊《そんかい》 建造物を—する
損害《そんがい》 —を与える 台風による— —の補償
存外《ぞんがい》 出席者は—多かった —なことが起こる
尊顔《そんがん》 ご—を拝して光栄に存じます
損気《そんき》 短気は—
尊敬《そんけい》 先生を—する —の念をいだく —語
尊厳《そんげん》 人格の—を保つ —な態度で人に接する
存在《そんざい》 会社にとって貴重な—です —を認める
損失《そんしつ》 大きな—を被る —を補償する

損傷《そんしょう》 建物に—を受ける 器物を—する
尊称《そんしょう》 —の意味のニックネームもある
損色《そんしょく》 「遜色」とも。少しも—のない作品
損《そん》じる 気分を— 父のきげんを—
存《ぞん》じる けっこうと存じます
尊崇《そんすう》 偉人を—する —の念が厚い
存《そん》する 記憶に—こと 旧態を—
損《そん》する こんなに安く売っては—
存続《そんぞく》 母校の—を運動する 制度が—する
尊属《そんぞく》 —と卑属 直系— —殺人
尊大《そんだい》 彼はいつも—にふるまう —な態度
忖度《そんたく》 他人の心中を推し量る。意向を—する
存置《そんち》 現行の制度を—する
尊重《そんちょう》 伝統を—する —すべき遺風

損得《そんとく》 商売人は―勘定で動く 結局は―なし
存廃《そんぱい》 法律の―を検討する 旧制度の―を論じる
存否《そんぴ》 在庫品の―を確かめる 友人の―を問う
尊卑《そんぴ》 身分の―は問わない ―の別なく
尊父《そんぷ》 ご―さまはお元気でいらっしゃいますか
村夫子《そんぷうし》 村の物知り。―然として
存分《ぞんぶん》 ―に論じる ―に使ってください
存亡《そんぼう》 国の―を憂える 危急―のとき
尊名《そんめい》 ご―をお聞かせください
存命《ぞんめい》 祖父はまだ―しています 故人―中は
損耗《そんもう》 機械の―が激しい 車のタイヤが―する
村落《そんらく》 平野には―が分散する ―共同体
存立《そんりつ》 国家の―があやぶまれる
損料《そんりょう》 ―を払って借りる 道具の―

た

他《た》 ―の国 自―共に許す ―に移る
多《た》 労を―とする
田《た》 ―を耕す ―に水を引く
体《たい》 名は―を表わす 踊りが―を成している
対《たい》 ―で話す 五―三で勝つ
隊《たい》 十人ずつ―を組む ―の責任者
他意《たい》 わたしには別に―はありません
鯛《たい》 腐っても― 海老(えび)で―を釣(つ)る
代《だい》 お―は幾ら ―が替わる 親の―から
台《だい》 ―に載せる 木で―を作る
題《だい》 この文に―を付けてください
体当《たいあた》り 敵艦に―する ―して相手を倒す
大安《たいあん》 六曜の一。―吉日 ―の結婚式
対案《たいあん》 対抗する案。―を練る
代案《だいあん》 代りの案。―を出す
大意《たいい》 次の文の―を百字以内で述べよ
体位《たいい》 青少年の―の向上に努める
題意《だいい》 次の文の―を考えよ
体育《たいいく》 国民―大会 ―の日 ―科の先生
退院《たいいん》 全快して近く―する ―の許可が出る
代印《だいいん》 課長が不在なので―しておきます
太陰暦《たいいんれき》 陰暦。太陽暦と―
題詠《だいえい》 歌会では―が多い ―と即詠
退嬰的《たいえいてき》 ―な気風
退役《たいえき》 ―してゆうゆう自適する ―軍人
対応《たいおう》 ―する弧 ―する勢力 ―手段
体温《たいおん》 ―が下がる ―計 ―を調節する
大音声《だいおんじょう》 ―で名のる ―で呼ぶ
大家《たいか》 経済学の― 堂々たる―の風格がある
大過《たいか》 ―なく勤める ―なく任期を終えた
退化《たいか》 進化するどころか―するおそれがある
耐火《たいか》 ―建築が進歩する ―れんがを使用する
滞貨《たいか》 「滞荷」とも。―を一掃する
代価《だいか》 ―を支払う 購入した書物の―
大概《たいがい》 ―だいじょうぶだ いたずらも―にしろ
対外《たいがい》 ―関係を重視する ―援助 ―政策
体格《たいかく》 ―のよいこども ―検査を受ける
退学《たいがく》 非行生徒を―させる ―処分
対角線《たいかくせん》 正方形の― ―を引く
大喝《だいかつ》 彼が―すると賊は逃げ出した ―一声
大観《たいかん》 世界情勢を―する 業界を―する
大鑑《たいかん》 全部を解説した本。書道― 将棋―
退官《たいかん》 定年で―する ―後は郷里に帰る
耐寒《たいかん》 ―訓練 ―マラソン競走
大願《たいがん》 ―を立てる ―成就のお礼参り
対岸《たいがん》 川の― ―の火災視する
戴冠式《たいかんしき》 英国王の―に参列した
大気《たいき》 煤煙(ばいえん)で―が汚染される ―圏 ―圧
大器《たいき》 将来の―と期待される ―晩成型の人間
待機《たいき》 ―の姿勢でいる ―命令が出た 自宅―
大義《たいぎ》 ―名分を重んじる ―親(しん)を滅す
大儀《たいぎ》 国家の―に参列する 立ちづめで―だった
代議士《だいぎし》 山口県選出の―
退却《たいきゃく》 敵の攻撃を受けて―する 総―

耐久《たいきゅう》 スキーの―競走　若者は―力がない
代休《だいきゅう》 休日出勤したので―を取ります
大挙《たいきょ》 ―して上京する　―来襲する
退去《たいきょ》 広場から―する　―命令を出す
胎教《たいきょう》 妊婦の胎児に対する教育。
滞京《たいきょう》 父は十日ほど―して帰りました
大業《たいぎょう》 建国の―に参加する　―を成就する
怠業《たいぎょう》 サボタージュ。―戦術を採る
大局《たいきょく》 ―を見通す　―的見地に立つ
対局《たいきょく》 名人位挑戦(ちょうせん)の―　名人と―する
代金《だいきん》 ―を支払う　―は前払　食事の―
体軀《たいく》 堂々たる―　たくましい―をした男
大工《だいく》 ―に家の修理を頼む　腕のよい―
対空《たいくう》 ―砲火　―ミサイル　―射撃

滞空《たいくう》 ―記録　―時間では新記録が出る
待遇《たいぐう》 ―改善　―がよい　部長―
退屈《たいくつ》 休みの日は―で困っています　―しのぎ
大軍《たいぐん》 ―を率いて進む　敵の―を破る
大群《たいぐん》 蝗(いなご)の―に襲われる
大計《たいけい》 国家百年の―を立てる
大慶《たいけい》 重役にご就任―至極に存じます
大系《たいけい》 シリーズ。世界文学―　―本をそろえる
体系《たいけい》 システム。学問を―付ける　―的な考え
体形《たいけい》 フォーム。―がくずれる
体型《たいけい》 タイプ。―に合わせる　標準―
隊形《たいけい》 攻撃の―を取る　―を整える
体刑《たいけい》 ―を科する　―を加えた上級生
台形《だいけい》 二辺だけ平行な四辺形。梯形(ていけい)。

対決《たいけつ》 法廷で―する　資本家と労働者の―
大圏《たいけん》 ―航路の船　―コースで飛ぶ
体験《たいけん》 三十年の―を語る　結婚生活の―
大言《たいげん》 ―を吐く　―壮語する
体現《たいげん》 自分の思想を―する　理想を―する
代言《だいげん》 本人に代わって―する　三百―
太古《たいこ》 ―には人々は穴居していた　―の遺物
太鼓《たいこ》 ―を打つ　―をたたく　―判　―結び
大悟《たいご》 悟って迷いがなくなる。―徹底する
隊伍《たいご》 ―を組む　―を整える　―堂々と行進
太閤《たいこう》 前関白。―秀吉(ひでよし)　―記
大綱《たいこう》 論説の―を説明する　計画の―を発表する
対向《たいこう》 ―の車と正面衝突する　―列車
対抗《たいこう》 第三者に―する　大学―野球　―馬

対校《たいこう》 学校対学校。―野球試合
退校《たいこう》 不正行為をして―処分になった
乃公《だいこう》 おれ。おれさま。―出(い)でずんばの気概
代行《だいこう》 総裁の事務を―する　学長―　申請―人
代講《だいこう》 病気で休んだ教授の―を勤める
太公望《たいこうぼう》 釣糸(いと)をたれる―
大黒《だいこく》 七福神の一。大黒天。―頭巾(ずきん)　―柱
醍醐味《だいごみ》 釣(つり)の―を味わう
大根《だいこん》 ―を抜く　―を刻む　―おろし　―役者
対座《たいざ》 「対坐」とも。来客と―する
台座《だいざ》 ―の上に立つ仏像
滞在《たいざい》 二週間―する　―中の客　―期間
題材《だいざい》 歴史に―を求める　小説の―となる
対策《たいさく》 ―を立てる　―を練る　―を協議する

退散《たいさん》 大声を立てたら賊が―した
大山《たいざん》 ―鳴動(めいどう)して鼠(ねずみ)一匹
泰山《たいざん》 ―の安きに置く　―北斗
代参《だいさん》 父が病気なので子が不動さまに―する
泰山木《たいさんぼく》 白い大きな花の咲く―
大志《たいし》 少年よ―をいだけ
対持《たいじ》 「対峙」とも。両軍が―する
退治《たいじ》 悪者を―する　鬼―　鼠(ねずみ)―
胎児《たいじ》 ―の性別　―に感染する
大師《だいし》 高僧に贈る称号。とくに弘法大師。
大姉《だいし》 婦人の戒名に付ける称号。
台紙《だいし》 写真を―に張る　厚い―
大事《だいじ》 ―に至る　―の前の小事　―を執る
題字《だいじ》 先生から著書の―をいただく　石碑の―

た

題辞《だいじ》 書物の―を頼まれる
体質《たいしつ》 虚弱な―　―改善を図る
大赦《たいしゃ》 恩赦の一。特定の罪を許す。
代謝《たいしゃ》 世の中は新陳―する　―作用
大蛇《だいじゃ》 ―に襲われる　―にのまれる
貸借《たいしゃく》 ―関係　貸―　―対照表
帝釈天《たいしゃくてん》 インドの神の名。
大車輪《だいしゃりん》 鉄棒の―　―の活躍
大衆《たいしゅう》 一般の―　―文学　―闘争　―路線
体臭《たいしゅう》 ―の強い人　強烈な―
体重《たいじゅう》 ―がふえる　―を量る
退出《たいしゅつ》 御前を―した　会社から―する
対処《たいしょ》 事件に―する　要求に―する
代書《だいしょ》 本人に代わって―する　―屋

大将《たいしょう》 陸軍―　お山の―　おい―どうした
対象《たいしょう》 高校生を―とした書物　調査の―
対照《たいしょう》 原文と―する　―表　―的
対称《たいしょう》 ―の位置にある　―図形　―代名詞
対償《たいしょう》 労働の―として支払う賃金
対症《たいしょう》 病状に応じて―療法をする
隊商《たいしょう》 さばくを行く―
退場《たいじょう》 騒いだので―させられる　入場と―
代償《だいしょう》 ―を払う　高い―に付いた
大上段《だいじょうだん》 ―に構える
大乗的《だいじょうてき》 ―見地に立つ
退色《たいしょく》 「褪色」とも。日にさらされて―する
退職《たいしょく》 定年で―する　―願を出す　依願―
対蹠的《たいしょてき》 正反対。―な考え方

耐震《たいしん》 日本は―建築の研究が進んでいる
対人《たいじん》 ―関係　―問題　―折衝
対陣《たいじん》 上杉勢と武田勢が川中島で―した
退陣《たいじん》 形勢不利と見て―した　前社長一派の―
代診《だいしん》 院長が不在で―が診察する
大臣《だいじん》 内閣総理―　法務―　―官房
大尽《だいじん》 村のお―　―遊びをする　―風を吹かす
大神宮《だいじんぐう》 伊勢(いせ)の―　―のお札
大豆《だいず》 肥料用の―　―かす　輸入された―
耐水《たいすい》 ―性の建築材料　―テスト
対する《たいする》 社会に―心構え　共同で敵に―
体する《たいする》 先生のおことばを体して　意を―
帯する《たいする》 腰にピストルを帯して警備する
題する《だいする》 著書に―して…と―詩

大成《たいせい》 学問を―する　実業家として―した
大勢《たいせい》 天下の―を論じる　選挙結果の―が判明
退勢《たいせい》 「頽勢」とも。―を挽回(ばんかい)する
体制《たいせい》 受入れの―を整える　資本主義の―が確立
態勢《たいせい》 本土決戦の―を執る　積極―　受身の―
体勢《たいせい》 不利な―　逃げの―　―を立て直す
対生《たいせい》 葉が―している　―と互生
胎生《たいせい》 ―と卵生　―の動物　哺乳類(ほにゅうるい)は―する
泰西《たいせい》 西洋。―の文化　―の名画を鑑賞する
大西洋《たいせいよう》 ―を横断する　北―
体積《たいせき》 立方体の―を計算する　箱の―
堆積《たいせき》 庭に落ち葉が―している　―平野　―物
滞積《たいせき》 郵便物が―する　―した事務
大切《たいせつ》 ―なお金　―にしまう　御身お―に

泰然《たいぜん》 ―として構える　―自若
大層《たいそう》 ―美しい　―疲れたなことを言う
大葬《たいそう》 天皇および皇后の葬儀。
体操《たいそう》 美容―　―競技　徒手―　―の先生
退蔵《たいぞう》 しまっておく。―された資料　―物資
怠惰《たいだ》 ―な生活を送る　―を戒める
大体《だいたい》 事件の―について　―よろしい
大腿《だいたい》 太もも。―部　―骨を折る
代替《だいたい》 ―バス　―輸送　―地
橙《だいだい》 ―は正月の飾りに使う　―色
対談《たいだん》 文相が東大総長とテレビで―する
大胆《だいたん》 ―不敵な行動を執る　―なやり口
大団円《だいだんえん》 終り。―を告げる
台地《だいち》 ―に家を建てる　武蔵野(むさしの)―　溶岩―

退庁《たいちょう》　―時間の混雑　登庁と―
退潮《たいちょう》　景気は―の傾向だ　保守勢力が―する
台帳《だいちょう》　図書―を備える　土地―を閲覧する
大抵《たいてい》　―はだいじょうぶだ　―なことはこらえる
退廷《たいてい》　裁判長は傍聴人の―を命じた
大典《たいてん》　重大な儀式。大儀。―に参列する
泰斗《たいと》　泰山北斗。その道の大家。学界の―
態度《たいど》　謹厳な―　きみの―がよろしくない
台頭《たいとう》　「擡頭」とも。革新勢力が―する
対等《たいとう》　日米―の交渉　社長と―で物を言う
駘蕩《たいとう》　のどか。春風―
大道《たいどう》　―すたれて仁義あり　天下の―
胎動《たいどう》　胎児が―する　民主主義の―を感じる
帯同《たいどう》　全権は随員を―して赴任する

大同《だいどう》　―小異の改革案　保守勢力の―団結
大道《だいどう》　―易者　―芸人　―商人
大統領《だいとうりょう》　―の選挙　―官邸
体得《たいとく》　技術の―に努める　筆の使い方を―する
胎毒《たいどく》　胎内で受ける病毒。―下し
代読《だいどく》　区長の祝辞を―する　議員
体内《たいない》　からだの中。―の毒を出す
胎内《たいない》　この子が―にいるとき　―くぐり　―仏
大任《たいにん》　内閣総理大臣の―を果たす
退任《たいにん》　取締役を―する　任期満了で―する
滞納《たいのう》　「怠納」とも。税の―　月謝を―する
大破《たいは》　不時着の際機体が―した
大杯《たいはい》　「大盃」とも。―を傾ける　―を干す
退廃《たいはい》　「頽廃」とも。―的なムード

体罰《たいばつ》　現今の教育では―を禁じている
大半《たいはん》　―の生徒は進学する　社員の―は女子です
胎盤《たいばん》　胎児に栄養を補給する―　前置―
大盤石《だいばんじゃく》　国家の基礎は―です
対比《たいひ》　両者を―して研究する　―的に論じる
堆肥《たいひ》　草を刈って―を作る　―のにおいがする
退避《たいひ》　校庭に―する　―命令　―訓練
待避《たいひ》　急行列車を―する　左側に寄って―
貸費《たいひ》　月額五千円を―する　―生
大尾《たいび》　終り。終局。結末。
代筆《だいひつ》　主人病気につきわたくしが―いたします
大兵《たいひょう》　からだが大きい。―肥満な男
代表《だいひょう》　全社員を―する　―取締役　―作
大部《たいぶ》　冊数が多い。相当―になる　―の書物

大分《だいぶ》　彼は―おかんむりらしい　家は―できた
大風《たいふう》　―一過(いっか)秋晴れの好天となる
台風《たいふう》　「颱風」とも。―が発生する　―の目
耐風《たいふう》　風に強い。―建築
大福帳《だいふくちょう》　商店の旧式な帳簿。
大部分《だいぶぶん》　受験者の―が合格する
太平《たいへい》　「泰平」とも。天下―を喜ぶ　―ムード
太平洋《たいへいよう》　―を横断する　南―
太平楽《たいへいらく》　いつも―を並べている
大変《たいへん》　―だ　―なことをした　―失礼しました
代弁《だいべん》　課長は社長の―をしているにすぎない
退歩《たいほ》　努力しなければ―する　進歩と―
逮捕《たいほ》　犯人を―する　―状を用意する
大砲《たいほう》　―の音がとどろく　―を撃つ

耐乏《たいぼう》　―生活を続ける　国民に―をしいる
待望《たいぼう》　英雄の出現を―する　―の雨が降った
台本《だいほん》　テレビドラマの―　映画の―
大麻《たいま》　大神宮の―を配る　麻薬の―を密輸する
大枚《たいまい》　多額の金銭。―一万円の万年筆
瑇瑁《たいまい》　熱帯の海に多い大きな亀(かめ)。
松明《たいまつ》　「炬火」とも。―をかざして進む　―行列
怠慢《たいまん》　部下の―をしかる　処置が―である
大名《だいみょう》　譜代―と外様(とざま)―　―旅行　―暮し
大命《たいめい》　組閣の―が下る
待命《たいめい》　新任地決定まで―せよ　―休職
代名詞《だいめいし》　名詞と―　乱暴者の―
体面《たいめん》　役所の―にかかわる問題　―を重んじる
対面《たいめん》　別れていた親子が―する　―交通を守る

大望《たいもう》 ―を成就する ―をいだく
題目《だいもく》 論文の―を決める お―を唱える
逮夜《たいや》 忌日や命日の前夜。―に多くの人が来る
大厄《たいやく》 男は四十二歳、女は三十三歳を―という
大役《たいやく》 部長の―をおおせつけられる
大約《たいやく》 ―を説明する ―百万円の予算
代役《だいやく》 主役が急病のため彼が―を勤めた
貸与《たいよ》 奨学金を―する 建築資金―規則
大洋《たいよう》 ヨットで―を航海する ―で漁をする
太陽《たいよう》 真夏の― ―光線 ―暦 心の―
大要《たいよう》 事件の―を述べる ―以上のようです
態様《たいよう》 ありさま。勤務の― 災害の―
代用《だいよう》 別のもので―する ―品 ―教員 ―食
耐用年数《たいようねんすう》 機械の―

大欲《たいよく》 「大慾」とも。―は無欲に似たり ―非道
平《たい》ら 地面を―にする ―な水面
台覧《たいらん》 貴人が見ること。―に供する
内裏《だいり》 京都御所の― お―さま ―雛(びな)を飾る
代理《だいり》 ―店 支店長―
大陸《たいりく》 アジア― ―を横断する ―性気候
大理石《だいりせき》 ―の床 ―の美しい柱
対立《たいりつ》 両派の―が激しい ―する論点 ―状態
大略《たいりゃく》 事件の―を報告する ―以上です
対流《たいりゅう》 水を熱すると―が起こる ―圏
滞留《たいりゅう》 打合せのため大阪に―する
大量《たいりょう》 ―の物資を輸送する ―生産
大漁《たいりょう》 港は―の喜びにわく ―旗
大輪《たいりん》 ―の朝顔 ―の花を咲かせる

台臨《たいりん》 皇后・皇族の臨席。妃殿下のご―を仰ぐ
隊列《たいれつ》 ―を組んで行進する ―を離れる
退路《たいろ》 敵の―を絶つ 本隊の―を切り開く
対話《たいわ》 師弟間に―が欠ける 親子で―する
妙《たえ》 ―なる楽の音(ね) ―なる調べ
唾液《だえき》 ―でも血液型がわかる ―をのみ込む
耐《た》える 持久。苦しみに― 重圧に―
堪《た》える 可能。鑑賞に― 任に―
絶《た》える 息が― 望みが― 連絡が―
断《た》える 中断。補給路が― 線が― 水が―
楕円《だえん》 長円。―の軌道 ―形
倒《たお》す 棒を― 木を― 相手を― 借金を―
手弱女《たおやめ》 たおやかな若い女。
手折《たお》る 花を― 枝を―

倒《たお》れる 風で木が― 出先で― 会社が―
倒《たお》れる 「斃れる」とも。凶弾に―
多寡《たか》 売れ行きの―を論じない
高《たか》 相当の―だ ―が知れる ―をくくる
鷹《たか》 ―の鋭い目 ―狩り ―を飼いならす
箍《たが》 桶(おけ)の― 竹の― ―がゆるむ
他界《たかい》 前社長は昨年―した
互《たが》い ―に譲り合う お―仲よくする
打開《だかい》 局面を―する 現政局の―を考える
違《たが》う 慣例に― 約束が― 期待に―
多角《たかく》 ―形 ―経営 ―的に考える
多額《たがく》 ―の利益 ―の寄付をする
高砂《たかさご》 謡曲の曲名。披露宴(ひろうえん)で―をうたう
駄菓子《だがし》 こども相手に―を売る

高潮《たかしお》 台風の通過するときは―を警戒せよ
蛇蝎《だかつ》 蛇(へび)と蝎(さそり)。―のごとくきらわれる
打楽器《だがっき》 太鼓・木琴・シンバル等。
高手小手《たかてこて》 ―に縛る
高飛《たかと》び 人を殺して―した ―寸前を捕える
高値《たかね》 品不足で―を呼ぶ ―と安値
高根《たかね》 「高嶺」とも。富士の―を仰ぐ ―の花
鏨《たがね》 金属や石を彫る―
高飛車《たかびしゃ》 ―な態度 ―に出る
高《たか》ぶる 高ぶっている態度 おごり―
高《たか》ぶる 「昂ぶる」とも。神経が― 胸が―
耕《たがや》す 田を― 畑を― 農夫汗水たらして―
宝《たから》 国の―ともいうべき人物 ―捜し ―船
集《たか》る 蟻(あり)が― 不良に集られる

多感《たかん》 ―な青春期の少女 多情―
兌換《だかん》 ―紙幣 昔は金貨に―できた
多岐《たき》 ―にわたる 複雑― ―亡羊
滝《たき》 ―の音 ―に打たれる 華厳《けごん》の―
多義《たぎ》 一つのことばでも―にわたる ―語
唾棄《だき》 きらって相手にしない。―すべき行為
惰気《だき》 現代は―がみなぎっている ―満々
薪《たきぎ》 庭木の枝を切って―にする ―をくべる
炊出《たきだ》し 被災者の―に当たる 難民に―する
滝壺《たきつぼ》 ―に落ちる
焚火《たきび》 庭で―をする ―に当たって暖を取る
他郷《たきょう》 ―にさまよう ―の人 ―に働きに出る
妥協《だきょう》 会社側に―する ―案を出す
宅《たく》 明日お―に伺います ―は出張中です

卓《たく》 ―を囲んで語る ―を並べる
炊《た》く 飯を― かまどで炊いたご飯はおいしい
焚《た》く 火を― 落ち葉を― 枯草を― ふろを―
薫《た》く 「炷く」とも。香を―
駄句《だく》 ―をろうする ―をひねる
抱《だ》く こどもを― 胸に荷物を―
沢庵《たくあん》 ―でお茶づけをかっ込む
類《たぐ》い ―まれな書物 酒の―の飲料
諾意《だくい》 ―を伝える ―を得る ―を表する
択一《たくいつ》 一つを選ぶ。二者― ―的
卓越《たくえつ》 ―した技量 手腕が他の人々に―する
濁音《だくおん》 ―はバである 清音と― 半―
沢山《たくさん》 ―の菓子がある どうぞ―召し上がれ
託児所《たくじしょ》 ―にこどもを預ける

濁酒《だくしゅ》 にごりざけ。どぶろく。清酒と―
卓上《たくじょう》 ―に花を飾る ―電話 ―日記
拓殖《たくしょく》 荒れ地を―する ―事業
宅診《たくしん》 午前は―午後は往診 日曜も―しています
託《たく》す こどもに夢を― 希望を未来に―
託《たく》する 「托する」とも。寄せる。柱に身を―
卓説《たくせつ》 名論―を聞く 先生の―を拝聴したい
卓絶《たくぜつ》 ―した技量 ―した意見 ―した芸術品
託宣《たくせん》 神仏の―を信じる 満願の夜のお―
託送《たくそう》 寝具を―する ―の手荷物
諾々《だくだく》 指示に―として従う 唯々《いい》―
宅地《たくち》 ―を造成する 三百平方メートルの―
濁点《だくてん》 「は」に―を打つと「ば」になる 半―
托鉢《たくはつ》 僧尼が施しを求めて回る。―する僧

卓抜《たくばつ》 ―な論 ―した才能
諾否《だくひ》 ―を問う ―の返事をください
拓本《たくほん》 歌碑や句碑の―を採る
逞《たくま》しい ―身体 ―若者 ―食欲
巧《たく》み ―にこなす ―なわざ ―さのない文章
工《たく》む 工まぬ文章
企《たくら》む 悪事を― 人を殺そうと―
濁流《だくりゅう》 ―に押し流される さか巻く―
手繰《たぐ》る 綱を手元に― 棒を手繰り寄せる
卓論《たくろん》 ―高説を聞く 大臣の―を伺いたい
貯《たくわ》える 結婚資金を― 食糧を―
蓄《たくわ》える 養う。力を― ひげを―
丈《たけ》 身の―二メートル余 ―の高い木 ―比べ
竹《たけ》 ―の節 ―を割ったような性格 ―の秋

多芸《たげい》 ―多才 ―多趣味 ―な人 ―は無芸
打撃《だげき》 敵に―を与える 精神的―を受ける
猛々《たけだけ》しい ―形相《ぎょうそう》の男
妥結《だけつ》 交渉が―する この条件で―しよう
竹筒《たけづつ》 ―で作った花器 ―に入れた酒
酣《たけなわ》 「闌」とも。今や春― 宴―なとき
筍《たけのこ》 雨後の― ―飯 ―生活
竹藪《たけやぶ》 裏の―から竹を切り出す
竹槍《たけやり》 婦女子も―を執って戦う覚悟
猛《たけ》る あばれる。―プロレスラー 波が―
哮《たけ》る 荒々しくほえる。哮り狂う虎《とら》
長《た》ける 才長けた女性 秋が―
多元《たげん》 ―放送 ―方程式 ―論
多言《たげん》 ―を要しない ―は失言のもと

凧《たこ》 「紙鳶」とも。正月には—を揚げる 絵—
蛸《たこ》 「鮹・章魚」とも。—の足 ゆで—
胼胝《たこ》 指に—ができた 足の裏の— ペン—
多幸《たこう》 貴君のご—を祈る —な一生を閉じた
蛇行《だこう》 川が—する —して進む行列
蛸配《たこはい》 利益がないのに行なう配当。
他言《たごん》 「たげん」とも。このことは—するな
多彩《たさい》 —な活動をたたえる —な催しがある
駄作《ださく》 ほんの—ですがお読みください
他殺《たさつ》 自殺か—か —と判定する —死体
打算《ださん》 —で動く —的に物を考える
他山《たざん》の石《いし》 もって—とする
足《た》し こづかいの—とする 何の—にもならない
多事《たじ》 —多端なおりから —多難なこのごろ

他事《たじ》 —ながらご安心ください
山車《だし》 祭礼の飾り車。—を引く
確《たし》か 当選は—だ —に受け取った —な証拠
慥《たし》か —去年の夏だった —もらったはずだ
多士済々《たしせいせい》 —の人選
多事多端《たじたたん》 —のおり
他日《たじつ》 検討は—に譲ろう —の機会にぜひまた
嗜《たしな》む 酒を— お茶を— 俳句をいささか—
窘《たしな》める 母が娘の行儀の悪いのを—
但馬《たじま》 旧国名、兵庫県の北部。
多謝《たしゃ》 ご協力を—します 盲言—
惰弱《だじゃく》 「懦弱」とも。—な気風がある —な青年
駄洒落《だじゃれ》 —を飛ばす —を言う
多種《たしゅ》 品物は—にわたる —多様な標本

舵手《だしゅ》 兄はボートの—をしている
多少《たしょう》 金額の—は論じない 傷はまだ—痛む
他生《たしょう》 袖《そで》触れ合うも—の縁
多祥《たしょう》 多幸。貴家のご—を祈ります
多情《たじょう》 —な青春時代 —多恨 —多感
打診《だしん》 医者が患者を—する 相手の意向を—する
足《た》す 一—一 用を— 何の足しにもならない
多数《たすう》 敵は—を頼む —決 —の人 —と少数
襷《たすき》 —を掛けて働く —掛けで手伝う
助《たす》ける 命を— おぼれている人を—
助《たす》ける 「援ける」とも。援助。不幸な友を—
助《たす》ける 「扶ける」とも。夫婦が互いに—
助《たす》ける 「輔ける」とも。補佐。社長を—
携《たずさ》える 互いに手を— 本を— 食糧を—

尋《たず》ねる 道を— 先生に— 不明な点を—
尋《たず》ねる 「訊ねる」とも。尋問。事情を—
訪《たず》ねる 友を— —人がいない
堕《だ》する 堕落。ぜいたくに— —悪の道に—
多勢《たぜい》 —に無勢《ぶぜい》ではとても勝ちめはない
惰性《だせい》 —が付く —で事が行なわれる
黄昏《たそがれ》 —の町 —時はもの悲しい
蛇足《だそく》 —ですが一言注意します
多々《たた》 不満な点が—ある —ますます弁ずる
只《ただ》 —では済まない —の人 —でもらう
唯《ただ》 —幸福を祈るだけです —一目会いたい
駄々《だだ》 こどもが—をこねる —っ子
多大《ただい》 —な収穫があった —な損害を受ける
堕胎《だたい》 妊娠中絶。胎児を—する —手術

只今《ただいま》 —すぐに伺います —参上します
称《たた》える 功を— 業績を—
湛《たた》える 美しい水を—湖 えみを— 涙を—
戦《たたか》う 戦争。競技。敵と— 甲子園で—
戦《たたか》う 「闘う」とも。労使間で— 寒さと—
三和土《たたき》 —にげたを脱ぐ
叩《たた》く 戸を— 太鼓を— 意見を— 値を—
拍《たた》く 拍手。手を—
只事《ただごと》 これは—ではない
但《ただ》し 何をしてもよい—他人に迷惑を掛けるな
正《ただ》しい —答え —行い —姿勢 礼儀—
但書《ただしがき》 契約書の最後に—を付ける
正《ただ》す あやまちを— 名を— 襟《えり》を—
質《ただ》す よく理解できない個所を— 真意を—

糾《ただ》す 「糺す」とも。罪を— 疑いを— 出所を—
佇《たたず》む 町角にしばらく— 橋の上に—
直《ただ》ちに —出発する 裏は—川に接している
只中《ただなか》 まっ—に飛び込む 戦争の—に
啻《ただ》ならぬ —情勢
只《ただ》乗《の》り 電車の—が見付かる
畳《たたみ》 —を敷く —の上に横になる —表(おもて)
畳《たた》む 着物を— 店を— 胸に— 畳み掛ける
只者《ただもの》 あいつは—ではない
漂《ただよ》う 重苦しい空気が— 波のまにまに—
祟《たた》る 神仏の霊が— 不摂生が—
爛《ただ》れる 皮膚が— 焼け— 愛欲に—
多《た》端《たん》 —な時節 多事— 国事— 政務—
太《た》刀《ち》 —を腰に帯びる 横綱の—持ち

立会《たちあい》 警察官の—で抽選 前場の— —演説会
立合《たちあい》 相撲(すもう)。うまい— —で負ける
立居《たちい》 —ふるまい —に注意する —につけて
裁板《たちいた》 —の上で布を裁つ
立往生《たちおうじょう》 雪で列車が—する
立退《たちのき》 家主から—を迫られる —命令
立場《たちば》 苦しい— わたしの— —上できない
橘《たちばな》 右近の—左近の桜 —の実 —花
忽《たちま》ち 雨が降ると—浸水する地区
立回《たちまわ》り 「立廻り」とも。—先 —を演じる
駝鳥《だちょう》 現存する最大の鳥で走るのが速い—
駄賃《だちん》 お使いの—をやる 行きがけの—
辰《たつ》 竜。十二支の第五。 —年の人
竜《たつ》 「龍」とも。想像上の動物の—

建《た》つ 家が— 蔵が— 碑が—
立《た》つ 柱が— 人が— 鳥が— 役に—
立《た》つ 「起つ」とも。国のために—
発《た》つ 出発。東京駅を— 朝九時に—
経《た》つ 経過。時間が— もう三年—
断《た》つ 思いを— 電線を— 補給路を— 水を—
絶《た》つ 退路を— 交際を— 消息を—
裁《た》つ 布を— 洋服を—
達意《たつい》 先生は—の文章を書かれる
脱衣《だつい》 —して診察を受ける 海水浴場の—所
奪回《だっかい》 失地を—する 選手権を—する
達観《たっかん》 人生を—する 何事も—がたいせつだ
奪還《だっかん》 占領された土地を—する
脱却《だっきゃく》 俗世間を—する 煩わしさからの—

卓球《たっきゅう》 ピンポン。—台 —選手権大会
脱臼《だっきゅう》 ひざの関節を—した
卓見《たっけん》 「達見」とも。あの人の説は—だ
脱稿《だっこう》 三年の日子を費やしてやっと—した
脱穀《だっこく》 刈り取った稲を—する —機
脱獄《だつごく》 夜陰に乗じて—する —囚
達《たっ》し 役所でのマージャンはお—で禁止された
脱字《だつじ》 誤字や—の多い本 —の個所を見付ける
脱脂綿《だっしめん》 —で傷口をふく
達者《たっしゃ》 皆さんお—ですか 計算が—です
奪取《だっしゅ》 敵陣を—する 捕われた仲間を—する
脱出《だっしゅつ》 国内から—する —寸前に捕える
脱色《だっしょく》 アンモニアを使って—する —剤
達人《たつじん》 剣道の— —の目に狂いはない

脱水《だっすい》 洗濯(せんたく)したあと—する —機に掛ける
達《たっ》する やっと目的を— 頂上に—
脱《だっ》する 旧弊を— 着衣を— 危機を—
立《た》つ瀬《せ》 疑われては—がない
達成《たっせい》 苦心して目的を—する 事業—の暁には
脱税《だつぜい》 —が発覚する 法人税を—する
脱線《だっせん》 貨物列車が—した 競合— 話が—する
脱走《だっそう》 兵営から— —兵
脱俗《だつぞく》 —して山にこもる —的風格
脱退《だったい》 日本はかつて国際連盟から—した
脱腸《だっちょう》 —はこどもに多い
脱兎《だっと》 —のごとく走り出す —の勢い
尊《たっと》い —神 —気持 師の恩は—
貴《たっと》い —おかた —金属

脱党《だっとう》 ―して新党を結成する
手綱《たづな》 ―を握る もっと―を締めなければ
脱皮《だっぴ》 古い習慣から―する 政党も―すべき時だ
達筆《たっぴつ》 ―な字 あまり―なので読めない
脱帽《だつぼう》 ―して最敬礼する 彼の活躍には―する
竜巻《たつまき》 ―が起こる ―に巻き上げられる
巽《たつみ》 「辰巳」とも。南東の方角。
脱落《だつらく》 五字―している 社会運動から―する
奪略《だつりゃく》 「奪掠」とも。財産を暴徒に―される
脱漏《だつろう》 調査に―がある ―を防ぐ
縦《たて》 ―と横 ―に書く ―に並べる
楯《たて》 「盾」とも。規約を―に取る ―の両面
殺陣《たて》 立ち回り。―の多い芝居 ―師
蓼《たで》 茎に節のある草。―食う虫も好き好き

伊達《だて》 ―や酔狂ではない 洋書を―に持ち歩く
建売《たてうり》 ―の住宅
立替《たてか》える 借金を― 彼の分を一時―
鬣《たてがみ》 馬の―をなでる ライオンの―
建具《たてぐ》 ―が入(はい)る ―屋 ―の金物
竪琴《たてごと》 ハープ。―を奏する 伸びやかな―の音色
立込《たてこ》む 仕事が― 夕方は客が― 店が―
楯突《たてつ》く 親に― 師匠に―
建付《たてつけ》 「立付」とも。―の悪い戸障子
立続《たてつづ》け ―に行なう ―に三杯飲む
建坪《たてつぼ》 建物の広さ。―が四十平方メートルの家
建値《たてね》 取引所の受渡しの標準価格。
立場《たてば》 古物商・くず屋などの売渡し市場。
立膝《たてひざ》 ―をして食べるとはお行儀が悪い

建前《たてまえ》 家の―の日を選ぶ 納入金は返さない―
伊達巻《だてまき》 ―を締める ―の卵
奉《たてまつ》る みつぎものを― 会長に― 賀し―
建物《たてもの》 ―を建てる ―に立ち入る
立役者《たてやくしゃ》 ―の俳優 政界の―
立《た》てる 柱を― 音を― 波を― 志を―
建《た》てる 家を― 校舎を― 記念碑を―
打電《だでん》 命令を―する 特派員から―してきた
多党《たとう》 政局は小党が分立して―化の方向にある
多頭《たとう》 ―政治の国
打倒《だとう》 内閣―を叫ぶ 相手を―する ―巨人軍
妥当《だとう》 ―性を欠く案 まことに―な意見
畳紙《たとうがみ》 「帖紙」とも。―に衣類を包む
例《たと》え 例示。―を挙(あ)げる

譬《たとえ》 「喩」とも。―で説明する ―話
仮令《たとえ》 「縦令・仮使・縦・たとい」とも。―雨でも
例《たと》えば ―好きな花は ―彼の持物は
多読《たどく》 ―と精読 ―主義
辿《たど》る 山道を― 筋道を― 記憶の糸を―
炭団《たどん》 ―を入れたこたつ ―の目の雪だるま
棚《たな》 ―をつる 台所の― ―に載せる 本の―
店《たな》 商店。―を借りる お―のお嬢さま
棚上《たなあ》げ 借金を―にする 自分のことは―にする
店卸《たなおろし》 「棚卸」とも。―のため休業する
店子《たなこ》 借家人。大家(おおや)が―のめんどうを見る
鱮《たなご》 鮒(ふな)に似ている淡水魚の―
掌《たなごころ》 ―を返す ―をさす ―の中にある
棚浚《たなざら》え ―の大売出し 大―

店曝《たなざら》し ―の品 人を―にして失礼な
七夕《たなばた》 ―の伝説 ―の星祭り
棚引《たなび》く 霞(かすみ)の―春 煙が低く― ―雲
多難《たなん》 多事―の年 ―な時代 前途は―である
谷《たに》 「渓」とも。山と―深い―
壁蝨《だに》 ―に食われる 犬に寄生する― 町の―
谷合《たにあい》 「谷間」とも。―の村
田螺《たにし》 淡水産の巻き貝。水田で―を掘る
他人《たにん》 ―のそら似 赤の― ―行儀
狸《たぬき》 ―に化かされる ―の腹鼓 ―の皮算用
種《たね》 ―をまく 争いの― 手品の― ―明かし
胤《たね》 不倫の―を宿す 彼は某華族の落し―だ
種付《たねつけ》 馬の― ―用の牛
種本《たねほん》 わたしの講義は先生の著書が―です

他念《たねん》 ほかの考え。—を起こさず邁進(まいしん)する
多年《たねん》 —の苦労が報いられる —生の植物
多能《たのう》 多芸—な人 彼の—ぶりは定評がある
楽《たの》しむ 人生を— デートを— 読書を—
頼《たの》む あとを— 洋服を— あっせんを—
恃《たの》む 当てにする。力を—
頼母子講《たのもしこう》 無尽。
束《たば》 —になって掛かる 古本を—にして売る
打破《だは》 悪習を—する 慣行を—する
駄馬《だば》 —に荷を付ける —の引く荷車
誑《たばか》る 「謀る」とも。だます。人を—
煙草《たばこ》 「莨」とも。—をのむ —にする 紙巻き—
手挟《たばさ》む 小わきに—
田畑《たはた》 —を耕す

多発《たはつ》 傷害事件が—する 事故—地点
束《たば》ねる 稲を— 棒を— 全体を—
旅《たび》 —に出る ひとり— —は道連れ —の空
足袋《たび》 —をはく 白— 紺— —のこはぜ
荼毘《だび》 火葬。遺体を—に付する
旅路《たびじ》 —の終り —のつれづれ 死出の—
度々《たびたび》 —ご迷惑をお掛けいたします
旅寝《たびね》 —を重ねる —の寂しさ
旅回《たびまわ》り 「旅廻り」とも。—の役者 —の劇団
多病《たびょう》 病気がち。才子—
懦夫《だふ》 いくじなし。—をして立たしむ
誑《たぶら》かす だます。人を— あいつに誑された
多分《たぶん》 —だいじょうぶでしょう ご—に漏れず
他聞《たぶん》 —をはばかる

駄文《だぶん》 くだらない文章。—を草する
食《た》べる ご飯を— 親の遺産で—
駄弁《だべん》 —をろうして恐縮ですが
拿捕《だほ》 敵の商船を—する 漁船が—された
他方《たほう》 —こういうことも考えられる
多忙《たぼう》 —な毎日を送る ご—中恐縮ですが
打撲傷《だぼくしょう》 頭に—を受ける
玉《たま》 パチンコの— —のような汗 —にきず
玉《たま》 「珠」とも。掌中の— —のれん
球《たま》 ゴルフの— —は場外へ 電気の—
弾《たま》 弾丸。—を込める —がそれる
玉垣《たまがき》 神社の垣。—を巡らす 朱(あけ)の—
玉串《たまぐし》 神前に—をささげる —奉奠(ほうてん)
卵《たまご》 「玉子」とも。鶏の— —焼 金の—

玉算《たまざん》 「珠算」とも。そろばん。—を習う
魂《たましい》 —を込めて描く 大和(やまと)— 負けじ—
騙《だま》す 「瞞す」とも。お人好しを—
玉梓《たまずさ》 「玉章」とも。手紙。水茎の跡麗しい—
偶々《たまたま》 —彼の欠勤したとき —そこに居合わせた
玉突《たまつき》 「撞球」とも。ビリヤード。—に興じる
玉手箱《たまてばこ》 あけてびっくり—
偶《たま》に まれに。—会う人 —外出するだけ
玉葱《たまねぎ》 —を刻むと涙が出てくる
玉《たま》の輿《こし》 —に乗る
魂祭《たままつり》 お盆の— —の行事
賜物《たまもの》 「賜」とも。努力の—です ご厚情の—
堪《たま》る できて—ものか 死んで—か
黙《だま》る 泣く子も— 何を言われても黙っている

賜《たまわ》る 金一封を— 賞品を— ご芳情を—
惰眠《だみん》 なまけて眠る。—をむさぼる
手向《たむ》ける 神に新穀を— 仏に—香華(こうげ)
屯《たむろ》する 浮浪者が—盛り場 不良が—遊技場
為《ため》 病気の—の欠勤 きみの—に努力する
駄目《だめ》 がんばったが—だった —を押す
溜息《ためいき》 —をつく —が出る 思わず—が漏れる
例《ためし》 いまだかつてそんな—がない
試《ため》す 力を— 真意を—
溜《た》める 水を— ごみを—
貯《た》める 金を—
撓《た》める 曲げる。枝を—
矯《た》める 悪い習慣を— 角(つの)を—
他面《ためん》 —こういうことも考えられる

た

多面《ためん》 —的に考える —体
攩《たも》 —網 鮒《ふな》を—ですくう
給《たも》う 尊敬を表わす。眠り— いばり—な
保《たも》つ 威厳を— 健康を— 安全を—
袂《たもと》 着物の— 橋の— —を別つ
容易《たやす》い 言うだけなら— ご用だ
太夫《たゆう》 「大夫」とも。遊芸人を呼ぶ敬称。
弛《たゆ》む 怠る。倦《う》まず弛まず研究を続ける
多用《たよう》 ご—中をわざわざ ご—のところ恐縮
多様《たよう》 多種—な品物 —な考え —性
便《たよ》り 故郷の— お—をくださってありがとう
頼《たよ》る 人を— 外国資本に— —ところもない
鱈《たら》 「大口魚」とも。—子 —ちり 干《ひ》—
盥《たらい》 —で洗濯《せんたく》する 行水の— —回し
堕落《だらく》 —してポン引きになる 品性が—する
垂《た》らす 髪の毛を長く— よだれを—
滴《た》らす ぽたぽた汗を— ちょっと水を—
蕩《たら》す 「誑す」とも。うまく誘惑する。女を—
鱈腹《たらふく》 ごちそうを—食べる
他力《たりき》 —本願 —をたのむ —念仏
他律《たりつ》 —による生活 —と自律 —的に動く
他流《たりゅう》 他の流儀。—試合
多量《たりょう》 —に睡眠薬を飲む —な物資 出血—
惰力《だりょく》 —が付いて止まらない —で動く車
足《た》りる 金は— これだけで— …するに—
樽《たる》 酒の— —に詰める —をたたく
懈《だる》い 「怠い」とも。足が— からだが—
垂木《たるき》 「棰・椽」とも。屋根の—
達磨《だるま》 —大師 —ストーブ —船
弛《たる》む 綱が— 精神が—
誰《だれ》 「たれ」とも。—か来た —でも知ってる
垂《た》れる 幕が— はなが— 帯が—
滴《た》れる ぽたぽたと血が— しずくが—
放《た》れる 屁《へ》を—
他愛《たわい》 —ない話 —なく負ける —ないこども
白痴《たわけ》 この—者め
戯《たわ》ける 戯けたことを言う な 遊び—
譫言《たわごと》 高熱で—を言う
束子《たわし》 —で洗う 亀《かめ》の子— ナイロンの—
撓《たわ》む 竹が— 木の枝が—
戯《たわむ》れる 犬が— 遊び—
俵《たわら》 —に詰める 米— 炭—
反《たん》 布地を測る単位。さらし一—
反《たん》 「段」とも。昔の面積の単位。畑五—歩《ぶ》
短《たん》 —を捨てる —を補う —日月 —時間
痰《たん》 —が出る —を吐く —の検査 血—
端《たん》 いとぐち。…に—を発する —を開く
段《だん》 —が付く —を上る …する—になると
断《だん》 —を下す 今や—の一字あるのみ
暖《だん》 焚火《たきび》で—を取る
談《だん》 大臣の—によると 委員長の—を載せる
壇《だん》 —を降りる —をしつらえる
弾圧《だんあつ》 警官による— 官憲が—する —と戦う
単位《たんい》 計算の— 生活の— —を取る —不足
暖衣飽食《だんいほうしょく》 —の毎日
団員《だんいん》 青年— 消防— —の奉仕
担架《たんか》 —に乗せて運ぶ —に身を横たえる
炭化《たんか》 —した木片 —水素 —物
単価《たんか》 —は幾らですか —を示す
啖呵《たんか》 威勢よく歯切れのよいことば。—を切る
短歌《たんか》 五七五七七の調べの歌。和歌。—一首
壇家《だんか》 「檀家」とも。—を回る坊さん —総代
段階《だんかい》 成績に—を付ける 五—に分ける —的
断崖《だんがい》 —をよじ登る —の上に立つ —絶壁
弾劾《だんがい》 裁判官を—する —裁判所
単眼《たんがん》 節足動物の持つ— —と複眼
嘆願《たんがん》 「歎願」とも。助命を—する —書
断簡《だんかん》 切れ切れの文書。—零墨
弾丸《だんがん》 —雨飛の中を進撃する —道路 —列車
単記《たんき》 —投票制度 —と連記

短気《たんき》 ―を起こすな ―は損気
短期《たんき》 ―の講習 ―大学 ―の借入金 ―決戦
暖気《だんき》 ―が部屋(へや)にこもる 異常な―
談義《だんぎ》 説教。老人のお― へたの長―
談議《だんぎ》 話合い。―に明け暮れる
探究《たんきゅう》 きわめる。原因を―する 真理―
探求《たんきゅう》 求める。平和を―する 理念の―
段丘《だんきゅう》 階段状の地形。河岸― 海岸―
短軀《たんく》 背の低いからだ。―だがファイトがある
端倪《たんげい》 推測。―すべからざる力量
団結《だんけつ》 労働者は―せよ ―を固める ―力
探検《たんけん》 「探険」とも。南極― 南米の奥地を―する
短見《たんけん》 笑うべき― 真理を知らぬ―
短剣《たんけん》 腰に―をさげる

単元《たんげん》 ―の目的 国語の― ―学習 ―論
断言《だんげん》 ―してはばからない 信じる点を―する
単語《たんご》 「夕焼けが美しい」は三つの―から成る
端午《たんご》 五月五日は―の節句
丹後《たんご》 旧国名、京都府の北部。―ちりめん
断固《だんこ》 「断乎」とも。―戦う ―として決行する
団子《だんご》 花より― 黍(きび)― くし―
炭鉱《たんこう》 「炭礦」とも。―労務者 寂れた―の町
炭坑《たんこう》 石炭を採掘する穴。―の落盤 ―の浸水
団交《だんこう》 団体交渉。労使間の― ―決裂 大衆―
断行《だんこう》 熟慮―する 処分を―せよ スト―の声
断交《だんこう》 隣国と―する 経済―に発展する
談合《だんごう》 ―で落札する 親類が―する
断郊競走《だんこうきょうそう》

単行本《たんこうぼん》 ―と雑誌 ―の発行
弾痕《だんこん》 壁に―が残っている ―を発見した
探査《たんさ》 鉱物資源を―する
端座《たんざ》 「端坐」とも。―して説教を聞く
淡彩《たんさい》 薄い彩色。―の絵
断裁《だんさい》 「断截」とも。洋紙を―する ―機
断罪《だんざい》 裁判で―となる
探索《たんさく》 原因を―する 犯人を―する
短冊《たんざく》 歌などを書く細長い紙。―に短歌を書く
炭酸《たんさん》 無水炭酸と水の化合物。―ガス ―水
端子《たんし》 電気のコードを―に接続する
単式《たんしき》 ―簿記 ―印刷 ―投票
断食《だんじき》 ―の行 五日間―する ―療法 ―道場
断じて《だんじて》 ―許せない ―行なえば成る

男爵《だんしゃく》 元の華族の階級の第五位。
断種《だんしゅ》 生殖能力をなくす。―の手術を施す
短銃《たんじゅう》 ピストル。―を突き付ける ―強盗
短縮《たんしゅく》 会期を―する ―授業 操業―
単純《たんじゅん》 ―に考える ―な作業 ―明快
短所《たんしょ》 ―と長所 ―を反省する
端緒《たんしょ》 「たんちょ」とも。事件の―を探る
探勝《たんしょう》 秋の山を―する 名所を―する
嘆賞《たんしょう》 「嘆称・歎賞・歎称」とも。―すべき作
誕生《たんじょう》 男児が―する 新政党の― ―日
談笑《だんしょう》 久しぶりに会って―する ―の間に
探照灯《たんしょうとう》 ―で照らす
暖色《だんしょく》 暖かい感じの色。―と寒色
嘆じる《たんじる》 「歎じる」とも。不運を― 非力を―

単身《たんしん》 ―敵地に乗り込む ―赴任 ―帰国する
誕辰《たんしん》 誕生日。十六回めの― ―百五十年記念
箪笥《たんす》 衣類を―にしまう 洋服― 茶―
淡水《たんすい》 ―の湖 ―にすむ貝類 ―魚
断水《だんすい》 水道本管修理のため―する ―区域
単数《たんすう》 ―と複数
談じる《だんじる》 文部大臣と教育問題を― 大いに―
断じる《だんじる》 犯人と―
弾じる《だんじる》 琴を―
丹青《たんせい》 赤と青。彩色。―の妙 ―を凝らす
丹精《たんせい》 さすが―したかいがある 父の―した菊
丹誠《たんせい》 真心。―を込めて育てる
端正《たんせい》 「端整」とも。―な態度 容姿―な女性
嘆声《たんせい》 「歎声」とも。大自然の美に―を発する

担税《たんぜい》 税を負担する。—能力がない
男声《だんせい》 —合唱
男性《だんせい》 —と女性 りっぱな— —的 —美
弾性《だんせい》 他の力をはね返す性質。
旦夕《たんせき》 朝晩。命《めい》—に迫る
胆石《たんせき》 胆汁《たんじゅう》の成分でできる結石。—症
断絶《だんぜつ》 国交が—する 親と子の間の— お家—
丹前《たんぜん》 どてら。—姿で温泉街を歩く —好み
端然《たんぜん》 —たる態度で人に接する —として座す
断線《だんせん》 強風のため—する —個所を修理する
断然《だんぜん》 —断わる —たる態度 —反対だ
炭素《たんそ》 元素の一。—の化合物 —を含む物質
鍛造《たんぞう》 刀剣を—する クランクシャフトの—
男装《だんそう》 —の麗人 —の女 —して銀座を歩く

断層《だんそう》 —による地震 考え方に—ができる
弾奏《だんそう》 ピアノを—する —楽器
嘆息《たんそく》 「歎息」とも。 天を仰いで—する
断続《だんぞく》 不思議な声が—する 雨は—的に降る
男尊女卑《だんそんじょひ》 —の思想
団体《だんたい》 —旅行 —客 —競技 —協約 —交渉
坦々《たんたん》 —たる道路 平々—たる道を行く
淡々《たんたん》 —とした心境 —として語る
探知《たんち》 敵情を—する 方向—機
団地《だんち》 近郊には—が多い —に入居する —族
段違い《だんちが》 —に強い —平行棒 —の実力
端緒《たんちょ》 「たんしょ」とも。研究の—となる
単調《たんちょう》 —なリズム —な生活の繰返し
断腸《だんちょう》 —の思い 秋思の詩編ひとり—

丹頂鶴《たんちょうづる》 頭の頂部の赤い—
探偵《たんてい》 私立— 軍事— —小説 —物
端艇《たんてい》 「短艇」とも。ボート。—をこぐ —競走
断定《だんてい》 警察は他殺と—した —を下す —的発言
端的《たんてき》 —に言えば 効果が—に現われる
耽溺《たんでき》 酒に—する 色欲生活に—する
丹田《たんでん》 下腹部。臍下《せいか》— —に力を込める
炭田《たんでん》 石狩— 常磐《じょうばん》— 筑豊《ちくほう》—
壇徒《だんと》 「檀徒」とも。—総代 寺の維持を図る—
担当《たんとう》 第一学年を—する 事務—者 —教官
短刀《たんとう》 —をふところにする —で刺す
単刀《たんとう》 —直入《ちょくにゅう》に言う
暖冬《だんとう》 ことしはまれな—だ —異変
弾道《だんどう》 —を描いて飛ぶ 大陸間—弾

断頭台《だんとうだい》 —の露と消える
単独《たんどく》 —に交渉する —で行なう —内閣
耽読《たんどく》 恋愛小説を—する 推理小説を—する
旦那《だんな》 「檀那」とも。—さまによろしく —芸
担任《たんにん》 —の先生 級を—する —の授業
丹念《たんねん》 —に仕上げる —に読む —な性格
断念《だんねん》 立候補を—する 大学受験を—する
堪能《たんのう》 ごちそうには—した 彼女は手芸に—です
丹波《たんば》 旧国名、京都府中部と兵庫県東部。
短波《たんぱ》 長波・中波・— —放送
蛋白《たんぱく》 植物性—と動物性— —質 —源
淡泊《たんぱく》 「淡白」とも。—な味 —な人
単発《たんぱつ》 —の飛行機 —の企画 —銃
断髪《だんぱつ》 —の女 女性の—が流行した

談判《だんぱん》 社長に—してくる 講和—が破裂した
嘆美《たんび》 「歎美」とも。—の声を発する
耽美《たんび》 —主義の文学 —派の詩 —生活
短兵急《たんぺいきゅう》 —な催促 —に求める
短編《たんぺん》 「短篇」とも。—小説 —映画 —と長編
断片《だんぺん》 父の日記の—を発見した —的なメモ
田圃《たんぼ》 —で蛙《かえる》が鳴く —道を散歩する
担保《たんぽ》 家屋を—に入れる —貸付 —物件
探訪《たんぼう》 夜の町を—した記事 社会—はおもしろい
暖房《だんぼう》 「煖房」とも。—がきいている —装置
蒲公英《たんぽぽ》 —の黄色い花が咲く
断末魔《だんまつま》 —の苦しみ —の声
短命《たんめい》 姉は—な人であった —に終わる —内閣
断面《だんめん》 —を示す —を調べる —図をかく

反物《たんもの》 —を背負って売り歩く　絹織物の—
弾薬《だんやく》 弾丸と火薬。—を補給する　—庫
単葉《たんよう》 —と複葉　柿《か》の葉は—だ　—の飛行機
段落《だんらく》 文に—を付ける　仕事が一—した
団欒《だんらん》 一家—のとき　夕食後しばらく—する
暖流《だんりゅう》 —の影響で暖かい　—と寒流
短慮《たんりょ》 —を起こす　—を反省する　—を恥じる
胆力《たんりょく》 —のすわった人　—を練る
弾力《だんりょく》 —を応用する　—が強い　—的態度
端麗《たんれい》 容姿—な女性　—な顔だち
鍛練《たんれん》 「鍛錬」とも。鉄を—する　心身の—
暖炉《だんろ》 「煖炉」とも。—を囲んで歓談する
談論風発《だんろんふうはつ》 —の会合
談話《だんわ》 首相の—を発表した　—室

ち

地《ち》 天と—　安住の—　—の利　—に着く
治《ち》 —にいて乱を忘れず　延喜《えんぎ》の—
血《ち》 —が出る　—と汗の結晶　—を受ける
乳《ち》 布などに紐《ひも》や棒を通す輪。のれんの—
治安《ちあん》 —を保つ　—の維持に努める　—出動
地位《ちい》 会社での—　世界における日本の—
地域《ちいき》 広大な—　都会と農村との—差
知育《ちいく》 「智育」とも。—・徳育・体育
知音《ちいん》 深く理解し合っている友人。
知恵《ちえ》 「智慧」とも。—を絞る　—を付ける
地縁《ちえん》 居住地によって生じる縁故。—社会
遅延《ちえん》 出発が—する　—した列車　計画の—

地下《ちか》 —にもぐる　—資源　—鉄　—街　—道
地価《ちか》 —が上がる　—の暴騰　—が下がる
治下《ちか》 ソ連の—にあるわが北方領土　軍部の—
地階《ちかい》 —から出火した　—の食料品売場
近い《ちかい》 駅が—　—うちに　予想に—数字が出る
治外法権《ちがいほうけん》 —を許す
誓う《ちかう》 誓約。禁酒禁煙を—　協力を—　神に—
誓う《ちかう》 「盟う」とも。同盟。同じ目的で—
違う《ちがう》 ことばが—　字が—　約束が—
地核《ちかく》 地球の中心部。高温・高圧の—
地殻《ちかく》 地球の外表部。—の変動
知覚《ちかく》 —が発達する　—神経　—作用
近間《ちかま》 —に住んでいる兄夫婦
近回り《ちかまわり》 「近廻り」とも。—して行く

力尽く《ちからずく》 —で奪い返す　—でやる
弛緩《ちかん》 「しかん」とも。精神が—する
痴漢《ちかん》 夏になると—がふえる　—に襲われる
置換《ちかん》 要素を—する　他の分子で—する
知己《ちき》 百年の—を得た　—をたよって上京する
稚気《ちき》 —愛すべき男　彼には—がある
地祇《ちぎ》 地の神。天神—を祭る
遅疑《ちぎ》 実行を—する　—逡巡《しゅんじゅん》してはならぬ
千木《ちぎ》 神殿の—が森の木の間に見える
地球《ちきゅう》 太陽系第三番めの惑星。—の自転　—儀
稚魚《ちぎょ》 鮎《あゆ》の—を放流する　—が泳ぐ　—と成魚
地峡《ちきょう》 二つの陸地の続く細いところ。パナマ—
乳兄弟《ちきょうだい》 同じ母乳で育った他人。
契る《ちぎる》 将来を—　夫婦の契りを結ぶ

千切る《ちぎる》 細かく裂く。紙を—
捥る《ちぎる》 もぎる。木の実を—
地区《ちく》 —ごとに代表を選ぶ　—委員　—解放—
馳駆《ちく》 原野を—する野生の馬　戦場を—する
痴愚《ちぐ》 おろか。—に類する言動
逐一《ちくいち》 行動を—報告する　協約を—審議する
知遇《ちぐう》 社長の—を得て出世した　—を被る
蓄音機《ちくおんき》 「蓄音器」とも。電気—
筑後《ちくご》 旧国名、福岡県の南部。—川
逐語訳《ちくごやく》 —と意訳　原書の—
蓄財《ちくざい》 —の才がある　こつこつ—して富を成す
畜産《ちくさん》 —の盛んな地方　—業　—試験場
逐次《ちくじ》 用件は—処理する　当番は—発表します
畜舎《ちくしゃ》 家畜を入れておく小屋。—は清潔に

畜生《ちくしょう》 ―にも劣るふるまい ―覚えていろ
逐条《ちくじょう》 会則を―審議する
蓄積《ちくせき》 巨万の富を―する 資本の―
筑前《ちくぜん》 旧国名。福岡県の北部。―琵琶《びわ》
築造《ちくぞう》 ダムを―する ―した建物 ―技術
逐電《ちくでん》 「ちくてん」とも。主人を殺して―する
蓄電《ちくでん》 ―池に―する ―器
蓄膿症《ちくのうしょう》 ―の手術をする
竹馬《ちくば》の友《とも》 幼いころの友だち。
逐鹿戦《ちくろくせん》 政権の争奪。選挙戦。
竹輪《ちくわ》 おでんの―
地形《ちけい》 この半島は変わった―です ―の測量
稚子《ちご》 「稚児」とも。祭礼の―行列 お寺の―
地溝《ちこう》 断層にはさまれた低地帯。

遅効《ちこう》 ききめが遅《おそ》い。―肥料 ―と速効
治国《ちこく》 国をよく治める。修身斉家《かせい》―平天下
遅刻《ちこく》 寝坊したので―した ―の常習者 ―届
萵苣《ちさ》 「ちしゃ」とも。レタス。―の葉を食べる
治山《ちさん》 山に木を育てる。―治水
遅参《ちさん》 集会に―する 来客があって―しました
地誌《ちし》 ―を詳しく調べる 郷土の―を研究する
知歯《ちし》 「智歯」とも。知恵歯。親知らず歯。
致仕《ちし》 官職をやめる。辞職。
致死《ちし》 薬の―量 過失―傷害―
知事《ちじ》 東京都― ―選挙に立候補する
血潮《ちしお》 「血汐」とも。若い―をたぎらせる
知識《ちしき》 ―の吸収 深い― ―人 ―欲 名僧―
地軸《ちじく》 ―をゆるがす大爆発 地球の―

地質《ちしつ》 ―を調査する ―学 ―図
知悉《ちしつ》 よく知っている。内情を―する
知者《ちしゃ》 「智者」とも。―は惑わず
池沼《ちしょう》 池や沼。―の多い地方
知将《ちしょう》 「智将」とも。みごとな采配《さいはい》を振る―
地上《ちじょう》 ―の楽園 ―滑走 ―権 ―茎
痴情《ちじょう》 ―の果ての傷害事件 ―を押える
恥辱《ちじょく》 ―を与える ―を受ける ―をすすぐ
致死量《ちしりょう》 ―の毒物を飲む
知人《ちじん》 ―の紹介で知り合う ―をたずねる
痴人《ちじん》 愚かな人。―が夢を説く ―の愛
地図《ちず》 ―をたよりに歩き回る 世界―
治水《ちすい》 ―と取り組む ―工事 治山―
血筋《ちすじ》 彼の家は―がよい ―を調べる

知性《ちせい》 ―のある人 ―的な女性
治世《ちせい》 明治天皇の―は四十五年に及んだ
地勢《ちせい》 険しい― 関東地方の―は平野が多い
地積《ちせき》 土地の面積。―を測量する
治績《ちせき》 ―大いにあがる すぐれた―を残す
稚拙《ちせつ》 ―な文字 この絵には―な味わいがある
地層《ちそう》 ―の断面 ―を調べる
遅速《ちそく》 所によって速度の―がある 仕事の―
地帯《ちたい》 工場― 安全― 山林― デルタ―
遅滞《ちたい》 ―なく届け出る 事務が―する
痴態《ちたい》 酒に酔って―を演じる
遅々《ちち》 仕事が―として進まない 春日―
千々《ちぢ》 心が―に乱れる
乳臭《ちちくさ》い ―赤ん坊 ―意見

乳首《ちちくび》 「ちくび」とも。赤ん坊が―をくわえる
乳繰《ちちく》る 親の目を盗んで―
縮《ちぢ》む セーターが― 紙が― 命の―思い
帙《ちつ》 本を包む厚紙のおおい。―をひもとく
膣《ちつ》 交接器と産道を兼ねる― ―炎
蟄居《ちっきょ》 家に閉じこもる。―を命じられる
築港《ちっこう》 港湾設備の築造。―工事 ―に着手する
秩序《ちつじょ》 ―を守る 社会の―を乱すな
窒素《ちっそ》 元素の一。―化合物 ―肥料 ―工業
窒息《ちっそく》 煙のために―する ―死
地点《ちてん》 交通の激しい― 目標の―
知徳《ちとく》 「智徳」とも。―をみがく ―兼備の人
千歳飴《ちとせあめ》 七五三の―
千鳥《ちどり》 浜で鳴く― ―足 ―掛け

遅鈍《ちどん》　「痴鈍」とも。―な性質　弟は―ですので
血腥《ちなまぐさ》い　―戦場　―風が吹く
因《ちな》む　地名に―伝説　因みに本校の優勝歴は
地熱《ちねつ》　「じねつ」とも。―を利用した温室
知能《ちのう》　知識・才能。―にすぐれる　―が低い
知能《ちのう》　「智能」とも。―検査　―指数　―犯
乳飲子《ちのみご》　「乳呑児」とも。
血糊《ちのり》　―の付いた刀　―は洗っても落ちない
遅配《ちはい》　事業不振で給料が―する　郵便の―
血走《ちばし》る　徹夜をしたので目が―
池畔《ちはん》　池のほとり。―を散歩する
地表《ちひょう》　―の状態を調べる　―に降り立つ
禿《ちび》る　筆の先が―
恥部《ちぶ》　―をおおう布　社会の―をあばく

乳房《ちぶさ》　―をまさぐる子　豊かな―　あらわな―
地平線《ちへいせん》　―のかなたに日が沈む
地歩《ちほ》　彼は政界にゆるぎない―を固めた
地方《ちほう》　雨の多い―　―自治　―公務員　―色豊か
痴呆《ちほう》　あいつは―だ　―症
知謀《ちぼう》　「智謀」とも。―を巡らす　―の士
粽《ちまき》　端午の節句には―を食べる
巷《ちまた》　―に雨の降るときは　狂乱の―　栄華の―
血祭《ちまつり》　革命軍は大統領を―に上げた
血眼《ちまなこ》　母親はこどもの姿を―になって捜す
血塗《ちまみ》れ　―になって倒れる
地味《ちみ》　よく肥えた―
血道《ちみち》　グループサウンズに―を上げる
緻密《ちみつ》　―な計画を立てる　彼の考え方は―だ

魑魅魍魎《ちみもうりょう》　化け物。
知名《ちめい》　―の士が名を連ねている　―人　―度
致命《ちめい》　―的な打撃を受ける　頭部打撲が―傷だ
茶請《ちゃうけ》　―の菓子　お―を出す
茶菓《ちゃか》　「さか」とも。接待に―を供する　―代
茶化《ちゃか》す　話を―　先生を―とは何事だ
茶釜《ちゃがま》　―に湯がたぎっている　文福(ぶんぶく)―の話
茶殻《ちゃがら》　―はバケツの中に捨ててください
茶器《ちゃき》　茶道で使う器。高価な―
着衣《ちゃくい》　―をはぎ取られた　―から身元を調べる
着意《ちゃくい》　―がおもしろい　―して作る
着眼《ちゃくがん》　よいところに―する　すぐれた―点
着座《ちゃくざ》　全員が―する　―して待つ　―順
嫡子《ちゃくし》　「嫡嗣」とも。彼は―だから家を継ぐ

着実《ちゃくじつ》　―に点をかせぐ　―な考え
着手《ちゃくしゅ》　工事に―する　―してはみたが
着色《ちゃくしょく》　きれいに―する　不自然な―
着席《ちゃくせき》　五十音順に―する　―の順を決める
着想《ちゃくそう》　奇抜な―　―がなかなかよい
着弾《ちゃくだん》　正確な―　―距離
着々《ちゃくちゃく》　―と準備が進む　―成績を上げる
嫡男《ちゃくなん》　跡継ぎの男の子。総領。
着荷《ちゃくに》　「ちゃっか」とも。―が遅れる　―の受領
着任《ちゃくにん》　一日付で―する　―の申告をする
着払《ちゃくばら》い　―で送ってもらう　―の扱い
着服《ちゃくふく》　公金を―する　リベートを―する
着目《ちゃくもく》　変わった点に―する　流行に―する
着用《ちゃくよう》　礼服を―する

着陸《ちゃくりく》　―態勢に入(はい)る　無事―した
嫡流《ちゃくりゅう》　彼は徳川の―だ　源氏の―
茶匙《ちゃさじ》　砂糖は―に一杯でよい　―三杯分の水
茶室《ちゃしつ》　四畳半の―　―風の造り
茶渋《ちゃしぶ》　母の湯飲みには―が付いている　―の色
茶筅《ちゃせん》　末茶をかきたてる道具。―髪
茶托《ちゃたく》　―に載せてお茶を出す　―を並べる
茶々《ちゃちゃ》　―を入れる　―くる　―ほうちゃ
茶漬《ちゃづけ》　お―をさらさらとかき込む
着工《ちゃっこう》　工事に―する　―してから一年
茶筒《ちゃづつ》　―に入れた茶
茶道《ちゃどう》　「さどう」とも。―を学ぶ　―の先生
茶《ちゃ》の間《ま》　―でくつろぐ　テレビは―に置く
茶《ちゃ》の湯《ゆ》　―の作法　―の会に招かれる

茶番《ちゃばん》 —を演じる 国会の討論はまるで—劇だ
卓袱台《ちゃぶだい》 —の上に食器を並べる
矮鶏《ちゃぼ》 愛玩用(あいがんよう)の小形の鶏。—を飼う
茶目《ちゃめ》 —をする お—な子 —っけを出す
茶碗《ちゃわん》 湯飲み— —を割る —蒸し —酒
治癒《ちゆ》 病気が—する 完全に—した
宙《ちゅう》 —を飛ぶ 事件が—に迷う —で言う
忠《ちゅう》 君に—に親に孝に —を尽くす
注《ちゅう》 「註」とも。古典に—を付ける 巻末の—
知勇《ちゆう》 「智勇」とも。—兼備の名将 —の士
注意《ちゅうい》 —して歩く —人物 —信号 —書き
中央《ちゅうおう》 —に位置する —集権 —官庁
中華《ちゅうか》 —料理 —そば —人民共和国 —民国
仲介《ちゅうかい》 —の労を執る ふたりの仲を—する

注解《ちゅうかい》 「註解」とも。古典に—を付ける
厨芥《ちゅうかい》 台所から出るくず。—を処理する
中外《ちゅうがい》 —に声明を発する 真相を—に伝える
虫害《ちゅうがい》 —がひどくなる —を予防する
宙返《ちゅうがえ》り 飛行機が—する —の妙技
中核《ちゅうかく》 組織の—となる —的な存在
中形《ちゅうがた》 —の模様
中型《ちゅうがた》 —トラック —の乗用車
中間《ちゅうかん》 両地点の— —搾取 —報告
昼間《ちゅうかん》 —と夜間
中気《ちゅうき》 中風。—の老人 —にかかる
注記《ちゅうき》 「註記」とも。その旨を—する 巻末の—
忠義《ちゅうぎ》 君に—を尽くす —の士 —立て
忠勤《ちゅうきん》 主君に—を励む —を尽くす

中空《ちゅうくう》 —の容器 お札が—に舞い上がる
忠君愛国《ちゅうくんあいこく》
中継《ちゅうけい》 伝達を—する —放送 —貿易
中堅《ちゅうけん》 会社の—として働く —選手
中元《ちゅうげん》 —大売出し —のあいさつに伺う
中原《ちゅうげん》 —に鹿(しか)を追う —の地
忠言《ちゅうげん》 —は耳に逆らう 友人に—する
中古《ちゅうこ》 「ちゅうぶる」とも。—車 —品の机
中興《ちゅうこう》 わが一族—の功労者 —の祖
忠孝《ちゅうこう》 忠義と孝行。—両全の道を尽くす
忠告《ちゅうこく》 友の—に従う 将来のために—する
中腰《ちゅうごし》 —になって仕事をする
忠魂碑《ちゅうこんひ》 公園に建っている—
中座《ちゅうざ》 会合を—する 急いで—する

仲裁《ちゅうさい》 けんかの—をする —裁判 —手続
駐在《ちゅうざい》 村に—する巡査 米国—大使 —所
駐箚《ちゅうさつ》 英国—大使 ソ連に—を命じられる
昼餐《ちゅうさん》 昼食。—に招待する —会を開く
中産階級《ちゅうさんかいきゅう》
中止《ちゅうし》 事業を—する —命令を発する
注視《ちゅうし》 アジアの情勢を—する 全員が—する
中食《ちゅうじき》 —を取る —にする —を済ます
中軸《ちゅうじく》 グループの—となる —選手
忠実《ちゅうじつ》 —な人柄 —に働く 規則に—に
注射《ちゅうしゃ》 皮下に—する 予防— —器 —液
駐車《ちゅうしゃ》 玄関前に—する —禁止 —場
注釈《ちゅうしゃく》 「註釈」とも。—を加える
中秋《ちゅうしゅう》 「仲秋」とも。—の名月

抽出《ちゅうしゅつ》 標本を—する —検査
中旬《ちゅうじゅん》 月の十一日から二十日まで。
中傷《ちゅうしょう》 同僚を—する
抽象《ちゅうしょう》 —芸術 —概念 —的な表現
衷情《ちゅうじょう》 真心。—を訴える —を披瀝(ひれき)する
昼食《ちゅうしょく》 —の時間 軽い—を取る
中震《ちゅうしん》 震度4。すわりの悪い器物が倒れる
中心《ちゅうしん》 円の—をはずれる —勢力
衷心《ちゅうしん》 —から同情する —からおわびする
注進《ちゅうしん》 急いで—する 変事の—
注水《ちゅうすい》 タンクに—する 火元に—する
虫垂《ちゅうすい》 盲腸部の小突起。虫様突起。—炎
中枢《ちゅうすう》 政界の—を占める —神経 —的存在
沖《ちゅう》する 「冲する」とも。天に—黒煙

注《ちゅう》する 「註する」とも。巻末に―
中正《ちゅうせい》 ―を得ている議論 ―を保つ
中性《ちゅうせい》 ―反応 ―洗剤 ―肥料 ―子
忠誠《ちゅうせい》 国家に―を誓う ―の人
中背《ちゅうぜい》 ―の男 中肉―
忠節《ちゅうせつ》 主君に―を尽くす ―の士
中絶《ちゅうぜつ》 交渉が―する 妊娠―の手術
抽選《ちゅうせん》 「抽籤」とも。公開で―する ―発表
鋳造《ちゅうぞう》 貨幣を―する 奈良の大仏の―方法
中退《ちゅうたい》 中途退学。高校を―する
紐帯《ちゅうたい》 ひも。両者間の―となる
中断《ちゅうだん》 交渉は―された 会議を―する
躊躇《ちゅうちょ》 ―することはない ―逡巡(しゅんじゅん)する
中っ腹《ちゅうっぱら》 文句を言われて―になる

宙吊り《ちゅうづり》 岩壁に―になる ―の死体
鋳鉄《ちゅうてつ》 鋳物用の鉄。可鍛―
中天《ちゅうてん》 ―に掛かる月 ―を仰ぐ
冲天《ちゅうてん》 「沖天」とも。高く上る。―の勢い
中途《ちゅうと》 ―でやめる ―で挫折(ざせつ)する ―はんぱ
中等《ちゅうとう》 ―の品 ―教育
中道《ちゅうどう》 政治における―主義 ―を行く
中毒《ちゅうどく》 ガス―にかかる 食―を起こす
駐屯《ちゅうとん》 日本に―するアメリカ―軍 ―地
注入《ちゅうにゅう》 薬品を―する 知識の― ―教育
中年《ちゅうねん》 四十歳前後。―の紳士 ―を過ぎる
虫媒花《ちゅうばいか》 虫が花粉を媒介する―
中盤《ちゅうばん》 選挙戦もいよいよ―に入(はい)った
中風《ちゅうふう》 「ちゅうぶ」とも。―で不自由な手足

中腹《ちゅうふく》 山の―に小屋がある ―まで登る
中古《ちゅうぶる》 「ちゅうこ」とも。―の車 ―の洋服
厨房《ちゅうぼう》 調理室。近代的な―設備
忠僕《ちゅうぼく》 忠実なしもべ。―に助けられる
稠密《ちゅうみつ》 人口―な都市 ―な準備
注目《ちゅうもく》 ―を浴びる 業績に―する ―の的
注文《ちゅうもん》 「註文」とも。―を取る ―を付ける
昼夜《ちゅうや》 ―とも同じ出し物 ―兼行でがんばる
忠勇《ちゅうゆう》 ―義烈をたっとぶ ―無比の兵士
中庸《ちゅうよう》 ―の徳 ―の人 ―を得ている政策
中葉《ちゅうよう》 中ごろ。明治の― 十八世紀の―
中立《ちゅうりつ》 ―を宣言する ―主義 厳正―
中略《ちゅうりゃく》 文の途中を省略する。前略・―・後略
中流《ちゅうりゅう》 川の― ―家庭 ―社会 ―階級

駐留《ちゅうりゅう》 軍隊が―する ―部隊
忠良《ちゅうりょう》 ―の民 ―の部下
忠霊塔《ちゅうれいとう》 戦没者の―を建てる
忠烈《ちゅうれつ》 ―の士 ―の人 ―をたたえる
中和《ちゅうわ》 酸を―する ―するときに生じる熱
緒《ちょ》 「しょ」とも。糸口。仕事が―につく
丁《ちょう》 ―か半か 一―やろう 豆腐二―
町《ちょう》 昔の距離で六十間、面積で十反(たん)。
疔《ちょう》 顔などにできる悪性のはれもの。
腸《ちょう》 胃や―が弱い
蝶《ちょう》 ―よ花よ 紋白― 夜の― ―ネクタイ
帳合《ちょうあい》 厳格に―をする ―が合う
寵愛《ちょうあい》 主君の―を受ける ―を被る
弔意《ちょうい》 先生の死に対して―を表わす

弔慰金《ちょういきん》 遺族に―を出す
調印《ちょういん》 日ソ漁業条約に―する ―式
懲役《ちょうえき》 ―三年の判決があった 無期―
超越《ちょうえつ》 俗世間を―する 現代に―する
超過《ちょうか》 予定額を―する 輸出― ―勤務
懲戒《ちょうかい》 厳重に―する ―処分
聴覚《ちょうかく》 ―が発達している ―器 ―中枢
朝刊《ちょうかん》 ―を読んでから家を出る ―と夕刊
長官《ちょうかん》 防衛庁―に就任する 司令―
鳥観図《ちょうかんず》 「鳥瞰図」とも。町の―
弔旗《ちょうき》 ―を掲げて弔意を表する
長期《ちょうき》 ―にわたる交渉 ―の出張 ―欠席者
調教《ちょうきょう》 競走馬を―する ―師
彫金《ちょうきん》 金属に彫刻をする工芸。―師

ち

長駆《ちょうく》 —して戦場におもむく —して去る
長軀《ちょうく》 長身。—を持て余す —を生かした選手
帳消《ちょうけし》 借金を—にする 失敗で—になった
兆候《ちょうこう》 「徴候」とも。発病の—がある
長考《ちょうこう》 筆をおいて—する —一番
聴講《ちょうこう》 講義を—する —生
調合《ちょうごう》 薬剤を—する
長広舌《ちょうこうぜつ》 議会で—を振るう
彫刻《ちょうこく》 銅版に—する すぐれた—
超克《ちょうこく》 困難を—する
肇国《ちょうこく》 国を建てる。—の大理想
調査《ちょうさ》 原因を—する 国勢— —委員
調剤《ちょうざい》 胃炎の薬を—する —室 —師
銚子《ちょうし》 お—の酒 次々と—をからにする

調子《ちょうし》 —を合わせる —が出る —付く
聴視《ちょうし》 ラジオ・テレビを—する —者 —率
弔詞《ちょうし》 弔意の文。—を呈する —を読む
弔辞《ちょうじ》 霊前で—を述べる
寵児《ちょうじ》 時代の—となる 球界の—
庁舎《ちょうしゃ》 —が焼ける 新—の落成 合同—
長者《ちょうじゃ》 村一番の— —番付
聴取《ちょうしゅ》 事情を—する ラジオの—料
長寿《ちょうじゅ》 —を祝う 父母の—を祈る
徴収《ちょうしゅう》 費用を—する 税を—する
徴集《ちょうしゅう》 兵士を—する 物資の—
聴衆《ちょうしゅう》 —を感激させた話 満堂の—
長所《ちょうしょ》 —と短所 人の—を生かして使う
調書《ちょうしょ》 刑事が—を作成する 公判—

嘲笑《ちょうしょう》 世の—を受ける 友から—される
長上《ちょうじょう》 —の教えを乞(こ)う —を敬う
頂上《ちょうじょう》 山の—で休憩する —会談
重畳《ちょうじょう》 山岳— ご結婚のよし伺い—至極
帳尻《ちょうじり》 —を合わせる —が合わない
長《ちょう》じる 幼時から詩文に— —に及んで
長身《ちょうしん》 —の選手 —の男
調進《ちょうしん》 百貨店—の品 デパートに—させる
聴診《ちょうしん》 医者が—する —と打診 —器
鳥人《ちょうじん》 すぐれた飛行家。日本最初の—
超人《ちょうじん》 人間以上の能力を持つ人。—的活躍
彫心鏤骨《ちょうしんるこつ》 —の作品
手水《ちょうず》 話の途中で—に立つ —を使う —鉢(ばち)
徴《ちょう》する 広く一般から意見を—

長逝《ちょうせい》 先生の—を悔やむ ついに—した親友
調製《ちょうせい》 名簿を—する 百貨店の—品
調整《ちょうせい》 機械を—する 意見の—を図る
徴税《ちょうぜい》 —令書 —事務 —の係官
朝夕《ちょうせき》 —勉強する —心に掛けている
潮汐《ちょうせき》 潮の干満。—発電
調節《ちょうせつ》 音量を—する 産児— 受胎—
挑戦《ちょうせん》 名人に—する —試合 —者 —状
超然《ちょうぜん》 俗世間に—としている —たる態度
彫塑《ちょうそ》 彫刻と塑像。—の大家 —展
彫像《ちょうぞう》 横綱の—を作る 展覧会に—を出品
長足《ちょうそく》 日本の技術は—の進歩を遂げた
超俗《ちょうぞく》 —の風 —主義
長蛇《ちょうだ》 延々—の列 —を逸する

頂戴《ちょうだい》 おみやげを—する —物
長大息《ちょうたいそく》 天を仰いで—する
暢達《ちょうたつ》 伸び伸び。—の文章
調達《ちょうたつ》 現金十万円を—する 物資の—
長短《ちょうたん》 —合わせて十本 —織り交ぜて
長嘆《ちょうたん》 「長歎」とも。天を仰いで—する
超短波《ちょうたんぱ》 —の無線電話 極(ごく)—
打擲《ちょうちゃく》 いたずらっ子を—する
蝶々《ちょうちょう》 ちょう。黄色い— 菜の花と—
喋々喃々《ちょうちょうなんなん》
丁々発止《ちょうちょうはっし》
提灯《ちょうちん》 盆— 祭礼の— —行列
蝶番《ちょうつがい》 開き戸の—がこわれる
帳付《ちょうづけ》 毎晩—に忙しい —をする

腸詰《ちょうづめ》　ソーセージ。豚の―
帳面《ちょうづら》　―を合わせる　―が合わない
朝廷《ちょうてい》　―の重臣　―に出仕する
調停《ちょうてい》　争議を―する　―委員
調定《ちょうてい》　調査確定。税額を―する
頂点《ちょうてん》　事件の―　人気は―に達する
弔電《ちょうでん》　―を打つ　―を読み上げる
長途《ちょうと》　家を出て―の旅に出る　―の行軍
丁度《ちょうど》　「恰度」とも。―そこにいた　―そのとき
調度《ちょうど》　古い―が残っている　―品
超弩級《ちょうどきゅう》　―の戦艦　―の台風
手斧《ちょうな》　木を荒削りする大工道具の―
腸捻転《ちょうねんてん》　―で苦しむ
丁場《ちょうば》　わずか一―のところです　長(なが)―を走る

帳場《ちょうば》　店の―　―にすわって帳簿を付ける
嘲罵《ちょうば》　あざけりののしる。―の声が聞こえる
挑発《ちょうはつ》　色情を―する　―的行為　―に乗る
徴発《ちょうはつ》　物資を―する　人夫を―する
調髪《ちょうはつ》　―の料金　―をしてもらう
懲罰《ちょうばつ》　―に付する　―委員会
帳票《ちょうひょう》　帳簿と伝票。―の処理　原始―
張付《ちょうふ》　「貼付」とも。収入印紙を―する
重複《ちょうふく》　「じゅうふく」とも。説明が―する
調伏《ちょうぶく》　仏の力で悪魔や敵を下す。
長物《ちょうぶつ》　無用の―
弔文《ちょうぶん》　―を草する　―を読み上げる
徴兵《ちょうへい》　―制度　―検査　―適齢期
腸閉塞《ちょうへいそく》　―で死ぬ

長編《ちょうへん》　「長篇」とも。―の詩　―小説
帳簿《ちょうぼ》　―を付ける　―に記入する　会計―
徴募《ちょうぼ》　要員を―する
弔砲《ちょうほう》　弔意を表して撃つ空砲。
重宝《ちょうほう》　「調法」とも。―な道具　―がられる
諜報《ちょうほう》　―機関　―活動　―員
眺望《ちょうぼう》　―が開ける　眼下の―が美しい
張本人《ちょうほんにん》　事件の―　―を捕える
調味《ちょうみ》　関西風に―する　―料
蝶結《ちょうむすび》　ひもを―にする　―のネクタイ
丁目《ちょうめ》　一―二番三号　―がわからない
長命《ちょうめい》　―であった母　―の人　―を祈る
澄明《ちょうめい》　―な月　河川の―度
帳面《ちょうめん》　「帖面」とも。―を付ける　―づら

弔問《ちょうもん》　社長の―を受ける　―客
聴問《ちょうもん》　「聴聞」とも。利害関係者の―会
頂門《ちょうもん》の一針《いっしん》
朝野《ちょうや》　―を挙(あ)げて歓迎する　―の名士
跳躍《ちょうやく》　高く―する　―の運動　―競技
長幼《ちょうよう》　おとなとこども。―序あり
重陽《ちょうよう》　九月九日。―の節句
徴用《ちょうよう》　工員を―する　老人まで―される
凋落《ちょうらく》　一族が―する　―の果て
調理《ちょうり》　食物を―する　―室　―法
調律《ちょうりつ》　ピアノを―する　―師
潮流《ちょうりゅう》　潮の干満によって―が起こる
跳梁《ちょうりょう》　悪人の―に任せる　―する暴徒
張力《ちょうりょく》　表面―

聴力《ちょうりょく》　年を取っても衰えない―　―検査
朝令暮改《ちょうれいぼかい》　―の政策
長老《ちょうろう》　政界の―　村の―　―的存在
嘲弄《ちょうろう》　―されておこる
調和《ちょうわ》　着物によく―する羽織　―を図る
直営《ちょくえい》　政府―の事業　本社―の店
直撃《ちょくげき》　焼夷弾(しょういだん)の―を受ける　―弾
直言《ちょくげん》　社長に―する社員
直後《ちょくご》　事件の―に怪しい人の姿を見た
勅語《ちょくご》　みことのり。―を賜わる　教育―
直切《ちょくさい》　「直截・ちょくせつ」とも。―簡明
勅使《ちょくし》　―を差遣する　―をお迎えする
直射《ちょくしゃ》　―する光線　―日光はまぶしい
直情径行《ちょくじょうけいこう》

ち

直接《ちょくせつ》　彼に―言う　―と間接　―行動

直切《ちょくせつ》　「直截・ちょくさい」とも。―簡明

直線《ちょくせん》　―を引く　―と曲線　―コース

勅選《ちょくせん》　「勅撰」とも。―の和歌集

直前《ちょくぜん》　開会―になって中止する

直属《ちょくぞく》　内閣―の官庁　―の部下

直通《ちょくつう》　社長室に―する電話　―の列車

直面《ちょくめん》　困難に―する　危機に―する

直訳《ちょくやく》　この英文を―すると…　―と意訳

直立《ちょくりつ》　棒が―する　―不動の姿勢

直流《ちょくりゅう》　―の電気　―と交流

猪口《ちょこ》　「ちょく」とも。酒を―につぐ

猪口才《ちょこざい》　―なまねをするな

著作《ちょさく》　先生には―が多い　―に励む　―物

著者《ちょしゃ》　本の―　―の略歴　―のことば　―近影

著述《ちょじゅつ》　―に励む　―生活　職業は―業

著書《ちょしょ》　彼には―がたくさんある　―を整理する

貯水《ちょすい》　大きな桶(おけ)に―する　―池　―式発電所

貯蔵《ちょぞう》　非常用に食物を―しておく　―物資

貯蓄《ちょちく》　―を奨励する　百万円―を目標にする

直角《ちょっかく》　―に曲がる　―三角形　―プリズム

直覚《ちょっかく》　理屈なしにじかに感じ悟る。鋭い―

直轄《ちょっかつ》　政府―の事業　文部省―の研究所

直観《ちょっかん》　「直感」とも。―にたよる　―が鋭い

直系《ちょっけい》　直接の系統。―の子孫　―の子会社

直径《ちょっけい》　さしわたし。円の―を測る

直結《ちょっけつ》　エンジンに―する　利益に―しない話

直交《ちょっこう》　直角に交わる。―する道路

直行《ちょっこう》　目的地に―する

直航《ちょっこう》　目的地に―する船や航空機

一寸《ちょっと》　「鳥渡」とも。―休もう　―した店

猪突《ちょとつ》　目標に―する　―猛進する

著名《ちょめい》　有名。―な学者　―な観光地

著明《ちょめい》　はっきり。―な事実　―な意図

佇立《ちょりつ》　たたずむ。橋のたもとに―する人影

緒論《ちょろん》　「しょろん」とも。序論。論文の―

丁髷《ちょんまげ》　―を結った侍　力士の―

治乱《ちらん》　世の平和と乱れ。―興亡の跡を探る

地理《ちり》　この辺の―に詳しい　―を調べる

塵《ちり》　―も積もれば山となる　世俗の―

智利《チリ》　「チリー」とも。南米の国名。―硝石

塵紙《ちりがみ》　ポケットに―を入れる　―で鼻をかむ

鏤《ちりば》める　金銀を―　宝石を鏤めたような星空

縮緬《ちりめん》　絹織物の一。―じわ　丹後―

知略《ちりゃく》　―を巡らす　―にすぐれる

知慮《ちりょ》　「智慮」とも。―が浅い　―分別

治療《ちりょう》　―を続ける　医師の―を受ける　―法

地力《ちりょく》　土地の作物を育てる力。豊かな―

知力《ちりょく》　「智力」とも。―を働かす　卓越した―

散《ち》る　破片が―　花が―　気が―　墨が―

痴話《ちわ》　―げんか　―狂い

狆《ちん》　愛玩用(あいがん)の小形の犬。―のくしゃみ

亭《ちん》　庭のあずまや。―で休息する

朕《ちん》　天子の自称。―爾(なんじ)臣民とともに

鎮圧《ちんあつ》　暴徒を―する　反乱は―された

沈鬱《ちんうつ》　会場には―な空気が流れる　―な顔つき

沈下《ちんか》　地盤は年々―する　―の速度

鎮火《ちんか》　火災が―する　午後五時―した

珍奇《ちんき》　―な現象　―な動物

丁幾《チンキ》　ヨード―

珍客《ちんきゃく》　―がたずねてきた　動物園の―

賃金《ちんぎん》　「賃銀」とも。未払の―　―を受け取る

鎮護《ちんご》　祖国を―する　―国家の祈り

沈降《ちんこう》　急速に―する　赤血球―速度

鎮魂《ちんこん》　死者の魂を鎮(しず)める。―曲　―祭

鎮座《ちんざ》　ここに―まします神は

沈思《ちんし》　―して悩む　―黙考を続ける

珍事《ちんじ》　「椿事」とも。―が起こる　―出来(しゅったい)

陳謝《ちんしゃ》　手落ちを―する

賃借《ちんしゃく》　「ちんがり」とも。―人　家を―する

鎮守《ちんじゅ》 氏神。—の森 —の神 —さま

陳述《ちんじゅつ》 参考人として意見を—する

陳情《ちんじょう》 国会に—する —団 —書

沈静《ちんせい》 落ち着く。景気が—する —を欠く

鎮静《ちんせい》 落ち着かせる。神経を—する薬 —剤

沈潜《ちんせん》 対象に—する 研究に—する

沈滞《ちんたい》 —したムード 業界が—する

賃貸《ちんたい》 「ちんがし」とも。土地を—する —価格

珍談《ちんだん》 —を披露(ひろう)する —が続出する

沈着《ちんちゃく》 —な人柄 —に処理する —な判断

珍重《ちんちょう》 —している浮世絵 —至極に存じます

沈痛《ちんつう》 —な面持ちで語る —な顔

鎮痛剤《ちんつうざい》 —を注射する

鎮定《ちんてい》 反乱を—する

沈殿《ちんでん》 「沈澱」とも。底に—する —池

枕頭《ちんとう》 —には愛読書が置いてある 病人の—

闖入《ちんにゅう》 会場に—した暴徒

珍品《ちんぴん》 これは—だ 天下の—を集める

鎮撫《ちんぶ》 騒ぐ民衆を—する 反乱部隊を—する

陳腐《ちんぷ》 古くさい。—な考え —なやり方 —な言

珍聞《ちんぶん》 —を披露(ひろう)する

陳弁《ちんべん》 言いわけ。—これ努める

沈没《ちんぼつ》 貨物を満載して—した —船

珍味《ちんみ》 山海の—を味わう これは—だね

珍妙《ちんみょう》 —な顔をした男 —な味 —な話

沈黙《ちんもく》 しばらく—する —を守る —は金(きん)

沈淪《ちんりん》 おちぶれる。今は—の身となったが

陳列《ちんれつ》 品物を—する —窓 —ケース

つ

対《つい》 —になる —の物 一—の花輪

費《つい》える 財産が— 貴重な時間が—

潰《つい》える 案が— 孤島の守備隊が—

追憶《ついおく》 過去を—する —の糸をたぐる

追加《ついか》 ビールを—する —の注文 —予算

追記《ついき》 巻末にこの書の由来を—する

追究《ついきゅう》 真理を—する 語源を—する

追求《ついきゅう》 利潤を—する 財源を—する

追及《ついきゅう》 追い付く。先進国に—する

追及《ついきゅう》 「追究」とも。責任を—する 犯人—

対句《ついく》 —から成る文章 漢文には—が多い

追撃《ついげき》 敵を—する —の手をゆるめない

対語《ついご》 「東西」「草木」のような—

追試《ついし》 追試験。欠席したので—を受ける

墜死《ついし》 ビルの屋上から—する 飛行機事故で—

築地《ついじ》 —を巡らした家 くずれかかった—

追従《ついじゅう》 欧米文化に—する 他の—を許さない

追従《ついしょう》 お—を言う 上役に—する

追伸《ついしん》 「追申」とも。手紙の追って書きに使う。

追随《ついずい》 この分野では他の—を許さない

追跡《ついせき》 犯人を—する —調査

追善《ついぜん》 亡父の—供養を行なう 菊五郎の—興行

追想《ついそう》 幼年時代を—する —にふける

追贈《ついぞう》 死者に官位を贈る。

一日《ついたち》 「朔日」とも。—・二日・三日

衝立《ついたて》 —の陰に隠れる

追徴《ついちょう》 不足額を—する —金

序《ついで》 —に立ち寄る —に頼む

次《つ》いで 結婚式に—披露宴(ひろうえん)を催す

追悼《ついとう》 先代学長を—する —演説 —号の発行

追突《ついとつ》 乗用車にトラックが—した —事故

追儺《ついな》 節分の豆まき。鬼やらい。—の行事

遂《つい》に 「終に」とも。—目的を果たした —来た

追認《ついにん》 後から承認する。契約を—する 単位—

啄《ついば》む 鳥が餌(え)を— えさを—小鳥

追肥《ついひ》 「おいごえ」とも。稲に—をする

追尾《ついび》 後をつける。ぴったりと—する

追慕《ついぼ》 死者を—する 別れた人への—の情

追放《ついほう》 国外に—する 公職から—される

費《つい》やす 巨額の金を— 精力を— 日時を—

墜落《ついらく》 屋上から—する 飛行機の— —事故
追録《ついろく》 再版の本には—を付ける
通《つう》 あの人はなかなか—だ 映画— 消息—
痛飲《ついいん》 大いに酒を飲む。親友と一晩—した
通運《つううん》 —の便を図る —業者 —会社
通貨《つうか》 —の価値が下がる —を偽造する
通過《つうか》 目標地点を—する 急行列車の— —駅
痛快《つうかい》 きわめて—な話です —な事件 —な男
通学《つうがく》 —の便がよい バスで—する —児童
痛感《つうかん》 話合いの必要を—する 健康を—する
通観《つうかん》 業界を—する 経緯を—する
通暁《つうぎょう》 社長は会社の事情に—している
通勤《つうきん》 自転車で—する —定期券 —者
通計《つうけい》 経営費と臨時費で—百万円になる

痛撃《つうげき》 政府に—を加える 敵に—を与える
通行《つうこう》 —を禁止する —止め 右側—
通航《つうこう》 多数の船が—する 河川を—する船舶
通告《つうこく》 断交を—する 解雇の— —書
痛恨《つうこん》 この失敗は—にたえない 一大—事
通産《つうさん》 —省 —大臣 —相
通算《つうさん》 病気欠勤が—二百日に及ぶ
通釈《つうしゃく》 徒然草（つれづれぐさ）の—を書く
通商《つうしょう》 外国と—を開く —貿易 —条約
通常《つうじょう》 —の会合 —国会 —払い —郵便物
通《つう》じる ことばが— 意思を— 全般を—
通信《つうしん》 —がとだえる —文 —連絡 無線—
痛心《つうしん》 郷里の母の病状に—する —の窮み
通人《つうじん》 彼はなかなかの—だ —ぶった話し方

痛惜《つうせき》 —にたえない —の至りです
通説《つうせつ》 学界の— —に従えば —によれば
痛切《つうせつ》 学力の不足を—に感じます
通則《つうそく》 全般の規則。—第三条によると
通俗《つうぞく》 —の士 —小説 —文学 —味
通達《つうたつ》 関係部門に—する —書
痛嘆《つうたん》 父を失って—の窮みです —にたえない
通知《つうち》 会員に—する 同窓会の— 合格—
通帳《つうちょう》 —に記載した金額 預金—
通牒《つうちょう》 最後—を発する 役所からの—
通読《つうどく》 史書を—する 問題文を—せよ
通年《つうねん》 年間合計。—すると同じになる
通念《つうねん》 社会—としてはそれが常識だ
痛罵《つうば》 ひどくののしる。裏切者を—する

通風《つうふう》 —をよくする —のよい座敷 —装置
痛風《つうふう》 関節の痛む病気。—に悩む祖父
痛憤《つうふん》 部下の失態に—する —をなだめる
通弊《つうへい》 役所の—としておしゃれは婦人の—だ
通報《つうほう》 事件の詳細を—する 火災の—が遅れる
通謀《つうぼう》 敵に—する —して逃走する
痛棒《つうぼう》 手痛い懲らしめ。先生から—をくらう
通訳《つうやく》 アラビア語を—する 同時—
通有《つうゆう》 各国に—した特色 —性
通用《つうよう》 —する紙幣 現代には—しない意見
痛痒《つうよう》 断水してもいっこう—を感じない
通覧《つうらん》 世界の情勢を—すると 経済界を—する
通例《つうれい》 役員は—会長の指名による
痛烈《つうれつ》 —な批判を下す —に批評する

通路《つうろ》 —をふさぐ 連絡— 地下の—
通論《つうろん》 経済学— これが世間の—になっている
痛論《つうろん》 手きびしく論じる。政治の腐敗を—する
通話《つうわ》 外国と—する —料金 即時—
杖《つえ》 —を突く —とも柱とも頼む
柄《つか》 刀の—に手を掛ける 筆の—
塚《つか》 —を築く 一里— 犬の— 筆—
栂《つが》 「とが」とも。高い—の木
番《つがい》 一—の鳥 カナリアの—
使物《つかいもの》 この男は—にならない
遣物《つかいもの》 重役にお—をする
使《つか》う 道具を— 人を— 色目を—
使《つか》う 「遣う」とも。金を— 気を— 忍術を—
仕《つか》える 歴代の社長に— 父母に—

閊《つか》える　停滞。道が—　胸が—　のどが—
支《つか》える　支障。結婚に—病気　就職に—前歴
番《つが》える　雄と雌を—　弓に矢を—
掌《つかさど》る　課長の—事務　多くの部下を—
付《つ》かぬ事《こと》　—を伺いますが
束《つか》ねる　髪を—　手を—　薪《まき》を—
束《つか》の間《ま》　—の幸福　—の恋　—のできごと
捕《つか》まえる　虫を—　殺人犯人を—
捉《つか》まえる　手を—　絶好の機会を—
仕《つかまつ》る　近日中に参上—　一筆啓上—　承知—
摑《つか》む　好機を—　幸運を—　大意を—　腕を—
浸《つ》かる　ふろに—　胸まで濁水に—
漬《つか》る　つけものが—　おいしく—
疲《つか》れる　連日の残業で—　人生行路に—

遣《つか》わす　人を—　部下を現地に—
付《つき》　きょうは—がいい　—が回ってくる
尽《つき》　運の—
次《つぎ》　—の人　—の位　—の年　—の間《ま》
継《つぎ》　着物に—を当てる　—だらけのズボン
付合《つきあい》　「附合」とも。近所—　—が広い　—が悪い
月影《つきかげ》　月の光。—が窓越しにさし込む
月掛《つきがけ》　—貯金　—で旅行費用をためる
接木《つぎき》　柿《かき》を—する　—のしかたがむずかしい
月決《つきぎめ》　「月極」とも。—の購読者　—で払う
築地《つきじ》　ここは—だから地盤がゆるい
付添《つきそい》　「附添」とも。—の人　病人の—　遠足の—
月並《つきなみ》　「月次」とも。—の俳句　—な文句
付人《つきびと》　「附人」とも。女優の—　関取に—がいる

接穂《つぎほ》　接木《つぎ》の—　話の—がない
築山《つきやま》　庭園の—　—に池を配置する
尽《つ》きる　命の—とき　軍資金が—　愛想が—
着《つ》く　「著く」とも。手紙が—　東京に—　朝—
付《つ》く　泥《どろ》が—　話が—　気が—　目に—
付《つ》く　「附く」とも。条件が—　病人に—
憑《つ》く　乗り移る。狐《きつね》が—　悪霊《あくりょう》が—
就《つ》く　師に—　職に—　床に—
即《つ》く　先頭にぴったりと—　皇帝の位に—
点《つ》く　火が—　電灯が—　ネオンが—
浸《つ》く　家が水に—
漬《つ》く　つけものが—
突《つ》く　横腹を—　小刀で—　羽根を—　底を—
突《つ》く　「撞く」とも。坊さんが鐘を—

突《つ》く　「衝く」とも。急所を—　雨を突いて行く
搗《つ》く　臼《うす》で—　餅《もち》を—　米を搗いて白くする
築《つ》く　きずく。石垣を—
次《つ》ぐ　続く。凶悪な事件が—
次《つ》ぐ　「亜ぐ」とも。彼に—者はいない
継《つ》ぐ　会長の跡を—　夜を日に—
継《つ》ぐ　「嗣ぐ」とも。家を—
接《つ》ぐ　骨を—　木に竹を—
注《つ》ぐ　杯に酒を—　コップに水を—
机《つくえ》　—を並べて勉強する　事務—　勉強—
土筆《つくし》　—だれの子杉菜《すぎな》の子　—ん坊
尽《つ》くす　力を—　国に—
佃煮《つくだに》　貝の—　昆布《こぶ》の—　—の詰合せ
熟《つくづく》々　—思うに　—見る　—いやになった

償《つぐな》う　損害を—　失敗した分を—
蹲踞《つくばい》　「蹲」とも。庭の縁先に—を置く
鶫《つぐみ》　秋、大群を成して渡ってくる—
噤《つぐ》む　口を—
旁《つくり》　漢字の—と偏《へん》
作《つく》る　麦を—　詩を—　料理を—　人間を—
作《つく》る　「創る」とも。創造・創作。小説を—
造《つく》る　機械を—　ビルを—　酒を—　新語を—
繕《つくろ》う　着物を—　家屋を—　人前を—
黄楊《つげ》　「柘植」とも。将棋の駒《こま》や櫛《くし》にする—
付上《つけあ》がる　「附上がる」とも　言えば余計に—
付込《つけこ》む　「附込む」とも。弱みに—　留守に—
付届《つけとどけ》　「附届」とも。課長に—をする
付根《つけね》　「附根」とも。—から折れる　足の—

付文《つけぶみ》 女に—する 男から—される
漬物《つけもの》 白菜の— —を漬ける —屋
付焼刃《つけやきば》 「附…」とも。 —の勉強
漬《つ》ける 水に— 一晩— 大根を—
告《つ》げる 名を— 知事が都民に—
都合《つごう》 どうしても—が付かない —千円になる
辻《つじ》 四つ— —待ちのタクシー —説法
辻褄《つじつま》 話の—が合わない —を合わせる
対馬《つしま》 旧国名、長崎県の一部。—海流
蔦《つた》 —がからむ —が紅葉する
伝《つた》える 父母のことばを— 技術を—
拙《つたな》い 文字が— —歌
槌《つち》 「鎚」とも。—でたたく —の音が響く
培《つちか》う 国力を— 技術を— 経済力を—

土気色《つちけいろ》 顔が—になる
土付《つちつ》かず —の力士 —で優勝する
戊《つちのえ》 十干の第五。ぼ。
己《つちのと》 十干の第六。き。
筒《つつ》 竹の— 紙の—
津々浦々《つつうらうら》 —の人々
突支棒《つっかいぼう》 —をかう
恙無《つつがな》く —暮らす —帰還する
続柄《つづきがら》 本人との—を書いてください
続《つづ》く 丘陵が— 金が— 雨が— 次週に—
突慳貪《つっけんどん》 —な態度 —に言う
躑躅《つつじ》 —の花が一面に咲く —人形
慎《つつし》む 言動を— 酒を— 身を—
謹《つつし》む 謹んで新年をお祝い申し上げます

筒袖《つつそで》 —の着物 —姿
筒抜《つつぬ》ける 内輪の話が—になる
慎《つつま》しい 控えめ。—態度の女
倹《つつま》しい 質素。—生活を送る
堤《つつみ》 —を築く 川岸の—の上を行く
鼓《つづみ》 —を打つ 大— 小— 狸(たぬき)の腹—
包《つつ》む 本を— 金を— 紙で—
約《つづ》める 長い文を— 生計を—
美人局《つつもたせ》 ゆすりのための情交。
葛籠《つづら》 衣類などを入れる大型のかご。
葛折《つづらおり》 「九十九折」とも。—の道を上る
綴《つづ》る 短い文を— アルファベットを—
綴織《つづれおり》 色糸で模様を出した布。—の帯
伝手《つて》 —を求めて就職した —をたどる

苞《つと》 わら包み。みやげ。納豆(なっとう)の— 家—
都度《つど》 帰省の—旧師を訪れる その—注意した
集《つど》う 熱心な信者が— そこに—若者五千人
夙《つと》に 早く。—知られていた —学問を好む
努《つと》める 「力める・勉める」とも。解決に—
勤《つと》める 役所に— 会社に— —三十年も—
勤《つと》める 「務める」とも。議長を— 委員を—
綱《つな》 太い— 命の— —を引く —渡り
繋《つな》ぐ 犬を— 船を— 電線を—
津波《つなみ》 「津浪」とも。—が押し寄せる 山—
常《つね》 —日ごろ 世の—として —に思うこと
抓《つね》る ひざを— 皮膚を— わが身を—
角《つの》 牛の— 鹿(しか)の— —笛 —を出す
角隠《つのかく》し お嫁さんの— —がよく似合う

角突合《つのつきあい》 狭い国の中で—をする
募《つの》る 希望者を— 入居者を—
唾《つば》 「つばき」とも。—を吐く —をのみ込む
鍔《つば》 「鐔」とも。刀の—
帽檐《つば》 帽子の—
椿《つばき》 「山茶」とも。—の花が落ちる —油
翼《つばさ》 鳥の— 飛行機の— —を広げる
鍔迫合《つばぜりあい》 両者は—の最中だ
燕《つばめ》 —が渡って来る —の巣 若い—
粒《つぶ》 米の— —がそろう 大—の雨
具《つぶさ》に —に艱難(かんなん)をなめる —説明する
潰《つぶ》す 国を— 時間を— 網目を—
礫《つぶて》 小石。—が飛ぶ 暗夜の— 紙—
呟《つぶや》く 口の中で— 彼は—ように言った

粒選《つぶより》 ―の作品 ―の人物がそろう
円《つぶら》 ―な目がかわいい ―な瞳(ひとみ)
瞑《つぶ》る 目を―
潰《つぶ》れる 目が― 店が― 計画が―
坪《つぼ》 尺貫法の面積で六尺四方。五十―の土地
壺《つぼ》 お茶の― 思う―を心得ている
蕾《つぼみ》 花の― ―がふくらむ ―を持つ
窄《つぼ》める 「すぼめる」とも。傘(かさ)を― 肩を―
妻《つま》 最愛の― ―をめとる 夫と―
具《つま》 さしみの―
褄《つま》 和服の下のへり。―を取る 左―
端《つま》 はし。へり。軒の―
爪皮《つまかわ》 「爪革」とも。―の掛かった足駄(あしだ)
爪先《つまさき》 足の―を痛める ―上がりの坂

倹《つま》しい ―生活を送る
躓《つまず》く 「蹉く」とも。石に― 事業に―
爪弾《つまはじ》き 仲間から―される
詳《つまび》らか 行動を―にする ―にお話しします
摘《つま》む 「撮む」とも。指で― 鼻を― 要点を―
爪楊枝《つまようじ》 ―を口にくわえる
詰《つま》る 息が― 管が― 返事に― 寸が―
罪《つみ》 ―を犯す ―を責める 道徳上の―
積立《つみたて》 結婚資金の―をする ―貯金 ―金
錘《つむ》 「紡錘」とも。製糸工場の―の数
摘《つ》む 草を― 若葉を― 芽を―
積《つ》む 材木をトラックに― 練習を― 経験を―
紬《つむぎ》 ―の着物 大島― 結城(ゆうき)―
紡《つむ》ぐ 糸を―

旋毛《つむじ》 左巻きの― ―を曲げる ―曲り
旋風《つむじかぜ》 ―が吹く ―で家が吹っ飛んだ
詰襟《つめえり》 「詰衿」とも。―の学生服 ―の制服
詰所《つめしょ》 警備員の―
冷《つめ》たい 水が― ―空気 ―心 ―戦争
詰腹《つめばら》 強制されてする辞職。―を切らされる
爪弾《つめび》き 「つまびき」とも。―の音が聞こえる
詰《つ》める びんに― 長さを― ―順に中へ―
積《つも》り 「心算」とも。勉強する― ―貯金
通夜《つや》 お―に行く ―の席で故人をしのぶ
艶《つや》 みがくと―が出る ―っぽい女 ―消し
梅雨《つゆ》 ―の入り ―が上がる うっとうしい―
露《つゆ》 草葉の― ―を置く ―の命 ―知らず
露払《つゆはら》い 土俵入りの― ―役を勤める

強《つよ》い 力が― 酒に― ―影響 意志が―
強味《つよみ》 ―を発揮する 独特の―
面《つら》 ―の皮 ―をよごす 蛙(かえる)の―に水
面当《つらあて》 ―にひねくれてみせる ―を言う
辛《つら》い 仕事が― 別れが― ―思いをする
面構《つらがま》え 不敵な― あいつの―が気に食わぬ
面魂《つらだましい》 何物にも屈しない―を感じる
熟々《つらつら》 ―考えてみると ―思うに
連《つら》なる ―山々 車の―大通り 事件に―
連《つら》なる 「列なる」とも。会議の末席に―
貫《つらぬ》く 山を―トンネル工事 目的を― 意思を―
連《つら》ねる 発起人に名を― 軒を― 翼を―
氷柱《つらら》 軒の―が朝日に輝く
釣《つり》 ―に行く 金魚― 五十円のお―です

釣合《つりあい》 ―を取る ―の取れた夫婦 ―が悪い
釣鐘《つりがね》 お寺の― ―堂 ちょうちんに―
釣銭《つりせん》 ―を渡す ―をもらうのを忘れる
吊床《つりどこ》 「釣床」とも。ハンモック。
吊橋《つりばし》 「釣橋」とも。谷の― ―を渡る
釣堀《つりぼり》 ―で魚(さかな)を釣る のどかな―風景
吊輪《つりわ》 「吊環」とも。―運動 ―で優勝する
弦《つる》 弓の― ―を張る ―が切れる
弦《つる》 「絃」とも。楽器の糸。バイオリンの―
弦《つる》 「鉉」とも。取っ手。なべの―
蔓《つる》 瓜(うり)の― 朝顔の― めがねの―
鶴《つる》 ―は千年亀(かめ)は万年 ―の一声 丹頂―
吊《つ》る さげる。宙に― 首を―
釣《つ》る 魚(さかな)を― 広告で人を―

痙《つ》る　糸が―　足が―

剣《つるぎ》　―の山　―の林　草薙《くさなぎ》の―

吊《つる》す　剣を―　天井から―

鶴嘴《つるはし》　―で道路を掘り返す

釣瓶《つるべ》　―で水をくむ　―井戸　秋の日は―落し

連《つれ》　お―さん　こども―　―と別れる

連合《つれあい》　配偶者。　―は早く死にました

徒然《つれづれ》　―なるままに酒を飲む　―を慰める

連《つ》れる　こどもを―

石蕗《つわぶき》　「つわ」とも。　晩秋黄色い花の咲く―

兵《つわもの》　―どもの夢の跡　業界の―　―ぞろい

悪阻《つわり》　妻は―で苦しむ　―は軽く済んだ

劈《つんざ》く　「擘く」とも。　耳を―悲鳴　やみを―雷鳴

聾《つんぼ》　耳が聞こえない人。

て

手合《てあい》　ろくな―ではない男　この―の品はいかが

出会《であい》　「出合」とも。　ふたりの―は　―頭《がしら》

手足《てあし》　―を伸ばす　―となって働く

出足《であし》　鋭い―　投票の―が悪い

手厚《てあつ》い　―待遇を受ける　―看護のおかげ

手当《てあて》　―を考えておく　傷の―をする　残業―

手編《てあみ》　―のセーター　―の手袋

手荒《てあら》　―なまねをする　―に扱う

手合《てあわ》せ　将棋の―　一番―をお願いします

丁《てい》　十干の第四。ひのと。

体《てい》　いささか困惑の―だ　芸人―の男　―よく

底《てい》　程度・種類。　これ―の者

低圧《ていあつ》　―と高圧　―のガス　―部

提案《ていあん》　会議に―する　―理由の説明　―者

定員《ていいん》　映画館の―　―を超過する　―を守る

庭園《ていえん》　―の芝生《しばふ》　屋上の―　日本―

帝王《ていおう》　―の位に即《つ》く　―切開　―学

低音《ていおん》　低い音声。　バス。　―で歌う　―部

低温《ていおん》　低い温度。　―で殺菌する　―乾留

低下《ていか》　気温が―する　学力の―を来たす

定価《ていか》　―を上げる　―がわからない　―販売

低回《ていかい》　「低徊」とも。　さまよう。　―趣味

定額《ていがく》　一定金額。　料金を―にする　―貯蓄

低額《ていがく》　少ない額。　昇給は―に押える　―所得者

停学《ていがく》　不正行為をして―に処せられた　―処分

定款《ていかん》　会社・組合等の規約。　―を作成する

諦観《ていかん》　あきらめ。　―に達する　―の境地

定期《ていき》　―に刊行する　―券　―預金　―航空路

提起《ていき》　問題を―する　組合から―された案件

定義《ていぎ》　哲学は用語の―から始まる　幾何の―

提議《ていぎ》　委員会で―する　―について審議します

低気圧《ていきあつ》　―と高気圧　熱帯性―

定休《ていきゅう》　毎週木曜日は―です　あすは―日

低級《ていきゅう》　趣味が―だ　―な文学　―と高級

庭球《ていきゅう》　テニス。　―の試合　大学の―部

提供《ていきょう》　食糧を―する　情報―者

提琴《ていきん》　バイオリン。

低空《ていくう》　―を飛ぶ　―飛行

定形《ていけい》　一定の形。　―を保つ　―郵便物

定型《ていけい》　一定の型《かた》。　―どおり　―詩

提携《ていけい》　外国会社と―する　業務―　技術―

梯形《ていけい》　二辺だけ平行な四辺形。台形。

蹄形《ていけい》　U字形。　―磁石

締結《ていけつ》　条約を―する

定見《ていけん》　―のない男　政治に―を持つ

低減《ていげん》　減って少なくなる。　自己資金が―する

逓減《ていげん》　順次減る。　定員を―する　遠距離―運賃

提言《ていげん》　作業方法について―する　―を採用する

艇庫《ていこ》　ボートをしまっておく倉庫。　川岸の―

抵抗《ていこう》　賊が―する　―を感じる　無―主義

定刻《ていこく》　―に開会する　―に参集してください

帝国《ていこく》　大日本―　大英―　―主義

体裁《ていさい》　―を飾る　―が悪い　本の―　―ぶる

偵察《ていさつ》　敵状を―する　―機　―飛行

て

停止《ていし》 発行を―する 出場― ―信号 一時―

底止《ていし》 止まる。革命運動は―するところがない

丁字《ていじ》 「丁」の字形。―形 ―路 ―帯

定時《ていじ》 列車は―に発車する ―総会 ―制高校

提示《ていじ》 差し出す。条件を―する 資料の―

提示《ていじ》 「呈示」とも。示す。身分証明書を―する

綴字《ていじ》 「せつじ・てつじ」とも。つづり字。

低湿《ていしつ》 土地が低くて湿気が多い。―な地帯

帝室《ていしつ》 皇室。皇帝の一家。―の財産

停車《ていしゃ》 ―を命じる ―場 ―中のトラック

亭主《ていしゅ》 酒屋の― ―をしりに敷く ―関白

定住《ていじゅう》 都会に―する ―人口

貞淑《ていしゅく》 ―な女性 ―な妻になる

提出《ていしゅつ》 「呈出」とも。辞表を―する

貞女《ていじょ》 操の正しい女。―の鑑(かがみ)と敬われる

提唱《ていしょう》 新党の結成を―する 改革運動の―

呈上《ていじょう》 記念品を―します 粗品―

定食《ていしょく》 お昼は―で済ます 食堂の和―

定職《ていしょく》 ―を持つ ―につく ―がない

停職《ていしょく》 三か月の― ―処分を受ける

抵触《ていしょく》 「牴触」とも。法律に―する

挺身《ていしん》 「挺進」とも。―難におもむく ―隊

逓信《ていしん》 郵便電信電話等の仕事。―事業に携わる

泥酔《でいすい》 前後不覚に―する ―して車を運転する

定数《ていすう》 出席者が―に達した ―を割る 役員の―

呈《てい》する 不思議な現象を― 苦言を―

挺《てい》する 身を挺して戦う

訂正《ていせい》 誤字の―をする ―記事

定説《ていせつ》 こう解釈するのが―です ―によれば

貞節《ていせつ》 ―を守る ―な婦人 ―は女性の徳です

停船《ていせん》 ―を命じて船内を調べる 港内に―する

停戦《ていせん》 クリスマスは―する ―協定を結ぶ

庭前《ていぜん》 ―の梅は今を盛りと咲く ―を横切る

定礎《ていそ》 新庁舎の―をする ―式

提訴《ていそ》 裁判所に―する 人事院に―する

貞操《ていそう》 ―を守る ―が堅い ―帯

逓送《ていそう》 順繰りに送る。荷物を―する

定則《ていそく》 決まっている法則。―どおりに処理する

低速《ていそく》 ―で前進する ―で走る ―と高速

低俗《ていぞく》 ―な趣味 ―な作品 ―な気風を嘆く

定足数《ていそくすう》 ―に達する ―を割る

停滞《ていたい》 交渉が―する 梅雨前線が―している

邸宅《ていたく》 大きな―を構える 豪壮な―

鼎談《ていだん》 三党首の―を放送する ―会の速記録

定着《ていちゃく》 新しい土地に―する 現像と―

丁重《ていちょう》 「鄭重」とも。―に断わる ―な返事

低調《ていちょう》 どうも成績が―だ ―なすべり出しだ

亭々《ていてい》 杉の木が―とそびえる ―たる樹木の緑

蹄鉄《ていてつ》 馬の足に―を打つ ―の響きがする

定点《ていてん》 ―観測をする

停電《ていでん》 台風のため―した ―中に強盗が入(はい)る

帝都《ていと》 ―東京の発展

程度《ていど》 ―が高い 生活―が違う 中卒―の学力

低度《ていど》 低い度合い。―の知識 ―の学校

泥土《でいど》 洪水(こうずい)のため一瞬にして―と化した

抵当《ていとう》 家を―に入れる ―権の設定

提督《ていとく》 艦隊の司令官。海軍の将官。東郷―

停頓《ていとん》 事務が―する 交渉が―する

丁寧《ていねい》 「叮嚀」とも。―に答える ―なあいさつ

泥濘《でいねい》 ぬかるみ。―の道を歩く ―に悩む

丁年《ていねん》 満二十歳。―に達した男子

定年《ていねん》 「停年」とも。―で会社を去る ―退職者

低能《ていのう》 知能のおくれ

停泊《ていはく》 「碇泊」とも。港に―する ―中の船舶

剃髪《ていはつ》 髪をそり落とす。―して尼になる ―式

定評《ていひょう》 ―のある製品 ―をくつがえす

底辺《ていへん》 ―の長さを求める 社会の―に生きる人

堤防《ていぼう》 河川の― ―を強化する ―が決壊した

定本《ていほん》 異本を校合(きょうごう)して―を作る ―万葉集

底本《ていほん》 初版本を―として復刻する

弟妹《ていまい》 多くの―がある ―をかわいがる
低迷《ていめい》 暗雲―の政界 景気は依然―している
定訳《ていやく》 定着した標準となる訳。まだ―がない
締約《ていやく》 約束を結ぶ。提携会社と―する
提要《ていよう》 要点を挙(あ)げ示す。物理学―
低落《ていらく》 生産者米価の―を防ぐ 道徳の―を嘆く
定理《ていり》 三垂線の― ―を証明する
低利《ていり》 ―で金を借りる 高利と―
定律《ていりつ》 正しい決り。質量不変の―
定率《ていりつ》 一定率。―の税を課する ―償却
低率《ていりつ》 ―な税を課する 投票率はきわめて―だ
鼎立《ていりつ》 業界に―する三社 三国の―
底流《ていりゅう》 国民の間に―する不安な気分
停留場《ていりゅうじょう》 ―でバスを待つ

定量《ていりょう》 毎晩―の酒を飲む ―分析
定例《ていれい》 ―の職員会議 ―会 ―閣議
低劣《ていれつ》 ―なやじを飛ばす ―な週刊誌
低廉《ていれん》 ―な品が豊富にある 物価の―な国
手薄《てうす》 ―な警戒の目を盗む 在庫が―だ
手打《てうち》 けんかの―式を行なう ―そば
手討《てうち》 殺す。町人を―にする
手負《ておい》 負傷。 ―の猪(いのしし) ―の武士をかくまう
手遅《ておく》れ 「手後れ」とも。 すでに―だった
手落《ておち》 事務の―で遅れる ―を認める
手踊《ておどり》 芸者の― ―を見せる
手掛《てがか》り ―がつかめない 解決の―を求める
手枷《てかせ》 手にはめる刑具。 ―足枷
出稼《でかせ》ぎ 農閑期の― ―労働者 ―の農民

手形《てがた》 ―を切る ―割引 不渡― 空(から)―
手堅《てがた》い ―商法 ―攻め方 ―方法で行なう
手柄《てがら》 大―を立てる ―顔をして語る ―話
手絡《てがら》 婦人の髪飾りの布。赤い―がよく似合う
出涸《でがら》し ―のお茶
手軽《てがる》 ―に考える ―に作れる ―な食事
的《てき》 地域― 代表― 科学― 継続―
敵《てき》 ―に回す ―の大軍 ―は本能寺にあり
溺愛《できあい》 こどもを―する 彼の―する妻
出来合《できあい》 ―の洋服を買う
敵意《てきい》 彼は弟に―をいだいている ―を感じる
敵影《てきえい》 ―を求めて進む ―を認めず
適応《てきおう》 環境に―する ―性 ―症
敵愾心《てきがいしん》 ―をあおる ―を燃やす

適格《てきかく》 「てっかく」とも。―審査 ―者を選ぶ
適宜《てきぎ》 ―判断してください ―な方法 ―の処置
適合《てきごう》 条件に―する 法律に―する
出来心《できごころ》 ―で盗む
出来事《できごと》 一瞬の― 不意の―
適材《てきざい》 彼を―だと考える ―適所の人事
敵視《てきし》 労働組合を―する 中国―政策
適時《てきじ》 ―に出発させる ―安打
溺死《できし》 川に落ちて―する ―者 ―体
適者《てきしゃ》 ―だけが残る ―生存
摘出《てきしゅつ》 つまむ。見本の― ―方法
摘出《てきしゅつ》 「剔出」とも。えぐる。異物を―する
適所《てきしょ》 ―に適材を配する
敵将《てきしょう》 ―を生けどる ―を討ち取る

敵情《てきじょう》 ―を探る ―の偵察(ていさつ) ―不明
敵陣《てきじん》 ―に攻め入る ―を攻め落とす
手傷《てきず》 ―を負う 重い― 試合で受けた―
適《てき》する 静養に―土地 こどもに―歌を選ぶ
敵《てき》する われに―相手なし ―者は殺す
適正《てきせい》 ―な価格を定める ―な方法 ―に配置
適性《てきせい》 ―のない人 ―を見付ける ―検査
適切《てきせつ》 ―な処置を講じる ―な指導をする
敵対《てきたい》 ―する者 ―関係にある ―行為
出来高《できだか》 ことしの― ―払い
敵弾《てきだん》 ―が命中する ―を受けて倒れた
敵地《てきち》 ―を偵察する ―に近づく ―に入る
的中《てきちゅう》 「適中」とも。予想が―した
適度《てきど》 酒は―の量ならよろしい ―に運動する

適当《てきとう》 ―な方法を考える ―に処置しなさい
適任《てきにん》 今回の人事はみんな―だ 彼が最―者だ
摘発《てきはつ》 不正を―する 悪徳業者の―
適評《てきひょう》 これは全く―だ ―を下す
適法《てきほう》 ―の行為 ―の所持人
覿面《てきめん》 効果は―です 天罰―だ
的屋《てきや》 大道商人。やし。―の親分
適役《てきやく》 ハムレットはあの役者には―だ
適用《てきよう》 騒乱罪を―する 法の―を誤る
摘要《てきよう》 内容の―を作る ―欄
適量《てきりょう》 薬は―に飲むこと 自分に―の酒
適例《てきれい》 ―を引用して説明する ―を挙(あ)げる
適齢《てきれい》 ―に達する 結婚―期のお嬢さん
手切金《てぎれきん》 多額の―を要求される

摘録《てきろく》 抜書き。―を作成する
手際《てぎわ》 仕事を―よく片づける ―がよい
手金《てきん》 手付金。―を打つ ―は契約高の一割
天蚕糸《てぐす》 釣糸(つりいと)に使う―
手癖《てくせ》 ―の悪い男 ―がよくない
手管《てくだ》 男を喜ばす― 手練―で男をだます
手口《てぐち》 同じ―を使った犯罪 巧妙な―
木偶《でく》の坊《ぼう》 役に立たない―
出会《でくわ》す 「出交す」とも。道で― 難問題に―
梃《てこ》 「梃子」とも。―でも動かない ―入れ
手心《てごころ》 採点に―を加える
手応《てごた》え 何の―もない 強い―があった
凸凹《でこぼこ》 表面が―だ ―の道 ―をならす
手古舞《てこまい》 祭礼の踊りの一。―姿

手込《てごめ》 「手籠」とも。暴行。
手頃《てごろ》 ―な仕事 ―な口があった ―な値段
手強《てごわ》い ―相手と当たる
出盛《でさか》り 蜜柑(みかん)の―
手探《てさぐ》り 停電したので―で捜した
手提《てさげ》 ―袋 ―かばん ―金庫
手捌《てさば》き 巧みな―で分ける 熟練した―
手触《てざわ》り この紙は―が悪い ―のよい布
弟子《でし》 ―入りをする 踊りのお―さん 兄―
手塩《てしお》 小さいときから―に掛けて育てる
手品《てじな》 ―をやってみせる 余興の― ―師
手酌《てじゃく》 ―で飲む ―のほうが気楽でいい
手順《てじゅん》 ―を決めて掛かる ―よく片づける
手錠《てじょう》 犯人に―を掛ける ―をはずして逃げる

手数《てすう》 「てかず」とも。―が掛かる ―料
手空《てすき》 ―の時間 ―の人は手伝ってください
手漉《てすき》 ―の和紙
手筋《てすじ》 ―のいいこども 親の―を引いている
手摺《てすり》 二階の―から落ちる ―に寄り掛かる
手製《てせい》 ―のおもちゃで遊ぶ ―の本だな
手勢《てぜい》 ―を率いて攻め入る わずかな―で戦う
手狭《てぜま》 ―な家 ―なので離れを造る
手相《てそう》 ―で運命を占う ―を見てもらう ―見
出初式《でぞめしき》 消防の―
出揃《でそろ》う 稲の穂が― 新年号の雑誌が―
手玉《てだま》 友だちとお―で遊ぶ 強豪を―に取る
手違《てちが》い ―を生じる とんだ―だ
手帳《てちょう》 「手帖」とも。―にメモする 母子―

鉄《てつ》 元素の一。―で造る ―のカーテン
轍《てつ》 わだち。前車の―を踏む
鉄火《てっか》 ―肌(はだ)の女 ―場(ば) ―味噌(みそ) ―巻
滴下《てっか》 したたり落ちる。―する水滴
撤回《てっかい》 その意見は―します 処分の―を求める
的確《てっかく》 「てきかく」とも。―に表わす ―な判断
適確《てっかく》 「てきかく」とも。任務を―に遂行する
哲学《てつがく》 人生― 商人の― 愛の― ―史 ―者
摘記《てっき》 抜書き。要点を―する
手付《てつき》 慣れた― ―がじょうずだ
撤去《てっきょ》 障害物を―する 軍事基地の―を求める
鉄橋《てっきょう》 ―を掛ける 列車が―を渡る
鉄筋《てっきん》 ―コンクリート ―四十階建てのビル
手作《てづく》り 母の―の料理 父の―の野菜

て

手付《てつけ》　手付金。—を打つ　—を渡す
鉄血《てっけつ》　兵器と人血。—政策　—宰相
剔抉《てっけつ》　ほじくり出す。秘密事項を—する
鉄拳《てっけん》　—を振り上げる　—制裁を加える
手甲《てっこう》　—を着けて作業する　—脚絆(きゃはん)の姿
鉄鋼《てっこう》　—の生産　—業
鉄鉱石《てっこうせき》　—を運搬する船
鉄骨《てっこつ》　—を組み立てる　軽量—構造
鉄鎖《てっさ》　鉄の鎖(くさり)。—につながれる
鉄材《てつざい》　工業用の—を運ぶ　建築現場の—
鉄柵《てっさく》　工事現場を—で囲む　—を巡らす
鉄傘《てっさん》　鉄骨で組み立てた丸屋根。—の競技場
撤収《てっしゅう》　軍隊を—する　前進キャンプの—
徹宵《てっしょう》　労使が—交渉する　—警戒に当たる

鉄条網《てつじょうもう》　—を張り巡らす
哲人《てつじん》　哲学者。—らしい風格がある　—の言
鉄人《てつじん》　鋼鉄のように強い人。
徹《てっ》する　貫く。夜を—　眼光紙背に—
撤《てっ》する　取り除く。建築予定地内の古材を—
鉄石《てっせき》　—の心　—の意志を持って当たる
鉄窓《てっそう》　牢獄(ろうごく)。—に十年を過ごす
鉄則《てっそく》　公正こそ政治の—　禁酒の—を守る
撤退《てったい》　占領地を—する　米軍は早く—せよ
手伝《てつだい》　仕事の—　お—さん
丁稚《でっち》　小僧。—奉公　—を連れて出掛ける
鉄槌《てっつい》　不良学生に—を下す　大—を下す
手続《てつづき》　立候補の—を終える　入学—を執る
徹底《てってい》　趣旨を—させる　—を図る　—的に戦う

鉄塔《てっとう》　鉄骨で造った塔。高い—に登る
鉄道《てつどう》　国有—　—運賃　—公安官　—唱歌
徹頭徹尾《てっとうてつび》　—反対だ
撤廃《てっぱい》　米の統制を—する　入場税の—を求める
鉄板《てっぱん》　—の上で焼く　—を張る
鉄瓶《てつびん》　—で湯を沸かす　火ばちに—を掛ける
撤兵《てっぺい》　ベトナムから—する　—を完了する
鉄壁《てっぺき》　—の構えを取る　—の陣　金城—の地
天辺《てっぺん》　山の—から見渡す　頭の—から足先まで
鉄砲《てっぽう》　—を撃つ　—の伝来　—をかつぐ
鉄面皮《てつめんぴ》　—な男　—をはぐ
徹夜《てつや》　—で勉強する　—のマージャン
手蔓《てづる》　—を求めて就職する　いい—が見付かった
鉄路《てつろ》　鉄道。—を守る　—の錆(さび)となる

手《て》直《なお》し　計画の—をする
出《で》直《なお》し　最初から—だ
手《て》慰《なぐさ》み　—に作った人形　—の手芸
手《て》懐《なず》ける　部下を—　犬を—
手《て》鍋《なべ》　—さげても　—で芋を煮る
手《て》並《なみ》　あざやかな—を見せる　お—拝見
手習《てならい》　習字。けいこ。六十の—　—の師匠
手縫《てぬい》　—の靴(くつ)をはく　—のゆかた
手《て》抜《ぬ》かり　準備に—がない
手拭《てぬぐい》　—で顔をふく　—でほおかぶりする
手《て》緩《ぬる》い　警戒が—　対策が—　処罰が—
手《て》の内《うち》　相手に—を見られる　—を読む
掌《てのひら》　—を返す　—の上に載せる
手配《てはい》　車の—を頼む　犯人の—をする　指名—

手《て》始《はじ》め　—にする　—にやった仕事
手筈《てはず》　—を決める　歓迎の—を整える
出端《ではな》　—に失敗した　相手の—をくじく
出花《でばな》　—のお茶　鬼も十八番茶も—
出鼻《でばな》　山の—　相手の—をくじく
手《て》放《ばな》す　家宝を—
出刃包丁《でばぼうちょう》　—で切る
出番《でばん》　自分の—が来た
手引《てびき》　新入生のための—　土地購入の—　—書
手風琴《てふうきん》　アコーディオン。
手袋《てぶくろ》　—をはめる　レースの—　防寒—
手振《てぶり》　—がおもしろい　あざやかな—
手《て》解《ほど》き　ゴルフの—をする　将棋を—される
手間《てま》　—が掛かる　職人の—が上がった　—賃

手前《てまえ》 川の― 他人の― ―味噌(みそ)を並べる
出前《でまえ》 すしの―を頼む ―持ち
出任《でまか》せ 口から―に言う
手忠実《てまめ》 ―に作る
手毬《てまり》 「手鞠」とも。―を突いて遊ぶ ―歌
手回《てまわ》し 「手廻し」とも。―よく処理する
手短《てみじか》 事件の内容を―に話す ―に語る
手向《てむか》い 親に―する 無意味な―はするな
手元《てもと》 「手許」とも。―が狂う ―にある現金
出戻《でもど》り ―の娘
出物《でもの》 ―を捜す ―はれもの所きらわず
衒《てら》う 誇り示す。博識を― 奇を―
寺子屋《てらこや》 ―式の授業 ―の先生
寺銭《てらせん》 ばくちの場代。―を払う

照焼《てりやき》 鰤(ぶり)の―
照《て》る 日が― ―日曇る日
照隠《てれかく》し ―に笑う
手練手管《てれんてくだ》 巧みな―
手分《てわ》け ―をして捜す ―で片づける
天《てん》 ―と地 ―にも上る心持 ―高く馬肥ゆ
点《てん》 ―を取る ―を打つ 中心― 衣類三―
貂《てん》 ―の毛皮でコートを作る
伝《でん》 いつもの―でやろう 偉人―
電圧《でんあつ》 ―の単位はボルト ―が上がる ―計
転位《てんい》 結晶の―が見られる
転移《てんい》 癌(がん)が―する
天衣無縫《てんいむほう》 ―な性格
店員《てんいん》 洋品店の― ―の教育 女―

田園《でんえん》 ―生活を楽しむ ―都市 ―趣味
天下《てんか》 ―を取る ―分け目 ―太平 ―一品
点火《てんか》 ガスに―する ―装置 ―栓(せん)
添加《てんか》 薬品を―する 有害な―物
転化《てんか》 変わる。糖分がぶどう糖に―する
転訛《てんか》 発音がなまる。「ラ」が「ダ」に―する
転嫁《てんか》 他に負わせる。責任を部下に―する
典雅《てんが》 正しくて上品。―な絵 ―な音楽
伝家《でんか》 ―の宝刀を抜く ―の宝物を公開する
殿下《でんか》 皇族の敬称。皇太子― 高松宮― 妃―
電化《でんか》 鉄道の幹線を―する ―製品 家庭―
展開《てんかい》 反対運動を―する ―図 事態が―する
転回《てんかい》 百八十度―する コペルニクス的―
天涯《てんがい》 ―孤独の身 ―をさまよう

天蓋《てんがい》 仏像の― ―をかぶった虚無僧(こむそう)
電解《でんかい》 電気分解。―作用 ―質
田楽《でんがく》 ―刺し ―豆腐 味噌(みそ)― 木の芽―
天花粉《てんかふん》 あせもに―を付ける
展観《てんかん》 美術品を―する
転換《てんかん》 政策を―する 気分の―を図る 配置―
癲癇《てんかん》 ―を起こす ―持ち ―の発作
点眼《てんがん》 目薬を―する ―薬
天眼鏡《てんがんきょう》 ―で手相を見る
天気《てんき》 ―のいい日 ―になる ―予報
天機《てんき》 重大な秘密。―漏らすべからず
転記《てんき》 原簿から―する ―の際の誤記
転機《てんき》 これが―となって政界から足を洗った
転帰《てんき》 病状の変化。―欄に記入 死の―を取る

伝記《でんき》 偉人の―を読む ―物語 ―小説
伝奇《でんき》 珍しい話。―小説
電気《でんき》 ―を起こす ―をつける ―機関車
電器《でんき》 電気器具。家庭―
電機《でんき》 電気機械。―業界 重―と軽―
電球《でんきゅう》 ―が切れる 大きな―に替える
典拠《てんきょ》 ―を明らかにする 立論の―を示す
転居《てんきょ》 左記に―しました ―を迫られる ―先
転業《てんぎょう》 営業不振で―する ―希望者 ―資金
電極《でんきょく》 ―には陽極と陰極がある
転勤《てんきん》 今度九州に―になった 工場に―する
天狗《てんぐ》 ―のように鼻が高い ―になる 釣(つり)―
天草《てんぐさ》 寒天の原料にする―
天恵《てんけい》 ―を受ける ―ともいうべき夏の雨

天啓《てんけい》 神のお告げ。―が下る ―に従う
点景《てんけい》 「添景」とも。―に人物を配する
典型《てんけい》 孝子の―と言われる ―的な教育者
電撃《でんげき》 ―を受けて倒れる ―作戦 ―療法
天険《てんけん》 「天嶮」とも。―に拠（よ）って敵を防ぐ
点検《てんけん》 車体を―する 用具の― 防火設備の―
電源《でんげん》 ―を開発する ―を切る ―地帯
点呼《てんこ》 人員を―する 毎朝七時には―がある
天候《てんこう》 ―に左右される 不順な― ―の急変
転向《てんこう》 共産主義から右翼に―した
転校《てんこう》 家が引っ越したため―しました
電光《でんこう》 ―石火の早わざ ―ニュース ―掲示板
篆刻《てんこく》 篆字の印刷。印の彫刻。
天国《てんごく》 ―と地獄 ―からの使い この世は―

伝言《でんごん》 ―を伝える 母に―する 駅の―板
天才《てんさい》 ―と言われた少年 ―教育 ―的な頭脳
天災《てんさい》 ―ではなくて人災だ ―地変に対する備え
甜菜《てんさい》 砂糖大根。ビート。―糖
転載《てんさい》 原文のまま―する 許可なく―を禁じる
点在《てんざい》 松林の中に―する別荘
添削《てんさく》 生徒の作文を―する ―指導を受ける
電算機《でんさんき》 電子計算機。―の導入
天子《てんし》 君主。天皇。日出（い）づる国の―
天使《てんし》 ―のような人 白衣の―
点字《てんじ》 盲人に―を教える ―の本
展示《てんじ》 見本を―する 作品の―会
篆字《てんじ》 篆書の文字。―のはんこ ―の額
電子《でんし》 ―計算機 ―音楽 ―顕微鏡

田地《でんじ》 「でんち」とも。田。―を売り払う
天竺《てんじく》 インドの古名。―もめん ―浪人
点者《てんじゃ》 和歌・俳句・川柳等の評点者。―の講評
電車《でんしゃ》 ―の運転士 急行― 通勤― 荷物―
転借《てんしゃく》 また借り。親しい友人から―した品
天守《てんしゅ》 城の本丸の― ―に登る ―閣
天寿《てんじゅ》 母は―を全うして死んだ
伝授《でんじゅ》 師匠から奥義を―される 秘法を―する
伝習《でんしゅう》 芸能を―する
転出《てんしゅつ》 支店長に―した ―先に照会する
添書《てんしょ》 先生の―をいただく 贈物に付けた―
篆書《てんしょ》 漢字の書体の一。はんこなどに使う。
天象《てんしょう》 日・月・星など天体の現象。―儀
天井《てんじょう》 ―を張る ―板 ―桟敷（さじき）

添乗《てんじょう》 団体旅行の―で行く 旅行社の―員
伝承《でんしょう》 村の古老の―を記録する ―文学
伝唱《でんしょう》 「伝誦」とも。村々で―される歌
天壌無窮《てんじょうむきゅう》
天職《てんしょく》 教育を―とした 看護婦を―とする
転職《てんしょく》 定年を前に―を考える ―の紹介
点《てん》じる あかりを― お茶を―
転《てん》じる 方向を― 目を― 話題を―
転身《てんしん》 職業などを替える。商人に―を考える
転進《てんしん》 形勢不利で―する ―作戦
転針《てんしん》 進行方向を変える。船団は南東に―した
天神《てんじん》 天満宮。―さまのお告げ 北野の―
天真爛漫《てんしんらんまん》 ―な性格
天水《てんすい》 雨水。―を飲用水に使う島 ―桶（おけ）

天性《てんせい》 ―の詩人 第二の― ―をみがく
天成《てんせい》 天然。この城は―の要害です ―の美
展性《てんせい》 箔（はく）に延ばせる性質。―に富む金属
転成《てんせい》 違った性質・状態になる。名詞に―する
典籍《てんせき》 書物。書籍。多くの―を所蔵する
転籍《てんせき》 結婚により―する ―地に照会する
伝説《でんせつ》 古池にまつわる― 各国の―を比較する
点線《てんせん》 ―を施した部分 ―でつなぐ
転戦《てんせん》 各地に―して勇名をとどろかす
恬然《てんぜん》 平気なさま。―として恥じない
伝染《でんせん》 ―の経路を調べる 家畜に―する ―病
電線《でんせん》 ―が切れた ―が風で音を立てる
転送《てんそう》 手紙を―する 書類の― ―願
伝送《でんそう》 書類を―する ―管 ―路

電送《でんそう》 競技会のようすを―する ―写真
天測《てんそく》 定時に―する ―で船の位置を知る
転属《てんぞく》 他の部隊に―した ―の内示がある
天体《てんたい》 ―を観測する ―物理学 ―望遠鏡
転貸《てんたい》 また貸し。借地を―して利を得る
天台宗《てんだいしゅう》 仏教の宗派の一。
転宅《てんたく》 左記に―しました ―の通知
電卓《でんたく》 電子式卓上計算機。急速に普及した―
伝達《でんたつ》 命令を―する ―された内容
恬澹《てんたん》 「恬淡」とも。こだわらない。―たる性質
電探《でんたん》 電波探知機。レーダー。
天地《てんち》 ―神明に誓う ―無用 ―有情(うじょう)
転地《てんち》 病気の姉を―させる ―療養
転置《てんち》 置き場所を変える。保管品を―する

電池《でんち》 ―に充電する 乾―蓄―
電蓄《でんちく》 ―を掛ける ―から流れる音楽
天誅《てんちゅう》 天罰。―を加える ―を受けて滅びる
電柱《でんちゅう》 ―に街灯を付ける ―に広告を張る
天敵《てんてき》 ハブの―マングース 蛙(かえる)の―蛇(へび)
点滴《てんてき》 薬液を―する 軒から落ちる―の音
天手古舞《てんてこまい》 多忙で―
点綴《てんてつ》 「てんてい」とも。麦畑に菜の花が―する
転轍《てんてつ》 線路の―機 ―作業 ―を誤って脱線する
点々《てんてん》 人家が―と見える ―と散らばる
転々《てんてん》 ―と居を移す ボールが―ところがる
展転《てんてん》 「輾転」とも。寝返りを打つ。―反側
奠都《てんと》 都を定める。東京に―する 平安―
電鍍《でんと》 電気メッキ。

店頭《てんとう》 店先。―に並ぶ商品 ―の買物客
点灯《てんとう》 街路灯に―する
天道《てんとう》 太陽。お―さま ―人を殺さず
転倒《てんとう》 「顛倒」とも。階段で―した 気が―する
伝統《でんとう》 大学には古い―がある ―をたっとぶ
電灯《でんとう》 ―がつく 懐中―
伝道《でんどう》 キリスト教の― 未開人に―する ―師
伝導《でんどう》 熱の― 電気の― ―率
伝動《でんどう》 機械。モーターの―装置
電動《でんどう》 ―の大工道具 ―機 ―工具
殿堂《でんどう》 野球の― 科学の― 神社の―
天道虫《てんとうむし》 「瓢虫」とも。
恬《てん》として 平気で。―として恥じない
天丼《てんどん》 海老(えび)の― 昼食に―を食べる

転入《てんにゅう》 東京に―する ―の手続 ―試験
天女《てんにょ》 ―の舞 ―のような美しさ
転任《てんにん》 大阪に―する ―のあいさつ
電熱《でんねつ》 ―で暖房する ―器 ―線
天然《てんねん》 ―資源 ―ガス ―記念物 ―痘
天皇《てんのう》 一天万乗の― ―制 ―陛下
天王星《てんのうせい》 太陽系七番めの惑星。
伝播《でんぱ》 伝わり広まる。うわさが―する 波の―
電波《でんぱ》 ―を発する ―探知機 ―望遠鏡
転売《てんばい》 土地を―して儲(もう)ける 古道具を―する
顛沛《てんぱい》 つかの間。造次―も忘れず
田畑《でんぱた》 ―を売って上京する 田地―
天罰《てんばつ》 ―を受ける ―が下る ―覿面(てきめん)
典範《てんぱん》 手本。おきて。皇室― 儀式の―を示す

天日《てんぴ》 ―でかわかす ―に当てる
天火《てんぴ》 オーブン。―で焼く
天引《てんびき》 月々の給料から―される ―貯金
点描《てんびょう》 沿革を―する アメリカ― ―画
伝票《でんぴょう》 ―を切る ―を起こす 売上げ―
天秤《てんびん》 ―に掛ける 化学― 上皿(うわざら)― ―棒
天稟《てんぴん》 天分。―に恵まれる
天賦《てんぷ》 生れ付き。―の才能を持つ
添付《てんぷ》 写真を―して送る 成績証明書を―する
貼付《てんぷ》 「ちょうふ」とも。
臀部《でんぶ》 しりの部分。―を刺される ―を隠す
田麩《でんぶ》 魚肉をほぐし味付けした食品。鯛(たい)―
転覆《てんぷく》 ボートが―する 政権の―を図る
田夫野人《でんぷやじん》 いなか者。

天麩羅《てんぷら》 「天婦羅」とも。芋の―
天分《てんぶん》 音楽の―に恵まれる 文学の―豊かな人
伝聞《でんぶん》 ―するに彼は近くアメリカに行くらしい
電文《でんぶん》 ―が簡単なので意味がわからない
澱粉《でんぷん》 米の― ―質の食品
転変《てんぺん》 ―してやまない 有為(うい)―の世
天変地異《てんぺんちい》 ―の発生
展墓《てんぼ》 墓参。―のため帰郷する
店舗《てんぽ》 「店鋪」とも。―を構える ―を拡張する
転補《てんぽ》 会計課長に―する
塡補《てんぽ》 不足分を―する 損失の―
展望《てんぼう》 高台から―する ―がきく ―台 ―車
電報《でんぽう》 ―を打つ 年賀― ―為替(かわせ)
伝法肌《でんぽうはだ》 勇みはだ。―の女

丁抹《デンマーク》 欧州北部の王国。酪農で有名な―
天幕《てんまく》 テント。―を張って野営する ―生活
伝馬船《てんません》 ―で荷を本船に運ぶ
顛末《てんまつ》 事件の―を報告する ―を語る ―記
天窓《てんまど》 ―を開(あ)けて換気する ―を引くひも
天命《てんめい》 ―とあきらめる ―を全うする
点滅《てんめつ》 ネオンが―する ―する信号灯
纏綿《てんめん》 こまやか。情緒―たるものがある
天網《てんもう》 ―恢々(かいかい)疎にして漏らさず
天文《てんもん》 ―学 ―台 ―単位
店屋物《てんやもの》 夕食に―を取り寄せる
天佑《てんゆう》 天の助け。―神助を期待する
天与《てんよ》 ―の好機 ―の才能
転用《てんよう》 設備費を接待費に―する

天来《てんらい》 人界のものでない。―の妙音
伝来《でんらい》 ポルトガルから鉄砲が―した 仏教の―
転落《てんらく》 「顛落」とも。みぞに―した 夜の女に―
天覧《てんらん》 天皇が見る。―を賜わる ―試合
展覧《てんらん》 作品を―する 絵の―会を開く
電流《でんりゅう》 ボタンを押すと―が通じる ―計
電力《でんりょく》 電気の仕事量。百ワットの―
典礼《てんれい》 決まっている儀式の作法。
典例《てんれい》 先例。―を重んじる 法規―
典令《てんれい》 法律命令。―に従う
伝令《でんれい》 司令部から―を出して命令を伝える
電鈴《でんれい》 ベル。―を鳴らす
転炉《てんろ》 鉄や銅の精錬に用いる回転炉。
電話《でんわ》 ―を掛ける ―機 長距離― ―交換手

と

斗《と》 昔の容積の単位。十升。米一― 酒一―
徒《と》 仲間。無頼(ぶらい)の― 忘恩の―
途《と》 帰国の―につく
度《ど》 ―を越す ―を失う 近視の― 三―の飯
度合《どあい》 発作(ほっさ)の―を見て適切な治療をする
投網《とあみ》 川の中流で―をする ―で魚(さかな)を取る
樋《とい》 落ち葉で―が詰まる 軒の― 雨―
吐息《といき》 ため息。大きな―をつく 青息―
砥石《といし》 包丁を―で研(と)ぐ ―にも種類がある
何奴《どいつ》 ―もこいつも ―にしようか
独逸《ドイツ》 「独乙」とも。欧州中部の国。東― 西―
徒衣徒食《といとしょく》 ―の毎日

当《とう》 ―の本人 ―を失する ―を得た話
党《とう》 わが―の士 ―を組む 自民― 社会―
塔《とう》 五重の― テレビ― 記念― ―を建てる
薹《とう》 蕗(ふき)の― 監督としては―が立っている
籐《とう》 つる植物。―のいす ―のステッキ
問《と》う 真意を― 安否を― 責任を―
問《と》う 「訊う」とも。上から聞く。事情を―
訪《と》う 友人宅を― ―者もない
胴《どう》 くびれた― 太い― 剣道の― 太鼓の―
堂《どう》 大きな― 念仏― ―に入る
銅《どう》 元素の一。―の生産量 ―で作った器具
東亜《とうあ》 アジアの東部。―の情勢
等圧《とうあつ》 ―に保つ ―線
答案《とうあん》 試験の― ―の採点 ―用紙 模範―

当為《とうい》　当然なすべきこと。―の行為
同意《どうい》　提案に―する　―を得る　―の返事
糖衣錠《とういじょう》　糖分で包んだ錠剤。
当意即妙《とういそくみょう》　―の返事
統一《とういつ》　国内を―する　―候補　―戦線
同一《どういつ》　―の内容　部長と―の待遇
党員《とういん》　―の獲得に努める　―としての自覚
登院《とういん》　議員が国会に―する　―停止の処分
頭韻《とういん》　―と脚韻
動因《どういん》　動機。これが―になって革命は起こった
動員《どういん》　家族を―する　デモの―を掛ける　総―
投影《とうえい》　寺の塔が池に―する　―図　―法
等温《とうおん》　―の地帯　―線　―等圧に保つ
灯火《とうか》　―親しむべき候　―管制

投下《とうか》　空から食糧を―する　爆弾―　資本の―
同化《どうか》　植物の炭酸―作用　―組織　―力
銅貨《どうか》　銅の合金製の貨幣。十円―　昔の一銭―
動画《どうが》　アニメーション。おとぎ話を―で見る
倒壊《とうかい》　「倒潰」とも。台風で校舎が―した
韜晦《とうかい》　姿をくらます。事件直後に―した
当該《とうがい》　その。当の。―町村　―官庁　―事項
等外《とうがい》　惜しくも―に落ちる　―作品
凍害《とうがい》　厳寒のため作物が―を受けた
倒閣《とうかく》　野党は―運動を展開する　―を期する
頭角《とうかく》　彼は級の中で断然―を現わしている
同額《どうがく》　―の他の品物と取り替える
導火線《どうかせん》　―に点火　騒動の―
統括《とうかつ》　人事課は人事事務を―する

統轄《とうかつ》　「統括」とも。総理大臣は政務を―する
恫喝《どうかつ》　おどす。強盗に―されて金を出した
唐辛子《とうがらし》　「蕃椒」とも。赤い―
投函《とうかん》　郵便を出す。手紙を―する
等閑《とうかん》　―に付する　重要なことを―視する
統監《とうかん》　全体をまとめて監督する。演習を―する
冬瓜《とうがん》　「とうが」とも。―の大きな球形の実
同感《どうかん》　貴君の意見には彼も―です　全く―だ
童顔《どうがん》　いつまでも―を失わない　白髪―の人
冬季《とうき》　―の渇水　―大会　―オリンピック
冬期《とうき》　―の休暇　―講習会を開く
投棄《とうき》　投げ捨てる。海中に―する　不法―
投機《とうき》　相場の―　―心をあおる　―的な企画
陶器《とうき》　―と磁器　―の置物　―の茶わん

登記《とうき》　家屋を購入して―する　会社設立の―
騰貴《とうき》　地価が―する　物価―が続く
討議《とうぎ》　議案を―する　―の結果を報告する
同期《どうき》　前年の―と比較する　―の桜　―生
動悸《どうき》　心臓の―　―が高まる　―が治まる
動機《どうき》　犯行の―を調べる　立候補の―　―付け
動議《どうぎ》　修正の―を出す　緊急―を採択する
道義《どうぎ》　―が地に落ちる　―心がすたれる
投球《とうきゅう》　本塁に―する　―の動作　全力―
討究《とうきゅう》　与えられた問題について―する
等級《とうきゅう》　米の―を決める　―別に分ける
闘牛《とうぎゅう》　スペインの―　―士　―場
撞球《どうきゅう》　玉突き。ビリヤード。―場　―大会
統御《とうぎょ》　会社を―する社長　部下の―策

同郷《どうきょう》　―の友人　―のよしみで後援する
同業《どうぎょう》　―のよしみで　―の他社　―者
童形《どうぎょう》　こどもの姿。―をした人形
当局《とうきょく》　政府―の説明　事務―の怠慢
当限《とうぎり》　受渡し期日が当月の取引。―の相場
同衾《どうきん》　床を共にする。男女が―する
道具《どうぐ》　仕事の―　―立て　嫁入り―
東宮《とうぐう》　「春宮」とも。皇太子。―御所　―妃
洞窟《どうくつ》　―を探検する　―に住む原住民
当家《とうけ》　―のしきたりでは
峠《とうげ》　山の―　―の茶屋　仕事も―を越した
道化《どうけ》　おどけ。―役　―師　―芝居　―役者
統計《とうけい》　人口の―　―を取る　―調査　―表
闘鶏《とうけい》　この地方では―が盛んです

陶芸《とうげい》 —の巨匠 —の作品展
同形《どうけい》 —の窓 —の車両
同型《どうけい》 —の器具 —の靴(くつ)
同系《どうけい》 —の会社 —の小説 —に属する
同慶《どうけい》 共にめでたい。ご—の至りに存じます
憧憬《どうけい》 あこがれ。—の的となる
凍結《とうけつ》 湖水が—する 資金を—する
洞穴《どうけつ》 山腹の— —の入口 —の中の白骨
刀剣《とうけん》 —の鑑定 秘蔵の— 銃砲—等の所持
闘犬《とうけん》 —は気が強い —用に訓練される
同権《どうけん》 今は男女—の時代です
桃源郷《とうげんきょう》 —を夢みる —に遊ぶ
銅壺《どうこ》 火鉢(ひばち)で使う銅製の湯沸し。
登校《とうこう》 集団で—する —と下校 —時刻

投光《とうこう》 —器 —装置
投降《とうこう》 敵軍に—する —を勧告する —した兵
投稿《とうこう》 新聞に—する 雑誌の—欄 —歓迎
投合《とうごう》 気が合う。彼らは意気—している
統合《とうごう》 系列企業を—する 町村の—
同行《どうこう》 警察署まで—願います 旅行に—する
同好《どうこう》 同じ趣味。—の士が集まる 短歌—会
動向《どうこう》 相手側の—を探る 学生運動の新しい—
瞳孔《どうこう》 ひとみ。—が開いているからもうだめだ
同工異曲《どうこういきょく》 —の試案
等高線《とうこうせん》 地図の—
投獄《とうごく》 革命運動で—される 汚職で—される
慟哭《どうこく》 声を立てて泣く。母の死を聞いて—する
刀痕《とうこん》 刀のきず。額の— 柱に残っている—

当今《とうこん》 —の学生かたぎ 電化時代になった—
闘魂《とうこん》 激しい—をいだく —がみなぎる
踏査《とうさ》 現地を—した報告書 実地—に行く
当座《とうざ》 —のしのぎに 入学した—は —預金
動作《どうさ》 —が活発だ 鈍い— —は機敏にせよ
礬水《どうさ》 明礬(みょうばん)と膠(にかわ)の水溶液。—引きの紙
当歳《とうさい》 今年。当年。一歳。—の馬
登載《とうさい》 記載。台帳に—する 名簿に—する
搭載《とうさい》 軍需物資を—する船 爆弾を—した飛行機
東西《とうざい》 洋の—を問わず —古今 ——
洞察《どうさつ》 見通す。見抜く。世界情勢を—する —力
倒産《とうさん》 乱脈経営で—する 会社は—寸前だ
動産《どうさん》 現金や美術品などの— —と不動産
投資《とうし》 新しい事業に—する —信託 設備—

凍死《とうし》 冬山登山で—する —体で発見された
透視《とうし》 X線で—する —図 —画法
闘士《とうし》 彼は労働運動の—です —型の人間
闘志《とうし》 —あふれる人 優勝へ—を燃やす
冬至《とうじ》 十二月二十二日ごろで、夜が最も長い。
当時《とうじ》 —を思い出してなつかしむ
杜氏《とうじ》 「とじ」とも。酒造りの職人。酒男。
湯治《とうじ》 温泉での療養。—に行く —場 —客
答辞《とうじ》 卒業式の— —を読む代表
悼辞《とうじ》 死をいたむことば。弔辞。—を述べる
同士《どうし》 男は男—女は女— 友だち— —打ち
同志《どうし》 —を募る —の人々 —と袂(たもと)を別つ
動詞《どうし》 —は活用する —の語尾 形容—
導師《どうし》 住職が—となって法要を営む

同時《どうじ》 —に起きた事件 発売と—に売り切れた
童子《どうじ》 こども。三歳の—でもわかる
陶磁器《とうじき》 陶器と磁器。—の生産
当事者《とうじしゃ》 事件の— —と第三者
当日《とうじつ》 —の担当者 式の— —雨天ならば中止
胴締《どうじめ》 足で—にする —で攻める
投射《とうしゃ》 光線を—する —の角度を変えてみる
投写《とうしゃ》 映写。スクリーンに—する
透写《とうしゃ》 透かして写す。—紙
謄写《とうしゃ》 原稿を—する —版 —印刷
当主《とうしゅ》 現在の主人。あの家の—はまだ若い
党首《とうしゅ》 自民党の— —会談を呼び掛ける
踏襲《とうしゅう》 「蹈襲」とも。先輩のやり方を—する
投宿《とうしゅく》 宿を取る。予定の宿に—する —先

と

当所《とうしょ》 —では珍しいことです —に来てから
当初《とうしょ》 —の計画を変更する —からの目標
投書《とうしょ》 意見を書いて—する 無記名の— —家
島嶼《とうしょ》 島々。大小の—がある 相連なる—
頭書《とうしょ》 —のとおり連絡いたします
童女《どうじょ》 女のこども。—の姿を描く かわいい—
凍傷《とうしょう》 —にかかる —の治療 —がかゆい
闘将《とうしょう》 一方の—として活躍する 東軍の—
登場《とうじょう》 花道から—する 主役の— —人物
搭乗《とうじょう》 飛行機に—する —員
同上《どうじょう》 上記に同じ。 —の理由による
同乗《どうじょう》 彼の自動車に—させてもらう
同情《どうじょう》 彼の境遇に—する —の念にたえない
道場《どうじょう》 剣道の— —でけいこする —破り

同床異夢《どうしょういむ》 —の両者
投《とう》じる 資本を— 一票を— 時流に—
同《どう》じる 賛成する。同意する。提案に—者
動《どう》じる いささかも動じない —気配がない
投身《とうしん》 がけから海に—した —自殺を図る
答申《とうしん》 審議の結果を—する —案の提出 —書
等身《とうしん》 身長と同じ高さ。—大の像
頭身《とうしん》 身長と頭の割合。八—の美人
蕩尽《とうじん》 使い果たす。家産を—する
童心《どうしん》 —を失わない —に返って遊ぶ
道心《どうしん》 道徳心。—堅固な人 —の士
同人《どうじん》 同志の人。—雑誌を発行する 編集の—
陶酔《とうすい》 うっとりする。名演技に—する —境
統帥《とうすい》 全軍を—する司令官 —権

当世《とうせい》 —学生かたぎ —風の歌 —向き
統制《とうせい》 物価を—する 無— —力 —経済
濤声《とうせい》 海の波の音。旅館で太平洋の—を聞く
騰勢《とうせい》 物価の—が衰えない 株価の—を押える
同性《どうせい》 —と異性 —相寄る —愛
同姓《どうせい》 —同名の人 —のよしみで
同棲《どうせい》 女と—する 彼の下宿で—生活をする
動静《どうせい》 敵の—をうかがう —を探る
動勢《どうせい》 人口の—を調査する 世界の—
同勢《どうぜい》 —十人で出発する —五人の旅
投石《とうせき》 —を繰り返す暴徒 警官隊に—する
党籍《とうせき》 —を離れる —証明
同席《どうせき》 弟は彼と—していた —の客の忘れ物
当節《とうせつ》 —流行の柄はこれです —の若い者は

当選《とうせん》 衆議院議員に—する —確実 —者
当選《とうせん》 「当籤」とも。一等に—する —番号
当然《とうぜん》 —の結果 —の処置 しごく— —のこと
東漸《とうぜん》 しだいに東に進む。文化が—する
陶然《とうぜん》 一杯の酒で—とする —と酔う
動線《どうせん》 行動線。台所で働く人の—を調べる
銅線《どうせん》 銅の針金。—を巻き付ける
導線《どうせん》 電気を導く針金。電気は—を流れる
同前《どうぜん》 前に同じ。山田一郎合格、鈴木大助—
同然《どうぜん》 失敗も—だ 死んだのと—です
逃走《とうそう》 —計画を立てる —中の犯人
闘争《とうそう》 激しく—する —を展開する 年末—
党争《とうそう》 —に明け暮れる —の渦中(かちゅう)にある
痘瘡《とうそう》 天然痘。—が流行する

同窓《どうそう》 同じ学校で学ぶ。—会 —の友
銅像《どうぞう》 西郷さんの— 社長の—を建てる
盗賊《とうぞく》 三人組の—が押し入る —を捕える
同族《どうぞく》 —で経営する —会社の社長
道祖神《どうそじん》 村はずれのつじの—
統率《とうそつ》 部下を—する —力に欠ける
淘汰《とうた》 役に立たない者は—される 自然—
当代《とうだい》 —第一の論客 この人が山本家の—です
灯台《とうだい》 —守(もり) —下(もと)暗し
胴体《どうたい》 飛行機の— —着陸 日本人は—が長い
動態《どうたい》 変動の状態。人口の—を調査する
導体《どうたい》 熱の— 電気の— 半— 良—
到達《とうたつ》 目的地に—する 理想に—する
登壇《とうだん》 壇に上がる。弁士が—する

同断《どうだん》 前に同じ。以下— これも前者と—です

当地《とうち》 —はもう秋も深くなりました

倒置《とうち》 主語を—する 和歌には—法が多い

統治《とうち》 国を—する力に欠ける —権 —者

到着《とうちゃく》 目的地に—する —の予定時刻

同着《どうちゃく》 ふたりが—だった —と判定される

撞着《どうちゃく》 食違い。矛盾— 自家—

道中《どうちゅう》 —お気を付けて —双六(すごろく) —記

登庁《とうちょう》 —時刻は九時です —するとすぐ会議

登頂《とうちょう》 全員で—する 初—の山

盗聴《とうちょう》 電話を—される —装置を仕掛ける

同調《どうちょう》 皆が彼の意見に—する —者は多い

道聴塗説《どうちょうとせつ》 受売り。

当直《とうちょく》 —の日に火事があった 学校の—

疼痛《とうつう》 うずき痛む。腕の部分に—を感じる

到底《とうてい》 —不可能だ —許されない

童貞《どうてい》 結婚するまで—を守る —をささげる

道程《どうてい》 旅行の—を調べる 一日の—

投擲《とうてき》 投げる。—競技で優勝する

透徹《とうてつ》 —した水 論理が—している

当店《とうてん》 —自慢の料理 —の推奨する品

読点《とうてん》 「、」句点と— —を打つ

答電《とうでん》 見舞い電報に対して—を打つ

動転《どうてん》 母危篤の報に—する 場面が—する

尊《とうと》い 尊敬。仰げば尊し

貴《とうと》い 貴重。—金属 —おかた

到頭《とうとう》 —白状した —成功した —死んだ

滔々《とうとう》 —と流れる大河 —と論じる

同等《どうとう》 大学卒と—の力を持つ 高卒と—の資格

同道《どうどう》 社長と—する その時—した友人

堂々《どうどう》 —と行進する —たる体格 —巡り

党同伐異《とうどうばつい》 派閥闘争。

道徳《どうとく》 現代の— 社会— —心 —教育

唐突《とうとつ》 あまりに—な申出に戸惑う —な意見

頭取《とうどり》 銀行の— 彼は劇団の—を勤める

唐茄子《とうなす》 かぼちゃ。この—め

盗難《とうなん》 —にあう —事件を調べる —届

疾《と》うに 早くから。—知っていた

投入《とうにゅう》 全兵力を—する 資金を—する

導入《どうにゅう》 新技術を—する 外国資本の—

当人《とうにん》 —の言うことには —は案外平気です

同人《どうにん》 同じ人。—の言うことによれば

当年《とうねん》 —とって十八歳 —を顧みますると

当《とう》の —本人は不在だ —問題

党派《とうは》 —を超越する —を作る —別

踏破《とうは》 山道を夜間—する 全行程を—した

塔婆《とうば》 卒塔婆(そとば)。—を立てて供養する —料

同輩《どうはい》 —から尊敬される 机を並べる—

頭髪《とうはつ》 —を伸ばす —が白くなった —を刈る

討伐《とうばつ》 賊を攻め討つ。—軍 —作戦

盗伐《とうばつ》 国有林を—する 森林の—

登攀《とうはん》 よじのぼる。岩壁を—する

当番《とうばん》 そうじ— —をなまける お茶の—

同伴《どうはん》 夫人を—する —者 二名

当否《とうひ》 結果の—は別にして 事の—を論じる

逃避《とうひ》 現実から—する —行 —生活

掉尾《とうび》 —の勇を奮う リーグ戦の—を飾る

投票《とうひょう》 —で決める 全員—する 無記名—

投錨《とうびょう》 錨(いかり)を降ろす。横浜港に—する

闘病《とうびょう》 長い—生活を送る —日記を書く

道標《どうひょう》 三つかどに—を立てる 研究の—

同病《どうびょう》 —の友と慰め合う —相あわれむ

盗品《とうひん》 —を質に入れる —を売り払う

豆腐《とうふ》 絹ごしの— 湯— 焼き—

同封《どうふう》 写真を—して送る —の書類

動物《どうぶつ》 —と植物 —的な愛 —愛護の精神 —園

胴震《どうぶる》い 寒くて—する

当分《とうぶん》 —の間休みます ここ—は忙しい

等分《とうぶん》 利益を—に分ける 三—する

糖分《とうぶん》 糖尿病は—を取ってはいけない

同文《どうぶん》 同じ文章。―電報以下―
盗癖《とうへき》 この少年には―がある ―を直す
答弁《とうべん》 質問に対して―する 大臣の― ―に立つ
唐変木《とうへんぼく》 気のきかない人間。
当方《とうほう》 ―無事ですからご安心ください
逃亡《とうぼう》 殺人犯人が―する ―を企てる ―者
同胞《どうほう》 「どうぼう」とも。四海― 一億の―
謄本《とうほん》 戸籍― 登記の― ―と抄本
東奔西走《とうほんせいそう》 ―の活躍
胴巻《どうまき》 宿屋で―の中の大金を盗まれる
胴間声《どうまごえ》 ―を張り上げる
胴回《どうまわ》**り** 「胴廻り」とも。―を測る ―が太い
動脈《どうみゃく》 ―と静脈(じょうみゃく) ―硬化 輸送の大―
灯明《とうみょう》 神だなにお―を上げる

冬眠《とうみん》 ―する蛙(かえる)や蛇(へび) ―に入(はい)る
透明《とうめい》 ―な液体 ―なガラス 無色― ―人間
同盟《どうめい》 ―を結ぶ ―国 ―条約 ―罷業(ひぎょう)
討滅《とうめつ》 賊を―する 反乱軍の―を期する
当面《とうめん》 重大問題に―する ―の問題はこれだ
獰猛《どうもう》 「ねいもう」とも。―な性格 ―な動物
頭目《とうもく》 親分。盗賊の― ―が子分を連れてくる
瞠目《どうもく》 目をみはる。―に値する成長ぶり
胴元《どうもと》 ばくちの元締め。―を押える
玉蜀黍《とうもろこし》 ―を焼く ―の毛
陶冶《とうや》 鍛練。人格を―する 情操―の目的
投薬《とうやく》 薬を与える。患者に適した―をする
灯油《とうゆ》 燃料としての―
桐油《とうゆ》 油桐(あぶらぎり)の種から採る油。―紙

投与《とうよ》 薬を与える。消化剤を―する 経口―
当用《とうよう》 ―の資金 ―日記 ―漢字
東洋《とうよう》 ―と西洋 ―の文化を研究する
盗用《とうよう》 他社の企画を―する 意匠の―
登用《とうよう》 人材を―する 部下―の方法を講じる
同様《どうよう》 ラジオと―テレビも普及した
童謡《どうよう》 ―を歌う ―歌手 ―集
動揺《どうよう》 人心が―する 列車の―を測定する
胴欲《どうよく》 「胴慾」とも。欲深い。―な性格 ―な考え
到来《とうらい》 機会が―する 時節― ―品 ―物
当落《とうらく》 当選と落選。―の予想を立てる ―線上
道楽《どうらく》 ―で集めた庭石 ―むすこ 食い―
胴乱《どうらん》 植物採集用の肩掛けかばん。
動乱《どうらん》 ―が起こる ―の首謀者 ―を鎮圧する

道理《どうり》 ―をわきまえる 彼が知らない―はない
逗留《とうりゅう》 父は娘の家に―中です 長(なが)―する
登竜門《とうりゅうもん》 出世の関門。楽壇への―
棟梁《とうりょう》 親方。かしら。大工の―
頭領《とうりょう》 かしら。首領。彼はこの会の―です
同僚《どうりょう》 会社の― ―の結婚式に招かれる
動力《どうりょく》 ―を伝達する装置 ―機械 ―炉
動輪《どうりん》 原動機に直結する車輪。機関車の―
同類《どうるい》 ―のものを集める 彼と―だ ―意識
答礼《とうれい》 敬礼に対して―する ―に伺う ―使節
当路《とうろ》 重要な地位。当局。―の人々 ―の意見
道路《どうろ》 ―を拡張する ―網 高速― ―標識
灯籠《とうろう》 石― 釣(つ)り― ―流し
蟷螂《とうろう》 「螳螂」とも。かまきり。―の斧(おの)

登録《とうろく》 意匠を―する ―商標 ―選手
討論《とうろん》 徹底的に―する ―会を終えて採決
童話《どうわ》 ―はこどもの夢を育てる ―劇
道話《どうわ》 道徳の話。心学の訓話。―による教化
当惑《とうわく》 急な申入れに―する ―の体(てい) ―顔
胴忘《どうわす》**れ** 度忘れ。年を取ったので―する
十重《とえ》 ―二十重(はたえ)に取り囲む
遠浅《とおあさ》 ―の海岸の埋立て ―の海で潮干狩り
遠《とお》**い** 道が― 耳が― 明治は遠くなりにけり
遠縁《とおえん》 彼女はわたしの―に当たる ―の人
遠江《とおとうみ》 旧国名、静岡県の西部。
遠回《とおまわ》**り** 「遠廻り」とも。―して行く
通《とお》**り一遍**《いっぺん》 ―のあいさつだけ
通《とお》**り魔**《ま》 ―に襲われる ―のような怪盗

と

通《とお》り道《みち》 「通り途」とも。—の本屋に寄る
通《とお》る 自動車が— 町を— 試験に— 意見が—
通《とお》る 「透る」とも。光が— 声がよく— 名が—
渡河《とか》 川を渡る。一団となって—する —訓練
科《とが》 「咎」とも。—がある —を許す
都会《とかい》 —の生活に慣れる 大—の夜 —的
度外視《どがいし》 損得は—した仕事
ト書《とがき》 脚本の— —を見ながらけいこする
兎角《とかく》 —のうわさを聞く —忘れやすい
蜥蜴《とかげ》 —の尾は切れやすいが再生する
溶《と》かす 砂糖を水に—
溶《と》かす 「熔かす・鎔かす」とも。鉄を—
解《と》かす 氷を— 気持を—
解《と》かす 「梳かす」とも。髪を— 櫛(くし)で—

土方《どかた》 土木工事の労働者。土工。—仕事
利鎌《とがま》 鋭い鎌。—のような月が出る
咎《とが》める 失敗を— 傷を— 自らを—
尖《とが》る 先が— 神経が— 口を尖らせる
時《とき》 —と所 —が移る —は金なり —の人
時《とき》 「秋」とも。重大な時期。危急存亡の—
鬨《とき》 「鯨波」とも。—の声を上げる
鴇《とき》 「朱鷺」とも。天然記念物。翼は淡紅色。
伽《とぎ》 —の役 夜—をする
土器《どき》 素焼きの焼き物。かわらけ。
怒気《どき》 —を含んだ言い方 —満面
度肝《どぎも》 「度胆」とも。大きい話に—を抜かれる
時世《ときよ》 —を経る —時節
度胸《どきょう》 —を決める いい—だ —だめし

読経《どきょう》 —をする僧 母は毎朝—している
徒競走《ときょうそう》 百メートルの—
常磐《ときわ》 永久に変わらぬ。—の緑 —木
常磐津《ときわづ》 浄瑠璃(じょうるり)の一派。
鍍金《ときん》 メッキ。—工場 —作業
得《とく》 損と— —を取る このほうが—だ
徳《とく》 —の高い僧 朝起きは三文の—
溶《と》く 絵の具を水で— 糊(のり)を—
解《と》く 「梳く」とも。櫛(くし)で髪を—
解《と》く ひもを— 問題を— 囲みを—
説《と》く 道を— 不心得を説いて聞かせる
研《と》ぐ 「磨ぐ」とも。刀を— つめを— 米を—
毒《どく》 —をもって—を制す —になる 蛇(へび)の—
退《ど》く ちょっと退いてください 横に—

特異《とくい》 —な才能 —な存在 —な風格 —体質
得意《とくい》 —な芸 —になる —満面
得意《とくい》 「顧客」とも。—先 お—さま —回り
徳育《とくいく》 道徳心を養う教育。知育・—・体育
独演《どくえん》 きょうは彼の—だ 演芸—会
毒牙《どくが》 —を持っている蛇(へび) 婦女子を—に掛ける
毒蛾《どくが》 鱗片(りんぺん)に毒性のある蛾。—が発生する
篤学《とくがく》 学問に熱心。—の士
独学《どくがく》 —で試験にパスした —者
独眼竜《どくがんりゅう》 片目の英雄。
特技《とくぎ》 —を持つ人 速記を—とする
徳義《とくぎ》 —を重んじる —心
独吟《どくぎん》 漢詩を—する 低い声で—する —千句
毒気《どくけ》 —にあたる —を抜かれる

独語《どくご》 ひとりごと。彼は—する癖がある
読後感《どくごかん》 小説の—を話し合う
木賊《とくさ》 常緑多年生のシダ。—で木や竹をみがく
独裁《どくさい》 会社は社長の—下にある —政治 —者
得策《とくさく》 何か—はないか そうするのが—だ
毒殺《どくさつ》 一家を—する —魔
特産《とくさん》 桃を—する県 —品 —物
特使《とくし》 —を派遣する 大統領の—の訪問
独自《どくじ》 —の見解を発表する —の方針を打ち出す
篤志家《とくしか》 —の寄付を仰ぐ
特質《とくしつ》 特性。戦後経済の—を論じる
得失《とくしつ》 機構改革の—を考える 利害—
篤実《とくじつ》 親切でまじめ。—な人柄 温厚—
特赦《とくしゃ》 特定犯罪者に対する恩赦。

読者《どくしゃ》 新聞の― ―の数が減る ―欄
毒蛇《どくじゃ》 どくへび。 ―にかまれる
独酌《どくしゃく》 ―を楽しむ 静かに―する
特殊《とくしゅ》 ―な事情 ―ガラス ―技能を身に着ける
特需《とくじゅ》 朝鮮事変で―景気が起こった
毒手《どくしゅ》 悪だくみ。 ―に掛かる ―に倒れた
特集《とくしゅう》 「特輯」とも。 禅を―する ―号
独習《どくしゅう》 「独修」とも。 英語を―する ―書
読書《どくしょ》 趣味は― ―の秋 ―百遍
特賞《とくしょう》 ―を設けた ―を授ける ―壱万円
独唱《どくしょう》 歌曲を―する ―と合唱 ―会
特色《とくしょく》 ―のある教育 ―を持たせる
瀆職《とくしょく》 汚職。 ―事件に連座する
得心《とくしん》 納得。 ―が行くまで話す ―ずくでやる

特進《とくしん》 特別の進級。 二階級―する
独身《どくしん》 彼女はまだ―だ ―生活を楽しむ ―者
特性《とくせい》 動物の―を研究する それぞれ―を持つ
特製《とくせい》 某デパートの― ―品を売る
徳性《とくせい》 道徳心。 ―に欠ける ―を涵養(かんよう)する
特設《とくせつ》 観覧席を―する ―の映画館
毒舌《どくぜつ》 例によって―を振るう ―を吐く ―家
特選《とくせん》 ―のゆかた地 彼の絵は―になった
督戦《とくせん》 戦闘の督励監視。 部下を―する ―隊
独占《どくせん》 利益を―する 翻訳出版権を―する
独善《どくぜん》 ひとりよがり。 ―に陥る ―的な態度
独擅場《どくせんじょう》 ひとり舞台。 独壇場。
毒素《どくそ》 肉類は腐敗すると―を生じる
得喪《とくそう》 得ること失うこと。 権利の― 資格の―

徳操《とくそう》 道徳を守る変わらない節操。
独走《どくそう》 ―するランナー 政策が―する ―態勢
独奏《どくそう》 バイオリンを―する ピアノの―会
独創《どくそう》 その道具は彼の―による ―力 ―的
督促《とくそく》 原稿を―する 納税の―を受ける ―状
特待生《とくたいせい》 ―は授業料免除である
特種《とくだね》 スクープ。 新聞の― ―の記事
蕺草《どくだみ》 強い特殊な臭みがあり、薬用にする―
特段《とくだん》 ―の配慮を加える
独断《どくだん》 ―で処理する 課長の―専行には困る
独壇場《どくだんじょう》 ひとり舞台。 彼の―だ
特徴《とくちょう》 目に―がある ―をつかむ
特徴《とくちょう》 「特長」とも。長所。 ―を生かす
特定《とくてい》 ―の人物 種類を―する ―銘柄

得点《とくてん》 最終回に―する ―を上げる 無―
特典《とくてん》 特別の恩典。 月謝免除の―
篤と《とくと》 念入りに。つくづく。 ―ごらんください
得度《とくど》 出家する。 ―して尼となった女性
禿頭《とくとう》 はげあたま。 これはみごとな―だ ―病
特等《とくとう》 ―は壱万円の賞金です ―席
得々《とくとく》 得意なさま。 ―として語る
独特《どくとく》 「独得」とも。 ―の味 ―の風格 ―の方法
特に《とくに》 その中で―重要な点 ―問題はない
篤農《とくのう》 農業に熱心。 ―で知られる一家 ―家
特派《とくは》 本社から―される ―記者 ―員
読破《どくは》 小説を一気に―する 万巻の書を―する
特配《とくはい》 米の―を受ける 酒の―がある
特売《とくばい》 毎月一の日は―日です ―の品物 ―場

独白《どくはく》 長い―が続く ―体の文章
特筆《とくひつ》 ―に値する功績 ―大書すべきこと
得票《とくひょう》 ―を数える 当選者の― ―率
毒婦《どくふ》 悪心のある女。 ―の役を演じる
毒物《どくぶつ》 ―を検出する
特別《とくべつ》 ―の事情 ―待遇 ―の取扱い ―会計
特報《とくほう》 月着陸を―する オリンピックの―
徳望《とくぼう》 ―のある人 ―家として知られる
独房《どくぼう》 ―に収容される ―に呻吟(しんぎん)する
読本《とくほん》 国語― 社会科の― 副― 文章―
毒味《どくみ》 料理の―をする
匿名《とくめい》 ―で投書する ―批評 ―組合
特命《とくめい》 ―を帯びて出発する ―全権大使
徳目《とくもく》 ―を列挙する ―を立てて教える

特約《とくやく》 外国商社と—を結ぶ —店
毒薬《どくやく》 —を飲んで自殺した —を盛る
特有《とくゆう》 この地方—の産物 北国—の景色(けしき)
徳用《とくよう》 お—の品 —米
徳利《とくり》 「とっくり」とも。 —の酒をつぐ 燗(かん)—
独立《どくりつ》 親から—する —国 —独歩 —採算制
独力《どくりょく》 —で完成する —で難局を打開する
特例《とくれい》 —を設ける —を認める これは—だ
督励《とくれい》 部下を—する 税金の取立てを—する
蜷局《とぐろ》 蛇(へび)が—を巻く —を巻いて酒を飲む
髑髏《どくろ》 されこうべ。
刺《とげ》 「棘」とも。 —が刺さる 話に—がある
時計《とけい》 柱— 腕— 砂— —のねじを巻く
徒刑《とけい》 懲役。 —場 —囚 無期—

土下座《どげざ》 —してあやまる
吐血《とけつ》 胃からの血を吐く。 胃潰瘍(いかいよう)で—する
溶《と》ける 砂糖が—
溶《と》ける 「熔ける・鎔ける」とも。 銅が—
解《と》ける ひもが— 氷が— 疑いが—
遂《と》げる 望みを— 目的を— 行為を—
退《ど》ける 人を— 集まったやじ馬を—
除《ど》ける じゃまなものは— 机を除けて掃く
土建《どけん》 土木建築。 —業 —屋
床《とこ》 —の間 —を上げる —につく —を取る
何処《どこ》 「何所」とも。 —にいるの —もかしこも
渡航《とこう》 米国に—する —の手続をする
怒号《どごう》 演壇で—する 激しい—が飛ぶ
永《とこし》え 永遠。 —に栄える —に変わらぬ愛

床擦《とこず》れ 腰に—ができる
常夏《とこなつ》 いつも夏の気候。 —の国ハワイ
床屋《とこや》 —に行って髪を刈る —の看板
床山《とこやま》 役者や力士などの髪を結う—
所《ところ》 時と— —変われば —構わず —番地
心太《ところてん》 「心天」とも。 —を食べる —式卒業
土佐《とさ》 旧国名、高知県。 —犬 —節
土左衛門《どざえもん》 水死人。
鶏冠《とさか》 —の赤い色 —のような鶏頭の花
閉《と》ざす 「鎖す」とも。 門を— 氷に閉ざさる
屠殺《とさつ》 畜殺。 牛や豚を—する —場
塗擦《とさつ》 塗ってすり込む。 皮膚に—する薬
外様《とざま》 直系でない部下。 —大名
登山《とざん》 冬山に—する —隊 富士— —の心得

徒死《とし》 むだ死に。 —に終わらせる —を惜しむ
都市《とし》 —と農村 —計画 田園— 産業—
年《とし》 「歳」とも。 —を越す —を取る —の瀬
刀自《とじ》 老婦人の尊称。 母—
途次《とじ》 帰郷の—友を訪れる 下校の—買物をする
年甲斐《としがい》 —もなく大声でしかる
年嵩《としかさ》 —のほうが団長です —の婦人
閉込《とじこ》める 家の中に— 犬を—
閉籠《とじこも》る 数日家に— 研究室に—
年頃《としごろ》 遊びたい— —の娘たち
歳徳神《としとくじん》 その年の恵方(えほう)の神。
年波《としなみ》 寄る—には勝てず引退する
年《とし》の市《いち》 「歳の市」とも。 —で松飾りを買う
年端《としは》 —も行かぬ女 —も行かないくせに

綴蓋《とじぶた》 繕った蓋。 割れ鍋(なべ)に—
年増《としま》 —の女 —盛り 大—
戸締《とじま》り —を厳重にする —して寝る
年回《としまわ》り 「年廻り」とも。 —を気にする
吐瀉《としゃ》 吐き下し。 ひんぱんに—する —物
土砂《どしゃ》 —に埋まる —をさらう —降り
斗酒《としゅ》 多量の酒。 —なお辞せぬ構え
徒手《としゅ》 —体操 —で敵に向かう —空拳(くうけん)
図書《としょ》 —を購入する —室 学校の— —館
屠所《としょ》 畜殺場。 —に引かれる羊
徒渉《としょう》 山河を—する
土壌《どじょう》 耕作に適した— —の改良 酸性—
鰌《どじょう》 「泥鰌」とも。 —汁(じる) —すくい —ひげ
土性骨《どしょうぼね》 —のある男 —がない

徒食《としょく》 職を失って―する 無為―を続ける
年寄《としより》 ―の冷や水 力士は引退して―になる
閉《と》じる 本を― 口を― 店を― 会を―
綴《と》じる 原稿を― 書類を― 伝票を―
都心《としん》 都市の中心部。―は車が混雑する 副―
都塵《とじん》 ―にまみれた生活 帰郷して―を落とす
都人士《とじんし》 都会人。 ―の趣味
賭《と》する 運命を― 生命を賭して戦う
度《ど》する 救う。縁なき衆生(しゅじょう)は度しがたい
渡世《とせい》 ―の道を考える 肉屋を―とする
土星《どせい》 太陽系第六番めの惑星。―の輪
怒声《どせい》 ―が外まで聞こえる 激しい―が飛ぶ
途絶《とぜつ》 「杜絶」とも。大雪で交通が―する
屠蘇《とそ》 正月には―を祝う お―気分 ―散

塗装《とそう》 ペンキで―する 外部の―
土葬《どそう》 死者を―にする
土蔵《どぞう》 ―に家宝をしまう ―破りを捕える
土台《どだい》 家の―が腐る 事業の― ―不可能だ
途絶《とだ》える 「跡絶える」とも。道が―
戸棚《とだな》 台所の― 食器― ガラス―
途端《とたん》 家を出た―に 振り向いた―に
塗炭《とたん》 苦痛。民は―の苦しみにあえぐ
亜鉛《トタン》 ―板 ―屋根
土壇場《どたんば》 ―で変わる 最後の―
栃《とち》 「橡」とも。―の木 ―の実
土着《どちゃく》 その地に住み着く。―の民
途中《とちゅう》 ―で友人と会った 仕事の― ―下車
徒長《とちょう》 作物がむだに伸びすぎる。―を抑制する

何方《どちら》 「何処・何地」とも。―がいいか ―でも
特価《とっか》 ―を設ける ―販売 ―品 ―コーナー
突貫《とっかん》 突撃。敵に向かって―する ―工事
吶喊《とっかん》 大声を上げる。すさまじい―の声
突起《とっき》 「凸起」とも。中央部が―する ―物
特記《とっき》 功績を―する ―に値する事項
特急《とっきゅう》 ―列車に乗る ―で片づける
特許《とっきょ》 新製品の―を取る 専売― ―権 ―庁
嫁《とつ》ぐ 商家に― ―日も近い姉
特恵《とっけい》 特別有利に扱う。―関税
突撃《とつげき》 敵陣に―する 勇敢に―する ―開始
特権《とっけん》 ―を振り回す ―階級 ―意識
徳行《とっこう》 その―は模範となる ―の君子
篤行《とっこう》 平素の―が報いられる ―の士

独行《どっこう》 単身―する ―の気楽さ 独立―
独航船《どっこうせん》 北洋に出漁する―
特攻隊《とっこうたい》 特別攻撃隊。―で攻める
特効薬《とっこうやく》 マラリアの― ―キニーネ
咄嗟《とっさ》 ―のできごと ―に身を翻す ―の機転
突出《とっしゅつ》 海に―する防波堤 ガスが―する
突如《とつじょ》 ―として姿を現わす ―雷が鳴りだした
突進《とっしん》 目標に向かって―する がむしゃらな―
突然《とつぜん》 ―の雷雨 ―姿を消した ―のできごと
突端《とったん》 半島の―に灯台がある 防波堤の―
何方《どっち》 「何処・何地」とも。―へ行くの ―みち
取手《とって》 「把手」とも。ドアの― ―を握る
突堤《とってい》 港に―を築く ―で釣(つ)りをしている人
訥々《とつとつ》 「吶々」とも。―として語る老人

突入《とつにゅう》 敵陣に―する ストに―する
突破《とっぱ》 警戒線を―する 難関を―する
突発《とっぱつ》 事件が―した ―事故に対処する
凸版《とっぱん》 凸部にインクの付く印刷版。―印刷
突飛《とっぴ》 ―な話 ―な考え ―な趣向
突拍子《とっぴょうし》 ―もない計画を立てる
突風《とっぷう》 ―が起こる ―にあおられる 一陣の―
訥弁《とつべん》 へたでつかえがちな弁舌。―で困る
独歩《どっぽ》 独立―する 古今―の道を行く
凸面《とつめん》 ―をみがく ―鏡
土手《どて》 川の― ―に登る ―っ腹をえぐる
徒弟《とてい》 ―を教育する 昔ながらの―制度
途轍《とてつ》もない ―話を聞いた ―できごと
迚《とて》も そんなことは―できない ―かなわない

縕袍《どてら》 丹前。―を重ねて着る ―姿で人に会う
都々逸《どどいつ》 俗曲の一。―を歌う
徒党《ととう》 ―を組む 一味―
怒濤《どとう》 ―うず巻く荒海 ―の勢い 疾風―
届《とど》く 荷物が― 手が― 注意が―
滞《とどこお》る 事務が― 家賃が― 流れが―
整《ととの》える 体裁を― 服装を― 準備を―
調《ととの》える 費用を― 資材を― 縁談を―
斉《ととの》える 治める。家を―
止《とど》まる 千円程度に― 得点は一点に―
留《とど》まる あとに― 宿に―
土留《どどめ》 ―の工事 地境に―をする
轟《とどろ》く 雷鳴が― 砲声が―
唱《とな》える お経を― 万歳を― 絶対反対を―

称《とな》える 呼ぶ。ファンは彼をワンちゃんと―
馴鹿《トナカイ》 橇(そり)を引く―
土鍋《どなべ》 ―で煮る ―で飯をたく
隣《となり》 ―の家 ―村 お―さん
怒鳴《どな》る 大声で―
兎《と》に角《かく》 ―行くことにする
殿《との》 殿様。―のお通り
殿《どの》 公用文のあて名の敬称。小倉正風―
何《ど》の ―ような ―角度からでも ―みち
土嚢《どのう》 水害を防ぐ― ―を積む ―の陰に伏す
賭場《とば》 ―荒し ―を開く ―の手入れがある
駑馬《どば》 のろい馬。―にむちうつ
賭博《とばく》 花札で―をする ―の現行犯
怒髪《どはつ》 激しい怒り。―天を突く

帳《とばり》 「帷」とも。夜の―が降りる ―を開く
徒費《とひ》 むだづかい。―を戒める 予算を―する
都鄙《とひ》 都会と農山村。―を問わず
鳶《とび》 とんび。―が鷹(たか)を生む
飛石《とびいし》 庭園の― ―伝い ―連休
飛魚《とびうお》 魚。水泳選手。―の塩焼 日本の―
飛交《とびか》う 螢(ほたる)が― ―小鳥たち
鳶口《とびぐち》 棒に鉄のかぎを付けた具。―でこわす
鳶職《とびしょく》 鳶の者。―が棟上(むねあ)げを行なう
土俵《どひょう》 相撲(すもう)の― ―入り ―に上る
扉《とびら》 門の― ―を開く 本の―にサインする
土瓶《どびん》 ―蒸(むし) ―で茶を入れる
塗布《とふ》 皮膚病の薬を―する
飛《と》ぶ 空を― 鳥が― 話が― うわさが―

跳《と》ぶ 兎(うさぎ)が― 水が―みぞを―
泥溝《どぶ》 みぞ。下水。―に捨てる ―に落ちる
濁酒《どぶろく》 ―を密造する ―を飲む
徒歩《とほ》 ―で行く ―通学 ―旅行 ―競走
途方《とほう》 ―もない大きさ ―に暮れる
呆《とぼ》ける 「途呆ける」とも。何も知らないと―
乏《とぼ》しい 知識が― 資金 予算が―
苫《とま》 菅(すげ)や茅(かや)であらく編んだむしろ。―屋
土間《どま》 農家の― ―に置く ―にむしろを敷く
塗抹《とまつ》 薬を―する 文字を―する
蕃茄《トマト》 サラダに―を添える ―ケチャップ
戸惑《とまど》う 処置に― 急な話なので―
止《とま》る 交通が― 息が― 水が― 成長が―
止《とま》る 「停る」とも。バスが― 電気が―

留《とま》る 鳥が木に― 目に― 心に―
泊《とま》る 旅館に― 港に― 妹の家に一晩―
土饅頭《どまんじゅう》 ―の形をした墓
富《とみ》 国の― 巨万の―を築く
富籤《とみくじ》 宝くじ。―を当てる ―を買う
頓《とみ》に ―栄えてきた店 最近―太ってきた
富《と》む 資源に― 春秋に― 文才に― 話題に―
弔《とむら》う 死を― ねんごろに霊を―
留金《とめがね》 バンドの― かばんの―
留袖《とめそで》 ―の式服
止処《とめど》 涙が―もなく出る
友《とも》 ―と交わる 本を―とする 心の―
共《とも》 ―に働く 送料―百円 三人―学生
供《とも》 社長のお―をする ―の者

艫《とも》　船尾。舳(へさき)と―　―には国旗が翻る
巴《ともえ》　―形の模様　まんじ―　三つ―
兎《と》も角《かく》　―行こう
共稼《ともかせ》ぎ　―の夫婦
輩《ともがら》　仲間。同郷の―
共食《ともぐ》い　―をする熱帯魚　商売が―になる
灯《ともしび》　家の―　―が明滅する
点《とも》す　あかりを―　爪(つめ)に火を―
共倒《ともだお》れ　過当競争で―になる　親子―
友達《ともだち》　―を呼ぶ　心の―　学校―　幼(おさな)―
纜《ともづな》　船をつなぐ綱。―を解く
伴《ともな》う　夫人を伴って帰る　弊害が―
友引《ともびき》　六曜の一。―の日には葬式を避ける
度盛《どもり》　計器の―

吃《ども》る　興奮すると―　吃って言えない
鳥屋《とや》　鳥を飼育する小屋。―につく病鶏
兎《と》や角《かく》　―言うな　―言われて頭にくる
都邑《とゆう》　都市。四国第一の―
豊葦原《とよあしはら》　―の瑞穂(みずほ)の国
土用《どよう》　―の丑(うし)の日　―干し　―波
虎《とら》　―を野に放つ　飲みすぎて―になる
寅《とら》　十二支の第三。―年の生れ
銅鑼《どら》　―をたたく　出帆のときは―を鳴らす
渡来《とらい》　南蛮から―した品物　エジプト―の秘法
捕《とら》える　警察官が犯人を―　レーダーで敵機を―
捉《とら》える　つかむ。機会を―
虎刈《とらがり》　しろうとが刈ったので―になっている
虎《とら》の巻《まき》　教科書の―　経営の―

捕《とら》われる　敵軍に―
囚《とら》われる　獄窓に―　形式に―　議論に―
鳥《とり》　―が飛ぶ　―の巣　鳴き声のよい―
鶏《とり》　にわとり。―の肉　―の卵
酉《とり》　十二支の第十。―年の生れ　―の市
取敢《とりあえ》ず　―お預かりします　右―ご返事まで
取扱《とりあつかい》　―に注意　―高　―品　―法　―所
鳥居《とりい》　神社の―をくぐる　神明―
取柄《とりえ》　人それぞれ―がある　―を生かして使う
取舵《とりかじ》　船を左へ向ける操舵(そうだ)。―と面舵(おもかじ)
取決《とりきめ》　「取極」とも。結婚の―をする　売買の―
取組《とりくみ》　相撲(すもう)の―　好―　おもしろい―
虜《とりこ》　敵の―となる　情欲の―になる
取越苦労《とりこしぐろう》　―をする

取沙汰《とりざた》　いろいろと―される
取締《とりしまり》　―がきびしい　会社の―役　―規則
取調《とりしらべ》　―が進む　当時の事情の―をする
取次《とりつぎ》　―の人が出る　電話の―をする　―店
砦《とりで》　―を築く　堅固な―　―に立てこもる
執成《とりなし》　同僚に―を頼む　よろしくお―のほど
取計《とりはから》い　穏便な―を謝する　適宜な―
鳥肌《とりはだ》　「鳥膚」とも。寒さで―が立つ
取引《とりひき》　―が成立する　舞台裏での―　清算―
取巻《とりまき》　―が悪い　―連中
鳥目《とりめ》　夜盲症。ビタミンA不足で―になる
捕物《とりもの》　白昼の―　大―　―帳
塗料《とりょう》　ペンキ・ワニスなどの―　―にかぶれる
度量《どりょう》　―が狭い　―のある人　―を広く持て

度量衡《どりょうこう》　長さ・容積・重量。
努力《どりょく》　―した効果がある　―の結晶　奮励―
取《と》る　メモを―　料金を―　資格を―　間を―
取《と》る　「摂る」とも。摂取。栄養を―
取《と》る　「穫る」とも。農業など。米を―
取《と》る　「獲る」とも。漁業など。魚を―
取《と》る　「捕る」とも。捕える。虫を―
取《と》る　「盗る」とも。盗む。人の金を―
採《と》る　社員を―　血液を―　方針を―
執《と》る　事務を―　態度を―　責任を―　大事を―
弗《ドル》　米国の貨幣単位。―で払う　―箱
土耳古《トルコ》　近東の共和国。
何《ど》れ　―にしようか　―でもいい　―もこれも
奴隷《どれい》　―を解放する　―制度　―廃止運動

堵列《とれつ》 整列。沿道に―して殿下を迎える
吐露《とろ》 打ち明ける。真情を―する
瀞《とろ》 「どろ」とも。川の深くよどんだ場所。
泥《どろ》 ―だらけ 顔に―を塗る ―を吐く
徒労《とろう》 長年の苦心が―に帰した ―に終わる
泥縄《どろなわ》 泥棒を補えて縄をなう。―式の勉強
泥棒《どろぼう》 「泥坊」とも。―を捕える 火事場―
薯蕷《とろろ》 ―芋 ―汁（じる）
度忘れ《どわすれ》 「胴忘れ」とも。あいにく―した
瓩《トン》 千キログラム。八―積みのトラック
噸《トン》 一万―の船 総―数
鈍角《どんかく》 九十度より大きい― ―と鋭角
鈍感《どんかん》 きみは―だね ―か敏感か
鈍器《どんき》 ―で頭をなぐられる

頓狂《とんきょう》 ―な声を出す ―なしぐさ すっ―
団栗《どんぐり》 ―を拾うこども ―の背比べ ―眼（まなこ）
頓挫《とんざ》 工事が―する 計画が一―した
頓死《とんし》 急死。旅行先で―する 勤務中に―する
豚児《とんじ》 自分の子をいう謙称。
遁辞《とんじ》 逃げ口上。―をろうする
頓首《とんしゅ》 手紙の結びに使うことば。―再拝
鈍重《どんじゅう》 動きが―だ ―な性格
呑舟の魚《どんしゅうのうお》 大人物。大悪人。
緞子《どんす》 練り糸で織った厚地の織物。金襴（きんらん）―
鈍する《どんする》 貧すれば―する
遁世《とんせい》 ―していなかで暮らす 出家―の思想
遁走《とんそう》 敵は国境外に―した 敵機は―中
頓知《とんち》 「頓智」とも。―比べ ―がきく

頓着《とんちゃく》 「とんじゃく」とも。全く―しない
緞帳《どんちょう》 厚地で模様のある幕。―を降ろす
鈍痛《どんつう》 ―を訴える 胃に―がある
曇天《どんてん》 くもりぞら。
呑吐《どんと》 激浪を―する 乗降客を―する
鈍刀《どんとう》 なまくらの刀。―では人は切れない
鳶《とんび》 とび。―が輪を描いて飛ぶ
頓服《とんぷく》 すぐきくように調合した薬。鎮痛用の―
丼《どんぶり》 親子― 鰻（うなぎ）― ―飯 ―勘定
蜻蛉《とんぼ》 赤― 塩辛― ―返り ―を切る
頓馬《とんま》 ―なことをする ―なやつだ
問屋《とんや》 そうは―が卸さない 呉服―
貪欲《どんよく》 ―な雇主 ―に新知識を吸収する
貪婪《どんらん》 ―なまでの知識欲

な

名《な》 ―は体を表わす 部長とは―ばかり
菜《な》 鳥が―をついばむ ―っ葉 青―
名宛《なあて》 ―ははっきり書こう 書類の― ―人
内意《ないい》 ―を問う 社長の―を受けて出張する
内苑《ないえん》 社寺の境内の庭。神宮の― ―の池
内縁《ないえん》 夫が―の妻を殺す ―関係
内応《ないおう》 反対派の中にも―する者がいる
内科《ないか》 ―と外科（げか） ―医 ―病棟（びょうとう）
内外《ないがい》 建物の― ―の学者 千円―の費用
内閣《ないかく》 ―総理大臣 ―を投げ出す 保守反動―
蔑ろ《ないがし》 親を―にする 基礎的な学問を―にする
内患《ないかん》 内部の心配事。―が絶えない

内規《ないき》 ―によって処理する 会の―を定める
内勤《ないきん》 ―と外勤 保険会社の―社員
内宮《ないくう》 伊勢（いせ）神宮の― ―と外宮（げくう）
内向《ないこう》 ―的な性質 ―型だからおとなしい
内攻《ないこう》 病気が―する ―症状が現われる
内訌《ないこう》 内紛。―を暴露する 深刻な会社の―
内妻《ないさい》 彼女は課長の―だ ―の籍を入れる
内済《ないさい》 内々で済ます。もめごとを―する
内在《ないざい》 会社にはむずかしい事情が―する
乃至《ないし》 五―十 夏休みには山―は海に行きたい
内示《ないじ》 予算を―する 異動の―があった
内室《ないしつ》 他人の妻の敬称。奥方。
内実《ないじつ》 景気がいいように見えて―は火の車だ
内柔外剛《ないじゅうがいごう》

内緒《ないしょ》 「内証」とも。―話 ―のことだが
内助《ないじょ》 ―の功が大であった ―の功をたたえる
内情《ないじょう》 見掛けによらず苦しい― ―を探る
内職《ないしょく》 洋裁の― ―に編物をする
内心《ないしん》 ―は穏やかでない ―こう思っているが
内申《ないしん》 人物調査の結果を―する 受験の―書
内診《ないしん》 婦人科で―する ―による診断
内陣《ないじん》 寺の本尊を祭る場所。―を参観する
内政《ないせい》 外国が―干渉をする ―に力を尽くす
内省《ないせい》 ―を重ねる 過去を―する
内線《ないせん》 ―の電話番号 ―につなぐ交換台
内戦《ないせん》 革命勢力が―を起こす ―の続く新興国
内蔵《ないぞう》 困難な問題を―する 電源を―する
内臓《ないぞう》 ―の疾患 ―が弱っている ―の手術

内諾《ないだく》 会長就任の―を得る 雑誌に執筆を―する
内地《ないち》 ―と外地 ―勤務 ―に送還される
内通《ないつう》 敵に―する 反対党に―する
内定《ないてい》 採用を―する 異動が―している
内偵《ないてい》 競争会社を―する 事件の―を進める
内々《ないない》 この件は―に願います ―心配していた
内燃機関《ないねんきかん》 船舶の―
内服《ないふく》 食後に―する薬 ―薬
内福《ないふく》 彼の家は案外―だよ
内紛《ないふん》 政党の―が絶えない ―が表ざたになる
内分《ないぶん》 このことは―に済ますとしよう
内聞《ないぶん》 ―に達する ―するところ
内分泌《ないぶんぴつ》 「ないぶんぴ」とも。
内包《ないほう》 多くの問題を―する 外延と―

内報《ないほう》 出先機関の―による 交渉経過を―する
内幕《ないまく》 「うちまく」とも。劇団の―を暴露する
内密《ないみつ》 ―の話ですが どうぞ―に願います
内命《ないめい》 社長の―が下った ―を受けて出発する
内約《ないやく》 内々の約束。取引に関して―する
内憂外患《ないゆうがいかん》 ―の連続
内容《ないよう》 箱の― 文の―を説明する 形式と―
内乱《ないらん》 ―が起こる ―を鎮定する
内覧《ないらん》 事務分掌の原案を―する 呉服店の―会
内陸《ないりく》 ―性の気候 ―部では雨となる
綯《な》う なわを―
苗床《なえどこ》 ―から苗を移植する ―を作る
萎《な》える 日照りで草が― 踏んばった足が―
尚《なお》 さらに。―次のことにも注意するように

猶《なお》 「仍」とも。それでも。言っても―やめない
猶《なお》 あたかも。滞貨は―山のようである
尚更《なおさら》 しかると―悪いことをする
等閑《なおざり》 本務を―にしている 仕事を―にする
直《なお》す 誤りを― 机の位置を―
直《なお》す 「治す」とも。鼻かぜを― 病気を―
直会《なおらい》 祭典のあとの宴会。行事のあとの慰労宴
中《なか》 ―と外 ―に入れる 箱の― ―まん―
仲《なか》 人間関係。―がいい ―が直る ―を裂く
仲居《なかい》 料理屋などで客の応接に当たる女性。
長《なが》い ―と短い ―ひも 気が― ―目で見る
長《なが》い 「永い」とも。―眠り ―交際 末長く
長居《ながい》 思わず―する ―は無用だ ―の客
中入《なかいり》 芝居の― 相撲(すもう)の― ―後の取組

長唄《ながうた》 ―のお師匠さん ―のけいこに通う
中折帽《なかおれぼう》 ―の紳士
仲買《なかがい》 小豆(あずき)の―をする 魚(さかな)の― ―人
仲仕《なかし》 ―の組合 ―が重い荷をかつぐ 沖―
流《なが》し 台所の― ―のタクシー
中州《なかす》 「中洲」とも。川の―で釣(つ)りをする
長須鯨《ながすくじら》 南氷洋で―を追う
仲違《なかたが》い 兄と―する 友人の―の仲裁をする
仲立《なかだち》 和解の―をする ふたりの―を頼まれた
中弛《なかだる》み 会議が長引いて―の形だ
長談義《ながだんぎ》 いつもの―が始まる
中継《なかつぎ》 商談の―をする ―貿易
長月《ながつき》 陰暦九月の異名。
長門《ながと》 旧国名、山口県の北半部。

仲直《なかなお》り　兄と―する
中々《なかなか》　「却々」とも。―いい　―できない
長年《ながねん》　「永年」とも。―勤めた会社
半《なか》ば　夏も―を過ぎていた　会員の―は賛成です
仲働《なかばたら》き　―のおばさん
仲間《なかま》　―と一緒に行く　―になる　遊び―
中身《なかみ》　「中味」とも。箱の―　―を改める
仲見世《なかみせ》　浅草の―　―で買う
眺《なが》める　遠くを―　形勢を―　景気を―
長持《ながもち》　―の中の衣類を虫干しする
長保《ながもち》　なまものだから―しない
長屋《ながや》　「長家」とも。―に住む　裏―
仲好《なかよ》し　「仲良し」とも。わたしと―　大の―
随《なが》ら　見―飲む　居―にして　昔―のしきたり

乍《なが》ら　われ―いやになった　知り―黙っている
長《なが》らえる　「存える」とも。生き―
長《なが》らく　「永らく」とも。―ごぶさたしました
勿《なか》れ　「莫れ」とも。眠る―　驚く―　侮る―
流《なが》れ　水の―　―に沿って下る　時代の―
就中《なかんずく》　―彼は最も優秀であった
凪《なぎ》　風がやみ波が静かになる。朝―　夕―
亡骸《なきがら》　母の―にすがり付いて泣く　―を葬る
泣言《なきごと》　―を繰り返す　―を言うな
渚《なぎさ》　「汀」とも。―に鳴く千鳥　―に寄せる波
薙刀《なぎなた》　「長刀」とも。―を振り回す
泣寝入《なきねい》り　―する被害者が多い
泣《な》く　こどもが―　声を上げて―　忍び―
鳴《な》く　虫が―　犬が―

鳴《な》く　「啼く」とも。鳥が―
凪《な》ぐ　風が―　海が―
薙《な》ぐ　横ざまに切り払う。草を―　薙ぎ倒す
慰《なぐさ》める　釣(つり)をして心を―　―ことばもない
無《な》くなる　一つも―　パッと―　自信が―
亡《な》くなる　死亡。父が―
殴《なぐ》る　「撲る」とも。棒で―　人を―
擲《なぐ》る　乱暴にする。書き―
抛《なげう》つ　「擲つ」とも。財産を―　一身を―
嘆《なげ》く　「歎く」とも。親の死を―　世の腐敗を―
長押《なげし》　―に額を掛ける
投《な》げる　石を―　遠くへ―　試験を―
仲人《なこうど》　―を立てる　結婚式の―　頼まれ―
和《なご》む　心が―　和んだ空気

名残《なごり》　―惜しい気持　―なく晴れる　―の宴
余波《なごり》　嵐(あらし)の―
情《なさ》け　―容赦もなく　お―で進級した　―ない
名指《なざ》し　―でホステスを呼ぶ　先生が―する
生《な》さぬ仲《なか》　―の親子
梨《なし》　―は「ありのみ」ともいう　―のつぶて
無《なし》　配偶者の欄に「―」と記入する
済崩《なしくず》し　―で片づける仕事　借金を―に返す
成遂《なしと》げる　大事業を―　偉業を―
馴染《なじみ》　―の客　彼女と―になる　お―の出し物
詰《なじ》る　約束無視を―　怠慢を―
成《な》す　一代で産を―　荒地を良田と―
作《な》す　山―宝物　色を作して食って掛かる
為《な》す　―こともない毎日　閑居して不善を―

生《な》す　生む。子を―　生さぬ仲
済《な》す　借りを返す。彼に本を―　借金を―
做《な》す　わざと。言い―
茄子《なす》　「なすび」とも。秋―は嫁に食わすな
薺《なずな》　春の七草の一。早春の野に―を摘む
茄《なすび》　なす。瓜(うり)のつるには―はならぬ
泥《なず》む　こだわる。師の説に―　暮れ―空
何故《なぜ》　―来たか　―ならば　―と言えば
謎《なぞ》　―を掛ける　―を解く　―の人物
準《なぞら》える　第三条に―
擬《なぞら》える　紅葉(もみじ)の葉を幼児の手に―
鉈《なた》　―でまきを割る　大―を振るう
灘《なだ》　玄界―　鹿島(かしま)―　―の生(き)一本
名代《なだい》　―の蕎麦(そば)　―のやり手

名題《なだい》 芝居の— —役者 —看板
菜種《なたね》 —の黄色い花 —油をしぼる
宥《なだ》める 怒りを— こどもを—
雪崩《なだれ》 —に押し流される —を打つ 表層—
捺印《なついん》 書類に—してください 記名—
懐《なつ》かしい 昔が— —人々
夏涸《なつが》れ —の市場
懐《なつ》く 犬が飼い主に—
名付《なづ》ける 桃太郎と— …と—作品
納所《なっしょ》 寺の事務所。 —坊主
捺染《なっせん》 プリント。 —の生地
納豆《なっとう》 —の糸 —で朝食を済ます 甘—
納得《なっとく》 —がいく 説明に—しない
菜《な》っ葉《ぱ》 —の煮物 —服の労働者

夏負《なつま》け —しないように栄養を取る
棗《なつめ》 長円形の—の実 茶器の—
撫子《なでしこ》 秋の七草の一。 —の花 大和(やまと)—
撫《な》でる こどもの頭を— ひげを— 髪を—
名取《なとり》 日本舞踊の— —になるには金が掛かる
七竈《ななかまど》 晩秋紅葉し、実は球形で赤い—
七転八起《ななころびやおき》 —の人生
七十路《ななそじ》 七十歳。 —の老人
斜《なな》め 縦・横・— —を向く ごきげんが—だ
何《なに》がし —かの金が必要だ 千円—を用立てる
某《なにがし》 山田—とかいう人
何卒《なにとぞ》 —お許しください —ご協力願います
何某《なにぼう》 山田—という人物 —の家では
浪花節《なにわぶし》 —を語る

名主《なぬし》 先祖は—であった家柄 牢(ろう)—
名乗《なの》り 「名告り」とも。 —を上げる 勝ち—
靡《なび》く 風に—旗 草木も— 威勢に—
名札《なふだ》 荷物に—を付ける 胸の—
嬲《なぶ》る もてあそぶ。 人を—
鍋《なべ》 —で煮る —料理 アルミの— 土(ど)—
那辺《なへん》 「奈辺」とも。 真意は—にあるや
生《なま》 —の肉 —で食べる —の放送 —ビール
生意気《なまいき》 —なやつめ —を言う
名前《なまえ》 答案に—を書く
生傷《なまきず》 —の絶え間がない
生臭《なまぐさ》い —魚(さかな)のにおい 生臭坊主
腥《なまぐさ》い 戦場に—風が吹く
鈍《なまく》ら 切れ味が鈍い。 —な刃物 —者

怠《なま》ける 「惰ける」とも。 勤めを— 勉強を—
海鼠《なまこ》 「いりこ」や「このわた」にしても食う—
膾《なます》 「鱠」とも。 羹(あつもの)に懲りて—を吹く
鯰《なまず》 —のひげ —が地震を起こすという俗信
癜《なまず》 皮膚病の一。
生煮《なまに》え —の野菜 —な態度を執る
生温《なまぬる》い —湯で風邪(かぜ)を引く
生緩《なまぬる》い —罰では役に立たない
生半可《なまはんか》 —な知識 —手を出す
生兵法《なまびょうほう》 —は大けがのもと
生干《なまぼし》 「生乾」とも。 鯵(あじ)の— —の大根
生身《なまみ》 —のからだ 魚(さかな)の—
艶《なまめ》かしい —姿
生酔《なまよ》い —本性たがわず

鉛《なまり》 元素の一。 —のように重い —色の空
訛《なまり》 —のあることば なつかしいお国—
鈍《なま》る 切れ味が— 腕が— からだが—
波《なみ》 —が立つ —が打ち寄せる 旗の—
並《なみ》 —のできだ 人—の生活 —製 —軒
並木《なみき》 柳の— 松— —道 桜の—
波路《なみじ》 はるかなる—のかなた 穏やかな—
涙《なみだ》 「泪」とも。 —を流す 同情の— 泣きの—
波々《なみなみ》 酒を—とつぐ
並々《なみなみ》 —の努力ではだめだ —ならぬ苦労
波間《なみま》 —に漂う小舟
南無三《なむさん》 「南無三宝」とも。
蛞蝓《なめくじ》 —のはった跡がある —に塩を掛ける
滑子《なめこ》 小形のきのこ。 —の味噌汁(みそしる)

な

鞣《なめ》す　皮を鞣してバンドを作る
滑《なめ》らか　―な表面　―な発音　―に進む交渉
舐《な》める　舌で―　あめを―　相手を―
嘗《な》める　経験。苦労を―
納屋《なや》　農家の―　―に農具をしまう
悩《なや》む　公害に―　病気に―　恋に―　住宅難に―
楢《なら》　―の木の林　炭を焼く―の木
習《なら》う　技術を―　字を―　ピアノを―
倣《なら》う　「傚う」とも。前例に―　周囲の人に―
奈落《ならく》　―の底に落ちた気持　劇場の―から舞台へ
慣《な》らす　からだを―　環境に―　使い―
馴《な》らす　手なずける。犬を―
均《なら》す　地面を―　一か月に―と均して百円だ
不破者《ならずもの》　「破落戸」とも。無頼漢。

奈良漬《ならづけ》　―でも酔う女の人
並《なら》ぶ　二列に―　小さい順に―　居―面々
習《なら》わし　風俗習慣。社会の―
也《なり》　一つ千円―　金五拾万円―
成上《なりあ》がる　社長に―
成代《なりかわ》る　当人に成代って頭を下げる
成金《なりきん》　戦争―　土地―　―風を吹かせる
成下《なりさ》がる　平社員に―
成済《なりす》ます　学生が坊主に―　妻に―
生物《なりもの》　実のなるもの。庭には―の木が多い
鳴物《なりもの》　―を用意する　―入りで宣伝する
成行《なりゆき》　―に任せる　―を見よう　―値段
成《な》る　多年の研究が―　この本は二冊から―
生《な》る　蜜柑(みかん)が―　柿(かき)の実が―

鳴《な》る　鐘が―　ベルが―　腕が―
鳴子《なるこ》　秋の田の―　―を鳴らして雀(すずめ)を追う
馴合《なれあ》い　与野党の―　親子―の詐欺
馴初《なれそめ》　彼女との―はこうだ　そもそもの―は
慣《な》れる　土地の気候に―　自動車の運転に―
馴《な》れる　犬が飼い主に―
狎《な》れる　師の恩情に―　狎れて礼を失する
縄《なわ》　―をなう　―を掛ける　荒―　―のれん
苗代《なわしろ》　―に籾(もみ)をまく　―に苗が育つ
縄張《なわばり》　ここはおれの―だ　暴力団の―争い
難《なん》　危うく―をのがれる　―を言えば　生活―
難易《なんい》　事の―を見窮める　―は問題ではない
軟化《なんか》　加熱して―させる　組合の態度が―する
難解《なんかい》　―な文章　この問題は―だ

難関《なんかん》　―にぶつかる　入試の―を突破する
難儀《なんぎ》　吹雪(ふぶき)で―する　工事に―をする
難詰《なんきつ》　鋭く―する　責任を―する
軟球《なんきゅう》　―と硬球　テニスの―　―の試合
難行《なんぎょう》　―を重ねて頂に登る　―苦行を積む
難局《なんきょく》　―を打開する　―を乗り切る
南極《なんきょく》　―と北極　―観測隊　―大陸　―圏
南京《ナンキン》　中国の都会。―豆　―虫
軟禁《なんきん》　―状態
難癖《なんくせ》　相手に―を付ける　計画に―を付ける
難訓《なんくん》　読みにくい訓。難音や―　―索引
軟膏《なんこう》　おできに―を塗る　硼酸(ほうさん)―
難航《なんこう》　暴風雨のために―する　交渉が―する
難攻不落《なんこうふらく》　―の城

軟骨《なんこつ》　―と硬骨　耳の―　―魚類　―組織
難産《なんざん》　姉はなかなか―でした　組閣が―する
汝《なんじ》　「爾」とも。―自身　―のごとき　―臣民
軟弱《なんじゃく》　―な地盤　―な態度　―外交
難渋《なんじゅう》　道路の悪いのに―した
難所《なんしょ》　北陸道随一の―　車は―にかかった
難色《なんしょく》　計画に―を示す　一部に―がある
難《なん》じる　せめなじる。失敗を―
軟水《なんすい》　石灰分の少ない水。―と硬水　―で洗う
難船《なんせん》　台風で―する　―を救助する
難題《なんだい》　―が持ち上がる　無理―　―に取り組む
軟調《なんちょう》　―か堅調か　相場が―です
難聴《なんちょう》　年を取って―になる　―の児童
南天《なんてん》　冬、小形で球形の実が赤く熟する―

難点《なんてん》 ―を示す どこといって―がない
納戸《なんど》 衣服調度を置く室。追われて―に隠れる
喃々《なんなん》 ささやく声。喋々（ちょうちょう）―と語り合う
垂《なんな》んとする 人口一千万に―大都会
男女《なんにょ》 「だんじょ」とも。老若（ろうにゃく）―
軟派《なんぱ》 ―と硬派 ―の不良
難破《なんぱ》 しけにあって―する ―船を救助する
南蛮《なんばん》 ―渡来の品 ―文学 鴨（かも）―
難病《なんびょう》 ―に苦しむ ―と闘う 不治の―
難物《なんぶつ》 彼はなかなかの―だ ―から片づけよう
難民《なんみん》 戦火に追われる― ―を救済する
難問《なんもん》 ―を解く ―にぶつかる ―奇問
何等《なんら》 ぼくはこの事件とは―関係がない
難路《なんろ》 ―を切り開く ―を越える

に

弐《に》 二。金額を書く場合に使う。金―万円也
荷《に》 荷物。責任。―が重い 肩の―が降りる
似合《にあ》う ミニスカートのよく―お嬢さん
荷揚《にあげ》 岸壁に―する ―場 ―人夫
新妻《にいづま》 ―らしいはにかみ ―をいたわる
新盆《にいぼん》 ことしは祖母の―です ―を迎える
煮《に》え湯《ゆ》 ―を飲まされる
仁王《におう》 「二王」とも。―立ち ―門
匂《にお》う 菊の花が― よく―バラ
香《にお》う 香水が― 酒が―
臭《にお》う 便所が― 腐った肉が―
荷降《におろ》し 「荷下し」とも。―の人夫

二階《にかい》 ―に上がる ―の窓 ―建 ―家
似顔《にがお》 母の―をかく ―絵 ―かき
苦手《にがて》 ―の学科は音楽だ 巨人は―だ ―意識
苦味《にがみ》 味に―がある ―ばしったいい男
苦虫《にがむし》 ―をかみつぶしたような顔
似通《にかよ》う 似通った問題が出る 似通った会社
苦汁《にがり》 ―は豆腐の製造に使う
膠《にかわ》 ―を煮る ―で接着する ―質
苦笑《にがわら》い 賭（かけ）に負けて―する課長
面皰《にきび》 ―だらけの顔 ―のできる年ごろ
賑《にぎ》やか ―な町 ―に騒ぐ 食事のときは―だ
握《にぎ》る 手を― 証拠を― 政権を―
賑《にぎわ》う 参拝者で― 観光客で―京都 ―店
憎《にく》い 言うことが― ―やつ ―あなた

肉感《にくかん》 ―的な女性 彼女は―的なタイプです
肉眼《にくがん》 金星は―でも見える ―では無理だ
肉食《にくしょく》 ―より菜食を好む ―動物 ―をする
肉親《にくしん》 ―と別れる ―の情としてはやむをえぬ
肉声《にくせい》 歌を―で聞く ―でも場内によく通る
肉体《にくたい》 すばらしい―の持主 ―美
肉弾《にくだん》 ―相打つ両力士 ―戦
肉付《にくづけ》 「肉附」とも。原案に―をする
憎体《にくてい》 憎々しい。―な顔 ―なことを言う
肉薄《にくはく》 敵陣に―する 第二位が第一位に―する
肉筆《にくひつ》 この色紙は先生の―だ 写楽の―の絵
肉太《にくぶと》 ―に書く ―な看板の字
憎《にく》む 殺人犯人を― 心の底から―
憎《にく》む 「悪む」とも。罪を―不正を―

肉欲《にくよく》 「肉慾」とも。―を満たす ―のとりこ
逃延《にげの》びる 山奥へ― 国外に―
逃《に》げる 鳥が― 追われて― ―が勝ち
二元《にげん》 ―放送 ―的な考え ―論
荷拵《にごしら》え ―を厳重にする
濁《にご》す 水を― 態度を― ことばを―
二次《にじ》 ―方程式 ―的 ―会
虹《にじ》 ―が掛かる ―の橋 ―のような気炎
錦《にしき》 ―の御旗（みはた） 故郷へ―を飾る ―絵
滲《にじ》む 紙にインクが― 油の滲んだ布
煮染《にしめ》 お―を作る お―を重箱に詰める
二者択一《にしゃたくいつ》 ―を迫る
二乗《にじょう》 自乗（じじょう）。五の―は二十五 三を―する
躙《にじ》る いざる。踏み付ける。草を― ひざを―

二伸《にしん》 「二申」とも。手紙の追って書き。
鯡《にしん》 「鰊」とも。数の子は―の子　―漁
二世《にせ》 ―を契る　夫婦は―の縁　―の固め
贋《にせ》 「偽」とも。―の真珠　―の情報　―もの
二世《にせい》 二代め。米国の―　―誕生　ジョージ―
贋札《にせさつ》 ―を使う　―を見破る　―犯人
尼僧《にそう》 白衣の―　京都には―が多い
二束三文《にそくさんもん》 ―で売る
煮炊《にたき》 台所で―する
日限《にちげん》 ―のある仕事　―に間に合う　―を切る
日常《にちじょう》 ―の生活　―使う品　―茶飯事（さはんじ）
日没《にちぼつ》 ―のため試合は引分けになった　―時
日輪《にちりん》 ―を仰ぐ　輝く―
日蓮宗《にちれんしゅう》 仏教の一派。―の信者

日課《にっか》 ―を決める　散歩を―にする　―表
日刊《にっかん》 ―新聞　―・週刊・月刊
日記《にっき》 ―を付ける　当用―　―帳　絵―
日給《にっきゅう》 ―六千円で働く　―制と月給制
荷造り《にづくり》 引越しの―　―の費用
肉桂《にっけい》 かおりがあり香料などを製する―の木
日参《にっさん》 社長の家に―してようやくお許しが出た
日産《にっさん》 この自動車工場は―三千台である　―額
日子《にっし》 日数。完成に五年間の―を費やす
日誌《にっし》 学級―を付ける　採集―　航海―
日射《にっしゃ》 真夏の―を受ける　―病
日照《にっしょう》 ―時間が延びる　―権について争う
日章旗《にっしょうき》 ―を揚げる　はためく―
日食《にっしょく》 「日蝕」とも。皆既―の観測をする

日進月歩《にっしんげっぽ》 ―の勢い
日夕《にっせき》 日夜。―努力を怠らない
日直《にっちょく》 ―で早く出勤する　日曜の―が当たる
日程《にってい》 議事の―を変更する　―が狂う　―表
日当《にっとう》 アルバイトに―を払う　―を値上げする
煮詰る《につまる》 汁《しる》が―　交渉が―
二途《にと》 方向が二つ。計画が―に分かれる
二兎《にと》 同時に二つ。―を追う者は一兎も得ず
担う《になう》 荷物を―　重責を―　双肩に―
二人三脚《ににんさんきゃく》 ―の競走
鈍い《にぶい》 感じが―　動作が―　切れ味が―　―光
荷札《にふだ》 荷物に―を付ける　―にあて名を書く
煮干し《にぼし》 「煮乾」とも。―のだし
荷物《にもつ》 ―を送る　―電車　手―と小―

煮物《にもの》 台所で―をする　野菜の―
荷役《にやく》 船の―をする　―は重労働である
入院《にゅういん》 手術のため―する　―患者　―と退院
乳液《にゅうえき》 顔に―を付ける　植物に含まれる―
入荷《にゅうか》 原料が―する　―が減少する
入閣《にゅうかく》 蔵相として―する　―が決定した
入学《にゅうがく》 ―を祝う　高校に―する　―試験
乳牛《にゅうぎゅう》 ―を飼う
入居《にゅうきょ》 公営住宅に―する　―者の募集
入庫《にゅうこ》 この車は―する車だ　―と出庫　―伝票
乳剤《にゅうざい》 石油―
入札《にゅうさつ》 工事を―で決める　―で落とす
乳酸《にゅうさん》 糖分が―になる　―菌
乳歯《にゅうし》 ―が抜け替わる　―と永久歯

乳児《にゅうじ》 生後一年までを―という
柔弱《にゅうじゃく》 ―な男　―な精神　―な気風
入手《にゅうしゅ》 秘密情報を―する　珍本を―した
入城《にゅうじょう》 堂々と―する　―式
入場《にゅうじょう》 選手が―する　―行進　―券
入信《にゅうしん》 信仰の道に入《はい》る。―を勧める
入神《にゅうしん》 ―の域に達する　―のわざ
入籍《にゅうせき》 結婚と同時に―した　―手続
入選《にゅうせん》 第一位に―する　初―の喜び　―作
入超《にゅうちょう》 輸入超過。―額　―と出超
入湯《にゅうとう》 保養のため草津へ―に行く　―税
入道《にゅうどう》 平清盛は―して浄海といった　―雲
入念《にゅうねん》 ―に仕上げる　土俵上の―な仕切り
入梅《にゅうばい》 六月十一日ごろが―だ　―が近づく

入費《にゅうひ》 —がかさむ 毎月の—は八万円です
入幕《にゅうまく》 十両三場所で—した 新—の力士
入門《にゅうもん》 塾(じゅく)に—する —許可証 漢文—
入用《にゅうよう》 —な経費を請求する 急に—となる
入浴《にゅうよく》 毎晩—します —を済ます
入来《にゅうらい》 来訪。ご一行様ご— 台風のご—だ
乳酪《にゅうらく》 バター。—製品
柔和《にゅうわ》 —な顔 —なまなざし —に見える
尿《にょう》 —を漏らす —の検査 濁った—
女房《にょうぼう》 —をもらう —のしりに敷かれる
如実《にょじつ》 —に物語る 効果が—に現われる
如来《にょらい》 仏の尊称。—さまの教え 釈迦(しゃか)—
韮《にら》 —の卵とじ 強い臭気のある—
睨《にら》む ぐっと— あいつが怪しいと—

二律背反《にりつはいはん》 両立せず。
似《に》る 父親に— 似ても似つかないしろもの
煮《に》る 野菜を— なべで— 煮ても焼いてもだめ
庭《にわ》 —の芝生(しばふ) —で遊ぶ 学びの—
俄《にわ》か 突然。—の話 —雨 —に曇る —仕込み
遽《にわ》か 即座。—にできない
接骨木《にわとこ》 —の枝の太い髄
鶏《にわとり》 —を飼う —の卵 —が時を作る
任意《にんい》 題材は—に選ぶ —出頭 —の場所で
認可《にんか》 —を与える 食堂の開店を—する
任官《にんかん》 雇から事務官に—する —の儀式
任期《にんき》 —いっぱい勤める —が切れる
任侠《にんきょう》 おとこだて。—の士 —精神
人形《にんぎょう》 —をあやつる 京— —つかい

忍苦《にんく》 —の生活が続く —の十年間
認識《にんしき》 時局を—する —が足りない —に立つ
忍従《にんじゅう》 —をしいる —の生活を送る
忍術《にんじゅつ》 —を使う 甲賀流の—つかい
人称《にんしょう》 文法用語。—代名詞 三—単数
認証《にんしょう》 大臣の—式 —官 —を与える
人情《にんじょう》 —は紙よりも薄い —味に欠ける
刃傷《にんじょう》 —沙汰(さた)に及ぶ —事件
任《にん》じる 課長に— 第一人者をもって—
妊娠《にんしん》 妻は—したらしい —中絶 —の知らせ
人参《にんじん》 三寸— 朝鮮— —のエキス
人相《にんそう》 —を見る —が悪い —書き —見
人足《にんそく》 造成工事に—を使う 日雇—
忍耐《にんたい》 とても—できない —力が不足する

任地《にんち》 —は山形県と決定した —におもむく
認知《にんち》 父親が実子であることを—する
人体《にんてい》 ひとがら。怪しい—の男
認定《にんてい》 事実の—を誤る 資格があると—する
大蒜《にんにく》 臭気が強く、薬用・調味料とする—
人非人《にんぴにん》 恩をあだで返す—め
人夫《にんぷ》 —を雇う —に力仕事をさせる
妊婦《にんぷ》 —を保護する —に席を譲る
任務《にんむ》 —につく —を全うする 重大—
任命《にんめい》 駐英大使に—する —式 —権
任免《にんめん》 職員を—する —権を握る
人面獣心《にんめんじゅうしん》
任用《にんよう》 雇を本官に—する —替え 官吏—令
認容《にんよう》 条件を—する

ぬ

縫取《ぬいとり》 刺繍(ししゅう)。—をする —のあるハンカチ
縫《ぬ》う 着物を— 人波を縫って進む
鵺《ぬえ》 「鵼」とも。想像上の怪獣。—的な人物
糠《ぬか》 —に釘(くぎ) —喜び —袋に—を詰める
吐《ぬか》す 言う。うそを—な 何を—か
額《ぬかず》く 神前に—
糠味噌《ぬかみそ》 —を漬(つ)ける —臭い
抜《ぬ》かる 手ごわいぞ、—なよ
貫《ぬき》 柱を横につなぐ材。—を渡す
抜足差足《ぬきあしさしあし》 —で歩く
抜打《ぬきうち》 —に検査をする —を食う —解散
抜書《ぬきがき》 論文の— だいじなところだけ—する

抜差《ぬきさし》 事態はとうとう―ならなくなった
抜手《ぬきで》 「ぬきて」とも。―を切って泳ぐ
抜身《ぬきみ》 ―を突き付けておどす 日本刀の―
擢《ぬき》んでる 学問が衆に― 体力が仲間に―
抜《ぬ》く 刀を― 前の車を― 書き― 手を―
貫《ぬ》く 貫き通す。飾りに玉を―
脱《ぬ》ぐ 着物を― 帽子を― 靴(くつ)を― 仮面を―
拭《ぬぐ》う 汗を― タオルで顔を― 恥を―
抜駆《ぬけが》け 「抜駈け」とも。―の功名 ―をする
脱殻《ぬけがら》 蟬(せみ)の― ―同然の小屋 ―同様の魂
抜道《ぬけみち》 ―を通る 法律の―を考える ―がある
抜目《ぬけめ》 彼は全く―がない ―なく準備する
抜《ぬ》ける 気が― 裏へ― 間(ま)が―
抜《ぬ》ける 「脱ける」とも。毛が― 会を―

幣《ぬさ》 御幣(ごへい)。―を神に供える
主《ぬし》 一家の― 車の― ―ある身 沼の―
盗人《ぬすびと》 ―にも三分の理 ―たけだけしい
盗《ぬす》む 金を― 人の物を―
盗《ぬす》む 「偸む」とも。人目を― 暇を盗んで勉強
布《ぬの》 ―を裁つ 厚手の― ―の目が詰まる
塗物《ぬりもの》 ―を製造する ―師 ―の産地
塗《ぬ》る ペンキを― 壁を― 顔に泥(どろ)を―
温《ぬる》い ―湯 ―炬燵(こたつ)
緩《ぬる》い ゆるい。―取締り ―やり方
濡縁《ぬれえん》 ―に腰掛けてちょっと休憩する
濡衣《ぬれぎぬ》 無実の罪。―を着せられる
濡鼠《ぬれねずみ》 夕立にあって―になる
濡場《ぬれば》 芝居の―はつやっぽい ―を演じる

ね

子《ね》 十二支の第一。鼠(ねずみ)。―年の生れ
音《ね》 琴の―が聞こえる 暑さに―を上げる
値《ね》 ―を付ける この品物は―が張る
根《ね》 ―が張る ―も葉もない 悪の―を断つ
寝汗《ねあせ》 「盗汗」とも。―が出る ―をかく
寝息《ねいき》 静かな―を立てる ―をうかがう
寧日《ねいじつ》 安らかな日。―なく選挙運動に奔走する
獰猛《ねいもう》 どうもう。―な性質
寝入端《ねいりばな》 ―を起こされる
音色《ねいろ》 美しい笛の― ―がさえる
値打《ねうち》 読む―のある本 人の―が下がる
寝起《ねお》き いつも―している 部屋(へや)―が悪い

願《ねが》う 神に― 無事を― 願ってもないこと
葱《ねぎ》 長葱。―の白い花が咲く ―坊主
禰宜《ねぎ》 神社の― ―のおはらいを受ける
労《ねぎら》う 「犒う」とも。労を― 部下を厚く―
値切《ねぎ》る 定価を値切って買う 強引に―
寝首《ねくび》 ―をかかれる
塒《ねぐら》 鳥が―に帰る ―を定める
猫《ねこ》 ―に小判 ―を被(かぶ)る ―も杓子(しゃくし)も
猫背《ねこぜ》 ―になって仕事をする
寝言《ねごと》 毎夜―を言う ―を言っていないで働け
猫撫声《ねこなでごえ》 ―で話し掛ける
猫糞《ねこばば》 会社の品物を―する ―を決める
寝覚《ねざめ》 悪いことをしたあとは―が悪い
螺子《ねじ》 ―がゆるむ ―を巻く ―回し

拗《ねじ》ける 針金が― 心が― 拗けた根性
音締《ねじめ》 三味線(しゃみせん)の―をする ―がさえる
根締《ねじめ》 植えて―をする 生け花の―
捩《ねじ》れる ひもが―
捻《ねじ》れる 足が― 手が―
根城《ねじろ》 喫茶店(きっさてん)を―とする不良学生たち
鼠《ねずみ》 猫(ねこ)と― ―一匹で大騒ぎ ―小僧
寝相《ねぞう》 弟たちは―が悪い ―を直す
根太《ねだ》 相撲(すもう)を取るので座敷の―がゆるむ
寝刃《ねたば》 切れ味の鈍った刀。―を合わせる
嫉《ねた》む 「妬む」とも。他人の成功を―
値段《ねだん》 ―が上がる ―を付ける 高い―に驚く
熱《ねつ》 太陽の― ―が出る 応援に―が入(はい)る
熱意《ねつい》 ―を示す ―をもって仕事をする

熱演《ねつえん》 ハムレットを―する 大―の応援弁士
熱気《ねっき》 部屋《へや》に―がこもる 話に―を帯びる
熱狂《ねっきょう》 応援に―する ―的ファン
熱血《ねっけつ》 ―を持て余す ―漢 ―男児
熱砂《ねっさ》 焼けつくような砂。―の砂漠《さばく》
熱情《ねつじょう》 仕事に―を注ぐ 愛国の―
熱心《ねっしん》 ―に練習する 仕事―な人
熱誠《ねっせい》 ―を込める あふれることば
熱戦《ねっせん》 両校が―を展開する 近来まれに見る―
捏造《ねつぞう》 週刊誌に出た記事は全くの―である
熱帯《ねったい》 ―にすむ動物 ―特有の植物 ―魚
熱中《ねっちゅう》 仕事に―する 碁に―する
熱湯《ねっとう》 ―を注ぐ ―で消毒する
熱病《ねつびょう》 ―が流行する ―にかかる

熱風《ねっぷう》 ―が吹き付ける
熱弁《ねつべん》 ―を振るう 彼の―に聴衆は感動した
熱望《ねつぼう》 ファンの―にこたえる 平和を―する
熱涙《ねつるい》 優勝の―にむせぶ ―あふれることば
熱烈《ねつれつ》 ―な応援をする 彼を―に愛している
寝床《ねどこ》 ―の中で新聞を読む 鰻《うなぎ》の―
寝泊《ねとま》り 会社に―する ひとりで―する
値幅《ねはば》 ―の大きい商品
粘《ねば》る ガムが― 五時間も粘って説得する
涅槃《ねはん》 悟りの境地。釈尊の死。―に入る
寝冷《ねび》え ―をしないように気を付ける
値引《ねび》き どのくらい―できますか 一割―します
値踏《ねぶ》み 宝石を専門家に―してもらう ―を頼む
寝坊《ねぼう》 ―して遅刻する 朝―

寝間《ねま》 ―に入《はい》る ―で横になる
寝巻《ねまき》 「寝間着」とも。―のまま庭に出る ―姿
眠気《ねむけ》 「睡気」とも。―を催す ―をさます
合歓木《ねむのき》 閉じてたれる―の葉
眠《ねむ》り ―が足りない 深い―に陥る ―薬
閨《ねや》 寝室。―に入《はい》る ―の秘密
狙《ねら》う 的を― 命を― 機会を―
練《ね》る 句を― 構想を― わざを― 町を―
練《ね》る 「煉る」とも。こね固める。あんを―
練《ね》る 「錬る」とも。金属を焼き鍛える。鉄を―
寝《ね》る 早く― 赤ん坊が― ぐっすり― 金が―
根分《ねわ》け ダリアの―をする ―でふやす草花
念《ねん》 ―には―を入れる ―を押す 疑惑の―
粘液《ねんえき》 蒲公英《たんぽぽ》の茎から―が出る ―質の人

年賀《ねんが》 ―の客 ―に伺う ―状を出す
年間《ねんかん》 ―を通して売れる品 ―の計画を立てる
年鑑《ねんかん》 時事― 教育― 社会―を編修する
念願《ねんがん》 ―がかなう 社会奉仕を―とする
年忌《ねんき》 父の―を迎える 三―に法事をする
年期《ねんき》 「年季」とも。―奉公 ―の入《はい》った仕事
年金《ねんきん》 ―を受け取る ―制度 養老― 公債
年貢《ねんぐ》 ―を取り立てる ―の納め時が来た
年限《ねんげん》 ―を決めて借地する ―になる 有効―
年功《ねんこう》 ―のある人 ―を積む ―序列
年号《ねんごう》 明治・大正・昭和と―が替わった
懇《ねんご》ろ ―にもてなす ―なお手紙 ―になる
捻挫《ねんざ》 足首を―する ―したあとが痛む
年始《ねんし》 ―の客 ―回り ―状 年末―

年次《ねんじ》 卒業の―が異なる ―計画 ―休暇
捻出《ねんしゅつ》 厚生資金を―する 費用の―に苦しむ
年初《ねんしょ》 年の初め。―に立てた計画
念書《ねんしょ》 後日の証として渡す文書。土地購入の―
年少《ねんしょう》 ―の者をいたわる ―労働者
燃焼《ねんしょう》 重油が―する 不完全― ―物
念《ねん》じる 仏を― 合格を― 一心に―
年代《ねんだい》 ―の古い家具 ―の順 大正― ―記
粘着《ねんちゃく》 にかわは―力が強い ―テープ
年長《ねんちょう》 ―の人に敬意を表する ―者
年度《ねんど》 四月から―が替わる 会計― ―末
粘土《ねんど》 ―で細工をして遊ぶ ―質の土
年頭《ねんとう》 ―にあたっての感想 ―の辞 ―所感
念頭《ねんとう》 そんなことは全く―にない ―に置く

年々歳々《ねんねんさいさい》
年配《ねんぱい》 「年輩」とも。同—の人 父ももう—だ
年表《ねんぴょう》 世界史の— —で調べる
年賦《ねんぷ》 —で返済する 五か年の—にする
年譜《ねんぷ》 —で作家のおいたちを調べる 吉田茂—
念仏《ねんぶつ》 —を唱える —往生 —三昧(ざんまい) —講
年俸《ねんぽう》 —百万円で契約する
年報《ねんぽう》 一年ごとの報告書。事業所の—を出す
粘膜《ねんまく》 のどの—を痛める 腸の—
年末《ねんまつ》 —年始の混雑 —に旅行する —手当
年来《ねんらい》 —の希望を遂げる —の懸案
燃料《ねんりょう》 —が欠乏する —を補給する —費
年輪《ねんりん》 切り株に刻まれた— 生活の—を重ねる
年齢《ねんれい》 「年令」とも。—が若い —順 高—

の

野《の》 春の— あとは—となれ山となれ
能《のう》 —ある鷹(たか)はつめを隠す —の舞台
脳《のう》 —が悪い —が足りない —が弱い
膿《のう》 うみ。—を持つ —が出る —を出す
脳溢血《のういっけつ》 脳出血。—で倒れる
農園《のうえん》 大都市近郊の— —を経営する
濃艶《のうえん》 あでやかで美しい。—な女 —に笑う
農家《のうか》 大きな— —を継ぐ —に嫁に行く
納会《のうかい》 取引所の— きょうはお習字の—です
能書《のうがき》 薬の—を読む —を並べる —どおり
能楽《のうがく》 —を演じる —堂 —師 —五流
納棺《のうかん》 しめやかに—する —の儀式
農閑期《のうかんき》 —を利用して旅行する
納期《のうき》 製品の—が切迫している
農機具《のうきぐ》 —の手入れをする
農業《のうぎょう》 —の盛んな地方 —の近代化を図る
農耕《のうこう》 —に従事する —生活 —作業
濃厚《のうこう》 —な味 —な場面 優勝が—となる
納骨《のうこつ》 郷里に—する —堂 —式
悩殺《のうさつ》 ビキニスタイルで世の男性を—する
農産物《のうさんぶつ》 当地は—の種類が多い
能事《のうじ》 なすべきこと。—終われりとする
濃縮《のうしゅく》 果汁(かじゅう)を—する —ウラン
脳漿《のうしょう》 脳みそ。—を絞る
農相《のうしょう》 農林大臣。
農場《のうじょう》 機械化された— —を経営する
脳震盪《のうしんとう》 —で倒れる —を起こす
脳髄《のうずい》 —に欠陥がある —の活動が鈍る
納税《のうぜい》 —の義務 —者 —制度
脳卒中《のうそっちゅう》 —で寝たきりの老人
濃淡《のうたん》 色の—がはっきりしている —を付ける
脳中《のうちゅう》 —を去来する考え
嚢中《のうちゅう》 —に一文の銭もない —の錐(きり)
脳天《のうてん》 —から声を出す —を打ち砕く
濃度《のうど》 溶液の—を測る 水素イオン—
農奴《のうど》 領主に隷属した農民。—を解放する
能動《のうどう》 自分から働き掛ける。—的 —態
納入《のうにゅう》 授業料を—する 製品の—を急ぐ
脳波《のうは》 脳を流れる電流の図形。—を検査する
農繁期《のうはんき》 忙しい— —と農閑期
能筆《のうひつ》 彼は近ごろ珍しい—だ —家
脳貧血《のうひんけつ》 —を起こす —で倒れる
納付《のうふ》 税金を—する —期日は厳守せよ
農夫《のうふ》 女の場合は「農婦」とも。働く—の像
能弁《のうべん》 彼はなかなか—である —家
脳膜炎《のうまくえん》 —をわずらう
脳味噌《のうみそ》 彼は—が足りないのか
農民《のうみん》 —の生活 —団体 —一揆(いっき) —文学
濃霧《のうむ》 —が発生する —に閉ざされる
能面《のうめん》 —のように表情一つ変えない
農薬《のうやく》 —を散布する —の扱いに注意
能吏《のうり》 大学出の— —のうわさが高い人
脳裏《のうり》 未来図を—に描く —に浮かぶ
能率《のうりつ》 仕事の—を上げる —給 —増進

納涼《のうりょう》　―に出掛ける　―大会　―の遊覧船
能力《のうりょく》　―のある人　すぐれた―　―給
農林《のうりん》　―省　―大臣　場当りの―行政
逃《のが》れる　危険を―　責任を―　罪を―
遁《のが》れる　世を―
軒《のき》　風鈴を―につるす　問屋が―を並べる
芒《のぎ》　稲や麦の実の先端にある針のような毛。
軒並《のきなみ》　―あき巣にやられた　列車が―遅れる
軒端《のきば》　―にてるてる坊主をつるす　―の梅
仰反《のけぞ》る　後ろへ大きく―
除者《のけもの》　彼だけ―になる　―にされるのはいやだ
退《の》ける　じゃまものを―　言って―
除《の》ける　痛んでいる桃を―　病弱者は―
鋸《のこぎり》　―をひく　―の歯　電気―

残《のこ》す　仕事を―　予算を―　借金を―　食べ―
残《のこ》す　「遺す」とも。死後に子を―　名を―
野晒《のざら》し　―の積荷
熨斗《のし》　―を付けて進呈する　―紙　―鮑(あわび)
伸《の》し餅《もち》　正月用の―　―を適当に切る
野宿《のじゅく》　金がなくて―をする　二晩―する
伸《の》す　うどん粉を練って―　売上げが―
熨《の》す　裁断の前に布地を―　しわを―
野末《のずえ》　―を渡る風
乗《の》せる　船に人を―　口車に―　電波に―
載《の》せる　おけを頭に―　投書を新聞に―
除《のぞ》く　障害物を―　女子を―　休日を―毎日
覗《のぞ》く　穴から―　新刊本を―　雲間から月が―
望《のぞ》む　遠く山を―　平和を―　広く国民に―

臨《のぞ》む　湖に―ホテル　開会式に―
宣《のたま》う　おっしゃる。何を―か　子(し)日(のたまわ)く
後添《のちぞい》　後妻。―をもらう　―を迎える
節《ノット》　速力二十―の貨物船
則《のっと》る　規約に則って処理する　先例に―
乗取《のっと》る　飛行中の旅客機を―　会社を―策謀
野天《のてん》　―で興行する　―風呂(ぶろ)
能登《のと》　旧国名、石川県の能登半島。
喉《のど》　「咽喉」とも。―がかわく　―仏　―自慢
長閑《のどか》　―な心　―な春の景色(けしき)　―に暮らす
喉笛《のどぶえ》　刃物で―を突いて死ぬ　―に咬(か)み付く
罵《ののし》る　人を口ぎたなく―　―声が聞こえる
伸《の》ばす　手を―　ひげを―　国力を―　羽を―
延《の》ばす　線を―　約束を―　支払を―

野放《のばな》し　―の犬　子を―に育てる　―状態
延《のべ》　―日数　―人員　―勘定
野辺《のべ》　―に咲く花　―の送りをする
延払《のべばら》い　輸入品の―　建築費の―を交渉する
延棒《のべぼう》　金の―を密輸する
述《の》べる　意見を―
伸《の》べる　救済の手を―
野放図《のほうず》　―に育てる　―に使う
上《のぼ》せる　議題に―　計画に―　食卓に―
逆上《のぼ》せる　長湯をして―　すぐ―性質だ
幟《のぼり》　芝居小屋の前に―が立っている　鯉(こい)―
上《のぼ》る　頭に血が―　坂を―　話題に―
上《のぼ》る　「昇る」とも。日が―　位が―
登《のぼ》る　山に―　木に―　壇に―

蚤《のみ》　―を取る　―の夫婦　―取り眼(まなこ)
鑿《のみ》　―で穴を開(あ)ける　―と槌(つち)
呑込《のみこみ》　理解。―が早い　―が悪い
飲代《のみしろ》　―をかせぐ　―を渡す　―に事欠く
飲《の》む　水を―　薬を―　今晩一杯飲もう
呑《の》む　丸呑みにする。条件を―　敵を―
喫《の》む　たばこを―
野良《のら》　―に出る　―吹く風　―仕事　―着
法《のり》　おきて。―を越える　―を守る
糊《のり》　紙を―で張る　―を練る　―とはさみ
海苔《のり》　―を焼く　―をもんで掛ける　―巻
乗合《のりあい》　一台のバスに―で行く　―船
乗換《のりかえ》　―のかたは出口まで　次の駅で―です
乗気《のりき》　―になる　母はこの縁談に大―です

の

乗組員《のりくみいん》 飛行機の—　船の—
乗越《のりこし》 —のかたは車内で精算いたします
祝詞《のりと》 神主さんが—を読む　—を奏する
乗《の》る 電車に—　口車に—　調子に—　興が—
載《の》る 投書が雑誌に—　た　なに載っている本
諾威《ノルウェー》 北欧、スカンジナビア半島の王国。
暖簾《のれん》 なわ—　—の古い店　店員に—を分ける
鈍《のろ》い —車　スピードが—　動きが—　仕事が—
呪《のろ》う 人を—　世を—　人を呪えば穴二つ
惚気《のろけ》 お—を聞かせる　—を言うな
烽火《のろし》 「狼煙」とも。内閣打倒の—を揚げる
野分《のわき》 「のわけ」とも。木枯し。—が吹く
呑気《のんき》 「暢気」とも。　—な人　—に構える
呑兵衛《のんべえ》 —のおやじさん

は

派《は》 —を異にする　多くの—に分かれる
覇《は》 優勝。—を争う　—を唱える
刃《は》 刀の—　—が欠ける　—をとぐ　—物
歯《は》 —が痛い　のこぎりの—　—が立たない
葉《は》 木の—　緑色の—　—が茂る　—が散る
端《は》 口の—に上る　山の—に上る月
場《ば》 この—に臨んで何を言うか　公開の—
場合《ばあい》 時と—による　雨の—は中止する
把握《はあく》 部下を—する　文の内容を—する　—力
場当《ばあた》り —で処理する　—を取る　—主義
羽蟻《はあり》 —が灯火に向かって飛ぶ
胚《はい》 種子や卵の生体となる部分。
肺《はい》 —を病む　—を侵される　片—飛行
灰《はい》 家財が—になる　—をまく　—神楽(かぐら)
蠅《はい》 「はえ」の俗称。　—たたき
倍《ばい》 二倍。—にする　借りを—にして返す
牌《パイ》 マージャンの—　—を切る
廃案《はいあん》 会期切れで—になる　—に持ち込む
配意《はいい》 配慮。ご—のほど恐縮に存じます
敗因《はいいん》 —を検討する　—を探る
売淫《ばいいん》 夜の町で—する
梅雨《ばいう》 つゆ。　—の季節　—前線
背泳《はいえい》 彼は—が得意だ　—で優勝する
廃液《はいえき》 工場の—で河川がよごれる
拝謁《はいえつ》 —をおおせつけられる　皇帝に—する
肺炎《はいえん》 —にかかる　急性—　老人性—
煤煙《ばいえん》 —が空をおおう　—が立ち込める
廃屋《はいおく》 無気味な—　—になった大きな屋敷
配下《はいか》 —の者　彼は暴力団の—である
拝賀《はいが》 —してお祝いを述べる　—式を行なう
胚芽《はいが》 胚。米の—　—米
倍加《ばいか》 予算が—する　学力が—する
俳諧《はいかい》 —の宗匠　—師　—連歌
徘回《はいかい》 「徘徊」とも。怪しい男が—している
排外《はいがい》 —思想　—活動をする　—的な空気
媒介《ばいかい》 —の役をする　菌を—する　—物
肺活量《はいかつりょう》 —を計る　—計
拝観《はいかん》 寺内を—する　—者　—料
肺患《はいかん》 肺病。　—に倒れる
肺肝《はいかん》 心。日夜—を砕く
配管《はいかん》 屋内に—する　水道の—工事
廃刊《はいかん》 雑誌を—にする　—になった新聞
拝顔《はいがん》 —の機会を得たい　—の栄に浴する
排気《はいき》 自動車の—ガスで空気がよごれる
廃棄《はいき》 書類を—する　—処分にする
売却《ばいきゃく》 家屋を—する　—代金　—処分
排球《はいきゅう》 バレーボール。　—の試合
配給《はいきゅう》 現物を—する　—米　—量
倍旧《ばいきゅう》 —のご交宜をお願いいたします
廃虚《はいきょ》 「廃墟」とも。　—に立って往時をしのぶ
廃業《はいぎょう》 事業不振のため—する　—した力士
拝金《はいきん》 金銭をありがたがる。　—主義　—思想
黴菌《ばいきん》 —の付いている食物　—が繁殖する
俳句《はいく》 —は五・七・五から成る　—の季題

は

拝具《はいぐ》 手紙の結びに使うことば。
配偶《はいぐう》 よき―を得る　―者　手当
敗軍《はいぐん》 ―の将は兵を語らず
拝啓《はいけい》 手紙の書出しに使うことば。
背景《はいけい》 船を―に写真をとる　事件の―を突く
排撃《はいげき》 軟弱な議論を―する　断固―する
拝見《はいけん》 お手紙―しました　―のうえ処置します
背後《はいご》 町の―に連なる山　―の勢力　―の人物
廃校《はいこう》 生徒が少なくなって―になる
俳号《はいごう》 芭蕉(ばしょう)とか蕪村(ぶそん)とかいう―
配合《はいごう》 色彩の―をくふうする　肥料を―する
廃合《はいごう》 町村の―を決める　部課を―する　統―
売国《ばいこく》 ―の徒　―奴(ど)　―的行為
配剤《はいざい》 薬を―する　天の―　―の妙を得る

拝察《はいさつ》 ご事情を―いたしますと…
灰皿《はいざら》 ―とマッチを持ってきてくれ
敗残《はいざん》 「廃残」とも。―の身　―兵
廃止《はいし》 制度を―する　路面電車の―に踏み切る
稗史《はいし》 小説風の歴史。
拝辞《はいじ》 辞退。組閣の大命を―する
廃疾《はいしつ》 「癈疾」とも。不治の病気。―者
拝謝《はいしゃ》 ご恩を―いたします
配車《はいしゃ》 会場にハイヤーを―する　バスの―係
敗者《はいしゃ》 勝者と―　―復活戦
拝借《はいしゃく》 お金を―したい　―した本
媒酌《ばいしゃく》 「媒妁」とも。―の労を執る　―人
拝受《はいじゅ》 恩賞を―する　勲章を―する
買収《ばいしゅう》 土地の―　スパイを―する　―行為

排出《はいしゅつ》 汚水を―する　―物
輩出《はいしゅつ》 この大学からは多くの人材が―した
売春《ばいしゅん》 ―を強要する
配所《はいしょ》 流されている土地。―で月を見る
排除《はいじょ》 障害物を―する　異分子を―する
拝承《はいしょう》 承る。ご用件確かに―いたしました
拝誦《はいしょう》 読む。お手紙を―いたしました
売笑《ばいしょう》 ―婦
賠償《ばいしょう》 損害を―する　―金　現物―
配色《はいしょく》 ―の妙を尽くす　―がすばらしい
敗色《はいしょく》 こう点差が開いては―濃厚だ
陪食《ばいしょく》 社長の―をする　―をおおせつける
背信《はいしん》 社会に対する―　友人の―行為をなじる
俳人《はいじん》 天明の―蕪村(ぶそん)の句を研究する

廃人《はいじん》 「癈人」とも。交通事故で―同様になる
陪臣《ばいしん》 またげらい。徳川の―　直参(じきさん)と―
陪審《ばいしん》 ―制度を施行する　―員
煤塵《ばいじん》 煙とごみ。―に悩む工業都市
配水《はいすい》 各戸に―する　―管
排水《はいすい》 ―をよくする　工場からの―　―作業
廃水《はいすい》 ―を川へ流す　―処理施設
背水《はいすい》の陣《じん》 ―をしく
拝趨《はいすう》 参上。―のうえご用件を承ります
倍数《ばいすう》 六は二や三の―です　―比例の法則
拝《はい》する 神を―　大命を―　お姿を―
配《はい》する 要所に警報機を―　各部に新人を―
排《はい》する とびらを―　万難を排して決行する
廃《はい》する 旧習を―

倍《ばい》する 旧に―ご交宜をお願いいたします
敗勢《はいせい》 ―を挽回(ばんかい)する　―濃厚となる
排斥《はいせき》 生徒から―される　―を受ける
陪席《ばいせき》 ―の栄を賜わる　―判事
排泄《はいせつ》 便を―する　―物　―作用
廃絶《はいぜつ》 ―した行事　本家が―する
杯洗《はいせん》 杯を―で洗って返す
肺尖《はいせん》 ―カタルにかかる　―部の浸潤
配線《はいせん》 電灯線を―する　―工事　―計画　―図
敗戦《はいせん》 ―の憂(う)き目を見る　―投手
沛然《はいぜん》 雨の激しく降るさま。―として降る
配膳《はいぜん》 宴席に―を終わる　―室　―係
敗訴《はいそ》 控訴して争ったがついに―した
敗走《はいそう》 敵は西方に―しつつある　―千里

倍増《ばいぞう》 生産が―する　所得―計画
配属《はいぞく》 各課に新人を―する　総務部に―される
排他《はいた》 ―的風習　―主義
胚胎《はいたい》 物事がきざす。将来の禍根を―する
敗退《はいたい》 日本チームは一回戦で―した
廃退《はいたい》 「廃頽・敗頽」とも。社会に―の風を残す
媒体《ばいたい》 情報の―として活躍するマスコミ
配達《はいたつ》 新聞を―する　郵便の―員
俳壇《はいだん》 俳句を作る人々の社会。―に新風を送る
背馳《はいち》 そむく。食い違う。言行が―する
配置《はいち》 庭石を―する　警備に―される　―替え
廃置《はいち》 廃止と新設。部課の―　―分合
拝聴《はいちょう》 ご高説を―する　ご高話―
蠅帳《はいちょう》 食べ物を―に入れておく

拝呈《はいてい》 手紙の書出しに使うことば。
拝殿《はいでん》 神社の―　―にぬかずく
配電《はいでん》 各家庭に―する　―所　―線　―盤
売店《ばいてん》 校内の―　―の娘　―の売上金
配当《はいとう》 株の―　一割の―がある　―金　―落ち
背徳《はいとく》 「悖徳」とも。―者　―行為
拝読《はいどく》 ご芳書―いたしました
梅毒《ばいどく》 「黴毒」とも。―にかかる　―性の疾患
排日《はいにち》 外国で―運動が起こる　―分子
排尿《はいにょう》 ―に痛みを感じる　就寝前に―する
背任《はいにん》 重役として―の行為　―の罪　―横領
売買《ばいばい》 現金で―する　株の―　―価格　―契約
背反《はいはん》 相入れない。二律―
背反《はいはん》 「背叛」とも。そむく。―罪

背反《はいはん》 「悖反」とも。たがう。人の道に―する
杯盤狼藉《はいばんろうぜき》 ―の宴席
拝眉《はいび》 一度―の栄を得たく存じます　―のうえ
配備《はいび》 巡視船を―する　―は終わった
肺病《はいびょう》 ―をわずらう　―患者　―病み
廃品《はいひん》 ―が出る　―を回収する　―を処理する
肺腑《はいふ》 心。急所。―をえぐる文　言々―を突く
配布《はいふ》 広く行き渡るように配る。広告を―する
配布《はいふ》 「配付」とも。配り渡す。入場券を―する
配賦《はいふ》 割り当てる。人口に応じて―する
拝復《はいふく》 返事の手紙の書出しに使うことば。
廃物《はいぶつ》 この水車も今では―となった　―利用
拝聞《はいぶん》 ―いたしますのに近くご栄転とのこと
配分《はいぶん》 利益を―する　―論　比例―

売文《ばいぶん》 ―の徒　―で生活する　―者
排便《はいべん》 毎朝―がある　こんな場所に―してある
買弁《ばいべん》 「買辦」とも。相手のために働く。―資本
敗北《はいぼく》 決勝戦で―する　全面的―　―を認める
配本《はいほん》 全集の第一回―　毎月一冊ずつ―する
拝命《はいめい》 学校長を―する　駐英大使を―する
売名《ばいめい》 ―を目的とする行為　―の徒
廃滅《はいめつ》 すたれ滅びる。農村の伝統が―する
背面《はいめん》 ―から攻める　―に回り込む　―攻撃
背約《はいやく》 違約。―をわびる　心ならずも―する
配役《はいやく》 映画の―を発表する　―を決定する
売約《ばいやく》 商品の―が成立する　―済
売薬《ばいやく》 ―の広告　傷を―で直す
俳優《はいゆう》 映画の―　歌舞伎(かぶき)―　―にあこがれる

佩用《はいよう》 文化勲章を―する
培養《ばいよう》 細菌を―する　―基
排卵《はいらん》 四週間ごとに―がある　―期
倍率《ばいりつ》 競争の―　―の高い望遠鏡
配慮《はいりょ》 ご―いただきましてお礼を申し上げます
拝領《はいりょう》 先祖が主君から―した刀
入る《はいる》 「這入る」とも。表門から―　学校に―
拝礼《はいれい》 社殿に向かって―する　うやうやしく―する
背戻《はいれい》 そむく。職務に―する
配列《はいれつ》 「排列」とも。五十音順に―する
這う《はう》 赤ん坊が―　塀(へい)に蔦(つた)が―　土俵に―
端唄《はうた》 ―を一つ歌う　―を聞かせる　―の師匠
栄え《はえ》 優勝の―をになう　―あるご卒業を祝う
蠅《はえ》 「はい」とも。自分の頭の―も追えない

生際《はえぎわ》 額の—が美しい女性
延縄《はえなわ》 鮪（まぐろ）などは—で釣（つ）る　—漁業
生《は》える 草が—　歯が—　毛が—
映《は》える 山の雪が朝日に—　衣装が一段と—
栄《は》える 優勝に—チーム
羽織《はおり》 —を着る　紋付—　—袴（はかま）
破瓜《はか》 —期の少女　—の際の痛み
捗《はか》 仕事の—がいく
墓《はか》 —にもうでる　お—参り　—守（も）り
馬鹿《ばか》 「莫迦」とも。—者　—を見る　—にする
破壊《はかい》 「破潰」とも。建物を—する　—分子
破戒《はかい》 戒律を破る。—僧　—無残
葉書《はがき》 「端書」とも。年賀—　—を書く　—を出す
破格《はかく》 —の恩典に浴する　—な扱い

化《ば》かす 狸（たぬき）や狐（きつね）は人を—という
場数《ばかず》 多くの—を踏む
博士《はかせ》 学位は「はくし」。物知り。何でも—
捗《はかど》る 工事が—　予定が—
儚《はかな》い 「果敢ない」とも。人生は—　—夢
鋼《はがね》 固い—　—の刃　—のばね
捗々《はかばか》しい 交渉は—進展を見ない
袴《はかま》 —をはく　羽織—であいさつに出る
歯嚙《はがみ》 はぎしり。—をして悔しがる
歯痒《はがゆ》い ぐずな彼が—　—思いをする
計《はか》らう 適当に—　よきに計らえ
秤《はかり》 —に掛ける　さお—　台—
許《ばか》り 千円—足りない　もう運び出す—だ
謀《はかりごと》 —を巡らす　政府転覆の—

測《はか》る 長さや広さを—　温度を—　濃度を—
量《はか》る ますで—　重さを—　相手の心を—
計《はか》る 時間を—　メーターで—　将来を—
計《はか》る 「謀る」とも。謀議。悪事を—　暗殺を—
図《はか》る 意図。合理化を—　体力増進を—
諮《はか》る 諮問。会議に—　審議会に—
破顔一笑《はがんいっしょう》 にっこり。
破棄《はき》 契約を—する　不用品を—する　約束—
破棄《はき》 「破毀」とも。取り消す。原判決を—する
覇気《はき》 やる気。—のある男　—満々
萩《はぎ》 秋の七草の一。—と荻（おぎ）とは字が似てる
歯軋《はぎしり》 —して悔しがる　寝ていて—する
掃溜《はきだめ》 ごみため。—に鶴（つる）
履物《はきもの》 客の—をそろえる　—商　—屋

馬脚《ばきゃく》 ついに—を現わした
波及《はきゅう》 事件はついに上層部に—した
破鏡《はきょう》 夫婦の離別。—の嘆にあう　—の悲しみ
覇業《はぎょう》 —を成し遂げる　—を達成する
破局《はきょく》 —を迎える　—に陥る　外交の—
箔《はく》 金銀の—　洋行して—を付ける
吐《は》く 息を—　広言を—　本音（ほんね）を—
吐《は》く 「噴く」とも。噴火。煙を—　火を—
掃《は》く 落ち葉を—　掃いて捨てるほどある
穿《は》く ズボンを—　靴下（くつした）を—
履《は》く げたを—　靴（くつ）を—
佩《は》く 腰に着ける。刀を—
剝《は》ぐ 皮を—　着物を—　ポスターを—
接《は》ぐ 継ぎ合わせる。布を—　板を—

漠《ばく》 ぼんやり。—とした遠景　—とした返事
獏《ばく》 「貘」とも。夢を食うという想像の動物。
縛《ばく》 悪びれずに—につく
馬具《ばぐ》 鞍（くら）・鐙（あぶみ）などの—を整える
白亜《はくあ》 「白堊」とも。白壁。—の殿堂　—館
博愛《はくあい》 —の精神　—主義
白衣《はくい》 「びゃくえ」とも。—の天使　衛生—
博引傍証《はくいんぼうしょう》
博奕《ばくえき》 ばくち。とばく。—を行なう
爆音《ばくおん》 飛行機の—が聞こえる　大—
麦芽《ばくが》 麦の芽を乾燥したもの。—糖
迫害《はくがい》 弱い者を—する　ユダヤ人—の記録
博学《はくがく》 —の人　—をもって知られる
白眼視《はくがんし》 新入社員を—する

歯茎《はぐき》 ―から血が出る
育《はぐ》む 「哺む」とも。子を― 両親 才能を―
爆撃《ばくげき》 都市を―する ―機 無差別―
駁撃《ばくげき》 相手の議論を―する
迫撃砲《はくげきほう》 敵陣を―で攻撃する
白菜《はくさい》 ―の種をまく ―のつけもの
舶載《はくさい》 船で運ぶ。 ―して送る貨物
爆砕《ばくさい》 陣地を―する 鉄橋の―を計る
白砂青松《はくさせいしょう》 ―の海岸
白紙《はくし》 ―の答案 問題を―に返す ―で臨む
博士《はくし》 医学― 文学― ―論文 ―号
薄志《はくし》 薄謝。意志が弱い。 ―を呈する ―弱行
博識《はくしき》 彼は―をもって知られる ―の人
白日《はくじつ》 ―の下に身をさらす ―夢 青天―

拍車《はくしゃ》 ―の付いた靴《くつ》 怒りに―を掛ける
薄謝《はくしゃ》 ―を呈する ―ですがお納めください
伯爵《はくしゃく》 元の華族の階級の第三位。
薄弱《はくじゃく》 ―な論拠 意志―
拍手《はくしゅ》 ―のうちに退場する ―喝采《かっさい》
麦秋《ばくしゅう》 初夏のころ。 ―の季節を迎える
白書《はくしょ》 政府の公式の調査報告書の俗称。経済―
曝書《ばくしょ》 本の虫干し。 ―中は休館します
白状《はくじょう》 すらすらと―する 神妙に―しろ
薄情《はくじょう》 あなたは―な人ね
爆笑《ばくしょう》 ―のうずが湧《わ》く 珍芸に―する
迫真《はくしん》 ―の芸 ―の演技 ―力がある
白刃《はくじん》 抜き身。 ―を振りかざして迫る
爆心《ばくしん》 ―に近い坑道 ―地で被災する

驀進《ばくしん》 目的地に向かって―する ―する機関車
博《はく》す 広める。得る。名声を― 好評を―
駁《ばく》す 反論する。奇弁をもって―
剝製《はくせい》 死んだ猿《さる》を―にする ―の鶴《つる》
白皙《はくせき》 皮膚が白い。 ―の青年 ―人種
白癬《はくせん》 しらくも。頭に―ができる
漠然《ばくぜん》 ―とした話 ―たる返事 ―と考える
莫大《ばくだい》 ―な損害を被る ―な費用が掛かる
白濁《はくだく》 白く濁る。液が―する
剝脱《はくだつ》 はげる。外装が―する
剝奪《はくだつ》 官位を―する 権利を―される
爆弾《ばくだん》 ―を投下する ―動議 ―声明 ―宣言
白痴《はくち》 脳炎をわずらって―になる
博奕《ばくち》 「博打」とも。花札― ―を打つ

爆竹《ばくちく》 中国では正月に―を鳴らす
白昼《はくちゅう》 ―公然と盗みをする ―強盗 ―夢
伯仲《はくちゅう》 実力が―する 勢力が―する
白鳥《はくちょう》 大形で首の長い― ―の湖
爆沈《ばくちん》 敵の戦艦を―する
博徒《ばくと》 国定忠次は―の親分だった
白銅《はくどう》 銅とニッケルの合金。 ―貨
白熱《はくねつ》 議論が―する ―電球 ―的 ―化
爆破《ばくは》 鉄橋を―する ―作業
漠々《ばくばく》 遠くはるか。漠然。 ―たる雲海 空々―
爆発《ばくはつ》 ガスが―する ―物 ―薬 大―
白眉《はくび》 群中の最優秀。本日―の好取組
白票《はくひょう》 賛成を表わす票。無記入の票。
薄氷《はくひょう》 ―を踏む思いがする試合運び

幕府《ばくふ》 室町― 江戸― ―政治
瀑布《ばくふ》 滝。ナイアガラ―
爆風《ばくふう》 ―でガラスが散乱する
博物館《はくぶつかん》 ―の標本
博聞《はくぶん》 彼は―強記で通っている
白兵戦《はくへいせん》 ―を演じる
薄暮《はくぼ》 ―の町を散歩する ―ゲーム
白墨《はくぼく》 チョーク。 ―で板書する 黄色い―
幕末《ばくまつ》 ―の志士 ―のころ
薄命《はくめい》 早死に。不運。佳人― 美人― ―の人
薄明《はくめい》 日の出前や日没後の薄明り。 ―の総攻撃
白夜《はくや》 「びゃくや」とも。両極地方の―
爆薬《ばくやく》 ―を仕掛ける ―が破裂する
舶来《はくらい》 ―の時計《とけい》を買う ―品

爆雷《ばくらい》 ―で潜水艦を攻撃する ―を投下する
剝落《はくらく》 はげ落ちる。塗料が―する
伯楽《はくらく》 馬の良否を見分け、病を直す人。名―
博覧《はくらん》 ―強記の人 万国―会
薄利《はくり》 ―多売をモットーとする
幕僚《ばくりょう》 参謀。司令官は―を従えて出てきた
曝涼《ばくりょう》 虫干し。宝物を―する時期
迫力《はくりょく》 ―のある文 ―ある試合 ―を欠く
歯車《はぐるま》 時計(とけい)の―が回る ―がかみ合わない
逸《はぐ》れる 親に― 道に― 食い―
莫連《ばくれん》 女のすれっからし。―者 ―女
暴露《ばくろ》 「曝露」とも。内情を―する ―戦術
博労《ばくろう》 「馬喰」とも。牛馬を売買する人。
駁論《ばくろん》 正面切ってわたしの説に―してくる

刷毛《はけ》 「刷子」とも。―でペンキを塗る
捌口《はけくち》 「はけぐち」とも。商品の―
激《はげ》しい 競争が― ―変化 ―闘争
激《はげ》しい 「劇しい」とも。暑さが―
激《はげ》しい 「烈しい」とも。風が― ―雨
馬穴《バケツ》 ―に水をくむ ぞうきん― ポリ―
励《はげ》む 生産に― 学問に― 日夜―
化《ば》け物《もの》 ―が出る ―みたいな男 ―屋敷
禿《は》げる 頭が― 毛が―
剝《は》げる 塗りが― 金めっきが―
化《ば》ける 死人が― 化けて出る 別人に―
派遣《はけん》 フランスに大使を―する ―選手
覇権《はけん》 ―を争う ―を握る
馬券《ばけん》 ―を買う ―売場

罵言《ばげん》 悪口。―を浴びせる
箱《はこ》 菓子を―に詰める ―入り娘
羽子板《はごいた》 羽根と― 押し絵の―
破衡《はこう》 釣合(つりあい)が破れる。―を来たす
跛行《はこう》 不均衡。二つの事業が―状態で困る
箱詰《はこづめ》 ―にして送る ―の死体
運《はこ》ぶ 荷物を― 足を― 事を― 手順よく―
蘩蔞《はこべ》 春の七草の一。はこべら。
羽衣《はごろも》 ―の伝説 ―の松 ―の舞 ―の曲
破婚《はこん》 離婚。こどもまであるのに―になる
破砕《はさい》 「破摧」とも。反対勢力を―する
端境期《はざかいき》 米・野菜・くだものの―
狭間《はざま》 あいだ。谷合い。城壁の銃眼。
鋏《はさみ》 糸を―で切る 切符に―を入れる

螯《はさみ》 蟹(かに)や海老(えび)の―
挟《はさ》む 手を― 毛虫を― 川を挟んで相対する
挿《はさ》む 本にしおりを― 横から口を―
剪《はさ》む 花ばさみで枝を―
破産《はさん》 ―の宣告を受ける 会社が―する
端《はし》 棒の―を持つ ことばの―にも注意する 片っ端から
箸《はし》 ―を付ける ―の上げ降ろし
橋《はし》 ―を渡る 川に―を掛ける
嘴《はし》 くちばし。鶍(いすか)の―の食違い
把持《はじ》 一定の主義を―する 権勢を―する
恥《はじ》 ―をかく ―をさらす ―をすすぐ
端居《はしい》 家の端に居る。縁側に―する
麻疹《はしか》 こどもが―にかかる ―がはやる
橋掛《はしがか》り 「橋懸り」とも。能舞台の花道。

端書《はしがき》 序文。本の―を読む 著書に―を依頼する
弾《はじ》く 指で― 油が水を― そろばんを―
端《はし》くれ これでも政治家の―だ
艀《はしけ》 ―で本船まで運ぶ ―渡し
梯子《はしご》 屋根に―を掛ける ―乗り なわ―
端《はした》 計算に―が出る ―金 ―ない態度
端近《はしぢか》 そこは―ですから奥へお通りください
馬耳東風《ばじとうふう》 ―と聞く
初《はじ》め 年の― 父を―として ―のうちは
始《はじ》め 開始。―と終わり 仕事― ―手
初《はじ》めて ―の経験 ―見た これが―ではない
始《はじ》める 事業を― 食事を― 書き―
覇者《はしゃ》 オリンピックの―となる
燥《はしゃ》ぐ 喜んで―こども 燥ぎ回る子 おけが―

破邪顕正《はじゃけんしょう》 剣 ―の
播種《はしゅ》 種まき。大根の― ―期 ―器
派出《はしゅつ》 現場に係りを―する 巡査の―所 ―婦
馬術《ばじゅつ》 ―を習う ―の選手 ―の訓練
場所《ばしょ》 静かな―に住む ―を踏む ―柄 春―
波状《はじょう》 ―攻撃を加える ―スト
芭蕉《ばしょう》 ―の葉は大きな長円形で、裂けやすい
破傷風《はしょうふう》 ―にかかる ―の血清
柱《はしら》 建物の― 一家の― 大黒― ―に掛ける
走《はし》る 犬が― 市街を東西に―大通り
走《はし》る 「趨る」とも。かたよる。悪に―
恥《は》じる 「愧じる」とも。―べき政治家の行為
斜《はす》 ―に打ち付ける ―の線
蓮《はす》 「はちす」とも。沼にはえた― ―の花

筈《はず》 確かに頼んだ―だ わたしも行く―です
端数《はすう》 十円未満の― ―を切り捨てる
場末《ばすえ》 ―に住む ―の映画館 ―の安宿
恥《は》ずかしい 教養のないのが― ―思い
辱《はずかし》め 人から―を受ける
外《はず》す 戸を― 席を― 機会を―
蓮葉《はすっぱ》 ―な言い方 ―者
弾《はず》み ―が付く そのときの―で口がすべる
機《はず》み 出た―にぶつかった
外《はず》れる 戸が― 当てが―
沙魚《はぜ》 「鯊」とも。―釣(つり) ―の佃煮(つくだに)
派生《はせい》 いろいろの問題が―する ―語
罵声《ばせい》 ―を浴びせる 群衆の―が聞こえる
黄櫨《はぜのき》 はぜ。秋紅葉し、実から木蠟(もくろう)を採る。

馳《は》せる 遠く思いを―
爆《は》ぜる 裂けて開く。実が― 栗(くり)が―
波線《はせん》 波形の線。〰〰〰
破線《はせん》 切れ続く線。┅┅┅
把捉《はそく》 文意を―する 要旨の―が足りない
破損《はそん》 ―箇所
畑《はた》 はたけ。―に出て働く 通産―の人
傍《はた》 ―で見るほど楽じゃない ―迷惑
端《はた》 池の―を散歩する 口の―に浮かぶ微笑
旗《はた》 日の丸の― ―を掲げる ―を巻く
機《はた》 ―を織る ―屋
将《はた》 または。散るは涙か―露か
肌《はだ》 「膚」とも。木の― 山の―
肌《はだ》 ―の色が違う ―を汚す 一―脱ぐ

肌合《はだあい》 同じ―の人だけで事業をする ―が違う
旗揚《はたあげ》 公演の― ―をする ―興行
旗挙《はたあげ》 挙兵。源氏の―
機織《はたおり》 ―に精を出す ―姫
裸《はだか》 ―になる ―で震える ―一貫 赤―
肌着《はだぎ》 「肌衣」とも。―は清潔に ―を替える
畑《はたけ》 「畠」とも。―を耕す 大根― ―違い
疥《はたけ》 皮膚病の一。顔に―ができる
旅籠《はたご》 ―賃 ―銭 ―屋
畑作《はたさく》 ことしの―は日照りのため不作だった
肌触《はだざわ》り ―のよい着物 ―の柔らかな人
跣《はだし》 「裸足」とも。―になる くろうと―の歌
果《はた》し合《あい》 ―をする ―を申し込む ―状
果《は》たして ―真実だろうか ―雨になった

旗印《はたじるし》 菊水の― わが党の― ―を鮮明に
果《は》たす 任務を― 約束を― 金を使い―
二十《はたち》 二十歳。―の春
鱩《はたはた》 「鰰」とも。北日本で寒いとき取れる―
旗日《はたび》 祝日。―には店を休みます
旗本《はたもと》 徳川家(とくがわけ)の― ―大名 ―奴(やっこ)
働《はたら》く 工場で― ―女性 頭が― 盗みを―
破綻《はたん》 計画に―を来たす 事業が―する
破談《はだん》 この間の話は―になった ―にする
鉢《はち》 つけものを―に盛る 朝顔を―に植える
蜂《はち》 ―に刺される ―の巣 女王― 働き―
罰《ばち》 ―が当たる この―当りめ
撥《ばち》 三味線(しゃみせん)の― ―でひく
枹《ばち》 「桴」とも。太鼓の― ―で打つ

場違《ばちが》い ―の服装が目立つ ―のあいさつ
破竹《はちく》 ―の進撃を続ける ―の勢いで攻め入る
鉢巻《はちまき》 ―を締める 赤い― ねじり― 向こう―
八幡《はちまん》 ―宮にもうでる ―大菩薩（だいぼさつ）
蜂蜜《はちみつ》 ―をなめる 食用・薬用にする―
八面六臂《はちめんろっぴ》 ―の活躍
爬虫類《はちゅうるい》 蛇（へび）・亀（かめ）などの―
波長《はちょう》 光の― 音の― ―の長い電波
初《はつ》 ―の成功 お―にお会いする
跋《ばつ》 本の奥書（おくがき）。著書の―を執筆する
罰《ばつ》 神の―を受ける 罪と― 天―
閥《ばつ》 党内に―を作る 学― 閨（けい）―
発案《はつあん》 これは課長の―だ 彼の―した企画
発意《はつい》 この親睦会（しんぼくかい）は彼の―による

発育《はついく》 こどもの―状態がよい 稲が―する
初午《はつうま》 二月最初の午の日。稲荷（いなり）神社の―
末裔《ばつえい》 「まつえい」とも。子孫。源氏の―
発炎筒《はつえんとう》 ―で事故を知らせる
発煙筒《はつえんとう》 ―をたいて演習をする
発音《はつおん》 ―の練習 ―器官 ―記号 ―符号
撥音《はつおん》 「ん」で表わす音。―便
発火《はっか》 自然― ガスが―する ―点 ―温度
薄荷《はっか》 ―水 ―脳 ―油 ―パイプ
発芽《はつが》 麦の―が早い ―する ―状態 ―法
発会《はっかい》 取引所の― ―式を挙行する
発覚《はっかく》 悪事が―する 官憲に―する
発刊《はっかん》 雑誌を―する ―のことば
発汗《はっかん》 高熱で―する ―剤 ―療法

麦稈《ばっかん》 麦わら。―真田（さなだ）
白旗《はっき》 ―を掲げて降参する
発揮《はっき》 実力を―する 横綱の真価を―した一番
発議《はつぎ》 わたしの―に皆が賛成してくれた
葉月《はづき》 旧暦八月の異名。
発給《はっきゅう》 発行交付。旅券を―する
薄給《はっきゅう》 ―に甘んじる ―で家計をまかなう
発狂《はっきょう》 子をなくした母親が―する ―状態
白金《はっきん》 元素の一。プラチナ。―の指輪
発禁《はっきん》 書物が―になる ―本 ―処分にする
罰金《ばっきん》 ―を取られる ―刑に処せられる
発掘《はっくつ》 古墳を―する 埋もれた賢人を―する
抜群《ばつぐん》 ―の成績を上げる ―の功
八卦《はっけ》 当たるも―当たらぬも― 易の― ―見

発見《はっけん》 新しい星を―する 新大陸を―する
発言《はつげん》 出席者全部が―する 彼の―を封じる
発現《はつげん》 効果が―する
跋扈《ばっこ》 のさばる。不良が―する 鼠（ねずみ）が―する
初恋《はつこい》 ―の人 ―の思い出 ―は十八のとき
発光《はっこう》 夜空に―する ―塗料
発行《はっこう》 書物を―する ―所 ―部数
発効《はっこう》 法律が―する 条約が―する
発酵《はっこう》 「醱酵」とも。麹（こうじ）が―する ―作用
薄幸《はっこう》 「薄倖」とも。―の身を嘆く ―な少年
八紘一宇《はっこういちう》
白骨《はっこつ》 戦死した将兵の―が横たわる ―死体
伐採《ばっさい》 森林を―する ―作業に従事する
八朔《はっさく》 陰暦の八月一日。―の祝い

発散《はっさん》 汗が―する 光が―する 精力を―する
末子《ばっし》 本家の―として生まれる
抜糸《ばっし》 手術後一週間で―する ―後の経過良好
抜歯《ばっし》 虫歯を―する ―の跡は入れ歯にする
発車《はっしゃ》 ―のベルが鳴る ―の合図
発射《はっしゃ》 弾丸を―する ―用意 ―装置
発祥《はっしょう》 オリンピック―の地をたずねる
発条《はつじょう》 ばね。ぜんまい。
発情《はつじょう》 猫（ねこ）が―する 牛の―期
跋渉《ばっしょう》 山野を―する
発信《はっしん》 式場に祝電を―する ―人 ―局
発疹《はっしん》 顔に―が現われる ―する ―チフス
抜粋《ばっすい》 「抜萃」とも。必要な部分を―する
発《はっ》する 熱を― 効力を― 命令を― 都を―

罰《ばっ》する　悪人を— 生徒を—厳重に—
発生《はっせい》　ガスが—する コレラが—した事件—
発声《はっせい》　会長の—で乾杯する —練習 —映画
発送《はっそう》　小包を—する —が終わる
発想《はっそう》　この漫画は—がおもしろい —法
罰則《ばっそく》　—を設ける —に照らして処罰する
発兌《はつだ》　発刊。「広辞林」は三省堂—の辞書だ
飛蝗《ばった》　—を取る —がとぶ 米搗《こめつき》—
発達《はったつ》　産業の—した国 知能が—する
発着《はっちゃく》　汽船が—する 飛行機の—場
発注《はっちゅう》　「発註」とも。材料を—する
抜擢《ばってき》　人材を—する 破格の— —人事
発展《はってん》　町の—に尽くす 彼はなかなか—家だ
発電《はつでん》　火力で—する —所 水力— —機

法度《はっと》　おきて。禁止事項。不義はお家のご—だ
発動《はつどう》　強権を—する —機 —機船
抜刀《ばっとう》　—してあばれる —隊
八頭身《はっとうしん》　—のモデル
初荷《はつに》　正月二日は—です —を祝う
初音《はつね》　鶯《うぐいす》の—をよんだ歌が多い
発熱《はつねつ》　かぜで—する
発破《はっぱ》　炭層に—を仕掛ける 団員に—を掛ける
罰杯《ばっぱい》　おそく来た者には—といこう
法被《はっぴ》　そろいの—で踊る いきな—姿
発病《はつびょう》　急に—して入院した
発表《はっぴょう》　遭難者氏名を—する 新作—会
抜錨《ばつびょう》　出帆。本船は明朝六時—の予定
発布《はっぷ》　広く一般に。法令を—する 憲法の—

発付《はっぷ》　個人あてに。令状を—する
髪膚《はっぷ》　からだ。身体—これを父母に受く
発奮《はっぷん》　「発憤」とも。失敗に—してがんばる
跋文《ばつぶん》　—で資料提供者に謝意を述べる
初穂《はつほ》　神前に—を供える —料として金を包む
発砲《はっぽう》　凶漢に襲われて—する 威嚇のための—
罰俸《ばっぽう》　事故を起こして—を食う
抜本《ばっぽん》　—的な改革が必要だ —塞源《そくげん》
発明《はつめい》　新しい製法を—する 必要は—の母
初詣《はつもうで》　ことしは—に明治神宮に行った
初物《はつもの》　—を神前に供える —の梨《なし》 —食い
発揚《はつよう》　士気を—する 国威を—する
溌剌《はつらつ》　—とした若者 元気—としている
発令《はつれい》　人事異動が—される 昨日付で—を見る

発露《はつろ》　友情の— 愛情の—
果て《はて》　終わり。なれの— 挙句《あげく》の—に
果て《はて》　「涯」とも。夕日が地平線の—に沈む
派手《はで》　—な衣装 —な生活 —にふるまう
馬丁《ばてい》　馬を扱う召使。車夫や—
馬蹄《ばてい》　—に蹂躙《じゅうりん》される —形 —形磁石
果てる《はてる》　旅先で— いつ—ともない長電話
伴天連《ばてれん》　キリシタン —の法
破天荒《はてんこう》　—の大事業 —のことだ
鳩《はと》　—に豆鉄砲 伝書— 平和を象徴する—
波頭《はとう》　— 強風にくずれる白い—
波濤《はとう》　打ち寄せる— 万里の—を越えて行く
波動《はどう》　光の— —力学
覇道《はどう》　力で天下を治めるしかた。—政治

罵倒《ばとう》　他人を—する 口ぎたなく—する
波止場《はとば》　「波戸場」とも。—の船
歯止《はどめ》　車輪の— —に私立を受験する —装置
花《はな》　桜の— —が散る —の都 —ことば
花《はな》　「華」とも。—と散る 人生の— 江戸の—
端《はな》　—から失敗してしまう 突堤の—
鼻《はな》　—が高い —に付く —がきく —息
洟《はな》　—をかむ —ったれ —も引っ掛けない
花生《はないけ》　「花活」とも。—に生ける 花を—にさす
鼻唄《はなうた》　—を歌う —交じりで仕事する
鼻緒《はなお》　下駄《げた》の— —が切れる —をすげる
花形《はながた》　—の模様 彼女は劇団の—だ —役者
鼻糞《はなくそ》　—をほじくる 目糞—を笑う
話《はなし》　—が出る —に花が咲く —半分

話《はなし》 「噺」とも。物語。おとぎ―
噺家《はなしか》 「咄家」とも。講談の次には―が登場する
放し飼《はなしがい》 犬を―にしてはいけない ―の牛
放《はな》す 犬を庭に― つり皮から手を―
離《はな》す 間を― 遠く― 本から目を離して読む
放《はな》つ 火を― 異彩を― 悪臭を― 安打を―
甚《はなは》だ ―迷惑する ―暑い ―残念だ
華々《はなばな》しい ―成果を上げる ―活躍 ―論戦
花火《はなび》 ―を打ち上げる 仕掛― 線香―
歯並《はなみ》 彼女は―がいい ―がそろっている
花道《はなみち》 ―から登場する役者 引退の―
餞《はなむけ》 旅立ちの― ―を送る ―のことば
花婿《はなむこ》 「花聟」とも。―を紹介する 花嫁と―
華《はな》やか ―な服装 ―な舞台 ―に開幕する
華《はな》やぐ 気持が― ―新婦
歯並《はなら》び ―を直してもらう ―が悪い
離《はな》れ業《わざ》 「放れ業」とも。 ―を演じる
花輪《はなわ》 「花環」とも。―を贈る 慶弔用の―
埴輪《はにわ》 古墳から―を発掘する ―の武人像
羽《はね》 鳥の― 飛行機の― ―を伸ばす
羽根《はね》 羽子板と― 赤い― 運動 ―ぶとん
発条《ばね》 ―ではじく 強い― ―仕掛けの人形
跳《は》ねる 飛んだり跳ねたり 油が― 芝居が―
刎《は》ねる 罪人の首を― 要求を―
撥《は》ねる 泥(どろ)を― 筆を― 最後の一画を―
母《はは》 ―の胸に抱かれる 文化の―
幅《はば》 道の― ―の広い人 仲間で―がきく
馬場《ばば》 ―で馬を調教する ―を一駆けする
婆《ばば》 鬼―
憚《はばか》る 人前を―話 憎まれっ子世に―
羽搏《はばた》く 「羽撃く」とも。 鳥が―
派閥《はばつ》 ―を組んで対抗する ―政治
幅跳《はばとび》 走り― ―で優勝する
阻《はば》む 出世を― 敵に進路を阻まれて進めない
馬匹《ばひつ》 馬。―を改良する
破風《はふ》 切り妻屋根の山形の部分。千鳥―
波布《はぶ》 琉球(りゅうきゅう)に多い猛毒の蛇(へび)。
省《はぶ》く むだを― 手数を― 試験範囲から―
羽二重《はぶたえ》 ―の羽織 ―の裏地
羽振《はぶり》 党内で―のいい男 ―をきかせる
馬糞《ばふん》 道に―が落ちている ―紙
侍《はべ》る いつもおそばに― 主君に―
破片《はへん》 砲弾の―が飛んでくる ガラスの―
端本《はほん》 源氏物語の― この全集は―だから安い
葉巻《はまき》 ―をくゆらす ―たばこ
蛤《はまぐり》 貝。―の吸い物 焼き― ―鍋(なべ)
浜辺《はまべ》 ―を散歩する ―の松林 砂の―
破魔矢《はまや》 初詣(はつもうで)で―を受ける
浜木綿《はまゆう》 暖地の海岸に多い草。
歯磨《はみがき》 ―楊枝(ようじ) ―粉 練り―
食《は》む 草を―馬 高給を― 禄(ろく)を―
刃向《はむか》う おれに―者は首にするぞ
羽目《はめ》 苦しい―に立つ ―をはずす ―板
破滅《はめつ》 身の―を招く ―の運命に陥る
嵌《は》める 戸を― 指輪を― 計略に―
場面《ばめん》 映画の一― 悲しい― ―が変わる
鱧《はも》 西日本の海に多い、鰻(うなぎ)に似た―
刃物《はもの》 ―でおどす ―師 ―三昧(ざんまい)
端物《はもの》 ―は整理する ―大安売り
波紋《はもん》 池の―が広がる 業界に―を投げる
破門《はもん》 師匠から―される ―状
鮠《はや》 ウグイ・オイカワなどの俗称。
早《はや》い 時期が― ―話が するが―か
速《はや》い 足が― 特急のほうが―
早鐘《はやがね》 ―を打って知らせる 心臓が―を打つ
破約《はやく》 今になって―するとは何事だ
端役《はやく》 彼はほんの―で出演した ―を勧める
早口《はやくち》 ―にしゃべる ―ことば
林《はやし》 杉(すぎ)の― 松― ―の中を散歩する
囃子《はやし》 お―に合わせて踊る ―方(かた) ―ことば

囃《はや》す　笛や太鼓で―　わっと―　みんなで―
早瀬《はやせ》　―に釣糸《つりいと》をたれる　―に沿って歩む
疾風《はやて》　―が吹く
早々《はやばや》　―と賀状をいただく　―と店をしまう
隼《はやぶさ》　中形の鷹《たか》。性質が勇猛ですばしこい―
流行《はや》る　病気が―　色シャツが―　よく―店
逸《はや》る　血気に―　馬が―　―気を押える
原《はら》　―で遊ぶ　―っぱ　一面の雪の―
腹《はら》　―がすく　―をこわす　―が立つ　下―
腹《はら》　「肚」とも。―が大きい　―が据《す》わる
薔薇《ばら》　―のとげ　かおりの高い―の花
腹癒《はらいせ》　しかられた―に放火をするとは
払《はら》う　会費を―　注意を―　不要の品を―
払《はら》う　「掃う」とも。除く。ほこりを―

祓《はら》う　汚れを―　神主が―
腹芸《はらげい》　団十郎の―　社長は―で交渉する
腹鼓《はらつづみ》　狸《たぬき》の―　―を打つ
腹巻《はらまき》　―の中に金を入れる　―をして寝る
孕《はら》む　「妊む」とも。子を―　風を―帆　危機を―
腸《はらわた》　鳥の―　―が腐る　―が煮えくり返る
波乱《はらん》　「波瀾」とも。―が起こる　―万丈
玻璃《はり》　水晶。ガラス。―の器　―窓
針《はり》　―仕事　―のあることば　―で突いた穴
針《はり》　「鉤」とも。釣針《つりばり》。魚《さかな》が―をのむ
針《はり》　「鍼」とも。漢方の―　―を打つ　―と灸《きゅう》
梁《はり》　天井裏の―　―で首をつる
張《は》り　―のある声　―のある仕事
巴里《パリ》　フランスの首都。花の都―　―娘

針医《はりい》　「鍼医」とも。―に掛かる　―の資格
針金《はりがね》　―で縛る　銅の―　太い―
馬力《ばりき》　勉強に―を掛ける　―を引く　五百―
針子《はりこ》　仕立屋の―　洋裁店に勤める若い―
張子《はりこ》　―の虎《とら》　―の箱
罵詈雑言《ばりぞうごん》　―を吐く
磔《はりつけ》　―の刑に処せられる　―柱
播磨《はりま》　旧国名、だいたい兵庫県の南半部。
張《は》る　根が―　氷が―　肩が―　欲が―
張《は》る　「貼る」とも。紙を―　切手を―
張《は》る　「撲る」とも。なぐる。横つらを―
遥《はる》か　―かなたの空　―昔　このほうが―にいい
春雨《はるさめ》　―が降る　―のけむる町
遥々《はるばる》　―と海を越えてくる

馬鈴薯《ばれいしょ》　じゃがいも。
晴着《はれぎ》　正月の―　―を新調する　―姿
破裂《はれつ》　水道管が―する　談判が―する　―音
腫物《はれもの》　―にさわるようにそっとしておく
晴《は》れる　空が―　お山が―　疑いが―　気が―
晴《は》れる　「霽れる」とも。雨が―
腫《は》れる　扁桃腺《へんとうせん》が―　虫に刺されて―
破廉恥《はれんち》　―な行為　―な男
波浪《はろう》　―が高い　逆巻《さかま》く―　―警報
布哇《ハワイ》　米国の一州、中部太平洋の島。―航路
刃渡《はわた》り　―三十センチの刀　危険な―の芸当
判《はん》　はんこ。受取に―を押す
版《はん》　―を重ねる　初―　―で押したよう
班《はん》　六つの―に分ける　第一―　―別に並ぶ

煩《はん》　―を避ける　―をいとわない
範《はん》　学生に―を示す　社員の―とすべき行為
万《ばん》　―やむをえない事情がありまして
判《ばん》　―の大きいノート　タブロイド―　B―
晩《ばん》　―になる　―のご飯　きのうの―　―方
番《ばん》　店の―をする　―を待つ　十―勝負
盤《ばん》　将棋の―　碁―　レコードのLP―
麺麭《パン》　―を食べる　食―　黒―　―屋さん
反意《はんい》　「叛意」とも。政府に―をいだく
犯意《はんい》　最初から―はなかった　―を否認する
範囲《はんい》　広い―にわたる　守備―が狭い
反映《はんえい》　世相を―する　画家の性格を―した絵
繁栄《はんえい》　国家が―する　ご一家の―を祈ります
半襟《はんえり》　「半衿」とも。じゅばんに―を掛ける

は

繁華《はんか》　駅の近くは—だ　—な通り　—街
版画《はんが》　—の年賀状　—の展覧会　—集
挽歌《ばんか》　死を悲しむ詩歌。
半開《はんかい》　弁を—にしておく　—の換気窓
半壊《はんかい》　「半潰」とも。—の家　全壊十戸—二十戸
挽回《ばんかい》　不振を一挙に—する　退勢の—を図る
晩学《ばんがく》　先生はどちらかというと—のほうである
番傘《ばんがさ》　旅館の屋号が書いてある—を差して行く
半可通《はんかつう》　—の新知識を振り回す
洪牙利《ハンガリー》　欧州中部にある国。
反感《はんかん》　社長に—を持つ　父に—をいだく
繁閑《はんかん》　忙しさの度。事務の—を調節する
繁簡《はんかん》　繁雑と簡略。—よろしきを得る
半眼《はんがん》　目を—に開く

万感《ばんかん》　—こもごも至る　—胸に迫る
判官贔屓《はんがんびいき》　—の人情
反旗《はんき》　「叛旗」とも。主君に—を翻す
半旗《はんき》　—を立てて弔意を表わす
万機《ばんき》　多くの政務。—公論に決すべし
反逆《はんぎゃく》　「叛逆」とも。政界の—児　—者
盤踞《ばんきょ》　勢力を張る。昔、東北に—した蝦夷(えぞ)
反響《はんきょう》　全国的に大きな—があった
半玉《はんぎょく》　芸者と—　かわいい—姿
万鈞《ばんきん》　非常な重さ。彼の言には—の重みがある
番組《ばんぐみ》　テレビの—　音楽会の—　特別—
半径《はんけい》　円の—　一メートル　行動—　回転—
反撃《はんげき》　敵に—を加える　—する機会を食う
繁激《はんげき》　「繁劇」とも。多忙。事務—の課

判決《はんけつ》　—を言い渡す　—が下る　—主文
版権《はんけん》　—を確保する　—を侵害する
半減《はんげん》　生徒数が—する　興味が—する
番犬《ばんけん》　—を飼う　権力者の—的存在
判子《はんこ》　—を押す　—を彫る
反語《はんご》　—を用いて意味を強める　—的な言い方
万古《ばんこ》　—不易(ふえき)の学問　—に伝わる
反抗《はんこう》　親に—する　—心をあおる　第二—期
反攻《はんこう》　反撃。敵は—に転じた　—作戦
犯行《はんこう》　—を認める　—を自白する　計画的—
飯盒《はんごう》　キャンプに—を携行する　—炊爨(すいさん)
番号《ばんごう》　電話の—　—が若い　—順に並ぶ　郵便—
万石《ばんこく》　「万斛」とも。ごく多い量。—の涙を注ぐ
万国《ばんこく》　—博覧会　—旗　—音標文字

反骨《はんこつ》　主義を通す。—精神
瘢痕《はんこん》　傷あと。腕に種痘の—がある　—を残す
晩婚《ばんこん》　姉は—だった　早婚と—
繁瑣《はんさ》　「煩瑣」とも。役所の手続は—だ
半截《はんさい》　紙を—する　—の型紙　—判
犯罪《はんざい》　—を犯す　—を防止する　軽—　少年—
万歳《ばんざい》　—を叫ぶ　—三唱　天皇陛下—
万策《ばんさく》　—尽きて降参した　—を巡らす
繁雑《はんざつ》　「煩雑」とも。—な方法　事務が—になる
晩餐《ばんさん》　夕食。—を共にする　最後の—　—会
半死《はんし》　—の状態　—半生の体(てい)
半紙《はんし》　—に字を書く　—半分の大きさ
判事《はんじ》　裁判所の—　—補
万事《ばんじ》　—がうまくいく　—休す　一事が—

版下《はんした》　さし絵の—をかく　—を注文する
反射《はんしゃ》　日光が鏡に—する　—がまぶしい　—角
晩酌《ばんしゃく》　父は毎日—を楽しむ　—をする
盤石《ばんじゃく》　「磐石」とも。—の重み　—の構え
半周《はんしゅう》　グラウンドを—する
半熟《はんじゅく》　卵を—にする
搬出《はんしゅつ》　引越しのため荷物を—する
板書《ばんしょ》　黒板に書く。要点を—する
反証《はんしょう》　—を挙(あ)げる　—を示して争う
半焼《はんしょう》　—した家屋　全焼二戸—一戸
半鐘《はんしょう》　火の見の—　—を鳴らす
汎称《はんしょう》　総称。陶磁器を瀬戸物とも—する
半畳《はんじょう》　畳—ぐらいの広さ　話に—を入れる
繁盛《はんじょう》　「繁昌」とも。店が—する

万障《ばんしょう》 —繰り合わせてご出席ください
万象《ばんしょう》 すべてのもの。森羅(しんら)—
晩鐘《ばんしょう》 三井寺(みいでら)の— ミレーの—の絵
万丈《ばんじょう》 —の山 黄塵(こうじん)— 気炎—
万乗《ばんじょう》 —の君 一天—の天子
繁殖《はんしょく》 「蕃殖」とも。菌が—する 強い—力
伴食《ばんしょく》 夕食会に—をおおせつかる —大臣
半身《はんしん》 —を乗り出す 不随のからだ
蛮人《ばんじん》 —を教化する 未開の—
半信半疑《はんしんはんぎ》 —の返事
半数《はんすう》 会員の—は若者です 役員の—を改選する
反芻《はんすう》 牛は食物を—する 教訓を—する
反《はん》する 趣旨に— 規則に反した行為
反省《はんせい》 —を促す 過去を—する —心

万世《ばんせい》 名を—に伝える —一系の天皇
晩成《ばんせい》 大器は—する —型の人 大器—
蛮声《ばんせい》 —を張り上げる
犯跡《はんせき》 巧みに—をくらます
版籍《はんせき》 土地と人民。—奉還
半切《はんせつ》 「半截」とも。カードを—にする
半折《はんせつ》 —に七言絶句を書く
反戦《はんせん》 —思想をあおる —主義 —教育 —歌
帆船《はんせん》 四本マストの— —で海に出る
判然《はんぜん》 趣旨が—としない
万全《ばんぜん》 —の策を講じる 準備は—だ
帆走《はんそう》 ヨットで太平洋を—する
搬送《はんそう》 送る。—波 —信号 —ケーブル
伴奏《ばんそう》 ピアノで—する —音楽

晩霜《ばんそう》 五月になって—の害を受ける
絆創膏《ばんそうこう》 傷口に—を張る
反則《はんそく》 競技中—して失格する 交通—金
繁多《はんた》 「煩多」とも。ご用—のみぎり 事務—
半田《はんだ》 金属を—で付ける —付け
万朶《ばんだ》 多くの枝。—の桜咲きにおう
反対《はんたい》 右と左が—だ 原案に—する —勢力
板台《はんだい》 「盤台」とも。魚屋(さかなや)の—
飯台《はんだい》 食卓。—の上にはごちそうが並んでいる
番台《ばんだい》 銭湯の—にすわる
判断《はんだん》 適切な—を下す 誤った— —力
万端《ばんたん》 用意—整う —滞りなく進行する
番地《ばんち》 所—を明記する 詳しい—がわからない
番茶《ばんちゃ》 —を入れる 娘十八—も出花

範疇《はんちゅう》 詩・小説・戯曲等は文学の—に属する
番長《ばんちょう》 —に率いられる非行中学生たち
番付《ばんづけ》 相撲(すもう)の— —表 長者—
番手《ばんて》 出場の二—を引き受ける 六十—の糸
判定《はんてい》 審判の—に服する —をくつがえす
反転《はんてん》 西進していた台風が—して本土に迫る
袢天《はんてん》 「絆纏・半纏」とも。—をはおる 印—
班点《はんてん》 「斑点」とも。皮膚に—ができる 黒い—
反徒《はんと》 「叛徒」とも。—を平らげる
半途《はんと》 中途。事業が—で挫折(ざせつ)する
版図《はんと》 一国の領土。—を拡張する 広大な—
半島《はんとう》 房総—を一周する 朝鮮— バルカン—
反動《はんどう》 圧迫された—が起こる —主義 保守—
番頭《ばんとう》 店の— 官房長官は内閣の—役である

坂東《ばんどう》 関東。利根川(とねがわ)は—太郎と呼ばれる
判読《はんどく》 乱雑に書きましたがご—ください
万難《ばんなん》 —を排して戦う —を克服する
般若《はんにゃ》 —の面 —経(きょう) —湯(とう)
搬入《はんにゅう》 展覧会場に出品作を—する
犯人《はんにん》 —を逮捕する 自首した— 殺人—
万人《ばんにん》 「ばんじん」とも。彼の功績は—が認める
番人《ばんにん》 倉庫の— —を置く —小屋
晩年《ばんねん》 紅葉の—の作 父は—を楽しんでいる
反応《はんのう》 いっこう—を示さない 化学—
万能《ばんのう》 何でも—な人 —薬 —選手
飯場《はんば》 工事中は—に泊まる —の労務者
半端《はんぱ》 —な仕事 中途— —は切り捨てる
販売《はんばい》 米を—する —店 —政策 一手—

反《はん》駁《ばく》　彼の説に―する　―を加える
反《はん》発《ぱつ》　「反撥」とも。彼の考え方に―する　―力
半《はん》張《ばり》　―した靴(くつ)をはく
万《ばん》々《ばん》　―承知のうえのこと　そんなことは―ない
万《ばん》般《ぱん》　―にわたって世話が行き届く
頒《はん》布《ぷ》　宣伝パンフレットを―する　食器の―会
反《はん》復《ぷく》　「反覆」とも。―して読む　―攻撃する
反《はん》服《ぷく》　「叛服」とも。―常なし
万《ばん》福《ぷく》　貴家の―を祈る
万《ばん》物《ぶつ》　人間は―の霊長である
繁《はん》文《ぶん》縟《じょく》礼《れい》
番《ばん》兵《ぺい》　入口に―が立っている
判《はん》別《べつ》　良否を―する　意味の違いを―する
半《はん》平《ぺん》　魚肉をすりつぶして―を作る

繁《はん》忙《ぼう》　「煩忙」とも。事務が―を窮める　―期
万《ばん》邦《ぽう》　日本はかつて―無比の国体を誇った
版《はん》本《ぽん》　「好色一代女」を―で読む
飯《はん》米《まい》　―を貯蔵する　―の保有量　―農家
半《はん》身《み》　―に構える　魚(さかな)の―
判《はん》明《めい》　事情が―する　生死すら―しない
反《はん》面《めん》　反対側。他面。安い―質が劣る
半《はん》面《めん》　物の―だけを見て判断する人
繁《はん》茂《も》　雑草が―する
反《はん》目《もく》　お互いが―する　―する間柄
版《はん》元《もと》　この本は―でも品切れです
反《はん》問《もん》　質問したら先生から―された
班《はん》紋《もん》　「斑紋」とも。まだら。あとに―が残る
煩《はん》悶《もん》　人生について―する　恋愛問題で―する

蛮《ばん》勇《ゆう》　―を奮う
繁《はん》用《よう》　―される薬品　―の度合い
半《はん》裸《ら》　―の姿で表通りを歩く
万《ばん》雷《らい》　―のような拍手が起こる
反《はん》乱《らん》　「叛乱」とも。―を起こす　―軍
氾《はん》濫《らん》　川が―する　週刊誌が町に―する
万《ばん》里《り》　―の波濤(はとう)をけって進む　―の長城
伴《はん》侶《りょ》　この上ない―を得る　終生の―
万《ばん》緑《りょく》　―叢中(そうちゅう)紅一点
凡《はん》例《れい》　「ぼんれい」とも。使い方は―を見ること
判《はん》例《れい》　新しい―を示す　―集
販《はん》路《ろ》　―を拡張する　外国に―を開拓する
反《はん》論《ろん》　政府の政策に―する　原案に対する―
汎《はん》論《ろん》　総論。最初に―があって次に各論がある

ひ

比《ひ》　縦と横の―　味のよさは他に―を見ない
否《ひ》　原案を―とする人が多い　諾―を問う
非《ひ》　―の打ちどころがない　―を鳴らす
秘《ひ》　秘密。―中の―　社外―　極(ご)―にする
碑《ひ》　―を建てる　―の文　記念―
緋《ひ》　目のさめるような―の衣　―の袴(はかま)
日《ひ》　試験まで―がない　―が暮れる
火《ひ》　―が燃える　―を付ける　―の用心
灯《ひ》　町に―がともる　ネオンの―
美《び》　自然の―　―の世界　有終の―　―少女
微《び》　―に入り細をうがつ　―粒子　―調整
悲《ひ》哀《あい》　幻滅の―を味わう　―感を深くする

干《ひ》上《あ》がる　「乾上がる」とも。池が―
日《ひ》足《あし》　春になって―が伸びる　―が短くなる
火《ひ》遊《あそ》び　子供の―から大火になる　男女の―
日《ひ》当《あた》り　「陽当り」とも。―のいい部屋(へや)
非《ひ》違《い》　―を正す　―曲直を明らかにする
微《び》意《い》　―をおくみ取りください　―を表わす
贔《ひ》屓《いき》　東組を―する　―の力士　―の引倒し
肥《ひ》育《いく》　家畜を短期間に太らせる。―牛
秀《ひい》でる　彼女は音楽に秀でている　衆に―
柊《ひいらぎ》　―のとげのある葉　節分の飾りに使う―
麦酒《ビール》　―を飲む　生(なま)―　―を冷やす
眉《び》宇《う》　まゆ。―に決意のほどを示す
悲《ひ》運《うん》　「非運」とも。―に泣く　―をかこつ
稗《ひえ》　食用や家畜の飼料用にする―

裨益《ひえき》　社会に—する事業　—するところ大きい
冷性《ひえしょう》　「冷症」とも。—に悩む
冷《ひ》える　空気が—　腹が—　湯が—　愛情が—
日覆《ひおい》　—を掛ける　窓の—をする
秘奥《ひおう》　深い秘密。技術の奥義。学問の—
微温《びおん》　—湯　—的な手段
皮下《ひか》　—に注射する　—脂肪がたまる
彼我《ひが》　—の勢力は伯仲する　—相対持(あいたいじ)する
美化《びか》　思い出は過去を—する　街路の—を図る
被害《ひがい》　—を受ける　—状況大きい—　—盲想狂
控室《ひかえしつ》　—で待つ　受験生の—
日帰《ひがえ》り　—で実家へ行ってくる　—旅行
控《ひか》える　次の間に—　要点を—　酒を—
膕《ひかがみ》　ひざの後ろのくぼんだ部分。—を伸ばす

比較《ひかく》　両者を—する　—的楽な生活　—対照
皮革《ひかく》　—を加工する　—製品　合成—
日陰《ひかげ》　—を歩く　社会の—に生きる　—者
日影《ひかげ》　日光。日ざし。春の—　—が伸びる
日掛《ひがけ》　—の貯金　—で払う
僻事《ひがごと》　—を慎む　—を戒める
日傘《ひがさ》　—を差す　絵—がよく似合う女
干菓子《ひがし》　—と生(なま)菓子
干潟《ひがた》　—に遊ぶ鳥　—で潮干狩りをする
僻《ひが》む　心が—　そう—なよ　物事を僻んで見る
僻目《ひがめ》　こう考えるのはぼくの—かね
日柄《ひがら》　本日はお—もよく　—を選んで式をする
光《ひか》る　星が—　ひときわ—業績　警官の目が—
悲観《ひかん》　将来を—する　—的な材料ばかりだ

避寒《ひかん》　冬は—に行く　—宿　—地
彼岸《ひがん》　秋の—　—の中日　—会(え)
悲願《ひがん》　優勝の—を達成する　祖国復帰の—
美観《びかん》　都市の—をそこなう広告
美顔術《びがんじゅつ》　—をする女性
悲喜《ひき》　—こもごも至る
誹毀《ひき》　そしる。他人を—する
非議《ひぎ》　「批議・誹議」とも。政策を—する
美技《びぎ》　—に拍手を送る　観客は選手の—に酔う
引合《ひきあい》　彼のことを—に出す　外国から—がある
引上《ひきあげ》　定価の—　給与の—　沈没船の—
引揚《ひきあげ》　海外からの—　—者　戦闘部隊の—
率《ひき》いる　兵を—　大部隊を—　彼の—部下
碾臼《ひきうす》　—を回して小麦を粉にひく

引替《ひきかえ》　兄に—弟は乱暴だ　—券　—所
引換《ひきかえ》　「引替」とも。品物は代金—です
蟇蛙《ひきがえる》　がまがえる。いぼがえる。
引金《ひきがね》　ピストルの—　—を引く
悲喜劇《ひきげき》　人生は—だ
引潮《ひきしお》　—の潮干狩り　—と満ち潮
被疑者《ひぎしゃ》　—を取り調べる
引出《ひきだ》し　「抽斗」とも。机の—
碾茶《ひきちゃ》　粉末にした緑茶。末茶。
引継《ひきつぎ》　前任者から事務の—を受ける
引攣《ひきつ》る　「痙攣る」とも。筋が—
引出物《ひきでもの》　引物。結婚式の—
挽肉《ひきにく》　—でメンチボールを作る
引船《ひきふね》　「曳船」とも。いかだが—に引かれていく

挽物《ひきもの》　ろくろで挽いて作った器具。—細工
飛脚《ひきゃく》　昔は—が手紙を運んだ　早—
美挙《びきょ》　新聞に小学生の—が伝えられる
卑怯《ひきょう》　—なふるまい　—な男　—未練な態度
秘境《ひきょう》　アマゾンの—を探る　世界の—
悲境《ひきょう》　「悲況」とも。—に泣く　—にも屈しない
罷業《ひぎょう》　ストライキ。同盟—　—に入(はい)る
秘曲《ひきょく》　平家琵琶(びわ)の—を伝える
碾割《ひきわり》　—を米に混ぜてたく　—飯
卑近《ひきん》　—な例を挙(あ)げる
微吟《びぎん》　先生はときどき短歌を—する
引《ひ》く　水が—　手を—　辞書を—　くじを—
引《ひ》く　「曳く」とも。馬を—　網を—
引《ひ》く　「牽く」とも。車を—　貨車を—

引《ひ》く　「惹く」とも。興味を—　心が引かれる
引《ひ》く　「退く」とも。熱が—　身を—
挽《ひ》く　のこぎりを—　ろくろで—　板を—
轢《ひ》く　自動車が人を—　轢き殺された犬
碾《ひ》く　臼《うす》を—　粉を—
弾《ひ》く　琴を—　ピアノを—
比丘《びく》　僧。—と—尼《に》
魚籠《びく》　「魚籃」とも。釣《つ》った魚を—に入れる
低《ひく》い　—山　—声　—身分　文化のレベルが—
微苦笑《びくしょう》　—を禁じえない
卑屈《ひくつ》　—な態度をする　—になる
羆《ひぐま》　南千島と北海道に産し茶色で力が強い—
蜩《ひぐらし》　夏の終わりに鳴く蟬《せみ》。かなかな。
日暮《ひぐれ》　—の鐘　—方　—時

微薫《びくん》　「微醺」とも。—を帯びて気持よさそうだ
卑下《ひげ》　そう—する必要はない　—したことば
髭《ひげ》　「髯（ほお）・鬚（あご）」とも。—が濃い
悲劇《ひげき》　—の主人公　家庭に—が起こる
否決《ひけつ》　原案を—する　—と可決
秘訣《ひけつ》　合格の—を問う　じょうずな旅行の—
引値《ひけね》　立会の最終の相場。—は十円高だった
比肩《ひけん》　彼に—する者がいない　—すべき会社
披見《ひけん》　手紙を—する　ぜひご—いただきたく
庇護《ひご》　両親の—のもとに育つ　小国を—する
肥後《ひご》　旧国名、熊本県。—芋茎《ずいき》
卑語《ひご》　スラング。—は公の席では使わない
飛語《ひご》　「蜚語」とも。流言—に惑わされる
非行《ひこう》　—を重ねる　—少年が激増する

披講《ひこう》　歌会で詠草を—する　句会の—
飛行《ひこう》　空中を—する　—機　—場　—距離
非業《ひごう》　—の死を遂げる　—の最期
尾行《びこう》　刑事が容疑者を—する　—がつく
微行《びこう》　忍び歩き。殿下がデパートに—される
備考《びこう》　—として付記する　—欄
鼻孔《びこう》　—が詰まる　—をふくらませる
被告《ひこく》　民事訴訟で、訴えられたほう。—と原告
蘖《ひこばえ》　切り株から出た芽。
彦星《ひこぼし》　牽牛星《けんぎゅうせい》。
膝《ひざ》　—を打つ　—を交えて語る　—小僧
非才《ひさい》　「菲才」とも。浅学—の身を顧みず
被災《ひさい》　大地震で—した地域　—者
微細《びさい》　—な違い　—な問題を取り上げる

微罪《びざい》　—のため放免される
日盛《ひざか》り　ちょうど今が—だ　夏の—を歩く
秘策《ひさく》　—を練る　—を授ける
鬻《ひさ》ぐ　春を—　売る。野菜類を—
庇《ひさし》　「廂」とも。—を貸しておもやを取られる
日射《ひざし》　「陽射」とも。春の—　—が強い
久《ひさ》し振《ぶ》り　母と—に会う　—のごちそうだ
久々《ひさびさ》　—の対面　—に映画を見る
跪《ひざまず》く　神前に—　跪いて祈る　勝者に—弱者
氷雨《ひさめ》　あられ。ひょう。みぞれ。—降る冬の夜
膝元《ひざもと》　「膝許」とも。親の—を離れる
飛散《ひさん》　ガラスの破片が—する　血が—する
悲惨《ひさん》　—な光景　—な最期を遂げる
彼此《ひし》　—相通じる　予算を—流用する

秘史《ひし》　幕末の—を語る　終戦—
秘事《ひじ》　両人の—を暴露する
肘《ひじ》　—を突く　—を張る
肱《ひじ》　「臂」とも。—を折る　—を曲げる
美辞《びじ》　—を連ねる　—麗句で飾る
菱形《ひしがた》　—の模様
鹿尾菜《ひじき》　食用にする海藻《かいそう》の—
拉《ひし》ぐ　鬼をも—剛の者　高慢な鼻を—
微視的《びしてき》　—に見る　—と巨視的
肘鉄《ひじてつ》　肘鉄砲。—をくらわせる
犇々《ひしひし》　寒さを—と感じる　—と身に迫る
犇《ひし》めく　会場で—群衆　道路に—自動車
菱餅《ひしもち》　お雛《ひな》さまに—を供える
柄杓《ひしゃく》　—で水をくむ　—ですくう　—の柄《え》

微弱《びじゃく》 呼吸が—になる —な振動
拉《ひしゃ》げる 形が—
毘沙門《びしゃもん》 七福神の一。—天
美酒《びしゅ》 —に酔う 世界の—を味わう
比重《ひじゅう》 銀の— 政策は物価対策に—を置く
美醜《びしゅう》 —を論じる —の差 —は問わない
秘術《ひじゅつ》 —を尽くして戦う —を見せる
美術《びじゅつ》 日本古代の—を研究する —の秋 —界
批准《ひじゅん》 条約を—する —書
秘書《ひしょ》 国会議員には—が付く 社長の— —官
避暑《ひしょ》 軽井沢に—する —に行く —地
卑称《ひしょう》 貴様ということばは今では—に使われる
飛翔《ひしょう》 大空を—する鳶(とび) ロケットの—
費消《ひしょう》 精力を—する 公金を—する

非情《ひじょう》 —の社会に生きる —な仕打ち
非常《ひじょう》 —の際に備える —に暑い —時 —口
微小《びしょう》 —な生物 米粒ほどの—な傷
微少《びしょう》 —な金額 —な量 —な損害
微笑《びしょう》 つねに—をたたえている —するモデル
尾錠《びじょう》 バックル。かばんの—を締める
美粧院《びしょういん》 —でおめかしした姉
美食《びしょく》 美衣— 彼は—家として定評がある
聖《ひじり》 天子。聖人。高僧。—の御代(よ) 高野の—
美辞麗句《びじれいく》 宣伝の—
微震《びしん》 震度1。敏感な人だけに感じる程度。
翡翠《ひすい》 緑色の宝石。—の指輪 —のかんざし
歪《ひず》み —を生じる 器械の—を直す 社会の—
比《ひ》する 在来の品に比してずっとよい

秘《ひ》する とくに名を— 身分を—
批正《ひせい》 先生のご—をお願いいたします
非政《ひせい》 「秕政・粃政」とも。悪政。—を正す
微生物《びせいぶつ》 —が付く —の繁殖
眉雪《びせつ》 まっ白な眉(まゆ)。—の老僧
日銭《ひぜに》 —の入(はい)る商売 —を儲(もう)ける
卑賤《ひせん》 —な家柄に生まれる —の身とはいえ
皮癬《ひぜん》 かいせん。指のまたに—ができてかゆい
肥前《ひぜん》 旧国名、長崎県の一部と佐賀県。
微賤《びせん》 —の身 —の家柄に育つ
美髯《びぜん》 りっぱな頰(ほお)ひげ。—をたくわえる
備前《びぜん》 旧国名、岡山県の南東部。
砒素《ひそ》 元素の一。—を原料とした殺虫剤
鼻祖《びそ》 元祖。竹取物語は物語の—といわれる

皮相《ひそう》 —な見解にすぎない —な考え
悲壮《ひそう》 「悲愴」とも。—な決意をする —な覚悟
秘蔵《ひぞう》 —の刀剣を展示する 先生の—っ子
脾臓《ひぞう》 内臓の一。—が肥大する
密《ひそ》か —に脱皮する 心中—に喜ぶ —な物音
私《ひそ》かに 自分で。—察する 心—決める
卑俗《ひぞく》 下品。話が—に落ちる —なことば
卑属《ひぞく》 子や孫等自分より下の親族。尊属と—
匪賊《ひぞく》 —を討伐する —の頭目
潜《ひそ》む 水中に— 物陰に— 草の中に—
顰《ひそ》める 若者の行動にまゆを—
飛騨《ひだ》 旧国名、岐阜県の北半部。
襞《ひだ》 山の— スカートに—を付ける
鐚《びた》 むだなことには—一文出さない

額《ひたい》 広い— —を集めて相談する
肥大《ひだい》 扁桃腺(へんとうせん)が—する —生長
媚態《びたい》 —を示す
浸《ひた》す 手を水に— 消毒液に— 布を—
只管《ひたすら》 —一行の無事を祈る —お願いします
常陸《ひたち》 旧国名、茨城県の大部分。
肥立《ひだち》 産後の—がよくない
日溜《ひだま》り 「陽溜り」とも。—で遊ぶ
左利《ひだりきき》 彼は—です —だから酒を贈ろう
左前《ひだりまえ》 着物を—に着る 彼の家も—になる
悲嘆《ひたん》 「悲歎」とも。—に暮れる —の涙を流す
美談《びだん》 —の主(ぬ) 隠れた—を発表する
備蓄《びちく》 万一に備えるたくわえ。米を—する
秘中《ひちゅう》 これは—の秘だから話せない

微衷《びちゅう》 自分の真心。―をお察しください
篳篥《ひちりき》 雅楽に用いる笛。笙《しょう》や―の演奏
櫃《ひつ》 衣類を―に入れる 米― よろい―
筆意《ひつい》 筆づかい。文の趣。軽妙な―
悲痛《ひつう》 ―な覚悟 ―な思い ―を窮める
筆禍《ひっか》 ―を起こす ―事件
筆記《ひっき》 講義を―する ―帳 口述― ―試験
柩《ひつぎ》 ―を安置する ―の前にぬかずく
畢竟《ひっきょう》 ―彼は悪人さ ―するに考えが古い
吃驚《びっくり》 弟が行くと彼は―した ―仰天 ―箱
日付《ひづけ》 「日附」とも。―印 ―変更線
必携《ひっけい》 学生―の書物 証明書―のこと
必見《ひっけん》 ―の値うちがある展覧会 ―の映画
筆硯《ひっけん》 筆と硯《すずり》。文筆業。―の多祥を祈る

跛《びっこ》 足の不自由なこと
筆耕《ひっこう》 ―をして生活する ―料
引込思案《ひっこみじあん》 ―で困る
提《ひっさ》げる 刀を― 重要問題を提げて登壇する
筆算《ひっさん》 ―より暗算のほうが早い
必死《ひっし》 ―の努力を尽くす ―になって逃げる
必至《ひっし》 成功することは―だ 失敗は―だ
筆紙《ひっし》 その苦労は―に尽くせない
羊《ひつじ》 ―の群れ ―飼いの少年 ―雲
未《ひつじ》 十二支の第八。―年の生れ
未申《ひつじさる》 「坤」とも。南西の方角。
筆写《ひっしゃ》 原本を―する 古人の―本
筆者《ひっしゃ》 記事の― ―は次のように語る
必需《ひつじゅ》 生活―品

必修《ひっしゅう》 英語・国語は―の科目です
必勝《ひっしょう》 ―を期して戦う ―の意気込み
必定《ひつじょう》 成功することは―です
筆陣《ひつじん》 一流学者から成る― 堂々の―を張る
必須《ひっす》 日常生活に―の道具 ―条件 ―科目
畢生《ひっせい》 研究に―の努力を傾ける ―の大事業
筆勢《ひっせい》 力強い― ―が衰えてきた
筆跡《ひっせき》 「筆蹟」とも。―を鑑定する 犯人の―
筆舌《ひつぜつ》 ―に尽くしがたい苦労をした
必然《ひつぜん》 こうなるのは―だ ―的に ―性
逼塞《ひっそく》 彼は退職後郷里に―している
筆談《ひつだん》 中国人と―で用を足す 病人と―する
筆致《ひっち》 気品高い―の作品 巧妙な―
必着《ひっちゃく》 十日までに―するように発送せよ

必中《ひっちゅう》 一発―を期する
筆誅《ひっちゅう》 ダラ幹に―を加える
備中《びっちゅう》 旧国名、岡山県の西部。
匹敵《ひってき》 碁では社中で彼に―する者がいない
筆答《ひっとう》 ―試験と口頭試問 口問―
筆頭《ひっとう》 推薦人の―に名を連ねる 反対派の―
必読《ひつどく》 経営者―の書 ―に値する論文
逼迫《ひっぱく》 情勢が―する ―した事情 金融―
匹夫《ひっぷ》 ―も志を奪うべからず ―の勇 ―匹婦
筆法《ひっぽう》 彼の―によると 春秋の―
筆鋒《ひっぽう》 鋭い―で反論する 相手の―をかわす
筆墨《ひつぼく》 ―を携える ―を愛する
蹄《ひづめ》 馬の― ―の音
筆名《ひつめい》 ペンネーム。実名を伏せて―を使う

必要《ひつよう》 生活に―な品 ―な条件 ―としない
筆力《ひつりょく》 雄健な― 鋭い―
否定《ひてい》 うわさを―する ―的な態度 ―と肯定
尾骶骨《びていこつ》 尾骨。―が出ている
日照《ひで》り 日光。―が足りない
旱《ひでり》 ―が続く ―で水がない 女―
秘伝《ひでん》 ―の妙案 ―を公開する
美田《びでん》 子孫のために―を買わず
妃殿下《ひでんか》 皇太子― ―のご臨席
費途《ひと》 税金の―を明らかにする ―不明の金
一泡《ひとあわ》 彼に―吹かせてやろう
酷《ひど》い 「非道い」とも。―仕打ち 酷く寒い
非道《ひどう》 ―なやり方 極悪―な人
尾灯《びとう》 自動車の赤い―

微動《びどう》 —だにしないで立っている
一重《ひとえ》 —のまぶた 隣家とは壁—だ
単《ひとえ》 「単衣」とも。—の羽織 —の着物
偏《ひとえ》に ご協力のほど—お願いいたします
人怖《ひとおじ》 この子は—しないたちだ
人影《ひとかげ》 前方に—を認める 全く—が見えない
人陰《ひとかげ》 —に隠れる
一方《ひとかた》ならず —お世話になりました
一廉《ひとかど》 彼は—の人物である —の役に立つ
人柄《ひとがら》 —がよい 明朗な—が愛される
人聞《ひとぎ》き —の悪いことを言うなよ
一際《ひときわ》 —すぐれた人物 —精彩を放つ
秘匿《ひとく》 財産を—する —した物資
美徳《びとく》 謙譲の— —を発揮する

人差指《ひとさしゆび》 —でさす
等《ひと》しい 大きさが—もの 免職に—処分
一入《ひとしお》 雨にぬれた若葉は—美しい —の感慨
一頻《ひとしきり》 雨が—降る —思い出話に花が咲く
人質《ひとじち》 こどもを—にして大金をゆする
一筋縄《ひとすじなわ》 彼は—ではいかない
人伝《ひとづて》 —に聞く
人妻《ひとづま》 美しい— —が襲われる —としての道
海星《ひとで》 「海盤車」とも。海底にすむ星形の動物。
人並《ひとなみ》 —の生活ができない —に正月を味わう
人任《ひとまか》せ すべて—にする —の事業
瞳《ひとみ》 「眸」とも。—を輝かす —を凝らす
人身御供《ひとみごくう》 —となる
一叢《ひとむら》 —の薄《すすき》 遠くに—の松林が見える

一人《ひとり》 —・二人《ふたり》・三人 —の生徒 —で行く
独《ひと》り —でやる —わたしだけでなく —占め
独《ひと》り言《ごと》 彼はよくぶつぶつと—を言っている
鄙《ひな》 いなか。彼女は—にはまれな美人です
雛《ひな》 —を育てる お—さま —人形 —遊び
雛型《ひながた》 模型。建物の—を作る
雛形《ひながた》 書式。これを—にして書いてください
日向《ひなた》 —で編物をする —ぼっこ —臭い
雛祭《ひなまつり》 三月三日の—
非難《ひなん》 —を受ける —される覚えはない
避難《ひなん》 学校に—する —命令 —区域
美男《びなん》 —のうわさが高い —美女
皮肉《ひにく》 —を言う —屋 —な運命に驚く
髀肉《ひにく》の嘆《たん》 「…歎」とも。

泌尿器《ひにょうき》 膀胱《ぼうこう》・尿道などの—
否認《ひにん》 —と是認 罪状を—する 事実を—する
避妊《ひにん》 —の正しい知識 —法 —薬を使う
微熱《びねつ》 毎日午後になると—が出る
捻《ひね》る こよりを— 頭を— 捻った問題
陳《ひ》ねる 古くなる。陳ねた人 陳ねた生薑《しょうが》
丙《ひのえ》 十干の第三。へい。—午《うま》の女
檜《ひのき》 —の大木 —の柱 —舞台
火熨斗《ひのし》 —でしわを伸ばす
丁《ひのと》 十干の第四。てい。
日延《ひのべ》 雨天につき遠足は—します
疲憊《ひはい》 疲れ弱る。連日の戦闘で—した兵士たち
非売品《ひばいひん》 —ですから売りません
飛瀑《ひばく》 滝。山中の—

被爆《ひばく》 空襲で—する —地 —者の救済活動
被曝《ひばく》 放射能による—を受ける
火箸《ひばし》 —で炭をつぐ 金—焼け—
火鉢《ひばち》 —に当たる —を囲む 桐《きり》の—
脾腹《ひばら》 わきばら。—を打つ —を刺される
雲雀《ひばり》 空高く—の声がする 揚げ—
批判《ひはん》 世の—を待つ —を下す 自己—する
非番《ひばん》 —の人 —の日にも出勤する
狒々《ひひ》 マント— 大きな— —おやじ
霏々《ひひ》 雪が—として降る
罅《ひび》 瓶《びん》に—が入《はい》る —の入《はい》ったからだ
皹《ひび》 「皸」とも。—が切れる —やあかぎれ
微々《びび》 損害は—たるものだ —たる勢力
響《ひび》き 鐘の— —の声に応じるごとし 地—

批評《ひひょう》 作品を―する ―家 ―眼
備品《びひん》 この机は学校の―です ―台帳
皮膚《ひふ》 ―の色が白い ―が荒れる ―病
被布《ひふ》 ―を着物の上に着る ―を着た坊さん
日歩《ひぶ》 ―三銭で金を借りる
美風《びふう》 勤倹の―を養う 相互扶助の―
微風《びふう》 窓から―が吹いてくる 心地(ここち)よい―
被服《ひふく》 ―を支給する ―費 ―工場
被覆《ひふく》 おおいかぶせる。―電線
火脹《ひぶく》れ やけどで―になる
火蓋《ひぶた》 選挙戦の―を切る 開戦の―は切られた
秘仏《ひぶつ》 寺宝の―を公開する
悲憤《ひふん》 戦いに敗れ―の涙に暮れる ―慷慨(こうがい)
碑文《ひぶん》 ―は漢文で書いてあるので読めない

微分《びぶん》 数学の一分科。―学 ―幾何学
疲弊《ひへい》 戦争で国が―する ―を窮める
秘法《ひほう》 ―を伝授する ―を学ぶ
秘宝《ひほう》 ―を公開する ―を展示する
悲報《ひほう》 父死去の―に接する ―続々至る
飛報《ひほう》 急ぎの知らせ。父危篤の―に接する
非望《ひぼう》 会社乗っ取りの―をいだく
誹謗《ひぼう》 友人を―する いわれのない―を受ける
美貌《びぼう》 ―の女 ―を誇る ―に引かれる
弥縫策《びほうさく》 気休めの―
備忘録《びぼうろく》 日時を―にメモする
日干《ひぼし》 ふとんを―にする
干乾《ひぼし》 家内が里に帰っているので―になる
非凡《ひぼん》 ―な才能を現わす ―な人間

暇《ひま》 ―が掛かる ―をもらう
暇 「閑」とも。仕事が―だ ―になる
曾孫《ひまご》 孫の子。祖母は―の顔を見て死んだ
飛末《ひまつ》 「飛沫」とも。滝の―を浴びる ―伝染
向日葵《ひまわり》 ―の黄色い大きな花
肥満《ひまん》 ―したからだ ―型 ―症 ―児
瀰漫《びまん》 広がる。マイホーム主義が―する
美味《びみ》 ―な菓子 ―を楽しむ 天下の―
秘密《ひみつ》 ―を守る 公然の― ―会議 ―主義
微妙《びみょう》 国際間の―な関係 政情が―に影響する
氷室《ひむろ》 天然の― 山陰に―を造る
姫《ひめ》 お―さま ―君 ―小松 ―百合(ゆり)
非命《ひめい》 ―に倒れる ―の最期を遂げる
悲鳴《ひめい》 女の―が聞こえる 忙しくて―を上げる

碑銘《ひめい》 ―を読む ―の拓本を採る
美名《びめい》 社会事業の―に隠れて私利を肥やす
秘《ひ》め事《ごと》 相愛の男女間の― わたしひとりの―
秘《ひ》める 胸に―思い 悲しみを胸に―
罷免《ひめん》 総理は閣僚の―権を持つ 部長を―する
紐《ひも》 ―で結ぶ ―を解く ―付きの女
費目《ひもく》 支出の―を明らかにする ―を流用する
眉目《びもく》 彼は―秀麗の男ぶりである
饑《ひも》じい 食糧不足で―毎日
火元《ひもと》 ―に注意する 大火の―を調べる
繙《ひもと》く 本を― 古典を―
干物《ひもの》 「乾物」とも。鯵(あじ)の―を買う
冷汗《ひやあせ》 恥ずかしくて―が出る ―をかく
飛躍《ひやく》 話が―する ―的な出世

媚薬《びやく》 ―を飲んで精力を付ける
白衣《びゃくえ》 「びゃくい」とも。―を着た行者 ―観音
白毫《びゃくごう》 仏の眉間(みけん)の光を放つ毛。
百尺竿頭《ひゃくしゃくかんとう》
百出《ひゃくしゅつ》 議論が―する 質問―で活気がある
百姓《ひゃくしょう》 ―一揆(いっき)
百戦《ひゃくせん》 ―練磨のつわもの ―百勝の勢い
百聞《ひゃくぶん》 ―は一見にしかず
百分率《ひゃくぶんりつ》 内訳を―で表わす
百面相《ひゃくめんそう》 余興に―を見せる
白夜《びゃくや》 「はくや」とも。両極地方の―
百葉箱《ひゃくようばこ》 気象観測用の―
百雷《ひゃくらい》 ―の一時に落ちるような音がした
冷《ひや》す 水で頭を― ビールを― 肝を―

ひ

百花《ひゃっか》 —爛漫(らんまん) —繚乱(りょうらん) —斉放(せいほう)
百科《ひゃっか》 —事典 —全書
百家争鳴《ひゃっかそうめい》 —の議論
百貨店《ひゃっかてん》 デパート。
百か日《ひゃっかにち》 父の—の供養をする
百鬼夜行《ひゃっきやこう》 —の状態
百発百中《ひゃっぱつひゃくちゅう》
百般《ひゃっぱん》 —の事情に詳しい 武芸—に通じる
日雇《ひやとい》 「日傭」とも。—労務者 —を頼む
冷麦《ひやむぎ》 夏は—がおいしい
冷飯《ひやめし》 残った—を食べる 長年—を食わされる
冷《ひや》やか —な態度で接する —に見下す
比喩《ひゆ》 「譬喩」とも。—を使って砕いて話す
日向《ひゅうが》 旧国名、宮崎県。—灘(なだ)

謬見《びゅうけん》 考え違い。—を正す 彼の言は—だ
表《ひょう》 統計を—で示す 成績の変化を—に作る
豹《ひょう》 森林にすむ猛獣。黄に黒の斑点のある—
票《ひょう》 —を入れる —を読む —が集まる
評《ひょう》 先生の—を聞く 雑誌に—が載る
雹《ひょう》 豆粒大の—が降る —による被害
飛揚《ひよう》 —力 空高く—する凧(たこ)
費用《ひよう》 —がかさむ 旅行の—を捻出(ねんしゅつ)する
秒《びょう》 一分一—を争う —針 —読み
鋲《びょう》 —を打つ —でポスターを留める 画—
廟《びょう》 おたまや。祖先の—にお参りする
美容《びよう》 生野菜は—にいい —師 —院 —体操
微恙《びよう》 ごく軽い病気。—をわずらう
飄逸《ひょういつ》 おじは—な人柄です —な句

表意文字《ひょういもじ》 漢字は—
病院《びょういん》 —に通う —の看護婦 総合—
表音文字《ひょうおんもじ》 かなは—
評価《ひょうか》 彼の業績を高く—する人物— 成績—
氷河《ひょうが》 —の移動速度はのろい —時代
病臥《びょうが》 父は—中でお目に掛かれません —日記
氷解《ひょうかい》 彼の説明を聞いて疑問は—しました
剽悍《ひょうかん》 豹(ひょう)は—な動物です —な性質
表記《ひょうき》 価格を—する 国語の—法 —の住所へ
標記《ひょうき》 —の件につき照会いたします
評議《ひょうぎ》 裁判官の— 大学の—員 —会
病気《びょうき》 —を直す —で休む 重い—にかかる
廟議《びょうぎ》 朝廷・政府の評議。—を開く —一決
剽軽《ひょうきん》 —な性質 —な男 —にふるまう

病菌《びょうきん》 —を検出する 発見された—
表具《ひょうぐ》 軸の表装を—屋に頼む —師
病苦《びょうく》 —に負けた —に打ち勝つ
病軀《びょうく》 —にむちうって著述を続ける
氷結《ひょうけつ》 川が—する —する港湾
表決《ひょうけつ》 可否を決める。議長が—に加わる
評決《ひょうけつ》 評議して決める。—で会長を選ぶ
氷原《ひょうげん》 —をそりで渡る 大—に出る
表現《ひょうげん》 喜びを—した曲 —の自由を侵す
病原《びょうげん》 「病源」とも。—菌を発見した —体
標語《ひょうご》 貯蓄奨励の—を募集する
病後《びょうご》 —の身をいたわる —だから自重する
標高《ひょうこう》 海抜。—四千メートル以上の山
病根《びょうこん》 —を絶つ —を排除する

表札《ひょうさつ》 「標札」とも。門柱に—を掛ける
氷山《ひょうざん》 南氷洋の— —の一角の暴力事件
拍子《ひょうし》 —を取る 風が吹いた—に帽子が飛ぶ
表紙《ひょうし》 本の— —を付ける —のデザイン
表示《ひょうじ》 意思— 価格を容器に—する
表示《ひょうじ》 「標示」とも。明示。添加物を—する —に従う 道路—
標示《ひょうじ》 —板 —柱
病死《びょうし》 祖父は三年前に—した 戦—
標識《ひょうしき》 航路— 交通— —を設ける
描写《びょうしゃ》 情景の—が細かい 風景を—する
評釈《ひょうしゃく》 古典を—する 源氏物語—
病弱《びょうじゃく》 姉は—な母に代わって家事をする
表出《ひょうしゅつ》 感情を身ぶりで—する
標準《ひょうじゅん》 中学生を—にした辞書 —語 —時

表彰《ひょうしょう》 人命救助で―される ―状
表象《ひょうしょう》 心に描く物事。―が視覚型の人
標章《ひょうしょう》 マーク。類似の―団体―
表情《ひょうじょう》 欧米人は―が豊かだ 固い―
評定《ひょうじょう》 役員が―を開く 小田原―
病床《びょうしょう》 ―についてから三年たつ ―日記
病症《びょうしょう》 病気のようす。病気の性質。
病状《びょうじょう》 ―を問い合わせる ―が思わしくない
病褥《びょうじょく》 病人の寝床。病床。―に伏す身
病身《びょうしん》 彼は―だ ―の妻をいたわる
表する《ひょうする》 深甚(じん)の謝意を― 敬意を―
評する《ひょうする》 美術展を― 人物を―
病勢《びょうせい》 ―がとみに衰える 一進一退の―
剽窃《ひょうせつ》 他人の作品を―する ―行為を慎む

漂然《ひょうぜん》 「飄然」とも。―として旅に出る
瘭疽《ひょうそ》 指先に起こる化膿性(かのうせい)の炎症。
表装《ひょうそう》 先生の書を額に―する ―店
表層《ひょうそう》 表面。―に現われた特徴 ―なだれ
平仄《ひょうそく》 漢詩の― 話の―が合わない
秒速《びょうそく》 ―三十米の暴風
表題《ひょうだい》 作品に―を付ける 「海」という―の詩
標題《ひょうだい》 題目。書類の― 講演の―
病体《びょうたい》 ベッドに―を横たえる
病態《びょうたい》 ―が悪化する 気づかわれる―
瓢箪《ひょうたん》 ―に酒を入れる ―から駒(こま)が出る
漂着《ひょうちゃく》 水死体が海岸に―する
氷柱《ひょうちゅう》 室内に―を立てて涼を取る
標注《ひょうちゅう》 「標註」とも。欄外の注。―を付ける

標柱《ひょうちゅう》 路上に―を立てる 土木工事の―
表徴《ひょうちょう》 外部に現われたしるし。
評定《ひょうてい》 成績を―する 勤務― 価格―
標的《ひょうてき》 ―をねらう ―を撃ち落とす
氷点《ひょうてん》 ―はセ氏零度です ―下五度の寒さ
評点《ひょうてん》 答案に―を付ける ―が辛い
評伝《ひょうでん》 名士の―を書く
病棟《びょうとう》 ―が並んでいる 内科― 第三―
平等《びょうどう》 利益を―に分ける 男女― 悪―
病毒《びょうどく》 ―が感染する 貧困は社会の―だ
日傭取《ひようとり》 日雇。―の労務者
氷嚢《ひょうのう》 ―を頭に載せる ―で冷やす
表白《ひょうはく》 意見を―する 思想の―
漂白《ひょうはく》 色素を―する ―剤

漂泊《ひょうはく》 さすらい。―の旅に出る
評判《ひょうばん》 ―の映画 彼は近所の―がよくない
縹渺《ひょうびょう》 ―たる大海原(うなばら) 神韻―
渺々《びょうびょう》 ―として果てしない海
屏風《びょうぶ》 ―を立てる 金―一双
病癖《びょうへき》 彼には妙な―がある ―を直す
豹変《ひょうへん》 相手の態度が―する 君子は―する
苗圃《びょうほ》 苗を仕立てる畑。農園の―
標榜《ひょうぼう》 民主主義を―する 中立を―する
渺茫《びょうぼう》 ―たる草原 ―として果てしない海
病没《びょうぼつ》 「病歿」とも。祖父は一昨年―した
標本《ひょうほん》 植物の―を作る 記入はこれを―に
病魔《びょうま》 ―に冒される ―にとりつかれる
表明《ひょうめい》 政治的立場を―する 態度を―する

表面《ひょうめん》 地球の― ―を飾る ―化する
秒読み《びょうよみ》 ロケット打上げは―に入(はい)った
表裏《ひょうり》 ―一体となる 彼の行動には―がない
漂流《ひょうりゅう》 海上を―する ―中の難破船 ―物
病歴《びょうれき》 医師は患者の―を知る必要がある
兵糧《ひょうろう》 ―を貯蔵する ―が尽きる ―攻め
漂浪《ひょうろう》 さすらう。漂泊。―の旅 ―の詩人
評論《ひょうろん》 政治に関する―を書く 文芸―
比翼《ひよく》 ―の鳥 ―連理の契り ―塚(づか)
肥沃《ひよく》 ―な土地
尾翼《びよく》 飛行機の― 特徴ある垂直―
日除《ひよけ》 夏は―をする必要がある
鵯《ひよどり》 秋、人里近くで鳴く、鶫(つぐみ)に似た―
日和《ひより》 ―がよい 小春― ―見的態度

平謝《ひらあやま》り —に謝る
飛来《ひらい》 北方から鶴《つる》の一群が—する
避雷針《ひらいしん》 塔の上に—を設ける
平仮名《ひらがな》 —と片仮名《かたかな》
開《ひら》く 窓を— 本を— 胸襟《きょうきん》を—
開《ひら》く 「拓く」とも。未開の土地を— 進路を—
開《ひら》く 「啓く」とも。民衆の蒙《もう》を— 知識を—
平蜘蛛《ひらぐも》 —のようにあやまる
平幕《ひらまく》 —の力士 —から三役に昇進する
鮃《ひらめ》 長円形で平たい魚。目は左側に二つ。
閃《ひらめ》く 電光が— 名案が— 頭に—
平家《ひらや》 「平屋」とも。—建 木造の— —に住む
糜爛《びらん》 —した死体
非力《ひりき》 —で力仕事は苦手だ —の身に過ぎた重任

比率《ひりつ》 男女の出生の— 高い—を示す
肥料《ひりょう》 作物に—をやる 化学—
微量《びりょう》 —のアルコールを加える
微力《びりょく》 —を尽くす —ながら協力します
昼《ひる》 日中。正午。昼飯。—が長い —にする
蛭《ひる》 —に血を吸われる 沼にいる—
干《ひ》る 潮が— 海の水が—
干《ひ》る 「乾る」とも。かわく。池が—
比類《ひるい》 世界に—のない業績を上げる
翻《ひるがえ》す 旗を— 身を翻して逃げた 態度を—
緬甸《ビルマ》 東南アジアにある連邦国家。
怯《ひる》む 敵の猛攻に— 怯まずに進む
鰭《ひれ》 魚《さかな》の— 胸— 話に尾—が付く
比例《ひれい》 —と反比例 収入に—した生活 —配分

非礼《ひれい》 —をわびる —をあえてする
美麗《びれい》 —な花 —を窮めた殿堂
披歴《ひれき》 「披瀝」とも。誠意を—する
卑劣《ひれつ》 —な行為をやめろ —な精神
悲恋《ひれん》 彼女の—の物語 —に泣く
尋《ひろ》 両手を広げた長さ。千《ち》—の海に沈む
広《ひろ》い —海 眺望《ちょうぼう》が— 知識が— 心が—
披露《ひろう》 皆さまにご—申し上げます 結婚の—宴
疲労《ひろう》 —が回復する 心身が—する
拾《ひろ》う 落し物を— 道で— 活字を— 漏れを—
尾籠《びろう》 —な話で恐縮ですが —千万
天鵞絨《ビロード》 —の洋服 —の感触
広《ひろ》がる 「拡がる」とも。事件が— 視野が—
広《ひろ》め 「披露目」とも。芸者がお—をする

広《ひろ》める 「拡める」とも。敷地を— 道を—
広《ひろ》める 「弘める」とも。宗教を— 名を—
悲話《ひわ》 若き男女の— 戦争に秘められた—
秘話《ひわ》 革命の成功にまつわる— 政界—
鶸《ひわ》 秋、わが国に渡ってくる—
枇杷《びわ》 暖かい地方に多い— —の実がなる
琵琶《びわ》 —をひく 平家— 薩摩《さつま》—
卑猥《ひわい》 —な話 —な行為 —なふるまいに及ぶ
日割《ひわり》 —で勘定する 試験の—を見る —計算
便《びん》 適当な—で届ける —に託する 航空—
瓶《びん》 「壜」とも。—に詰める ビール—
鬢《びん》 —のほつれを気にする —をかき上げる
品位《ひんい》 大国民の—を汚す —を落とす
品格《ひんかく》 —を高める —が下がる 貴人の—

敏活《びんかつ》 事務を—に処理する 行動が—だ
敏感《びんかん》 —な神経の持主 —に反応する
賓客《ひんきゃく》 外国から—を迎える —をもてなす
貧窮《ひんきゅう》 —のどん底にあえぐ —を窮める
貧苦《ひんく》 —に耐える —の生涯《しょうがい》を送る
貧血《ひんけつ》 —で倒れる 彼女は—のたちだ —症
備後《びんご》 旧国名、広島県の東半部。—表《おもて》
品行《ひんこう》 —を慎む —が悪い —方正
貧困《ひんこん》 —を窮める —な家庭 思想が—だ
品詞《ひんし》 わが国のことばは十の—に分けられる
瀕死《ひんし》 交通事故で—の重傷を負う
品質《ひんしつ》 —の検査 —を高める —のよしあし
貧者《ひんじゃ》 金額は少なくても—の一灯である
貧弱《ひんじゃく》 —なからだ —な建物 思想が—だ

品種《ひんしゅ》 —を改良する 英国産の—を取り寄せる
顰蹙《ひんしゅく》 彼の言動は心ある人の—を買った
頻出《ひんしゅつ》 新聞・雑誌に—する漢字 ミスの—
敏捷《びんしょう》 —な動作 —に動き回る
便乗《びんじょう》 父の車に—する 時流に—する
貧《ひん》する 貧すれば鈍する
瀕《ひん》する 死に— 会社は今や危機に—
品性《ひんせい》 —が劣る 高雅な— —を陶冶(とうや)する
稟性《ひんせい》 天性。彼のすぐれた人格は—のものだ
擯斥《ひんせき》 社会から—を受ける 友人の—にあう
貧賤《ひんせん》 —の生活に甘んじる —の士
便船《びんせん》 次の—が来るのを待つ —で帰る
便箋《びんせん》 —十枚に書きつづる 絵入りの—
貧相《ひんそう》 —な男 —なからだ —な服装

敏速《びんそく》 —に行動する —な処置に満足する
瓶詰《びんづめ》 —の酒よりたる詰のほうがよい
頻度《ひんど》 よく使われる漢字の—を調べる —数
貧農《ひんのう》 —の生活 —の次男として生まれる
頻発《ひんぱつ》 事故が—する 不祥事の—に頭を痛める
頻繁《ひんぱん》 交通が—だ —に往復する
品評《ひんぴょう》 作品の—を試みる 菊の—会
頻々《ひんぴん》 盗難が—としてある —と地震が起こる
貧富《ひんぷ》 —の差が開く —の別なく参加する
貧乏《びんぼう》 —な生活 —している —性(しょう) —神
貧民《ひんみん》 —街 —窟(くつ) —救済事業
品目《ひんもく》 —を書く —を調べる —別に並べる
紊乱《びんらん》 風紀が—する —した秩序を回復する
敏腕《びんわん》 —を振るう —な刑事 社長は—家だ

ふ

府《ふ》 学術の— 京都— 総理—の長官
負《ふ》 正と— —の数
訃《ふ》 恩師の—に接する
腑《ふ》 彼の話には—に落ちない点がある
賦《ふ》 詩の一体。早春の— 赤壁の—
譜《ふ》 歌曲の— —を読む 五線—
麩《ふ》 金魚に—をやる
斑《ふ》 まだら。斑点。 —入りの花 虎(とら)の—
分《ぶ》 一—一厘 —がある ちょっと—が悪い
部《ぶ》 一—三巻 上の— 夜の—の席 宣伝—
歩合《ぶあい》 利益の— 一割の—を出す —制度
分厚《ぶあつ》い 「部厚い」とも。 —本

不安《ふあん》 一抹(いちまつ)の—が残る —な毎日 —に思う
不意《ふい》 —を食う —の事件 —に訪れる —打ち
武威《ぶい》 堂々たる— —を示す 輝かしい—
部位《ぶい》 全体に対する位置。陰になる—
呎《フィート》 一—は十二インチで、約三十センチ
扶育《ふいく》 「傅育」とも。幼児を—する —係
鞴《ふいご》 かじ屋は—で火をおこす —祭り
吹聴《ふいちょう》 自慢話を—する —して歩く
不一《ふいつ》 手紙の結びに使うことば。
不入《ふいり》 今月の興行は—だ —の遊園地
比律賓《フィリピン》 東南アジアの共和国。
訃音《ふいん》 死去の知らせ。親友の—に接して驚く
無音《ぶいん》 —に打ち過ぎ ご—申しわけありません
風合《ふうあい》 織物に触れた感じ。—のいい毛布

風圧《ふうあつ》 風の圧力計。強い—に耐える —計
封印《ふういん》 —を破る とびらに—する
風雲《ふううん》 —に乗じる —急を告げる —の志
諷詠《ふうえい》 —の俳句 自然を—する 花鳥
風化《ふうか》 —の進んだ岩石 —作用
風雅《ふうが》 —の道を学ぶ —をたしなむ —の人
風害《ふうがい》 —を受ける —による損失
風格《ふうかく》 りっぱな—の人 彼には—がある
封緘《ふうかん》 —した信書
風紀《ふうき》 学生の—が乱れている —を正す
富貴《ふうき》 「ふっき」とも。 —の人 —な境遇
封切《ふうきり》 近々—になる映画 —映画 —館
風景《ふうけい》 美しい— —を愛(め)でる —画
風光《ふうこう》 美しい—の地 —明美 —絶佳

風向《ふうこう》 ―計で風向きを調べる

封鎖《ふうさ》 港を―する ―を解く 預金―

風采《ふうさい》 「風釆」とも。 ―の揚がらない人

夫子《ふうし》 人を敬っていう語。 先生。―自身の言

風刺《ふうし》 「諷刺」とも。社会悪を―する ―画

風習《ふうしゅう》 外国の―に慣れない人 変わった―

封書《ふうしょ》 一通の―を差し出す ―の表書き

風食《ふうしょく》 「風蝕」とも。―作用でくずれたがけ

封《ふう》じる 袋の口を― 野党の発言を―

風雪《ふうせつ》 ―が強くなる 長い間の―に耐える

風説《ふうせつ》 よくない―が流れる ―に迷わされる

風船《ふうせん》 ―を飛ばす ―玉 ゴム― 紙―

風前《ふうぜん》 彼の命は―の灯(ともしび)である

風速《ふうそく》 ―二十メートルの風 ―が衰える ―計

風俗《ふうぞく》 外国の―習慣 ―が乱れる ―史

風袋《ふうたい》 ―ごと目方を量る ―ぐるみの重さ

風致《ふうち》 ―を害する ―地区 美しい― ―林

風潮《ふうちょう》 時代の―に従う 社会の―を考える

風体《ふうてい》 みすぼらしい―の男 ―に構わない

瘋癲《ふうてん》 ―の寅(とら)さん

風土《ふうど》 わが国の― 気候と― ―病

封筒《ふうとう》 ―に入れる ―の表 書き 角―

風胴《ふうどう》 「風洞」とも。 ―で実験する模型

封入《ふうにゅう》 写真を―して送る 資料を―する

風波《ふうは》 ―が高い 家庭内に―が絶えない

風媒花《ふうばいか》 風で花粉を運ぶ―

風発《ふうはつ》 談論―とどまるところを知らない

風靡《ふうび》 一世を―した歌

風評《ふうひょう》 よくない―が流れる ―を打ち消す

夫婦《ふうふ》 ―になる ―生活 ―連れ 若― 老―

風物《ふうぶつ》 自然の―に接する ―流 ―詩

風聞《ふうぶん》 よくない―を打ち消す ―を耳にする

風貌《ふうぼう》 たくましい― 彼の―が察せられる手紙

風味《ふうみ》 この菓子は―がよい ―が落ちる

風紋《ふうもん》 砂丘に―が生じる

風来坊《ふうらいぼう》 彼は相変わらずの―だ

風流《ふうりゅう》 ―の道を学ぶ ―な人

風鈴《ふうりん》 軒に―をつる ―の音が涼しい

封蝋《ふうろう》 びんの口を―で密封する

風浪《ふうろう》 ―と戦う ―にもまれる漁船

不運《ふうん》 ―な一生を送る ―にも敗れた

武運《ぶうん》 ―つたなく敗れる ―の長久を祈る

不壊《ふえ》 こわれることがない。金剛―の力

笛《ふえ》 ―を吹く ―の音 一管の―を携える

不易《ふえき》 万古―の価値 ―流行 万代―

斧鉞《ふえつ》 斧(おの)と鉞(まさかり)。詩文の訂正。―を加える

不得手《ふえて》 ―な学科 ―な手段

殖《ふ》える 雑草が― 財産が― 目方が―

不縁《ふえん》 つりあわぬは―のもと ―に終わる

敷延《ふえん》 「敷衍」とも。論旨を―して説明する

不穏《ふおん》 ―な形勢になる ―な空気 ―分子

醜女《ぶおんな》 ―と醜男(ぶおとこ)

不可《ふか》 可もなく―もない 提案を―とする

付加《ふか》 「附加」とも。条件を―する ―価値

賦課《ふか》 税を―する 各自に仕事を―する

負荷《ふか》 エンジンに掛かる― ―に耐える

孵化《ふか》 卵が―する 電熱で―する ―器

鱶《ふか》 大形の鮫(さめ)の俗称。 ―に襲われる

部下《ぶか》 よい―を持つ ―をたいせつにする

不快《ふかい》 ―な思いをする ―指数

深《ふか》い ―海 欲が― ―知識 深く反省する

腑甲斐《ふがい》 ―ない男だ

不可解《ふかかい》 ―なことが多い社会

不覚《ふかく》 ―を取る ―の一敗 ―の涙 前後―

富岳《ふがく》 富士山。 ―を仰ぐ ―三十六景

舞楽《ぶがく》 宮中に伝わる― ―の面

不可欠《ふかけつ》 ―の要件 ―の人物

不可抗力《ふかこうりょく》 ―の事故

不可思議《ふかしぎ》 ―な事件

不可侵《ふかしん》 ―条約 相互―

更《ふ》かす　マージャンをして夜を―
蒸《ふ》かす　芋を―　赤飯を―
無格好《ぶかっこう》　「不恰好」とも。―な服
深手《ふかで》　戦場で―を負う　―を受ける
不可避《ふかひ》　今やストは―となった
不可分《ふかぶん》　―の関係　密接―
俯観《ふかん》　「俯瞰」とも。山頂から―する　―図
武官《ぶかん》　陸軍―　海軍―　侍従―　―と文官
不感症《ふかんしょう》　―になる　事故に―
不帰《ふき》　―の客となる　―の旅路に立つ
不羈《ふき》　束縛されない。独立―　奔放な性格
付記《ふき》　「附記」とも。内訳を―する
蕗《ふき》　―の葉　―のとう
不義《ふぎ》　―を働く　―はお家の御法度(ごはっと)

付議《ふぎ》　会議に議案を―する　―事項
武器《ぶき》　―を執って戦う　同盟国に―を供与する
武技《ぶぎ》　―を学ぶ　琉球(りゅうきゅう)伝来の―
不吉《ふきつ》　―な予感がする　夜の蜘蛛(くも)は―だ
吹出物《ふきでもの》　―を直す薬　顔の―
吹流《ふきなが》し　飛行場の―　―を立てる
無気味《ぶきみ》　―な音がする　―な夜
不急《ふきゅう》　―の事業　不要―の仕事
不朽《ふきゅう》　―の業績を残す　―の名声　―の名作
腐朽《ふきゅう》　―した家屋　柱が―する
普及《ふきゅう》　教育が―する　新製品の―を図る
不況《ふきょう》　―に見舞われる　―対策　―カルテル
不興《ふきょう》　父の―を買う　主君の―を被る
布教《ふきょう》　新宗教を―する　―師　―に努める

富強《ふきょう》　国家の―を図る　―な国　―策
俯仰《ふぎょう》　―天地に恥じない行為
無器用《ぶきよう》　「不器用」とも。―な人
奉行《ぶぎょう》　武家の職名。町―　寺社―　勘定―
不行跡《ふぎょうせき》　―がばれる
不許複製《ふきょふくせい》
付近《ふきん》　「附近」とも。―の家　自宅―の遊び場所
布巾《ふきん》　―で茶わんをふく　―掛け
服《ふく》　―を着る　よそ行きの―　夏―
副《ふく》　主と―　正と―　―主任　―作用
福《ふく》　―は内、鬼は外　―の神
吹《ふ》く　風が―　笛を―　ほらを―　芽を―
噴《ふ》く　火を―山　畳に霧を―　汁(しる)が―
拭《ふ》く　ぞうきんで机を―　手を―　涙を―

葺《ふ》く　屋根を―　軒をトタン板で―
不具《ふぐ》　交通事故で―になる　―者
河豚《ふぐ》　「鰒」とも。―は食いたし命は惜しし
腹案《ふくあん》　―を持って会議に臨む　―を練る
馥郁《ふくいく》　―たる梅の香　―として咲く菊の花
復員《ふくいん》　戦争が終わって―する　―軍人
幅員《ふくいん》　河川の―を広げる　―四メートルの道路
福音《ふくいん》　―を伝える　―を説く　―書
不遇《ふぐう》　―に泣く　―を嘆く　―な一生を送る
福運《ふくうん》　―に恵まれる　―が付く
服役《ふくえき》　刑務所で―する　―中の囚人
復縁《ふくえん》　男に―を迫る　別れて二年めに―した
伏臥《ふくが》　はらばう。畳の上に―する　―の姿勢
複眼《ふくがん》　海老(えび)・蟹(かに)・蟬(みせ)などの目。―と単眼

副業《ふくぎょう》　―に養鶏をやる　―による収入
復元《ふくげん》　法隆寺の壁画を―する　―作業
復原力《ふくげんりょく》　傾いたときの―
複合《ふくごう》　二語が―する　―語　―体　―国家
袱紗《ふくさ》　香典を―に包む　茶道(さどう)の―さばき
伏在《ふくざい》　裏面に―する原因　種々な事情が―する
服罪《ふくざい》　判決を受けてすぐ―する
複雑《ふくざつ》　―な事情　家庭が―である　―怪奇な話
副作用《ふくさよう》　―を起こす　薬の―
福祉《ふくし》　社会の―に貢献する　―事業　―施設
副詞《ふくし》　―は用言などを修飾する
服地《ふくじ》　上等な―　流行の―を買う　輸入した―
複式《ふくしき》　―火山　―学級　―簿記
複写《ふくしゃ》　原稿を―する　―機　―紙

輻射《ふくしゃ》 放射。―熱 ―エネルギー ―暖房

復習《ふくしゅう》 習ったことを―する 予習と―

復讐《ふくしゅう》 父の―を誓う 敵に―する

服従《ふくじゅう》 命令に―する 絶対―を誓う

福寿草《ふくじゅそう》 日の障子太鼓の如し―

副署《ふくしょ》 詔書に総理大臣が―する

復唱《ふくしょう》 「復誦」とも。上官の命令を―する

服飾《ふくしょく》 ―を整える ―品 ―デザイナー

副食《ふくしょく》 主食と― ―費を切り詰める

副審《ふくしん》 競技の―を勤める 主審と―

腹心《ふくしん》 ―の者に言い含める ―の部下 部長の―

複数《ふくすう》 単数と― ―方式

服《ふく》する 罪に― 命令に― 判決に― 茶を―

復《ふく》する 旧に― 元に―

複製《ふくせい》 名画を―する ―の絵はがき

伏線《ふくせん》 ―を張る これが後の―となる

複線《ふくせん》 ―の工事を進める 単線と―

服装《ふくそう》 ―を正す けばけばしい―の女

福相《ふくそう》 ―の人 彼女は―を持っている

輻湊《ふくそう》 「輻輳」とも。交通が―する 事務の―

腹蔵《ふくぞう》 ―なく意見を言う ―なく話し合う

不倶戴天《ふぐたいてん》 ―の敵

復調《ふくちょう》 体力に―のきざしが見える

不屈《ふくつ》 ―の精神でがんばる 不撓《ふとう》―

腹痛《ふくつう》 ―を訴える ―を起こす ―が治まる

覆轍《ふくてつ》 前者の失敗の跡。―を見て戒める

福徳《ふくとく》 ―円満な人柄

服毒《ふくどく》 ―自殺を計る 密室で―する ―事件

復配《ふくはい》 景気がよくなって―した

腹背《ふくはい》 ―に敵を受ける

福々《ふくぶく》しい ―顔つきの社長 ―女主人

複々線《ふくふくせん》 ―の工事が完了した

瓢《ふくべ》 「瓠」とも。―に酒を入れる

伏兵《ふくへい》 こんな場所に―がいるとは思わなかった

副本《ふくほん》 ―を提出する 正本と―

複本《ふくほん》 株式名簿の― 手形の― 原本と―

腹膜《ふくまく》 ―に炎症を起こす ―炎

伏魔殿《ふくまでん》 汚職事件の続発する―

含《ふく》み ―のあることば ―笑い ―声 ―資産

服務《ふくむ》 ―する職員 ―規律を守る ―心得

復命《ふくめい》 本隊に帰って部隊長に―する 復唱と―

覆滅《ふくめつ》 敵の部隊を―する

含《ふく》める 必要な経費を―かんで―ように

覆面《ふくめん》 手ぬぐいで―する ―の賊が侵入する

服喪《ふくも》 ―中につき年賀は失礼いたします

服薬《ふくやく》 ―の時間が来た ―の心得

服用《ふくよう》 この薬は食後三十分して―してください

服膺《ふくよう》 師のことばを―する 拳々《けんけん》―

複葉《ふくよう》 南天《なんてん》の葉は―です ―の飛行機

膨《ふく》らむ 「脹らむ」とも。風船が― 夢が―

福利《ふくり》 国民の―を図る ―増進

複利《ふくり》 この債券は―だから得だ ―法 ―表

伏流《ふくりゅう》 地下を流れる水。―水の調査

復路《ふくろ》 駅伝は往路を終えて―に掛かる

袋《ふくろ》 菓子を―に入れる ―の中の鼠《ねずみ》

梟《ふくろう》 夜行性で目の大きい― ―部隊

福禄寿《ふくろくじゅ》 七福神の一。

夫君《ふくん》 彼女の―は大学教授だ ―にもよろしく

武勲《ぶくん》 輝かしい―を立てる ―赫々《かっかく》

雲脂《ふけ》 頭の―をかく ―がかゆい ―取り

武家《ぶけ》 ―の家柄 ―時代 ―政治

不敬《ふけい》 ―にわたる言動 ―の行為

父兄《ふけい》 在校生の― ―の代表

父系《ふけい》 父方の血統。―のおば ―制

婦警《ふけい》 婦人警察官。児童の交通指導に当たる―

武芸《ぶげい》 ―百般に通じる ―者 ―十八番

不潔《ふけつ》 ―な食べ物 ―な金はもらわない

化《ふ》ける 古くなって―

老《ふ》ける 早く― 年以上に老けて見える

更《ふ》ける 夜が―

耽《ふけ》る 読書に— 遊びに— 思索に—
不言《ふげん》 —実行を重んじる —不語
付言《ふげん》 「附言」とも。巻末に—する 念のため—
不見識《ふけんしき》 —な行動 —窮まる
分限者《ぶげんしゃ》 金持。彼は—ですよ
不孝《ふこう》 親—すると罰(ばち)が当たる —者
不幸《ふこう》 —なできごと 正月早々—があった
符号《ふごう》 —を合わせる —で書く
符合《ふごう》 彼の言うことは事実と—する
富豪《ふごう》 世界有数の— —と結婚した女優
布告《ふこく》 —を発する 宣戦— 占領軍の—
誣告《ぶこく》 事実を曲げた告訴。—罪
富国強兵《ふこくきょうへい》 —の策
武骨《ぶこつ》 「無骨」とも。—者とそしられる

総《ふさ》 「房」とも。ひもの— 藤(ふじ)の花の—
負債《ふさい》 多額の—を負う —を返済する
不在《ふざい》 父は—です —地主 —者投票
無細工《ぶさいく》 「不細工」とも。—な品
不作《ふさく》 ことしは麦が—だった —の年
塞《ふさ》ぐ 手で口を— 車が道路を— 穴を—
鬱《ふさ》ぐ 姉はこのごろ鬱いでいる 気が—
無沙汰《ぶさた》 ご—しております
無作法《ぶさほう》 「不作法」とも。—な人
相応《ふさわ》しい 収入に—生活 彼に—妻
不参《ふさん》 総会には都合により—いたします —届
節《ふし》 竹の— 歌の— 怪しい—がある
節穴《ふしあな》 塀(へい)の—からのぞく あいつの目は—だ
不治《ふじ》 「ふち」とも。—の病にかかる

不時《ふじ》 —の用に備える —着陸 —着水
藤《ふじ》 —の花がふさになって咲く —棚(たな)
武士《ぶし》 —は食わねど高楊子(たかようじ) —道
無事《ぶじ》 —を喜ぶ —に暮らす 安穏(あんのん)—
不思議《ふしぎ》 —な人物 —に思える
節榑《ふしくれ》 —の多い材木 —立った手
不日《ふじつ》 近いうちに。近日。—参上いたします
不実《ふじつ》 相手の—を責める —な男
不躾《ぶしつけ》 —ながらお尋ねします —な質問
藤袴《ふじばかま》 秋の七草の一。
不始末《ふしまつ》 火の—が原因で大火に
不死身《ふじみ》 —を誇る —な男
浮腫《ふしゅ》 足に—ができる 顔の—が取れる
部首《ぶしゅ》 漢和辞典を—で引く —別の配列 —索引

無祝儀《ぶしゅうぎ》 「不祝儀」とも。祝儀—
不首尾《ふしゅび》 試験の結果は—だった
不純《ふじゅん》 —な動機 —な液体 —物 —異性交遊
不順《ふじゅん》 —な天候 気候—のおりから 生理—
扶助《ふじょ》 相互—の精神 遺族—料
婦女《ふじょ》 —をいたわる —暴行罪
部署《ぶしょ》 —を決める おのおのの—につく
不祥《ふしょう》 —な事件 表ざたになった—事
不詳《ふしょう》 作者—の物語 意味—のことば 生死—
不肖《ふしょう》 —の子 —ながら小生が…
負傷《ふしょう》 ころんで—する —者の手当て
不浄《ふじょう》 —の身 —の金 ご—を拝借したい
浮上《ふじょう》 潜水艦が—する 水中から—する
武将《ぶしょう》 勇敢な— 戦国—の物語

無精《ぶしょう》 —をする —者 —ひげをはやす
不承不承《ふしょうぶしょう》 —認める
夫唱婦随《ふしょうふずい》 —の家庭
扶植《ふしょく》 勢力を—する 長年掛かって—した実力
腐食《ふしょく》 「腐蝕」とも。—した土台 薬品で—する
腐植《ふしょく》 —土に菊の苗を植える —作物
侮辱《ぶじょく》 弱い者を—する —を加える —罪
不信《ふしん》 —を責める —感をいだく —行為
不審《ふしん》 —な点をただす —をいだく 挙動—
不振《ふしん》 売れ行きが—な品 経営— 打撃—
腐心《ふしん》 局面打開に—する
普請《ふしん》 家の—をする 橋を—する 道—
夫人《ふじん》 —とともに姿を見せる —同伴 賢—
婦人《ふじん》 —参政権 —警察官 —科 —会

布陣《ふじん》 川沿いに―する 鉄壁の― 堂々の―
不寝番《ふしんばん》 今夜の― ―に立つ
伏《ふ》す 地に― 伏して拝む 伏してお願いします
伏《ふ》す 「臥す」とも。寝る。病の床に―
付図《ふず》 「附図」とも。巻末の―を参照 地理―
不随《ふずい》 ―の身を持て余す 半身―
付随《ふずい》 「附随」とも。事件に―して起こった騒ぎ
無粋《ぶすい》 「不粋」とも。―なことを言うな
部数《ぶすう》 ―を限定して出版する 発行―
衾《ふすま》 ―を掛けて寝る 夜の―
襖《ふすま》 ―のあけたて ―を閉《し》める ―障子
麩《ふすま》 小麦の皮。戦争中は―も食糧にした
付《ふ》する 公判に― 審査に― 競売に―
付《ふ》する 「附する」とも。条件を― 意見を―

賦《ふ》する 詩を― 税金を―
布施《ふせ》 坊さんにお―を包む
不正《ふせい》 ―を糾弾する ―が発見される
不整《ふせい》 脈が―になる ―脈
不省《ふせい》 交通事故で人事―に陥る
風情《ふぜい》 ―のある庭 弟―にはできない
無勢《ぶぜい》 多勢に―でとてもかなわない
不世出《ふせいしゅつ》 ―の英雄 ―の名人
布石《ふせき》 碁の―を習う 将来に備えて―する
防《ふせ》ぐ 敵を― 伝染病を― 寒さを―
伏《ふ》せ字《じ》 ―の多いエロ本
付設《ふせつ》 「附設」とも。大学に―した研究所
符節《ふせつ》 ―を合わせたように一致する
浮説《ふせつ》 ―に惑わされる 流言―

敷設《ふせつ》 鉄道を―する 機雷を―する
布設《ふせつ》 水道を―する ガスの―
付箋《ふせん》 「附箋」とも。―が付いて戻《もど》ってきた
不全《ふぜん》 発育― 心―
不善《ふぜん》 ―を慎む 小人閑居して―をなす
憮然《ぶぜん》 一回戦で負けて―たる面持ちの監督
豊前《ぶぜん》 旧国名、福岡県東部と大分県北部。
父祖《ふそ》 ―の墓にもうでる ―伝来の家業を継ぐ
扶桑《ふそう》 日本の異名。
武装《ぶそう》 ―した暴徒 ―を解除する ―中立
不相応《ふそうおう》 身分―な生活をする
不足《ふそく》 資金が―する 人材の―を嘆く
不測《ふそく》 ―の事故 ―の災害が起こる
付則《ふそく》 「附則」とも。本則のあとに―を付ける

付属《ふぞく》 「附属」とも。―病院 大学に―する高校
不即不離《ふそくふり》 ―の関係
不遜《ふそん》 ―の言は慎む ―なやからを取り締まる
蓋《ふた》 鍋《なべ》の― 臭いものに―をする
札《ふだ》 下足の― お守り― ―付きの男 ―止め
豚《ぶた》 ―のしっぽ ―小屋 ―に真珠
付帯《ふたい》 「附帯」とも。―する条件 ―決議
譜代《ふだい》 「譜第」とも。外様《とざま》と― ―の大名
部隊《ぶたい》 ―を統率する ―を派遣する ―長
舞台《ぶたい》 ―で踊る 晴れの― 清水《きよみず》の―
不退転《ふたいてん》 ―の決意で臨む
付託《ふたく》 議案を委員会に―する
負託《ふたく》 国民の―にこたえる
札所《ふだしょ》 西国八十八か所の― ―巡り

再《ふたた》び 騒ぎが―起こる 二度と―繰り返すな
二葉《ふたば》 「双葉」とも。栴檀《せんだん》は―より芳し
負担《ふたん》 費用を―する ―に感じる 受益者―
不断《ふだん》 ―の努力 ―の香をたく 優柔―
普段《ふだん》 ―の心掛け ―からの努力 ―着
不治《ふち》 「ふじ」とも。―の病 ―の床についている
布置《ふち》 配置。庭石の―がおもしろい
縁《ふち》 へり。川の― 額― 金―のめがね
淵《ふち》 川の深いところ。―と瀬 ―に落ち込む
斑《ぶち》 ―の猫《ねこ》 おしろいがはげて―になる
付着《ふちゃく》 「附着」とも。血痕《けっこん》が―する
不調《ふちょう》 交渉が―に終わる 選手が―を訴える
符丁《ふちょう》 「符牒・符帳」とも。値段を―で付ける
婦長《ふちょう》 院長の回診には―がついて行く

無調法《ぶちょうほう》 「不調法」とも。—な男
浮沈《ふちん》 一家の—にかかわる 父の死 経済界の—
不通《ふつう》 鉄道が—になる 音信—の友人
普通《ふつう》 —では考えられない —急行 —課程
物価《ぶっか》 —が上がる —騰貴 —指数
伏角《ふっかく》 水平から下向きの角度。仰角と—
仏閣《ぶっかく》 神社—を巡る —を拝する
復活《ふっかつ》 予算の—を図る キリストの— —祭
副官《ふっかん》 将軍の—を勤める 大将と—
復刊《ふっかん》 機関誌を—する —した雑誌
復帰《ふっき》 被占領地が本国に—する 現職に—する
文月《ふづき》 「ふみづき」とも。旧暦七月の異名。
物議《ぶつぎ》 彼の発言が—をかもした —の種となる
復仇《ふっきゅう》 —を志す —戦 みごと—する

復旧《ふっきゅう》 災害が—する —が遅れる
払暁《ふつぎょう》 —に火事があった —の戦闘
復啓《ふっけい》 返事の手紙の書出しに使うことば。
復権《ふっけん》 破産者の—を認める 恩赦による—
物件《ぶっけん》 証拠—を提出する 売却の—
物権《ぶっけん》 —を有する者 —を主張する
復古《ふっこ》 —主義 王政— —思想 —的な動き
物故《ぶっこ》 祖母は先年—した —者の慰霊祭
復校《ふっこう》 病気が直って—する —願
復興《ふっこう》 焼土から—した町 —計画 文芸—
不都合《ふつごう》 —を来たす —なやつだ
復刻《ふっこく》 「覆刻」とも。原本を—する —本
物産《ぶっさん》 郷土の— —陳列所 —展
物資《ぶっし》 —を補給する 山のような— 救援—

物質《ぶっしつ》 —文明 —主義 —名詞 —的
物証《ぶっしょう》 —を残さない犯罪 —を突き付ける
物象《ぶっしょう》 物理・化学・鉱物を一括して—という
物情《ぶつじょう》 —騒然
払拭《ふっしょく》 疑問点を—する 汚名を—する
物色《ぶっしょく》 適材を—する 土地を—中です
物心《ぶっしん》 —両面にわたる援助
弗素《ふっそ》 元素の一。—化合物 —樹脂
物騒《ぶっそう》 —な世の中になる —千万だ
仏像《ぶつぞう》 —の彫刻 —を安置する
仏陀《ぶっだ》 —の教えを守る
仏壇《ぶつだん》 —に礼拝(らいはい)する —の中の位牌(いはい)
仏頂面《ぶっちょうづら》 しかられて—をする
不束《ふつつか》 —な者ですがどうぞよろしく —な芸

払底《ふってい》 野菜が—している 人材—の感がある
物的《ぶってき》 —損害が大きい —証拠を示す
沸点《ふってん》 沸騰する温度。水が—に達する
沸騰《ふっとう》 お湯が—する —点 世論が—する
物納《ぶつのう》 租税を—する —か金納か
仏罰《ぶつばつ》 「ぶつばち」とも。—が当たる
仏滅《ぶつめつ》 六曜の一。—の日には結婚式が少ない
仏門《ぶつもん》 —に入る —に帰依(きえ)する
物欲《ぶつよく》 「物慾」とも。—を満足さす 飽くなき—
物理《ぶつり》 —を学ぶ —と化学 —的変化
物量《ぶつりょう》 —を誇る —に物を言わせる
物療《ぶつりょう》 物理療法。—内科
筆《ふで》 —と墨 —が走る —が立つ —を折る
不定《ふてい》 住所—の男 —冠詞 —形 —方程式

不貞《ふてい》 —を働く
不逞《ふてい》 —のやから —の徒 —の志をいだく
不適《ふてき》 彼には—な作業だ 適—
不敵《ふてき》 —な笑い —な人間 —なつら魂 大胆—
不図《ふと》 —思い出す —したことから
太《ふと》い —糸 —声 足が— —やつだ 腹が—
埠頭《ふとう》 船が—に横着けになる —で見送る
不当《ふとう》 —な処置 —な利益 —労働行為
不同《ふどう》 順序— 大小—
不動《ふどう》 —の姿勢 お—さまの縁日 —明王(みょうおう)
浮動《ふどう》 相場が—する 人気が—する —票
婦道《ふどう》 女子学生に—を説く —の手本
舞踏《ぶとう》 「舞蹈」とも。—会 —曲
武道《ぶどう》 —に励む —のけいこ

葡萄《ぶどう》 ―のふさ ―酒 ―糖 ―状球菌
不倒翁《ふとうおう》 起き上がり小法師。
不凍港《ふとうこう》 冬も凍らない港。
不撓不屈《ふとうふくつ》 ―の精神
風土記《ふどき》 出雲《いずも》の― 国の―
不徳《ふとく》 身の―を顧みず ―のいたすところ
婦徳《ふとく》 りっぱな―を身に備えた夫人
不得要領《ふとくようりょう》 ―な説明
懐《ふところ》 大金を―にする ―が暖かい ―ぐあい
太っ腹《ふとっぱら》 ―の社長 案外―なところがある
不届き《ふとどき》 ―を働く ―なやつだ ―至極
布団《ふとん》 「蒲団」とも。―を敷く 座― ―蒸し
鮒《ふな》 ―を釣《つ》る ―の甘露煮
橅《ぶな》 「山毛欅」とも。高い―の木

船足《ふなあし》 「船脚」とも。―が遅い ―を速める
不仲《ふなか》 兄と―になる
船路《ふなじ》 ―の果て 遠い― はるかなる―
船端《ふなばた》 「舷」とも。ふなべり。―をたたく
船縁《ふなべり》 ―にもたれて物思いにふける
船宿《ふなやど》 ―の主《あるじ》 ―から釣舟《つりぶね》を出す
不慣れ《ふなれ》 ―な仕事
無難《ぶなん》 手を出さないほうが―です ―なやり方
不如意《ふにょい》 万事―です 手元―
不妊《ふにん》 ―の女性 ―症を治療する
赴任《ふにん》 任地に―する ―のあいさつ ―旅費
腑抜け《ふぬけ》 ショックで―になる ―なやつらめ
船《ふね》 ―で帰る 乗りかかった―
舟《ふね》 小舟。漁師の― ―をこぐ

不燃性《ふねんせい》 ―の建材 ―フィルム
不能《ふのう》 暴風雨で登山が―になる 生活―者
富農《ふのう》 ―の家 ―と貧農
布海苔《ふのり》 ―から糊《のり》を作る
不敗《ふはい》 ―を誓う 絶対―の体制
腐敗《ふはい》 食物が―する 精神の― ―した政治
不買《ふばい》 輸入品の―を勧める ―同盟
布帛《ふはく》 布。きれ。木綿と絹。織物。
浮薄《ふはく》 ―な風潮 ―な生活 軽佻《けいちょう》―
不発《ふはつ》 ピストルはさいわい―に終わった
不抜《ふばつ》 確固―の精神 堅忍―の志
不払い《ふばらい》 いまだに家賃が―である
武張る《ぶばる》 顔の武張った警官 武張った格好
不備《ふび》 書類が―で返される 相手の―を突く

不評《ふひょう》 識者の―を買う 世人の―を被る
付表《ふひょう》 「附表」とも。―を参照してください
浮標《ふひょう》 水路の―に注意する 底引網の―
不敏《ふびん》 ―の身をもって会長に就任する
不憫《ふびん》 「不愍」とも。幼い遺児を―に思う
部品《ぶひん》 自動車の― ―の修理 ―を売る店
無風流《ぶふうりゅう》 ―な門構え ―な人
吹雪《ふぶき》 ―が荒れ狂う 桜― 紙―
不服《ふふく》 ―を唱える ―を申し立てる
部分《ぶぶん》 全体と―の関係 不明の― ―品
不文律《ふぶんりつ》 社内の―
不平《ふへい》 ―を漏らす ―を鳴らす ―顔 ―分子
侮蔑《ぶべつ》 後輩を―する ―の目で見る ―的行為
不変《ふへん》 ―の真理 永久― ―の愛を誓う

普遍《ふへん》 ―妥当 ―化する ―性がある ―的
不便《ふべん》 交通の―な土地 ―を掛ける
不偏不党《ふへんふとう》 ―の立場
不法《ふほう》 ―な処置 ―な条件 ―監禁
訃報《ふほう》 恩師の―に接する
不摩《ふま》 「不磨」とも。不朽。千古―の大典
不満《ふまん》 ―をぶちまける 欲求― 不平―
文《ふみ》 「書」とも。―読む窓
踏切《ふみきり》 ―で自動車事故があった ―の警手
文月《ふみづき》 「ふづき」とも。
不眠《ふみん》 ―不休の努力 ―症
踏む《ふむ》 人の足を― 場数を― 三万円と―
踏む《ふむ》 「履む」とも。手続を― 課程を―
踏む《ふむ》 「践む」とも。守り行なう。人の道を―

ふ

不向《ふむ》き　こどもに―の映画　向き―
不明《ふめい》　―を恥じる　正体―　の者　行くえ―
不滅《ふめつ》　―の名を残す　―の真理　霊魂―
部面《ぶめん》　従来とは違った―で活躍する
不毛《ふもう》　―の地を開拓する　芸術が―の社会
麓《ふもと》　山の―　―の村　―の草原
不問《ふもん》　今回は―にしておく　不祥事を―にする
部門《ぶもん》　音楽―で優勝する　営業―が弱い
武門《ぶもん》　―の家柄　―の誉れ
潤《ふや》ける　水に―　手が―　態度が―
不夜城《ふやじょう》　―のような明るさ
殖《ふ》やす　財産を―　家畜を―
浮遊《ふゆう》　「浮游」とも。水面を―する　―物
富裕《ふゆう》　―な境遇　―な家庭に育つ

武勇《ぶゆう》　―にひいでる　―伝
冬籠《ふゆごもり》　―の準備をする　―する動物
付与《ふよ》　「附与」とも。権利を―する　資格の―
賦与《ふよ》　生来―された才能
蚋《ぶよ》　「ぶゆ・ぶと」とも。―に刺される
不用《ふよう》　―の施設　予算の―額　―に帰する
不要《ふよう》　―の買物　不急―
扶養《ふよう》　母を―する　―家族　―の義務がある
芙蓉《ふよう》　―の大きな花が咲く
浮揚《ふよう》　沈没船を―する　―力が付く
舞踊《ぶよう》　―を習う　―のけいこ　日本―　―劇
無用心《ぶようじん》　戸をしめないと―です
無頼《ぶらい》　―の徒　―漢が横行する
部落《ぶらく》　山間の―

伯剌西爾《ブラジル》　南米の国。
不埓《ふらち》　―なことをする　―を働く　―者
腐乱《ふらん》　「腐爛」とも。―した死体を発見する
孵卵器《ふらんき》　―で鶏卵をかえす
仏蘭西《フランス》　―革命　―人形　―語
鰤《ぶり》　ワカシ・イナダ・ワラサ・―と名が変わる
振合《ふりあい》　両者の―を考えねばならぬ
振替《ふりかえ》　―出勤　―口座　―貯金
振返《ふりかえ》る　後ろを―　思わず―　―ほどの美人
振替《ふりか》える　伝票操作で―　入金に―
鉟力《ブリキ》　―で造る　―屋
振子《ふりこ》　地震で時計(とけい)の―が止まった
振袖《ふりそで》　―の着物　―姿のお嬢さん
振出《ふりだし》　試合が―に戻(もど)る　―手形　―人

振付《ふりつけ》　踊りの―をする
不慮《ふりょ》　―の災難にあう　―のできごと
俘虜《ふりょ》　捕虜。―生活の体験記を書く
不良《ふりょう》　成績―により落第する　町の―　―少女
不漁《ふりょう》　―で漁民が困っている　―の年　―続き
無聊《ぶりょう》　なすこともなく―に苦しむ　―な生活
浮力《ふりょく》　―が付いて飛び上がる
武力《ぶりょく》　―を行使する　―による侵略
不倫《ふりん》　人妻との―の関係を清算する　―の恋
旧《ふ》る　古くなる。世に―話
降《ふ》る　雪が―　雨と―弾丸　縁談が―ほどある
振《ふ》る　手を―　塩を―　漢字にかなを―
古《ふる》い　―品　―人　―話　その手はもう―
篩《ふるい》　―でふるう　志願者を―に掛ける

部類《ぶるい》　この品は上の―に入(はい)る　―分けする
振《ふ》るう　士気が―　人員整理の大なたを―
振《ふ》るう　「揮う」とも。権力を―　腕を―
奮《ふる》う　勇気を―　奮ってご参加ください
故郷《ふるさと》　父の―は山形です　心の―　―の歌
古巣《ふるす》　なつかしい―に帰る　元の―に戻(もど)る
振舞《ふるまい》　けしからん―に及ぶ　大盤―にあずかる
不例《ふれい》　貴人の病気。ご―と承る
無礼《ぶれい》　―をわびる　―者　―講　傲岸(ごうがん)―
触《ふ》れる　手が―　法に―　近所に触れて回る
風呂《ふろ》　―を沸かす　ガス―釜(がま)　―に入(はい)る
風炉《ふろ》　夏期、茶の湯の釜(かま)を掛ける―
浮浪《ふろう》　各地を―する　―者　―児　―生活
不労所得《ふろうしょとく》　―がある

不老不死《ふろうふし》 ―の妙薬
付録《ふろく》 「附録」とも。雑誌の―に付ける
風呂敷《ふろしき》 ―に包む ―を広げる
不和《ふわ》 夫婦仲が―になる 両国間の―を招く
付和《ふわ》 「附和」とも。 ―雷同 ―随行
不惑《ふわく》 四十歳の異称。兄ももう―を越しました
糞《ふん》 犬の―を始末する ―詰り
分《ぶん》 弟の―をくれ ―を守る この―なら
文案《ぶんあん》 ―を練る 広告の―ができた
文意《ぶんい》 ―がよくわからない ―をつかむ
雰囲気《ふんいき》 静かな― ―に酔う
文運《ぶんうん》 ―隆盛の時代
噴煙《ふんえん》 遠く三原山の―を望む ―がふき上げる
噴火《ふんか》 浅間山が―する 大―が起こる ―口

分化《ぶんか》 職業が―してきた 作業を―する
文化《ぶんか》 ―国家 ―遺産 ―映画 ―勲章 ―庁
文科《ぶんか》 ―の学生 ―と理科の区別
憤慨《ふんがい》 公務員の天下りを聞いて―する
分解《ぶんかい》 機械を―する ―そうじをする
分割《ぶんかつ》 三つに―する ―して払う 黄金(おうごん)―
分館《ぶんかん》 本館と― ―の特設会場
文官《ぶんかん》 ―と武官 ―政治
奮起《ふんき》 敗戦に―する ―一番勉強し始める
紛議《ふんぎ》 議長の発言が―をかもした
分岐《ぶんき》 道路が―する 鉄道の―点 勝敗の―点
紛糾《ふんきゅう》 ―を続けている国会 ―を解決する
文教《ぶんきょう》 ―の府 ―委員会 ―地区
分業《ぶんぎょう》 ―ですれば早くできる 医薬―

文具《ぶんぐ》 文房具。 ―店を開く
分家《ぶんけ》 弟は結婚して―した 本家と―
刎頸《ふんけい》 首をはねる。 ―の交りを結ぶ
文芸《ぶんげい》 ―が興る ―作品 ―評論 ―欄 ―家
憤激《ふんげき》 ボスの横暴に―する お役所仕事に―する
分蘖《ぶんけつ》 根元から枝が分かれ出る。稲の―
分遣《ぶんけん》 本隊から―する ―隊
文献《ぶんけん》 ―を調べる 参考― ―学的研究
分限《ぶんげん》 役人の―を守る ―免職
文庫《ぶんこ》 本を―に納める ―本 手さげ―
文語《ぶんご》 ―と口語 ―の文法 ―体の文章
豊後《ぶんご》 旧国名、大分県の大部分。
文豪《ぶんごう》 ロシアの―ツルゲーネフ ―谷崎潤一郎
粉骨砕身《ふんこつさいしん》 ―の努力

粉砕《ふんさい》 岩石を―する 敵陣を―する
文才《ぶんさい》 ―に恵まれる
分際《ぶんざい》 少しは―を心得よ 平社員の―で
分冊《ぶんさつ》 あまり厚くなったので―にする 第一―
分散《ぶんさん》 一家が―する 工場を―する 光の―
憤死《ふんし》 敗戦の報に―する 本塁寸前で―した
分子《ぶんし》 ―と分母 ―式 ―量 不平―
文士《ぶんし》 ―を志す 三文― ―気取り ―劇
紛失《ふんしつ》 重要書類を―する 指輪が―する
噴射《ふんしゃ》 ガスを―する ―機 ―推進
文弱《ぶんじゃく》 ―の風を悲しむ ―に流れる
文集《ぶんしゅう》 卒業記念の― ―を編集する
噴出《ふんしゅつ》 蒸気を―する 火山の―物 ―岩
文書《ぶんしょ》 ―をつづる 公― 重要― ―偽造罪

紛擾《ふんじょう》 学園―の責任を負って辞職する
文相《ぶんしょう》 文部大臣。
分掌《ぶんしょう》 ―を定めて服務する 事務―
文章《ぶんしょう》 ―を作る ―家 ―語
分乗《ぶんじょう》 バス三台に―する
分譲《ぶんじょう》 土地を―する ―住宅地を買う
粉食《ふんしょく》 米食よりも―を勧める
粉飾《ふんしょく》 「扮飾」とも。 ―した文章 ―決算
粉塵《ふんじん》 ―に悩む ―作業
奮迅《ふんじん》 獅子(しし)の―の勢いで戦う
文人墨客《ぶんじんぼっかく》 ―の集り
噴水《ふんすい》 池の― ―の水
分水嶺《ぶんすいれい》 この山脈は―を成す
扮《ふん》する 「粉する」とも。ハムレットに―俳優

分析《ぶんせき》 岩石を—する 情勢を—する 心理—
文責《ぶんせき》 —を守る —在記者
奮戦《ふんせん》 —むなしく敗れる 両軍—中です
憤然《ふんぜん》 —として席を立つ —として語る
奮然《ふんぜん》 偉人伝に感激し—として勉学に励む
文選《ぶんせん》 新聞社の—工として働く —と植字
紛争《ふんそう》 労使間に—が続く —を解決する
粉装《ふんそう》 「扮装」とも。警官に—する —を凝らす
文藻《ぶんそう》 文才。豊かな—の持主として知られる
分担《ぶんたん》 責任を—する 任務の— —金
文壇《ぶんだん》 文芸家の社会。—の登竜門 —の雄
文鳥《ぶんちょう》 —を飼う 一つがいの— 手乗り—
文鎮《ぶんちん》 —を紙の上に置く 鉄の—
文通《ぶんつう》 彼とは卒業後も—している —が絶える

奮闘《ふんとう》 —も及ばず敗れた 孤軍—する
分銅《ふんどう》 はかりの— —を動かす
分度器《ぶんどき》 —で角度を測る
褌《ふんどし》 —を締めて掛かる —かつぎ 六尺—
分取《ぶんど》る 「分捕る」とも。敵の大砲を—
粉乳《ふんにゅう》 赤ちゃんに—を飲ませる 脱脂—
糞尿《ふんにょう》 —をくみ取る —処理場
憤怒《ふんぬ》 「忿怒」とも。—の形相(ぎょうそう)をした不動像
分納《ぶんのう》 会費を—する —方法 —制度
分派《ぶんぱ》 —を立てる —行動
分配《ぶんぱい》 食糧を—する 利益の—にあずかる
奮発《ふんぱつ》 —して勉強する もう千円—する
噴飯《ふんぱん》 彼が歌を歌うとは—ものだ
分泌《ぶんぴつ》 「ぶんぴ」とも。粘液を—する —物

文筆《ぶんぴつ》 —を振るう —の才がある —業 —家
分布《ぶんぷ》 世界に—する植物 産物の—図
文物《ぶんぶつ》 中国古代の—を研究する
芬々《ふんぷん》 におう。香気—
紛々《ふんぷん》 諸説—として定まらない 落花—
分別《ふんべつ》 —のある人 —がない —盛り
分別《ぶんべつ》 種類によって—する —蒸留
分娩《ぶんべん》 男児を—する —室 無痛—
墳墓《ふんぼ》 祖先の—にもうでる —の地ほか。
文房具《ぶんぼうぐ》 —をそろえる —店
粉末《ふんまつ》 —になったミルク —ジュース
憤懣《ふんまん》 「忿懣」とも。—やる方ない
文脈《ぶんみゃく》 —をたどる —がはっきりしない
噴霧機《ふんむき》 —で薬剤を散布する

分明《ぶんめい》 はっきり。意図が—でない
文明《ぶんめい》 —が進む 古代— —開化 —批評
文面《ぶんめん》 —によれば近々ご上京のよし
分野《ぶんや》 政界の—が変わる 新しい勢力—
分与《ぶんよ》 財産を—する —請求
分離《ぶんり》 党から—する 歩道と車道を—する
噴流《ふんりゅう》 ノズルからの— —式洗濯機(せんたくき)
分流《ぶんりゅう》 これは信濃川(しなのがわ)の—である
分留《ぶんりゅう》 「分溜」とも。石炭を—する
分量《ぶんりょう》 —が多い —を量る
分類《ぶんるい》 植物を—する —表
奮励《ふんれい》 各員いっそう—努力せよ —する代表者
分裂《ぶんれつ》 組合が—する 核—精神—症
分列行進《ぶんれつこうしん》 部隊の—

へ

屁《へ》 —をひる —とも思わない
丙《へい》 十干の第三。ひのえ。
兵《へい》 将校と下士官と— —を挙(あ)げる
塀《へい》 —を巡らす —で囲む ブロック—
平安《へいあん》 旅の—を祈る —に暮らす
平易《へいい》 —な文章 —に説明する
弊衣《へいい》 「敝衣」とも。—破帽を身にまとう
兵営《へいえい》 ここは旧陸軍の—の跡です
兵役《へいえき》 —の義務 —制度
米塩《べいえん》の資《し》 —にも事欠く
平穏《へいおん》 —な年 —な生活 —無事に暮らす
平価《へいか》 貨幣比率。—を切り下げる

陛下《へいか》 天皇― 皇后― ―の万歳を三唱する
閉会《へいかい》 ―のあいさつ ―の辞 これで―します
弊害《へいがい》 ―を除く 旧制度は幾多の―を生んだ
平滑《へいかつ》 ―な面 ―筋
平気《へいき》 ―を装う ―な顔をする ―の平左
兵器《へいき》 ―を国産する ―工場 新― 核―
併記《へいき》 同時に書く。肩書きを―しておく
並記《へいき》 並べて書く。関係者を―する
平均《へいきん》 質が―している ―値 ―賃金
睥睨《へいげい》 にらむ。天下を―する 周囲を―する
平原《へいげん》 ―の果てに沈む夕日 大―を行く
並行《へいこう》 二つを―して行なう 鉄道の―線
平行《へいこう》 双方の主張は―線をたどる ―棒
平衡《へいこう》 つりあい。勢力が―を保つ ―交付金
閉口《へいこう》 相手の粘りには―する 悪路に―した
併合《へいごう》 隣の村をこの町と―する 隣国を―する
米穀《べいこく》 ―の取引 ―年度 ―商
閉鎖《へいさ》 赤字の工場を―する 高速道路を―する
閉止《へいし》 月経が―する
平時《へいじ》 ―でも非常時と同じように考える
兵舎《へいしゃ》 アメリカ軍の―建ち並ぶ―
弊社《へいしゃ》 ―の製品をご愛用ください ―としては
米寿《べいじゅ》 八十八歳。祖父はことし―を迎える
並称《へいしょう》 「併称」とも。両者を―して…という
平常《へいじょう》 祝日でも―どおり営業 ―の値段
並進《へいしん》 二頭が―してゴールに入(は)った
平身低頭《へいしんていとう》 ―の謝罪
平静《へいせい》 ―な態度 ―に返る ―を保つ
平生《へいぜい》 ―の行い ―はごぶさたしております
併設《へいせつ》 幼稚園を―した小学校 研究所を―する
平然《へいぜん》 ―たる態度 ―として語る
平素《へいそ》 ―の心掛け ―はお世話になります
閉息《へいそく》 「屏息」とも。失脚して故郷に―している
閉塞《へいそく》 港口を―する 腸―
併存《へいそん》 両者が―する
兵隊《へいたい》 陸海軍の― 部隊長と― ―勘定
平坦《へいたん》 ―な道路 ―な一生を送る
兵站《へいたん》 ―を確保する ―部 ―線
平地《へいち》 山から―に降りてくる ―に家を建てる
併置《へいち》 事務所に売店を―する
平定《へいてい》 内乱を―する 天下が―する
閉廷《へいてい》 裁判長は―を宣した
閉店《へいてん》 もうすぐ―です ―の時刻 八時―
弊店《へいてん》 ―は信用を第一としております
併呑《へいどん》 天下を―する 隣国を―する
平熱《へいねつ》 やっと―に下がりました
幣帛《へいはく》 神前に―を供える
併発《へいはつ》 余病を―するおそれがある
平板《へいばん》 ―な文章 ―な投球 ―な調子
弊風《へいふう》 旧来の―を改める ―を打破する
平伏《へいふく》 主君の前に―する
平服《へいふく》 ―のまま出席する
平々凡々《へいへいぼんぼん》 ―の毎日
平凡《へいぼん》 ―な内容 ―な人 ―に暮らす
平民《へいみん》 ―宰相 士族と― ―出の妃殿下
平明《へいめい》 ―な文章 ―に説明する
平面《へいめん》 ―図 ―的
平野《へいや》 関東― ―を流れる川 ―部でも大雪だ
平癒《へいゆ》 病気が―する ―を待って復職する
併用《へいよう》 二つの薬を―する 二つの方式を―する
弊履《へいり》 「敝履」とも。地位を―のごとく捨てる
並立《へいりつ》 大会社の―する業界
並列《へいれつ》 電池を―につなぐ ―と直列
頁《ページ》 ―を繰る 第一― ―数 増―
片木《へぎ》 薄く削った板。へぎいた。―の折箱
冪《べき》 「羃」とも。同じ数の相乗積。三乗―
辟易《へきえき》 相手の態度があまり強硬なので―する
僻遠《へきえん》 へんぴ。―の地に赴任する
壁画《へきが》 法隆寺の― 教会の―を仕上げる
碧眼《へきがん》 ―の人 ―紅毛

碧空《へきくう》　―を仰ぐ　―に飛ぶ白球
僻陬《へきすう》　へんぴ。　―の地に住む
僻地《へきち》　辺地。　―に赴任する　―の分教場
劈頭《へきとう》　開会の―から議場が混乱する
霹靂《へきれき》　かみなり。　青天の―
兵児帯《へこおび》　―を締める
凹《へこ》む　押すと―　表面の凹んだ箱
舳《へさき》　「舳先」とも。　船首。　―と艫(とも)　―に立つ
臍《へそ》　―の緒　―を曲げる　―で茶を沸かす
臍繰《へそくり》　―をためる　―の金を取られる
下手《へた》　上手(じょうず)と―　―の横好き　―な字
蔕《へた》　柿(かき)の―　南瓜(かぼちゃ)の―
隔《へだ》たる　土地が―　間が―　意見が―
糸瓜《へちま》　―がぶらりと下がる　―の棚(たな)　―野郎

別《べつ》　男女の―　―な面で―の件　―に考える
別格《べっかく》　―の扱いを受ける　―に扱われる
別記《べっき》　詳細は―する　―のとおりに決定する
別儀《べつぎ》　別段のこと。　―でもありませんが
別居《べっきょ》　親子が―する　―生活は気楽です
別件《べっけん》　容疑者を―で逮捕して取り調べる
瞥見《べっけん》　ちらりと見る。　書類を―する
別個《べっこ》　「別箇」とも。　―の問題　―に考える
鼈甲《べっこう》　―の櫛(くし)　―縁のめがね　―製品
別懇《べっこん》　彼とは―の間柄です　ご―に願います
別冊《べっさつ》　地図だけ集めて―にする　―付録
別紙《べっし》　詳細は―のとおりです　―参照のこと
蔑視《べっし》　貧乏だからといって―するな
別辞《べつじ》　別れのことば。　―を述べる　―をかわす

別条《べつじょう》　変わったこと。　とくに―のない毎日
別状《べつじょう》　変わったようす。　命には―がない
別荘《べっそう》　夏は山の―で暮らす　―地を建てる
別宅《べったく》　―を建てて隠居する　本宅と―を往復する
別段《べつだん》　―のことはない　―おもしろくもない
竈《へっつい》　かまど。　―でご飯をたく
別添《べってん》　―の書類をご一読ください
別途《べっと》　―に考える　―考慮中　―収入　―合計
別納《べつのう》　代金を―する　料金―郵便
別表《べっぴょう》　―を参照のこと　―は巻末にある
別嬪《べっぴん》　あの店には―がいる　色町の―さん
別封《べっぷう》　原稿は―いたします　手当は―で出る
諂《へつら》う　上役に―　部長に―
別離《べつり》　―の悲しみ　―の宴を張る

反吐《へど》　―を吐く　―の出るようなお世辞
紅《べに》　―色の染料　くちびるに―を差す
蛇《へび》　蛇(じゃ)の道は―　―のように執念深い人
部屋《へや》　―にこもる　勉強―　―の力士
篦《へら》　糊(のり)の―　裁縫用の―　―で塗る　竹―
減《へ》らず口《ぐち》　―をたたく
縁《へり》　畳の―が切れる　帽子の―
謙《へりくだ》る　「遜る」とも。　目上の人には謙って話す
経《へ》る　長い年月を―　名古屋を経て京都に至る
減《へ》る　目方が―　収入が―　人口が―　腹が―
白耳義《ベルギー》　欧州西部の王国。
波斯《ペルシア》　イランの旧称。　―湾　古代の―戦争
辺《へん》　三角形の三つの―　あの―一帯は低地だ
変《へん》　―な色　―に暑い　桜田門外の―

偏《へん》　漢字の―　―と旁(つくり)
編《へん》　三省堂―の辞書　第一―　―の詩
弁《べん》　「辯」とも。　彼の―を聞こう　東北―
弁《べん》　「瓣」とも。　―を開く　安全―　花―
便《べん》　交通の―がよい　―の検査　―が出ない
変圧器《へんあつき》　―の故障で停電する
変移《へんい》　時代の―に応じる
変異《へんい》　同種生物間の差異。　突然―
変位《へんい》　星座の―　―電流
便意《べんい》　毎朝―を催す
便益《べんえき》　社会の―を図る
変化《へんか》　時代が大きく―する　温度の―が激しい
弁解《べんかい》　失策の―をする　―ばかりしている
変革《へんかく》　制度の―を調べる　社会を―する

変格《へんかく》 正格と― カ行―活用の動詞
扁額《へんがく》 横額。座敷に―を掛ける
勉学《べんがく》 ―に励む ―に志す 都会に出て―する
返還《へんかん》 優勝旗を―する 北方領土の―を求める
変換《へんかん》 水路が―する 回路を―する 土地の―
便器《べんき》 ―で用を足す 腰掛式の―
便宜《べんぎ》 消費者の―を図る ―な方法で行なう
返却《へんきゃく》 図書を―する 貸した物の―を迫る
辺境《へんきょう》 「辺疆」とも。 ―の地 ―を旅する
偏狭《へんきょう》 ―な人 ―な考えを捨てよ
勉強《べんきょう》 試験― この品は―しておきます
編曲《へんきょく》 流行歌を―してメドレーで演奏する
偏屈《へんくつ》 「偏窟」とも。 ―な性格を直す ―な子
変化《へんげ》 妖怪(ようかい)―が出る

変形《へんけい》 顔の―して映る鏡 醜く―した足
偏見《へんけん》 最初から―を持つ ―を捨てる
片言《へんげん》 ―隻語 ―隻句
変幻自在《へんげんじざい》 ―に出没
弁護《べんご》 容疑者を―する ―士 ―人
変更《へんこう》 予定を―する 期日の―を通知する
偏向《へんこう》 思想の― ―した考え方 ―教育
偏差《へんさ》 大きな―が見られる ―値 標準―
返済《へんさい》 借金を―する ―期限を延ばす ―方法
偏在《へんざい》 一部だけにある。富の― 南部に―する
遍在《へんざい》 あまねくある。神社は全国に―する
弁済《べんさい》 債務を―する ―能力がない ―期限
弁財天《べんざいてん》 七福神の一。弁天。
編纂《へんさん》 編修。教科書を―する 文部省―

変死《へんし》 路上で―した ―の死体 ―者
片時《へんじ》 死んだ母のことは―も忘れたことがない
返事《へんじ》 呼ばれたら―をする いっこうに―がない
変事《へんじ》 ―が突然起こった
弁士《べんし》 応援の―を頼む ―が熱弁を振るう
変質《へんしつ》 長く使わないと薬は―する ―者
編者《へんしゃ》 辞書の― ―の意見を聞く
変種《へんしゅ》 鮒(ふな)の―である金魚 朝顔の―を作る
編集《へんしゅう》 「編輯」とも。雑誌を―する ―局
編修《へんしゅう》 辞書の―を手伝う 歴史を―する
偏執狂《へんしゅうきょう》 ―の老人
便所《べんじょ》 洋式の― 水洗― 女― ―そうじ
返上《へんじょう》 休暇を―して働く 汚名を―する
弁償《べんしょう》 損害を―する 実費の― ―能力

弁証法《べんしょうほう》 唯物―
変色《へんしょく》 日に当たって畳が―する ―を防ぐ
偏食《へんしょく》 ―を直す ―して栄養不良になる
弁《べん》じる 「辨じる」とも。善悪を― 用を―
弁《べん》じる 「辯じる」とも。述べる。一席―
返信《へんしん》 ―を待つ 急いで―をしたためる ―料
変心《へんしん》 彼女の―を責める
変針《へんしん》 大きく―する 南に―する船
変人《へんじん》 「偏人」とも。彼は相当な―だ
辺陬《へんすう》 へんぴ。―の地に流される
偏頭痛《へんずつう》 激しい―に悩む
偏《へん》する 一党一派に― 南に― 偏した意見
編成《へんせい》 番組を―する 予算の― 五両―の電車
編制《へんせい》 学級を―する 三班に―する 戦時―

変節《へんせつ》 時流に応じて―する ―漢とそしられる
弁舌《べんぜつ》 ―さわやかにまくしたてる ―を振るう
変遷《へんせん》 時代が―する 服装の― 幾―を経て
返送《へんそう》 送り主に―する あて先不明で―される
変装《へんそう》 労働者に―した刑事 ―のうまいスパイ
変造《へんぞう》 文書を―する ―した紙幣
変奏曲《へんそうきょく》 ―を演奏する
変則《へんそく》 これはちょっと―だ ―的な生活を送る
編隊《へんたい》 ―を組む ―飛行 三機―
変態《へんたい》 あいつは―だよ ―性欲 昆虫(こんちゅう)の―
変体仮名《へんたいがな》 ―の手紙
鞭撻《べんたつ》 ご―を乞(こ)う 部下を―して働かせる
辺地《へんち》 ―の教育 ―のこども ―手当
変調《へんちょう》 からだに―を来たす ―が現われる

偏重《へんちょう》　学歴―の弊害を打破する
便通《べんつう》　―がよくなる　―がない
変哲《へんてつ》　何の―もない風景
変転《へんてん》　世相の―　目まぐるしく―する　幾―
返電《へんでん》　―を待つ　―を打って連絡する
弁天《べんてん》　弁財天。　―さま
変電所《へんでんしょ》　―の設備　―の変圧器
返答《へんとう》　―を求める　―が来た　―無用
変動《へんどう》　物価の―が激しい　社会が―する
弁当《べんとう》　―は持参してください　―箱　腰―
扁桃腺《へんとうせん》　―がはれて高熱が出る
編入《へんにゅう》　―試験にパスする　上級に―する
便佞《べんねい》　口先がうまく心がねじけている。　―の徒
返納《へんのう》　借りた本を書庫に―する

偏頗《へんぱ》　―な処置に立腹する　―な計い
返杯《へんぱい》　「返盃」とも。　―を受ける
弁駁《べんばく》　反対論を―する　堂々たる―
辺鄙《へんぴ》　―な村　―な土地の学校に奉職する
便秘《べんぴ》　がんこな―に悩む　―にきく薬　―症
返品《へんぴん》　雑誌の―　―を整理する　月末に―する
偏平《へんぺい》　「扁平」とも。　―な顔　―足《そく》
弁別《べんべつ》　正邪・良否を―する　―がつかない
片々《へんぺん》　―たる事実を集める　―たる小冊子
便々《べんべん》　―として時を過ごす　―たる太鼓腹
変貌《へんぼう》　急激な―に驚く　―する大都会
返報《へんぽう》　国元からの―を待つ　不良の―を恐れる
便法《べんぽう》　―を講じる　一時的な―として用いる
翩翻《へんぽん》　旗が―として翻る　―と翻る日章旗

弁膜《べんまく》　静脈にある―　心臓―症にかかる
変名《へんめい》　―で投書する　縁起をかついで―する
弁明《べんめい》　一身上の―をする　趣旨―に立つ
変容《へんよう》　開発によって―する山　業界の―に驚く
便覧《べんらん》　「びんらん」とも。　旅行―　法律―
弁理《べんり》　―公使　―士の資格を取る
便利《べんり》　―な道具　―にできている家　―屋
片鱗《へんりん》　実力の―を示す　―すらとどめない
返礼《へんれい》　世話になった―をする　―が届く
返戻《へんれい》　提出書類を―する
勉励《べんれい》　職務に―する　―努力のたまもの
遍歴《へんれき》　各地を―する　人生―の思い出をつづる
遍路《へんろ》　四国はお―さんが多い　―姿の老夫婦
弁論《べんろん》　法廷で―する　―大会を開く

ほ

歩《ほ》　―を進める　―を運ぶ　第一―
帆《ほ》　白い―　―を掛ける　得手に―を揚げる
穂《ほ》　稲の―がたれる　筆の―
戊《ぼ》　十干の第五。つちのえ。
保安《ほあん》　―要員　―林　―官
補遺《ほい》　辞典に―を付ける　―に収める
保育《ほいく》　園児を―する　―園　三年―
保育《ほいく》　「哺育」とも。　母乳で―する
母音《ぼいん》　「ぼおん」とも。　―と子音
拇印《ぼいん》　印がなければ―でもけっこうです
苞《ほう》　つぼみは―に包まれている
法《ほう》　―に従う　そんな―はない　演奏―

報《ほう》　合格の―に接する　遭難の―を受ける
某《ぼう》　鈴木―なる者　―氏　―書店　―月―日
棒《ぼう》　―でなぐる　せっかくの苦心を―に振る
防圧《ぼうあつ》　「防遏」とも。　伝染病を―する
暴圧《ぼうあつ》　デモを―する　決起する民衆を―する
方案《ほうあん》　急場をしのぐ―を考える
法案《ほうあん》　―の審議に日を費やす　―を上程する
奉安《ほうあん》　ご神体を―する　―殿
方位《ほうい》　―の測定　―を見て引っ越す　―がいい
包囲《ほうい》　敵を―する　―を破って逃げる　―攻撃
放逸《ほういつ》　「放佚」とも。　―な生活　―に流れる
暴飲暴食《ぼういんぼうしょく》
法会《ほうえ》　法要。　―を営む　お盆の―を行なう
法衣《ほうえ》　僧衣。　尼さんの―姿の美しさ

放映《ほうえい》 古い映画をテレビで―する
防衛《ぼうえい》 国土を―する タイトル―に成功 ―庁
防疫《ぼうえき》 コレラの―に努める 水害のあとの―活動
貿易《ぼうえき》 ―の自由化 外国と―する ―商
法悦《ほうえつ》 ―に浸る ―境に入る
砲煙《ほうえん》 ―漂う戦場 ―弾雨の中
豊艶《ほうえん》 肉付きがよくて美しい。―な女性
望遠鏡《ぼうえんきょう》 ―をのぞく 反射―
法王《ほうおう》 教皇。ローマ― ―庁
法皇《ほうおう》 後白河(ごしらかわ)―
鳳凰《ほうおう》 想像上の鳥。神輿(みこし)の上の―の飾り
茅屋《ぼうおく》 ―に住む ―でございますが
報恩《ほうおん》 ―を心掛ける ―の気持があふれる
忘恩《ぼうおん》 ―の徒 ―のふるまい ―行為

防音《ぼうおん》 ステージは―してある ―装置
邦貨《ほうか》 ドルを―に換算する
放火《ほうか》 ―による火災 あき家に―する ―犯
放歌《ほうか》 夜中に―高吟してはいけない
砲火《ほうか》 隣国と―を交える
邦画《ほうが》 日本映画。―と洋画 ―の封切館
萌芽《ほうが》 民主主義運動の― 騒乱の― ―を摘む
忘我《ぼうが》 高僧の説教を聞いて―の境に入る
法界《ほうかい》 「ほっかい」とも。―縁起 ―坊
抱懐《ほうかい》 わたしが―する信念
崩壊《ほうかい》 「崩潰」とも。封建制度が―する ―寸前
法外《ほうがい》 ―な値段に驚く ―なことを言う
妨害《ぼうがい》 「妨碍」とも。業務を―する 公務執行―
望外《ぼうがい》 ご出席くだされば―のしあわせです

方角《ほうがく》 家を建てるのに―を見る ―がいい
邦楽《ほうがく》 ―の演奏を聞く ―洋楽共に好きだ
放課後《ほうかご》 ―は校庭で遊ぶ
奉加帳《ほうがちょう》 寄付の― ―を回す
包括《ほうかつ》 以上の意見を―して述べると…
奉還《ほうかん》 大政を―する
宝冠《ほうかん》 女王の頭上に輝く― 勲一等―章
宝鑑《ほうかん》 辞典風の実用書。女性― 家庭―
幇間《ほうかん》 たいこもち。酒席に―を呼ぶ
方眼《ほうがん》 ―の目盛り ―紙 ―板
包含《ほうがん》 このことばの―する意味
砲丸《ほうがん》 ―を投げる ―投げの選手
防寒《ぼうかん》 ―の用意をする ―具 ―設備
傍観《ぼうかん》 火事を―するだけだった ―者 ―的

暴漢《ぼうかん》 ―に襲われる ―を捕える
伯耆《ほうき》 旧国名、鳥取県の西半部。
芳紀《ほうき》 若い女の年齢。彼女は―まさに十八歳
法規《ほうき》 ―を守る ―に触れる 政令―集
放棄《ほうき》 「拋棄」とも。計画を―する 責任の―
蜂起《ほうき》 百姓一揆(いっき)が―する 武装―
箒《ほうき》 ―で掃くほどある 竹― ―星
謀議《ぼうぎ》 ―にあずかる 共同―の事実がある
忘却《ぼうきゃく》 ―のかなたに去る つい―していた
暴虐《ぼうぎゃく》 ―のかぎりを尽くす ―な政治
俸給《ほうきゅう》 今月から―が上がった ―取り
崩御《ほうぎょ》 天皇・太皇太后・皇太后・皇后の死去。
暴挙《ぼうきょ》 県庁襲撃の―に出る ―を戒める
防御《ぼうぎょ》 「防禦」とも。陣地を―する 攻撃と―

豊凶《ほうきょう》 作物の―は天候に左右される
望郷《ぼうきょう》 異郷を旅して―の念にかられる
防空《ぼうくう》 本土の―に当たる ―演習 ―壕(ごう)
傍訓《ぼうくん》 ふりがな。―を施す ―を付けよ
暴君《ぼうくん》 ―ネロ うちの父は―だよ ―的存在
奉迎《ほうげい》 国賓を―する ―の旗の波
傍系《ぼうけい》 ―の会社に出向する 直系と― ―親族
砲撃《ほうげき》 敵陣を―する 敵に―を加える
惚《ほう》ける ぼける。病み― 遊び―
奉献《ほうけん》 神社に灯籠(とうろう)を―する
封建《ほうけん》 ―時代 ―制度 ―社会 ―的な考え
方言《ほうげん》 ―で話す 東京― 関西― 東北―
放言《ほうげん》 大臣が記者団に―する ―が問題になる
冒険《ぼうけん》 ―を試みる ―小説 ―的な考え

望見《ぼうけん》 城を―する　故郷の山河を―する
暴言《ぼうげん》 ―を吐く　あんな―は許しておけない
宝庫《ほうこ》 米の―といわれる地方　知識の―
邦語《ほうご》 日本語。イソップの―訳　―に訳する
防護《ぼうご》 野犬から鶏を―する　―壁　―団
方向《ほうこう》 風の―が変わる　―付け　―探知機
彷徨《ほうこう》 山野を―する　生死の境を―する
芳香《ほうこう》 梅が―を放つ　百合(ゆり)の花の―をかぐ
咆哮《ほうこう》 ―する虎(とら)　ライオンの―する声
奉公《ほうこう》 ―に出る　滅私―の精神　―人
縫合《ほうごう》 手術のあと―する　―糸　―術
膀胱《ぼうこう》 ―カタル　―結石　―炎
暴行《ぼうこう》 通行人に―を加える　婦女を―する
報告《ほうこく》 試合の結果を―する　―書　会計―

奉告《ほうこく》 神前に―する　―祭
報国《ほうこく》 ―の念に燃える　尽忠―の精神
亡国《ぼうこく》 ―の危機を憂える　―の民
暴虎馮河《ぼうこひょうが》 ―の勇
防災《ぼうさい》 ―用の施設　―活動に従事する
方策《ほうさく》 会社再建の―を立てる　全く―がない
豊作《ほうさく》 ―なので農民は明るい　―貧乏
忙殺《ぼうさつ》 雑務に―されてごぶさたする
謀殺《ぼうさつ》 金が目当てで―したとする疑いが濃い
奉賛《ほうさん》 建立(こんりゅう)に―する　―会
硼酸《ほうさん》 ―を湯に溶かす　―水　―軟膏(なんこう)
芳志《ほうし》 ご―を感謝します　―を包む
奉仕《ほうし》 社会に―する　勤労―　―的な値段
奉伺《ほうし》 ごきげんを―する　天機―

放恣《ほうし》 「放肆」とも。―な生活を続ける
法師《ほうし》 山寺の―　荒―　一寸―　影―
胞子《ほうし》 シダ類は―で繁殖する　―植物
褒詞《ほうし》 ほめことば。―を呈する
邦字《ほうじ》 日本の文字。―新聞
法事《ほうじ》 七年忌の―を営む
奉持《ほうじ》 「捧持」とも。主将が優勝旗を―して進む
防止《ぼうし》 災害を未然に―する　騒音の―
帽子《ぼうし》 ―をかぶる　山高―　中折れ―　麦わら―
房事《ぼうじ》 ―を慎む　―過多
方式《ほうしき》 一定の―による　従来の―に従う
法式《ほうしき》 儀式の―　―どおりに行なう
焙茶《ほうじちゃ》 ―を入れて飲む
亡失《ぼうしつ》 記憶を―する　―した郵便物

放射《ほうしゃ》 ―線　―性物質　―性元素　―能
報謝《ほうしゃ》 巡礼に―する　晩年は―の生活をする
傍若無人《ぼうじゃくぶじん》 ―の行為
傍受《ぼうじゅ》 難破船からのSOSを―する
報酬《ほうしゅう》 今月分の―を受け取る　―が少ない
放縦《ほうじゅう》 「ほうしょう」とも。―な生活
防臭《ぼうしゅう》 便所に―剤をまく　―設備
奉祝《ほうしゅく》 殿下のご成婚を―する　―の行事
豊熟《ほうじゅく》 作物が―する
放出《ほうしゅつ》 難民救済用の衣料を―する　―物資
芳純《ほうじゅん》 「芳醇」とも。―な酒　―なかおり
奉書《ほうしょ》 卒業式の答辞を―に書く　―紙
幇助《ほうじょ》 援助。他人の自殺を―する
防除《ぼうじょ》 果樹の害虫を―する

法相《ほうしょう》 法務大臣。
報償《ほうしょう》 償い。役務(えきむ)に対する―　―金
報奨《ほうしょう》 奨励。売上―金　―物資
報賞《ほうしょう》 「褒賞」とも。人命救助で―を受ける
褒章《ほうしょう》 栄典制度。紺綬―を受ける
方丈《ほうじょう》 住職の部屋(へや)。住職。
芳情《ほうじょう》 ご―かたじけなく存じます
豊穣《ほうじょう》 「豊饒」とも。―な土地　五穀―
褒状《ほうじょう》 会社から―を授与される
傍証《ぼうしょう》 論拠を明白にするために―を固める
帽章《ぼうしょう》 ―も新しい新入生
放生会《ほうじょうえ》 彼岸に―を行なう
奉職《ほうしょく》 当社に―以来十五年になります
飽食《ほうしょく》 暖衣―の生活におぼれる

紡織《ぼうしょく》 紡績と機(はた)織り。—工業 —工場
暴食《ぼうしょく》 昨夜の—がたたる 暴飲—を慎む
奉《ほう》じる 命(めい)を— 役所に職を—
報《ほう》じる あだを— 恩に— 現況を— 時を—
方針《ほうしん》 生活の—を立てる 今後の—を示す
放心《ほうしん》 親に死なれて—する —状態になる
法人《ほうじん》 —組織 財団— —税
邦人《ほうじん》 日本人。在留—を訪問する
防塵《ぼうじん》 —装置を設ける
方図《ほうず》 際限。上を見れば—がない
坊主《ぼうず》 寺の— —丸儲(もう)け 木が—になる
放水《ほうすい》 燃えている家に—する —演習 —路
豊水《ほうすい》 —に喜ぶ水道当局 —と渇水 —期
方錐形《ほうすいけい》 正四角錐。—の屋根
紡錘形《ぼうすいけい》 錘(つむ)の形。—の浮き
方正《ほうせい》 品行—にして学術優秀の青年
法制《ほうせい》 諸国の—を調査する —局 —史
鳳声《ほうせい》 伝言。お父上によろしくご—ください
縫製《ほうせい》 既製服の— —加工 —工
宝石《ほうせき》 —をちりばめたように美しい —商
紡績《ぼうせき》 —機械 —工場 —業界
包摂《ほうせつ》 諸案を—した計画 —概念
防戦《ぼうせん》 —に努める 味方は—一方だ
傍線《ぼうせん》 サイドライン。重要な語句に—を引く
茫然《ぼうぜん》 「呆然」とも。焼け跡に—と立つ —自失
鳳仙花《ほうせんか》 —の実がはじける
包装《ほうそう》 品物を—する —を手伝う —紙
放送《ほうそう》 野球の実況を—する —局 テレビ—
疱瘡《ほうそう》 —のあとが腕に残る —にかかる
包蔵《ほうぞう》 社会の—する種々な矛盾 原因を—する
暴走《ぼうそう》 自動車の—による事故 二塁へ—する
法曹界《ほうそうかい》 司法関係者。—の重鎮
法則《ほうそく》 自然界の—に従う 一定の—がある
滂沱《ぼうだ》 涙が—として流れ落ちる —たる涙
包帯《ほうたい》 「繃帯」とも。傷口に—する —を巻く
奉体《ほうたい》 勅語を—する
奉戴《ほうたい》 宮様を総裁に—する 大詔—日
放題《ほうだい》 食い— したい— 言いたい—
砲台《ほうだい》 海岸に—を築く —を攻撃する
膨大《ぼうだい》 「厖大・尨大」とも。—な費用 —な計画
棒立《ぼうだち》 やじられて舞台で—になる
放胆《ほうたん》 —な性格の持主 —にふるまう
放談《ほうだん》 —の形式で話し合う 大臣の車中—
砲弾《ほうだん》 —が命中する —の破片 —雨飛の下
防弾《ぼうだん》 —チョッキ —ガラス
放置《ほうち》 問題を—する —できない事件だ
法治《ほうち》 —を基礎とする —国家 —主義
報知《ほうち》 漏水を—する 火災—機
放逐《ほうちく》 スパイを国外に—する —された異分子
逢着《ほうちゃく》 でくわす。難関に—する
忙中《ぼうちゅう》 —閑あり
傍注《ぼうちゅう》 「傍註」とも。原典に—を施す
包丁《ほうちょう》 「庖丁」とも。—をとぐ 出刃—
防諜《ぼうちょう》 —のため外人の行動に目を光らせる
傍聴《ぼうちょう》 裁判を—する —人 —券 —席
膨張《ぼうちょう》 「膨脹」とも。熱で—する 人口の—
防潮堤《ぼうちょうてい》 河口に—を造る
法廷《ほうてい》 —を開く —における弁護士の陳述
法定《ほうてい》 —伝染病 —代理人 —相続人 —の費用
奉呈《ほうてい》 信任状を—する 賀詞を—する
鵬程《ほうてい》 遠い道のり。—万里を目ざして飛び立つ
法的《ほうてき》 —には問題はない —根拠を示す
放擲《ほうてき》 「抛擲」とも。権利を—する
宝典《ほうてん》 貴重な本。便利な本。家庭医学—
法典《ほうてん》 法律。法律を集めた本。経済—
奉奠《ほうてん》 神前に玉串(たまぐし)を—する
放電《ほうでん》 真空状態で—させる —作用
方途《ほうと》 会社再建の—を立てる 解決の—はない
暴徒《ぼうと》 —を鎮圧する —が押し寄せる
宝刀《ほうとう》 祖先伝来の— 伝家の—を抜く

放蕩《ほうとう》 —のかぎりを尽くす —むすこ
法灯《ほうとう》 仏前の灯明。 —を掲げる
法統《ほうとう》 仏教の伝統。 —を継ぐ —を守る者
朋党《ほうとう》 なかま。同志。
報道《ほうどう》 ニュースを—する —機関 —陣
冒頭《ぼうとう》 —のあいさつ 演説は—から熱を帯びる
暴騰《ぼうとう》 物価が—する 地価の—を抑制する
暴動《ぼうどう》 —が起こる —を未然に防ぐ
奉読《ほうどく》 勅語を—する
冒瀆《ぼうとく》 神を—する 教育の純粋性を—する
防毒《ぼうどく》 —マスク —設備
法難《ほうなん》 日蓮(にちれん)—の地 —を克服する
放尿《ほうにょう》 路上に—する —を禁止する
放任《ほうにん》 こどもを—しておく 自由— —主義

放熱《ほうねつ》 ラジエーターから—する —器
放念《ほうねん》 当方無事ですからご—ください
豊年《ほうねん》 —を祝う —満作
忘年会《ぼうねんかい》 —の幹事 —の隠し芸
奉納《ほうのう》 お神楽(かぐら)を—する —の相撲(すもう)大会
澎湃《ほうはい》 新しい思想が—として起こる
朋輩《ほうばい》 「傍輩」とも。同僚。 —からねたまれる
茫漠《ぼうばく》 —とした原野 —たる話
蓬髪《ほうはつ》 伸び乱れた頭髪。 —を振り立てる
暴発《ぼうはつ》 ピストルが—する 猟銃の—
防波堤《ぼうはてい》 港の入口に—を築く
防犯《ぼうはん》 —に協力する —週間 —運動
放屁《ほうひ》 人前で—するのは失礼だぞ
褒美《ほうび》 ご—をもらう —には何をやろうか

防備《ぼうび》 都市の—を固める 厳重に—する
抱負《ほうふ》 社長は本年度の—を語る 遠大な—
豊富《ほうふ》 話題が—だ —な物資 内容を—にする
暴風《ぼうふう》 風速二十五メートル以上の— —警報
防風林《ぼうふうりん》 海岸の砂丘に続く—
抱腹《ほうふく》 「捧腹」とも。 —して笑う —絶倒
報復《ほうふく》 敵に—する —の手段を考える
防腐剤《ぼうふざい》 —を塗る
彷彿《ほうふつ》 「髣髴」とも。あの子は父親を—とさせる
放物線《ほうぶつせん》 「抛物線」とも。 —の図
孑孑《ぼうふら》 どぶ川に—が湧(わ)く 金魚が—を食べる
邦文《ほうぶん》 英文を—に訳す —タイプ
防壁《ぼうへき》 敵襲に備えて—を築く 祖国の—となる
方便《ほうべん》 うそも— 一時のがれの— —に使う

魴鮄《ほうぼう》 胸びれが大きく、海底をはって歩く—
茫々《ぼうぼう》 —たる原野 草が—と茂る ひげ—の顔
放牧《ほうぼく》 牛を—する —の馬が見える —地帯
泡沫《ほうまつ》 —のような人生 —候補 —会社
放漫《ほうまん》 —な政策 経理が—だ —財政
豊満《ほうまん》 モデルの—な肉体 —な美女
法名《ほうみょう》 出家して—をとなえる
葬《ほうむ》る 墓地に— 事件をやみに—
芳名《ほうめい》 寄付者の—をしるす —録 —欄
亡命《ぼうめい》 内乱を避けて英国に—する —の政治家
方面《ほうめん》 東京—に向かう 法律の—に明るい人
放免《ほうめん》 無罪—になる 父親の小言から—される
法網《ほうもう》 —をくぐって悪事を働く
紡毛《ぼうもう》 獣の毛を紡ぐ。 —糸 —織物 —機

宝物《ほうもつ》 寺院の—を展示する —殿
訪問《ほうもん》 友人の家を—する —客の接待 —着
坊《ぼう》や —はよい子だ、ねんねしな かわいい—
邦訳《ほうやく》 カミュの作品を—で読む 英文を—する
朋友《ほうゆう》 高校時代からの— 悩みを—に話す
包容《ほうよう》 暖かい心で部下を—する —力のある人
抱擁《ほうよう》 互いに—して勝利を喜ぶ —のシーン
法要《ほうよう》 寺で—を営む 十三回忌の—
亡羊《ぼうよう》 —の嘆 多岐—の感がある
望洋《ぼうよう》 「茫洋」とも。 —たる性格 —の感を持つ
豊沃《ほうよく》 —な土地 この地方は地味が—である
鵬翼《ほうよく》 飛行機は—を朝日に輝かせて飛び去った
蓬莱《ほうらい》 仙人(せんにん)の住むという架空の山。
法楽《ほうらく》 慰み。見るは— —能を奉納する

崩落《ほうらく》 壁面が—する 相場が—する
暴落《ぼうらく》 野菜の値段が—する 株価の—にあう
放埒《ほうらつ》 生活が—になる —な行い —な男
暴利《ぼうり》 —を取り締まる —をむさぼる
法律《ほうりつ》 —の制定 —を守る —で取り締まる
謀略《ぼうりゃく》 —に掛かる —を巡らす —宣伝
放流《ほうりゅう》 鮎《あゆ》の稚魚を—する 貯水を—する
豊漁《ほうりょう》 浜は—に湧《わ》きたつ 鮪《まぐろ》が—だ
暴力《ぼうりょく》 —に訴える —団 —行為
放《ほう》る 捨てる。仕事を— くずかごに—
抛《ほう》る 投げる。ボールを— 高く—
法令《ほうれい》 法律と命令。—で定める —の施行
法例《ほうれい》 法令の適用例。商法の—
豊麗《ほうれい》 —な頬《ほお》 —な女性のからだ

亡霊《ぼうれい》 戦死者の— 夜な夜な—が現われる
放列《ほうれつ》 カメラの—を布《し》く
菠薐草《ほうれんそう》 —をお浸しにする
放浪《ほうろう》 諸国を—する —の身 —の旅に出る
琺瑯《ほうろう》 —引き —鉄器 —質
望楼《ぼうろう》 —に立って火事を発見する —に登る
焙烙《ほうろく》 —で豆を炒《い》る —蒸 —割り
暴論《ぼうろん》 貧乏人は死ねと—を吐く
法話《ほうわ》 高僧の—を聞く 日蓮上人《にちれんしょうにん》の—集
飽和《ほうわ》 人口は—状態に達した —溶液 過—
吠《ほ》える 犬が— 風が— 波が—
吼《ほ》える 虎《とら》が— 弁士が演壇で—
頬《ほお》 —をふくらます 赤い—の子 —かぶり
蓬《ほお》ける けば立つ。本の表紙が—

頬白《ほおじろ》 小鳥。かごの中の—がさえずる
酸漿《ほおずき》 「鬼灯」とも。赤くうれた—
頬擦《ほおず》り 赤ん坊に—する
頬杖《ほおづえ》 腹ばいになって—を突く
朴《ほお》の木《き》 初夏、大きな白い花の咲く—
頬紅《ほおべに》 ほんのりと—を付ける
波蘭《ポーランド》 欧州東部の人民共和国。
保温《ほおん》 —して貯蔵する —設備 —器
外《ほか》 …君—五名 —でもない —ならない
他《ほか》 その— —の事件
捕獲《ほかく》 鯨を—する —作業 漁船が—される
火影《ほかげ》 火の光。遠くの— —が揺れる
灯影《ほかげ》 港の—がちらつく
帆影《ほかげ》 海上はるかに—を認める

帆掛舟《ほかけぶね》 湖上に浮かぶ—
暈《ぼか》す 色を— 結論を— 意味を—
朗《ほが》らか —な少女 —に笑う —に暮らす
保管《ほかん》 荷物の—を依頼する 通帳を—する
母艦《ぼかん》 飛行機が—から飛び立つ 航空—
簿記《ぼき》 —を習う 商業— 銀行—
補給《ほきゅう》 栄養を—する —金 —基地
補強《ほきょう》 柱を—する 内閣の—工作
保菌者《ほきんしゃ》 赤痢菌の—を隔離する
僕《ぼく》 君《きみ》と— —は新入社員です
撲殺《ぼくさつ》 乱闘中に—される 野犬を—する
牧師《ぼくし》 プロテスタントの僧。—さんの説教
墨守《ぼくしゅ》 堅く守って改めない。伝統を—する
墨汁《ぼくじゅう》 —を一びん買う —で看板を書く

卜《ぼく》する 占う。彼の前途を— 吉日を—
卜筮《ぼくぜい》 占い。—を業とする
牧草《ぼくそう》 —を刈る —を食《は》む羊 —地
木鐸《ぼくたく》 新聞は社会の—であると言われる
牧畜《ぼくちく》 この地方は—が盛んである —業
朴直《ぼくちょく》 「樸直」とも。—な人柄
北斗《ほくと》 夜空に—を望む —七星 —星 泰山—
牧童《ぼくどう》 牛を呼ぶ—の声 —の吹く笛
朴訥《ぼくとつ》 —な性格 —な人間 —な人柄
朴念仁《ぼくねんじん》 無愛想な人。
撲滅《ぼくめつ》 伝染病を—する 害虫の—を図る
黒子《ほくろ》 顔に—がある 大きな— 泣き—
木瓜《ぼけ》 垣根《かきね》に赤い—の花が咲く
捕鯨《ほげい》 —に出港する —船 —船団 —競争

母系《ぼけい》 母方の血統。―のおじ ―制度
母型《ぼけい》 活字鋳造の原型。―を彫る
補欠《ほけつ》 「補闕」とも。―で合格する ―の選手
墓穴《ぼけつ》 みずから―を掘るようなことはするな
惚ける《ぼける》 頭が― ピントが―
暈ける《ぼける》 色が―
保険《ほけん》 火災―に加入する 生命―の掛金
保健《ほけん》 ―に留意する ―衛生の立場から ―所
矛《ほこ》 ―と楯(たて)
戈《ほこ》 武器。―を交える ―を収める
保護《ほご》 産業を―する ―色 ―者 ―貿易 過―
反古《ほご》 「反故」とも。―の紙 約束を―にする
歩行《ほこう》 道路の右側を―する ―者優先 ―器
母校《ぼこう》 ―の名誉に掛けて戦う ―を訪問する

母国《ぼこく》 ―を離れて暮らす ―を訪れる ―語
鋒先《ほこさき》 鋭い― ―をかわす 筆の―が鈍る
祠《ほこら》 古い― お稲荷(いなり)さんを祭った―
埃《ほこり》 たたけば―が出る ―だらけの顔
誇る《ほこる》 伝統を― 実力を― 優勢を― 勝利を―
綻びる《ほころびる》 縫い目が― 桜のつぼみが―
補佐《ほさ》 「輔佐」とも。 課長― 会長を―する ―役
菩薩《ぼさつ》 観世音― 行基― 八幡(はちまん)大―
墓参《ぼさん》 ―のために帰郷する 法事のあと―する
星《ほし》 ―の光 ―の影 目に―ができる 黒―
保持《ほじ》 伝統を―する 選手権の― 記録―者
母子《ぼし》 ―共に健在です ―家庭 ―寮
母指《ぼし》 「拇指」とも。 おやゆび。
墓誌《ぼし》 死者の事績を刻んだ文。―を書く ―銘

欲しい《ほしい》 金が― この仕事をやって―
恣《ほしいまま》 「擅・縦」とも。 権力を―にする
保釈《ほしゃく》 被告人を―する ―金を納める ―出所
保守《ほしゅ》 ―と革新 ―党 ―的な考え方
補習《ほしゅう》 ―を受ける ―授業でおそくなる ―科
補修《ほしゅう》 いたんだ屋根を―する ―工事
補充《ほじゅう》 欠員を―する 不足分の― ―問題
募集《ぼしゅう》 生徒を―する 寄付金の― ―要項
補助《ほじょ》 「輔助」とも。学資を―する ―を受ける
歩哨《ほしょう》 ―を立てて警戒する ―が誰何(すいか)する
保証《ほしょう》 身元を―する ―金 ―人 連帯―
保障《ほしょう》 身分を―する 最低生活の― 社会―
補償《ほしょう》 損害を―する ―金を支払う 遺族―
捕縄《ほじょう》 犯人に―を掛ける 警官の持つ―

慕情《ぼじょう》 ―を催す ―を押える ―を歌う
暮色《ぼしょく》 ―迫るころ ―蒼然(そうぜん)として迫る
保身《ほしん》 ―の術 ―のためにはやむをえない処置
干す《ほす》 日に― ふとんを―
干す《ほす》 「乾す」とも。杯を― 俳優が干される
補する《ほする》 課長に― 所長に補される
補正《ほせい》 歌詞を―する ―予算を提出する
補整《ほせい》 補い整える。―振子 ―ドル
母性《ぼせい》 ―本能 ―愛は強い ―保護法
保線《ほせん》 ―に見回る ―区 ―工事
保全《ほぜん》 領土の―を図る 地位―の処分
母船《ぼせん》 ―からの連絡 捕鯨船団の―
墓前《ぼぜん》 ―にぬかずく ―祭
枘《ほぞ》 木や石を接合する突起部。―と―穴

臍《ほぞ》 へそ。―を固める ―をかむの思い
細い《ほそい》 ―糸 ―道 ―声 食の―病人
舗装《ほそう》 「鋪装」とも。―道路 校庭を―する
補装具《ほそうぐ》 身体障害者の―
細面《ほそおもて》 ―の女
歩測《ほそく》 家から学校までの距離を―する
捕捉《ほそく》 目標を―する。所得額の―
補足《ほそく》 解説を―する ―的説明
補則《ほそく》 ―を三か条設ける ―にしるしてある
細々《ほそぼそ》 ―と暮らす ―ながら続く
保存《ほぞん》 史跡を―する 資料の― ―食品
榾《ほた》 ―をいろりにくべる ―の燃える火
母体《ぼたい》 ―が衰弱する ―保護 研究― 推薦―
母胎《ぼたい》 母親の胎内。―に宿る

菩提《ぼだい》 ―を弔う ―寺 ―所 ―樹

牡丹餅《ぼたもち》 ―を食う たなから―

蛍《ほたる》 ―のしりが光る ―の光窓の雪

牡丹《ぼたん》 立てば芍薬(しゃく)すわれば― ―雪

釦《ボタン》 「鈕」とも。上着の― 金―の学生服

墓地《ぼち》 遺骨を―に埋葬する 外人―

補注《ほちゅう》 「補註」とも。博士の―による 欄外の―

歩調《ほちょう》 ―を合わせて歩く 仕事の―がそろう

補聴器《ほちょうき》 老人に―を贈る

没《ぼつ》 原稿を―にする

没《ぼつ》 ―常識 ―趣味

没《ぼつ》 「歿」とも。昭和二十五年―

牧歌《ぼっか》 ―調の歌 ―的な絵

没我《ぼつが》 ―の境に入る ―的精神

墨客《ぼっかく》 文人―が訪れる 詩人―

発起《ほっき》 ―設立する 一念―する ―人

勃起《ぼっき》 一部が―する 陰茎が―する

没却《ぼっきゃく》 趣旨を―する 俗念を―する

発句《ほっく》 連歌・連句の第一句。俳句。―を作る

木履《ぼっくり》 ―を履(は)いている女の子

法華《ほっけ》 ―を信心する ―宗 ―堂 ―三昧(ざんまい)

𩸽《ほっけ》 北日本に産する―

没後《ぼつご》 「歿後」とも。先生の―遺稿を出版する

勃興《ぼっこう》 新勢力が―する 新宗教団体の―

没交渉《ぼっこうしょう》 彼とは以前から―だ

墨痕《ぼっこん》 ―あざやかに書く ―淋漓(りんり)

発作《ほっさ》 ぜんそくの―が起こる ―的に泣きだす

没取《ぼっしゅ》 銃砲刀剣を―する 凶器を―する

没収《ぼっしゅう》 財産を―される 供託金を―される

没書《ぼっしょ》 何度も投稿したが―になった

発心《ほっしん》 ―して仏門に入る ―して勉強する

払子《ほっす》 ―を手に持つ僧 ―で払う

欲《ほっ》する 人はだれでも長寿を― 合格を―

没《ぼっ》する 日が― やみに― 背を―水の深さ

没《ぼっ》する 「歿する」とも。祖父が没して十年

勃然《ぼつぜん》 ―として闘志が燃える ―と起こる騒動

発足《ほっそく》 新会社が―する 会が―したばかり

発端《ほったん》 事件の―を調べる そもそもの―は

坊《ぼっ》ちゃん お―お嬢ちゃん ―刈りの頭

没頭《ぼっとう》 研究に―する 仕事に―する

発頭人《ほっとうにん》 けんかの― ―の署名

没入《ぼつにゅう》 研究に―する

没年《ぼつねん》 「歿年」とも。―がわからない 生年と―

勃発《ぼっぱつ》 内乱が―する

勃々《ぼつぼつ》 ―たる闘志を燃やす 勇気―

没落《ぼつらく》 ―の一途をたどる 名家が―する

布袋《ほてい》 七福神の一。―腹 ―和尚(おしょう)

補綴《ほてつ》 「ほてい」とも。原稿を―する 歯科の―

火照《ほて》る 顔が― 全身が― ぽっぽと―

補塡《ほてん》 赤字を―する 不足額の― 損失の―

歩度《ほど》 ―を速める ―を伸ばす

程《ほど》 身の―を知る 千円―貸してくれ

歩道《ほどう》 車が―に突っ込む 車道と― 横断―

舗道《ほどう》 「鋪道」とも。雨にぬれた― 銀座の―

補導《ほどう》 職業を―する ―訓練

補導《ほどう》 「輔導」とも。非行少年を―する

保導《ほどう》 保護指導。生徒の校外―

母堂《ぼどう》 先生のご―は八十八歳の高齢である

解《ほど》く 帯を― ひもを― 小包を―

仏《ほとけ》 地獄で― ―の顔も三度 生き―

施《ほどこ》す 策を― 金を― 面目(めんぼく)を―

時鳥《ほととぎす》 「杜鵑・子規・不如帰・杜宇」とも。

迸《ほとばし》る 血が― ―水 ―情熱

殆《ほとほと》と ―閉口した 彼には―手を焼いたよ

程々《ほどほど》 いたずらも―にしなさい

殆《ほとん》ど 「幾ど」とも。―が賛成です ―死んだ

哺乳《ほにゅう》 ―びん ―動物 ―類

母乳《ぼにゅう》 赤ちゃんを―で育てる ―の栄養分

骨折《ほねおり》 ―損のくたびれ儲(もう)け お―を願う

骨組《ほねぐみ》 文章の― ―はでき上がった

骨接《ほねつぎ》 ―に通う ―の医者

骨っ節《ほねっぷし》 ―の強い人
骨身《ほねみ》 ―にしみる ―にこたえる
炎《ほのお》 「焔」とも。ガスの― 情欲の―が燃える
仄か《ほのか》 ―に色づく ―に感じる ―な思い
捕縛《ほばく》 刑事が犯人を―する
歩幅《ほはば》 ―を測る 先生は―が広い
墓碑《ぼひ》 ―を建てる ―銘
補筆《ほひつ》 原案に―する ―訂正した原稿
補弼《ほひつ》 「輔弼」とも。―の責めを負う
墓標《ぼひょう》 死者の― ―を立てる
簿票《ぼひょう》 ―を照合する 会計係が―を整理する
歩武《ほぶ》 足取り。―堂々と入場する
匍匐《ほふく》 はう。―して前進する
屠る《ほふる》 牛を― 敵艦を―
保母《ほぼ》 「保姆」とも。保育園の―さん ―養成所
略々《ほぼ》 ビルは―完成した 三人は―同じ年齢だ
微笑《ほほえみ》 ―を含んだ顔 魅惑的な―
帆前船《ほまえせん》 ―が行く ―に乗る
誉れ《ほまれ》 ―高い家に生まれる 名医の―が高い
褒める《ほめる》 「誉める」とも。先生の人柄を―
海鞘《ほや》 袋状をした海産の小動物。
暮夜《ぼや》 夜。―ひそかに訪問する
小火《ぼや》 ―のうちに消す さいわいに―で済んだ
保有《ほゆう》 権利を―する ―米を供出する
保養《ほよう》 高原に―に行く 目の―をする
法螺《ほら》 ほらがい。大言。―を吹く 大―吹き
洞《ほら》 木の― ―に入(はい)る ―穴
鯔《ぼら》 イナ・―・トドと名が変わる
堀《ほり》 排水用の―を掘る
堀《ほり》 「濠」とも。―を巡らす 城を囲む―
彫物《ほりもの》 国宝の― 竜(りゅう)の―がある男 ―師
保留《ほりゅう》 決定を―する 態度を―する
蒲柳《ほりゅう》の質《しつ》 彼女は―です
捕虜《ほりょ》 敵の―になる ―を収容する
掘割《ほりわり》 ―を巡らす ―に落ちる
掘る《ほる》 庭に池を― 穴を― 芋を―
彫る《ほる》 銅板に肖像を― ゴム印を―
葡萄牙《ポルトガル》 イベリア半島の共和国。
惚れる《ほれる》 女に― 惚れたのが弱み 聞き―
幌《ほろ》 ―馬車 うば車に―を掛ける
襤褸《ぼろ》 ―をつづる ―を着る ―を出す ―車
歩廊《ほろう》 回廊。プラットホーム。地下の―を歩く
滅びる《ほろびる》 「亡びる」とも。やがては―運命です
盆《ぼん》 お茶を―に載せて出す お―の迎え火
翻案《ほんあん》 外国小説を―した戯曲 ―小説
本位《ほんい》 自分―の考え 内容― 金―制
本意《ほんい》 彼の―がわからない ―を遂げる
翻意《ほんい》 彼の―を促す しぶしぶながら―する
本営《ほんえい》 総大将のいる陣。敵の―に乗り込む
盆踊《ぼんおどり》 夏になると―がある ―の太鼓の音
本懐《ほんかい》 本望。これぞ男子の―だ ―を遂げる
本格《ほんかく》 絵を―に習う ―的に降る ―派の小説
本気《ほんき》 今度こそ―でやる あれは―かしら
本拠《ほんきょ》 ―を移す 敵の―をたたく ―地
凡愚《ぼんぐ》 ―の身を顧みず ―の悲しさ
盆暮《ぼんくれ》 ―の贈物 ―はあいさつに行く
本家《ほんけ》 ―と分家 ―争い ―本元 総―
盆景《ぼんけい》 父は―を作って楽しんでいます
本卦帰《ほんけがえり》 「本卦還」とも。還暦。
本源《ほんげん》 生命の―をきわめる ―にさかのぼる
梵語《ぼんご》 古代インドの言語。サンスクリット。
翻刻《ほんこく》 この本は江戸時代に―されたものです
本腰《ほんごし》 仕事に―を入れる ―を入れて掛かる
香港《ホンコン》 ―へ観光旅行に行く ―経由の航空路
凡才《ぼんさい》 わたくしごとき―の及ぶところではない
盆栽《ぼんさい》 ―の趣味がある ―をいじる祖父
梵妻《ぼんさい》 僧の妻。大黒。
本旨《ほんし》 設立の―に賛成する 教育の―にそむく
梵字《ぼんじ》 卒塔婆(そとば)に書く字は―です
本質《ほんしつ》 ―を見抜く ―を突いた質問 ―的差異

本性《ほんしょう》 酒飲み—たがわず —を現わす
梵鐘《ぼんしょう》 —を鳴らす 寺の—の音
本職《ほんしょく》 彼の—は医者だ —の歌手
本陣《ほんじん》 敵の—を襲う 昔—であった宿屋
凡人《ぼんじん》 —の悩み —だから悟りきれない
本筋《ほんすじ》 話を—に戻《もど》す —を取り違える
本籍《ほんせき》 彼の—は青森県です —地
翻然《ほんぜん》 「はんぜん」とも。—として悟る
奔走《ほんそう》 就職のために—する 資金の調達に—する
凡俗《ぼんぞく》 —の身の知るところでない
本尊《ほんぞん》 寺の— —を拝む —を安置する
本体《ほんたい》 機械の— 宇宙の— —をきわめる
本題《ほんだい》 いよいよ—に入《はい》る 話の—は
馬尾藻《ほんだわら》 正月に飾る 海藻《かいそう》の—

盆地《ぼんち》 甲府— 北上— —の夏は暑い
本殿《ほんでん》 神社の— 拝殿から—に参入する
封度《ポンド》 重さの単位。十六オンス。
磅《ポンド》 英国の貨幣単位。二十シリング。
本当《ほんとう》 —のことを言う だれも—にしない
奔騰《ほんとう》 株価が—する
本堂《ほんどう》 寺の— —に本尊を安置する
本音《ほんね》 とうとう—を吐いた
本然《ほんねん》 「ほんぜん」とも。—の姿に返る
本能《ほんのう》 美にあこがれる— —的 動物的な—
煩悩《ぼんのう》 —を去る 百八—
奔馬《ほんば》 —の勢い
本場《ほんば》 青森・長野といえば林檎《りんご》の—だ
凡夫《ぼんぷ》 —の及ぶところでない —の身

喞筒《ポンプ》 空気— 押上げ— 吸上げ—
本復《ほんぷく》 病気が—する —祝をする
本分《ほんぶん》 学生の— 人間の—を守る
本文《ほんぶん》 「ほんもん」とも。—をよく読む
本舗《ほんぽ》 「本鋪」とも。本店。製造—
本邦《ほんぽう》 東京は—第一の都市です
本俸《ほんぽう》 —に手当を加える
奔放《ほんぽう》 —にふるまう —な性格 自由—
雪洞《ぼんぼり》 —に火をともす 雛壇《ひなだん》の—
本末《ほんまつ》 —を転倒する —を明らかにする
本丸《ほんまる》 城の—がそびえる —だけ焼け残った
本名《ほんみょう》 —を名のる —を明かす
本命《ほんめい》 —が敗れて大穴となった 次期総裁の—
奔命《ほんめい》 忙しく駆け回る。—に疲れる

本望《ほんもう》 そうなっても—です —を果たす
本元《ほんもと》 —を探る 本家—
本物《ほんもの》 —とにせものの区別が付かない
翻訳《ほんやく》 原書を—する —権 —業
凡庸《ぼんよう》 —な人 —の身
本来《ほんらい》 —の姿 —ならば弟は—口べたでして
本流《ほんりゅう》 —は信濃川《しなのがわ》です —と支流
奔流《ほんりゅう》 —に流される —に身を投げる
凡慮《ぼんりょ》 わたくしごとき—の及ぶところではない
本領《ほんりょう》 —を発揮する これが彼の—だ
本塁《ほんるい》 —寸前でタッチアウト 敵の—を落とす
凡例《ぼんれい》 「はんれい」とも。辞書の—
翻弄《ほんろう》 波に—される 相手を軽く—する
本論《ほんろん》 前置きはこのくらいにして—に入《はい》ろう

ま

ま

魔《ま》 —の手が伸びる —が差す 通り—
目《ま》 —のあたりに見る
真《ま》 —に受ける —四角 —人間 —新しい
間《ま》 少し—を置こう —が悪い 奥の—
間合《まあい》 —を取る —を測る
麻雀《マージャン》 —で徹夜する 賭《か》け— —屋
舞《まい》 —を一さし舞う —扇 —姫
枚挙《まいきょ》 彼の悪事は—に暇《いとま》がない
舞子《まいこ》 「舞妓」とも。京の—さん
迷子《まいご》 たいへんな混雑で—が出る —を捜す
埋骨《まいこつ》 遺骨を郷里に—する 亡父の—式 —の地
舞込《まいこ》む 雪が— 当選の知らせが—

毎時《まいじ》　―二十キロの速さで東進する
邁進《まいしん》　目的に向かって―する　勇往―の気性
埋葬《まいそう》　墓地に―する　―を済ませる　―許可
埋蔵《まいぞう》　地下深く―された金　石油の―量　―物
真《ま》一文字《いちもんじ》　―に進む
毎度《まいど》　―のことですが　―ありがとう
埋没《まいぼつ》　「まいもつ」とも。地中に―して見えない
毎々《まいまい》　―ごひいきにあずかりまして
参《まい》る　神社に―　すぐ参ります　一本参った
哩《マイル》　「英里」とも。距離の単位。約一・六キロ
舞《ま》う　舞を―　木の葉が―　宙に―　風に―
前置《まえおき》　説明の―　―はこれくらいにして
前掛《まえかけ》　―を掛ける　―で手をふく
前頭《まえがしら》　―の力士　東の―　―筆頭　―三枚目

前借《まえがり》　ボーナスの出るまで―する　―の金
前垂《まえだれ》　―を掛けた小僧さん　―商法
前触《まえぶ》れ　実施の―をする　台風の―がある
前向《まえむ》き　―の姿勢　―に取り組む
前以《まえもっ》て　―話しておく　―知っていた
前渡《まえわた》し　―の金　現品を―する
紛《まが》い物《もの》　これは―ですよ　―の真珠
紛《まが》う　雲に―満開の桜花
真顔《まがお》　―になって話す　―で言う
籬《まがき》　―に咲く菊の花　風流な―のある家
間貸《まがし》　二階を―する
負《ま》かす　相手を―
任《まか》せる　人に―　身を―　運を天に―
賄《まかな》う　経費を―　二万円でいっさい―

罷《まか》る　罷り通る　罷りならぬ　罷りまちがう
曲《まが》る　道が―　心が―　枝が―　急激に―
巻《まき》　上の―　下の―　―の一
槙《まき》　暖かい地方にはえ、材は器具用にする―
薪《まき》　―を割る　―をくべる
蒔絵《まきえ》　金の―　―の重箱　―師
撒餌《まきえ》　庭に―をしておくと小鳥が集まってくる
巻貝《まきがい》　栄螺(さざえ)・田螺(たにし)などの―　―の貝がら
巻紙《まきがみ》　―に手紙をしたためる
巻尺《まきじゃく》　―で測る
巻添《まきぞえ》　けんかの―を食う
牧場《まきば》　ぼくじょう。―の少年　広々とした―
巻物《まきもの》　昔から家に伝わる―　―にして保存する
紛《まぎ》れる　やみに―　気が―　多忙に紛れて

間際《まぎわ》　出発―に病気になる　―になって変更する
幕《まく》　―が上がる　―を閉じる　彼の出る―か
膜《まく》　薄い―がある　―でおおわれている
巻《ま》く　「捲く」とも。旗を―　ねじを―　舌を―
播《ま》く　種を―　畑に―
撒《ま》く　水を―　道路に―
幕合《まくあい》　「幕間」とも。―は十五分です　―の食事
幕内《まくうち》　―の力士　―に昇進する　幕の内弁当
幕切《まくぎ》れ　―を迎える　とんだ―になる
秣《まぐさ》　馬に―をやる　―切り　―桶(おけ)
幕尻《まくじり》　成績不振で―に落ちた力士
間口《まぐち》　―と奥行　―を広げる　―三メートル
魔窟《まくつ》　夜の都会の―　密輸の―　―に踏み込む
枕《まくら》　―をそばだてる　―木　―を並べる

枕詞《まくらことば》　昔の歌や文に見られる修辞の一。
枕元《まくらもと》　「枕許」とも。病人の―　―にすわる
海仁草《まくり》　「海人草」とも。
鮪《まぐろ》　―の水揚げが多い　―のさしみ
甜瓜《まくわうり》　あじうり。あまうり。―のつけもの
髷《まげ》　―を結う　力士の―　―が乱れる　―物
負惜《まけおし》み　―の強い人　また―を言う
負越《まけこ》し　今場所は―が確定した　―の力士
負《ま》けじ魂《だましい》　生来の―
曲《ま》げて　「枉げて」とも。―ご承諾願います
負《ま》ける　―が勝ち　誘惑に―　値段を―
曲《ま》げる　首を―　枝を―　針金を―
曲《ま》げる　「枉げる」とも。変える。事実を―
孫《まご》　七人の―がいる祖母　―の世話　―娘

馬《ま》子《ご》 馬を引く― ―にも衣装 ―唄(うた)
紛《まご》う方《かた》 ―ない彼女の筆跡だ
真心《まごころ》 ―を込めて言う ―を尽くす
誠《まこと》 真心。―を尽くす
誠《まこと》 「真」とも。真実。うそか―か ―の話
誠《まこと》に 「洵に」とも。―美しい ―けっこう
孫引《まごびき》 この参考書は他の本からの―だよ
真菰《まこも》 水べにはえる草。秋薄紫色の花が咲く。
鉞《まさかり》 木を―で切り倒す ―かついだ金太郎
柾《まさき》 生垣(いけがき)などに使われる―
真砂《まさご》 細かいきれいな砂。浜の―
摩擦《まさつ》 強く―する 同僚との―を避ける ―音
正《まさ》に 正しく。―そのとおり―領収しました
当《まさ》に 当然。これは―きみのすべきことだ

将《まさ》に 今にも。―舟が岸を離れようとするとき
方《まさ》に 今や。時―平和の世 事件発生後―一年
柾目《まさめ》 「正目」とも。―の板 ―と板目
正夢《まさゆめ》 きのう見たのは―だった
優《まさ》る すぐれる。―とも劣らない 質の点で―
勝《まさ》る 多い。血の気が― 気の勝った女
交《ま》ざる 入(はい)る。かなが― 化繊が―
混《ま》ざる 「雑ざる」とも。砂が― 水に―
増《ま》し 二割―の売上げ 死んだほうが―だ
交《まじ》える ことばを― 砲火を― ひざを―
混《ま》じえる 混合する。黄身と白身をよく―
間《ま》仕切《じきり》 展示場の― 事務室の―
況《まし》て ―半年ではできない ―雨の日は危険だ
呪《まじな》い やけどのお― ―のことば

真面目《まじめ》 ―な顔 ―になる
間尺《ましゃく》 そんなやり方では―に合わない
魔手《ましゅ》 ひそかに―を伸ばす ―に倒れる
魔術《まじゅつ》 ―にかかる ―を使う ―師
魔性《ましょう》 ―の女 ―に魅いられる
猿《ましら》 猿(さる)。―のようによじ登る
交《ま》じる 白髪が― 人込みに―
混《ま》じる 「雑じる」とも。酒に水が―
瞬《まじろ》ぎ ―もせず見詰める
交《まじ》わる 友人と― 十文字に― 道路が―
麻疹《ましん》 「痲疹」とも。はしか。―にかかる
升《ます》 「枡」とも。―で量る
鱒《ます》 川をさかのぼる― ―の押しずし
増《ま》す 水かさが― 勢力を― 人口が―

先《ま》ず ―この点から論じよう ―いいだろう
麻酔《ますい》 「痲酔」とも。―を掛ける 全身― ―医
不味《まず》い ―料理 酒が― 熟さない実は―
拙《まず》い ―字 ―やり方 …になると―
貧《まず》しい ―生活 内容の― 論文
益〻《ますます》 やさしくすれば―付け上がる ―元気だ
大丈夫《ますらお》 「益荒男」とも。
摩《ま》する 天を―塔 空を―ビルディング
又《また》 山―山 さらに― ―とない機会
亦《また》 先生も―普通の人間だった これも―
復《また》 再び。―遅刻した あす―見よう
叉《また》 枝の― 三つ― ―になった部分
股《また》 ―を広げる 世界を― ―に掛けて歩く
又《また》貸《が》し 借りた本を―する

跨《また》がる 馬に― 富士山は静岡・山梨両県に―
又候《またぞろ》 ―金を借りに来た ―自分の手柄話だ
瞬《またた》く 目を― 星が― ―間のできごと
木天蓼《またたび》 猫(ねこ)の好むつる性の木。
股旅《またたび》 ―を続ける ―物の小説
斑《まだら》 ―になる ―模様 鹿(か)の子― ―雲
町《まち》 ―に買物に行く ―から村から
町《まち》 「街」とも。―かど
襠《まち》 着物の足し布。―を当てる
待合《まちあい》 ―で遊ぶ ―政治 ―室
間近《まぢか》 試験が―に迫る ―で見物する
間違《まちが》い ―を訂正する 親切が―のもと
町並《まちなみ》 整然とした― ―の美しい表通り
待針《まちばり》 ―を打つ ―で留める

区々《まちまち》 みんなの意見が―だ ―な考え
待《ま》つ 回答を― 客を― 果報は寝て待て
俟《ま》つ 諸君の努力に― 両々相俟って
末裔《まつえい》 「ばつえい」とも。子孫。源氏の―
松毬《まつかさ》 ―の落ちる音 ―を拾うこどもたち
松飾《まつかざ》り 正月の― ―をはずす
末期《まっき》 平安―の作品 ―的症状を呈する
真暗《まっくら》 「真闇」とも。―な夜 ―やみ お先―
睫《まつげ》 ―がぬれる 長い― 付け―
末期《まつご》 ―の水 ―に臨んで言うことはない
末香《まっこう》 「抹香」とも。―臭いことを言うな
真向《まっこう》 ―から否定する ―みじんに切り掛かる
真最中《まっさいちゅう》 論戦の― 特売の―
真先《まっさき》 ―に立って進む ―に食べる

抹殺《まっさつ》 第三条を―する 地上から―される
驀《まっしぐ》ら わき目も振らず―に突き進む
末梢《まっしょう》 ―神経 ―的なことにこだわる
抹消《まっしょう》 戸籍面から―する 氏名を―する
真直《まっすぐ》 ―に進む ―な線 心の―な人
末席《まっせき》 「ばっせき」とも。―を汚す ―に控える
末代《まつだい》 ―までの名著 ―までの語りぐさとなる
全《まった》く ―だめだ ―のところ ―もって
松茸《まつたけ》 「まつだけ」とも。―狩り ―飯
末端《まったん》 ―の組織 ―に至るまで浸透する
燐寸《マッチ》 ―をすって火をつける 広告の― ―箱
抹茶《まっちゃ》 ―をいただく
真当《まっとう》 ―な話 ―な商売ではない
全《まっと》うする 終りを― 忠節を―

松《まつ》の内《うち》 ―は来客が多い
末輩《まっぱい》 わたしごとき―は
松葉杖《まつばづえ》 ―を突いて歩く
末尾《まつび》 ―の数字を合わせる 各句の―に韻を踏む
末筆《まっぴつ》 ―ながら皆さまによろしく
真平《まっぴら》 試験は―だ 寄付は―です ―ごめん
松脂《まつやに》 松の幹から―が出る ―を塗る
末葉《まつよう》 ある時代の末。末期。平安時代の―
祭《まつり》 お―騒ぎ ―ばやし 桜― あとの―
政《まつりごと》 ―を見る ―を執る
末流《まつりゅう》 「ばつりゅう」とも。源氏の―
祭《まつ》る 祖先を― 霊を―
祭《まつ》る 「祀る」とも。神として鎮める。神社に―
末路《まつろ》 哀れな英雄の― 平家の―

纏《まつわ》る 沼に―伝説 母親に―幼児
迄《まで》 東京―行く 鳴く―待とう時鳥(ほととぎす)
摩天楼《まてんろう》 ニューヨークの―
的《まと》 ―にあたる あこがれの― ―はずれ
窓《まど》 ―を開く ―ガラス 社会の― ―口
纏《まとい》 消防組のしるし。―持ち ―をかつぐ
纏《まと》う 身に― 首に― オーバーを―
惑《まど》う 処置に― 情勢の変化に― 心が―
円《まど》か ―な月を仰ぐ ―な夢を見る
纏《まと》める 一つに― 話を― 荷物を―
真面《まとも》 ―な考え ―な生活 風を―に受ける
間取《まどり》 ―のいい家 ―を考える
俎《まないた》 ―の上の鯉(こい)
眼《まなこ》 青い― 観念の― ―の光

眼差《まなざし》 険しい― 愛情に満ちた―
眦《まなじり》 「眥」とも。―を決して争う
愛娘《まなむすめ》 目の中に入れても痛くない―
間《ま》に合《あ》う 汽車に― 電話で― 十分―
免《まぬか》れる 「まぬがれる」とも。類焼を―
間抜《まぬ》け ―な社員の失敗 この―め
真似《まね》 ―をする ―ごと 人― 猿(さる)―
招《まね》く 山は― 友人を― 不幸を―
間延《まの》び ―のした表現 ―した顔
瞬《またた》く 星の―夜空 ―間にでき上がる
眩《まばゆ》い ―日の光 朝日が― ―ばかりの花嫁姿
疎《まば》ら ―なひげ ―な林 人影も―になる
麻痺《まひ》 「痲痺」とも。―する 心臓― 神経が―
間引《まび》く 畑の大根を― 列車を―

ま

ま

真昼《まひる》 ―の太陽 ―の情事 ―の暗黒
目深《まぶか》 帽子を―にかぶる
眩《まぶ》しい ―太陽 白壁が― 花嫁姿が―
塗《まぶ》す うどん粉を― 海苔(のり)を―
瞼《まぶた》 ―を閉じる ―がたるむ 二重―
魔法《まほう》 ―を掛ける ―つかい ―びん
幻《まぼろし》 ―のように消える 夢か―か ―の世
間々《まま》 ―あることです おりおり。ときどき。
儘《まま》 見た― 感じた― ―にならない
継子《ままこ》 継母(ままはは)が―をいじめる ―扱いされる
見《まみ》える 主君に― 敵に―
真水《まみず》 ―を飲む 海水から―を造る
塗《まみ》れる 泥(どろ)に― 血に―
蝮《まむし》 ―に咬(か)まれる ―の毒 ―の黒焼

肉刺《まめ》 指に―ができた ―がつぶれて痛い
忠実《まめ》 ―に働く ―な男 手― 筆―
摩滅《まめつ》 「磨滅」とも。碑面が―して字が読めない
豆撒《まめまき》 節分の―行事
摩耗《まもう》 「磨耗」とも。回転軸が―する
魔物《まもの》 ―の性 ―を退治する 森に住む―
守《まも》る 約束を― 沈黙を― 留守を―
守《まも》る 「護る」とも。国を― 身を― 権利を―
麻薬《まやく》 ―の中毒 ―を密売する
眉《まゆ》 濃い― ―をひそめる ―を引く
繭《まゆ》 蚕の― ―から糸を採る
眉墨《まゆずみ》 「黛」とも。―を塗る
眉唾物《まゆつばもの》 あいつの話は―だ
迷《まよ》う 道に― 進退に― 利に―

魔除《まよけ》 ―のお守り ―のお札 ―にする
真夜中《まよなか》 ―の二時 ―の火事
毬《まり》 ―を突く ―がはずむ ゴム―
摩利支天《まりしてん》 武勇の神。
毬藻《まりも》 阿寒湖(あかんこ)の―は特別天然記念物です
丸《まる》 ―を付ける ―屋根 ―のまま ―一年
丸《まる》 「円」とも。四角と― ―窓
丸洗《まるあら》い ―できる洋服 毛布を―する
丸《まる》い 角(かど)が― 背中が― 丸く治める
丸《まる》い 「円い」とも。―形の窓 ―月
丸木《まるき》 ―のまま ―の一本橋 ―舟
丸腰《まるごし》 ―で立ち向かう 刀を捨てて―になる
丸太《まるた》 ―で造った小屋 松の― 丸太ん棒
丸出《まるだ》し おへそ―の水着 いなか―の男

丸潰《まるつぶ》れ おれの面目(めんぼく)は―になったよ
丸呑《まるのみ》 生卵を―にする 組合の要求を―する
丸髷《まるまげ》 ―を結う ―がよく似合う
丸々《まるまる》 ―と太った赤ん坊 ―損になる
丸《まる》める 紙を― 丸めて捨てる
丸焼《まるやけ》 火事で―になる
稀《まれ》 世にも―な人 ―に見る清潔な政治家
回《まわ》し者《もの》 「廻し者」とも。スパイ。敵の―
回《まわ》す 「廻す」とも。目を― 独楽(こま)を― 手を―
真綿《まわた》 ―を入れた羽織 ―で首を絞める
回《まわ》り 「廻り」とも。身の― 胴― 一―大きい
回《まわ》り 「周り」とも。池の―を歩く ―の人
回灯籠《まわりどうろう》 「廻灯籠」とも。走馬灯。
回《まわ》り道《みち》 「廻り道」とも。―をして遅れた

回《まわ》り持《も》ち 「廻り持ち」とも 幹事は―にする
万《まん》 ―に一つ ―が一 ―を数える応募者
満《まん》 ―を持する ―三歳 ―一年たった
満員《まんいん》 ―電車 大入り― ―札止め
満悦《まんえつ》 よい成績で―の体(てい) しごくご―だ
蔓延《まんえん》 インフルエンザが―する
漫画《まんが》 ―映画 ―家 おとなも―を読む
満開《まんかい》 ―の桜 梅は今が―です
満願《まんがん》 ―の日に神のお告げがあった
満俺《マンガン》 元素の一。―鋼
満艦飾《まんかんしょく》 ―の船 ―の彼女
満期《まんき》 定期預金が―になる ―で除隊する
満喫《まんきつ》 スキーの楽しさを―する 涼味を―する
満腔《まんこう》 胸いっぱい。―の敬意を表する

満座《まんざ》 ―の中で恥をかく
満載《まんさい》 貨物を―した船　野菜を―したトラック
万歳《まんざい》 正月を祝う歌舞の芸。三河《みかわ》―
漫才《まんざい》 ―と落語　掛合い―　―師
満更《まんざら》 「万更」とも。―いやでもない
蹣跚《まんさん》 足のよろめくさま。酔歩―
卍巴《まんじともえ》 ―の乱闘　―と降る雪
満州《まんしゅう》 「満洲」とも。―の広野
饅頭《まんじゅう》 肉―　葬式―　中華―
曼珠沙華《まんじゅしゃげ》 ―の花
満場《まんじょう》 ―一致で推薦する　―の諸君
満身《まんしん》 ―の力を込める　―創痍《そうい》
慢心《まんしん》 できがよいので―している　―するな
慢性《まんせい》 ―の病気に悩む　―胃腸病

漫然《まんぜん》 ―と日を暮らす　―たる歩み
満足《まんぞく》 娘の成長ぶりに―する　―な結果
曼陀羅《まんだら》 ―模様
漫談《まんだん》 ―を一席やる　―家　歌謡―
瞞着《まんちゃく》 ごまかす。国民を―する政治
満潮《まんちょう》 みちしお。―と干潮　―のとき
満天《まんてん》 ―の星を仰ぐ　―に宝石をちりばめる
満点《まんてん》 試験で―を取る　―は付けられない
万灯《まんどう》 ―をかついでお会式《えしき》に
満堂《まんどう》 ―の諸君　―にあふれるばかりの聴衆
真中《まんなか》 ―から二つに折る　―に命中する
満杯《まんぱい》 ―に達する　積荷―の船
満配《まんぱい》 予定量全部を―する
万引《まんびき》 ―を働く　―の犯人をつかまえる

漫筆《まんぴつ》 酔余の―　―を雑誌に載せる
満腹《まんぷく》 いっぱい食べて―する　もう―だ
満幅《まんぷく》 ―の信頼を寄せる
万遍《まんべん》なく ―勉強する　―水を掛ける
漫歩《まんぽ》 夏の夜の涼みがてらの―　公園を―する
幔幕《まんまく》 ―を張り巡らす
満々《まんまん》 ―と水をたたえる　―たる自信　闘志―
漫々《まんまん》 広く果てしない。―たる海
満面《まんめん》 ―に笑《え》みをたたえる　―朱を注ぐ
万目《まんもく》 「ばんもく」とも。―の見るところ
満目《まんもく》 ―荒涼たる冬の野　―の桜花
漫遊《まんゆう》 諸国を―する　世界―を試みる
満了《まんりょう》 任期が―する　刑期―で出獄する
漫録《まんろく》 酔余の―　この本はただの―です

み

巳《み》 十二支の第六。へび。―年生れの人
身《み》 ―の上話　―を落とす　―もふたもない
実《み》 ―がなる　汁《しる》の―　―のある話
見合《みあい》 知人の家で―をする　―結婚
見合《みあ》う 支出に―収入　労働に―報酬
見出《みいだ》す うまい方法を―　有能な人材を―
御稜威《みいつ》 天子の威光。大―のもと
木乃伊《ミイラ》 ―取りが―になる
実入《みい》り 今月は―が多かった　―の少ない商売
見入《みい》る 注視する。展示品に―
魅入《みい》る 悪魔に魅入られたような思い
身請《みう》け 芸者を―する　遊女の―　―人

身内《みうち》 ―の者だけで法事をする
見栄《みえ》 ―を張る　―も外聞もない　―坊
見得《みえ》 ―を切る　大―
見え透《す》く 見え透いたうそをつく
澪《みお》 船の通る深い場所。―をたどって進む
見納《みおさ》め この世の―だ　あれが彼の―でした
澪標《みおつくし》 水脈を示す杙《くい》。
身重《みおも》 妊娠。妻は―になる　―の女
未開《みかい》 ―の土地　―の住民　―人　―地
見返《みかえ》り ―の品　―物資を放出する
身欠鰊《みがきにしん》 二つ割りの干し鰊。
見限《みかぎ》る 不振の会社を―　近ごろお見限りね
味覚《みかく》 ―が発達している　鋭い―　秋の―
磨《みが》く 玉を―　ガラスを―　芸を―　わざを―

見掛《みかけ》 人は―によらない ―はよい品 ―倒し
御影石《みかげいし》 花崗岩(かこうがん)。―の柱
見方《みかた》 人によって―が違う ―を変える
味方《みかた》 「身方」とも。―の軍勢 弟に―する
帝《みかど》 天子。天皇。―のおことば ―のお成り
見兼《みか》ねる 見るに―見兼ねて席を譲る
身構《みがま》え 敵の攻撃に対する― ―を見せる
身柄《みがら》 ―を預かる ―を拘束する ―の釈放
身軽《みがる》 ―な服装 社長をやめて―になった
三河《みかわ》 旧国名、愛知県の東半部。―万歳
見交《みかわ》す 互いに―顔と顔 目を―
未刊《みかん》 まだ刊行されない。―の本
未完《みかん》 まだ完成しない。―の原稿 ―の大器
蜜柑《みかん》 ―の花が咲く丘 ―狩り 夏―

幹《みき》 木の― 太い― ―に注連縄(しめなわ)を張る
見切《みきり》 適当に―を付ける ―品の安売り
砌《みぎり》 酷暑の― ご上京の―は
汀《みぎわ》 みずぎわ。―で波と戯れる ―を歩く
見窮《みきわ》める 「見極める」とも。限界を―
三行半《みくだりはん》 妻に―を突き付ける
未決《みけつ》 ―の書類 ―と既決 ―囚
未見《みけん》 ―の書 ―の人
眉間《みけん》 ―を割る ―にしわを寄せる
巫女《みこ》 神社の― ―舞 結婚式場の―
神輿《みこし》 神社の― お―をかつぐ
御腰《みこし》 ―を据(す)える ―を上げる
見越《みこし》 ―を付ける ―の松 ―生産 ―輸入
見応《みごた》え いっこう―がない ―のある映画

見事《みごと》 ―な演技 実に―だ
詔《みことのり》 天子の仰せ。―をかしこむ
見込《みこみ》 ―違い ―を立てる ―のある青年
見頃《みごろ》 桜は今がちょうど―だ 花の―
身頃《みごろ》 前―と後ろ― ―を縫い合わせる
未婚《みこん》 ―の女性 ―の人
未済《みさい》 ―の借金 検査―の品 試験―の者
操《みさお》 ―を守る ―を破る ―を立てる 女の―
見境《みさかい》 酒というと―がない 前後の―なく
岬《みさき》 ―の灯台 ―の先端 ―に寄せる荒波
陵《みささぎ》 天皇や皇后の墓。御陵。大正天皇の―
短《みじか》い ―距離 気が― 日が― ―文
惨《みじ》め ―な一生 ―な最期 ―な結果
未熟《みじゅく》 ―なくだもの ―な技術 ―児

未詳《みしょう》 事情が―の事件 作者―の歌
実生《みしょう》 種から育つ。これは―の桃の木です
微塵《みじん》 ―に切る ―に砕ける 粉― ―もない
水垢《みずあか》 ―が付く ―を落とす ―を食う金魚
水揚《みずあげ》 鮪(まぐろ)の― 運転手の― 芸者の―
未遂《みすい》 ―に終わる 殺人― ―と既遂
湖《みずうみ》 ―のほとり ―のさざなみ
水掻《みずかき》 「蹼」とも。水鳥の― 蛙(かえる)の足の―
瑞垣《みずがき》 神社の垣。玉垣。―を巡らした本殿
水掛論《みずかけろん》 与野党の― ―に終わる
水嵩《みずかさ》 大雨で川の―が増す
水菓子《みずがし》 くだもの。食後の―
見透《みす》かす 内幕を―
自《みずか》ら ―申し出る ―任じる ―の力で行なう

身過《みす》ぎ 暮し。しがない―の内職
水着《みずぎ》 ―を着る はでな―のファッション
水茎《みずぐき》 筆。筆跡。手紙。―の跡も麗しく
水煙《みずけむり》 ―が立つ ―を上げる
水垢離《みずごり》 寒中に―を取る
水杯《みずさかずき》 「水盃」とも。―をして別れる
水馬《みずすまし》 池の水面を―が泳ぎ回る
水攻《みずぜ》め 飲料水を断ち―にする 高松城の―
水責《みずぜ》め 水を使った拷問。
水溜《みずたま》り 雨上がりの― ―をとび越す
見捨《みす》てる 貧乏人を― 親に見捨てられる
壬《みずのえ》 十干の第九。じん。
癸《みずのと》 十干の第十。き。
水洟《みずばな》 ―が出る ―をたらしたこども

み

水引《みずひき》 贈物に―を掛ける　紅白の―
水浸《みずびた》し 大雨で―の道路　書類が―になる
瑞穂《みずほ》 よく実った稲穂。豊葦原(とよあしはら)の―の国
瑞々《みずみず》しい ―緑の葉　―くだもの　―少女
魅《み》する 男を―声　美しい姿に魅せられる
店《みせ》 ―を構える　―で売る　―の主人　―番
未成年《みせいねん》 二十歳未満。―の者
見《み》せ掛《か》け ―の利益　―の繁栄
身銭《みぜに》 ―を切って払う
未然《みぜん》 火事を―に防ぐ　動詞の―形
味噌《みそ》 信州―　―を擂(す)る　手前―　―を付ける
溝《みぞ》 ―を掘る　―に落ちる　感情の―
未曾有《みぞう》 ―の惨事　古今―
鳩尾《みぞおち》 「みずおち」とも。―のあたりが痛む

晦日《みそか》 月の末日。来月の―まで　―の払い
禊《みそぎ》 心身を清める行(ぎょう)。―をして参拝する
鷦鷯《みそさざい》 雀(すずめ)に似ており、鳴き声のよい―
見初《みそ》める 旅先で見初めた女と結婚する
身空《みそら》 身の上。若い―で苦労する
霙《みぞれ》 ―降る夜　雨が―に変わる
身嗜《みだしなみ》 彼女は―がいい　男でも―は必要さ
満《み》たす 器に水を―　欲望を―　条件を―
満《み》たす 「充たす」とも。欠員を―
乱《みだ》す 列を―　心を―　髪を―
乱《みだ》す 「紊す」とも。秩序を―　平和を―
見立《みたて》 あの医者は―がよい　―を誤る　―違い
御霊《みたま》 霊魂。祖先の―　―祭り
猥《みだ》ら 「淫ら」とも。―なふるまい　―な男

濫《みだ》りに 「妄りに」とも。―に立入りを禁じる
漫《みだ》りに 漫然と。―思う
乱《みだ》れ箱《ばこ》 ―に衣類を脱ぐ
未知《みち》 ―の世界　―の人　―と既知　―数
道《みち》 ―を歩く　―を付ける　守るべき―
道《みち》 「途」とも。帰り―　解決の―　昇進の―
満潮《みちしお》 ―と引き潮　―のときはよく釣(つ)れる
道筋《みちすじ》 学校へ行く―　―に並んで出迎える
道連《みちづれ》 旅は―世は情け　途中で―になる
道端《みちばた》 ―で立ち話をする　―の家　―の屋台
満干《みちひ》 満潮と干潮。潮の―を知る
導《みちび》く 奥まった一室に―　青少年を―
道々《みちみち》 「途々」とも。―考えてきたことは
道行《みちゆき》 旅。男女の―　芝居の―　―物

密《みつ》 ―な間柄　人口が―になる　計画は―に
蜜《みつ》 ―を吸う　蜂(はち)―　花の―　甘い―
密雲《みつうん》 ―の中を飛ぶ飛行機　―を抜けると青空だ
密会《みっかい》 あいびき。―しているところを見付かる
見付《みつ》かる 資料が―　仕事が―　人が―
密議《みつぎ》 ―を凝らす　―の内容が漏れる
貢《みつ》ぐ 男に―女　かせいだ金をせっせと―
兎唇《みつくち》 ―を手術する
身繕《みづくろ》い きちんと―して現われる
見繕《みつくろ》う 料理を適当に―　見繕って買う
密計《みっけい》 ―を巡らす　―を凝らす
蜜月《みつげつ》 ―の楽しい思い出　―旅行
密語《みつご》 ひそひそ話。しきりに―をかわす
蜜語《みつご》 男女のむつごと。喋々喃々(ちょうちょうなんなん)の―

密航《みっこう》 アメリカに―を計画する　―した少年
密告《みっこく》 脱税を―する　不正事実の―がある
密使《みっし》 ―を派遣する　―として潜入した
密集《みっしゅう》 家が―している　―を割って進む
密書《みっしょ》 ―を送る　―を敵に奪われる
密生《みっせい》 木が―している山　毛が―する
密接《みっせつ》 両者は―な関係にある　―に連絡を取る
密葬《みっそう》 とりあえず旅先で―する
密造《みつぞう》 どぶろくを―する　―酒
密談《みつだん》 ―を重ねる　社長と―する
密着《みっちゃく》 両方を―させる　―で焼き付ける
密通《みっつう》 ―しているのを発見される　―事件
密偵《みってい》 ―を放って調べる　敵の―を捕える
密度《みつど》 人口の―　―の濃い計画　―の高い仕事

密封《みっぷう》 —して保存する —した書状
密閉《みっぺい》 部屋(や)を—する —した箱 —容器
三叉《みつまた》 —になっている道 —の交差点
三椏《みつまた》 —の樹皮は和紙の原料とする
見詰《みつ》める 相手を— じっと—
見積《みつも》り 費用の— —が小さすぎる —書
密約《みつやく》 —を結ぶ
密輸《みつゆ》 —を摘発する —団 —事件
密漁《みつりょう》 —をしてつかまる —する漁民
密猟《みつりょう》 保護鳥を—する —を取り締まる
密林《みつりん》 ジャングル。—地帯 —を行く —の猛獣
未定《みてい》 出発日時は—です —稿 —の予定
未到《みとう》 前人—の地 前人—の研究分野
未踏《みとう》 人跡—の荒野

味読《みどく》 作品を—する 文学書を—する
認《みと》め印《いん》 —を押す —でよろしいですか
認《みと》める 努力の跡を— 敗北を—
緑《みどり》 「翠」とも。松の— —の黒髪
嬰児《みどりご》 乳児。—を抱く いとけない—
見取図《みとりず》 現場の— —を示す
見取《みと》る この目で— しかと—
見取《みと》る 「看取る」とも。看病。病人を—
見蕩《みと》れる 景色(けしき)に— 美人に—
皆《みな》 —いい人ばかりだ —でやる —済んだ
漲《みなぎ》る 池に水が— 力が— 胸中に—勇猛心
孤児《みなしご》 こじ。—の境遇に同情する 戦災の—
水無月《みなづき》 旧暦六月の異名。
港《みなと》 横浜の— —に停泊する船 —町

源《みなもと》 川の— 文化の—を探る 悪の—
見習《みならい》 —看護婦 —工 目下—中です
身装《みなり》 「身形」とも。—を整える
醜《みにく》い —顔 —行為 —争いを続ける
見難《みにく》い 柱の陰になって— —場所
峰《みね》 山の— 雲の— 刀の—
蓑《みの》 茅(かや)などを編んで作った雨具。—と笠(かさ)
三幅《みの》 「三布」とも。—ぶとん
美濃《みの》 旧国名、岐阜県の南半部。—紙 —判
未納《みのう》 税金の— 月謝が—になっている
身代金《みのしろきん》 巨額の—を請求される
蓑虫《みのむし》 —が木の枝からぶら下がっている
実《みの》る 稲が— 努力が—
見場《みば》 —が悪い この品は—がいい

見栄《みば》え —のする品 この着物は—がしない
見計《みはか》らう 適当に見計らってください
見放《みはな》す 「見離す」とも。先生から見放される
未払《みはらい》 —の料金 —勘定 運賃—
見晴《みはら》し —がきく よい—だ —台
見張《みはり》 —に立つ —を置く —をふやす —番
見開《みひら》き 雑誌に—二ページの写真を出す
身振《みぶり》 —手振りで話す こっけいな—
身震《みぶる》い 「戦慄」とも。恐ろしさに—する
身分《みぶん》 —の高い人 —を明らかにする —保障
未亡人《みぼうじん》 若くて—になった人
見本《みほん》 商品の— —と違う —市
見舞《みまい》 病気— 暑中— —状 —品
美作《みまさか》 旧国名、岡山県の北東部。

見回《みまわ》す 「見廻す」とも。場内を—
未満《みまん》 千円—は切り捨てる 二十歳—の人
耳打《みみうち》 次官が大臣に—する 隣の人に—する
耳触《みみざわ》り —のいいことば
耳障《みみざわ》り 不快。—な話で恐縮ですが —な音
蚯蚓《みみず》 —がはう —ばれ —のたわごと
木菟《みみずく》 頭部に耳状の突起がある鳥。
耳朶《みみたぶ》 —を引っ張る —の大きい人
耳慣《みみな》れる 耳慣れた声を聞く
耳寄《みみよ》り —な話を聞かせる
見目《みめ》 —麗しい女性 —よい女
未明《みめい》 —に家を出る 今—の火事
身悶《みもだ》え 苦しくて—する —して訴える
身持《みもち》 —が悪い —をよくする

み

身元《みもと》 「身許」とも。—を調べる —不明の死体
見物《みもの》 結果が—だ きょうの—は最後の踊りだ
未聞《みもん》 前代—の事件
脈動《みゃくどう》 力強く—するもののある作品
脈拍《みゃくはく》 「脈搏」とも。—は普通一分間七十だ
脈々《みゃくみゃく》 創立以来の伝統は—として絶えない
脈絡《みゃくらく》 前後の—を保つ —のない話
土産《みやげ》 旅の— —物を売る店 —話
都《みやこ》 奈良の— 森の— —踊り —落ち
宮仕え《みやづかえ》 すまじきものは— —人
雅やか《みやびやか》 —な遊び —な平安文学
深山《みやま》 奥深い山。—おろし —隠れ —桜
宮参り《みやまいり》 こどものお— 七五三に—する
見遣る《みやる》 遠くを— 外を—

御代《みよ》 「御世」とも。明治の—
妙《みょう》 造化の— —な音 —に気になる
見様《みよう》 —見まね —によっては疑問もある
妙案《みょうあん》 何か—はないか それは—だ
冥加《みょうが》 —に余る —に尽きる —金
茗荷《みょうが》 —の若芽はかおりがよく、薬味にする
妙技《みょうぎ》 —を振るう 選手の—に酔う
明後日《みょうごにち》 あさって。—実施する
名字《みょうじ》 「苗字」とも。—と名まえ
妙手《みょうしゅ》 琴の— 碁の—
明星《みょうじょう》 明けの— 宵(よい)の—
明神《みょうじん》 稲荷(いなり)大— —鳥居
名跡《みょうせき》 先代の—を継ぐ 師匠の—を継ぐ
名代《みょうだい》 代理。父の—で出席する 社長の—

明朝《みょうちょう》 あすの朝。—六時に出発の予定
夫婦《みょうと》 —茶わん —雛(びな) —岩 —塚(づか) —松
明晩《みょうばん》 あすの晩。—お宅にお伺いします
明礬《みょうばん》 白色の結晶の薬品。焼き—
妙味《みょうみ》 音楽の— —が少ない —を味わう
妙薬《みょうやく》 胃病の— せき止めの—
名利《みょうり》 「めいり」とも。名誉と利得。—を求める
冥利《みょうり》 —に尽きる 男— 商売—
妙齢《みょうれい》 —の美女 —の婦人
身寄り《みより》 わたしの—の者です —のない老人
未来《みらい》 —を占う —図を描く —永劫(えいごう)
粍《ミリメートル》 センチメートルの十分の一。
未了《みりょう》 審議—に終わる
魅了《みりょう》 聴衆を—する 彼女のピアノに—される

魅力《みりょく》 —ある彼 映画の— 大きな胸が—的だ
味醂《みりん》 味付けに—を入れる —干し
見る《みる》 写真を— 本を— 事務を— —からに
見る《みる》 「視る」とも。現地を— 地図を—
見る《みる》 「看る」とも。病人を— 老後を—
見る《みる》 「診る」とも。脈を— 患者を—
海松《みる》 「水松」とも。浅い海の岩に付く海藻(かいそう)。
未練《みれん》 —がましい —が残る —たっぷり
弥勒《みろく》 仏の名。—菩薩(ぼさつ) —の浄土
魅惑《みわく》 相手を—する —的な顔
民意《みんい》 —を聞く —を問う —にそむく
民営《みんえい》 —の事業 国営から—に切り替える
民間《みんかん》 —の会社 —信仰
民芸《みんげい》 郷土の— —品を売る店

民権《みんけん》 —の拡張 自由— —主義
民主《みんしゅ》 —主義 —国家 —政治 —的な考え
民需《みんじゅ》 —を満たす —が高まる
民衆《みんしゅう》 —の生活 —の指導者 —駅
民情《みんじょう》 —を探る —視察の旅
民生《みんせい》 —の安定を図る —委員
民政《みんせい》 —に移管する —と軍政
民俗《みんぞく》 民間の習俗。—芸能 —楽器
民族《みんぞく》 —意識 —舞踊 —主義
明朝《みんちょう》 —体の活字
民度《みんど》 生活や文化の程度。—の低い開発途上国
民法《みんぽう》 —による相続法
民謡《みんよう》 —を歌う ドイツ— —大会
民話《みんわ》 郷土に伝わる— —劇

む

無《む》　―から有を生じる　親切を―にする

無位《むい》　位階を持たない。―無官の気楽さ

無為《むい》　―に日を送る　―無策の会社首脳

無益《むえき》　目的のない―な行動　有害―

無縁《むえん》　縁がない。供養者がない。―の人　―仏

無我《むが》　―の境　―夢中

無害《むがい》　この殺虫剤は人には―だ

無蓋貨車《むがいかしゃ》　―で運ぶ

向《む》かう　東に―　暑さに―　快方に―

迎撃《むかえう》つ　「邀撃つ」とも。敵を―

迎《むか》える　客を―　医師を―　正月を―　嫁に―

無学《むがく》　―な人　―を恥じる　―文盲

零余子《むかご》　ヤマノイモなどの肉芽。

昔《むかし》　―と今　―の話　その―　大―

向《むか》っ腹《ぱら》　―を立てる

百足《むかで》　「蜈蚣」とも。多くの足がある―

無季《むき》　俳句で、「季」のないこと。―の句

無期《むき》　―延期　―停学　―懲役

無機《むき》　―化学　有機と―

向《む》き　―を変える　こども―の本　―になる

麦《むぎ》　―をまく　―踏み　―を刈る　―の秋

剥出《むきだ》し　肌を―にする　感情を―にして言う

剥身《むきみ》　蛤(はまぐり)の―　浅蜊(あさり)の―を買う

無休《むきゅう》　年内は―で営業いたします　年じゅう―

無給《むきゅう》　―で働かされる　―の助手

無窮《むきゅう》　天壌(てんじょう)とともに―　天地―

麦藁《むぎわら》　―細工　―帽子をかぶる

無垢《むく》　清浄―　純真―　白―の衣　金―の仏像

向《む》く　上を―　そっぽを―　こどもに―　気が―

剥《む》く　皮を―　貝を―　目を剥いて怒る

報《むく》いる　恩に―　恨みに―　国に―

報《むく》いる　「酬いる」とも。労に―　―ところ大

木槿《むくげ》　「槿」とも。―の大きな花が咲く

尨毛《むくげ》　―の犬を飼う　―はよごれやすい

椋鳥《むくどり》　森の中で―の騒がしい鳴き声がする

浮腫《むくみ》　顔に―ができる

葎《むぐら》　荒れ地にはえる草。―の宿　八重(やえ)―

無患子《むくろじ》　黒い種の実がなる木。

無下《むげ》　―に断われない　志を―にするな

無碍《むげ》　「無礙」とも。融通―の境地

無形《むけい》　―の財産　―文化財　有形―

無稽《むけい》　根拠がない。―の言　荒唐―な話

無芸《むげい》　―な男　―大食

無欠《むけつ》　完全―なものはない

無血《むけつ》　―革命が成功する　―で占領する

無限《むげん》　―に続く　―大　―軌道

夢幻《むげん》　夢やまぼろし。―のうちに　―の境

無辜《むこ》　罪がない。―の民を傷つける

婿《むこ》　「壻」とも。身分関係。―と嫁　娘の―

婿《むこ》　「聟」とも。一般的。娘一人に―八人　花―

惨《むご》い　―仕打ちをする　やり方が―

無効《むこう》　有効と―　―投票　法律的に―だ

向《む》こう　―の山　―三日間受け付けます

無根《むこん》　根拠がない。事実―

無言《むごん》　―で退席する　―の行(ぎょう)　―劇

無罪《むざい》　―の判決が下る　―と有罪

鼯鼠《むささび》　栗鼠(りす)に似た獣。夜木の間を飛び移る。

武蔵《むさし》　東京都の大部分と埼玉・神奈川県の一部。

貪《むさぼ》る　財を―　―ように食べる　ぜいたくを―

無産《むさん》　財産がない。―階級　―運動　―政党

霧散《むさん》　疑いが―する　雲消―する

無残《むざん》　「無惨」とも。―な最期を遂げる

無残《むざん》　「無慙・無慚」とも。破戒―な行為

無私《むし》　公平―な態度

無視《むし》　忠告を―する　存在を―する　信号―

虫《むし》　―の息　―が好かぬ　―がいい　点取り―

無地《むじ》　一色で模様がない。―の布

蒸暑《むしあつ》い　―七月　今夜は全く―ね

蒸返《むしかえ》す　一度片づいた問題を―
虫螻《むしけら》　―のように扱う
虫酸《むしず》　あいつの顔を見ると―が走る
無実《むじつ》　―の罪を被る　―に泣く　―を訴える
貉《むじな》　狸《たぬき》・穴熊《あなぐま》の異名。同じ穴の―
虫歯《むしば》　「齲歯」とも。―が痛む　―の治療
虫《むし》ばむ　「蝕む」とも。青少年の心を―低俗な本
虫干《むしぼし》　土用の―　古書の―　衣類の―
蒸焼《むしやき》　魚肉を―にして食べる　―器
無邪気《むじゃき》　―な性質　―なこども
無臭《むしゅう》　無色で―の気体　無味―
矛盾《むじゅん》　彼の言うことは―している　―撞着《どうちゃく》
無性《むしょう》　ダイヤが―にほしくなる　―に腹が立つ
無償《むしょう》　―で働く　有償と―　―交付

無上《むじょう》　表彰されたことは―の喜びだ　―の光栄
無常《むじょう》　―の人生　―の風　―迅速　諸行《しょぎょう》―
無情《むじょう》　―の雨に遠足は中止だ　―な人　ああ―
無色《むしょく》　―透明の液体　思想的には―だ
無職《むしょく》　現在―です　―だが株の配当で食える
挘《むし》る　「毟る」とも。頭の毛を―　花を―
筵《むしろ》　「蓆」とも。―を敷いてすわる　わら―
寧《むし》ろ　海よりは―山がよい　―中止すべきだ
無心《むしん》　―に遊ぶ　―の手紙　金を―する
無人《むじん》　―の野を行く　―島　―販売スタンド
無尽《むじん》　物資は―にある　―蔵　―講
生《む》す　生じる。庭の石に苔《こけ》が―
蒸《む》す　タオルを―　芋を―　朝から蒸して不快だ
無数《むすう》　空には―の星が輝く　―の虫が鳴く

難《むずか》しい　―問題　―顔つき　処置が―
息子《むすこ》　―の嫁　孝行―　ひとり―　道楽―
結《むす》ぶ　糸を―　関係を―　話を―
掬《むす》ぶ　手ですくう。泉の水を―
娘《むすめ》　年ごろの―　―盛り　嫁に行った―
無性《むせい》　雌雄の性別がない。―生殖　―世代
夢精《むせい》　睡眠中に精液を漏らす。
噎《むせ》ぶ　「咽ぶ」とも。涙に―　煙に―　感激に―
無線《むせん》　―電話　―電信　―操縦
無銭《むせん》　―飲食　―旅行
無双《むそう》　並ぶ者がない。天下―の大力　古今―
夢想《むそう》　未来を―する　―するだけでも楽しい
無造作《むぞうさ》　―に書く　―なやり方
六十路《むそじ》　六十歳。―の坂

無駄《むだ》　金を―に使う　―な話　時間が―だ
無体《むたい》　―な言いがかり　―なこと　無理―
無断《むだん》　―で帰ってはいけない　―外出を禁じる
無知《むち》　「無智」とも。人の―に付け込む　―文盲
無恥《むち》　―な行い　厚顔―な男
鞭《むち》　「笞」とも。―でさす　―で打つ　愛の―
無茶《むちゃ》　―な言い分　―苦茶
夢中《むちゅう》　遊ぶのに―だ　仕事に―になる　無我―
霧中《むちゅう》　―航行　五里―
無賃《むちん》　―乗車が発覚する　―で使用する
鯥《むつ》　目と口が大きく、卵巣を賞味する―
陸奥《むつ》　旧国名、岩手県の一部と青森県。
睦月《むつき》　旧暦一月の異名。
襁褓《むつき》　おしめ。おむつ。―を干す

睦言《むつごと》　夫婦の―　―をかわす
睦《むつ》まじい　―一家　仲―夫婦
無手勝流《むてかつりゅう》　―で行く
無敵《むてき》　天下―を誇る　―艦隊が敗れる
霧笛《むてき》　霧の深いときに鳴らす汽笛。―が鳴る
無鉄砲《むてっぽう》　―なやり方　―な話
無電《むでん》　SOSの―が入《はい》る　―を打つ　―の応答
胸板《むないた》　厚い―　―を撃ち抜かれる
胸糞《むなくそ》　どうも―が悪い　―が悪くなるような話
胸倉《むなぐら》　―を取る　―をつかんで押し倒す
胸騒《むなさわ》ぎ　妙な―がする　―がして落ち着かぬ
胸算用《むなざんよう》　狸《たぬき》の―　―をする
空《むな》しい　―望み　―努力　結果は空しかった
無二《むに》　―の親友　―無三に突っ走る

無任所《むにんしょ》 —の重役 —大臣
旨《むね》 事の— …を—とする この—を伝える
胸《むね》 —が焼ける —を病む —に秘める恋
棟《むね》 屋根の— —上げ 同じ—に住む
胸回《むねまわ》り 「胸廻り」とも。—を測る
胸焼《むねや》け 「むなやけ」とも。芋を食べると—がする
棟割長屋《むねわりながや》 —に住む
無念《むねん》 —の最期 —の涙 —無想 残念—
無能《むのう》 —な重役は首にする —ぶりを暴露する
無比《むひ》 優秀—の性能 世界—の発明
無筆《むひつ》 字が書けない。字を知らない。—の者
霧氷《むひょう》 —のきらめく高原 美しい—
無病息災《むびょうそくさい》 —を望む
無分別《むふんべつ》 —な行為 —な男

宜《むべ》 なるほど。—なるかなと思われる
無辺《むへん》 果てがない。広大—な仏恩
無法《むほう》 —なふるまい —者 —地帯
無謀《むぼう》 —な計画 —な行為 —にも —運転
謀反《むほん》 「謀叛」とも。—を起こす —を企てる
無味《むみ》 —無臭の液体 —乾燥な生活
無名《むめい》 —の学者 —戦士の墓 —氏 —指
無銘《むめい》 作者の銘がない。—の刀
無暗《むやみ》 「無闇」とも。—なことを —に腹が減る
夢遊病《むゆうびょう》 —の患者
無用《むよう》 —の長物 —の品 問答— 天地—
無欲《むよく》 「無慾」とも。—の欲 —恬淡《てんたん》
村《むら》 山奥の— —のはずれ —の一本杉《すぎ》
斑《むら》 色の— 成績に—がある —気

群《むら》がる えさに—鳥 —群衆を追い散らす
叢雲《むらくも》 月に—花に風 —の剣
紫《むらさき》 —色 —の袱紗《ふくさ》 —水晶
村雨《むらさめ》 ひとしきり降って通る雨。
蒸《む》らす ご飯を— よく—
無理《むり》 —を言う —もない —心中 —が通れば
無慮《むりょ》 —数千万円の損害 —数万人のデモ隊
無料《むりょう》 —で配達いたします —入場
無量《むりょう》 —の思い 感慨— —寿経
無力《むりょく》 自分の—を知る 文明の利器も—となる
無類《むるい》 —の努力家 —の悪人 珍—の話
群《む》れる 鳥の—岩 運動場に—こどもたち
室《むろ》 —に野菜を貯蔵する 氷の—
無論《むろん》 —のこと —行くとも —だめだ

め

目《め》 —を開く —に付く 網の— つらい—
芽《め》 —が出る —のうちに摘み取る 悪の—
目当《めあ》て 彼らの—とするところは 金が—だ
命《めい》 上司の—を受ける —旦夕《たんせき》に迫る
明《めい》 先見の—を誇る 世相の—と暗
銘《めい》 —を打つ 座右の—とする —のある器
盟《めい》 誓い。約束。—を結ぶ —を破る
姪《めい》 主人の—に当たる人 伯父《おじ》と—の間柄
名案《めいあん》 それは—だ —じゃなくて迷案だ
明暗《めいあん》 —の分かれめ 人生の—
名医《めいい》 —の評判が高い 天下の—
命運《めいうん》 運命。人間の—を探る —が尽きる

冥王星《めいおうせい》 太陽系第九番めの惑星。
名家《めいか》 評判の高い家柄。名高い人。土地の—
名歌《めいか》 すぐれた歌。名高い歌。古今の—
名画《めいが》 すぐれた絵や映画。秘蔵の— —劇場
明快《めいかい》 —な判断 —な答弁 単純—な話
明解《めいかい》 —な注釈
冥界《めいかい》 死後の世界。あの世。—に遊ぶ
明確《めいかく》 —な表現 —に答えられない
銘柄《めいがら》 —を選ぶ 酒の— —品
名鑑《めいかん》 物の名を集めた本。名簿。人名録。
名器《めいき》 有名な器物。すぐれた器物。
明記《めいき》 住所氏名を—のこと 姓名を—する
銘記《めいき》 お話は肝に—します —すべき記念日
名義《めいぎ》 —を変更する 妻の— 他人の— —にする

め

迷宮《めいきゅう》 事件が―に入る ―入りの怪事件
明鏡止水《めいきょうしすい》 ―の心境
名曲《めいきょく》 ―を鑑賞する ―喫茶《きっさ》
鳴禽《めいきん》 鳴き声のよい小鳥。―を飼う ―類
名句《めいく》 すぐれたことばや俳句。―を鑑賞する
名君《めいくん》 「明君」とも。古来まれな―
名月《めいげつ》 陰暦八月十五日、また、九月十三日の月。
明月《めいげつ》 晴れ渡った空の月。―を仰ぐ
名言《めいげん》 ―を吐く 古今の― 偉人の―を学ぶ
明言《めいげん》 社長が―した この際―しておく
明細《めいさい》 ―に記入する 支払の― ―書
迷彩《めいさい》 建物に―を施す ―と偽装
名刹《めいさつ》 名高い寺。京都や奈良(なら)には―が多い
明察《めいさつ》 ご―を乞(こ)う さすがご―です

名産《めいさん》 当地の―を少々お送りします
名士《めいし》 天下の― ―づらをする
名刺《めいし》 ―を出す ―受け 新年の―交換会
名詞《めいし》 ―と動詞 普通― 固有― 形式―
明示《めいじ》 条件を―する 資格を―する
名実《めいじつ》 先生は―共に画壇の雄です
名手《めいしゅ》 琴の― 野球の―
盟主《めいしゅ》 仲間のかしら。彼を―と仰ぐ
銘酒《めいしゅ》 「名酒」とも。―を携えて遊ぶ ―を飲む
名所《めいしょ》 桜の― ―旧跡 ―案内
名称《めいしょう》 会の―を付ける ―を考える
名将《めいしょう》 すぐれた将軍。―の誉れが高い
名勝《めいしょう》 景色(けしき)がよくて名高い地。―の地
名匠《めいしょう》 すぐれた工人。古今の― ―の作

名状《めいじょう》 ―しがたい損害を受けた
命《めい》じる 出張を― 部下に― 課長を命ずる
銘《めい》じる 肝に― 先生の教えを肝に―
迷信《めいしん》 ―を信じる ―に陥る ―家
命数《めいすう》 寿命。運命。―が尽きる
瞑《めい》する 死ぬ。もって瞑すべし
名声《めいせい》 よい評判。―を博する ―を揚げる
明晰《めいせき》 頭脳―な人 ―な判断を下す
銘仙《めいせん》 絹織物の一。―の着物 秩父(ちちぶ)―
瞑想《めいそう》 ―にふける
明窓浄机《めいそうじょうき》 ―の環境
命題《めいだい》 ―を付ける ―を設定する
銘茶《めいちゃ》 特別の銘のある茶。静岡の― 高価な―
命中《めいちゅう》 的に―する ―した弾丸

螟虫《めいちゅう》 ズイムシ。二化―
名著《めいちょ》 不朽の―といわれる本 博士の―
酩酊《めいてい》 ―して町を歩く いささか―する
冥土《めいど》 「冥途」とも。あの世。―の旅
名刀《めいとう》 正宗(まさむね)の― ―の切れ味
名答《めいとう》 ご―です ―でなくて迷答だ
明答《めいとう》 はっきりした答え。―が得られない
鳴動《めいどう》 火山が―する 大山―して鼠(ねずみ)一匹
命日《めいにち》 祖母の― ―に法事をする 祥月(しょうつき)―
明白《めいはく》 ―な答弁 ―な事実
明美《めいび》 「明媚」とも。風光―の地
明敏《めいびん》 ―の才 ―な頭脳
冥福《めいふく》 死後の幸福。ご―を祈ります
名物《めいぶつ》 ―にうまいものなし この土地の― ―男

名分《めいぶん》 ―が立たない 大義―を重んじる
名聞《めいぶん》 世間の評判。―を求める ―に執着する
名文《めいぶん》 すぐれた文章。―をもって鳴る作品
明文《めいぶん》 明示した文。このことは―化されている
名簿《めいぼ》 ―を整理する 選挙人― 同窓会の―
盟邦《めいほう》 同盟国。―に親善使節を送る
名望《めいぼう》 ―のある代議士 ―家
明眸《めいぼう》 ぱっちりした目元。―皓歯(こうし)の婦人
銘木《めいぼく》 床柱などに使う上等な木材。―商を営む
命脈《めいみゃく》 からくも―を保つ ―の長いクラス会
迷夢《めいむ》 迷い。迷いの夢。―からさめる
命名《めいめい》 名を付ける。製品に―する ―式
銘々《めいめい》 ―が注意する ―皿 義士―伝
明滅《めいめつ》 町のネオンが―する 信号灯が―する

め

迷妄《めいもう》 迷い。—を開く
名目《めいもく》 「みょうもく」とも。ほんの—だけ —上
瞑目《めいもく》 死ぬ。静かに—した
名門《めいもん》 りっぱな家柄。—の出 私学の— —校
盟約《めいやく》 —を結ぶ —を文書にする —を守る
名優《めいゆう》 —の至芸に酔う —の誉れが高い
盟友《めいゆう》 誓い合った親友。—の契りを結ぶ
名誉《めいよ》 —に掛けて —を回復する —挽回(ばんかい)
名利《めいり》 「みょうり」とも。名誉と利得。—を追う
名流《めいりゅう》 その社会で名の高い人々。—婦人
明瞭《めいりょう》 —な事実 —に発音する
滅入《めい》る 気が—
命令《めいれい》 —を下す —にそむく 至上—
迷路《めいろ》 —に入(はい)り込む —から脱出する

明朗《めいろう》 —な性質 —な青年 職場の—化に努める
名論《めいろん》 —を吐く —卓説 —じゃなくて迷論だ
迷惑《めいわく》 人の—になる —を掛ける —千万
目上《めうえ》 —の人 —であろうと目下であろうと
米《メートル》 「米突」とも。長さの単位。—法
夫婦《めおと》 「みょうと」とも。—になる —茶わん
妾《めかけ》 —を囲う
目頭《めがしら》 話を聞いて—が熱くなる —を押える
眼鏡《めがね》 —を掛ける 度の強い— お—にかなう
女神《めがみ》 自由の— 美の—
目利《めきき》 美術品の—をする —違い
墨西哥《メキシコ》 —合衆国 —湾流
目配《めくば》せ 向い側の人に—して退席する
芽《め》ぐむ 春になって草や木が—

恵《めぐ》む 金を— 才能に恵まれる
盲《めくら》 目が見えない人。
盲滅法《めくらめっぽう》 —に突き進む
巡《めぐ》る 世界を— 古寺を—
巡《めぐ》る 「廻る」とも。回りを— 年が—
巡《めぐ》る 「繞る」とも。池を— 樹林 盆地を—山々
目刺《めざし》 鰯(いわし)の— —を焼く
目指《めざ》す 日本一を— —相手は 新記録を—
目敏《めざと》い 彼は—たちでして 目敏く見付ける
目覚時計《めざましどけい》 —のベル
目覚《めざ》める 朝早く— ようやく— 性に—
目障《めざわ》り —な建物 —になって困る
飯《めし》 —をたく 昼の— —にしよう
召使《めしつかい》 —に用事を言い付ける

雌蕊《めしべ》 「しずい」とも。—と雄蕊(おしべ)
目尻《めじり》 かわいい孫を見て—を下げる
目印《めじるし》 —を付ける これを—としよう
雌《めす》 雄と— 蚊の—
雌《めす》 「牝」とも。家畜・家禽(かきん)。—の牛
召《め》す 客を— 酒を— 車に— コートを—
珍《めずら》しい —品物 —話
目高《めだか》 —がすいすいと泳ぐ —をすくう
目立《めだ》つ 欠点が— —存在 大きくて—
目玉《めだま》 飛び出た— 大—を食う 特売の—商品
鍍金《めっき》 —がはげる —工場 金— 銀—
滅却《めっきゃく》 意義を—する 心頭—すれば…
目付《めつけ》 「目附」とも。お—役 隠し— —柱
滅私奉公《めっしほうこう》 —は古い

滅相《めっそう》 —もない話です
滅多《めった》 —にない —打ち —に見せない
滅亡《めつぼう》 古代に栄えて—した国 平氏の—
馬手《めて》 右手。—と弓手(ゆんで)
目出度《めでた》い 「芽出度い」とも。
愛《め》でる 景色(けしき)を— 愛児を—
目途《めど》 交渉再開の—が立つ 十日完了を—にする
針孔《めど》 針のあな。糸を—に通す
娶《めと》る 妻を娶らば才たけて
目抜《めぬき》 —の場所に店を出す —通り
瑪瑙《めのう》 縞(しま)模様のある石英。—の帯留
目子《めのこ》 —で数える —勘定 —算で一万円
芽生《めば》える 木が— 悪が— 好意が—
目端《めはし》 —がきく —をきかせる

目張《めばり》　すき間に―をする
目減《めべり》　二度めに量ると―がしている
目星《めぼし》　犯人に―を付ける　仕事の―が付く
眩《めまい》　「眩暈」とも。―がする　―を感じる
女々《めめ》しい　―ことを言うな　―ふるまい
目元《めもと》　―のかわいい女の子　涼しい―
目盛《めもり》　ものさしの―　―を読む
目安《めやす》　十月を―にして仕事を進める　―が立つ
目脂《めやに》　目くそ。―がたまる　―が出る
減込《めりこ》む　床が―　車輪がぬかるみに―
莫大小《メリヤス》　―のシャツ　―編み
面《めん》　鬼の―　―と向かう　―を打つ　―を取る
綿《めん》　わた。綿糸。綿布。
免疫《めんえき》　もう―になっている　―血清　―性がある

綿花《めんか》　「棉花」とも。―の栽培　米国の―
面会《めんかい》　来訪者と―する　―室　―謝絶
免官《めんかん》　依願―　懲戒―　諭旨―
面詰《めんきつ》　面と向かってなじる。社長を―する
免許《めんきょ》　自動車運転の―を取る　―皆伝の腕まえ
面食《めんくい》　彼は―だから美人の嫁を捜している
面喰《めんくら》う　応対に―　問題がむずかしいので―
面識《めんしき》　―のある人　一―もない
免囚《めんしゅう》　放免になった囚人。―保護事業
面従《めんじゅう》　面前だけ従う。―腹背　―後言
免除《めんじょ》　授業料を―する　税金―の特典
免状《めんじょう》　華道師範の―　卒業―
免職《めんしょく》　―処分　課長を―させる
免《めん》じる　今までの功に免じて許してやる

面《めん》する　重大な局面に―　海に面した部屋《へや》
免税《めんぜい》　―になる　―点を引き上げる
免責《めんせき》　債務を―される
面責《めんせき》　面と向かって責める。社長を―する
面積《めんせき》　国の―　三角形の―を求める　表―
面接《めんせつ》　応募者と―する　―試験
面前《めんぜん》　大衆の―で恥辱を受ける
免訴《めんそ》　判決で―を言い渡す
面相《めんそう》　―が悪い　百―の芸
面談《めんだん》　―の節詳しくお話しします　委細―
面疔《めんちょう》　顔にできる悪性のはれもの。
面子《メンツ》　―を立てる　―にかかわる
面体《めんてい》　顔つき。怪しい―の男　―を調べる
面倒《めんどう》　―な仕事　―になる　―くさい　えい―だ

雌鳥《めんどり》　「牝鶏」とも。―と雄鳥
面罵《めんば》　友人から―される　きびしく―する
面皮《めんぴ》　つらの皮。―をはぐ　―の厚い人　鉄―
面貌《めんぼう》　顔。顔つき。恐ろしい―
綿棒《めんぼう》　治療用の薬液を浸した―
麺棒《めんぼう》　―でのしてうどんを作る
面目《めんぼく》　「めんもく」とも。名誉。―を施す
綿密《めんみつ》　―な研究　―なプラン　―に調べる
面々《めんめん》　同志の―に集まってもらう
綿々《めんめん》　―と訴える　―として絶えない
面目《めんもく》　「めんぼく」とも。ようす。―を一新する
面妖《めんよう》　あやしい。はて―な　―な事件だ
綿羊《めんよう》　「緬羊」とも。―から羊毛を採る
麺類《めんるい》　そば・うどん等の―　―を売る店

も

喪《も》　―に服する　―が明ける
藻《も》　水草の総称。池の中で―が揺れる
蒙《もう》　無知。―を啓《ひら》く　啓―運動
盲唖《もうあ》　目が見えない人と、ものが言えない人。
盲愛《もうあい》　こどもを―する　猫《ねこ》を―する
猛威《もうい》　台風の―　流感が―を振るう
猛火《もうか》　―をくぐって幼児を救う　燃えさかる―
孟夏《もうか》　夏の初め。初夏。五月。
毛管《もうかん》　ごく細い管。毛細管。―現象
盲管銃創《もうかんじゅうそう》
盲亀《もうき》　目の見えない亀《かめ》。―の浮木
猛禽《もうきん》　鷲《わし》や鷹《たか》などの―　―類の鳥

猛撃《もうげき》　敵に─を加える　─を開始する
設《もう》ける　酒席を─　条件を─　編集部を─
儲《もう》ける　金を─　競馬で─　一男一女を─
猛犬《もうけん》　飛び掛かってきた─　─に注意
妄言《もうげん》　─を慎む　─多謝
猛虎《もうこ》　─の勢いで突き進む
妄語《もうご》　─を慎む　─を吐く
猛攻《もうこう》　敵の─に耐えかねる　─を加える
毛根《もうこん》　─を刺激する
毛細管《もうさいかん》　─現象
申兼《もうしか》ねる　まことに─ことですが
申込《もうしこみ》　入場希望の─が殺到する　─書
亡者《もうじゃ》　成仏できない─　金(かね)の─の嘆き
妄執《もうしゅう》　─にとりつかれる
猛襲《もうしゅう》　─を加える　─を繰り返す
盲従《もうじゅう》　先輩の指導に─する　権力に─する
猛獣《もうじゅう》　ライオンや虎(とら)などの─　─の檻(おり)
申訳《もうしわけ》　─程度の雨　─が立たない　─ない
妄信《もうしん》　薬の効果を─する
猛進《もうしん》　猪突(ちょとつ)─する　目的に向かって─する
盲人《もうじん》　─は点字で本を読む　─の白いつえ
申《もう》す　私は山田と─者です　お送り申します
猛省《もうせい》　政府の─を促す　彼の─を望む
妄説《もうせつ》　─を信じる　─に迷う
毛氈《もうせん》　赤い─の雛壇(ひなだん)　庭に─を敷く
猛然《もうぜん》　─と反撃する　─と奮い立つ
妄想《もうそう》　─にふける　誇大─狂
孟宗竹《もうそうちく》　─の林
妄断《もうだん》　─をほしいままにする
盲腸《もうちょう》　─が痛む　─を手術する　─炎
詣《もう》でる　神社に─　お寺に─人が多い
盲点《もうてん》　─に入(はい)る　規約の─を突く　法の─
毛頭《もうとう》　彼は─信じないそんなこと─考えない
妄動《もうどう》　軽挙─を戒める
艨艟《もうどう》　軍艦。戦艦。
猛毒《もうどく》　─を持っている蛇(へび)
妄念《もうねん》　─を払う　─から目ざめる
盲爆《もうばく》　むやみやたらの爆撃。都市を─する
猛爆《もうばく》　猛烈な爆撃。敵陣に─を加える
毛髪《もうはつ》　─の手入れをする　黒い─
毛筆《もうひつ》　─で書く　中国で作られた─　─習字
妄評《もうひょう》　彼の─に反論する
毛布《もうふ》　─でからだをくるむ　─を掛けて寝る
孟母《もうぼ》三遷《さんせん》　─の教え
蒙昧《もうまい》　道理がわからない。無知─な人間
網膜《もうまく》　─に焼き付く　─を傷つける
濛々《もうもう》　煙が─と立ち込める　─たる土煙が上がる
盲目《もうもく》　恋は─　─的愛情　─飛行を試みる
網羅《もうら》　残らず集める。必要なことばを─する
猛烈《もうれつ》　─な攻撃　─に痛む　練習は─を窮める
朦朧《もうろう》　意識が─としている　─と浮かぶ人影
耄碌《もうろく》　父も─した　この─おやじめ
萌葱《もえぎ》　「萌黄」とも。黄と青の間の色。─色の服
萌《も》える　草が─　─若葉
燃《も》える　火が─　─ような赤色　愛国心に─
藻掻《もが》く　「踠く」とも。水の中で─
模擬《もぎ》　「摸擬」とも。─試験　─国会　─店
没義道《もぎどう》　非道。─な行い
捥《も》ぐ　「捥ぐ」とも。実を─
木阿弥《もくあみ》　元の─になる
木魚《もくぎょ》　─をたたいて読経(どきょう)する
目撃《もくげき》　交通事故を─する　─者の話を伝える
黙劇《もくげき》　無言劇。パントマイム。新しい─の試み
艾《もぐさ》　お灸(きゅう)に使う─
藻草《もぐさ》　─の多い池　金魚ばちに─を入れる
黙殺《もくさつ》　野党の発言を─する　提案を─する
目算《もくさん》　─がある　─を立てる　─がはずれる
黙示《もくし》　天の啓示。神の─に従う　ヨハネ─録
黙視《もくし》　部下の行動を─することができない
目次《もくじ》　本の─　─を見て捜す

目睫《もくしょう》 目と睫(まつげ)。目前。—の間に迫る
藻屑《もくず》 海の—と消える
目《もく》する 将来を目される人
黙《もく》する 黙して語らない
木星《もくせい》 太陽系第五番めの惑星。—の縞(しま)
木犀《もくせい》 かおりの高い小さな花が咲く— 金(きん)—
目前《もくぜん》 出発を—に控える —の利益を追う
目送《もくそう》 じっと見送る。目迎—する
黙想《もくそう》 しばし—にふけった 沈思—する
木造《もくぞう》 —の家屋が密集する —建築 —二階建
木像《もくぞう》 —を彫刻する 弘法大師の—
目測《もくそく》 木の高さを—する —を誤る
木炭《もくたん》 —の需要は年々減っていく —画
木彫《もくちょう》 木彫り。—の仏像

目的《もくてき》 —を果たす —を明らかにする —地
目途《もくと》 めど。—を立てる 一月完成を—にする
黙禱《もくとう》 戦没者の霊に—をささげる
黙読《もくどく》 各自—しなさい —と音読
黙認《もくにん》 違反を—する
黙然《もくねん》 ベンチに—と腰掛けている
木版《もくはん》 木彫りの版。—画 —刷り
黙秘《もくひ》 —を守る 完全に—する —権
目標《もくひょう》 —を立てる 研究の— —額
木本《もくほん》 木質の幹を有する植物。き。—と草本
木目《もくめ》 まっすぐな— —の美しい板
黙々《もくもく》 —として食べる —と働く
沐浴《もくよく》 髪や身を清める。川で—する 斎戒—
土竜《もぐら》 もぐらもち。地面に穴を掘ってすむ—

潜《もぐ》る 水に— 地下に— 深く—
目礼《もくれい》 先生に—する —をかわす
木蓮《もくれん》 早春、赤紫色の大きな六弁の花が咲く—
目録《もくろく》 財産— 出品— 記念品の—を贈呈する
目論見《もくろみ》 —がはずれる —書
模型《もけい》 自動車の—を作る —飛行機
模糊《もこ》 あいまい—としている —たる風景
猛者《もさ》 柔道部の—連 —ばかり集まる
模索《もさく》 「摸索」とも。やり方を—する 暗中—
模試《もし》 模擬試験。公開—を受ける
若《も》し —来られなければ —雨が降ったら
文字《もじ》 —を書く —どおり 三十一(みそひと)—
模写《もしゃ》 「摸写」とも。原画を—する 声帯—
喪主《もしゅ》 長男が—となって葬儀を行なう

喪章《もしょう》 —を着けて葬儀に参列する
捩《もじ》る ことばを— 古歌を捩った狂歌
燃《も》す 火を— 紙を—
百舌《もず》 「鵙」とも。—のけたたましい鳴き声
裳裾《もすそ》 着物のすそ。—を掲げる 絹の—
模《も》する 「摸する」とも。実物を模して作る
模造《もぞう》 「摸造」とも。—した人形 —品 —紙
悶《もだ》える 身を— 悶え苦しむ 悶えて死ぬ
擡《もた》げる 持ち上げる。頭を— 鎌首(かまくび)を—
黙《もだ》す 言わない。黙しがたい事実
齎《もたら》す 幸福を— 吉報を— 不幸を—
凭《もた》れる いすに— 窓に— 胃に—
餅《もち》 —をつく —は餅屋 鏡— のし—
糯《もち》 餅にする粘りけのある米。—と粳(うるち)

黐《もち》 鳥もち。もちの木。さおに—を塗る
持合《もちあい》 「保合」とも。相場の変動がない。—状態
持味《もちあじ》 各自の—を生かす —を出しきる
用《もち》いる 鉄を— 世に用いられる
持掛《もちか》ける 話を—
持株《もちかぶ》 —を売りに出す —をふやす
持切《もちきり》 世間は三億円強奪の話で—だ
餅草《もちぐさ》 —を摘む
持腐《もちぐさ》れ これでは宝の—だ
持駒《もちごま》 —を使い果たす 豊富な—
餅搗《もちつき》 暮れの— —の音 —を頼まれる
望月《もちづき》 十五夜の月。満月。
持直《もちなお》す 病気がいくぶん— 景気が—
持前《もちまえ》 —の才能 —の勝ち気でがんばる

持回り《もちまわり》 「持廻り」とも。―決裁　―閣議
喪中《もちゅう》 ―につき年賀は欠礼いたします
勿論《もちろん》 それは―知っている　勝利は―わがものだ
持《も》つ 金を―　影響を―　費用を―
保《も》つ からだが―　電池が二か月―
目下《もっか》 ―のところ平穏だ　―の急務　―調査中
黙過《もっか》 ―しがたい事件
木琴《もっきん》 ―を演奏する
黙契《もっけい》 両党の間には―ができている
勿怪《もっけ》の幸《さいわ》い
畚《もっこ》 ―で土を運ぶ　おだてと―には乗らない
黙考《もっこう》 沈思―する　しばし―を続ける
勿体《もったい》 ―を付ける　―ない　―ぶった言い方
以《もっ》て 美声を―知られる　―瞑(めい)すべし

尤《もっと》も ―例外はある　―らしいことを言う
最《もっと》も 彼が―優秀である　―美しい声
専《もっぱ》ら 最近は―ゴルフです　権勢を―にする
縺《もつ》れる 糸が―　舌が―　話が―
弄《もてあそ》ぶ 「玩ぶ」とも。女を―　波に弄ばれる
持余《もてあま》す 暇を―　宿題を―　力を―
持囃《もてはや》す 若い人の間で持囃されている
下《もと》 木の―に埋める　先生の指導の―に
元《もと》 ―が掛かる　―を取る　―も子もない
元《もと》 「許」とも。親の―で育つ　師の―を去る
本《もと》 「基」とも。―を正す　農は国の―
因《もと》 原因。過労が―で死ぬ
素《もと》 ケーキの―　―が―だから
基《もとい》 発展の―を築く　社業の―　国の―

捗《もどか》しい 待つのも―
元金《もときん》 ―は据(す)え置く　―だけは返った
元肥《もとごえ》 「基肥」とも。―と追い肥　―を施す
元締《もとじめ》 この方面の―をしている　―の役　総―
戻《もど》す 以前の場所に―　親の元に―　胃から―
元帳《もとちょう》 ―に記入する　―を調べればわかる
基《もと》づく データに―調査　資料に―論文
元手《もとで》 ―が掛かる　―を出す　―がいる
元通《もとどお》り ―に直す　―にしておく
髻《もとどり》 髪の毛を束ねたところ。―をつかむ
元値《もとね》 ―は幾らですか　―を切って売る
求《もと》める 平和を―　職を―　救いを―
元結《もとゆい》 「もっとい」とも。日本髪を結ぶ―
固《もと》より 彼は―銀行マンである　―好人物だ

悖《もと》る 人の道に―　人間性に―
最中《もなか》 菓子の一。名物の―　―の菓子折り
藻抜《もぬ》けの殻《から》
物《もの》 ―の値段　―にする　―のみごとに
者《もの》 家の―　右の―　言おうとする―は
物言《ものい》い ―を付ける　―がうまい
物憂《ものう》い 「懶い」とも。―春の日　―毎日
物置《ものおき》 使わない道具を―にしまう
物怖《ものお》じ ―しない性質　少しも―しない
物覚《ものおぼ》え たいそう―がよい　―の悪い子
物陰《ものかげ》 ―から変な男が出てきた　―から見る
物堅《ものがた》い 昔の人は―　―人　―政策
物語《ものがたり》 ―の主人公　恋―　歴史―
物臭《ものぐさ》 ―をする　―な学生　―太郎

物乞《ものご》い あわれな―の姿　―をして歩く
物腰《ものごし》 柔らかな―の人
物差《ものさし》 ―で測る　―を当てる
物寂《ものさ》びた ―神社　―趣
物好《ものず》き この雨に行くとは―な　彼女も―だね
物凄《ものすご》い ―顔でにらむ　―大声　―勢い
物《もの》する 一句―　一筆―　一言―
物種《ものだね》 命あっての―だ
物《もの》の怪《け》 ―がつく　―が出る　―のたたり
物干《ものほし》 ―場　―ざお
物真似《ものまね》 ―がうまい　猿(さる)の―
物見《ものみ》 ―の櫓(やぐら)　―高い　―遊山(ゆさん)
物々《ものもの》しい ―警戒　―いでたち
物貰《ものもらい》 ―に歩く　目に―ができる

物柔《ものやわ》らか ―な腰つき ―に言う
最早《もはや》 ―がまんができない ―これまで
模範《もはん》 ―とするに足りる 学生の― ―答案
喪服《もふく》 ―を着る ―の女性は美しく見える
模倣《もほう》 作品を―する 外国の―は見苦しい
籾《もみ》 稲の― ―をふるう ―殻《がら》
樅《もみ》 高い―の木 クリスマスツリーとする―
紅絹《もみ》 ―の裏地
揉上《もみあげ》 ―を長く伸ばす ―をそる
紅葉《もみじ》 秋の― ―の錦《にしき》 ―狩り
揉手《もみで》 ―をしながらおせじを言う
揉《も》む 肩を― 気を― ひとつ揉んでやろうか
木綿《もめん》 ―の糸 ―の布 ―針 ―綿《わた》
桃《もも》 ―の木 ―の花 ―の節句 ―太郎

腿《もも》 ―の付け根 ―もあらわに
股引《ももひき》 ―をはく メリヤスの―
靄《もや》 ―が掛かる ―が立ち込める 濃い―
催合《もやい》 共同。一つの道具を―で使う
舫《もや》う 舟を岸に―
萌《もや》し 豆の― ―を油でいためる
燃《も》やす 火を― 闘志を― 敵愾心《てきがいしん》を―
模様《もよう》 ―を描く ―替え 話の―によっては
催《もよお》す 体育祭を― 涙を― 眠けを― 会を―
最寄《もよ》り ―の駅まで歩く ―の郵便局
貰《もら》う 物を― 嫁を― 助けて― 見て―
漏《も》らす 「洩らす」とも。小便を―
守《もり》 こどもの―を頼む 墓― 灯台―
森《もり》 「杜」とも。こんもりとした―が見える

銛《もり》 ―で魚《さかな》を取る ―で刺す ―を打つ
盛返《もりかえ》す 勢力を―
盛切《もりきり》 どんぶりに―の飯
盛込《もりこ》む 趣旨を― 多くの要素を―
盛沢山《もりだくさん》 ―な内容
盛花《もりばな》 ―を飾る 霊前に―を供える
盛《も》る 器に― 一服― 山盛りに―
漏《も》る 雨が― 屋根が― 油が―
脆《もろ》い ―材質 ―岩石 情に―人 涙―母
蜀黍《もろこし》 とうもろこし。―の実 ―だんご
双手《もろて》 ―で抱く ―を挙《あ》げて歓迎する
諸共《もろとも》 死なば― 船員は船―海中に沈んだ
諸《もろ》に 風を―受ける ―ぶつかる
双刃《もろは》 ―の剣

双肌《もろはだ》 ―に入れ墨をする ―脱ぐ
諸人《もろびと》 多くの人々。―こぞって祝福する
諸味《もろみ》 「醪」とも。こさないしょうゆや酒。
諸々《もろもろ》 ―の原因が重なって発病した ―の事情
門《もん》 ―のとびら 表の― ―をたたく
紋《もん》 菊のご― 家の― 葵《あおい》の―
門衛《もんえい》 会社の入口には―がいる
門外《もんがい》 ―不出の宝 わたしは―漢でわからない
門構《もんがま》え りっぱな― 大きい―の家
門鑑《もんかん》 ―を見せて通る
紋切型《もんきりがた》 ―のあいさつ
文句《もんく》 ―を付ける ―を言う ―のない勝ち方
門限《もんげん》 ―を厳守する ―に遅れる
門戸《もんこ》 ―を閉ざす ―を開放する ―を張る

門歯《もんし》 前歯。人間の―は八枚です
悶死《もんし》 異郷の地で―した 獄中で―する
文殊《もんじゅ》 ―菩薩《ぼさつ》 三人寄れば―の知恵
紋章《もんしょう》 菊のご― 家の― 都市の―
紋白蝶《もんしろちょう》 菜の花畑の―
問診《もんしん》 医者の―を受ける 患者を―する
問責《もんせき》 大臣を―する
門跡《もんぜき》 本願寺の―を継ぐ
悶絶《もんぜつ》 気絶。頭をなぐられて―する
門前《もんぜん》 ―市をなす ―払い ―雀羅《じゃくら》を張る
問題《もんだい》 ―を出す 重大な― ―の解決に役立つ
悶着《もんちゃく》 ―が起こる 一―あった
紋付《もんつき》 「紋附」とも。五つ紋の― ―羽織
門弟《もんてい》 ―たちが集まる ―総代

も

門徒《もんと》 宗門の信者。門徒宗。—物知らず
門灯《もんとう》 —をつける
問答《もんどう》 —を繰り返す —無用 押し— 禅—
紋所《もんどころ》 —を染め抜く 徳川家の—
文無し《もんなし》 月給日前で—だよ 破産して—になる
門閥《もんばつ》 家柄。—を重んじる
門扉《もんぴ》 —を固く閉ざす —を開閉する
門標《もんぴょう》 門札。表札。
文部《もんぶ》 —省 —大臣
紋服《もんぷく》 —を着用する —の力士 —姿
匁《もんめ》 昔の重さの単位。三・七五グラム。
文盲《もんもう》 無学—の人 —をなくす運動
悶々《もんもん》 —の日を送る —の情をいだく
文様《もんよう》 「紋様」とも。古代の壺(つぼ)の—

や

野《や》 —に下る 虎(とら)を—に放つ
矢《や》 —の催促 弓と— 光陰—のごとし
碼《ヤード》 布地の場合は「ヤール」。九一・四センチ。
刃《やいば》 —に伏す 正義の— —をとぐ
夜陰《やいん》 —に乗じて逃走する
八重《やえ》 —桜 —の潮路(しおじ) —歯
野営《やえい》 キャンプ地で—する —の夢
八百長《やおちょう》 —試合 —をやる
矢面《やおもて》 「矢表」とも。攻撃の—に立つ
八百屋《やおや》 —の店先 知識の—
八百万《やおよろず》 多数。—の神々
夜会《やかい》 —服 —に出て踊る
野外《やがい》 —劇場 —撮影 —音楽堂
館《やかた》 邸宅。大きな— —の跡 —町
屋形《やかた》 屋根形。—船で行こう —車
軈て《やが》 —正午になる —わかるよ —三年だ
喧しい《やかま》 音が— 手続が— しつけが—
輩《やから》 無能な— ああいう—は相手にしない
薬缶《やかん》 —で湯を沸かす —頭
夜気《やき》 冷え冷えとした— —が迫る
山羊《やぎ》 大きく曲がった—の角 —の乳 —ひげ
焼印《やきいん》 —を押す 旅館名の—のあるげた
焼討《やきうち》 —を掛ける 交番を—する —事件
焼付《やきつけ》 写真の—を頼む 現像と—
嫉妬《やきもち》 しっと。友だちが—をやく
野球《やきゅう》 —の選手 プロ— —場 草—
夜業《やぎょう》 よなべ。—に励む —が忙しい
冶金《やきん》 採鉱— —工業 —術
夜勤《やきん》 —の労働者 —に当たる —が明ける
野禽《やきん》 —の禁猟区
厄《やく》 —を払う —落し 三十三歳の—
役《やく》 —を果たす —付 —に立つ 接待の—
約《やく》 —千円 —一時間 —を結ぶ
訳《やく》 —を付ける —がむずかしい 口語—
焼く《やく》 魚(さかな)を— 手を— 世話を— 写真を—
焼く《やく》 「灼く」とも。日光で皮膚を—
妬く《やく》 人の出世を— 女房が—ほどもてもせず
夜具《やぐ》 —ふとん 嫁入り道具の— 一重ね
役員《やくいん》 団体の— —を改選する —選出 —会
役柄《やくがら》 —に不足はない —上言わざるをえない
薬剤《やくざい》 —を調合する —師
扼殺《やくさつ》 首を絞めて殺す。変質者に—される
薬殺《やくさつ》 負傷した競走馬を—する 狂犬を—する
薬師《やくし》 —如来(にょらい) —堂
訳詞《やくし》 外国の歌詞の翻訳。
訳詩《やくし》 外国の詩の翻訳。—集
薬事《やくじ》 立ち遅れた—行政 —法に触れる化粧品
薬餌《やくじ》 薬と食物。平生—に親しむ —療法
役者《やくしゃ》 歌舞伎(かぶき)の— —が一枚上だ
訳述《やくじゅつ》 古典を—する
役所《やくしょ》 父は—に勤めている お—仕事
躍如《やくじょ》 —たる表現 彼の面目—たるものがある
約定《やくじょう》 —をとりかわす —済の品
躍進《やくしん》 一位に—する 目ざましい—の跡

や

約《やく》す　分数を―
訳《やく》す　源氏物語を―　英語に―　現代文に―
約数《やくすう》　四の―　―と倍数
約《やく》する　実行を―　またの日を―
扼《やく》する　押える。腕を―　本拠を―
薬石《やくせき》　―効なく死去いたしました
約束《やくそく》　固く―する　―を破る　―手形　―事(ごと)
訳注《やくちゅう》　「訳註」とも。古典に―を加える
約手《やくて》　約束手形。―で受け取る　―を落とす
躍動《やくどう》　青春の気が―する　生気―する
役得《やくとく》　―のある仕事　―を利用する
厄年《やくどし》　ことしは兄の―だ　―は三十三と四十二
役場《やくば》　村―　町―　―に勤める　―の職員
厄日《やくび》　交通事故多発の―

疫病《やくびょう》　―神　―よけ
薬品《やくひん》　―で処理する　―を購入する　化学―
約分《やくぶん》　分子・分母を―する
訳文《やくぶん》　条約の―に意味不明のところがある
役回《やくまわ》り　「役廻り」とも。損な―に当たる
薬味《やくみ》　うどんの―　―を添えて進める
役目《やくめ》　―を果たす　議長の―　お―ご苦労さま
薬用《やくよう》　―植物　―せっけん
厄除《やくよけ》　―のお守り　―のおまじない
櫓《やぐら》　―を組む　火の見―　―太鼓　こたつ―
薬籠《やくろう》　薬箱。自家―中のものにする
役割《やくわり》　―を決める　各委員の―
自棄《やけ》　―になる　―を起こす　―酒
焼跡《やけあと》　火事の―　―から死体が発見された

夜景《やけい》　夜の景色(けしき)。美しい港の―
夜警《やけい》　―の詰所　アルバイトに―をする
妬《や》ける　ふたりの仲が―
薬研《やげん》　薬種(やくしゅ)を砕く金属製の器具。
夜行《やこう》　政界は百鬼―の状態である　―列車
野合《やごう》　私通。―してできた子
屋号《やごう》　料理屋・菓子屋・歌舞伎(かぶき)役者などの―
野狐禅《やこぜん》　なまかじりの禅。
野菜《やさい》　新鮮な―　―の入荷　―の値段が上がる
優男《やさおとこ》　町内一の―という評判　―にほれる
家捜《やさが》し　―したが見付からない
優形《やさがた》　―のいい男
矢先《やさき》　出掛けようとした―のできごと
易《やさ》しい　―問題　いとも―ことだ

優《やさ》しい　―人柄　優しくさとす　人形の―顔
椰子《やし》　―の実　熱帯の海べにはえる―の木
香具師《やし》　てきや。縁日の―
野次《やじ》　「弥次」とも。―を飛ばす　―馬
屋敷《やしき》　「邸」とも。大きな―　社長の―
弥次喜多《やじきた》　―の道中
養《やしな》う　体力を―　病を―　親を―　習慣を―
夜叉《やしゃ》　恐ろしい鬼神。―の面　荒れ狂う―
野手《やしゅ》　野球の内外野を守る人。―の失策
野趣《やしゅ》　―に富む風景　―がみなぎる
夜襲《やしゅう》　敵の―に備える　―を掛ける
野獣《やじゅう》　―の群れ　―のような生き方
夜食《やしょく》　―を食べて更にやる　―にそばを出す
矢尻《やじり》　「鏃」とも。太古の―を発見する

矢印《やじるし》　―の方向に進む　―の先を見る
社《やしろ》　鎮守の―　村の―　―の鳥居
野心《やしん》　―をいだく　―を起こす　―家　―満々
野人《やじん》　いなかもの。―礼にならわず　田夫―
安《やす》い　―品　安かろう悪かろう　お―ご用
易《やす》い　それはいと―ことだ　書き―ペン
安手《やすで》　―の品物で間に合わせる
馬陸《やすで》　足が多く湿地にすみ悪臭を発する虫。
休《やす》む　学校を―　家でゆっくり―　夜―場所
安物《やすもの》　―でがまんする　―買いの銭失い
安々《やすやす》　―と眠る
易々《やすやす》　―と仕上げる　―と勝った
鑢《やすり》　―でみがく　―でこする　紙―
野生《やせい》　―の馬　―の苺(いちご)　―の兎(うさぎ)

野性《やせい》 ―の人 ―に返る ―味がある ―的
瘦型《やせがた》 ―の男 ―の紳士
瘠我慢《やせがまん》 痛いのに―する
瘠《や》せる 土地が― 瘠せても枯れても
瘦《や》せる からだが― 一方 ―思い
夜戦《やせん》 夜間の戦闘。―に持ち込む ―が巧みだ
野戦《やせん》 山野での戦い。―重砲 攻城― ―病院
野選《やせん》 野手選択。フィールダーズチョイス。
耶蘇《ヤソ》 イエス・キリスト。―教 ―の像 ―会
夜想曲《やそうきょく》 ノクターン。
八十路《やそじ》 八十歳。―の坂
屋台《やたい》 おでん屋の― ―を引く ―店 ―骨
家賃《やちん》 ―がたまる ―を払う 高い―
奴《やっ》 ばかな― 大きい― ―の言うことには

厄介《やっかい》 ―を掛ける ―になる ―な仕事 ―者
八《や》つ頭《がしら》 里芋の品種。大きな―
約款《やっかん》 法令・条約・契約等の各条項。保険の―
躍起《やっき》 儲(もう)け口に―となる ―になって捜す
矢継早《やつぎばや》 ―の催促 ―に聞く
薬莢《やっきょう》 演習地で―を拾う からの―
薬局《やっきょく》 ―で薬を調剤する 町の― ―方
奴《やっこ》 ―さん ―だこ ―豆腐 冷や―
八《や》つ裂《ざ》き ―にしても気が済まない
窶《やつ》す うき身を―
窶《やつ》れる 病気のために― 人生の苦しみに―
宿《やど》 ―を借りる ―を取る ―賃 ―帳
夜盗《やとう》 ―の群れ ―を働く
野党《やとう》 与党と― ―の質問

雇《やと》う 人を―には金が要(い)る 運転手を―
雇《やと》う 「傭う」とも。船を―
寄居虫《やどかり》 小さい巻き貝にすむ―
宿《やど》り木《ぎ》 「寄生木」とも。
宿六《やどろく》 夫。―のろくでなし うちの―
簗《やな》 ―を仕掛ける ―で魚(さかな)を捕える
柳川《やながわ》 泥鰌(どじょう)料理の一つ。―鍋(なべ)
柳《やなぎ》 ―に風 枝垂(しだれ)― ―の下の泥鰌(どじょう)
家並《やなみ》 ―のそろった通り ―に旗が立っている
家鳴《やなり》 ―がする ―振動が激しい
脂《やに》 ―下がる 木の― 松―を塗る
夜尿症《やにょうしょう》 ―の直らないこども
矢庭《やにわ》に ―聞かれても困る ―飛び掛かる
家主《やぬし》 ―に払う家賃 ―と店子(たなこ)

屋根《やね》 ―を伝って逃げる 二階の― ―裏
矢張《やはり》 やっぱり。―想像していたとおりだった
夜半《やはん》 よなか。よわ。―に降りだした雨
野蛮《やばん》 ―なことをする ―な風習 ―人
野卑《やひ》 「野鄙」とも。―なことば ―な行い
藪《やぶ》 ―から棒に ―蚊 竹― 笹(ささ)―
藪入《やぶいり》 ―で娘が帰ってくる 正月の― 七月の―
藪柑子《やぶこうじ》 ―の赤い球形の実
吝《やぶさ》か 「嗇か」とも。協力するのに―でない
藪睨《やぶにら》み ―の人
藪蛇《やぶへび》 藪をつついて蛇を出す。かえって―だ
破《やぶ》る 記録を― 約束を― 太平の夢を―
破《やぶ》れる 紙が― 話が― 夢が―
敗《やぶ》れる 敵に― 競技に― 事業に―

夜分《やぶん》 ―に訪問する ―おそく
野暮《やぼ》 ―なことを言うな ―な人 ―な服装
野望《やぼう》 大臣になろうと―をいだく ―に燃える
山合《やまあい》 「山間」とも。―の村
病《やまい》 重い― ―に倒れる ―は気から
山芋《やまいも》 「やまのいも」とも。じねんじょ。
山雀《やまがら》 ―はいろいろな芸をする
山狩《やまがり》 ―をして犯人を追う
山勘《やまかん》 ―で答えたのに当たった ―がきく
山崩《やまくず》れ 豪雨で―が起こる ―による事故
山気《やまけ》 ―の多い男 ―を出して失敗した
山師《やまし》 業界の― ―株をやる 人には―が多い
山路《やまじ》 秋の―をたどる 険しい―
疚《やま》しい ―ところがない ―ことはしてない

山出《やまだ》し　材木の―　―の女の子
山積《やまづ》み　滞貨が―になっている　―の材木
山手《やまて》　「やまのて」とも。―の住宅地
大和《やまと》　旧国名、奈良県。―三山
大和《やまと》　「倭」とも。―民族　―魂　―撫子《なでしこ》
山並《やまなみ》　「山脈」とも。遠くの―　雪をいただく―
山肌《やまはだ》　「山膚」とも。―を削る　赤茶けた―
山彦《やまびこ》　こだま。深山で聞く―は気味が悪い
山吹《やまぶき》　―の黄色い花　―の枝　八重《やえ》の―
山伏《やまぶし》　修験道の行者《ぎょうじゃ》。―姿の男
山盛《やまもり》　―のご飯　野菜を―にする
暗《やみ》　夜の―　―から―へ葬る
闇《やみ》　―の値段　―米　―取引
病上《やみあが》り　―の人　母は―で弱っている
暗討《やみうち》　―を食わせる　―にあう
暗路《やみじ》　―をたどる　恋の―　心の―
病付《やみつき》　ゴルフが―になる　―のマージャン
止《や》む　雨が―　戦いが―　―に止まれぬ心
已《や》む　倒れてのち―　…して已まない
病《や》む　腹を―　人の言ったことを気に―
已《や》むを得《え》ず　「不得已」とも。―欠席
止《や》める　たばこを―　行くのを―
廃《や》める　雑誌の発行を―
罷《や》める　会社を罷めさせる
辞《や》める　会社を―
夜盲症《やもうしょう》　鳥目。
鰥夫《やもお》　妻を失って再婚しない男。男やもめ。
寡婦《やもめ》　―暮し　―住い
守宮《やもり》　壁にはう―　無気味な―
稍々《やや》　空が―明るくなってきた　―右寄りだ
揶揄《やゆ》　政治家を―した漫画　相手を―する
弥生《やよい》　旧暦三月の異名。おぼろにかすむ―の空
夜来《やらい》　昨夜から。―の雨が上がる
矢来《やらい》　竹で―を組む
槍《やり》　「鎗」とも。―で突く　竹―　―一本―
遣合《やりあ》う　両方で激しく―
遣返《やりかえ》す　計算を―　負けずに―
遣方《やりかた》　―を教える　別の―がある
遣切《やりき》る　仕事を―　暑くて遣切れない
遣口《やりくち》　決まった―　―を調べる
遣繰《やりくり》　―を付ける　―算段
遣込《やりこ》める　先生を―
槍玉《やりだま》　―に挙《あ》げる　野党の―に挙《あ》げられる
遣手《やりて》　彼はなかなかの―だ
槍投《やりなげ》　―の選手　―で優勝する
遣場《やりば》　怒りの―がない　目の―に困る
遣水《やりみず》　庭園の―　庭の草木に―をする
遣《や》る　こどもを学校へ―　助けて―　うまく―
遣瀬《やるせ》　―ない思いにかられる　―なげに言う
野郎《やろう》　あの―　この大ばか―　ひょっとこ―
夜郎自大《やろうじだい》　うぬぼれ。
夜話《やわ》　政界―と題して政界の裏話を書く
柔肌《やわはだ》　おとめの―　女の―に触れる
柔《やわ》らかい　―感じ　人当りが―
柔《やわ》らかい　「軟らかい」とも。―土　―話
和《やわ》らぐ　態度が―　風が―　寒さも和らいだ

ゆ

湯《ゆ》　―を沸かす　―を使う　―に入《はい》る
湯浴《ゆあみ》　山の温泉で―する
唯一《ゆいいつ》　これが彼の―の願いだ　―無二の宝
唯我独尊《ゆいがどくそん》
遺言《ゆいごん》　祖父の―　―を守る　―状を開封する
由緒《ゆいしょ》　―ある旧家　―深い寺　池の―を調べる
結納《ゆいのう》　―をとりかわす　―金
唯物《ゆいぶつ》　―史観　―弁証法　―論
勇《ゆう》　―を鼓する　―を奮って発言する
雄《ゆう》　政界の―　当代の―　一方の―
結《ゆ》う　髪を―　島田に―　垣《かき》を―
友愛《ゆうあい》　―結婚　―セール　―会

優渥《ゆうあく》 陛下から―なおことばを賜わる
有為《ゆうい》 ―の人材を失う 前途―の青年
優位《ゆうい》 相手より―に立つ ―を占める
誘引《ゆういん》 観光客を―する
誘因《ゆういん》 利権問題がしばしば戦争の―となる
憂鬱《ゆううつ》 ―な天気 ―になる ―さを吹っ飛ばす
遊泳《ゆうえい》 「游泳」とも。湾内を―する 官界の―術
有益《ゆうえき》 休みを―に過ごす ―な話を聞く
優越《ゆうえつ》 技術面で―する ―感を持つ
幽遠《ゆうえん》 奥深くて静か。―な趣 ―な真理
悠遠《ゆうえん》 はるか遠い。―の昔をしのぶ
優艶《ゆうえん》 「優婉・幽艶」とも。―な女性
遊園地《ゆうえんち》 ―でこどもを遊ばせる
勇往邁進《ゆうおうまいしん》 ―の気概

優雅《ゆうが》 ―な舞姿 ―な生活 ―な音楽
誘拐《ゆうかい》 幼児を―する 営利― ―犯人を追う
融解《ゆうかい》 固体が―して液体になる ―熱
有害《ゆうがい》 青少年に―な読物 ―な食物 ―無益
有蓋貨車《ゆうがいかしゃ》 ―の手配
夕顔《ゆうがお》 ―の白い花が咲く
遊郭《ゆうかく》 「遊廓」とも。ここは昔の―の跡です
遊学《ゆうがく》 遠く異国に―する 東京に―する
有価証券《ゆうかしょうけん》 ―の売買
誘蛾灯《ゆうがとう》 ―の青い光
夕刊《ゆうかん》 ―を配達する 朝刊と―
有閑《ゆうかん》 ―階級 ―マダム ―夫人の集り
勇敢《ゆうかん》 ―な行為 ―な兵士 ―に飛び込む
憂患《ゆうかん》 心配。―をいだく ―に生き安楽に死す

有期《ゆうき》 ―と無期 ―刑を宣告される ―公債
有機《ゆうき》 ―と無機 ―化学 ―化合物 ―的
友宜《ゆうぎ》 「友誼」とも。―団体 ―に厚い人
遊戯《ゆうぎ》 幼稚園で―をします 室内― ―的
遊技《ゆうぎ》 パチンコ・マージャン・ボウリング等。
有給《ゆうきゅう》 ―の助手を勤める ―休暇を取る
悠久《ゆうきゅう》 ―の大義に生きる ―の昔に返る
遊休《ゆうきゅう》 ―の施設 ―資本
遊興《ゆうきょう》 ―にふける ―費 ―飲食税
遊侠《ゆうきょう》 おとこだて。侠客。―の徒
優遇《ゆうぐう》 社員を―する会社 破格の―に感謝する
夕暮《ゆうぐれ》 美しい―の景色(けしき) ―どき
友軍《ゆうぐん》 ―を見殺しにする ―に助け出される
遊軍《ゆうぐん》 ―が敵の虚を突く ―記者を応援に出す

夕餉《ゆうげ》 夕食。―のしたく ―の膳(ぜん)に向かう
有形《ゆうけい》 ―無形の援助を受ける ―財産
雄勁《ゆうけい》 詩文の力強いさま。―な筆力 ―な文
遊芸《ゆうげい》 ―の師匠 ―を学ぶ ―に身をやつす
遊撃《ゆうげき》 ―隊 ―戦 ―手
勇健《ゆうけん》 ご―のよし、けっこうに存じます
郵券《ゆうけん》 郵便切手。―で代用する ―を同封する
有限《ゆうげん》 ―と無限 ―の責任 ―会社
幽玄《ゆうげん》 趣が深く味わい尽くせない。―な趣の能
友好《ゆうこう》 両国は―関係にある ―的なふんいき
有功《ゆうこう》 手柄がある。―章 ―賞
有効《ゆうこう》 ―と無効 ―成分 当日の消印まで―
融合《ゆうごう》 金属が―する 東西文明の― 心の―
幽谷《ゆうこく》 奥深い谷。深山―に遊ぶ ―に咲く花

憂国《ゆうこく》 ―の志士 ―の念に燃える
夕刻《ゆうこく》 ―には戻(もど)るでしょう ―に伺う
雄渾《ゆうこん》 雄大。―な文章 ―な筆致
有罪《ゆうざい》 ―の判決を下す ―か無罪かの争点
有志《ゆうし》 ―の人々 ―を募る ―の会
有史《ゆうし》 ―以来の大事件 ―以前のこと
勇士《ゆうし》 ―をたたえる 歴戦の― 戦没―の霊
雄姿《ゆうし》 「勇姿」とも。さっそうたる― ―を仰ぐ
雄志《ゆうし》 ―をいだく ―に燃える 世界一周の―
融資《ゆうし》 銀行から―してもらう ―を断わられる
有事《ゆうじ》 一朝―の際には ―駐留
有識者《ゆうしきしゃ》 ―の見解を問う
有刺鉄線《ゆうしてっせん》 鉄条網。
勇者《ゆうしゃ》 ―をたたえる

ゆ

幽囚《ゆうしゅう》 とらわれ。—の身となる
憂愁《ゆうしゅう》 「幽愁」とも。—に沈む —の思い
優秀《ゆうしゅう》 —な作品 成績きわめて—である
有終《ゆうしゅう》の美《び》 —を飾る
優柔不断《ゆうじゅうふだん》 —な性格
湧出《ゆうしゅつ》 湧（わ）き出る。温泉が—する
有償《ゆうしょう》 —と無償 —行為 —契約を結ぶ
勇将《ゆうしょう》 —の下に弱卒なし
優勝《ゆうしょう》 県の大会で—する —劣敗 —旗
友情《ゆうじょう》 —をあたためる —に泣く
憂色《ゆうしょく》 心配。—に閉ざされる —が濃い
雄心《ゆうしん》 —勃々（ぼつ）として起こる —を燃やす
幽邃《ゆうすい》 奥深くて静か。—な境内（けいだい） —な庭
湧水《ゆうすい》 坑内の—を処理する

雄蕊《ゆうずい》 おしべ。—と雌蕊 —から花粉を出す
有数《ゆうすう》 この地方—の富豪 全国—の進学率
融通《ゆうずう》 金の—を頼む —がきく —無碍（げ）
有性《ゆうせい》 雌雄の別がある。—生殖 —と無性
郵政《ゆうせい》 —省 —大臣 —事業
遊星《ゆうせい》 惑星。
優生《ゆうせい》 —手術 —保護法 —学
優性《ゆうせい》 —と劣性 —遺伝
優勢《ゆうせい》 —に立つ —を保つ —と劣勢 —な敵
郵税《ゆうぜい》 郵便料金。—不足で戻（もど）ってきた
遊説《ゆうぜい》 地方に—に出掛ける —隊 全国を—する
優先《ゆうせん》 すべてに—する仕事 —権がある —順位
友禅《ゆうぜん》 染め模様の一。—染 京—
油然《ゆうぜん》 夏雲が—として湧（わ）き起こる

悠然《ゆうぜん》 ゆったり。—と構える —と寝そべる
勇壮《ゆうそう》 —なふるまい —なマーチが流れる
郵送《ゆうそう》 小包で—する 代金は—します —料
有職故実《ゆうそくこじつ》
勇退《ゆうたい》 後進に道を譲って—する 社長を—する
郵袋《ゆうたい》 郵便物を入れて輸送する袋。赤—
優待《ゆうたい》 顧客を—する 功労者を—する
雄大《ゆうだい》 —な山の姿 —な景色（けしき） —な計画
夕立《ゆうだち》 —が降る —雲
勇断《ゆうだん》 —をたっとぶ 社長の—を待つ
誘致《ゆうち》 工場を当地方に—する 観光客の—
悠長《ゆうちょう》 —に構える —なことを言っている
融点《ゆうてん》 融解点。固体から液体に変わる温度。
雄図《ゆうと》 —むなしく挫折（ざせつ）した —を企てる

雄途《ゆうと》 世界一周の—につく —に上る
遊蕩《ゆうとう》 —にふける —文学 —児
優等《ゆうとう》 —の成績で卒業する —生 —賞
誘導《ゆうどう》 乗客を—する —尋問に掛かる —兵器
有徳《ゆうとく》 「うとく」とも。—の人 —の僧
有毒《ゆうどく》 —なきのこ —植物 —色素
夕凪《ゆうなぎ》 夕方風が静まる。—の海 朝凪と—
優《ゆう》に —優しい人柄 —五万人の参加した大会
有能《ゆうのう》 —な人物を発見する —の士 —な人
優能婦人《ゆうのうふじん》 —を求む
夕映《ゆうば》え —の美しい山々 —の港町
誘発《ゆうはつ》 教師の暴言が大学紛争を—する
有半《ゆうはん》 五年—の海外生活
雄飛《ゆうひ》 海外に—する 政界に—する

優美《ゆうび》 —な色どり —な絵画 —な人柄
郵便《ゆうびん》 —を配達する —ポスト —貯金 —局
裕福《ゆうふく》 —に暮らす —な家庭に育つ
夕《ゆう》べ 朝（あした）に—に ある夏の— 音楽の—
昨夜《ゆうべ》 —はごちそうさまになりました
幽閉《ゆうへい》 古城に—する 将軍を—する —の身
雄編《ゆうへん》 「雄篇」とも。一大—を執筆する
雄弁《ゆうべん》 —を振るう —大会 —家
遊歩《ゆうほ》 海岸を—する —道
友邦《ゆうほう》 —アメリカを訪問する —との協力
有望《ゆうぼう》 —な青年 —な市場を開拓する 前途—
遊牧《ゆうぼく》 —の民 今も—生活を送る人々
夕間暮《ゆうまぐれ》 秋の—
遊民《ゆうみん》 働かずに遊んで暮らす人。—の生活

ゆ

有名《ゆうめい》 —な学者 —な会社 —無実
勇名《ゆうめい》 —をうたわれる —を馳(は)せる
幽明《ゆうめい》 —境を異にする —相隔てる
勇猛《ゆうもう》 —な軍人 —果敢な精神 —心
幽門《ゆうもん》 胃が腸に続く部分。—狭窄(きょうさく)
憂悶《ゆうもん》 心配し苦しむ。—の情を慰める
勇躍《ゆうやく》 —して外地に赴任する —征途に上る
釉薬《ゆうやく》 陶磁器のうわぐすり。—を塗る
夕焼《ゆうやけ》 —小焼け —雲が美しい —空
夕暗《ゆうやみ》 —に閉ざされる —が迫る
遊冶郎《ゆうやろう》 道楽者。—の風体
悠々《ゆうゆう》 —と歩く —自適の生活 —閑々
有余《ゆうよ》 一万—を数える 一年—の海外生活
猶予《ゆうよ》 残金の支払を—する 執行—の判決

有用《ゆうよう》 —な人物 —な植物 国家—の材
悠揚《ゆうよう》 —として迫らない —として歩く
遊弋《ゆうよく》 海上を—する警備艇
遊楽《ゆうらく》 —にふけって家を顧みない
遊覧《ゆうらん》 全国各地を—する —の客 —船
有利《ゆうり》 形勢が—になる —な条件
遊離《ゆうり》 大衆から—した政治 学生から—した大学
憂慮《ゆうりょ》 —すべき形勢 事態が—される
有料《ゆうりょう》 —と無料 —道路を走る —便所
優良《ゆうりょう》 —な品 成績—健康—児
有力《ゆうりょく》 —な新人 —候補 政界の—者
幽霊《ゆうれい》 お墓に—が出る —のまねをする
優劣《ゆうれつ》 技術の—を競う —の差—を論じる
融和《ゆうわ》 社内の—を図る 兄弟が相—する

融和《ゆうわ》 「宥和」とも。—政策 国際間を—する
誘惑《ゆうわく》 —に打ち勝つ —の魔の手
故《ゆえ》 —なくして人にそしられる —ありげ
愉悦《ゆえつ》 心から—する —の情を示す
油煙《ゆえん》 —で黒くなる このランプは—がひどい
所以《ゆえん》 氏の力説する—は 彼の成功した—は
硫黄《ゆおう》 「いおう」とも。
床《ゆか》 —にござを敷く —の上まで浸水する
愉快《ゆかい》 —な仲間 —な話だ —に過ごす
床《ゆか》しい —人柄の婦人 古式—行事
浴衣《ゆかた》 —を着る あでやかな女性の—姿
歪《ゆが》む 形が— 顔が— 気持が—
縁《ゆかり》 当家と深い—がある —の者
湯灌《ゆかん》 死体を—する —ののち棺に納める

裄《ゆき》 背縫いから袖口までの長さ。—が長い
行交《ゆきか》う 人が— 車の—道
行掛《ゆきがか》り 話の—で —上世話をする
雪掻《ゆきかき》 —の人夫を雇う 道路の—をする
行掛《ゆきがけ》 —の駄賃(だちん)にする
雪合戦《ゆきがっせん》 校庭で—をする
行倒《ゆきだお》れ —を収容する
行違《ゆきちが》い 途中で—になる 話に—がある
行詰《ゆきづま》り —の道 交渉は—の状態にある
雪解《ゆきどけ》 —のぬかるみ道 —で水かさが増す
行届《ゆきとど》く 行届いた手配 世話が—
行悩《ゆきなや》み 会談は—の状態になる
行渡《ゆきわた》る 文化が— 支給品が—
行《ゆ》く 学校に— 胸を張って— 時は過ぎ—

逝《ゆ》く 巨星ついに— 逝いて帰らず
行方《ゆくえ》 —がわからない —不明
行手《ゆくて》 —はるかに —を望む —に向かって
湯気《ゆげ》 頭から—が立つ —でガラスが曇る
輸血《ゆけつ》 病人に—する —のために献血する
諭告《ゆこく》 全員に—する —の文書 —処分
遊山《ゆさん》 物見—に行く —気分の視察
油脂《ゆし》 植物性の— —工業 —焼夷弾(しょういだん)
諭示《ゆし》 示す。宣誓の趣旨を—する
諭旨《ゆし》 言い含める。—退学の処分 —解雇
輸出《ゆしゅつ》 —と輸入のバランス —額が伸びる
柚《ゆず》 「柚子」とも。—のかおり 冬至の—湯
濯《ゆす》ぐ 洗濯物(せんたくもの)を—
強請《ゆすり》 —でつかまる —を働く

楪《ゆずりは》 ―は新年の飾り物にする
揺《ゆ》する 枝を― ぶらんこを大きく―
譲《ゆず》る 社長の地位を― 道を―
油井《ゆせい》 ―の並ぶ油田地帯
湯煎《ゆせん》 容器のまま湯で熱する。牛乳を―する
油槽《ゆそう》 油タンク。石油精製工場の―
輸送《ゆそう》 貨車で―する ―路 ―船 陸上―
油送船《ゆそうせん》 「油槽船」とも。タンカー。
豊《ゆた》か ―な物資 ―な情操 教養―な人
豊《ゆた》か 「裕か」とも。 ―な村 ―な暮し
委《ゆだ》ねる すべてを彼に― 身を―
油単《ゆたん》 唐草(からくさ)模様の― ―の包み
油断《ゆだん》 ―もすきもない ―大敵 ―するな
癒着《ゆちゃく》 傷口が―する ―したあとが残る

茹《ゆ》でる 卵を― 芋を―
油田《ゆでん》 砂漠(さばく)の―地帯
湯桶《ゆとう》 湯を入れる桶(おけ)。 ―読み
湯通《ゆどお》し 布の処理法の一。 ―した服地
湯殿《ゆどの》 ―でシャワーを浴びる ―で倒れる
輸入《ゆにゅう》 アメリカから―する ―品 ―と輸出
湯熨斗《ゆのし》 ―を当てる
湯飲《ゆのみ》 「湯呑」とも。 ―茶わん 大きな―
湯葉《ゆば》 豆乳で製する食品。 ―の入(はい)った汁(しる)
指《ゆび》さす 左を― ―場所を見る
指輪《ゆびわ》 「指環」とも。 ―をはめる ダイヤの―
夢現《ゆめうつつ》 夢と現実。 ―のうちに
夢路《ゆめじ》 ―をたどる心地(ここち) ―はるか
夢枕《ゆめまくら》 死んだ母が―に立つ

由々《ゆゆ》しい ―一大事 ―問題だ
由来《ゆらい》 神社の―を調べる ―日本人は勤勉です
揺《ゆ》らぐ 風に―稲穂 身代が― ―地位
百合《ゆり》 ―の花の強いかおり 白― 鬼― 鉄砲―
揺籃《ゆりかご》 ―で眠る赤ん坊 ―から墓場まで
緩《ゆる》い ―傾斜 規則が― スピードが―
忽《ゆるが》せ 一言半句も―にしない 勉強を―にする
許《ゆる》す 出発を― 気を― 自他共に―
許《ゆる》す 「赦す・宥す」とも。 無礼を― 罪を―
弛《ゆる》む 「緩む」とも。 気が― 寒さが― ひもが―
緩《ゆる》やか ―なカーブ ―な坂道 ―に話す
揺《ゆ》れる 風に― 左右に― 船が― 気持が―
結《ゆ》わえる ひもで― からだを― 柱に―
弓手《ゆんで》 左手。 ―に太刀(たち)を執る 馬手(めて)と―

よ

予《よ》 「余」とも。わたし。 ―の望むところだ
余《よ》 その―のことは不明 十年―の歳月
世《よ》 ―を渡る ―に出る ―にも珍しい話
代《よ》 昭和の― 若者の― ナポレオン一世の―
夜《よ》 ―を日に継いで 月のきれいな―
宵《よい》 春の― ―の口 ―の明星 ―っ張り
良《よ》い 品質が― 待遇が― ―友だち ―子
善《よ》い 性質が― ―行い ―悪いの判断
好《よ》い 気分が― 天気が― 味が― 人の―男
佳《よ》い 「吉い」とも。めでたい。日が―
宜《よ》い どうでも― もう―しても― 書き―
宵暗《よいやみ》 ―迫れば ―の町を歩く

余韻《よいん》 ―嫋々(じょうじょう) 鐘の―が残る ―のある話
用《よう》 急ぎの― ―がある ―を済ます 婦人―
杳《よう》 ―として消息がわからない
洋《よう》 ―の東西を問わず ―式 南氷―
要《よう》 ―を得ない話 いまさらその―はない
陽《よう》 陰に―にめんどうを見る
瘍《よう》 悪性のはれもの。
酔《よ》う 酒に― 車に― 妙技に― 色香に―
溶暗《ようあん》 映画面がしだいに暗くなる。 ―と溶明
用意《ようい》 ―を整える ―周到 十分―する ―ドン
容易《ようい》 ―ならぬ事態が起こる ―に解ける問題
養育《よういく》 こどもの―に専念する ―費
用員《よういん》 用務員。 学校の― 会社の―
要員《よういん》 必要人員。 ―を確保する 仕上作業の―

要因《よういん》　事件の―を探る　失敗の―は技術的ミス
妖雲《ようう ん》　―が立ち込める　―を払う
溶液《ようえき》　砂糖に水を加えて―を作る　―に浸す
葉腋《ようえき》　葉のつけね。―から新芽が出る
妖艶《ようえん》　―な姿態　―な女性　―な薔薇《ばら》の花
拗音《ようおん》　しゃ・しゅ・しょ等は―です
洋画《ようが》　―の技法を取り入れる　―の封切劇場
陽画《ようが》　ポジ。―と陰画
妖怪《ようかい》　化け物。―が現われる　―変化《へんげ》
容喙《ようかい》　干渉。他人が―する　―は許しません
溶解《ようかい》　塩を水に―させる
熔解《ようかい》　「熔解・鎔解」とも。鉛を―する　―温度
要害《ようがい》　―の地　天然の―　―堅固な城
洋楽《ようがく》　―を鑑賞する　邦楽と―

洋傘《ようがさ》　こうもりがさ。―を修理に出す
羊羹《ようかん》　―でお茶を飲む　栗《くり》―　練り―
洋館《ようかん》　新築家屋の一部は―にする
溶岩《ようがん》　「熔岩・鎔岩」とも。―が流出する　―台地
容器《ようき》　煮物を―に移す　薬品の―　密封―
陽気《ようき》　―に騒ぐ　―な人　だいぶ―がよくなる
妖気《ようき》　―が漂う　―が立ち込める
揚棄《ようき》　矛盾の統一発展。止揚。アウフヘーベン。
容疑《ようぎ》　―者を逮捕する　殺人の―が掛かる
要求《ようきゅう》　―を貫徹する　賃上げの―を出す
洋弓《ようきゅう》　アーチェリー。
楊弓《ようきゅう》　遊技用の小弓。
養魚《ようぎょ》　―池　―場を営む
窯業《ようぎょう》　―の盛んな地方

陽極《ようきょく》　―と陰極　―線
謡曲《ようきょく》　―をうなる　―の師匠
洋銀《ようぎん》　銅・亜鉛・ニッケルの合金。―のメダル
用具《ようぐ》　台所―をそろえる　医療―
養鶏《ようけい》　―を営む　―業　―場
要撃《ようげき》　「邀撃」とも。敵を―する　―戦闘機
要訣《ようけつ》　校正の―　成功の―　作業の―
用件《ようけん》　ご―は何でしょうか　―だけ話す
要件《ようけん》　必要な条件。たいせつな用件。―の具備
用語《ようご》　適切な―を使って報告書を書く　医学―
養護《ようご》　―学級　―施設
擁護《ようご》　憲法を―する　民主主義の―
洋行《ようこう》　三年ほど―してくる　―帰りの人
要港《ようこう》　軍事上の―

要項《ようこう》　講演の―を書き留める　募集―
要綱《ようこう》　重要な事項をまとめたもの。国文法―
陽光《ようこう》　まぶしい―　―を浴びる
溶鉱炉《ようこうろ》　「熔・・鎔・・」とも。
洋裁《ようさい》　―を習う　―学校　―店
要塞《ようさい》　難攻不落の―　―を築く　―地帯
葉菜《ようさい》　葉を食べる野菜。―類
用材《ようざい》　―を刻む　建築―
洋材《ようざい》　外国産の木材。ラワン・米松などの―
溶剤《ようざい》　物を溶かすのに使う薬。ニスを―で溶く
養蚕《ようさん》　―の盛んな地方　―業
用紙《ようし》　―を節約する　原稿―　答案―　印刷―
洋紙《ようし》　和紙と―　―店
要旨《ようし》　問題の―を説明する　―を了解する

容姿《ようし》　美しい―　端麗な女性　―を整える
陽子《ようし》　―と中性子で原子核を構成する
養子《ようし》　こどもがないので―を迎える　―縁組
用字《ようじ》　―と用語　―法を調べる
用事《ようじ》　―で出掛ける　―を思い出す　急ぎの―
要事《ようじ》　重要事。喫緊の―
幼児《ようじ》　―をいたわる　―期　―教育
幼時《ようじ》　幼年時代。―を回想する
楊枝《ようじ》　―を使う　重箱のすみを―でほじくる
洋式《ようしき》　―の生活　和式と―を折衷する　―便所
様式《ようしき》　―を定める　古来の―を守る　生活―
用捨《ようしゃ》　―を決定する　―箱
容赦《ようしゃ》　―せずに処罰する　―なく時は過ぎる
洋酒《ようしゅ》　ウイスキー・ブランデーなどの―を飲む

妖術《ようじゅつ》 魔法。—を使う
陽春《ようしゅん》 春。正月。—三月 —の候
洋書《ようしょ》 —を輸入する —専門の店
要所《ようしょ》 交通の—を押える ——を固める
幼女《ようじょ》 —を誘拐(ゆうかい)する —に乱暴する
養女《ようじょ》 —として育てる
幼少《ようしょう》 —のころ —時代
要衝《ようしょう》 交通の— —の地
養生《ようじょう》 病気の—をする ご—専一に
洋食《ようしょく》 —の食べ方 和食でなく—にしよう
容色《ようしょく》 顔だち。—が衰える 整った—
要職《ようしょく》 政府の—につく —を歴任する
養殖《ようしょく》 牡蠣(かき)の— 真珠を—する
用心《ようじん》 盗難に—する この家は—がよい —棒

要人《ようじん》 政府の—を歴訪する 外国の—が来日する
様子《ようす》 町の— 変な—の男 だいぶ困った—だ
用水《ようすい》 —を確保する —路 防火— 愛知—
羊水《ようすい》 羊膜腔(くう)を満たし胎児を保護する—
揚水《ようすい》 —ポンプ —式の発電所
要《よう》する 注意を— 急を—仕事 —に論点は
擁《よう》する 実力者を総裁に— 相擁して泣く
夭逝《ようせい》 若死に。—した作家 弟の—をいたむ
妖精《ようせい》 森の— —の小人
要請《ようせい》 救援隊の出動を—する —に応じる
陽性《ようせい》 —と陰性 —な女性 反応は—と出た
養成《ようせい》 人材の—に努める 図書館職員を—する
容積《ようせき》 —の小さいびん —を量る
夭折《ようせつ》 若死に。—した画家を惜しむ

溶接《ようせつ》 「熔接・鎔接」とも。鉄板を—する —機
用船《ようせん》 「傭船」とも。チャーター船。—契約
用箋《ようせん》 —十枚に手紙を書く 起案—
沃素《ようそ》 元素の一。—化合物
要素《ようそ》 愛情は結婚のだいじな—だ 生産—
洋装《ようそう》 —の少女 —して出掛ける
様相《ようそう》 「容相」とも。—が一変する 険悪な—
様態《ようたい》 ありさま。様相。社会の— —の究明
容体《ようだい》 「容態」とも。病人の—がよくなる
用足《ようた》し 「用達」とも。—に出る —が済む
用談《ようだん》 —を済ませる さっそく—に入(はい)る
要談《ようだん》 重要な話 大臣と—する
幼稚《ようち》 —な技術 —な考え —園
用地《ようち》 —を買収する 住宅— 工場—

要地《ようち》 交通の— 軍事上の—を確保する
夜討《ようち》 —を掛ける —朝駆け
幼虫《ようちゅう》 蝶(ちょう)の—の毛虫 —が成虫になる
羊腸《ようちょう》 —たる山道
窈窕《ようちょう》 しとやか。—たる美女
膺懲《ようちょう》 懲らしめる。悪人を—する
腰痛《ようつう》 —のため競技に出場を断念する
要諦《ようてい》 「ようたい」とも。処世上の—を会得する
要点《ようてん》 問題の—をつかむ —を話す
陽転《ようてん》 ツベルクリン反応は二年生のとき—した
用途《ようと》 —が多い 鉄は—が広い 会費の—
用度《ようど》 建築の—を節約する —係 —品
羊頭《ようとう》 —を掲げて狗肉(にく)を売る
陽動作戦《ようどうさくせん》 —の展開

養豚《ようとん》 —業を営む —場
用人《ようにん》 「傭人」とも。小使。給仕。
容認《ようにん》 —しがたいことがら 申出を—する
幼年《ようねん》 —時代の思い出
遥拝《ようはい》 皇居を—する —式
曜日《ようび》 —をまちがえて登校する
妖婦《ようふ》 —にだまされる —型の女性
洋舞《ようぶ》 —を習う —と日舞
洋風《ようふう》 —の建築 —料理
養分《ようぶん》 —を取る —が足りない
用兵《ようへい》 —にすぐれた将軍 —の術 —作戦
傭兵《ようへい》 雇い兵。外国の—が内乱に加わる
葉柄《ようへい》 葉の茎に付く部分。—の長い葉
用便《ようべん》 —の際よごさぬように ただいま—中

養蜂《ようほう》　蜜蜂(みつばち)を飼育する。―家　―業
要望《ようぼう》　民衆の―にこたえる　騒音の規制を―する
容貌《ようぼう》　―が美しい　醜い―　―魁偉(かい)
洋間《ようま》　―と日本間　―に合った調度
用務《ようむ》　会社の―で行く　―地　―員
要務《ようむ》　重要任務。―を帯びて海外を回る
用命《ようめい》　ご―に応じます　どうぞご―ください
溶明《ようめい》　映画面がしだいに明るくなる。―と溶暗
要約《ようやく》　内容を―して説明する　文章の―
漸《ようや》く　―意味がわかった　会議に―間に合う
熔融《ようゆう》　「熔融・鎔融」とも。高熱で―する
洋々《ようよう》　―として流れる大河　―たる前途
要用《ようよう》　たいせつな用件。以上とりあえず―のみ
揚々《ようよう》　意気―として引き揚げる

漸《ようよ》う　―できあがった　―目鼻が付いた
瓔珞《ようらく》　「瑤珞」とも。玉を糸でつづった飾り。
要覧《ようらん》　会社―　文学史―
揺籃《ようらん》　揺りかご。氏の―の地　文化の―期
擁立《ようりつ》　幼君を―する　新党―運動
楊柳《ようりゅう》　やなぎ。―の枝
用量《ようりょう》　使用量。毎日の―を定める
容量《ようりょう》　石油の―を量る　―が不足する
要領《ようりょう》　―を覚える　―が悪い　―を得ない
葉緑素《ようりょくそ》　植物の葉の緑色の色素。
陽暦《ようれき》　太陽暦。陰暦と―
要路《ようろ》　交通の―　―の人　財界の―にある人物
養老《ようろう》　―金をもらう　―院に入れる　―保険
沃度《ヨード》　沃素。―チンキ

欧羅巴《ヨーロッパ》　欧州。―の国々と文化
予科《よか》　―と本科　―生
予価《よか》　予定価格。―千五百円の辞書
余暇《よか》　仕事の―を見て読書する　―の利用
善《よ》かれ悪《あ》しかれ　―やってみるだけ
予感《よかん》　どうも変な―があった　―が当たる
余寒《よかん》　立春後の寒さ。―がいつまでも続く
予期《よき》　―に反した結果が出る　―した成績
余技《よぎ》　父は―に油絵を習っている
余儀《よぎ》　頼まれて―なく出掛けた　―ない事情
夜着《よぎ》　―を掛けて寝る
余興《よきょう》　宴会の―　―に民謡を歌った
預金《よきん》　銀行に―する　―がふえる　―や貯金
欲《よく》　「慾」とも。―が出る　―を言えば　独占―

翼《よく》　飛行機の―　後退―　三角―
良《よ》く　―似ている　―あることだ　―したもの
能《よ》く　―辛抱したね　―解する　―遊ぶ
抑圧《よくあつ》　言論を―する　民衆を―する
翼賛《よくさん》　大政を―する　―選挙
抑止《よくし》　行動を―する　―力
欲情《よくじょう》　「慾情」とも。―を押える
浴場《よくじょう》　タイル張りの―　―に行く　公衆―
欲心《よくしん》　「慾心」とも。―が深い　―に際限がない
浴《よく》する　恩恵に―
能《よ》くする　書を―　氏の―ところではない
抑制《よくせい》　わがままを―する　―栽培
浴槽《よくそう》　湯殿の―　―に湯を満たす
翌朝《よくちょう》　―は早く目ざめた　その―のこと

沃土《よくど》　地味のよく肥えた土地。自然の―
欲得《よくとく》　「慾得」とも。彼は何でも―ずくでする
欲張《よくば》る　「慾張る」とも。そんなに―なよ
欲望《よくぼう》　―を満足させる
欲目《よくめ》　「慾目」とも。親の―かもしれないが
沃野《よくや》　地味の肥えた平野。―千里
抑揚《よくよう》　―を付けて読む　―のない話し方
翼々《よくよく》　つつしみ深いさま。小心―たる人物
抑留《よくりゅう》　終戦後シベリアに―された
余計《よけい》　―なことを言う　慰められると―悲しい
余慶《よけい》　善事の報いの幸福。積善の家には―あり
除《よ》ける　雪を―　横へ―
避《よ》ける　道を―　危険を―
予見《よけん》　予知。事態の切迫を―する

予言《よげん》　―が当たる　成功を―する　―者
預言《よげん》　神の―　―者
予後《よご》　病後の経過。手術の―　―をたいせつに
予行《よこう》　運動会の―演習　分列行進を―する
横紙破《よこがみやぶ》り　―のやり方だ
予告《よこく》　試験の―　採用を―する　―編の上映
寄越《よこ》す　手紙を―　金を―
汚《よご》す　手を―　面（つら）を―
横《よこ》っ面《つら》　―をなぐられる
横綱《よこづな》　―の土俵入り　引退した―　張出（はりだし）―
横手《よこて》　―から見る　―から現われる
横殴《よこなぐ》り　―の雨　雨が―に降る
横這《よこばい》　蟹（かに）の―　株価が―を続ける
横槍《よこやり》　異動に―を入れる　結婚話に―が入（はい）る

余罪《よざい》　―を取り調べる　―が発覚する
予算《よさん》　―を組む　―を立てる　―が超過する
由《よし》　知る―もない　事の―を述べる
葭《よし》　「葦」とも。―の髄から天井をのぞく
葭切《よしきり》　鶯（うぐいす）に似ている渡り鳥。行々子（ぎょうぎょうし）。
攀登《よじのぼ》る　塀（へい）を―　電信柱に―
誼《よしみ》　昔の―で無理を頼む　隣国と―を結ぶ
予習《よしゅう》　―と復習は欠かさない　英語を―する
余情《よじょう》　言外に―がある　詩歌は―をたっとぶ
余剰《よじょう》　労働力に―を生じる　―金　―米
捩《よじ》る　からだを―　腹を―
攀《よ》じる　がけを―
余震《よしん》　大地震のあとの―　―が続く
余人《よじん》　―はいざ知らず　―を交えずに相談する

余燼《よじん》　焼け跡では―がくすぶっている
止《よ》す　たばこを―　酒を―　行くのを―
廃《よ》す　商売を―　発行を―
罷《よ》す　会社を罷させる
辞《よ》す　会社を―
縁《よすが》　知る―もない
世過《よす》ぎ　―の内職　身過ぎ―
寄席《よせ》　―で落語を聞く　―の芸人
余生《よせい》　―を楽しく遊ぼう　安楽な―を送る
余勢《よせい》　―をかって一気に仕上げる
寄書《よせがき》　退職記念に―を贈る　色紙に―をする
寄鍋《よせなべ》　鯛（たい）の――で一杯飲もう
予選《よせん》　―を通過して決勝に進む
余喘《よぜん》　虫の息。わずかに―を保つ

予餞会《よせんかい》　卒業生の―
余所《よそ》　「他所」とも。―の家　―から来た人　―見
予想《よそう》　―にたがわず　―していた結果　―外
装《よそお》う　美しく―　平気を―　警官を装った犯人
予測《よそく》　―にたがわず　勝敗は―しがたい
与太《よた》　―を飛ばす　―話　―者
余沢《よたく》　父祖の―を受ける　先輩の―のおかげ
預託《よたく》　株券を―する　―物
与奪《よだつ》　生殺―の権
弥立《よだ》つ　身の毛も―光景
涎《よだれ》　―を流す　―が出る　牛の―　―掛け
予断《よだん》　勝敗は―を許さない形勢にある
余談《よだん》　これは―ですが　授業中に―をする
予知《よち》　地震を―する　―できなかった事件

余地《よち》　立錐（りっすい）の―もない　弁解の―がない
翼下《よっか》　傘下（さんか）。大会社の―にある小会社
世継《よつぎ》　「世嗣」とも。―が生まれる　―が決まる
欲求《よっきゅう》　―を満たす　―を押える　―不満
依《よ》って　ご説明に―よくわかりました
因《よ》って　原因。欠損に―倒産する
由《よ》って　由来。―来たるところ
仍《よ》って　それで。―直ちにこの問題は
酔払《よっぱら》い　―にからまれる　―運転
予定《よてい》　―を立てる　―の行動　―した金が届く
淀《よど》　川の流れのよどんだ場所。よどみ。
与党《よとう》　―と野党　―の代表
夜盗虫《よとうむし》　菊の根が―に食われる
夜伽《よとぎ》　病人の―をする

余得《よとく》 ―のある仕事　思わぬ―があった
澱《よど》む 「淀む」とも。流れが―　底にごみが―
夜中《よなか》 「夜半」とも。―の火事　―まで勉強する
夜業《よなべ》 ―で忙しい　―をする　―仕事
余熱《よねつ》 ―の残るストーブ　昼の―で暖かい
余念《よねん》 読書に―がない　―なく働く
予納《よのう》 税金を―する　―金
余波《よは》 台風の―を受ける　事件の―
余白《よはく》 ノートの―に書く　―の部分
夜番《よばん》 ―が見回る
予備《よび》 ―のタイヤ　―知識　―検査　―校
呼子《よびこ》 警官が―を鳴らす　―で生徒を集める
呼値《よびね》 相場の―　高い―が付く
呼水《よびみず》 井戸ポンプの―　彼の発言が―となる
余病《よびょう》 ―を併発する　―を起こす
呼鈴《よびりん》 ―を押す　―が鳴る
呼《よ》ぶ 名を―　犬を―　人気を―　湿気を―
呼《よ》ぶ 「喚ぶ」とも。証人を―　注意を―
夜更《よふけ》 ―まで勉強する　秋の―
余分《よぶん》 ―の品がある　―に上げよう　―な金
余聞《よぶん》 本筋外。―に属することですが
予報《よほう》 ―を出す　―がはずれる　天気―
予防《よぼう》 火災を―する　―注射　―線を張る
世望《よぼう》 「輿望」とも。―をになって会長になる
余程《よほど》 ―の事情でないと　―帰ろうかと思った
夜回《よまわ》り 「夜廻り」とも。―の拍子木
黄泉《よみ》 冥途（めいど）。―の国　―路（じ）に旅立つ
蘇《よみがえ》る 雨が降って木が―　記憶が―　平和が―
嘉《よみ》する 目上の者が下の者をほめる。功を―
読《よ》む 本を―　人の心を―　十手先を―
読《よ》む 「訓む」とも。「子」を「こ」と―
詠《よ》む 和歌を―　感想を句に―
嫁《よめ》 むすこの―を捜す　―に迎える　―入り
夜目《よめ》 ―にもはっきりと　―遠目笠（かさ）のうち
余命《よめい》 内閣の―はいくばくもない
嫁菜《よめな》 若菜を食用とする―　―を摘む
蓬《よもぎ》 艾（もぐさ）を作る―　―餅（もち）
四方山《よもやま》 ―の話をする
予約《よやく》 ―を受け付ける　旅館を―する　―済
余裕《よゆう》 時間の―　―のある態度　―綽々（しゃくしゃく）
撚《より》 夫婦の―を戻（もど）す　腕に―を掛ける
寄合《よりあい》 ―に出る　―所帯
寄付《よりつき》 取引所の立会最初の取引。―の値段
拠《よりどころ》 ―のある説　心の―がない
余力《よりょく》 ―を残して勝つ　生活に―がない
夜《よる》 ―の東京　―夜中　―と昼
寄《よ》る 母親のそばに―　病院に寄って帰る
依《よ》る 時と場合に―　文筆に依って生活する
因《よ》る 原因。中毒に―死亡　過失に―事故
由《よ》る 従う。民は由らしむべし
拠《よ》る 根拠。民法第十条に―　城に拠って戦う
撚《よ》る 「縒る」とも。糸を―
選《よ》る 好きなものを―
寄《よ》る辺《べ》 ―を求めて行く　―ない身
鎧《よろい》 ―兜（かぶと）に身を固める　―武者
余録《よろく》 「余禄」とも。―がある　―にありつく
喜《よろこ》ぶ 「悦ぶ」とも。親の―顔　喜んで行きます
喜《よろこ》ぶ 「欣ぶ・歓ぶ」とも。合格を―
喜《よろこ》ぶ 「慶ぶ」とも。祖父の長寿を―
宜《よろ》しい 帰って―　見ても―　どうぞ宜しく
万《よろず》 ―のこと　―屋　千（ち）―の神
世論《よろん》 「輿論・せろん」とも。―の動向　―調査
夜半《よわ》 ―の月　―にあらしの吹かぬものかは
齢《よわい》 「歯」とも。―を重ねる　―六十となる
弱《よわ》い からだが―　気が―　―チーム　数字に―
弱気《よわき》 ―では世の中は渡れない　―になる
弱腰《よわごし》 そんな―では勝てないぞ
世渡《よわた》り ―のうまい人　―の道にたけている
弱音《よわね》 ―を吐くんじゃない　―ばかり聞かせる
弱虫《よわむし》 ―毛虫、はさんで捨てろ

ら

癩《らい》　ハンセン病。　―患者

来意《らいい》　受付で―を告げて案内を乞(こ)う

雷雨《らいう》　激しい―に見舞われる

雷雲《らいうん》　―が発生する

来演《らいえん》　外国の劇団が―する　当地に―中の楽団

来援《らいえん》　災害復旧に自衛隊の―を求める

来駕《らいが》　貴君のご―をお待ちします

来会《らいかい》　―者一同を代表してあいさつする

雷管《らいかん》　―に触れると爆発する　―を抜き取る

来季《らいき》　―の成績を予想する　―の活躍を期する

来期《らいき》　―の計画を立てる　―の業績の見通し

来客《らいきゃく》　―が跡を絶たない　―をもてなす

雷魚《らいぎょ》　生活力が強く、性質の荒い淡水産の―

雷撃《らいげき》　戦艦に―を加える　―機

来光《らいこう》　日の出。山頂でご―を拝む

来迎《らいごう》　聖衆(しょうじゅ)―図

礼賛《らいさん》　「礼讃」とも。業績を―する　若さの―

来週《らいしゅう》　―の予定を立てる　―で授業は終わる

来秋《らいしゅう》　このビルは―には完成する

来襲《らいしゅう》　台風が―する　敵の―　害虫の―

来春《らいしゅん》　―は卒業する　―結婚式を挙(あ)げる

来場《らいじょう》　ご―の皆さまに申し上げます　―者

来信《らいしん》　国元からの―　しばらく―がない

来診《らいしん》　医師の―を乞(こ)う

来世《らいせ》　後世。―を願う　―まで離れない

来宅《らいたく》　日曜には山田君が―する予定

来談《らいだん》　どうかご―ください　本日鈴木君―

来朝《らいちょう》　外人観光客が―する　多くの―者

来聴《らいちょう》　ご―を歓迎します　―者多数

雷鳥《らいちょう》　日本アルプスにいる天然記念物の―

雷霆《らいてい》　かみなり。

雷同《らいどう》　他人の説に―してはいけない　付和―

礼拝《らいはい》　仏像を―する　―堂

来賓《らいひん》　―の祝辞を受ける　―の接待　―席

来訪《らいほう》　友人が―する　―を受け入れる　―者

雷名《らいめい》　政界に―をとどろかす　―をうたわれる

雷鳴《らいめい》　すさまじい―に気絶する　―と稲光

磊落《らいらく》　―な性格　豪放―

来臨《らいりん》　ご―をかたじけのうする

来歴《らいれき》　お寺の―を調べる　故事―を述べる

羅宇《らう》　きせるの竹の部分。―のそうじをする

羅漢《らかん》　仏道の悟りを開いた人。五百―　―さま

楽《らく》　―あれば苦あり　―な服装　芝居の―

烙印《らくいん》　焼き印。反逆者の―を押される

落胤《らくいん》　おとしだね。昔の華族のご―

楽園《らくえん》　天上の―　―に遊ぶ

洛外《らくがい》　京都の郊外。都の外。―に遊ぶ　洛中―

落書《らくがき》　ノートに―する　壁の―を消す

落雁《らくがん》　―は干菓子の一種だ　堅田(かただ)の―

落後《らくご》　「落伍」とも。行軍で―する　人生の―者

落語《らくご》　寄席(よせ)で―を聞く　―家　上方(かみがた)―

落差《らくさ》　水の―を利用して発電機を回す

落札《らくさつ》　競争入札で―する　古書を安く―する

落日《らくじつ》　―を望む　―の光　美しい―の景

落手《らくしゅ》　お手紙本日―いたしました

落首《らくしゅ》　世事を当てこすった匿名の歌。

楽勝《らくしょう》　十対零で―する　二回戦にも―した

落掌《らくしょう》　お手紙まさに―いたしました

落城《らくじょう》　猛攻にあってついに―した

落飾《らくしょく》　仏門に入って髪をそる。

落成《らくせい》　新しい社屋が―する　―式

落石《らくせき》　登山中―に当たって負傷した　―に注意

落籍《らくせき》　なじみの芸者を―する

落選《らくせん》　総選挙で―する　―のうき目を見る

落選《らくせん》　「落籤」とも。応募して―する

駱駝《らくだ》　砂漠(さばく)を行く―　―の背中のこぶ

落第《らくだい》　単位が足りず―した　―の通知がある

落胆《らくたん》　彼が来ないで―した　―の結果自殺した

落着《らくちゃく》 事件が—する 紛争の—を待つ
洛中《らくちゅう》 京都の町の中。都のうち。—洛外
落丁《らくちょう》 この本に—があれば取り替えます
楽天《らくてん》 —主義 —家 —的
酪農《らくのう》 北海道で—を営む —の盛んな国
落魄《らくはく》 おちぶれる。—の身 —の境遇
落莫《らくばく》 ものさびしい。—たる人生 秋風—
落盤《らくばん》 「落磐」とも。—の危険がある —事故
落命《らくめい》 負傷してから一日で—した
楽焼《らくやき》 —の茶わん —を楽しむ
洛陽《らくよう》 中国の古都。—の紙価を高からしめる
落陽《らくよう》 落日。—の影を踏んで帰る
落葉《らくよう》 木々が—する —樹
落雷《らくらい》 —にあって気を失う —で火事になる

落涙《らくるい》 はらはらと—した —を禁じえなかった
羅紗《らしゃ》 —の外套(がいとう) —紙
裸身《らしん》 ベッドに—を横たえる —の群像の彫刻
羅針盤《らしんばん》 コンパス。船橋の—
羅刹《らせつ》 地獄の鬼。悪鬼—
螺旋《らせん》 —階段を上る —形状を描く
裸体《らたい》 —のまま眠る —画を描く
埒《らち》 交渉したが—が明かない —もない
拉致《らち》 「らっち」とも。暴力団に—される
埒外《らちがい》 憲法の—の問題だ —に置く
落下《らっか》 がけの上から石が—する
落下傘《らっかさん》 —で飛び下りる
落花生《らっかせい》 南京豆(なんきんまめ)。
落花狼藉《らっかろうぜき》 —の宴会

落款《らっかん》 色紙に—を押す —のない絵
楽観《らっかん》 前途を—する —主義 —的に考える
薤《らっきょう》 「辣韮」とも。—のつけもの 花—
落慶《らっけい》 社寺などの落成した祝い。神社の—供養
猟虎《らっこ》 「海獺」とも。—の毛皮は珍重される
喇叭《らっぱ》 —を吹く 進軍— —飲み
辣腕《らつわん》 —を振るう —家の定評がある
羅甸《ラテン》 「拉丁」とも。—語 —文明 —民族
螺鈿《らでん》 青貝をはめ込んだ細工。—の仏具
騾馬《らば》 雄の驢馬(ろば)と雌の馬の交配雑種。
裸馬《らば》 はだかうま。—に乗って走る
裸婦《らふ》 —の像を制作するモデルの—
羅列《られつ》 ことがらを—して書く 用件を—する
乱《らん》 —が起こる —をしずめる 応仁(おうにん)の—

蘭《らん》 姿もかおりもよい—の花 —を栽培する
欄《らん》 —の外に書く 新聞の投書— 学芸—
卵黄《らんおう》 卵の黄身。—と卵白
欄外《らんがい》 —に書く —に記入する —にはみ出る
乱獲《らんかく》 「濫獲」とも。鮭(さけ)を—する —がたたる
卵殻《らんかく》 卵の殻(から)。
欄干《らんかん》 橋の—にもたれる —を越えて落ちる
嵐気《らんき》 山の清らかな— 澄んだ—
乱行《らんぎょう》 —をいさめる 社長の—が続く
乱杙《らんぐい》 川岸には—が立ち並んでいる —歯
乱掘《らんくつ》 「濫掘」とも。鉱石を—する —による害
乱行《らんこう》 「濫行」とも。—を戒める
乱交《らんこう》 —する不良少年少女 —パーティー
乱作《らんさく》 「濫作」とも。最近—の傾向がある作家

乱雑《らんざつ》 本が—に置かれている —な部屋(へや)
乱視《らんし》 —で月が幾つにも見える —のめがね
卵子《らんし》 雌性の生殖細胞。精子と—
乱射《らんしゃ》 敵を—する —乱撃を加える
爛熟《らんじゅく》 —した柿(かき) 明治文学の—期
藍綬褒章《らんじゅほうしょう》
濫觴《らんしょう》 物事の始り。行事の—を尋ねる
乱心《らんしん》 重なる不幸にあってついに—した —者
乱臣《らんしん》 反乱の臣。—賊子
乱世《らんせい》 —の英雄 —を生き抜く
卵生《らんせい》 —と胎生 —の動物
乱戦《らんせん》 敵味方—する 終盤の局面は—もよう
卵巣《らんそう》 —を摘出する —ホルモン
乱造《らんぞう》 「濫造」とも。大学を—する 粗製—

乱層雲《らんそううん》 暗灰色の—が広がる
乱打《らんだ》 太鼓を—する 警鐘を—する
懶惰《らんだ》 —な生活を戒める —な人
乱痴気騒《らんちきさわ》ぎ —をする
乱丁《らんちょう》 落丁や—の多い本 —を見付ける
乱調《らんちょう》 相場が—を続けている
乱闘《らんとう》 本会議場で議員が—する —の結果死ぬ
乱読《らんどく》 「濫読」とも。—を避け精読に努める
乱取《らんどり》 柔道の— —でわざの練習をする
乱入《らんにゅう》 暴漢が会場に—する —者
乱売《らんばい》 「濫売」とも。焼け残りの商品を—する
卵白《らんぱく》 卵の白身。—を泡(あわ)立てる
乱伐《らんばつ》 「濫伐」とも。山林の—が洪水(こうずい)の原因
乱発《らんぱつ》 「濫発」する。手形を—する

乱髪《らんぱつ》 乱れた髪の毛。—の老人
乱費《らんぴ》 「濫費」とも。国費を—する —を慎む
乱筆《らんぴつ》 —ご免ください —で読めない
乱舞《らんぶ》 狂喜—する 飛行機が空を—する
乱暴《らんぼう》 —を働く —に扱う —なふるまい
乱麻《らんま》 もつれた麻糸。快刀—を断つ
欄間《らんま》 —に額を掛ける —の透かし彫り
爛漫《らんまん》 桜が—として咲く 天真—
乱脈《らんみゃく》 —な経理 会計は—を窮める
乱用《らんよう》 「濫用」とも。権利を—する 職権—
爛々《らんらん》 —と輝く目
乱立《らんりつ》 乱雑に立つ。奇岩の—する山
乱立《らんりつ》 「濫立」とも。候補者が—する
襤褸《らんる》 ぼろ。身に—をまとう

り

利《り》 地の—を得る —にさとい —を食う
里《り》 昔の距離の単位。約四キロ。
理《り》 自然の— —の当然 —に詰まる —と非
吏員《りいん》 地方公務員。おじは役場の—です
利益《りえき》 皆の—を守る —が上がる —配当
梨園《りえん》 歌舞伎(かぶき)の社会。—の御曹司(おんぞうし)
離縁《りえん》 妻を—する —状を突き付ける
李下《りか》 李(すもも)の木の下。—に冠を正さず
理解《りかい》 「理会」とも。内容を—する —の程度
利害《りがい》 —が伴う —得失を計算する —関係
離隔《りかく》 へだてる。へだたる。二者の位置が—する
離間《りかん》 ふたりの仲を—させる —策

罹患《りかん》 —した者 —率の高い伝染病
利器《りき》 文明の—を活用する
力泳《りきえい》 —して一着に入賞した ゴール前の—
力作《りきさく》 展覧会に—を発表する 畢生(ひっせい)の—
力士《りきし》 全勝の— —の土俵入り 幕内—
力説《りきせつ》 世界平和を—する 主体性を—する
力戦《りきせん》 —したが敗れた —敢闘する
力走《りきそう》 —に—を重ねる —して新記録を作った
力走《りきそう》 「力漕」とも。—する エイトのクルー
力投《りきとう》 —を続ける投手 —して完封した
力闘《りきとう》 柔道大会では全員が—した —むなしく
力《りき》む うんと— 力んだ顔 力み返る
離宮《りきゅう》 皇室の別宮。桂(かつら)— 修学院—
離京《りきょう》 明日—の予定です —の日時を知らせる

離郷《りきょう》 —してからもう十年たつ —者がふえる
力量《りきりょう》 —をためす 政治家の— —ある人
陸揚《りくあ》げ 船の荷を—する 魚獲の— —港
利食《りぐ》い 「利喰」とも。—の売物がふえる
陸運《りくうん》 —より海運の発達している国
陸前《りくぜん》 旧国名、だいたい宮城県に当たる。
陸続《りくぞく》 海外から観光客が—としてやってくる
陸中《りくちゅう》 旧国名、だいたい岩手県に当たる。
理屈《りくつ》 「理窟」とも。—に合った話 —をこねる
陸稲《りくとう》 おかぼ。—を作る —より水稲が多い
陸棚《りくほう》 「りくだな」とも。海岸に沿う浅い海底。
陸離《りくり》 きらめくさま。光彩—たるものがある
利権《りけん》 —をあさる —屋 —のからむ汚職
里言《りげん》 「俚言」とも。方言。—を研究する

里諺《りげん》 「俚諺」とも。世間で広く言う諺《ことわざ》。
利己《りこ》 ―中心の人 ―主義 ―的な考え
利口《りこう》 「悧巧」とも。―なこども ―に立ち回る
履行《りこう》 義務を―する 約束の―を迫る
離合《りごう》 人口が―する ―集散は世の常です
離婚《りこん》 結婚したかと思うともう―する 協議―
罹災《りさい》 被災。火事で―する ―者 ―民 ―地
理財《りざい》 ―の才がある ―にたける ―家
利札《りさつ》 「りふだ」とも。社債の―
利鞘《りざや》 機敏に売買して―をかせぐ
離散《りさん》 一家が―する 人気が―する 集合―
利子《りし》 年一割の― ―が付く ―を生む
理事《りじ》 財団法人の― 協会の― 常務― ―会
履修《りしゅう》 単位を―する ―証明書 ―要項
利潤《りじゅん》 ―を上げる ―を追求する ―が大きい
利殖《りしょく》 ―を目的として株を買う ―の才がある
栗鼠《りす》 木登りがうまくすばしこい―
理性《りせい》 ―が働く ―を失ってはいけない ―的
理想《りそう》 ―を掲げる ―とする社会 ―的な人物
利息《りそく》 ―を払う ―が高い ―がばかにならぬ
利他《りた》 他人の利益を図る。―的な行為 ―主義
離脱《りだつ》 党籍を―する 戦列を―する ―者
理知《りち》 「理智」とも。―に輝くひとみ ―的な顔
律義《りちぎ》 「律儀」とも。―な男 父は―者です
率《りつ》 人口の増加する― ―が高い 出産―
立案《りつあん》 編集計画を―する 法律の―者
立脚《りっきゃく》 現実に―した考え 議論の―点 ―地
陸橋《りっきょう》 ―の上に立って下の道路をながめる
立憲《りっけん》 ―政治 ―君主制
力行《りっこう》 「りょっこう」とも。苦学―の士
立志《りっし》 ―奮闘する ―伝中の人物
立証《りっしょう》 無罪を―する ―困難な犯罪
立身《りっしん》 貧窮から―した人 ―出世主義
立錐《りっすい》 広場は―の余地もないほどの混雑だ
律《りっ》する 生活を―する 規則で―
慄然《りつぜん》 事故の詳報を読んで―とする
立体《りったい》 ―音楽 ―交差 ―放送 ―的な動き
立地《りっち》 ―のいい工場 ―条件が悪い
律動《りつどう》 ―するテーマ ―的な踊り ―感がある
立《リットル》 容積の単位。千立方センチ。
立派《りっぱ》 ―な体格 ―な成績 家が―になる
立腹《りっぷく》 違約に―する 相手を―させる
立法《りっぽう》 ―の精神をくむ ―機関 ―権
理詰《りづめ》 ―の議論 ―の戦い
立論《りつろん》 ―の方法を考える ―の順序
里程《りてい》 ―を測る ―標を立てる
利敵行為《りてきこうい》 ―になる
利点《りてん》 この方法の―は―を伸ばすようにする
離党《りとう》 議長は―して公正を期すべきである
離島《りとう》 便船で―する ―の振興策
利得《りとく》 この仕事は―がある ―の大きい商売
離乳《りにゅう》 順調に―する ―食 ―期の赤ん坊
利尿剤《りにょうざい》 ―を服用する
理念《りねん》 学校教育の―について話し合う 善の―
利発《りはつ》 「悧発」とも。―な子 見るからに―そうだ
理髪《りはつ》 床屋に行って―する ―店
離反《りはん》 「離叛」とも。独裁者に―した民衆
理非《りひ》 ―を明らかにする ―をただす ―曲直
罹病《りびょう》 ―以来五年 ―率 ―者を収容する
理不尽《りふじん》 ―を言うな ―な要求
離別《りべつ》 友と―する ―の悲しさを味わう
利回《りまわ》り 「利廻り」とも。―のよい株
裏面《りめん》 鏡の― 業界の―の事情 政界―史
利益《りやく》 神さまのご―がある
略儀《りゃくぎ》 ―ながら書状をもって申し上げます
略言《りゃくげん》 要旨を―する
略語《りゃくご》 労組は労働組合の― 高校は高等学校の―
略号《りゃくごう》 電信の― ―で表わす
略字《りゃくじ》 「学」は「學」の―でしたが、今は正字です
略式《りゃくしき》 ―の手続で済ませる ―裁判

略述《りゃくじゅつ》 事件の経過を―する
略称《りゃくしょう》 ―で呼ぶ
略《りゃく》す 説明を― 敬称は略します
略図《りゃくず》 駅から自宅までの―を書く 建物の―
略装《りゃくそう》 暑いときですから―でどうぞ
略奪《りゃくだつ》 「掠奪」とも。物資を―する 結婚
略伝《りゃくでん》 先生の―を書く 毛沢東―
略歴《りゃくれき》 履歴書に―を書く 彼の―を紹介する
略記《りゃっき》 会社の沿革を―する 要求内容を―する
略啓《りゃっけい》 急ぐ手紙の書出しに使うことば。
竜《りゅう》 「龍」とも。雨を降らせるという―
理由《りゆう》 反対の―を述べる 欠席― 存在―
硫安《りゅうあん》 硫酸アンモニウム。窒素肥料。
留意《りゅうい》 この点に―してください ―事項

流域《りゅういき》 セーヌ川の―にパリがある
留飲《りゅういん》 「溜飲」とも。―が下がった
流会《りゅうかい》 出席者が少なくて会議は―となった
留学《りゅうがく》 英国に―する 在米の日本人―生
流汗《りゅうかん》 汗を流す。流れる汗。―淋漓(りんり)
流感《りゅうかん》 流行性感冒。―がはやっている
隆起《りゅうき》 「瘤起」とも。土地が―する 地盤の―
流儀《りゅうぎ》 ―が違う 彼なりの―でやる
琉球《りゅうきゅう》 ―諸島
竜宮《りゅうぐう》 ―のようにりっぱなホテル ―城
流血《りゅうけつ》 大学紛争で―の惨事が起こった
流言《りゅうげん》 ―を放つ ―飛語に惑わされる
竜虎《りゅうこ》 ―相打つ熱戦
流行《りゅうこう》 変なことばが―する ―の服 ―歌

竜骨《りゅうこつ》 船の― ―を組む
硫酸《りゅうさん》 ―で金属を溶かす ―塩 ―銅
流産《りゅうざん》 妊娠五か月で―する
粒子《りゅうし》 ―があらい ごく細かい― 微― 素―
流失《りゅうしつ》 川の増水で橋が―した ―家屋
流出《りゅうしゅつ》 金の国外への―を防ぐ 頭脳―
隆昌《りゅうしょう》 国運が―に向かう 貴店ご―のよし
竜頭《りゅうず》 時計(とけい)の―
流星《りゅうせい》 流れ星。秋の夜空に―を見る ―群
隆盛《りゅうせい》 体育が―になる 社運が―を窮める
流線型《りゅうせんけい》 ―の自動車
留置《りゅうち》 容疑者を―する 警察の―場
流暢《りゅうちょう》 ―に英語を話す フランス語が―だ
流通《りゅうつう》 空気の―をよくする ―機構 ―高

流動《りゅうどう》 都会の人口は―する ―資本 ―物
竜頭蛇尾《りゅうとうだび》 ―になる
留任《りゅうにん》 議長の―を勧告する 外相は―した
留年《りゅうねん》 単位不足で―する
流派《りゅうは》 華道の―によって花の生け方が違う
柳眉《りゅうび》 美人の眉。―をさか立てる
隆鼻術《りゅうびじゅつ》 整形外科で―をする
流氷《りゅうひょう》 ―を避けて船が進む ―群に出会う
留保《りゅうほ》 権利を―する 回答を―する
立木《りゅうぼく》 樹木。土地と― ―登記簿
流木《りゅうぼく》 ―が橋をこわす 川上からの―
流用《りゅうよう》 月謝を本代に―する 公金―事件
流々《りゅうりゅう》 くふうを凝らす。細工は―
隆々《りゅうりゅう》 国運―として栄える 筋骨―

粒々辛苦《りゅうりゅうしんく》
流量《りゅうりょう》 河川の―を測る
流麗《りゅうれい》 ―な文章 ―な筆致で書く
流露《りゅうろ》 彼女の真情が―している文章
涼《りょう》 庭に出て―を取る ―を入れる
猟《りょう》 山へ―に行く ―が多い
漁《りょう》 沖へ―に出る ―があった
寮《りょう》 会社の―で暮らす 独身― 学生―
量《りょう》 ―より質 飯の―が多い 度―衡
陵《りょう》 みささぎ。大正天皇の―は多摩にある
稜《りょう》 直方体の― ―の長いほうを測る
利用《りよう》 廃物を―する ―者 ―価値
里謡《りよう》 「俚謡」とも。―を習う ―大会
理容《りよう》 ―に行く ―学校 ―師資格試験

領域《りょういき》 ―を広げる　わが国の―　専門の―
良縁《りょうえん》 妹は―を得てとついでいった
遼遠《りょうえん》 はるかに遠い。前途―
凌駕《りょうが》 敵を―する力　去年の生産高を―する
了解《りょうかい》 文意を―する　―点に達する
了解《りょうかい》 「諒解」とも。相手に―を求める
領海《りょうかい》 他国の―を侵す　日本の―
両替《りょうがえ》 一万円を千円札で―してもらう
猟官《りょうかん》 官職につこうと争う。―運動
量感《りょうかん》 ―のある人物画　―に圧倒される
猟奇《りょうき》 ―を求める　―趣味　―的な雑誌
猟期《りょうき》 鴨《かも》の―　―を定める
料金《りょうきん》 タクシーの―　―を支払う
領空《りょうくう》 ―を侵犯する

良家《りょうけ》 「りょうか」とも。―の子弟の学ぶ学校
了見《りょうけん》 「量見・料簡・了簡」とも。けちな―
猟犬《りょうけん》 ―を連れて狩りに行く
燎原《りょうげん》 野火。―の火のごとき勢い
良好《りょうこう》 成績きわめて―　経過は―です
良港《りょうこう》 わが国屈指の―　天然の―
良妻《りょうさい》 嫁して―となる　―と悪妻　―賢母
了察《りょうさつ》 「諒察」とも。心中ご―願います
量産《りょうさん》 テレビ受像機を―する　―体制
料紙《りょうし》 書きぞめ用の―を購入する
猟師《りょうし》 ―が熊《くま》に殺された　―は山を見ず
漁師《りょうし》 ―が海で死んだ　浜の―の家
両次《りょうじ》 前回と今回の―にわたって
領事《りょうじ》 アメリカ駐在の―　総―　―館　―裁判

療治《りょうじ》 虫歯を―する　根本的な―をする
良識《りょうしき》 ―ある行動　―を養う　―に訴える
領収《りょうしゅう》 原稿料を―する　―証　―印
領袖《りょうしゅう》 幹部。政党の―
猟銃《りょうじゅう》 ―の手入れをしていて暴発した
諒恕《りょうじょ》 以上の事情につきご―を乞《こ》う
了承《りょうしょう》 申入れを―する
了承《りょうしょう》 「諒承」とも。相手に―を求める
糧食《りょうしょく》 十分な―を準備して出発する
陵辱《りょうじょく》 「凌辱」とも。婦女子を―する
両親《りょうしん》 事故で―を失った　ご―によろしく
良心《りょうしん》 ―に恥じない行為　自分の―に聞け
領《りょう》する 日本の―国土　一国を―
両性《りょうせい》 男女―　―の平等を主張する

両成敗《りょうせいばい》 喧嘩《けんか》―
両生類《りょうせいるい》 「両棲類」とも。
稜線《りょうせん》 山の―がくっきりと見える
僚船《りょうせん》 ―の救助に向かう　SOSを発した―
瞭然《りょうぜん》 表を見れば成績は一目―だ
両端《りょうたん》 ふたりで棒の―を持つ
両断《りょうだん》 一刀―のもとに切り捨てる
了知《りょうち》 存在を―する　―しない行為
領地《りょうち》 ―を治める　相手方の―に侵入する
料地《りょうち》 所用の土地。皇室ご―　―に立ち入る
料亭《りょうてい》 ―で宴会をする　―のおかみ
両天秤《りょうてんびん》 ―に掛ける
領土《りょうど》 ―を拡張する　―の保全を図る　―権
糧道《りょうどう》 敵の―を断つ　―を確保する

良導体《りょうどうたい》 熱の―　電気の―
両刀遣《りょうとうづかい》 甘辛の―
猟場《りょうば》 このあたりが鹿《しか》の―です
良否《りょうひ》 成績の―は問わない　質の―
良風《りょうふう》 伝統の―　―美俗を養う
涼風《りょうふう》 橋の上で―に吹かれる
領分《りょうぶん》 人の―に立ち入る　政治の―
陵墓《りょうぼ》 帝王の―
両方《りょうほう》 ―ともよくない　―見るのは無理だ
療法《りょうほう》 ―を変える　化学―　民間―
糧秣《りょうまつ》 前線に―を補給する
量目《りょうめ》 ―をごまかす　―が不足する
良薬《りょうやく》 ―は口に苦し　―を勧める
両雄《りょうゆう》 ―並び立たず

良友《りょうゆう》 —と悪友 —は得がたいものだ
僚友《りょうゆう》 —との折合いが悪い —との交際
領有《りょうゆう》 樺太《からふと》は日本がかつて—していた
両用《りょうよう》 切削・研摩—の機械 水陸—の車
両様《りょうよう》 —の考え方がある 和戦—の構え
療養《りょうよう》 転地して—する —生活を送る
両翼《りょうよく》 —を羽ばたく 左右の—から攻める
繚乱《りょうらん》 花が咲き乱れる。百花—
料理《りょうり》 鶏を—する 精進— —屋 —学校
両立《りょうりつ》 勉強と運動は—しないか
両々《りょうりょう》 —相まって効果が上がる
寥々《りょうりょう》 入場者は—たるものだ
慮外《りょがい》 —なことを言う —の幸運 —千万
旅客《りょかく》 「りょきゃく」とも。臨時列車で—を運ぶ

旅館《りょかん》 駅前の— —に泊まる
利欲《りよく》 「利慾」とも。—に走る —に目がくらむ
緑陰《りょくいん》 —で昼寝する —の夏期学校
緑綬褒章《りょくじゅほうしょう》
緑地《りょくち》 都会には—が少ない —帯
緑茶《りょくちゃ》 和菓子のときは—がいい
旅券《りょけん》 パスポート。—を発行する
旅行《りょこう》 九州を—する 修学— 団体— —案内
旅愁《りょしゅう》 —を慰める —をそそる
虜囚《りょしゅう》 戦いに敗れて—の辱《はずかし》めを受ける
旅情《りょじょう》 —を慰める —を歌に託する
旅装《りょそう》 —を整えて出発する —を解く
緑化《りょっか》 国土を—する —運動の推進
旅程《りょてい》 一千キロの— —を組む —表

旅費《りょひ》 —の積立て —をくめんする 出張—
離陸《りりく》 飛行機が—する —寸前の事故
凛々《りり》しい 彼の—姿が魅力的です
利率《りりつ》 —が高い 年利・月利・日歩《ぶ》の—
履歴《りれき》 —の調査 —を偽る —書
理路《りろ》 —整然とした演説
理論《りろん》 —と実際との食違い 運動の— —家
厘《りん》 —の位まで計算して四捨五入 一分一—
鈴《りん》 —を鳴らす 会議開催の合図の—
燐《りん》 元素の一。—が燃える 黄《おう》— 赤—
霖雨《りんう》 長雨。—の候
輪禍《りんか》 交通事故による災難。学童が—にあう
隣家《りんか》 —から出火する —との交際
燐火《りんか》 鬼火。ゆうべ墓地で—を見た

臨画《りんが》 手本をまねてかく絵。
臨海《りんかい》 —学校 —実験場
輪郭《りんかく》 「輪廓」とも。絵に—を取る 企画の—
林間《りんかん》 —を散歩する —学校 —都市
輪姦《りんかん》 集団暴行。
悋気《りんき》 —に手を焼く
臨機《りんき》 —の措置 —応変の処置を執る
稟議《りんぎ》 —に掛ける —による決裁 —書
林業《りんぎょう》 この地方は—が盛んです —試験場
臨月《りんげつ》 出産予定の月。—を迎えた妻
臨検《りんけん》 旅館を—する 警察官の—
綸言《りんげん》 天子のことば。—汗のごとし
林檎《りんご》 「苹果」とも。—の木 赤い— —のジャム
輪講《りんこう》 ゼミで万葉集の—をする

隣国《りんごく》 —との戦争 —との国境
臨済宗《りんざいしゅう》 仏教の宗派の一。
輪作《りんさく》 同じ土地に数種の作物を次々に作る。
燐酸《りんさん》 無水燐酸と水の化合物。—ソーダ
臨時《りんじ》 —に休業する —費 —国会 —雇 —工
臨終《りんじゅう》 祖父の—に間に合う —のことば
臨床《りんしょう》 —の実習 —医学 —講義 —尋問
臨場《りんじょう》 来賓各位のご—を賜わる —感
吝嗇《りんしょく》 けち。—な人 —家
隣人《りんじん》 なんじの—を愛せよ —愛
綸子《りんず》 —の帯地 —の羽織
臨席《りんせき》 出版記念会に—する ご—の栄を賜わる
隣接《りんせつ》 —する家屋 —区域 —地 —町村
凛然《りんぜん》 —とした姿 —たる態度

輪転機《りんてんき》　―に掛けて印刷する
竜胆《りんどう》　葉が笹(ささ)に似た多年草。―の紫の花
輪読《りんどく》　芥川(あくたがわ)の作品を―する　―会
輪廻《りんね》　仏教の―の思想　三世(さんぜ)―
淋巴《リンパ》　―腺(せん)　―体質　―管
輪番《りんばん》　―でそうじする　―制
痳病《りんびょう》　「淋病」とも。性病の一。―にかかる
隣邦《りんぽう》　―と親善を図る
淪落《りんらく》　転落。―した女　―の晩年
倫理《りんり》　人の踏むべき道。―を説く　―学　―的
淋漓《りんり》　したたる。流汗―　墨痕(ぼっこん)―
林立《りんりつ》　―する煙突　候補者が―する
凜々《りんりん》　勇気―たる姿　寒気―として身にしみる
凜冽《りんれつ》　―の気がみなぎる　寒気―

る

累《るい》　災い。友人に―を及ぼしては済まない
塁《るい》　先輩の―を摩する　―を守る　―に出る
類《るい》　―を異にする　―がない　―は友を呼ぶ
累加《るいか》　刑罰を―する　税率が―する　―事項
類句《るいく》　―を並べる　―を編修する
累計《るいけい》　経費を―すると一万円余になる
類型《るいけい》　文学作品を幾つかの―に分ける　―的
累次《るいじ》　―の地震で被害が増大する　―の災害
類似《るいじ》　―の商品名　―した商標　―点を捜す
類書《るいしょ》　これは珍本で―がない　―を挙(あ)げる
類焼《るいしょう》　―を免れる　隣家が―する
累進《るいしん》　―して局長になる　―税率
類人猿《るいじんえん》　ゴリラなどの―
類推《るいすい》　一事をもって他を―する　―解釈
累積《るいせき》　未整理の書類が―する　―投票
涙腺《るいせん》　―を刺激する
累増《るいぞう》　交通事故が―する　―する人件費
累代《るいだい》　代々。先祖―の墓　わが家―の教え
類題《るいだい》　教科書の―を解く　―集
累犯《るいはん》　犯罪を重ねる。―者　―加重
類別《るいべつ》　商品を―して並べる
累卵《るいらん》　祖国は―の危うきにある
累々《るいるい》　死体が―として横たわる
類例《るいれい》　他に―がない　―を求める
瘰癧《るいれき》　首のリンパ腺(せん)のはれ。―で首がはれる
羅馬尼《ルーマニア》　東欧の国。
鏤骨《るこつ》　骨を刻む。苦心。彫心―の作
流罪《るざい》　―のうき目にあう　―になる
屢次《るじ》　たびたび。―の災害にあう
縷述《るじゅつ》　詳しく述べる。前章に―したように
留守《るす》　家を―にする　居―　―番　―を預かる
流説《るせつ》　流言。―を信じる　―に惑わされる
縷説《るせつ》　詳しく述べる。―を繰り返す必要はない
坩堝《るつぼ》　金属を溶かす―　場内は興奮の―と化す
流転《るてん》　万物は―する　―の人生　輪廻(りんね)―
流人《るにん》　―の島　―の生活　―の苦しみ
流布《るふ》　妙なうわさが―する　源氏物語の―本
瑠璃《るり》　―も玻璃(はり)も照らせば光る　―色の湖水
縷々《るる》　―説明する　線香の煙が―として上る
流浪《るろう》　―の民　―の生活　異国に―する

れ

令《れい》　―を下す　戒厳―　物価統制―
礼《れい》　―をする　―を失する　お―を言う
例《れい》　古来の―　―に引く　―がない　―の話
零《れい》　ゼロ。
霊《れい》　死者の―を祭る
霊域《れいいき》　伊勢(いせ)神宮の―に足を入れる
霊園《れいえん》　「霊苑」とも。共葬墓地。多磨(たま)―
零下《れいか》　氷点下。―四十度の寒さ
隷下《れいか》　配下。―の部隊に出動を命じる
例会《れいかい》　年一回の―を催す　毎月の―
例解《れいかい》　―を示す　化学問題の―
霊界《れいかい》　魂の世界。―と肉界　―をさまよう

冷害《れいがい》 東北地方の―が心配される ―対策
例外《れいがい》 規則に―を認める ―なく死ぬ
冷汗《れいかん》 ひやあせ。―三斗の思いをする
霊感《れいかん》 ―を感じる ―によって占う
冷感症《れいかんしょう》 ―の婦人
冷気《れいき》 戸外の―に触れる 山の―は気持よい
霊気《れいき》 ―に打たれる
礼儀《れいぎ》 ―正しい人 ―を重んじる ―作法
冷却《れいきゃく》 室内を―する ―期間を設ける
霊柩車《れいきゅうしゃ》 ―を見送る
麗句《れいく》 美辞―を並べる
礼遇《れいぐう》 社長の―に感激する 前官の―を受ける
冷遇《れいぐう》 貧乏ゆえに―される 兄から―を受ける
令兄《れいけい》 他人の兄の敬称。ご―はお元気ですか

令閨《れいけい》 他人の妻の敬称。ご―にどうぞよろしく
冷血《れいけつ》 ―漢 ―動物
例月《れいげつ》 ―のとおりの金額です ―の会合
冷厳《れいげん》 ―な態度 ―な事実
例言《れいげん》 ―をよく読んでから本文を読むこと
霊験《れいげん》 「れいけん」とも。―あらたかな神社
囹圄《れいご》 「囹圉」とも。捕えられて―の人となる
励行《れいこう》 「厲行」とも。規約―時間厳守を―する
冷酷《れいこく》 ―な仕打ち ―無情な人
霊魂《れいこん》 ―の不滅を信じる
例祭《れいさい》 靖国(やすくに)神社の―
零細《れいさい》 ―な金額 ―な土地 ―企業
霊山《れいざん》 古来富士山は―として尊ばれた
令姉《れいし》 他人の姉の敬称。ご―の病状はいかが

麗姿《れいし》 富士山の―が人目を引く 彼女の―
例示《れいじ》 記入方法も―する 試験問題の―
零時《れいじ》 十二時。午前― 午後―
礼式《れいしき》 昔からの―を重んじる ―にかなう
令室《れいしつ》 他人の妻の敬称。ご―にどうぞよろしく
隷従《れいじゅう》 社員に―を求める 君主に―する
令書《れいしょ》 命令書。―を発する 徴税―
隷書《れいしょ》 書体の一。印章の文字には―が多い
冷笑《れいしょう》 友人から―される 世人の―を買う
例証《れいしょう》 ―を示して説明する ―を求める
礼状《れいじょう》 お―を出す 丁寧な―が来る
令状《れいじょう》 逮捕― 捜索―
令嬢《れいじょう》 他人の娘の敬称。部長の―と結婚
霊場《れいじょう》 ―巡拝の旅に出る 真言の―

麗人《れいじん》 ―のうわさが高い女 ―を求む 男装の―
冷水《れいすい》 ―を浴びせられた思い ―摩擦 ―浴
冷静《れいせい》 ―に考える ―にふるまう ―な人
礼節《れいせつ》 ―を尽くす ―を守る ―の士
冷戦《れいせん》 両国は―状態にある ―を続ける
冷泉《れいせん》 温泉と― ―が湧(わ)く この宿は―だ
霊泉《れいせん》 昔から―として知られている
冷然《れいぜん》 ―たる態度 ―として笑う
霊前《れいぜん》 恩師の―にぬかずく ―に花を供える
礼装《れいそう》 ―を整える ―して式に出る
冷蔵《れいぞう》 肉を―する ―庫 ―室
令息《れいそく》 他人の子息の敬称。ご―はお元気ですか
隷属《れいぞく》 親会社に―する下請工場
例題《れいだい》 教科書には各章ごとに―が付いている

冷淡《れいたん》 友人に―な態度を示す 仕事に―になる
霊長《れいちょう》 人間は万物の―といわれる ―類
令弟《れいてい》 他人の弟の敬称。社長の―と同窓だった
冷徹《れいてつ》 ―な目で現実を見直す ―の人
冷凍《れいとう》 ―した食品 ―魚 ―機 ―船
例年《れいねん》 ―夏には帰郷する 諸行事は―どおり
礼拝《れいはい》 日曜日の― ―堂
零敗《れいはい》 ついに―を喫した
霊媒《れいばい》 ―をよくする女 ―術
冷評《れいひょう》 新聞紙上で―される ―に憤慨する
霊廟《れいびょう》 祖先の―にぬかずく 日光の―
礼服《れいふく》 ―を着用して式に参列する
令夫人《れいふじん》 他人の妻の敬称。
礼砲《れいほう》 ―を撃って他国の元首を迎える

霊峰《れいほう》　—富士の山
冷房《れいぼう》　—のきいた部屋(へや)　—装置　—車
令妹《れいまい》　他人の妹の敬称。先日—にお会いした
霊妙《れいみょう》　—な秘法　—不可思議な話
令名《れいめい》　—が高い　—をうたわれる　—嘖々(さくさく)
黎明《れいめい》　—に出発する　—が訪れる　—期
礼物《れいもつ》　—をささげる　—を届ける
霊薬《れいやく》　家伝の—　中国から伝わった—
零落《れいらく》　主家の—を悲しむ　祖父の没後—する
冷利《れいり》　「怜悧」とも。賢い。—なこども
麗々《れいれい》しい　—看板を出す　—いでたち
玲瓏《れいろう》　美しく澄む。—たる月　—たる声
例話《れいわ》　イソップ物語を—として引く
轢殺《れきさつ》　轢(ひ)き殺す。電車が犬を—する

歴史《れきし》　日本の—　—の一こま　—小説　—的
轢死《れきし》　鉄道線路に飛び込んで—する　男の—体
暦日《れきじつ》　月日のたつこと。こよみ。山中—なし
歴青《れきせい》　「瀝青」とも。チャン。ピッチ。—炭
歴戦《れきせん》　—の勇士　—の体験を語る
歴然《れきぜん》　—たる事実　—とした証拠
歴代《れきだい》　—の天皇　—の校長の写真
歴任《れきにん》　要職を—して今日に至った
暦年《れきねん》　一月から十二月まで。—でくぎる
歴年《れきねん》　—にわたる研究が実を結ぶ
歴訪《れきほう》　欧米各国を—する
列《れつ》　自動車の—が続く　大臣の—に入(はい)る
劣悪《れつあく》　—な労働条件のもとで働く　—な商品
烈火《れっか》　—のごとく怒る　—の怒り

列記《れっき》　書類に募集の条件が—してある
列挙《れっきょ》　理由を—する　ことしの大事件を—する
列強《れっきょう》　世界の—が一堂に会する　—の軍隊
列国《れっこく》　—の代表による会議
烈士《れっし》　—として知られる　勤王—の霊を祭る
列車《れっしゃ》　—の通過　長い—　急行—　貨物—
烈女《れつじょ》　気性が激しく操の堅い女。夫に殉じた—
裂傷《れっしょう》　額に—を負う
劣情《れつじょう》　—を催すみだらな絵　—を押える
烈震《れっしん》　震度6。家が倒れ山がくずれる。
列《れっ》する　会合に—　席に—　名を—
劣性《れっせい》　—と優性　—遺伝
劣勢《れっせい》　—を盛り返す　敵に比して空軍は—だ
列席《れっせき》　卒業式に—する　—者一同

列伝《れつでん》　—形式で述べる　志士—　—体
列島《れっとう》　日本—　千島—
劣等《れっとう》　—感を持つ　—生　—品
劣敗《れっぱい》　優勝—の論理
裂帛《れっぱく》　絹を引き裂く音。—の悲鳴　—の気合い
烈婦《れっぷ》　—としてたたえられる　孝女—
烈風《れっぷう》　—が吹きまくる　—にあおられる
烈々《れつれつ》　—たる憂国の至情
檸檬《レモン》　かおりのよい—の実　—を絞る　—ティー
恋愛《れんあい》　—に陥る　熱烈な—をする　—小説
廉価《れんか》　—な商品　—販売　—版
連歌《れんが》　俳諧(はいかい)の—　—の道　—師
煉瓦《れんが》　—の塀(へい)　—造りの洋館
連関《れんかん》　「聯関」とも。関連。これに—した話

連記《れんき》　三名—で投票する　氏名を—する
連翹《れんぎょう》　細長い枝に、春、黄色い花の咲く—
連係《れんけい》　「連繫」とも。—を保つ　—動作
連携《れんけい》　同志が—して事に当たる
蓮華草《れんげそう》　「紫雲英」とも。—の花
連結《れんけつ》　食堂車を—する　—器　五両—
廉潔《れんけつ》　清廉潔白。先生は—の士として知られる
連呼《れんこ》　候補者の名まえを—して回る
連行《れんこう》　容疑者を—して調べる　警察に—する
連合《れんごう》　「聯合」とも。町の商店が—する　—艦隊
煉獄《れんごく》　—に落ちる　—の苦しみを味わう
蓮根《れんこん》　蓮(はす)の地下茎。—の料理
連鎖《れんさ》　—劇　—店　—反応　—状球菌
連座《れんざ》　「連坐」とも。事件に—する　—制

連載《れんさい》 新聞にコラムを—する —小説
連作《れんさく》 山を主題にした—の短歌 —作物
連子《れんじ》 「欞子」とも。—窓
連日《れんじつ》 —の雨 —連夜会合を開く
連珠《れんじゅ》 「聯珠」とも。五目並べ。—を楽しむ
練習《れんしゅう》 字を—する —を繰り返す 投球—
連中《れんじゅう》 「れんちゅう」とも。清元—
連署《れんしょ》 発起人が—する 保証人の—が必要です
連勝《れんしょう》 三試合—する 連戦—十—
練成《れんせい》 「錬成」とも。—道場 国民の—
連接《れんせつ》 —する個所 —方法
連戦《れんせん》 —の疲れが見える —して敗れる 五—
連想《れんそう》 「聯想」とも。—が働く 海を—させる曲
連続《れんぞく》 —して起こった事件 —的に行なう

連帯《れんたい》 「聯帯」とも。—して保証する —責任
連隊《れんたい》 「聯隊」とも。—長 —旗
練達《れんたつ》 —の士を集める
練炭《れんたん》 「煉炭」とも。—をおこす —火ばち
廉恥心《れんちしん》 —を忘れた政治家
連中《れんちゅう》 —がやってくるころだ 友だち—
廉直《れんちょく》 —な人間 —の士 —をもって通る
練乳《れんにゅう》 「煉乳」とも。コンデンスミルク。
連破《れんぱ》 強敵を—して決勝戦に進む
連覇《れんぱ》 連続優勝。—の夢を果たす 三年—
廉売《れんばい》 牛乳を—する —品 歳末大—
連敗《れんぱい》 —を重ねる 連戦—の力士 十—
連発《れんぱつ》 質問を—する あくびの— 五—の小銃
連判《れんぱん》 誓約書に保証人が—する —状

憐憫《れんびん》 彼の落ちぶれた姿に—の情を催す
連袂《れんぺい》 進退を共にする。—して辞職する
恋慕《れんぼ》 —の情をいだく 人妻に横—する
連邦《れんぽう》 「聯邦」とも。—制度の国 イギリス—
連峰《れんぽう》 北アルプス—を縦走する そそり立つ—
練摩《れんま》 「錬磨」とも。心身を—する 百戦—の士
連名《れんめい》 —で届け出る 家族—の年賀状
連盟《れんめい》 「聯盟」とも。スポーツ—を結成する
連綿《れんめん》 皇統は—として続く
連用《れんよう》 薬の—を避ける 動詞活用の—形
連絡《れんらく》 「聯絡」とも。—を待つ 私鉄に—する駅
連理《れんり》 夫婦の固い契りのたとえ。—の枝
連立《れんりつ》 「聯立」とも。保守と革新の—内閣
恋々《れんれん》 局長の地位に—としている

ろ

炉《ろ》 —にまきをくべる —を切る 電気—
絽《ろ》 —の羽織
櫓《ろ》 やぐら。—に登って見張る
艪《ろ》 小舟の—をこぐ 八丁—の船
牢《ろう》 —に入れる 座敷— —名主(ぬし)
労《ろう》 —に報いる —を惜しむ —をねぎらう
蠟《ろう》 —を解かす —をかむよう —細工
聾唖《ろうあ》 耳の聞こえない人と、物が言えない人。
朗詠《ろうえい》 短歌を—する 詩歌の—
漏洩《ろうえい》 「漏泄」とも。機密— 試験問題が—する
労役《ろうえき》 —に服する —を課する
老翁《ろうおう》 老人の男。—の昔話を聞く

老嫗《ろうおう》 老人の女。老婆。
老鶯《ろうおう》 夏山で聞く—の声
陋屋《ろうおく》 —ですがどうぞお寄りください
廊下《ろうか》 渡り— —伝い —続き —とんび
老獪《ろうかい》 —なやり口 —な手段をろうする
楼閣《ろうかく》 栄華は砂上の—にすぎない 空中—
老眼《ろうがん》 五十になればそろそろ—だ —鏡
老朽《ろうきゅう》 —した校舎 —化を防ぐ
籠球《ろうきゅう》 バスケットボール。—の試合
老境《ろうきょう》 父もいよいよ—に入(はい)った
浪曲《ろうきょく》 浪花節(なにわぶし)。—をうなる —大会
朗吟《ろうぎん》 詩を—する 歌を—する
老軀《ろうく》 —をひっさげてがんばる —にむちうつ
労苦《ろうく》 働く人の—をしのぶ —に対する報酬

臘月《ろうげつ》　十二月。
牢固《ろうこ》　―たる決心をする
老後《ろうご》　―の生活を考える　―を保障する
老巧《ろうこう》　―な選手　―な記者　―な政治家
陋巷《ろうこう》　―に生活する　―に一生を終わる
牢獄《ろうごく》　―につながれる
老骨《ろうこつ》　―にむちうって努力する
労災《ろうさい》　労働者災害。―保険　―補償
労作《ろうさく》　多年の―を出品する
老残《ろうざん》　―の身を横たえる
労使《ろうし》　労働者と使用者。―の代表が交渉する
労資《ろうし》　労働者と資本家。―が協調する
老若《ろうじゃく》　「ろうにゃく」とも。―男女
老弱《ろうじゃく》　―の身をかこつ

陋習《ろうしゅう》　旧来の―を破る
漏出《ろうしゅつ》　ガスの―を防ぐ　蒸気が―する
老女《ろうじょ》　火事で逃げ遅れた―が焼死した
老少《ろうしょう》　―を問わず　―不定(ふじょう)を知る
労相《ろうしょう》　労働大臣。
朗唱《ろうしょう》　「朗誦」とも。和歌を―する　詩の―
老嬢《ろうじょう》　オールドミス。婚期を逸した―
籠城《ろうじょう》　実験のため研究室に―する　―生活
老衰《ろうすい》　―の身をかこつ　―による死亡
漏水《ろうすい》　―個所を修理する
弄《ろう》する　策を―　手段を―　不穏な言辞を―
聾《ろう》する　耳を―爆音
老成《ろうせい》　若くして―する　―した青年
蠟石《ろうせき》　―で地面に図を書く　石板と―

狼藉《ろうぜき》　―を働く　乱暴―　―者　落花―
労組《ろうそ》　「ろうくみ」とも。労働組合。―の幹部
蠟燭《ろうそく》　―に火をともす　―の明り
老体《ろうたい》　―をいたわる　―を無理して働く
労賃《ろうちん》　―が上がる　―を支払う　安い―で働く
漏電《ろうでん》　絶縁不良で―する　出火の原因は―だ
漏斗《ろうと》　じょうご。―でびんに入れる　―状の花
労働《ろうどう》　筋肉―　―者　―組合　―省　―大臣
郎党《ろうどう》　「郎等」とも。一族―を引き連れる
朗読《ろうどく》　自作の詩を―する　―の練習　脚本の―
老若《ろうにゃく》　―男女(なんにょ)を問わず
浪人《ろうにん》　―風の侍　兄は入試に落ちて―している
老年《ろうねん》　父は―になってから碁をやりだした
老婆《ろうば》　―がひとりで店番をする　―心から一言

老廃《ろうはい》　―した建物　―物を捨てる
狼狽《ろうばい》　会社側は―している　周章―する
蠟梅《ろうばい》　早春小枝の先にかおりのよい花が咲く―
浪費《ろうひ》　金を―する　精力を―する　時間の―
老舗《ろうほ》　「老鋪」とも。しにせ。菓子屋の―
朗報《ろうほう》　入選の―が入(はい)る　―を鶴首(かくしゅ)する
労務《ろうむ》　―に従事する　―管理　―者
楼門《ろうもん》　二階造りの門。寺の―に登る
牢屋《ろうや》　―に入れられる
老幼《ろうよう》　―の別なく健康診断する　―婦女子
籠絡《ろうらく》　相手を―して悪事を働く
労力《ろうりょく》　―を惜しまずに働く　―が不足する
老齢《ろうれい》　―に達する　―者　―年金
老練《ろうれん》　―な船長　処理が―になる

朗々《ろうろう》　―たる声　音吐―と読み上げる
露営《ろえい》　演習で―する　―の夢
羅馬《ローマ》　すべての道は―に通じる　―教皇
濾過《ろか》　川の水を―して使う　―性の病原体
鹵獲《ろかく》　砲二門を―する　―兵器
路肩《ろかた》　―がゆるんで転落した車　危険な―
路銀《ろぎん》　―を調達する　―をすられる
禄《ろく》　―を食(は)む
録音《ろくおん》　演奏を―する　―放送　―テープ
緑青《ろくしょう》　銅ぶきの屋根に―が生じる
碌《ろく》に　―字を知らない若者　―返事もしない
肋木《ろくぼく》　校庭の―で懸垂の練習をする
肋膜《ろくまく》　―をわずらう　―炎
轆轤《ろくろ》　―を回す　―細工　―首

碌々《ろくろく》　―眠らなかった　身なりも構わない

露見《ろけん》　「露顕」とも。悪事が―する

露骨《ろこつ》　悪口を―に言う　感情の―な表現

露座《ろざ》　「露坐」とも。露天にすわる。―の大仏

路地《ろじ》　―の突当りの家　―で遊ぶ　―裏

露地《ろじ》　茶室の庭。露天の土地。―栽培

露西亜《ロシア》　白系―人　―革命

露出《ろしゅつ》　地肌が―する　―計　―症

路上《ろじょう》　―で遊ばないこと　―駐車を禁じる

路線《ろせん》　バスの―　外交―を敷く　―を変更する

露台《ろだい》　バルコニー。―に出て涼む

肋骨《ろっこつ》　あばら骨。交通事故で―を折る

六根清浄《ろっこんしょうじょう》

路程《ろてい》　みちのり。一日の―　―を終えて宿を取る

露呈《ろてい》　技術の未熟さを―する　本心が―する

露天《ろてん》　―掘りの石炭　―商　―ぶろに入(はい)る

露店《ろてん》　縁日には―が並ぶ

路頭《ろとう》　事業に失敗して―に迷う

露頭《ろとう》　ウラン鉱床の―を発見する

魯鈍《ろどん》　生れ付き―なたちでして　―な人間

驢馬《ろば》　―の耳は長い　荷物を運ぶ―

炉端《ろばた》　―で聞く昔話　―に集まる

炉辺《ろへん》　―でくつろぐ　大統領の―談話

路傍《ろぼう》　―にたたずむ　―の石　―の人

露命《ろめい》　ようやく―をつなぐ

呂律《ろれつ》　―が回らなくなるほど飲む

論外《ろんがい》　公益を無視して私利を追うなどとは―だ

論議《ろんぎ》　―の種になる　―を尽くす

論客《ろんきゃく》　彼は当代一流の―である

論及《ろんきゅう》　論じ及ぶ。細部にわたって―する

論究《ろんきゅう》　研究。連歌の起源を―した論文

論拠《ろんきょ》　―が薄弱である　―を示す

論功《ろんこう》　―を行なう　―行賞

論告《ろんこく》　検察官の―が終わる　―求刑

論旨《ろんし》　―を明らかにする　―不明な説

論述《ろんじゅつ》　政府批判を三時間にわたって―する

論証《ろんしょう》　自説の正しいことを―する

論《ろん》じる　両者の相違を―　問題点を―

論陣《ろんじん》　堂々の―を張る　一流学者の―

論説《ろんせつ》　新聞社の―委員　―文の書き方

論戦《ろんせん》　与野党が―を戦わす

論争《ろんそう》　互いに―を交える　―が尽きない

論断《ろんだん》　―を下す　…であると―する

論壇《ろんだん》　氏は―の雄として定評がある

論調《ろんちょう》　政府に対する新聞の―はきびしい

論敵《ろんてき》　誌上で―と渡り合う　よき―を失う

論点《ろんてん》　―をはずれる　―がぼける

倫敦《ロンドン》　英国の首都。―塔　―橋

論難《ろんなん》　政府の不誠意を―する

論破《ろんぱ》　相手の説を―する

論駁《ろんばく》　政府の構想を―する　―を加える

論評《ろんぴょう》　新聞の―によれば　小説を―する

論文《ろんぶん》　卒業―を提出する　博士―

論法《ろんぽう》　いつもの―で攻撃する　三段―

論鋒《ろんぽう》　鋭い―で迫る　―をかわす

論理《ろんり》　彼の―は矛盾している　―的に考える

わ

和《わ》　一と二の―は三です　人の―

輪《わ》　「環」とも。車の―　―になって踊る

歪曲《わいきょく》　事実を―した記事

猥雑《わいざつ》　―な内容の本　―なことばを使う

矮小《わいしょう》　低く小さい。―な樹木　―な人種

猥褻《わいせつ》　―な話　―な行為をする

猥談《わいだん》　―をして女の子をからかう　―に興じる

賄賂《わいろ》　公然と―をもらう　―を贈る

和歌《わか》　短歌。―の道　―をよむ

我《わ》が　―日本　―世の春

和解《わかい》　―が成立する　別居中の夫婦が―する

若《わか》い　―人たち　―木　年が―　気持が―

若木《わかぎ》 「稚木」とも。桜の―
若気《わかげ》 つい―の至りで恐縮です ―のあやまち
若狭《わかさ》 旧国名、福井県の若狭湾岸部。
公魚《わかさぎ》 ―のてんぷら ―の佃煮（つくだに） ―釣（つ）り
輪飾《わかざ》り 歳（とし）の市で―を売っている
沸《わ》かす 湯を― ふろを―
若造《わかぞう》 「若僧・若蔵」とも。―のくせに
分《わか》ち書《がき》 かなの―
分《わ》かつ 二組に― 黒白を― 昼夜を分かたず
分《わ》かつ 「頒つ」とも。手引書を― 実費で―
別《わか》つ 袂（たもと）を―
若菜《わかな》 ―を摘む
若葉《わかば》 ―の緑が美しい ―のころ
我輩《わがはい》 「吾輩」とも。―は猫（ねこ）である

我儘《わがまま》 ―を言う ―な行い ―に育つ
若芽《わかめ》 茶の―を摘む 木々の―がもえ出る
若布《わかめ》 「和布」とも。食用にする海藻（かいそう）の―
若者《わかもの》 ―ばかり集まる 屈強な―
我物顔《わがものがお》 ―にふるまうボス
分《わ》かる 「判る・解る」とも。説明がよく―
別《わか》れ話《ばなし》 ―が持ち上がる
分《わか》れ道《みち》 ―まで来ると幸不幸の―
別《わか》れ道《みち》 「別れ途」とも。別れる際。―で言う
分《わか》れ目《め》 「別れ目」とも。成功失敗の―
分《わ》かれる 本店から― 意見が― 道が―
別《わか》れる 友と― 両親と―
和姦《わかん》 男女合意のうえでの姦通。―と強姦（ごうかん）
傍《わき》 ―にやる ―の道―にそれる

脇《わき》 学校の― ―にかかえる ―の下 ―毛
和議《わぎ》 ―を開く ―が整う ―が成る
和気靄々《わきあいあい》 ―の家族
腋臭《わきが》 ひどい―がする
脇付《わきづけ》 「脇附」とも。手紙のあて名に添える―
脇腹《わきばら》 ―を突く ―が痛む
弁《わきま》える 道理を― 善悪を― 礼儀を―
傍見《わきみ》 ―をして先生の話を聞かない ―運転
傍道《わきみち》 ―に入（はい）る 話が―にそれる
傍目《わきめ》 ―も振らずに本を読む
腋芽《わきめ》 ―を摘む
脇役《わきやく》 主役と― 映画の― ―に人を得る
傍役《わきやく》 補佐。―に助けられる ―を買って出る
枠《わく》 ガラスを―にはめる 予算の―をはずす

沸《わ》く ふろが― 議論が― 場内が― 人気が―
湧《わ》く 泉が― 興味が― 蛆（うじ）が―
惑星《わくせい》 地球・火星は太陽系の―だ 政界の―
惑溺《わくでき》 酒色に―する かけごとに―する
惑乱《わくらん》 狂気―のてい 人心を―する
訳《わけ》 ことばの― ―のわかった人 ―はない
分葱《わけぎ》 葉の細い小形の葱（ねぎ）。
分《わ》け隔《へだ》て ―なくつきあう ―をしない
分《わ》け前《まえ》 彼の方が―が多い ―は平等にしろ
分《わ》け目《め》 髪の― 天下―の大勝負
分《わ》ける 全体を三つに―
分《わ》ける 「別ける」とも。仲を―
分《わ》ける 「頒ける」とも。実費で―
和合《わごう》 一家の―を図る 社内はよく―している

若人《わこうど》 ―の意気を見せる ―のつどい
和光同塵《わこうどうじん》
技《わざ》 技術。―をみがく ―を掛ける
業《わざ》 仕事。人間―とは思えない 神の―
和裁《わさい》 ―の先生 ―と洋裁
技師《わざし》 栃錦（とちにしき）は―として有名であった
業師《わざし》 術策家。政界の―として定評がある
山葵《わさび》 ―がきいている ―漬（づけ） 粉―
災《わざわ》い 災難。不測の―
災《わざわ》い 「禍い」とも。―を転じて福となす
和紙《わし》 日本古来の製法による― 洋紙と―
儂《わし》 ―の話を聞け ―にできないことはない
鷲《わし》 イヌワシ・オオワシなどの通称。
和室《わしつ》 洋室と― 六畳の―

わ

鷲掴《わしづか》み　金を―にして逃走する
話術《わじゅつ》　巧みな―　相手を説得する―の秘訣(ひけつ)
和親《わしん》　仲よくする。―条約―を深める
僅《わず》か　―な人数　―一秒の差　―に覚えている
纔《わず》かに　かろうじて。―全滅を免れる
煩《わずら》う　思い―　人手を煩わせる
患《わずら》う　胸を―　長いこと―去年の秋―
煩《わずら》わしい　―人間関係　―手続
勿忘草《わすれなぐさ》　―に思いを託する
忘《わす》れる　教科書を―　約束を―　昔を―
早稲《わせ》　―が実る　―を刈り取る　―と晩稲(おくて)
早生《わせ》　―のトマト　あの娘は―だよ
和製《わせい》　―の品　「ナイター」は―英語です
和船《わせん》　―を仕立てて釣(つ)りに出る
和戦《わせん》　―両様の構えで交渉に臨む
和装《わそう》　―の似合う女　―と洋装
綿《わた》　ふとんの―　―入れ―のように疲れる
腸《わた》　―抜き　魚(さかな)の―
話題《わだい》　―に富む　―を変える　おもしろい―
綿入《わたい》れ　―の着物　ふとんの―をする
蟠《わだかま》る　根が―　まだあのことに蟠っている
私《わたくし》　―の好きな人　公金を―する　―小説
私事《わたくしごと》　―の話をお聞かせして恐縮です
渡《わた》し守《もり》　渡し舟の船頭。―のおじいさん
渡《わた》す　品物を―　橋を―人手に―
轍《わだち》　車輪のあと。―に雨水がたまる
海神《わたつみ》　「綿津見・わだつみ」とも。海の神。海。
渡《わた》り鳥《どり》　燕(つばめ)は―です　―のような生活
渡《わた》り者《もの》　いなかでは―は冷たい目で見られる
渡《わた》る　川を―　橋を―世を―
亘《わた》る　会議が長時間に―話が私事に―
割賦《わっぷ》　「かっぷ」とも。分割払。―販売
話頭《わとう》　―を転じる
和綴《わとじ》　―の本
罠《わな》　―を仕掛ける　―にはまる　―に落ちる
輪投《わなげ》　船のデッキで―に興じる
戦慄《わなな》く　寒さに―　恐怖に―　女の―声
鰐《わに》　性質が狂暴な―　―の皮のベルト　―口
仮漆《ワニス》　「ニス」とも。壁に―を塗る
詫《わび》　―を言う　―を入れる　重々お―します
侘《わび》　「侘」とも。芭蕉(ばしょう)の―の境地
侘《わび》しい　―生活　―姿―思い
詫状《わびじょう》　―を書く　―を入れる
侘住《わびずま》い　長屋の奥の―
詫《わ》びる　罪を―　失言を―失礼を―
侘《わ》びる　「侘びる」とも。待ち―　思い―
和服《わふく》　―と洋服　―姿の彼女に一目ぼれした
和文《わぶん》　―タイプライター　―英訳
和平《わへい》　―の実現を待ち望む　―工作を続ける
話柄《わへい》　話の種。話題。―に窮する
和睦《わぼく》　―を申し入れる　敵と―する
喚《わめ》く　大声で―　群衆の―声
和訳《わやく》　原書を―する　英文―の試験
和洋《わよう》　―折衷の建築
藁《わら》　おぼれる者は―をもつかむ　―半紙
笑《わら》い話《ばなし》　一同の―になる　罪のない―
笑《わら》う　大声で―　―門(かど)には福来たる
嗤《わら》う　「嗤う」とも。あざわらう。人の失敗を―
藁沓《わらぐつ》　―をはいて雪の道を行く
稚鰤《わらさ》　鰤(ぶり)の未熟期の呼び名。
草鞋《わらじ》　二足の―をはく　―を脱ぐ　―掛け　―をなう　荷を―で結わえる
藁縄《わらなわ》
蕨《わらび》　春の野に―を摘む　―の若芽を食べる
藁葺《わらぶき》　車窓から―の屋根が見える
童《わらべ》　里の―　―歌
藁屋《わらや》　―に住む　昔ながらの―　いなかの―
割《わり》　七三の―　―に合う仕事　―に暑い
割合《わりあい》　月額千円の―　―涼しい　―においしい
割当《わりあて》　寄付の―を決める　―の消化　―額
割印《わりいん》　証明書に―を押す

割勘《わりかん》　食事代は―にする　―で飲む
割切《わりき》る　現代風に割切って考える
割込《わりこ》む　行列に―　途中から―
割高《わりだか》　―な製本代　お礼をしたら―に付いた
割注《わりちゅう》　「割註」とも。―を施した古典全集
割付《わりつけ》　原稿の―をする
割箸《わりばし》　杉(すぎ)の―でそばを食べる　駅弁の―
割引《わりびき》　―をして売る　―率　―手形
割振《わりふり》　部屋(へや)の―を決める　仕事の―を考える
割前《わりまえ》　―を出す　利益の―　―勘定
割増《わりまし》　残業をすると―が付く　―金
割戻《わりもど》し　掛金の―　―を受ける
割安《わりやす》　―の品　―に付く
割《わ》る　八を二で―　ウイスキーを水で―

悪気《わるぎ》　あいつは口は悪いが―はない
悪口《わるくち》　「わるぐち」とも。―を言う
悪巧《わるだく》み　―をする　相手の―に気付く
悪怯《わるび》れる　少しも―ところがない
悪者《わるもの》　あいつは―だよ　―扱いにされる
我《われ》　「吾」とも。わたし。―ら　―も人も共に
我《われ》　自我。―劣らじ―と思う者　―に返る
割鐘《われがね》　「破鐘」とも。―のような声で人を呼ぶ
割鍋《われなべ》　「破鍋」とも。―にとじぶた
割目《われめ》　板の―　岩の―から水がしたたる
吾亦紅《われもこう》　秋赤色の小花が咲く―
割物《われもの》　―ですから取扱いに注意してください
割《わ》れる　ガラスが―　意見が―　ホシが―
我々《われわれ》　「吾々」とも。―の任務は　―一同は

椀《わん》　木製。お―に汁(しる)を盛る
碗《わん》　陶磁器製。茶―
湾《わん》　―の入口　東京―
湾曲《わんきょく》　「彎曲」とも。―した海岸線
腕章《わんしょう》　受付係の―を巻く
湾入《わんにゅう》　「彎入」とも。海が陸地に―する
腕白《わんぱく》　―な子　―をする　―盛り　―小僧
腕力《わんりょく》　―を振るう　―が強い　―ざた

2016年 8 月10日　発行

大きな字で読む常用辞典　手紙の書き方・日用語

二〇一六年　八　月一〇日　第　一　刷発行

編　者——武部良明（たけべ・よしあき）　三省堂編修所

発行者——株式会社三省堂　代表者——北口克彦

印刷者——三省堂印刷株式会社

発行所——株式会社三省堂
〒一〇一—八三七一
東京都千代田区三崎町二丁目二十二番十四号
電話＝編集［〇三］三二三〇—九四一一
　　　営業［〇三］三二三〇—九四一二
http://www.sanseido.co.jp/
振替口座＝〇〇一六〇—五—五四三〇〇

〔大字常用手紙日用語・六八〇頁〕
落丁本・乱丁本はお取替えいたします
ISBN978-4-385-13878-7